中华典故

陈君慧　徐继素　编著

下册

线装書局

七、做人处世故事

欣欣向荣

“欣欣向荣”形容草木生机旺盛，繁茂；也比喻事业蓬勃发展，兴旺发达。

此典出自晋代陶潜《归去来辞》：“木欣欣以向荣，泉涓涓而始流。”

陶潜，字渊明（也有人说名渊明，字元亮），他是晋代浔阳柴桑（江西九江县西南）人，曾祖侃是晋朝名将，陶渊明性情文雅，学识渊博，诗、文都很好，他不喜欢荣华富贵，饮酒赋诗和游山玩水是他的最好。后来因为贫穷，就当了祭酒的官，却因不惯于官场上的应酬，接着就辞职，后来又当了彭泽令。他才到任八十多天，朝廷差了一名督邮到县里来，他的部下教他说要他戴着官帽，束了腰带去迎接督邮。陶渊明叹了口气说：“我不愿为五斗米的俸禄，弯着腰去迎接权贵。”当天即交回官印辞官回家里去了。

陶潜回到家里，作了一首辞，记述了这件事。辞的名字叫《归去来辞》，其中有一句“欣欣向荣”。这篇辞写得很好，成为一个名篇，一直流传到现在。

陶渊明像，图出自清·上官周绘《晚笑堂画传》。

修饰边幅

“修饰边幅”原意是卖布商人修理布匹边幅。后人藉马援见公孙述的故事，用“修饰边幅”比喻人修饰他的外貌。同时也有把这成语引申为“不修边幅”，比喻一些人不注意修饰外表。

此典出自《左传·襄公二十八年》：“且夫富如布帛之有幅焉，为之制度，使无迁也。夫民生厚而用利，于是乎正德以幅之，使无黜嫚，谓之幅利。”

又见《后汉书·马援传》：天下雌雄未定，公孙不吐哺走迎国士，与图成败，反修饰边幅，如偶人形。此子何足久稽天下士乎？

王莽末期，马援和他的哥哥马员都作了郡守。王莽失败后，兄弟二人都到凉州去避难。马援投靠在了隗嚣的手下。隗嚣很器重他，一有事总和他商量。公孙述在成都做了皇帝,隗嚣派马援去看那边的情况。

马援自以为自己和公孙述是同乡朋友,见面之后一定会十分高兴的。谁知他一到成都,公孙述就摆出全副銮驾,由礼官赞礼,领他上殿,行礼已毕,又领他出去住在驿馆里;而且替他做了一身特制的冠服,接着开一个盛大的朝会,公孙述坐了御车,由侍卫簇拥而来,戒备森严,仪式隆重,把马援看作布衣之交(意即贫时的朋友),表面上十分优待,说要封马援为侯爵,跟随马援的随从倒都乐意留下,马援却不以为然,对他们说:“天下未定,他不以礼贤下士为急,只知修饰边幅,摆空架子,像个木偶一样装模作样,这样的人怎能和他共事”回去后报告隗嚣说:“公孙子阳不过是个井底之蛙,根本不明白大势,一味妄自尊大,还不如一心一意辅佐光武帝呢!”

虚张声势

“虚张声势”表示故意假造声势来吓唬人。

此典出自《红楼梦》第四回:“老爷明日上堂,只管虚张声势,动文书,发签拿人。”

贾雨村授了应天府,一上任就遇到一个人命案。这件案子的凶手是薛家的公子薛蟠,而薛家又是金陵一霸,所以就给贾雨村断案带来了麻烦。

贾雨村正要发签差公人将凶犯家属捉来拷问时,只见案旁一个门子给他使了个眼色,叫他不要发签。雨村疑惑不解,退至密室与门子交谈。谈话中雨村才知道这个门子是他的故人——葫芦庙里的葫芦僧,雨村笑嘻嘻地拉着葫芦僧的手要葫芦僧为他了结此案出点子。葫芦僧把这个案子各方面的干系都告诉了贾雨村,并为他想了一个两全其美的断案办法。葫芦僧说:“老爷明日上堂,只管虚张声势,动文书,发签拿人——凶犯自然是拿不来的,原告肯定不依,只用将薛家佣人及奴仆拿几个来拷问,小的暗中调停,令他们报个‘暴病身亡’……”贾雨村知道了其中的利害关系,便照此办理,第二天就将此案断了。贾雨村把案子了结之后,便急忙写信给贾政和京营节度使王子腾,说:“令甥之事已完,不必过虑。”贾雨村也因此得到上面的赏识。

扬眉吐气

“扬眉吐气”比喻摆脱了长期受压抑的境况,心情得到舒展,感到畅快高兴。

此典出自唐代李白《与韩荆州书》:“而今君侯(指韩朝宗)何惜阶前盈(满)尺之地,不使白(李白)扬眉吐气,激昂青云耶?”

这是唐代诗人李白为了让韩朝宗举荐他而给韩朝宗写的一封信中的内容。大概意思是劝说韩朝宗不要舍不得台阶前一尺宽的地方,给李白一个官职,从而让他扬眉吐气,振奋得意地步步高升。

扬扬得意

“扬扬得意”(或作“洋洋得意”)形容骄傲而满足的样子。

此典出自《荀子·儒效》:“呼先王以欺愚者而求衣食焉,得委积足以掩其口,则扬扬如也。又见《史记·管晏列传》:意气扬扬,甚自得也。”

春秋时,晏子(名晏婴)先后担任齐灵公、齐庄公、齐景公时的宰相,政绩显赫,名满天下。然而,晏子并不居功自傲,他为人谦和,生活朴素。有一次,晏子出使晋国。齐景公觉得晏子的住宅低矮潮湿,又临近街市,很喧闹,就在晏子不在的时候为他建了一座新住宅。晏子回来后,先拜谢了景公,接下来叫人将新房子拆掉,恢复到原来房子的样子,并把老住户请了回来,屋归原主。他还说:“君子不该做那种毁人居所的非礼之事。”

晏子有个马车夫,他认为自己为宰相赶车,就很了不起。他在大街上驱赶着四匹快马,站在宽大的车盖下,一副趾高气扬的样子。一天,马车夫的妻子在家中往外看时,恰巧看到了丈夫那副样子,觉得十分恶心。马车夫回家后,妻子对他说:“你现在是个大人物了,我配不上你,请求离去。”丈夫非常惊奇地说;“你今天怎么了,说出这种话来?”

妻子趁机劝谏他说:“晏子高不过六尺,但身为齐国宰相,从而名扬诸侯。但我看他坐在车上的时候,样子谦和谨慎。你身高八尺,不过是个马车夫罢了,却做出趾高气扬、盛气凌人的样子。我看不惯你的行为,因此要求离去。”马车夫听了,马上认错道:“你不要再说了,我改了就是。”

从那以后,马车夫时刻注意保持谦恭的样子。晏子很奇怪,问清了事情的前因后果以后,赞赏他知错能改,后来他推荐这马车夫做了大夫。

《唐诗画谱》插图,描绘了《桃花源记》中的武陵人误入桃花源的情景。

怡然自得

“怡然自得”形容高兴而自满的样子。

此典出自《列子·黄帝》:“黄帝既悟,怡然自得。又见晋代陶潜《桃花源记》:黄发垂髫,并怡然自乐。”

晋朝孝武太原年间,武陵地方,有个打鱼的人。有一天,他顺着一条小溪捕鱼,竟然忘了路程的远近,他一直往前走,走进了一片桃花林。那里风景十分优美,十分少见。渔人觉得奇怪,总想看看这座桃林到底有多远多宽。当他把桃林走完时,便发现山旁有一个洞,里面似乎还有光亮。他便走进洞去,开始时道路狭窄,再走几十步,豁然开朗,简直是一片平原。平原上桃红柳绿,房舍井然有序,男耕女织,怡然自得,每个人都过着自由幸福的生活。他们看见渔人进来,家家都设酒杀鸡,招待渔人。在言谈中,渔人才知道这里的人是祖先为了逃避秦代的祸乱,才逃进这个洞里来的。他们与世外隔绝多年,也不想再出去了。外面是个什么时代,他们也不知道。渔人在此待了几天,受到各家各户的热情招待。当他准备离开这些好客的主人时,大家都和他说:“洞中情况,不要给外边的人说。”

渔人出来后沿着原路往回去,还处处做了标记。到武陵后,渔人将这事告诉了太守。太守立刻派人去找那个世外的桃源,找来找去,始终都没再能找到。

源源而来

“源源而来”表示连续不断地到来。

此典出自《孟子·万章上》:“虽然,欲常常而见之,故源源而来。”

有一天,孟子的学生万章去问孟子道:“象每天都想谋杀舜,然而舜做了天子却没有杀他,仅仅把他流放了,这是为什么?”孟子说:“实际上是封他到有庳,不过有人说是流放罢了。”万章听了并不满意,又问道:“为什么有人说是流放呢?”孟子说:“舜虽以有庳之地封他,但不让象在他的国土上为所欲为,因此又另派官吏去治理这个国家,所以有人说是流放。”万章继续问道:“舜为什么要这样做呢?”孟子想了一想说:“他们到底是弟兄,这是仁人的做法啊!舜想时时能够见到自己的弟弟,象自然也想见到舜并希望舜能够给他一块封地,这样,象便可借朝贡而常常回来,舜也可常常借故有政事而接待象。”万章听到这里,觉得已经明白了,就辞别孟子而去。

沾沾自喜

“沾沾自喜”的意思是说,自以为很好而得意起来。人们常用它形容某人对自己的成绩感到得意,表现出一种自满的神情。

此典出自《史记·魏其武安侯列传》:“魏其者,沾沾自喜耳。多易,难以为相持重。”

西汉时期,窦婴由于立了军功被封于魏其(今山东临沂县南)为列侯。他是汉景帝母亲窦太后的堂侄,窦太后也很关照他。

丞相刘舍(封桃侯)因为一些事而被免职,于是空出了丞相的职位。窦太后屡次在景帝面前提及窦婴,想任用他当丞相。汉景帝说:“难道你以为我舍不得丞相的职位,而不肯让窦婴为相么!窦婴这个人,总是自以为是,容易自满,处理事务又很草率轻浮,所以不能让他做丞相。”汉景帝没有任用窦婴,而是任命建陵侯卫绾当了丞相。

辗转反侧

“辗转反侧”形容心里有所思念,翻来覆去地不能入睡。

此典出自此典出自《诗经·周南·关雎》:“求之不得,寤寐思服。悠哉悠哉,辗转反侧。”

《关雎》是古代的一首恋歌,列《诗经》全书之首,也是十五国风的第一篇。《诗序》说此诗是歌咏“后妃之德”的,《鲁诗》里说是大臣(毕公)刺周康王好色晏起之作。现代一些研究者也有的以为是写上层社会男女恋爱的作品。

这首恋歌的大概意思是:河边有个采荇菜的姑娘文静又秀丽,一个青年男子追求她结为情侣。追求她,追求不到,就日夜渴慕思如潮。相忆绵绵恨重重,躺在床上翻来覆去睡不安宁。后来,这个青年男子弹琴打动了姑娘的心,最后两人终于结成情侣。

正襟危坐

“正襟危坐”即正其衣襟端端正正地坐着,形容恭敬严肃的样子。

此典出自《史记·日者列传》:“宋忠、贾谊瞿然而悟,猎缨正襟危坐。”

西汉时,有一个叫司马季子的人,通晓天文地理,有很多独到的见解。他游学长安,以算卦为生。有一天,大夫宋忠和博士贾谊在一起谈论先王圣人之道术。贾谊说:“我常听说,古代的圣人,不在朝廷为官,那么一定在卜医者的行列中。现在朝廷中的三公九卿我们都见过，不知卜者中是否还有能人。接着，他们二人便来到市井的卜肆中。当时，刚下过雨，肆上人很少，司马季子正由三四个弟子陪同着在那里谈天说地。宋忠和贾谊很恭敬地拜见了司马季子。司马季子请他们坐下之后，便滔滔不绝地讲了起来，他讲了很多为官要顺应民意的道理。

宋忠和贾谊深为司马季子的博闻强记和表达才能所折服，二人揽其冠缨正其衣襟，恭敬严肃地说："看先生之状貌，听先生之言辞，实在是位了不起的人物，我们接触了许多知名人物，没有一个比得上先生，可是你为何要身居卜肆干此卑贱之事呢？"司马季子听罢捧腹大笑，说贤明的人是不屑于和那些追逐名利的人同流合污的。

趾高气扬

"趾高气扬"形容骄傲自大、得意忘形的样子。

此典出自《左传·桓公十三年》："楚屈瑕伐罗，斗伯比送之，还，谓其御曰：'莫敖必败，举趾高，心不固矣。'"

春秋时期，楚国的武王派大将屈瑕，带兵去攻打罗国。楚国大夫斗伯比为他送行。回来的路上他对驾车人说："你瞧屈瑕走路把脚抬得高高的，有多神气。他太骄傲了，不把敌人放在心上，这次打仗他一定要失败！"

回来之后，斗伯比立刻去见楚武王。他对武王说："请您派援军快去支援屈瑕吧！"

武王说："那怎么行呢？我们已经没有军队可派了！"

武王没有听取斗伯比的意见，回到宫中对他的夫人邓曼说："你看斗伯比这人真有意思，他明知我手上已经没兵可用了，却还让我派兵去支援屈瑕！"邓曼想了一会儿，对楚武王说：

"我看斗伯比的意思并不是要派援军，而是说屈瑕自以为是，不听人言，太贪于前线的战功，以为这次攻打罗国必然获胜，因而轻敌。你应该教训、告诫屈瑕。"

"哦，原来是这样！"楚武王终于明白了斗伯比的用意，马上派人去追回屈瑕，可是已经来不及了。

屈瑕将军队带到鄢水岸边，由于他没有一点防备，又没有认真组织兵士渡河，最后在楚军过河的时候、遭到罗国军队的左右夹击，大败而逃。屈瑕一个人跑到山谷里上吊自杀了，其他的将领逃回楚国，向楚武王请罪。楚武王沉痛地说："这是我的过错，我没有听取大家的意见，就派了屈瑕为将，才酿成今天的过错！"

沧海桑田

"沧海桑田"比喻人世间事物变迁极大，或者变化极快。

此典出自《神仙传·麻姑》："麻姑自说云，接侍以来，已见东海三为桑田。向到蓬莱水浅，浅于往者会时略半也。岂将复还为陵陆乎？"

传说从前有一位仙女，名字叫做麻姑，她这次到蓬莱去，看见那里的海水又比从前她见到的减少了一半，她就疑惑不解，难道这里要变成陆地吗？她正在疑虑之时遇见了另一位仙人王方平。她对王仙人说："我已经三次看见过东海变为桑田"

"沧海桑田"原来的意思是海洋会变为陆地，陆地也会变为海洋。这种"沧桑之变"是发生在地球上的一种自然现象。由于地球内部的物质总在不停的运动着，所以会促使地壳发生变动，有时上升，有时下降。挨近大陆边缘的海水比较浅，假如地壳上升，海底便会露出，而成为陆地；相反，海边的陆地下沉，便会变为海洋。有时海底发生火山喷发或地震，形成海底高原、山脉、火山，它们如果露出海面，也会成为陆地。

但“沧海桑田”的最主要原因是由于气候的变化。气温降低，由海洋蒸发出来的水，在陆地上结成冰川，不能回到海中去，所以海水减少，浅海就变成陆地；反之，气温升高，因而能使近海的陆地或低洼地区，变成海洋。据科学家测算，假如地球大陆上的冰川全部融化，流入海洋的水可以使海面平均升高七八十米，那样将有许多陆地变成海洋。另外，河流每时每刻都在把泥沙带入海中，天长日久也会将一部分海滨冲积成陆地。所以，这种“沧海桑田”的变化，在地球上是普遍进行着的一种自然过程。

白面书生

“白面书生”的意思是少年文士，含有年轻见识少的意思。

此典出自南朝《宋书·沈庆之传》：”丹阳尹徐湛之，尚书江湛并在坐，上使湛之等难庆之。庆之曰：‘……陛下今欲伐国，而与白面书生辈谋之，事何由济？’”

南朝宋朝时候，吴郡武康地方有一个叫沈庆之的人，很小的时候就胸怀大志，而且也十分强壮，当东晋末年，孙恩作乱，乱兵攻武康这时，沈庆之才十多岁，他跟随族人一起反抗、进行自卫，得胜。从此，沈庆之便以勇敢善战闻名。四十岁时，投在征虏将军赵伦之的儿子伯符（竟陵太守）部下任职。况陵地方常有蛮夷侵扰，由于沈庆之的勇敢善战，最后使竟陵得到安宁，伯符也因而升了将军。在连年征战的生活中，沈庆之积累了不少作战经验，因为他屡建战功，被荐给孝武帝刘裕，从那以后担任了京城防卫的重职。

元嘉（宋文帝刘义隆年号）十九年，沈庆之又因讨伐蛮夷有功，升为建武将军，负责防守边疆。元嘉二十七年，宋文帝要向北方扩展，派王玄谟等人督师北伐，沈庆之向文帝劝谏，详细陈述了以前几位北伐将军失败的教训，文帝被缠不过，便叫左右两个文官和他辩论，庆之说：“治理国事，就像治理家事一样；论耕田应该问实际操作的长工，讲织布便要问织布的婢女。现在陛下想攻打人家的国家，却和没有经历过战争的白面书生去商量，这件事能成功吗？”可是文帝最终也没有采纳他的意见，后来果然遭到失败。

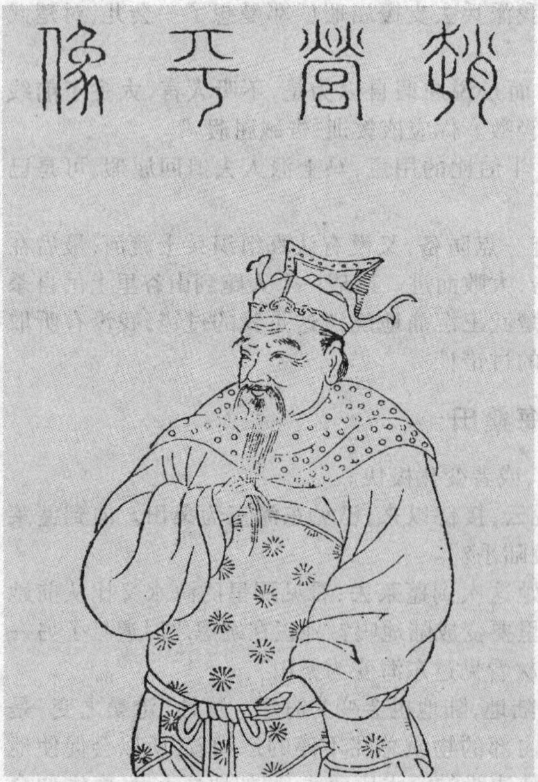

赵充国像，图出自清·顾沅辑《古圣贤像传略》。

白云苍狗

“白云苍狗”比喻人生世事变幻无常。

此典出自唐代杜甫《可叹》：“天上浮云似白衣，斯须改变如苍狗。古往今来共一时，人生万事无不有。”

唐代丰城有个读书人叫王季友，他虽家境贫寒，可是他刻苦攻读，很有志气。可是，妻子瞧不起他，抛弃了他。杜甫听到此事后，写下《可叹》一诗，意在破除众人的愚昧和偏见。

杜甫，不是为王季友夫妇离异而叹息，更不是因为王季友怀才不遇而叹息，在诗中杜甫是在感慨世态炎凉，以及世事的变幻无常。

他写道："天上的白云宛如圣洁的白衣，可是顷刻间变成毛色青灰的狗的模样。古往今来都是如此啊，人生变幻莫测，千奇百怪无奇不有。"

百闻不如一见

"百闻不如一见"说明要注意实地调查这个道理。

此典出自《汉书·赵充国传》："百闻不如一见，兵难隃度，臣愿驰至金城，图上方略。"

西汉时陇西人赵充国，年轻时善于骑马射箭，非常勇敢，他立志要当一员大将。后来汉武帝刘彻派他做假司马，跟随李广利攻打匈奴。没想到在战斗中竟被重重包围，情况非常紧急。关键时刻，赵充国率领一百多壮士杀出重围，使战争的局势发生了逆转。因为这件事，刘彻提拔他为车骑将军长史。赵充国不但善于骑马射箭，喜欢研究兵法，而且十分熟悉邻国的情况，后来成了汉代有名望的将军。

汉宣帝刘询时，当西北羌族的贵族统治者侵扰边境，刘询派兵前往抵抗，失败之后，立即召集群臣一起研究对付的办法。之后又派御史大夫丙吉前去拜访年已七十多岁的老将赵充国，问他谁适合担任统帅带兵前往御敌。赵充国说："现在还没有比我更适合的人？"于是他自告奋勇地承担率兵任务。丙吉问他需要派多少兵，他说："不如亲自去看看，用兵，难在远离战场就能作出恰当估计。我要去金城看看，绘好地图，再和你商定作战方案。"赵充国于是就亲往前线了解情况。

半面之识

"半面之识"形容人记忆好；或形容相交不深。

此典出自《后汉书·应奉列传》："奉年二十时，尝诣彭城相袁贺。贺时出行闭门，造车匠于内开扇出半面视奉，奉即委去。后数十年于路见车匠，识而呼之。"

东汉人应奉，十分聪明，记忆力十分惊人。他二十岁那年，去彭城拜访袁贺。但袁贺不在家。他敲了许久的门，造车的匠人将门打开了一点，露出半张脸，看了应奉一眼，说主人不在。应奉便离去了。

几十年过去了，一天他在路上碰见那个车匠，立刻认出了那人，并向他打招呼。对方表示不认识，应奉说："你不就是在袁家门口露出半张脸的那个人吗？"

半途而废

"半途而废"比喻做事没有坚持到底。

此典出自《礼记中庸》："君子遵道而行，半途而废，吾弗能已矣。"

《后汉书·列女传·乐羊子妻》：夫子积学，当日知其所亡，以就懿德。若中道而归，何异断斯织乎？羊子感其言，复还终业，遂七年不返。

战国时代，河南（古时泛称黄河之南）人乐羊。在路上拾到一块金子，拿回家去。他妻子说："这金子来路不明，你怎么可以拿回来呢？"于是乐羊就把金子放回到了原来的地方。后来，乐羊到别国去访师求学，一年后，回来了。他的妻子正在织布，见他突然回来了，便问他："你的学业完成了吗？"乐羊答道："还没有，我因为很想念你，所以就先回来一趟。”他妻子听完，立即拿起一把剪刀把机上的丝线剪断，说：“这布的原料产自蚕茧，而由布机织成；一丝一丝的累织成寸、成丈、成匹。现在把它剪断了，前功尽弃，白白浪费了许多时间。你在外求学，也是要日积月累地学习钻研，若中途而废，这不是与剪断织机上的丝线一样吗？”

乐羊被他妻子的话所感动，就又回去继续求学，一去七年，学成才回来。后来得到魏文侯重用，做出了一番事业。

豹死留皮

“豹死留皮”比喻留声名于后世。

此典出自《新五代史·王彦章传》：“豹死留皮，人死留名。”

唐朝末年，黄巢起义失败以后，封建割据势力到处横行，纷纷占领土地，在中原形成了梁、唐、晋、汉、周割据的小朝廷。(后)梁太祖(朱温)手下有一个大将，叫王彦章，字子明，为人骁勇有力，能光脚踏着荆棘行走百步，手使一杆铁枪，骑马冲突，迅疾如飞，没有人敢与他对敌，军中称之为王铁枪。王彦章与(后)唐军队争战，由于兵力单薄，被(后)唐军队打败，他身负重伤，当了俘虏。(后)唐庄宗(李存勖)嘲弄地说：“过去你把我当做小孩子看待，耍弄，今天被我抓住，你服不服？”王彦章回答说：“大势已去，不是人力可以挽回的，我有什么服不服的！”

(后)唐庄宗顿起怜悯之心，赐给王彦章药品，叫他医治创伤。王彦章是个武人，不懂得诗书，常常采用民间流传的谚语表达自己的思想，他曾经对人说：“豹死留皮，人死留名。”意思是说，生前建立功业，要留名于后世，绝不能干投降变节的事。他的忠义之心，是不可改变的。(后)唐庄宗怜惜他是勇武之才，想保留他的性命，派人劝他投降。王彦章谢绝了，说：“我与你(后)唐庄宗血战十多年，今天兵败力尽，被你俘虏，必须要死的？况且我深受(后)梁朝廷之恩，非死不能报答，岂有早晨效忠于(后)梁朝、晚上又效忠于(后)唐朝的道理呢？这样的话，我还有脸见天下人么！”(后)唐庄宗又派李嗣源(明宗)去劝降，王彦章重伤在身，起不了床，仰视着李嗣源，大声叫着他的小名，说：“你不是邈佶烈吗？我怎能在你面前屈辱地活着呢？”李嗣源出身沙陀平民，没有姓氏，只有一个小名叫邈佶烈。王彦章这样的不给他面子，李嗣源怎么会不愤怒呢？王彦章被杀了，时年六十一岁。

杯弓蛇影

“杯弓蛇影”指因错觉而产生疑惧，形容疑虑多端，自相惊扰。

此典出自汉代应劭《风俗通义怪神》：“予之祖父郴为汲令，以夏至日请见主簿杜宣，赐酒。时北壁上有悬赤弩，照于杯中，其行如蛇，宣畏恶之，然不敢不饮。其日便得胸腹痛切，妨损饮食，大用羸露，攻治万端，不为愈。后郴因事过至宣家，窥视，问其变故，云畏此蛇，蛇入腹中。郴还厅事，思惟良久，顾见悬弩，必事也。则使门下史将铃下侍徐扶辇载宣于故处设酒，杯中故复有蛇。因谓曰：‘此壁上弩影耳，非有他怪。”宣意遂解，甚夷怿，由是瘳平’”。

晋代人，乐广，字彦辅。有一天，他想起一位亲戚，已经很久没有往来了，于是叫人去问候。那位亲友回话：前一次他到乐广家里去拜访，在坐中乐广赐一杯酒给他喝，当他正要喝酒的时候，忽然看见酒杯里头有一条小蛇，当时引起他的不安，他十分勉强把酒喝下，没想到身体便生了毛病，一直没有痊愈。当时乐广家中厅堂的墙壁上面，悬挂着一具角弓,弓的上面,用漆油绘画成一条蛇的形状,乐广听过了那亲戚的回话之后,立刻想起所谓酒杯里的小蛇必然是因为那一具角弓,倒影映现在酒杯里,引起了那亲友的误会,竟把它当做是一条活蛇。于是他从此心里很不安,精神上受了威胁,便无病也生出病来。直到最后他再次邀请那亲戚,详细把这真相告诉他,他才恍然大悟,心中如释重负,那搁在他心里很久,仍然没法治得好的顽病,也当场一下子好了。

比肩接踵

“比肩接踵”意思是说肩膀连肩膀,脚跟挨脚跟。后人常用这句成语形容人多,拥挤。

此典出自《晏子春秋·杂下》:“张袂成阴,挥汗成雨,比肩继踵而在,何为无人?”

郭子仪像,图出自清·顾沅辑《古圣贤像传略》。

春秋时,齐国大夫晏子出使楚国。楚王依仗着自己大国雄师,因此十分看不起齐国,他又看到晏子身材矮小,其貌不扬,于是就便十分傲慢地问道:你们齐国难道没有别人了吗,怎么派了你这么个小矮子来?晏子回答说:“我们齐国到处都是人才啊,可谓是比肩继踵,大家扬起衣袖就能遮云蔽日,一齐挥洒汗水如同下雨,怎么能说没有人呢?不过我们齐国有个规矩:体面能干的使臣,出访上国,去拜望才高德重的君王,而像我这样的人,只好派到这里来见您了。”楚王本想讥笑晏子,结果反而被晏子一顿奚落,自讨没趣。

变本加厉

“变本加厉”原意为比原来更加发展。今用以比喻情况比原来更加严重。多用于贬义。

此典出自南朝(梁)萧统《文选·序》:“增冰为积水所为,积水曾微增冰之凛。何哉?盖踵其事而增华,变其本而加厉,物既有之,文亦宜然。”

南北朝时,南朝梁武帝萧衍的长子萧统编撰了一部文学总集《文选》。它是我国现存的编撰最早的一部文学总集,共收录了周代至六朝七八百年间一百三十位知名作者和少数佚名作者的作品七百余篇(首),各种文体的主要代表作基本上都有。由于《文选》是一部选取前人文学著作的总集,阅读各家代表作品比较方便,因此受到封建知识分子的重视。到了后世,几乎成了他们必看的著作,甚至出现了“《文选》烂,秀才半”的谚语。

萧统在《文选》的序文中,对选编此书的重要意义以及选择标准作了介绍。他说:文学作品是社会生活的反映,但又是社会生活的升华,就像冰是由水凝成的一样,但它又

"变本加厉",比水冷得多一样。

病从口入,祸从口出

"病从口入,祸从口出"意指疾病是由于饮食不慎引起的,灾祸是因为言语不妥招来的。

此典出自《太平御览·人事·口》:"福生有兆,祸来有端。情莫多妄,口莫多言。蚁孔溃河,溜沉倾山。病从口入,祸从口出。"

宋代太平兴国二年,宋太宗(赵炅)命李昉等十四人编撰《太平御览》一书,历时七年而成,共一千卷,分五十五门。这本书引用的材料非常丰富,保存了许多原始资料。其中有一处写到:"福气的到来是有征兆的,祸害的到来也有其原因的。不要放纵情感多做不适当之事,也不要放松自己的嘴巴而多说话。蚁穴的孔隙能使河堤崩溃,小股的水流能够冲倒高山。疾病是由于饮食不慎引起的,灾祸是因为言语不妥招来的。"

不痴不聋,不做家翁

"不痴不聋,不做家翁"用以比喻作为一家之主,对子侄辈的一些小过失,要装痴假聋,不必追究,否则大家庭就难以维系。

此典出自《北史·长孙平传》:"平进谏曰:'谚云:不痴不聋,不做大家翁。此言虽小,可以喻大。邴绍之言,不应闻奏。'又见《资治通鉴·卷二二四·唐代宗大历二年》:子仪闻之,囚暧入待罪,上曰:'鄙谚有之'不痴不聋,不为家翁',儿女子闺房之言,何足听也?'"

唐代,爆发了著名的"安史之乱",又接连发生了回纥、突厥等少数民族入侵,唐皇被逼得几次逃难,郭子仪,多次打败乱军,使唐王朝转危为安。唐代宗李豫为了酬劳郭子仪,除了给他高官厚禄外,还把自己的女儿升平公主嫁给他的儿子郭暧为妻。小夫妻吵架的时候,升平公主摆起了公主架子。郭暧气愤地说:"你是公主又有什么了不起!皇帝不是全靠我爸爸出力才能坐稳皇位的吗?我爸爸还不稀罕做皇帝呢,要不然早就做了!"升平公主气得立刻跑回皇宫去向皇帝哭诉。郭子仪恐慌不已,郭暧的话如果被追究起来,是要满门抄斩的啊!于是他连忙把郭暧捆绑起来,并向皇帝李豫请罪。谁知李豫却不以为然地笑道:"俗谚说:'不痴不聋,不做家翁。'儿子、媳妇吵嘴说的话,大人何必计较呢?"一场天大的风波就这样平息了。

不胫而走

"不胫而走"比喻事物不待推行就迅速地传播流行开了。

此典出自《昭明文选·孔文举〈论盛孝章书〉》:"珠玉无胫而自至者,以人好之也。"

三国时期,孔融的好朋友盛孝章住在东吴。吴国的孙策对有名望的人都很妒忌,常常找借口把一些有名望的人杀掉。盛孝章是一个有名望的人,于是孔融就非常担心他,害怕他被孙策杀害,于是写信给曹操,劝他招纳盛孝章。他在信中写道:"如果您要匡复汉室,首先就要求贤;而要求得贤人,就要尊贤,这样有才德的人,就会自然来到。这就像'珠和玉本来没有脚,因为人们喜欢它的缘故,才落到喜欢它的人手中'。"

"无胫而自至"后被说成"不胫而走"。

不近人情

"不近人情"表示不合人之常情。

此典出自《庄子·逍遥游》:“吾闻言于接舆,大而无当,往而不反。吾惊怖其言,犹河汉而无极也;大有径庭,不近人情焉。”

春秋时代,楚国有个狂士名叫接舆,他给肩吾讲了一个故事。

在遥远的北海中,有一座名叫姑射的仙山,山上住着神仙。那些神仙,皮肤像冰雪一样的洁白,容貌如处女一样的端庄。他们不吃五谷杂粮,只需吸风饮露即可生活。他们驾驭飞龙腾跃于云气之中,巡游于四海之外。当那些神仙精神专一时,就能使宇宙间的一切正常发展,万物不病,五谷丰登。

肩吾听了这个故事,无法理解,就去对连叔说:“我听了接舆的故事,觉得无稽之谈,愈说愈离奇,无法反复印证。他所讲的好像天上的银河一样,没有边际,不切实际,太使人惊诧了;真是怪诞荒谬,太不近乎人情。”连叔沉思片刻,然后对肩吾说:“是这样。瞎子对于有文采的东西无法鉴赏,聋子对钟鼓之声无法判断。在智慧上也是这样,因为你不知道接舆所说的是高妙的至理,所以你认为他的话是荒诞的。听了你说的这番话,我感觉你和从前一样,没有任何进步。”肩吾听了连叔的话,默不作声。

不拘小节

“不拘小节”原指不为小事所限制的意思,现在则指人不注意生活小事。

此典出自《后汉书·虞延列传》:“性敦朴,不拘小节,又无乡曲之誉。”

东汉人虞延生得虎背熊腰,身材魁梧,力大无比,能举起做饭的大锅。虞延性情直爽、豪放,不太注意生活小事,但是却敢主持公道,敢作敢为,不怕有权有势的人。虞延年轻时在家乡当亭长,王莽的贵妃魏氏亲戚,倚仗权势在乡里横行霸道。老百姓虽然都非常痛恨他们,但不敢得罪他们。虞延却不畏惧,带着吏卒把他们抓了起来。老百姓人人称快,可是虞延因此而得罪了朝廷。

王莽垮台之后,虞延得到升迁,后来他在太守富宗家做功曹。富宗这个人生活极为奢侈,衣服、车马、器物都违反朝廷规定。

有一次虞延劝他说:“听说春秋时候,齐国的相国晏婴,做那么大的官都不穿皮衣;季文子在鲁国做相国,他的妻子也不穿丝帛做的衣服,可您却这样奢侈,可能不太合适吧。”

富宗听了他的劝告,不但不改掉这个恶习,反倒对他冷淡起来,于是虞延就离开他,回家去了。

没过几天,富宗果然因为奢侈过度而被朝廷捕获诛杀。他临近伏法的时候,痛哭流涕地喊道:“虞延呀虞延呀,你说的非常正确呀,我后悔没听你的劝告呀……”

虞延的名声逐渐传到皇帝耳中,皇帝封他为公车令,第二年又让他做洛阳令。当时皇帝的亲属阴氏有一位宾客,名叫马成,因奸盗罪被虞延逮捕入狱。阴氏便向皇帝告状,说虞延捕获的罪犯都是冤枉的。皇帝便亲自去狱中盘查囚犯。

虞延向皇帝报告说:“这里的囚犯有理可论的在东边,确实必须判罪的全在西边。”

这时马成连忙从西边跑到东边,口中在喊:“冤枉!”

虞延拉住他,怒斥道:“你是惯犯,因为有靠山不敢动你,就像庙堂里的耗子因为怕薰了神像,所以没有处置它。今天抓到你,定当法办!”

皇帝信任虞延,知道他不会殉情枉法,便斥责马成:“你犯了王法,这是咎由自取!”可是许多年后,虞延还是被阴氏逼得自杀了。

不可胜数

“不可胜数”形容为数极多，数也数不清。

此典出自《墨子·非攻中》：“百姓之道(由)疾病而死者，不可胜数。又见《汉书·伍被传》：死者不可胜数，僵尸遍野。”

淮南王刘安手下郎中伍被学问渊博。刘安喜欢学者，而伍被又是刘安所喜欢的几个学者中最受赏识的。因此，一些重大政治问题，刘安常常征求伍被的意见。

刘安想起兵谋反，多次与伍被商量，伍被都认为不可轻举妄动。后来刘安认为可以起兵了，又去找伍被商量。他对伍被说：“如今起兵的时机已经成熟，因为天下的百姓对皇上不满，诸侯行为失检的也很多，并且他们对皇上也怀有疑惧。我想，我们在西乡起兵，一定会有人响应。”伍被还是不同意刘安的看法。他告诉刘安说：“汉高祖之所以得天下，是因为秦王残害百姓，杀术士，任刑法。当时男人辛勤耕种还吃不饱饭，女的勤于纺织还衣不蔽体。秦始皇修筑长城，军队没有住处，都在露天宿营，‘死者不可胜数，僵尸遍野’。当时百姓想谋反的，十家当中就有五家，而今不是这种情况。”刘安虽然觉得伍被的话有道理，但他造反之心还是没有变。后来伍被另给刘安想了一条起兵的计策，但事情很快被朝廷知道，于是伍被被杀掉。

不伦不类

“不伦不类”是指把不能相比的东西相提并论，意即不三不四或不像样。

此典出自明·吴炳《疗妬羹记·卷上·絮影》：“眼中人不伦不类，阱中人不伶不俐。又见《红楼梦》第六十七回：王夫人听了，早知道来意了。又见他说的不伦不类，也不便理他。”

薛蟠从江南贩卖货物归来，给他妈妈、妹妹各买了一箱东西。给他妈妈的是绸缎、绫锦、洋货等家常应用之物。给他妹妹的是笔、墨、纸、砚，各色笺纸，香袋、香珠、扇子、扇坠、花粉、胭脂以及自行人，水银灌的打金斗小小子，沙子灯……宝钗将那些玩意儿一件一件地整理了，除了自己留用的之外，一份一份配合妥当，叫莺儿和一个老婆子送往贾府各处。

赵姨娘见宝钗送给贾环一些东西，心中非常高兴，心想宝钗是夫人的亲戚，为什么不到王夫人那里去感谢感谢，以获取王夫人的欢心呢？主意一定，她便拿着宝钗送的东西，到王夫人房中，赔笑说道：“这是宝姑娘刚才送给环哥儿的。难为宝姑娘这么年轻的人，想的如此周到，真是大户人家的姑娘，又展样，又大方，怎么叫人不敬奉呢！怪不得老太太和太太整天都夸她疼她。我也不敢自专就收起来，特拿来给太太瞧瞧，太太也喜欢喜欢。”

王夫人一听，便知道她的来意。又见她说的不伦不类，也不能不理她。便说道：“你只管收了去给环哥儿玩罢。”赵姨娘来时兴兴头头，谁知抹了一鼻子灰，满心生气，又不敢露出来，只得讪讪地出来了。

不识时务

“不识时务”意指认不清当前形势与时代潮流，有时也指不知趣。

此典出自《后汉书·张霸传》：“霸名行，欲与为交，霸逍巡不答，众人笑其不识时务。”

东汉献帝时，大臣掌握着大权，汉室已面临危险的地步。刘备是皇室的子孙，就想找机会挽救汉朝的危机，但是东奔西走，总是没有好的根据地。有一天，他特地去拜访隐士司马徽，司马徽是当时才能优异的人，他对刘备说：“我早就听说你的大名了，你为什么总是东奔西走的没有一个好的根据地呢?”刘备说:“这也许是我的运气不好,八字生得不巧呀!”司马徽道:“不是这样的,是因为你的身边没有优秀的人才。”刘备说:“我自己虽然没有才能,但是我的身边都是能干的人,如文有糜竺和简雍,武有关羽和张飞,不能说没有人才。”司马徽说:“糜、简二人只能说是普通的文人,对你没有多大帮助。关羽和张飞虽有万夫不当之勇,但他们毕竟只是武将,不是通权达变的人才;至于糜竺、简雍二人,我刚才说过,他们对你没有多大帮助,因为他们都是白面书生,是不识时务的人;只有识时务的人,才可以称得起是俊杰,你要找到识时务的人来辅助你,才能成就大业。”

不死之道

“不死之道”说明大凡迷信什么“长生之术”一类异端邪说,都是很愚蠢的。

此典出自《韩非子·外储说左上》:“客有教燕王为不死之道者,王使人学之。所使学者未及学而客死;王大怒,诛之。王不知客之欺己,而诛学者之晚也。”

有人要教给燕王长生不死的,燕王于是派人跟他学。派去学习的人还未来不及学,这个人就死掉了;燕王大发雷霆,下令把派去学习的人也给杀了。燕王不知自己上了骗子的当,反倒认为学的人学得迟而杀死他。

不死之药

“不死之药”意即长生不死的药。古代统治者希望自己长生不老,一些方士就玩弄骗术,用假药来欺骗。亦作“不死药”。

此典出自《韩非子·说林上》。

有人把不死之药献给楚王,谒者便捧着它送进宫去。中射之士问谒者说:“这东西能吃吗?”

谒者回答说:“可以吃。”

于是,中射之士便把不死之药夺过去吃了。楚王派人去杀中射之士。

中射之士托人对楚王说:“我询问谒者,谒者说‘可以吃’,我就把不死之药吃了。说明我并没有罪,而罪是在谒者身上。而且,客人献的是不死之药,说明这是一种死药,是客人在欺骗君王。因此,把没有罪的人杀死了,从而说明客人是欺骗君王的,倒不如把我放了。”

于是楚王便决定不杀中射之士。

刘备像

不知所终

“不知所终”说明不知下落或下落不明。

此典出自《后汉书·逸民列传》:“于是遂肆意,与同好北海禽庆俱游五岳名山,竟不知所终。”

东汉时,河南穷苦的读书人名向长。他家境贫寒,经常上顿不接下顿。好心的乡亲们经常接济他。

一天,邻居送给向长一斗米,向长只留下两升,其余的又还给了邻居。邻居问他说:“向长呀,这米是送给你家的,为什么不全部收下呢?”

向长回答说:“够吃几天就行了,我觉得一个人还是穷一些好,穷比富好啊!”

邻居不明白他的意思,只好摇头。

向长对《老子》和《易经》这两部书,读得非常透彻,能够成章成节地背诵下来。乡里人都觉得他有很大的学问,就劝他去做官,然而向长总是微笑着说:

“我这个人是做不得官的呀,我是一个山野中的人!”

有一次,王莽的大司马王邑向朝廷推荐向长,他对王莽说:“河南的隐士向长精通周易,学问不浅,能够为您效力呀!”

“好吧!快派人把他请来吧!”

但是向长却婉言拒绝了。

乡里人对他的行为很不理解,就问他:“到朝廷做大官,有权有势,金银满车,你怎么不去呢?你难道是傻子吗?”

向长含笑不语,老半天才吐出一句话:

“我认为,人的地位显贵还不如地位低贱的好!”

乡亲们都笑他说:“你一定是学问太深了,越学越糊涂了……”

“不,不,”向长一本正经地说,“我的学问还不够,到如今我还弄不清楚,是死了好呢,还是活着好些……”

从那以后,乡里人都把他当成一个怪人,没有人再与他来往了。

后来乡里人听说,向长的儿女们长大成家立业后,向长就和他的几个老朋友,去泰山、衡山、恒山、嵩山、华山旅行,几年之后就没人知道他的下落了。

藏舟藏山

“藏舟藏山”形容天地自然运行,其势不可遏止。

此典出自《庄子·大宗师》:“夫藏舟于壑,藏山于泽,谓之固矣。然而夜半有力者负之而走,昧者不知也。藏小大有宜,犹有所遁。若夫藏天下于天下而不得所遁,是恒物之大情也。”

这段话意思是说:

把船藏在海边岩壑里,把山藏在大泽中,自以为非常牢固了。但是在夜半之时,大地的造化仍在默默地运行变迁。如同一个强有力者把船移走,把山运走,只不过愚昧的人不知道罢了。无论是藏小的东西,还是藏大的东西,大小虽异而藏皆得宜,无法制止它的变化,想躲避这个变化是不可能的。当然,如果说把天下藏在天下,不会发生变化,那是自然的。因为把天下藏在天下,就谈不上藏了。而这种不藏,正是万事万物常存的大道理啊。”

曹商得车

“曹商得车”讽刺那种为了牟取私利,便不择手段,什么卑鄙下流的勾当都能使出来的人。

此典出自《庄子·列御寇》。

有一个宋国人，名叫曹商。

一次，他受宋王派遣，出使秦国。临行前，宋王赐他几乘车马。到了秦国，他深受秦王喜欢，于是秦王又赠他百乘车马。

曹商返回宋国，见到庄子，得意洋洋地说：“当年住在穷街陋巷，穷困潦倒，编鞋度日，面黄肌瘦，这是我的短处。如今一旦凭三寸不烂之舌，打动万乘之主，受赠车马百乘，这是我的长处。”

庄子听了，讥讽道：“我听说秦王生了病，让医生诊治，论功行赏：吸脓吃疮的，可得车马一乘；舌舐痔疮的，得车马五乘。以此类推，治的病越肮脏，得车马越多。可能您是为秦王舐过痔疮吧，不然的话，您为什么得到那么多车马呢？您还是走开吧。”

庄子像，图出自清·顾沅辑《古圣贤像传略》。

草书大王

“草书大王”这个故事讽刺了自以为是、文过饰非的人。

此典出自《冷斋夜话》。

张丞相喜欢写草体字，但功夫不到家，乱写一通。人们都讥笑他。他却不以为然。有一天，他得到佳句，便要来纸笔，急忙写出，满纸龙飞蛇舞。写后，叫他的侄子誊写。誊到笔画乖僻的地方，侄子迷惑地停下笔来，拿着草稿去问他说：“这是什么字？”张丞相认真地辨认了很长时间，自己也不认识，反而责怪他的侄子说：“你为什么不早些来问？我都忘记了。”

差强人意

“差强人意”原指还算能振奋人心，后用来表示尚能让人满意。

此典出自《后汉书·吴汉传》：“吴公差强人意，隐若一敌国矣！”

东汉光武帝刘秀时，外乱为患，汉兵讨伐，也是屡屡失败。当时许多将官见到这种情形，都惊慌失措；光武帝看见他们这么慌张，心里有点动摇。沉思良久，忽然想起了名将吴汉，觉得他还挺有胆略的，于是派人去看看吴汉的情况如何。不久，那人回来向光武帝回报道：“大司马吴汉，现在正在那里督率部下修理战具武器！”光武帝考虑了一会，觉得吴汉比那些酒囊饭袋毕竟还是强一些的，不由得赞叹着说：“吴公还是可以振奋人心的。”

柴车夺牛

“柴车夺牛”形容隐士的生活与情怀。

此典出自《后汉书·韩康传》。

东汉的韩康(字伯休,又名恬休)隐居在霸陵山中。朝廷屡次征召他,韩康都不答应。汉桓帝准备了黑色币帛做礼物,备下可以安坐的小车,派使者去聘请韩康。使者奉诏前来,韩康迫不得已,只好同意去做官。但是,他不坐使者带来的安车,单独乘坐一辆柴车,清晨早起,比使者早一点出发。到达郊亭时,亭长因为韩征君要路过这里,正派人驱牛赶修道桥。见到韩康乘柴车戴幅巾,以为他是个乡下的老头,就要夺他的牛。韩康立即把牛解下来交给他。过了一会儿,使者到了,亭长才知道被夺牛的乡下老头就是韩征君。使者要禀报皇上杀死亭长,韩康说:“这牛是我送给他的,亭长能有什么罪!”使者才没有上奏杀死亭长。韩康在半路上又逃遁了。后来,他在家中寿终正寝。

长袖善舞

“长袖善舞”比喻有所凭借,事情容易成功,现在多用它形容有钱财、有手腕的人善于钻营。

此典出自《史记·范雎蔡泽列传》:“太史公曰:“韩子称‘称袖善舞,多钱善贾,信哉是言也!范雎、蔡泽世所谓一切辩士,然游说诸侯至白首无所遇者,非计策之拙,所为说力少也。及二人羁旅入秦,继踵取卿相,垂功于天下者,固强弱之势异也。”

范雎和蔡泽是战国时期两个著名的人物,他们都非常有辨才,先后做过秦国的宰相,一时成为众人仰慕的名士。

范雎原是魏国人,在中大夫顺贾家里做宾客,因受到顺贾的猜忌,差一点被他处死。范雎化名张禄逃到秦国,靠着一张能言善辩的嘴巴,得到秦昭王赏识,竟然做了秦国的宰相,掌握了秦国大权,秦王封他为应侯。

蔡泽是燕国人,曾经游说赵国、韩国、魏国,但这些国家都不肯任用他。于是,他找人给自己相面,相面的人嘲弄说:“看你的鼻头像蝎子,肩膀盖过脖子,两条腿弯曲得中间能爬过一条狗,从模样上看你一定是圣人呀,圣人总是和常人模样不一样啊!”蔡泽毫不在意,很自信地说:“你看吧,将来我会怀抱黄金之印,腰系紫绶玉带,受任于君主之前……”

蔡泽想去秦国,欲能先见到范雎,因为范雎此时正是秦国的宰相。为了让范雎接见他,他提前托人去报告范雎:

“燕国客卿蔡泽,乃当今天才智士,雄奇善辩,如果一旦拜见秦王,恐怕就会替代你的位置当上宰相。”

范雎也是自命不凡的人物,怎么会相信蔡泽的妄言?就决定见他一面。

蔡泽见到范雎后,大谈天下兴亡之变,君臣依附之状,有根有据,有情有理,范雎非常佩服。蔡泽又诚恳地对范雎说:

“请允许我说一句不敬的话,您现在为秦国已经立下了很大的功劳,官位极尊,又得到秦王宠信,如今正是退隐的好时机。这时退下来,保住了一生的荣耀信誉,不然的话恐怕会遭到灾祸呢!历史上的教训不能不吸取呀,商鞅为秦孝公制定刑法,赏功罚罪,劝民农耕,使秦国无敌于天下。他的功劳是很大的了,可是却遭受车裂而死;白起将军率领几万兵马与邻国交战,先攻楚,后攻赵,长平之战杀敌四十余万,为秦立下了汗马功劳,最终还是被迫自杀;吴起为楚悼王立法,定楚国之政,兵震天下,成服诸侯。后来却被楚王肢解丧命;文种为越王深谋远虑,救活越国,垦荒种地,扶植农桑,使越国强盛起来,终于报仇雪恨了,可是最终还是被越王所杀……这四个人都是因为大功告成之后没有及时告退,才遭到祸患的。也就是人们常说的‘成功之下,不可久处’。所以我劝您及早交回相印,退而隐归山川，好好地享享清福。如果你舍不得离开，犹豫下不了决心，往而不能自返，其结果恐怕就与那四个人一样，不堪设想啦……”

蔡泽的一席肺腑之言，让范雎感动万分。范雎回想近几年来，秦昭王总是对自己有不满意的地方，不如早点离开他为好。于是范雎盛情款待了蔡泽，第二天便亲自去拜见秦昭王，对他说：“刚刚从燕国来了一位能人，智谋超人，本事出众，古今王业、世俗之变，了如指掌，完全可以辅佐君王处理朝政。我见到的人很多，却没有超过他的。我的能力也不如他了，请君王见他一面就知道了。”

秦昭王见到蔡泽，果然非常喜欢他，立即拜他为客卿。范雎又以自己生病为理由，辞去宰相的职务，于是秦昭王就让蔡泽当了宰相。

范雎和蔡泽为什么能赢得秦王的信任，做了秦国的卿相呢？司马迁在《史记》中为他们写传记时说：“他们像跳舞的人有美丽的舞衣、商人有更多的本钱一样，因为他们有一张能言善辩、与众不同的嘴巴！”

成败萧何

“成败萧何”比喻事情的成功与失败都是一个人造成的。

此典出自宋代洪迈《容斋续笔·萧何绐韩信》：“成也萧何，败也萧何。”

韩信做刘邦的大将时，有人揭发他与陈豨勾结谋反。吕后知道这件事情后，想叫韩信进宫受审，但又怕他不肯就范，于是找萧何来商议。商议的结果是：用欺诈的办法让韩信入宫。他们叫手下的人通知韩信：陈豨已被平定，立刻进宫共同庆祝刘邦平定陈豨的胜利。韩信本来想称病不去，但迫于形势，只得勉强入朝。入朝后，韩信当即被吕后处死了。

以前韩信被任命为大将是萧何举荐的，如今处死韩信又是萧何出的主意，因而俗语说：“成也萧何，败也萧何。”

“成也萧何，败也萧何”后来被简缩成“成败萧何”。

身在曹营心在汉

“身在曹营心在汉”这句话原意是指自身在曹操那边，但心还想着汉室。比喻身不由己，心不动摇。

此典出自《三国演义》第二十五回至第二十七回。

汉献帝建安五年（公元 200 年）正月，曹操认为刘备是个英雄，现在如果

屯土山关公约三事图，出自《图像三国志》。讲述关羽被曹操围住，曹操劝降，关羽提出三个条件之事。

不攻打他，将来等到刘备势力强大了，就很难攻下了，于是便率二十万大军，分兵五路直逼徐州。

刘备闻讯，派人向袁绍求救，袁绍不肯发兵。刘备便与张飞偷袭曹营，结果中了埋伏，兵败逃散。这时候，关羽保护刘备的家眷，死守下邳。曹操心想，关羽武艺高强，令人喜爱，要设法说服他来投降。谋士献策说："关羽性子刚强，很讲义气，决不肯随便归降，必须使他进退无路，再去游说他，才会有结果。"于是，叫徐州、小沛俘虏来的兵士仍到下邳去投奔关羽，埋伏在城里做内应，并令曹将在城外挑战。

关羽因保护着二位嫂嫂，就按捺住性情，不肯出战。谁知曹军在城外百般辱骂，激怒了关羽，便领三千兵士，提刀上马，出城交战。曹将打一阵，退一阵，一直把关羽诱到城外二十多里的一座土山上。关羽被曹军团团围住，曹操趁势攻破下邳，并派张辽来说服关羽归曹。张辽说："你和刘备桃园结义，要同生共死。刘备还要做一番事业，决不愿意你今天战死。他把家眷托付给你，你死了叫谁照顾？依我说，不如降了曹丞相，慢慢打听刘备的下落，有了消息，再去寻他。"关羽思考了片刻，提出三个条件：一、只降汉朝，不降曹操；二、把刘备的俸禄赡养他的家眷；三、一旦知道刘备的下落，就要出去寻他。张辽听了，全都答应了他。于是关羽暂屈曹营，但他仍非常怀念刘备。曹操看到关羽绿锦战袍旧了，就派人做了一件新的送他。关羽却把旧袍罩在新袍上，说："旧袍是兄长刘备所赐，见了旧袍就好像见到了他。"曹操见关羽的马瘦弱，就把当年吕布骑的赤兔马送他。关羽大喜过望，连忙跪下来，一再称谢。曹操觉得很诧异，问："区区一匹马，你为何这样重视？"关羽说："素知此马日行千里，夜行八百。我有了这匹马，只要知道兄长的下落，一天之内，就可以和他见面。"

后来，关羽知道了刘备的行踪，立即挂印封金，离开许昌，前往投奔，经过五处关隘，斩了六员拦路的曹将，在古城会见张飞，终于重新与刘备相见。

齿亡舌存

"齿亡舌存"比喻刚强的不能立足、柔和的能够存在；也可以借用来说明有道的能够永存，无道的终遭灭亡。

此典出自《说苑·敬慎》。

春秋时著名的大学问家老子（又称老聃），本名李耳，字伯阳，楚国人，是著名的《道德经》的作者。他在周朝做官时，孔子也曾去向他请教实践的方法。

有一次，老子的老师常纵生病了，他前去探望。常纵倚在床上，张开嘴让老子看，问他道："我的舌头还在里面吗？"老子答道："在里面呀。"常纵又问他道："我的牙齿也还有吗？"老子摇摇头说："牙齿是没有了！"常纵接着又问道："你明白这是什么道理吗？"老子回答道："舌头之所以还存在，我想那是因为它很柔软的缘故吧！牙齿之所以脱落，可能是因为它太刚强的原因吧？"常纵听了，高兴地点头说："你说得没错，世界上的事情、道理都是这样的。"

常纵是主张仁义而鄙弃强暴的，所以他借用舌头和牙齿来说明：舌头因其柔（仁义）而存在，牙齿因其刚（强暴）而覆亡（脱落）。仁义必定战胜强暴，这是坚定不移的道理。做人如此，国家亦如此。

宠辱不惊

"宠辱不惊"就是被宠不骄，被辱不急，对得宠和受辱都无动于衷。人们常用来形容把得失置之度外。

此典出自《新唐书·卢承庆传》:"承庆嘉之曰:'宠辱不惊',考中上其能著人善类此。"

唐代时,有一位吏部民员叫卢承庆,字子余,幽州汲县(今属河北)人。唐太宗时,他担任对官吏的考绩评功工作。他作风正派,公道负责。

有一次,有一个负责运粮的官吏在运粮途中把粮船沉没了。卢承庆以他沉船失粮,在对他考绩时给他评了个"中下"。这个运粮官知道后,既没有异议,也没表现出任何的疑惧不安。可卢承庆转而一想,粮船沉没,不能全怪他一人,如遇大风浪,也不是他一个人能挽救得了的,评为"中下"有失公平,于是改评"中中"并告知本人。谁知这个运粮官听了以后,既没有说感谢的话语,又没有流露出激动欣喜之情。卢承庆了解到这些情况后,非常佩服这个人的风度,夸奖说:"真是宠辱不惊,难得难得!"最后,又把"中中"改为"中上"。

初出茅庐

"初出茅庐"比喻才进入社会,缺乏经验。现在也用来比喻刚出来做工作。

此典出自《三国演义》第三十九回:"博望相持用火攻,指挥如意笑谈中。直须惊破曹公胆,初出茅庐第一功!"

三国时期,刘备为了争夺天下,他三次去请隐居在南阳的诸葛亮,后来诸葛亮当了刘备的军师。开始的时候关羽、张飞等人很不服气,他们对刘备说:"诸葛亮年纪轻轻,能有多大本事!您过分敬重他了!到现在没看见他起多大作用!"刘备回答说:"我有了诸葛亮,就好像鱼得到水一样。两位兄弟不要再多说了。"

不久,曹操派夏侯惇带领十万大军,杀奔新野,攻打刘备,曹军已逼近博望城。当时刘备兵力很少,情况非常危急。他召集关羽、张飞等将领,商量迎战的对策。张飞发牢骚说:"哥哥为什么不让诸葛亮去对付?"刘备请来诸葛亮,诸葛亮说:"让我调兵遣将,恐怕关、张二人不服。"于是刘备就把宝剑和帅印交给了诸葛亮,一切由他指挥。

诸葛亮有了指挥作战的军权,便召集众将听令。诸葛亮命令关羽带兵一千人,埋伏在博望城左边的豫山上,敌军来时可放过不打,望见南面起火时,就出兵截杀,烧毁曹军后队粮草。命令张飞领一千士兵,去博望城右边山谷中埋伏,望见南面起火,就向博望城方向进攻,把曹军囤积的粮草烧掉。命令关平、刘封带领五百士兵,准备好放火用的东西,在博望坡后两边等候,曹军一到,立即放火。命令赵云做前锋,边战边退,引诱敌人。最后让刘备亲自带领一支军队,驻扎在博望山下,敌军到时就弃营退走,看见火起,回军冲杀。诸葛亮分派完以后,众将都疑惑不解。关羽说:"咱们先按他的计策去办,打不赢再跟他算账!"于是,众将都按令行动。

夏侯惇带领曹军扑向博望,他分派一半精兵做前锋,剩下的在后面押运粮草。这天晚上,夏侯惇借着月光看见赵云的兵马,哈哈大笑说:"有人说诸葛亮会用兵,如今他让赵云这点人马作前锋,就好像让羔羊和虎豹争斗。今天我一定能够活捉刘备、诸葛亮!"于是他亲自与赵云交战,赵云假装败走,夏侯惇率军紧追。曹将韩浩对夏侯惇说:"赵云是诱敌之计,可能会有伏兵。"夏侯惇回答说:"敌军这点兵马,即使是有十面埋伏,我也不怕!"他不听劝告,一直追到博望坡。突然一声炮响,刘备领兵迎战,夏侯惇笑着对韩浩说:"这就是他们的伏兵,有什么可怕的呢!今晚不打到新野,决不收兵!"战了几个回合,刘备和赵云一起退走。

博望坡军师初用兵图，出自《图像三国志》。

到了深夜，天空浓云密布，没有月色，又刮起大风来。夏侯惇只顾催军追赶，不觉追到一条狭窄的小路上，路边都是芦苇。曹将于禁对夏侯惇说："这里道路狭窄，两旁草木丛生，我们要防备敌人火攻。"夏侯惇猛然醒悟，忙下令立即后撤，可是已经来不及了，话音未落，背后喊声震天，火光四起，道路两旁的芦苇即刻燃烧起来，风大火猛，曹军乱成一团，烧死的、自相践踏死的，不计其数。赵云回兵冲杀，夏侯惇冒着烟火逃走。曹将李典收兵后退，被关羽截住冲杀，只好夺路而逃。于禁见后路粮草被烧，就投小路奔逃。曹将夏侯兰、韩浩来救粮草，正遇张飞。张飞一枪刺死夏侯兰，韩浩夺路而逃。天亮以后，曹军尸横遍野，血流成河。

诸葛亮得胜收兵回营，关羽、张飞二人叹服地说："诸葛亮真是英杰呀！"

处之泰然

"处之泰然"形容对待困难或紧急情况毫不在意，沉着镇定。

此典出自《论语·雍也》朱熹注："颜子之贫如此，而处之泰然。"

春秋时，在孔子的学生中，有一个叫颜回的人，被孔子称为是品格高尚的君子。有一天，孔子对其他学生说："颜回的品德多么高尚呀！他用一个竹筐子吃饭，一个瓢喝水，住在简陋的小巷子里面，别人都无法忍受这种困苦，但颜回却依然快快乐乐。他的品质是多么高尚呀！"

南宋时，著名学者朱熹曾注释过《论语》。在颜回的这段记载后面，朱熹感慨地写道："颜回的家境贫困到这种程度，他却处之泰然。"

春风不度玉门关

"春风不度玉门关"这个典故比喻某种思想、影响传播（多指好的方面）到不了某一地区或团体。现在引用时，有时一反原意，把"不"字换成"已"字，比喻好思想已深入人心。

此典出自《凉州词》中的一句话："黄河远上白云间，一片孤城万仞山。羌笛何须怨杨柳，春风不度玉门关。"

唐朝时候，有一个叫王之涣的人第一次去凉州（今甘肃省武威）。当时内地已经是春暖花开，杨柳青青，但凉州一带还非常寒冷，杨柳刚刚吐绿，而凉州西北面的玉门关外更是寒冷，杨柳还没有发青。王之涣初入凉州，看到当地景色，听到羌笛吹奏的《折杨柳（古代曲名）调》，写出了这首诗。意思是说：遥望黄河上游，像是一直伸到白云上空，一片孤城坐落在耸入云霄的高山之中。羌笛呀，你奏乐曲为何埋怨杨柳刚刚发青，孰不知玉门关外还见不到一丝的春风呢！

模棱宰相

“模棱宰相”指遇事含含糊糊、不明确表态的人。

此典出自《新唐书·苏味道传》：“味道练台阁故事，善占奏，然其为相，特具位，未尝有所发明，脂韦自营而已。常谓人曰：‘决事不欲明白，误则有悔，模棱持两端可也。’故世号模棱手，或模棱宰相。”

唐朝大臣苏味道，赵州栾城（今河北栾城）人，是一个文学家，在唐高宗（李治）乾封年间中了进士。武则天时期，苏味道做宰相多年，一味地谄媚。

苏味道熟悉尚书省历来的典章制度，上朝的时候可以不带奏章，单凭口头禀报。但是他当宰相，只是想保住自己的官位，从来不提出自己的看法和建议，只是阿谀、耍滑、营私苟且罢了。苏味道常对别人说：“决断事不要那么明白、清楚，一旦出现差错，后悔就晚了，只要含含糊糊、左右逢源、不明确表态就可以了。”所以，世上人都称他为“模棱手”或“模棱宰相”。

大吹大擂

“大吹大擂”原指大奏礼乐，大吹管乐，大擂金鼓。比喻大宣扬，过分地夸张或显示。

此典出自《元曲选·王实甫〈丽春堂〉四》：“赐你黄金千两，香酒百瓶，就在丽春堂大吹大擂，做一个庆喜的筵席。”又见《水浒传》十九回：“山寨里宰了两头黄牛，十个羊，五个猪，大吹大擂筵席。”

何观察何涛奉了济州府的命令，带领五百官兵和众多做公的，气势汹汹地到石碣村捉拿智取生辰纲的晁盖等七人。何观察等人来到石碣村后，晁盖、公孙胜、阮小二、阮小五、阮小七等以过人的智谋、出奇的计策、非凡的勇猛，在芦荡中歼灭了官兵，活捉了何涛。阮小二将捆成粽子似的何涛提上岸来，指着骂道：“你这家伙是济州一个诈害百姓的蠹虫！我本想把你碎尸万段，却还要放你回去对那济州府当官的贼驴说，咱们是不好欺负的！何况你一个小小州尹，就是蔡京亲自来，我也要搠他三二十个透明的窟窿。我们放你回去，告诉你那个鸟官人，教他不要讨死！”阮小七喝道：“众兵卒都完蛋了，留下你的两个耳朵做证明！”阮小七于是拔出尖刀，把何观察的两个耳朵割下来，鲜血淋漓，然后就放何涛回去了。于是何涛立刻如丧家之犬，夹着尾巴溜跑了。

好汉们打了胜仗，离开石碣村，直奔梁山泊而来。来到李家道口朱贵酒店，吴用将投梁山泊之事与朱贵说了，朱贵大喜。朱贵一面叫酒保安排酒食，招待众人；一面用响箭射向对岸，通报寨里。

第二天，晁盖、公孙胜等上山去，王伦领着一班头领出关迎接。晁盖、公孙胜等入寨之后，“山寨里宰了两头黄牛，十只羊，五头猪，大吹大擂筵席”，以示欢迎。

大谬不然

“大谬不然”比喻原来没料到的荒谬，也指大错特错，事情完全不是这样。

此典出自司马迁《报任少卿书》：“日夜思竭其不肖之材力，务一心营职，以求亲媚于主上，而事乃有大谬不然者。”

司马迁，字子长，左冯翊夏阳（今陕西韩城县）人，是我国著名史学家，著有《史记》。

汉武帝时接替他的父亲司马谈的职位任太史令。公元前99年，司马迁由于为投降匈奴的李陵辩护，被处腐刑。因而，司马迁非常苦恼和愤恨，在《报任少卿书》里，他发泄了这种情绪。他说：自己因为恩蒙汉武帝重用，本来准备鞠躬尽瘁报答知遇之恩，但万万没有想到，由于自己过分的忠心，反而受到了摧残，天下的事情真是太荒谬、太离奇了，大大地出乎人的意料之外。

大巧若拙

"大巧若拙"比喻正直灵巧的人，不自我炫耀，表面上好像很笨拙。

此典出自《老子》第四十五章："大直若屈，大巧若拙，大辩若讷。"

老子，姓李名耳（也有人认为姓老名聃），是和孔丘生于同一时代即春秋末期的一位思想家。著有《老子》一书，共八十一章（关于老子的姓名及《老子》一书是不是老子所著，历来有争议，本书《老子》为老子所著）。此书用"道"来说明宇宙万物的演变过程，包括某些朴素的辩证法，内容涉及政治、军事和日常生活。

《老子》第四十五章是老子人生论的一部分。在这一章里，老子运用朴素的辩证观点指出：有道德修养的人，其言行的实质和表现出的现象未必都是一致的。他说：大的成就好像亏缺，但它的用处是不会失败的。大的充实好像空虚，但它的用处是不会穷尽的。大的正直好像弯曲。大的灵巧好像笨拙。大的辩才好像语言迟钝。大的得利好像亏本。在生活方面，活动可以战胜寒冷，静止能够战胜炎热。在政治方面，清而无欲，静而无为，可以做天下的君长。

司马迁像，图选自明万历刻本《三才图会》。

大庭广众

"大庭广众"指人很多的公众场所。

此典出自《孔丛子·公孙龙》："使此人于大庭广众之中，见侮而不敢斗，王将以为臣乎？"

战国时，齐国国君齐湣王自称很喜欢结交士人（当时对知识分子的统称）。有一天，他对当时著名的人物尹文说："我非常喜欢士人，可齐国没有这样的人才，这是为什么呢？"尹文说："大王所指的士人，是指什么样的人呢？"齐湣王回答不出来。尹文说："有这样一种人，他讲忠、孝、信、义，这能算士人吗？您能任用他为臣吗？"齐湣王认为这就是他心目中的士人，是自己求之不得的。尹文说："如果这种人在大庭广众之下，受到欺侮却不敢争斗，您也任用他做臣子吗？"齐湣王说："这算什么士人啊！受欺侮却不敢争斗，这是一种耻辱，我是不会让他做臣子的。"

大冶铸金

“大冶铸金”的意思是，从洪炉中跃出来的金属。人们用它比喻自命不凡，自行炫耀，以求有所表现。

此典出自《庄子·大宗师》。

子犁与子来都是达观生死的高士，二人是好朋友。子来生病了，奄奄一息，妻子、儿子环绕在他身旁哭泣。子犁前去问候，把子来的妻子、儿女都赶开了，以免她（他）们惊动了正在变化中的人。子犁倚着门，对子来说：“大自然的造化又要把你变成什么，变到哪里去呢？是让你变成鼠肝呢，还是变成虫臂呢？”

子来回答说：“父母对于儿子来说，是至高无上的。无论儿子走到哪里，也要遵从父母的命令。而阴阳造化，比父母之命更不可违抗。自古以来，不孝之子违抗父母之命的事情有时会出现，而能够抗拒阴阳变化的事，却从来没有发生过。造化让我快要死了，如果我不听从，那就是我抗拒阴阳变化，造化本身有什么过错呢！大自然赋予我以形体，让我活着操劳，让我年老得到安乐，让我以死得到休息。它能让我很好地活着，也能让我很好地死去。举例说吧，名匠冶炼金属铸剑时，忽然有一块金属从洪炉中跳出来，请求名匠说：‘你用我铸剑，我一定成为有名的莫邪宝剑’。这时，名匠必然大吃一惊，认为这块金属是不祥之物。今一遇人的形体，就说‘我只愿当人，我只愿当人’，造化者一定认为你是不祥之人。同样的道理，如今天地就像大洪炉，造化就像铸剑的名匠，它可以随意变化你，能像那块金属一样跳出洪炉，提出自己的要求吗！”生与死的关系，就像睡与醒的关系。应当安闲地入睡，惊喜地醒来。睡与醒虽有区别，但为什么不能从容乐观地对待它呢？同样，生与死也有一定的差别，但是，也应像对睡与醒那样，从容乐观地对待它。

盗刖相夸

“盗刖相夸”辛辣地讽刺了那种干了坏事，不以为耻，反以为荣的人。

此典出自《韩非子·外储说左上》：“齐有狗盗之子与刖危子戏而相夸。”

齐国有两个小孩经常在一起玩耍。其中一个小孩的父亲是个盗贼，在夜晚的时候披着狗皮，把自己装扮成狗，潜入别人家偷窃。另一个小孩的父亲，因为犯过罪，受到断腿的刑罚。

这一天，两个小孩玩着玩着，便吹嘘起各自的父亲来。

其中一个小孩说：“我的父亲与众不同。他穿的皮衣有条尾巴，别人谁有？”

另一个小孩说：“那有什么稀奇！到了冬天，人人都得添衣御寒，唯有我的父亲，一年四季都不用穿套裤。”

字盗与殴

“字盗与殴”比喻名同而实异的事物，在现实生活中是常可遇见的；如不细加分辨，就可能造成误导。

此典出自《尹文子·大道下》。

庄里有位老大爷，给大儿子取名叫“盗”，给小儿子取名叫“殴”。一天，“盗”外出，他的父亲跟随在他的后面，追着喊他：“盗！盗！”小吏听到了，便把“盗”捆起来。

他的父亲又想喊“殴”去对小吏讲明实情，由于心里着急，一时声气转不过来，只喊出：“殴！殴！”小吏于是使劲地殴打“盗”，打得“盗”几乎丧了命。

道不拾遗

“道不拾遗”形容民风淳厚,现在多用来形容社会风气和道德良好。

此典出自《韩非子·内储说下》:仲尼为政于鲁,道不拾遗,齐景公患之。

春秋时代,鲁定公时,孔子曾在鲁国做过几任官。起初仅做了中都宰,后来升为大司寇(系掌理一国刑罚的官职)摄行鲁国宰相的职务。孔子在当时被认为是最有学问、最有道德的一个人,他在职不过三个月,鲁国的政治便得到了很大的改良;民间的风气,也有了极大的转变;连市上售卖猪羊肉的贩子,也自动地取消了讨价还价的恶习,全部统一了价格;路上行人都各自谨守秩序,毫不混乱。在路途上,如果遗失了贵重的物品,不必用严厉的法律制裁,老百姓也知道各自尊重自己的人格,不会据为己有。所以四方的游客都不必惊动到官府,自然就可以取回。这种大家严守纪律的廉洁风气,当时称为“道不拾遗”。

道见桑妇

“道见桑妇”说明自己怎样对待别人,别人也将怎样对待自己。俗话说得好,“欺人者必受人欺”,就是这个道理。

此典出自《列子·说符》:“晋文公出会,欲伐卫。公子锄仰天而笑。

公问何笑。

曰:‘臣笑邻之人有送其妻回娘家,道见桑妇,悦而与言。然顾视其妻,亦有招之者矣。臣窃笑此也。’

公寤其言,乃止,引师而还。未至,而有伐其北鄙者矣。”

晋文公出会诸侯,想顺路攻打卫国。公子锄仰头大笑。

晋文公便问他笑什么。

他说:“有一个邻居,送他妻子回娘家,在路上遇到一个采桑的妇女,便微笑着前去和她搭话。但回头一看,却看见有人也正向他的妻子招手哩。我为此而暗笑呵!”

晋文公立刻领悟了公子锄这番话的意思,就停止了进兵,带领人马回国。还没到国内,就发现有敌人正在侵犯他的北部边疆了。

得过且过

“得过且过”意思是过一天算一天,不作长远打算。

此典出自《辍耕录》:“五台山有鸟名寒号虫……比至深冬严寒之际,毛羽脱落,索然如彀,雏,遂自鸣曰:‘得过且过。’”

传说从前在五台山有一种奇特的小鸟,名叫寒号鸟。寒号鸟有四只脚,两只肉翅,不会飞行。盛夏季节是寒号鸟最快乐的日子,它全身长着绚丽丰满的羽毛,鲜艳夺目,百鸟都非常羡慕它。这时,寒号鸟得意洋洋,整天走来走去,到处找别的鸟比美。它一边走一边唱道:“凤凰不如我!凤凰不如我!”

夏去秋来,有些鸟飞向遥远的南方,到那里去过冬;留下的鸟整天辛勤劳碌,积粮造窝,准备过冬。只有寒号鸟仍然到处炫耀它那身漂亮的羽毛。

秋去冬来,寒风呼啸,雪花飘舞。其他的鸟在秋季都换上了一身又厚又密的羽毛,迎接寒冬的到来;但寒号鸟却与众不同,到了冬天,它那身漂亮的羽毛脱落得光光的,就好像还没有长毛的鸟崽。夜晚,全身光秃秃的寒号鸟躲藏在石缝里,凛冽的寒风不断袭来,冻得它浑身发抖。它不断地咕噜道:“好冷啊,好冷啊,明天就做窝,明天就做窝。”但是,当寒夜过去，太阳从东方升起，温暖的阳光照耀大地，这时，寒号鸟却忘记了昨夜的寒冷，忘记了要做窝的想法，它又说道："得过且过！得过且过！"

寒号鸟最终也没有做窝，就这样一天天的混日子，最后冻死在五台山的岩石缝里了。

斗鸡走狗

"斗鸡走狗"这个典故是指一些游手好闲的人的无聊嬉戏。

此典出自《史记·袁盎晁错列传》："袁盎病免居家，与闾里浮沈，相随行，斗鸡走狗。"

汉文帝像，图出自明·天然撰《历代古人像赞》。

西汉时，有一个大臣叫袁盎(《汉书》作爰盎，此从《史记》)，字丝。吕后专权时，他曾当过吕后的侄子吕禄的舍人。汉文帝时被其兄袁哙保任，得为中郎。后历任齐相、吴相。袁盎与御史大夫晁错一直都有矛盾。汉景帝即位后，晁错告发袁盎"多受吴王(刘濞)金钱，"袁盎被降为庶人。

汉高祖刘邦在世时，为了巩固刘氏政权，曾封了许多同姓王。汉景帝三年，吴王刘濞联合楚、赵、王、胶东、胶西、济南、淄川等六国，发动了叛乱，史称"吴楚七国之乱"。袁盎朝见景帝，挑拨景帝与晁错的关系，以"请诛晁错以清君侧"为名，向景帝建议诛杀晁错。在袁盎的诱导下，景帝错杀了晁错。但是，杀了晁错，并没有制止刘濞等人的叛乱，七国叛军反而更加猖狂地向朝廷进攻。在事实面前，景帝才醒悟过来，重新下了平叛的决心，派周亚夫为太尉率军迎击，最后平息了这次叛乱。

叛乱平息以后，袁盎在楚王刘礼手下为相，但所献计策不被楚王采纳，袁盎遂病免居家。病归以后，袁盎以前的威风和斗志逐渐消失，竟在乡间随波逐流，斗鸡走狗，以度余生。后来，因事被梁孝王所怨恨，遭到刺杀。

斗粟尺布

"斗粟尺布"比喻兄弟不和。

此典出自《史记·淮南王衡山列传》："孝文十二年，民有作歌歌淮南厉望王曰：'一尺布，尚可缝；一斗粟，尚可舂。兄弟二人不能相容。'"

西汉文帝时，淮南王由于犯法受到囚禁。淮南王是文帝的亲弟弟，文帝为了不徇私情，就命令用囚车把他关起来，派人押送回封地。大臣袁盎劝谏说："淮南王从小娇生惯养，缺乏严师教育，以致犯法。他性格刚强，如今陛下用这种严厉的方法对他，他可能会死在半路上。陛下刚即位，就落下杀害亲弟弟的名声，天下人又会怎么认为呢？"文帝说："因为这件事，我也很烦闷，那么就赦免了他吧。"文帝的赦免令下达之后，囚车已经离京城很远了。

淮南王的囚车经过各县，县令遵照命令，不放他出来吃饭睡觉。淮南王在囚车中实在忍不下去了，就对押车人说："人们都说我勇敢，其实，我哪里勇敢呢？我从小骄横，没有人敢批评我的过失。唉，一个人怎么能忍受这样的痛苦！"于是，他绝食而死。

文帝知道后，伤心不已，哭着对袁盎说："我没有早听你的建议，才导致淮南王的死去。"

袁盎宽慰文帝说："人已经死了，也无计可施了，望陛下节哀。如今的办法是：严惩对此事负有责任的人以谢天下。"

咄咄怪事

"咄咄怪事"指使人惊奇并难于理解的怪事。

此典出自《世说新语·黜免》："殷中军被废，在信安，终日恒书空作字。杨州吏民寻义逐之，窃视，唯作'咄咄怪事'四字而已。"

晋朝有一个人姓殷，名浩，字深源。他不但有学问，而且很有口才。朝廷看见他有才能，便封他做建武将军，统率扬、豫、徐、兖、清等五个州的军队。

后来朝廷派他领兵跟敌人作战，殷浩惨遭失败，于是朝廷不仅免了他的官职，还把他流放到信安去。

殷浩被流放到信安之后，郁郁不得志，内心里对朝廷赏罚不明感到非常气愤，满肚子的牢骚无处发泄。因为他在以前，从来没有对朝廷说过半句不平或怨恨的话，但每天总要书写"咄咄怪事"这几个字，借此抒发自己的思想和感情。

二疏辞官

"二疏辞官"表示不慕官场，及时隐退。

此典出自《汉书·疏广传》。

汉代汉宣帝时期，有两个贤德之人，一个叫疏广，字仲翁，东海兰陵人；一个叫疏受，字公子，是疏广的侄子。公元前67年，宣帝册立皇太子，选丙吉为太傅，疏广为少傅。几个月以后，丙吉当上了御史大夫，疏广任太子太傅，疏受任太子家令。疏受好礼恭谨，才思敏捷，善于辞令。一次，宣帝来到太子宫，疏受迎送应对，祝酒上寿，一切都彬彬有礼，皇帝满心欢喜。不久，疏受就被封为太子少傅。皇太子每次入朝，疏广和疏受都陪同前往。太傅疏广在前，少傅疏受在后，叔侄都是太子师傅，在朝廷上下传为美谈。

一次，疏广对疏受说："我听说，'知道满足的人不会受辱，懂得适可而止的人就没有危险。'功成身退，那是天经地义的事啊！"我们官居高位，俸禄二千石，可以说是功成名就了。如果不及时隐退，恐怕有后悔的那一天。我认为，不如叔侄二人相随出关，告老还乡，以终天年，这不是很好的事情吗？"疏受叩头说："谨听大人教诲。"当天，二人都上书称病。三个月后，皇帝垂问，疏广就说自己病重，上书请求告老还乡。皇帝也觉得他们的确年老了，就答应了赐给他们黄金二十斤，皇太子赠黄金五十斤。临行时，许多公卿大夫、朋友、同乡都为他们送行，在长安东廓门外摆下酒宴，送行者的车有几百辆，叔侄二人向众人告别而去。在道路两旁观看的人都说："这是两位贤德的大夫啊！"有的人还感动得流下泪来。

发蒙振落

"发蒙振落"形容非常容易。

此典出自《史记·汲郑列传》："淮南王谋反，惮黯，曰：'好直谏，守节死义，难惑以非。

至如说丞相弘,如发蒙振落耳。'”

西汉武帝时,有一个叫汲黯的人,字长儒。他先任东海太守,接着又做主爵都尉。汲黯推崇道表法里的黄老学说,对汉武帝常常直言劝谏,武帝既尊敬他,又有点怕他。汉武帝可以和大将军卫青蹲在床边上聊天,可以不戴帽子和丞相公孙弘谈话,但不戴帽子就不敢见汲黯。一次,汲黯有事来见汉武帝,汉武帝当时正好没戴帽子,于是赶紧躲在帐幕后面,派其他人去接受汲黯的意见。由于汲黯为人耿直,对皇帝也敢直言进谏,所以许多大臣甚至一些诸侯王也都惧怕他。

当时丞相公孙弘的为人和汲黯不同,他对人宽厚,与人无争,因此虽身居相位,一些大臣和诸侯王都不把他放在眼里。

淮南王刘安阴谋反叛,但是惧怕汲黯。他说:“汲黯这个人喜欢直言进谏,对朝廷忠贞不贰,恐怕难以迷惑他。至于丞相公孙弘,要迷惑他却是非常容易的,就像揭掉一件蒙罩物,振动将要掉落的叶子一样。

放荡不羁

“放荡不羁”这个典故比喻一个人行动随便,不受约束。

此典出自《晋书·王长文传》:“王长文……少以才学知名,而放荡不羁,州府辟命皆不就。”

晋代时,有一个叫王长文的人,字德睿,广汉睿(今四川中江东南)人。王长文自幼勤奋好学,少以才学知名。但他性格孤僻,放荡不羁,对州府的征召都不怎么服从。有一次州里召他为别驾,他便穿了件普通的衣服偷偷地溜掉了,全州的人都不知道他去了哪里。刺史知道他不屈就官府,便赠以厚礼。后来王长文闭门不出,也不与人交往,专心致志地著书。他摹仿《周易》写了四卷书,起名叫《通玄经》,当时的人都把这本书比为汉代扬雄著的《太玄经》。

嵇康像,图出自清·顾沅辑《古圣贤像传略》。

太康中叶,四川发生了大饥荒,官府开仓借粮。因为王长文平时就一贫如洗,所以借得粮食很多,但又无力偿还,郡里就把他送到州里想处罚他。刺史徐干知道王长文的为人,就没有让他还账,谁知道王长文连谢都不谢就扬长而去了。

王长文的行为,的确有点不受约束的味道。因此《晋书》说他“放荡不羁”。

非　薄

“非薄”表示诋毁鄙薄。现作“非

薄”。

此典出自《世说新语·栖逸》:“山公将去选曹,欲举嵇康;康与书告绝。”

又见《康别传》:山巨源为吏部郎,迁散骑常侍,举康,康辞之,并与山绝。岂不识山之不以一官遇己情邪？亦欲标不屈之节,以杜举者之口耳！乃答涛书,自说不堪流俗,而非薄汤武。大将军闻而恶之。

山涛,晋代河内怀县人,字巨源。喜好《老子》、《庄子》之学,与嵇康、阮籍等人一起被称为“竹林七贤”。三国时期,在魏国任尚书吏部郎,西晋政权建立后,山涛任吏部尚书十多年。

山涛担当吏部郎时,将升为散骑常侍,推荐嵇康接替吏部郎的职务。嵇康拒绝了,并写信与山涛绝交。山涛与嵇康情深谊厚,并不是以推荐嵇康当官来维系友情的,对这一点,嵇康是清楚的。但是,他为何写信与山涛绝交呢？他是为了表明自己清高不屈的气节,使其他的人不再举荐他当官。因此,他给山涛写了绝交书,说明自己无法忍受官场的庸俗习气,并且说了一些非薄商汤、周武王的话,诋毁、鄙薄这些圣人。大将军司马昭听到这个消息,对嵇康怀恨在心。

非驴非马

“非驴非马”形容一件事物的不伦不类。

此典出自《汉书·西域传下》:“后数来朝贺,乐汉衣服制度。归其国,治宫室,作徼道周卫,出入传呼,撞钟鼓,如汉家仪。外国胡人皆曰:‘驴非驴,马非马,若龟兹王,所谓骡也。’”

汉朝时,中国幅员辽阔;东至朝鲜北部,西到新疆,南达越南,北抵蒙古,声势极其显赫。当时,西域有一个龟兹国,国王绛宾于汉元康元年到京都长安来朝,在长安居住了一年多。后来又曾数次来朝贺,每次来到,看见汉朝官吏的服饰如此华丽,皇帝的宫廷如此宏伟,仪仗制度如此威严,都觉得非常有趣。回国后,便仿照长安的皇宫,建了一座宏大宫殿;把宫内划分禁区,派禁卫军巡逻;出入有华丽的马车,用竹钟击鼓来传呼;总之,一切都依照汉朝的礼仪。西域其他国家的人,看不惯这种样子,大家都在背后说:“驴又不像驴,马又不像马,这个龟兹国王可以说是骡了。”

非同小可

“非同小可”形容事情重要或形势严重,不可轻视。

此典出自《水浒》第二十九回:“这是武松平生的真才实学,非同小可。打的蒋门神在地下叫饶。”

蒋门神凭借着孟州张团练的势力,霸占了施恩的市井酒店快活林,并把施恩打得数月起不了床。施恩伤势刚刚好一点,就请武松为他报仇,去快活林打蒋门神。武松路见不平,拔刀相助,于是满口答应,但是要依他一件事,即在去快活林的道路上,每遇一个酒店要请他吃三碗酒。施恩想,去快活林的路上酒店十几家,每遇一个酒店吃三碗,岂不烂醉如泥么！武松看出施恩的心思后,大笑道:“你怕我醉了没本事,其实我却是不醉没本事。带一分酒,便有一分本事,五分酒,就有五分本事……”

于是武松沿途吃酒,到达快活林时已吃了五七分酒,他却装做醉醺醺的样子,前颠后偃,东倒西歪。武松进到快活林酒店,马上要上等酒喝,故意闹事。酒保见状,慌忙去报告了蒋门神;蒋门神得知后,急忙奔来捉拿武松。蒋门神见武松从店里出来,觉得他醉了,就把他赶了出去。二人在大路上相遇，武松打蒋门神，先用拳头虚晃一晃，便转身，再飞起左脚，踢中了，转过身来，又飞起右脚。这一扑，唤做玉环步，鸳鸯脚。"这是武松平生的真才实学，非同小可。打的蒋门神在地下叫饶。

分庭抗礼

"分庭抗礼"原意是宾客和主人分别站在庭中两侧，相对行礼，以平等地位相待。后来人们用这句成语比喻彼此不分上下、平起平坐或互相对立。

此典出自《庄子·渔父》："子路旁车而问曰：'由得为役久矣，未尝见夫子遇人如此其威也。万乘之主，千乘之君，见夫子未尝不分庭伉礼，夫子犹有倨敖之容。今渔父杖拿逆立，而夫子曲要磬折，言拜而应，得无太甚乎？门人皆怪夫子矣，渔人何以得此乎？'"

有一天，孔子带领他的弟子们在树林中休息。弟子读书，孔子弹琴。孔子一曲还没有弹完，忽然从河里驶过一条船来，从船上走下一位须眉全白的老渔父。老渔父走上河岸，坐在树林的另一头，侧耳倾听孔子的演奏。等到孔子弹完了一支曲子，他把子贡和子路招到他面前，问道：

"这位弹琴的人是谁呀？"

"是我们的先生，鲁国的君子孔子呀！"子路大声回答他，子贡又补充说：

"他就是性服忠信、身行仁义，上以忠世主，下以化于黎民，当今闻名于各国的孔圣人啊！"

"哦，是这样。"渔父微微一笑，"恐怕是危忘真性，偏行仁爱呀……"说完，转过身朝河岸走去。

子贡急忙把这位渔父的话转告了孔子，孔子放下琴，猛地站起来，惊喜地说："这位是圣人呀，赶快去追他！"

孔子急忙赶到河边，渔父正要划船离岸，孔子恭敬地向他拜了两拜，说：

"我从小读书求学，到如今已经六十九岁了，还没有听过高深的教导，怎敢不虚心地向您请教呢？"

渔父也不客气，走下船来，慢悠悠地对孔子讲：

"真者，精诚所至也。不精不诚，不能动人，故强哭者虽悲不哀，强怒者虽严不威，真亲未笑而和。真在内者，神动于外，是所以贵真也。其用于人理也，事亲则慈孝，事君则忠贞，饮酒则欢乐，处丧则悲哀……"

孔子听得津津有味，不住地点头。孔子卑谦地对渔父说：

"遇见先生真是我的荣幸，我愿意做您的学生，得到您的教导，请告诉我您的住址行吗？"

渔父没有告诉他住在哪里，跳上小船，独自划船走了。这时颜渊已把车子拉过来，子路把上车拉的带子递给孔子，但孔子全不在意，两眼注视着渔父的船影，一直到看不见船的影儿，听不见划水的声音，才惆怅地上了车子。

子路看到孔子这出乎寻常的表现，觉得非常不理解，站在车旁问孔子说：

"我跟您驾车子已经很长时间了，还从没见过像渔父这样傲慢的人。就是天子、诸侯、大夫同您见面，也都是分庭抗礼、平起平坐的，而您还带有自尊的神色呢！然而今天那个渔父撑着船篙，一副傲慢的样子，您却弯腰弓背，先拜后说话，是不是太过分了？我们几个弟子都对您的举动感到不可思议，您对渔父怎么可以如此恭敬呢？"

孔子听了子路的话，很生气，伏着车木叹口气说：

“子路呀，你真是难以教化呀，你那个鄙拙之心至今未改！你靠进一点，我告诉你听：遇年长的人不敬是失礼，遇贤人不尊是不仁，不仁不爱是祸害的根本。今天这位渔父，是懂得大道理的贤人，我怎么能不尊敬他呢？”

子路、子贡和其他弟子们只好听从先生的教导。

风吹草动

“风吹草动”意思是说风稍微一吹，草就摇动。后来则用它比喻轻微的动静或事故。

此典出自《史记·伍子胥列传》：“偷踪窃道，饮气吞声。风吹草动，即便藏形。”

春秋时期，楚国国君楚平王，昏庸荒淫，竟然霸占了自己的儿媳妇。大臣伍奢坚决反对，于是平王恼羞成怒，把他抓了起来，还要他写信命令他在外地的两个儿子回来，准备一起杀掉。

伍奢的大儿子伍尚就约弟弟伍员听从父亲的指示一起去见父亲。伍员是个有见识的武将，他估计此去是凶多吉少，劝哥哥不要上当。伍尚不听弟弟的劝告，结果到了郢都，和父亲一起被杀害了。

楚平王为了斩草除根，就派兵四处追捕伍员，在各个关口都挂了伍员的图像，悬赏捉拿。伍员乔装改扮，投奔吴国。路上，伍员昼伏夜行，历尽艰难困苦，走了十多天，才接近昭关。昭关形势险要，官兵把守非常严，伍员无法通过。

伍奢的朋友东皋公非常同情伍员的遭遇。他把伍员请到家里，准备帮他出关。但是七天过去了，还是没有找到出关的机会。伍员非常着急，一夜间头发、胡子全变白了。东皋公看到这种情形，忽然想出一个办法，就对伍员说：“你的头发、胡子已经变白，守关兵士很难辨认。我的朋友皇甫讷的相貌和你差不多，让他装扮成你的样子，如果他在关口被捉，你便可乘机出关。”于是按照这个办法，伍员混出了关口。

伍员匆忙赶路，来到一条江边，他怕追兵追来，就躲藏在芦苇之中。过了一会儿，见到一只渔船，他急忙喊道：“渔父，快来渡我！”伍员上了渔船，渔翁见他举止行为不像一般人，就问他到底是谁。伍员就告诉了他实情，渔翁十分惊讶。

到了对岸，渔翁要他稍等一会，给他找点吃的。伍员等了一会，不见渔翁回来，心中生疑，怕人来捉，又躲到芦苇深处。渔翁取来饭菜，发现伍员不见了，就喊道：“芦中人，出来吧，我不会出卖你！”伍员走出来饱餐了一顿，然后解下祖传佩剑送给他。渔翁向他表示，楚王悬高价捉拿伍员，自己都没有贪图，怎能接受宝剑呢？伍员问渔翁姓名，渔翁不图报答，就没有告诉他。伍员叮嘱渔翁，如果有追兵到来，请勿泄露。渔翁见伍员生了疑心，便投江而死，以此消除伍员的疑虑。伍员见此情景悲痛难忍。他只好继续逃亡。后来伍员有了势力，打回楚国，报了杀父之仇。

奉若神明

“奉若神明”比喻对某些人或事物极其尊重。现在多用于贬义。

此典出自《左传·襄公十四年》：“爱之如父母，仰之如日月，敬之如神明”；《后汉书·黄琼传》载李固给黄琼的信中作“待若神明”：“近鲁阳樊君被征初至，朝廷设坛席，待若神明。”

据《后汉书》记载：东汉时，一些中小地主出身的士人做官的途径，多是通过公府（三公等大官）征聘和郡国荐举。这些人往往以不应官府的征召来抬高自己的身份。每拒绝一次，他们的声望和社会地位便提高一些。封建皇帝为了招揽人才，所以也往往给这些人以很高的待遇。而实际上这些士人中，有很多都是只有虚名却无真才实学的假名士。

汉顺帝时，鲁阳（今河南鲁山县）有一个叫樊英的人，他精通《五经》和术数之学，隐居于壶山（在今河南泌阳县东北）南面。因为他很有名气，所以拜他为师的人很多，官府和一些名士也推荐他。但州郡礼聘，公卿荐举，他都不愿接受。后来，顺帝以礼征召他，无奈之下他才来到京都洛阳，但仍称病不起。顺帝见此，为他专设了坛席，像侍奉神仙一样地对待他，他才不敢再加推辞，后被任命为光禄大夫（官名）。但樊英上任后，能力一般，并没有什么特殊的表现。

“奉若神明”就是尊敬得像迷信的人敬神一样。

伍子胥剑赠渔父图，图出自清·马骀《百将图传》。讲述春秋时期，楚平王追杀伍子胥，伍子胥逃至河边，得渔父相救，解剑赠与渔父，渔父不受之事。

夫子自道

“夫子自道”意思是孔夫子的自我表述，本来是子贡颂扬孔子的话。后来，“夫子自道”用来指说别人的缺点，不自觉地道出自己的疼处。

此典出自《论语·宪问》：“君子道者三，我无能焉：仁者不忧，知者不惑，勇者不惧。”子贡曰：“夫子自道也！”

春秋时期，孔子经常结合自己的亲身体会对学生进行教育。一次，孔子说：“君子之道有三个方面，我都没能做到：仁德的人不忧愁，聪明的人不迷惑，勇敢的人无所畏惧。”听了孔子这番话，学生子贡说：“这正是老师你的自我表述啊！”

浮家泛宅

“浮家泛宅”指以船为家，漂泊于江湖的人。

此典出自《新唐书·张志和传》：“颜真卿为湖州刺史，志和来谒，真卿以舟敝漏，请更之，志和曰：‘愿为浮家泛宅，往来苕、霅间。’”

唐代，有一个人叫张志和，字子同，他年少有才华，十六岁时就被选拔为明经。他给唐肃宗写了一篇策文，唐肃宗非常赏识他，任命他为待诏翰林，负责四方表疏批答，应和文章等事。后来，他因事犯罪，被贬到南浦任尉。正好碰到皇上大赦，他回到家乡，从此游居于江湖之上，垂钓水滨，做隐逸之士。

当时，著名书法家颜真卿任湖州刺史，张志和前去拜访他。颜真卿看到张志和乘坐的船又破又漏，便要为他找一个住处。张志和说：“我愿以船为家，东飘西荡，往来于江湖之中。”

浮阳之鱼

“浮阳之鱼”的意思是要人既自知(自知之明)又知天(认识自然规律),这样就不至于怨天尤人了。

此典出自《荀子·荣辱》:“鲦、鲌者,浮阳之鱼也。胠于沙而思水,则无逮矣;挂于患而欲谨,则无益矣。”

这段话意思是说:

鲦和鲌鱼,都是喜欢就着阳光浮在水面上的鱼。当被搁浅在沙滩上时,再去思念江海的大水,已经来不及了。如果它们记着这场灾难,并且考虑得谨慎些,就不会怨天尤人了。

符艾相争

“符艾相争”用以讽刺那些不学无术,只知道整天钻营谋利,闹个人纠纷的庸人。

此典出自《东坡志林》。

桃符仰起脸,大骂艾人:“你这个草人,算什么东西,胆敢高踞在我的头上!”艾人不甘示弱,回答道:“时已入夏,你已经半截入土,活不了几天,还争什么高低呢?”

桃符怒不可遏,又反唇相讥。它们互不服气,骂不绝口。

门神劝解说:“我们这些人因为没有什么能耐,才依附在别人的门下,哪里有工夫斗闲气呢!”

付之一炬

“付之一炬”比喻一把火把东西全部烧掉。

此典出自唐代诗人杜牧的《樊川文集·阿房宫赋》:“戍卒叫,函谷举,楚人一炬,可怜焦土!”

秦始皇曾建造了一座名叫阿房宫的大型宫殿。秦亡后,项羽领兵占领了秦都咸阳,一把火把阿房宫烧成了焦土。如今阿房宫旧址只残存着高大的夯土台基,高约七米,长约一千米,是全国重点文物保护单位之一。

唐代诗人杜牧为了向沉溺声色、大修宫殿的唐敬宗提出劝谏,写了这篇《阿房宫赋》。赋中写到,戍守边防的兵卒一声呐喊,函谷关被攻破;楚人放了一把大火,可怜阿房宫就变成了一片焦土。

傅粉施朱

“傅粉施朱”原意是形容修饰面容,化妆打扮。现常用来比喻掩盖过失或掩饰事物的本来面目。

此典出自战国楚国宋玉《登徒子好色赋》:“著粉则太白,施朱则太赤;眉如翠羽,肌如白雪。”

战国末期,楚国有一位文学家叫宋玉。相传他是伟大诗人屈原的学生,在楚怀王、楚襄王时候做过文学侍从一类的官。

宋玉不但文章写得好,而且仪表堂堂,能言善辩。据说,有一次,大夫登徒子在楚王面前告发宋玉好色。楚王就问宋玉是不是这么回事儿?宋玉说:

“天下的美女没有比得过楚国的,而楚国的美女要数我家乡的最好。在我家乡的美女之中，最漂亮的要数我家东邻的那位姑娘了。她身材适度，增一分就高了，减一分就短了；她天生一副漂亮的面孔，不用擦粉抹胭脂，擦粉就太白了，抹胭脂就太红了；她的眉毛如翡翠鸟的青黑色羽毛，肌肤像白雪一样；她的腰像一束绢那样纤细，牙齿像排列整齐的白色海螺。她微微一笑就能够迷倒所有的公子哥儿。但是，这位女子在墙头向我张望了三年之久，到现在我还没有接受她的追求。可登徒大夫就不同了，他那个妻子头发乱，耳朵斜，嘴唇遮不住稀疏的牙齿，走起路来驼着背而且一瘸一拐的，而且满身癞疥，患有痔疮。登徒大夫却非常喜欢她，跟她生了五个孩子。请大王认真想想，我们俩究竟是谁好色。”

敢怒而不敢言

“敢怒而不敢言”比喻心里愤怒但嘴上却不敢说。

此典出自唐代杜牧《樊川文集·阿房宫赋》：“使天下之人，不敢言而敢怒。独夫之心，日益骄固。”

唐敬宗（李湛）时，大修宫殿，统治阶级沉溺于声色犬马之中，以致朝政昏乱，民不聊生。大诗人杜牧为了维护李唐王朝的封建统治，借助揭露秦朝统治者大修阿房宫的奢侈荒淫，对唐敬宗提出了劝谏。

杜牧在《阿房宫赋》中写到：秦始皇应以自己的心去体会千万人的心。秦人喜爱奢侈豪华，臣民百姓也都思念着自己的家园。为什么把锱铢一般微小的东西都掠夺干净，却像泥沙一样地去使用！使支撑栋梁的柱子多于田里辛勤劳动的农夫；梁上的椽子比织布机上的织女还多；一颗颗的钉头比粮仓里的谷粒还多；纵横的栏杆比九州的城郭还要多；杂乱的管弦乐器声音超过了集市上人们的说话声。统治阶级这样的穷奢极欲，天下臣民嘴上虽不敢说，心里却满怀着无比的愤怒……

杜牧像，图出自清·上官周绘《晚笑堂画传》。

刚愎自用

“刚愎自用”形容人倔强固执、凭自己的主观意图行事，不听他人的话。

此典出自《左传·宣公十二年》：“伍参言于王曰：‘晋之从政者新，未能行令。其佐先谷，刚愎不仁，未肯用命。其三帅者，专行不获。听而无上，众谁适从？此行也，晋师必败。且君而逃臣，若社。’”

春秋时期，有一年，楚国的楚庄王亲自率领军队讨伐郑国，包围了郑国的国都。楚军一直包围了三个月，郑国被逼得走投无路，只好投降。郑伯脱去衣服，手里牵着羊走出城去，迎接楚王，乞求说：

“我不能禀承天意事奉君王，如果您因此发怒前来问罪，我罪有应得，愿意听您发落，只是求您千万不要灭掉郑国！”

楚国的大夫们说：“不能答应他，我们已经取得胜利了，岂能赦免他？”

楚庄王却说：“郑伯能自下于人，看来是能够让人信任的，还是答应他们媾和吧！”

于是楚庄王下令楚军撤退三十里，与郑国结了盟。郑国把子良送到楚国做人质。

这时候晋国的军队赶来援救郑国，荀林父作为中军统帅，先谷作为辅佐。士会、郤克、栾书、韩厥等将领也分别率领上军、下军，奔到黄河边上。荀林父听说郑国已经与楚国讲和，便对将领们说：

“我们晚来了一步，人家已经媾和了，等楚军退走以后我们再去打郑国的主意吧！”

先谷反对荀林父说：“这可不行！我们晋国就是因为军队作战英勇，才能称霸诸侯。如今碰上敌人不打就撤回，这是怯懦的表现。你们愿意逃跑可以，但我坚决不愿意，那样做不如死去！”说完，先谷就率领一部分军队渡过黄河，攻打楚军去了。

荀林父犹豫不决，进退两难。韩厥劝他说：“你是最高统帅，军队不听从命令是你的过错呀！加上又丢失了郑国，这罪过太大了，我看不如干脆进军，即使不能取胜，失败了我们大家可以分担责任，总比你一个人遭受处罚强些吧！”

“也只好这样了！”荀林父下了命令：“全军渡过黄河，征伐楚军！”

楚庄王这时正在黄河边上休整，准备回国。听说晋军已渡黄河，他更想尽快离开，避免同晋国交战。但是他的宠臣伍参坚决不同意，他想与晋军大战一场。他说：

“我了解晋军的情况，他们的将领都是新换的，不能行使命令。尤其荀林父那位副手，他叫先谷，非常固执、任性，自以为是，不听指挥，所以晋军有令不能行，一定会失败的。而且您是楚国的国君，哪有一见敌人就仓皇逃跑的呢！楚国是不能忍受这个耻辱的！”

楚庄王采纳了伍参的意见，下令军队向北前进，迎战晋军。

晋军过了黄河，驻扎在敖山与鄗山之间。郑国暗地里派人对先谷说：“我们郑国对晋国是忠心的，暂时屈从于楚国，与他们签订盟约是迫不得已，只是想保存国家。现在楚军疲累，正是攻打他们的好时机，我们郑国军队愿做你们的后援！”

先谷信以为真，果断地说：“好！打败楚国、降服郑国，就在此一举！”

楚军和晋军开始交战，因为楚军早有准备，所以很快就把晋军打得一败涂地，晋军伤亡严重，大败而归。

高阳酒徒

“高阳酒徒”指喜欢饮酒、狂放不羁的人。

此典出自《史记·郦生陆贾列传》。

秦朝末年，刘邦举兵反秦。有一次，刘邦带兵经过陈留，有一个被称作“狂生”的人郦食其前去求见刘邦，报上姓名，向刘邦的侍者通报说：“我是高阳贱民郦食其，听说沛公（刘邦）冲风冒雨，率兵助楚讨伐不义的秦国，麻烦你通报一声，我想见见他，谈谈天下的事情。”侍者进去通报时，刘邦正让两个女子为他洗脚，他问侍者说：“什么样的人要见我？”侍者回答说：“像个大儒，穿着儒生的衣服，头戴一顶求见时才戴的高山冠。”刘邦一直都很讨厌儒生，有些儒生来见他时，他就把人家戴的帽子脱下来，往里边撒尿。即使交谈几句，也常常破口大骂，骂得也非常难听。这次郦食其求见，刘邦还算客气，对侍者说：“替我谢谢他吧，就说我正在关心天下大事，没有时间见儒生。”侍者就出去对郦食其说道:“沛公说谢谢你的美意。不过,沛公正在潜心研究天下大事,没时间同儒生闲聊。”郦食其瞪起眼睛按着宝剑怒斥侍者说:“快去!再进去告诉沛公,我是高阳酒徒,不是什么儒生!”侍者害怕了,连帖子都掉了,急忙跪下拾起郦食其的帖子,就往回走,又进去报告说:“来的这位客人,是天下少见的壮士,他大骂了我一顿,我吓得连帖子都掉了。他说:‘快去!再进去通报,说我老子是高阳酒徒。’”刘邦一听,立刻光着脚操起矛命令道:“请客人进来!”

《东周列国志》版画之“荀林父纵属亡师”图,讲述春秋时期晋楚交战,晋军荀林父指挥不当,导致晋军伤亡惨重之事。

根深蒂固

“根深蒂固”比喻旧的势力、意识、习惯等根基牢固,不容易动摇或改变。

此典出自《老子》第五十九章:“重积德则无不克,无不克则莫知其极,莫知其极则有国,有国之母可以长久,是谓深根固柢。长生久视之道。”

《老子》第五十九章,是老子的人生论和政治论。他根据奴隶主阶级为了要过奢侈荒淫的生活,不断地害人利己,从而酿成社会动乱的问题,提倡节俭,主张回到没有阶级、没有人剥削人、人压迫人的原始社会。

老子说:治理人民,遵循天道,没有比节俭再好的了。正因为节俭,所以能顺应自然道理,利人而不害人。这叫做重视积累美德。重视积累美德,则无往而不胜。无往而不胜,则没有人能估计出他的力量。没有人能估计出他的力量,则可以保有国家。保有国家,用此大道,则可以长治久安矣。这叫做深根固柢。这是长久生活的途径。

觥筹交错

“觥筹交错”的意思是,酒器和酒筹交互错杂。后人常用来形容相聚宴饮的欢乐景象。

此典出自宋代欧阳修《醉翁亭记》:“射者中,弈者胜,觥筹交错,坐起而喧哗者,众宾欢也。”

欧阳修,是北宋的一位文学家、史学家,字永叔,号醉翁、六一居士,吉水(今属江西)人。宋仁宗天圣八年中进士,曾任枢密副使、参知政事。他敢于直谏,屡遭贬谪。他是北宋文学革新运动的领导人物。在他的影响下,一批优秀作家如王安石、曾巩和三苏父子等古文的写作,都向平正通达方面发展,对北宋文学发展产生了较大的影响。

宋仁宗庆历五年,欧阳修被贬到滁州(今安徽滁县),纵情于山水间。庆历六年,他写了《醉翁亭记》这篇著名的散文。这篇文章的情调是恬淡闲适的,不论写景还是记游,都能使人们感受到山间景色的幽美和人们游宴的快乐，并且这种乐趣又是在醉中领略到的。文章经过欧阳修的反复修改，语言非常精炼。写的是游山玩水的乐趣，却蕴含着失意抑郁的感情，委曲婉转，余韵不尽，表现出作者官场失意寄情于山水的心情。

《醉翁亭记》在描写宾客们游宴时的欢乐情景中写道："宴会喝酒的欢乐，并不是因为有委婉动听的弦乐和管乐，而是大家玩的是投壶和下棋的游戏。投壶的投中了，下棋的赢了，就罚输家喝酒，于是觥筹交错，大家有站有坐，嘻嘻哈哈，吵吵闹闹，客人们玩得兴高采烈。"

诟食者

"诟食者"这个故事说明：一个人想要别人尊重自己，那么自己首先得尊重别人。

此典出自《郁离子·虞孚篇》。

齐地有个人喜欢一边吃饭一边骂人。他每次吃饭都骂他的仆从，甚至摔坏食具，乱丢筷子、调羹。同宿舍的人都讨厌他，但都忍着不好发作。当他将要离开时，同宿舍的人送给他一只狗，说："这只狗能捕捉禽兽。这件不丰厚的礼物就用来作为送别的纪念品吧。"走了二十里路后，他停下来吃饭，把狗也唤来吃东西。这只狗要吠叫一阵才吃饭，并一边吃还要一边吠叫。这个人坐在桌上骂人，狗便在下面吠叫。每次吃饭都是这样。有一天，他的仆从禁不住笑出声来，这个人才发觉自己受了侮辱。

郁离子说："人只有自己侮辱自己，然后别人才能侮辱他。"

姑妄言之，姑妄听之

"姑妄言之，姑妄听之"比喻说的人姑且随便说说，听的人也就姑且随便听听。表示双方都不必太认真。

此典出自宋代叶梦得《避暑录话》："苏轼在黄州、广东时，常要客人讲鬼的故事，人家说没有鬼，他就说：姑妄言之，姑妄听之。"

宋朝的大文学家苏轼(苏东坡)由于反对王安石变法，得罪了皇帝，被贬到黄州做团练副使，实际上处于被监管的地位。

他非常郁闷。一天，他拍着肚皮问众婢女道："你们说，我肚子里装的是什么？"一个婢女说："相公腹内满是锦绣文章。"另一婢女笑道："不是，不是，相公是满肚子不合时宜。"苏东坡连连点头，苦笑道："不错，不错，的确是满腹不合时宜啊！"

他百无聊赖，来客当然不能谈论政治，常常是相对无言。所以，有一天他对来客说："你讲个鬼怪故事给我听听吧。"那客人愕然道："我向来不会讲鬼故事啊！"东坡道："你就瞎编一个讲给我听听。"那客人深为苏东坡的寂寞所触动，就费尽心思给他讲了一个鬼故事。

但是，苏东坡的性格是乐观向上的，他当然不会虚度年华，他终于振奋起来，在黄州写出了前、后《赤壁赋》及《水调歌头》等传世之作。

故相远派

"故相远派"这个故事告诉人们：攀龙附凤，趋炎附势，是一种非常庸俗的行为。

此典出自《拊掌录》。

有一位前宰相的远房同姓，在苏州游玩时在墙壁上写道："大丞相再从侄某某曾在这里游玩。"有一个读书人叫李璋，本来就喜欢幽默诙谐，看到这种情况，于是便在旁边写道:“混元皇帝的三十七代孙李璋接着到了这里。”

顾左右而言他

“顾左右而言他”比喻被人质问时有意回避症结问题。

此典出自《孟子·梁惠王下》“王顾左右而言他。”

孟子,是战国时候的人,也是孔子以后的大学问家,能言善辩。有时,连国君也无法回答他的问题。

有一次,他去朝见齐宣王,对齐宣王说:“今天我来,是想向您请教一些问题。”齐宣王就请他说出来听听。

孟子说:“从前有一个人,他要到楚国去办事。临走之前,他将自己的妻子托付给一个好朋友照顾。但等他回来时,发现朋友根本不管他的妻子,而他的妻子正在挨饿受冻。一个人遇上这种情况,该怎么办呢?”齐宣王说:“这种人不能称做朋友,最好和他绝交。”孟子又说:“我认识一个狱官,他连手下的属吏都管不住,大家都认为他不称职。对这种官员,应该如何处置?”齐宣王说:“当然应该罢他的官。”

孟子紧接着又问:“如果一个国家管理得不好,那么该怎么办呢?”

对这个问题,齐宣王可就不敢不假思索地回答“把国君废去。”因此他感到非常为难,只好不作回答,而是东张西望,谈起其他不相关的事情来。

挂牛头卖马肉

“挂牛头卖马肉”这个故事比喻用好东西作幌子来推销劣等的货色,亦指名实不符或言行不一。

此典出自《晏子春秋·内篇杂下》:“君使服之于内而禁之于外,犹悬牛头于门而卖马肉于内也。公何以不使内勿服,则外莫敢为也。”

灵公喜欢宫内妇女女扮男装,没多久,整个齐国蔚然成风,所有的妇女,不论老少,都穿上了男装。灵公遂派官吏禁止,说:“如果再有女扮男装的,给我撕破她的衣服,扯断她的衣带!”不久,到处都可以看到:女人的衣服被撕破了,衣带被扯断了,可是女扮男装的风气依然屡禁不止。

有一天,晏子拜见灵公,灵公问他说:“我派官吏禁止女扮男装,违反命令的就撕破她们的衣服,扯断她们的衣带。现在撕衣断带的到处可见,但是女扮男装的风气还是制止不了,这是为什么呢?”晏子回答说:“君王在宫内大肆提倡女扮男装,在宫外却严加禁止女扮男装,正像店外挂着牛头,店内卖的却是马肉一样啊!君王要禁止女扮男装,如果在宫内禁绝,那宫外的妇女谁还敢再扮男装呢!”灵公说:“好吧。”于是禁止宫内女扮男装。这样,不到一个月的时间,全国上下就再没有一个妇女敢穿男装了。

过河拆桥

“过河拆桥”比喻达到目的后就把帮助过自己的人一脚踢开。

此典出自《元曲选·康进之〈李逵负荆〉三》:“你休得顺水推船,偏不许我过河拆桥。”

周桓王十九年,郑庄公四三年,宋庄公九年(公元前701年),郑庄公得了重病。他把祭足叫到床前,说:“我有十一个儿子,除了世子忽之外,子突、子义、子都不相上下。不过,依我仔细观察,还是子突最有才能。我想传位给他,你认为怎么样?”祭足说:“按道理来说，君位应该传给大儿子，再说公子忽又屡建大功，国人都对他很信服。他在天子那儿做过人质，又曾帮助齐侯打退北戎。齐侯非常器重他，还准备把女儿许配给他。他在诸侯之间也有点名气，怎么可以把他废了呢？”郑庄公说：“子突不是个能安于下位的人，如果子忽当了国君，他一定不甘心，怎么办？”

祭足说：“先把子突送到其他国家去，免得他来抢夺君位。就是不知道该送到哪个国家才好？”郑庄公咳嗽了一阵子，说：“就送到宋国去吧！宋国是他外祖母的家。再说宋公冯又得到过咱们的照顾，他不会不答应的。”接着，他又哀叹着说，“唉，往后郑国太平不了啦！”

祭足退出来，耳朵里还回想着郑庄公的叹气声，他知道郑庄公向来有先见之明，他一定是考虑子突将来会抢夺子忽的君位。祭足总认为子忽不该回绝齐国的亲事。齐僖公对子忽一直都很赏识，想把自己的女儿文姜许配给他，曾三番五次地托人做媒，都被子忽坚决地拒绝了。他不答应的理由是：“郑是小国，齐是大国，门不当、户不对，不能高攀！”大丈夫应该自立自强，不能依赖裙带关系！祭足觉得子忽太不懂人情世故了，抓住大国的一条裙带要比多一支兵马还管用哩！由于祭足一直是支持子忽的，因而不免会替他担心。

郑庄公死后，祭足立公子忽为国君，就是郑昭公。郑昭公派遣使臣到多国去作友好访问，联络彼此的感情。他派祭足去宋国，顺便调查一下子突的情况。祭足到了宋国，见了宋庄公，还没说话，就被武士们绑了起来，他呼叫着说：“我犯了什么罪呀？”宋庄公说：“以后慢慢再告诉你吧！”祭足当即被囚禁起来，周围还挤着一大批武士把守着，弄得他坐立不安。

《东周列国志》版画之“郑祭足被胁立庶”图，讲述郑国大臣祭足被宋庄公胁迫，废掉本国国君郑昭王，改立公子突为君之事。

到了晚上，太宰华督亲自来看他，并带了些酒菜，算是来给他压压惊。祭足说：“我不知道是哪儿触怒了你们，为什么要囚禁我？”华督说：“你不知道宋国是子突的外婆家吗？他一到这里，他外婆雍家就央求我们主公全力帮助子突。反正子忽生性懦弱，根本不配做国君，所以我们主公要你把子忽废了，立子突为国君。”祭足说：“这怎么行呢？他是先君立的，如果我废了他，不是叫天下人唾骂我的罪行吗？”华督说：“你太傻了！谋君篡位的事哪一国没有？谁有势力，谁就当权。鲁国公子轨不也是这样得到君位的吗？我们主公又何尝不是这样呢？你只要放胆去做就行了！天塌下来有宋公顶着，怕什么！”祭足紧皱着眉头，默不作答。华督进一步对他施加压力说：“如果你不答应，宋公会先杀了你，再派大将南宫长万护送子突进攻郑国去。到那时你早埋在地底下，后悔也来不及了。好汉不吃眼前亏，我看你还是答应吧！”祭足被逼得没有办法，横竖自己就是死了也保不住子忽的君位，只好答应了他们。华督还要求两人一起对天发誓，说话一定要算话，如果反悔，必遭上天报应。

第二天，宋庄公叫子突进去，对他说：“郑国新君打发使臣来，托我把你杀了，还答应送我三座城，作为谢礼。我不忍心这么做，因此才暗中告诉你，你可得特别小心哪！”子突跪着说：“我的生命在您手里了，只要您给我出个主意，我凡事都听您的，您要什么我就给什么，哪儿只是三座城呢？”宋庄公说：“你要回郑国，必须要依赖郑国，依赖祭足帮忙方行，咱们找他来商量着办吧！”他就把祭足、华督一起叫进去。宋庄公说了一番动听的言辞，表示他本来想置身事外，不愿过问这件事，如果不是因为当年郑庄公待他厚道，子突又表现杰出，他根本不愿给子突出主意。不过，大家有言在先，免得以后反悔。他也不图什么谢礼，只要求子突给他三座城、一百对白璧、一万两黄金，每年再给他两万石谷子就行了。子突一心想回国，就不假思索地答应了宋庄公的条件。宋庄公是个城府很深的人，做事一向谨慎，还叫子突和祭足落款签名，作为证据。他又怕子突和祭足各怀心志，使郑国不得太平，就要子突答应把郑国的大权交给祭足掌管，又叫祭足把女儿许配给宋雍氏的儿子雍纠，再拜雍纠为郑国的大夫。这样一切都安排妥当后，才叫子突跟着祭足悄悄回到郑国去。

祭足回到郑国，装病躲在家里。大臣们都到他家去问候。他们一见祭足脸色红润，衣冠整齐，都惊讶地问他：“听说你病了，可是你的神情哪儿像病了呢？”他说：“倒不是我有病，而是咱们的国家病了！先君宠爱子突，把他托付给宋公。现在宋公派南宫长万当大将，率领大军护送子突回来，很快就要来攻打我们了。怎么办呢？”大臣们听了这番话，你瞪着我，我瞪着你，都不敢多说。祭足又说：“想要宋国兵马退回去，只有立子突当国君这一个办法。好在公子突就在这儿，咱们大家分析一下吧！”高渠弥一向支持子亶，平常跟子忽就格格不入，虽然他不是真心要帮助子突，可是废了子忽也觉得非常痛快，于是他率先站出来，坚决地抚着宝剑说：“这是咱们国家的造化，我们愿意拜见新君！”大家以为他早就跟祭足约定好了，都不免有几分疑惧，又看到了角落里都是武士，更是惊魂不定，不敢提出异议。祭足马上请出子突跟大臣见了面，他又取出预先写好的一个奏章，叫大臣们签了字，再送去给子忽。奏章写着：“宋国出兵护送子突进来，我们没有别的办法可想，只好请主公退位。”祭足另外又偷偷写了密信给子忽，说：“请主公暂时退避一下，将来一有机会，我一定设法来迎接您。这是我的肺腑之言，决不失信。”子忽知道自己孤立无助，就出奔到卫国去了。随后，祭足立子突为国君，就是郑厉公。

郑厉公刚即位，宋庄公就打发人来给他道贺，还提醒他说话要算话，把当初许诺的东西送给宋国。郑厉公对祭足说：“当时急着回国，他予取予求，我都答应了。现在如果真的照办，郑国的国库就空了。再说刚一即位，就断送三个城，岂不叫人笑话吗？”祭足说：“白玉、黄金，多少先送点儿去，跟他们说：其余的以后再补上。至于三个城，是郑国的土地，不方便交割，干脆改送粮食好了。”他们真的就这么办了。宋庄公看到这么少的谢礼，非常生气。他原以为子突多有出息，没想到他当了国君，竟这般吝啬！他立刻逼迫郑国按照当初的约定，交付一切。他说他倒不是贪图财物，而是要子突信守诺言，做事做人慷慨一点！这样来来去去地折腾了好几次。郑国还托鲁桓公辗转说情。鲁桓公也讲义气，当面跟宋庄公谈了好多次。到最后，宋庄公不但无动于衷，反而派人对鲁桓公说：“这是我跟子突的事，别人管不着！”鲁桓公怒不可遏，破口大骂宋庄公。然后他转到郑国去，联合子突共同出兵攻打宋国。

宋庄公听说鲁国和郑国的兵马攻过来了，大吃一惊，急忙召集大臣们，商讨对策。公子御说："打仗固然要讲究兵力，也得考虑是非曲直。以前郑伯好意收留了主公，又护送主公回国，还邀约诸侯开会，正式确定了主公的君位。这么大的恩典，咱们不能过河拆桥，忘恩负义。现在我们贪图郑国的谢礼，逼迫着郑国，同时也得罪了鲁国。这是咱们自己理亏，我觉得，不如跟他们讲和吧！"南宫长万不甘心，嚷着说："对方已经打到咱们的城门底下来了，如果咱们一下都不打，就去求和，那还像个诸侯吗？"太宰华督接着说："这话不错！咱们总不能示弱呀！"

宋庄公就叫南宫长万出去迎战。双方摆开阵势，你来我往，交锋了几个回合。结果南宫长万打了败仗，宋国兵马死伤惨重。宋庄公只能眼看着郑国人和鲁国人凯旋而归。谢礼非但没要到，反而挨了一顿打，怎么能甘心呢？于是他立即打发使臣到齐国去，请齐僖公出兵相助。

守国的使臣对齐僖公说："郑国子突忘恩负义，过河拆桥。我们的主公很后悔当初送他回国。现在想邀您一起去攻打他，再叫子忽出来当君主，请您务必帮帮忙。"齐僖公本来打算把女儿嫁给子忽，虽然事情没成，不过对他还是很有好感，就说："子突赶走他哥哥，我也不敢苟同；但是我现在要去攻打纪国，没办法兼顾贵国的请求。如果贵国愿意先帮我去打纪国，我一定帮贵国去打郑国。"宋国真的就答应了齐僖公。

齐僖公又派人去约卫宣公发兵相助。卫宣公是齐僖公的女婿，不可能不帮齐僖公一把的。可是直到宋国的使臣又来约定出兵的日子，卫宣公仍然没有派人来。卫国可能是发生什么意外了！

过江之鲫

"过江之鲫"比喻追逐时潮的人很多。

此典出自东晋初年的一句俗语："过江名士多于鲫。"

西晋时，司马炎和他的集团的统治是极其腐朽的。他们不但阴险毒辣而且极端荒淫无耻。这个统治集团，不但皇室司马氏是东汉以来的世代大官僚，就是一些大臣和高级官吏，也大都出身于东汉、曹魏以来的世家大族。他们在政治上享有特殊的权利，在经济上残酷地剥削人民，以致哀鸿遍野，民不聊生。

公元 311 年，洛阳被刘聪占据以后，北方的世家大族和各级官僚纷纷迁居江南，依靠驻守建业的琅邪王司马睿。公元 317 年，晋愍帝被刘聪杀死，司马睿在建康（建业改为建康）称帝，建立了东晋王朝。

虽然东晋王朝和西晋王朝在实质上没有什么区别，但当时北方的一些知名人士怀着各种目的，抱着各种幻想纷纷来到江南，从而使人们觉得他们像成群活动的鲫鱼一样，不可胜数。

海屋添筹

"海屋添筹"这个故事是讽刺那些吹牛皮说大话的人。

此典出自《东坡志林》。

有三位老人相遇在一起，有人询问他们的年龄。

第一个老人说："我的年岁已经记不清了，只记得我年少的时候，曾和盘古有过来往。"

另一位老人说："每当大海的水变成田畴时，我就记下一个筹码，现在我的筹码已经放满了十间屋子了。”

最后一位老人说：“我所吃的仙桃不计其数，每吃一个仙桃，我就把桃核丢在昆仑山下。现在，那些丢掉的仙桃核已经和昆仑山一般高了！”

在我看来，这三位老人呀，与生命非常短促的蜉蝣和朝菌有什么区别呢？

好大说者

“好大说者”用以讽刺那些靠吹牛皮、说大话过日子的人。

此典出自《艾子杂说》。

公孙龙求见赵惠文王时，想以夸夸其谈来打动他，便向文王滔滔不绝地讲起大鹏展翅、连钓六鳌之类的故事。

文王听了，讥讽地说道：“您说的海巨鳌，我从来没有见过，还是让我为您讲讲我们赵国的一个故事吧。”

“我们镇阳地方，有两个小孩，一个叫东里，另一个叫左伯。有一天，他们来到渤海边玩耍，刚玩了一会儿，忽然一群大鹏飞来，在海面上翱翔。东里急忙纵身下海去捉，伸手就逮住一只。渤海那样深的水才没到他腿。东里回头寻找装鹏的东西，于是顺手扯过左伯的头巾包起来。左伯大怒，和东里打了很长的时间。东里的母亲来拉东里回家，左伯不罢休，抓起太行山打去，误中了东里的母亲，东里母亲的一只眼因此而看不清楚，于是她用指甲从眼窝里把太行山抠出来随手丢向西北方向。因此太行山从中断开了，弹出的那块石头，就是今天的北岳恒山，先生可能也见过吧！”

公孙龙听了坐立不安，垂头丧气，慌忙溜走了。他的弟子嘲笑说“嘻嘻，先生一向喜欢夸夸其谈，向别人炫耀，这一回活该受窘。”

好好先生

“好好先生”讽刺的是那些世故圆滑，凡事都说好的人。

此典出自冯梦龙《古今谭概·癖嗜》。

后汉时，有个叫司马徽的，从不谈论别人的短处，只要跟人说话，无论好事坏事都说好。有人问司马徽是否平安，他都回答说：“好。”有人告诉他说儿子死了，他回答说：“很好。”妻子责备他说：“人家觉得你有德行，才告诉你。为什么听到别人儿子死了，反而也说好呢？”司马徽说：“你这句话说得也很好。”

好事不出门，恶事传千里

“好事不出门，恶事传千里”比喻世风不好，专喜传恶，不愿扬善。

此典出自宋代道原《景德传灯录·卷十二·寿州绍宗禅师》：“‘如何是西来意？’师曰：‘好事不出门，恶事传千里。’”《水浒传》：自古道‘好事不出门，恶事传千里’，不到半月之间，街坊邻居都知道了，只瞒武大一个不知。

赵匡胤年轻时喜欢打抱不平，行侠仗义，是个好管闲事的祖宗，闯没头祸的太岁。这天，赵匡胤在太原清油观发现锁着个年轻貌美姑娘，哭哭啼啼，一问才知名叫赵京娘，被强盗所掳，寄顿在此，清油观道士慑于盗威，不敢放她。赵匡胤一听大怒，一棒把菱花窗格打了下来，说道：“强人若再来时，只说赵某打开殿门抢去了。”便让马给京娘骑，千里迢迢送京娘回蒲州家乡。一路上两人兄妹相称，历尽艰险，斗杀歹徒“着地滚”周进，棒打匪首“满天飞”张广儿，悉心照料京娘疾病。那京娘想起公子之恩，心中情动，又羞于出口，便心生一计:路上假装腹痛,要公子扶她上马,又扶她下马,并将身偎贴公子,挽颈勾肩,万般妩媚。夜宿时又嫌寒道热,要公子减被添衾,软香温玉,又岂无动情之处?公子性刚,全然不以为怪。渐次行来,看看已近蒲州,这日黄昏以后,京娘在灯下长叹流泪。公子怪道:"贤妹因何不乐?"京娘道:"小妹深闺娇女,误陷贼人之手,今日蒙哥哥拔离苦海,千里步行相送,又为妾报仇,绝其后患。此恩重如亲生父母。此身之外,别无报答。不敢望能与哥哥婚配,待为妾婢,服侍你一日,死亦瞑目。"公子大怒,道:"俺本为义气上千里相送,今日若就私情,与那两个强盗何异?把从前一片真心化为假意,惹天下豪杰耻笑?"自此,京娘愈加尊敬公子,公子亦愈加怜悯京娘。

这日到了蒲州,京娘父母忽见女儿回来,喜出望外,杀猪设宴款待公子。其兄与父私下商议道:"'好事不出门,恶事传千里。'妹子被强人劫去,今日跟这汉子回来。'人无利己,谁肯早起?'想必他与妹子早已有情。妹子经了许多风波,又有谁聘他?不如招这汉子为婿。"就将话来与公子提起。公子性如烈火,听得这话,大怒,把桌子掀翻,扯断马缰,如飞而去。京娘气苦,捱至深夜,自缢而死。正是:"今宵一死酬公子,彼此清名天地知。"

涸泽之蛇

"涸泽之蛇"比喻老实人往往受欺负,而奸诈的人运用权术却可以得到益处。

此典出自《韩非子·说林上》。

田成子因负传而随之,至逆旅,逆旅之君待之甚敬,因献酒肉。

鸱夷子皮侍奉田成子。田成子离开齐国,逃到燕国去,鸱夷子皮背着印信文书跟随着他。到了望邑这个地方,子皮说:"您难道没有听说过涸泽之蛇吗?水泽干涸了,蛇便迁移到别处去,有一条小蛇告诉大蛇说:'您走而我跟着,人们都认为是一般过路的蛇罢了,一定会杀死您,不如用嘴相衔背着我走,人们就会把我当成神君。'于是相衔背着小蛇越过大路,遇见的人都赶紧避开,说:'那是神君。'现在您仪表堂堂而我相貌一般,使您做我的上客,人们可能看我是个千乘之君;使您做我的使者,人们会当我是个万乘之卿。不如您装作我的随从吧。"

田成子就背上文书跟着他,到了客店里,客店的主人对待他们很恭敬,赶紧献上酒肉款待。

洪乔之误

"洪乔之误"表示受人之托,不重信义。则不论托人传递书信、携带衣物、传达口信、或邮寄物书信等,凡传递不到,半途遗失等,均以"洪乔之误"称之。

此典出自《世说新语·任诞》。

晋代有一个人名叫殷羡,别字洪乔,原任京官,有一次奉命到豫章做太守。当殷羡首程赴任时,京都中有很多亲友都托殷羡带书信到豫章,当时殷羡不好当面拒绝,但心里却非常不情愿去为人传递书信。他来到一个名叫石头的地方时,竟把所有的书信都投到河里,并喃喃自语道:"让它们沉到水底去也好,或是浮在水面也好,我都不管,我殷洪乔不是甘心做替人传递书信的信差的。"可想而知,那些书信,被投到水里后,当然不能够到达收信人手里。

侯门似海

"侯门似海"用以形容显贵之家门禁森严,普通人无法进入。

此典出自唐代崔郊《赠去婢》诗："侯门一入深如海，从此萧郎是路人。"

唐代时，有一位叫崔郊的秀才，他的姑母家里有一位端庄美丽的使唤丫头。崔郊很爱她，她也很敬慕崔郊。可是，崔郊的姑母不了解这件事情。由于家境贫困，姑母竟将这位婢女卖到了大官的府第中。

崔郊虽然非常想念她，但高官的府第门禁森严，普通人怎么进得去呢？从此，崔郊一直没见着这位心上人。有一年的清明节，崔郊偶然遇见了她，但她已是官家的人了，因而不敢和崔郊打招呼，崔郊也不敢向前问询。两人四目相对，竟如咫尺天涯。崔郊心里非常痛苦，但又无法向人诉说，便写了一首诗《送去婢》："公子王孙逐后尘，绿珠垂泪滴罗巾，侯门一入深如海，从此萧郎是路人。"

后顾之忧

"后顾之忧"原意是外出时家中还有令人牵挂、忧虑之事。现在多用它形容来自后方的忧患，有时也指事后的忧虑。

此典出自《魏书·李冲列传》："高祖得留台启，知冲患状，谓右卫宁弁曰：'仆射执我枢衡，总理朝务，清俭居躬，知宠已久。朕以仁明忠雅，委以台司之寄，使我出境无后顾之忧，一朝忽有此患，朕甚怀怆慨。其相痛惜如此。'"

李冲是南北朝时期北魏的宰相，受到孝文帝元宏的器重。李冲才智机敏，为官清廉，对朝廷忠心耿耿，因而得到朝廷上下的称赞。他参与朝廷重大政事的决策、法令的制定，深得皇帝信任。皇帝奖励他的功绩，多次封官加爵，太后经常赏赐他珍宝御物。可他决不贪婪，把钱财分给亲戚朋友，连家乡父老也得到过他的分赏，所以受到人们的赞扬。

李冲有一个远房外甥，是孤儿，无人照看，从小住在他家里。有一次，有人给李冲家送来一匹良马，目的是求李冲给他找一个官做。正好李冲不在家，外甥便自作主张将良马收下，也没有告诉李冲。几天以后，李冲见到这匹良马，以为是家里新近买来的，便骑它上朝。马的主人看到李冲骑了自己送去的马，可谋官的事只字不提，于是认为上了当，就到处讲李冲的坏话。李冲了解到事情的真相后，大发雷霆，便将自己的外甥判了死罪。

孝文帝打算把京都南迁，大臣们都反对，可是皇帝不听劝谏。李冲便耐心地规劝皇帝，讲明利害得失，说服了皇帝。孝文帝几次领兵出征，朝内大事全交付李冲。李冲处理得非常周全、缜密。由于劳累过度，李冲才四十岁，鬓发便已经斑白，身体衰弱，但仍然不辞辛劳，为朝廷出谋划策。孝文帝也将他看成不可缺少的助手。

当时有一个叫李彪的人，初到京都时投奔李冲。李冲非常欣赏他，常在皇帝面前推荐他，两人关系也很亲密。李彪后来当上了朝廷的中尉兼尚书，成了皇帝的近臣，非常自傲，一改过去的面孔，对李冲也疏远而且无礼，大臣们对他很是讨厌。在皇帝南征离开京都的时候，几位大臣找李冲联合控告李彪。李冲亲自执笔，写到李彪忘恩负义的地方，李冲气得怒不可遏，一拳击断书案。因此生出急病，无法医治，仅十余天便死去了。

孝文帝听到噩耗，悲伤不已，急忙回驾。他经过李冲的墓时，痛哭失声，对大臣们说："李冲清俭居躬，身负重任，因为有他替我主持朝政，我出征才没有担忧的事情，如今他死了，我以后依靠谁啊！"

桓公见鬼

"桓公见鬼"说明鬼不过是一种心理幻象，怕鬼只是自己的精神因素。

此典出自《庄子·达生》。

管仲与齐桓公画像石

齐桓公在沼泽地里打猎，管仲为他驾车，可是却遇见了鬼。桓公抚摸着管仲的手，问道："仲父见到什么了吗？"

管仲回答说："我什么也没见到。"

桓公回宫以后，忧郁成疾，好多天都不上朝。齐国有个叫做皇子告敖的士人对桓公说："是您自己伤害了自己，鬼哪能伤害您呢？人体内的愤怒之气，消散而不返归于身，就表现为神气不足；气上攻于头而不下降，就使人好发怒；气下降而不上升，就使人善忘；气不上不下，集结在心脏部位，就使人生病。"

桓公说："那么到底有没有鬼呢？"

回答说："有。室内有鬼名叫履；灶上有鬼名叫髻；粪堆上有鬼名叫雷霆的鬼；东北墙下，叫倍阿鲑蛮的鬼；西北墙下，有名叫髻阳的鬼盘踞在那里；水里有鬼叫罔象；丘陵有鬼叫做夔；山上的鬼名叫夔；旷野中叫彷徨的鬼；大泽里有叫委蛇。"

桓公说："请问，委蛇的形状是怎样的？"

皇子说："委蛇，大如车毂，长如车辕，穿紫衣，戴朱帽。那东西最怕听隆隆的车声，一有车声就抱头而站立。见到它的人就快要成霸主了。"

桓公听后满面堆出笑容地说："我见到的正是叫做委蛇的鬼。"

于是整理衣帽与皇子告敖同坐共语，不到一天病也不知不觉就好起来了。

面皮安放

"面皮安放"寓言借眉、眼、口、鼻争位置高下，辛辣地嘲讽了争权夺利。

此典出自《醉翁谈录》。

眉毛、眼睛、嘴巴、鼻子四种器官，都有神灵。

一天，嘴巴对鼻子说："你有什么本事，位置竟然处在我的上方？"

鼻子说："我能辨别香臭，而后你才可以吃食，因此我的位置处在你的上方。"

鼻子又对眼睛说："你又有什么本领，位置却处在我的上方呢？"

眼睛说："我能观察美丑，能看东西，功劳不小，所以应该处在你的上方。"

鼻子又说："如果是这样，那么眉毛有什么能力，也处在我的上方呢？"

眉毛说："是呀，我也不知道和各位怎么争来了这么个位置，我如果放在眼睛鼻子的下方，不知道你这一张皮，要放在哪里？"

华屋山丘

"华屋山丘"意在慨叹人生生死莫定，世事变化无常。

此典出自《晋书·谢安传》。

晋朝谢安是一位学问渊博、才智很高的名士，很讲义气重感情，诗文在当时非常有名且受到人们的赞赏。

谢安有一个外甥，名叫羊昙，非常聪明，谢安非常疼他，而羊昙也对这位舅父格外敬重，两人之间的感情也和父子一样。后来谢安死了，羊昙非常悲痛。因为谢安的坟墓是在西门，所以羊昙从此不走西门那条路，如果有事情要出去西门时，总是绕弯从其他地方进出，因为恐怕看见舅父的坟墓，心里伤心。有一天他喝醉了酒，误走到西门，于是大哭起来，拿着马鞭敲着城门高声叫道："生存华屋处，零落归山丘"。

华阳隐居

"华阳隐居"比喻超脱尘世，置身物外。

此典出自《梁书·陶弘景传》。

陶弘景（公元456—536年），南朝人，字通明。曾帮助梁武帝萧衍（公元464—549年）推翻齐朝，建立梁朝，参与朝廷机密大事，被人称作"山中宰相"。

在齐朝时，陶弘景也很受朝廷器重，身任诸位王子的侍读，举足轻重。然而，他却闭门读书，不与他人交往。齐武帝永明十年（公元492年），陶弘景上表辞官，得到皇上的准许。临行时，公卿大臣都出来送行，盛况空前。

辞官后，陶弘景来到句容县（在今江苏省）的句曲山隐居。他总是说："这座山下是道家的第八洞宫，名叫金坛华阳之天，方圆一百五十里。从前，汉代咸阳的茅盈和弟弟茅固、茅衷三人成仙得道，居住在这里，所以当地人将山改名为茅山。"于是，他在山中修建馆舍，居住下来，自称为"华阳隐居"。

桓伊三弄

"桓伊三弄"形容举止狂放，不拘礼俗。也可用以赞叹吹笛技艺高超。

此典出自《世说新语·任诞》："王子猷出都，尚在渚下。旧闻桓子野善吹笛，而不相识。遇桓于岸上过，客有识之者云：'是桓子野。'王便令人与相闻云：'闻君善吹笛，试为我一奏。'桓时已显贵，素闻王句，即便回下车，踞胡床，为作三调。弄毕，便上车去。客主不交一言。"

晋人桓伊，字叔夏，小字野王。桓伊很有才干，历任淮南太守、豫州刺史等官职。前秦皇帝苻坚率军南下攻晋时，桓伊与谢玄在淝水打败秦军，东晋才得以保全。桓伊因功被封为永修县侯，晋号右军将军，赐钱百万。他善于吹笛，藏有汉代蔡邕的柯亭笛，常常吹奏。曲尽一时之妙，被称为江左第一。

晋代会稽人王徽之赴召京师泊舟于青溪侧。他与桓伊素不相识，但早就听说桓伊善于吹笛子。正巧，这时桓伊从岸上路过。王徽之在船上，有客人认识桓伊，便对王徽之说：

“这个人就是桓伊。”王徽之便派人前去邀请桓伊，说：“听说您善于吹笛，请给我吹奏几曲，您愿意吗？”桓伊当时已经做了高官，十分显贵，但他早就听到过王徽之的大名，所以欣然同意，即便下了车，坐在交床上，取出笛子，为王徽之吹奏三曲。吹奏完毕，即乘车而去，两人之间一句话也没有说过。

鸡口牛后

“鸡口牛后”比喻宁可在小局面中独立自主，也不愿在大局面中任人支配。此成语也写作“宁为鸡口，无为牛后”。

此典出自《国策·韩策一》：“苏秦为楚合从说韩王曰：‘……臣闻鄙语曰：‘宁为鸡口，无为牛后。’今大王西面交臂而臣事秦，何以异于牛后乎？夫以大王之贤，挟强韩之兵，而有牛后之名，臣窃为大王羞之。’”

当时韩国实力衰弱，害怕遭到强大秦国的侵略，会被秦国并吞，因此韩王为了忍辱求全，便接受了秦国的屈辱条件，并表示向秦王臣服，以求维持现状。苏秦为了要劝韩王摆脱秦国的控制，认为虽然国小，也要争取独立自由的国际地位，因而说出“鸡口牛后”一句话，一方面讥讽韩王向秦国臣服，即如牛后一样；另一方面促请韩王振作，争回自己的国际地位。

鸡口是鸡用来进食的器官，牛后是牛用来排泄粪溺的部分，二者相比，恰成一个极端强烈的对比：因为鸡的身体很小，牛却是庞然大物，用来进食的口虽小，可以有机会尝到各种食物的美味；而排泄粪溺的器官虽大，却是动物身体上最污秽的部分。因此一般人都会抱着“宁为鸡口，毋为牛后”的信念。

鸡犬升天

“鸡犬升天”比喻一个人得到好处连带周围的人也可沾光。

此典出自晋代葛洪《神仙传·刘安》：“时人传八公、安临去时，余药器置在中庭，鸡犬舐啄之，尽得升天。故鸡鸣天上，犬吠云中也。”

汉代淮南王刘安喜好道术，他虽然身居诸侯要职，却非常尊崇道人方士，因此，他的门下有数千名方士。后来，有八位方士来见刘安，并向他传授道术，以使刘安全家白日升天。

当时有人传说，八位方士和刘安一家人在升天之际，把炼丹药用的器皿放在庭院里，鸡犬吃了以后，也得到了升天的道术，都跟着刘安升天了。因而，人们听到鸡在天上鸣，狗在云中叫。

棘刺母猴

“棘刺母猴”这个典故说明：不管骗子如何掩饰，总是会露出破绽的。

此典出自《韩非子》：“燕王征巧术人。卫人曰：‘能以棘刺之端为母猴。’燕王悦之，养之以五乘之奉。王曰：‘吾试观客为棘刺之母猴。’客曰：‘人主欲观之，必半岁不入宫、饮酒、食肉，雨霁日出，视之晏阴之间，而棘刺之母猴乃可见也。’燕王因养卫人，不能观其母猴。郑有台下之冶者谓燕王曰：‘臣为削者也，诸微物必以削削之，而所削必大于削。今棘刺之端不容削锋，难以治棘刺之端。王试观客之削，能与不能可知也。’王曰：‘善。’谓卫人曰：‘客为棘刺之？’曰：‘以削。’王曰：‘吾欲观见之。’客曰：‘臣请之舍取之。’因逃。”

一次，燕王招揽天下能工巧匠。

一个卫国人前来应召，自我吹嘘说：“我能把细小的棘刺尖端雕成一只母猴。”燕王一听，非常高兴，便用五乘的俸禄供养他。

过了一段时间，燕王对那个卫国人说："我想看看您雕刻的棘刺母猴。"那个卫国客人煞有介事地说："大王要想看它，必须提前半年不进内宫，不能喝酒，也不能吃肉，选择雨过日出，似晴似阴的一瞬间，才能看到这个棘刺母猴。"燕王听了，觉得难以实现，只好继续供养他，却一直看不到他的作品。

后来，一个在宫廷干活的郑国铁匠知道了这件事，便对燕王说："我是打制刻刀的工匠。据我所知，所有小巧的物品都要用刻刀削刻，而要刻的东西都必须大于刻刀的刀刃。现在，那个卫国人说的棘刺尖端，其实连刻刀的刀锋都容不下，又怎么能雕出东西来呢？所以，请大王只要观察一下那个卫国人的刻刀，就能够知道他能不能雕刻了。"燕王恍然大悟，说："有道理！"

于是，燕王召来那个卫国人，问："你用什么东西在棘刺上雕刻母猴呢？"那个卫国人回答说道："用刻刀呀。"燕王说："那让我见识一下你的刻刀吧。"那个卫国人说："请允许我回房间把它取来吧。"于是，他便乘机逃走了。

季孟之间

"季孟之间"指称上下之间的中间等级。

此典出自《论语·微子》。

公元前509年，孔子来到齐国，想得到齐景公的重用，以推行自己的政治主张。齐景公有些为难，不知如何是好。齐景公想到，鲁国有两个人，一个是季氏，为鲁国的上卿；一个是孟氏，为鲁国的下卿。如果让孔子像季氏那样当上卿，其地位太显赫了，不太合适；如果让孔子像孟氏那样当下卿，其地位又有些低了，干不了什么事，孔子也不一定愿意。

齐景公谈到对孔子的礼遇时，说："要像鲁君对待季氏那样对待孔子，我做不到，我只能用比季氏低一点，而又比孟氏高一点的待遇对待他。"接着又说："我老了，不能用他了。"于是孔子便离开了齐国。

季子投师

"季子投师"讽刺了盲目推崇、幼稚可笑之人。

此典出自《权子·吾师》。

商季子特别爱好道学，他带着很多盘缠，游学四方，只要碰上戴黄帽子的道士，便会施礼求教。

一个狡诈的骗子为了谋取他的旅资，就骗他说："我是一个得了真传的道士，只要你跟着我云游，我就传授给你。"于是季子便真诚地跟着骗子走了。骗子一直没有找到下手的机会，而季子又不时催促他传道。

一天，两人来到江边，骗子一见机会来了，就骗他说："道就在这儿了！"季子忙问："在哪儿？"骗子说："就在这条船的桅杆顶端，你只要亲自爬上去就能得道了。"季子把钱袋放在桅杆下，急忙抓住桅杆往上爬，骗子在下面连声催喊道："上！上！"季子爬到桅杆的顶端，无法再往上爬了，恍然大悟，抱着桅杆高兴地欢呼："得道了！得道了！"骗子乘机拿着钱袋逃走了。

季子从桅杆上下来后，依然欢跃不止。旁观的人说："傻瓜，那是个骗子，早把你的钱拿走了！"季子说："那是我师傅，这也是他在教我啊！"

既往不咎

“既往不咎”意思是对指以往做错的事不再追究。

此典出自《论语·八佾》:“成事不说,遂事不谏,既往不咎。”

春秋时期,鲁国的君主鲁哀公问孔子的弟子宰我,应该用什么树木制作土地神的神主。宰我回答说:“夏朝人用松木,殷代用柏木,周代用栗木。栗木意思是指人民害怕得战战栗栗。”孔子听到宰我的回答,非常不满,便责备宰我说:“已经做过的事不用再解释了,已经完成的事不要再规劝了,已经过去的事不用再追究了。”

另外在《旧唐书》中也有“既往不咎”的故事:公元619年,唐高祖李渊派大将李靖到夔州进攻梁国。军队到达硖州时,被梁国部队阻击,无法继续前进。李渊以为李靖留恋硖州,不肯前进,于是下令处死李靖。都督许绍千方百计替李靖说情,李靖才免于一死。

后来,冉肇则出兵袭扰夔州,李靖带领八百士兵迅速攻占冉肇则营地,杀死冉肇则,俘虏五千人,取得很大胜利。李渊听到这个消息,异常欣喜,他嘉奖李靖时说:“过去的错误不再追究,那些旧事我早已忘记了。”后来李渊任命李靖为行军总管。公元621年,李靖率军从夔州顺流而下,围攻江陵,梁国萧铣投降。

见不逮闻

“见不逮闻”意指亲眼见的不及过去听说的好。后人常用这句成语形容一个人徒有虚名。

此典出自《新唐书·文艺上·崔信明传》:“世翼览未终,曰:‘所见不逮所闻!’投诸水,引舟去。”

唐初名将李靖像,图出自明·天然撰《历代古人像赞》。

唐代时,有一个名叫崔信明的人,喜欢写诗作文,偶尔也能写出一句两句的好诗,比如他写的“枫落吴江冷”一句,就受到了当时人们的赞扬。扬州录事参军郑世翼读到这句诗以后,非常赏识崔信明的才华。

有一次,郑世翼坐船在江上游玩,恰巧崔信明也在江中游玩。两船相遇时,崔信明求见,郑世翼一问才知道眼前这位人物就是崔信明,便和他攀谈起来。郑世翼说:“崔君的‘枫落吴江冷’一句写得妙极了,不知还有没有新作?崔信明听到郑世翼夸奖自己,十分高兴,于是立刻拿出一大堆诗稿让郑世翼看,郑世翼翻看几页,见写得平平淡淡,再往下看,简直看不下去,对崔信明说:“今天我所见的比过去听说的差多了。”说完,他把诗稿往江里一扔,命人开船,头也不回地离去了。

见怪不怪

“见怪不怪”表示看到怪异的事物，镇静自若，不大惊小怪。

此典出自唐代欧阳询《艺文类聚》所引《见异录》：“见怪不怪，其怪自败。”

传说，魏元忠没有做大官的时候，家境贫寒。有一天，丫头正在煮饭，忽然来了个老猿为她看火。她感到非常奇怪，连忙跑去告诉魏元忠。元忠镇静如常地说：“老猿知道我没有什么仆人，所以来帮我的忙。”一次，元忠大呼一个老仆，老仆没有答应，一只狗却答应了。元忠并不奇怪，反而说：“这真是一只孝顺的好狗啊！”又有一次，元忠独坐，有一群老鼠恭恭敬敬地站在他面前。元忠也不觉得奇怪，反而说：“你们是饿了想吃东西吧？”有一天，深更半夜，忽然有几个妇女出现在元忠床前。元忠不但毫不惊诧，反而对她们说：“你们能把我抬到院里去吗？”于是那几个妇女就把元忠抬到院里去了。元忠又说：“你们能不能把我抬回堂屋去？”妇女们又把元忠抬到了堂屋。元忠又说：“你们能不能把我抬到街上去呢？”那几个妇女这次没有再把元忠抬到街上去，只是向元忠行了一个礼就走了。临走时妇女们说：“他是一个好人，我们不要戏弄他了！”为此，有人就说：“见怪不怪，其怪自败。”

见利忘危

“见利忘危”用以告诫人们：见利忘危，则危在旦夕；反之，居安思危，则有备无患。

此典出自《庄子·山木》：“睹一蝉，方得美荫而忘其身；螳螂执翳而搏之，见得而忘其形；异鹊从而利之，见利而忘其真。”

一天，庄周在雕陵栗园游玩，看见一只奇异的鹊鸟从南面飞过来。这只鹊鸟翼长七尺，目大径寸，从庄周面前飞过，竟然触到他的额头，也不理会，最后落在栗树林中。

庄周奇怪地说：“这是什么鸟啊，翅膀这么大，却飞不远；眼睛这么大，却看不清？”

于是撩起衣裳，快步走上前去，手拿弹弓，准备寻找机会弹射它。这时，又看见一只知了，躲在浓荫下，悠然自得地乘凉，忘记了自身的安危。旁边，一只螳螂隐藏在一片树叶后面，蠢蠢欲动，得意忘形，准备捕食知了。而那只奇异的鹊鸟一心想捕食螳螂，以致利令智昏，忘乎所以。

见猎心喜

“见猎心喜”比喻旧有的爱好总是难以忘却。

此典出自《二程全书·遗书七》：“明道（程颢）年十六七时，好田猎。十二年，暮归，在田野间见田猎者，不觉有喜心。”

北宋哲学家、教育家程颢，在宋神宗时，曾当过太子中允监察御史里行。后来辞官，在洛阳讲学十几年，弟子们对他有“如坐春风”的比喻。

程颢小时候在农村长大，十六七岁时，非常爱好打猎，只要一有时间，就到野外去打猎。后来入朝为官，聚众讲学，时间一长，就把这种爱好渐渐忘记了。离家十二年后，程颢回到自己的家乡。一路上的景物引起了他的不少甜蜜的回忆，尤其是看到有人在田野里兴致勃勃地打猎时，他更是满怀喜悦，甚至想亲手试一试。

见巧之狙

“见巧之狙”比喻买乖弄巧，往往事与愿违。

此典出自《庄子·徐无鬼》:“吴王浮于江,登乎狙之山。众狙见之,恂然弃而走,逃于深蓁。有一狙焉,委蛇攫抓,见巧于王。王射之,敏给搏捷矢。王命相者趋射之,狙执死。”

这段话意思是说:

吴王乘船在江上游览,下船后登上到处是猴子的山上。成群的猴子看见了吴王,都慌忙地逃到深深的丛林中去了。这时却有一只猴子不但不走,反而像蛇一样灵活,上窜下跳,向吴王表现它的灵活敏捷的身手。吴王用箭射它,它却非常敏捷地将飞快的箭抓到手里。吴王命令随从人员一齐射它,于是猴子立刻被乱箭射死了。

焦湖庙祝

“焦湖庙祝”告诉人们,美满幸福的生活是通过辛苦劳动创造出来的,好逸恶劳,坐享其成,只能是梦幻一场。

此典出自《搜神记》。

焦湖庙里有一个玉枕头,枕上有个小孔。当时,单父县有个在此经商的人,名叫杨林,来到庙中祈福。庙中巫祝问他:“你愿意结成一桩美好的姻缘吗?”杨林一听,高兴地说:“非常愿意!”于是巫祝让杨林依枕而睡。

杨林恍恍惚惚进入梦中,只见亭台楼阁,富丽堂皇。赵太尉坐在堂上,对他殷勤相待,并且把女儿嫁给了他。

婚后,夫妻恩爱,连生了六个儿子。六个儿子长大后都做了秘书郎中。

杨林享受荣华富贵,过了几十年都没有回家的意思。忽然一觉醒来,他睁眼一看,原来自己还在玉枕旁边。

狡兔三窟

“狡兔三窟”比喻藏身的地方多,藏身的计划周密。

此典出自《战国策·齐策四》。

战国时期,齐国寒士冯谖,穷得连饭也吃不饱,就在齐国孟尝君门下当门客。

孟尝君问他:“你有什么本领吗?”

冯谖说:“我也没有什么本领。”

“你有什么技能?”

“我没有什么技能。”

孟尝君笑了笑,把他安排在第三流食客中,吃粗茶淡饭。冯谖吃罢饭,就靠在柱子上,弹着他的长剑唱歌:“长铗归来乎,食无鱼。”孟尝君为了满足他,把他安排到第二流食客中,每顿饭都是有鱼有肉了。但他吃罢饭,又唱起歌来:“长铗归来乎,出无车。”于是孟尝君就把他安排到第一流的食客中,出门坐上了马车。

然而冯谖还不满足,又弹剑而歌:“长铗归来乎,无以为家。”他不但要孟尝君养活他一个,还要孟尝君养活他的全家。孟尝君了解到冯谖家有老母,便命家奴按时送食粮柴薪到冯谖家里,这下彻底解决了冯谖的问题。

孟尝君在薛国有很多田庄,农民欠了孟尝君的田租,需要派个人去收账,冯谖自告奋勇愿往。孟尝君就把佃户们的欠条借据,交给冯谖,为他治装备车而往。临行时,冯谖问孟尝君:“我收到了账,带些什么东西回来呢?”孟尝君就说:“你看我家里没有的东西,就带点回来好了。”

《春秋五霸七雄列国志传》版画冯驩设酒焚约图，讲孟尝君的门客冯驩假托孟尝君之命，当众免除了所欠孟尝君的债务，烧毁债券，为孟尝君收买人心之事。

冯谖到了薛地，召集债户开会，当众宣布说："孟尝君说了，你们欠他的债，不用还了，你们的欠条借据全在这里，我当着你们的面烧掉，从此以后你们再也没有这笔负担了。"债户听到这个好消息后，都高呼万岁，欣喜若狂地回去了。

冯谖回到齐国，孟尝君诧异地问他为什么回来得这样快？冯谖说："账都收齐了，不回来干嘛？"

"你给我买了些什么东西回来？"

"我给你买了仁义回来了。"

"什么叫做买仁义呢？"

冯谖说："我去收账时，你让我看家中缺什么买什么，我看您家里有的是金银财宝，珍玩美人，所缺的只是仁义。所以我到了薛地，召集债户，当众把他们的欠据借条都烧了，并告诉他们说您不用他们还债了，债户们感恩不尽，这不是给您买回仁义吗？"

冯谖虽然没收回账，可是孟尝君的名声却更大了。秦昭襄王没能追上孟尝君，本来已经很生气了，如今听说齐闵王又重用了他，便更加担心。于是他就偷偷打发心腹到齐国去散布谣言，说："孟尝君收买人心，齐国的人光知道有孟尝君，不知道有齐王。孟尝君快要当上齐国的君王了。"他又打发使臣到楚国去对楚顷襄王说："楚王死在敝国，确实是敝国上了齐国的当。秦王三番两次要把楚王送回去，都给孟尝君拦住了。他如今执掌着齐国的大权，听说就要当齐王了。如果他当上齐王，一定会来打贵国和敝国，敝国情愿跟贵国联合起来，共同对抗孟尝君。希望大王既往不咎，重新跟敝国和好吧。"

楚顷襄王听了秦国使臣的话，也打发人到齐国去散布谣言。齐闵王听见这些谣言，果然起了疑心，就收回了孟尝君的相印，叫他回到薛城去。

"树倒猢狲散"，孟尝君被罢了官，那些门客全都散了，孟尝君感到非常凄凉。只有这位收账的冯先生还寸步不离地跟着他，替他赶车，一块到薛城去。薛城的老百姓一听说孟尝君来了，男女老少都来迎接他。有的带一只鸡，有的拿一瓶酒，有的拿着牛肉，有的提着一筐子鸡蛋，献给孟尝君。孟尝君看到这种情形，感动得掉下眼泪来。他对冯谖说："这就是先生给我买来的仁义呀！"冯谖说："这一点算得了什么？如今您能安居的地方只有这个薛城，俗语说：'狡兔三窟'，您至少得有三个能安身的地方才能踏实。如果您能借给我这辆车马，让我到秦国去一趟，我一定能再叫齐王重用您，增加您的俸禄。那时候薛城、咸阳、临淄三个地方，都会欢迎您。你认为这样怎么样？"孟尝君说："全听先生的！"

冯谖到了咸阳，对秦昭襄王说："如今天下有才干的人，不是投奔秦国就是投奔齐国了。上秦国来的都想叫秦国强，齐国弱；上齐国去的都想叫齐国强，秦国弱。可见当今之世，不是秦国得天下，就是齐国得天下，这两个大国是势不两立的。"秦昭襄王听了他的话之后，跪下来说："先生有什么计策能叫秦国强大呢？"冯谖连忙把他扶起来，请他坐下，说："齐国把孟尝君革了职，大王知道了吗？"秦王装模作样地说："我是听说了，可是却不太清楚。"冯谖说："齐国能够有今天，全仗着孟尝君。如今齐王听了谣言，革了他的官职，收回了相印。以怨报德地对待孟尝君，孟尝君当然也怨恨齐王，大王趁着他怨恨齐王的时候，抓紧时间把他请来。如果他能够给大王出力，还怕齐国不来归附吗？齐国一旦归附，天下可就是秦国的了。大王如果现在打发人用车马带着礼物到薛城去请他，还来得及。万一齐王反悔，再拜他为相国，齐国可就又要跟秦国打起来了。"

这时候正巧樗里疾死了，秦王正要找人才，就听从了冯谖的劝告，打发使臣带了十辆车马，一百斤黄金，用迎接丞相的仪式到薛城去迎接孟尝君。

冯谖来不及去报告孟尝君，就急急忙忙地一直到了临淄，求见齐闵王。他对齐闵王说："齐国跟秦国是势不两立的两个大国，谁要是得到人才，谁就能够号令天下。我在路上听说秦国暗中去拉拢孟尝君，打发使臣带了十辆车马，一百斤黄金，用迎接丞相的仪式到薛城去请他。要是孟尝君真的当上了秦国的丞相去号令天下，临淄、即墨不就危险了吗？"齐闵王还真没有想到这一点，焦急万分地说："怎么办呢？"冯谖说："不能再耽误了，趁着秦国的人还没到，赶紧先恢复孟尝君的官职，再加封给他一些土地，孟尝君一定会乐意，他做了相国，难道说秦国没得到大王的同意，就可以随便接走别人的大臣吗？"

齐闵王答应重新重用孟尝君。可是他嘴里虽然是答应了，心里头还有点疑惑。他暗中打发人到边境上去打听秦国的动静。派去的人刚到边界上，就看到来了一队人马，一问果然是来接孟尝君的。他就连夜赶回临淄，向齐闵王报告。齐闵王连忙吩咐冯谖带了节杖去接孟尝君来做相国，另外又封给他一千户的土地。等到秦国的使臣到了薛城，孟尝君已经官复原职了。秦国的使臣白跑了一趟，而秦昭襄王只怪自己晚了一步。

《东周列国志》版画之孟尝君像

早已散了的门客一听说孟尝君又当上了相国，于是争先恐后地又都回来了。孟尝君跟冯谖说："哼！他们还有脸来见我？"冯谖说："人情本来就是这样的。倒不如好好地招待他们！"孟尝君向冯谖拜了一拜，说："先生的话没错。我收留他们。"

孟尝君官复原职以后，秦昭襄王接连打败了韩国和魏国，占领了好几百里土地，就认为秦国不应该再跟其余的六国平起平坐。七国的诸侯都称为"王"，怎么能够分别出来呢？秦昭襄王要把"王"改称为"帝"，可是他又不敢单独行动，于是就在公元前 288 年，打发使臣到齐国去，请齐闵王也称为"帝"：秦王号令西方，称为"西帝"；齐王号令东方，称为"东帝"。这样秦国和齐国就能平分天下了。齐闵王听了秦国使臣的话，犹豫不决，就问孟尝君。孟尝君说：“诸侯没有不恨秦国的，大王千万别跟他一块干。”

过了一个月，秦国又打发使臣来约会齐国一块去打赵国。可巧苏秦的兄弟苏代从燕国到齐国来。齐闵王问他对于改“王”为“帝”和进攻赵国的意见。苏代说：“秦国只请大王称帝，本来是尊重贵国。不答应呢，得罪了秦国；答应呢，可就得罪了诸侯。我想还不如答应秦国所给的‘帝号’，可暂时不要公开称呼。先让秦国称帝，如果秦国称帝之后，诸侯不反对，大王再称‘帝’也不晚。说到去打赵国，实在没有理由。赵国离秦国近，离齐国远，大王要是帮秦国去打赵国，即使打了胜仗，得到土地也是秦国，对齐国有什么好处呢？要打还不如去打邻近的宋国。宋王无道，宋国的人都管他叫‘暴君’。大王要打宋国，一来有征伐暴君的名目，二来有扩展土地的好处，这是一箭双雕的事情。”齐闵王赞成苏代的话，接受了帝号，不过没有公开使用，准备去打宋国的暴君。后来“东帝”、“西帝”的称号用了两个月，就都取消了，仍然恢复了“秦王”、“齐王”的称号。

皆获元珠

“皆获元珠”这个典故告诉人们，那些自以为是、盲目乐观，又不许别人批评的人是很难有所进步的。

此典出自《叔苴子·外篇》：“昔人闻赤水中有元珠也，相与泳而探之。维时有探得螺者，有探得蚌者，有探得石卵与瓦砾者，各自喜为获元珠也。象罔闻之，掩口失声而笑。人攻象罔，象罔逃匿皇帝所，三年不敢出。”

从前，人们听说赤水中有大宝珠，于是便成群结伴地潜入水中打捞。有人捞到了螺，有人捞到了蛤蚌，也有人捞到了卵石和瓦片。一个个喜笑颜开，都以为自己获得了宝珠。象罔听说这件事以后，忍不住捂着嘴笑出声来。这些人都火冒三丈，一齐围攻象罔。象罔吓得逃到皇帝那里躲起来，三年都不敢露面。

疥疮五德

“疥疮五德”这则寓言说明仁、义、礼、智、信，本是礼教的最高准则，但有时却受到极大的贬低。

此典出自《事林广记》。

陈大卿患了疥疮病，他的上司讥笑他。

陈大卿说：“您不要耻笑。这种病有五种美德能够称道，在所有的病症之上。”

上司问他，说：“有哪五种美德呢？”

陈大卿说：“这话不好说。”

上司说：“不要紧，你就说说看。”

陈大卿说：“这种病不害到人脸上，是仁呀；喜欢传染给别人，是义呀；让人用手来抓挠，是礼呀；生在手指关节缝里，是智呀；定时发痒，是信呀！”

上司听了陈大卿的这番话，便大笑起来。

巾笥藏之

“巾笥藏之”用以说明把珍贵的物品珍藏起来。

此典出自《庄子·秋水》：“楚王巾笥而藏之于庙堂之上。”

有一天，庄子悠然自得地在濮水边钓鱼，正在这时，楚王派使者来到庄子身边，劝他出来做官。由于庄子痛恨现实,消极无为,要求绝对自由,因此对此很不满意。他手中拿着钓竿头也不回地说:“我听说楚国有个神龟,死了三千多年了,‘楚王巾笥而藏之于庙堂之上’(意思是:楚王把乌龟壳放在竹筐里,然后用布盖上,把它放在庙堂上)。你说这乌龟是宁愿死了把骨头留着受人尊敬呢,还是愿意拖着尾巴在污泥中生活呢?”楚王的使者说:“当然愿意拖着尾巴在污泥中生活啊。”于是庄子告诉他们说:“说得没错!你们回去吧,我也愿意拖着尾巴在污泥中生活。”楚王的使者只得扫兴而归了。

金鼓齐鸣

“金鼓齐鸣”形容声势浩大的热烈场面。

此典出自这句成语是从古代战争中“鸣鼓而攻”和“鸣金收兵”引申而来的。

古代,分别以金、石、丝竹、匏、土、革、木等八种材料制作乐器,称为八音。军队用的乐器,一般以金(铜)制的打击乐和革制的各种鼓为主。古代行军作战都离不了“金”和“鼓”。命令进攻,就击鼓为号;命令退却,就鸣金为号。这种军令在各种军队中基本通行。但是为了壮声势、助军威,战斗中也有“金鼓乱鸣”的,如《水浒》第七十七回就有“看看近夜,只听见四边喊声不绝,金鼓乱鸣。……”

锦衣夜行

“锦衣夜行”比喻应该让大家知道的美好事物却没有让大家知道。

此典出自《史记·项羽本纪》:“富贵不归故乡,如衣绣夜行,谁知之者?”

项羽在鸿门把刘邦放走以后,懊悔不已,又想起刘邦可能要攻占咸阳,心中更加恼怒。一怒之下,他便带领军队攻打咸阳。占据咸阳后,他杀了秦降王子婴,烧毁了秦朝宫殿,把宫中的珍宝财物抢空了,才带着军队,准备东归。当时有个名叫韩生的人对项羽说:“关中这个地方东有函谷关,南有武关,西有散关,北有萧关,山河四塞,四面都有险要的地方可以据守,并且土地肥沃,物产丰富,真是一个建都的好地方啊!”项羽说:“富贵不归故乡,如衣绣夜行,谁知之者?”(意思是:升了官,发了财不回家乡显耀一番,就像穿着非常漂亮的锦绣衣服在夜里行走一样,会有谁知道呢?)韩生说:“我听说楚人‘沐猴而冠’,如今看来,果然如此。”项羽听了恼羞成怒,就把韩生投入沸水锅内煮死了。

酒囊饭袋

“酒囊饭袋”指只会吃喝、不会做事的人。

此典出自汉代王允《论衡·别通》:“腹为饭坑,肠为酒囊。”

《荆湖近事》:唐末,马殷据湖南,称楚王,奢侈僭傲,诸院王子,仆从赫,文武之道,未尝留意,时谓之“酒囊饭袋”。

五代时,有一个人姓马名殷,最初在唐代武安节度使刘建锋部下做一名指挥官,后来刘建锋被部下杀死了,马殷便被推荐,做了统帅;直至朱温篡取了唐家的天下,改国号为梁(史称后梁),又把马殷封为楚王,占据了相当于现今湖南和广西东北部的一部分土地。马殷是个只知享受、昏庸无能的人,当时的人们都藐视他,替他取了一个绰号,叫做:“酒囊饭袋”,意思是说:他只配盛着酒和饭,其他的一切他都不知道。

楚人养狙

“楚人养狙”比喻群起反抗,往往会使不劳而获者活活饿死。

此典出自《郁离子》。

楚国有个靠养猴子过日子的人，人们都称他为“狙公”。每天早晨，他必须在院子里组织分派群猴服劳役，让老猴子率领着它们到山里去采摘野生的果实，他收取十分之一给自己吃。有的猴子交不足数，他就用鞭子抽打它。群猴都因吃苦挨打而恼恨，但是谁也不敢违抗命令。

有一天，一个小猴子对大家说：“山上的野果是主人栽种的吗？”

众猴回答说：“不是的，那是天生的呀！”

小猴又问：“不通过他就不能去采摘吗？”

众猴说：“不是的，谁都可以去采摘。”

小猴说：“那么，我们为什么要受他的奴役呢？”

小猴的话音未落，众猴便都醒悟了。那天晚上，众猴看到狙公睡着了，就砸破栅栏，捣毁木笼，拿走狙公积蓄下来的果实，手拉手地跑到树林中去，再也没有回来。

狙公最终被饿死了。

橘化为枳

“橘化为枳”比喻环境的变化对人和事物的影响。

此典出自《晏子春秋·内篇杂下》。

春秋时代，齐国有一个著名的政治家，名叫晏婴，字平仲，在齐景公时做宰相。平时生活非常节俭，不吃肉，他的妻子不穿漂亮的衣服。自己一件狐皮衣穿了三十年却不更换。一生为国声名显赫。一次，他出使到楚国去，楚王事先和群臣想出了一个侮辱他的计策。

晏子到达楚国那一天，楚王摆设酒宴。酒过三巡，两个吏役绑了一个人走到楚王面前。楚王问道：“被绑的是什么人，犯了什么罪呀？”吏役答道：“是齐国人，犯了盗窃罪。”这时，楚王以轻薄的眼光看着晏子说：“难道齐国人天生就爱盗窃别人的东西吗？”晏子看出了楚王的心思，于是不慌不忙地答道：“大王，我曾经听人讲过：橘生长在淮河以南的地方是橘，生长在淮河以北则是枳。这两种植物树叶一样，但果实的味道不同，这是什么原因呢？完全是水土环境不同的缘故。现在这个人，他在齐国从来不盗窃，一来到楚国，就干起这种勾当来，难道是楚国水土环境让人喜爱盗窃。”楚王被晏子辩驳得无言以对，原本想奚落晏子，占点便宜，没想到却讨了个没趣。

举扇一挥

“举扇一挥”形容傲慢的态度。

此典出自《南史·萧子显传》：“（萧子显）颇负才气。及掌选，见九流宾客，不与交言，但举扇一挥而已。”

南朝梁国有一个人叫萧子显，是朝廷大官。他居官显赫，又有才气，因而很傲慢。他负责选择官吏，接见各种各样的宾客的时候，他从不与人交谈，只是举起手中的扇子挥一挥而已。

举世瞩目

“举世瞩目”形容某一重大事件受到人们的普遍关注。

此典出自《庄子·逍遥游》：“且举世誉之而不加劝，举世非之而不加沮。”

孔子在陈当阨图。讲述孔子仕鲁，途中困于陈、蔡之事。

又见《左传·定公十四年》：师属之目。

又见《国语·晋语》：则恐国人之瞩目于我也。

晋国派鞍克为元帅率兵去攻打齐国，大夫士燮作先锋，在齐国的鞍地大败齐军，凯旋回国。鞍克先进城，士燮后进城。士燮的父亲士会见了士燮就对他说："儿呀，你知道我是多么渴望见到你呀！"因为按照惯例，先锋必先行，士会见先来的是鞍克，因此心中为他儿子的存亡担心，所以才这样说。士燮回答说："这次出兵，鞍克是统帅，打了胜仗回来，应由他领先进城；假如由我先进城，恐怕国人的注意力要集中在我身上了，因此我不敢逾越分位。"士会听了，对他儿子的谦让，称赞不已。

孔子断粮

"孔子断粮"这篇寓言指出，只看表面现象，仍会陷于主观片面；还需全面了解情况，深入调查研究，才能掌握事物的真实情况。

此典出自《吕氏春秋·任数》。

孔子被困在陈国和蔡国之间的路上，连野菜汤也喝不上，七天没有吃一粒饭，饿得实在是无计可施，只好白天睡大觉。

颜回出去讨米，得到了一点，拿回来煮饭吃。快要煮熟的时候，孔子看见颜回从锅里抓起一把米吃掉了。孔子假装没有看见。没多久饭煮熟了，颜回端着饭送给孔子吃。孔子站起来说："今天我梦见了死去的父亲，应该祭奠他，饭要干净，然后才好祭奠。"颜回答道："不行。刚才煤灰掉进锅里，扔掉可惜，我就抓起来吃了。"孔子感叹地说："人所相信的是眼睛，但是有时候眼睛也不可相信；所依靠的是心，然而有时候心也不足以依靠。弟子们记住，了解人实在是不容易呀！"

枯梧不祥

"枯梧不祥"这则故事表明为人忠与不忠，主要就看有无私心。

此典出自《列子·说符》："人有枯梧树者，其邻父言枯梧之树不祥，其邻人遽而伐之。"

邻人父固请以为薪。

其人乃不悦曰："邻人之父徒欲为薪，而教吾伐之也。与我邻若此，其险岂可哉！"

有一个人家里有一棵干枯了的梧桐树，邻居的老大爷对他说干枯了的梧桐是不吉利的，于是那个人便立刻砍掉了那棵干枯的梧桐树。

这时，邻居的老大爷执意要求那个人把枯树送给他当柴火烧。

那人听了很不愉快地说："邻居的老大爷只是想找柴火烧，才让我砍掉这棵树的呀。我的邻居这么阴险怎么行呢！"

哭母不哀

"哭母不哀"揭穿了一切伪善者的假面具。

此典出自《淮南子·说山训》："东家母死，其子哭之不哀。"

东邻家的母亲去世了，她的儿子哭得一点也不伤心。

西邻家的儿子看见了，回家告诉他的母亲说："母亲，你为什么不早点死呢？我一定哭得非常悲痛！"

凡是盼望母亲早点死的人，即使母亲死了也不会悲恸的。

酷信风水

"酷信风水"用以讽刺那些满脑子迷信思想的人。

此典出自《笑林》。

有个人特别迷信风水，动不动就要去问阴阳先生。

一天，这个人在墙根底下坐着，忽然墙壁倒塌，把他压在底下，他急忙大喊救命。

家人就对他说："您暂时忍耐一下，等我去问一问阴阳先生，今天能不能动土？"

狂奴故态

"狂奴故态"用以比喻狂士放荡不羁、蔑视权贵的老脾气。

此典出自《后汉书·严光传》："霸得书，封奏之。帝笑曰：'狂奴故态也。'"

严光，字子陵，别名遵，东汉会稽余姚人。年轻时就很有名气，与光武帝（刘秀）一同游历求学。光武帝即位后，严光就改名换姓，从此隐居起来不再露面。光武帝思慕他的贤德，派人画形图貌去寻访他。后来，齐国报告说："有一个男子，身披羊皮袄，在泽中钓鱼。"光武帝觉得那个钓鱼人一定是严光，于是准备好可以安坐的车子，和黑色、黄赤色的币帛，派使者去请求严光。使者去请了好几次，严光才答应前来。光武帝把他安置在守卫京师的屯卫兵大营中居住，摆设好床褥，由掌管御膳的官吏按时送菜送饭。

严光像，图出自明·天然撰《历代古人像赞》。严光，字子陵，是汉光武帝刘秀的老同学，却拒不出仕，甘作渔夫。他的行为为后世人所敬仰，至今富春江畔尚有严子陵钓鱼台。

司徒侯霸与严光是老朋友，想请严光到家中一叙，便派使者持信前去相邀。使者对严光说："侯公听说先生来了，真心实意地要马上来拜访，只因职务缠身，所以没有能及时赶来。他想借晚上的机会，请您屈尊同他谈谈。"严光没有回答使者，顺手把一个写字用的小木片扔给使者，让他记录，自己口授道："君房（侯霸字君房）足下：您官至三公，很好。心怀仁爱，辅佐正义，天下人都很高兴；阿谀奉承，顺从旨意，腰、颈就会断绝，身首分家。"侯霸收到信后，把信封好送给光武帝，让他看。光武帝笑着说："这个放荡不羁的家伙还是那副老脾气。"

牢不可破

"牢不可破"比喻器物坚固而不易破坏；或比喻人的成见极深无法破除。

此典出自《晋书·朱序传》："是岁，苻坚遣其将苻丕等率众围序，序固守，贼粮将尽，率众苦攻之。初，苻丕之来攻也，序母韩自登城履行，谓西北角当先受弊，遂领百余婢并城中女丁于其角斜筑城二十余丈。贼攻，西北角果溃，众便固新筑城，丕遂引退。襄阳人谓此城为'夫人城'。"

又见唐代韩愈《昌黎集·平淮西碑》：大官臆决唱声，万口和附，并为一谈，牢不可破。

东晋时代，北方前秦苻坚亲自率领八十万名水陆大军进攻晋朝。当时晋朝朱序镇守襄阳，苻坚的大军把襄阳围个水泄不通。

这时朱序的母亲韩氏住在城里，她登上城楼去察看，看见襄阳西北角首当其冲，料定敌人一定从西北角进攻，立刻便带领着许多婢女，并动员城中妇女重新修筑一道新城。这道新城一共有二十多丈长，筑得非常坚固。

后来敌人集中兵力去攻打西北角，旧城很容易便攻破了。当敌人乘胜进攻新城时，因为新城筑得很坚固，敌人无法把它攻破。当时的人便把这座城叫做"夫人城"。

乐此不疲

"乐此不疲"意思是说对一件事物发生了兴趣，乐在其中，不觉得疲倦。

此典出自《后汉书·光武帝纪》："皇太子见帝勤劳不怠，承闲谏曰：'陛下有禹汤之明，而失黄老养性之福，愿颐爱精神，优游自守。'帝曰：'我自乐此，不为疲也。'"

东汉的光武皇帝，九岁的时候死了父母，成了孤儿。他是在叔父家长大的。刘秀小时候做事非常勤快，非常喜欢种地的事情，他的哥哥伯升常常因此嘲笑他。

刘秀后来当了东汉的皇帝，做事仍然非常勤勉，当时战乱刚刚平息，天下百姓都盼望安居乐业。刘秀深知人民非常厌恶打仗，因此除非遇到特急情况，他很少在朝廷上谈论战争的事情。一次，太子请教他如何攻战。刘秀回答他说：

"春秋时期的卫灵公，有一次问孔子打仗的事情，孔子说：'关于祭祀、礼仪方面的事情，我还常常听说过；至于军旅之事，我可没有学过！'，我看你也是这样，战争的事情不是你应该接触的。"

刘秀每天处理朝政，一丝不苟。从天亮开始，一直到天黑才罢手。他还经常与大臣、公卿、将军们一起谈论治国的方法，谈到半夜才去睡觉。太子看到父亲如此操劳，就劝他说：

"您虽然有大禹、汤武那样的贤明，但是却没有黄帝、老子那样的养性之福，希望您爱惜自己的身体，保养好精神。"

刘秀说道："虽然我如此操劳，但却觉得非常快乐，不觉得疲劳啊！"

由于刘秀兢兢业业亲理朝政，所以天下太平，百姓安居乐业。

灵公问阵图，卫灵公向孔子询问行军打仗之事，孔子反对争战，对曰："军旅之事，未之学也"。

乐羊食子

"乐羊食子"这则历史传说故事讽喻了"有功而见疑"的主题。

此典出自《说苑·贵德》："乐羊为魏将以攻中山。其子在中山，中山悬其子示乐羊。乐羊不为衰志，攻之愈急。中山因熟其子而遗之。乐羊食之尽一杯。中山见其诚也，不忍与其战。果下之，遂为文侯开地。文侯赏其功而疑其心。"

乐羊作为魏国的将领，率兵去攻打中山国。他的儿子就在中山国内，中山国人便把他儿子绑起来悬挂在城门上，以此来威胁乐羊。乐羊看了，根本没有减弱斗志，反而更加猛烈地攻城。中山国人便把他的儿子烹煮了，然后送给他吃。乐羊毫不犹豫地吃下了儿子的肉。中山国人看到他攻城的决心，便不忍心再和他争战了。乐羊最终把中山国攻灭，给魏文侯开拓了疆界。但是，魏文侯嘉赏乐羊的战功后，却怀疑起他的忠心来。

累见不鲜

"累见不鲜"这个典故比喻事物经常看见之后就不觉得新奇。"数"和"屡"、"累"都是表示次数之多，所以"数见不鲜"、"屡见不鲜"意思一样，可以通用。

此典出自《史记·郦生陆贾列传》："一岁中往来过他客，率不过再三过，数见不鲜，天久恩，公为也。"

楚汉相争时，有一个能言善辩的人叫陆贾，经常跟随在刘邦手下，担负着出使诸侯做说客的使命。刘邦死后，陆贾辞官回家，居住在富裕的雍州县。陆贾有五个儿子，都已经长大成人，陆贾便将自己的财产分给他们，让他们成家立业。他自己则经常坐着车子，带着十几名歌舞弹琴的侍者，还带着一把十分贵重的宝剑到处游玩。他和他的儿子们约定，经过他们其中的任何一家时，那一家必须供应他和他的随从足够的酒食，十天轮流一次。如果他死在哪一家，宝剑、车骑和随从就全部归哪一家所有。陆贾对儿子们说："我一年中常来常往，你们每次都要准备新鲜的食物招待我，不要以为常见就觉得厌烦。"

黎丘丈人

"黎丘丈人"这个寓言的主旨，就是教育人不要被似是而非的假象所迷惑因而犯错误。

此典出自《吕氏春秋·慎行论·疑似》。

梁国的北部有个黎丘乡，那里有个奇鬼经常装扮成人的子侄、兄弟的模样。有个乡里老人到集市上去，喝醉了酒后回家，黎丘奇鬼就扮作他儿子的模样，假意搀扶他，一路上却把他折磨得痛苦不堪。

老人回到家里，酒醒以后，责备他的儿子，说：“我作为你的父亲，难道说不慈爱吗？我喝醉了酒，你在路上折磨我，这是为什么呢？”

他的儿子流着眼泪，伏在地上叩头说：“真是罪孽啊！并没有这样的事呀！昨天我明明去东乡人那里讨债去了，是可以问明白的。”

他父亲相信他的话，说：“唉！那一定是那个奇鬼了，我本来早就听说过这种事了！明天，我再到集市上去喝酒，如果再遇见它，就把它杀掉。”

第二天，老人在市上又喝醉了，他的儿子担心父亲回不来，就到路上去迎接他。老人看到自己的儿子，误以为是奇鬼，就拔剑杀死了他。

老人的智慧被像儿子的奇鬼弄糊涂了，结果竟杀死了自己的亲生儿子。

李代桃僵

“李代桃僵”比喻互相顶替或代人受过。

此典出自古乐府《鸡鸣》：“桃生露井上，李树生桃傍。虫来啮桃根，李树代桃僵。树木身相代，兄弟还相亡。”

陆贾像，图出自清·顾沅辑《古圣贤像传略》。

《鸡鸣》是乐府《相和歌》的曲名，以首句“鸡鸣高树巅”名篇。这首古辞分为三段，意思不相连属。其中第二段中写道：

水井旁边有一棵桃树，桃树旁边有一棵李树。虫子咬桃树的根时，李树虽没有遭虫害，但却替桃树着急、难受，以致干枯而死。像桃李这样的树木，竟能同情互爱，以身相代，但是同胞兄弟却还有把手足之情忘掉的呢！

这些诗句，揭露了封建统治阶级内部争权夺利、勾心斗角和兄弟之间彼此嫉妒、自相残杀的情景，讽刺有些兄弟还不如树木。

力士脱靴

“力士脱靴”形容文人墨客蔑视权贵，狂放不羁。

此典出自《新唐书·李白传》：“白尝侍帝，醉，使高力士脱靴。”

李白喜欢喝酒。有一次，李白陪唐玄宗喝酒，喝得酩酊大醉，让唐玄宗的亲信太监高力士为他脱靴子。高力士平日显贵，遇到此事，因而觉得是一种耻辱，于是就挑拨杨贵妃说，李白在诗中把她比作汉朝的舞妓赵飞燕，这是侮辱她，于是杨贵妃怀恨在心。唐玄宗想授李白官职，但却被杨贵妃阻止了。李白深知自己不为唐玄宗的亲信所容，于是更加狂放不羁，与贺知章、李适之、汝阳王、崔宗之、苏晋、张旭、焦遂为友，被称为"酒八仙人"。李白恳求回到山里，唐玄宗赐以金钱，就让他走了。

梁上君子

"梁上君子"是窃贼的代称。

此典出自《后汉书·陈寔传》："时岁荒民俭，有盗夜人其室，止于梁上。寔阴见，乃起自整拂，呼命子孙，正色训之曰：夫人不可不自勉。不善之人未必本恶，习以成性，遂至于此，梁上君子者是矣！盗大惊，自投于地，稽颡归罪。"

东汉时候，有一个叫陈寔的人，为人正直，办事公道，在他居住的乡下老百姓只要有什么官司、口角之类的事都会找他评判是非，因此他很受当地人的敬重。有一年闹饥荒，有个小偷到陈寔家偷东西，藏在屋梁上。陈寔假装没看见，他把子孙召集在一起并教育他们说：人一定要严格要求自己。人的本性不一定就是坏的，但如果沾染了坏习惯就堕落了。梁上的那位君子就是这样的。"这个小偷听到陈寔的话非常诧异，就从屋梁上跳下来向陈寔请罪。陈寔对他说："看你的相貌不像一个坏人，你应该弃恶从善。"说完，陈寔送给他两匹绢，送他走了。从此以后，这一带再也没有发生过偷盗事件。

聊复尔耳

"聊复尔耳"意指姑且如此罢了。也作"聊复尔尔"。

此典出自《晋书·阮咸传》："咸以竿挂大布犊鼻于庭，人或怪之，答曰：'未能免俗，聊复尔耳。'"

阮咸，字仲容，西晋陈留尉氏人。父亲阮熙是武都太守。阮咸性情狂放，与叔父阮籍都是"竹林七贤"之一，经常在竹林中游乐集会，当时维护礼法的人都嘲讽他们的所作所为。阮咸与阮籍居住在道南，而其他阮姓人居住在道北。道北阮姓人富有，而道南阮姓人贫穷。当时的习俗是，每逢农历七月七日，家家户户都要曝晒衣服。那一天，道北阮姓人大晒其衣服，都挂出绮罗锦绣，鲜艳夺目。阮咸却用竹竿挑起一条粗布围裙，在院子里迎风招展。有人对他的这种做法觉得很奇怪，阮咸回答说："我无法超脱世俗，姑且如此罢了。"

寥若晨星

"寥若晨星"比喻为数很少。

此典出自唐代韩愈《昌黎先生集·华山女》诗："黄衣道士亦讲说，座下寥落如明星。"

唐代时，佛教盛行，全国各地建了不少寺庙，各教派聚众讲学，争取信徒。在寺庙众多的华山县（今陕西华阴县），道教、佛教各自在自己的佛寺中讲学。佛教徒讲得非常成功，因此来听讲的人很多；而道士讲学时，门庭却很凄清冷落。

当时，文学家韩愈以儒学正统自居，反对佛教和道教的流传。他写了一首《华山女》诗来讽喻佛、道两家争取信徒的情形。诗中写道："黄衣道士亦讲说，认下寥落如明星。"意思是说，那些黄衣道士也学着佛教徒在那里讲经，但前来听讲的人却非常稀少，像早晨天空的星星一样。

柳生左肘

“柳生左肘”用以形容人的生老病死。人们也常常用“柳生左肘”比喻对死亡的达观态度。

此典出自《庄子·至乐》:“支离叔与滑介叔观于冥伯之丘,昆仑之虚,黄帝之所休。俄而柳生其左肘,其意蹶蹶然恶之。”

支离叔与滑介叔(支离叔象征忘形的人,滑介叔象征忘智的人)一同游览于冥伯(寓言中的山名)之丘、昆仑之野,传说那里曾是黄帝休息的地方。突然,滑介叔的左肘长出一个肿瘤,他大吃一惊,好像非常厌恶它。

支离叔说:“你厌恶它吗?”

滑介叔说:“不,我有什么可厌恶的呢!生命,不过是暂时存在的一种形式而已;阴阳二气、金木水火土五行运行,四肢百体凑集在一起,不过是一堆尘垢秽物,并不是真东西。况且,以生为昼,以死为夜,死与生如昼夜交替,天不能没有昼夜,人又怎能没有死生!我与你同游,为的就是观察这种变化,如今这种变化来到我身上,合乎至乐的道理,我有什么可厌恶的呢!”

鲁人起死

“鲁人起死”的典故说明:活人死了,根本不能用药复活。活人与死人有本质的区别。

此典出自《吕氏春秋·别类》。

鲁国有个名叫公孙绰的人。

他向人吹嘘说:“我有起死回生的本领。”

别人问他有什么灵丹妙药,他回答说:“我本来就擅长治疗半身不遂,现在我把这个方剂的药量再加大一倍,这样不就可以起死回生,使死人复活了吗?”

鲁人窃糟

“鲁人窃糟”讽刺那些招摇撞骗、欺世盗名的人。

此典出自《郁离子》。

从前,鲁国人不会酿好酒,只有中山国的人才会酿造醇美浓烈的“千日之酒”。鲁国人便想得到中山人酿酒的方法,但却无法得到。

有一个人在中山国做官,有一次他到酿酒人的家中喝酒,于是便偷了一些酒糟回去,并用鲁国的酒浸泡上。他对人们说:“这是中山国的酒呀!”鲁国人喝了,都以为真是中山国的好酒。

有一天,中山国的那位酒家主人来了,听说这里有中山酒,就要来喝了一口,又立刻吐了出来,笑着说:“嗨!这是用我家酒糟泡出来的糟液呀!”

绿树成荫

“绿树成荫”用以比喻女子年华已逝;也用来形容树木枝叶繁茂。“绿树成荫”亦作“绿叶成荫”。今多用来指树木成林。

此典出自宋代计有功《唐诗纪事》卷五十六:“自是寻春去校迟,不须惆怅怨方时。狂风落尽深红色,绿树成荫子满枝。”

唐代诗人杜牧,有一次去湖州游历。在那里他看到一位相貌非凡的少女,于是就以重礼为聘，和她定下了婚约。临别时，杜牧对少女的母亲：“如果十年之后我不来迎娶，她便可改嫁。”十四年后，杜牧做了湖州刺史，便去寻访那位少女。这时少女已经出嫁，并已成了三个孩子的母亲。杜牧为此非常伤感，因吟诗一首道：

自是寻春去校迟，
不须惆帐怨方时。
狂风落尽深红色，
绿树成荫子满枝。

每下愈况

“每下愈况”的意思是，越往下说越足以比况。它的原意是说道无处不在，即使举下贱的东西也可以见道。后作“每况愈下”，表示越来越坏的意思。

此典出自《庄子·知北游》：“夫子之问也，固不及质。正获之问于监市履狶也，每下愈况。”

战国时期，有一个人居住在东郭，人称东郭子。有一次，东郭子问庄子说：“所谓虚通至道，到底在什么地方呢?”

庄子回答道：“道，其实无处不在，任何地方都有道。”

东郭子说：“请您详细指明它在什么地方。”

庄子回答道：“在蝼蚁处。”

东郭子说：“道是非常高尚的东西，怎会在如此卑下的地方呢?”

庄子回答说：“在山间野草、稻田杂草中。”

东郭子说：“为什么更卑下了呢?”

庄子回答道：“在砖瓦、碎石中。”

东郭子说：“为什么越说越卑下了呢?”

庄子回答道：“在屎尿当中。”

东郭子很生气，不再说话。庄子说：“道无处不在，又岂止在野草之中！我刚才对你的回答，还没有涉及道的实质呢。举例说吧，一个管理市场的人，如果他要查验猪的肥瘦程度，就用脚践踏猪身上最难育肥的部位，即践踏猪腿、猪脚之间，就能知道猪的肥瘦了。”

美女入室，恶女之仇

“美女入室，恶女之仇”比喻道德品质好的人往往受别人妒忌。

此典出自《史记·外戚世家》：“邢夫人衣故衣，独身来前。尹夫人望见之，曰：‘此真是也。’于是乃依头俯而泣，自痛其不如也。谚曰：‘美女入室，恶女之仇。’”

汉武帝晚年，同时宠爱两个妃子尹夫人和邢夫人。汉武帝怕两人互相妒忌，就禁止她两人互相见面。尹夫人听说邢夫人长得很漂亮，便缠着汉武帝，要他安排一次见面的机会。汉武帝被她纠缠不过，就让另一个女人冒充邢夫人带着几十个随从来见尹夫人。尹夫人一见这个女人就说：“这个人决不是邢夫人。”汉武帝诧异地问道：“你怎么知道?”尹夫人说：“依她的相貌、形态，决不会得到你的宠爱，所以她一定是假的。”于是汉武帝就叫邢夫人穿旧衣服来见尹夫人。尹夫人一见，就说：“这才是真的邢夫人啊！”越看越觉得自己没有邢夫人漂亮，就哭了起来。谚语说：“美女入室，恶女之仇”，这话说得真没错啊！

汲黯像，图出自清·顾沅辑《古圣贤像传略》。

门可罗雀

“门可罗雀”形容门前冷落，宾客稀少；常用作衰微后的景象描写。

此典出自《史记·汲郑列传》：“始翟公为廷尉，宾客阗门；及废，门外可设雀罗。”

汉武帝时，有两个非常有名气的贤臣，一个叫汲黯，一个叫郑富，都曾位列九卿。当他们位高权重的时候，前去拜访的客人非常多，真是车水马龙，络绎不绝。等到他俩丢了官，由于他们为官清廉，家里十分贫穷，因此便没有人前去拜访他们了。司马迁在《史记》里写完他两人的传记以后，感慨地说：“像汲黯这样一个贤良的人，有势力的时候，客人很多，没有势力了，情形就不同了。下邽翟公曾经说过，当他做廷尉的时候，客人挤满了门庭；等到丢了官，门外就可以摆捕鸟的网了。”后来他恢复了官职，客人又想去找他，他就在门上写了如下的字句：“一生一死，乃知交情；一贫一富，乃知交态；一贵一贱，交情乃见。”汲黯和郑富两人那时也遇到了这种遭遇，实在是可叹。

蒙鸠为巢

“蒙鸠为巢”说明基础稳固的重要，基础不稳，表面做得再好，也是经不起考验的。

此典出自《荀子·劝学》：“南方有鸟焉，名曰蒙鸠。以羽为巢，而编之以发，系之苇苕。风至苕析，卵破子死。巢非不完也，所系者然也。”

这段话意思是说：

南方有一种鸟，名叫蒙鸠。这种鸟用软绵绵的羽毛做巢，又用长长的发丝编织起来，把它连结在芦苇的嫩花枝上。可是一阵大风刮过来时，芦苇的花枝被吹断了，鸟蛋被打破，雏鸟也都摔死了。

巢并不是做得不精致呀，只是没有找对地方！

明哲保身

“明哲保身”这句成语，原为褒义，指明智的人不参与可能危及自身的事。后来，这句成语逐渐转化为贬义，用以形容不顾集体，只想维护个人利益，回避原则斗争的庸俗作风。

此典出自《诗经·大雅》：“既明且哲，以保其身。”

周宣王时，有一个大臣叫兮甲，字伯吉父（一作甫），因官名叫尹，史书称他为尹吉甫。当时，猃狁古族名，殷周之际，主要分布在今陕西、甘肃北境及内蒙古自治区西部）迁居焦获，进攻到泾水北岸，尹吉甫于周宣王五年（公元前 823 年）率军又反攻到太原。又奉命在成周（今河南洛阳）负责征收南淮夷等族的贡赋。尹吉甫和另一个大臣仲山甫帮助周宣王扩大了统治地盘，是有功之臣。

有一次，周宣王派仲山甫筑城齐地，以防御外族的进攻。尹吉甫写了首诗送给仲山甫，称赞他的道德和才能。诗中写道：仲山甫贤明智慧，明达事理，不参与可能危及自身的事。他日夜操劳，不敢懈怠，忠心耿耿地效忠周宣王一人。

模棱两可

“模棱两可”比喻对问题的正反两面，含糊其辞，态度不明确。

此典出自《旧唐书·苏味道传》：“处理不欲绝断明白，若有错误，必贻咎谴，但模棱以持两端可矣。时人由是号为‘苏模棱’。”

唐朝有个叫苏味道的人，学识渊博，九岁的时候就会写诗作赋。他考中进士以后，被朝廷调到京城长安做官。由于他学识渊博，文章又写的好，因而官职升得很快，不久便当上了凤阁侍郎。可是没料到他竟吃了官司，被捉下狱。

苏味道被关押在监狱中，有一次武则天看见他独自一人坐在地上吃饭，觉得他挺可怜的，就放他出狱，让他到集州去当刺史。几年之后，朝廷又召他回来，任何他做天官侍郎，接着又恢复他凤阁侍郎的官位。然而不久他又被人弹劾，于是朝廷将他贬为坊州刺史。

苏味道经过这一番折腾，心中非常苦闷，做起事来也不用心了。下官找他审理案件，他总是用手摸着床棱，好长时间不说“是”，也不说“不是”，没有一个明确的态度。时间长了，人们便给他起了一个绰号：“模棱手”。有人干脆叫他“苏模棱”，连姓名也忘了。

很多人不能理解苏味道的这种处事态度，又不便询问，只好在一旁叹息。有一次，一位老朋友向他提起了这件事情，苏味道感慨地说：“你哪里知道啊，这是我大半辈子的痛苦经验决定事情不要说得太明白，那样如果错了必然要遭到人家指责，后悔也来不及啦。但是模棱以持两端就可以避免其祸了。”

苏味道在五十八岁那年，又被朝廷复升为益州长史。可是他还没有到任，就死在半路上了。

磨刀霍霍

“磨刀霍霍”比喻准备活动。

此典出自宋代郭茂倩所编的《乐府诗集·木兰诗》：“爷娘闻女来，出郭相扶将；阿姊闻妹来，当户理红妆；小弟闻姊来，磨刀霍霍向猪羊。”

这是《木兰诗》中写木兰不肯接受赏赐，甘愿回乡返家，回到家乡以后全家团聚时的几句诗。大意是说：爹娘听说女儿归来了，急急忙忙地互相搀扶着出城迎接；姐姐听说妹妹回来了，立即梳洗打扮等候聚谈；弟弟听说姐姐就要到家了，霍霍磨刀杀猪宰羊，准备欢宴。

莫予毒也

“莫予毒也”形容没有人能威胁危害自己。

此典出自《左传·僖公二十八年》：“春秋时晋、楚两国城濮之战，楚国统帅子玉因战败自杀，“晋侯闻之而后喜可知也，曰：‘莫予毒也已！’”

春秋初期，南方的楚国势力强大起来，向北扩张，威胁着北方各诸侯国的安全。后来北方的晋国也渐渐强盛起来，特别是晋文公重耳执政之后，国势更加强盛。于是，晋、楚之间发生了争夺诸侯领导权的矛盾，爆发了历史上有名的城濮之战。在战斗中，由于晋文公重耳在政治上作了充分的准备，使楚国陷于孤立的地位；在战略战术上，晋文公采取了许多灵活的有利战法，所以打败了楚军。楚国战败后，楚帅子玉回师走到连谷，因得不到楚王的赦令，便自杀了。晋文公听到子玉自杀的消息，十分高兴地说："莫予毒也已！"（意思是：再没有危害我的人了！）

莫知其丑

"莫知其丑"说明坏习气一旦形成为普遍现象，就非常难于革除。

此典出自《贤弈编》。

南岐在秦岭的大山谷中，那里的水甘甜但质地不良，凡是喝这种水的人都生大脖子病，所以那里的居民全部都是大脖子。

看到外地人来，小孩和妇女们都围着看，并嘲笑外地人说："真奇怪呀！这个人的脖子枯瘦如柴，与我们完全不一样。"

外地人说："你们脖子上突出肥大的东西，是生了瘿病啊！你们不寻找良药治病，反而还笑我的脖子枯瘦"

讥笑外地人的人们说："我们家乡的人都是这样，哪里用得着去治疗呢？"

最终也没人认为大脖子是丑陋的。

杨震像，图出自清·上官周《晚笑堂画传》。杨震为东汉安帝时的大臣。

暮夜无知

"暮夜无知"原来的意思是夜里做的事情，没有人知道。后来人们则用"暮夜无知"比喻暗中贿赂。

此典出自《后汉书·杨震列传》："……谒见，至夜怀金十斤以遗震。震曰：'故人知君，君不知故人，何也？'密曰：'暮夜无知。'震曰：'天知、神知、我知、子知。何谓无知！'密愧而出。"

东汉汉安帝在位的时候，朝廷有个太尉，名叫杨震。杨震这个人为人忠诚、耿直，做事清正廉洁，从来不接受别人的贿赂。在他做太守的时候，有一次路过昌邑，昌邑的县令正是他过去所举荐的秀才王密。王密见到杨震非常恭敬，当天夜里，他带着十斤黄金，悄悄来到杨震的住处，将黄金送给他。

杨震看到王密这种举动，十分生气，就对他说："咱们是老相识了，我了解你，可是你不了解我，这是什么原因呢？"

王密悄悄地对他说:“你收下吧,夜已经深了,没有人会知道的!”

杨震生气地说:“天知、神知、我知、你知,怎么能说没有人知道呢!”

王密听了他的话,感到非常惭愧,便把黄金带回去了。

后来杨震做了朝廷的太尉,有权有势,许多人都来找他办事,可是他不徇私情,从不接受人家的礼物。有一次,皇帝的亲戚、大将军耿宝,向他推荐一个人做官,杨震拒绝了。耿宝威胁他说:“我推荐的这个人,皇帝都很重视,实话告诉你吧,我不过是传达皇帝的意见而已。”杨震毫不惧怕:“那么你把皇帝的诏书拿来吧!”一句话将耿宝顶了回去。

过了几天,皇后的哥哥也向杨震推荐自己的亲友做官,杨震也拒绝了。可是不久,耿宝和皇后的哥哥所推荐的人,都在朝廷做了官。杨震还因此受到一些人的怨恨。

汉安帝延光二年,皇帝刘祜为他母亲修造宅第,大兴土木,耗费巨资。朝廷上的奸臣、赃官趁机营私舞弊,搜刮民财。樊丰和谢恽更是有恃无恐,假冒诏书,调拨钱粮、木材为己所用,花费的钱财人力不计其数。杨震见到这种情况,心中非常气愤,他几次给皇帝上书,想劝说皇帝停止这种无益的工程,然而皇帝不听他的劝告。从此奸臣们更加怀恨杨震。樊丰伙同一群赃官,趁皇帝出巡在外的机会,派人去收缴了杨震的印绶,并且指使大将军耿宝禀奏皇帝,说杨震对圣上不满,怀恨在心。结果皇帝下诏,遣送杨震回乡。

杨震离开洛阳城,走到城西的几阳亭时,对他的儿子和随从们,感慨地说:

“人死了,倒没有什么,可惜我身居高位,却不能除掉奸臣,制止祸害国家的人。我还有什么脸面活在世上呢?我死后不要用好木头做棺材,不要设祭堂!”说完,便喝毒酒自尽了。

杨震死后一年多,汉顺帝即位,杀掉了奸臣樊丰等人,又为杨震改葬。在为杨震举行葬仪的时候,突然飞来一只大鸟,有一丈多高,两只翅膀有两丈多长,羽毛五颜六色,谁也不知道这是什么鸟。这只奇鸟落在杨震灵前,俯仰悲鸣,眼里甚至流下了泪水,一直到葬仪完毕,它才飞走。皇帝认为这是杨震死得冤枉,神仙显圣,阴魂有灵,于是下了一道诏书,给杨震修了祠庙,而且在杨震墓前又立了一个石鸟像。

南风不竞

“南风不竞”意思是南方的音乐曲调不强劲,原来比喻楚军的士气不振,战斗力差。后泛用以比喻竞赛的对手力量不强。

此典出自《左传·襄公十八年》:“晋人闻有楚师,师旷曰:‘不害。吾骤歌北风,又歌南风,南风不竞,多死声,楚必无功。’”

春秋时,占有今山西大部、河北西南部、河南北部和陕西一角的一个国家叫晋国;疆域西北到今陕西商南西北,东南到昭关(今安徽含山北),北到今河南南阳,南到洞庭湖以南的一个国家叫楚国。为了争夺霸权,晋、楚两国不断发生战争。

公元前 555 年,楚国要攻打晋国。听到这个消息以后,晋国的师旷说:“不要担心。我屡次歌唱北方的曲调,又熟悉南方的曲调。南方的曲调不强,象征死亡的声音很多,楚国一定不能胜利。”

猱搔虎痒

“猱搔虎痒”说明拍马是为了骑马。世上颇多类似猱的吹拍逢迎的小人。

此典出自《贤弈编》。

野兽中有一种猱,身体小而善于爬树,爪子非常锋利。老虎头顶发痒,就叫猱替它搔。

狨搔个不停，抓出了一个小洞，老虎感到特别舒服而毫无觉察。狨便悄悄从洞中汲取老虎的脑浆吃，并将剩下的一部分捧给老虎说：“我得到了一点荤腥，不敢独吞，就给您一点吃吧。”老虎说：“狨对我真是忠心呀！这样爱戴我，竟忘了自己的口腹。”这时老虎竟然不知道它吃的正是自己的脑浆。

时间久了，老虎的脑浆快吃空了，疼痛难忍，去追逐狨，而狨早已爬到一棵高高的树上躲避起来了。老虎痛得腾跃蹦跳，大声吼叫着死去了。

世上的人们认为，在邯郸闹市上挟着乐器唱歌卖艺的人很像狨，其实，现在难道只有这些唱歌卖艺的人像狨吗？

增灶断追图，出自清·马骀《百将图传》。讲述东汉名将虞诩以增灶的方法使羌人不敢追逼汉军之事。

弄假成真

“弄假成真”这个典故比喻假意做作，后来竟成了真事。

此典出自《元曲选·无名氏〈隔江斗智〉二》：“那一个掌权的怎知道弄假成真。又见《三国演义》第五十五回：却说孙权差人来柴桑郡报周瑜，说：‘我母亲力主，已将吾妹嫁刘备，不想弄假成真。此事还复如何？’”

东汉末年，刘表死后，刘备占据了荆州。东吴以杀退曹兵、救了刘备为由，前来要回荆州。但因为当时刘表的儿子刘琦还在，所以商定，等刘琦死了，就将荆州归还东吴。后来刘琦去世，东吴派鲁肃来讨回荆州。诸葛亮说，要等到夺得立足之处以后才能归还。周瑜和鲁肃担心没讨回荆州无法向孙权交代，便想出了一个计策：趁刘备丧妻，必将续娶之机，假意将孙权的妹妹许配给刘备，等刘备来东吴以后，把他囚在狱中，以换荆州。

谁知刘备到东吴以后，被国太看中，又经乔国老反复说和，真的把孙权的妹妹许配给了刘备，并在东吴成了亲。孙权打发人把这个消息告诉在柴桑郡的周瑜说：“我母亲已经做主将我妹妹嫁给了刘备，你们设的计策弄假成真了。”

盘根错节

“盘根错节”比喻事情极其复杂，一时难以梳理清楚。

此典出自《后汉书·虞诩传》：“后朝歌贼宁季等数千人攻杀长吏，屯聚连年，州郡不能禁，乃以诩为朝歌长。故旧皆吊诩曰：‘得朝歌何衰？’诩笑曰：‘志不求易，事不避难，臣之职也；不遇盘根错节，何以别利器乎？’”

东汉时，武平有一个叫虞诩的人，从小无父，由祖母抚养长大，他一直奉养他祖母到九十岁寿终，才接受太尉李修的聘请，在他府里任职。

安帝永和四年（公元110年），羌族和匈奴人入侵，并州和凉州同时受到危害。大将军邓骘认为与其两面应付，不如放弃西方，全心对付北方，很多大臣都同意他的主张。虞诩却对李修说："据说，关西出将，关东出相。凉州人士是熟悉军事，善于战斗的。羌胡之所以不敢入侵关中，就是因为害怕凉州人，而凉州人之所以肯保卫国土，也是因为属于汉朝的缘故。如果把凉州割掉，单把凉州人移入内地，这样可能会酿成不可收拾的局面。"邓骘因为虞诩反对他，心里非常生气，就想办法害他。

不久，朝歌地方（今河南淇县）发生了民众起兵反抗的事情，攻杀地方官吏，经年累月都不能制止住，邓骘找了个理由把虞诩调出去作朝歌县令。一班老朋友都很替他担心。他笑道："有志气的人，是不求容易的事，不避艰难的。好像我们砍树，不遇到坚硬的根和节的所在，就不能看出斧头的锋利。这有什么可怕的？"他到了朝歌，果然很快就平息了动乱。

朝廷认为他有将帅之才，就把他升作武都太守，后来他率兵大破羌人，官至尚书仆射。

皮里春秋

"皮里春秋"意思是说表面上不作任何评价，而心里却有所褒贬。

此典出自《晋书·褚裒列传》："谯国桓彝见而目之曰：'季野有皮时阳秋。'言其外无疑臧否，而内有所褒贬也。"

褚裒是东晋时候有名的人物，年轻时就显露出来一种非凡的气度。他为人正派、耿直，办事谨慎、小心，不爱说话，更不在别人面前炫耀自己的功劳，很受朝廷官员们的赏识。连当时的名人谢安都常在众人面前夸奖他。

有一天，功名显赫的朝廷尚书吏部郎桓彝，看见褚裒，紧盯着他，看了半晌才缓缓地笑着说：

"哈哈，果然是名不虚传，我看褚裒是有皮里阳秋，虽然他口头上不表示什么，但心里却是非分明、极有主见，可以说他身上具备四时的正气……"

当初，褚裒在郗鉴部下做参军，后来升迁为司徒从事中郎。

褚裒中年以后，他的女儿嫁给了康帝司马岳，他成为皇后的父亲，于是官职高升，做了朝廷的尚书。

褚裒为官清廉，生活很简朴，虽然做了那么大的官，还是皇亲，但他仍然叫自己家的仆童买柴买菜，从不假公济私。他在朝廷做了一段时间的官以后，总觉得心里不安，怕别人说他依靠皇后的势力专权，几次要求离开京城，到外去任职。

后来，朝廷同意了褚裒的请求，派他去都督兖州、徐州的军事，出镇京口。

僻性畏热

"僻性畏热"这个典故告诉人们，虚伪的表现很容易被人觉察；死爱面子最终要丢尽面子；太不老实的结果是自讨苦吃。

此典出自《广笑府》："只缘僻性畏热之甚，虽冬月宿凉亭，还欲选一水浴耳。"

有个穷人到一户有钱的亲戚家里做客，大冬天没有皮袄可穿，便穿了一件葛布夏衣。他怕被人嘲笑，故意摇着扇子对其他客人解释说："本人生性怕热，虽然是大冬天，也觉得很热。"酒席散后，主人觉察到了他的这种虚假表现，却故意表示出迎合讨好他心意的样子，准备了单被凉席，并把他安排在池边的凉亭上睡觉。到半夜，这个人冻得实在无法忍受了，就用凉席裹着身子在池边跑起来，不料一失足掉入了水中。主人围着看他，惊奇地问是怎么一回事，他说："只因为我有这种特别怕热的坏毛病，虽然冬天睡在这凉亭内，还是热得想洗一个冷水澡呢！"

贫儿学谄

"贫儿学谄"这则寓言说明行乞有道，谄媚阿谈也有道。

此典出自《谐铎》。

明朝嘉靖年间，宰相严公独揽大权作威作福。晚上坐在内厅，假儿义子们纷纷跑来求见。严公命令他们进来，他们都跪着用两个膝盖行走，一进内厅就不住地磕头，满嘴阿谀奉承的甜言蜜语，争相献媚讨好。严公自鸣得意，说道："某地侍郎有缺，派某人去补充；某处给谏有缺，派某人补充。众人听后又叩头致谢，一起身就左边趋进、右边奉承，千姿百态，展现得淋漓尽致。

过了一会，屋檐上的瓦片发出轻微的摩擦声，人们一齐呼喊，忽然有一个人失足落地。拿灯来一照，只见他身穿破衣烂衫，呆呆地站在那里不说一句话。严公以为是贼，就命令差役把他拿住，交给主管官吏去处置。那人跪着说道："小人不是贼，是一个乞丐呀！"严公说："你既然是乞丐，为什么来到这个地方？"乞丐说："小人有不可告人的苦衷，如果能得到您的宽恕，我愿禀告一句话便死。"严公便答应了他的请求。乞丐说："小人名叫张禄，郑州人。有一个名叫钱秃子的人和我一起当乞丐。今年春天，经商做买卖的人云集市场上，钱秃子所到的地方，人们就救济他钱和米。小人虽也略有所得，但仍然没有钱秃子收获多。我问他什么原因？钱秃子说：'我们这号人当乞丐，要有谄媚的骨头，要有花言巧语的舌头。你没有得到要领，所得到的钱米怎么能和我相比呢？'我请求他教给我办法，钱秃子坚决不答应。因而想到相公门下有许多昏夜乞怜的人，他们的媚骨巧舌当比钱秃子还要高明十倍。所以我就大老远跑来，趴在屋檐上偷听，从缝隙里偷看，已经有三个月了。如今刚刚揣摩学到一点门道，不幸失足摔了下来，败露了马脚。愿借大人的鸿大恩惠，给我以宽大处理！"严公惊讶不已，接着又回头对众人笑着说："当乞丐也要有技术，你们这些人天生的媚骨巧舌，真够得上是这些乞丐们的老师了！"众人听了，都毕恭毕敬地答应着。严公因此便赦免了这个乞丐，并命令众人带他去，日夜轮流教他谄媚阿谀的方法。不到一年的时间，就学成回家了。从此以后，张禄的丐术，远远超过了钱秃子。

平地风波

"平地风波"比喻意外突起的纠纷或事故；也可用来比喻无中生有。

此典出自唐代刘禹锡《刘梦得文集·竹枝词》："长恨人心不如水，等闲平地起波澜"。

唐代贞元二十一年（公元 805 年），以王叔文为首的革新运动失败后，刘禹锡牵涉进连坐罪，不断地被贬。

对黑暗的现实的不满和自己被排挤诬陷，刘禹锡心里极其感慨痛恨。在任夔州刺史时，他模仿当地的民间歌谣，作了十一首《竹枝词》（古代歌曲中的一种，本来是西南地区的民间歌谣，刘禹锡首先改编写成诗歌）。在其中的第七首中，刘禹锡写道："瞿塘嘈嘈十二滩，此中道路古来难。长恨人心不如水，等闲平地起波澜。"意思是说，瞿塘峡中，到处都是险滩，急流湍湍，行船一直都非常艰难。痛恨人心不如江中水，无缘无故平地起波澜。

攀龙附凤

“攀龙附凤”比喻巴结或投靠有权势的人。

此典出自汉代杨雄《法言·渊骞》:“攀龙鳞,附凤翼。巽以扬之,勃勃乎其不可及也。又见《汉书·叙传下》:舞阳鼓刀,腾公厩驺。颍阴商贩,曲周庸夫。攀龙附凤,并乘天衢。”

据《汉书》记载:汉高祖刘邦在打天下的时候,有几位跟随他南征北战,立下汗马功劳的将领。他们是:舞阳侯樊哙,滕公夏侯婴,颍阴侯灌婴和曲周侯郦商。这几个人在跟随刘邦以前,都各自有着不同的工作:樊哙是杀狗的;夏侯婴先后做过沛县的厩司御(管牲口)和滕令;灌婴是贩卖丝绸的小商人;郦商是个很平庸的小官吏。由于他们投靠了刘邦,后来都干出了一番事业。所以,《汉书》的作者说他们是攀龙附凤,凭借别人的势力爬上来的。

“攀龙附凤”泛指攀附有权势的人以猎取功名富贵。因为龙、凤旧时多指帝王,所以也用这句成语来比喻臣下随从帝王以建功立业。如《后汉书·光武帝纪》中就有:“(士大夫)从大王于矢石之间者,其计固望其攀龙鳞,附凤翼,以成其所志耳。”

破天荒

“天荒”,本是指亘古未开化的原始状态。过去有人借它来形容出过名人的偏僻落后地区。后人用“破天荒”指从来未曾有过或第一次出现。

此典出自宋代孙光宪《北梦琐言》卷四:“唐荆州衣冠薮泽,每岁解送举人,多不成名,号曰‘天荒解’。刘蜕金人以荆解及第,号为‘破天荒’。”

唐代时,在荆州南部(在今湖北省)地区,虽然文人书生很多,但是他们每次去京城赴考,都没有考中过。这种情况大约延续了四、五十年。于是,人们便把荆南地区称为“天荒”。

唐宣宗大中四年(公元 850 年),荆南送考的举人中,有一个名叫刘蜕的人考中了进士,人们都说他是“破天荒”。当时,魏国公崔铉镇守荆南,听到刘蜕考中的消息以后,异常欣喜,赠给他“破天荒”钱七十万。刘蜕没有接受。他写了一封信给崔铉说:“五十年来,自是人废;一千里外,岂曰天荒。”

花木兰像,图出自《北魏奇史闺孝烈传》。

扑朔迷离

“扑朔迷离”比喻事物错综复杂,不易辨认。

此典出自《木兰诗》:“雄兔脚扑

朔，雌兔眼迷离；双兔傍地走，安能辨我是雄雌？”

扑朔形容跳跃，迷离形容眼睛转动。扑朔、迷离原意是模糊不清，难以辨别谁雄谁雌。

我国古时候，流传着一个木兰替父从军的故事。木兰是一个善良勤劳的农家姑娘，整天纺线织布。有一年，北方边境上发生战事，皇帝下诏书在老百姓中间征兵打仗。征兵的名册上每卷都有木兰父亲的名字。可是父亲年老体弱，怎么能上战场去打仗呢？弟弟年纪还小，也不能替父亲去从军。这可怎么办呀？木兰愁得吃不下饭，睡不好觉，整天长吁短叹。一天，她忽然想出一个办法：我替父亲去应征，女扮男装，不就解决了这个难题吗？木兰是个坚强果断的姑娘，说到做到。她跑到市场上买来骏马，又购置了鞍鞯、辔头、马鞭，跟着同村的男子们一块儿出征了。

木兰这一去就是十年，风餐露宿、爬山过河、出生入死、转战千里。许多将士和同伴们都死在了战场上，木兰侥幸活了下来。军队打了胜仗，皇帝赏赐凯旋的功臣。皇帝问木兰：“你立了功劳，你想要什么，尽管说出来吧！”木兰坚定地回答说：“我多大的官也不想做，多么值钱的宝贝也不想要，我唯一的请求是骑上千里马，早点回到家乡去！”

皇帝答应了木兰的请求，木兰很快就回到了自己的家乡。家里人看到久别重逢的木兰，激动万分。年迈的父母互相搀扶着出城外迎接她；姐姐梳洗打扮像迎接贵宾一样；小弟弟磨刀杀猪宰羊给姐姐吃。

木兰终于回来了。她重新走进十年前自己居住的房间，打开窗户，坐在床上，心情真是畅快呀！她脱下战袍，换上自己以前的旧衣服。倚在窗台上梳理自己的头发，把头发梳成女人的样式。又对着镜子在额头上贴一块花黄，变得和乡里的姊妹一样漂亮。

这时候，一同在疆场上拼杀的伙伴们来看望木兰。木兰穿着女人的衣裳、梳着女人的发髻、带着女人的饰品，款款地走出房门。同伴们一看，全惊呆了：“怎么！我们在一块行军、打仗十二年，竟然不知道你是个女的！”

是呵，雄兔四腿跳跃、眼睛动；雌兔眼睛动、四腿跳跃。两只兔子在地上一块儿跑，你怎么能辨别哪个是雄兔、哪个是雌兔呢？

千变万化

“千变万化”比喻事物或现象变化多端，纷繁复杂。

此典出自《列子·周穆王》：“千变万化，不可穷极。”

西周时候，周穆王有一次西行打猎，碰到了一位工匠叫偃（yǎn 演）师。穆王问他：“你有什么本领？”偃师回答：“君王叫我造什么我就能造什么，我已造出一些东西，请君王先去看一下。”穆王说：“改天我和你一起看吧。”

第二天，偃师拜见穆王，并把他所制做的能歌善舞的假人一起带来。这些假人在偃师的掌控下唱起歌来很合乎旋律，跳起舞来很有节奏，真是千变万化，不可思议。

钱能通神

“钱能通神”这个典故用以比喻社会上金钱的魔力。

此典出自唐代张固《幽闲鼓吹》卷五十二：“钱十万，可通神矣，无不可回之事，吾惧祸及，不得不止。”

唐朝时，有一个叫张延赏的人，奉命审理一个案件。起初，他决心弄个水落石出，便命手下的人认真追查。第二天清晨，他发现桌子上放着一张纸条，上面写着：“钱三万贯，乞求不要再追究这件事。”

张延赏没有理会这件事，命人继续追查。过了几天，在他的桌子上又发现了一张纸条，上面写着："十万贯"。张延赏一看行贿的钱数这么多，就不再追查这个案件了。别人问他为什么不继续追查了，他说："十万贯钱，可以通神呀！……"

强龙不压地头蛇

"强龙不压地头蛇"比喻即使是强有力者，也难以对付盘踞当地的恶势力。

此典出自《西游记》第四十五回。

孙悟空、沙僧、猪八戒一行，历经千辛万苦，保护唐僧到西天取经。一天，路过车迟国，本要进见国王倒换关文，却与国王的假国师发生了冲突。正当国王疑惑的时候，只见黄门官来奏："陛下，门外有许多乡老听宣。"宣至殿前，有三四十名乡老，朝上磕头道："万岁，今年整个春季都无雨，夏季可能就会大旱，特来启奏，请那位国师爷爷祈一场甘雨，普济黎民。"国王应允，并对孙悟空说："你今远来，冒犯国师，本当即时问罪；姑且恕你，敢与我国师赌胜求雨么？若祈得一场甘雨，济度万民，朕即饶你罪名，倒换关文，放你西去。若赌不过，没下雨，就将汝等推赴杀场典刑示众。"孙悟空笑着答应了。

那位假国师原是虎力大仙。他起身拱手辞别了国王，径直走下楼来。孙悟空急忙阻拦他，问道："你到哪里去？"虎力大仙说："登坛祈雨。"孙悟空说道："你也太自以为是了，对我这个远方僧人一点也不谦让。不过也难怪，这正是'强龙不压地头蛇'。"虎力大仙抢先一步，祈雨去了。后来孙悟空施展威风，让虎力大仙一败涂地。而他自己倒是祈来了瓢泼大雨，为当地的老百姓解除了燃眉之急。

秦氏好古

"秦氏好古"这则寓言讽刺那些自诩风雅，托名好古，而并不知古、不识古的伧夫鄙人。

此典出自《事林广记》："秦朝有一士人，酷好古物，价虽贵，必求之。"

秦朝有一位读书人非常喜爱古董文物，价值即使昂贵，也必定要设法买回来。

一天，有一个人拿了一张破席亲自登门对他说："从前，鲁哀公命孔子坐席问政，这就是孔子当时所坐过的席子呀！"

秦氏见了非常高兴，觉得席子历史悠久，就用靠近外城的田地把破席子换了下来。

过了一段时间，又有一个人拿着一支古老的拐杖来卖给他，说道："这便是周太王避开狄人，拄着拐杖去豳城时所使用的那支拐杖呀！它比孔子的座席还要早几百年。你打算给我什么报酬呢？"秦氏便把家里的钱都给了那个人。

接着又有一人拿来一只破碗，说："席和拐杖都不算古老，这只碗却是夏桀制造的，大约又远于周朝了吧！"秦氏愈加认为古老久远了，就卖掉家中一切物器给那人。

秦氏得到了这三件自以为古老的东西，但他的田地财产却全部荡尽了，竟至于没有钱买衣服穿、买粮食吃。然而爱好古董的心情并没有变，始终不忍心把这三件古器扔掉。于是，他便披上哀公的破席，拄着周太王的拐杖，端着夏桀制造的破碗，在街市上行乞讨饭，嘴里还不断地哀告着："我们的衣食父母们呀，如果你们有周太公的九府钱，恳求你们就给我一文吧！"

青眼白眼

"青眼"表示对某人很喜欢和赏识；"白眼"表示对某人很蔑视和厌恶。

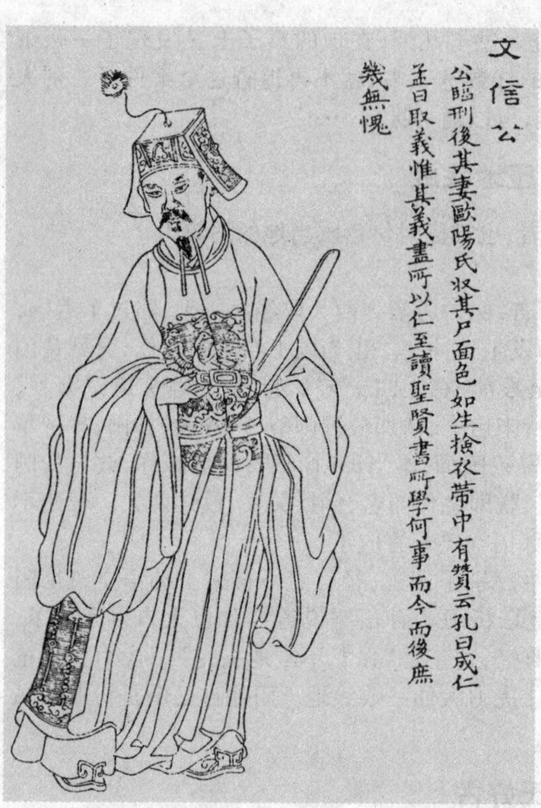

文天祥像，图出自清·上官周绘《晚笑堂画传》。

此典出自《晋书·阮籍传》："籍又能为青白眼。见礼俗之士，以白眼对之。乃嵇喜来吊，籍作白眼，喜不怿而退。喜弟康闻之，乃赍酒挟琴造焉。籍大悦，乃见青眼。"

魏晋时的阮籍性格狂放不羁，蔑视礼法常规。他做事总由着自己的性子来，根本不在意别人的看法。据说他有时驾着车马外出郊游，并没有确定的目标，只是随便挑条路任由马儿前行。如果走到了路的尽头，无法前进了，他就停下来大哭一场，然后驾车沿原路返回，人们称之为"阮籍哭穷途"。

阮籍与人交往只在乎是否合他的心意。若是他喜欢的人，如嵇康等"竹林七贤"中人，他可以与之整日长谈。但如果是他看不起的人，则根本不予理睬。据说他的眼睛也很特别，能做"青眼"和"白眼"。"青眼"就是用黑黑的瞳孔看人，令人感到亲切；"白眼"就是只露出白眼仁对着人，显得冷漠而怪异。

有一年，阮籍的母亲死了，丧事办得很热闹。一天，嵇康的弟弟嵇喜去吊丧，阮籍一向不喜欢他，认为他是世俗之人。于是不但没有哭泣，而且还愤怒地瞪着他。嵇喜觉得自己好心前来吊唁，却遭到如此待遇，就很不高兴地回去了，把这件事告诉了嵇康。嵇康明白老朋友的心意，就亲自去阮籍家吊丧，而且带去的不是祭礼，而是酒与琴。阮籍见了大喜，对他非常热情。

穷涸自负

"穷涸自负"讽刺那些自命不凡、孤芳自赏、又脱离实际、脱离群众的人。

此典出自《韩昌黎文集·应科目时与人书》。

在大海之滨，江河岸畔，听说有个怪物。这个怪物并非普通的水族之类可比。它置身水中，兴风作雨，飞腾天际，不费吹灰之力；如果一旦离开了水，活动也不过寸尺之间而已。即使没有高山、丘陵、远路、绝壁、关隘阻挡，它困于干涸，自己没有办法跑到水里，十有八九被那些小小的水獭所嘲笑。

如果有人怜悯它的困窘，把它送到水中，只须抬一下手、动一下腿就行了。然而这个怪物自负与众不同，说什么："烂死在泥沙，我心甘情愿。如果去俯首帖耳，摇尾乞怜，我坚决不干。"所以，有力气的人遇到它，熟视无睹，不加理睬。

这个怪物是死是活，就很难预料了。

求之不得

"求之不得"即求还求不到。人们常用来形容正寻求某事物时，愿望正好实现了。

此典出自《诗经·周南·关雎》:“窈窕淑女,寤寐求之,求之不得,寤寐思服”。又见宋代文天祥《正气歌》:“鼎镬甘如饴,求之不可得。”

公元1126年,金兵攻入开封,北宋灭亡。次年,赵构(宋高宗)在南京(今河南商丘)称帝,建立了南宋王朝。南宋时,北以淮河、秦岭为界,与金、元(蒙古)先后对峙了一百多年,其间出现了不少抗金、抗元的民族英雄。南宋末年的文天祥就是其中的一个。

公元1275年,元兵东下。文天祥在赣州组织武装,保卫南宋首都临安(今浙江杭州)。第二年,他担任了右丞相,前往元营谈判,被元军扣留。后来在镇江脱逃,自通州(今江苏南通)由海道南下至福建。宋端宗景炎二年(公元1277年),文天祥进兵东西,收复州县多处,不久被元兵所败,退入广东。公元1278年,文天祥在五坡岭(今广东海丰北)被俘。他拒绝元将的诱降,于公元1279年被押送到元大都(今北京)。在大都的牢狱中,文天祥度过了将近四年的时间,他受到威胁利诱,始终不为所动,并在狱中写下了著名的诗歌《正气歌》。诗中叙述了许多历史人物的事例,以此来赞扬坚贞不屈的“正气”,勉励自己,表现了宁死不降的志气。诗中写道:“即使将我放在大锅里去烹煮,我也感到像喝甜美的糯米浆一样。为正义而死,是我求之不得的事情。”

却之不恭

“却之不恭”表示对别人的赠礼或邀请拒绝不接受就显得不恭敬。

此典出自《孟子·万章下》:“却之为不恭。”

孟子的学生万章想知道在交际中如何待人,就去问孟子。孟子说:“对人应该恭敬。”万章说:“今后我一定恭恭敬敬地对待别人。”万章接着又问:“俗话说‘却之为不恭’(意思是:一再拒绝别人的礼物,这是不恭敬),这又是为什么呢?”孟子说:“尊贵的人送东西给你,你首先要先考虑这些东西是否合于义,想好之后才接受,这是不恭敬的。因此,尊贵的人送东西给你,那就不要拒绝。”万章说:“今天的诸侯,他们的财物都是取之于民,也可说是不义之财,如果他们把礼物送给我们,我们可以接受吗?”孟子说:“孔子在鲁国做官的时候,鲁国人争夺猎物,孔子也争夺猎物。争夺猎物都可以,接受尊贵的人的礼物又有什么不可以呢?”万章想:老师都认为可以,也就不用再问了,于是告辞而去。

人鬼可畏

“人鬼可畏”说明有时人要比恶鬼更加厉害。

此典出自《阅微草堂笔记》。

(朱青雷说:)有一个躲避仇家的人藏在深山里,有天晚上正是月色洁白秋风清爽,他忽然看见一个鬼徘徊在白杨树下,便趴在地上不敢起身。

那鬼忽然看见了他,喊道:“你为什么不出来呀?”

他浑身战栗着回答说:“我害怕您啊!”

鬼说:“天下最可怕的莫如人鬼。你怕什么呢?逼迫您逃到这里来的,是人啊?还是鬼啊?”说完,那个鬼微微一笑就消失了。

人面桃花

“人面桃花”的意思是说:虽然景物和过去一样,可是人与事已经有很大的变迁了。也可以比喻女子貌美或者花卉艳丽。

此典出自《本事经·情感》:“去年今日此门中,人面桃花相映红。人面不知何处去?

桃花依旧笑春风!”

唐朝时有一个读书人,名叫崔护,他的性情乖僻,独自一人生活着。有一天,恰巧是清明节日,他独自到城南游玩,看见那里有一间小屋,四面都有桃花围绕着,他觉得那间小屋很不错;更想知道那屋子里住的是什么人,便以口渴为借口去敲门。但是,事情出乎他的意料之外,出来开门的竟然是一个艳丽绝伦的女子,并且很殷勤地招呼他。这次的奇遇,令他此后时刻记在心上。等到第二年的清明节日,他又想去见见那个女子,便寻着前次的旧路去找她。可是,当他到达目的地时,看见那小屋的门紧锁着,屋内空空如也。那时,他失望极了,便在那小屋的左门上,写上了一首诗,那首诗是这样的:“去年今日此门中,人面桃花相映红;人面不知何处去?桃花依旧笑春风!”

如出一辙

“如出一辙”比喻言论或行动完全一样。

此典出自宋代洪迈《容斋续笔·卷十一·名将晚谬》:“自古威名之将,立盖世之勋,而晚谬不克终者,多失于恃功矜能而轻敌也。……此四人(指关羽、王思政、慕容绍宗、吴明彻)之过,如出一辙。”

宋朝时候,有一个叫洪迈的人,字景庐,别号野处,鄱阳(今江西波阳)人。他在地方做过知州,在朝廷历任起居郎、中书舍人兼侍读、直学士院等官职,监修过国史。洪迈的一生读了很多书,他看书的时候,只要有心得体会,便随笔记录下来,这样前后近四十年的时间,著成了一部《容斋随笔》。

《容斋随笔》共五集,是关于历史、文学、哲学、艺术方面的笔记。书中考证了宋以前的一些历史史实、政治经济制度;记述了不少词章典故。对于某些历史人物和历史事件,也根据自己的观点进行了评论。

在这本随笔的续笔第十一卷中,洪迈指出,历史上有些将领,如蜀将关羽,南北朝时西魏名将王思政、北齐名将慕容绍宗、南朝陈名将吴明彻都曾威震一时,立过盖世之功。但他们到了后来都以失败而告终。这些人的过失就像车辙一样,都是因为恃功骄傲而轻敌所致。

“如出一辙”原意为好像从一个车辙里出来的一样。

三千珠履

“三千珠履”形容门客多而且豪侈。

此典出自《史记·春申君列传》:“赵平原君使人于春申君,春申君舍之于上舍。赵使欲夸楚,为玳瑁簪,刀剑室以珠玉饰之,请命春申君客。春申君客三千余人,其上客皆蹑珠履以见赵使,赵使大惭。”

春申君是战国时期著名的“战国四君子”之一。他名叫黄歇,原是楚国的大臣。有一年秦昭王命白起为将军,联合韩国和魏国共同讨伐楚国,企图灭掉楚国。黄歇听到这个消息后,马上写信给秦昭王,说服他不要攻打楚国,并愿意到秦国去当人质,以求两国议和。秦昭王答应了黄歇的请求,将白起的军队撤回,两国订立了盟约。黄歇和楚太子完到秦国当了人质。

几年之后,楚国的顷襄王生了病,病得很厉害,黄歇想让太子完回楚国去继承王位,但秦王不准。黄歇找到秦相应侯说:“现在楚王恐怕活不长了,如果让太子完回国继承王位,将来他一定会侍奉秦国。不叫他回国,他在你们这里不过是咸阳的一个布衣。楚国一旦立了别人为国君，就不一定与秦国和好了。请你同秦王商量一下，放太子完回楚国去吧！”

秦相应侯果真对秦昭王讲了，可秦昭王只允许黄歇回国看看，不让太子完离开秦国。黄歇想出了一个方法，叫太子完换了一身衣服，化装成楚国使者，混出了城。秦昭王发觉后，太子完早已无影无踪了。他气得火冒三丈，想杀死黄歇，但被秦相应侯阻止了。应侯说：“黄歇是位人臣，当然要为他主子效命，杀了他又有何用？不如放他回国，以后他们还会亲善我们。”秦昭王只好放了黄歇。

楚国的顷襄王不久病死了，太子完做了国君，称为考烈王。黄歇当了相国，并被封为春申君，受赐淮北十二县为封地。

当时齐国的孟尝君，赵国的平原君，魏国的信陵君，都广招天下贤士为门客，辅国持权，门客的待遇都非常好。有一年，赵国的平原君派自己的门客为使者去拜见春申君。春申君盛情接待，让赵国使者住漂亮的房子，乘豪华的马车……

平原君的门客想在春申君三千门客面前炫耀一番。他拿出用玳瑁制作的头簪和饰有珠玉的剑鞘给他们看，认为他们一定会惊讶不已。然而赵国的使者想错了，春申君的门客一点也没有羡慕的神色，有的甚至还不屑一顾。赵国使者迷惑不解：“这些上好的珠玉他们为啥不动心呢……”他往春申君门客的脚上一看，顿时明白了：好多门客的脚上竟然穿着用珠玉装饰的鞋子！他觉得羞愧难言，赶忙收拾起头簪和宝剑，躲进屋里去了。

桑中生李

“桑中生李”这则故事告诉我们：制造迷信也好，盲从附和也好，都是没有知识的表现。

此典出自《搜神记》。

在南顿这个地方，有一个叫张助的农民。他在种庄稼的时候，发现了一棵李子的核，把它带回家去。回头一看，一株空心桑树中有泥土，他便把李子的核种在空心桑树里，并把剩下的一点水浇在上面。

后来有人发现空心桑树中长出了李树，就把这个消息传开了。有一个患了眼病的人在树荫下休息，向李树祷告说：“李先生如果能“治”好我的眼睛，我要用一只小猪来谢你。”说完以后，他就感觉眼睛的痛楚稍微减轻了一点，后来便慢慢好了。这消息一传出，就好像一只狗偶然望空中叫了一声，其他的狗便跟着叫了起来一样，到处传说着：“有一个瞎子因为得到李树的保佑而重见光明。”这一来，远远近近的人都轰动起来，到那树下祭神的人络绎不绝，坐车骑马的往往成千上百，摆在那里的酒肉等祭品也堆积如山。

隔了一年多，张助出远门回来了。看到大家祭树的情况，非常诧异地说：“这树有什么神通？它只不过是我种下的一棵李核而已。”于是就砍掉了。

杀群牛喻

“杀群牛喻”这则寓言是劝诫所有的人无论修养品德、钻研学问、开创事业，都不要因为一时的挫折、局部的困难而自弃。

此典出自《百喻经》。

过去有一个人喂了二百五十头牛。他经常赶着牛寻找水草充裕的牧场，用心地喂养这群牛。有一天，老虎吃了一头牛。当时，牛群的主人便产生了一个想法：“已经丧失了一头牛，这一群牛永远都不会是原来的满数了，剩下的牛还留下作什么呢?”于是马上将牛赶到一个深坑边，把它们全部推入深坑，摔死了。

尘世间的那些蠢人也像这样。他们接受佛祖释迦牟尼的所有戒律，如果自己违反了一条戒律，不仅不知惭愧，反省忏悔，洗刷自己的错误，反而产生这样的念头："我已经违反了一条戒律，既然不能十全十美了，又何必还要遵守其他的呢?"结果破坏了全部的戒律，没有遵守一条。

少见多怪

"少见多怪"广指见识少的人，含讥讽的意思。

此典出自《牟子》："少所见，多所怪，睹橐驼，谓马肿背。"

《牟子》是记述东汉牟融言论的一本书。牟融，字子优，东汉安丘(今属山东)人。他博学多才，做大夏侯尚书教授，有数百名学生，在当时很有名气。

在《牟子》一书中，讲述了这样一个故事：有个人从来没见过骆驼，也根本不知道世上有这种动物。有一天，他偶然看见了一只骆驼，看到骆驼的背上长着两个很大的肉疙瘩，很惊讶，不禁大声喊道："都来看呀，这匹马的背肿得好高啊！"牟融认为，骆驼天生就有两个高高的驼峰，没什么可奇怪的，这个人只是没见过骆驼才觉得奇怪，这真是"少见多怪"。

舍旧谋新

"舍旧谋新"比喻抛弃从前的旧东西，重新规定和建立新的东西。

此典出自《左传·僖公二十八年》："原田每每，舍其旧而新是谋。"

春秋时，晋献公的儿子重耳被迫逃亡在外，他先到了卫、齐、曹、宋、郑等国，但这些国家都不肯收留他。后来，重耳到了楚国，楚王收留了他，并问他："你将来如能再回晋国，怎么报答我?"重耳说："我若能回晋国当上国君，如果晋、楚两国发生战争，我将退避三舍(古时行军以三十里为一舍，三舍即九十里)，以作报答。"

重耳在外流亡了十九年，由秦国送回即了位，就是晋文公。公元前633年，晋、楚两国发生了战争。于是，晋文公为了兑现他流亡楚国时说的话，果然退军九十里。楚将子玉依仗大国强兵，坚决要和晋决战。到底是否迎战，晋文公仍有些犹豫。这时，晋军中对这事

城濮之战图。晋文公重耳在即位前逃难时，受到楚王礼遇，楚王问重耳以后如果回到晋国当上国君，将如何报答，重耳回答说一旦晋楚之间发生战争，晋军将退避三舍以报答楚王今日之恩。后来在晋楚城濮之战中，晋军果然退避三舍。

议论纷纷,有的说:“一国之君要避让一国之臣(指子玉),太丢人了。”一些知道晋文公和楚国以前内幕的人则说:“晋君现在像田野之草,美丽茂盛,可以舍旧谋新了,不应陷在和楚国的旧日情怀中。”晋文公听到这些话,终于下了迎战的决心。城濮一战,晋文公大败楚军。从此,成了一位霸主。

设为不宦

“设为不宦”揭露了玩弄自欺欺人把戏的人。

此典出自《战国策·齐策四》:“臣邻人之女,设为不嫁,行年三十而有七子。不嫁则不嫁,然嫁过毕矣!今先生设为不宦,訾养千锺,徒百人,不宦则然矣,而富过毕也!田子辞。”

齐国有一个人去见田骈,对他说:“早听说先生品格高尚,宣称自己不做官,而愿替人服役。”

田骈说:“您从哪儿听到的?”

那人回答:“我从邻居的女儿那里推断出来的。”

田骈诧异地问道:“这话是什么意思?”

那人答道:“我邻居的女儿宣称不嫁人,然而到三十岁便生了七个孩子。不嫁倒是不嫁,然而她的行为已经远远超过出嫁了!如今先生自称不做官,而俸禄上千锺,随从上百人,虽然你没有做官,可是您的富有也远远超过做官了!”

田骈一听,急忙告退。

深谷为陵

“深谷为陵”,比喻世事变迁。

此典出自《诗经·十月之交》:“百川沸腾,山冢萃崩,高岸为谷,深谷为陵。”

春秋时,鲁昭公被鲁国的上卿季平子赶走之后,一直住在晋国的乾侯。过了一段时间,鲁昭公病重,他将自己逃出时带出的珍宝全部拿出来赏给跟他来的各个大夫,大夫们都不敢接受。后来,子家子大夫接受了鲁昭公赏给他的东西,大夫们才勉强接受了赏赐。

鲁昭公死后,子家子又带头将珍宝还回来,他说:“我当初收下,是因为不敢违背君命。”紧接着大夫们也退还了赏赐。

晋国的大夫赵简子听说后,问史官墨道:“季平子赶走了鲁昭公,然而人民都支持季平子,诸侯各国也赞成季平子这样做,没有人认为他犯罪,这是什么原因呢?”史官墨说:“事物的存在,有的成双,有的成三,有的成五,都有搭配。所以天上有日、月、星三辰,地上有金、木、土、火、水五行,身体有左右,百姓有王,王下有公,公下有卿,这些都是相辅相成的呀!上天搭配季氏给鲁国,已很久了,百姓信服他。而鲁国的君主都很荒淫,季氏却勤恳努力,人们早就把国君忘了。所以,鲁昭公死在国外,也没有人去同情他,社会本来是变化的,君臣的位子不是固定不变的,自古以来都是这样。《诗经》上不是这样说吗:高高的堤岸可以变成丘陵(原诗曰:“高岸为谷,深谷为陵”)。虞、夏、商三代的子孙们,如今都成了平民,这都是天道啊!”

赵简子听了,思忖片刻说:“看来,天道是不可以违背的!”

绳趋尺步

“绳趋尺步”指举动都符合法则规矩。

刘玄德三顾茅庐图，出自《图像三国志》。

此典出自《宋史·朱熹传》："方是时，士之绳趋尺步，稍以儒名者，无所容其身。从游之士，特立不顾者，屏伏丘壑；依阿巽懦者，更名他师，过门不入，甚至变易衣冠，狎游市肆，以自别其非党。而熹日与诸生讲学不休，或劝以谢遣生徒者，笑而不答。"

南宋宁宗（赵扩）庆元（公元1195—1200年）年间，朱熹（公元1130—1200年，南宋理学家）任焕章阁待制。当时，权臣韩侂胄与赵汝愚互相倾轧，将亲近赵汝愚的朱熹等人所提倡的道学斥之为"伪学"。赵汝愚被斥逐以后，韩侂胄更加作威作福。右谏议大夫姚愈为了讨好韩侂胄，居然谣传道学权臣结为死党，想篡位夺权呢。在韩侂胄等人的鼓吹下，皇帝居然诏告天下，要对"伪学"进行讨伐。有人还上书皇上，建议把朱熹斩首示众。当时，在这种高压政策之下，士人们全都小心翼翼，一举一动都循规蹈矩。稍以儒道之学闻名的人，在社会上没有立足之地。跟着朱熹学习、有独立见地不怕压迫的人，都隐蔽在山野之中；那种胸无定见、曲意逢迎、卑怯懦弱的人，则换请他人为师，经过朱熹的门前也不进去，甚至改换衣帽，在街上游荡，以此证明自己不是朱熹的死党。而朱熹每天依然不断为学生们讲学。有人劝告朱熹说："把学生们辞退了吧，以免遭祸。"朱熹总是笑而不答。

什袭而藏

"什袭而藏"形容珍重地把物品收藏起来。

此典出自《太平御览》引《阚子》："宋人得燕石，'华匮十重，缇巾十袭'而藏。"

古代时，宋国有个愚人得了块光洁如玉的石头（因产于燕山，故名燕石）。他以为这是块宝玉，便小心翼翼地收藏起来，并且把这件事告诉了邻里乡亲。乡亲们来到这个愚人家里，请求欣赏这块宝石。只见这个愚人穿戴整齐，态度非常庄重地拿出一只大箱子，打开后又从箱子里面拿出一只箱子，这样一只套一只，竟套了十只箱子。愚人从最里层的第十只箱子里，取出一个小包裹，包裹也是一层一层的，共包了十层，最后才露出了那块燕石。大家看见那块宝玉不过是一块普通的石头，一阵哄笑，随即散去。

愚人见大家"不识货"，非常生气，又小心翼翼地把这块石头收藏了起来。

识时务者为俊杰

"识时务者为俊杰"指只有认清当时形势，了解事物发展的规律，才是俊杰。

此典出自《三国志·蜀志·诸葛亮传》裴松之注引《襄阳记》:“儒生俗士,岂识时务?识时务者,在乎俊杰。”

东汉末年,诸葛亮在未出仕之前,隐居在邓县隆中(今湖北襄阳西),躬耕自养。他才能出众,常常自比古代的著名政治家、军事家管仲和乐毅;虽然他已经隐居起来,却时常留心世事,被称为“卧龙”。徐庶等人常与他在一起探讨学问。

当时,刘备在荆州依靠着刘表,为了寻找到人才帮助他争夺天下,他去请教当地名士司马徽。司马徽对刘备说:“平庸的儒生怎会认清形势,只有那些洞悉当前形势和事物发展规律的人,才能称为俊杰。”后来,司马徽向刘备推荐了诸葛亮和庞统。不久,徐庶被曹操所逼离开刘备时,也推荐了诸葛亮。于是,刘备三顾茅庐,请出诸葛亮帮他重振汉室。

刘备在诸葛亮的辅助下,经过几年艰苦的努力,终于建立了蜀汉政权,取得了与东吴、曹魏鼎足而立的地位。事实证明,诸葛亮的确是一位“识时务”的俊杰。

食指大动

“食指大动”用以预示有意外的口福。也可以用“食指大动”来形容觊觎别人的财产。

此典出自《左传·宣公四年》:“楚人献鼋于郑灵公。公子宋与子家将见。子公之食指动,以示子家,曰:‘他日我如此,必尝异味。’”

春秋时,郑国有个公子宋和另一个公子家,这两人都是贵族,在郑灵公朝中做大夫。有一天早晨,两人一起去朝见灵公,公子宋的食指(第二指)忽然自己动了起来,公子家看见了很奇怪,公子宋说:“每次我的食指跳动,就会尝到鲜味。前次出使晋国,尝了石花鱼的鲜味;后来出使楚国又尝了天鹅的味道,不知今天有何鲜味可尝?”

两人就要进入朝门,听见内侍传命宰夫(屠夫),原来有个来自楚国的人送给郑灵公一只大鼋(南方海中的龟类动物),灵公命人把它做熟了与大臣们一起品尝。公子宋和公子家听了,不禁相视而笑,在晋见灵公时,两人嘴边仍有微笑。灵公问他们说:“你们今天为什么这样高兴?”公子家说:“今天我和公子宋入朝时,他的食指忽然动起来,据他说,每次食指大动,必有异味可尝,现在我们见到堂下的大鼋,想到主公今天要请诸大臣尝鼋味,到时我们也有机会尝到,觉得公子宋的食指灵验,不觉就笑起来!”灵公笑了笑说:“灵与不灵,主权还操在我手上呢!”后来鼋羹自下席端到上席,到公子宋时,正好分完了,灵公大笑说:“你的食指灵验吗?”公子宋走到灵公面前,伸手在灵公鼎内拿了一块鼋肉吃下去了,说:“我已尝到鼋味,谁说不灵?”说完悻悻然地走了。

矢人自得

“矢人自得”这个典故告诉人们,奉迎捧场的话好听,但于事毫无补益,反而有害!

此典出自《龙门子凝道记·君子微》。

有个造箭多年的匠人,所用的干纹理不直,镶的翎羽轻重不一,所造出的箭头一点也不锋利。但他却自以为得到名家真传,工艺精良,常常沾沾自喜,自我夸耀。旁边有个人也奉承说:“你的手艺实在很好,即使秦汉时造箭的名匠也没有胜过你的,不但没有胜过您的,而且还比您差远了。您应该把自己的箭抬高价格出售。”这个造箭的人越发得意忘形。

恰好宋将军路过,拿过他的箭看了看,唾弃而去。造箭的匠人仍没有醒悟,还以为人家妒忌他!他怒气冲冲地说:“有人曾经称赞我的箭可与秦汉时的好箭比美,这话一点也不假。现在这位将军竟然这样对待我的箭,他是妒忌我。将军是个刻薄的人啊!”

有人把这一情况告诉了龙门子，龙门子说：“造箭的人不值得责备，那些儒生也是这样啊。”

仕数不遇

“仕数不遇”说明遇不遇与贤不贤，是两码事。只要才高行洁，不要管他什么逢遇与否。

此典出自此典出自《论衡·逢遇篇》：“昔周人有仕数不遇，年老白首，泣涕于涂者。”

从前，周朝有一个人几次想当官都没有找到机会，后来年纪大了头发也白了，走在路上痛哭流涕。

有人问他说：“你为什么这么伤心啊？”

这个人回答说：“我几次想当官都没有得到机会，自己哀伤年岁大了青春已逝了，所以才在这里哭啊。”

有人又问他：“做官为什么碰不到一次机会呢？”

这个人回答说：“我年轻的时候学习礼乐制度。等到礼乐教化获得成就，快要担任官职了，可是君王却喜欢任用老成人。喜欢任用老成人的君王死去了，后主又偏爱武勇兵法，我便改习武勇兵法。等到武术兵法学好了，偏爱兵法武勇的君主又死去了。少主刚刚登基，又喜好任用少年，可我年岁却老了。因此我一生没有遇到一次当官的机会。”

由此可知，担任官职是要碰机会的，不是可以强求的呀。

《东周列国志》版画之廉颇像。廉颇为战国时赵国名将。

市道之交

“市道之交”形容以做买卖的手段交朋友，比喻势利。

此典出自《史记·廉颇蔺相如列传》：“吁！君何见之晚也。夫天下以市道交，君有势，我则从君，君无势则去，此固其理也，有何怨乎！”

廉颇是战国时的一位大将，赵国封他一个食邑，这地方叫长平，当时，廉颇有许多和他关系很亲密的朋友，他们经常在一起喝酒取乐。不料后来赵王把他的职撤了，派了一个叫赵恬的人代替他。他的那些朋友都立刻跟他绝交，看也不看他一眼。过了许久，秦国有个大将白起，在长平把赵恬打败了，那里有一个杀谷，据说曾埋了赵国四十万降卒。这一役之后，赵王觉得廉颇总比赵恬好，如果换上廉颇，赵兵不致惨败，于是，又重用他。于是，从前看也不来看他的朋友，又纷纷前来祝贺，奉承廉颇。廉颇是个禀性刚烈，见这情形，很不高兴，马上下逐客令，其中一个，见他认真，便赔着笑脸，解释道："老朋友，何必大动肝火呢？其实朋友相交，跟做生意一样：如果有件货物，购入了可以赚一笔大钱的，谁不买？反之，如果明明知道是冷门货，购进了连本也会折了的，谁去买它？做朋友就是这个道理啊！"廉颇听了，叹了一声道："这真是市道之交了！"

是可忍，孰不可忍

"是可忍，孰不可忍"用以指事情、事态恶劣到了不能容忍的程度。

此典出自《论语·八佾》："孔子谓季氏，'八佾舞于庭，是可忍也，孰不可忍也！'"

在奴隶社会中，奴隶制的等级制度在奴隶主阶级内部也非常严格。按周礼规定，奏乐舞蹈的队伍，天子可以用八佾（排列成行，纵横都是八人，共六十四人）；诸侯则用六佾（纵横都是六人，共三十六人）；卿大夫用四佾（纵横都是四人，共十六人）；士则只能用二佾（纵横都是二人，即只有四人）。违反了这些规定，就是违反了周礼。

当时，鲁国有一个正卿叫季平子，本来只能用四佾，他却在家庙的庭院里用八佾奏乐舞蹈。这件事被孔子知道后，孔子认为季平子破坏了周礼。有一次，孔子谈论季平子，在谈到这件事时，孔子说："他竟敢在他的家庙庭院中用八佾奏乐舞蹈，对这样的事情如果能容忍的话，还有什么事情不能容忍呢！"

是香是臭

"是香是臭"这个典故讽刺那些为了阿谀奉承而不顾事实、信口胡说的人。

此典出自《传家宝·笑得好》。

一天，一个富翁正在客厅和两个客人闲聊，偶然放了一个屁。一个客人听见，忙说："您这个屁，声音虽响，却闻不到一丝一毫的臭味。"另一个紧接着说："不仅不臭，还有一种异样的清香。"

富翁听了他们的话，疾首蹙额，悲伤地说："我听别人说，放屁不臭，那一定是体内五脏损伤，死到临头了。我放屁不臭，莫非我要死了吗？"

他的话音刚落，一个客人立刻伸手在空中招了几下，用鼻连连嗅着说："臭味这才过来。"另一个客人皱起鼻子，狠狠地吸了几下，然后也用手掩住鼻子，皱着眉头说："哎呀，我这里臭得更厉害。"

噬脐莫及

"噬脐莫及"意思是说，如同自己的嘴咬自己的肚脐一样，无法咬着。比喻后悔已晚，无法挽回，根本办不到。

此典出自《左传·庄公六年》："亡邓国者，必此人也。若不早图，后君噬脐，其及图之乎！图之，此为时矣。观《封神演义》第四十二回：'如若拒抗，真火焰昆冈，俱为齑粉，噬脐何及？'"

春秋时期，有一次楚文王熊赀率军攻打申国（今河南省南阳市），路经邓国（今河南省邓县），想顺便打探一下邓国的情况。邓国国君邓祁侯对大臣们说："他是我的外甥。"于是让楚文王住下，并摆下宴席，热情地招待他。

邓祁侯的另外三个外甥骓甥、聃甥、养甥，请求邓祁侯趁此机会杀掉楚文王，邓祁侯没有同意，三个外甥说："将来灭亡邓国的必定是这个人。如果不趁着这个时机除掉他，等到将来就像咬自己的肚脐一样，根本够不上，后悔也来不及了！下手杀掉他现在正是时候啊！”邓祁侯仍然不听从，他说：“我若把他杀掉，恐怕以后人家会唾弃我，再也不敢到我这里吃我剩余的东西了。”三个人又劝说道：“您如果不听我们三个人的话，国家就要灭亡，到了那个时候，您还能到哪里去找到剩余的东西呢？”邓祁侯始终不愿听从三个外甥的劝告。

楚文王早就怀着扩张侵略的野心，他并没有因为亲戚关系而放弃自己的扩张政策。在攻打申国回国的那一年，楚文王就下令攻打邓国。鲁庄公十六年，即公元前678年，楚文王又攻打邓国，终于把邓国消灭了。

受宠若惊

“受宠若惊”形容受到赏识、表扬、称赞而感到惊奇和不安。

此典出自《老子》第十三章：“得之若惊，失之若惊，是谓宠辱若惊。”

《老子》第十三章，是老子的人生论和政治论。主要论点是教导人不要只顾个人利益。老子认为，人如果只顾个人利益，那么就会很在乎荣辱得失，而且给自己招来灾祸；只有抛却了个人利益，为天下人献出自己的力量，才可以做天下的君长。

老子说：贵族的宠爱和折辱都会给人造成惊恐。发生大的灾难祸患，总是由人的自身引起的。为什么说宠和辱都会给人造成惊恐呢？宠是上等，辱是下等。人们得宠（怕失去），得辱（怕丢人），总是惊恐；失宠（怕不能重新得到），失辱（再来），总是惊恐。所以宠和辱都会造成人的惊恐。

鼠窃狗盗

“鼠窃狗盗”指小偷小盗。

此典出自《史记·刘敬叔孙通列传》：“此特群盗鼠窃狗盗耳，何足置之齿牙间。”

秦朝末年，老百姓不堪忍受秦王朝的残暴统治，爆发了以陈胜、吴广领导的农民大起义。以这一起义为先导，各地农民和六国的一些旧贵族也纷纷掀起了反暴抗秦的斗争。

秦朝当时的统治者二世胡亥是一个昏庸无能的家伙。从东方回来的使者纷纷向他报告各地郡县农民起义的情况，可是丞相赵高谎说这些使者造谣，于是秦二世便把他们投进监狱。后来，农民起义的消息不断传进宫中，二世才召集了大臣们询问情况。有些人实话实说了，惹得二世勃然大怒。有一个叫叔孙通的人看到这种情形，便对二世说：“现在天下一家，上有英明的天子，下有严厉的法律，各郡县都有称职的长官，百姓安居乐业，天下太平，谁还敢造反？各地有一些小偷小盗的，是免不了，叫郡守、县尉把他们抓住处罚就行了，皇上何必担心。”二世听了叔孙通的话，满心欢喜，于是就把说实话的人投进监狱，叔孙通反而得了重赏。

从此以后，各地的起义风起云涌，秦王朝终于走上了灭亡的道路。

树倒猢狲散

“树倒猢狲散”比喻权势一倒，依附的人随即纷纷散去。

此典出自宋代庞元英《谈薮》：“曹咏侍郎以秦桧之姻党而显，方盛时，乡里奔走承迎唯恐后，独其妻兄厉德新不然。咏衔怒，帅越时，德新为里正，咏风邑官胁治百端，冀其祈已，竟不屈。桧殂，咏贬新州。德新遣介致书于咏。启封，乃《树倒猢狲散》赋一篇。”

南宋奸臣秦桧权势倾天，和他有点关系的人，都会威风起来。侍郎官曹咏同秦桧有姻亲关系，所以名声显赫，势高权大。当他的权势炙手可热之际，乡里的人都争先恐后地阿谀奉承他，生怕有没做好的地方。可是，曹咏有个妻兄，叫厉德新，偏偏不巴结曹咏。曹咏记恨在心，非常生气，他在越地任统帅时，厉德新只在乡里当个小吏。曹咏暗示地方官吏百般刁难、威胁厉德新，要他向曹咏低头请罪，可是厉德新就是不愿屈服。后来，秦桧死了，曹咏被贬到新州。厉德新写了一封信，派人送给曹咏。曹咏打开一看，乃是一篇赋，题目叫“树倒猢狲散”，讥笑他依附秦桧，飞黄腾达。如今秦桧死了，他也跟着倒台了。这就像树倒了，树上的猴子都四散逃开了一样。

漱石枕流

“漱石枕流”形容隐居生活。

此典出自《晋书·孙楚传》：“‘所以枕流，欲洗其耳；所以漱石，欲厉其齿。’楚少所推服，惟雅敬济。”

孙楚，字子荆，晋代太原中都（今山西平遥西南）人。祖父孙资，三国时在魏任骠骑将军，父亲孙宏，任南阳太守。孙楚才气过人，才华出众，性格豪爽狂放，性情骄傲，在乡里名声不好。四十多岁了，才混上一官半职。在职期间，同别人经常闹矛盾，晋武帝（司马炎）虽然不惩罚他，但也没有重用他。晋惠帝（司马衷）初年，孙楚任冯翊太守。

当初，孙楚与同郡的王济（晋武帝时官至侍中、太仆，有才气）是好朋友。孙楚在青年时期曾经想要隐居，对王济说：“我想漱石枕流。”他本意是想说“枕石漱流”，不料误说成“漱石枕流”了。王济嘲笑说：“流不是可以枕的，石不是可以漱的。”孙楚辩解说：“我之所以枕流，是想像古代高士许由那样，用流水清洗自己的耳朵，洗掉人间的烦恼；我之所以漱石，是想磨砺我的牙齿。”孙楚很少佩服人，只是尤其敬重王济。

水落石出

“水落石出”比喻事情真相大白。

此典出自汉代无名氏《艳歌行》：“翩翩堂前燕，冬藏夏来见。兄弟两三人，流荡在他县。故衣谁当补，新衣谁当绽？赖得贤主人，揽取为我绽。夫婿从门来，斜倚西北眄。语卿且勿眄，水清石自见。石见何累累，远行不如归。”

这句成语的来源，一般人都以为出自苏东坡所写的一篇赋里的句子：“山高月小，水落石出。”但是苏东坡的句子是描写景物的，并没有蕴含其他的意思。

古代有一首《艳歌行》的乐章，歌词说：哥儿俩，流落在他乡。破旧的衣服没人补，新衣服没人缝，有位好心的女雇主帮他们缝补衣服。雇主的丈夫从门外来，见她缝缝补补，靠在门边东张西望，看她到底在为谁忙。主妇道：“郎君呀，你何必向西张来朝北望？这件事儿的真相你总会弄清楚的。”“水落石出”这句话确实是源出于这首歌中，不过是错将“水清石见”易为“水落石出”而已。

水至清则无鱼，人至察则无徒

“水至清则无鱼，人至察则无徒”比喻水太清洁，鱼无食不能生存；人太苛察计较，便找不到愿意跟从他的人。比喻对人对事不能过于苛求。

此典出自《大戴礼记·子张问入官》：“故水至清则无鱼，人至察则无徒。又见《汉书·东方朔传》：水至清则无鱼，人至察则无徒……举大德，赦小过，无求备于一人之义也。”

汉时，班超作为汉朝的使者，出使西域三十余年，团结了几十个国家，抵御了匈奴的入侵，确保了“丝绸之路”的畅通，使汉朝纵横无敌，威名远扬，被封为定远侯。但他待人过严，对部下过于计较，不能原谅别人偶尔犯下的小过失，所以人们虽然佩服他，敬重他，却不爱他，也不喜欢在他手下做事。因此有个朋友劝告他说："你听过这样的谚语没有？'水至清则无鱼，人至察则无徒。'你要求过于严格了，做你下属的人怎么能安心呢？还是从大处着眼，只要不是犯了大错误就原谅一些。"班超听从了这个劝告，果然人们就对他又敬又爱，也安心工作了。

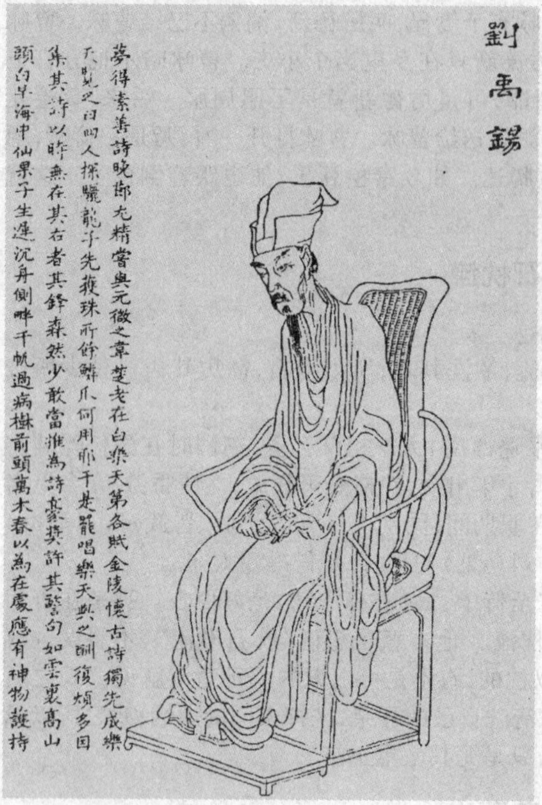

刘禹锡像，图出自清·上官周绘《晚笑堂画传》。

司空见惯

"司空见惯"比喻事情屡见不鲜，再没有什么新奇。

此典出自《本事诗·情感》："高髻云鬓新样妆，春风一曲杜韦娘。司空见惯浑闲事，断尽江南刺史肠。"

唐朝时候，有一个名叫刘禹锡的人吟诗、写文章都非常出色，他中了进士后，便在京城做监察御史；因为他的性格放荡不羁，所以在京中总是受人排挤，被贬做苏州刺史。就在苏州刺史的任期中，当地有一个曾任过司空官职的人名叫李绅，因仰慕刘禹锡的文采，就邀请他饮酒，并请了几个歌妓来作陪。在饮酒间，刘禹锡一时诗兴大发，便做了这样的一首诗："高髻云鬓新样妆，春风一曲杜韦娘，司空见惯浑闲事，断尽苏州刺史肠"。"司空见惯"这句成语，就是源出于刘禹锡的这首诗。

素车白马

后人用"素车白马"指丧葬所用的衣服和车马物品。

此典出自《尸子·卷上》："汤之救旱也，乘素车白马，著布衣，身婴白茅，以身为牲，祷于桑林之野。"

《后汉书·范式传》：遂停柩移时，乃见有素车白马，号哭而来。

范式，字巨卿，是汉时山阳的金乡人，他为人诚实守信，和汝南人张邵很要好，邵，字元伯，为人也很守信。他们两人一起去京城游学，临分别的时候，巨卿和张邵相约，两年后的某日要到他家去拜访他的母亲和儿女们，两年后，张邵让他母亲在这一天预备酒席，等候巨卿。张邵说："巨卿是守信的人，一定会来。"他母亲说："既然会来，自然替你准备酒菜。"果不其然巨卿在这一天来到了张邵家，拜见了张邵的母亲，然后大家一起喝酒，尽欢而散。

后来张邵病重，快要死的时候，叹着气说："恨不能再见到范巨卿。"没过多久，张邵死了。那时巨卿在做功曹的官，夜里梦见张邵，告诉他已在某日某时死了，就要下葬，请他去一趟。范巨卿醒后，连忙向太守请假，匆匆忙忙地赶去奔丧。他穿了朋友的丧服，赶到张邵落葬的地方，张邵的棺材快要埋到墓穴中去时，突然再也移不动了。张邵的母亲这时见到有一人素车白马，哭泣着奔驰而来，知道是范巨卿。等到范巨卿哭吊祭奠后，棺材才能移得动。

唐突西施

“唐突西施”比喻拿丑的和美的相比，因而冒犯、贬低了美的。

此典出自《世说新语·轻诋》：“何乃刻画无盐，以唐突西子也。”

周顗的朋友庾亮有一次对周顗说，其他的朋友都喜欢把周顗和乐广相提并论。乐广是晋代的大贤人，死后还有不少人怀念他；周顗是一个谦厚的人，怎么能与大贤人乐广相比。因此，周顗听了庾亮这番话后，心里感到很不安，于是对庾亮说：“谁都知道无盐是相貌最丑陋的妇人，西施是才貌双全的美女；如果朋友们把我和深受人们景仰的乐广相提并论，就像把无盐和西施说成同是美女一样；这样说来，等于唐突貌美如仙的西施，唉，朋友们怎能这样说呢！”

天崩地坼

“天崩地坼”，原意是天崩地裂，后用以比喻发生了重大的不可逆转的事变。

此典出自《史记·鲁仲连列传》：“居岁余，周烈王崩，齐后往，周怒，赴于齐曰：‘天崩地坼，天子下席。’”

战国时候，赵国在长平之战中被秦国打得惨败，损兵折将四十余万。秦兵又围困赵国都城邯郸，赵王惊恐不安。魏国派兵想援救赵国，可是领兵的将军晋鄙惧怕秦军，不敢向前。魏王暗中派了一个叫新垣衍的人，秘密进入邯郸，劝赵王说：

“秦兵围困邯郸是为了与齐王争夺帝位，如今齐国已经衰弱，秦国雄视天下，想要当霸主，如果赵国派使臣去称秦昭王为帝，赵国甘为臣国，秦王一定高兴，会将兵马撤回去的。”

赵王拿不定主意。这时正巧鲁仲连来到赵国。鲁仲连是一位气节清高的谋士，在各国之间很有名望，他从来不去做官，就喜欢在各国旅行。鲁仲连听说新垣衍鼓动赵王向秦国称臣，尊秦昭王为帝，心里非常不满，就去找新垣衍。

新垣衍见到鲁仲连，客气地说：“很早就听说过您，您是当今的高士，……不过我看如今留在被围困邯郸城内的

鲁仲连像，图出自清·顾沅辑《古圣贤像传略》。鲁仲连是战国时名士，善于出谋划策，常周游各国，为其排难解纷。

人，都是有求于赵国的，可看先生的样子并不是这样的人，那么为何不早点离开这里呢？"

鲁仲连说："我走与不走，并没有考虑自己的安全。我考虑的是秦王背弃礼义，靠杀人而论功行赏，以权术使用将士，以酷刑压服百姓，这样的人如果做了霸主，施行恶政，我宁可投东海淹死，也决不做秦国的百姓！我今天所以想见你，完全是为了拯救赵国。"

"先生有什么办法救赵国呢？"新垣衍问。

"我先说服魏国、燕国出兵救赵，齐国和楚国就会紧随其后派兵救援的……"

新垣衍笑了："我就是魏国人，你有什么办法让魏王救赵呀？"

"魏王如果明白了秦王称帝的后果，他就会同意发兵救赵的。"

新垣衍试探着问："秦王称帝会产生什么样的后果呢？"

鲁仲连忙引经据典滔滔不绝地说了起来：

"从前的齐威王可以说是仁义的，曾率天下诸侯朝拜周天子。周室又小又贫，诸侯都不把它放在眼里，只有齐威王总去朝拜它。不久周烈王死了，齐威王很晚才去吊唁，周室的人都非常生气，派人告诉齐国说：天崩地裂了，天子睡在草上表示哀节，臣子齐国后到应该被杀头！齐威王听了这话，勃然大怒，骂道：烈王后是一个贱婢！这件事成了天下的笑话。天子活着的时候齐威王朝拜他，死了吊唁迟到了，不仅遭到叱责，还要斩首。天子、帝王都是这样反复无常，对秦国称帝你别抱有幻想，秦王一旦称帝，他还能把你的魏国放在眼里吗？"

新垣衍为难地说："先生没有见过吗？十个仆夫听从一个主人的，不是十个人的体力、心力不及他一个人，而是畏惧他呀！"

鲁仲连嘲弄地笑道："照你说，魏国便是秦国的仆夫了？这话太没出息了。秦是万乘之国，魏也是万乘之国，都有称王之名，只根据一次战争的胜利，就想顺从它而称它为帝，可见你这位魏国的大臣还不如仆妾之流……"

新垣衍满面愧色，对鲁仲连拜了又拜，说："我今天才知道先生是天下名士呀，我今后再不谈称秦为帝的事啦……"

秦军听说赵国没有投降的意图，便退兵五十里，这时魏兵也赶来救赵，秦军只好撤退。

赵国得救了，赵王和大夫很感激鲁仲连，想封他官位，又给他千金重赏，可是都被他谢绝了。鲁仲连说："我所以被天下之士所尊敬，就是为人排忧解难而不要报酬，谋求利益那是商人的事情，我绝对不会那样做的！"

从那以后，鲁仲连离开赵国，再也没有回来过。

天翻地覆

"天翻地覆"比喻变化很大。

此典出自唐代刘商拟作的《胡笳十八拍》见郭茂倩《乐府诗集》卷五十九："'天翻地覆谁得知，如今正南看北斗。'这是描写蔡文姬嫁到匈奴后的遭遇和心情的两句诗。"

蔡文姬，姓蔡名琰，字文姬，东汉末年人，左中郎将蔡邕的女儿。据《后汉书》记载：文姬博学多才，精于音律。东汉末年，天下大乱，匈奴入侵。公元196年，文姬被匈奴人虏获，做了南匈奴左贤王的王后，生了两个孩子，直到公元208年才被曹操派人接回。蔡文姬在匈奴居住了十二年，饱尝了辛酸，她怀念祖国，思念亲人怀着这种沉痛的心情作了《胡笳十八拍》来抒发自己的情怀。刘商拟作的《胡笳十八拍》中这两句诗的意思是说，蔡文姬到了匈奴以后感到变化太大了，好像天地都倒置了，连北斗星都转到南方去了。

天下第一

“天下第一”形容人或事物好得谁也比不上。

此典出自《后汉书·胡广列传》:“既到京师,试以章奏,安帝以广为天下第一。”

在东汉有一位名声很大的大臣,他活了八十二岁,死时朝廷自公、卿、大夫到博士、议郎上下数百名官吏,为他送葬。朝廷送给他许多名位、荣誉;太傅、安乐乡侯,谥文恭侯,还封家中一人为郎中……史书上说,自汉兴以来像这样的盛况是从来没有出现过的。

这位大臣是谁呢?他就是被汉安帝刘祜称为“天下第一”的胡广。

胡广少年时生活很苦,母亲死得早,十几岁他就去当个小官吏,挣钱谋生。他平时喜欢读书,爱好写诗,也很有才华的。

有一天,太守法雄的儿子法真回家看父亲,发现胡广学问渊博,人品也不错,就想推荐他去做官。法雄知道自己儿子眼力很好,就叫他帮助选拔人才。

考试那天,法雄请来很多官吏,让大家考核。胡广就在应试的青年之中。法真一个人躲在窗外,从窗缝中观看每一个人的情况。

考试结束后,法真对父亲说:“胡广这个年轻人很不错,应该推荐他去京师。”

于是胡广高高兴兴地来到京师,将自己的文章呈给了皇帝。

皇帝刘祜看过胡广的文章,赞不绝口:

“文章写得好,真是天下第一呀!”

胡广进京不到一个月,朝廷就封他为尚书郎,后来又升迁为尚书仆射。

到了汉顺帝的时候,皇帝要选立皇后。可是他的四个妃子他都满意,都受到他的宠爱,到底选哪一个才好呢?皇帝想来想去,也拿不定主意,最后决定卜卦让神灵来帮他下决定。胡广说:“陛下,臣听说您要选立皇后,这是一件严肃认真的大事,怎么可以祈求神灵呢?这种办法可是祖宗没有传下来的,典章上也没有记载。选立皇后应该以德行为标准,那才是符合祖宗的章法啊!”

“好吧!”皇帝被他说服了,最后选立了梁贵人为皇后。

后来,胡广又得罪了皇帝,几次被免罢职。他自从到朝廷做官,一共三十多年,历经了六个皇帝,官位一会高,一会低,一履司空,再作司空,三登太尉,又为太傅。一时成为天下名士。

天有不测风云

“天有不测风云”比喻人有难以预料的灾祸。

此典出自《元曲选·无名氏〈合同文字〉第四折》:“天有不测风云,人有旦夕祸福。那小厮恰才无病,怎生下在牢里便有病。又见《三国演义》第四十九回。”

周瑜与曹操大战于三江口。曹操兵多,防守严密,周瑜要攻打他,很不容易。为此,诸葛亮和周瑜商量,采用火攻的战略。一切准备工作顺利进行,但周瑜想起现在正是冬季,自己的船停在江南,曹操兵船却在西北,如用火攻,西北风一来,岂不是引火烧身么?周瑜眼见情势危急,无计可施,病倒在床。诸葛亮去探望他,他又不想说实话,只是应付诸葛亮说:“人有旦夕祸福,谁又能保证不生病呢?”而诸葛亮却故意神秘地说:“天有不测风云,人又怎么能料得定呢?”周瑜觉得诸葛亮言外有意,便连忙问有何药方可治他的病。诸葛亮写了十六个字递给周瑜。这十六个字是:“欲破曹公,宜用火攻;万事俱备,只欠东风。”周瑜见诸葛亮早已猜到他的心事,只好告诉他真相,并请诸葛亮告诉他解危之法。诸葛亮

三江口曹操折兵图，出自《图像三国志》。

笑笑说："亮虽不才，曾遇异人，传授奇门遁甲天书，可以呼风唤雨。都督若要东南风时，可于南屏山建一台，名曰'七星坛'……亮于台上作法，借三日三夜大风，助都督用兵，怎么样？"周瑜欣喜若狂，便急忙命令五百精壮兵士往南屏山筑坛。

投其所好

"投其所好"这篇寓言讽刺投其所好、吹牛拍马、讨好卖乖的人。

此典出自《太平广记》卷二百六十引《笑林》。

有这样一个人想去拜见县官，就问县官身边的人说："县太爷最喜欢什么？"有人告诉他说："县官最喜欢《公羊传》。"后来这个人进去拜见。县官问他："你读过什么书？"这个人回答说："专门研究《公羊传》。"县官试着问他杀陈佗的人是谁？这个人想了很久才回答说："我这辈子实在没有杀过陈佗。"县官看出他回答得很荒谬，就又戏弄他说："你没有杀陈佗，请问是谁杀的？"于是这个人非常害怕，光着脚就跑出来。别人问他原因，他还大言不惭地说："我去拜见英明的县太爷，他就拿杀人的事情盘问我，以后我再也不敢来了，只是碰上他赦免了我的罪，我才出来的。"

徒有虚名

"徒有虚名"意思是空有名望。形容有名无实。

此典出自《北齐书·李元忠传》："时州境灾俭，人皆菜色……元忠以为万石给人，计一家不过升斗而已，徒有虚名，不救其弊，遂出十五万石以赈之。又见《三国演义》。"

三国时期，诸葛亮出兵北伐，屯兵祁山寨中。忽然接到探报，司马懿领兵二十万，向祁山杀来。诸葛亮很吃惊，说道："司马懿一定会夺取街亭，断我粮道，街亭虽小，却是咽喉要地，万一失守，就坏了大事。"马谡认为深通兵法，小小的街亭一定能守住，因此坚决请战，并立下了军令状。诸葛亮给他调拨两万五千精兵，并派上将军王平相助，叮嘱他处处小心，千万不得失误。

马谡和王平来到街亭，看到这里都是偏僻小路。马谡笑道："丞相真胆小，这样一个地方，魏兵哪里敢来！"王平说："虽说魏兵不敢来，我们也该在五路总口下寨，以防万一。"马谡却主张在路边小山上下寨。王平说："当路下寨，敌兵无法偷过，如果屯兵山上，敌兵四面包围，如何应付？"马谡大笑说道："兵法说：'居高临下，势如破竹。'敌兵敢来，定叫他片甲不留。"王平说："这山是个绝地，敌兵如果断我水道，我军就乱了。"马谡说："你不要乱说。孙子说：'置之死地而后生'，敌兵断我水道，蜀兵必然死战。我熟读兵书，连丞相都经常向我请教，你为什么要阻挡？"王平仍然反对在山上下寨，马谡就拨给他五千人马，在离山十里的地方，扎下一个小寨，与山上大寨形成犄角之势。

司马懿兵到街亭，听说马谡在山上扎寨，便大笑道："马谡只有虚名，是个庸才，诸葛亮用这样的人，怎能不误事！"司马懿布置妥当，驱动军马，一拥而进，把山的四面团团围住。马谡在山上望去，见魏兵漫山遍野，声势浩大，慌忙挥动红旗，命令蜀兵向下冲杀。蜀兵见魏兵势大，非常害怕，不敢下山。马谡大怒，斩杀蜀军二将。蜀兵惊惧，只好下山冲杀，但魏兵岿然不动，蜀兵只好又退回山上，马谡见情况不妙，命令紧闭寨门，等待援军。

王平带军来救，但兵员太少，被魏将张郃领兵挡住。山上蜀兵被围困了一天，又被断了水道，军心大乱。到了夜间，山南蜀军饥渴难忍，大开寨门，下山投降魏军。马谡禁止不住，心慌意乱。正在这时，魏兵又放火烧山，顿时满山通红，只听见魏兵一片喊杀之声。眼看守不住了，大势已去，马谡只好带领残兵，乘夜从山西杀下山去，慌忙夺路而逃，街亭失守。

偷合取容

"偷合取容"指苟且迎合他人，以求容身。

此典出自《史记·白起王翦列传》："王翦为秦将，夷六国。当是时，翦为宿将，始皇师之，然不能辅秦以建德，固其根本，偷合取容，以至殁身。"

战国末期，在秦国逐步消灭六国、统一中国的战争中，有两个大将发挥了举足轻重的作用。这两个大将，一个叫白起，一个叫王翦。

白起，又称公孙起，郿（今陕西眉县）人。秦昭王时，从左庶长官至大良造。他率领秦军屡战获胜，夺得韩、魏、赵、楚的很多土地。秦昭王二十九年，（公元前 278 年），他攻克楚都，因功被封为武安君。秦、赵长平之战，他率领的秦军大败赵军，坑杀俘虏四十万人。后来，秦攻赵都邯郸，因与秦王和相国范雎有矛盾，被逼自杀。

王翦，频阳（今陕西富平东北）人。他先后率军攻破赵国、燕国，攻灭楚国。后封为武成侯。在灭楚战争中，秦王（就是后来的秦始皇）曾问大将李信要用多少人马。李信说，要用二十万。秦王又问王翦，王翦说，必须要用六十万。秦王以为王翦观念陈旧，就拜李信为大将攻楚。王翦因此称病告老还乡。后

坑弃万军图，出自清·马骀《百将图传》，讲述秦将白起于长平之战后坑杀赵国四十万降卒之事。

来，李信兵败，秦王又起用了王翦，王翦于是率军将楚国攻灭。得胜回朝后，仍告老还乡，秦王又拜他的儿子王贲为大将。

司马迁在为白起和王翦作完传记后，写道：人各有长处和短处。白起用兵如神，威震天下，但由于不能迎合秦王和范雎的意见，被逼自杀。王翦虽是富有经验的老将，但在秦统一中国大功告成的情况下，告老还乡，迎合秦王以求容身，直至默默无闻地死去。这就是白起和王翦的短处。

菟裘归计

"菟裘归计"比喻准备告老还乡，或退身、退隐等。

此典出自《左传·隐公十一年》："羽父请杀桓公，将以求大宰。公曰：'为其少故也，吾将授之矣。使营菟裘，吾将老焉。'"

春秋时期，鲁国国君鲁隐公是他父亲鲁惠公的继室所生，按照规矩是不能继承君位的。可是，鲁惠公死的时候，有资格继承君位的桓公（名允，鲁隐公之弟）年龄还小，因此，只得立隐公为太子即位，让他当了国君。

鲁隐公十一年（公元前712年），是鲁隐公执政的第十一个年头，也是他执政的最后一年。这一年的一天，鲁国大夫羽父要求隐公杀掉桓公，让自己得到太宰的官职。隐公说："因为他以前年龄小，我才代为摄政。现在，我就要把君位交付给他了。我准备让人在菟裘那个地方营造房屋，我晚年就在那里养老了。"

听了隐公的话，羽父感到非常恐惧，反过来又去桓公面前诬陷隐公，请求桓公杀掉隐公。这一年的十一月十五日，羽父派人刺杀了隐公，隐公的退身之计还没来得及实现，就魂归西天了。

退避三舍

"退避三舍"表示对别人忍让退步，或者比喻躲得远远的，避免接触。

此典出自《左传·僖公二十三年》："'子女玉帛，则君有之，羽毛齿革，则君地生焉；其波及晋国者，君之余也。其何以报君？'曰：'虽然，何以报我？'对曰：'若以君之灵，得反晋国，晋楚治兵，遇于中原，其辟君三舍；若不获命，其左执鞭弭，右属櫜鞬，以与君周旋。'"

春秋时代，晋献公有五个儿子，他宠爱骊姬，立为夫人，想立骊姬生的奚齐做太子；但是他又已经确定申生是太子，没有办法变更。骊姬便用计害死了申生，又怂恿献公派兵去捉另一个儿子重耳，重耳得知这一消息，急忙逃到翟国，住了二十年。那时献公已经死去，奚齐和卓子两人先后继位，又都被臣子们杀死；重耳的弟弟夷吾从魏国回晋做了国君，称惠公。惠公害怕重耳回去夺取君位，秘密派太监和武士行刺。重耳又接连逃往齐国、曹国、卫国，最后到了楚国。楚庄王用接待诸侯的礼节招待他，两人关系很密切。

一天，楚庄王问重耳："如果你将来回到晋国做了国君，怎样报答我呢？"

重耳回答："你拥有无数的男女奴隶和宝玉、丝绸；羽毛、兽齿和皮革，又是楚国的特产；我真不知该怎样报答你。"庄王又说："虽然这样，总有什么可以报答的。我愿意听一听。"重耳道："如果托你的福气，能够回到晋国做了国君假如晋国和楚国交战，我就退让三舍的地方。"（当时三十里为一舍）后来重耳回国当上国君，称为晋文公：晋文公励精图治，谋求振兴晋国，出兵攻击卫国和曹国。

楚成王听说晋国一口气打下了卫国和曹国，就打发人叫成得臣回去，还告诉他说："重耳在外头漂泊了十九年，现在已经六十多岁了。他是历经风雨生活阅历丰富的人。

咱们跟他打仗,未必占得了上风,你还是趁早回来吧!"

但是成得臣认为攻陷宋国是早晚的事,不愿意退兵。他派人去对楚成王说:"请再等几天,让我打了胜仗再回去。如果遇上晋国人,也得跟他们拼个胜败。万一打了败仗,我愿意接受军法处置。"楚成王见成得臣不肯回来,心中非常生气,就请教已经退休的令尹子文(令尹,是楚国的官衔,相当于中原的相国)的意见。子文说:"现在晋国强盛壮大,重耳出兵帮助宋国是为了要做霸主。我认为应提醒子玉(成得臣字子玉)千万别跟他闹僵了。能够讲和最好,这样起码可以维持一个平分南北的局面。"楚成王又派人去通知成得臣。成得臣没有办法,只好改变初衷。他下令暂时停止进攻,却不愿立即退兵。他派人去对晋文公说:"楚国之于曹国和卫国,正像晋国之于宋国一样。您要是恢复曹国和卫国,我就不攻打宋国,咱们彼此和好,免得叫老百姓吃苦受罪。"晋文公还没说话,狐偃就抢先说:"成得臣这家伙太不讲理!他放了一个还没打下的宋国,却叫我们恢复两个已经灭了的国家。哪儿有这么便宜的事?"于是,他就扣押了成得臣派来的使臣,放他手下的人回去。

晋文公又想出了一些计策,一方面打发使臣去联络秦国和齐国,请他们一块儿来帮助中原的诸侯,抵御楚国这个"蛮族";一方面通知卫成公和曹共公,怂恿他们先跟楚国绝交,将来一定恢复他们的君位。他们当然是言听计从,就写信给成得臣表明态度。成得臣正为这两国流汗卖命,他们却反过来跟他绝交。他气愤地骂道:"这两封信明摆着是那个老奸巨猾的老贼逼他们写的。算了!不打宋国!找重耳这老贼算账去!打退了晋国再说。"他带着兵马,一路赶到晋国人驻扎的地方。

中军大将先轸看见楚国人过来,准备立即迎战。狐偃说:"当初主公在楚王面前说过,要是两国发生战争,晋国愿意退避三舍。咱们可不能失信!"将士们都反对,说:"这怎么行?晋国的国君怎么能在楚国的臣下面前退避呢?"狐偃力排众议,说:"咱们不能忘了当初楚王对咱们的善意。退避三舍是向楚王表示尊重,哪儿是向成得臣退避呢?而且,如果咱们退兵,他们也跟着退兵,就容易讲和了。那不是很好吗?如果咱们退兵,他们还是穷追不舍,那就是他们理屈了,咱们有理,他们没理,咱们的将士个个理直气壮,他们的将士若还自以为是,两国打起来,对咱们就有利。"大家这才默不作声了。晋文公吩咐军队向后撤退,一直退了九十里,到了城濮(卫地,在山东省濮阳县南),才停下来。这时候,秦国、齐国、宋国的兵马也陆续赶来支援。

楚国人一瞧见晋国人往后撤退,非常高兴,大将斗勃对成得臣说:"晋国的国君竟躲着楚国的大臣,咱们真是太风光了。大王早就让咱们回去,咱们也不能太固执。既然已经讨回面子,就顺水推舟回去吧!"成得臣说:"现在回去已经迟了,倒不如打个胜仗,还可以将功赎罪。咱们追上去吧!"于是楚国人就追到了城濮。双方的军队都在那边驻扎下来,战云密布,随时随地都有可能爆发战火。

晋文公向来知道成得臣的骁勇善战,将士们也都知道楚国人从来没有打过败仗。再说晋国的兵马退了九十里,楚国人步步紧追,大家心里多少有点担心,晋文公尤其提心吊胆,万一打了败仗,别说不能做霸主,从此以后,中原诸侯也只能听命于"南蛮子"的了。过去齐桓公和管仲还不敢贸然跟他们开战哪!他愈想愈心虚。到了晚上,翻来覆去地睡不着,好不容易想睡着,就做了个噩梦,吓得浑身是汗醒来。

第二天,晋文公对狐偃说:"我有点害怕。昨晚做了个梦:我好像还在楚国,跟楚王摔跤。我摔不过他,被他摔倒了。他趴在我身上,直捶我脑袋,还吸食我的脑浆。现在我的头还在隐隐作痛哪!"狐偃很有口才,一直给晋文公打气,说:"大喜!大喜!咱们一定打胜仗!”晋文公说:“这话怎么讲?”狐偃说:“主公仰面朝天,分明是得到了老天爷的帮助;楚王向您一趴,不正是向您请罪吗?”晋文公听了狐偃的一番话,头也不疼了,胆量也大了,鼓动将士们准备跟楚国人对打。

双方一交锋,先轸故意露出败象。成得臣骄傲自大,向来看不起晋国人,一看他们逃跑,就不顾一切地猛追上去。先轸就这么把楚国人引到有埋伏的地方,切断他们的后路,杀得他们七零八落,四处窜逃。晋文公连忙叫先轸嘱咐将士们,只要把楚国人赶跑就行了,不许追杀,以免辜负了楚王从前的情义,留个后路,往后还可跟楚国修好。于是楚国的将军成得臣、斗勃、斗宜申、斗越椒带着那些败兵,沿着睢水跑,跑了一阵子,正准备坐下来休息,突然传来一阵鼓响,冲出一队晋国的人马。领头的那个将军正是楚国人闻之色变的大力士魏犨。魏犨自从疗伤复元以后,格外尽忠奋勇。他看见楚国的残兵败将,就把他们包围起来,打算一个一个地收拾他们。当他正准备动手的时候,忽然来了个急使,大声传报说:“千万别杀!主公有令:让楚国的将士回去,以报答楚王的情义!”魏犨只好叫士兵们让出一条路,吆喝着说:“哼!便宜了你们!”楚国人于是低垂着头,匆匆忙忙地跑掉了。

成得臣退到连谷城(楚国地名),才打发儿子成大心领着剩余的军队去见楚成王。楚成王怒气冲冲地数落着,说:“我一直叮咛你们别跟晋国人开战,你们就不听我的话!你爹亲自说过愿意接受军法处治,还有什么好说的?”成大心说:“我爹早知道有罪,当时就要自杀。是我告诉他,见了大王,再让大王处治吧!”楚成王说:“落败的将军,不能活着回来,这是楚国的规矩,不用再多说了!”成大心见楚王没有怜赦的意思,只好哭泣着回到连谷城。

有位大臣获知这消息,立刻去见楚成王,对他说:“子玉是个猛将,就是没有计谋。本就不该叫他独自带兵,让他自己拿主意;如果有个谋士从旁协助他,他一定能够打胜仗。这次虽然失败了,可是以后要打败晋国,还是得依靠他。大王还是免了他的死罪吧!”楚成王觉得这个大臣的话很有道理,就连忙打发人去传命令:“败将一概免死!”可是传令的人赶到连谷城时,成得臣已经自杀了。

晋国击败楚国的消息传到洛阳,周襄王既高兴,又担忧。高兴从此“南蛮子”楚国大概不敢再来侵犯中原了;又担忧晋国太强,不容易对付。不过,对如此强大的诸侯还是要依附的,于是,就派大臣王子虎去慰劳晋文公。晋文公就利用这个机会,跟王子虎约好时间、地点,准备召集诸侯,订立盟约。公元前632年,晋文公带着宋、齐、鲁、郑、陈、蔡、邾、莒等国的诸侯到了践土(郑国地名,在河南省广武县),召开大会。秦国远在西方,从来没跟中原诸侯会过盟。许国一直是唯楚国马首是瞻,也没来。卫成公还在襄牛,曹共公拘在五鹿,他们当然无法赴会。于是周襄王就叫王子虎跟其他的大臣去会见诸侯。晋文公献出楚国的俘虏一千名,兵车一百乘。王子虎替天子慰劳各路诸侯,叫他们尽力地扶助王室,彼此不要勾心斗角、打来打去。当场就正式称晋文公为盟主。列国诸侯在王子虎面前“歃血为盟。”

唾面自干

“唾面自干”表示逆来顺受,忍受侮辱,而不敢与别人计较。也形容人的气量大,不与别人计较。

此典出自《新唐书·娄师德传》:弟曰:“‘人有唾面,洁之乃已。’师德曰:‘未也。洁之,是违其怒,正使自干耳。’”

娄师德,字宗仁,唐代郑州原武人。唐高宗(李治)上元(公元674—676年)初年,娄师德任监察御史，适逢吐蕃侵扰边境，唐将刘审礼战死，娄师德奉命到洮河聚集败逃的士兵，并招募猛士讨伐吐蕃，立下战功，被提升为殿中侍御史，兼河源军司马，并负责军队营田的事务。武则天天授初年（公元690—692年），娄师德任左金吾将军，他率领士兵屯田，积贮粮食数百万，不仅军队吃用不愁，还省下了转运粮食的费用。武则天非常赞赏他，下诏表示慰劳。武则天对娄师德说：”军队在边境，必靠营田才能自给。可是您不要过于操劳了。”于是，又命他为河源、积石、怀远的军队和河州、兰州、鄯州、廓州的检校营田大使。

娄师德身长八尺，方口厚唇。为人厚道，有度量，如果有人触犯了他，他就表示谦让，不与别人发生争执，怒意不形于色。他曾经与李昭德一起行走，娄师德长得很胖，走不快，李昭德嫌他走得慢，生气地说："都让你这个田舍郎把时间耽误了。"娄师德笑着说："我不种田，还有谁种田呢？"他的弟弟被任为代州都督，去上任的时候，娄师德教他不论做什么事情都要有耐性。弟弟说；"假如有人把唾沫吐在我脸上，我把它擦掉就算了"娄师德说："不对。您把唾沫擦掉，就是违背了别人的怒意，要让唾沫自行干掉。"

褚遂良像，图出自清·顾沅《古圣贤像传略》。褚遂良是唐太宗时期的名臣。

唾手可得

"唾手可得"形容非常容易得到。

此典出自《新唐书·褚遂良传》："但遣一二慎将，付锐兵十万，翔旝云輣，唾手可取。"

唐代初年，朝鲜半岛上有三个国家：北部是高丽，西南部是百济，东南部是新罗。唐高祖李渊曾和高丽国交换本国流亡人口，高丽送还中国流亡人将近一万，可见高丽对唐朝的态度是十分友好的。唐太宗李世民即位后，特别是消灭突厥后，依仗着国力强大，企图侵占弱小的邻国。

贞观十四年（公元642年），高丽西部酋长泉（姓）盖苏文（名）杀掉了一百多名高丽大臣，并杀死国王高建武，立高藏为国王。泉盖苏文把持国政，用严刑立威望，高丽内部动乱不安。唐太宗觉得有机可乘，于贞观十六年（公元644年）决定亲自率兵前往。为此，大臣们都上书劝阻。有一个叫褚遂良的大臣建议说："陛下不必亲征，派一两名猛将，带领十万兵马，便唾手可得。"唐太宗不听劝告，亲自率兵前往，结果遭到失败。

万金之患

“万金之患”讽谕了患得患失者的失败。

此典出自《苻子》。

夏王想叫后羿对准一块一平方尺大小的兽皮箭靶和直径一寸的靶心射箭，就对后羿说：“你射这个靶心，射中了，就赏给你一万金的货币；射不中，就减你一千邑的封地。”后羿听了夏王的话，神情不安，非常紧张，于是拉开弓去射靶心，第一箭没有射中；再射一箭，又没有射中。

夏王便对保傅弥仁说：“这个后羿呀，平日射箭，百发百中，可是这次跟他定了赏罚，就射不中了，这是什么原因？”

保傅弥仁回答说：“他呀，高兴与恐惧的心理成为他的危害，万金的赏赐成了他的祸患了。如果一个人能够排除欢喜和恐惧的矛盾心理，去除万金赏赐的私心杂念，那么，普天下的人们便都能够成为像后羿那样的射手了！”

亡赖附鬼

“亡赖附鬼”尖刻地嘲讽了卖身投靠、为虎作伥的无赖汉及其丑恶嘴脸。

此典出自《伯牙琴》。

有一个楚地恶鬼降到齐地来，说道：“天帝派人来统治这块土地，我能够为你们降祸赐福！”人们非常畏惧他，只得唯命是从，并将鬼供奉在庙里，天天杀牲祭祀，拿着钱物去献给它。

街市上一些流氓无赖纷纷依附恶鬼，把自己的身躯当做奴婢贱妾一样，还不满足，又让他们的妻子和女儿供它使唤。鬼气侵人，他们的言语举动都和恶鬼一模一样。于是，他们便依附鬼势，加倍危害齐地的百姓。凡是不肯依附鬼势的人们必定会遭到灾祸。齐地的老百姓因此陷入了沉重的灾难之中。

天神听说了这件事，从天而降，气愤而嘲笑地说道：“这样的妖魔鬼怪，竟然被供在庙里，享受着人们的奉祭，还在这里作威作福不止！”说罢就发出霹雳，劈倒了庙宇，震死了所有的流氓无赖，从此楚地来的鬼祸便被平息了。

这些家伙以为恶鬼的气势是可以永远依靠的吗！

一张一弛

“一张一弛”比喻合理安排工作，做到有松有紧，劳逸结合。

此典出自《礼记·杂记下》：“一张一弛，文武之道也。”

春秋时代，孔子的学生子贡有一年年底去观看群众性的祭神活动，回来后，孔子问子贡道：“你看，那些人高兴么？”子贡回答说：“那些人欣喜若狂，又是叫，又是跳，又是喝酒，我不明白他们为什么那样高兴？”孔子说：“老百姓一年到头都在干活，只有这么一天的娱乐，这里头的道理还不清楚吗？叫老百姓只干活不休息，周文王和周武王是不会那样做的；叫老百姓只休息而不干活，周文王和周武王也不会干的。‘一张一弛，文武之道也。’（意思是：叫老百姓有劳有逸这才是周文王和周武王治理国家的根本办法。）”

妄自尊大

“妄自尊大”讽刺自己狂妄地抬高自己的行为；也常用它形容狂妄自大的人。

此典出自《后汉书·马援传》："子阳井底蛙耳，而妄自尊大，不如专意东方。"

公元25年，刘秀称皇帝(东汉光武帝)。不久，占据西南益州的豪强公孙述也在蜀地自称皇帝。占据西方天水等郡的豪强隗嚣想知道公孙述的动向和实力，就派自己手下的绥德将军马援前去打探情况。马援奉命到益州去求见公孙述。他想，自己与公孙述是同乡好友，见面之后，握手言欢，叙谈友谊，这是情理之中的事。谁知公孙述警卫森严。履行一套繁琐的礼仪，让马援像觐见皇帝那样觐见他。最后，公孙述要拜马援为大将军，并封以侯位。

听到这个消息，马援的宾客都劝他留下来。马援向他们解释道："现在天下胜负未定，公孙述不像周公那样招揽天下的贤士，唯恐失去天下士人之心。与他谈论天下成败大事，他却修饰衣服的边幅，把自己打扮得像个木偶一样，空有躯壳，没有灵魂。这个人怎能留住天下的能人呢？"于是马援辞别公孙述，回到天水，对隗嚣说："公孙述如井底之蛙，没有见过大世面，却狂妄地自以为是。这个人靠不住，不如全心投靠刘秀为好。"隗嚣没有听从马援的劝告，发兵攻打东汉军队。结果，他一败涂地。

五斗解酲

"五斗解酲"本来的意思是，用五斗酒解酒病。后来，人们用"五斗解酲"形容纵情饮酒，放浪不羁。

此典出自《晋书·刘伶传》。

晋代名士刘伶狂放不羁，喜欢饮酒。有一次，他感到口渴难忍，就可怜巴巴地向妻子要酒喝。妻子很生气，反而将酒倒掉，毁掉酒器，痛哭流涕地劝丈夫说："你喝酒太多，这不是养生之道，一定要戒掉。"刘伶说："好！可是我自己没有能力戒掉，只有祈求鬼神，我亲自在鬼神面前赌咒发誓才行。你快去准备酒肉，我马上就要祈祷了。"妻子依照他的吩咐去做了。刘伶跪着祈祷说："老天生我刘伶，爱喝美酒出名。一次喝上一斛，五斗才解酒病。妇人说的话，千万不要听从。"于是饮酒吃肉，又喝得酩酊大醉了。

望尘而拜

"望尘而拜"用以讥讽阿谀奉承、趋炎附势的人。

此典出自《晋书·潘岳传》："岳性轻躁，趋世利，与石崇等谄事贾谧，每候其出，与崇辄望尘而拜。"

潘岳(公元247—300年，晋代文学家)，字安仁，晋代荥阳中牟(今属河南)人。祖父潘瑾，曾任安平太守。父亲潘芘(pí)，曾任琅琊内史，潘岳自幼

马援像，图出自清·顾沅辑《古圣贤像传略》。

聪颖有才华，父老乡亲们把他称为“神童”。他年纪很轻时就被征召到司空太尉府任职，成为优秀的秀才。西晋泰始(公元265—274年)年间，晋武帝(司马炎)带着皇后妃子亲自耕田，潘岳作赋极力称赞这件事，因此名气更大，受到一些人的嫉妒，潘岳在十年之内未能升迁。后来，他被派任河阳县令，觉得郁郁不得志。当时，尚书仆射山涛和吏部官员王济、裴楷等人都得到皇帝的重视，他心里非常不满。不久，潘岳转任怀县令。他在治理河阳、怀县期间，政绩卓著，被任做尚书度支郎，后任太傅主簿，又任给事黄门侍郎。

潘岳性情轻狂浮躁，追名逐利，与石崇等人奉承权贵贾谧。每当贾谧出门时，潘岳与石崇二人总是早早就等在门外，贾谧的车马走远了，他们还向着贾谧车马扬起的尘土下拜。

未能免俗

“未能免俗”表示按照世俗风习不得不做的应付。

此典出自《晋书·阮籍传》：“七月七日，北阮盛晒衣服，皆锦绮粲目。咸以竿挂大布犊鼻于庭，人或怪之，答曰：‘未能免俗，聊复尔耳！’”

晋朝人阮咸，是著名的文学家阮籍的侄儿。他们二人都是当时的名士，被人称为“大小阮”，是“竹林七贤”里的主要人物。

阮咸和他的叔父阮籍性情相似，不愿做官，鄙视礼教，看不起世俗的人情、民习，宁可自己喝酒、弹琴消愁解闷，也不肯与普通人交往。阮咸善于弹琵琶，而且对音律很精通，有时一个人边弹、边唱、边饮酒，从来不顾及别人的议论。有一回他与阮家兄弟们一块喝酒，别人用杯盏盛酒，他却用大盆。酒宴间忽然跑过来一群猪，猪嘴巴伸向酒坛子。众人都急忙高喊着把猪赶跑，阮咸却奔过去，伸腿骑在猪背上，照样饮酒。堂兄堂弟们看到了这个情景，都笑他太不庄重，一点也不顾及自己的身份、地位，然而阮咸却毫不放在心上。有时他还和婢女共骑一匹马奔跑着玩，邻里、族人常常指责他不守礼法，说他行为不端。

阮咸与阮籍性情相投，两家住在道南，其他阮家人住在道北。道北的阮家人都非常富裕，吃穿很讲究，衣物很多；道南的阮咸和阮籍，比较贫困，衣服什物不多，对穿戴也不大在乎。每年的七月七日民间有晾晒衣服的习惯。这一天，道北的阮家都把箱子里的衣服、被子挂出来，晾晒在太阳下面。绫罗锦缎，五颜六色，都是些华丽昂贵的东西。可是道南的阮咸没有什么可以拿出来晾晒的。他想出一个办法。七月七日这天，他用竹竿挑起一条粗布做的裤衩，高高地飘在门楣上。邻居们都来看热闹，好心的老年人劝他说：“别挂这东西呀，让人见了多难为情呀！”可阮咸却毫不在乎，笑嘻嘻地说：

“民间习俗嘛，我也不能免俗啊，略微表示一点意思吧！”

说完，他提起酒壶，又钻进竹林饮酒去了。

魏人钻火

“魏人钻火”这则寓言讽刺那些自己糊涂可笑，反而埋怨别人不讲道理的人。

此典出自《笑林》。

某甲晚上突然得了急病，命令看门的人为他钻木点火。那天夜里昏暗幽黑，看门的人一时找不到钻火工具，可主人又拼命地催促他。

看门人气愤地说：“您责怪人太没有道理了！今天夜里黑得伸手不见五指，您为什么不拿火把来给我照亮？我必须找到钻火工具，然后才能点起火来。”

孔文举听说了这件事，说道：“责怪人应该有他的道理才对呀！”

畏鬼致盗

“畏鬼致盗”这个故事说明:疑心生暗鬼。

此典出自《郁离子·麋虎篇》。郁离子曰:“……谗不自来,因疑而来;间不自人,乘隙而入。由其明之先蔽也。”

有一个怕鬼的楚国人,他听到枯叶落地与蛇鼠爬行的声音,都认为是鬼来了的声音。小偷了解到这一点,便乘着夜晚潜伏在这个人家的墙边装鬼叫。那个楚人恐惧不已,连瞟一眼都不敢。小偷像这样弄了四五次,看到没有动静,便进入他的房间,偷光了他家收藏的财物。有人骗他说:“你的财物确实是被鬼拿去了。”他虽然有些疑惑,但心里却认为说得对。没多久,他的住宅中果然有了鬼。因此,即使财物从小偷的住处拿了出来也总认为是鬼偷了给他的,不相信是小偷的。

郁离子说:“谗言不会自己找上门来,总是先有疑心才会相信它;离间、挑拨也不会自己找上门来,总是因为有空子可钻才会发生作用。这都是由于聪明早已被蒙蔽住了的缘故。”

无所不至

“无所不至”表示没有达不到的地方。

此典出自《论语·阳货》:“其未得之也,患得之;既得之,患失之;苟患失之,无所不至矣。”

有一次,孔子给他的学生讲应该和什么样的人共事时说:“不要同品质低劣、庸俗鄙陋的人共事,因为这种人利欲熏心,贪得无厌,只考虑自己的利益,为个人的得失绞尽脑汁。‘其未得之也,患得之;既得之,患失之;苟患失之,无所不至矣’。”意思是:当他没有得到职位的时候,担心自己得不到;得到了职位后,又怕失掉;如果他怕失掉,就会无所不用其极,想方设法来保住已得的职位。孔子说完之后,稍停了一下,然后告诫学生们:“像这种患得患失的人,一定不要与他们共事。”

望梅止渴

“望梅止渴”比喻人们用虚假的现象,满足实际的欲望。

此典出自《世说新语·假谲》:“魏武行役,失汲道,军皆渴,乃令曰:‘前有大梅林,饶子,甘酸可以解渴。’士卒闻之,口皆出水,乘此得及前源。”

三国时刘备被吕布抢走徐州,又攻占了小沛,逼得走投无路,只好跑到许昌去投靠曹操。有一天,曹操叫武将许褚请刘备到丞相府去,一见面便拉住他的手说:“我刚才看见后园里树梢上的梅子已经青熟,忽然想起了去年在征伐张肃时行军的路上,由于没有水喝,将士们都口渴难忍,当时我想出了一个计策:举起马鞭子指着前面骗他们说:‘前面有个大梅林,树上的梅子又酸又甜,可以解渴。’将士听到这话,想起梅子的酸味,禁不住垂涎欲滴,于是再不感觉渴了,不久就走到了有水的地方。今天园里有这样好的青梅,实在应该赏玩一番,所以特地请你来园里喝酒。”

蜗角虚名

“蜗角虚名”比喻人们微不足道毫无作用的名声。

此典出自《庄子·则阳》:“有国于蜗之左角者,曰‘触氏’,有国于蜗之右角者,曰‘蛮

曹操像

氏’，时相争地而战，伏尸数万；遂北旬五日，而后反。”

战国时，魏惠王与齐国田侯牟签订了盟约，后来田侯牟背叛了盟约，魏惠王勃然大怒，打算派人去刺杀田侯牟，以发泄心头的愤怒。公孙衍听说后对魏惠王说：“大王身为一国之君，却采取普通百姓的报复手段，我真替大王感到惭愧。不如给我二十万兵马，攻打齐国，活捉他的老百姓，抢走他们的牛羊，让田侯牟想起这件事就浑身冒汗。此后再攻占他的国家，捉住他，鞭打他，折断他的骨头。”

季子在一旁听了公孙衍的话，嘲笑他说：“修筑一道十丈高的城墙，已经筑了七丈，又把它毁坏，岂不是故意劳累百姓吗？魏国有七年不打仗了，这是一件好事，是大王立国之本。公孙衍无端挑动战争，大王不要听他的。”

魏国朝廷的这场争论，被一个叫惠子的人知道了，他弄不清到底哪一种观点才对，就请教一个叫戴晋人的读书人。戴晋人没有直接回答他，而是说：“蜗牛的左角有一个国家叫触氏，右角上有一个国家叫蛮氏。有一次两国为了争夺地盘而发生战争，双方大战了半个月，死亡好几万，尸横遍野。后来触氏国打胜，乘胜追击，占领了蛮氏国不少的地方。”

惠子听后，笑着说：“哎，你也太夸张了，世界上哪有这样的事！”戴晋人解释说：“事情虽然有些夸张，但道理是完全相同的。蜗角两国所争夺的地盘，在一个真正完美的人看来，也不过针尖大。他们完全是为了虚名在进行战争！”

惠子佩服地说：“你的见解太高明了！”

希世之珍

“希世之珍”这则寓言说明拘泥于盲目崇古的人，缺乏现实感，因而也往往是最愚蠢可笑的。

此典出自《郁离子》。

工之侨得到了一块质地优良的梧桐木，把它削制成一张琴，安上丝弦弹奏，好像金玉的声音一样和谐动听。他自认为这是天下最好的琴了，便把它献给朝廷的乐官太常。太常请宫中的乐工来查看，乐工说：“并不古老。”就把琴还给了工之侨。

工之侨把琴拿回家，先和油漆匠商议，在琴的漆上造了很多花纹，又和雕刻工商议，刻镂了古字题款。这一切都做好后，工之侨把琴装在匣子里，埋在地底下。一年后，工之侨把那把琴取了出来，抱着它到市场上去卖。一个有钱的人路过看见了，用一百两金子买下来，把它献给朝廷，乐官们争相传看，都赞不绝口地说：“这真是世上少见的宝物呀！”

虚词招谤

“虚词招谤”这则寓言说明“虚词招谤”,“诳亦何益”。这对任何人都有十分积极的教诲意义。

此典出自《阅微草堂笔记》“是非之公,人心俱在,人即可诳,自问已惭。况公论具存,诳亦何益?荣亲当在显扬,何必以虚词招谤乎?不谓后起胜流,所见皆如是也!”

有一个世家的子弟,夜间行走在深山里,迷失了方向,看到前面有一个岩洞,想暂且进去休息一下,发现已死的老前辈某公在里面,内心恐惧不敢进去。但是,前辈某公却殷切地邀他进洞,他估计不会有什么祸害,就上前行礼拜见。老人问寒问暖、起居劳苦像活着时一样,又略问了他家中的事,共感悲伤慨叹。士人接着问:“您的墓地在其他地方,为什么一个人游逛到这里来?”

老人长叹了一口气说道:“我在世时没有犯过错误,读书时只是跟随着别人作计议,做官时只是安分守己地工作,也没有什么建树。没想到我死了几年之后,在我的坟墓前面忽然树起了一块大石碑,在螭首上刻着一些篆文,写的是我的姓字和官阶,碑上文字所叙述的却是我根本不知道的事情。其中稍微有些符合的,又都言过其实。我一生质朴直率,心里感到不安,再加上游人过路诵读,时常说出讽刺的评语;那些鬼魂围着观看,常常讥笑声不绝于耳。我实在受不了这些嘈杂的声音,就避居在这里。只是到了年终祭祀扫墓的时候,我才回到坟地里去,看看自己的子孙后代而已!”这位士人委婉地安慰老人说:“仁人孝子,不这样做就感到不能荣耀自己的亲人。像恭喜中朗这样的名人,也免不了写些于心有愧的碑文;像韩吏部这样的名家也曾写过阿谈的墓志铭。自古以来已有很多这样的例子,您又何必介意呢?”老人严肃地说:“是非公论都在人们心里;人们即使可以被欺骗一时,但我扪心自问已觉得非常惭愧。何况公论俱在,欺骗又有什么益处呢?要想光耀祖宗,应当看他的昭著事迹,何必用虚伪的言词招惹诽谤呢?难道不知道后起的名流,他们的见解也都是这个样子吗?”老人说罢拂袖而起,士人若有所思地回家去了。

袖手旁观

“袖手旁观”形容置身于外,不参与不过问,对事情采取消极、被动、坐观成败的冷漠态度。

此典出自唐代韩愈《祭柳子厚文》:“不善为斫,血指汗颜;巧匠旁观,缩手袖间。”

唐朝时候,有一位大文学家名叫柳宗元,字子厚,河东(今山西)人,贞元(唐德宗)时中了进士,官至监察御史。后来因受到连累,被贬到永州(今湖南零陵)做司马(官名),最后在去柳州刺史的任上去世。

柳宗元写的文章既雅健而又雄深,发表的议论像风势般奋发而深远,是一位博学而有才能的人。当时的大文豪韩愈在柳宗元死后写了一篇非常著名的《祭柳子厚文》,其中有这样几句:“不善为斫,血指汗颜;巧匠旁观,缩手袖间。”这几句话的意思是说:不善于砍木的人,弄得满头大汗,指破血流;而巧熟的大匠往往拢着双手,站在一旁观看。韩愈对柳中元的文采才华之美,颇为赏识,看到他不被重用,成为一个袖手旁观的巧匠,最终默默无闻地死去,为他感到非常不平,所以说了上面那几句颇有牢骚味的话。一个有学问、有本领的人没有发挥才能的机会,这是多么可悲可叹的事情呀!

雄鸡断尾

“雄鸡断尾”比喻某人担心谗言,决心自我隐晦,甘心做平庸无用的人。

此典出自《左传·昭公二十二年》。

春秋时期,周景王有一个长庶子,人们都称他为王子朝。王子朝的师傅叫宾孟,是周王朝的大夫。

王子朝和宾孟都深受周景王的宠爱,周景王和宾孟也都喜欢王子朝,想立他为太子。当时,很有权势的刘献公有一个庶子,名叫刘蚡。刘蚡侍奉周大夫单穆公,也拥有一定的政治势力。刘蚡讨厌宾孟的为人,打算杀掉他。同时,刘蚡也讨厌王子朝的言辞,认为他说的话违背礼制,也想除掉他。有一次,宾孟来到郊外,看见一只大公鸡自己弄断自己的尾巴。宾孟询问侍者公鸡这样做的原因,侍者回答道:"这只大公鸡害怕充当祭祀用的牺牲品,所以自残形体,以避其难。"那只大公鸡是否真的"自断其尾"?即使是真的,到底出于什么原因?应该说是一个谜。侍者的回答不过是信口开河而已,没必要多想?而宾孟却借题发挥,马上回去报告周景王说:"公鸡害怕被人所用,这一点和人不同。在祭祀时当作牺牲品,是供别人使用的,而被人所用是很难的,被自己使用却没有什么妨害。"宾孟的意思是,自己非常愿意为景王效力的,但是屡遭谗言和攻击,实在太难做人了。还不如像公鸡那样"自断其尾",韬光隐晦,还可保全性命。周景王明白他的意思,没有答话。

先入为主

"先入为主"意思是以先听进的话为主,不听取后来的话,后来也用它表示怀有成见。

此典出自《汉书·息夫躬传》:"唯陛下观览古戒,反覆参考,无以先入之语为主。"

汉朝哀帝执政时,董贤、孙宠、息夫躬这三个人都深受哀帝的宠信。哀帝下诏书封他们为侯,各食邑千户。丞相王嘉劝哀帝说:"不能封他们三人侯位,董贤权势太大,孙宠和息夫躬二人是奸佞之臣,为了避免日后他们扰乱朝廷,生出祸患,所以不可任用。"皇帝最终没有听从王嘉的劝告,坚持给他们三人封了侯。

韩愈像,图出自明·吕维祺《圣贤像赞》。

息夫躬看到董贤的地位越来越高,权势也日益扩大,心里很不服气,因此想取代他。息夫躬编造一套谎言,哄骗哀帝说:

"陛下,匈奴的单于今年没朝见天子,推说生病了,表示明年再来朝见,这一定是有变故,可能是要领兵侵扰边境,陛下应当赶紧想退兵之计……"

原来息夫躬事先已派人通知单于,让他不要入塞朝拜天子,所以单于没有入塞。

对于息夫躬的话,大臣们都不相信,也纷纷劝哀帝不要轻信。哀帝又问丞相的意见,王嘉说:

"天子应该推诚行善,百姓万民才能安居乐业。息夫躬的话分明是一派谎言，借天子出兵之机图谋不轨。陛下千万不要轻信，以免生出后患陛下决不能因为先听到息夫躬的话，就以他的话为真，做出错误的决定啊！”

最后，哀帝还是相信了息夫躬的话，准备派军队出征，却又遭到董贤的反对，最终哀帝放弃了出征的念头。不久，息夫躬的计谋露了馅，结果被关进大牢，死在狱中。全家遭到满门抄斩。

西施至姣

“西施至姣”这个寓言的主旨，在于宣扬“处势”的重要。

此典出自《慎子·外篇逸文》：“西施，天下之至姣也，衣之以皮，则见者皆走；易之以玄緆，则行者皆止。由是观之，则元緆色之助也，姣者辞之，则色厌矣。”

这段话的意思是说：

西施，是天下最漂亮的女人了，如果给她戴上鬼怪的假面具，看见她的人就都吓跑了；如果给她换上美丽的细布衣裳，那么，行路的人都会停下来凝望的。由此看来，美丽的细衣裳能够助长她的美色，如果漂亮的人不穿它，那么，她的美貌也就会因此而减色了。

衔肉著口

“衔肉著口”这则寓言表明缺乏思考分析能力，就会上当受骗。

此典出自《笑林》。

某甲卖肉，走过城市厕所时进去小解，把肉挂在门外。

某乙把肉偷了去，还没来得及离开，某甲就走出来找肉，某乙便奸诈地用嘴咬着肉说：“挂置在门外，哪能不丢失？像我这样用嘴咬着肉，还会有丢失的道理吗？”

胁肩谄笑

“胁肩谄笑”意思是耸起双肩，表示恭敬的样子并且谄媚地装出笑容。人们常用来形容逢迎巴结人时的丑态。

此典出自《孟子·滕文公下》：“胁肩谄笑，病于夏畦。”

战国时，孟子的学生公孙丑问孟子：“文人学士是不是就不应该和执政者接触了？”

孟子回答说：这要看具体情况。古代有这样的规矩：不是臣属关系，就不见君王。从前，魏文侯去访问名士段干木，段干木跳墙逃走了；鲁穆公去访问贤人泄柳，泄柳关着门不出来相见。春秋时鲁国执政者季孙氏的总管阳虎想见孔子，但自己又不肯放下架子，便想出了一个方法——趁孔子不在家的时候派人给孔子送去了一条猪腿，想借孔子亲自去答谢馈赠者时见他。孔子知道这是阳虎的花招，也有意趁阳虎不在家才去答谢。如果阳虎不摆架子，不耍花招，孔子自然会见他的。当然，向权贵者献媚和曲意逢迎是可耻的。正如曾参说的：对人低头哈腰、讨好巴结，装成恭敬的姿态，比盛夏时在田间暴晒还难受。

雪泥鸿爪

“雪泥鸿爪”比喻往事遗留的痕迹。

此典出自宋代苏轼《和子由渑池怀旧》诗：“人生到处知何似？应似飞鸿踏雪泥；泥上偶然留指爪，鸿飞那复计东西！”

宋代时，著名文学家、诗人苏轼和他的弟弟苏辙曾到过渑池（今河南渑池县西），并在那里的一所寺院里住宿过。寺院里的老和尚奉闲殷勤地接待了他们。他们也在寺庙里的墙壁上题过诗,苏辙(字子由)还写过一首《渑池怀旧》诗记述这件事。

后来,奉闲老和尚去世了。苏轼从苏辙的诗中又想起了当年游渑池的情景,禁不住感慨万分,便写了《和子由渑池怀旧》这首诗。全诗共八句:

人生到处如何似?应似飞鸿踏雪泥。

泥上偶然留指爪,鸿飞那复计东西!

老僧已死成新塔,坏壁无由见旧题。

往日崎岖还记否?路长人困蹇驴嘶。

这首诗的大意是说:人生在世,四处漂流,一会在这里,一会儿又到那里。偶然留下一些痕迹,你说像什么呢?我看像到处飞翔的鸿鹄,偶尔在某处的雪地上落一下脚一样。飞鸿在雪地上留下一些爪印是偶然的,因为它飞来飞去没有固定的去处。老和尚奉闲已经去世了,他留下的只是一座藏骨灰的新塔。我已没有机会再去渑池那座寺庙中去观看当年题过字的破壁了。这和飞鸿在雪地上留下爪印差不多。当年去渑池的过程还记得吗?路途遥远,人又疲劳,连骑的驴子也累得疲惫不堪。

渔阳叁挝

“渔阳叁挝”本是鼓曲名,人们用它来形容人狂傲不逊;也可用来形容击鼓作乐。

此典出自《后汉书·祢衡传》:“次至衡,衡方为渔阳叁挝,蹀躞而前,容态有异,声节悲壮,听者莫不慷慨。”

东汉的很有名气的辩才祢衡,恃才傲物,狂放不羁,他与文学家孔融结成忘年之交。孔融爱惜祢衡的才能,多次向曹操夸耀他。曹操想见祢衡,而祢衡却一直轻视和讨厌大权在握的曹操,谎称自已患上了疯病,不肯去,并且对曹操说了些不敬之辞。曹操虽然心怀忿恨,但因为祢衡有才气和名声,不想杀他。曹操听说祢衡善于击鼓,就下令让他做击鼓的小吏,于是大会宾客,检阅一下击鼓奏乐的盛况。鼓吏们到来之后,曹操叫他们脱下上身穿的衣服,换上鼓吏专门戴的帽子(岑牟)和苍黄色的单衣(单绞)。轮到祢衡时,他击奏的鼓曲叫《渔阳叁挝》,踏着舞步,向前行进,仪态不俗,鼓声悲壮,听的人无不为之感动。祢衡行进到曹操面前时停了下来,官吏斥责他说:“你身为鼓吏,为什么不换衣服,如此随便地行进呢?”祢衡道:“好。”于是他先解开近身衣,然后才脱下其他衣服,赤身裸体地站立着,慢腾腾地拿起帽子、单衣,慢慢地穿戴起来。穿好衣服后,又击鼓而去,脸上没有一点儿羞愧的神情。曹操笑着说:“我本来要羞辱祢衡,反而被祢衡羞辱了。”

曳尾涂中

“曳尾涂中”的意思是,拖着尾巴在泥中爬行。人们用它形容自由自在的隐居生活。

此典出自《庄子·秋水》:“吾闻楚有神龟,死已三千岁矣,王巾笥而藏之庙堂之上。此龟者,宁其死为留骨而贵乎?宁其生而曳尾于涂中乎?”

战国时代的庄子在濮水钓鱼。楚威王听说庄子贤达,想让他做卿辅,管理国家的政务。于是楚威王派两个大夫做使者,带着玉帛,到濮水边上去请庄子,说:“大王要把国家政事交给先生操劳了。”

庄子学识丰富,品德高尚,主张清静寡欲,无为而治,根本没有做官的意图。因此,他手持钓鱼竿,连头也不回,说:“我听说楚国有一只神龟,已经死了三千年了,楚王把它盛在盒里,覆之以巾,藏在庙堂之上,用它占卜国事,把它看作珍贵之物。请问二位大夫,对于这只神龟来说,是死后留下骨壳受到珍藏好呢?还是活着在泥中拖着尾巴爬行好呢?”

二位大夫回答道："当然是活着在泥中拖着尾巴爬行好。"

庄子说："二位请回吧！我愿活着拖着尾巴在泥中爬行。"

欲为孤豚

"欲为孤豚"指不愿当官，甘于隐居。

此典出自《史记·老子韩非列传》："当是之时，虽欲为孤豚，岂可得乎？子亟去，无污我。我宁游戏污渎之中自快，无为有国者所羁，终身不仕，以快吾志焉。"

战国时期，楚武王听说庄子才能优异，德行高尚，就让使者带着厚礼重金去聘请庄子，并允诺让庄子任楚相。庄子笑着对楚武王的使者说："千金大礼，也可称重利了；卿相之职，堪称尊位了。可是，你没有见过郊外祭祀时使用的牲牛吧？用作牺牲品的牛，要用精良的饲料喂养数年，给它披上华丽的外衣，把它恭恭敬敬地牵到太庙之中。当它快要被宰杀的时候，它即使想做一个离群索居的小猪，能够做到吗？你赶快走，不要污辱我。我宁愿当一个小猪在脏污的渠沟之中嬉戏自乐，也不愿做一个操着国家生杀大权的人而受到羁绊，我要终身不做官，自己随心所欲、自由自在地生活着，这岂不快乐！"

雁默先烹

"雁默先烹"表现了消极躲避、全身远害的处世之道。

此典出自《庄子·山木》。

有一次，庄子在山中行走，见到路旁有一棵大树，枝叶茂盛。伐木人走到大树旁，看了看，却没有砍伐它。庄子问伐木人为什么不砍伐这棵树，伐木人回答道："这棵树的材料没有用处。"庄子感叹地说："这棵树因为不成材才得以继续活下去啊。"

庄子出了山，住到一个老朋友家里，老朋友非常高兴，叫童仆杀雁款待庄子。童仆询问道："一只雁能叫，另一只雁不能叫，杀哪一只呢？"主人说："杀那只不能叫的雁。"

第二天，弟子问庄子说："昨天山中的那棵大树，因为材料不能用而能够继续活下去；您朋友家里的那只雁，却因为不能叫而被杀掉了。请问先生，您将如何处世呢？"

庄子笑着说："我将处于有材与不材之间。有材与不材之间，似是而非，好像很妥当。但是，还会受到忧虑所累。"

仰人鼻息

"仰人鼻息"形容依赖他人，看人脸色行事。

此典出自《后汉书·袁绍传》："馥素性恇怯，因然其计。馥长史耿武、别驾闵纯、骑都尉沮授闻而谏曰：'冀州虽鄙，带甲百万，谷支十年。袁绍孤客穷军，仰我鼻息，譬如婴儿在股掌之上，绝其哺乳，立可饿杀。奈何以州与之？'馥曰：'吾袁氏故吏，且才不如本初，度德而让，古人所贵，诸君独何病焉？'"

公元 189 年，汉灵帝刘弘病死，汉少帝刘辩继位，当时，他只有十四岁，由何太后临朝听政。何太后的哥哥何进以大将军的身份辅助朝政，他联络司隶校尉袁绍等人，召回了董卓等驻在外地的将领，准备诛灭势力猖獗的宦官。董卓军是汉、羌、胡各族的混合武装集团，凶悍而野蛮，他们一到洛阳，便大肆劫掠屠杀。董卓还废掉了汉少帝，另立少帝九岁的弟弟刘协做傀儡皇帝，即汉献帝。董卓自封太尉、相国，独揽朝政。公元 190 年，后将军袁术、冀州牧韩馥、勃太守袁绍以及曹操等豪强相继起兵讨伐董卓。他们联合起来，组成关东联军，声势很大。袁绍是北方最大的豪强，被推举做了盟主。袁绍自封车骑校尉，各支

袁绍像，图出自《图像三国志》。

部队的首领也都授给武官称号。

公元 191 年，袁绍请刘虞称帝，遭到刘虞拒绝。这时，关东军内部的矛盾进一步激化，互相之间争权夺利，扩大自己的割据势力。袁绍秘密联络占据辽东的豪强公孙瓒，让他以讨伐董卓为借口，袭击占据冀州的韩馥。同时，袁绍派遣颍川荀谌等人去说服韩馥，逼迫他交出冀州。

韩馥生性懦弱、胆小，听从了荀谌等人的劝告。他手下的长史耿武、别驾闵纯、骑都尉沮授听说韩馥要让出冀州，坚决反对，就劝止说："冀州虽是个小小的地区，但是拥有百万强兵，所存的粮食可以够吃十年。袁绍势单力薄，依赖我们而活着，就像吃奶的孩子依偎在我们的股掌之上，一旦不给他奶吃，他立刻就会饿死。我们为什么还要把冀州让给他呢？"韩馥回答说："我原先是袁绍的老部下，并且才干也不如他。我衡量自己的德才，觉得不如袁绍，于是决定让贤，这是古人所提倡的，你们为什么要反对呢？"

最后，韩馥还是让出了冀州。袁绍自任冀州牧，割据河北，任韩馥为奋威将军，却不给他兵将，让韩馥成了光杆将军。

一夜十起

"一夜十起"形容待人体贴周到，无微不至。

此典出自《后汉书·第五伦列传》："吾兄子病，一夜十往。退而安寝；吾子有疾，虽不省视而竟夕不眠。"

东汉时候，京兆长陵有一个叫第五伦的人，第五是他的姓氏，伦是他的名字。

第五伦年轻时勇武侠义，曾率领本族人防御盗贼、修筑营壁。他身先士卒，豪爽果敢，得到乡亲们的信任。地方官吏觉得他挺有能力的，便任命他为小吏，后他又担任京兆尹的主簿。他办事公平，为官清廉无私，得到光武皇帝的赏识，于是派他去做会稽太守。

第五伦生活简朴，虽然他有丰厚的俸禄，但却只要一个月的粮食吃用，余下的粮食都降价卖给贫困人家。平常自己割草喂马，让妻子做饭，也不雇用仆人，当时会稽地方人们迷信，相信占卜算卦，并且每年要杀耕牛祭神，巫祝说如果谁自己吃了牛肉而不祭神，就会闹病，像牛那样吼叫，然后暴死。为此，百姓们吃尽了苦头。第五伦到任后，决心治理这种恶习邪俗。他下定决心要惩罚那些诈骗百姓的巫祝，又贴出告示，如果有人无端地杀死牛就办他的罪。这样一来，会稽的百姓都安居乐业了。

后来，第五伦做了朝廷的代理司空，他看到肃宗皇帝将太后的亲属都委以重任，觉得十分不合于法度，将来必会给国家带来灾难，就直言不讳地批评皇帝。他处处奉公守节，说话办事毫无顾虑，家人和孩子常劝他别太任性，以免得罪权贵自讨苦吃，但他却训斥儿子不忠不贞。

第五伦的铁面无私在朝廷内外一时传为美谈，人们都非常敬重他。一天，一位同僚赞扬他说："像你这样的人真可以说是毫无私情了！"

第五伦却认真地反驳说："你说的也不全对！以前曾有一位熟人送给我一匹马，想叫我帮他谋取一个官位。我当然没收下马，可是当我举荐别人做官时，却又常常想起他。这不是证明我还是有私情吗？再比如说，我的侄儿生病，一晚上我起来十几回去看他，但回到床上我很快就睡着了，而且睡得非常踏实。但我自己的儿子生病时就不同了，虽然晚上我不过去看他，但我整夜都睡不着觉，担心孩子的病情。你看我哪里够得上是毫无私情呢？"

一抔黄土

"一抔黄土"比喻极其微贱的东西。

此典出自《史记·张释之冯唐列传》："今盗宗庙器而族之，有如万分之一，假令愚民取长陵一抔土，陛下何以加其法乎？"

汉朝汉文帝时期，有一个人叫张释之，在朝廷做廷尉。他断案公道，依法律治罪，深受人们的称赞。

有一次，汉文帝的车经过中渭桥，突然从桥下跑出一个人来，惊动了拉车的马。卫兵立即将那个人抓住，送给张廷尉处置。张释之审问后，向汉文帝报告说：

"这个人是长安人，他见皇帝的车马来了，赶忙躲在桥下，等了一会，以为车马已经过去，因而就从桥下跑出来了。但他从桥下出来时，看见车子正在过桥，于是就慌忙想躲开，可是却又惊动了圣驾。根据他的过错，应该罚他四两黄金。"

汉文帝听后，怒气冲冲地说：

"此人惊动了我的马，十分可恶。幸亏这匹马温驯如果是其他的马，岂不摔伤了我？这个人应当重重地治罪，可你却怎么只是罚他四两黄金呢！"

张释之急忙向汉文帝解释说：

"法律是众人的事情，如果处理不当，就会失去百姓的信赖。我当朝廷的廷尉官，应该公平处理。我如果不能依法办事，那么天下的法律就都会出偏差，百姓也就无法可依了。"汉文帝沉思良久，才说："廷尉说的对呀！"

不久，张释之又遇到一件盗窃高祖庙里的玉环案件。汉文帝要求灭掉这个小偷的九族，可是张廷尉坚持要判小偷一个人的死罪。汉文帝非常生气，对张廷尉大发雷霆：

"盗窃我先帝的庙器，是最大逆不道的事情，我要灭他的九族，可你却不依照我的意思去办，这是什么道理！"

张廷尉急忙脱帽叩首，向皇帝陈述：

"刑法是要区别对待的，今天将偷盗庙器的人处以灭族之罪，那么将来如果有人从先帝的坟墓上取走一抔土，陛下还怎么处置他们呢？拿偷盗庙器与破坏陵墓相比，那罪行只不过是万分之一啊！"

汉文帝听了张释之的解释，又和太后商量了一下，最后还是同意了张廷尉的判决。

以假为真

“以假为真”尖锐地讽刺了那些由于趋炎附势、讨好上司而混淆是非的人。

此典出自王明清《玉照新志》。

石才叔，字苍舒，长安人。他与黄山谷交往密切，能写一手绝妙的字，家里收藏了很多书籍。文彦博镇守长安的时候，向他借阅所收藏的褚遂良的《圣教序》手写本。文彦博爱不释手，于是便叫他儿子摹写了一本。一天，文彦博宴请他手下的官员，他把《圣教序》原本和摹写本都拿出来，叫宴席上的客人分辨真假。这些客人都认为文潞公的摹写本是真的，认为石才叔的收藏本是假的。石才叔也不辩解，只是笑着向文彦博说：“今天才知道我苍舒孤苦寒微。”文彦博大笑起来，宴席上的客人都非常羞愧。

鱼龙混杂

“鱼龙混杂”比喻成分复杂，好人坏人混在一起，一时难以分辨。

此典出自《敦煌变文集·伍子胥变文》：“皂白难分，龙蛇混杂。”

“皂白难分，龙蛇混杂”，这是伍子胥为了报楚平王杀父杀兄之仇，由楚国跑到吴国后，对吴王阖闾说的话，原文主要意思是：楚平王昏庸残暴，大臣们作威作福，在楚国国内黑白不分，混淆是非，人妖颠倒，鱼龙混杂……

文彦博像，图出自清·顾沅辑《古圣贤像传略》。文彦博北宋大臣，字宽夫，历任知县、通判，后由监察御史迁殿中侍御史。

约定俗成

“约定俗成”比喻人们经过长期实践而确定或形成的某种事物的名称、形式或某种社会习俗。

此典出自《荀子·正名》：“名无固宜，约之以命。约定俗成谓之宜，异于约则谓之不宜。”

《正名》一文，是荀况用朴素的唯物主义观点阐明“名”“实”关系的重要文章。他批判了孔子提出的“以名正实”的唯心主义的正名思想，提出了由“实”决定“名”，“名”是“实”的反映的唯物主义的思想。荀况指出：事物的名称是人们“约定俗成”的，也就是说，事物的名称是根据人们的共同意向而制定的，因此被人们所承认和遵守。

摇头摆尾

“摇头摆尾”这句成语是形容悠然自得的样子，多指贬义。

此典出自《景德传灯录》：“门下有

个赤梢鲤鱼，摇头摆尾向南方去，不知向谁家虀瓮里淹杀？”

这段话意思是说：

在门庭之下，有一尾红梢鲤鱼，摇头摆尾地向南方游去了，不知道要游到谁家的腌菜缸里去淹死？

以丑为妍

“以丑为妍”说明把丑的东西当作美的东西，比喻人不辨黑白。

此典出自《燕书》。

曲逆有一个相貌丑陋的女子，瞎了左眼，瘢痕像从集的珠子，人很瘦弱而且皮肤也很黑。住在曲逆的人走过，都不愿斜眼看她一下。为此，丑女非常愤慨，就跟从师父学习弹弦琴、敲鼓，过了三年，技艺十分精到，又擅长跳《北里》的舞蹈，于是她便凭借这些特长去诱惑男人。

子翣一看见她就非常高兴，送了厚礼把她娶回家来，并给她起了一个很好听的名字，叫做“玄姬”。一早起来就弹起弦琴，晚上又敲起鼓乐，非常宠爱她。子翣即使是短期出门，回来后必定要细细端详她的脸，觉得她没有一个地方不漂亮，反而嗤笑世界上的女人多长了一只眼睛。

子翣的友人宛爰都十分同情他，就给他送来越氏女子，这个越氏女子长得像玉石一般洁白，光艳照人，人世间的美女如闾须、白台都不能和她相比。但子翣却把她赶了出去，骂道：“这是何等的丑八怪，竟敢和我的玄姬相比！”

作者慨叹曰：“世道既污（污），以佞（奸）为贤，以正直为翣（xian 先）邪者（巧言谄媚、行为奸邪的人），皆是也。”

誉人自贤

“誉人自贤”这则寓言说明丑恶思想总是要寻找各种时机、利用各种借口表现出来的。誉人自贤，是自我吹嘘的一种巧妙办法。

此典出自《雪涛谐史》。

世上有一个假借称誉别人而标榜自己的人，人们嘲笑他说：“有一个人自己以为妻子非常漂亮，却不直接说明妻子的漂亮，每次见了人总说：‘我家的小姨子，真是天下的绝代美人，和我妻子站在一起，就不再能分辨出谁是大姨谁是小姨了！’”

郑之躁人

“郑之躁人”这则寓言嘲讽了那些从不承认自己的错误，反把犯错误的原因归咎在客观事物上去的人们。

此典出自《郁离子》。

从前，郑国有一个性情急躁的人，他射箭射不中，就将箭靶砸烂；下棋不能取胜，就将棋子咬烂。有人对他说：“这并不是箭靶和棋子的过错呀，你为什么不从反面考虑一下这个问题呢？”他听后没有理解这些话的含义，于是在急躁中得病死去。

坐山观虎斗

“坐山观虎斗”比喻观看别人争斗，虽不介入，却希望事后得利。

此典出自《战国策·秦策二》。

陈轸像，陈轸是战国时期纵横家。

战国时，韩国和魏国之间不断发起战争。秦惠王想帮韩国，于是征求楚国使臣陈轸的意见。陈轸说："你听说过卞庄子刺虎的故事吗？卞庄子要上山去刺虎，他的仆人劝他不要立即行动，说'现在两只老虎正在吃牛，必然会引起争夺，而互相打起来，打的结果必然是大虎伤、小虎死，到那个时候，你再去刺伤虎，不但不用费太多力气，而且一下子可以得到两只虎。'卞庄子认为有理，于是坐在山上观看两只老虎争斗，果然一死一伤。卞庄子杀了受伤的那只老虎，将两只虎都背回来了。现在韩、魏两国互斗，你为什么不学卞庄子呢？"秦惠王听后大喜，果然"坐山观虎斗"，结果大国受伤，小国灭亡。秦国乘机灭了大国，把韩、魏两国归并入秦国的版图。

张冠李戴

"张冠李戴"比喻"以此代彼"或"代人受过"。

此典出自明代田艺蘅《留青日札》卷二十二："谚云：'张公帽掇在李公头上。'有人作赋云：'物各有主，貌贵相宜；窃张公之帽也，假李公而戴之。'"

东昌有个牛医的女儿名叫胭脂，她既美丽又聪明，一心想嫁个好丈夫。但一般有身份的人家都因为她父亲是牛医而蔑视她家，所以迟迟没订婚。一天，她送邻妇王氏出门，见一少年经过，很有风度，他走远了，胭脂还远远望着他。王氏说："他是鄂秋隼秀才，跟你恰是一对，我给你做媒好吗？"胭脂听了羞红了脸不说话。不过心里以为王氏真的给她做媒，所以十分高兴。可是一等半月没消息，胭脂饮食无味，病了。王氏来看她，问她病因，她不说，王氏猜到了，在她耳边说："我丈夫出门做生意了，等他回来，叫他去鄂家做媒好么？"胭脂笑逐颜开。这王氏从小和一个宿生要好，嫁了人还和宿生往来。有一天晚上宿生又来了，王氏便将胭脂为鄂生而害相思病的事告诉了他。宿生早就听说了胭脂长得漂亮，第二天晚上，他便翻墙进了胭脂家，自称是"鄂生"，抱着她求欢。胭脂不肯，说："你再不放手我就叫了！"宿生怕搞僵只得松手，胭脂说："我愿做你的妻子，但决不能私通，你请媒人来吧！"宿生无奈脱下她一只鞋带走了。宿生没有占到便宜，于是又到王氏家睡觉，谁知却将那鞋搞丢了，怎么也找不到。王氏问他找什么？宿生只好把经过告诉了王氏。谁知他们的谈话被窗外一个叫毛大的贼听到了，而毛大恰巧又拾到了那只鞋，毛大不由得欣喜若狂。第二夜毛大翻墙来到胭脂家，胭脂父亲听到声音，持刀追贼，却反被毛大杀死，那只鞋子丢在尸体旁。第二天，县官追问这鞋怎么会在尸体旁的，胭脂为父亲悲痛之极，直说是"鄂生"脱去了。县官把鄂生捉来，不容分说一阵毒打，便把鄂生定为凶手，判死刑，报到济南府。知府吴公很干练，一看鄂生不像凶手，追问之下，才知鄂生根本不认识胭脂，胭脂却曾托王氏做过媒。于是把王氏抓来，逼问之下，供出了宿生假冒鄂生的事情，于是宿生死罪难逃了。大家都称赞吴太守英明。宿生虽脱履却并没有杀人，负屈上告，学使施公反复思考，负责处理这个案件，他将王氏找来，询问她有没有把这件事告诉过其他人，王氏说："没有。""那么有哪些人调戏过你吗？"王氏说出毛大等四人。施公把这四人抓来，说："凶手必是你四人之一，让神来指出凶手到底是谁！"于是晚上把庙壁涂黑，将四人放入庙内说："谁是凶手，神会在他背上写明的。"毛大心虚，害怕神真的会在他背上写字，于是将背靠着墙，于是他的背上就染上了黑墨。第二天，施公说："真凶是你！"毛大不打自招了。

于是宿生、鄂生被释放了，鄂生和胭脂结为夫妻。此案假中有假，"张公帽戴在李公头上"，如果不认真详察，险些冤杀了鄂生或宿生。

朝秦暮楚

"朝秦暮楚"的意思是，时而事秦，时而事楚，反复变化。人们用它比喻反复无常。

此典出自宋代晁补之《北渚亭赋》："托生理于四方，固朝秦而暮楚。"

战国时代，秦、魏、韩、赵、楚、燕、齐，被称为战国七雄。在这七个国家中，秦国和楚国是最强盛的。当时，魏、韩、赵、燕、齐等国家从自己的利益出发，时而靠近和侍奉秦国，时而又靠近和侍奉楚国，立场游移不定，态度变化无常。一些政治方面的说客也奔走于四方诸国之间进行游说，并以此谋求升官发财之道，因此时而替秦国出谋划策，时而又替楚国出谋划策。

招摇过市

"招摇过市"的意思是大摇大摆地在大街上走过。比喻故意在众人面前大肆炫耀自己，以引起别人的注意。

此典出自《史记·孔子世家》："居卫月余，灵公与夫人同车，宦者雍渠参乘，出，使孔子为次乘，招摇市过之。"

春秋时期，卫国的君王卫灵公是一个昏庸无能的君主，他的夫人南子把持着当时卫国的朝政，她不但生活奢靡，而且行为也不检点，名声非常坏。那时，孔子正周游列国，到了卫国，南子要他亲自去觐见。孔子去了，南子则在薄薄的帘帷里接见他，和孔子答礼时，传出了衣饰上佩玉丁当的声响。这件事情使孔子的弟子子路很不高兴，他们认为去见南子这样轻浮的人，有失孔子的尊严。孔子也为此对天赌咒，说是出于不得已。

他们在卫国住了一个多月，有一天，卫灵公和南子同车出游，还有一个亲信的太监名叫雍渠的一同前去，他们却叫孔子坐在他旁边，趾高气扬地在市街上兜圈子。孔子经过这件事，觉得在这个昏庸无道的国君面前，已无可作为，便离开了卫国。

煮石为粮

"煮石为粮"形容仙家生活，也可用以指山林隐逸生活。

此典出自晋代葛洪《神仙传》。

晋代葛洪《神仙传》中记载，白石先生是中黄丈人的弟子，弄不清他的年龄到底有多大，因为在彭祖时期，他已经活了二千多岁了。他虽然道行很深，却不肯修炼升天成仙之道，只是求取自己不死而已。起初，白石先生处于贫困之中，吃不起长生不老之药。于是他养猪放羊，在十多年中，节衣缩食积攒了万金巨资，于是就买了大量的药吃。常常煮白石当粮吃，后来索性到白石山居住，当时人把他叫作白石先生。鼓祖问他说："您为什么只吃长生不老之药，而不吃升天成仙之药呢？"白石先生回答道："天上怎么会有人间快乐呢？我只求自己不要死去就行了。天上至尊至贵的角色太多，如果去事奉他们，那不是比在人间还要辛苦。"所以，当时人把白石先生叫做隐遁仙人，这是因为他不求升天当仙官；也不想出名，让别人知道他。

《晋书·鲍靓传》中，鲍靓，字太玄，晋代东海人。五岁时，他对父母说："我本来是曲阳李家的儿子，九岁时掉到井里淹死的。"他的父母前去曲阳打听这件事，找到李氏反复追问，证实了鲍靓的话是真的。鲍靓学业通达，内心和外表都有很好的修养，通晓天文，对玄妙的《河图》、《洛书》很有研究，后来升为南阳中部都尉，任南海太守。有一次，他按照惯例外出巡视部属，考察刑政，在海上遭到大风的袭击，他饥饿难忍，就拿白石煮起来充饥。

凿培而遁

"凿培而遁"形容甘心隐居，不愿为官。

此典出自《淮南子·齐俗训》："颜阖，鲁君欲相之而不肯，使人以币先焉，凿培而遁之。"

战国时，鲁国有一个贤士叫颜阖。鲁国国君想请他做宰相，颜阖不愿意。鲁国国君就又派人送来礼物，但颜阖仍不为富贵所动，从屋后凿墙逃走了。

舟中敌国

"舟中敌国"意思是说，坐在同一条船上的人彼此之间都变成了仇敌。人们用"舟中敌国"告诫世人，不讲德行仁义，就会导致众叛亲离。"舟中敌国"，也作"敌国同舟"。比喻即使是亲近的人，也可能叛离。

此典出自《史记·孙子吴起列传》。

战国时期，卫国人吴起善于用兵。起初，他在鲁国当将军。后来，鲁国国君有些不信任他。吴起听说魏文侯比较贤明，就投奔了魏国。魏文侯死后，他的儿子魏武侯即位，吴起转而侍奉魏武侯。有一次，魏武侯在黄河泛舟顺流南下。走了一段路程以后，魏武侯回头对吴起说："美极了，我们的山河是多么雄伟而稳固！这是我们魏国的宝贝呀。"吴起回答说："国家的稳定在于德行如何，而不在于山川的险峻。舜时代，南方的部落有苗氏，虽然左靠洞庭湖，右有鄱阳湖的险阻，地形易守难攻。可是，由于朝廷不修德政，不行仁义，结果还是被禹灭亡了。夏末代王夏桀统治的地方，左有黄河、济水，右有泰山、华山，南临伊阙山，北靠长达四十里、仅有三步宽的羊肠坂道。但由于夏桀为政不仁，虽然拥有险要的地势，最后也被商汤放逐了。殷纣王的国家，左有孟门山，右有太行山，北有常山（即恒山），南临黄河。由于殷纣王不修德政，周武王还是将他杀掉了。由此看来，一个国家是否稳定、昌盛在于德政，而不在于地形是否险要。如果君王您不修德政，坐在这条船里的人也都会成为您的仇敌的。"魏武侯听后说："你说得完全正确。"于是任命吴起为西河太守，吴起在魏国的声望也得到很大的提高。

至高无上

"至高无上"这个典故比喻再也没比他（它）更高的了。

此典出自《淮南子·缪称训》："道至高无上，至深无下。又见《说文·一部》：'天，颠也。至高无上，从一大。'"

《说文解字》(简称《说文》)是后汉许慎花了二十二年时间,撰写的我国第一部系统分析字形和考究字源的字书,也是世界上最古的字书之一。全书本文十四卷,又叙目一卷,收字九千三百五十三,又重文一千一百六十三。按文字形体及偏旁结构,分列五百四十部,首创了部首编排法。

左右逢源

"左右逢源"原意是说工夫到家后,自然用之不尽,取之不竭。后来比喻做事得心应手。有时也用来讽刺为人圆滑,善于投机。

此典出自《孟子·离娄下》:"资之深,则取之左右逢其原。"

孟子,是战国中期的一位思想家和教育家。他很重视环境和教育对人的影响,教人注意存心养性,深造自得,行有不得,反求诸己。要求达到"富贵不能淫,贫贱不能移,威武不能屈。"在谈到学习问题时,孟子说:学习必须经过自己的刻苦钻研深切体会,才能获得高深的造诣。刻苦钻研,才能牢固地掌握知识;牢固地掌握知识才能使知识领域不断扩大、不断深化;知识丰富了,就像地底下的泉水,挖到深处,四面八方的水就会源源而来,取之不尽,用之不竭。

众怒难犯

"众怒难犯"原意是众人的愤怒不可触犯,后指不能违背多数人的意愿。

此典出自《左传·襄公十年》:"众怒难犯,专欲难成,合二难以安国,危之道也。"

春秋战国时代,郑国由孔子当政,他建立载书(纪事)制度,根据官位的大小来决定刑罚的轻重。这个办法非常不公平,因此引起各国机关的小官吏以及许多人的反对,他们都不赞成这个法律。孔子遭到反对后恼羞成怒,想要惩罚带头反对的人。子产听说了这个消息,连忙去阻止他,并请求把载书烧毁,孔子反对说:"制载书是用来定国的,如果因为反对的人多而烧毁,是众人来治国了,我们怎能再办理国家的事呢!子产说:"众怒是难犯的,一个人的主张是不能成事的。"于是坚持将载书烧毁了。

庄周梦蝶

"庄周梦蝶"比喻人生如梦,变化莫测。

此典出自《庄子·齐物论》:"昔者庄周梦为胡蝶,栩栩然胡蝶也。自喻适志与!不知周也。俄然觉,则蘧蘧然周也。"

战国时,著名哲学家庄周在大白天做了一个梦:他梦见自己变成一只色彩斑斓的大蝴蝶,翩翩飞舞在开满鲜花的草地上,他一会儿停在黄色的花朵上,一会儿停在白色花朵上,一会儿又停在紫色的花朵上,那是多么愉快啊!此时此刻,根本不清楚自己就是庄周,完全沉浸在一片欢乐之中。忽然间,庄周一觉醒来,睁开眼睛,不禁大吃一惊:咦,我怎么是庄周呢?刚才明明还是一只蝴蝶!他摇了摇头,认真地思索着这样一个问题:就我个人来讲,不知道是做梦化为蝴蝶,还是蝴蝶做梦化为庄周?其实,不管怎样变化,万物的一生始终处在梦境之中。

这时,一个叫长梧子的人走来,庄周就将自己的想法告诉了长梧子,长梧子说:"你思考的这个问题很有意思,就连黄帝那样的人听了,也会疑惑不解的。我听说过这样一件事情:艾地有一个小官吏,他有一个女儿,名叫骊姬,长得非常漂亮。晋献公知道后,找人将她接到宫里。离开艾地时,骊姬哭得非常伤心,眼泪将衣服都湿透了。等她到了晋献公的宫里，看到富丽堂皇的宫殿，吃着美味佳肴，觉得当初离开家乡时哭泣是很傻的行为。骊姬现在后悔当初的行为，可又怎么知道将来会不会后悔现在的行为呢？”

庄周听了，哈哈大笑起来，拍着长梧子的肩膀说：“看来我们都处在似梦非梦之中！”

蔡邕知音

“蔡邕知音”比喻精通音律。

此典出自《后汉书·蔡邕传》。

蔡邕是东汉的文学家、书法家，字伯喈，陈留圉（河南把县南）人。他喜好辞章、数术、天文，对音律也非常精通，并且善于弹琴。汉桓帝时期，中常侍徐璜等五侯专权，作威作福。他们听说蔡邕善于弹琴，就向桓帝打了个招呼，叫陈留太守命令蔡邕去给徐璜等人弹琴。蔡邕无可奈何，只好跟随使者走到偃师，就声称自己病了，于是又回到家乡陈留。他闲居避世，很少与人交往。

当初，蔡邕在陈留时，一个邻人请他去喝酒。等到蔡邕去时，其他的客人已经喝了一阵子，正处于兴致勃勃之际。有一个客人在屏风后边弹琴，蔡邕走到门口悄悄地听了一会儿说：“唉，用音乐召唤我而有杀戮之意，这是为什么呢？”于是，他就返回去了。奉命请蔡邕的人告诉主人说：“蔡君刚才来了，可是到了门口又返回去了。”蔡邕一向深受乡里人的尊重，主人急忙追上蔡邕，问他为什么又返回去了，蔡邕就将事情的原委告诉了他，主人和客人们听了，都疑惑不解。弹琴的人说：“我刚才弹奏琴弦时，看见一只螳螂正要扑向一只鸣叫的知了；知了将飞而未飞，螳螂准备进攻，对着知了忽进忽退。我当时心中一动，担心螳螂放过了知了。难道这就是蔡君说的杀戮之心，并且在琴音中流露了出来，被蔡君辨识出来了吗？”蔡邕微微一笑，说：“这完全称得上是杀戮之心了。”

蔡邕像，图出自清·顾沅《古圣贤像传略》。蔡邕是东汉文学家、书法家。

韩娥善歌

“韩娥善歌”形象地说明了韩娥高超的歌艺与真挚的感情，感动了所有的人。

此典出自《列子·汤问》：“昔韩娥东之齐，匮粮，过雍门，鬻歌假食。既去，而余音绕梁，三日不绝，左右以其人弗去。”

“过逆旅，逆旅人辱之，韩娥因曼声哀哭。一里老幼，悲愁垂涕相对，三日不食。遽而追之。娥还，复为曼声长歌。一里老幼,喜跃舞,弗能自禁,忘向之悲也。乃厚赂发之。"

这段话意思是说:

从前,韩娥向东到齐国去,没有带足干粮,路过雍门的时候,就沿途卖唱以换取食物。她走了以后,歌声的余音还环绕在栋梁之间,三天不断,人们都觉得她好像还没有离开一样。

她路过一个旅店,旅店里的人们侮辱了她。韩娥便拖长了声音痛哭起来。整个乡里的人都被感动得流下了眼泪,三天吃不下饭去。韩娥走后,他们急忙去追赶。韩娥回来,为他们唱起悦耳的歌。男女老幼听了她的歌,都不禁兴高采烈,跳起舞来,完全忘记了先前的悲哀。于是大家就给了她很多盘缠送她走了。

瓠巴鼓瑟

"瓠巴鼓瑟"形容音乐奇妙。

此典出自《淮南子·说山训》:"瓠巴鼓瑟,而淫鱼出听;伯牙鼓琴,驷马仰秣;介子歌龙蛇,而文君垂泣。"

楚人瓠巴擅长鼓瑟,他鼓瑟时乐声美妙动听,连游鱼都浮出水面倾听;春秋时的伯牙善于弹琴,他弹琴时琴声悠扬,驷马也会仰首吐沫而乐;春秋时晋人介之推曾跟随晋文公一起出亡,他割股为晋文公疗饥。晋文公回国后,封赏有功之臣,但是介之推却没有得到封赏,他逃入绵山之中。唱起《龙蛇》之歌,晋文公听后泪流不止。

钧天广乐

"钧天广乐"形容优美动人的乐曲。

此典出自《列子·周穆王》:"王实以为清都紫微,钧天广东,帝之所居。又见《史记·赵世家》:'我之帝所甚乐,与百神游于钧天,广乐九奏万舞,不类三代之乐,其声动人心。……'"

春秋时期,赵简子突然间生了一种怪病,一连五天都不省人事,满朝文武大臣惶恐不已,就急忙请来神医扁鹊诊治。扁鹊看完病走了出来,赵简子的家臣董安于询问病情。扁鹊回答说:"此病经调理血脉即可治愈,不必担心。"接着扁鹊又说,"从前,秦穆公也患过这种病,过了七天才醒过来。秦穆公醒后对大夫公孙支、子桑说,他到天帝的住所去了一趟,甚是欢乐。之所以这么长时间没醒来,是因为在天上聆听天帝的教诲。天帝告诉他,晋国将大乱,以及晋文公将一度称霸等情况。"扁鹊又说,"赵简子的病与秦穆公相同,不出三天,他一定会苏醒过来,醒来之后一定有话要说。"

两天半后,赵简子醒了。他告诉大夫们说:"我到天帝的住所去了一趟,觉得非常高兴。我与众神一起在天的中央游历,听了许多美妙的音乐,看了千姿百媚的舞蹈,这些音乐舞蹈,比夏商周三代的音乐舞蹈都棒得多,其乐声优美动人。"

梨园弟子

"梨园弟子"人们称戏班子为"梨园",称戏曲演员为"梨园弟子"。

此典出自《新唐书·乐志》:"玄宗既知音律,又酷爱法曲,选坐部使子弟三百教于梨园,声有误者,帝必觉日正字之,号'皇帝梨园底子'。宫女数百,亦为梨园弟子,居宜春倍院。"

唐代的唐玄宗不仅懂得乐理,还亲自演奏乐器。他为了培养更多的音乐人才,亲自从

唐玄宗李隆基像，图出自明·天然撰《历代古人像赞》。

全国挑选了三百名青年子弟，把他们安排在长安城内光化门北的梨园中。闲暇时，他亲自教他们演奏乐曲，如果有人弹错了，他一下就能听出来。他将这三百人叫做“皇帝梨园弟子”，意思是梨园的学生。

后来，他又挑选了几百名宫女，也当作梨园弟子，让她们住在豪华的宜春北院。他最后又从宫女中挑出三十人，组成一个小乐队，专门为他演奏乐曲。

有一年的六月一日那天，杨贵妃在骊山过生日，唐玄宗率领小乐队在长生殿演出。当一支新曲演奏完后，杨贵妃上前说：“这支曲子真好听，我从来没有听过，它叫什么曲名？”唐玄宗说：“这支曲子是我新谱的，忘了取曲名。”两人想来想去，都没有想出一个恰当的曲名。

恰巧这时，侍从送来南方的荔枝，唐玄宗灵机一动，笑着说：“就叫它《荔枝香》吧。”说完，唐玄宗、杨贵妃和一旁的梨园弟子们都开心地笑了起来。

靡靡之音

“靡靡之音”形容不庄重的曲调。

此典出自《史记·殷本纪》：“于是使师涓作新淫乐声，北里之舞，靡靡之乐。”

殷商末年，帝乙的小儿子被立为帝，这就是帝辛，帝辛天资聪颖，反应敏捷；长大后力大无穷，能赤手空拳地同猛兽格斗。由于他后来残暴无道，所以天下的人称他为“纣”。“纣”，在当时是残暴无义，专做坏事的意思。纣继承帝位后，自认为天下的人都比不上他，因此，他从不采纳别人的意见，反而经常在大臣们面前炫耀他的才智。纣的生活十分放荡，常常是一边饮酒，一边看美人伴着音乐跳舞。不久，他娶了苏妲己，把她当成心肝宝贝一样，对妲己言听计从。妲己不喜欢听那种庄重肃穆的音乐，不爱看那种变化不大的舞蹈，纣就叫乐工谱出萎靡不振的音乐，让舞师编排出摇来摆去的北方舞蹈（“于是使师涓作新淫声，北里之舞，靡靡之音”）。他终年与妲己在舞台上嬉戏游玩。为了表示有喝不完的酒，他叫人挖了池子来装酒；为了表示有吃不完的肉，又叫人把肉遍地挂着，像树林一样。

日久天长，老百姓对纣的无耻行为怨声载道，诸侯也纷纷起来反抗。纣知道后，就对百姓和诸侯使用惨无人道的重刑：炮烙。炮烙是用一根空心铜柱子做成，把人捆起来，抱住铜柱子，然后在里面燃起熊熊大火，把铜柱子烧红。受刑的人痛苦不堪，最终被烤焦而死。纣的倒行逆施行为最后引起老百姓和诸侯的反抗。

霓裳羽衣

“霓裳羽衣”形容精美无比、使人如入仙境的音乐、舞蹈。

此典出自屈原《楚辞·九歌杀君》:“青云认兮白霓裳,举长矢兮射天狼。又见唐代白居易《琵琶行》:轻拢慢撚抹复挑,初为霓裳后绿衣。”

唐代开元年间,有一年中秋佳节,月圆如镜,光华皎洁,唐玄宗在皇宫中遥望碧空,尽情地欣赏着那一轮明月。方士罗公远见唐玄宗看得入神,便讨好地问道:“陛下是否愿意到月中游览一番?”唐玄宗当然非常乐意,但不知怎样才能到月宫游览一番。罗公远取出身边的拐杖,用力往空中掷去,拐杖到了天上,顿时化成一座巍峨华丽的宫殿,罗公远说:“陛下,这就是月宫。”

月宫前面广阔的庭院里,几百名身穿雪白丝绸衣服的仙女翩翩起舞,舞姿柔美,那一支舞曲尤为动人。唐玄宗是一位深通音律的皇帝,但他也从来没有听到过这么美妙的乐曲。他问罗公远:“这一首曲子叫什么名字?实在太动听了。”罗公远回答说;“这是天上的仙乐,叫霓裳羽衣。”唐玄宗暗暗记下了乐谱。

回到皇宫,唐玄宗立即召来乐师,按他记下的声调作出了《霓裳羽衣》曲。他最宠爱的杨贵妃不仅风华绝代,而且能歌善舞,她依照唐玄宗月中所见,穿上雪白的衣裙,轻舒广袖,跳起了《霓裳羽衣》舞。仙乐、美女、舞蹈使唐玄宗仿佛又回到了月宫,令他陶醉不已,以致终日沉湎其中,几乎忘了治理国事。

濮上之音

“濮上之音”比喻不吉祥的亡国之音。

此典出自《史记·乐书》。

卫灵公要到晋国去。途经濮水,在岸边住宿。半夜时,他听到弹琴的声音,就问左右的随从听到没有,侍从们都回答说:“没听到。”灵公叫来乐师师涓,吩咐道:“我听到了弹琴的声音,随从们却说没听到。这琴声似乎是鬼神弹奏的,你替我听听把它记下来。”师涓说:“好吧。”于是师涓就端坐操琴,边听边记。第二天,师涓说:“我已经记下这支曲子了,但还不够熟练,请让我晚上再熟悉熟悉它。”灵公说:“可以。”随后他们又住了一个晚上。第二天,师涓说:“我已经练熟了。”于是,灵公率众启程,到晋国见到晋平公。晋平公在施惠楼台摆下酒宴,招待灵公。酒酣之际,灵公说:“这次来,听到了新的乐曲,演奏给您听听。”平公说:“好吧。”于是,卫国乐师师涓受命坐在晋国乐师师旷旁边,抚琴演奏起来。一曲未终,师旷按着琴弦制止说:“这是亡国的音乐,不要再弹下去。”平公说:“您怎么这样说呢?”师旷说:“这首曲子是师延(殷纣时乐官)作的,是导致纣王颓废淫荡的音乐。武王伐纣时,师延向东逃跑,自己投到濮水而死。所以,只有在濮水才能听到这支曲子。哪国先听到这种音乐,哪国就要变弱。”

铜琶铁板

“铜琶铁板”形容豪爽激越的文词。

此典出自宋代俞文豹《吹剑续录》:“学士词,须关西大汉执铁板,唱‘大江东去’。”

苏东坡在翰林院时,有个幕士擅长讴歌。苏东坡问他:“我的词比柳永的词如何?”幕士回答说:“柳郎中词需要十七八女孩儿执红牙拍板,唱‘杨柳岸晓风残月’;您的词需要关西大汉执铁板,唱‘大江东去’。”意思是:柳永的词,只能拿给十七八岁的女孩儿去演唱，唱唱“杨柳岸晓风残月”这样婉约的作品。而您的词，则须关西大汉手执铁板来唱，唱则唱“大江东去”这样豪放的佳作。

薛谭学讴

“薛谭学讴”比喻学无止境。浅尝辄止，自我满足，半途而废，是不可能在学业上取得突出成就的。

此典出自《列子·汤问》：“薛谭学讴于秦青，未穷青之技，自谓尽之，遂辞归。秦青弗止。饯于郊衢，抚节悲歌，声振林木，响遏行云。薛谭乃谢求反，终身不敢言归。”

薛谭向秦青学唱歌，还没有完全学会，就自认为已全部掌握了，于是就想辞别秦青回家。秦青并不阻止他。在城外的大路上设宴给他送行，席间秦青跟着节拍唱出了悲泣的歌，歌声震动了树林，连空中飘动的云彩也停住不动了。薛谭于是向老师认错，要求回来继续学习，终身不敢再提回家的事情。

秦青回头对他的朋友说：“从前曹娥到东方的齐国去，途中断了粮，路过雍门，卖唱谋生。走了之后，歌声的余音还在屋梁上回荡，三天都没有消失，左邻右舍还以为她没有离开。她到了一家客店，客店里的人侮辱了她。曹娥因此拉长声音痛哭一场，男女老幼都伤心愁闷，相嘘流泪，三天吃不下饭。曹娥走了，又赶紧把她找回来。曹娥回来后，再拉长嗓音歌一曲，男女老幼高兴得鼓掌跳舞，忘掉了刚才的悲伤。于是大家拿出丰厚财物送她走。雍门的人所以到现在还擅长于唱歌、痛哭，都是因为仿效了曹娥的遗音。”

《东周列国志》版画之“优孟戏扮孙叔敖”图，讲述优孟于楚庄王前戏扮孙叔敖，使楚庄善待昔日有功之臣的后人之事。

优孟衣冠

“优孟衣冠”比喻登场演戏或一味地模仿他人的言语、动作。

此典出自《史记·滑稽列传》。

春秋时，楚庄王有一位贤明的宰相孙叔敖，他辅佐楚庄王建立了霸业。后来孙叔敖死了，楚庄王也就把他淡忘了。当时有一个著名的演员叫优孟，不但很有智慧，而且是一个很有同情心的人，在孙叔敖死前，他与叔敖很友好。孙叔敖病时，曾告诉他的儿子说：“我死后，你们一定会贫穷。你可以去见优孟，说你是孙叔敖的儿子。”孙叔敖死后，并无遗产，他儿子只能每天打柴为生。有一次他背柴上市去卖，遇到了优孟，诉说了他的境况，优孟对他说：“你现在最好不要到太远的地方去，恐怕楚王将来找不到你。”

优孟回家后，就马上穿上了孙叔敖的衣帽，模仿孙叔敖的语言动作。过了一年多,优孟已完全掌握了孙叔敖的一切形象,使楚王及其周围的人都辨不出来。有一次,楚王大宴群臣,优孟装成孙叔敖去向庄王敬酒,庄王看到他与孙叔敖相像,想用他做宰相,他说:"我的妻子叫我不要做宰相,像孙叔敖那样尽忠又廉洁,让楚国称霸诸侯。如今死了,他儿子却连立足之地都没有,要靠打柴为生。与其学孙叔敖,不如自杀的好。"还唱了一首讥讽的歌,楚庄王被他说动了,把孙叔敖儿子找来,封了四百户的地方给他。

八、空灵境界故事

谤书盈箧

“谤书盈箧”形容遭到别人的攻击、诽谤;或者形容是非不明、谗言可怕。

此典出自《战国策·秦策二》:“魏文王令乐羊将攻中山,三年而拔之。乐羊反而语功,文侯示之谤书一箧。”

战国时期,魏国国君魏文侯十分贤明,非常信任手下人,善于运用他们的才能。

一次,魏文侯任命乐羊为将军,率兵攻打中山国。这次战争打得很不顺利,乐羊花了三年时间才攻克中山国,他得胜回来,向魏文侯报告作战经过时,流露出了自我炫耀、得意洋洋的神色。魏文侯察觉了乐羊的骄傲情绪,却没有说什么,只是取出了一只箱子,让乐羊自己去看。原来,箱子里装的是这几年间魏国群臣宾客写的奏书,内容都在责难攻打中山国的事情和诽谤乐羊。乐羊吓得浑身发抖,终于明白了自己能取得这样大的战功,全靠君王对他的信任。乐羊再三向魏文侯磕头谢罪说:“这次成功地攻下中山国,根本不是我的功劳,而是君王之力啊。”

痴人说梦

“痴人说梦”本指对痴呆的人说梦话,而痴呆的人信以为真,后来用以讽刺人说不可能实现的荒唐话。

此典出自《冷斋夜话》:“此正所谓对痴人说梦耳。”

有一位叫僧伽的和尚,有精深的道德学问,很有名气。龙朔(唐高宗年号)中叶,僧伽到江、淮一带游历。他性情乖戾,有人问他说:“你姓什么?”他答道:“我姓何。”再问他:“是哪一个国人?”他又答道:“何国人”。僧伽死后,李邕(唐代大文学家,书法尤其出名,当时有“书中仙手”之称)替他写碑记,误以为僧伽当年所说的是真话,便写道:“大师姓何,何国人。”这真是对痴人说梦话呀。

原来僧伽的答语蕴含着高深的佛学哲理,李邕写碑记时,不假思索地就认为他是姓何、何国人,这与把梦境当成现实没什么两样。

出言不逊

“出言不逊”的意思是,讲话傲慢无礼。

此典出自《三国志·魏书·张郃传》:“郃快军败,出言不逊。”

建安五年(公元200年),曹操与袁绍在官渡展开激战。冬天,为了保证安全,袁绍特派大将淳于琼带领上万军队专门护送军粮,并集中囤积在大营以北的乌巢(今河南延津东南)。淳于琼也留驻在那里保护。曹操得到消息后,亲自率领精锐步兵五千人前来偷袭。张郃对袁绍说:“曹操兵强马壮,淳于琼必败。一旦他失败,将军您的大业也就要完了。您应当立即率兵去救援淳于琼。”郭图不同意张郃的意见，说：“张郃的说法完全是错误的。乘曹营空虚去攻袭它，曹操一定会回兵来救，这样，乌巢之急也就不救自解了。”张郃说：“曹操的大营非常坚固，我军短时间内也无法攻下。如果淳于琼被抓住了，我们就都要成为曹操的俘虏了。”袁绍不肯听从张郃的意见，只派小股轻骑兵来救援淳于琼，而派主力部队去袭击曹军大营，企图一举攻下。由于曹营早有准备，因而袁军没有攻下。这时，曹操大败淳于琼，乌巢粮食全被烧光。消息传来，袁绍军心大乱，溃不成军。郭图深感惭愧，但不愿承认自己的错误，反而变本加厉地诋毁张郃，对袁绍说：“张郃对我军的失败幸灾乐祸，讲话傲慢无礼。”张郃害怕了，便阵前倒戈，投降了曹操。

《三国志通俗演义》版画之“曹操乌巢烧军粮”图

出言成章

“出言成章”本指口才好，脱口而出的话都是合乎规范的文章。后来，用以形容文思敏捷，不用草稿。

此典出自《淮南子·修务训》：“若夫尧眉八彩，九窍通洞，而公正无私，一言而万民齐；舜二瞳子，是谓重明，作事成法，出言成章；禹耳参漏，是谓大通，兴利除害，疏河决江……”

据说尧的眉宇有八种色彩，九窍通达，为人公正无私，一句仁义之言能使万民肃整；舜有两个瞳子，叫做重明，他做的事情成为后世的规范，说出话来焕然成章；禹的耳朵各有三个洞穴，这就是大通，兴利除害，疏通江河。

大放厥词

“大放厥词”原来是赞扬柳宗元写出了大量有文采的文章，含褒义。后来，常用来讽刺人大发议论，多用于贬义。

此典出自唐代韩愈《昌黎先生集·祭柳子厚文》：“玉佩琼琚，大放厥辞（词）。”

唐朝，有位杰出的文学家、哲学家叫柳宗元（公元773—819年），字子厚，河东解（今山西运城解州）人，世称柳河东。他学习非常认真刻苦，二十岁便中进士，被授为校书郎，调蓝田尉，升监察御史里行。柳宗元与刘禹锡参加了主张革新的王叔文集团，任礼部员外郎。革新失败后，他被贬为永州司马，后迁柳州刺史。

柳宗元的文学成就在当时是很高的，是“唐宋八大家”之一，“韩柳”并称。他的散文峭拔矫健，说理透彻；山水游记，写景状物，多所寄托。公元819年，柳宗元病逝在柳州，时年四十六岁。

第二年，著名文学家、柳宗元的好友韩愈写了《祭柳子厚文》，表达了对他的哀思。祭文大力称赞了柳宗元的文采和才华，说他“玉佩琼琚，大放厥辞。”意思是说，柳宗元的文章文笔秀美，尽力铺陈词藻，就像晶莹净洁的玉石。

大声疾呼

“大声疾呼”用以指向人迫切地大声呼吁，使人警觉。

此典出自唐代韩愈《昌黎先生集·后十九日复上宰相书》：“行且不息，以蹈于穷饿之水火，其既危且亟矣，大其声而疾呼矣！”

唐朝有位著名的文学家、哲学家叫韩愈，字退之，邓州南阳（今河南南阳）人。他二十五岁时已中进士，二十八岁了还没有得到任用，便写信给宰相赵憬，希望得到朝廷的重用。等了十九天没有得到回信，他又写了第二封，即《后十九日复上宰相书》。

在信中，韩愈大声疾呼朝廷应像救水火之灾那样，来救助和任用有才学而面临困境的人。他说：当一个人遭受水火之灾向别人求救时，不仅亲属为他奔走呼号，旁观者也会大声疾呼，希望人们快来救救这个遭受灾害的人。因为这个人所面临的情况确实非常紧急，处境确实危险。我的境遇也是这样既危险又急迫，因此我也大声疾呼，希望有人伸出救援之手……

道听途说

“道听途说”用以指随便听来的，没有事实根据的传闻。

此典出自《论语·阳货》：“道听而途说，德之弃也。”

有一次，艾子刚从楚国回到齐国，毛空就告诉他说：“有一只鸭子一次生了一百个蛋。”艾子不相信，问道：“哪有这样的事呀？”毛空改口说道：“那么是两只鸭生的。”艾子说：“也不会有这样的事。”毛空又改口说：“那么是三只鸭生的。”毛空见艾子总是不信，就一次又一次地增加鸭子的数量，一直增加到十只。这时，艾子就问毛空说：“你为什么不减少蛋的数目呢？”毛空说：“我宁愿增加鸭子的数量，也不想减少蛋的数目。”艾子默不作声了。毛空接着说：“上个月天上掉下一块肉，有三十丈长，十丈宽。”艾子说：“没有这个道理。”毛空改口说：“那么就是二十丈长。”艾子也说没有道理。毛空又改口说是十丈。艾子忍无可忍了，问他：“你看见这个世界上有十丈长、十丈宽的大块肉吗？”又问：“你说的鸭子是哪一家的？那块肉又掉在什么地方？”毛空老老实实的回答道：“我是听别人说的。”艾子立即回过头对学生们说：“你们可不要像他这样‘道听途说’啊！”

言之凿凿

“言之凿凿”形容说得非常确实，有根有据。

此典出自清代蒲松龄《聊斋志异·段氏》：“言之凿凿，确可信据。”

有个大富翁名叫段瑞怀，已经四十岁了，膝下还没有儿子。他很想再娶一个老婆，但由于他的妻子连氏嫉妒心很强，所以他一直没能付诸实施。他曾与一女婢有私，连氏发觉后把女婢卖给了一个姓栾的为妻。段瑞怀年岁日益增长，由于没有儿子，他的侄儿们便来向他要钱要粮，段瑞怀却一文不给。段瑞怀想到自己无子，准备选一个侄儿作为继承人，但他的那些侄儿们都不愿意。段瑞怀这才后悔过去不该对侄儿态度那么坏。无奈之下，他只好壮起胆买了两个妾，不久，她们都怀了孕。但孩子一生下来就都死了，全家失望怄气。一年以后，瑞怀中风卧床不起，众侄子乘机来随意拿取牛马什物；连氏出来干涉，众侄子反唇相讥。不久瑞怀死了,众侄儿把他的财产分得精光。正分得不可开交时,忽然一人前来吊丧。众人都不认识他,便诧异地问道:“你是何人?为何前来吊孝?”那人答道:“死者是我的父亲。”众人惊异,忙问原由。来人说:“我母亲曾是你家婢女,后被卖去栾家,五个月后就生下了我。我在栾家,众兄弟都不愿把财产分给我,都说我是段家的儿子。”他“言之凿凿,确可信据。”连氏听了非常高兴,说道:“我今天有儿子了。”众侄儿听了,非常不服,告到官府。官府问明情况,将众侄儿夺去的财物全部收回,归还给原主。

飞短流长

“飞短流长”意思是散布谣言、恶意中伤。

此典出自《聊斋志异·封三娘》:“封泣下如雨,因曰:‘妾来当须秘密。造言生事者,飞短流长,所不堪受。’十一娘诺。”

有一个年轻漂亮的姑娘,名叫范十一娘。她的父母非常宠爱她,只要是来提亲的,都让女儿自己选择。有一年的七月十五庙会,范十一娘去游玩。她遇见一位少女,长得与她一样漂亮,说起话来很有礼貌,两人情投意合,像姐妹一样相互友爱。范十一娘问起她的姓名和家庭住址她回答说:

“我叫封三娘,父母早逝,只有一个老太太守家望门,住在邻村。”

范十一娘邀请封三娘到她家里去玩,封三娘答应了。

一晃两个月过去了,封三娘没有如约来范家,范十一娘非常想念她,以致忧伤成疾。一天傍晚,范十一娘闲得无聊,让丫环陪她到花园散心。刚在石头上坐定,忽然看见封三娘正趴在院墙上往里张望。范十一娘又惊又喜,忙拉她进园,一起畅谈起来。

范十一娘责怪她说:“你怎么不守信用?想死我啦!”

封三娘解释说:“我也很想念你呢,只是家境贫寒,与你交往害怕被你家仆人婢女耻笑呢!”

范十一娘流着眼泪说:“我想你都想出病了呢,你不要离开我啦……”

封三娘也流下了眼泪,挽着范十一娘娇声说:“我来这里姐姐可要保守秘密呢!让那些造谣生事的人知道了,他们说三道四,说长道短的,实在叫人受不了……”

范十一娘破涕一笑,高兴地说:“只要你留下陪我,我什么都答应你!”

从此她们俩同睡一床,相处得非常好,范十一娘的病也好了。父母听说女儿有一位美丽的小姐陪伴着,也非常满意……

《忠义水浒传》版画之“吴用智取生辰纲”图

后来得知，封三娘是由狐狸精变的……

沸沸扬扬

“沸沸扬扬”形容议论纷纷。

此典出自《水浒传》第十八回：后来听得沸沸扬扬地说道：“黄泥岗上一伙贩枣子的客人，把蒙汗药麻翻了人，劫了生辰纲去。

晁盖、吴用等智取了生辰纲后，大名府留守梁中书、东京太师府蔡京分别来书札和指令，要济州府府尹立即捉拿劫取生辰纲的“贼人”。蔡京命令济州府在十天之内必须捉拿“贼人”归案，否则惟府尹是问。济州府尹接到上司指令，慌了手脚，立即命令捕快头目何涛抓紧时间破案，否则重罪加身，决不宽饶。

何涛领了台旨，急得如热锅上的蚂蚁，立即召集许多公差到机密房中商议此事。众公差都面面相觑，如箭穿雁嘴，钩搭鱼腮，都无话可说。当初何涛就有五分烦恼，今见众公差拿不出办法，又增添了五分烦恼。无奈，只得独自一人回到家中，闷闷不乐。

他弟弟何清了解了兄长的苦衷后，拍着大腿说：“这伙贼，我都捉在便袋里了。”何涛大吃一惊道：“兄弟，你为什么说这伙贼在你便袋里？”何清道：“我赌博输了，便去北门外十五里的安乐村给店小二抄了半个月的文簿。六月三日，有七个贩枣子的客人来投宿，我认得其中一个是郓城县东溪村的晁保正。第二天，又有一个叫白胜的挑着担子从村前经过。后来沸沸扬扬地听说道：‘黄泥岗上一伙贩枣子的客人，用蒙汗药麻翻了人，劫走了生辰纲。’我猜不是晁保正，还能是谁！只要抓住了白胜，问问他就会知道事情的真相了。”

何涛听了大喜，立即禀报了府尹，府尹立刻命令八个公差去捉拿白胜。

花言巧语

“花言巧语”指虚伪而好听的话。

此典出自《诗经·小雅·巧言》：“巧言如簧，颜之厚矣；《论语·学而》：巧言令色，鲜矣仁。《朱子语类》中解释‘巧言’说：‘巧言，即今所谓花言巧语……。’元代王实甫《西厢记》中，对‘花言巧语’有形象地描写：‘对人前巧语花言，没人处便想张生，背地里愁眉流泪。’”

《西厢记》里说：张生和崔相国的女儿莺莺相爱，就委托莺莺的丫环红娘带了情书给莺莺。嫌贫爱富的相国夫人反对他们相爱，只允许以兄妹相称。莺莺惧怕老夫人，见了书信后，便故意发怒道：“我是相国家的小姐，谁敢将这简帖来戏弄我！”还当场责备了红娘几句，并写了一封回信让红娘送给张生。信中莺莺却密约张生月下相会。红娘识破了小姐的用心，把信交给张生时，唱道：“我们小姐在人前花言巧语，人后便想张生，背地里愁眉不展，偷偷地掉眼泪。”

画龙点睛

“画龙点睛”原形容张僧繇文才出众，画技高超。今天用以比喻说话或作文章时善于抓住本质，一语道破，使言论或文章深刻、精当和传神。

此典出自唐代张彦远《历代名画记》：“张僧繇于金陵安乐寺画四龙，不点睛；云点之即飞去。人以为诞，因请点之。须臾，雷电破壁，二龙乘云上天，未点睛者见在。”

相传在南北朝时期，梁朝吴地有一个著名的画家，名叫张僧繇。他官居右军将军，擅长画龙，尤其擅长画像。有一次，他画兴大发，就在金陵（今南京）安乐寺墙壁上画了四条龙，但是他却没有画上龙的眼睛。他说，如果点上了眼睛，龙就会飞走了。有人认为，张僧繇说得太离谱，不合情理，就请他给龙点上眼睛，想看看究竟会发生什么情况。张僧繇刚刚给龙点上眼睛，突然间雷电大作，轰毁了墙壁，只见两条点上眼睛的龙腾空而起，踏着云朵飞上蓝天。而没有点上眼睛的两条龙，依然静静地停留在墙壁上。

讳莫如深

“讳莫如深”用以比喻隐瞒得很严密，害怕别人知道。

此典出自《穀梁传·庄公三十二年》：“讳莫如深，深则隐。”

鲁庄公非常宠爱妃子孟任，一心想让孟任生的儿子班继承君位。庄公生病的时候，问他的第二个弟弟叔牙：谁可以担任国君。叔牙说庄公第一个弟弟庆父才能优异，可以担任国君。庄公见叔牙的意见不合自己的心意，又问第三个弟弟季友。季友说愿意用生命来辅助公子班做国君；并命令针巫毒死了叔牙。鲁庄公死了，季友扶助公子班做了国君。庆父却联络庄公的夫人哀姜找人把公子班杀了；另立哀姜的妹妹叔姜和庄公生的儿子开做国君，称为湣公。过了一年，庆父想自己做国君，又派人把湣公杀了。鲁国的人民见庆父一连杀了两个国君，都认为庆父不死，灾难不止，这时躲避在陈国的季友又号召鲁国人民诛灭庆父，庆父恐惧万分，急忙逃到齐国去了。

左丘明在《左传》里把这事描述为“公子庆父如齐”。《穀梁传》解释说：“此奔也，其曰如，何也？讳莫如深。”意思是：庆父因为害怕鲁国百姓和季友要杀掉他，才逃到齐国；而《左传》说他是到齐国去，而不说他是逃跑的，替庆父隐讳了杀死国君的最严重的罪过。

惠子善譬

“惠子善譬”这个故事用以说明：把别人的长处看做短处，并且强迫别人放弃自己的长处去说话、去办事，那是行不通的。

此典出自《新序·善说》：“客谓梁王曰：‘惠子之言事也善譬。王使无譬，则不能言矣。’”

一个门客对梁王说：“惠子说话，擅长打比方。大王如果不让他打比方，他就没有办法讲清楚一件事情。”梁王说：“行。”第二天，梁王碰到惠子，对惠子说：“今后希望先生讲什么事情都直截了当地说，不要打比方了。”惠子说：“如果有一个不明白‘弹’是什么东西的人，他问你弹的形状像什么，你告诉他弹的形状就像弹，他能明白吗？”梁王说：“不明白。”惠子接着说：“这时你告诉他：‘弹的形状像把弓，它的弦是用竹子做的’，他会明白吗？”梁王说：“可以明白了。”惠子说：“说话的人本来就是用人们已经知道的东西来说明人们所不知道的东西，从而使人们真正弄懂它。现在叫我不打比方，这就行不通了。”梁王说：“你说得没错。”

喙长三尺

“喙长三尺”形容人能言善辩。

此典出自《庄子·徐无鬼》：“丘（孔丘）愿有喙（huì 会）长三尺。”意思是闭口不言。用这句成语形容人能言善辩则见于宋人伪托唐·冯贽《云仙杂记》引《朝野佥载》：“陆余庆为洛州长史，善论事而谬于判决。时嘲之曰：‘说事即喙长三尺，判字则手重五斤。’”

唐代有一位叫陆余庆的人，他当过洛州长史，与当时著名的文人陈子昂等人是朋友。

丙吉像，图出自清·顾沅辑《古圣贤像传略》。

据说，陆余庆口才非常好，发表议论的时候，滔滔不绝，口若悬河，但他的文笔却很差。有一次，皇上命他当殿草拟诏书，他半天写不出一句来，急得团团转。对一些重大问题，他议论起来也是头头是道，然而一旦判决起来却漏洞百出。人们嘲笑陆余庆说："说事即喙长三尺，判字则手重五斤。"意思是说，陆余庆议论起事来嘴有三尺长；用文字判决时手中的笔有五斤重。

街谈巷议

"街谈巷议"比喻大街小巷里的人们对某件事情议论纷纷。

此典出自《文选·张衡〈西京赋〉》："街谈巷议，弹射臧否。"

东汉时，封建统治阶级依仗手中的权力，残酷剥削劳苦人民，过着穷奢极欲的生活。皇帝不用说了，就是那些达官显贵、皇亲国戚也是肆意勒索、虎狼般地残害人民。据《后汉书》记载，中常侍侯览抢夺别人宅屋三百八十一所、田地一万一千八百亩。侯览的哥哥侯参任益州刺史，也是大肆勒索。他搜刮的金银锦帛珍玩，用三百多辆车子都装不完。还有一些中、下层官吏也是贪赃枉法、横行霸道。

统治者的穷奢极欲引起了志士仁人极大的愤慨和谴责。一个叫张衡的文学家，花十年时间写了《西京赋》和《东京赋》来讽谏他们。在《西京赋》中，张衡描写了西汉统治者的奢侈生活，讽刺他们只贪图享乐而无远虑，借此讽谏东汉统治阶级。赋中讲述了这样一个故事：西汉，丞相公孙贺的儿子当太仆时，自作主张动用了北军军费一千九百万钱，因此下狱。公孙贺到处为儿子求情。当时，正在追捕一个叫朱安世的人，公孙贺便联合捕吏捕获了朱安世来顶替儿子伏法。对此，人们街谈巷议，纷纷提出批评和指责。

绝口不道

"绝口不道"形容闭口不说，绝不漏嘴。

此典出自《汉书·丙吉传》："吉为人深厚，不伐善。自曾孙遭遇，吉绝口不道前恩，故朝廷莫能明其功也。"

丙吉，字少卿，年少好学，为人忠厚，做过廷尉监。刘询还没有当皇帝时，曾遇难入狱，经丙吉想方设法营救，才得以安全脱险。

刘询即位后，号称宣帝。丙吉被封为关内侯，但他从不自我夸耀。尤其是救过宣帝这件事，无论任何时候、任何地点，他都"绝口不道"，因此在宫廷中，没有人知道这件事。

丙吉做人忠厚，不谈己善，也不居功。刘询加封丙吉为博阳侯，采邑三百户。这时，丙吉病倒在床上，经多方治疗才痊愈。丙吉康复之后，上书辞谢，说功小受封，于心有愧。经过宣帝百般劝说，他才勉强接受了。

侃侃而谈

“侃侃而谈”指不慌不忙地谈着。

此典出自《论语·乡党》：“朝，与下大夫言，侃侃如也；与上大夫言，侃侃如也。”

周代等级森严，大夫是诸侯下面的一个等级，又分为两等，最高一级称为卿，即上大夫，其余称为下大夫。孔丘的地位与下大夫差不多。

孔丘是个举手投足都力求礼数周全的人。在家乡、在朝廷上、和上大夫说话、和下大夫说话，他都有不同的举止和言语。在家乡，他显得温和恭顺，似乎根本不会说话；在祭祀和朝见的场合，他善于谈论，只是非常谨慎。在朝廷上，国君不在场时，他同下大夫说话时，理直气壮；同上大夫说话时，和颜悦色；君主来了，则恭敬而又不安，非常小心谨慎。

空穴来风

“空穴来风”意思是某种说法有一定的成因，或者用以比喻流言乘虚而入。

此典出自战国楚国宋玉《风赋》：“臣闻于师，积句来巢，空穴来风。”

楚国人宋玉是屈原的学生，也是当时著名的文学家。有一次，他陪楚顷襄王到兰台游玩，这时飒飒地吹来一阵风，顷襄王披着衣襟，感觉十分凉快，说道：“这阵风真凉快呀！这是我和老百姓们共有的呀！”宋玉痛恨顷襄王淫乐无道，把他的老师屈原放逐到湘北去，便藉了“风”的话题来讽刺他。说道：“这风是大王你独有的呀，老百姓哪里能和你共有呢？”顷襄王觉得风的吹拂是不分贵贱的，现在听宋玉说风是他独有的，感到很奇怪，就叫宋玉说说原因。宋玉说：“听我老师屈原说过：积树弯曲了，就有鸟在上面做巢；空的洞穴会生出风来，因为它各有凭藉，风气自然就不同了。……”宋玉用讽刺的口吻，把风划分开来。他说：“在皇宫里那些清静的地方风是清凉的，那里的风属于贵族；老百姓居住在低矮潮湿的陋巷里，即使有风吹来，也是夹杂着许多泥沙和秽臭的，那里的风属于老百姓……”。

口快心直

“口快心直”又作“心直口快”，形容人胸襟坦率，性情直爽，想到什么就说什么。

此典出自《元曲选·李逵负荆》：“山儿，你也忒口快心直了。”

杏花村有个名叫王林的人，靠卖酒为生。老伴死得很早，留下一个女儿，名叫满堂娇，年方十八，还没有许配人家。

有一天，贼人宋刚和鲁智恩到杏花村喝酒，宋刚自称是梁山泊头领宋江，鲁智恩自称是花和尚鲁智深。王林不认识宋江和鲁智深，以为他们俩真的就是梁山好汉，便热情接待，还唤女儿满堂娇出来敬酒。

宋刚想要讨满堂娇做压寨夫人。鲁智恩对王林说：“把你女儿与俺宋公明哥哥做压寨夫人吧，只借三天，第四天便还你。”说完，他不管三七二十一就把满堂娇带走了。

正好李逵也下山游玩，听说宋江和鲁智深抢走了王林的女儿，非常恼怒，就立即回山与宋江理论。

见了宋江，李逵连忙恭喜道：“给哥哥道喜！”宋江问道：“喜从何来？”李逵道：“哥哥不是要讨压寨夫人了么？”然后指着鲁智深说：“秃儿，这是你做的好事吧？”鲁智深不知怎么回事，呆呆地默不作声。李逵恨恨地说："原来这梁山泊有天无日，我恨不得砍倒这面杏黄旗。"宋江忙说道："你这铁牛，有什么事也不查个明白，就要提板斧砍倒杏黄旗。"吴学究则在一旁说道："山儿，你也忒口快心直了。"宋江说："山儿，你下山喝酒，遇着了什么人？他们说了些什么？……"

于是李逵把事情的原委告诉了宋江，宋江坚决否认。李逵不信，便与宋江打赌说："如果不是你，我愿把这个脑袋输给你。"宋江道："既然如此，就立下军令状，交学究收着。"李逵道："哪怕指天画地能瞒鬼，步线行针待哄谁。"为了弄清事情的真相，宋江、鲁智深和李逵便一道下山去找王林对质。路上，李逵总觉得宋江和鲁智深走路太慢，必是心中有鬼，便道："让我来给你们逢山开道。"鲁智深说："山儿，我还要你遇水搭桥呢！"李逵道："你休得顺水推舟，偏不许我过河拆桥。"宋江知道李逵的话中有意，便说："山儿，记得你是八拜之交认我做哥哥的吗？"李逵拼命地赶路，不觉来到杏花村王林家。对质的结果，抢王林女儿的果然不是宋江。

宋江回山要杀李逵的头，李逵无话可说。正在这时候，王林来报告说，假宋江、假鲁智深送他女儿回来了，已经到了他家。宋江便说："山儿，你下山把那两个贼人抓来，恕你无罪。"李逵听说，连忙谢恩。他说："真是揉到我山儿的痒处了。管叫瓮中捉鳖，手到拿来。"说完飞速下山把两个贼人捉拿上山来了。

口若悬河

"口若悬河"比喻人健谈，言辞如河水倾泻，滔滔不绝。

此典出自《世说新语·赏誉》："郭子玄语议如悬河泻水，注而不竭。"

晋国有一个大学问家，名叫郭象，字子玄。他小时候，就很有才学，对于日常生活中发生的一切现象，都会认真思考。长大后，他崇尚老子和庄子的学说，并且做了很深的研究。当时许多人请他去做官，他都全部推辞掉了。把研究学问和谈论哲理当做最快乐的事情。最后他只当了个黄门侍郎。

他的知识非常丰富，能够把一切事情的来龙去脉讲得清清楚楚，又喜欢尽量阐述自己的见解，于是常常听到太尉王衍称赞他说："郭象说话，好比悬在山上的河流不断地往下流，从来没有枯竭的时候。"后人根据王衍的这番话，便引申出"口若悬河"这个成语。

口口声声

"口口声声"形容把一说法经常挂在口头上。

此典出自《元曲选·秋胡戏妻》："你这厮，太无礼了。你待要偕比翼，你也曾听杜宇它那里口口声声撺掇先生，不如归去。"

有个寡妇刘氏，身边只有一个儿子名叫秋胡。邻居罗大户有个女儿叫做梅英。通过媒人的说合，秋胡与梅英二人结为夫妻。没想到成婚之后，媒人嫌谢礼太少而从中百般挑拨。她对梅英说："姐姐一表人才，应该嫁给一个财主，有吃有穿，一生受用，嫁给这个秋胡，穷困艰苦，你以后依靠什么生活下去啊？"梅英回答说："至如他釜有蛛丝甑有尘（意思是：就是他穷得锅底朝天，甑上有灰尘），我也不嫌弃。"

梅英根本不理睬媒婆的挑拨。

不久，秋胡当兵去了。债主李大户趁机来向罗大户逼债，想借机将梅英据为己有。罗大户无钱偿还，李大户便摆出一副财主的架势说："既无钱还债，就把梅英嫁给我，这笔债也就一笔勾销了。"还造谣说："你女婿已经死了，女儿又这么年轻，总不能老守活寡呀！

嫁给我李某，不但你女儿一生吃穿不愁，你这个当岳父的也可跟着享享清福哇。”听了李大户的这番话，罗大户的心动了。

罗大户便对刘氏说：“秋胡已死，我女儿年轻，不能守寡！而今李大户要娶她，已经牵羊担酒送礼来了。”刘氏无可奈何，只好叫梅英梳妆打扮。她对梅英说：“虽然秋胡不在家中，你是个年轻媳妇，也该梳梳头，打扮一下呀！这样蓬头垢面，不是让人家笑话么？”梅英说道：“我丈夫不在家已五载十年了，我一个妇道人家也该识个好歹高低呀！”正在说话间，李大户与罗大户夫妻带着一班人吹吹打打，鼓乐喧天娶亲来了。

梅英对李大户的卑劣行为极力反抗，她坚决而愤怒地对他父母说：“要我改嫁，等太阳从西边升起来吧！”李大户死皮赖脸地对梅英说：“小娘子不要多言，我这模样也不丑呀。”梅英听了，怒发冲冠一巴掌打在他的脸上，恨恨地骂道：“你有钱，你有势，怎敢把我穷人欺，我虽穷，有骨气，你敢把我良家妇来调戏，滚滚滚，去去去，凤凰岂肯配乌鸦。”李大户见势不妙，只能暂时退去，妄想另找机会报复。

这件事过去没有多久，秋胡告假回家探亲来了。

秋胡入伍后屡立奇功，现在已官至中大夫了。他告假回家，看见梅英正在采桑，便更衣来戏弄他的妻子。他说：“小娘子，左右无人，我央求你，采桑不如嫁郎，你顺了我吧。”梅英怒骂道：“你这厮，太无礼了。你待要偕比翼，你也曾听杜宇它那里口口声声撺掇先生，不如归去。”秋胡还要纠缠，被梅英痛骂了一顿。

梅英夫妻团圆之后，秋胡便命令矩野县官严惩李大户。于是，县官立刻派人抓来了李大户，把他重打四十大板，并关押三个月，罚粮一千石，这些粮食都用于救济饥民了。

老生常谈

“老生常谈”比喻没有新意的言论。

此典出自《三国志·管辂传》：“此老生之常谭。”

三国时代，魏国有个人叫管辂，从小对天文学很感兴趣，八九岁，便能在泥土上画日月星辰，并能够一一讲述出来。长大以后，又对《周易》了解得非常透彻。他常常替人占卜，而且每次都非常灵验。有一次，吏部尚书何晏将管辂请了去，尚书邓飏也在座。何晏对管辂说：“听说你能预卜先知，请你帮我算一卦，看我是不是有做三公（最高的官职，即司徒、司寇、司空）的希望。最近我经常梦见几十只青蝇飞到鼻子上来，怎么也赶不走它们，不知是什么原因？”

管辂说：“请原谅我直言，以前周公辅佐周成王，经常是坐着等待天亮，正是因为他的尽忠职守，才使成王国运兴隆，各国诸侯才都拥护他，这完全是遵循天道的结果，不是卜筮可以说明的。现在你权高势赫，而敬佩你德行的人少，畏惧你威势的人却很多，这并不是好现象。象书说，鼻的位置在天中，青蝇贴面，主危。我希望你上追文王，下思尼父（孔子），这样你就有希望做三公了，青蝇也可以赶走了。”邓飏在旁边听了说：“我都听厌了这些话，都是一般人最爱发的评议，有什么新奇的呢？”

立木南门

“立木南门”用以告诉我们办事情应该言而有信，才能取信于民，绝不能朝令夕改，失信于人。

此典出自《史记·商君列传》：“（商鞅之）令既具，未布。恐民之不信己，乃立三丈之木于国都市南门，募民有能徒之北门者，予十金。”

商鞅的新法制定完以后，还没有颁布。他担心百姓们不相信自己，便在秦国都城南门口竖起了一根三丈长的木杆，并召集百姓，告示说："如果有人能将木杆移至北门，赏赐十金。"

老百姓们都觉得非常奇怪，弄不清商鞅的真实目的，都不敢贸然去移动木杆。商鞅又说："能移木杆的人，赏五十金。"这时，走出一个人来，将立木搬至北门，商鞅当场就赏赐了他五十金，以表示自己言而有信，从不欺骗百姓。

这件事以后，他便颁布了新法。

利口捷给

"利口捷给"形容能说会道，言辞敏捷，善于应对。

此典出自《汉书·张释之传》："夫绛侯、东阳侯称为长者，此两人言事曾不能出口，岂效此啬夫喋喋利口捷给哉！"

不用利口图。出自明·张居正《帝鉴图说》，讲述张释之与汉文帝同游上林苑，汉文帝问上林令这里共有多少禽兽，上林令答不上来，在旁边的管虎圈的啬夫替上林令详细作答。文帝听后认为啬夫是个人才，要提拔他。张释之劝谏汉文帝不要只凭口舌之利就拔擢人才。

张释之花钱捐了个骑郎官，事奉汉文帝刘恒，不仅十年都没有得到升迁，也没有获得什么名气。张释之说："长期当这个穷官，即使耗尽了财产，也不能飞黄腾达。"他想辞官。中郎将爰盎知道他是一个贤能的人，就向汉文帝推荐他。张释之跟汉文帝谈论秦朝之所以灭亡、汉朝之所以振兴的道理，汉文帝认为他的见解很正确，便拜他为谒者仆射。

有一次，张释之随同汉文帝来到养兽场所——虎圈，文帝向上林苑的长官询问禽兽记录，提了十几个问题，上林尉居然一个问题都回答不出来。这时，管理虎圈的小吏从旁代替上林尉回答文帝，讲得非常详细，想借这个机会显示他的口才。文帝说："上林尉不可信赖。"随即命令张释之提升小吏为上林令。张释之急忙说："您认为绛侯周勃是怎样的人？"文帝回答道："是个德高望重的人。"张释之又问："东阳侯张相如是个怎样的人？"文帝又回答道："也是一个德高望重的人。"张释之说："绛侯、东阳侯同为德高望重的人，谈论问题却也显得拙嘴笨舌，哪像这个小吏，说起话来口若悬河，言辞敏捷，善于应付呢？"接着，张释之说，秦朝，就是因为任用善于欺上瞒下的刀笔吏和狡猾奸诈的赵高之流，使皇上听不到事情的真实的情况，所以秦二世（胡亥）才被推翻，搞得天下大乱。如果根据口才而提拔小吏，天下人就会随风倒，竞相表现口才，而不注重真才实干。上行下效，后果是不堪设想的。汉文帝觉得张释之说得有道理，就没有提升那个小吏。

连篇累牍

“连篇累牍”形容数量很多而内容却空洞重复的文章。

此典出自《隋书·李谔传》：“连篇累牍，不出月露之形，积案盈箱，唯是风云之状。”

李谔是隋朝初年管理文书的官员，他讨厌当时那种只追求词句华丽，内容却空洞无物的文章。于是，他向隋文帝上书，请求明令禁止这种浮华的文风。他说：“写文章时互相计较用词的华丽，已经成了恶劣的风气。文章不讲正当道理，而只写一些虚幻的枝节，只讲究一个韵、一个字的奇特、巧妙；就算写了一大堆，甚至堆满桌子、塞满箱子，也不外乎什么月哟、露哟、云哟，这又有什么意思呢？”隋文帝杨坚非常赞赏这种观点，但他不知道该怎么去处理这种事。李谔说：“皇上不是可以向天下颁布命令吗？要求各种文章，都照实记录下来。”

隋文帝点头称是，决定将李谔的建议颁行各地，让地方官参照执行。

不久，隋文帝便死去了，而隋炀帝是个荒淫无道的暴君，喜欢那种“风花雪月”的文章，因此，李谔的建议很快就成泡影了。

流言蜚语

“流言蜚语”指制造谣言；也可用以指谣言。

此典出自《尚书·金縢》：“武王既丧，管叔及其群弟乃流言于国。”

周武王生了一场重病。内史周公（姬旦）写册书向先王祈祷。他打扫出一块土地，筑起三座祭坛，又在三坛的南方筑起一座台子，面向北站立，虔诚地向已逝的太王、季王、文王祷告说：“如果三位先王答应我的请求，就让我代替武王去死吧！”祈祷得到了良好的预兆，史官把周公祷告的书简放进金属装饰的匣子里。恰的是，第二天，周武王就痊愈了。

后来，周武王死了。年少的周成王继位，周公摄政。周武王的弟弟、周公的哥哥管叔对周公心怀怨恨，便和其他几个弟弟散布谣言说：“周公将对年幼的成王不利。”周公对太公、召（shào）公说：“如果我不摄政，将无法向先王交代。”所以周公东征，平定了管叔等人的叛乱，逮捕了作乱的罪人。后来，周公写了一首诗送给成王，叫做《鸱鸮》，向成王申述周室危急以及自己历尽艰辛，救乱扶倾的苦心，从此成王再也不敢责怪他。

满城风雨

“满城风雨”原指城内处处风雨交加的深秋景色，现用以比喻某事很快传播开来，人们议论纷纷。

此典出自《冷斋夜话》卷四：“秋来景物，件件是佳句，恨为俗氛所蔽翳。昨日闲卧，闻搅林风雨声，欣然起，题壁曰：‘满城风雨近重阳。’忽催租人至，遂败意，止此一句奉寄。”

这段话意思是说：

秋天来了，这时自然界的景物都是写诗的绝好材料。昨天无事可做，正靠在榻上养神，忽听到丛林中传出风吹雨打的声音，美妙极了，便忍不住起身提笔，在墙壁上题诗：“满城风雨近重阳，……”刚写完第一句，忽然催收房租的人拍门进来，破坏了我写诗的兴致。

扪虱而谈

“扪虱而谈”形容举止言谈不凡，态度从容不迫，无所顾忌。

此典出自《晋书·王猛传》：“猛瑰姿俊伟，博学好兵书，谨重严毅，气度雄远，细事不干其虑，自不参其神契，略不与交通，是以浮华之士咸轻而笑之。猛悠然自得，不以屑怀。少游于邺都，时人罕能识也。唯徐统见而奇之，召为功曹。遁而不应，遂隐于华阴山。怀佐世之志，希龙颜之主，敛翼待时，候风云而后动。桓温入关，猛被褐而诣之，一面谈当世之事，扪(mén)虱而言，旁若无人。”

王猛出生在一个贫困的家庭里，小时候以卖畚(běn)为业，养家糊口。

王猛俊秀而高大，又博学多识，喜读研读兵书，性情严谨庄重，态度严肃，气度不凡，志向远大，从不考虑琐事，也不屑参拜天地神灵，更不与他人来往。因此，那帮华而不实的士人都轻视他、嘲笑他。王猛心安理得，从不放在心上。少年时代，他到邺都游历，当时很多人都不欣赏他。只有徐统认为他有杰出的才能，想征召他为功曹。但是，王猛不肯答应，溜到华阴山隐居。他有济世的志向，希望出现一个贤明有为的君主。他收拢着翅膀，以等待展翅高飞的机会。桓温率领军队进入函谷关时，王猛身披麻布短衣，前去求见。他一面同桓温谈论天下大事，一面把手伸进衣服内旁若无人地捉虱子。桓温看见王猛在捉虱子，感到很惊异，问道：“我是奉天子的命令，率领精锐部队十万人来匡扶正义，讨伐叛逆，为老百姓扫灭残败的贱人的。可是，三秦的英雄豪杰都不来见我，这是为什么呢？”王猛回答道：“桓公能不远数千里深入贼寇的境地，可是长安离这个地方这么近，却不肯过灞水，老百姓不知你心中的想法，所以不来拜望。”桓温被说得哑口无言。桓温退兵时，赐给王猛车辆马匹，任他为督护高官一起去江南。王猛回到华阴山同师傅商议，师傅说：“你同桓温怎么能同时在世上存在呢！你留在这里，将来也会得到富贵，何必远行！”于是，王猛没有跟随桓温而去。王猛心里明白，回到高级士族专权的东晋朝，自己不可能有前途，与其帮着桓温来篡晋，还不如留在关中再找机会。不久，王猛就成为苻坚的亲信，发挥了他杰出的政治才干。

贫嘴贱舌

“贫嘴贱舌”用以表示爱多说话，言语尖酸刻薄，使人讨厌。

此典出自《红楼梦》第二十五回：“什么诙谐！不过是贫嘴贱舌的讨人厌罢了！”

宝玉喝多了酒，脸上很烫，王夫人便叫他躺下休息，并叫丫头彩霞为他拍揉。宝玉便趁此机会，要和彩霞说笑玩耍。坐在一旁的贾环喜欢彩霞，因此心中非常不痛快，便故作失手，将一盏油汪汪的蜡灯推在宝玉脸上。宝玉为此无法出门，只得待在屋里养伤。

宝玉烫伤了脸，黛玉便有机会常和他一块说话。一天，吃完饭以后，黛玉看了两篇文章，又和紫鹃做了一会儿针线活，便出门去观看新笋。他俩来到园中，看不到人影，惟见鸟语花香，信步便往怡红院走来。二人一进门，便见到李纨、凤姐、宝钗都在屋内，正和宝玉谈笑呢。黛玉笑道：“今日齐全，是谁下帖子请的？”

凤姐见众姑娘都在宝玉这里，便问：“我前日打发人送了两瓶茶叶给姑娘们，可还好么？”宝玉抢先说：“不好。”宝钗说：“味道也还好。”黛玉说：“好。”凤姐见黛玉说好，便道：“我打发人再送些来，只是有一事求你。”黛玉笑道：“你们听听，不过吃了她一点子茶叶，就使唤起人来了。”凤姐马上笑道：“你既已吃了我们家的茶，怎么还不给我们家做媳妇儿？”众人大笑起来。黛玉满脸绯红，回过头去，一声不吭。宝钗见状，赶紧出来解围，笑嘻嘻地说："二嫂子只是好心诙谐。"黛玉立刻反驳道："什么诙谐！不过是贫嘴贱舌的讨人厌罢了！"凤姐当即指着宝玉道："你给我们家做了媳妇，还亏负了你么！"黛玉起身便走了。

贾宝玉像，图出自《红楼梦图咏》。

千里犹面

"千里犹面"指传达意见真切无误。

此典出自《旧唐书·房玄龄传》："此人深识机宜，足堪委任。每为我儿陈事，必会人心，千里之外，犹对面语耳。"

房玄龄，十八岁中了进士，在隋朝任隰城尉，由于犯了错误被罢了官。秦王李世民起兵到达渭北时，房玄龄求见，并随他征战攻伐，在秦王府供职十几年。唐太宗称帝后，房玄龄任宰相有十五年。

在秦王府的十几年里，房玄龄任记室职务，管理各类文书，每次写军书表奏，文字简练，道理充分，从不打草稿。唐高祖曾对侍臣说："此人深识机宜，值得信任。每为我儿论事，深懂人心，千里之外传达意见都会真切无误，就像面对面讲话一样。"

强词夺理

"强词夺理"比喻硬用语言强辩，把无理说成有理。

此典出自《三国演义》第四十三回："座上一人忽曰：'孔明所言，均强词夺理，均非正论，不必再言。'"

宋国有一个大夫名叫高阳应，他是一个喜欢强辩的人，即使没有什么理由的事情，他也要争论不休。虽然别人嘴里说不过他，心里是很不服的。有一次，高阳应要建一座房子。一位有经验的木匠看了盖房子的材料后对他说："现在还不能动工，木头还没有干呢！用这么潮湿的木头做柱子，柱子就会有裂痕的。而木头一有裂痕，就会支撑不住房子，将来房子会倒塌的。还是等木头干透以后再说吧！"高阳应反驳说："恰恰相反，用潮木头做柱子，房屋不仅不会倒塌，反而更坚固。你看，木头越干就越有力，砖瓦泥土越干就越轻。现在木头还潮，就能够支持住屋顶，过了些时候，砖瓦的压力减少了，木头风干了，不是更能支持得住了吗？怎么会倒下来呢？"

木匠被他这么一驳，无言以对，只好按照主人的要求去做。房屋很快盖起来了，但是没多久，不出木匠所料，房子果然倒塌了。

巧发奇中

"巧发奇中"形容善于发言而能适合人意。

此典出自《史记·孝武本纪》:"少君资好方,善为巧发奇中。"

西汉武帝时,盛行迷信之风。上至天子,下至百姓,都觉得求神祭神可以使子孙尊显,使民益寿延年。于是有些以祠灶为业的人就受到皇帝的尊崇。

有一个叫李少君的人,被汉武帝召到宫中。他无妻无子,隐瞒自己的年龄,装神弄鬼,自称能用药物,使人长生不老。很多人就相信了他,争先恐后地向他馈赠。少君也确实有点小能耐,常常能准确无误地说出上百年以前的事实。有一次,他和武安侯田蚡一起饮酒,有一位九十余岁的老人也在座。李少君对老人说,我曾经和你祖父一起到某地游玩过。老人小时候曾随祖父到过此地,大家都为李少君的话而惊奇不已。还有一次,汉武帝召见李少君,问他是否认识一件旧铜器。李少君说:"这是齐桓公放在柏寝的那件铜器。"后来证实李少君的话是正确的,宫中诸人都非常惊骇,以为李少君是个神人,很可能已是数百岁的人了。司马迁把李少君这种时时发言并有所中的才能称之为"巧发奇中。"

巧言令色

"巧言令色"形容花言巧语,伪装和善的样子。

此典出自《尚书·皋陶谟》:"何畏乎巧言令色孔壬。"

传说皋陶和禹曾在舜帝面前讨论过治理国家的事情。皋陶说:"相信并按照先王之道来处理政务,就能实现谋略,大臣之间也能团结一致,同心同德。"禹说:"你说得完全正确,但怎样才能做到这些呢?"皋陶说:"唉,这就要严格要求自己,以身作则,努力提高品德修养,以宽厚的态度对待同族的人,同时也要使他们贤明起来,共同努力辅助你治理国家"禹非常佩服地对皋陶说:"你说得好啊!"

皋陶像,图出自清·顾沅《古圣贤像传略》。皋陶是舜时掌管刑法的官,禹继位后按禅让制推举皋陶为他的继承人,但皋陶先于禹死去,故未能继承帝位。

接着皋陶又说:"另外,怎样用人也非常重要,一定要做到知人善用。"禹说:"没错!知人善用的人,才是有智慧的人;有智慧的人,才能知人善任。如果能做到这点,又'何畏乎巧言令色孔壬'(意思是:何必怕那些花言巧语善于谄媚的人呢)?"

清谈挥麈

"清谈挥麈"形容善于言谈辩论,谈起来兴高采烈。

此典出自《世说新语·文学》:"孙安国往殷中军许共论,往反精苦,客主无间。左右进食,冷而复暖者数四。彼我奋掷麈尾,悉脱落,满餐饭中。宾主遂至莫忘食。"

晋代人孙盛(字安国)喜好《老子》、《庄子》、《周易》之学,擅长谈论经义玄理。当时的中军将军殷浩(公元?—356年,字渊源)也喜好老庄之学,擅长清谈。孙盛到殷浩那里去清谈,不辞辛苦,客主亲密无间。二人清谈起来兴奋得连饭都忘了吃,仆役们送来饭食,凉了又热,折腾了许多次。互相争论不休,每人都奋力挥动着用驼鹿尾做成的拂尘,尾毛都甩脱落了,掉到满桌的饭菜之中。宾主一直谈到日暮时分。殷浩善于清谈,在当时名声很大,能以清谈与他相抗衡的,只有孙盛一人。殷浩对孙盛说:"您不要做狂傲不驯的烈性马。我要像对待牛那样,穿住您的鼻子。"孙盛说:"您有没有想到,牛被穿住鼻子,也常常会挣断逃脱。对于人,应当穿住面颊,这样就无法挣脱了。"

鸲鸲效声

"鸲鸲效声"讽刺那些毫无主见,人云亦云,拾人牙慧还要到处吹嘘的人。

此典出自《叔苴子·内篇》:"鸲鸲之鸟生于南方,南人罗而调其舌,久之能效人言,但能效数声而止,终日所唱惟数声也。"

南方有一种鸟叫八哥。人们训练它学说话,天长日久,八哥就能学舌了,但也只能模仿几句而已,一天到晚它所唱的也只是那么几声。

有只蝉在院子里叫,八哥听到后便嘲笑它。蝉对八哥说:"你能学人说话,这很好。但你说的都不是自己的话,所以等于你什么也没有说,哪里比得上我说的都是自己的心里话呢?"八哥羞愧地低下头,从此再也不学舌了。

人言可畏

"人言可畏"形容舆论对人的压力。

此典出自《诗经·郑风·将仲子》:"人之多言亦可畏也。"

《将仲子》全诗共三段,第三段的原文是:"将仲子兮,无窬我园,无折我树檀。岂敢爱之?畏人之多言。仲可怀也,人之多言亦可畏也。"大意是说:仲子,仲子,求求你呀,不要将我家墙击垮,也别踩断檀树杈。我不是心疼这檀树,而是怕人多嘴杂。仲子,仲子,我想你呀,但是人多嘴杂更可怕。

三缄其口

"三缄其口"指说话谨慎或尽量不说。

此典出自《说苑·敬慎》:"孔子之周,观于太庙。右陛之前,有金人焉,三缄其口,而铭其背曰……"

春秋时期,孔子出游到东周,参观周天子的祖庙。庙堂右边台阶前有一尊铜像,它嘴上贴着三层封条,背上还刻有铭文说:"这是古代说话特别谨慎的典范。要引以为戒啊,要引以为戒啊!不要多说话,多说话就多败亡;不要多管事,多管事就会多祸患。安乐时一定要警戒自己不要忘乎所以,更不能去做使自己后悔的事情。别认为当时没什么祸患,其祸患将会很长久;别认为没有什么损害,其祸患将会很大;别认为没什么残害,其祸患将会蔓延;更别认为没有人知道,老天将会惩罚你。小火微光扑不灭,怎能奈何熊熊大火;涓涓细流不堵住,就会汇成滔滔的江河;绵绵的丝线不剪断,就会织成罗网;不砍伐青青的幼树,枝繁叶茂之后,将需要更大的斧头。如果不能做到谨慎行事,就会酿成祸患;口有什么坏处呢?它是招祸之门。强暴蛮横的人往往死得很惨,争强好胜者必然会遇上对手;盗贼怨恨主人,百姓妒忌显贵。君子深知不可能压倒天下的人,所以甘落人后、甘居人下反而使人敬慕。取柔弱之势，居低下之位，谁也不能与之抗争。人们都趋向彼方，我独坚守此处；众人都盲目跟从，唯独我不肯随波逐流；内心蕴藏着自己的智慧，从不与别人比试技能高下；这样，即使身份尊贵，地位显赫，也没有人加害于我。大江大河之所以比众多的溪流更加源远流长，就是因为它地处低下之位。上天行事不分亲疏，常常保护好人。要以此为戒啊！要以此为戒啊！”孔子看后，回头对弟子们说：“你们要记住这些话！这些话虽然粗俗，但却切中事情的要害。《诗》上说：‘小心谨慎，如面临深池，如脚踩薄冰。’能做到这样立身处世，就不会因说话而导致灾祸的发生了！”

孙子吴宫教战图，出自清·马骀《百将图传》。

三令五申

“三令五申”表示反复多次向人告诫的意思。

此典出自《史记·孙子吴起列传》：“（吴王）出宫中美女得百八十人，孙子分为二队……约束既布，乃设鈇钺，即三令五申之。”

春秋时候，有一位军事学家叫做孙武，他带着自己编写的《孙子兵法》去见吴王阖闾。吴王看后说：“你的十三篇兵法，我全部看完了，能不能拿我的军队试试？”孙武说可以。吴王再问：“可以用妇女来试验吗？”孙武仍表示可以。于是吴王召集一百八十名宫中美女，请孙武训练她们。

孙武将她们分为两队，任命吴王宠爱的两名宫姬做队长，并命令每个人都拿着长戟。站好后，孙武便发问：“知道怎样向前向后和向左向右转吗？”众女兵回答说：“知道。”孙武又说：“向前就看我心胸；向左就看我左手；向右就看我右手；向后就看我背后。”众女兵回答说：“明白了。”然后孙武命令搬出鈇钺，三番五次向她们申诫。说完就击鼓发出向右转的号令。没想到这些女兵们不但没有依令行动，反而哈哈大笑。孙武见状说：“解释不明，交代不清，是将官们的过错。”又将刚才的规则详尽地向她们解释了一遍。然后击鼓发出向左转的号令。女兵们仍然大笑。孙武便说：“解释不明，交代不清，是将官的过错。既然交代清楚而不听令，就是队长和士兵的过错了。”说完命令左右随从把两个队长推出斩首。吴王看到孙武要斩他的爱姬，急忙派人讲情，可是孙武说：“我既受命为将军，将在军中，君命有所不受！”说完，他还是命人处死了两位女队长，再命两位排头的为队长。从那以后，女兵们无论是向前向后，向左向右，甚至跪下起立等复杂的动作都异常地认真操练，再也不敢拿生命开玩笑了。

三人成虎

“三人成虎”比喻有时谣言可以掩盖真相,能够以假乱真,无中生有。

此典出自《战国策·魏策二》:“夫市之无虎明矣,然而三人言而成虎……”

战国时代,各国之间互相攻伐,为了大家能够真正遵守信约,通常都是将太子交给对方做人质。

魏国大臣庞葱将要陪魏太子到赵国去做人质。临行前,他对魏王说:“如果现在有一人来对您说街市上有老虎,大王相信吗?”魏王道:“我不相信。”庞葱说:“如果再有第二个人来对您说街市上出现了老虎,大王相信吗?”魏王道:“我有些将信将疑了。”庞葱又说:“如果有第三个人对您说街市上出现了老虎,大王相信吗?”魏王道:“我当然会相信。”

庞葱就说:“街市上没有老虎,这是明摆着的事,可是经过三个人这么一说,好像真的有了老虎。现在赵国国都邯郸离魏国国都大梁,比这里的街市远了许多,而且议论我的人又不止三个,希望大王明察。”魏王说:“一切我自有主张。”

庞葱陪太子回国后,魏王果然没有再召见他了。

市集人口集中的地方,当然不会出现老虎。说市上有虎,明显是造谣、欺骗,但许多人这样说了,如果不能看到事物的本质,也往往会信以为真的。

拾人牙慧

“拾人牙慧”比喻沿袭别人说过的话,自己没有真知灼见。

此典出自《世说新语·文学》:“康伯未得我牙后慧。”

晋朝有一个叫殷浩的人,常识丰富,能言善辩。曾被封为建下将军,统帅扬、豫、徐、兖、青五州兵马。后来因为作战失败,被流放到信安。殷浩有个外甥叫韩康伯,这个人非常聪敏,又很有学问,殷浩非常喜欢他。在殷浩被流放的时候,韩康伯也跟随他的身边。有一天,殷浩见他在发表议论,还流露出非常得意的神情。后来,殷浩说:“康伯连我的牙后慧还没有得到哩!”

滔滔不绝

“滔滔不绝”形容话多,连续不断。

此典出自五代·王仁裕《开元天宝遗事》:“张九龄善谈论,每与宾客议论经旨,滔滔不竭,如下阪走丸也。”

唐朝,有一个大臣叫张九龄,字子寿,韶州曲江人。他中过进士,当过右拾遗。当时,吏部要选拔人才,都是由他和赵冬曦负责评定等第。开元二十一年,张九龄担任中书侍郎同中书门下平章事,建议不依仗资格用人,设十道采访使。

张九龄不但尽心地协助皇帝处理政务,还是位很有才能的诗人。他擅长言辞和辩论,和宾客们讲书论经时,总是滔滔不绝,像顺着斜坡滚弹丸一样,畅通无阻。

开元二十四年,由于遭到奸相李林甫的陷害,张九龄罢相。

顽石点头

“顽石点头”形容对人教育耐心,使人心服口服。

此典出自《莲社高贤传·道生法师》:“入虎丘山,聚石为徒,讲涅槃经,至阐提处,则说有佛性……群石皆为点头。”

竺道生信仰佛教，对佛家思想有精深的研究。有一天，他独自一人跑到深山里，寻找了许多大石头，并把它们一块一块地搬下来，整整齐齐地放在一块儿，把它们当做自己的徒弟。从那以后，每天从早到晚，他像学校里的老师教导学生一样，对着石头不厌其烦地讲解《涅槃经》。不久，那一堆大石头听到竺道生讲道理时，竟个个点起头来。

妄语误人

“妄语误人”说明害人者恒害己，甚至祸及家人。

此典出自《阅微草堂笔记》：闻数人箝掌笑曰：“秃项马，尔今知妄语之误人否?”近在耳畔，而不睹其形，方知为鬼所给也。

乡里人张某非常阴险狡诈，即使是对他最亲的亲人，他也不说一句实话。此人口齿灵巧敏捷，很多人都被他欺骗过。因此人们给他起了一个绰号，叫做“秃项马”。马秃了项颈，意思就是没有鬃毛。“鬃”和“踪”同音，是在形容他的隐约难辩，像夜间闪烁的一点火花，突然间无踪无影了。

有一天，张某和他父亲在晚上迷了路。隔着田垄看见几个人围坐在一起，他们便问道：“应当往哪里走呀?”那几个人都说：“向北!”结果张某和他的父亲都深陷在泥沼之中。这时，张某又大声地向那几个人问路，那几个人回答说：“转向东走。”结果，张某和他父亲向东一转，差点遭到灭顶之灾，父子二人便在泥沼中挣扎，窘迫地难以移出。这时听见那几个人笑着拍掌说：“秃项马！你今天可总算知道说假话有多害人了吧?”声音就在耳边，但抬头却看不见人影，张某这才知道是被鬼欺骗了。

为人说项

“为人说项”用以表示为人扬誉或说情。

此典出自唐代杨敬之《赠项斯》诗：“平生不解藏人善，到处逢人说项斯。”

唐代有一个诗人叫项斯，字子迁，江东人。他在会昌四年中进士，任过丹徒县尉。

未及第时，他虽然诗写得不错，人品也好，但名声却不太大，几乎不为人所知。有一次，他带着诗稿去拜访当时的名士杨敬之。杨敬之曾读过他的部分作品，也挺欣赏他的才华，这次见面之后，经过深入的交谈，杨敬之更觉得项斯是个前途远大的人，便赠给项斯一首诗：

几度见诗诗尽好，
及观标格过于诗；
平生不解藏人善，
到处逢人说项斯。

这首诗的大意是说：多次读到你的诗，感觉句句都好；现在觉得你的人品，竟比诗还高。我从来不愿意隐瞒别人的优点，今后不论碰到谁我都要为项斯称道。由于杨敬之的推荐，项斯的诗很快在长安广泛流传开了，他也因此名声在外了。

闻所未闻

“闻所未闻”指听到了从没听到过的事。

此典出自《史记·郦生陆贾列传》：“大说陆生，留与饮数月。曰：‘越中无足与语，至生来，令我日闻所未闻。’”

秦朝末年，赵佗趁着农民起义和楚汉相争的机会，自立为南越王，占据了南海、桂林等郡。刘邦建立西汉王朝以后，便派陆贾出使南越，说服赵佗归顺了汉朝。

赵佗虽是真定人，但由于长期住在南方，对汉朝已经不太了解了。陆贾来到南越，赵佗就问他："我和萧何、曹参、韩信比起来，谁的才能更高？"陆贾说："似乎是你。"赵佗又问："我与汉皇帝比呢？"陆贾说："汉皇从丰沛起兵讨伐暴秦，诛灭了强大的楚国，为天下兴利除害，也继承了三皇五帝的事业。中国人多地大，土地肥沃，物产丰富，政令统一。你们南越，不过数十万人，地域狭窄，只与汉朝的一个郡差不多大，怎么能和汉朝相比呢？"赵佗听了陆贾的这番话，茅塞顿开。他对陆贾说："陆先生来到南越，让我听到了以前没有听到过的事情。"后来，赵佗归顺了汉朝，刘邦封他为南越王。

信口雌黄

"信口雌黄"指人随口说出的没有根据或不负责任的话。

此典出自《晋书·王衍传》："衍既有盛才美貌，明悟若神，常自比子贡。兼声名藉甚，倾动当世。妙善玄言，唯读《老》、《庄》为事。每捉玉柄麈尾，与手同色。义理有所不安，随即改更，世号'口中雌黄'。"

晋朝时候有一个人名叫王衍，在晋武帝（司马炎）时做了太子舍人；后来调做尚书郎等职。他从年轻的时候起，就喜欢清谈。做官以后，非常崇拜老子和庄子，经常讲"无为而治"的道理。由于他学问渊博，谈论也非常精辟透彻，因此，在当时享有很大的名气，许多读书人不但都佩服他，而且还模仿他的做法。

当王衍读解老庄玄理的时候，手里总是拿着一把玉柄拂尘，表现也非常从容宁静的态度。而他有时把意理读解错了，就随口改正。于是人们说他是"口中雌黄"。原文最后一句是："世号口中雌黄"雌黄本来是山里一种黄赤色的矿物。古时候的人写字用黄纸，写错了，都用雌黄涂抹。"口中雌黄"，便是立即改正说错的话的意思。

信誓旦旦

"信誓旦旦"指誓言说得极其诚挚。

此典出自《诗经·卫风·氓》："信誓旦旦，不思其反。反是不思，亦已焉哉！"

有个小伙子爱上了一位年轻漂亮的姑娘。他借抱布换丝的名义向姑娘求爱。俩人结婚后夫妻恩恩爱爱。这位姑娘把家中所有的事情都担在身上，爱夫之心始终没有变。但是这个小伙子后来却变了心。他对妻子横眉竖眼、百般虐待。

在悲苦无告的处境下，这位姑娘回忆起前前后后的遭遇，心中充满悲痛。她责骂丈夫说："你说过我们要白头共偕老，一想起这话我就怨。淇河滚滚也有岸，水注漫漫也有边。两小无猜共戏乐，说说笑笑玩得欢。我们发过誓的，没想到你会变心。恨你变心不念旧，一刀两断我们就算完了。"最后，她愤然和这个负心汉一刀两断，彻底决裂了。

言必有中

"言必有中"意思是话都能说到点子上。用以形容人有见识，善于说话、论理。

此典出自《论语·先进》："鲁人为长府。闵子骞曰：'仍旧贯，如之何？何必改作？'子曰：'夫人不言，言必有中。'"

《周书·武帝纪上》：（邕）甚为世宗所亲爱，朝廷大事，多共参议。性沉深有远识，非因顾问，终不则言。世宗每叹曰："夫人不言，言必有中。"

《论语·先进》记载着春秋时期，鲁国有一个储存财货、兵器等物的仓库，叫长府。鲁昭公曾以长府为据点，攻打过季孙氏。鲁昭公被赶走以后，季孙氏为了防止鲁昭公反攻就决定改建长府。孔子的弟子闵子骞说："照老样子下去，难道不行吗？为什么一定要改建呢？"孔子说："闵子骞平时不怎么说话，没想到一说话就说到要害上。"

《周书·武帝纪上》中讲公元六世纪二十年代，黄河流域的各族人民大起义彻底瓦解了统治中国北部的北魏王朝，后来便在北方形成东魏和西魏两个割据政权，与割据江淮以南的梁形成政权三分鼎立的形势。后来，东魏改为齐，西魏改为周——后人称它为北周。(北)周武帝宇文邕，死后谥号为武皇帝，称为高祖。宇文邕字祢罗突，是宇文泰(字黑獭，死后谥号为文皇帝，称为太祖)的第四个儿子。他的母亲叫叱奴太后，在大统九年生下宇文邕，天和二年(公元567年)被尊为皇太后。宇文邕非常孝顺父母，聪明又有才干。父亲非常器重他，说："将来成就大业的，一定是他。"宇文邕的大哥宇文毓(小名统万突，死后谥号为明皇帝，称为世宗)即位后，特别喜爱宇文邕，每逢研究朝廷大事，大多都让宇文邕参加讨论。宇文邕性格深沉，深谋远虑，如果不征求他的意见，那么他就会一直保持缄默。宇文毓经常叹息说："四弟不喜欢说话，可是说起话来，都能说到点子上。"

言不由衷

"言不由衷"意思是，说出的话不是发自内心。形容虚伪敷衍、不说真话。

此典出自《左传·隐公三年》："言不由中，质无益也。明恕而行，要之以礼，虽无有质，谁能间之？"

春秋初期，郑国是一个新兴的诸侯国。郑庄公是周朝的卿士，掌控朝中大权，根本不把周王放在眼里。周平王又是个软弱无能的人，一方面他不得不依靠郑庄公来处理朝政，另一方面他又非常信任虢公忌父，想让他代替郑庄公来管理朝政。郑庄公知道后，便对周平王非常不满。周平王害怕了，连忙向郑庄公解释说："我并没有让他取代你的意思。"为了让郑庄公放心，周平王和郑庄公决定交换人质，周太子到郑国做人质，郑公子到周国做人质。

公元前720年，周平王去世后，周桓王(姬林)继承皇位。周桓王也想让虢公忌父代替郑庄公做卿士，以便掌握朝中大权。郑庄公知道后又很生气，这年春天，他派大夫祭(zhāi)足带领兵马来到周朝的温邑，割掉了那里的所有的麦子，运到郑国。到了秋天，祭足又带领兵马到成周，把那里的谷子全部割掉，运回郑国。从此，周朝和郑国之间的关系就更加恶化了，结下仇恨。

史官在评论这件事的时候说："言语不发自衷心，交换人质又有什么用呢？如果能够设身处地地为对方着想，相互谅解而后行事，并用礼仪加以约束，虽然没有人质，但又有谁能够离间他们呢？"

言人人殊

"言人人殊"意思是，每个人的说法都不一样。用以形容众人意见分歧，各有各的见解、说法和主张。

此典出自《史记·曹相国世家》："参尽召长老诸生，问所以安集百姓。如齐故诸儒以百数，言人人殊，参未知所定。闻胶西有盖公，善治黄老言，使人厚币请之。既见盖公，盖公为言治道贵清静而民自定，推此类具言之。参于是避正堂，舍盖公焉。其治要用黄老术，故相齐九年，齐国安集，大称贤相。"

刘邦打败项羽之后，认为天下已定，就在一片拥戴声中登上了帝位，史称汉高祖。为了加强统治，刘邦安派长子（名肥）当齐王，让曹参做齐相国。刘邦死后，汉惠帝即位。惠帝废除诸侯国的相国制，改任曹参为齐丞相。齐王年富力强，渴望成就一番大业。曹参绞尽脑汁，千方百计想找出最佳的治国策略。

曹参召来那些有影响的老年人和有名气的读书人，请他们谈谈怎样才能更好地治国安邦，起初召来的数百人都是齐国有资历的儒生。他们所发表的见解有很大的分歧，曹参不知该采纳谁的主张为好。后来，他听说胶西有一位盖公，对黄帝老庄的学说很有研究，就派人带重礼把盖公请来。盖公说，治理国家的最佳方略是清静无为，这样一来，老百姓自然就安定了。还由此类推，讲了一通大道理。曹参非常欢喜，还让出自己的正堂给盖公居住。他采纳盖公的建议，用黄老学说来治理国家，也收到了一定的成效。在他担任齐丞相的九年期间，齐国倒也是安定团结的，人们都夸曹参是个贤相。

汉初名臣曹参像，图出自清·顾沅辑《古圣贤像传略》。

言犹在耳

“言犹在耳”形容对人家说过的话还记得十分清楚。

此典出自《左传·文公七年》：“今君虽终，言犹在耳，而弃之，若何？”

晋襄公去世了，由于太子夷皋年少，晋人在立国君一事上均感到十分为难。赵盾说：“襄公的弟弟雍年长又有经验，而且为人和善，晋文公重耳在世时，也非常喜爱他。雍的母亲又是秦伯的女儿，与秦国关系友好，如果立他为国君，不但国内稳定，而且外邻友好，是再好不过的事情了。”大夫贾季说：“还不如立襄公的另一个弟弟乐，乐的母亲很受晋怀公、晋文公的宠爱，立了他，百姓一定高兴。”赵盾反驳说：“乐的母亲生活作风不好，地位也卑贱。立国君应该找一个与大国有良好关系的人，乐的母亲是陈国人，国小力微，遇到事情也无法得到援助。”赵盾坚持要立公子雍而公子雍此时正在秦国，赵盾便立刻派人去秦国迎接他。贾季也坚持要立公子乐，也派人立刻前往陈国去接公子乐。赵盾非常愤怒，便以贾季曾杀人为理由，废了他的大夫职位。太子夷皋的母亲缪嬴得知公子雍将回国，大失所望，只能日夜抱着夷皋在朝廷上痛哭。她诉说着：“襄公有什么地方对不起大家？太子又有何罪？国内的不立，反而去国外迎接，你们又要如何安排太子呢？”下朝后，她又抱着夷皋到赵盾家哭诉：“襄公生前把太子托付给你时说，如果孩子成才，他便感激你；如果不成才，他便怨恨你。现在襄公虽然死了，话却还在耳边，你就这样抛弃太子，这是为什么呢（“今君虽终，言犹在耳，而弃之，若何”）？”

原来赵盾与诸大夫都很畏惧缪嬴，在她的再三逼迫下，只好答应立夷皋为国君，并派人阻止公子雍回国。

摇唇鼓舌

“摇唇鼓舌”意思是，摇动嘴唇，鼓动舌头。用以形容利用口才进行煽动或游说，也可用来泛指多嘴多舌，卖弄口才。

此典出自《庄子·盗跖》：“谒者入通，盗跖闻之大怒，目如明星，发上指冠，曰：‘此夫鲁国之巧伪人孔丘非邪？’为我告之：‘尔作言造语，妄称文武，冠枝木之冠，带死牛之胁，多辞谬说，不耕而食，不织而衣，摇唇鼓舌，擅生是非，以迷天下之主，使天下学士不反其本，妄作孝悌而徼幸于封侯富贵者也。子之罪大极重，疾走归！不然，我将以子肝益昼餔之膳！’”

鲁僖公有一个大夫，姓展，名禽，字季，因食邑柳下，亦称柳下季；谥号惠，又称柳下惠。那时距孔子出生还有八十余年，所以孔子和柳下惠不可能成为朋友。因为这里讲述的只是寓言，便称孔子与柳下惠是好朋友。柳下惠有一个弟弟，名叫盗跖。盗跖有随从九千人，为所欲为，在诸侯间攻打施暴，穿穴屋室，解脱门枢，驱赶别人的牛马，抢占别人的妻女，贪得无厌，忘却亲友，不顾念父母兄弟之情，也不祭祀先祖。他们所过之处，大国紧守城门，小国遁入城中严阵自守，搞得老百姓苦不堪言。

孔子对柳下惠说：“做父亲的，一定要教训好自己的儿子；做哥哥的，一定要能开导自己的弟弟。如果父亲不能训好儿子，哥哥无法教育弟弟，那么，父子之间、兄弟之间的血亲关系也就不值得珍惜了。如今，您是才能优异的人，而您的弟弟盗跖却是天下的公害。您不能教育他，我为您感到耻辱。我想替您去开导他。”

柳下惠说：“您说为父者一定能训示儿子，为兄者一定能教育弟弟，但是，如果儿子不愿听父亲的训示，弟弟不愿接受哥哥的教育，即使您讲了一大堆道理，又有什么用处呢！况且，盗跖非常聪明，经常令人捉摸不定，他很强大，能够抗拒劲敌；又能言善辩，足以掩饰自己的过失。如果您迎合他的心愿，他就高兴，如果您违背了他的想法，他发起怒来，就会用言语侮辱您。所以我奉劝先生，您一定不要去啊！”

孔子坚持不听柳下惠的劝告，命颜回驾车，让子贡陪伴他一起去见盗跖。盗跖正带领随从在南坡上休息，并用人肝做成肴馔而吃得津津有味呢。孔子下了车，拜见了盗跖手下的传达者，说：“鲁人孔丘，听说盗跖将军德高义重，特来拜见。”

传达者进去通报，盗跖听了，怒发冲冠，说：“这个老东西就是鲁国的巧伪人孔丘吧？替我转告他几句话：‘你花言巧语，用文武之道做幌子，带着浮华雕饰的帽子，七枝八杈的，好像树枝一样；系着用牛皮做成的大革带；多嘴滑舌，乱说一通；不耕田却吃得饱饱的，不织布却穿得暖暖的；摇动嘴唇，鼓动舌尖，任意搬弄是非，欺骗天下的君主；使天下的学士舍本逐末，追求什么孝悌之道而寻求发财。你孔丘罪大恶极，马上给我滚回去！不然，我挖出你的心肝做菜肴吃！’”

要言不烦

“要言不烦”的意思是，说话简明扼要，一点也不烦琐。

此典出自《三国志·魏书·管辂传》注：“晏含笑而赞之：“可谓要言不烦也。”因请辂为卦。”

三国时期，魏国平原人管辂通晓《周易》，擅长卜筮。吏部尚书何晏早就听说过管辂的名气，很想同他谈谈《周易》。何晏曾经说，《周易》以阳爻为九，如初九、上九等，所以请管辂指教原由。管辂便同何晏一起谈论《周易》，把这些玄妙的“九事”说得非常透彻。何

《春秋五霸七雄列国志传》版画之孔子删诗述书图，讲述孔子晚年退出政坛，编《诗经》之事。

晏说：“您谈论阴阳，真是举世无双啊。”当时，在场的还有一个尚书邓飏，他说：“管辂，人们都认为您精通《周易》，而您开始时却不谈《周易》中卦辞的意义，这是为什么呢？”管辂应声回答道：“精通《周易》的人是不谈论《周易》的。”何晏含笑称赞管辂说：“您的话真是简明扼要，一点也不烦琐。”遂请管辂给他算卦。

一言以蔽之

“一言以蔽之”用以表示用一句话来概括某事物。

此典出自《论语·为政》：“子曰：‘《诗》三百，一言以蔽之，曰：‘思无邪。’’”

《诗经》，是我国最早的诗歌总集。起初只称《诗》，因被儒家列为经典之一，才称《诗经》。《诗经》编成于春秋时期，一共三百零五篇。分为“风”、“雅”、“颂”三大类：《风》有十五国风；《雅》有《大雅》、《小雅》；《颂》有《周颂》、《鲁颂》、《商颂》。大多数都是周初至春秋中叶的作品，产生于今天的陕西、山西、河南、山东及湖北等地。相传周王室曾派人专门收集民间诗歌，称为“采诗”，通常认为，《国风》部分大多都是民间诗歌；《雅》、《颂》则来自统治阶级。很久以来，《诗经》一直受到很高的评价。它对中国两千多年来的文学发展有深广的影响，是非常珍贵的古代史料。

据《史记》等书记载，孔子曾编删《诗经》。孔子在评论这部诗集时曾说：“《诗经》共三百多篇，用一句话来概括它，就是作者的思想是完全纯正的，没有任何邪恶的东西。”

以讹传讹

“以讹传讹”表示把本来不正确的话又妄传开去。

此典出自《红楼梦》第五十一回：“这两件事虽无考，古往今来，以讹传讹，好事者竟故意的弄出这些来以愚人。”

一天，李纨、湘云、宝钗、宝琴、黛玉、宝玉等一起做灯谜儿玩耍。李纨先说道：“我编了个《四书》上的，即‘观音未有世家传’，打《四书》一句，大家来猜一猜。”黛玉笑道：“我猜吧。是不是‘虽善无征’？”众人都笑着说猜对了。李纨又说道：“纹儿编了一个是‘水向石边流出冷’，打一古人名。”探春笑笑说：“是山涛吧？”李纨说：“猜得对。”宝钗听了后说道：“这些虽然很好，但不大合老太太的心意，不如作些浅显的，雅俗共赏才好。”湘云想了一想，笑道：“我编了一支‘点绛唇’，真个是俗物，你们猜猜。”说着，便念道：“溪壑分离，红尘游戏，真何趣？名利犹虚，后事终难继。”众人都疑惑不解。宝玉想了半天说：“必定是要猴儿了。”湘云笑道：“正是这个。”众人问：“那末一句怎么解释？”湘云回答说：“猴儿不是剁了尾巴么？”众人都大笑起来。

笑过之后，李纨说："昨天听薛姨妈说宝琴妹妹见的世面多，走的道路又远，诗又做得好，请她编几个谜语儿让大家猜猜怎么样。"过了一会儿，宝琴笑笑说："我走的地方是很多，现挑了其中十个古迹，作了十首怀古诗，每首诗均暗隐俗物一件，请姐姐们猜一猜。"宝琴把诗写出来后，大家相互传看。看完后，个个都称奇道妙。宝钗道："这十首诗，前八首都是史鉴上有据的，后两首却无从考查，是不是可以另做两首。"黛玉马上接口道："后两首诗史鉴上无据何妨？宝姐姐太胶柱鼓瑟了。"李纨也接着说："这两件事无从考查也无所谓的，古往今来，以讹传讹者甚多，只管留着好了。"对后两首所隐之物，大家猜了半天都没有猜着。

倚相论战

"倚相论战"表示能够正确地分析情况，克敌制胜。

此典出自《韩非子·说林下》。

周代有许多诸侯国，如楚国、陈国、吴国等。有一次，楚国派兵攻打陈国，而吴国派兵去救援。楚、吴两军相距有三十里。雨接连下了十天，这一天夜里总算放晴了，满天星光闪耀。楚国的左史倚相对统帅子期说："连续下了十天雨，盔甲都堆放在一起，兵器也收起来了，吴国军队必定会来偷袭我们，不如赶快做好准备，以防不测。"于是，命令军队摆起阵势来。阵势还没有摆好，吴国军队就打过来了，他们看见楚军已经摆起阵势，又返回去了。左史倚相说："吴国军队往返六十里，一定非常劳累了，他们的军官肯定要休息，他们的士兵也一定要吃饭。如果我们走三十里去袭击他们，一定会打败他们的。"子期采纳了倚相的意见，果然打败了吴国军队。

异口同声

"异口同声"意思是说大家的说法完全一致。

此典出自《宋书·庾炳之传》："昨出伏复深思，秖有遇滞，今之事迹，异口同声，便是彰著，政未测得物之数耳。"

庾炳之是南北朝时期宋朝的重臣，开始做秘书、太子舍人，后来升到侍中、吏部尚书，与右卫将军沈演之共同参与朝廷机密，大权在握，内外归附，势倾朝野。

庾炳之并无才学，也没有威望，大臣们心里并不服他。但他依仗皇帝的赏识，有恃无恐，根本不把同僚放在眼里。他性情急躁，听人家说话也显得很不耐烦，稍有不顺就训斥别人。他还有一个怪脾气，过分地讲究清洁，士大夫们来看望他，只要在他床上坐一下，客人还没有走出房门，他就叫家人擦席子、洗刷床面。因而大家都非常讨厌他。

尚书右仆射何尚之，常常向皇帝揭露庾炳之的过失，并劝皇帝说：

"这个人毛病那么多，这是陛下知道的，又为什么姑息他呢？他结交朋党，搬弄是非，伤风败俗，愿陛下圣决！"

皇帝却庇护庾炳之说："小事嘛，不足以伤大臣……"

过了几天，何尚之又向皇帝报告说：

"庾炳之把朝廷官吏叫回家里归自己使用，又叫官吏整天为他奏琵琶。他到处接受贿赂，私买木材营造住宅，弄得满城风雨。"

皇帝有些相信了，对何尚之说：

"如果真是这样，就调他到丹阳去吧！"

何尚之回答说："对于庾炳之的劣迹，大家是都异口同声，陛下不应该只念旧日恩情，而不顾国家的安危呀。他在朝廷上只能是灰尘掩盖日月，而不见一点增辉，陛下怎能不顾朝廷而迷恋他一个庸人呢？”

“好吧，那就免去庾炳之的官职吧！”

皇帝终于忍痛割爱了。

营丘之士

“营丘之士”告诉人们，不要把事物表面的一点联系绝对化，偷换论题，混淆概念。

此典出自《艾子杂说》：“营丘士，性不通慧，每多事，好折难而不中理。”营丘有位先生，生性很不通达，平日，喜欢与人辩论而且总是钻牛角尖儿、喜欢认死理。

一天，营丘先生登门拜访艾子，问道：“大车辕杆下和骆驼脖子上都喜欢挂着铃铛，这是为什么？”艾子告诉他：“马车、骆驼，体躯很大，又经常走夜路，一旦狭路相逢就很难错让。所以需要借助铃声相互照应，以便一方提前让路回避。”

营丘先生又问道：“佛塔上面也吊着铃铛，难道说佛塔也会夜行，也需要借助铃声彼此回避吗？”艾子说：“您怎么这么不通事理！鸟雀喜欢在高处筑巢，弄得寺塔污秽不堪。所以佛塔吊着铃铛是用来惊吓鸟雀的，这怎么能和大车、骆驼相提并论呢？”

营丘先生又问道：“那么，鹰、鹞的尾巴上也带着铃铛。难道说鸟儿敢在它们的尾巴上筑巢吗？”艾子禁不住大笑说：“真荒唐，您真是不通事理啊！鹰、鹞在捕猎的时候，有时会飞入林中，缚在它们脚上的丝带一旦被树枝挂住，铃铛就会响起来，这样有利于人们循声找寻，怎么能说是防备鸟雀筑巢呢？”

营丘先生像恍然大悟的样子，说：“噢！我曾经看见人家送葬的时候，挽郎摇着铃铎，嘴里还唱着歌，一直都不明白其中的道理。现在才弄明白那是因为害怕被树枝绊住，便于寻找啊！”

宰人请罪

“宰人请罪”比喻急中生智，善于辩理。

此典出自《韩非子·内储说下》。

春秋时期，晋文公（名重耳）在位，曾发生了这样一件事：有一次，管理饮食的宰臣（厨师）给文公端上来一盘烤肉，上面却缠绕着头发。晋文公把宰臣召来，气愤地责问他说：“你想把我噎死吗？为什么用头发缠着烤肉？”宰臣一再磕头请罪，说：“我的死罪有三条：把刀子磨得像‘干将’宝剑一样快，用它切肉，肉断了，而头发没有断，这是我的第一条罪状；用木条把切好的肉一块块穿起来，却没有发现头发，这是我的第二条罪状；用火势旺盛的炉子把炭火烧得赤红，肉烤熟了，却没有把头发烧着，这是我的第三条罪状。由此看来，会不会是有人暗地里陷害我呢？”晋文公说：“你说的有道理。”立即把堂下侍者召来责问，果然发现有人在暗中捣鬼，就把那人杀了。

宰人在紧急关头急中生智，故作“请罪”，用事实上互相矛盾的所谓罪状，巧妙地为自己开脱，证明了自己无罪。

辙中有鲋

“辙中有鲋”讽刺了不着边际的华而不实的夸夸其谈。

此典出自《庄子·外物》：“周昨来，有中道而呼者。周顾视车辙中，有鲋鱼焉。”

庄周家里一贫如洗，便去找监河侯借粮。

监河侯说："好！我就要收租税了，到那个时候，借给你三百金，好吗？"

庄周气得脸色都变了，说："我昨天到这里来，半路上听到有呼救声，回头一看，发现车沟里竟有一条鲋鱼。我问它说：'鲋鱼，过来！你在喊什么呀？'鲋鱼答道：'我是东海里的水族，您可有一升半斗的水，救救我这条命吗？'我说：'好！我正要到南方去游说吴越的国王，到时候，我让他们把西江的水赶上来迎接你，好吗？'鲋鱼气得变了脸色说：'我失去了正常的生活环境，已经没有什么地方可呆了；我只求你给我一升半斗的水让我能够活下去，你却说这样的话，还不如到干鱼摊子上去找我呢！'"

郑人争年

"郑人争年"用以嘲笑无聊的辩者：他们往往提出毫无意义、无法证明的命题，争论起来，孜孜不倦，永远得不到结果，也不企求得到结果。

此典出自《韩非子·外储说左上》。

郑国的两个人在互相争辩谁的年岁大。

一个人说："我与唐尧同一年出生！"

另一个人说："我和黄帝的哥哥同一年生！"

两个人就这样争吵不休，谁最后住口谁就算是胜利者。

直言贾祸

"直言贾祸"指直言不讳，会自招祸患。

林黛玉像，图出自《红楼梦图咏》。

此典出自《左传·成公十五年》："子好直言，必及于难。"

晋厉公手下有个叫伯宗的大臣，这个人为人耿直，对朝中的坏人坏事经常敢于直截了当地提出批评。当时，郤锜、郤至（世称"三郤"）把持着晋国的朝政，晋厉公又是一个十足的昏君，因而阿谀逢迎者得宠，忠言直谏者遭殃。

伯宗的妻子知道伯宗为人正直，敢说敢谏，因此伯宗每次上朝时，她总是劝诫他说："盗贼憎恨主人，百姓讨厌大官，你喜欢直言，最终将会遭致祸患。"后来，伯宗几次劝晋厉公削减"三郤"的权势，厉公不听。三"郤"知道后，就在厉公面前说了很多诬陷伯宗的话。最后，伯宗因为敢于直言而遭到被害。

指桑骂槐

"指桑骂槐"用以比喻明指甲而暗骂乙。

此典出自《红楼梦》第十六回:“咱家所有的这些管家奶奶,哪一个是好缠的?错一点儿他们就笑话打趣,偏一点儿他们就指桑骂槐的抱怨。”

贾政寿辰三日,宁荣二府的人丁都来祝寿,场面非常热闹。这时,夏太监骑马来到贾府,直至正厅下马,满脸笑容,走到厅上,南面而立,肃然说道:“奉特旨:立刻宣贾政入朝,在临敬殿陛见。”说毕,连茶也没有喝,就乘马去了。

贾政等连忙整装入朝。入朝后才知道是元春被封为凤藻宫尚书,加封贤德妃。喜讯传来,宁荣二府上下内外莫不欢天喜地,惟有宝玉“置若罔闻”(意思是:好像没有听到这个喜讯一样)。只有听说贾琏与黛玉要回来,先遣人来报信,说明日就可到家,宝玉听了才略有些喜意。

好不容易等到第二天中午,贾琏才把黛玉接到贾府里来。宝玉好好端详了黛玉一番,觉得她比以前出落得越发漂亮了。宝玉将北静王所赠茯苓香串珍重地取出来,想转送黛玉。黛玉却说:“什么臭男人拿过的,我不要。”说着便扔还宝玉,宝玉无奈只得收回,暂且无话。

贾琏见过众人之后,便回自家房中,问及别后家中诸事,又谢凤姐辛苦。凤姐说:“我呀,见识又浅,嘴又笨,心又直,‘人家给个棒槌,我就拿着认作针了’……你是知道的,咱家所有的这些奶奶,哪一个是好缠的?错一点儿他们就笑话打趣,偏一点儿他们就‘指桑骂槐’的抱怨……”

转弯抹角

“转弯抹角”形容行路曲折很多。也用来比喻说话不爽直。

此典出自《水浒传》第三回:“当下收拾了行头药囊,寄顿了枪棒,三个人转弯抹角,来到州桥之下一个潘家有名的酒店。”

中秋那天,史进邀请少华山头领朱武、陈达、杨春前来庄上宴饮。当他们在后园饮酒叙谈正高兴的时候,忽听墙外喊声四起,火把通明。史进上墙一看,只见华阴县县尉引着两个都头及三四百士兵前来捉拿朱武等人。史进和朱武等人稍微商量了一下以后,随即放火焚烧庄院,带领小喽罗并庄客杀将出去。陈达、杨春一人一朴刀,结果了两个都头的性命,县尉吓得屁滚尿流,匆忙骑马奔逃,众官兵四散逃命。史进、朱武等杀散官兵后,即来到少华山寨内,杀牛宰马,贺喜饮宴。

史进在少华山住了几天,便辞别朱武等人去关西经略府寻找师父王进。史进独自一人,夜住晓行,半月之后已来到渭州。渭州也有一个经略府,史进想“莫非师父王教头在这里?”史进走进一家茶坊寻问。茶坊主人并不知王教头的去向。恰在这时鲁智深走进茶坊,史进便向鲁提辖施礼请问。当鲁智深得知史进就是九纹龙时,非常高兴,挽着史进的胳膊便要去酒店饮酒。

两个人走出茶坊,在街上走了三五十步,只见史进原来的师父打虎将李忠在街上使枪弄棒卖膏药,他们便邀李忠一起去喝酒。“当下收拾了行头药囊,寄顿了枪棒,三个人转弯抹角,来到州桥之下一个潘家有名的酒店。”三人在酒楼上饮酒聊天,较量些枪法,气氛很活跃。

百折不挠

“百折不挠”比喻意志坚强,不论受多少挫折都不屈服。百折不挠也可写成百折不回。

此典出自汉代蔡邕《太尉桥玄碑》:“高明卓异,为众杰雄,其性疾华尚朴,有百折而不挠,临大节而不可夺之风。”

桥玄是东汉时期汉灵帝当政时的尚书令。后来还被任命为太尉。因为桥玄为人刚直不阿,敢于同贪官污吏作斗争,所以当时朝野上下,他的知名度很高。

有一天,桥玄十岁的小儿子在家门前独自玩耍,忽然来了三个强盗将孩子绑架掠走。几天后强盗来找桥玄,向他索要一笔钱赎回孩子,否则就杀掉孩子。桥玄气愤地骂道:“我是朝廷命官,岂能容许你们这样横行霸道,我一定要捉拿你们归案!”

这时河南尹、洛阳令率兵来捕强盗,包围了桥玄府,就是不敢进到院子里,怕逼急了强盗会伤害孩子。桥玄见此情景,在院里大声疾呼:“快来捉拿强盗,我岂能因一个孩子而放掉贼人!”结果强盗虽然被捕获了,但桥玄的小儿子也因此被杀害了。

桥玄失去了爱子悲痛不已,但他想如何才能杜绝这类案件呢?他终于想出了一个办法,便向皇帝上书:

“凡是被贼人绑架走的,不许用钱赎回,否则贼人会越来越凶的;官府捉到掠人为质的强盗一律处斩!”

朝廷按照桥玄的建议公布了法令。绑架劫持的事件真的就逐渐绝迹了。

桥玄年轻时候,在县里做过功曹,官虽然小,可是他尽职尽责,敢检举朝廷大将军梁冀的朋友羊昌的罪行。他当汉阳太守时,发现自己属下的皇甫祯贪赃枉法,就马上处死了他,使整个郡的官民都为之一震。后来,桥玄担任尚书令,他又告发太中大夫盖升搜刮民财,罪行累累,应该被捕入狱。可是皇帝与盖升有旧恩,关系密切,不同意桥玄的意见,后来不但没有判盖升的罪,反而给他升了官。桥玄一气之下称病辞职,回家乡了。

曹操对桥玄一向非常景仰,那时曹操还只是东汉的小官,名气不大。一天,曹操去拜访桥玄,两人谈得很投机。桥玄就对曹操说:

“现在天下动荡不安,我看你才智超人,将来安定国家、将息百姓的可能就是你了……”曹操非常感谢他,觉得桥玄才是知己。

后来曹操掌握了大权,专程到桥玄坟地上吊唁他,还在祭文中赞扬桥玄说:桥玄太尉是品德高尚的人,对待我像孔子对待颜渊,我永远不会忘记他。

背水一战

“背水一战”比喻后无退路,只能决一死战。

此典出自《史记·淮阴侯列传》:“汉将韩信率兵攻赵,出井陉口,令万人背水列阵,大败赵军。”

韩信带兵攻打赵地,派一万士兵直抵河边,然后再回过头来攻打赵军。赵军见他如此用兵,都大笑起来:“天下哪有这样用兵的?背靠河水,面对敌军?万一打败了,只有跳河!”第二天,经过激烈的战斗,出乎意料地是韩信大获全胜。手下的将领问韩信说:“如此背水一战,我们连想都不敢想,将军却能够获胜,这是为什么呢?”韩信说:“兵法说,先置之死地而后生!我正是用的这种战术。我们的士兵,大多数都是新投降过来的,不把他们放在危险的处境中,他们是不会拼命作战的。”

不忘沟壑

“不忘沟壑”形容时刻不忘为正义而献出生命。

此典出自《孟子·滕文公下》:“志士不忘在沟壑,勇士不忘丧其元。”

战国时期，孟子的学生陈代建议孟子去拜见诸侯，他对孟子说："您不去拜见诸侯，只是从小处维护自己清高的气节吧？如果您去拜见诸侯，从大处看，就可以推行王道仁政了，也可以称霸诸侯。况且《志》书上说过这样的话：'弯曲时只有一尺长，伸展开来就有八尺长了。'我觉得您可以那样去做。"

孟子回答道："从前齐景公打猎，用饰有羽毛的旗帜召唤猎苑的管理员，小吏认为齐景公的行为不合乎礼数，就没有理睬他，齐景公准备杀他。可见有志气的人为了坚持节操不怕抛尸山沟，勇敢的人为了维护正义不怕掉脑袋。孔子称赞管理员什么呢？就在于称赞他对不是自己应该接受的召唤，坚决不接受的态度。如果诸侯没有邀请我，而我坚持前去，又是怎样的行为呢？你说弯曲时只有尺把长，伸展开来就有八尺长，那是从利益的角度考虑问题。如果单从利益的角度考虑问题，弯曲时有八尺长，伸展开来仅仅尺把长，而又是有利的，难道也可以去做吗？"

不因人热

"不因人热"比喻性情孤傲、不依赖别人。

此典出自《东观汉记·梁鸿传》："鸿曰：'童子鸿，不因人热者也。'灭灶更燃火。"

东汉的文学家梁鸿为人孤傲，清贫自守。他和妻子孟光一起隐居在吴地，给别人当佣工。由于生活困难，还常常寄居在别人家里。

有一次，梁鸿夫妇寄住在当地人家里，这家人做完饭后，见梁鸿还没有生火做饭，就关心地对他说："我的饭已经做好了，灶里的火还燃着，趁着余火，你接着做饭吧。"梁鸿听后，就像受了羞辱一样，严肃地说："你的好意，我们心里是知道的，但一个人处世怎么能利用别人的余火来加自己的热呢？"说完，他灭掉灶中的火，再重新生火做饭。

乘风破浪

"乘风破浪"说明人有远大和崇高的理想；也用以形容人刻苦勤劳，努力向上，冲破重重困难，去创立伟大事业的精神。

此典出自《宋书·宗悫传》："悫年少时，炳问其志，悫曰：'愿乘长风破万里浪！'"

宗悫，字元干，南北朝宋时人。他很小的时候就已抱有远大的志向。学了一身好武艺，又非常勇敢。他哥哥宗泌结婚那天，客人很多。有十几个强盗趁他家忙着办喜事的机会，夜里去抢劫。宗悫独自一人挺身而出奋力抵抗，终于把强盗赶跑了。他的叔叔宗少文问他将来的志向，他激昂地说："愿乘长风破万里浪！"意思是要利用和创造一切有利的条件，冲破面前的万里波浪，干一番伟大的事业。后来宗悫果然替国家打了不少胜仗，立下了汗马功劳。皇帝派他做了左卫将军，封为洮阳侯。

发愤忘食

"发愤忘食"形容学习努力，工作十分勤奋。

此典出自《论语·述而》："其为人也，发愤忘食，乐而忘忧，不知老之将至云尔。"

楚国叶县的县尹沈诸梁去拜访孔子的学生子路，请他谈谈对孔子的认识。沈诸梁满怀希望而去，但是子路一言不发，他只好快快而回。过了几天，子路把这事如实地告诉了孔子。孔子听后非常生气，埋怨子路道："你为什么不说呢，他在研究学问的时候，非常刻苦，甚至连饭都忘了吃，等到他明白了一个道理的时候，就快乐得忘记了忧愁，不知衰老将要临头了！"子路面有愧色地说："老师，我当时糊涂，一时不知如何回答才好。现在我明白了，今后如有人再问老师的为人，我一定照老师的话回答。”孔子听后笑着说：“好，好，好。”

横槊赋诗

“横槊赋诗”的意思是，行军途中在马背上横着长矛吟诗。用以形容能文能武的豪放潇洒风度。

此典出自《旧唐书·杜甫传》：“建安之后，天下之士遭罹兵战，曹氏父子鞍马间为文，往往横槊赋诗，故其道壮抑扬、冤哀悲离之作，尤极于古。”

在唐代天宝末年的诗人中，杜甫与李白齐名，二人又是好朋友。时隔几十年以后，到了唐宪宗（李纯）元和年间，诗人元稹写了诗论《唐故工部员外郎杜君墓系铭并序》，评价杜甫、李白二人诗作的成就与优劣。元稹历述自尧、舜起，直至杜甫、李白各朝各代诗歌的发展与进步，其中还谈到了曹操父子的诗作。他写道：“自从东汉献帝（刘协）建安年间以来，天下的士人遭受战争的忧患，曹操父子在戎马倥偬中写诗作文，经常在行军途中，在马背上横着长矛吟诗，因此他们的诗词慷慨悲壮、蕴含着哀怨离愁的情调，远远超过古人。”

毁家纾难

“毁家纾难”表示倾尽家财以解救国家危难。

此典出自《左传·庄公三十年》：“楚公子元归自伐郑，而处王宫，斗射师谏，则执而梏之。秋，申公斗班杀子元。斗穀於菟为令尹，自毁其家，以纾楚国之难。”

春秋时期，诸侯国之间互相征伐。公元前666年的秋天，楚国令尹子元率领六百辆战车攻进了郑国的桔柣门。诸侯军赶来救援郑国，楚军便在夜里逃走了。公子元攻打郑国回来后，就住在楚文王的王宫里。楚国大夫斗廉认为这样做不太合适，就去劝阻公子元。结果，公子元把斗廉拘捕起来并给他带上手铐。公元前664年的秋天，楚国申县之长斗班杀了公子元。当时，斗谷於菟（即令尹子文）做令尹，他自己捐弃家财以缓和楚国的危难。

尽忠报国

“尽忠报国”形容志士竭尽忠心报效国家。

此典出自《北史·颜之仪传》：“公等备受朝恩，当尽忠报国。”

又见《宋史·岳飞传》：“初命何铸鞫之，飞裂裳以背示铸，有‘尽忠报国’四大字，深入肤里。”

宋徽宗在位时，北方金人屡次侵略大宋，那时宋朝政治腐化，国防空虚，无法抵御庞大的金兵，屡战屡败，结果黄河以北的土地全部被金兵占领去。徽宗和他的儿子钦宗在东京汴梁被攻陷时，也成了俘虏，被押到北方后来就死在那里。这时徽宗第九子康王赵构从北方逃出来，渡过长江，跑到浙江临安（今杭州）去就位，总算使宋朝得以延续下去，历史上叫做南宋。虽然金兵得到中国北边的大片土地，但他们还是贪心不足，妄想吞并中国，并继续派大兵向宋进攻。

那时汤阴有一个英雄姓岳名飞，很有大志，武艺与兵略都很出众，日夜忧虑国事。因当政人大都是昏庸无能，恣意玩乐，任情享受，争夺私利，不把国事放在心上，所以他时时在家里长吁短叹。岳飞的母亲是一位深明大义的贤母，看到儿子想为国家做一番大事，非常欢喜，就时时鼓励他。有一天，她看到儿子在书房叹息，对儿子说：“你不要忘记报国，我在你背上刺几个字吧！你愿意吗？”岳飞又忠又孝，听了母亲的话，马上把上衣脱下来，

抗金名将岳飞像，图出自清·顾沅辑《古圣贤像传略》。

让母亲刺字。于是他的母亲就在他背上刺了“尽忠报国”四个大字。

精卫填海

“精卫填海”比喻有深仇大恨，立志必报；或比喻不怕艰难险阻，勇于拼搏奋斗，不达目的，誓不罢休；有时也比喻徒劳无益。

此典出自《山海经·北山经》。

以前有一座山，名叫发鸠山，山上长着许多柘树，树上居住着一种鸟。它的形状像是乌鸦，头上有花纹，白色的嘴，红色的脚，人称“精卫”。它叫起来，总是自己呼唤自己的名字。它原本是古代教人如何种植五谷的神农氏的女儿，名叫女娃。有一次，女娃在东海里游玩，不幸溺水而死，就这样变成了精卫鸟。精卫每天不停地衔来山上的树枝和石块，把它们填塞到东海里，决心要把淹死它的东海填平。

夸父逐日

“夸父逐日”这个典故形容志向虽大，但难以成功。亦比喻有雄心壮志的人，或不自量力的人。

此典出自《山海经·海外北经》：“夸父与日逐走，入日，渴欲得饮，饮于河渭，河渭不足，北饮大泽。未至，道渴而死。弃其杖，化为邓林。”

上古时代，有一个神人名叫夸父，他有一个伟大的志向，就是要追上太阳。那一天，太阳刚刚从地平线上露出半张脸，夸父便甩开两条长腿，用尽全力由东向西奔走。一天之内，他不吃不喝，只是分秒必争地追逐着日影。

到了下午，夸父依旧追赶着太阳，而太阳到了它将要落下的隅后。此时的夸父才觉得口干舌燥，需要马上喝下大量的水。

于是，夸父跑到黄河边上去喝水。他一口气将黄河的水喝个精光，黄河也显出了河床。但他还是觉得非常渴，于是他又跑去喝渭水，渭水也让他喝干了。然而，夸父仍然感到口渴难忍，胸间似有烈火焚烧，异常难受。

这时，他想起在北方的雁门山下有一个纵横千里、异常宽阔的大湖。“那里水多，一定能让我止渴。”他想着又迈开步伐，向北而去。

但是，夸父渴得实在难以忍受，他已经连路也走不动了。大湖又那么遥远，一时难以赶到。夸父艰难地走了一阵，终于还没等赶到大湖，他便因过度饥渴而倒在地上死去了。

夸父倒在地上的时候，把手杖扔在地下。他死之后，手杖便化作了一大片桃林，绵延数千里。

鲲鹏万里

“鲲鹏万里”比喻有远大志向的人。

此典出自《庄子·逍遥游》:“北冥有鱼,其名为鲲。鲲之大,不知其几千里也。化而为鸟,其名为鹏。鹏之背,不知其几千里也;怒而飞,其翼若垂天之云。是鸟也,海运则将徙于南冥;南冥者,天池也。”

“鹏之徙于南冥也,水击三千里,抟扶摇羊角而上者九万里,绝云气,负青天,然后图南。斥鴳笑之曰:‘彼且奚适也!我腾跃而上,不过数仞而下,翱翔蓬蒿之间,此亦飞之至也。而彼且奚适也!’”

这段话意思是说:

在北方的大海里生活着一条大鱼,叫鲲。鲲很大很大,谁也说不清它究竟有多大。后来鲲变成了一只大鸟,叫鹏。那大鹏的脊背也不知有几千里大;它一旦展翅高飞,翅膀看起来就像天边的一大片云彩。就是这只大鹏鸟,乘着北海上的风暴一飞就要飞到南海,南海也就是天池。

大鹏飞向南海的时候,先用翅膀击水行三千里,这样它就能借助海上旋风之力,飞上九万里的高空,飞越云层,背负青天,然后再向南飞。小雀儿看见大鹏这样高飞远举,还嘲笑它说:“你到底要飞往哪里去呀!我往上跳跃腾起,不过几丈,飞翔在蓬蒿草丛之间,我也就心满意足了,但是它到底要飞到哪里去呢!”

老骥伏枥

“老骥伏枥”形容虽然年迈但壮志犹存。

此典出自东汉曹操《步出夏门行·龟虽寿》:“神龟虽寿,犹有竟时;腾蛇乘雾,终为土灰。老骥伏枥,志在千里;烈士暮年,壮心不已。”

汉献帝建安十二年(公元207年),曹操北征乌桓(汉末辽东半岛上的少数民族),消灭了逃到乌桓的袁绍残部。曹操这次远征,一路上克服了重重困难,如缺粮、缺水、道路艰险。由于军中缺粮,曾经忍痛杀掉数千匹战马充饥。行军途中遇到两百里路都没有水喝,曹操便发动战士凿地三十丈取水。曹操在回师途中,经过渤海,登临碣石时,他不禁心潮澎湃,洋洋洒洒写下了《步出夏门行》这一著名诗篇,抒发了自己的豪情壮志。在《龟虽寿》这首诗中,曹操写道:“(古代传说)神龟虽然能活几千年,可是它还是会死的;(古代传说)神蛇虽然能乘云驾雾,可是最终它也会死的,也会化为灰烬。千里马即使伏在马棚里,它也志在驰骋千里;而壮志强烈的人即使到了迟暮之年,他的雄心壮志也不会消失。”

廉颇善饭

“廉颇善饭”的意思是说,大将廉颇虽然老了,但是饭量却很大。人们用”廉颇善饭”比喻人老当益壮,雄姿不减当年。

此典出自《史记·廉颇蔺相如列传》:“赵使还报王曰:’廉将军虽老,尚善饭,然与臣坐,顷之三遗矢矣。‘赵王以为老,遂不召。”

公元前244年,赵孝成王死了,他的儿子悼襄王即位,悼襄王委派乐乘为将,取代了廉颇。廉颇很生气就率兵攻打乐乘,把乐乘打跑了。廉颇投奔到魏国的首都大梁(今河南省开封市)。第二年,赵国派李牧做将军率兵攻打燕国,李枚很快攻下了武遂、方城。廉颇在魏国居留了很长时间,但魏国却不信任他。赵国数次被秦军所困扰,悼襄王于是希望能再次起用廉颇,而廉颇也想再次为赵国效力。于是赵王派使者前去魏国,想证实一下年迈的廉颇是否还可以任用。廉颇的仇人郭开送给使者很多钱财,叫他说廉颇的坏话。这个使者见到廉颇之后,廉颇为了表示自己健康,一顿饭竟然吃了一斗米十斤肉,他还披着铠甲纵身上马,以显示自己老当益壮,还可任用。那个受贿的使者回来以后,对悼襄王说:"廉将军虽然年迈,不过饭量很好。可是,同我坐着坐着,一会儿工夫就拉了三回屎。"赵王于是觉得廉颇确实老了,不能再任用了,因而就没有再召他回来。

先着祖鞭

"先着祖鞭"比喻立下远大的志向。

此典出自《晋书·祖逖传》:"(逖)与司空刘琨俱为司州主簿,情好绸缪,共被同寝。中夜闻荒鸡鸣,蹴琨觉曰:'此非恶声也。'因起舞。"

又见《晋书·刘琨传》:琨少负志气,有纵横之才……与范阳祖逖为友,闻逖被用,与亲故书曰:"吾枕戈待旦,志枭逆虏,常恐祖生先吾着鞭。"

东晋时,有两位十分著名的爱国志士。他们一位姓祖名逖,字士雅;另一位姓刘名琨,字越石,他们两人志同道合。当时中国的北部地区,被匈奴、鲜卑、氐、羌、羯等民族先后占据了。其中羯族的首领石勒建立了后赵国,势力非常强大。祖逖和刘琨两人互相勉励,把打退异族的侵略、收复失地作为自己的远大志向。有一次,他们俩人同睡在一张床上,还在夜深,祖逖听到鸡叫的声音,便用脚尖儿轻轻地把刘琨踢醒,说道:"你听,到时候了。"于是他们便起来练剑,这种习惯从不间断。当石勒攻陷了西晋的国都洛阳的时候,他们也来到了南方。在渡江的时候,祖逖一面摇着船桨,一面对着江水发誓,一定要恢复中原。后来刘琨在寄给一个亲友的信里面说道:"我枕着戈矛,等待天明,就是因为立志要把逆贼的头颅取过来,我常常担心这件事情会让祖生比我领先一步呢!"他说的祖生,指的就是祖逖,"着鞭"就是拿起鞭子抽动,叫马儿往前奔跑的意思。这两位英雄后来都为国家立下了汗马功劳。但是因为当时朝廷用人不当,没有给这两位英雄施展本领、发挥才能的机会,所以在历史上只留下了"闻鸡起舞"、"渡江击楫"和"祖鞭先着"等佳话。

磨杵作针

"磨杵作针"来比喻做事只要有毅力,勤奋不辍就一定会取得成功。

此典出自《潜确类书》:"李白少读书,未成弃去,道逢老妪磨杵,白问其故,曰:"作针。"白感其言,遂卒业。"

唐代大诗人李白在少年时代曾经有段时间不好好读书学习。有一天,该读的书还没有读完,他就出门玩耍去了。路上,有一位老奶奶正在吃力地而又耐心地磨着一根铁棒,李白看到了,觉得很奇怪,便问道:"老人家您为什么要磨这根铁棒呢?"老奶奶说:"我要把它磨成一根针。"李白被老奶奶的话感动了,于是马上回到家里发愤读书,后来出色地完成了学业,最终取得了很大的成就。

破釜沉舟

"破釜沉舟"形容一个人做事下定决心,不惜牺牲一切,以求取得胜利。

此典出自《孙子·九地》:"焚舟破釜。"

又见《史记·项羽本纪》:"乃遣当阳君、蒲将军将卒二万渡河,救钜鹿。战少利,陈馀复请兵。项羽乃悉引兵渡河,皆沉船,破甑,烧庐舍,持三日粮,以示士卒必死,无一还心。"

秦朝末年，秦国大将章邯在定陶（今山东省定陶县）大败项梁，项梁战死。章邯乘胜派王离和涉闲去攻打赵国，一下子又把钜鹿（即今河北省平乡县）城团团包围住。项梁的侄子项羽派英布和一个姓薄的将军领两万兵去救援钜鹿，但没有获得胜利。赵王的大将陈馀请项羽增加兵力，项羽于是亲自率领部队去救钜鹿。当部队渡过漳河时，项羽命人把所有的船只凿破，让它沉入河底去；把饭锅都打碎；把岸上的房屋统统烧光。每人只发三天的干粮去上战场。项羽这样做，是向大家表示宁愿战死也不回来的决心。后来，经过九次的激烈战斗，项羽终于歼灭了秦国的军队，并且俘获了王离，杀死了苏解，逼死了涉闲。从那以后，项羽成为当时各路诸侯的领袖。

锲而不舍

“锲而不舍”比喻坚持不懈。

此典出自《荀子·劝学》：“锲而舍之，朽木不折；锲而不舍，金石可镂。”

《劝学》是《荀子》一书的第一篇。在这篇文章中，荀况比较系统地阐述了他的教育思想。荀况认为，人的知识并非天生的，而是通过后天的学习、教育和环境的影响而取得的。他用“青出于蓝而胜于蓝”的形象比喻，说明学无止境和后来居上的道理。他劝导人们在学习时要“锲而不舍”，“用心一也”。

荀况说：土堆积起来就成了山，风雨就产生了（古代有山吐云纳雾的说法，并认为风雨是从山中形成的。荀况是借此说明只要坚持不懈，专心致志，就能有所作为）；流水聚集多了便成为深渊，蛇龙就产生了。不断地做好事以养成高尚的品德，自然就会大智大慧，从而也就具备了圣人的精神境界。如果不从半步走起，就不可能到达千里远；不聚集涓涓细流，就不可能汇集成大江大海。好马奋力一跳，也不能跳出十步远；劣马走十天也能走很远的路程，其成功在于坚持不懈地努力。雕刻东西的时候如果刻刻停停，就是一块朽木也雕刻不成；如果坚持下去而不停止，那么即使是金石也可以雕出花纹。

项羽破釜沉舟大破秦军图

求田问舍

“求田问舍”的意思是买田置屋。人们用它来形容只求个人小利，没有远大的抱负的人。

此典出自《三国志·魏书·陈登传》：“君有国士之名，今天下大乱，帝王失所，望君忧国忘家，有救世之意，而君求田问舍，言无可采，是元龙所讳也，何缘当与君语？如小人，欲卧百尺楼上，卧君于地，何但上下床之间邪？”

东汉时期，有一个叫许汜的人，他是一个有名气的士人。一次，许汜与刘备一起在荆州牧刘表处做客，当大家谈起天下名士时，许汜说，陈登（字元龙）为人傲慢无礼。他去拜访陈登时，陈登几乎都不和他说话，并且自己还躺在大床上，却叫许汜睡在下床上。刘备不同意他的说法，他批评许汜说："您在全国享有名士的声望，如今天下大乱，连君主都没有栖身之处，人们都希望您忧国忧民，树立救国济世的远大志向，而您却只顾购置田地房产，谈起话来庸俗不堪，没有丝毫可取之处，这正是陈登最讨厌的一点，因而根本不值得和您谈话？如果换成是我，还要躺在百尺高楼上，让您睡在地下，岂止是上下床之分呢？"

任公垂钓

"任公垂钓"这个典故告诉我们：要树雄心，立壮志，敢于从事前人所未曾做过的伟大事业。

此典出自《庄子·外物》："任公子为大钩巨缁，五十犗以为饵，蹲乎会稽，投竿东海，旦旦而钓，期年不得鱼。"

任国一位公子制成了巨大的鱼钩和很长的钓线，又用五十条壮牛晾制的干肉做成鱼饵，他蹲在会稽山上，把鱼钩甩到东海里。然后，他就天天在那里专心地钓着鱼。整整一年过去了，他一条鱼都没有钓着。

后来，终于有条大鱼上了钩，它牵着巨钩负痛直下，潜入海底。只见它横冲直撞，上下翻腾，奋力挣扎。海面上，白浪如山，海涛呼啸，神呼鬼泣，声震千里。

任国公子捕到这条大鱼后，将它分割制成干肉。后来制河以东、苍梧以北的人们，全都吃腻了。

后世一些饶舌的庸人们便都大惊小怪，奔走相告。那些整天拿着短竿细线，跑到小水沟旁守着鲵鲋小鱼的人，想钓到大鱼，简直是痴心妄想。

三户亡秦

"三户亡秦"指楚国即使只剩下三户人家，也要报仇雪耻，最后灭掉秦国的一定是楚国人。后用以表示报仇雪恨、抗击侵略、复建国家的坚强决心。

此典出自《史记·项羽本纪》："居鄛人范增，年七十，素居家，好奇计。往说项梁曰：'陈胜败固当。夫秦灭六国，楚最无罪。自怀王入秦不返，楚人怜之至今，故楚南公曰'楚虽三户，亡秦必楚'也。今陈胜首事，不立楚后而自立，其势不长。今君起江东，楚蜂午之将皆争附君者，以君世世楚将，为能复立楚之后也。'"

战国末年，秦国先后灭掉韩、赵、魏、楚、燕、齐六国，建立了秦帝国。但是没过多久，秦王朝施行暴政，激起社会各阶层人士的强烈不满。秦朝末年，终于爆发了陈胜、吴广领导的农民起义，六国贵族也紧跟着起事，在这股讨秦浪潮中，楚贵族后裔项梁和他的侄子项羽也兴兵伐秦。

项梁的祖辈，世世代代都是楚将。项梁的父亲项燕，在一次战争中被秦军将领王翦杀死。项梁和项羽见天下形势起了大变化，就趁机杀死会稽郡守，领兵起事。这时候，陈胜领导的起义军战斗屡屡遭到失败，而项梁和项羽却开始打胜仗，引起了人们的注意。

居鄛的人范增，年届七十，平素深居简出，很有智慧。他找到项梁，对他说："陈胜遭到失败是理所当然的。当初秦朝灭掉六国，楚国最冤枉。自从楚怀王访问秦国被扣身亡后，楚国人至今都还在思念他。以前在楚国南方有一个学识渊博的老人说：'楚虽三户，亡秦必楚。'如今陈胜虽然起兵反秦，但他不拥立楚王的后代，却自立为王，所以他的事业

《全汉志传》版画之项梁拜范增为军师图

不能长久。你在江东举起义旗,楚国人蜂拥而来,就是因为你们项氏世世代代是楚国的将领,能够再立楚王的后代为王。"项梁听从了范增的计策,在民间找到正在为人放羊的楚怀王的孙子,名叫心,并立他为楚王,仍号楚怀王,以满足老百姓的愿望。

三折其肱

"三折其肱"比喻经过多次挫折,从艰苦中奋斗而得到成功。

此典出自《左传·定公十三年》:"三折肱,知为良医。"

晋国时,有范氏和中行氏两个帮派的人,打算率兵攻打晋定公;当时有人指出战事成功和失败的关键是要看民众是否支持,如果不能得到民众的信任和支持,就一定会失败。而晋定公自己曾经伐军失败,落得流居异国的下场,可以说是经历过失败的过来人。这就好比一个经过三次折伤手臂经历的人,他已尝透了折臂的滋味;在三次的折臂和治疗的过程中,他已了解到折臂的原因和治疗的经过与方法,换句话说,他已是个中的老手了。

扫除天下

"扫除天下"意思是扫除天下的邪恶,肃清世乱。形容一个人有远大的抱负。

此典出自《后汉书·陈蕃传》:"大丈夫处世,当扫除天下,安事一室乎!"

东汉桓帝时期,有一个人叫陈蕃,字仲举,是汝南平舆人,曾任乐安、豫章太守,后又升迁为太尉、太傅,被封为高阳侯。他为人刚直不阿,崇尚气节,胸怀大志。陈蕃十五岁时,住在一间房子里,但庭院里长满了杂草,到处乱七八糟的。有一次,他父亲的朋友、同郡人薛勤来拜访,他对陈蕃说:"你这小孩子,怎么不把房间打扫干净,以接待客人呢?"陈蕃回答说:"大丈夫生在世上,就应当扫除天下邪恶,怎么能只打扫一间屋子呢!"薛勤知道他有平治天下的远大志向,感到非常惊奇。

色衰爱弛

"色衰爱弛"形容女人年老后容貌没有年轻时漂亮,丈夫就逐渐对她厌恶起来。

此典出自《韩非子·说难》:"昔者弥子瑕有宠于卫君……及弥子色衰爱弛,得罪于君。"

春秋时,卫灵公宠爱弥子瑕(xiá)。当时卫国的法令规定:偷窃君王马车的人要被砍去双腿。一天,弥子瑕的母亲生了病,有人于夜晚带信给弥子瑕,弥子瑕非常着急,他想请求卫灵公借一辆马车回家看望母亲,但当时卫灵公正在酣睡。情急之中,他假冒卫灵公的命令,叫人驾车奔回家中。第二天,卫灵公知道这件事后,不仅没有怪罪他,反而称赞他说："多么有孝道啊！弥子瑕为了母亲的病，竟然不顾砍掉双腿的危险！"又过了几天，弥子瑕与灵公一起携手在果园漫步。果园里种的是桃和李，这时正是桃红李熟的季节。弥子瑕缓步来到树下，摘了一个又大又红的桃子，只吃了一半，就将桃子递给卫灵公，要他也尝尝。卫灵公拿着弥子瑕吃剩的半个桃子，感动地说："想不到你这么爱我，吃了一半，也忘不了给我另一半！"说完，卫灵公就吃完了桃子，而且觉得这个桃子甜如蜜饯。

后来弥子瑕逐渐年老，不如从前那么漂亮了，卫灵公就不再宠爱他，并把他赶出宫门。临行时，卫灵公对他说："你曾经假冒我的命令偷驾马车回家，论罪应该砍掉双腿；你曾经将吃剩的桃子给我，那表明你无视君王，论罪应该被处死。现在我不杀你，你回去吧！"

弥子瑕想不到卫灵公竟会这样对他，非常悲伤，痛哭着回到了家中。

少壮不努力，老大徒伤悲

"少壮不努力，老大徒伤悲"鼓励年轻人及时努力学习，以免年老徒然伤悲。

此典出自汉乐府《长歌行》："百川东到海，何时复西归，少壮不努力，老大徒伤悲。"

平乐人刘赤水，聪明隽秀，父母早亡，小时候没有人管束他，所以不努力学习。他的住宅在一个废园附近，园中住有狐仙，他娶到那个名叫凤仙的狐女为妻。凤仙长得非常漂亮，但性情高傲。她姐姐名水仙，丈夫是个富翁。有一次在酒席上，看见父亲对姐夫很尊重，凤仙心中很气愤，酒席还没有结束她就回家了，对刘赤水说："你也是个人，不能取得富贵，让我也扬眉吐气么？从此我不想见你了，除非你能有出息。"说完，就给了刘一面镜子，就不见了。刘赤水看看镜子，见凤仙背立镜中，约百多步远。他于是发愤读书，苦读一月余，大有进步，忽见镜中凤仙已转过身来，盈盈欲笑，刘非常高兴，知道凤仙为他用功而高兴，因此更加用功。就这样又过了一个多月，锐志渐衰，学习松懈了，出去游玩常忘了及时回来。再看镜中人，竟含泪欲泣，第二天又背对着他了。于是刘赤水深为感动，闭户读书，昼夜不辍，过了不久，则镜中影子又面朝外了。刘赤水对着镜子，感到好像有一个严师在督促他一样，进步非常快，两年后，他一举考上了进士，大喜之下，捧着镜子说："凤仙，凤仙，如今我可以对你不惭愧了。"话音未落，镜中影像忽然不见了，而凤仙真人正依偎着他呢！

舍我其谁

"舍我其谁"形容人对自己的态度或信心十足，或狂妄傲慢。

此典出自《孟子·公孙丑》："如欲平治天下，当今之世，舍我其谁也？"

战国时，孟子收了很多学生，他们经常向孟子提出一些治理国家的问题，孟子每次都认真地解答，将儒家的学说加以发挥。一天，当孟子正在讲学时，一个学生问道："先生昨天曾经讲到，人重要的是有'不忍人之心'，那是什么意思呢？"孟子轻轻地咳了一声，然后从容地说："所谓不忍人之心，就是不忍心随意伤害别人的想法。从前的帝王，如周文王、周公等，就是由于有了这种思想，因此能建立一个统一的国家。如果现在的统治者都不愿伤害别人，一心一意爱护自己的百姓，那么，治理天下不就易如反掌了吗？为什么说人都有不忍人之心呢？举个例子来说，人们看见一个可爱的小孩子将要掉进一口深井里，心里都会自然而然地产生一种恐惧同情的念头。一个人有了同情心，就会知道羞耻，也就产生了智慧，这是一个人最基本的素质呀。如果能将它发扬光大，它就会像刚刚点燃的烈火，缓缓流出的泉水一样，逐渐扩大，那不就可以安定天下了吗？"学生们都赞叹先生讲得好。

后来孟子离开时，一个学生在路边问他："先生，您似乎有点不愉快！您不是说过君子不应埋怨上天，不应归罪于别人吗？"孟子笑了一下，说："过去是一个时代，现在又是一个时代。历史每过五百年就要产生一个英明的君王和圣贤，从周武王到现在已经七百多年，假如上天要产生一个圣贤，除了我以外，还会有谁呢？”

生于忧患，死于安乐

“生于忧患，死于安乐”指忧患使人勤奋，因而得生；安乐使人怠惰，因而致死。常用来激励人们奋发图强。

此典出自《孟子·告子下》：“入则无法家拂士，出则无敌国外患者，国恒亡。然后知生于忧患，而死于安乐也。”

战国时代的思想家孟子到各国游说时，经常教育一些国家的国君刻苦自励，在忧愁患祸中磨炼意志。他认为，那些能够担当重任的人，都是经历过艰苦的磨炼和考验的：传说中的虞舜曾当过农民，商朝的傅说（yuè 月）原是泥瓦匠。春秋时的管仲、孙叔敖、百里奚等人，有的被囚禁，有的隐居海滨，有的靠放牛度日。经过这些磨炼，他们后来都担当了重要职务并成为很有成就的人。

孟子指出：一个国家，如果经常处在安乐之中，国家就没有严格执法的人和敢于上谏之臣，在外没有敌人来犯的忧虑，那么这个国家往往就会灭亡。从这个意义上来说，忧愁患祸可以使人生存，安逸享乐可以使人死亡。

始终不渝

“始终不渝”意为自始至终都不改变，形容意志坚定。

此典出自《晋书·谢安传》：“安虽居朝寄，然东山之志，始末不渝，每形于言色。”

《东周列国志》版画之“齐姜氏乘醉遣夫”图。重耳逃难至齐国，娶齐宗室女，怀安丧志。齐女与重耳的众谋士设计灌醉重耳，乘机使他离开齐国。

谢安是东晋时的一位政治家。他年轻时，曾涉入官场，但因目睹官场的种种丑恶现实后心里非常痛恨，便隐居在会稽郡上虞县附近的东山，游山玩水，不关心朝政。到了四十多岁时，他又入朝做官，孝武帝时官至宰相。当时，前秦强盛，攻破梁、益、樊、邓等地（今陕西、四川、鄂西北），谢安任其弟谢石和侄子谢玄做将领，积极加强防御。太元八年（公元383年），前秦军南下，大震江东。谢安又让谢石、谢玄等奋力抵抗，获得淝水之战的胜利，并以都督十五州军事率军收复洛阳及青、兖、徐、豫各州。

淝水之战胜利以后，东晋统治集团内部互相倾轧，你争我夺，会稽王司马道子执政，极力排挤谢氏。看到这种情形，谢安更感到仕途险恶，所以虽然在朝廷身居要职，但退隐东山之志始终没有改变，并且经常在言行上表现出来。公元 385 年，谢安从广陵回京，不久病死，时年六十五岁。

四方之志

“四方之志”比喻一个人有远大的理想。

此典出自《左传·僖公二十三年》：“子有四方之志，其闻之者，吾杀之矣。”

春秋时，晋公子重耳逃亡到齐国，齐桓公很优待他，给他吃好的、住好的、还为他娶了妻子，即姜氏。这时的重耳，仅驾车的马就有八十多匹，生活过得舒适安逸，也就不再作长远的打算了。但重耳的随从人员却不满意他如此没有志气。一天，他们偷偷来到桑园商议用什么方法使重耳离开齐国。不料姜氏的一个女仆正在采桑叶，偷听了他们的话，连忙去禀报了姜氏。姜氏听了，当即杀死女仆，然后对重耳说：“你有远行四方的大志，偷听到消息的女仆已经被我杀掉了。”

当时重耳非常惊讶，他说：“我并没有打算离开你，也没有打算离开齐国啊！”姜氏说：“你应该去游说各国，在各国的帮助下回到晋国。你要知道贪图安逸，生活圈子狭小只会害你的。”但是重耳仍然不听她的劝告。姜氏就和狐偃（重耳的舅舅，随同重耳一起出逃的人之一）想出了一个计策，灌醉重耳，趁他昏睡时，把他抬上车子，立刻离开齐国。等他酒醒来，早已走了很远的路程了。

痛饮黄龙

“痛饮黄龙”比喻坚决消灭敌人的豪情壮志。

此典出自《宋史·岳飞传》：“直抵黄龙府，与诸君痛饮尔！”

公元 1129—1130 年，金兀术率领金兵大举南下，想一举消灭南宋政权。民族英雄岳飞（公元 1103—1142 年）率军多次打败金兵，取得重大胜利。

岳飞在多次大败金兀术以后，又派人与黄河、淮河一带的起义军联络，让他们与南宋官军会师。各路起义军纷纷响应，都打起了“岳”字号的大旗，老百姓们都争相拉车牵牛，载着粮食给义军送去，顶盆焚香在道路两旁夹道迎接。金兀术在燕山以南的占领区内，发出的号令已经不起任何作用了，金兀术打算征兵抵抗岳飞，但在河北一带没有一个人应征。金兀术叹息说：“自我南下以来，还从没有遭到过这样的挫折。”金兀术手下的一个大帅叫乌陵思谋，一向聪明能干，如今他也控制不住士兵们了，他便对部下说：“不要轻举妄动，等岳家军到来时，我们立即投降。”金兵统制王镇，统领崔庆，将官李觐、崔虎、华旺等人都率领所辖部队投降，龙虎大王突合速帐下的心腹禁卫，像查千户、高勇等人都秘密接受了岳飞的旗帜，从北方赶来投降。金兵将军韩常还打算以五万兵作为内应，响应岳飞。岳飞喜不自胜，激励将士们说：“我要一直打到金国的首都黄龙府，与诸君痛快大饮一番！”

闻鸡起舞

“闻鸡起舞”表示志士勤力奋发，准备为国效力。

此典出自《晋书·祖逖传》：“（逖）与司空刘琨俱为司州主簿，情好绸缪，共被同寝。中夜闻荒鸡鸣，蹴琨觉曰：“此非恶声也。”因起舞。”

晋朝时候，有位轻财好侠、豁达而有大志的青年，名叫祖逖（字士雅，长阳人），他常送食物和衣服等救济贫苦的人，因此村里的人，对他都很尊敬。当时，他有一个极好的朋友刘琨,这个人生性豪迈,胸襟开阔,两人平时住在一起,互相砥砺,研究学问,检讨事业上的得失,都想找机会为国家效劳。

一天凌晨,大地一片凄清沉静,突然响起了一阵嘹亮的鸣叫声,祖逖从梦中惊醒,就把睡在旁边的刘琨轻轻踢醒:“你听,那鸡啼声多清脆悦耳,它引吭高歌,不正是要唤醒有为的青年发愤图强吗?”

“是呀!我们再也不能贪睡了!”刘琨也跟着披衣下床。

两人踱到院中,只感到阵阵的寒意,冷得无法安心读书。“我们何不来舞剑呢,舞剑既可以锻炼身体,又可以借以取暖!”祖逖提议说,刘琨马上同意了他的意见,二人便从卧室里取出剑来,在曙光将露前挥舞起来,只觉越舞越有精神;越舞越有气力,直到东方既白为止。

卧薪尝胆

“卧薪尝胆”形容人刻苦自励,奋发图强。

此典出自《史记·越王句践世家》:“越王句践反国,乃苦身焦思,置胆于坐,坐卧即仰胆,饮食亦尝胆也,曰:‘汝忘会稽之耻邪?’”

句践回到越国,大臣们看到句践,都又喜又悲。句践对他们说:“我是个国破家亡的奴才,如果不是得到你们这么大的帮助,我哪里还有回国的一天?”范蠡说:“这是大王的洪福,哪儿算是我们的功劳呢?但愿大王从今以后,时时刻刻记住石屋看马的耻辱,越国才有希望,我们才能报仇雪恨。这是我们做臣下的和全国人唯一的希望!”句践说:“我绝不会让你们失望!”他就叫文种管理国家大事,叫范蠡整顿兵马,自己也虚心地接受别人的意见,恨不得拿出自己所有的本领,让这受欺压的国家变成一个强国。

句践唯恐眼前的舒服会把志气消磨掉,就改变日常生活,把软绵绵的褥子撤去,拿草当作褥子。在吃饭的地方挂上一个苦胆,每逢吃饭时,就尝一尝苦胆。这就叫“卧薪尝胆”。亡国以后,人口减少了,为了增加人口,句践就订出几条奖赏生育的条例。例如:上了年纪的人不准娶年轻姑娘做媳妇;男子到了二十岁,女子到了十七岁,还不成亲的,他们的父母要受处罚;快要分娩的女人,必须报官,好派官医前去照顾她;生个男孩,国王赏她一壶酒,一口猪;生个女孩,国王赏她一壶酒,一个小猪;有两个儿子的,官家给养一个;有三个儿子的,官家给养两个。耕种的时候,越王还亲自拿锄头在地里干活,目的是让庄稼人提起精神,努力种地,多存粮食。国王的夫人也走出去,看望织布纺线的姑娘和老人们。空闲的时候,自己也在宫里织布。七年中,国家不收任何税。穿衣、吃饭,处处节省。全国人民差不多都不吃荤,也不穿漂亮衣裳。他们自己如此节省,为的是给吴王夫差进贡。夫差看到句践每个月都给他送东西,非常高兴。越国又进贡了一大批麻布和蜂蜜。吴王更加高兴了。这一来,两国相安无事。可是句践反倒着急起来。

有一天,他对文种说:“如果总是这样,何时能向吴王报仇呢?”文种说:“我有七个计谋,能够消灭吴国,让我们报仇雪恨:第一、多给吴国贿赂,让吴国的君臣喜欢;第二、收买吴国的粮食,弄空他们的仓库;第三、用美人计诱惑吴王,使他荒淫无道;第四、送给吴国最好的砖、瓦、木料和木工、瓦工,以便让吴国大兴土木,目的是让他劳民伤财;第五、打发探子去当吴国的臣下;第六、到处散布谣言,让忠臣们退避不问国事;第七、自己多积存粮草,操练兵马。只要能够做到这些,最后一定能把吴国灭了。”句践连连点头,说:“好计策!好计策!”

这时,夫差正打算起造姑苏台。越王趁机,准备几根又长又大的木料,打发文种送去。

夫差从来没有见过这么大的木料，非常高兴。但这几根大木料竟把起造姑苏台原来的计划改变了。大材不可小用，姑苏台不仅得加高一截，还要往外扩展，才能够合适。这么一来，工程大了。苦了吴国的老百姓，不分白天夜晚地干，稍有不慎便遭鞭打。

句践见文种的这一个计策起了作用，就叫他和范蠡去找美女。范蠡说："这事我早准备好了。托大王洪福，我找到一位既精明又懂大义的姑娘。她叫西施。她情愿牺牲自己去替大王报仇。她还找了一个姐妹，叫郑旦。大王把这两个人送给夫差，文大夫的第三个计谋绝对又能成功。"于是句践就打发范蠡护送她们去吴国。

越女西施像，图出自清·任熊绘《于越先贤像传略》。

范蠡带着西施和她的帮手郑旦去吴国。西施和范蠡本来是一对情人。一路上有说不出来的伤心难受。倒是西施很有志气，咬着牙，把自己的眼泪往肚子里咽，装出一副一本正经的样子。她对范蠡说："你别伤心了！如果咱们亡了国，我们还能够谈情说爱吗？咱们已经把生命献给国家，就再也不能那么儿女情长了。再说，送给夫差的只是我的人。我的心永远是你的，谁也抢不去。我所畏惧的只是将来计策成功了，你也许不要我了。那时候，即使咱们还有见面的日子，我哪儿还有脸面再见你呢？"范蠡低着头默默地听她说着这些话，听到最后两句，急得他指天发誓说："你为了大王，为了父母之邦，为了我，去受如此大的委屈，我已经佩服得无话可说了。我如果不把你当做天底下最纯洁的女子看待，叫老天爷重重地罚我！"

他们进了吴国的王宫。西施的美貌当然不用说了，再加上西施那种才干、见解和谈吐，处处高人一等。没几天工夫，夫差就成了西施的俘虏。西施不仅叫夫差宠爱她，还叫夫差尊敬她。她见夫差成天陪着她，反倒生了气。她皱着眉头说："大王知道如今天下的大势吗？楚国打了败仗之后，至今还没恢复元气；晋国也早已失去了霸主的威风；齐国自从晏平仲死后，国家已经没有可用之才了；鲁国三家大夫只知道拼命地扩充自个儿的权势。中原诸侯哪有一个能够跟大王相比的呢？大王不趁着这时候去干一番顶天立地的大事业，反倒天天陪着我们饮酒作乐，别人还以为是我把您的志气消磨光了。即使您不为吴国增光添彩，至少也该为了疼我，去当中原的霸主，让我也在历史上落个美名。"夫差听了西施的这番话，心里充满了快乐和佩服。

正在这时，齐国派使者来请求吴国派兵一同去打鲁国，说是因为鲁国欺负邾国。夫差下决心要到中原去做一番事业，于是便答应齐国，发兵去跟齐国军队会师。

原来邾国的国君娶了齐悼公（齐景公的儿子）的妹妹做夫人，自以为有了靠山，便狂妄起来,逐渐地和鲁国产生矛盾了。鲁哀公(鲁定公的儿子)叫季孙斯去打邾国,把邾君逮去。齐悼公认为鲁国逮了他的妹夫,就是蔑视他,这才联合吴王夫差一起去打鲁国。鲁哀公一听齐国借了吴国的兵马前来攻打,连忙把邾君放了,又向齐国赔不是。齐悼公有了面子,就不想再打仗。于是他就对吴王夫差说:"鲁国已经求和了,不敢再烦劳大王的大军,大王请回去吧!"夫差当然不会答应了,他说:"这么老远赶来,发一回兵也不容易。叫我发兵的是你们,叫我退兵的也是你们,难道我吴国是你们齐国的属国吗?"他就带着这大队人马去打齐国。鲁国见风转舵,连忙给夫差送去厚礼,跟着他一块儿去打齐国。两国的兵马一直冲进齐国,齐国国内一片混乱,自上而下没有不埋怨齐悼公的,说他不该把敌人请进来。这时候齐国颇具势力的大夫陈恒(陈恒,也叫田常;古文田陈二字通用)和鲍息两家就趁机杀掉了齐悼公,向吴王夫差请罪求饶,表示愿意年年进贡,服侍吴国。这样,不但鲁国,连齐国也做了吴国的属国。

夫差一发动进攻,就收服了齐、鲁两国。他从中原回来后,更加佩服西施,把她当做谋士,经常跟她谈论国家大事。朝廷上有什么疑难的事也跟她商量。有一回,夫差对她说:"今天越国的大夫文种来我们这儿了。他说,越国收成不好,粮食不够,打算跟咱们借一万石粮。过年如数归还。你觉得这件事应该怎么办?"西施问:"大臣们怎么说的?"夫差说:"他们也没有一定的主张。伯嚭他们劝我答应。伍子胥却坚决反对。"西施冷笑了一声,撇撇嘴说:"芝麻绿豆大的事也值得费这么大的劲?大王是个精明人,您没听见过'国以民为本,民以食为天'这两句话吗?既然越国已经属于大王的了,那么每个越国人全都是大王的人。难道说大王就忍心让他们活活饿死吗?起初齐桓公在葵丘开大会的时候,就不允许诸侯囤积粮食,每个国家都应当帮助闹饥荒的邻国。秦穆公还拿大批的粮食去救济敌国的难民,他才称得起西方的霸王。难道大王还比不上齐桓公、秦穆公吗?"夫差连连点头称赞,说:"大臣们也有劝我应该救济越国的,但他们没像你说得这么有理有据。我明天就答应文种。"

文种领了一万石粮食,回到越国。文种把这些粮食全都分给了穷人。这样全国人都很感激越王。第二年,越国粮食丰收。文种就挑选了最好的可以做种子的粮食一万石,亲自把它们归还给吴国。夫差见句践言而有信,更加高兴了。他把越国的粮食拿来一看,粒粒饱满,就对伯嚭说:"越国的粮食颗粒比咱们的大。咱们就把这一万石粮食当作种子,这样一来,咱们的庄稼也就更好了。"于是伯嚭就把越国的粮食分给农民,让他们去种。到了春天,吴国的庄稼人下了种,天天只等着新秧长出来。等了十几天,依然还没发芽。他们心想,也许好种子要比普通种子长得慢一点。于是他们就耐着心又等了几天。没想到全国撒下去的种子全都霉烂了。他们没了主意。后来,只好赶紧又播下他们自己的粮食种子,但这时候已经误了下种的时候。这一年肯定要闹饥荒了。吴国的老百姓都纷纷埋怨吴王不顾土地合适不合适,就贸然地使用了越国的种子。他们哪儿知道文种的恶毒呢?原来他送去的都是已经蒸熟了又晒干的种子啊!

越王句践听说吴国闹了饥荒,就想趁机发兵攻打吴国。文种说:"还早着呢!一是,伍子胥还在;二是,吴国的兵马还没派到别的国家去。"越王句践只好耐心等着,并抓紧时间扩大军队,操练兵马。

毋忘在莒

"毋忘在莒"比喻永不忘本。

此典出自《吕氏春秋·直谏》:"齐桓公、管仲、鲍叔、宁戚相与饮酒,酣,桓公谓鲍叔曰：'何不起为寿？'鲍叔奉杯而进，曰：'使公毋忘出奔在莒也，使管仲毋忘束缚而在于鲁也，使宁戚毋忘其饭牛而居于车下。'"

春秋时，齐襄公残暴无道，当时身为公子的齐桓公曾逃到莒国避难。襄公被杀后，他回国就位。一天，齐桓公、管仲、鲍叔、宁戚等一起吃饭。酒酣饭饱之际，桓公对鲍叔说："你怎么不起来敬酒祝寿呢？"鲍叔举起酒杯道："愿您不要忘记出奔在莒的日子！"

心坚石穿

"心坚石穿"比喻只要有恒心，意志坚定，再大的困难也能克服。

此典出自《野客丛书》二八："世言心坚石也穿。"

从前有个姓傅的青年，一门心思地想要寻求成仙的方法，于是抛弃财产，别离亲人，独自跑到焦山，找了个石洞住起来，苦苦地念道教经书，想悟出成仙的道理。就这样一住七年，人已进入中年了，但志向更加坚定。有个叫太极老君的神被他感动了，就去考验他：变作猛兽来咆哮，他不畏惧；变作美女来引诱，他见了也不动心；拿了许多金银财宝给他，他连看也不看。太极老君觉得傅某是个可以造就的"仙才"，于是就给了他一个石盘和一把木钻，对他说："如果你能钻穿这个石盘，你就可以成仙了。"傅某从此便专心致志地、一天到晚地用木钻石盘；木钻逐渐快钻完了。四十五年过去了，傅某虽然变成了一个白发苍苍的老头，但他的力气反而越来越强了。终于有一天，那石盘突然穿了，从里面掉出来一粒仙丹，傅某大喜，立刻吞服下去，只觉得精力充沛，这时几朵祥云落下来，天上响起乐声，他在音乐声中飞向天宫，成了神仙。

匈奴不灭，无以家为

"匈奴不灭，无以家为"的意思是说，匈奴不灭亡，就绝不安家。用以表示卫国灭敌的决心和先公后私的胸怀。

此典出自《汉书·霍去病传》："去病为人少言不泄，有气敢往。上尝欲教之吴孙兵法，对曰：'顾方略何如耳，不至学古兵法。'上为治第，令视之，对曰：'匈奴不灭，无以家为也。'"

霍去病是西汉著名的军事将领。他自幼习武，擅长骑马射箭。大将军卫青根据皇帝的旨意，提拔他为票姚校尉。有一次，霍去病率领八百轻骑兵奔袭数百里之外的匈奴军队，结果以少胜多，杀掉、俘虏许多匈奴兵。汉武帝于是重重地赏赐他，以二千五百户封霍去病为冠军侯。元狩二年（公元前 121 年）春天，霍去病又拜为骠骑将军，他率领一万多名骑兵从陇西出击，差一点就捉住了单于的儿子。接着转战六天，越过焉支山千余里，苦战于皋兰山下，杀

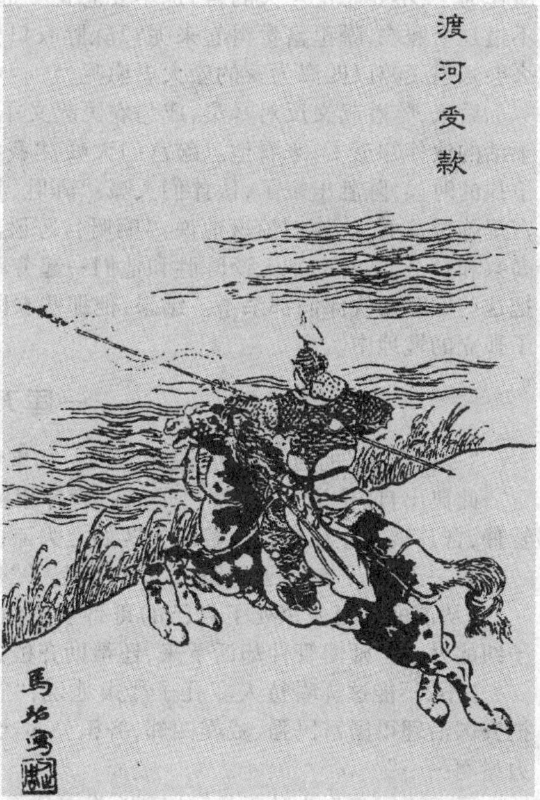

霍去病渡河受款图，出自清·马骀《百将图传》。

死匈奴折兰王,砍了庐侯王的脑袋,活捉了浑邪王的儿子和相国、都尉。在霍去病的大力打击之下,匈奴的军队人数减少了十分之七。汉武帝非常高兴,又给霍去病增加二千二百户封地。这一年的夏天,霍去病兵出祁连山,捕获和斩杀了许多匈奴兵,活捉单于单桓、酋涂王,以及王母、单于阏氏、王子、相国、将军、当户、都尉等等。汉武帝于是再给霍去病增加五千四百户封地。接着,霍去病又迫使匈奴浑邪王投降,同时投降的还有十万匈奴兵。汉武帝又给霍去病增加一千七百户封地。元狩四年(公元前119),汉武帝命令大将军卫青、骠骑将军霍去病各率五万骑兵,出击匈奴。结果,霍去病比卫青取得了更大的战功,汉武帝给霍去病增加了五千八百户封地,并封他为大司马。

霍去病为人沉默寡言,富有勇气和胆略,敢做敢为,遇事一往无前。有一次,汉武帝想教他吴起孙武兵法,霍去病却回答说:"学习军事,只要掌握方法和策略就行了,没必要照搬古人的兵法。"汉武帝给他修好了宅第,让他去看看,霍去病回答说:只要"匈奴一天不灭,我就一天没有安家的理由啊。"

燕雀安知鸿鹄之志

"燕雀安知鸿鹄之志"比喻庸碌的人不可能理解志向远大之人的抱负。

此典出自《史记·陈涉世家》:"陈涉太息曰:'嗟乎,燕雀安知鸿鹄之志哉!'"

陈胜是河南阳城的农民,家境贫穷,年轻时给人当雇农,为地主种田。有一天,他干活干累了,和伙伴们坐在田埂上休息,他说:"我们现在这样劳苦,将来有一天谁富贵了、有所作为了,不要忘记今天的苦,也不要忘记一起劳苦的伙伴!"他的同伴们都笑着说:"你不过是个雇农,哪里富贵得起来呢?"陈胜叹口气说:"燕雀安知鸿鹄之志哉?"(小雀儿怎么会知道飞鸿以四海为家的宏大志愿呢?)

后来,陈胜起义反对暴秦,成为农民起义军的首领,称为陈王。那些曾经和陈胜一起干活的伙伴知道了,来看他。敲宫门大喊:"我找陈胜。"卫兵要把他们抓起来,双方正在争执的时候,陈胜出来了,伙伴们大喊:"陈胜,我们来了!"陈胜于是把他们带进王宫。王宫里陈设富丽,伙伴们惊讶地说:"啊呀! 陈胜为王这么阔气!"他们在王宫做客,感到很高兴和自豪,常常向别人谈陈胜和他们一起劳动时的情景。陈胜觉得有碍于他的面子,竟把这些旧时的伙伴们都杀了。结果,他那些农民出身的部下全都逃跑了。从此,陈胜陷入了孤立的境地中。

一匡天下

"一匡天下"的意思是说,使天下的一切事情都得到纠正。

此典出自《论语·宪问》:"子曰:'管仲相桓公,霸诸侯,一匡天下,民到于今受其赐微管仲,吾其被发左衽矣。岂若匹夫匹妇之为谅也,自经于沟渎而莫之知也?'"

有一天,孔子与弟子子路、子贡讨论起了"仁德"的问题。子路说:

"从前的齐桓公杀死了自己的哥哥公子纠,公子纠的师傅召忽也因此自杀。但是公子纠的另一位师傅管仲却活下来,还帮助齐桓公治理朝政。这样的人不算有仁德吧?"

"不,不能这样看待人。"孔子严肃地说,"管仲是有仁德的。他英才盖世,智勇过人,把齐国治理得国富民强、威震四邻,齐桓公多次主持诸侯国之间的盟会,都是凭借管仲的力量啊……"

子贡不同意先生的看法,他反驳说:

"管仲怎么可以算是仁人呢? 公子纠被齐桓公杀死,作为师傅的管仲,根据节应该以身殉难。但是他不但没有死,反而去辅佐仇人齐桓公!”

孔子听了子贡的话,笑了笑,耐心地向弟子们解释说:

“观察一个人只盯着小节、小信,是不公正的哟。你们想想看,如果齐国没有管仲,它会强盛吗?齐桓公没有管仲,他能称霸于诸侯吗?天下的一切都得到匡正,全是管仲的功劳呀。人们至今还在享用他的恩泽呢。当初如果失掉管仲,齐国人可能是披头散发衣衫不整,像野人那样生活哩!像管仲这样具有大智大勇的卓绝人才,怎么能像普通百姓那样自毁自弃在山沟、草莽,埋没自己的济世之才呢……”

子路、子贡听了先生的一席话,对先生佩服得五体投地,赞不绝口。

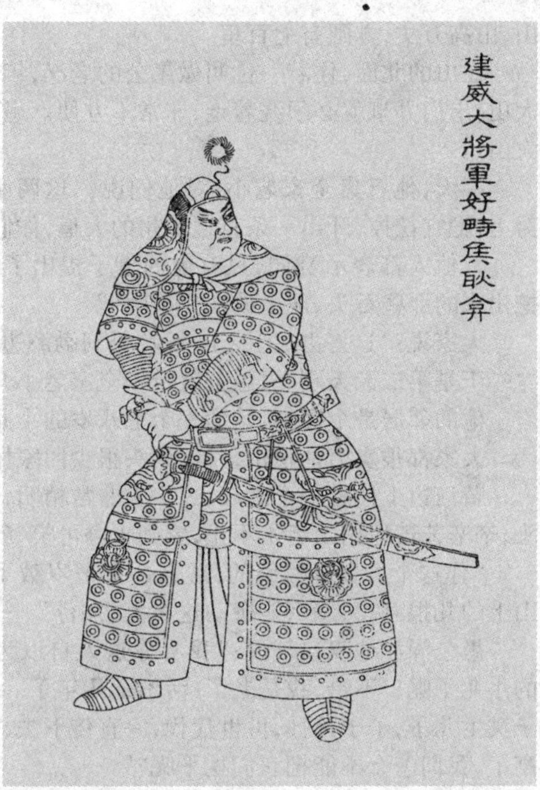

东汉大将耿弇像,图出自清·张士保绘《云台三十二将图》。

有志者事竟成

“有志者事竟成”比喻只要有志气,就一定能克服困难,办成事情。

此典出自《后汉书·耿弇传》:“帝谓耿曰:‘将军前在南阳,建此大策,常以为落落难合,有志者事竟成也。’”

后汉光武帝时期,有个大将军名叫耿弇,是光武帝手下功劳卓著的二十八将之一。他奉命去平定一个名叫张步的人的叛乱。张步兵马很多,他们知道:战败就要被处死,因此顽强地奋力抵抗。耿弇屹立前线,下令部下一步不准后退。敌军的箭集中向他飞射而来,他镇定自若,一一挥刀拨开,忽然一箭飞来,射中他的大腿,那箭半截射入肉内,鲜血迸流,左右大惊,一起跑到他面前,要把他抬出战场。这时,敌人兴奋不已,大声喊道:“射死耿弇了!”耿弇用力推开左右,一刀把箭杆斩断,箭头依然留在肉里,撕下半幅战袍一扎,翻身上马,大呼杀敌。汉军士气大振,一鼓作气把敌军打败了。第二天,耿弇的伤腿肿了起来,而且因失血过多,又发起烧来。将士们纷纷来看望,都劝他最好撤兵养伤。耿弇道:“敌人士气已丧,胜败在此一举,我这点伤算得了什么?”他坚持不要别人扶着他,自己咬牙上马,仍旧威风凛凛地出现在疆场上,挥兵猛攻,终于消灭了张步叛乱的武装力量。汉光武帝知道详情之后,万分感动,写信慰问他,说道:“将军真如谚语所说的:‘有志者事竟成’啊!”

愚公移山

“愚公移山”比喻做事有顽强的毅力,不怕困难。

此典出自《列子·汤问》。

传说很久很久以前,在冀州以南、河阳以北有两座大山,一座是太行山,另一座是王屋山，山高万丈，方圆有七百里。

在山的北面，住着一位叫做愚公的老汉，年纪快九十岁了。他家的大门正对着这两座大山，出门办事就必须绕着走，非常不方便。愚公心里非常不痛快，下定决心挖掉这两座大山。

一天，他召集全家老小，对他们说："这两座大山，挡住了我们的出路，咱们大家齐心努力，把它挖掉，开出一条直通豫州的大道，你们觉得如何？"

其他人都表示赞同，只有他的妻子提出了疑问，她说："像太行、王屋这么高大的山，挖出来的那些石头、泥土放在哪里呢？"

大家说："这好办，把泥土、石块扔到渤海边上就行了！再多也不愁没地方堆。"

于是第二天天刚亮，愚公就带领全家老小开始了挖山的艰巨工程。

他的邻居是个寡妇，她的一个七八岁的小儿子也跑来帮忙。

大家都很卖力地挖山，一年到头很少回家休息。

黄河边上住着一个老汉，这个人非常精明，人们管他叫智叟。他看到愚公他们一年到头，辛辛苦苦地挖山运土不止，感到十分可笑，就去劝告愚公：

"你这个人真是够傻的，这么一大把岁数了，还能活几天？用尽你的力气，也拔不了山上的几根草，又怎么能搬动这么大的山？"

愚公深深地叹口气说："我看你这人自以为聪明，其实是顽固得不开窍，还不如寡妇的小儿子呢！不错，我是老了，活不了几年了。可是，我死了还有儿子，儿子又生孙子，孙子又生儿子，子子孙孙，世世代代，一直传下去，是无穷无尽的。但是这两座山却不会再长高了，我们怎么不能把它们挖平呢？"

听了愚公的这番话，那个自以为聪明的智叟，再也无话可说。

手中握着蛇的山神知道了这件事，害怕老愚公挖山不止，就报告了上帝。上帝被老愚公的精神感动了，于是就派两个大力神下凡，把两座大山背走，一座放到朔水东边，一座放到雍州南边。从那以后，冀州和汉水的南面，就再也没有高山阻挡了。

中流砥柱

"中流砥柱"比喻在动荡艰难的环境中屹立不动，能起支撑作用的力量。

此典出自《晏子春秋·内篇谏下·景公养勇士三人无君臣之义晏子谏第二十四》："吾尝从君济于河，龟衔左骖，以入砥柱之中流。"

又见北魏人郦道元《水经注·河水》："河水分流，包山而过，山见水中，若柱然，故曰砥柱也"。

中流，指江河的主航道；砥柱：山名，在河南三门峡市东黄河中。据《晏子春秋》载：春秋时，齐景公手下三个勇士，一个叫公孙接，一个叫田开疆，一个叫古冶子。这三个人有勇无谋，不管对君王还是对大臣们都没有什么礼节礼貌。对此，晏子非常痛恨他们，就劝景公除掉这三个人。景公说，这三个人勇力过人，恐怕不能力取。于是晏子想了一个办法。他让景公赐了两个桃子，叫这三人论功吃桃，想用这个办法让他们争斗起来，互相残杀。公孙接说：我曾接连打死过两只野兽，论功可以吃桃；田开疆说：我曾经多次打败过敌人，论功可以吃桃；古冶子说：有一次，我随国君外出，过河时，一只老龟衔着驾车的马跑到黄河中流的砥柱山附近去了，我当时不能游水，而在水底下逆流百步，顺流九里，终于杀死了老龟救出了马。论功我可以吃桃。……

众志成城

“众志成城”比喻众人齐心合一，做事一定能够成功；或形容同心协力，团结一致，力量无比的强大。

此典出自《国语·周语下》：“故谚曰：‘众心成城，众口铄金。’”

周朝景王二十一年时，景王忽然改革币制，铸行大钱而废止正在流通的小钱，使老百姓受到很大的损失。两年后，周景王又想搜集民间的存铜来铸造一口大钟。第二年大钟铸成了，景王命人敲击那口巨钟，感觉那口巨钟发出的声音非常谐和，便对乐官洲鸠说：“你听，这钟声倒是很好听呢。”

洲鸠是一个很了解百姓疾苦的人，早就痛恨景王的所作所为。现在景王和他说起钟声的事，心中不由得生出一股怒气，便愤愤地答道：“这说不上是谐和的声音！大王铸的钟，那声音老百姓听了欢喜，那才算得是谐和；在这三年中，你铸出了两种害人的金属品（大钱和大钟），弄得民穷财尽，怨声载道，我真不知什么叫做‘谐和’？俗语说：‘众心成城，众口铄金’。

百姓们拥护的事情，没有不成功的，它会像城堡一样牢固；而百姓们痛恨的事情，没有不失败的，即使它坚如金铁，最终也要销熔！”

白头如新

“白头如新”的意思是，相识多年，直到头发白了，还和初识那样不了解。形容交情浅。

此典出自《史记·鲁仲连邹阳列传》：“谚曰：‘有白头如新，倾盖如故。’何则？知与不知也。”

汉朝初期，刘邦消灭了异姓王，又封了同姓王。这些同姓王的门下，搜罗了一批有才干的人士。其中有一个人叫邹阳，本是齐国人。起初，他在吴王刘濞手下任职，以文辞著称。后来，吴王刘濞谋反，邹阳劝谏吴王，吴王不听，于是邹阳改投梁孝王刘武门下。邹阳很有智谋才略，但又不肯与他人同流合污，因此忌恨他的人就在梁孝王面前说他的坏话。梁孝王听信谗言，就把他逮捕入狱，并想杀掉他。邹阳在狱中上书梁孝王，书中有这样一句话：“谚语说：‘相识多年，一直到头发白了，却像刚认识一样互不了解；在路上偶然相遇，停车交谈，两车紧靠着甚至把车盖都挤歪了，就好像有多年交情一样情投意合。’为什么呢？原因就在于相知与不相知。”

半面之交

“半面之交”形容交往的时间很短。

此典出自《后汉书·应奉传》注：“奉年二十时，尝诣彭城相袁贺，贺时出行闭门，造车匠于内开扇出半面视奉，奉即委出。后数十年于路见车匠，识而呼之。”

这段话意思是说：

东汉的应奉记忆力很强。他在20岁时，曾到彭城去看望袁贺，袁贺当时不在家，房门关闭着。应奉叫门，袁贺家的造车匠人开门露出半张脸来看应奉，应奉就走了。数十年后，应奉在路上遇见造车匠，仍然记得他，和他打招呼。

闭关却扫

“闭关却扫”表示不与外界来往。

此典出自江淹《恨赋》:“至乃敬通见抵,罢归田里,闭关却扫,塞门不仕。”

东汉初年,有一位辞赋家叫冯衍,字敬通,京兆杜陵(今陕西西安东南)人,曾跟随刘玄一起作战。更始三年(公元 25 年),赤眉军攻入长安,刘玄投降,不久被绞死。刘玄死后,汉光武帝刘秀招降冯衍等人,并任命冯衍为曲阳县令。冯衍虽然才华出众,在曲阳令任上也立过功,但由于刘秀的一些大臣毁谤他,因此迟迟得不到升赏。

后来,冯衍升为司隶从事,但又由于与外戚相勾结而被罢免。罢官后,他回到故乡京兆杜陵,过着穷困潦倒的生活。由于社会炎凉,人生坎坷,仕途险恶,冯衍回乡后,闭门自守,不敢同亲戚朋友来往,最后潦倒而死。

南北朝时梁文学家江淹非常同情冯衍等人的遭遇,写了一篇《恨赋》以抒发自己的同情之心。赋中写到冯衍回乡后“闭关却扫,塞门不仕”,意思是说,闭上大门,扫除车迹,不与外界来往。

宾至如归

“宾至如归”是说,宾客到来之后,就好像回到了自己的家里。形容主人招待客人非常周到。

子产像,春秋时期郑国政治家,图出自清·顾沅辑《古圣贤像传略》。

此典出自《左传·襄公三十一年》:“宾至如归,无宁菑患?”

鲁襄公三十一年六月二十八日(公元前 542 年),鲁国的国君鲁襄公死了。当月,郑国大夫子产陪同郑国国君到晋国出访。晋国国君考虑到鲁襄公刚刚去世,就没有接见他们。子产生气了,派人把所住宾馆的围墙全部拆除,让自己的马车可以自由出入。晋国大夫士文伯很不高兴,当面责备子产说:“我国的政事和刑罚都没有做好,导致盗贼蜂起,真不知诸侯国的大臣们到我国访问寡君的时候,如何才能保证他们的安全?因此,我们才派官吏修缮宾馆,把宾馆大门造得高高的,把围墙砌得厚厚的,以保证来客的安全。而你却把墙拆毁了,虽然你们的随从能够保护好你们,可是别国的宾客又怎么办呢?我国是诸侯的盟主,修建宾馆的围墙,旨在接待好各国的宾客。如果把墙拆除了,叫我们拿什么来保证宾客的安全呢?寡君因此派我前来请教。”

子产回答说:“我国是一个小国,又

处于晋、楚两个大国之间。大国可以随时向我国索要东西，没有一定的时间。因此，我国国君从不得安生，搜求国内所有的财货，亲自带来朝见贵国。然而却碰上贵国执事没有时间，我们见不到他们，又没有得到贵国的旨令，不知道什么时候才能再次朝见。我们既不敢呈上财物，又不敢把它放在露天里。如果马上呈上去吧，都是君王府库中的财物，不经过一定的仪式，我们就不敢奉献。把它们放在露天里吧，又怕日晒雨淋导致腐败毁坏，以至于更加加重我国的罪过。我听说，文公做诸侯盟主的时候，自己住的宫室很小，连一个可供观赏的台榭也没有。可是，却把接待各国诸侯的宾馆建造得富丽堂皇，如同国君的寝宫一样，仓库、马棚都修缮得很好，负责建筑的官吏及时修整道路，泥瓦工按时粉刷墙壁。诸侯的宾客刚刚到来，掌管柴火的官吏立即点起庭院中的火把，仆人们仔细巡视宾馆，随时提供服务。车马有一定的地方安置，宾客的随从有人替换，管车的给车轴加油，管洒扫的和看守牲口的都认真地完成自己该做的事情。各个部门的官吏，随时检查招待宾客的工作。文公及时办理宾客的公事，每一件都处理得十分恰当。他同宾客共忧同乐，宾客有不如意的事，就前去安慰；宾客有不明白的问题，就耐心加以指点；宾客缺少钱物，就加以周济。宾客来到这里，就像是在家里一样，没有什么不放心的地方。既不怕强盗和小偷，也不担心干燥和潮湿。现在却不同了，晋君居住的铜鞮别宫方圆有数里之大，而宾客居住的地方却如同奴仆居住的小屋子。车子进不了大门，而又无法翻墙进去；盗贼公然逞凶，天灾也随时降临；接见宾客没有明确的时间，召见的命令也不知道什么时候下达。如果不拆除围墙，就没有地方存放财物，那我们的罪过就更重了。请问执事，将怎么安排我们？鲁襄公病逝，不但是贵国国君的丧事，也是敝国的丧事。如获准及时献上礼物，我们一定把墙修好后再离去。如果能这样，就是晋君对我们的恩惠了。我们怎敢害怕困顿和劳苦！”

晋君听说这件事之后，便接见了郑君和子产。不久，晋国重新修建了宾馆。

伯牙鼓琴

“伯牙鼓琴”或“高山流水”形容琴曲高妙；或指朋友间心意相通。又用“知音”比喻知己朋友。

此典出自《吕氏春秋》：“伯牙鼓琴，钟子期听之。方鼓琴而志在泰山，钟子期曰：“善哉乎鼓琴，巍巍乎若泰山。”少选之间，而志在流水，钟子期又曰：“善哉乎鼓琴，汤汤乎若流水。”钟子期死，伯牙破琴，终身不复鼓琴，以为世无足复为鼓琴者。”

春秋时有个叫伯牙的人擅长弹琴，是名闻天下的弹琴高手。

伯牙善于弹琴，而他的朋友钟子期则善于听琴。一次，伯牙弹起一支曲子，意在吟咏高山。钟子期听到琴声抑扬顿挫、刚劲有力，就说：“好啊！这一曲气势磅礴，就像泰山一样巍峨峻拔。”伯牙又弹起另一支曲子，意在吟咏流水。钟子期听到琴声舒缓自如、流畅明快，就赞叹道：“妙呵！这一曲浩浩荡荡，就像江河水奔流不息！”

又有一天，伯牙与钟子期到泰山之北游玩，遇上了一场暴雨，他们只好跑到山岩下面避雨。伯牙便拿出琴来弹奏。开始时，弹的是山风阵阵，大雨淋漓；然后表现风声更紧，暴雨如注；最后弹出山崩石裂，惊天动地……每奏一曲，钟子期便用准确的语言将乐曲的意境一一描绘出来。伯牙感慨万分：“你对琴声的理解力实在太奇妙了！对曲子的描绘与我的心思完全一致。我无论有什么心思都逃不过你的耳朵。你真是一个难得的知音呵！”

后来，钟子期死了，伯牙于是就拉断了琴弦，摔碎了琴。他说：“知音都没有了，我还弹什么琴呢?”从此他终生不再鼓琴。

驳逐客令

《东周列国志》版画之吕不韦像

“驳逐客令”比喻用花言巧语说服别人使自己留下来。

此典出自《史记·秦始皇本纪》:“长信侯作乱而觉……王知之,令相国、昌平君、昌文君发卒攻。……尽得等。卫尉竭、内史肆、佐弋竭、中大夫令齐等二十人皆枭首,车裂以徇,灭其宗。及其舍人,轻者为鬼薪。及夺爵迁蜀四千余家,家房陵。……十年,相国吕不韦免。……大索,逐客。李斯上书说,乃止逐客令。”

春秋时候,吕不韦为了一个落难的王孙异人,倾家荡产,千方百计让他当上了太子,又为他娶了赵姬,养了秦王政。在他看来,秦王政就算是叫他一声“爸爸”也不过分。那赵姬本来是吕不韦介绍给异人的,现在当上太后以后,当然也和吕不韦是一帮派的。他的权势之大可想而知了。秦王政是中国历史上真正了不起的人物之一。他的聪明、智慧、见解和魄力都是出类拔萃的。年轻时候,一切事情全由吕不韦和太后作决定。

二十二岁的时候,他便执掌大权,事事自己作主,反倒觉得吕不韦碍手碍脚。

秦王政九年(公元前238年),太后赵姬跟长信侯反,附和他们的大臣也不少。

秦王政很快剿灭了这群乱党,杀了嫪毒,又把私通太后所生的两个小孩子也全杀了。罪行重的二十多家都被满门抄斩,比较轻一点的四千多家都被迁到巴蜀去了。

又过了一年,他觉得自己已经有了足够的实力,不能任由着吕不韦的主张和做法跟他相异,就拿出主子的手段来,想治吕不韦的罪。原来吕不韦也像孟尝君、信陵君、平原君、春申君一样,养了三千多门客,其中有学问的人有很多。吕不韦叫几个能够编书的人,依照他的意见,写了一部书,叫《吕氏春秋》,大约有二十多万字。这部宏大的著作在秦王政八年的时候才写成功。吕不韦看后十分满意,把整部书在咸阳市城门公布,还出了一个赏格:有谁能够在这部书上增加一个字或删去一个字的,赏一千金。一来,在当时那部书也确实写得很好;二来,谁那么大胆敢修改文信侯的文章?可是秦王政就是不能同意《吕氏春秋》所提出的主张。什么“天下不是一个人的天下,天下是天下人的天下”,这种话跟秦国一百多年来所奉行的商鞅的主张有很大的差别,遭到秦王政的反感。秦王政不能同意吕不韦的主张和做法,就借着造反的案件,旧事重提,说是吕不韦保举的,都与去年的叛变都有关系。

没想到朝廷上的大臣多半都跟吕不韦有交情。大伙儿禀告说:“文信侯辅助先王,立过大功;再说他对于叛变的事也许有点嫌疑,可是没有真凭实据,怎么就能治他的罪呢。”

秦王政碰了个钉了，可是他决不后退，也不去硬碰钉子，他绕着弯儿走。他听了大臣们的话，就放了吕不韦，但却收回了他的相印，叫他回到本国去。

各国诸侯听到文信侯离开了咸阳，都打发使臣去请他当相国。秦王政担心他到了其他国家会对秦国不利，就写了一封信给他。信上说："太后的叛变跟你有关。我不忍心处治你，就让你回国，原本是宽大为怀，给你一个悔过的机会。你反倒跟各国诸侯的使臣来往，你怎么能对得起我的一番好意呢？请你带着家眷搬到巴蜀去吧。我划给你一座城，给你养老。"吕不韦知道秦王政根本就不会放过他，如果真的相信了他的这番话，那未免太天真了。再活下去只有多受罪，于是他就喝毒酒自杀了。

秦王政杀了吕不韦，把他的门客都轰走了。他感到困惑不解："别国的人为什么跑到秦国来做官呢？"一个人连本乡本土都不爱护，还能爱护秦国吗？再说，秦国的事，他可以叫秦国人来办；秦国的朝政应当由他自己来管。他越想越觉得有道理，就下了一道命令："凡是别国来的客人不许住在咸阳。凡是在秦国做官的别国的人，全部免掉职务，三天之内离开秦国。收留别国的人要全部治罪。"

这道"逐客令"一出来，所有别国的人都给轰出去。被轰出去的大小官儿当中有个楚国人叫李斯。他本来是儒家大师荀卿的弟子，一向在吕不韦门下，吕布韦把他推荐给秦王政，秦王政曾拜他为客卿。这一次李斯被赶出咸阳城外，觉得非常懊恼。一路上他还想着办法。如果因为他是吕不韦一派的人而给秦王轰出去，那他以后不提吕不韦也行啊。只要秦王能够用他，别说是吕不韦，就是他老师荀卿的主张，他也能极力反对，前思后想，他决定再撞一回运气。就写了一个奏章，叫秦国人送给秦王政。秦王政拿过来一瞧，只见上头写着：

从前穆公搜罗人才，在西边得到了由馀，在东边得到了百里奚，从宋国迎接了蹇叔，从晋国迎接了丕豹和公孙枝。由馀、百里奚、蹇叔、丕豹、公孙枝都不是秦国人，可是穆公仍然重用了他们，收服了二十个小国，最终当了西方的霸主。孝公用了魏国人公孙鞅，改革制度，移风易俗，人民增加了生产，国家因此富强起来。惠王用了张仪，征服了三川、巴蜀、上郡、汉中、郢都这些地方，扩张了好几千里的土地，粉碎了六国合纵的阴谋。昭王用了范雎，废了穰侯，轰走了华阳，大大加强了国家的实力，实行远交近攻的计策，一步步地扩大了地盘。这都说明穆公、孝公、惠王、昭王都是依靠着外来的人做成了大事。假如这四位君王不搜罗人才，不重用外来的人，秦国哪能像今天这样富强？这么看来，外来的人并没有对不起秦国的地方，有什么理由要轰走外来的人？再瞧大王所喜爱的东西吧：昆山的白玉、随县的明珠、吴国的宝剑、北狄的快马、江南的金银、西蜀的丹青、齐国的绸缎、郑国、卫国的音乐——所有这些大王喜爱的东西，没有一件是秦国出产的！如果不是本国的人就不任用，不是土生土长的东西就不要，那么，孔雀毛编成的旗子也就不能用；鳄鱼皮蒙成的鼓就不能打；宫女们的玉簪、珠圈、绣花的衣裳、五彩的飘带，都得扔掉；王宫里精美的象牙装饰品都应当改为粗糙的木器；音乐队里的丝弦乐器都得废除，全部改成秦国的瓦盆。但是如今大王不但喜爱这些好看的装饰、好听的音乐，并且还把赵国的舞女、郑国和卫国的美女都收在后宫里。这是为什么？还不是为了享福作乐？凡是能够享福作乐的东西，即使是其他国家的也是全盘接受，并且比起本国的东西来还加倍地爱；一提起人才来，就不分是非曲直，凡不是秦国的都轰出去。这么说来，大王单单看重音乐、珠子、玉器、美人，反倒看轻了关系着国家兴亡的人才了！我听说土地广的粮食多，国家大的人口多，军队强的勇士多。泰山不抛弃泥土，因此能够堆得那么高；大海容纳了小河流，因此能够变得那么深；王者不拒绝众百姓，因此能够发扬他的德行。如今大王轰走外来的人，天下的英雄豪杰只好跑到别的国家去了。大王轰走别国的人就是给敌国增加了力量。将来秦国的危险跟祸患就可想而知了。

秦王政一边念着，一边不断地点头。他立刻收回逐客令，派人叫回李斯，并让他官复原职。

不打不相识

“不打不相识”比喻不经过冲突，相互了解不深。

此典出自《水浒传》三八：“戴宗道：‘你两个今番却做个至交的兄弟，常言道：不打不相识。’”

宋江、戴宗、李逵三人在江州浔阳楼上喝酒，宋江想喝鲜鱼汤。李逵跳起来说：“我去讨两尾活鱼来与哥哥吃，船上打鱼的不敢不给我。”走到江边看时：只见约有八九十只船，都系在绿杨树下。李逵大喝一声：“船上活鱼把两尾与我。”渔人应道：“我们等不见渔牙主人来，不敢开舱。”李逵听后便跳上一只船去，把竹笆篾用力一拔，伸手去船板底下摸时，哪里有一条鱼。原来船尾开半截大孔放江水出入，养着活鱼，却把竹笆篾拦住，李逵这一拔把鱼都放走了。那七八十名渔人都奔上船，用竹篙来打李逵。李逵大怒，两只手一架，早抢了五六条在手，一似扭葱般都扭断了。正热闹时，只见一个人从小路走来，赶上去大喝道：“你这厮要打谁？”李逵也不回答，轮过竹竿便狠打。那人抢上来夺了竹竿，李逵便一把揪住那人头发，直把那人头按下去，提起铁锤般拳头去那人脊梁上擂鼓似地打，那人怎生挣扎？幸亏宋江来劈腰抱住，戴宗喝道：“使不得！”那人一道烟走了。

宋江、戴宗正埋怨李逵时，只听背后有人骂道：“黑杀才，今番来和你见个输赢！”回头看见那人撑着只渔船只是骂。李逵大怒，吼了一声腾地跳到船上，说时迟，那时快，那人把竹篙往岸边轻轻一点，双足一蹬，船便箭也似的投江心去了，那人说道：“且不和你厮打，先教你吃些水。”两只脚一晃，船底朝天，两个好汉都撞下江去。只见那人把李逵提将起来，又淹将下去，何止淹了数十遭。戴宗问众人：“这大汉是谁？”众人道：“便是本地渔牙主人，浪里白条张顺。”戴宗便叫道：“张二哥不要动手，这大汉是俺们兄弟，上岸来说话。”张顺认得戴宗，便放了李逵抓上岸来。戴宗指着李逵问张顺道：“你认得他么？”张顺道：“小人如何不认得李大哥？只是不曾交手。”李逵道：“你也淹得我够了。”张顺道：“你也打得我好了！”戴宗道：“你俩今番却做个至交的弟兄。常言道：‘不打不成相识。’”

自食其言

“自食其言”说明说话不算话，违背诺言。

此典出自《龙门子凝道记》：“昔吴起出遇故人，而止之食。故人曰：“诺。”起曰：“待公而食。”故人至暮不来，起不食待之。明日早，令人求故人，故人来，方与之食。起之不食以候者，恐其自食其言也。其为信若此，宜其能服三军欤？欲服三军，非信不可也！”

有一天，吴起出门碰到了老朋友，便邀请他吃饭。老朋友答应说：“好吧！”吴起便说：“我等着你一起来吃。”

老朋友到晚上还没有来，吴起便不吃饭耐心等候他。到了第二天早晨，他便派人去找老朋友，老朋友来了，才和他一起吃饭。

吴起不吃饭等待老朋友，是他怕自已说了话不当话呀。他守信用到这种程度，所以他才能够统率三军吧？因为要让三军服从他，所以必须要守信用才行。

陈蕃下榻

“陈蕃下榻”比喻以礼待宾客，也可用来指对贤才的敬重。

此典出自《后汉书·徐稚传》：“徐稚，字孺子，豫章南昌人也。安贫，常自耕稼，非其力不食。恭俭义让，所居服其德。屡辟公府，不起。时陈蕃为太守，以礼请署功曹，稚不免之，既谒而退。蕃在郡不接宾客，唯稚来特设一榻，去则悬之。”

徐稚，字孺子，东汉豫章南昌人，家境贫寒，常常亲自耕种，不是亲自种植的东西就不吃。他为人恭谨、节俭、仁义、礼让，在他居住的地方，人们都很佩服徐稚的品德。官府屡次征召他做官，他都不愿接受。

当时，陈蕃任豫章郡太守，按礼节聘请徐稚担任功曹。徐稚只好去应付一下，拜见陈蕃后就马上告退了。陈蕃在郡任职期间从不接待宾客，只有在徐稚来看他时，才特地为他摆设一张床，徐稚走后，陈蕃就把那张床悬挂起来。

陈雷胶漆

“陈雷胶漆”形容友谊真挚牢固。

此典出自《后汉书·独行列传》：“太守张云举重孝廉，重以让义，前后十余通记，云不听。……重后与义俱拜尚书郎，义代同时人受罪，以此黜退，重见义去，亦以病免。”

东汉时，有一个人名叫陈重，是豫章宜春人。他有一个好朋友叫雷义。两人少年时代同在一起读书学习，形影不离。

长大以后，太守知道陈重有才德，便将他举荐为孝廉。但是，陈重觉得雷义的品行比他更高，认为应当让雷义做孝廉。于是，他就写了一封信给太守，让雷义去做孝廉。

太守没有答应他，陈重就前后写了十几封书信去，态度非常坚决。最后，太守也被感动了，就在第二年将雷义也举为孝廉，让他们俩都在郎署为官。

后来，官府又将雷义推举为茂才。这一次是雷义觉得自己的品德不如陈重，心中惭愧。

于是，雷义向刺史建议，把茂才让给陈重。但是刺史不答应他的请求。雷义十分为难，去吧，对不起朋友；不去吧，对不起刺史。无奈，他就假装得了疯病。为了能够装得逼真，使刺史相信，他便成天披头散发，满街乱走。这样一来，刺史只好取消了对他的荐举。

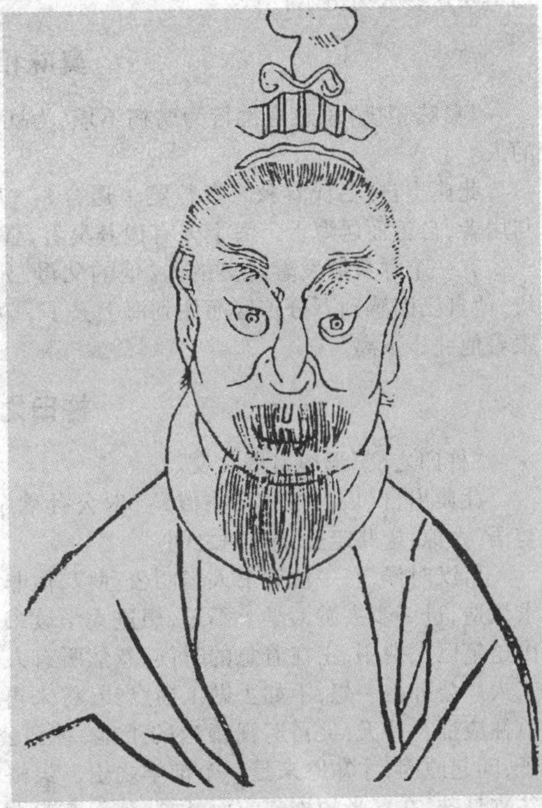

樊哙像，图出自《维扬樊氏重修族谱》。樊哙为西汉名将，随刘邦起兵反秦、灭楚。

陈重和雷义两人的故事在当地广

为流传。人们都非常赞赏他俩的友情，说“胶与漆粘在一起，可谓非常牢固，但是，仍然比不上陈雷二人的友情。”

耻与哙伍

“耻与哙伍”的意思是说，韩信耻于同樊哙这样的人同列，用以表示不屑与比自己差的人为伍。

此典出自《史记·淮阴侯列传》：“信知汉王畏恶其能，常称病不朝从。信由此日夜怨望，居常鞅鞅，羞与绛、灌等列。信尝过樊将军哙，哙跪拜送迎，言称臣，曰：‘大王乃肯临臣！’信出门笑曰：‘生乃与哙等为伍！’”

西汉大将韩信虽然立下了不少的功劳，但是汉高祖刘邦并不太重用他。起初，刘邦封韩信为齐王，不久又改封为楚王。后来，有人告发说韩信谋反，刘邦查无实据，便把韩信贬为淮阴侯。

韩信深知刘邦忌恨他的才能，于是常常托病，不参加朝廷的朝会。从此，韩信天天因为失望而增加怨恨，平常在家的时候，总感到非常失落、郁郁寡欢。他又觉得，自己竟然与绛侯周勃和颍阴侯灌婴同列为侯，真是太没面子了。有一次，韩信去将军樊哙家中做客（樊哙已被封为舞阳侯），樊哙跪拜送迎，在韩信面前自称为臣，并说：“您这样的大王身份反而肯下顾于臣，臣深感荣幸！”韩信从樊哙家出来，自我解嘲地笑道：“没想到我如今竟与樊哙这些人为伍了！”

臭味相投

“臭味相投”思想道德行为腐朽不堪、为社会所不齿的人，偏偏也会有欣赏他、追逐他的人。

此典出自《吕氏春秋·孝行览·遇合》：“人有大臭者，其亲戚、兄弟、妻妾、知识无能与居者，自苦而居海上。海上人有说其臭者，昼夜随之而弗能去。”

有一个浑身散发着恶臭的人，他的父母、兄弟、妻妾、朋友没有一个愿意和他住在一块，他自己因感到万分苦恼而住到海上去了。可是海上却有喜爱闻他臭气的人，一天到晚跟着他寸步不离。

杵臼之交

“杵臼之交”形容贫贱之交。

此典出自《后汉书·吴祐传》：“时公孙穆东游太学，无资粮，乃变服客佣，为祐赁舂。与语，大惊，遂共定交于杵臼之间。”

后汉时候，有一位读书人名叫公孙穆，他非常喜爱学习，他读书读到一定阶段，很想再求深造，进一步去游太学。不过，想进太学读书，需要很高的费用，公孙穆家里很穷，拿不出这笔巨大费用，正在着急的时候，忽然听有人说：有一个富户吴裕，正想招雇一大批舂米工人。公孙穆一想，不如去做工攒点钱，将来再进太学也不迟。于是他便假扮工人模样，前往应征。一天，吴裕巡视舂米的工地，看到公孙穆，觉得他举止斯文，不像是做工的样子，问起原因，才知原来是一个饱学之士。吴裕对公孙穆这种苦学精神，非常佩服，便不顾贫富悬殊，在舂米的杵臼前面，同公孙穆交起朋友来。在当时的环境，贫富阶级的观念很深，吴裕肯屈尊降贵，与一个穷读书人做成好朋友可以说是难能可贵了。

倒屣相迎

“倒屣相迎”指倒穿着鞋迎接客人，形容迎客的急迫，或形容对来客的热情欢迎。有时也用来比喻客人的尊贵。

此典出自《三国志·魏志·王卫二刘传》：“时邕才学显著，贵重朝廷，常车骑填巷，宾客盈坐。闻粲在门，倒屣迎之。粲至，年既幼弱，容状短小，一坐皆惊。”

东汉汉献帝时，朝中有个叫蔡邕的人，当着左中郎将的大官。蔡邕是当时非常有学识的人，颇受皇帝的器重。所以，他家里的客人很多，常常是宾客盈门，门庭若市。一天，家人报告说，门前来了一位叫王粲的客人。蔡邕一听到王粲的名字，赶紧丢下屋里的客人，慌忙跑出去迎接，在慌忙中竟把鞋子穿反了。

没过一会儿，蔡邕将王粲请进客厅。客人们一见这位来客，不禁惊呆了。原来王粲是一个少年，身材瘦弱，大家对蔡邕以高贵的身份竟这样亲自去迎接一个小孩子感到不可思议，似乎是有失身份吧！

蔡邕看到大家的惊愕神色，便赶忙介绍说：“这位是王粲，才能出众，我不如他呀！我家里所有的书籍和文章，都应该赠给他。”

王粲的智力超群名不虚传。有一次他与朋友同行，见到路旁有座石碑。朋友问他：“您能够把石碑上的碑文一字不差地背诵下来吗？”王粲笑着说：“能！”于是他便一字不差地背下了碑文，那位朋友非常惊讶。

有一天，王粲看人下棋。忽然棋盘上的棋子被人一不小心碰乱了，无法再下。王粲伸手将棋子摆好，与散乱之前完全一样，周围看棋的人无不被王粲的记忆力惊呆了。下棋的一个人认为这是王粲偶然碰上了，不相信他真的记住了棋局，于是便把棋盘盖起来，让王粲重新摆一局。结果两局棋子完全相同，大家全都口服心服了。

王粲的文章也写得非常好，他曾经写下六十多篇诗歌、辞赋。后来他做了魏国的侍中，去世的时候年仅四十一岁。

东道主人

“东道主人”古人把“东”当做主方，“西”当做客方。因而住屋的屋主称之为“房东”；主人请教师在家教课，称教师为“西”宾或“西”席；另外人们出钱请客，称主人为“东道主人”或叫“东道主”、“东道”。

此典出自《左传·僖公三十年》：“若舍郑以为东道主，行李之往来，共其乏困，君亦无所害。”

春秋时代，晋国公子重耳逃亡到郑国时，郑国曾经阻止他进入郑国。后来重耳回国做了国君，一直忘不掉这件事情，时刻想要报仇，就联合秦国共同出兵攻打郑国。郑文公非常害怕，派烛之武劝说秦穆公退兵。秦国将士禁止他进去，他便在城外放声大哭起来。兵士们把他抓到秦穆公面前，问他为什么哭，他说：“我为郑国哭同时也为秦国哭。郑国在晋国的东边，秦国在郑国的西边，郑国一亡，晋国更强大，秦国就显得弱了。帮人家攻打别国的土地，反而削弱自己国家的力量，聪明人是不会做这种事情的。”

秦穆公听了，大吃一惊，连声说道：“对，很对！”

烛之武又说：“如果秦国现在肯撤兵解围，郑国就脱离楚国，像臣子一样服侍秦国，如果让郑国作为秦国东边道上的主人，那么，也可以供应秦国人旅行来往中缺乏的东西，对你也有益无害呀！”穆公听了，非常兴奋，便同郑国订立盟约，派将军杞子、逢孙、扬孙三人

烛之武说秦王图。秦、晋两国共同围郑，郑国老臣烛之武夜见秦穆公，晓以利害，使秦国退兵。

去郑国驻防，自己带着大军秘密回国。晋国因秦国背盟，不得不撤兵，于是郑国之围被解除了。

东家之丘

“东家之丘”比喻不认识近在身边的知名人物。

此典出自《三国志·魏志·邴原传》：“崧曰：‘郑君学览古今，博闻强识，钩深致远，诚学者之师模也。君乃舍之，蹑屣千里，所谓以郑为东家丘者也。君是不知而曰然者，何？’另据《孔子家语》：孔子的西邻不知孔丘为何人，只要有人问及孔子的，他都称呼孔子为‘东家之丘’。”

东汉时候，有一位著名的学者，名叫邴原，当时跟随他学习的弟子有几百人。邴原既不做官，也不攀高结贵，以学识和品格著称于世，很受人们的仰慕。

邴原年少的时候很苦，十一岁时父亲就死了。家里一贫如洗，他又是孤儿，生活十分艰难。邴家的邻居是一位教书先生，一天邴原边哭边经过他的家门。先生见邴原哭得伤心，便问：“喂，为什么哭呀，快告诉我！”

我非常羡慕其他的孩子跟你学习，但是我没有父兄，交不起学费，不能跟你读书，所以很伤心……”

先生被他的求学精神感动了，便安慰他说：

“只要你有志气，肯下功夫学，我不收你的钱，你明天就过来读书吧！”

邴原学习非常刻苦，一个冬天就背诵完了《孝经》、《论语》，先生非常喜欢他。

几年之后，邴原长大了，便想离开家乡到外地投拜名师。他积攒了一点旅费，背上书袋，投到安丘县的孙崧门下，孙崧推辞说：

“邴原啊，不是我不肯收下你，只是我确实不适合做你的老师，你的家乡就有一位著名的大学者郑玄，他住在高密县，和你家同属青州。郑玄纵览古今，博闻强识，是当今学子的楷模。你却舍弃他而跋涉千里跑到这里来，岂不是像从前孔子的邻居一样，不知道他的名气，只认识他是东家的那个‘丘’吗？如今你不也是把郑玄看做是当年‘东家之丘’

了吗?”

邴原辩解说:“先生之言确实是苦口的良药,但您没有理解我的心意。人各有志,因而所追求的东西不一样。因而才会有登山采玉的,有入海采珠的。你能说登山的人不知道海的深浅,入海的人不知道山的高矮吗?先生说我将郑玄看成了东家丘,那一定觉得我是西家的愚夫啦?”

“不,不,”孙崧连忙解释,“你们那里的许多人我都认识,真的没有发现没有像你这样的求学者。你有很高的志趣,我不如你呀,不如我送你一些书,你另请高明吧!”

邴原只好收下孙崧送给他的书,辞别孙崧,另外求学去了。

反客为主

“反客为主”比喻变被动为主动。

此典出自《三国演义》第七十一回:“渊为人轻躁,恃勇少谋。可激劝士卒,拔寨前进,步步为营,诱渊来战而擒之:此乃反客为主之法。”

刘备统率大军前去攻取汉中。守将夏侯渊听到了消息,便差人向曹洪报告;曹洪便星夜赶去许昌,禀知曹操。曹操听说后大惊,连忙起兵四十万亲帅抵敌。没多久,操军行至南郑,曹洪向他汇报战斗情况。曹洪说张郃被打得大败,夏侯渊得知大王的兵马已经到达。今固守定军山,未曾出战。曹操说不出战是怯懦,赶快叫夏侯渊进兵。夏侯渊奉命,便派夏侯尚引三千兵马前去诱敌。蜀将黄忠见曹兵前来迎战,即派大将陈式出战迎敌。夏侯尚与陈式交战,没几个回合,夏侯尚假装败逃,式赶去,行到半路,两山上滚木擂石打将下来,不能前进。正准备撤回时,背后夏侯渊突出,把陈式生擒了去。部卒多降。有败军逃回,报知黄忠,黄忠慌忙去找法正商议。法正说:“渊为人轻躁,恃勇少谋。可激劝士卒,拔寨前进,步步为营,引诱夏侯渊来战从而擒住他:此乃反客为主之法。”黄忠采用了他的计策,遂把各种物资赏与军士,军士欢声满谷。黄忠军步步为营,每营住数日后又前进。之后,黄忠又生擒了夏侯尚,占据了杜袭守卫的阵地。为此,夏侯渊怒不可遏,立即要出战黄忠。张郃劝夏侯渊说:“这是法正的计谋,将军不可出战,只宜坚守。”夏侯渊坚决不愿听从张郃的劝谏,分军围住对方,大骂挑战。任凭夏侯渊百般辱骂,黄忠就是不出战。下午,法正见曹兵疲惫不堪,乃将红旗招展,鼓角齐鸣,喊声大震,黄忠一马当先,驰下山来,犹如天崩地塌之势。夏侯渊措手不及,被黄忠一刀砍为两段,黄忠斩了夏侯渊,曹兵大溃,各自逃生。

分道扬镳

“分道扬镳”比喻志趣、目标、道路不相同,各走各的路。

此典出自《北史·魏诸宗室·河间公齐》孝文曰:“洛阳,我之丰、沛,自应分路扬镳。自今以后,可分路而行。”及出,与彪折尺量道,各取其半。

南北朝时期北魏孝文帝的时候,元志做洛阳令。元志青年时代读过不少书,学识丰富,并且办事干练,为人强悍。他的父亲曾经救过皇帝的命,所以元志在孝文帝面前,有些自鸣得意。

有一天,元志乘车出门,在路上巧遇朝廷的御史中尉李彪。李彪的官职比元志高,按礼节元志应该给李彪让路,但是元志毫不谦让,双方争执不下,于是两人只好一块来见孝文帝,让孝文帝裁决。

见了孝文帝,李彪说:“我是朝廷上的近臣,哪有洛阳令与我抗衡的道理?”

元志说:“神乡县士,普天之下谁不编户?所有居住在洛阳的人全部都编在我的户籍中,我岂有趋避中尉的道理?”

孝文帝看看他们俩人,由于两个人都是自己的亲近臣僚,不好评判是非,只好说:“洛阳是我们的国都,自然应该分路而行,从今以后,你们还是分开走吧!”

从那以后,元志便与李彪折尺量道,每人占用一半。

风雨同舟

“风雨同舟”比喻共同经历患难。

此典出自《孙子·九地篇》:“当其同舟而济,遇风,其相救也如左右手。”

孙武,是春秋时期的一位军事家,字长卿,著有《孙子兵法》十三篇。《九地篇》是孙子兵法下卷的第二篇,主要论述在九种不同的工区用兵的方法。孙武认为,战争不外乎在“散地”、“轻地”、“争地”、“交地”、“衢地”、“重地”、“圮地”、“围地”、“死地”这九种地区展开。他从客观实际出发,既抓住各个地区的地理条件,又考虑了士兵的作战条件,主张在不同地区采用不同的用兵方式,合理地利用地形,充分发挥士兵的战斗力。

孙武说:擅长用兵的人,就好比“率然”那样。“率然”是恒山(有些本子作“常山”,此据山东临沂出土的汉简)的一种蛇。这种蛇,你打它的头部,它的尾部就来救应,打它的尾部,头部就来救应,打它的中段,头尾部都来救应。那么,用兵是否可以像“率然”那样?回答是肯定的。吴国人和赵国人原本是仇敌,但是当他们同乘一条船渡河,遇上大风浪的时候,却像一个人的左右手那样互相救援。……所以,善用兵的人,能使大军手拉手像一个人一样,这是由于形势所迫,使全军必须要这样做。

廉颇负荆请罪图,出自清·马骀《百将图传》。廉颇,战国时期赵国名将。

负荆请罪

“负荆请罪”的意思是,背着荆条,愿受鞭杖,表示服罪领责。指向人认错赔礼。

“刎颈之交”也是从这个故事来的。意思是,约定同生同死,即使刀割脖子也不悔恨。后来,人们用它指可共生死患难的朋友。

此典出自《史记·廉颇蔺相如列传》:“廉颇闻之,肉袒负荆,因宾客至蔺相如门谢罪,曰:’鄙贱之人,不知将军之至此也!‘交相与欢,为刎颈之交。”

战国时期,赵国有一个机智勇敢的人,名叫蔺相如。起初,他在宫中某太监首领的家中当门客。后来,因为屡立大功，被拜为上卿。那时，大将廉颇先已拜为上卿，但是在朝会时，蔺相如的位次排在廉颇之上，为此廉颇很不服气，廉颇公开地说："哪一日我见到蔺相如，一定要当众羞辱他。"蔺相如听说后，便设法避免与廉颇相见。每逢朝会，他便称病不去，避免与廉颇争位次。有一次，蔺相如乘车出行，远远地看到廉颇，连忙躲开了他。蔺相如的门客们认为他太懦弱了，纷纷要求离开他。

蔺相如就对他们说："秦王那么横暴，我都敢于在秦廷之上当众呵斥他，羞辱他的大臣们。我虽愚劣，岂是怕廉将军的么！我左思右想了，认为强暴的秦国之所以不敢派兵侵犯赵国，就是因为赵国有廉颇和我二人在。两虎相斗，必有一伤。我之所以忍辱退让，是为了国家的利益而不顾个人的怨恨啊！"后来，廉颇听到蔺相如的这些话，羞愧万分。他便解衣露膊，背着荆杖，经由宾客的门路到蔺相如门上去请罪，说："我是一个粗鄙不堪的人，没想到你对我宽容到这样的地步啊！"从此，二人友好相处，竟成了誓同生死的至交。

感戴二天

"感戴二天"用来形容那些从危险中、艰难中、疾病中挽救他人的人。

此典出自《后汉书·苏章传》："（章）顺帝时，迁冀州刺史。故人为清河太守，章行部案其奸臧。乃请太守，为设酒肴，陈平生之好甚欢。太守喜曰：'人皆有一天，我独有二天。'"

汉代有一位叫苏章的人，官至冀州刺史；当时的刺史是专门监察检举一州官吏的官员。苏章有一个老朋友是清河郡太守，清河郡又是冀州的属郡，苏章有一次出外视察清河郡，发现他的老朋友竟然犯有贪污枉法的罪行，证据确凿。那位郡守因借着和苏章的私人关系，大摆筵席，准备好好地宴请他一下，苏章却也欣然赴会。郡守在热烈酬谢之余，满以为在官官相护之下，经过杯酒言欢，天大的事都可以化为乌有。他一面怀着感恩戴德的心情，一面带着傲视旁人的神态，恭维苏章说："人人都只有一个天，而我却有两个天。"他以为他犯了严重的贪污案，本来应该被处死的，只凭着老友的宽恕、包庇，便好比另有一个天把他重新诞生出来，既无限感激，也可以傲视一切了。没想到苏章既温和，又严厉地回答他道："今天喝酒，是因为私人的友谊；明天办案，却要遵照国家的法令。"最终苏章把他的老朋友治罪正法，从此冀州官吏的风纪廉洁起来。

高朋满座

"高朋满座"形容尊贵的客人很多，也泛指客人很多。

此典出自唐代王勃《滕王阁序》："十旬休暇，胜友如云；千里逢迎，高朋满座。"

唐初，有个著名诗人叫王勃，他六岁时便会写文章，词藻华丽，后来成为唐初四杰之一。王勃的父亲福畤被贬在交趾做官，王勃因想念父亲，就想去看望他。

有一天，王勃路过江西南昌，便去拜会南昌都督阎伯屿，正巧这天阎伯屿在滕王阁大宴宾客，王勃因此也参加了宴会。阎伯屿有个外甥，也有点才学，想趁机让他出出风头，叫他把当日聚会的情形，写一篇描述滕王阁的文章，事前阎都督先客气了一番，请来宾们执笔。王勃不明白阎都督的意思，自恃才高，毫不客气地作了一篇，写完以后，所有宾客，都非常佩服，惊异他的天才。在这篇序里，有两句说："千里逢迎，高朋满座"。

割席绝交

"割席绝交"指朋友之间因为意气不投，感情破裂，断绝往来。

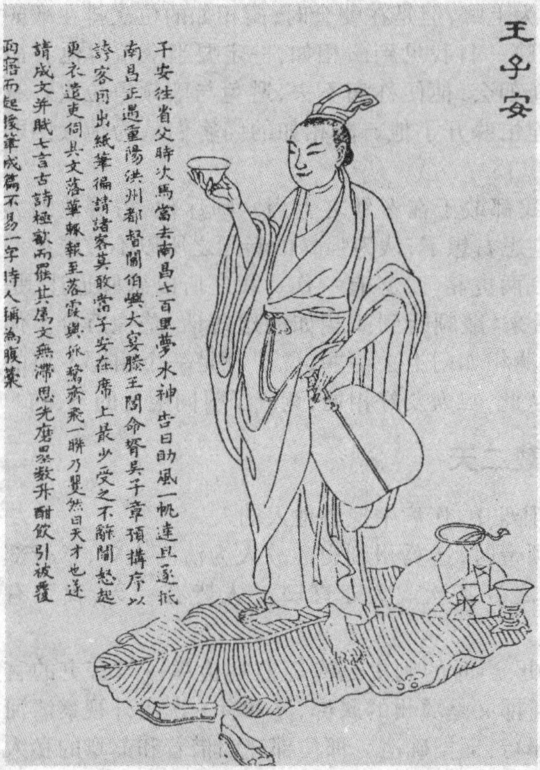

王勃像，图选自清·上官周绘《晚笑堂画传》。

此典出自《世说新语·德行》：“管宁、华歆共园中锄菜，见地有片金，管挥锄与瓦石不异，华捉而掷去之。又尝同席读书，有乘轩冕过门者，宁读书如故，歆废书出看。宁割席分坐，曰：‘子非吾友也。’”

东汉灵帝时有三个读书人，一个叫华歆，一个叫邴原，一个叫管宁，他们在同一个地方读书，彼此关系又很密切。人们说他们三个人好比是一条龙：华歆是龙头，管宁是龙肚，邴原是龙尾。

有一次，管宁和华歆一起在菜圃里锄草，忽然发现一块金子。当时管宁仍然挥动锄头干活，他把金子看得和地上的砖瓦一样普通；而华歆就动了心，立刻拾起金子，放在一边。又有一次，管宁和华歆正一同坐在席子上读书；忽然有坐着轿子的官员从门前过去。管宁仍然埋头读书，而华歆却忍不住放下书本跑出去观看。管宁见他读书不用心，又羡慕做官的人，再加上上次发现他见金子动了心，于是立即坚决地割断坐着的席子，对华歆说：“你不是我的朋友”

刮目相看

“刮目相看”，比喻对人另眼看待。

此典出自《三国志·吴志·吕蒙传》裴松之注引《江表传》：“初，权谓蒙及蒋钦曰：‘卿今并当涂掌事，宜学问以自开益。’……蒙始就学，笃志不倦，其所览见，旧儒不胜。后鲁肃上代周瑜，过蒙言议，常欲受屈。肃拊蒙背曰：‘吾谓大弟但有武略耳，至于今者，学识英博，非复吴下阿蒙。’蒙曰：‘士别三日，即更刮目相待。’”

三国时吴国有个名叫吕蒙的将军，家境贫寒，除了苦练武功，没有读过什么书。有一天，孙权对吕蒙和蒋钦两人说：“你们两人现在是当朝的执政人，应该多读点书增加知识才好。”吕蒙说：“我在军队里常觉得事务工作太忙，可能没有读书的机会。”孙权说：“你以为我要你成为经学博士吗？你只要多看点前人的记录、经历之类的书就行了，你事务多，又怎么会有我的事务多呢？……孔子说：‘终日不吃、终夜不饮，都没有益，最好是读书。’汉光武在作战时依然手不释卷，曹操也自称老而好学。你们为什么就不能勉励自己呢？”

于是吕蒙开始发奋苦读，他的有些义理和见解，就连专家都赶不上。后来鲁肃取代了周瑜的职位，和吕蒙商量事情的时候，鲁肃抚摩着吕蒙的背说：“我原本以为你这位老弟只懂武术而已，没想到如今，你的学问这样广博，已经不是从前在吴下的那个吕蒙了。”吕蒙说：“即使一个人分别了三天，也应该对他另眼相看呢！”

管鲍分金

“管鲍分金”比喻不贪恋钱财，能为别人着想。

此典出自《史记·管晏列传》：“管仲夷吾者，颍上人也。少时常与鲍叔牙游，鲍叔知其贤。管仲贫困，常欺鲍叔，鲍叔终善遇之，不以为言。”

管至父的侄儿叫管仲，相貌不凡，气宇轩昂，而且博学多识，很有雄才伟略。

他有个好朋友叫鲍叔牙。俩人一起做生意，管仲投入的资金少，但赚了钱以后，他却多拿一份利润，鲍叔牙手下的人忿忿不平，都说管仲贪心，占人家便宜。鲍叔牙却袒护说：“话不能这么说，他家里穷困，比我缺钱，我心甘情愿多分点利润给他。”这就是“管鲍分金”的由来。

他们俩也一起打过仗，每次出兵，管仲总是躲在后头；退兵的时候，他却跑在最前头。人们都讥笑他贪生怕死。

鲍叔牙又为他辩解，说：“老实说，像他这么有勇气的人，天下还很少呢！只因为他母亲年迈，又卧病在床，他当然要保住自己的性命来奉养她，他哪儿是真的不敢打仗呢？”管仲听了这些话，感叹地说：“唉！生我的是父母，但了解我的，只有鲍叔牙啊！”于是他们结为生死之交。

当齐襄公荒淫暴虐的时候，他的两个兄弟害怕遭到迫害，都躲到外婆家去。他们之中，一个叫公子纠，是鲁国的外甥；一个叫公子小白，是莒国（在山东省莒县）的外甥。公子纠拜管仲为师，公子小白则是拜鲍叔牙为师。这两个好朋友，各自帮助一个公子投奔到外婆家。连称和管至父杀死齐襄公时，管仲和公子纠正在鲁国，公子小白和鲍叔牙则正在莒国。公孙无知派人前往鲁国去请管仲，管仲心想：“他们连自己的地位都保不住，还想拖累别人！”就毫不客气地拒绝了。不到一个月，他听说公孙无知、连称、管至父先后被齐国的大臣们杀了。几天后，齐国的使臣来到鲁国，说大臣们派他来接公子纠回去即位。于是鲁庄公亲自率兵，令曹沫为大将，护送公子纠和管仲回齐国。管仲禀告鲁庄公说：“公子小白在莒国，距离齐国很近，万一他抢先一步进入齐国就麻烦了。依我看，还是让我先带领一队人马拦截他吧！”鲁庄公按照他的建议拨了三十辆兵车给他。

《东周列国志》版画之释槛囚鲍叔荐仲图。春秋时期，齐国公子纠与公子小白争位，管仲辅佐公子纠，追杀公子小白，并用箭射中了小白的带钩。后来公子小白在鲍叔牙的辅佐下即位成为齐桓公，鲍叔牙向齐桓公力荐管仲。

管仲领着兵车马不停蹄地往前走，到了即墨（在山东省平度县东南），听说莒国的兵马已经过去了，就奋力地往前赶，一口气赶了三十余里路，两个好朋友和两国的兵马终于碰上了。管仲见公子小白坐在车子里，就上前鞠躬说："公子近来好吗？要到哪儿去呀？"小白说："回国办丧事。"管仲说："您还有一个哥哥，这件事就交给他办吧！别人对您说三道四。"鲍叔牙虽然是管仲的好朋友，但是他为了主人，就横眉竖眼地说："管仲，你少说废话！各人有各人的事，你管不着！"一旁的士兵也摆出不友好的姿态，随时准备动武。管仲假装要离去，却不声不响地弯身搭箭，对准公子小白，嗖的一箭射过去。小白嚎叫一声，口吐鲜血，倒在车上，鲍叔牙连忙上前去救助他，但已经晚了一步。大家见公子遇害，齐声恸哭起来。管仲头也不回地带着人马快马加鞭飞奔而去，跑了一段路，想到公子小白已经死去，公子纠的君位已经稳如泰山了，就放慢步伐，不紧不慢地护着公子纠往齐国去。

没想到管仲射中的只是公子小白的带钩，公子小白当时虽然吓了一跳，但他急中生智，担心管仲再射来一箭，就故意大叫一声，咬破舌尖弄得满嘴是血，倒在车上装死。等管仲走了，他才睁开眼睛，长吸一口气。鲍叔牙于是吩咐大家抄近路，挥鞭疾驰，赶在管仲他们前面到达了临淄。鲍叔牙用其三寸不烂之舌，赞美公子小白的贤能，同大臣们争论着要立他为国君。有些大臣说："已经派人到鲁国去接公子纠了，怎么可以立别人呢？"有的说："公子纠比较年长，按照常理应该立他。"鲍叔牙说："齐国连闹了两次内乱，再不立一个贤德的公子，齐国的太平远看就遥遥不可及了。更何况，如果在鲁国的帮助下立公子纠，他们一定会索要谢礼。从前郑国就是让宋立了子突，宋国才一而再再而三向他们索谢礼，搞得郑国国库空虚，兵战数年。我们难道要重蹈郑国的覆辙吗？"大臣们听了这番话，觉得很有道理，就立公子小白为国君，就是齐桓公。另外还派人去对鲁国说，齐国已经有了新君，请他们不要把公子纠送回来了。可是此时鲁国的兵马已经到达齐国的边界。齐国马上出兵去阻拦。鲁庄公气急败坏，就跟齐国人动起了干戈，没想到竟在乾时（齐地，在山东省临淄县西南）被打得一败涂地，大将曹沫还差点儿命丧黄泉。鲁国的兵马败阵下来，连鲁国汶阳（在山东省汶阳县北）一带的土地也被齐国夺走了。

鲁庄公余恨未消，齐国又兵临鲁国边境，强迫鲁国杀死公子纠，并把管仲交出来，否则只好兵刃相向。鲁国惧怕齐军，只好答应了他们的要求。谋士施伯的使者说："管仲是天下奇才，如不能留在鲁国效命，就把他杀掉。"齐国的使者说："他射过国君，国君恨他入骨，不亲手杀了他，难解心头之恨。"鲁庄公就把公子纠的头颅和活着的管仲交给齐国的使者带回国。管仲坐在囚车里左思右想："让我活着回去，一定是鲍叔牙的主意。万一鲁庄公后悔，派人追杀，我就必死无疑了。"

他于是就在路上编了一首歌，教随行的人哼唱。他们边唱边赶路，越走越起劲，忘了路上的辛苦。结果，预计两天的行程一天就赶完了。后来鲁庄公果然后悔了，但等他派人去追赶时，他们早已离开了鲁境。管仲到了齐国，好朋友鲍叔牙率先前去迎接他，还不断地把他引荐给齐桓公。齐桓公很生气地说："他用箭射我，差点要了我的命，我恨不得吃他的肉剥他的皮，你还叫我重用他？"鲍叔牙说："当时他是公了纠的手下，当然得帮着他，否则他不是不忠吗？他满腹经纶，又有雄才伟略，是罕见的人才，如果主公能够重用他，他必能帮您经营齐国，使您称霸诸侯。"齐桓公听从了鲍叔牙的劝告，就任命管仲为相国。

管鲍之交

"管鲍之交"形容知心好友相互信任，不计得失，情谊深厚。

此典出自《史记·管晏列传》。

春秋时，颍上有二人，一名管夷吾，字仲，一名鲍叔牙。叔牙较富，夷吾则贫穷。他们二人合伙做生意，赚的钱，夷吾拿三分之二，叔牙只拿三分之一，说到本钱，叔牙出得比夷吾多，夷吾只不过点缀而已。因而，鲍叔牙的家人颇为不平。叔世牙说："仲非贪此区区之金，只因他的家境贫寒，我自愿多出本钱，少取利钱。"他们二人商量事情，往往夷吾想出的办法都行不通，人笑其愚，叔牙说："人有遇有不遇，如果管仲遇到了机会，谋可定计，则万无一失了。"

后来，管夷吾曾三次出任，三次被逐，叔牙不但不以其为不肖，反说："哎，只是时机还没有到啊。"

管仲在打仗时，他总是作战在后，撤退在先，人多笑其怯。叔牙说："仲有老母在堂，留身奉养，不是真怯敌之辈也。"

齐襄公有二子，长子名纠，次子小白。管夷吾事子纠，鲍叔牙事小白，后来子纠事败，管夷吾被囚受辱，人以为耻，叔牙说："仲不修小节，而耻功名不显于天下也。"所以后来管仲说："生我者父母，知我者鲍叔。"

管仲后来成为齐桓公（即小白）的相国，完全是由于鲍叔牙的力量。当叔牙推荐管仲于桓公时说："管子是天下奇才，君可用以为相。"桓公说："夷吾射寡人中钩，其矢尚在，寡人每戚戚于心，得食其肉而不厌，况用之乎？"叔牙说："人臣各为其主，射钩之时，知有纠不知有君，君若用之，当为君射天下，岂特一人之钩哉？"

桓公姑听之，但拜叔牙为上卿，任之以国政。叔牙说："君加惠于臣，使不冻馁，则君之赐也，至于治国家，则非臣之所能也。"桓公说："寡人知卿，卿不可辞。"叔牙说："君所知臣者，小心谨慎，循礼守法而已，此具臣之事，非治国之才也。夫治国家者，内安百姓，外抚四夷，劝加以王室，泽布于诸侯，国有泰山之安，君享无疆之福，功垂金石？名播千秋，此帝臣王佐之任，臣何以堪之？"

桓公不禁心动，连忙促膝谈心："如卿所言，当今亦有其人否？"叔牙说："君不求其人则已，必求其人，其管夷吾乎？臣不若夷吾者有五，宽柔惠民，弗若也。治国家不失其柄，弗若也。忠信可结于百姓，弗若也。制礼义可施于四方，弗若也。执枹鼓立于军门，使百姓敢战无退，弗若也。"桓公要召管仲当面谈谈。叔牙说："臣闻贱不能临贵，贫不能役富，疏不能制亲，君欲用夷吾，非置之相位，厚禄其人，隆以父兄之礼不可。夫相者，君之亚也，相而召之，是轻之也，相轻则君亦轻。夫非常之人，必待以非常之礼，君其卜日而郊迎之。四方闻君之尊贤礼士而不计私仇，谁不思用于齐者？"桓公果如其言，用管仲为相，尊为仲父，九合诸侯一匡天下，齐国遂大治矣。

裹饭相食

"裹饭相食"形容友谊真挚；也可表示帮助穷困者。

此典出自《庄子·大宗师》："子舆与子桑友，而霖雨十日。子舆曰：'子桑殆病矣！'裹饭而往食之。"

孔子的弟子曾参，字子舆，他和一个叫子桑的人是好朋友。有一次，连续下了十几天的雨。子舆说："子桑正处于饥馁之中，可能要饿得生病了！"于是，他就带着饭菜去看望子桑。子舆来到子桑门口时，子桑正在屋内又似歌又似哭，弹琴唱道："父亲啊！母亲啊！天哪！人哪！"声音很微弱，吟咏很急促。

子舆连忙走进屋内，说："您吟咏歌诗，为什么会是这样子呢？"

子桑回答道："我正在思考自己如此穷困的原因，却百思不得其解。父母难道愿意看着我穷困吗？天覆盖着万物，对每一个人都一样，没有偏私；地承载着一切，对每一个人也都一样，没有偏私，既然是这样，难道天地偏叫我贫穷吗？我左思右想，还是找不到原因。由此看来，使我落到这般穷困境地的，是命运吧！”

和事天子

“和事天子”指那些不辨是非、一味和稀泥的人。

此典出自《资治通鉴·唐景龙三年》：“命琬与楚客结为兄弟，以和解之。时人谓之‘和事天子’。”

唐中宗（李显）时期，有一个监察官叫崔琬。一次，他在皇帝面前揭发宗楚客等人，暗中勾结边民，接受贿赂，导致边境发生战乱和祸患。宗楚客愤怒地极力辩解。

唐中宗不但不进行追查，弄清事情的来龙去脉，反而命令崔琬和宗楚客二人结为兄弟，和解此事。当时，人们称唐中宗为“和事天子”。

户限为穿

“户限为穿”形容来访者很多。

此典出自《宣和画谱》。

陈、隋年间，有一位著名的书法家叫智永，名法极。他是晋代大书法家王羲之的七世孙，在山阴（今浙江绍兴）永欣寺为僧，当时人称“永禅师”。智永继承祖法，精勤书艺。据说，他坚持练字三十年，写坏的废笔就积了十大瓮，把这些瓮埋在一起，竟筑成了一个墓，称为“退笔冢”。

相传，智永曾手写《真草千字文》八百余篇，分送浙东各个寺庙。由于他的书法成就卓越，因此他的名望也很高。当时，前往永欣寺求书的人络绎不绝，竟把智永的门槛都踏破了，只好裹上铁皮，称为“铁门限”。

华封三祝

“华封三祝”是指华州守卫边疆的小官祝愿尧的三件事：长寿、富有、多子。后用以表示祝颂。

此典出自《庄子·天地》：“多男子则多惧，富则多事。寿则多辱，是三者，非所以养德，故辞。”

传说上古时代有一个帝王陶唐氏，号为尧。有一次，尧到华州（陕西省华县）视察。华州守卫边疆的小官见尧颇有圣德，就祝愿他长寿、富有、多子，并对他说：“您是圣德之人，请允许我祝福您。”

那个小官说：“祝愿您长寿。”尧说：“不敢当。”小官又说：“祝您富有。”尧说：“不敢当”。小官还说：“祝您多生儿子。”尧说：“不敢当。”

小官说：“长寿，富有，多子，是人所追求的。可是您偏偏不追求，为什么呢？”

尧说：“儿子多了，使养育者忧惧加重；富有了，反而容易多事；长寿，就会遭受更多的屈辱。这三件事，不仅不能够修养清静无为的德性，反而会带来烦恼和拖累，因此我不想接受你的祝愿。”

黄耳寄书

“黄耳寄书”指传递书信。

此典出自《晋书·陆机传》:“初机有骏犬,名曰黄耳,甚爱之。既而羁于京师,久无家问,笑与犬曰:‘我家绝无书信,汝能赍书取消息不?’犬摇尾作声。机乃为书以竹筩盛之而系其颈,犬寻路南走,遂至其家,得报还洛。其后因以为常。”

西晋时有一个著名的文学家叫陆机。他的家乡在浙江会华亭,他在京城洛阳做官。由于路途遥远,通信很不容易。

陆机喜欢打猎,他养了一条猎犬叫黄耳。黄耳性情聪慧,很通人性。曾有人将它借出三百里外,它竟能认路自己跑回家。陆机很宠爱黄耳,和它形影不离。

有一次,陆机很长时间都没有收到家信。他就对黄耳开玩笑地说:“你能带上我的书信跑回老家,替我传递消息吗?”没想到黄耳竟然听懂了他的话,表现出十分乐意的样子,又是摇尾巴,又是“汪汪”地大叫。

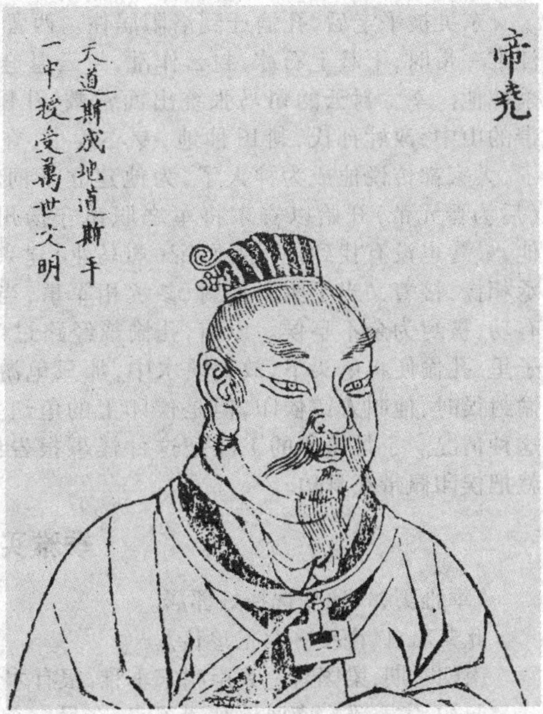

帝尧像,图出自明·天然《历代古人像赞》。

于是陆机就写了一封信,用竹筒装上,套在黄耳脖子上。黄耳沿着驿路,朝着家乡方向不停歇地跑去。饿了,捉些小动物吃;遇到江河,就向过渡的人摆尾让人带着它渡船过河。

就这样,这条聪明的狗终于跑到了陆机的家。一进大门,它就用嘴衔起竹筒,向陆机的家人“汪汪”直叫。家人打开竹筒看到陆机的信,真是又惊又喜。等家人看完信,黄耳又向陆机的家人叫个不停,像是在要求什么。陆机的家人明白它在要求回信,便写好信装入竹筒,仍然系在黄耳脖子上。黄耳蹦蹦跳跳地又带上它沿着来路跑回洛阳,向主人复命。

黄耳送信来回总共只花了二十五天。而如果用人传递,则需要五十天。于是从那以后陆机就常常让黄耳送信。

回眸之报

“回眸之报”形容知恩报恩。

此典出自《晋书·孔愉传》。

孔愉,字敬康,晋代会稽山阴人,他的祖先居住在梁国。他的曾祖父孔潜在东汉任太子少傅,东汉末年避难来到会稽,就在此地住了下来。祖父孔竺,在东吴任豫章太守。父亲孔恬,任湘东太守。堂兄孔侃,任大司农。他们在长江下游以东地区(即今江苏省一带),都有很大的名气。孔愉十三岁时,父亲去世了,孔愉担负起侍奉祖母的责任,对祖母非常孝顺,远近皆知。孔愉与同郡的张茂(字伟康)、丁潭(字世康)齐名,当时人称“会稽三康”。

东吴被平定后，孔愉迁到洛阳居住。西晋惠帝（司马衷）末年，孔愉回到乡里，走到江淮一带时，下赶上石冰、封云作乱，封云逼迫孔愉当参军，孔愉不肯就范，封云就打算杀掉他。幸亏封云的司马张统出面营救，孔愉才幸免于难。他东还会稽，进入新安一带的山中，改姓孙氏，耕田种地，专心读书，在乡里很有信义。一天，他忽然舍家出走了，大家都传说他成为神人了，为他建立了祠堂。永嘉（公元307—312年）时，司马睿（后为晋元帝）开始以安东将军之职镇守扬州，任命孔愉为参军。宗族的人四处寻找他，最终也没有找到他。晋愍帝（司马业）建兴（公元313—316年）初年，他才应召，任丞相掾，接着又当了驸马都尉、参丞相军事，当时，孔愉已经五十岁了。由于征讨华轶有功，被封为余不亭侯。以前，孔愉曾经路过余不亭，在路上，他看见有人把龟放在笼子里，孔愉便将龟买下，放到溪水中，那只龟游至中游后，从左边回头看了多次。到孔愉封侯时，他叫人铸侯印，但是侯印上的龟纽头却向左边旋转，铸了三次，三次都出现这种情况。于是铸印的工匠把这件怪事报告给孔愉，孔愉心里明白事情的真相，于是就把侯印佩带在身边。

季雅买邻

“季雅买邻”比喻选择好邻居。

此典出自《南史·吕僧珍传》。

南朝时期，梁国有一大臣叫宋季雅，很有才干。梁武帝萧衍十分器重他。

起初，宋季雅在南康郡被罢了官，在另一个大臣吕僧珍（字元瑜）的住宅旁边买房住下来。吕僧珍问房屋的购价，宋季雅回答道：“一千一百万。”吕僧珍责怪他房价太高了。宋季雅说：“我花一百万买房子，花一千万买个好邻居。”

剪发待宾

“剪发待宾”表示诚心诚意接待客人。

此典出自《世说新语·贤媛》：“湛头发委地，下为二髲，卖得数斛米，斫诸屋柱，悉割半为薪，剉（cùo）诸荐以为马草。日夕，遂设精食，从者皆无所乏。逵既叹其才辩，又深愧其厚意。明旦去，侃追送不已，且百里许。”

陶侃（公元259—334年，晋代浔阳人，字士行）年少时有大志，幼年失去父亲，家境贫寒，与母亲湛氏二人相依为命。湛氏靠纺线织布供养陶侃，让他同知名人物结交。同郡人范逵很有名望，被荐举为孝廉，一天他到陶侃家投宿。当时，正值严冬，一连几日冰天雪地，陶侃家空无所有，而范逵的车马、仆人众多，怎么办呢？母亲湛氏对陶侃说：“您只管到外面留住客人，我自有办法。”湛氏的头发长得很，一直垂到地上，她就“咔嚓”一声把头发剪下来，做成两套假发，拿出去卖了，换回几斛米，又去砍掉房屋的柱子，割下一半当柴禾，把草垫子剁碎当马草。到了傍晚，已经准备好了精美的饭食，范逵的车马、仆人都被照顾得很周到。范逵既赞叹陶侃的才智和口才，又对他的深情厚谊深感不安。第二天早晨范逵临走时，陶侃追在后边一个劲儿地送行，送了百里的路程。范逵说：“已经走出很远了，您应该回去了。”陶侃还是不肯回去。范逵说：“您可以回去了！我到了洛阳，一定相机为您说好话。”此时，陶侃才肯回转。范逵到了洛阳。在羊晫、顾荣等人面前夸奖陶侃，使他获得了很大的声誉。

江上处女

“江上处女”这个故事说明：与人方便，于己无害，何乐而不为。

此典出自《战国策》：“夫江上之处女，有家贫而无烛者。处女相与语，欲去之。”

江岸上住着一群姑娘。有一个姑娘家里贫困，点不起灯，便常来这里借光。这群姑娘相互商量，想把她赶走。

她在离开的时候，对姑娘们说：“我因为点不起灯，常来借光，所以总是最先赶到，打扫房屋，铺好席子。你们何必吝惜这点照在四面墙壁上的一些余光呢？如果你们将一点余光送给我，这对你们又有什么影响呢？我自己认为对你们多少有一点好处，为什么要把我赶走呢？”

姑娘们相互一商议，觉得她说得有理，就将她留下来了。

交浅言深

“交浅言深”表示对交情不深的人恳切地加以规劝。

此典出自《战国策·赵策四》：“服子曰：‘公之客独有三罪，望我而笑，是狎也；谈语而不称师，是倍也；交浅言深，是乱也。’”

战国时期，赵国有个人名叫冯忌。有一次，他去见赵王，想陈述自己关于治国的意见。

当他见到赵王时却又欲言又止。赵王觉得奇怪，就问他为什么。他回答说：“听说有人给服子引见了一个人，服子接见了那个人之后，对引见的人说：‘你引见的人有三罪：第一望我而笑，是态度不庄严；言不称师，是违背了常礼；交浅言深，是乱了常理。’那人却说：‘望人而笑，是态度和蔼；言不称师，是一般说法；交浅而言深，是对人忠实。’我和大王初次相见，可否让我谈谈自己的意见？”赵王说：“那好，有意见就请谈吧。”于是冯忌便说：“听说大王想买马，有此事吗？”赵王回答说：“有。”“为什么还没有派人去买呢？”冯忌问。赵王说：“没有识马的人。”“为什么不派建信君去呢？”冯忌又问。赵王说：“建信君有国事，并且他不会相马。”“那为什么不派纪姬去呢？”冯忌再问。赵王说：“因为她是妇人，并且也不识马。”冯忌又故意问道：“马的好坏与国家的安危有什么关系呢？”赵王说：“没有。”冯忌说：“既然没有什么关系，那就希望大王以国事为重，多多考虑国家的安危与人民的疾苦。”赵王听了冯忌的话，默而不语。

陶侃像，图出自清·顾沅辑《古圣贤像传略》。

见笑大方

“见笑大方”表示被内行的人笑话，一般用作自谦；也作“贻笑大方”

此典出自《庄子·秋水》：“吾长见笑于大方之家。”

秋天水涨的时候，无数小溪的水都汇集于大河，于是大河被灌满了，一片汪洋，景色非常美丽。河伯欣然自喜，以为天下的壮观都在自己这里。自喜过后，他就想到其他地方看看，于是顺流东下，到了北海。河伯朝东一望，不见边际。他转过脸来，“望洋向若而叹。”(意思是：抬头望着海神若，感慨叹息。)他沉思片刻后叹道：“俗话有这样的说法啊！我曾经听说，有些人自以为孔丘的见闻比他少，同时又蔑视伯夷的德行。开始，我还真不敢相信有这样狂妄自大的人，现在我看到了你的博大无穷，才知道自己的狂妄无知。我如果不到你这里来看一看，那就糟糕了！‘吾长见笑于人方之家’(意思是：我将永远被那些有学问、有见识的人所嘲笑)。”

结草衔环

“结草衔环”比喻真心实意地感恩报德。

此典出自《左传·宣公十五年》。

晋国魏武子经常嘱咐儿子魏颗，命魏颗在他死后，把一个没有生过儿女的爱妾嫁给别人。到了武子病重时，又再嘱咐魏颗，要让那爱妾陪葬。后来武子死了，魏颗认为武子在病危时的嘱咐是一派胡言，就根据武子病重前的嘱咐，把武子的爱妾嫁出去了。后来，魏颗领兵和秦国打仗，看见战场上有一个老人，把地上的草都打成结，缠着秦国战马的脚，使秦军的兵将纷纷坠地，魏颗因此大获全胜，并抓获了秦军的勇将杜回。当晚，魏颗梦见那位在战场上结草的老人，自称是出嫁妾的父亲，他非常感激魏颗救了他女儿，因此在战场上结草，帮助魏颗打了一场胜仗。

杨宾在九岁时，在华阴山北捉了一只受伤的黄雀回家饲养，等到黄雀伤好以后能飞的时候，才把那只黄雀放飞。后来杨宾梦见黄雀回来，自称是西王母的使者，嘴里衔着四枚白环，献给杨宾，说将来杨宾的子孙都会像白环一般珍贵。后来杨宾的子震，孙秉，曾孙赐，玄孙彪果然都飞黄腾达。

解衣推食

“解衣推食”形容在上位的人与下属同甘共苦，现在也常用来形容能以至诚待人。

此典出自《史记·淮阴侯列传》：“汉王授我上将军印，予我数万众，解衣衣我，推食食我，言听计用，故吾得以至于此。”

秦朝末年(秦二世时)，各国诸侯都纷纷反抗暴秦，当时韩王的后代韩信也带了一把剑去参军。起初他投在项梁部下，项梁死后，便在项羽部下做个小官，很不得志。后来投到汉王刘邦(即汉高祖，当时被项羽封为汉王)部下，由于萧何大力推荐，韩信被汉王重用了。他不但替汉王夺得了很多地方，而且杀死了楚国的龙。项羽听到了这个消息，很惊诧，便派人去劝他脱离刘邦，和项王(项羽)联合反对汉王，分土地自立为王。

韩信对项羽派来的使者说：“我从前在项王部下，只是一个郎中，言不听，计不从，所以我才投到汉王门下来。汉王授我上将军的印绶，让我指挥几万名士兵，还亲自脱下衣服给我穿，又将他吃的东西让给我吃；他非常信任我，也愿意采纳我的计策，因此我才有今天这样的成就和光荣。他这么信任我，我宁死也不愿意背叛汉王的，请你替我答谢项王吧！”

金石为开

“金石为开”比喻真诚产生的力量。

此典出自《西京杂记·第五》：“李广……复猎于冥山之阳，又见卧虎，射之没矢饮羽，进而视之，乃石也，其形类虎。退而射，更镞破杆折而石不伤。余尝以问扬子云，子云曰：‘至诚则金石为开。’”

李广冥山射虎图

西汉时，有一位著名的将领叫李广，他擅长骑马射箭，作战异常勇敢，人称“飞将军”。有一天，李广到冥山南麓打猎，突然发现草丛中伏着一只老虎。李广连忙张弓搭箭，奋力向老虎射去，但老虎却一动也没动。等了一会儿，李广走近一看，原来草丛中并没有老虎，而有一块形状很像老虎的大石头。李广再去看刚才射出的箭，只见连头带尾都嵌进了石头里。李广不相信自己会有那么大的力气，后退了几步，把弓拉得满满的又向石头射去，却再也射不进去。李广走到石头前面，拾起刚射出的几支箭，只见有的箭头破碎了，有的箭杆折断了，但石头上却没有留下任何痕迹。

关于这件事，有人去请教学问家扬雄（扬雄字子云），扬雄回答说：“诚心诚意，就是像金石那样坚硬的东西也会被感动的。”

近朱者赤，近墨者黑

“近朱者赤，近墨者黑”比喻人与周围事物、人际之间习性的关系，常因环境等改变自己。

此典出自《北堂书钞》六十五卷引《晋傅玄少傅箴》：“夫金木无常，方圆应形，亦有隐括，习与性成，故近朱者赤，近墨者黑。”

晋朝的大臣傅玄是个品学兼优的人，为人正派，很受皇帝敬重，被任命做太子的首席教师——太子少傅。

皇太子府里属员很多，有宫女、太监以及一大批为太子办事的官吏。这些人为讨太子欢喜，阿谀逢迎，陪着太子玩耍，太子为所欲为，在这样的环境中，要想学好是很难的。为此，傅玄非常忧虑。有一天，他给太子讲课的时候，讲道：“想做一个好人，做一个好皇帝，你一定要多接近正派人。譬如，常接近朱砂，就会被它染红；多接近墨水，就会被它染黑。对自己则一定要严格要求，行为要端正，做到这些，周围的人才会跟你学，正派的人才会围绕到你身边来。譬如：声音清亮，回声就一定和谐；自己站得直，影子就一定不会斜。你如果多接近正人君子，那么符合德义的话就会听得多，自己的行为就会逐渐符合规范准则。

如果你多接近小人、那就好像进入卖鲍鱼的店一样，时间久了，你就闻不到兰花的芳香了。”后来皇帝听到了傅玄的这番话，觉得很有深意，就命人把它写在屏风上，放在太子的房里，让他每天读一遍，把它叫做《太子少傅箴》。

敬而远之

“敬而远之”指既不得罪，也不亲近。

此典出自《论语·雍也》：“敬鬼神而远之，可谓知矣。”

秦朝末期，以孔丘为代表的儒家提倡一种涵意极广的道德规范——仁。孔子认为，仁包括恭、宽、信、敏、惠、智、勇、忠、恕、孝、悌等内容，其实行的方法是“己所不欲，勿施于人”和“己欲立而立人，己欲达而达人”。有一次，孔子的学生樊迟问他怎样才算智。孔子说：“致力于老百姓应该遵从的道德，尊敬鬼神但要远离它，就可以说是智了。”樊迟又问怎样才算仁，孔子说：“先作艰苦努力，然后得到结果，便可以说是仁了。”

开诚布公

“开诚布公”比喻发表或交换意见时态度诚恳，真诚坦率地谈出自己的看法。

此典出自《三国志·蜀志·诸葛亮传评》：“诸葛亮之为相国也……开诚心，布公道。”

诸葛亮是三国时蜀汉的一位著名的政治家和军事家。曹丕代汉以后，他支持刘备称帝，自任丞相。建兴元年(公元223年)，刘备之子刘禅继位，诸葛亮被封为武乡侯，领益州牧。政事无论大小都由他决定。诸葛亮当政期间，励精图治、赏罚分明，被当时的人们和后人所称道。

《三国志》作者陈寿在为诸葛亮作传记时，曾写下了一段评语，说他当丞相时，爱护百姓、秉公办事、诚心待人、坦白无私。

沆瀣一气

“沆瀣一气”比喻双方互相串通。现在，多用它比喻臭味相投的人互相勾结。

此典出自《南部新书·戊集》：“乾符二年，崔沆放崔瀣榜，谈者称”“坐主门生，沆瀣一气”。

我国唐代盛行科举考试，只要在考试中金榜题名，就可以做官，青云直上。所以，考场内外免不了徇私舞弊，惹得朝野上下议论纷纷。话说唐僖宗即皇位后，改年号为乾符。乾符二年(公元875年)，唐朝又举行科举考试。这次考试的主考官，名叫崔沆；有一个参加考试的人，名叫崔瀣，是崔沆的学生。考试完毕，张榜公布考试结果时，崔瀣榜上有名。于是，有人嘲笑：“考官和学生，互相来串通。”

口血未干

“口血未干”形容立盟未久，随即毁约。

此典出自《左传·襄公九年》：“与大国盟，口血未干而背之，可乎？”

春秋时期的郑国，国小力弱，经常受到晋国和楚国的威胁。晋国和楚国是当时的强国，都想凭借武力攻占郑国。有一年，晋国联合鲁国、齐国、宋国、卫国、曹国、韩国、杞国，进攻郑国。

郑国抵挡不住晋军，就派人同晋军将领讲和。但是晋军的将领不愿意讲和。他说：“现在讲和不行，我们要先把郑国控制起来，等候楚国来救援，等打败了楚军，郑国没有了依靠，彻底降服我们时，才能允许郑国求和！”

晋军另一将领知武子却说：“我看还是先与郑国讲和为好。我们可以答应郑国，先撤回军队。这样可以引诱楚国出兵攻打郑国，等楚军打得疲累的时候，我们便能轻而易举地击退楚军。这是君子用智，小人用力的良策，总比和他们硬拼好。”

跟随晋军的各个诸侯国的军队，原本就不愿意打仗，便拥护知武子的主张，都同意和郑国讲和。于是双方决定在戏地结盟。

在结盟的仪式上，晋军方面的代表宣读盟书说：“从今以后，郑国如果对晋国不唯命是从，就会像盟书上所写的那样，遭到老天惩罚！”

郑国的卿士公子骈立刻接着说：

“我们郑国夹在你们晋、楚国两大国之间，是上天降给我们的灾祸！从今以后，如果大国不友好地对待郑国，攻打我们，让郑国的百姓受苦受难，那就像盟书上所写的那样，要遭到老天的惩罚。如果郑国不服从礼仪，也像盟书上写的一样！”

郑国与晋国结了盟，晋军退回国去，郑国暂时平安无事了。可是没过多久，楚国派兵来郑国问罪。

郑国的大夫们，有的主张抵抗，有的主张求和。公子騑说：“还是求和吧，没有别的办法啦！”

子孔和子騑担心地说：“我们刚刚与晋国结盟，每人歃血时的口血还没有干就违背它，这样行吗？”

公子騑说：“怎么不行？与晋国结盟时我说的是‘服从大国’，现在楚军来到，晋国不来救援，楚国也是大国，我们可以与他们结盟。况且那次结盟是晋国逼迫的，不是诚信的，可以违背它！”

于是，郑国派人与楚同讲和，并且结了盟。楚军就离开郑国，撤回去了。

枯鱼过河

“枯鱼过河”比喻古代被鱼肉的劳动人民，在危难中相互帮助的深厚情谊。

此典出自《古乐府·枯鱼过河泣》：“枯鱼过河泣，何时悔复及！作书与鲂鱮，相教慎出入。”

这段话意思是说：

离水的鱼啊，望着河水哭泣，

如今后悔啊，哪里还来得及；

捎信寄语啊，水中的鲂和鲗：

牢记教训啊，出入不可大意！

两人一心

“两人一心”说明团结谋事，事必成；共同创业，业必竟。

此典出自《燕书》：“越人甲父史与公石师交，甲父史能计而弗决，公石师善决而计疏，各合其长，事无留行，人两而一心也。”

越国人甲父史和公石师交情深厚。甲父史善于谋划却优柔寡断，公石师善于决断但用计粗疏。两人把各自的长处合起来，做任何事都会成功的。人是两个，心却是一个。后来，因为言语冲撞互相争吵，两人分手，自理政事便常遭失败。

密须奋哭着劝谏二人说：“你们没听说大海里有一种动物叫水母吗？水母没有眼睛，

依靠虾子帮它走路，虾子也依赖水母吃食活下去，双方不能失掉其中任何一方！水母的事情暂且不说了，你们还曾听说过琐珪这种动物吗？它们肚子里藏着螃蟹，饥饿了，螃蟹就爬出去寻找食物，回来后琐珪就饱了，否则就要饿死，螃蟹也需要一个自己的巢窝，这也是双方不能失掉一方呀！琐珪的事姑且放在一边，你们没听说过夏屋山的蟨鼠吧？它与邛邛岠虚靠近生活，为邛邛岠虚吸取甘草，一碰到灾难，邛邛岠虚就把蟨鼠背起来逃跑，这也是两方不能失掉任何一方呀！蟨鼠的事情暂且不提，你们没听说过西方有一种共命鸟吗？一个身子两个头，性情多忌，饥饿了两个头就互相啄咬，等到一方打盹了，另一方就衔来毒草杀害对方，及至毒草咽下喉咙，两个头就都死了，这也是双方不能失掉一方呀！以上这些都是山虫海物罢了，不足为怪。在人类中也有同样的事情，北方有一种肩膀并生的人，轮流着吃饭又轮流着望路，失去任何一方就会立刻死去，这也是双方不能失去任何一方呀！现在，你们二人的事情很像上面所的说这些例子，你们和他们的区别，只不过是形体不同，而事情的实质却是完全相同呀！你们为什么要分手呢？"

两个人听了互相看望着说："假使没有密须奋这一番话，我们将会越来越倒霉了！"于是，两人和好如初。

如鱼得水

"如鱼得水"比喻与人相处很融洽或环境对自己很适合；也比喻得到很需要的、不可缺乏的助手。

汉昭烈帝刘备像，图出自《图像三国志》。

此典出自《三国演义》第三十九回。刘备三顾茅庐请来了孔明，就像对待师长一样对待孔明，十分尊敬他。两人感情深厚，一起吃饭，一起睡觉，一起讨论天下大事。刘备的结义兄弟关羽和张飞心里不服，对刘备说："孔明年幼，有什么才学？兄长太厚待他了！"刘备说："我得到孔明，就像鱼儿得到水一样。你们以后不要再这样说了。"

一天，有人送牦牛尾来，刘备亲自结在帽子上。孔明进来看见了，很严肃地对他说："您不再有远大的志向，只能做做这种事吗？"刘备连忙把帽子丢在地上说："我只是借它来消除我的忧虑。"孔明说："您自己认为与曹操相比怎么样？"刘备说："我不如他。"孔明说："您只有几千兵马，万一曹兵来到，用什么去迎击他呢？"刘备说："我正在为此事忧虑，还没有想出一条好计策。"孔明说："抓紧时间招募民兵，我亲自训练他们，可以待敌而战。"

不久，曹操命夏侯惇引兵十万，杀奔新野来了。张飞听到消息，对关羽说："现在就让孔明去迎敌吧。"这时，刘备正好来召二人。刘备问他们："夏侯惇引兵到来，如何迎敌？"张飞说："哥哥怎么不让'水'去？"刘备说："智谋要靠孔明，争斗必须靠二位兄弟，怎么可以推诿？"刘备授孔明以剑印，让他发令。孔明一一调派完毕。关羽问："我们都去迎敌，不知道军师在做些什么？"孔明说："我只坐守县城。"张飞一听，大笑说："我们都去厮杀，你却坐在家里，好不自在！"刘备见此情形，说："岂不闻'运筹帷幄之中，决胜千里之外'？二弟不可违令。"张飞冷笑而去。众将领也不明白孔明的韬略，虽然遵命，但都满怀疑虑。结果博望坡一战，杀得曹军尸横遍野，血流成河。孔明收军，关羽、张飞都称赞说："孔明真是一位英杰！"

路遥知马力，日久见人心

"路遥知马力，日久见人心"比喻真正的友谊或情谊是经得起时间考验的。

此典出自元代无名氏《争报恩》第一折："我少不得报答姐姐之恩，可不道路遥知马力，日久见人心。"

浙江淳安县锦沙村徐家三兄弟，老三徐哲早亡，留下妻颜氏和二男三女。老大徐言和老二徐召商量说："你我各只有一子女，老三倒有五个，将来男婚女嫁，分起家产来，你我岂不吃亏？不如即今三股分家为是。"他两人欺负颜氏是个寡妇，私下将田产搭配停当，只拣不好的留给侄子，牛马归了自己，却把老仆阿寄夫妻当做牛马分给颜氏。那颜氏拗不过，只是啼哭。亲友明知分得不公，哪个肯出头说话？却说阿寄已五十多岁，心想："原来拨我在三房，一定是以为我没用了。我偏要争口气，帮这孤儿寡母做个事业起来。"便和颜氏商量道："老奴年纪虽大，路还走得，苦也受得，那经商道业也都明白，三娘急急收拾些本钱，待老奴去做生意，营运数年，怕不挣起个事业？"颜氏依言，变卖得十二两银子，交给阿寄去了。

阿寄从淳安乡里收购些生漆，由船运至苏州，正遇缺漆，不到三日卖个干净，足足赚个对本对利。返程又籴六十担籼米，运至杭州，又赚了十多两银子，如此数次往返，已赚得六七倍利息，再去收漆，已是大客人了。本大利大，一年有余，长有两千余金。于是将银两裹好，晏行早歇，不到一日，回到家中，颜氏见着许多银两，喜出望外。徐言兄弟听说阿寄归了，特来打听，待见颜氏竟用一千五百两银子购下良田千亩，庄房一栋，吓得伸出了舌头，半日也缩不回去。

正是：路遥知马力，日久见人心。

颜氏得阿寄忠心经营，十年之后，家私巨万，便将家产分出一股与阿寄的儿子，两家子弟叔侄相称。

绿衣使者

"绿衣使者"指信使。后人也称邮递员为绿衣使者。

此典出自《开元天宝遗事·鹦鹉告事》："长安城中有豪民杨崇义者……忽一日醉归，寝于室中，刘氏与李同谋而害之……后来县官等再诣崇义家检校，其架上鹦鹉……曰：'杀家主者，刘氏、李也。'官吏等遂执缚刘氏，及捕李下狱……封鹦鹉为绿衣使者。"

唐玄宗开元年间，长安有个富豪，名叫杨崇义。他养了一只红嘴绿羽的鹦鹉。这只鹦鹉聪明伶俐，还能够学人讲话，很受主人宠爱。

杨崇义喜欢喝酒、交游。他经常在外观花赏月，饮酒作乐，有时十天半月也不回家一次。

有一次，杨崇义将近一个月没有回家，他的妻子刘氏吩咐家人四处寻找。一连几天都没有找到。刘氏便请人写了状子，告到万年县府。

万年县令接到状子后，立即派出衙役，传讯所有与杨崇义有过交往的人，前后涉及一百多人，却一点线索也没有得到。

因为找不到线索，万年县令决定亲自到杨家勘查。县令来到杨府，见刘氏貌美年轻，虽然身着素服，但脸上却薄施胭脂，散发浓香，心中不免产生疑团。县令劝慰刘氏几句，便让她回屋休息。自己带领几名随从，由杨家老仆杨安引路，顺着一条长廊，朝后花园走去。当他们走到长廊西头一间堂屋跟前时，突然听到一阵高叫："杀死我主人的是刘氏和李弇(yǎn)！"县令吃了一惊，四处察看，却不见一个人影。他正在疑惑，忽见杨安用手向上一指，说："老爷，是我家鹦鹉在说话！"县令便问杨安："李弇是谁？和你家主有什么关系？"杨安回答说："他是邻居家的一个青年男子，与家主没有什么交往。"县令又问："你家后花园有没有门？"杨安说："紧靠李家有个便门，钥匙由刘氏保管，但并没有人由此出入。"

如此来，县令完全明白了。他立即下令逮捕李弇和刘氏到县衙归案。经过审讯，两人终于供认了合谋杀害杨崇义的罪行。

原来，李弇是个花花公子，他趁杨崇义久出不归，深夜潜入杨家，与刘氏勾搭成奸。一天，杨崇义喝得酩酊大醉回家，早已暗藏在屋内的李弇趁机用绳子把他勒死。等到夜深人静的时候，李弇和刘氏就把杨崇义的尸体偷偷抬到后花园里，埋在一口枯井中。他们自以为他们做的神不知鬼不觉，没想到他们拖着尸体经过长廊时，正好被那只机灵的鹦鹉看在眼里，记在心上，于是导致案情败露。

鹦鹉破案的奇闻轰动了长安城，并且很快就传到唐玄宗耳里。他觉得很惊奇，便命人把鹦鹉传进宫中，还封它为"绿衣使者"。有个名士张说(yuè)专门为此写了一篇《绿衣使者传》。从此，"绿衣使者"就成了鹦鹉的代称。

莫逆之交

"莫逆之交"指彼此情投意合，友谊深厚。

此典出自《庄子·大宗师》："子祀、子舆、子犁、子来四人相与语曰："孰能以无为首，以生为脊，以死为尻，孰知死生存亡之一体者，吾与之友矣。"四人相视而笑，莫逆于心，遂相与为友。"

从前，有四个怪人，主张万事万物应顺应自然，认为天地间"无"是最崇高的。有一天，这四个怪人子祀、子与、子犁和子来聚在一起，热烈地讨论着"无"的崇高和伟大。最后，四人取得到了相同的看法"无"就像人的头一样，起着至关重要的作用。分别时，四人都非常高兴，认为他们心心相通，友谊将天长地久。

过了一段时间，子与生病了，子祀去探望。子与出门迎接时，弯着腰，低着头，高耸起两肩，背上长了五个大脓疮。由于过分地弯着腰，脸只好紧贴着小肚子，但他却坦然地牵着子祀的手，一块走到井边，从井里照见了自己的形象后，他回头对子祀说："上天真是伟大啊，使我成为这样的人！"

子祀见子与闲适平静，就随口问道："你对你的病一点也不担忧吗？"子与说："干嘛要忧虑呢？人的生死本来是上天安排好了的，我只要顺应自然就行了。"

不久，子来也害了病，大口大口地喘着气，神情非常痛苦，眼看就要死去。子犁来看子来，看到子来的妻子悲伤地痛哭。子犁大声地喝开子来的妻子，坐在床边和子来说道："唉，你的妻子真不懂事！伟大的造物主正在使你变化，怎么能随便惊动你呢？"

子来感激地说："如果一个铁匠正在打铁时，火炉中的一块铁突然跳了起来，那铁匠一定认为是不祥之兆。天地是一个大熔炉，阴阳是一个伟大的铁匠。我现在正在被天地铸造着，怎么会痛苦呢？"子犁紧紧握着子来的手，说："我们真是知心朋友！"

南楼理咏

"南楼理咏"指文人集会或用以表现月夜景致。

此典出自《世说新语·容止》："庾太尉在武昌，秋夜气佳景清，使吏殷浩、王胡之之徒登南楼理咏。音调始遒，闻函道中有屐声甚厉，定是庾公。"

庾亮（公元289—340年），东晋颍川鄢陵人，字元规。曾任中书令，执掌朝政。陶侃死，庾亮代镇武昌。死后被追赠为太尉，谥号文康。

庾亮镇守武昌，时值秋夜气佳景清，他邀请属吏殷浩、王胡之等人登上南楼温习吟咏。音调正强劲有力的时候，楼前的小道上传来响亮的木屐声，人们料定，是庾亮来了。果不其然，过了一会儿，庾亮带领十来个随从走来，诸位才子想起身回避，庾亮慢悠悠地说："诸位请再留一会儿，我对这里的兴趣很浓呢！"于是，他坐在床上，与大家一起吟咏、笑谈，气氛非常融洽快乐。

轻诺寡信

"轻诺寡信"比喻轻易许下诺言的人很少守信。

此典出自《老子》第六十三章："夫轻诺必寡信，多易必多难。"

在《老子》第六十三章中，老子运用朴素的辩证观点，提出了防患于未然的主张。

老子说：有道者的作为，若无所作为。他办事情，若无事可办。他玩味问题，若无问题可玩味。他把小事看成大事，把少事看成多事，用恩德报答仇恨。他考虑难事是在这件事还是简单的时候；处理大事是在这件事还是细小的时候。这是因为天下的难事一定是由简单开始；天下的大事一定是由细小开始。所以圣人永远不处理大事（因大事已化小，无大事可处理了），所以能成就大事。人们轻易应允别人的要求一定很少遵守信约。把事情看得容易也一定多招致困难。圣人可以看出一切事情的难处，所以永远没有（能克服）困难。

卿言复佳

"卿言复佳"指韬光养晦，避祸安身；也可用它指一味附和他人的意见，自己不表示任何见解。

此典出自《世说新语·言语》注引《司马徽别传》："如君所言，亦复佳。"

司马徽，东汉末年颍川阳翟人，字德操，善于知人，人称水镜。刘备曾向司马徽寻访人才，司马徽向刘备推荐了诸葛亮、庞统。

司马徽有远见卓识，擅长认识和鉴别人才，居住在荆州。他知道荆州刺史刘表阴险狠毒，一定会因忌恨而残害有才能的人，于是他对当时的任何人才都不进行品评和议论。有人和他谈话一开始，司马徽就不去评论人物的才德高下，不论谈到谁，他一概说"好"。

他的妻子不满意，劝他说："人家有不明白的地方，请您谈谈自己的见解，这也是看得起您。您应该区分人物的优劣、高下，并加以谈论。可是，不论谈到谁，您全都说'好'，不是辜负了别人虚心向您请教的好意吗？"司马徽慢条斯理地回答道："贤妻您说的这番话，也很好。"他措辞婉转、说话谦逊、回避矛盾已经达到了这种程度。

有一次，某人丢了猎狗，他以为司马徽的猎狗就是自己的那条猎狗，前来认领，司马徽就把猎狗给了他。后来，那个人找到了自己的猎狗，就把司马徽的猎狗完璧归赵了，并叩头谢罪。司马徽不但不抱怨，反而说了很多表示感谢的话。又有一次，荆州刺史刘表的儿子刘琮拜访司马徽，就派随从先去询问司马徽是否在家。当时，司马徽正在园子里锄地，刘琮的随从问他："司马徽先生在家吗？"司马徽回答道："敝人就是司马徽。"刘琮的随从见他相貌非常丑陋，以为不是司马徽，就不客气地骂道："该死的奴仆，我家刘将军的公子要求见司马徽先生，你是这么下贱的奴仆，竟敢冒称是司马徽先生！"司马徽回家后，剃头刮脸，戴好头巾，出来相见。刘琮的随从看到司马徽就是刚才被他骂的老头，非常恐慌连忙向刘琮报告。刘琮站起身来，向司马徽叩头赔罪。司马徽说："公子千万不可行此大礼，我都羞愧了。我在园中锄地，只有您知道啊！"

曲高和寡

"曲高和寡"指作品或言论的格调越是高雅，越难以被人们理解和接受，或比喻知音难得。

此典出自《文选·对楚王问》："客有歌于郢中者，其始曰《下里巴人》，国中属而和者数千人；其为《阳阿薤露》，国中属而和者数百人；其为《阳春白雪》，国中属而和者不过数十人；引商刻羽，杂以流徵，国中属而和者不过数人而已。是其曲弥高，其和弥寡。"

春秋战国时代，楚国大夫宋玉的文章写得很深奥，许多人看不懂，所以很少有人称誉他，楚王也因此怀疑他行为不检，就问他是不是有对不起百姓的地方。宋玉回答说："有一个人在都市里唱歌，他起初唱的是通俗的乡下歌曲，人们容易听懂，跟着他唱的有几千人；后来他唱起阳阿的挽歌来，高深了一点，跟着他唱的只有几百人；后来他唱起比较深奥的阳春白雪来，跟着唱的就只有几十人；到最后他唱的是用了商调和羽调还夹杂着曲中最高的微调，听懂的人就更少了，能够跟着他唱的，只有寥寥几个人。这完全是因为曲太高，和的人自然也就很少的缘故。所以鸟中有凤凰，鱼中有大鲲。凤凰可以飞上九千里高空，背朝着青天，飞翔在云端的上面；藩篱上的小麻雀，又怎么会知道天有多高呢？鲲鱼早上还在昆仑山的山脚下，晚上已经在孟诸的大泽里了，溪沟中的小鱼，哪里会知道汪洋大海的深远呢？不是只有鸟中的凤凰，鱼中的大鲲会出现这种情况，士也是这样的。"

人心如面

"人心如面"原意是人的内心就像人的面孔一样，是各不相同的。后用以表示人心各不相同，难以测度，不要轻信。常含有劝诫之意。

此典出自《左传·襄公三十二年》："人心之不同，如其面焉。吾岂敢谓子面如吾面乎？抑心所谓危，亦以告也。"

春秋时期，郑国大夫子产擅长处理政事。在他担任国相期间，他十分重视选贤举能，任用人才。比如，对不合适的人选，他都及时提出否定意见，并且讲清道理，使人口服心服。

有一次，郑国大夫子皮提出要让尹何做他的封地的长官。子产以商量的口吻对他说："尹何太年轻了，不知道他能不能担当此任。"子皮说："尹何很老实的，我喜欢他，他是不会背叛我的。让他去锻炼一下，也就懂得怎样管理了。"子产说："这样做不大合适。大多数时候一个人喜欢另一个人，总是想着对他有利的方面。如果，你因为喜欢尹何而要把政事交给他，就好像要一个不会拿刀的人拿刀去割东西，这会使他受到很多的伤害。这样一来，你所谓喜爱一个人，实际上却是伤害他，那谁还敢要你的喜爱呢？你在郑国是栋梁，如果栋梁折断，椽子就会随之崩毁，而我也会被压在底下，所以，我怎敢不把话说完呢？打个比方来说，如果你有华丽的绸缎，决不舍得让不会裁制衣服的人拿它去练习裁制吧。显要的官职、庞大的封邑，对你来说是不可多得的庇护条件，而你却让别人学着去管理、去承担。你难道不知道它比华美的绸缎重要得多吗？我只听说过学习好了之后才会管理政务，却从没听说过把管理政务当作学习的对象。如果要这样做，一定会招致不必要的麻烦的。又比如说打猎，只有当射箭和驾车的技术都很熟练的时候，才能擒获禽兽，如果从来没有驱车射过箭，也没有驾过车，那么，一定会担心车会翻倒压了人，哪里还有工夫琢磨如何猎获禽兽呢?”子皮说：“你讲得太对了，我太笨了。我听说，君子专门研究大的事情和长远的事情，小人只会注意细小的事情、眼前的事情。我就是个小人哪。衣服穿在我身上，我都知道爱护它；而重要的官职、庞大的封邑对我是一个多么重要的庇护条件，我却疏远它、轻视它。如果不是你劝解我，我就不明白这些得失的道理。过去我说过：‘你治理郑国，而我只要治理好自己的家族，保护好自己，那就可以万事大吉了。’现在我才知道，即使是我家族的事情，也要按你的意见去办理比较好。”子产说：“人心各不相同，就像人的面孔各不相同一样。我怎敢说要你的面孔像我的面孔呢？我的想法与你的想法没必要非要一样，我不过是想把心里认为危险的事情告诉你，供你参考罢了。”子皮认为子产非常忠诚，因此把郑国的政事完全委托给他。于是子产有机会很好地治理郑国。

荣悴不易

“荣悴不易”的意思是，在与对方交往中，不会因为对方的兴盛衰败而改变自己的态度。

此典出自《旧唐书·韩愈传》：“愈性弘通，与人交，荣悴不易。少时与洛阳人孟郊、东郡人张籍友善。二人名位未振，愈不避寒暑，称荐于公卿间，而籍终成科第，荣于禄仕。后虽通贵，每退公之隙，则相与谈宴，论文赋诗，如平昔焉。而观诸权门豪士，如仆隶焉，瞪然不顾。”

唐代大文学家韩愈性情豁达、开朗，与别人交往时，不因对方的兴盛衰败而改变自己的态度。他在青少年时代，就与洛阳人孟郊、东郡人张籍是好朋友了。当时，孟郊、张籍二人既没有大的名声，也没有什么社会地位，韩愈不顾严寒酷暑，奔走于公卿大夫之间，极力称赞、荐举孟郊和张籍，后来张籍终于科举登第，荣幸地跻身于官宦之列。韩愈后来虽然非常显贵，但是办完公事之后，只要有时间就和老朋友谈笑饮宴，论文赋诗，和从前一样。而对搬权弄势，横眉怒目则不屑一顾。

入幕之宾

“入幕之宾”形容常常往来的朋友，也借用做官府中的幕僚。

此典出自《晋书·郗超传》：“谢安与王坦之尝诣温论事，温令超帐中卧听之，风动帐开，安笑曰：‘郗生可谓入幕之宾矣。’”

幕，帐也，就是一般人所说的帐幕。军队里常将帐幕作为居住之所，行军的将帅都在帐幕中生活，因此古代称将帅所住的地方为幕府。幕中管理文书工作的称为幕友；宾，是对下属或雇员的客气的称呼。“入幕之宾”便是指在幕府里工作的幕友。这个典故源出于《晋书·郄超传》。

东晋时有一个姓郄名超的人，自幼就十分达观，尤其是在才智方面非常优秀。交游很广，对于时世的分析有自己独特的见解。他的父亲很有钱，于是他便常常将钱财施舍给亲戚朋友。大将军桓温很赏识他的旷达和才智，便请他做参谋；后来桓温升任大司马（官名），郄超也因此做了参军。有一次，谢安（晋朝大政治家、军事家）与王坦之到桓温军中商谈国事，桓温就先叫郄超睡在帐中静听他们的谈论，忽然一阵风吹来，把帐吹开了，谢安看见了帐中的郄超，于是笑着向他打趣说："你可真称得上是入幕之宾啊！"

士为知己者死

"士为知己者死"的意思是，好男儿可以替知己的朋友去死，可用它形容人品刚直无私；也可用它形容为人有侠肝义胆，勇于为朋友赴汤蹈火，即使牺牲自己也在所不惜。

此典出自《说苑·复恩》："非夫子所知也。吾尝与鲍子负贩于南阳，吾三辱于市，鲍子不以我为怯，知我之欲有所明也。鲍子尝与我有所说王者，而三不见听，鲍子不以我为不肖，知我之不遇明君也。鲍子尝与我临财分货，吾自取多者三，鲍子不以我为贪，知我之不足于财也。士为知己者死，而况为之哀乎？"

春秋战国时期，齐国大夫鲍叔牙（鲍叔）与管仲是好朋友。鲍叔牙死的时候管仲扎上衣襟，失声痛哭，泪如雨下。侍从问道："他不是您的父亲，也不是您的儿子，您这样伤心或许有什么原因吧？"管仲说："这不是你们所能理解的。我曾经与鲍叔牙到南阳（齐国的城邑，在今山东邹县）做生意，那时我在市场上多次受到羞辱，但鲍叔牙并不认为我怯懦，却说我将有扬名于世的时候。鲍叔牙曾与我一起游说君主，但君主不愿接纳我，而鲍叔牙也不认为我无能，却说是因为我没有遇上英明的君主。鲍叔牙曾与我分取钱财，我自己经常拿多的一份，鲍叔牙也不认为我贪心，而是因为知道我在经济上拮据。生养我的是父母亲，理解我的是鲍叔牙。士为知己者死，何况为他尽哀呢？"

势不两立

"势不两立"形容双方矛盾尖锐，不能并存。

此典出自《三国志·吴志·周瑜传》："今数雄已灭，惟孤尚存，孤与老贼势不两立。"

又见《战国策·楚策一》中载："楚强则秦弱，楚弱则秦强，此其势不两立。"

曹操消灭了北方各大割据势力之后，率领数十万大军进攻南方，企图一举消灭孙权和刘备，统一天下。当时，刘备退守夏口，只有两万余人的兵力。孙权的精兵也不超过三万，他们与曹操的兵力相差悬殊，形势十分危急。孙权召集文武大臣，讨论对付曹操的办法。张昭等大臣认为曹操兵力强大，拥有水陆兵数十万。加上曹操挟天子以令诸侯，现在又占据荆州这一长江战略要地，顺流而下其势难挡，因此主张投降。

吴国名将、前部大都督周瑜和鲁肃等人坚决主张抵抗。周瑜指出，曹操人数虽然众多，实际上并没有可怕之处，因为他有很多薄弱的地方。曹操虽然假称汉相，但他实际上却是汉贼。而且曹操的后方还没有完全安定下来，马超、韩遂在关西的势力也是他的后患，因此曹操很难在南方持久作战。曹操的士兵大多是北方人，他们不擅长水战，不习惯南方的水土气候条件，必然会生病，这样就会减弱战斗力。因此，我们完全可以战胜曹操，决不能投降。周瑜请求孙权拨给他三万精兵，迎战曹操。

孙权采纳了周瑜的意见，确立了联合刘备共同抵抗曹操的战略方针。他激动地拔出佩剑，砍去奏案的一角，愤怒地说："我和曹操这个老贼势不两立，有他就没有我，有我就没有他！谁再敢提出投降的主张，这个奏案就是他的下场！"

孙权、刘备联合抗击曹操的方针确定之后，周瑜立即率军联合刘备兵马协同作战，经过赤壁之战，用火攻战术打败了曹军。从此，魏、吴、蜀三国鼎立的局面开始形成。

守望相助

“守望相助”表示邻近各村落之间守护、瞭望，互相帮助，以对付来犯的敌人或其他灾患。

此典出自《孟子·滕文公上》：“死徙无出乡，乡田同井，出入相友，守望相助，疾病相扶持，则百姓亲睦。”

滕文公派他的使臣毕战去向孟子请教关于井田制度的问题。孟子对毕战说：“滕君选派你来问我，这是对你的信任啊，所以你一定要好好地干。”毕战非常高兴。他说：“我们滕国也准备实行井田制。”孟子高兴地说：“很好，实行仁政一定从划分并整顿田界开始，田界划正确了，那么给人民分配田地、制定官吏的俸禄都毫不费事了。”毕战问：“我们滕国太小，不用设官吏吧？”孟子说：“滕国虽小，也要有官吏和老百姓。如果没有官吏，老百姓则没有人管；如果没有老百姓，也就没有人养活官吏。我建议：郊野用九分抽一的贡法，城池用十分抽一的贡法。公卿以下的官吏应有供祭祀的圭田，每家五十亩；如果哪家还有剩余的劳力，一个劳力可再给二十五亩。不管是死去还是搬家，都不离开乡土。同住在一井田里的各家，要彼此和睦相处，要‘守望相助，疾病相扶持’。实行井田制的办法是：每一方里的土地为一个井田，每一井田有九百亩，当中一百亩是公田，剩下八百亩分给八家作为私田。由这八家共同来耕种公田。先把公田耕种完以后，再去料理私田。”毕战说：“您说得好，我回去一定如实地转呈给我的国君。”孟子笑了笑说：“我说的不过是我的建议罢了，至于怎样去做，那就全凭你的国君和你了。”毕战听了满意地告辞而去。

水火不相容

“水火不相容”比喻彼此互不相容。

此典出自《三国志·蜀志·魏延传》：“延既善养士卒，勇猛过人，又性矜高，当时皆避下之。唯杨仪不假借延，延以为至忿，有如水火。”

魏延是三国时期蜀国的一员大将，刘备入蜀以后，派他镇守汉川，封为镇远将军、汉中太守。他非常自信，对刘备说：“如果曹操举天下的兵马来攻打，我为你拒敌境外；若是十万兵马来到，我为你把他们吞下去！”

刘备听了十分高兴，便拜他为镇北将军，封他都亭侯，几年以后，魏延打败魏国的雍州刺史郭淮，进而升迁为前军师征西大将军，进封南郑侯。

魏延屡建战功，晋官加爵，逐渐地骄傲了，甚至也不把诸葛亮放在眼里，常对部下说：“诸葛亮胆子太小，不敢给我兵马去打潼关。如果我领五千精兵，带粮五千担，循秦岭而东，不用十天便可到长安。敌兵听说我到了必然会逃跑，那样不出二十日，咸阳以西绝对可以拿下来了……”人们看到魏延自吹自擂，都让他几分，故意躲开他。唯有长史杨仪不迁就他，于是两人经常争论不休，魏延因此对杨仪忌恨在心，两人如水火不相容。有一天魏延做了一个梦，觉得有些奇怪，便问占梦人赵直：

“我梦见头上生出角来，是吉兆还是凶兆？”

赵直就哄他说：“是吉象呀，麒麟有角而不用，这是预兆敌人不用打就会自败呀！”

魏延听了满心欢喜，以为成功在望。赵直却偷偷告诉别人说：

“角字上边是把‘刀’，下边是‘用’，头上用刀，必有凶事，大家瞧着吧！”这年秋天，诸葛亮病危，觉得活不多久了，便找长史杨仪、护军姜维等人作身后安排。命令他们不要为他发丧，先撤兵回蜀，免得遭敌兵追击。不过几日，诸葛亮死去。蜀军秘不发丧，杨仪按诸葛亮临终部署叫魏延领兵断后，迅速回师。可魏延一听，火冒三丈，大喊大叫：“丞相死了，我自健在，你们尽可将丧还葬，我当率诸军击贼。难道一个人死了就荒废了天下大事？我魏延何人，竟听你杨仪的指挥，做断后的将军？！”

魏延拒不听从诸葛亮的遗命举兵攻打杨仪。杨仪早有准备，率兵迎战，最终打败魏延，并杀死了他。

子夏像，子夏是孔子的弟子。

四海之内皆兄弟

“四海之内皆兄弟”意思是天下的人都是自己的兄弟。

此典出自《论语·颜渊》：“君子敬而无失，与人恭而有礼。四海之内，皆兄弟也——君子何患乎无兄弟也？”

孔子有一个弟子，名叫司马牛。有一天，司马牛请教孔子：

“先生，弟子如何去学习做一个君子呢？”

孔子告诉他说：“君子不忧愁，不恐惧。”

司马牛不明白这句话的意思，忙问：“君子为什么不忧愁，不恐惧呢？”

孔子说：“君子做事堂堂正正的，从来都是问心无愧，怎么还会有什么忧愁和恐惧呢？”

“哦，原来是这样……”

司马牛辞别孔子后，见到了孔子的另一位弟子子夏。他心事重重地对子夏说：

“人家都有兄弟，和和睦睦，多快乐呀，只有我没有弟兄，唉，孤苦伶仃……”

子夏见司马牛唉声叹气的样子，觉得他挺可怜的，就安慰他说：

“没有必要为这些事伤心难过呀，死和生都是由命运安排的，贫和富也是命中注定的，更何况兄弟姊妹了？君子只应该对工作认真谨慎，不出差错，对别人恭敬有礼，说话诚实守信，行为合乎礼仪，那么普天之下就到处会有好兄弟的，君子何必犯愁自己没有亲兄弟呢？”

天上德星聚

“天上德星聚”形容文人才子聚会。

此典出自《世说新语·德行》：“陈太丘诣荀朗陵，贫俭无仆役。乃使元方将车，季方持杖从后。长文尚小，载著车中。既至，荀使叔慈应用，慈明行酒，余六龙下食。文若亦小，坐著膝前。于时太史奏：‘真人东行。’”

注引《续晋阳春秋》：陈仲弓从诸子侄造荀父子，于时德星聚，太史奏：“五百里贤人聚。”

东汉的陈寔(shí)(公元104—187年),字仲弓,汉桓帝时期任太丘长,又被称为陈太丘。其子陈纪,字元方,陈湛,字季方,在当时他们两人的声望都很高。有一次,陈寔带领自己的子孙去拜访荀淑(公元83—190年)。陈寔居家清贫、俭朴,没有仆奴可供使呼,就叫长子元方驾车,小儿子季方持杖随后。孙子长文尚小,就跟着爷爷坐在车中。他们拜访的对象是名气很大的荀淑。荀淑,字季和,汉桓帝时期任朗陵侯相,又称荀朗陵。荀淑有八个儿子,都富有才名,当时人称之为"八龙"。陈寔和儿孙们到达以后,荀淑命三儿子荀靖(字叔慈)在门口恭迎,命六儿子荀爽(字慈明)献酒,命其余六个儿子(荀俭、荀绲、荀焘、荀汪、荀肃、荀敷)在末座陪餐。荀淑的孙子(荀绲之子)荀彧(字文若)由于年纪小,就坐在爷爷的膝前。当时,负责天文的太史官上奏皇帝说:"从天象看,有真人东行。天上景星、岁星等德星聚集,五百里内有英才贤士聚会。"

推心置腹

"推心置腹"说明人们用非常诚恳和坦率的心意待人。

此典出自《后汉书·光武帝纪》:"降者更相语曰:'萧王推赤心置人腹中,安得不投死乎!'"

王莽夺取政权以后,天下许多人起兵反叛;并且拥立刘玄做天子,因为刘秀曾在昆阳把王莽打得大败,所以刘玄派他做破虏大将军。后来王莽死了,刘秀又攻破邯郸,杀掉自称天子的王郎。刘玄见刘秀立下了很多功劳,便封他为萧王。刘秀觉得北方还有敌人,暂时还不能安享太平的生活,就又带兵进攻铜马军,在鄡地又打了一个大胜仗。正在受降的时候,高湖和重连军队从东南方前来援救,最后铜马军也被刘秀打败了。

这样,刘秀把这些败军改编成自己的部队;原来带兵的将官,也都给他们安排了官职。但投降的官兵觉得从前自己是刘秀的敌人,担心以后会被刘秀消灭,心里都惶恐不安。刘秀知道了他们有这种疑虑,就叫将官仍然各回自己的营寨照旧统率原来的部队,而自己只带着很少的随从在各营之间巡察、指挥和安排。投降的人看到刘秀对他们一点都不戒备,把他们当作自己人似的,不由得很高兴,背地里说:"萧王对我们推心置腹,我们怎能不为他出力呢!"从此以后,投降的官兵,再没有担心会被消灭的了。

为人作嫁

"为人作嫁"本指为他人制做嫁时的衣装。后来,常用以比喻为他人的事情辛苦忙碌,而自己却无暇自顾、无利可图。

此典出自唐代秦韬玉《贫女》(《全唐诗》卷六七〇):"蓬门未识绮罗香,拟托良媒益自伤。谁爱风流高格调,共怜时世俭梳妆。敢将十指夸针巧,不把双眉斗画长。苦恨年年压金线,为他人作嫁衣裳。"

唐代有一位诗人,叫秦韬玉。他写了题为《贫女》的一首诗,描写的是一个没有出嫁的贫苦人家的姑娘,因为不愿迎合世俗而难觅佳偶,而她为此感到忧伤、怅惘。这首诗写道:

"我出生在穷苦的人家,从来没有穿过绫罗绸缎。想请媒人替我找一个知心的丈夫,可是也做不到,我感到悲伤。如今的社会上,有谁能欣赏我的高尚情操呢?他们看重的只是衣着打扮。我有一双灵巧的手,宁愿所做的针线活可以在众人面前夸口,而不愿把双眉画得那么长,同风流女子争奇斗妍。我非常悔恨的是,年年岁岁飞针走线,为他人缝制嫁时的衣装。"

物以类聚

“物以类聚”比喻坏人彼此臭味相投，勾结在一起。

此典出自《易·系辞上》：“方以类聚，物以群人。”

战国中期，齐国有个贤者叫淳于髡，他滑稽善辩，擅长用含蓄的语言规劝君王。齐宣王刚即位时，要求大臣向朝廷推荐有才能的人，淳于髡在一天之内给宣王推荐了七个人。宣王惊诧地问：“我听说物色人才是很困难的，你一天就推荐了七个，由此看来，有才能的人不是太多了吗？”淳于髡答道：“我不这样认为，因为羽翼相同的鸟儿会聚集在一起，足形一样的走兽会在一块儿行走（“夫鸟同翼者而聚居，兽同足者而俱行”）。天下同类的总是会聚集在一起。我淳于髡算是有才能的人吧，所以，我推荐有才能的人，好比到河里汲水，用火石取火一样容易。”宣王见他说话挺风趣的，不禁笑了起来。

后来淳于髡出使楚国，打听到楚国准备发兵攻打齐相孟尝君的封地薛，就立刻赶回薛地。当他看到孟尝君穿着一身漂亮的衣服来迎接他时，就说：“我听说楚国将进攻薛，您怎么不忧虑呢？”孟尝君说：“您是宣王身边的人，希望您能帮助我请齐宣王出兵。只靠我一个人的力量，我在这里忧虑有什么用？”淳于髡说：“你这么相信我，就试试看吧！”

淳于髡见到宣王，就对他说：“孟尝君为了表示对齐国的忠心，在薛地为先王建立了宗庙，也不想想是否有足够的力量保卫它（“薛不量其力”）。而楚国明知先王的宗庙在薛地，却偏偏要攻打那个地方。这样一来，先王的宗庙岂不是要毁了吗？”

宣王听了，着急万分，立刻派兵昼夜兼程赶去援救。楚军得知这一情况，便退兵回国了。

息壤在彼

“息壤在彼”意思是教人遵守信约，不要背弃诺言。

此典出自《战国策》：“于是与之盟于息壤，果攻宜阳。五月而不能拔也，樗里疾、公孙衍二人谗争之王。王将听之，召甘茂而告之。甘茂对曰：‘息壤在彼！’”

息壤是战国时代秦国的一个邑名。那时秦武王和甘茂在息壤签订了一个盟约，那就是共同出兵攻打韩国。可是，他们把韩国的宜阳城围困了五个月，不断地攻城，仍然没有办法把宜阳城攻破。秦王见宜阳城久攻不下，因此提议暂时收兵回国，等待时机成熟时，再来攻打，但甘茂却反对休战，他知道秦王将会背约罢兵，便指着息壤的方向对秦王说：“息壤在彼。”秦王明白甘茂这句话的意思，即提醒他不要忘了在息壤所签订的盟约。于是，他们再鼓起余勇，把国内的精兵都调到宜阳来继续和甘茂合力猛烈攻城，不久，终于攻陷了宜阳城。

相人之友

“相人之友”这个故事说明：人是复杂的。仅根据“物以类聚，人以群分”来判断一个人，有时也不一定准确。

此典出自《韩诗外传》：“楚有善相人者，所言无遗。美闻于国中。庄王召见而问焉，对曰：‘臣非能相人也，能相人之友者也。’”

这段话意思是说：

楚国有一个擅长看相的人，他说的话都准确无误，好的名声传遍了全国。楚庄王于是召见他，问他看相的秘诀。他回答说：“我不是真正能从相貌上判断一个人的好坏吉凶，而是根据这个人所交的朋友来判断他的为人。”

相知恨晚

“相知恨晚”的意思是，惋惜互相认识得太晚。人们用它形容新结交的朋友之间关系非常融洽。

此典出自《汉书·灌夫传》：“两人相为引重，其游如父子然，相得欢甚，无厌，恨相知之晚。”

西汉时期，有一个大臣叫窦婴，字王孙。汉景帝当政的时候，吴、楚两国曾经反叛过，窦婴被拜为大将军，他领兵打了胜仗，被封为魏其侯。在他权势倾天、炙手可热的时候，一班游士宾客争着归附于他。后来，窦婴又当了丞相，依附他的人更是不计其数。没想到，这时候窦婴偏偏得罪了窦太后，被免掉了丞相之职，于是那些势利小人纷纷离开了窦婴。只有灌夫一如既往，与窦婴保持着深厚的友谊。

可是，灌夫的处境也很不好。他为人刚直，又好喝酒斗气，不擅长巴结逢迎别人。谁比他官大，他就攻击谁；谁比他官小，他就礼遇谁。所以，他得罪了许多皇亲贵戚，官运很不顺利。他当过中郎将，没过几年，就被免了；当过代国相国、燕国相国，也当过淮阳太守、朝廷太仆，但都先后被免了。在他得势的时候，家中食客有上百人；在他失势之后，那些油嘴滑舌的家伙就一哄而散了。

于是，窦婴和灌夫团结了起来。窦婴失势后，想依靠灌夫的力量排斥那些抛弃了他的势利小人；灌夫得势后，也想通过窦婴结识一些有地位的人物。两人一拍即合，于是，两个人互相举荐，互相推重，关系融洽得就像父子俩，双方都觉得非常愉悦。两个人感到遗憾的是彼此认识得太晚了。

休戚相关

“休戚相关”比喻彼此的忧喜祸福紧密相连，形容彼此关系密切，利害一致。

此典出自《国语·周语下》：“晋国有忧，未尝不戚，有庆，未尝不怡……为晋休戚，不背本也。”

晋国有一个叫姬周的人，在单国襄公手下做事，他虽身在异国他乡，却依然非常关心自己国家的情况，当他打听到对晋国不利的情况的时候，就整日发愁；对晋国有利的事，就满心欢喜。单襄公对他很敬重，尤其赞赏他的高尚品德。当单襄公病重时，他特地叮嘱他的儿子顷公说：“姬周能够和他的祖国同甘共苦，可说是不忘其本，他将来回到晋国去，一定会得到他的国人的爱戴，你要好好的对待他。”

宣王好射

“宣王好射”讥讽那种阿谀奉承的行为和自欺欺人的作风。

此典出自《尹文子·大道上》：“宣王好射，说人之谓能用强也。”

周宣王喜欢射箭，喜欢别人说自己臂力过人，能用强弓。而实际上他所用的弓，只要三石力气就能拉开。

他把自己的弓交给左右近臣侍从传看。他们投其所好，只拉了一半，便假装拉不动了，还异口同声地说：“真是一张硬弓！最少不下九石。如果不是大王神力，谁能用这样的弓呢?”宣王听了喜不自胜。

虽然宣王所用的弓只有三石，但他直到死去都还以为是九石呢！

言归于好

“言归于好”表示彼此重新和好。

此典出自《左传·僖公九年》:“秋,齐侯盟诸侯于葵丘,曰:“凡我同盟之人,既盟之后,言归于好。”

春秋时期,各诸侯国之间互相攻伐,战争此起彼伏。其中齐国是发展快、实力强的国家,经常一手拿剑,一手拿橄榄枝,交替使用文、武两种策略。

鲁僖公九年(公元前651年)夏天,他们在葵丘,举行了一次盛大的集会。参加这次集会的,有鲁僖公、宰孔(周王室执政者之一)、齐侯(齐国国君)、宋子(宋国国君)、卫侯(卫国国君)、郑伯(郑国国君)、许男(许国国君)、曹伯(曹国国君)。他们相聚在这里,重温过去的盟约,希望进一步发展友好关系。大家认为,这样做是合乎礼仪的。

周王派宰孔把祭赏赐给齐侯(齐桓公),说:“天子祭周文王、武王,派我把祭肉赐给您。”齐桓公正要下阶跪拜。宰孔说:“别着急,天子的命令还没有读完呢。天子还说:由于伯舅(周天子对异姓诸侯称伯舅)年龄很大了,又有很大的功劳,因此赏赐升格一级,不用下阶跪拜了。”

齐侯回答说:“天子的威严就在面前,我怎么敢不下拜呢?如果我不下拜,就有损于为臣的礼仪,使天子蒙羞。”说着,齐侯下阶跪拜,然后才登堂接受祭肉。

同年的秋天,齐侯在葵丘与诸侯会盟,说:“凡同属我们盟会的人,在盟誓之后,就要友好相处。”

宰孔比其他诸侯先走一步,在路上遇到了晋侯(晋献公),宰孔说:“您不要去参加会盟了。齐侯不致力于修德,而勤于远征,所以他向北袭击山戎,向南攻打楚国,在西边举行了这次会盟。至于齐国是否向东边征伐还不知道,但它向西征伐的意图是显而易见的啊!晋国在西,大概会有祸乱了!您一定要致力于安定国内的祸乱,不要致力于参加会盟。”听了宰孔的这番话,晋侯就回国去了。

颜回攫甑

“颜回攫甑”这则故事说明:知人论事,要做到正确很不容易,千万不能凭一些表面现象去主观臆断。

此典出自《吕氏春秋·任数》:“孔子穷乎陈蔡之间,藜羹不斟,七日不尝粒,昼寝。颜回索米,得而爨之。”

“几熟,孔子望见颜回攫其甑中而食之。选间,食熟,谒孔子而进食。”

孔子和他的学生走到陈国和蔡国交界的地方时,被人围困,连一口野菜汤也喝不上,整整七天没吃到一粒饭,饥饿难忍,只好大白天里躺在床上。幸亏颜回不知从哪里弄到了一点米,他连忙烧火做饭。

饭快熟了,孔子远远地看见颜回很快从甑里抓了一把饭吃了。不一会儿,饭熟了,颜回恭恭敬敬地来拜见孔子,请他吃饭。

孔子假装没有看见颜回抓饭吃,他从床上爬起来,对颜回说:“刚才我梦见了死去的父亲,如果饭是干净的,我想祭奠他老人家。”

颜回说道:“这饭不干净,不能用来祭祀。刚才有些烟尘掉进甑里,把饭弄脏了,不忍心倒掉,我就抓起来吃了。”孔子叹了一口气,说:“可以相信的是自己的眼睛,其实眼睛也不能完全相信啊;可以依靠的是自己的脑子,其实脑子也不完全可靠啊。弟子们记住吧,了解一个人，本来就不是很容易的事情啊！”

雁足捎书

“雁足捎书”比喻传送书信。也作“雁足传书”。

此典出自《汉书·苏武传》。

汉朝的时候，有一位著名的外交官，叫苏武。他在公元前一百年的时候，接受汉武帝的命令，出使北方的匈奴。匈奴的贵族们都劝苏武投降，不要再回汉朝去了。可是苏武至死不肯归顺，他正义凛然地对他们说：“我是堂堂的汉朝使者，怎么能投降呢？”于是，匈奴的君主单于就将苏武囚禁在阴山的冰窖中，不给他饭吃，不给他水喝，想用这个残酷的方法逼迫他投降。苏武只好嚼雪吞毡、捕鼠为食。单于又把他送到遥远的北海（就是现在的贝加尔湖），让他在那个寒冷的、荒无人烟的地方放羊。就这样，苏武孤苦伶仃地在那里过了十几年，始终没有屈服。

苏武牧羊图，出自清·上官周绘《晚笑堂画传》。

后来，汉昭帝即位的时候，汉朝同匈奴和亲重建友好关系，昭帝要求匈奴放回苏武。可是单于欺骗昭帝说，苏武早已经死去了。有一次，汉朝的使节到了匈奴，匈奴有一个叫常惠的人晚上偷偷地去见汉朝使者，告诉他们苏武并没有死，仍在北海牧羊。常惠又给他们想出了一条计策，说：“你们这样对单于说：汉昭帝在上林动物园打猎，射中一只大雁，发现大雁的脚上系着一封信，打开一看原来是苏武写的，说他仍在北海放羊。”汉朝使者采纳了常惠的建议。单于听说竟然有“雁足捎书”的奇事，惊慌不已，以为苏武有神灵的保佑，于是连忙把苏武送回汉朝。

一饭千金

“一饭千金”这句成语后人用它作为知恩图报的典故。

此典出自《史记·淮阴侯列传》：“信钓于城下，诸母漂，有一母见信饥，饭信，竟漂数十日。信喜，谓漂母曰：“吾必有以重报母。”母怒曰：“大丈夫不能自食，吾哀王孙而进食，岂望报乎！”后来韩信帮助刘邦取得天下，被封为楚王，信至国，召所从食漂母，赐千金。”

帮助汉高祖打平天下的大将韩信，在还没有成就大业时，境况却很艰苦。那时候，他常常去城下钓鱼，希望能够碰到好运。但是，这终究不是办法，因而常常饿着肚子。幸而在他钓鱼的地方，有很多清洗衣物的老婆婆，其中有一位老婆婆非常同情他的遭遇，不断地救济他。韩信在艰难困苦中，得到那位仅能以双手勉强糊口的老婆婆的恩惠，对她感激万分，便对她说，将来一定要重重的报答她。那老婆婆听了韩信的话，很不高兴，表示并不希望韩信将来报答她。后来，韩信替汉王立下不少功劳，被封为楚王。他想起了曾经救济他的那个老婆婆，便命从人送酒菜给她吃，还送给她黄金一千两来作为答谢。

一傅众咻

"一傅众咻"形容受环境干扰，不能有所成就。

此典出自《孟子·滕文公下》："一齐人傅之，众楚人咻之，虽日挞而求其齐也，不可得矣；引而置之庄岳之间数年，虽日挞而求其楚，亦不可得矣。子谓薛居州，善士也，使之居于王所。在于王所者，长幼尊卑皆薛居州也，王谁与为不善？在王所者，长幼尊卑皆非薛居州也，王谁与为善？一薛居州，独如宋王何！"

战国时期，孟子对宋国大夫戴不胜说："您希望您的君王向善吗？那么，我告诉您一个向善的道理。比方说吧，如果有一个楚国大夫，想要把自己的孩子送到齐国去学齐语，那么，您觉得应该请齐国人来教他呢还是请楚国人来教他呢？"戴不胜回答道："应该请齐国人教他。"孟子又说："如果一个齐国人教孩子说齐语，却有许多楚国人操着楚语从旁干扰，那么，即使每天鞭打孩子，命令他必须学习齐语，也是不可能的。同样，如果把孩子带到齐国的庄岳闹市住几年，那么，即使每天鞭打他，要求他学会说楚国话，也是办不到的。您说薛居州是一个善良的人，那么让他住在王宫里，以此影响国王使他养成向善的品德。如果住在王宫里的人不论年龄大小、地位高低，都是薛居州那样的善人，那么，君王又会与谁一起做坏事呢？如果住在王宫里的人不论年龄大小、地位高低，都不是薛居州那样的善人，那么，君王又会与谁一起做出好事呢？只有薛居州一个人，怎么能影响得了宋王呢！"

一钱不值

"一钱不值"指人们对于别人有轻视鄙弃的意思，某人一无长处，或是一无是处，就说"一钱不值"或"不值一钱"，也就是说毫无价值。

此典出自《史记·魏其武安侯列传》："(灌)夫无所发怒，乃骂临汝侯曰：'生平毁程不识不直一钱，今日长者为寿，乃效女儿呫耳语！'"

灌夫，字仲孺，西汉人。他性情刚直，诚实守信，说出的话一定做到。他常侮慢地位比他高的官员；而对地位比他低的官员，越是贫贱，他越敬重。因此，当时很多有才能却没有地位的人都喜欢接近他。

灌夫喜欢喝酒，并且常因喝醉耍酒疯。有一天，丞相田蚡结婚，他喝了很多酒。一会儿，他走到田蚡的面前敬酒，田蚡说："我不能喝完这一杯酒。"灌夫见他不够爽快，便语带讽刺地说："你虽是一个贵人，但也应喝完我敬的这杯酒。"最终田蚡还是没有喝完那杯酒。灌夫讨了一顿没趣，就走到临汝侯灌贤面前敬酒。这时，灌贤正对着程不识(曾任边境太守，后改任大中大夫)的耳朵说话，没有对他表示出欢迎。灌夫心里本来就有气，看见这情形，再也忍不住了，对灌贤破口大骂："我一向就认为程不识不值一钱，今天在这里你竟和他学妇人们的样子咬耳朵根子！……"

一团和气

"一团和气"形容不分是非、毫无原则的和事佬，用于贬义。

此典出自宋代朱熹《伊洛渊源录》卷三引《上蔡语录》："明道(程颢)终日坐，如泥塑人，然接人浑是一团和气。"

宋代洛阳有个人名叫程颢，他倡导"主敬存诚"，表面上宣扬孔孟之道，实际上却兼采佛老之学。他是道学的(亦即理学)创始人之一。他死后，文彦博给他题的墓碑为"明道先生之墓”，因此他的信徒们都称他为“明道”。他的信徒之一谢显通描写程颢的形象时说：“明道整天呆坐着，就像泥塑的人，但他接待客人的时候，却是一团和气”（这里的“一团和气”是说程明道待人态度和蔼可亲，含有褒义。）

一衣带水

“一衣带水”比喻长江狭窄，有如一条衣带。后来，人们用它泛指虽有江河阻隔，却不能够限制交往。

此典出自《南史·陈后主纪》：“隋文帝谓仆射高颎曰：‘我为百姓父母，岂可限一衣带水不拯之乎？’命大作战船。”

隋文帝杨坚像，出自明·天然撰《历代古人像赞》。

南朝陈后主（陈叔宝）继位后，不理政务、奢侈淫乐、大修宫殿、课收重税、滥施刑罚、杀戮无辜，搞得天下百姓流离失所、民怨沸腾，陈氏的政权处在摇摇欲坠之中。

公元 587 年，隋文帝杨坚（公元 541—604 年）灭梁后，就想要灭掉陈后主。隋文帝对手下的仆射官高颎（字昭元）说：“我同陈国之间仅仅隔着一条狭窄的长江。我作为天下百姓的父母应当保护他们，怎能因为这一条衣带般大小的江所阻隔，而不去拯救他们呢？”于是，他下令修建大批战船，准备渡江灭陈。

第二年，即公元 588 年，隋文帝下令发兵五十一万，以次子杨广（隋炀帝，公元 589—618 年）为统帅，准备渡江。陈后主说，从前北齐三次攻打陈国，北周兵也来过两次，结果都大败而去。这次隋兵来攻也一定会自投罗网，白送性命。因此，他依旧沉湎于声色犬马之中，对守江诸将的告急文书置之不理。结果，公元 589 年，隋兵攻入建康，俘获了陈后主，陈灭亡。

以貌取人

“以貌取人”形容以外貌作为衡量人的标准。

此典出自《史记·仲尼弟子列传》：“吾以言取人，失之宰予；以貌取人，失之子羽。”

子羽和宰予都是孔子的学生，但起初，孔子对待他们二人的态度是完全不同的。子羽其貌不扬，他第一次去拜见孔子时，孔子对他的印象就不好。孔子心中想道：“这个人长得这么丑，一定没有出息。”因此对他的态度就非常冷淡，不好好的教导他；子羽无可奈何，只得退学。

宰予生得眉清目秀，仪表堂堂，再加上他又能说会道，孔子一见，便很喜欢他，觉得他应该很有才气便很用心的教导他。哪知子羽因为被孔子轻视，回去后一直发奋努力，刻苦求学，功夫不负有心人，后来他终于成为一个很有名的学者，很多青年都投到他门下。而宰予呢，读书既不专心又很懒惰，早晨大家都起床了，他还赖在床上，孔子气得说他是一块朽木！后来宰予虽然靠他的口才当上齐国的宰相，却因与人共同作乱而被处死了。孔子接受了这个教训,说:“吾以言取人,失之宰予;以貌取人,失之子羽。’意思是说:宰予的事告诉我,不能凭说话来衡量一个人;子羽的事告诉我,不能凭容貌来衡量一个人。”

义不容辞

“义不容辞”用以说明不允许推托和拒绝。

此典出自《三国演义》第五十八回。

东汉末年,曹操、刘备、孙权三股割据势力形成了三足鼎立的局面。由于曹操势力较大,又“挟天子以令诸侯”,因此刘备采纳了诸葛亮的建议,连孙抗曹,并将计就计,娶孙权的妹妹孙尚香为妻,加强了刘孙联盟。建安十三年(公元208年),刘孙联军在赤壁大败曹军,孙权地位进一步得到了巩固,刘备也占据了荆州大部分地区。

赤壁之战以后,曹操经过一段时间的休整,决定再次亲率大军南征,遂发兵三十万,长驱直入江南。孙权得到消息后,急忙召集文臣武将商量对策。谋士张昭说:刘备曾受恩于鲁肃,可以派人到鲁肃那里,让他抓紧时间给刘备写信,请刘备出兵共同抗曹。刘备是我们东吴的女婿,让他出兵助吴,对他来说应是义不容辞的。如果刘备能前来援助,江南便无祸患了。

孙权同意了张昭的建议,让鲁肃写信给刘备。刘备接到鲁肃的信以后,立即派人请来诸葛亮进行商量,并给鲁肃回了一封信,让他转告孙权,不用担心,刘备自有退兵的计策。

萤光之火

“萤光之火”比喻力量不足,能成之事不大。含有谦逊之意。

此典出自《水浒传》第二回:“小人家下萤光之火,照不亮人,恐后误了足下,我转存足下到小苏学士处,久后也得个出身。足下意向如何?”

河南开封有个纨绔子弟名叫高俅,自小不成家业,只喜欢刺枪使棒,踢得一腿好球,乱学了一些诗、书、词、赋。他不务正业,整天不是寻花问柳,就是赌博。有一次因帮王员外的儿子耍狂,被王员外告到府尹那里,府尹罚他二十棍杖,刺配出界发放。开封府的人民不允许他在本地居住,高俅无可奈何,只好到淮西临淮州一家赌房去替柳世权帮闲。在柳世权那里混了三年,后来,宋哲宗赦宥罪犯,高俅思量着想回开封。柳世权有个亲戚董将士在开封府开药铺,于是写信介绍高俅前去投奔。董将士见高俅是个纨绔子弟,没有信行,便送他一套衣服,并写了封介绍信给苏学士。临行时,董将士对高俅说:“小人家下萤光之火,照不亮人,恐怕误了足下的前程,我转荐足下到苏学士处,久后也得个出身。不知足下意向如何?”高俅非常高兴,便兴致勃勃地投奔苏学士去了。

有缘千里能相会

“有缘千里能相会”比喻真正意气相投的人,尽管原来互不相识,甚至相隔千里,一旦认识了,便能成为知己或情人。

此典出自《西游记》第八十回:“趁如今星光月皎,也是有缘千里来相会,我和你到后园中交欢配鸾俦去也。”

明朝苏州出了个才子,名唐寅,字伯虎,聪明盖世,精通书画音乐,中了解元后,绝意功名,放浪诗酒,平日心中喜怒哀乐都描绘在画中,每一画出,人均重价争购。

这一天,他坐在阊门游船上倚窗独酌,忽见有画舫从旁摇过,内有一青衣小鬟眉目秀艳,体态绰约,注视唐寅,掩口而笑。唐寅神荡魂摇,问舟人,乃知是无锡华学士府眷。自古道:"有缘千里来相会。"唐寅急命坐船尾随画舫,日夜不离,次日到了无锡,那画舫进城去了。

唐寅奋然登岸,办下旧衣旧帽,竟投身华学士府为仆。华学士见他生得文雅,况又知书习文,便欲留他为公子伴读,问他要多少身价,唐寅道:"身价不敢领,只要求些衣服穿,侍候老爷中意时,赏一房好媳妇足矣!"学士更喜,问其姓名,道叫康宣,乃改其名为华安,送至书馆。除伴读外,一应往来书札辄令代笔,烦简恰当,学士从未增减一字,宠信日深。华安从容打听,乃知青衣小鬟名叫秋香,是华夫人贴身丫鬟。内外有隔,年余竟不得一见,计无所出,常自悒闷。适学士家中主管病故,学士命华安暂代。月余,出纳谨慎,毫忽无私。学士更加喜爱,遂将许多丫鬟唤到中堂,命择一人为妻,以安其心。华安见二三十个丫鬟各盛饰装扮,独秋香依旧青衣,昔日风姿宛然在目。华安指道:"若得穿青衣小娘子为妻,足遂生平。"华学士、夫人遂择了吉日,亲自主婚,两人成婚。夜半,秋香问华安道:"与君颇面善,何处曾会来?"华安笑道:"娘子想想看。"秋香凝视久之,忽地省悟,道:"向日苏州阊门游船中见的可就是你?"华安道:"好厉害的眼睛,我苏州唐解元也,为小娘子旁舟一笑,不能忘情,故屈身为仆,一年至今。"乃将学士所赠之物,一一封存,同秋香连夜回苏州去了。

与人为善

"与人为善"表示与别人一道做好事。现指批评同志时要采取善意的态度,努力帮助他进步。

此典出自《孟子·公孙丑上》:"取诸人以为善,是与人为善者也。故君子莫大乎与人为善。"

子路是孔子的好学生当中的一个,孟子十分欣赏他。孟子说子路很好,别人越是指出他的错误,他就越高兴。不过孟子认为子路还是比不上禹、舜。他说:"禹听了好话,就给别人敬礼;伟大的舜常常抛弃自己的缺点,以学习别人的优点为善事。他无论是种庄稼还是做陶器,从当渔夫一直到天子,没有哪个优点不是从别人那里学来的。'取诸人以为善,是与人为善者也。故君子莫大乎与人为善。'(意思是:吸取别人的优点以弥补自己的不足,然后去做好事,这就等于偕同别人一道行善。所以君子的最高德行,就是和别人一道做好事。)"

唐伯虎像,图出自清·孔继尧《吴郡名贤图传赞》。

忠信得罪

"忠信得罪"说明:在封建社会里,忠而获罪,信而被疑,是非颠倒,好人遭殃，这类事情时有发生。这个故事告诉人们：要善于分辨忠奸，不要被表面现象所迷惑。

此典出自《战国策·燕策一》："故妾一僵而弃酒，上以活主父，下以存主母也。忠至如此，然不免于笞。此以忠信得罪者也。"

有一个人在远方做小官。他的妻子和别人通奸。丈夫快回家时，那个奸夫忧虑重重。他妻子说："您不要担忧，我已经准备好了毒酒。"两天后丈夫回来了。妻子叫侍妾捧了一杯酒献给丈夫。这个侍妾知道这是一杯毒酒：敬呢，会毒死自己的主人；说呢，又会赶走家里的主母。她左右为难，便假装跌倒把酒泼了。那主人不知内情，大发脾气，痛打了她一顿。

这个侍妾假装跌倒泼了酒，既救了主人的命，又保全了主母，虽然忠诚到这种地步，但却免不了鞭打。这便是因为忠诚而得罪啊。

忠言逆耳

"忠言逆耳"意思就是忠实的劝告听起来不好受。用以劝人听取不同意见。

此典出自《韩非子·外储说左上》："夫良药苦于口，而智者劝而饮之，知其入而已己疾也；忠言拂于耳，而明王听之，知其可以致功也。又见《史记·留侯世家》：且忠言逆耳利于行，良药苦口利于病，愿沛公（刘邦）听樊哙言！"

据《史记》记载：楚汉相争时，项羽和刘邦约定以鸿沟（古运河名，故道自今河南荥阳北引黄河水，东流经今中牟北，又东经开封北，折而南经通许东、太康西，至淮阳东南入颍水）为界，东面是楚，西面是汉。定约以后，刘邦率军占领了秦都咸阳。他见秦国的宫殿富丽堂皇，便想留住下来。这时，汉将樊哙劝刘邦不要贪恋这些东西，因为这些东西正是秦亡国的祸根。起初刘邦不听樊哙的劝告。谋士张良对刘邦说：秦朝残暴无道，你才能够推翻了他而占据了咸阳。你刚入秦，就贪图享乐，这是帮助坏人做坏事呀！忠言虽然不好听但对行动有好处，好药虽然很苦，难以入口，但却对治好疾病有所帮助。愿你听从樊哙的劝告。听了张良的这番话，刘邦放弃了享乐，还军壩上，最后终于力克项羽，建立了西汉王朝。

自惭形秽

"自惭形秽"是说自己惭愧不如别人。但可以从两个方面来理解，一是表面的，一是内在的，表面的是说衣服外貌不如别人，而觉得羞惭；内在的是说自己的品格才学不及人家，而感到惭愧。

此典出自《后汉书·逸民·王霸妻》："吾与子伯素不相若，向见其子容服甚光，举措有适，而我儿曹蓬发厉齿，未知礼则，见客而有惭色。父子恩深，不觉有失耳。"

东汉光武帝时，太原有一个隐士名叫王霸，他自幼就有高尚的品格，光武帝屡次去请他做官，他都婉言谢绝了。他妻子的志气品行也很好。王霸有一个朋友叫令狐子伯，当了楚相后，命他的儿子送信给王霸。当时子伯的儿子也正在做功曹的官，因而车马衣服和随从都十分讲究。

当他到了王霸的门前时，王霸的儿子正在田里干活，听说有客人来了，连忙抛下锄头赶回家中。到了家里，看见令狐的儿子雍容华丽，很是体面，再低头看看自己的装束，感到很难为情，连头都不敢抬起来。王霸看到他儿子的情形，也有点惭愧，心里很不自在。等客人离开后，王霸就睡到床上去，半天也不出来。他的妻子觉得奇怪，使去问王霸，王霸说："刚才令狐的儿子衣着华丽、举手投足都十分得当，可我的儿子却发乱齿牙连头都不敢抬起来，我因此觉得自己很没有面子。”

自愧不如

“自愧不如”即惭愧自己不如别人。比喻有自知之明。

此典出自《国策·齐策一》：“明日徐公来，熟视之，自以为不如。”

战国时，齐国有一个叫邹忌的人，以善鼓琴事齐威王。邹忌身高八尺有余（古代的尺比现在的尺小），而且神采奕奕，气度非凡。

有一天早上，邹忌起床后，穿上衣服，戴好帽子，偷偷地照了一下镜子，对他的妻子说：“我与城北徐公相比，谁漂亮啊？”他的妻子说：“您漂亮，徐公怎么能比得上您呢！”

城北的徐公是齐国公认的美男子。邹忌对自己的漂亮不自信，于是他又问他的妾说：“我与徐公相比，谁漂亮啊？”妾回答说：“徐公怎能赶得上您漂亮啊！”第二天，邹忌家里来了位客人，邹忌又问这位客人：“我与徐公相比，谁漂亮啊？”客人说：“徐公不如您漂亮啊！”

第二天，徐公来到邹忌家里。邹忌仔细端详他，觉得自己不如徐公漂亮；偷偷照照镜子，认真地端详着自己，觉得自己的确比徐公差远了。

唯命是从

“唯命是从”用来表示叫做什么就做什么，完全听从命令。

此典出自《左传·昭公十二年》。

楚灵王想得到九鼎作为镇国之宝，便向周天子索求鼎。但他担心周天子不肯给，于是向右尹子革请教：“我想派人到周天子那里去要求把九鼎给我们作为镇国之宝，你觉得周天子愿给我们吗？”右尹子革回答说：“今周与四国服侍君王，将唯命是从，岂爱其鼎？”（意思是：现在周天子和齐、晋、鲁、卫四国都服侍君王，一定会听从你的，哪里还会爱惜他的鼎呢？）

避实就虚

“避实就虚”比喻躲开实质性的问题，尽说空话。

此典出自《孙子·虚实篇》：“兵之形，避实而击虚。”

《虚实篇》是《孙子》中卷的第二篇，主要论述如何使敌虚而我实，以实现战斗中以实击虚，取得胜利的目标。实，指兵力强大而集中；虚，指兵力薄弱而分散。魏武帝曹操在解这篇的题旨时曾说：能够做到虚彼实己，就有取胜的把握。

孙武在《虚实篇》中借助流水的变化、五行（金、木、水、火、土）的相生相克、四季的交替、月亮的圆缺等自然现象，通俗地指出：根据敌情的变化，避实就虚地去夺取胜利。孙武说：作战的方式、方法，就像水的流动一样。水流是避开高处往低处流，用兵则相反，应避开实处而击其虚处。水适应地形而流动，用兵则应针对敌情去获胜。所以说用兵没有一定的势，流水没有一定的形。能根据敌情的变化而取胜，叫做用兵如神。因此说五行之中没有哪一行是常胜的；春、夏、秋、冬四时交替，没有哪一季是固定不变的；日子也是有短有长（冬短、夏长），月亮也是有缺有圆（没有固定不变的）。

便宜行事

“便宜行事”指根据当时当地情况，自行决定适当的处理办法，不必请示。

西汉开国功臣萧何像，图出自清·顾沅辑《古圣贤像传略》。

此典出自《史记·萧相国世家》："何守关中……辄奏上，可，许以从事；即不及奏上，辄以便宜施行，上来以闻。"又见《汉书·魏相传》："传汉兴以来，国家便宜行事。"

秦末汉初时，萧何帮助刘邦打下了天下。刘邦率军攻入秦都咸阳以后，得到了秦王朝的律令图书，掌握了全国的山川险要、郡县户口和当时的社会情况，为汉王朝建立以后制定法律法令、治理国家作了充分的准备。楚汉相争中，萧何推荐韩信为大将，自己则以丞相身份留守关中，输送士卒和粮饷，支援前线作战。

萧何对刘邦一片忠心，又能机智灵活地处理事务。留守关中时，对于一些重大事情，他都及时请示刘邦，如实在来不及请示，便根据具体情况，自己决定适当的处理办法，然后向刘邦汇报。萧何为刘邦战胜项羽、建立西汉王朝做出了重大贡献。

标新立异

"标新立异"用以表示提出新奇的主张，也用来表示为了彰显自己，故意另搞一套。现在有时用来形容敢于革新创造。

此典出自南朝宋刘义庆《世说新语·文学》："卓然标新理于二家之表，立异义于众贤之外。"

东晋有个和尚，名叫支道林，善于思考，对各种问题常有自己独特的见解。

有一次，支道林在白马寺中与冯太常（冯怀）闲谈，当他们谈到《庄子·逍遥游》时，支道林"卓然标新理于一家之表，立异义于众贤之外"（意思是：支道林解释《庄子·逍遥游》时，独创新意，立论与郭象、向秀诸家都不一样）。冯太常对支道林的看法非常赞许。

不敢越雷池一步

"不越雷池一步"、"不敢越雷池一步"和"不能越雷池一步"都比喻不逾越某种防线或界线。

此典出自东晋庾亮《报温峤书》："吾忧西陲，过于历阳，足下无过雷池一步也。"

东晋时候，有一个名叫庾亮的人，妹妹是晋明帝皇后；他历仕元帝、明帝、成帝三朝，是个掌握实权的人物。庾亮曾派温峤驻守江州（今江西九江一带）。后来，苏峻和祖约起兵反晋，温峤打算带兵离开江州到当时的京都去。庾亮得知后，写信极力劝谏他不要离开江州，要坐镇原地不动，信中说了以上这段话，意思是：我担心西边防线，甚于历阳（古县名，今安徽和县），请你不要带兵越过雷池一步。（雷池：古雷水从今湖北黄梅县东流，到安徽望江县东南，积水成池，故称“雷池”）。

不遗余力

“不遗余力”形容用尽了全部力量，不遗留一点剩余的力量。

此典出自《史记·虞卿列传》：“秦不遗余力矣，必且欲破赵军。”

战国时候，有一次秦国出兵攻打赵国，双方在长平地方展开战斗。赵国的军队节节失利，一名将领阵亡，马上就要招架不住了，赵国的孝成王急忙召见大臣虞卿和楼昌，共同商讨对策。

孝成王说：“我军不胜，还失去了一员武将，怎么办呀？我想集中兵力再拼一次，你们觉得这样行吗？”

楼昌说：“大王，这样不行啊，我看还是与秦国求和吧！”

虞卿反对求和，他说：“大王，您觉得秦军是一定要打败我们吗？”

赵王叹了一口气说：“秦兵不留一点余地，好像要把我们置于死地的……”

“那么，大王您听我的：咱们带一份厚礼到楚国和魏国去，求他们帮助。楚王和魏王得到礼物一定会接见我国的使者。只要楚、魏两国接见我国使者，秦国就害怕，以为我国有了联盟，会主动要求同我们讲和的，这样我国就不会吃亏……”

“没有胜利的把握呀，还是向秦国求和吧！”

赵王不听虞卿的建议，派特使去秦国求和。结果秦兵趁机发起猛烈进攻，包围了赵国都城邯郸。秦国提出，必须割让六个城池，才可以与赵国和谈。

赵国的大臣们议论纷纷，有的赞成求和，有的反对求和，赵王一时也拿不定主意，又向虞卿请教。虞卿说：“秦国这次攻打我们，是用尽了所有力气的，结果怎样呢？还不是疲倦而归吗？这时如果我们把六个城池拱手奉送给他们，岂不是等于帮助敌人来打自己吗？您知道，靠武力他们是无论如何也得不到城池的呀！如果赵国答应了秦国的要求，明年他们再来进攻一次，您还打算怎么办呢？不是更加重危机了吗？”

赵王心急如焚，想不出一个万全之策。“虞卿，你说可有办法可以解燃眉之急呀！”

虞卿胸有成竹，慢慢地说出了一个计策：“大王，秦国向您要六个城池，但您偏不给他，您可以把这六城池赠给齐国。齐国和秦国一直都有矛盾，齐王得到我们的六个城池，必然会出兵攻秦，齐国偏袒赵国那是当然的了。这样一来我看秦王恐怕要带着重礼，主动向我

周成王像

们请求讲和呢！韩国和魏国看到这种形势，也必定会支持我们。您这一个举动，就可与三个国家结好，这正好与秦国最初的企图相反呀！”

“好主意，好主意呀！就这么办吧！”赵王赞成虞卿的策略，立刻派他去齐国谋划。

果然不出虞卿所料，他还没有从齐国回来，秦国已派使者来到赵国讲和了。

惩前毖后

“惩前毖后”意思是吸取以前失败的教训，以后谨慎小心，不重犯错误。

此典出自《诗·周颂·小毖》：“予其惩而毖后患，莫予荓蜂，自求辛螫。”

周朝武王死后，他儿子成王继承王位，当时因为他的年龄还小，不会管理国家大事，便由他的叔父周公摄政。那时，成王的另外两个叔父管叔和蔡叔欺负成王年纪小，认为他不应该做王，乘机勾结殷纣王的儿子武庚共同发动叛乱，妄图推翻周成王。

传说成王在祭祀宗庙时写了一首诗，以表达自己的恐慌心理和平乱的决心，后来，在周公的帮助下，成王平息了叛乱，巩固了国家大权。这首诗便是《诗经·周颂·小毖篇》，其开头两句是：“予其惩，而毖后患”。这两句诗的意思是说：“我应该从所受的惩罚中汲取教训，小心谨慎，以免再遭其他祸患。”

出生入死

“出生入死”原指人从出生到死去。后形容经历极大危险，随时都有丧失生命的可能。

此典出自《老子》第五十章：“出生入死。生之徒（途），有十三；死之徒（途），有十三。”

《老子》第五十章，是老子的人生论，讲如何爱惜生命。老子反对统治者放纵七情六欲，一味地追求物质享受，过奢侈、荒淫的生活，他认为这是在一步步走向死亡。他主张人要避免危险，爱惜身体。

老子说：人来到世上就是生，进入坟墓就是死。人有七情六欲，这十三条（七情加六欲）可以养生，也可以致死。生的途径是这十三条，死的途径也是这十三条。人的养生，一动就走向死亡，也是这十三条。那是为什么呢？原因是他用以养生的物质享受太丰厚了。这是损害生命，不是保持生命。善于保持生命的人要避免危险，爱惜身体。

初生之犊不怕虎

“初生之犊不怕虎”原比喻年轻人大胆勇敢但缺少经验。现多用以比喻青年人大胆勇敢，敢于创新。

此典出自《三国演义》第七十四回：俗云：“初生之犊不惧虎。”

东汉末年，刘备的大将关羽率军袭击曹操的襄阳和樊城。关羽首先派部将廖化和关平领兵进攻襄阳，曹军将领曹仁带兵抵抗，结果被打得一败涂地，退守樊城。曹操派于禁和庞德前来增援。庞德领兵来到樊城脚下，与名将关羽展开了激烈的战争。庞德是员勇将，且年轻气盛，和关羽大战一百多回合，分不出胜负，双方各自鸣金收兵。关羽退回营寨后，对关平说：庞德刀法很厉害，是个敌手。关羽还说：俗话说：“初生之犊不怕虎”。庞德虽然勇猛，但缺乏经验。当时，正是秋季，阴雨连绵，河水猛涨，于是关羽采用水攻战略消灭了曹操派来的七支援军，击杀了庞德。

从天而降

周亚夫细柳式车图，出自清·马骀《百将图传》。周亚夫为西汉名将，以治军严整著称，汉景帝时率兵平定了七国之乱。

“从天而降”是指出其不意地来到，犹如天降，形容突然到来。

此典出自《汉书·周勃传》：“且兵事上神秘，将军何不从此右去，走蓝田，出武关，抵洛阳，间不过差一二日，直入武库，击鸣鼓。诸侯闻之，以为将军从天而降也。”

汉朝汉文帝执政的时候，有一年匈奴侵犯边境。汉文帝命令刘礼将军驻兵灞上，命令徐厉将军驻扎在棘门，又调来周亚夫为将军，陈兵在细柳，以防御匈奴的侵入。

一天，汉文帝带领大臣们去慰劳军队，他们在灞上和棘门，都是骑马乘车直入军营，无人阻挡。可是到了细柳周亚夫的驻军营地，情形却完全不同了。他们的军士全部身穿铠甲，手拿兵刃，严阵以待敌军。皇帝的侍骑先驰到军营，守卫营门的士兵说：“将军有令，不能随便进入军营！”侍骑只好拿着皇帝的牌节来到营门，守门兵士这才放他们进营。但军吏又拦住车骑，说：“军内有规定，营内骑马不能奔驰！”汉文帝只好按辔慢慢前行。皇帝一行人来到中营，周亚夫将军这才出来，他向皇帝深深作了一个揖说：“铠甲在身，不能叩拜，请允许我以军礼拜见。”皇帝也用相应的礼节慰劳了军队。汉文帝和大臣们离开军营后，大臣们议论纷纷，说：“周亚夫太傲慢了，对陛下也不恭敬……”汉文帝却称赞周亚夫说：“他是真正的将军，哪像灞上、棘门的军队，简直如儿戏。他们可能会被敌人偷袭，甚至会被俘虏，而亚夫呢，谁敢侵犯他？”不久汉文帝便提升周亚夫为中尉。

后来汉文帝生了重病，临终前告诫太子说：“记住，国家一旦有了危险要任用周亚夫，这个人可以帮你安定朝廷的。”

汉景帝即位后，便任命周亚夫人为车骑将军。汉景帝执政才三年，吴王和楚王就密谋叛乱。周亚夫受命带兵去平叛吴王和楚王。

周亚夫领兵出征，行至灞上，赵涉拦住他，诚恳地对他说：“你这次去平叛吴王和楚王，事关重大呀，如果成功了，朝廷安稳，万一失败了，则天下危亡，你能否听我的一句劝告？”

周亚夫连忙跳下车来，向赵涉致礼，恭敬地向他请教，赵涉说：“吴王刘濞很强，他养了许多勇士，组成了敢死队。他知道你率兵来打他，一定会预先在黾地设下伏兵，你最好走右边的路线，过蓝田，出武关，到洛阳，一两天就可以直入武库，击鼓鸣金，诸侯听见了会以为将军从天而降，到那时候，他们一定会惊慌失措……”

“好呀，好呀！”周亚夫听从了赵涉的建议，率军队偷偷奔往洛阳。又用小股军队去黾地侦察,果然发现了吴王的埋伏。

周亚夫请赵涉做他的护军,派精兵断绝了吴王、楚王军队的粮道。吴、楚军内缺乏粮食,将士一片恐慌。周亚夫趁机击败吴军,吴军伤兵残将数千人。吴王刘濞逃跑到江南,一个月后被越人杀掉了。

周亚夫由于平叛有功,不久升迁为丞相。

措手不及

"措手不及"形容事件突然发生,毫无准备,因而来不及应付。

此典出自《三国演义》第九十四回:"达人困马乏,措手不及,被申耽一枪刺下马来。"

孟达本来是刘备部将,投魏以后,曹丕欣赏他的才干,封他为散骑常侍,领新城太守,镇守上庸、金城等地。曹丕死后,曹睿即位,朝中不少人嫉妒孟达,为此,他便派人送信给孔明,愿反魏投蜀。之后,孟达约金城太守申仪、上庸太守申耽,共同叛乱。申仪、申耽二人佯许,私下却派人密报司马懿,并说孟达的心腹李辅及孟达的外甥邓贤都愿意前来援助,捉拿孟达。魏军统帅司马懿得到消息,昼夜兼程来进攻孟达驻地新城。他首先派先锋徐晃攻城,结果徐晃被孟达一箭射死。孟达正打算开门出城追赶,却见四面旌旗蔽日,原来司马懿领兵来到,于是孟达只得闭门坚守。

第二天,孟达登城了望,忽见两路兵马杀来,旗上大书"申耽""申仪"。他以为是救兵来了,忙开门引兵迎接。申耽、申仪见了孟达,在马上大喊道:"反贼休走,早早受死!"孟达见事有变,掉转马头,急忙朝城中跑去。岂料城上的李辅、邓贤也成了曹军的内应,孟达只得夺路逃走。这时,申耽从后面赶来。"达人困马乏,措手不及,被申耽一枪刺下马来。"于是孟达全军皆降。

大刀阔斧

"大刀阔斧"比喻办事果断而有魄力。

此典出自《水浒传》四十回:"远远望见旗幡蔽日,刀剑如麻,前面都是带甲马军,后面尽是擎枪兵将,大刀阔斧,杀奔白龙庙路上来。"

晁盖等十七个头领带领一百余人把宋江从法场上劫出之后,连同戴宗、李逵等二十九个好汉一齐来到白龙庙聚会。当二十九人在白龙庙内行了见面礼之后,只见小喽罗急忙跑进庙来报道"江州城里鸣锣擂鼓,整顿军马,出城来追赶。远远望见旗幡蔽日,刀剑如麻,前面都是带甲马军,后面都是擎枪兵将,大刀阔斧,杀奔白龙庙路上来。"

李逵听了,大叫一声:"杀将去!"提了双斧,便出庙门。晁盖叫道:"一不做,二不休,众好汉相助晁某,直杀尽江州军马,方才回梁山泊去。"众英雄齐声应道:"愿依尊命。"一百四五十人一齐呐喊,杀奔江州而去。杀得那官军尸横遍野,血染波红,直杀到江州城下。残兵败将慌忙入城,关上城门,好几天不敢出来。

故事中的"大刀阔斧"本指"大的刀,宽阔的板斧",说的是武器。

反经行权

"反经行权"指违反常规,采用权宜之计。

此典出自《史记·太史公自序》:"诸吕为从,谋弱京师,而勃(周勃)反经合于权。"

西汉的开国皇帝汉高祖刘邦死后,其子刘盈即位,这就是汉惠帝。由于刘盈懦弱无能,朝廷大权逐渐落入他的母亲吕后手中。吕后其实是个野心家。刘邦一死,她便同亲信审食其合谋,密不发丧,企图把刘邦时期的文武大臣全部铲除掉,以便自己独揽大权。但由于大臣郦商的反对,吕后被迫放弃了诛杀诸将的阴谋。

为了控制朝中大权,吕后违背了刘邦在世时定下的非刘氏不能封王的规矩,分封她的侄子吕产、吕禄等为王。吕氏及其亲信共同执掌了中央的军政大权,整个朝廷被他们一伙搞得乌烟瘴气。汉惠帝做了七年名义上的皇帝,忧郁而死。后来,吕后先后立了两个小皇帝,都废掉了,她阴谋让吕氏取而代之。

但是吕氏的篡权不得人心,吕氏一伙也非常孤立。吕后一死,受刘邦信任的大臣周勃、陈平等人立即将吕氏一网打尽,免除了可能发生的一场分裂事件。

司马迁在写的一篇《自序》中说:由于吕氏篡权乱政,周勃等人只好不顾君臣之义,违反常规,采用权宜之计,灭诸吕。

逢山开道

"逢山开道"比喻在前进道路上,能克服任何困难。

此典出自《元曲选·李逵负荆》:"让我来给你们逢山开道。"

杏花村有一个人名叫王林,靠卖酒为生。老伴死得早,只留下一个女儿,名叫满堂娇,年方十八,还没有许人。

一天,贼人宋刚和鲁智恩到杏花村喝酒,宋刚自称是梁山泊头领宋江,鲁智恩自称是花和尚鲁智深。王林没有见过宋江和鲁智深,以为他们俩真是梁山上的好汉,便热情接待,并唤女儿满堂娇出来敬酒。宋刚喝醉了酒便要讨满堂娇做压寨夫人。鲁智恩就对王林说:"把你女儿与俺宋公明哥哥作压寨夫人吧,只借你女儿三天,第四天便送来还你。"说着不管三七二十一就把满堂娇带走了。

正好这时李逵也下山游玩,来到王林酒店喝酒,听说宋江和鲁智深抢走了王林的女儿,非常气愤。李逵立即回山与宋江理论。

李逵回得山寨,见了宋江,连忙打恭道:"给哥哥道喜!"宋江问道:"喜从何来?"李逵道:"哥哥不是要讨压寨夫人了么?"然后指着鲁智深说:"秃儿,这是你做的好事呢!"鲁智深不知话从何说起,目瞪口呆地站在那里。李逵恨恨地说:"原来这梁山泊有天无日,我恨不得砍倒这面杏黄旗。"宋江忙说道:"你这铁牛,有什么事也不查个明白,就提起板斧来,要砍倒杏黄旗。"吴学究则在一旁说道:"山儿,你也忒口快心直了。"宋江说:"山儿,你下山喝酒,碰到了什么人?他们说了我些什么?……"

于是李逵把事情的原委全部说了出来,宋江否认。李逵不信,便与宋江打赌说:"如果不是你,我愿把这个脑袋输了。"宋江道:"既然如此,就立下军令状,交学究收着。"李逵道:"那怕指天画地能瞒鬼,步线行针待哄谁。"为了弄清问题,宋江、鲁智深和李逵便一道下山去找王林弄清真相。在下山的路上,李逵总认为宋江和鲁智深走路太慢,必是心中有鬼,便道:"让我来给你们逢山开道。"鲁智深说:"山儿,我要你遇水搭桥呢!"李逵道:"你休得顺水推舟,偏不许我过河拆桥。"宋江知道李逵的言外之意,便说:"山儿,你记得你上山时,是八拜之交认我做哥哥的吗?"李逵不听这些,只顾着急赶路,不觉来到杏花村王林家下。对质的结果,抢王林女儿的果然不是宋江。

宋江回山要杀李逵的头,李逵也无话可说。正在这个时候,王林来禀报说,那个假宋江,假鲁智深已经送他女儿回来了,正到了他家。宋江便说:"山儿,你下山擒住那两贼,恕你无罪。"李逵听了,连忙谢恩。他说:"这是揉到我山儿的痒处了。管叫瓮中捉鳖,手到拿来。"说完飞速下山把两个贼人抓上山来了。

改弦更张

“改弦更张”比喻变更方针、计划或办法。

此典出自《汉书·董仲舒传》:“窃譬之琴瑟不调,甚者必解而更张之,乃可鼓也。又见南朝宋何承天《上邪篇》:‘琴瑟时未调,改弦当更张。’”

西汉时,有一位著名的哲学家、今文经学大师叫董仲舒,广川(今河北枣强东)人。他学习非常刻苦,整天埋头在书房里学习,两三年都没有到书房附近的花园里游玩过。后来,他专治《春秋公羊传》,曾任博士、江都相和胶西王相。

当时,汉武帝刘彻举贤良文学之士,请他们对施政方针提出建议。董仲舒说:汉朝继秦而立,秦朝的旧制度对今朝已经不适用了。这就好比琴上的弦已经陈旧不堪,不能使音调和谐了,必须把它解下来,更换新弦,然后才可弹奏。政策制度也是这样。行不通了,就要改革,然后才能把事情办好。如果不更换已经无用的琴弦,就是第一流的音乐家也弹不出优美的音调来;应当改革而不改,就是最贤明的政治家也不能创造令人满意的政绩。……董仲舒还向汉武帝建议:“诸不在六艺(即《礼》、《乐》、《诗》、《书》、《易》、《春秋》六经)之科,孔子之术者,皆绝其道,勿使并进。”董仲舒的建议,都被汉武帝所采纳,并开此后两千余年封建社会以儒学为正统的先河。

更上一层楼

“更上一层楼”比喻再提高一步。

寇准像,图出自《群英杰》。寇准曾立劝宋真宗御驾亲征,于澶州大败辽军。

此典出自唐王之涣《登鹳雀楼》诗:“欲穷千里目,更上一层楼。”

唐代时,有一座著名的登临胜地叫鹳雀楼(故址在今山西蒲县西南城上)。这座楼前可看中条山,向下可看到滚滚黄河,楼高三层,异常雄伟壮观。一天傍晚,著名诗人王之涣来到这里,登楼眺望,被这雄伟壮观的景色吸引住了,诗兴大发,作了流传千古的《登鹳雀楼》。全诗共四句:

白日依山尽,黄河入海流;

欲穷千里目,更上一层楼。

意思是说:登上雄伟的鹳雀楼,极目眺望,太阳贴着中条山逐渐沉落下去,在夕阳照耀下,滚滚黄河水正向大海奔流。假如要使眼界再开阔一些,还得再上一层楼。

孤注一掷

“孤注一掷”源出于赌博,意为输急的赌徒押上了他所有的钱。后比喻危急的时刻拼上所有的力量作最后的冒险一搏。

此典出自《宋史·寇准传》:“陛下闻博乎?博者输钱欲尽,乃罄所有出之,谓之孤注。陛下,寇准之孤注也,斯亦危矣。”

又见《元史·伯颜传》:“再遣人招之,其将士皆曰:‘……备吾甲兵,决之今日,我宋天下,犹赌博孤注,输赢在此一掷耳。’”

宋真宗的时候,寇准担任宰相。一次,好战的契丹人侵犯中原,一路势如破竹,已经兵临澶渊,朝廷百官听到这个坏消息,连忙召开紧急军事会议,寇准建议,主张由皇帝亲自督师,以振士气,这样,便可以把声势浩荡的契丹兵抵挡住。真宗接纳他的建议,在澶渊地方打了一次大胜仗,契丹失败后,只好上表投降。从那以后,真宗更加重用寇准了。不料那时有个谗臣王钦若嫉妒,就向真宗进谗言。一天,王钦若说:“陛下,我们赌博,如果输了钱,便冒一个大险,把所剩下的钱一口气拿去赌一次,这叫做孤注。你可记得,那一回澶渊之役,寇准请你亲自督师,这也同赌博的孤注一样呢!”真宗听了这个用赌博来比喻的谗言,勃然大怒,马上贬了寇准的官职,由丞相降为陕州知府。

国色天香

“国色天香”形容牡丹的色香皆佳,不同于一般花卉,也用来比喻女性的美丽。

此典出自唐代李浚《摭异记》:“国色朝酣酒,天香夜染衣。”

唐太和年间,有一次,文宗皇帝李昂在程修已的陪伴下,到御花园赏花。这时园中百花齐放,姹紫嫣红,争奇斗妍。当文宗看到花王牡丹的时候,便问身边的程修已道:“今京邑传唱牡丹诗,谁为首?”(意思是:而今都城里传唱牡丹诗的哪一个是最好的?)程修已回答说:“中书舍人李正封有诗道:‘国色朝酣酒,天香夜染衣’。”唐文宗听了,赞叹不已。

裹足不前

“裹足不前”比喻停止不前。

此典出自秦代李斯《谏逐客书》:“使天下之士,退而不敢西向,裹足不入秦。”

战国末期,楚国上蔡(今河南上蔡西南)有一个叫李斯的人,起初是郡里的小官吏。他不甘地位卑贱,就跟随荀况“学帝王之术”。学成以后,他见楚国国势日益衰弱,不会有远大的发展,便投奔了当时比较强大的秦国。在秦国,李斯受到了吕不韦的赏识,任为郎官,后逐渐被提拔为廷尉、丞相。

当时,秦国不断进攻齐、楚、燕、韩、赵、魏等国,大势趋向统一。六国中一些有才能的人逐渐投奔秦国。这些人来到秦国后,影响了秦国贵族的权势。此时有一个叫郑国的韩国人在秦国进行间谍活动被发现,秦国贵族就以这件事为借口煽动秦王驱逐一切客卿。公元前237年,秦王下逐客令,李斯也是被驱逐的对象之一。于是,李斯便给秦王写了这封《谏逐客书》。

谏书中指出:土地广阔的,粮食就富足;国家广大的,人民就众多;武器精良的,兵士就勇敢。因此,泰山不嫌弃一点微小的土壤,才造就了它的巍峨高大;大河、大海不挑剔每一条细流,才能造成它的深渊;帝王不排斥众多的人才,才能使他的德业发扬光大。所以说,地区不分东西南北,人民不分国内国外,一年四季都是美好的,连鬼神都来向他降福,这就是五帝(黄帝、颛顼(zhuān xū 专须)、帝喾(kù 酷)、唐尧、虞舜)三王(夏禹、商汤、周文王周武王)能够无敌于天下的根本原因所在。如今秦国却不顾老百姓的利益,让人才去辅助敌国;拒绝客卿,让他们去帮助其他国家立功业。使天下能人贤士往后退却,不敢倾向西方(指秦国,因秦国居于六国之西),不敢进入秦国。这种做法就相当于给敌人送武器和粮食呀!

秦王看到李斯的谏书以后,觉得十分有道理,就立即撤销了逐客令。

过犹不及

“过犹不及”指做事过头就同做事不够一样。

此典出自《论语·先进》:“过犹不及。”

春秋时,思想家、教育家孔丘非常重视所谓的“礼”。他认为,人的言行必须合乎礼的规定。一次,他的学生子贡问他:“先生说子张(颛孙氏,名师)与子夏(卜氏,名商)哪个好一些?”孔子回答说:“子张过分,子夏不够。”子贡说:“那么就是子张好一些吗?”孔子说:“(办事情)超过了(礼的规定)就和做不到(礼的规定)一样。”

韩信将兵

“韩信将兵”比喻金钱物品,越多越好。也可用来讥笑贪得无厌的人。

此典出自《史记·淮阴侯列传》:“上尝从容与信言诸将能不各有差。上问曰:‘如我能将几何?’信曰:‘陛下不过能将十万。’上曰:‘于君何如?’曰:‘臣多多而益善耳。’上笑曰:‘多多益善,何为为我所禽?’信曰:‘陛下不能将兵,而善将将,此乃信之所以为陛下禽也。且陛下所谓天授,非人力也。’”

韩信是秦汉初淮阴人,起初效力于项羽,在那里只做执戟郎,因项羽知道他手无缚鸡之力、淮阴受胯下之辱,就很轻视他,不肯重用他。但是韩信却是一个才高志大,精通兵法,本领高强的人物。

他年少时,曾受过流氓地痞们的侮辱,也向河边洗衣服妇人要饭吃,这些小的耻辱,他都忍受住不放在心上,也不和别人计较。

韩信在项羽军中郁郁不得志,于是逃跑去效力刘邦,但也没有受到重用,没过多久,他就在一个月夜逃走了,萧何知道韩信是个有抱负的人,未报告刘邦就去追韩信,一连数天没有回来,刘邦心里惊讶,就想怎么萧何也会不辞而别呢?第三天萧何带着韩信回来,自己先跑去见刘邦,刘邦开口便问:“你这几天去哪里了,怎么不告诉我一声呢?”萧何说:“我因为替你办一件重要的事,没有来得及向你报告。”刘邦诧异地问道:“替我办什么重要的事呢?”萧何便把韩信逃走,自己去追他的事说了一遍,刘邦生气地说:“军中多少人逃跑了,你不去追,怎么反而去追一个无名小卒呢?”萧何说:“别人容易得到,像韩信这样的才干非常人所及,此人志向高大,如果得到重用,将来统率三军,平定中原,非他莫属。”刘邦说:“那照你的意思,应该给他元帅吗!”萧何说:“自然是,此人爱面子,一道命令赐他元帅,他还不一定愿意接受,必须举行拜将之礼,他才会欣然接受。”于是,刘邦很隆重地筑起将台,拜韩信做了元帅。

韩信做了刘邦的元帅后,利用他的智谋,把当时的强敌项羽打败了。海内统一,刘邦做了汉朝的开国皇帝,称汉高祖。汉高祖即位后,因韩信善于带兵,有一次汉高祖问韩信说:“如果我来带兵,可以带多少兵呢?”韩信说:“陛下可以带领十万。”汉高祖又问道:“那么你可以带领多少兵呢?”韩信说:“我嘛!多多益善。”

后来居上

“后来居上”原指资格浅的新官反而位居资格老的旧臣之上,表示不以为然。后转用来称赞后来的超过先前的。

此典出自《史记·汲郑列传》:“始黯列为九卿,而公孙弘、张汤为小吏。及弘、汤稍益贵……或尊用过之。黯褊心,不能无少望,见上,前言曰:‘陛下用群臣如积薪耳,后来者居上。’”

西汉时代的汲黯,本在汉武帝时做中大夫,因为常常劝谏武帝,武帝心中不满,就把他调到东海(在今山东、江苏两省交界濒海的地区)做太守。后来武帝听说他治理东海的成绩卓越,又把他调回来做主爵都尉,位列“九卿”以内。他依然常常直言劝谏,武帝既讨厌他,又尊重他。当时有两个名叫张汤和公孙弘的小官,汲黯轻视他们,说他俩是刀笔吏,专门用欺诈的方法赢得皇帝的信任,不久公孙弘升做丞相,张汤也做了御史大夫。汲黯想起自己的官职还列在“九卿”以内的时候,张汤和公孙弘还只是个小官吏,然而没过多久,他们的官职竟然在他之上,除此之外,还有不少原来地位比他低的人都赶上了他,有的甚至超过了他。他心里很是不服气,有一天他遇到武帝,就说:“你用人好比堆积杂草,把后来的放在上面。”汉武帝听了没有作声。

呼风唤雨

“呼风唤雨”比喻人民群众具有支配自然的强大力量,有时也形容反动势力的煽动。

此典出自《三国演义》第四十九回:“亮虽不才,曾遇异人,传授奇门遁甲天书,可以呼风唤雨。”

周瑜与曹操在三江口展开大战。曹操兵多,防守又严密,要进攻,困难着实不小。为此,诸葛亮和周瑜商量,决定以火攻取胜。一切准备工作顺利进行,但周瑜想起此时正值冬季,自己的船停在江南,曹操兵船却在西北,如果用火攻的话,西北风一来,岂不是引火烧身么?周瑜眼见情势危急,无计可施,急得病倒在床。诸葛亮去探望他,他不愿说实话,只是敷衍诸葛亮说:“人有旦夕祸福,谁又能不生病呢?”而诸葛亮却故弄玄虚地说:“天有不测风云,人又怎么能料得定呢?”周瑜觉得孔明话中有话,便忙问有何良药可治好他的病。诸葛亮写了十六个字递给周瑜。这十六个字是:“欲破曹公,宜用火攻;万事俱备,只欠东风。”周瑜见诸葛亮早已洞悉他的心事,只好把实情告诉了他,并请诸葛亮告之以解危救困之法。诸葛亮笑笑说:“亮虽不才,曾遇异人,传授奇门遁甲天书,可以呼风唤雨。都督若要东南风时,可于南屏山建一台,名曰‘七星坛’……亮于台上作法,借三日三夜大风,助都督用兵,何如?”周瑜听了大喜,就立即派遣五百精壮兵士往南屏山筑坛。

虎头蛇尾

“虎头蛇尾”比喻做事前紧后松,有始无终。

此典出自清代李伯元(李宝嘉)《官场现形记》第五十七回:“谁知闹来闹去仍旧闹到自己亲戚头上,做声不得,只落得个虎头蛇尾。”

清代,官场污浊混乱不堪,特别是捐例大开之后,官吏及候补官员中鱼龙混杂,良莠不齐。做上司的人,专挑那些有背景、有交往的人充任官职。而一些有真才实学而无门路的人则一辈子也弄不到差事。鉴于这种情况,京城一位都老爷便上了一个奏折,要求整顿吏治,甄别贤愚,重用有真才实学之人,没有能力的遣回原籍或责令学习。奏折上去,皇上批示同意。

不久,湖南巡抚接到皇上的指令,非常重视,立即要对各级官员进行考试。众官吏听说要普遍考试,不禁惊慌失措了,因为其中有十分之六七的人连字都不会写。为了保住乌纱帽，他们想方设法请人代考。到了考试那天，巡抚大人亲临考场，严肃慎重，因而考场气氛异常紧张。试题发下之后，一时人头簇簇，议论纷纷。正在紧张时刻，忽然听得一片喧闹之声，说抓住了一个冒名顶替考试的人。巡抚大人得知，忙说："冒名顶替，照考试定章办起来是应斩头立决的。……兄弟今天定要杀一儆百，让众人当面看看，好叫他们有个惧怕。"说着，即叫传令，说抚台大人今天要杀人。众官吏一听说要杀人，都跑来观看；哪知等了半天，没有一点动静。后来一打听，才知道那个顶替者正是巡抚二少爷的妻舅请来的。因为巡抚大人二少爷的妻舅用钱买了个知府的官职，而他本人却是一窍不通，碰到巡抚考官，都请人代替。湖南抚台本想借这事大作一番文章，"谁知闹来闹去却闹到自己亲戚头上，做声不得，只落得个虎头蛇尾。"后来抚台又担心招来闲言闲语，便装腔作势地叫手下人去斟酌办理。

回天之力

"回天之力"原意是说力大到能将运转过去的天拉转回来，比喻力量能够扭转极难挽回的形势，或比喻说话正确而产生极大的力量。

此典出自《新唐书·张玄素列传》："魏征名梗挺，闻玄素言，叹曰：'张公论事，有回天之力，可谓仁人之言哉。'"

唐朝唐太宗当政时，朝廷有一位侍御史名叫张玄素。他为官忠正、清廉，深受百姓的爱戴。张玄素原是隋朝景城县户曹，唐太宗的兵马破城后要杀他，但全城一千多百姓悲痛地喊道："张玄素是清吏，杀他是违背天意，大王即定天下不应该杀害忠良！"唐太宗为此颇受感动，让他在唐朝做官。

贞观四年，唐太宗下诏重修洛阳宫乾阳殿，还亲自去洛阳督察。张玄素觉得这样做会使百姓怨恨，劳民伤财，于国不利。于是他大胆地上书劝谏，对唐太宗说："臣以为秦始皇的历史教训总该汲取，因为他逆天行道，只传到二世便灭亡了。天下不可以力胜，只有当务俭约，薄赋敛，以身先之，才能使天下安宁。陛下曾经见过洛阳的宫殿，那时你下命令拆毁它，天下百姓都异口同声地称赞你的做法。可是现在你又打算重修宫殿，这不是违背你先前说的话吗？目前国库空虚，百姓经过战争离乱，十家九穷，怎么受得了再去耗费钱财？况且造殿所用的木材，要耗费许多民力。从伐木开始运到洛阳要动用几十万工。过去秦朝修阿房宫，阿房宫还未修成，秦朝就灭亡了。如果陛下决意重修宫殿，那就比隋炀帝的过错还要大！"

唐太宗心情沮丧地说："你说我还不如隋炀帝，那我比桀、纣又如何呢？"

张玄素丝毫也不畏惧，态度强硬地说："假如宫殿修完，同归于乱。臣记得洛阳刚刚平定的时候，太上皇曾经下诏说：'宫室过分奢侈者焚之！'陛下当时却说：'砖瓦木料还可以用，拿去赐给穷人！'那时百姓都异口同声地颂扬您的大恩大德。如今陛下又要重修宫殿，这不是重蹈隋炀帝的老路吗？不过五六年的时间，陛下就已改变了态度，让天下的百姓怎么去评价你！"

唐太宗被张玄素说得心服口服，只得下诏停止重修洛阳宫乾阳殿，并且赐给张玄素两匹绸子，表彰他敢于直言劝谏。满朝大臣全都佩服张玄素的胆识。连大名鼎鼎的魏征都赞叹他"张玄素论事真是有回天之力，可以说是仁人之言呀！"

及锋而试

"及锋而试"系由韩信的"及其锋而用之"引申而来，又作"及锋"，比喻趁着锐气正盛而有所作为。

此典出自《汉书·高帝纪上》:"吏卒皆山东之人,日夜企而望归,及其锋而用之,可以有大功。"

秦朝末年,秦军被项羽消灭,项羽率兵进入秦都咸阳,杀了秦王子婴(秦始皇孙),自立为西楚霸王,封刘邦为汉王,让他管理汉中那一带地方,其他诸侯将军也都封了王。那一年四月,被封的诸侯各自率领自己的军队去了封地。

汉王刘邦也领着军队去汉中(今陕西省南部及湖北省西北部一带)。项羽派了三万人给他,楚军及诸侯中倾向于刘邦的几万人也跟随而去。但到达南郑(今陕西南郑,当时汉王刘邦都于南郑)时,随身的将领和兵士有不少都逃走了,因为兵士都想东归。

这时韩信便向刘邦说:"项羽诸将有功的都封王,你却被派居南郑,其实是被贬谪了。兵士们都是山东人,他们日夜想回东方的故乡,应该趁着这股锐气,利用他们,成就大业。等到局面安定后,人人都想安宁,就不能再利用了。我建议你立即东下去和项王争夺政权。"刘邦听从了韩信的劝告,便违约偷袭项羽,并获得成功。

见兔顾犬

"见兔顾犬"比喻事虽紧急,如能及时想出办法,还来得及应付。

此典出自《战国策·楚策四》:"臣闻鄙语曰:'见兔而顾犬,未为晚也;亡羊而补牢,未为迟也。'"

楚国有个大臣名叫庄辛,他见国内官员只顾荒淫享乐,不过问政务,就对楚襄王说:"你心爱的臣子州侯、夏侯、鄢陵君、寿陵君等人,一味荒淫享乐,奢侈浪费,不理政事,如不妥善处理,最后一定会招来祸患!"襄王听了,不以为然地说:"先生是老糊涂了吧,要不然就是故意造谣惑众。"庄辛仍认真地说:"我说的全是实话,不敢造谣。你如果依然宠信这几个人,那么楚国灭亡的日子就不远了!"

由于襄王不听庄辛的劝告,庄辛便离开楚国投奔赵国去了。结果没到五个月,楚国果然遭到了秦国的进攻。由于楚国内部空虚,抵抗无力,很快就失去了一大片国土。楚王被迫逃到城阳,这时他才明白了庄辛话的道理,于是便派人去把庄辛请回来。

庄辛回到楚国之后,襄王非常内疚地对他说:"我后悔没有听你的劝告,但现在事情已经到了这种地步,你看该怎么办呢?"庄辛诚恳地回答说:"臣闻鄙语曰:'见兔而顾犬,未为晚也;亡羊而补牢,未为迟也。'"(意思是:我听俗话说,看到兔子才想到放出猎犬,还不算晚;羊跑了才去修补羊圈,也不算迟。)他说到这里停了一下,又接着说:"我听说从前商汤王、周武王只有百里宽的国土,但却建成了富强的国家;可是,夏桀王、商纣王占有整个天下,最终却亡了国。现在楚国虽小,合起来依然有几千里的国土,将来还是可以强大起来的。大王啊,你要紧记这个教训:重用坏人,享乐腐化,不过问国家大事,一定会造成灾难!"

襄王听了庄辛的这番话,觉得非常有道理,于是拿出玉珪来授给庄辛,封他为阳陵君。后来襄王采纳庄辛的计谋,果然得到了淮水以北的土地。

蒋干过江

"蒋干过江"比喻行动疏忽或方法错误,所做的事情都是错误的。只有放下心中包袱,才能轻装前进。

此典出自《三国演义》第四十七回。

群英会蒋干中计图，出自《图像三国志》。

东吴大将周瑜的部下黄盖因遭到毒打，向曹操献书投降。曹操担心黄盖用“苦肉计”，就派幕下谋士蒋干过江探听虚实。

周瑜听到蒋干又来到东吴，心中暗暗窃喜。他立即同鲁肃和在江东的庞统，一起设下破曹的计策，然后请蒋干进来。周瑜一见到蒋干，便板着面孔说：“子翼（蒋干的字），上回你来盗书，误我大事，今天又来，必无好意！”蒋干想作解释，周瑜没等他张嘴，就吩咐左右：“把蒋先生送到西山庵中休息几天。等我打败了曹操，再送他过江去。”

蒋干被送到西山后的小庵后，见不到周瑜，又逃不掉，心里既着急又忧闷。晚上，满天繁星，山里寂静。蒋干出庵散步，无意中碰到庞统，他知道庞统是襄阳名士“凤雏先生”，久仰大名，就问他为何独自住在这里？庞统说：“周瑜气量太小，不能容人，我只得隐居在这里。”蒋干劝说：“庞先生足智多谋，富有才学声誉，如果你肯归附曹操，我可给你引见。”庞统欣然答应。于是，两人连夜设法过江。蒋干把庞统引荐给曹操。曹操很是欢喜，亲自迎进帐中，置酒共饮，谈论兵机。

原来曹兵大半是北方人，初到南方，水土不服，水上练兵晕船呕吐，很多人都生了病，还死了不少人。曹操正为这事日夜担忧，就向庞统讨教。庞统献策说：“大江之中，潮涨潮落，风浪不息。北方人不习惯坐船，一受颠簸，就会生病。如果把大小战船配搭起来，有的三十为一排，有的五十为一排，首尾用铁环锁在一起，上铺宽板，就像平地一般，不管遇到多大的风浪，都不怕了。”曹操听了大喜，传令军中铁匠连夜打造铁环大钉，锁住船只。其实，这是周瑜和庞统设下的“连环计”，为下一步火烧赤壁、大破曹军创造了有利条件。

蒋干第一次过江当说客，中了周瑜的“反间计”，使曹操误杀蔡瑁、张允两名水军都督。蒋干第二次过江当说客，又中了庞统的“连环计”，使得周瑜火烧赤壁成功，曹军大败而逃。

节外生枝

“节外生枝”比喻在原有问题之外，又出现新问题。现多指故意设置障碍，使问题不能得到顺利解决。

此典出自《答吕子约（九月十三日）》：“随语生解，节上生枝，更读万卷书，亦无用处也。又见元代杨显之的杂剧《临江驿潇湘秋雨夜》：“兀的是闲言语，甚意思？他怎肯道节外生枝！……”

张翠莺从自己的家乡来找当县令的丈夫崔甸士，但是，崔甸士离家以后，已另娶他人为妻。张翠莺来到县衙门口，说明自己是崔知县的夫人，可衙役就是不愿放她进去。衙役对她说：你是不是找错了地方，我们老爷这里有夫人哩！张翠莺一听，悲愤交加，唱道：你说的可是实话？他怎么能节外生枝娶新妇。

举棋不定

"举棋不定"意思是说举起棋子不知放在哪里才好，比喻做事优柔寡断，顾虑重重，没有主见，拿不定主意，犹疑不决。

此典出自《左传·襄公二十五年》："今宁子视君不如弈棋，其何以免乎？弈者举棋不定，不胜其耦，而况置君而弗定乎？必不免矣。"

春秋时期，卫国的国君卫献公非常骄横粗暴，人们对他极端不满。公元前559年，卫国大夫孙文子和宁惠子趁机叛乱，推翻了卫献公的统治。卫献公落荒而逃到齐国。赶跑了卫献公以后，孙文子和宁惠子把持卫国朝政，掌握国家大权。但是，当宁惠子病得奄奄一息时，他又非常后悔，感到驱逐国君这事是一件耻辱，于是嘱咐他的儿子宁悼子把献公接回来，以此洗掉耻辱。宁悼子答应按他的要求去办。

逃亡在外的卫献公并不甘心失败，他积极开展复国活动，派人与宁悼子联系，答应回国后不掌管朝政，国政全交给宁悼子处理。于是宁悼子欣然同意。然而，许多大夫极力反对献公复位。大夫右宰穀会见献公后，回来劝告宁悼子说："献公虽然在外逃亡了十二年，可是他那骄横粗暴的禀性却一点没有改变，如果让他恢复君位，我们大家可就要死到临头了。"大夫叔仪也劝告说："现在你们宁家对待国君，还不如下棋那样认真。下棋的人拿着棋子犹豫不决，就不能战胜对手。对待国君这样的大事，如果摇摆不定，一会儿将他驱逐了，一会儿又把他接回来，一定会招致杀身之祸。"

宁悼子一心想独揽大权，以宁惠子遗嘱为借口，不顾大夫们的劝告，最终还是把献公接了回来。卫献公复位后，并没有忘记被驱逐的事，他非常仇恨宁悼子，决心报复。后来卫献公终于借用公孙免的力量，把宁悼子满门抄斩了。

卷土重来

"卷土重来"用以说明失败之后，又恢复往日的规模。一方面，它鼓励人的志气，鼓励人创造事业的雄心，坚持不懈，不怕失败，这是好的一面。但另一方面，对于那些专事损害、侵犯别人的作为，虽也可用"卷土重来"来形容，但却是一种为世人所憎恨、不齿的行为。

此典出自唐代杜牧《题乌江亭》诗："胜败兵家事不期，包羞忍耻是男儿；江东子弟多才俊，卷土重来未可知。"

楚汉相争，在中国历史上留下了一段很动人的故事。楚王项羽起初率领的士兵，是他和叔叔项梁在吴中一带组织起来的八千人。这八千人中很多是项梁和项羽的好朋友，他们都骁勇善战。项羽就用这八千精兵作为基础，逐渐壮大成为一支强大的队伍。后来项羽从胜利转入失败，在困境中突破刘邦垓下兵围，往南逃到乌江，后面跟着几千名追兵，而他手下只剩二十八人。这时，乌江亭长撑着一只船靠近岸边，对项羽说："长江以东的地方虽然比较小，但土地有一千里，人口几十万，还可以在那里称王。现在只有我一人有一只船，请您赶快上来渡过江去，即使汉军追来，也是没法过江的。"但项羽没有接受他的好意，笑着说："天欲亡我，我还过江做什么？而且当初我和江东子弟八千人渡江至西，如今没一个人活着回来，即使江东父老可怜我，再尊我为王，我又有什么脸面见他们呢？他们即使嘴里不说什么，我心里难道就不觉得愧疚惭愧吗？”说完，他拔剑自刎而死。

唐朝诗人杜牧，有一次走到项羽自杀的地方，想起项羽和那八千精兵的英勇和失败，感慨万分，就在乌江亭上题了一首诗，其中有两句是：“江东子弟多才俊，卷土重来未可知。”

雷厉风行

“雷厉风行”形容声势猛烈得像打雷一样，行动迅速得像刮风一样。现多用以比喻推行政策法令的严格和迅速。

此典出自唐代韩愈《潮州刺史谢上表》：“躬亲听政，旋乾转坤，机关阖开，雷厉风飞。”

诗人韩愈任国子博士时，由于反对唐宪宗迎佛骨一事，被贬为潮州刺史。他到任之后，有感于朝政的兴盛和皇上对他的宽恕，于是上表感谢唐宪宗。在表中，他极力歌颂唐宪宗的功绩，说唐宪宗即位以来，因为能够“躬亲听政，旋乾转坤，机关阖开，雷厉风飞。”（意思是：亲自听政，使乾坤扭转，各种事业也开始兴办起来，进展很快，如雷的烈，如风的行。）因而使唐帝国“赫然兴起”，南北顺服。他说，这样大的功劳是高祖、太宗所不能相比的。为此，他劝唐宪宗应该“东巡泰山，奏功皇天，当此之际所谓千载一时不可逢之嘉会（意思是：在这个时候“封禅”，真是一个千载难逢的好机会）！而我负罪在身，自拘海岛，戚戚嗟嗟，日与死近，穷思毕精，以赎前过。伏望陛下，垂怜于我。”

唐宪宗读了韩愈的奏表之后，觉得韩愈所谏，完全是发自肺腑的，因此又授他为袁州刺史。韩愈治理袁州有很大的政绩，后被征为国子祭酒，转兵部侍郎，复为吏部侍郎。

班超像，图出自清·顾沅辑《古圣贤像传略》。

雷霆万钧

“雷霆万钧”比喻威力极大。

此典出自《汉书·贾山传》：“雷霆之所击，无不摧折者；万钧之所压，无不糜灭者。”

西汉有个人名叫贾山。汉文帝时，他以秦朝的事情为资料，撰写了《至言》，并以此向汉文帝进谏。在《至言》的第二段，阐述了广开言路的道理。他认为如能广开言路，大力招揽贤能之士，那么国家的实力就会强大起来。这就好比“雷霆之所击，无不摧折者；万钧之所压，无不糜灭者。”（意思是：震耳欲聋的暴雷所击之处，没有不被摧折的东西；三十万斤重力所压，没有不被压得粉碎的。）这是比喻君主如果能善于养士而广开言路，则国家之盛势就有如雷霆之威，万钧之力。汉文帝读了《至言》

之后，感到贾山说得言辞激越恳切，非常有道理，确实可行，于是就听取了他的意见，准备广开言路。

力不从心

“力不从心”说明人心里想着要做一件事，但却因为力量不够，不能实现愿望。

此典出自《后汉书·班超传》：“如有卒暴，超之气力不能从心，便为上损国家累世之功，下弃忠臣竭为之用，诚可痛也。”

东汉的皇帝汉和帝，有一天收到一份来自边疆西域的信，打开一看，原来是老将军班超的信件。班超是朝廷功绩卓越的老臣，他在西域二十多年，平定安抚了西域五十多个国家，使它们归顺朝廷，向汉室称臣纳贡。因此，汉和帝刘肇曾下令封他为定远侯，封给他千余户，奖赏班超的卓越功勋。今天他又上书表奏，到底有什么事呢？

刘肇急忙打开书信，仔细地读了一遍，然后闭目沉思起来……

原来这是老将军班超请求调回故乡的奏表，里边还附有他的妹妹班昭的一封信，帮助哥哥向皇帝恳请离开西域，告老还乡。言辞情真意切，哀婉动人。刘肇被它深深地打动了。

班超在信中写道：“陛下，臣在西域已经二十多年了，无时无刻不在思念故乡。臣所说先前的姜太公在齐国做官，可他的五世后代死后依然埋葬在原籍周地，而周地离齐地不过几千里，而我现在是身处遥远的西域啊，怎能不想念故乡呢？苏武留在匈奴不过十九年，可我在西域已经快半辈子了。我不敢奢望回到酒泉，只要能回到玉门关内，我就心满意足了……”

班超的妹妹班昭在信上写道：

“我的胞兄班超，蒙受皇恩，自从来到西域，志捐躯命，屡立微功。他每逢攻战，总是身披金甲，不怕身亡，倚仗陛下的神灵，才在这大沙漠里征战了近三十年。现在已七十，垂垂老矣，头发皆白，双手麻痹，耳聋目花，靠拄杖才能行走，虽说他力图竭尽全力、尽职尽责，以报答皇帝的恩宠，可是也不能做到了。假如此地发生暴乱，他可能会力不从心了。这不仅会损害国家、朝廷的利益，也会使为臣的前功尽弃。如果发生了那样的变故，该有多令人痛心呀，所以恳求陛下，但好几年过去了，仍然听不到陛下的答复。今陛下以孝理天下，深得万民欢心。因而我冒着生命危险替家兄班超请求，让他活着回到故乡，我的哥哥壮年时竭尽忠孝于沙漠，难道还让他年老的时候捐死在旷野吗？我满怀哀痛地向陛下奏禀实情，请陛下开恩！”

汉和帝刘肇看完这两封奏书，非常感动，便亲自下诏书，请班超回来。

班超终于回到阔别三十一年的洛阳，皇帝封他为射声校尉。可是班超的胸膜炎病又犯了，虽然皇帝派来御医为他治疗，但终究回天乏力，这年的九月，班超去世了。

量力而为

“量力而为”说明做任何事情都要实事求是，量力而行，不要贪大求多，好大喜功，否则就会费力不讨好，甚至有可能发生意外的危险。

此典出自邵雍《渔樵问对》：“吾今而后知量力而动者智矣哉！”

一个打柴的人对一个打鱼的人说：“我经常背柴，背起一百斤也不损伤我的身体，但如果再增加十斤，就会损伤我的身体。这是什么原因呢？”打鱼的人说：“打柴的事我不大清楚。就拿我打鱼的事来看。我曾经钓到一条大鱼，它就与我相斗起来，我想扔掉它又舍

成汤像，图出自明·天然撰《历代古人像赞》。

不得，想钓起它来又不行，整整斗了一天才捉住它，差一点掉到水里淹死。打鱼与打柴虽然不同，但贪图利益而受损伤却是一样的啊。背一百斤重量是能力限度以内的事，再加上十斤重量却是能力限度以外的事。重量超过了能力限度以外，即使是只加一毫重量也会损伤身体，何况是增加十斤呢？我贪图多打鱼和你贪图多打柴又有什么区别呢？”打柴的人听了，感慨地说：“我从今以后知道量力而行是明智的行为！”

戮力同心

“戮力同心”即同心合力。

此典出自《墨子·尚贤中》：“聿求元圣，与之戮力同心，以治天下。”

夏朝末代君主桀是一个残暴凶狠、荒淫无道的暴君。有一次，他出兵攻打西南的岷山国，岷山庄王献给他两个美女，一个叫琬，一个叫琰。他为了与这两个美女尽情玩乐，就下诏征调大批奴隶和民夫，建造豪华的宫殿和瑶台。成千上万的奴隶、民工冒着酷暑到深山采伐木材、搬运石料，非常劳苦，有的昏倒在路上，有的惨死在山中。大夫关龙逄看到夏桀为了自己享乐，不顾百姓死活，就不断地进言进谏，结果竟被夏桀残暴地处死了。夏朝东面有个诸侯小国商，国君叫汤，他是一位贤明的君主。商汤看到夏桀残酷地剥削人民，百姓怨声载道，于是就背地里联络各地诸侯，积聚力量，随时准备推翻夏朝统治。为了治理国政，实现灭夏的宏愿，他就派人到处寻访贤能之士。

一天，商汤的部下禀报说，隐居在莘国（今河南陈留东北）郊外的伊尹，是一位大贤人。商汤听了，立刻打发人带着一份厚礼去请伊尹出山。谁知使臣接连去请两次，伊尹都没有答应。后来，商汤亲自去请伊尹，诚恳地表明了自己的诚意。伊尹被商汤的诚心打动了，决心辅助商汤灭夏。商汤把伊尹接到京城，任命他为右相。

在伊尹的辅佐下，经过十一次的征战，商的国力日益壮大，出兵灭亡夏朝的时机已经成熟。在出师灭夏之前，商汤向全军发布誓师文告，他在文告中说：“夏桀罪恶累累，天意也要把他消灭；上天命令我请来一位大圣人伊尹，希望我和他齐心协力，治理天下。你们要奋勇杀敌，帮助我实现上天的旨意！”

战斗开始后，商军勇猛无敌冲向夏军，夏军丧失斗志，纷纷溃逃。夏桀眼看大势已去，只好带领少数残兵败将仓皇逃过黄河。当他逃到鸣条（今山西运城安邑镇北）附近时，被商军俘虏。商汤下令把夏桀放逐到南巢（今安徽巢县西南），三年后夏桀死于南巢亭山。

在君臣的齐心协力下，商汤终于完成了灭夏的大业。商汤死后，伊尹又辅助外丙、仲壬和太甲治理国家，巩固了商朝的统治。伊尹是中国历史上第一位著名的贤良宰相，他的政绩受到后世的称颂。

每多掣肘

“被掣肘”意为做事受到阻挠，被人牵制，凡时时受人阻挠，便可说“时多掣肘”或“每多掣肘”。

此典出自《吕氏春秋·具备》：“宓子使臣书，而时掣摇臣之肘，书恶而有甚怒。吏皆笑宓子。此臣所以辞而去也。”

春秋时，鲁国有一个大官宓子贱，被派到单父做官，但鲁君对他不大信任，对他所策划的地方行政和实施大计，也持反对意见。于是，宓子贱便想出了一个妙计，写了封呈文，说需要一位书法好的人去帮助他办理公文事宜。鲁君看了呈文，便派了一个书法家前去。那人到了单父，在他写字的时候，宓子贱一直在旁边偷偷地牵他的衣袖，甚至制止他的手腕，这样一来，写出来的字当然不好看了，宓子贱便大骂他没用；书法家无奈，只得告退回到鲁都，对鲁君说：“在我写字的时候，宓子贱总是在旁边拉我的胳膊，这样，怎能写得好字呢？但字写得不好，宓子贱又要加以责骂，这人真是没理。”鲁君这才明白过来了，知道宓子贱有意讽刺自己处处阻挠他在单父地方的行政，从此之后，便不再像从前那样百般阻挠宓子贱了。

灭此朝食

“灭此朝食”意谓把敌人消灭了再吃早饭。后用以形容由于痛恨而想把敌人立刻消灭的急切心情；也可以用它表示狂傲轻敌的意思。

此典出自《左传·成公二年》。

春秋时代，齐国和晋国是当时两个强盛的国家。有一次，强大的齐国攻打弱小的鲁国。魏国派兵援救鲁国，结果被齐国打败了。在这种情况下，鲁、魏两国共同向晋国求援。于是，公元前589年，齐、晋双方在齐国的鞍地列阵交战，爆发了历史上著名的齐晋鞍地之战。

齐国和晋国双方的军队在鞍地摆好阵势，互相对峙。齐军方面，大夫邴夏给齐顷公（齐属侯爵，称作齐侯）驾车，齐国另一个大夫逄丑父立于车的右边保卫。晋军方面，晋大夫郤克（又叫郤献子）是这次战役的主帅，晋国大臣解张（又称张侯）给郤克驾车，晋国另一个大臣郑丘缓站在车的右边保卫。齐顷公斩钉截铁说：“我先把敌人消灭了再去吃早饭！”他没等给战马披上防护甲便迅疾下令冲进晋军阵地。在激烈的战斗中，晋军主帅郤克中箭负伤，鲜血流到鞋子上，但他仍然不停地擂动战鼓，只是轻轻地说了一声：“我受伤了！”解张却说：“战斗刚一开始，我的手和肘就被箭射穿了。我把箭折断，继续驾车，左边的车轮子都被鲜血染成了深红色。但我哪里敢说负伤？你还是忍一忍吧！”郑丘缓插话说：“交战之后，只要碰到难走的地方，我总是下来用手推着车子前进，你们又怎么知道呢？不过，你也确实受伤了。”这时，解张又说：“我们整个军队的行动，都以中军的旗帜和鼓声为进退的信号。在我们这辆车上，只要一个人坐镇指挥好了，全军就可以打胜仗，怎么能因为受了点伤就耽误国家的大事呢？一旦我们穿上铠甲，操起武器，就是随时准备捐躯战场的。如今只是负了伤，并没有失去性命，请你继续努力吧！”说着，解张用左手抓住缰绳驾车，腾出右手，从郤克手里拿过鼓槌，用力地擂起战鼓。战马吃惊，拼命地奔跑起来，径直冲入，难以遏止。晋军跟着主帅战车冲锋陷阵，大败齐军。齐军兵车倾覆，人仰马翻，狼狈逃走。晋军乘胜追击，围着华不注山转了三圈儿，将齐军歼灭，晋军大获全胜。

人定胜天

“人定胜天”比喻为人众者虽一时凶暴胜天，但终会遭到报应。现多用于比喻人力可以战胜自然。

此典出自《史记·伍子胥列传》：“吾闻之，人众者胜天，天定亦能破人。”

战国时，楚国国君楚平王的太子建有两个先生，一个叫伍奢，一个叫费无忌。费无忌曾替太子建到秦国去接秦女来结婚。接来以后，费无忌见秦女美丽动人，便怂恿楚平王把她收为妃子。费无忌虽然因此取得了楚平王的欢心和宠信，但由于害怕将来平王死了太子建继位以后对自己不利，便在平王面前诽谤太子建。楚平王听信了费无忌的谗言，便把太子建调到城父守边疆去了。

即使这样，费无忌依然不放心，又继续造谣说太子建在城父想兴兵作乱。楚平王便把伍奢叫来询问这件事，伍奢指出这是费无忌造谣。但是昏庸的楚平王不但不听伍奢的劝告，反而继续听信费无忌的谗言，囚禁了伍奢，并派奋阳去城父杀太子建。奋阳通知了太子建，于是太子建立即逃到宋国去了。楚平王和费无忌没有杀死太子建，便变本加厉地迫害伍奢，骗杀了伍奢的儿子伍尚。伍奢的另一个儿子伍员（即伍子胥）被迫逃往吴国。

十多年过去了，伍子胥帮助吴王阖闾打败了楚国。这时，楚平王已经死了，伍子胥怀着杀父杀兄之仇，掘坟开棺，将平王的尸体鞭打了三百下。

伍子胥有个老朋友叫申包胥知道了这件事情后，便派人送了一封信给伍子胥，责备他做得太过分了。信中说到：“你用这种手段报仇，太过分了。我听说，人的主观意志虽然可以以一时的凶暴胜天，但到老天爷发怒的时候，你也会得到报应的。”伍子胥驳斥了申包胥的指责（参见“日暮途穷”条）。

孔子寄心击磬图。圣人孔子在卫国击磬的时候，门外有人担着竹篑路过，在磬声中，听出孔子有志做一番救世救民的事业。

善始善终

“善始善终”比喻从开头到结局都做的很好。

此典出自《庄子·大宗师》：“善妖善老，善始善终。又见于《史记·陈丞相世家赞》：‘以荣名终，称贤相，岂不善始善终哉！’”

秦末汉初时，有一个叫陈平的人，小时候家境贫寒，爱好道表法里的黄老之术。陈胜、吴广起义时，陈平依附了魏王咎，当了太仆。后又跟随项羽入关，任都尉，后来又投靠了刘邦，任护军中尉。他建议用反间计使项羽疏远谋士范增，并以爵位笼络大将韩信。他的这些建议都被刘邦所采用，在汉朝建国过程中，陈平也是立了不少功劳的。汉朝建立以后，陈平被封为曲逆侯，历任惠帝、吕后、文帝三朝丞相。陈平对各种情况都能灵活应付，安然度过，因此司马迁称他说善始善终。

深厉浅揭

"深厉浅揭"表示涉水时可以撩起衣服过去就不妨撩起衣服过去；水太深了，用不着撩起衣服就干脆穿衣服过去。比喻行为要因时因地而异，根据具体环境而决定应采取适当的方法，不能固执不变。

此典出自《论语·宪问》："深则厉，浅则揭。"

孔子在卫国的时候，有一天，他在室内敲磬，有个人从他门前走过，听到磬的声音便说："这个敲磬挺有深意呀！"过一会儿他又说："可鄙呀！这硁硁的磬声好像在说：'没有人了解我哇！'没有人了解就算了嘛。《诗经》上说：'深则厉，浅则揭。'（意思是：水深，就索性穿着衣服渡河；水浅，不妨撩起衣服过河。）何必那样固执呢。"孔子听了自言自语地说："好坚决呀，既然我没有办法说服他，那么就让他慢慢了解我吧。"

神出鬼没

"神出鬼没"比喻用兵灵活机动，变化莫测。现也指行动出没无常，不可捉摸。

此典出自《三国演义》第九十九回："孔明真有神出鬼没之计，吾不能及也！"

蜀汉建兴七年四月，诸葛亮与司马懿在祁山展开大战。经过几番阵战，司马懿大败。在战斗失利的情况下，司马懿坚守不战，一连半月，双方都没有交兵。孔明见司马懿坚守不战，就想出了一个办法，即拔寨而走，以引诱魏兵来战。司马懿深知诸葛亮足智多谋，不敢轻进。而司马懿的部将张郃却未识别孔明的计策，极力主张追击，决一死战。司马懿不得已，乃叫张郃领兵先行，自己随后接应。结果又中了诸葛亮的圈套，魏军死伤极多，丢失马匹器械无数。

诸葛亮得胜回寨，又准备进兵攻击司马懿；忽报张苞身死，诸葛亮昏厥于地，于是进兵之事就被搁置下来。过了十多天，诸葛亮对董厥、樊建等说："我自觉昏沉，不能理事，不如且回汉中养病，再作良图。你们一定不要走漏消息，如果让司马懿知道了，他一定会来攻击。"于是便传下命令，叫蜀兵当夜偷偷地拔寨回军。诸葛亮率军离开五天以后，司马懿方才觉察，于是长叹道："孔明真有神出鬼没之计，吾不能及也！"

实与有力

"实与有力"比喻在某件事情上发挥了重要作用。

此典出自《史记·孙子吴起列传》："西破强楚，入郢，北威齐、晋，显名诸侯，孙子（指孙武）与有力焉。"

春秋时，齐国有一位著名的军事家叫孙武，字长卿。他是陈国公子完的后裔。公元前672年，陈完因内乱逃奔齐国，备受齐桓公的器重，陈完后来改名为田完。田完的后代、孙武的祖先田书，由于伐莒有功劳，齐景公便赐他姓孙。孙武在这样的家族中长大，理所当然地受到了良好的教育。他总结了春秋时战争的经验，探索战略战术的规律，写出了我国古代第一部杰出的兵书《孙子兵法》。后来，他拿着这本兵书去求见吴王阖闾。吴王看过十三篇兵法以后，便让他拿宫中美女来试验。孙武以严明的纪律，杀了不听指挥的宫女。整顿好队伍以后，请吴王检阅。吴王知道孙武是个擅长用兵的人，便委任他为大将。孙武

荀况像。荀况是战国时期思想家，儒家学派的代表，被时人尊称为荀卿。

被任为将军以后，吴国攻破楚国，占领楚都，北威齐、晋两国，在各国诸侯中名声大涨。在这些事件中，孙武都发挥了举足轻重的作用。

始终如一

“始终如一”比喻从开始到结束都一样。指能坚持、不间断，持之以恒。

此典出自《荀子·议兵》：“虑必先事而申之以敬，慎终如始，始终如一，夫是之谓大吉。”

战国末期，有一位杰出的哲学家叫荀况，又称孙卿。他先后到过齐、秦、赵、楚等国，曾在齐国稷下学宫讲过学，还做过楚国的兰陵令。

荀况对春秋战国以来各派的学说进行了深入地研究和总结，并提出了一套完整的思想理论，著有《荀子》一书，现存三十二篇。在这三十二篇中，有些是谈论军事的。在《议兵》篇中，荀况总结了战国末期兼并战争的经验，提出了他自己独特的军事思想。

据载，有一次，荀况和临武君（楚国将领，姓名不详）在赵孝成王面前讨论用兵的方法。当议论到怎样才能成为一个优秀的军事将领时，荀况说：作为一个军事将领，智慧不在于不用没有把握的计谋，而在于没有过失，他做事情应该是毫不反悔。事情做到没有可反悔的地步就可以了，而不一定非要成功。所以，军队中的各种制度、命令，要求一定要严格，赏罚一定要分明、坚决而讲信用。修筑营垒，收藏财物要周密而坚固，军队的进攻和退却要安全而稳当，紧张而迅速。侦察敌情及其变化，要秘密而深入，要反复分析和验证。在与敌人交战时，一定要按照自己事先掌握的情况去行动，没有弄清楚情况千万不能贸然行事。这是六条基本战术原则。不要只想保住自己的将帅地位唯恐失掉；不要急于求胜而忘记失败的可能；不要只重视内部政令威严而轻视外敌；不要只看到事物的有利方面而忽视有害的一面；考虑事情都要深思熟虑，在用财物奖赏时不要吝啬。这叫做“五权”。作为一个军事将领，有三种情况可以不听从君主的命令：宁可被杀，也不可以使守备的地方有松懈；宁可被杀，也不可以让军队去打没有取胜把握的仗；宁可被杀，也不可以使军队去欺骗老百姓。这就是“三至”。凡是接受君主的命令带领三军作战的，把一切都安排妥当之后，军中的官吏要各当其任，各守其职，军中无论大小事都纳入正规。这样，获得君主的奖赏不得意洋洋，这才是最好的将领。在采取军事行动之前，一定要周密地考虑而且要慎之又慎，这种周密慎重的态度应该是始终如一的，这样才能取得军事上的胜利。

事半功倍

“事半功倍”形容做事所花的力量较小而收到的效果较大。这句成语还有相反的用法，即遇到费力大、收效小的情况，即“事倍功半”。

此典出自《孟子·公孙丑上》:“当今之时,万乘之国,行仁政,民之悦之,犹解倒悬也。故事半古之人,功必倍之,唯此时为然。”

孟子是战国时的大思想家,发扬孔子的学说,和孔子一样,他也有很多学生。有一次他和学生公孙丑谈论统一天下的问题。他们从周文王谈起,说当时文王以方圆仅一百里的小国为基础,施行仁政,从而创立了丰功伟业;而如今天下百姓都苦于颠沛、暴政的折磨,以齐国这样一个地广人多的大国,如果能推行仁政,要统一天下,与当时周文王所经历过的困难相比,不知要容易多少倍了。孟子最后说:“今天,像齐国那样的大国,如能施行仁政,天下百姓必然会欣喜不已,就好比身上的痛苦被解除了一样。所以,给百姓的恩惠虽然只占古人的一半,但收到的效果必定能够加倍;现在正是最好的时机呢!”

死心塌地

“死心塌地”表示打定主意就决不改变,一心一意,不作他想。现在多含贬义,形容反动分子顽固不化。

此典出自《元曲选·鸳鸯被》第四折:“只要你还了时,他才死心塌地。他促眉生巧计,开口讨便宜,急饶你泼骨顽皮,也少不得要还他本和利。”

河南府尹李彦实早年丧妻,生有一女,名叫玉英,年方十七。父女两人相依为命。他虽为河南府尹,而家中并不富裕。后来,李彦实被人诬告,须到西京受理,由于没有路费,便找玉清庵尼姑向刘员外借取白银十两,尼姑作保,由他女儿在约据上画押。李彦实借到了路费,准备启程。临行时他向女儿说:“为父此去生死难卜,今后终身望你自主。”

李彦实走后,杳无音信。刘员外因想娶玉英为妻,便叫尼姑前来逼债,并说:“如果不能还债,你们就得吃官司。”李玉英没办法只好答应和他成亲,并约当夜在玉清庵相会。没想到刘员外去玉清庵途中被巡更的人误认为是贼,被他们抓去送到了官府。这时恰遇书生张晋卿赴京应考,没有地方歇息,来到玉清庵讨宿。李玉英误认为刘员外来了,便予接待。后来才知道他并不是刘员外,而是考生张晋卿。二人经过交谈,彼此情投意合,双方自愿结为夫妇,张晋卿约定考中后再来娶她。谁知张生一去又是音信全无。

刘员外被释放后,又去逼玉英,且这次更急,李玉英至死不从。此后,刘员外便把她弄到酒店当垆卖酒,从此,李玉英就成了酒店的奴仆。

不久,张晋卿考中归来,任洛阳某县县尹。他乔装打扮去找李玉英,来到酒店与玉英相会之后,又到玉英家中。玉英便向张晋卿倾诉别后苦难。当谈到刘员外逼债时,他说:“这洛阳城刘员外是个贪图钱财的人,只有你还了债,他才死心塌地。他促眉生巧计,开口讨便宜,急饶你泼骨顽皮,也少不得要还他本和利。”

谈何容易

“谈何容易”指事情做起来并不像嘴上说的那么容易。

此典出自汉代东方朔《非有先生传》:“今则不然,反以为诽谤君之行,无人臣之礼,果纷然伤于身,蒙不辜之名,戮及先人,为天下笑,故曰谈何容易。”

东方朔,字曼倩,不修边幅,狂放不羁,以滑稽幽默著称于世,即使在汉武帝面前讽谏政治的得失,也是诙谐百出。他的讽谏虽然诙谐,但都蕴含着深刻的哲理,因此武帝常常采纳他的意见,对他很信任。不过,东方朔的官职不高,只做到侍郎。有人对他说,武帝对你言听计从,为何不封你做高官呢?于是他就作了两篇有名的文章,一篇叫做《答客难》,另一篇叫做《非有先生传》。在《非有先生传》里,他设了一段吴王和非有先生的问答,吴王请非有先生谈谈有关政治的问题,非有先生对吴王说:“这不是开玩笑的,谈何容易呢?从前关龙逄向桀王进谏,比干劝纣王修明政治,这两位都是贤能的忠臣,全心全意为国家前途社稷安危着想,他们所劝谏的都是为国的忠言,但是桀和纣昏庸无道,听了他们的劝谏,不但没有采纳,反而认为他们诽谤君主而杀害了他们。由于他们进谏而被杀戮,所以一般明哲保身的人对暴虐无道的君主都不敢进言了。”非有先生还举了许多例子,说明和君主谈政治的问题是件很困难的事情。

投鼠忌器

“投鼠忌器”比喻做事有所顾忌,不敢放开手脚大力进行。

此典出自《汉书·贾谊传》:“里谚曰:‘欲投鼠而忌器,’此善谕也。”

西汉初期,有一位著名的思想家和文学家叫贾谊,时称贾生。他先后担任过博士(官名,掌古今史事侍问及书籍典守)、长沙王太傅(辅导皇太子的官)、梁怀王太傅等职。贾谊写过不少内容充实、议论精辟的文章,其中《陈政事疏》、《过秦论》是他的两篇代表作,被鲁迅先生称为“西汉鸿文,沾溉后人,其泽甚远。”在《陈政事疏》中,他讲述了很多内容,其中一点,就是建议皇帝用“廉耻节礼”那些封建道德来约束王侯大臣。贾谊认为,封建礼义应当尊卑有序。百姓犯法,可以用在脸上刺字、割鼻子、斩脚、鞭打等方式去惩治。但是,犯了法的王侯大臣则不能用这些刑罚,再重的罪,也只能赐死,因为他们是皇帝身旁的达官贵人。贾谊说:“有一句谚语叫‘投鼠忌器’,是指老鼠在器皿上偷东西,想打老鼠又担心损坏器物,所以打鼠时有所顾忌。对贵臣用刑,也像打从器物上偷东西的老鼠一样,惩罚重了,是有损皇帝尊严的。”

万无一失

“万无一失”形容绝对不会有差错,非常有把握。

此典出自《史记·淮阴侯列传》:“以此参之,万不一失。”

蒯通本来是燕国人,后游于齐,因此又说他是齐国人。他听说韩信掌握了大权,便想说服韩信背叛刘邦,与刘邦、项羽鼎足而立。拿定主意后,他便化装成一个看相的去见韩信。

蒯通见到韩信后说:“我是看相的。我只要看看一个人的骨骼,就知道他的贵和贱;瞧瞧他的脸色,就知道他的忧与喜;事业的成败取决于他的性情是否果断。‘以此参之,万不一失。’(意思是:根据这三项来判断一个人的前途,是有绝对把握的。)韩信听了蒯通的这番言语,便想试试。他对蒯通说:“先生给我看看如何?”蒯通说:“行,但必须让你周围的人回避一下。”

蒯通见韩信的随从退去后就说:“我观察你的面部,看出你做官高不过封侯,即使封了侯,也是危而不安;我看你的背部,那富贵就没法说了。”韩信诧异地追问道:“你这话是什么意思呢?蒯通郑重其事地说:“当今天下二分为楚汉两种势力,这两种势力明争暗斗,使天下无辜的人‘肝胆涂地’。无数的人死亡。我认为在这种形势下,你应该组成第三种势力,与他们鼎足而立。像你这样有才能的人,完全能做到这点。否则,让楚、汉争斗,结果必是你受到祸害。因为你助楚打败了汉,就成了汉王的罪人;你助汉打败了楚,刘邦担心你同他争夺天下,你也很危险。所以我恳请你认真考虑一下这个问题。”

蒯通虽然说了一大堆让韩信反叛的理由,但韩信始终不忍背叛刘邦。

王莽使令

“王莽使令”形容主张或办法时常改变，没有固定的标准，朝令夕改。

此典出自《后汉演义》第一百回。

西汉末年，大司马王莽害死汉平帝，篡位称帝，改国号为“新”，结束了二百一十四年的西汉王朝的历史。

王莽登基后，对内实行一系列不得人心的复古改制，加重剥削老百姓。王莽在钱币的制度上，曾经先后进行四次改革。他下令废止市面上流通已久的五铢钱，一会儿规定用这样几种货币，一会儿又规定用那样几种货币；甚至把远古时期曾经作为交易媒介的贝壳，也规定作为货币使用。每次改革都是以小易大、用轻换重，钱越改越小，价越作越大，换来换去，把老百姓手里的钱都搜刮完了，弄得社会动荡不安。加上不断地对外征战，几十万军队连年在边境作战，更加加深了人民的痛苦，很多人惨死在残酷的剥削和劳役中。

王莽这些倒行逆施的政策激起了广大农民的反抗。后来王莽被起义军砍死在斩头台上。

唯命是听

“唯命是听”亦称“唯命是从”，意思是对命令毫不反抗，只要有命令就听从，形容绝对服从。

此典出自《左传·襄公二十八年》：“小国将君是望，敢不唯命是听？又见《左传·宣公十二年》：‘孤不天，不能事君，使君怀怒以及敝邑，孤之罪也，敢不唯命是听？’”

春秋时期，郑国先与楚国订立了友好盟约，可是这之后又与晋国往来密切，为此楚庄王非常生气。

公元前597年，楚庄王亲自率领大军讨伐郑国。楚庄王是春秋五霸之一，楚国兵强马壮，郑国根本不是楚国对手。楚国军队迅速攻破了郑国的都城。在这种危急的处境下，郑国的国君郑伯就好像罪犯一样，披头散发，裸露上身，牵着一只羊去迎接楚庄王，向楚庄王谢罪求饶。

郑伯对楚庄王说：“我没有得到上天的保佑，也没有尽力地侍奉贵国，得罪了大王，让您很生气，亲自率兵来到我们这破败不堪的地方。这都是我的罪过。现在，只要大王您一声令下，我怎么敢不听从呢？您即使把我俘虏到大江以南，流放海边，我也唯命是从。您要灭亡郑国，把郑国的土地，分割给诸侯，让郑国的男人做仆役，女人做婢妾，我也听从您的命令。如果您能够顾

王莽用毒酒给汉平帝上寿图

及两国从前的交情，不消灭郑国，让郑国像您的属国一样服侍您，这就是您给我的恩惠，也是我的心愿。现在，我大胆地说出了我的心里话，请您决定吧。”

楚庄王怜悯郑伯说：“一个国家的君主能在不得已的情况下表示顺服，一定能取得人民的信任；我们立足于发展自己的国家，不贪图占有其他国家。”于是楚庄王下令楚军撤出郑国都城，退兵三十里，两国又订立了和约。

畏首畏尾

“畏首畏尾”形容人胆怯多疑，对什么事都怕，不敢放手去做，既不敢进，又不敢退，结果什么事都做不成。

此典出自《左传·文公十七年》：“古人有言曰：‘畏首畏尾，身其余几？’”

春秋时，晋、楚两国相互争夺诸侯之长。有一次，晋灵公在扈地（故址在今河南省原武县西）会合诸侯，但不见郑穆公（郑国介于晋、楚之间，当时是附属于晋国的），便以为郑君对晋图谋不轨。郑公子归生于是写了一封信给晋国的执政者赵宣子，说：“……我君（指郑穆公）在三年中，先后三次朝见晋君，我国虽小，但对晋国却已尽了最大的力量。现在你们晋国还认为郑国的表现不能让你们满意；这样，郑国只有亡国而已，不能再增加对晋国的礼节了。常言道：‘畏首畏尾，身其余几？’又曰：‘鹿死不择隐’。郑国现在的处境就是这样，既怕楚国攻打，担心晋国袭击。一头鹿被人追赶的时候，是没有多余工夫选择庇护场所的。如果郑国被逼得走投无路时，也会无暇去选择庇护场所了。晋君的命令好像是无穷无尽，这使得郑国没有再好的办法。我郑君也知道国家要灭亡了，因而只好积蓄全国的力量，在国境上等候晋国大军的光临。”

萧规曹随

“萧规曹随”指在工作中或其他事情上，按照前人所订的规章或办法办事，而不加以改动。

此典出自《史记·曹相国世家》：“参代何为汉相国，举事无所变更，一遵萧何约束……百姓歌之曰：“萧何为法，顜若画一；曹参代之，守而勿失。”

刘邦起兵推翻秦朝统治的时候，有两个极好的谋士：一个叫萧何；另一个叫曹参；都是他的沛县同乡。后来刘邦领兵打进了秦朝的都城咸阳，他手下许多将士都争先恐后地争夺美女和金玉绸缎；只有萧何一人跑到相国府中，搜集了府中的法令规章和图籍，把它们当成宝贝一样收藏了起来。刘邦做了皇帝，称汉高祖，封萧何做开国丞相。这时，萧何因为搜集了许多秦朝的文献，因此对于天下的地形、民情、风俗、户口等等，都非常熟悉。于是亲自制定了汉朝的法规、典章和制度。萧何和曹参关系本来挺好的，后来因事彼此有了意见，双方就比较疏远了。但萧何临死时，还是向刘邦推荐曹参做丞相，曹参继任丞相以后，对于萧何制定的规章制度，没作任何改动，完全照常执行。后来扬雄在他所著的《法言》一书中，曾说过这样的两句话：“萧也规，曹也随。”精炼地概括了萧何制定法规在前，曹参完全按照执行在后的故事。

迅雷不及掩耳

“迅雷不及掩耳”比喻来势迅猛，快得使人来不及防备。

此典出自《六韬·龙韬·军势》：“巧者一决而不犹豫，故疾雷不及掩耳，卒电不及瞑目。”又见《三国志·魏书·武帝纪》

一次，曹操在潼关附近同韩遂、马超交战。曹操假装答应韩遂、马超的要求——割地议和，但随后却用奇兵把对方打败。战争胜利以后，将领们称赞曹操的智谋，并请求他讲讲取胜的原因。曹操于是告诉将领们："我答应韩、马的要求，割地讲和，其目的是想麻痹他们，让他们毫不防备；而我则暗中积蓄力量，乘机出击。这就是大家通常所说的迅雷不及掩耳的战法。用兵贵在变化，不能只按死规矩办事。"将领们听了曹操的一席话，都很敬佩，觉得曹操讲得非常有道理。

夜以继日

"夜以继日"表示白天的事情干不完，夜间接着干，也就是说不分昼夜地干。

此典出自《孟子·离娄下》："仰而思之，夜以继日；幸而得之，坐以待旦。"

周公旦辅佐武王伐纣，但没过多久，武王便死去了。武王死后，成王继位。由于成王年纪还小，周公就代他执政。为了办好政事，他努力学习夏、商、周三代的君王，实行禹、汤、文、武所用过的政治。在实践过程中，他每天都要检查政事是否做得对，做得好。如果发现有的事情做得不够妥当，与当时的实际情况不合，他就"仰而思之，夜以继日；幸而得之，坐以待旦。"意思是：举头思考，白天没想好，夜里接着想；想出了一个办法，就坐着静等天亮，然后立刻付诸施行。

一不做，二不休

"一不做，二不休"指要么不做；已经做了，就干脆做到底。

此典出自《水浒传》第四十回。

有一次，梁山泊好汉宋江和戴宗被蔡九知府抓住，被押赴刑场，只等午时三刻开刀问斩。幸亏黑旋风李逵、梁山泊头领晁盖带领众好汉赶来，救出宋江、戴宗。于是二十九个好汉进入白龙庙聚会。正当此时，江州城里的官军出城追赶，旗幡蔽日，刀剑如麻，前面都是带甲马军，后面全是擎枪兵将，杀奔白龙庙路上来。

李逵听到这个消息，大叫一声说："杀将去！"提着双斧，便冲出庙门。晁盖叫着："一不做，二不休，请众位好汉帮助我，杀尽江州军马，才回梁山泊去。"众位好汉异口同声地说："听从首领吩咐。"

众好汉一齐冲过去，杀得官军尸横遍野，剩下的官军慌忙入城，关上城门。

一鼓作气

"一鼓作气"原指战斗开始时，击一通战鼓，以鼓起士气。现用以形容振奋精神，鼓足干劲，勇往直前争取一次就取得成功和胜利。

此典出自《左传·庄公十年》："既克，公问其故。对曰：'夫战，勇气也。一鼓作气，再而衰，三而竭。彼竭我盈，故克之。'"

齐桓公听信鲍叔牙的话任命管仲为相国。

这个消息传到鲁国，鲁庄公气得火冒三丈，说："我真后悔当初不听施伯的话把他杀了！照这样下去，鲁国的处境真让人很担忧啊！"于是他开始操练兵马，打造兵器，企图报仇。齐桓公知道了，想先趁鲁国措手不及时发动进攻。管仲劝阻他说："主公刚即位，军政都还没安定下来，不应该马上用兵遣将。"但是齐桓公不听劝告，他一心想耀武扬威，证明自己的能力比公子纠强，好让大臣们心悦诚服。如果依照管仲的意见，先让政治、军事、生产等一件件都步入正轨，那还不知道要等到猴年马月，他于是叫鲍叔牙当大将，率领大军直逼鲁国的长勺(长勺,古地名)。

鲁庄公愤慨至极,脸红脖子粗地对施伯说:“齐国简直欺人太甚了！咱们跟他们拼了!”施伯说:“我推荐一个人,他绝对能够对付齐国。”鲁庄公迫不及待地问:“是哪个?”施伯回答:“这人叫曹刿,能文善武,是将相之才,如果咱们诚心诚意去请他,他也许愿意效命。”鲁庄公就命施伯尽快去招请他。

施伯见到曹刿,把本国遭人欺负的事向他阐明了,并用犀利的言语刺激他,逼他为国家做点贡献。曹刿咧嘴嬉笑说:“怎么啦?你们做大官吃大肉的人还用跟我这吃野菜的小老百姓商量国家大事吗?”施伯尴尬地赔着笑脸说:“勇士,别这么说嘛!”他费尽口舌缠着曹刿要他无论如何助国君一臂之力。曹刿终被他说动了,就跟着他去求见鲁庄公。鲁庄公问他采用什么办法可以击退齐国人。他说:“这很难说！打仗全凭随机应变,没有一成不变的法则可以依循。”鲁庄公十分赏识他,就同他率领大军直驱长勺。

鲁国的兵马到了长勺,摆好阵势,和齐国的兵营遥遥相对。鲍叔牙因在乾时一役中大败鲁庄公的军队,不免骄傲起来,即刻下令击鼓进兵。鲁庄公一听对方鼓声震天,就叫鲁兵也擂鼓对敌。曹刿制止他,说:“等一等,他们上次打赢了,现在锐气还很旺盛,咱们不如暂时等待,别跟他们交手。”于是鲁庄公就下令:“不准喧嚷！不准开打！严阵以待!”齐国人在鼓声催促下冲了过来,却只遇到钢铁般的阵容挡在眼前,无法继续往前冲,只好后退。过了一会儿,齐国又打鼓冲锋,鲁国依然不动声色,未见一个人杀将出来。齐国人找不到对手交锋,悻悻然又退回去了。但鲍叔牙仍然兴致勃勃,他说:“他们不敢打,可能是在等救兵前来。咱们再冲一次,看他们上不上!”于是齐军第三次擂鼓。那些士兵接连冲了两次,以为鲁国人只守不战,已经丧失了斗志,但军令不得不服从,只好勉强跑过去。谁知这时对方忽然鼓声大作,鲁国的将士突然冲了出来,刀砍箭射,打得齐国兵马七零八落,溃败而逃。鲁庄公想乘胜追击,曹刿却说:“慢着,让我瞧瞧再说。”他就站在兵车上,极目远望,又下车审视齐兵的车印和脚印,再往四周视察了一遍,才跳上车,说:“追吧!”他们一连追了三十多里,掠到了敌人无数的辎重和兵器。鲁庄公大败齐兵后,问曹刿:“头两次他们击鼓进兵,你为什么不许咱们也击鼓呢?”曹刿说:“打仗全凭一股气势。击鼓就是叫人鼓起劲来,头一次的鼓,力量最盛;第二次的鼓就差多了;到了第三次,鼓即使震破了天,也不能挑起兵马的劲头了。趁着他们没劲的时候,咱们‘一鼓作气’打过去,怎么会不赢呢?”鲁庄公一再点头表示赞同,但是他依旧不明白为什么对方逃了,没有立即追上去。曹刿解释说:“敌人逃跑也许是诈,说不定前面没有埋伏,必须要看到他们旗帜倒了,车子乱了,兵也散了,才能确定他们是否已经溃不成军,也才能放心大胆地追上去。”鲁庄公翘起大拇指,佩服地说:“你真是个精通兵事的将军啊!”

齐桓公打了败仗,不甘心,心想不但在臣子们跟前抬不起头来,而且损失了无数的兵器和车马。鲁国成了他的眼中钉。不久他叫人到宋国去借兵,想再次狠狠地打击鲁国。管仲知道齐桓公不碰几次钉子,便不会觉悟到一味用兵征战并不能稳固君位、赢得民心。他不曾劝阻齐桓公。齐桓公这次又出兵了。宋闵公(宋庄公冯的儿子)派南宫长万帮齐国打鲁国。结果齐国又失败了,连宋国的大将南宫长万也被俘虏。齐桓公接连两次战败,非常懊恼,这才想到管仲的真知灼见,就去向他请教。管仲建议他整顿内政,开发资源;开采煤矿,设置铁官,用铁打造农具,因此大大地提高了耕作的技术;设置盐官制盐,鼓励百姓捕鱼,使离海较远的诸侯国不得不依赖齐国供应食盐。管仲本人是商贾出身,因而十分重视通商和手工业。他说服齐桓公,分全国为士乡(就是农乡和工商乡)、优待工商,使他们免服兵役,专心致志地做买卖;优待甲士,使他们不必耕种,专心于武艺。这些政策逐一实施后，齐国富强起来了、壮大起来了，开始有余力操练兵马，用青铜铸造兵器。齐桓公非常重视管仲，无论有什么事都请教他，甚至还听从他的劝告跟鲁国交好，并让鲁国别跟宋国计较以前的矛盾，鲁国也很识趣，就把宋国的俘虏南宫长万释放了。从此以后，齐、鲁、宋三国和睦相处。齐桓公还野心勃勃，想进一步联络其他的诸侯，叫大家共同订立盟约，辅助王室，抵御外族，以让自己俨然成为一方霸主。

《东周列国志》版画之“战长勺曹刿败齐”图。春秋时期，齐鲁两国发生战争，鲁庄公用曹刿计，大败齐军。

一哄而散

“一哄而散”形容随随便便、自发地一下子散去。

此典出自清代李宝嘉（李伯元）《活地狱》第三十四回。

浙江杭州府仁和县有户财主，哥哥叫袁龙宾，弟弟叫袁凤宾。袁凤宾有两个儿子，大儿子叫袁绍芬。

袁绍芬这个公子哥儿靠着荫下之福，饭来张口，衣来伸手，为非作歹。一年正月，袁绍芬外出游逛，便去赌钱。谁知一输再输，血本无归。越输越想赌，没有钱怎么再赌呢？赌家沈七看出他是个毛头儿，就让他再赌，直到夕阳西下，总共输银二百七十二两。沈七叫他打了一张欠条，让他到他家凭条取钱。

沈七收了赌具，欢天喜地到袁绍芬家去要钱。袁家守门人根本不相信，一伸手给了沈七一个耳光；沈七也上去把守门的一把揪住不放，吵闹不止。里面听见外面吵闹，便都急忙跑出来，七手八脚把沈七痛打了一顿，直打到他喊爹叫娘才把他放走。

沈七钱没讨到半文，反而挨了一顿毒打，心中越想越气，回家便要服毒自杀。沈七的老婆见沈七服毒，急忙叫他跑到袁家去，即使是死也要捞口棺材。沈七一气跑到袁家，但袁家大门早已紧闭。不一会儿沈七便死在大门口了。沈七死后，看热闹的人很多，纷纷嚷嚷，擂鼓似地冲撞着大门，喧闹的人群中夹杂着一些无赖之徒，他们大喊道：“袁家仗着有钱有势，威逼人命，你们不打进去，还等到什么时候！”于是无赖们一声呼啸，冲进袁家，把一些值钱之物以及银钱细软，抢了个精光，一哄而散。过了一会，袁龙宾、袁凤宾回到家中，听说这事，急得搓手顿脚。

一意孤行

“一意孤行”的原意是坚持自己的主张。现在多用它来说明不考虑客观条件和他人意见而独断专行。

此典出自《史记·酷吏列传·赵禹·张汤》:“公卿相造请禹,禹终不报谢,务在绝知友宾客之请,孤立行一意而已。”

汉朝景帝时候,朝廷有两个太中大夫,深受皇帝的器重,他们是赵禹、张汤。皇帝让他俩制定各项法令。

赵禹为官清廉,对自己要求严格。自从入朝廷担任要职以后,不但遣散家中门客,而且断绝与其他官吏的来往。即使是公卿大夫相请,他也婉言谢绝他们的邀请。他认为只有这样做才能公正地处理事物,所以不管别人怎么说,一直都按自己的意愿做下去。因此他不徇私情,秉公执法。

张汤与赵禹正好相反,他好交际,与长安的大商人有很深的交情,各处的名人他也前去交结。即使心里讨厌一个人,表面上也去奉承。张汤能言善辩,深受丞相和皇帝赏识,不久便升迁为御史大夫,手操重权。

一天,匈奴派使臣进关来与汉朝廷商谈和亲,皇帝让大家谈谈自己的看法。博士狄山说:“往昔高祖欲伐匈奴,在平城被困,最后以和亲了结。今天陛下如果举兵击匈奴,那么则国中空虚,边民贫困,不如和亲!”

张汤站起来,傲慢地对狄山说:“你真是个愚腐之人,简直无知到了极点!”

狄山也气愤地反驳说:“我是愚忠,你却是诈忠。你挑拨陛下的骨肉之情,使各诸侯不能安宁,我早就知道你是一个奸诈之人!”

皇帝见张汤挨了骂,便声色俱厉地训斥狄山:“狄山,你能掌管一个郡,不叫敌人进犯吗?”

“臣不能……”

“你能掌管一个县吗?”

“臣也不能……”

“能管一个要塞吗?”

狄山明知再这样强辩下去是没什么好处的,于是就说:“臣能!”

皇帝于是下令将狄山调到边境的关口去,结果没过几天,匈奴侵人,砍下了狄山的脑袋带走了。这件事使群臣震惊不已。大家对张汤更是敬而远之了。

张汤的权势越来越大,朝中有人开始讨厌他了。过去同他有矛盾的官吏便联合起来告了他一状,说他背着皇帝干了很多坏事。皇帝觉得自己上当受骗,就派赵禹前去责问张汤。

赵禹见到张汤,就对他说:“你也该知足了,你已经害了多少人呀?今天人家告发你都是有凭有据的,皇帝要重处你的案子,不过还是让你自己认真考虑一下,不必总是不服气!”

听了赵禹的话后,张汤自杀了。

宋襄之仁

“宋襄之仁”比喻应抓住一切时机来消灭敌人的有生力量,唯有这样才能保卫自己的国家。

此典出自《韩非子·外储说左上》:“宋襄公与楚人战于涿谷上,宋人即成列矣,楚人未及济。……右司马反列。楚人已成列撰阵矣。公乃鼓之。宋人大败,公伤股,三日而死,此乃慕仁义之祸。”

宋襄公同楚国在涿谷交战,宋国军队已经摆好了阵势,楚国军队还没过河。右司马购强这时建议说:“楚国人数多而宋国人数少,请在楚军渡河还没到一半,没有排成队时攻击楚军,楚军必败无疑。”

宋襄公说:“我听到有教养的人说:不打两次受伤的人,不抓年老的士兵,不把人推到危险的境地,不把人逼到绝境,不进攻没有排列整齐的军队。现在楚军没渡完河我们就去攻击他们,这是不义的,我们还是让楚军渡过河摆好阵势以后再激励士兵去进攻他们。”

右司马说:“您不爱惜宋国的百姓,即使是心腹也难以保全,您只为了‘义’”。

襄公说:“若不返回,我就用军法处治你。”

右司马于是便返回了队列。楚军已经排好队列摆好阵势。宋襄公这才下令进攻楚军。结果宋军大败,宋襄公的大腿也受了重伤。这就是仰慕仁义带来的后果。

易如反掌

“易如反掌”意思是说:像翻过手掌那样容易成功,比喻事情非常容易办。

此典出自《孟子公孙丑上》:“以齐王,由反手也。赵岐注:以齐国之大,而行王道,其易若反手耳。”

唐太宗有一次听说高丽(今朝鲜)大臣莫离支杀死了高丽国国王,宣告独立,便打算亲自率领大军前往讨伐。为了慎重起见,就征求他亲近大臣们的意见,褚遂良表示反对,但尚书李勣非常赞成。于是褚遂良正式上书规劝,当中有这样的几句话:“高丽王是你立的,莫离支杀死他的国王,你趁此讨伐他,并趁机收复失地,是理所当然的。……但只须派两三个勇敢的将领,带兵四五万前去收回高丽易如反掌。……”

羿射九日

“羿射九日”形容为民除害、救人民于水深火热之中的英雄行为。

此典出自《淮南子·本经训》。

传说很久很久以前,在尧的时候,天上有十个太阳同时照射着大地。

毒热的太阳晒枯了庄稼,晒死了草木,老百姓几乎没有东西可吃,饥饿威胁着人们的生命。同对,猰貐、凿齿、九婴、大风、封豨,修蛇这些怪兽凶鸟也在威胁着人们的安全,猰貐是一种非常凶猛的怪兽,它行动迅速,能吃人,叫起来就像婴儿啼哭一样。凿齿也是一种怪兽,牙齿的形状像凿子,有三尺多长,露在下巴外面,甚至还能拿武器。九婴是一种有九个脑袋的怪物,能够吐火喷水。大风是一种凶猛异常的大鸟,只要它飞过便会刮起大风,摧毁房屋。封豨(xī)即我们今天所说的大野猪。修蛇

《东周列国志》版画之“宋襄公假仁失众”图,讲述宋楚两国战于泓水,宋襄公死守“仁义”的教条,结果屡次丧失战机,大败于楚军之事。

是又长又大的蟒蛇，它能吞掉大象，三年以后才把骨头吐出来。

为了解除人民的痛苦，为民除害，尧就派羿(yì)带上弓箭刀枪，去射杀危害百姓的十个太阳和各种怪兽。羿是尧时代的英雄，是射箭能手，羿把凿齿杀死在南方畴华泽的田野里，将九婴杀死在北方凶水上面，用带绳的箭把大风射死在东方青邱泽。然后又杀死猰貐，在南方的洞庭湖一刀斩断修蛇，在中原的桑林中活捉了封豨。最后，羿又弯弓搭箭，对准天上毒辣辣的太阳猛射，结果射下了九个太阳，只剩下一个。

从此，灾难消除了，人民得救了，大地一片欢喜景象。大家便一致拥护尧做了天子。

意怠免患

"意怠免患"说明纪律、秩序及团结对一个集体的重要性。

此典出自《庄子·山本》："东海有鸟焉，其名曰意怠。其为鸟也，翂翂翐翐，而似无能；引援而飞，迫胁而栖；进不敢为前，退不敢为后；食不敢先尝，必取其绪。是故其行列不斥，而外人卒不得害，是以免患。"

这段话意思是说：

东海有一种鸟，名叫意怠。意怠虽属鸟类，但看起来却显得笨拙，不能高飞。

但它们彼此相依为命，成群结队，相互援引向上飞翔，同时降落休息。前进的时候，没有一只敢擅自冒进；后退的时候，没有一只敢随意掉队；吃食的时候，也没有一只敢抢先品尝。一切活动，都井然有序。

所以，意怠行动起来总是有条不紊，其他人始终不敢轻易伤害它们，因此能够幸免于难。

迎刃而解

"迎刃而解"形容处理事情，很迅速很容易。

此典出自《晋书·杜预传》："昔乐毅藉济西一战以并强齐，今兵威已振，譬如破竹，数节之后，皆迎刃而解，无复著手处也。"

晋武帝(司马炎)时，有一个叫杜预的人，这个人不但学问渊博，而且见识很广，他做了七年度支尚书，立下了很大的功劳。当时的人都称赞他无所不能，因此叫他"杜武库"。后来他调任镇南大将军，都督荆州军事，建议攻战讨伐吴国，出兵以后，只用了十天的时间，就连续占领了长江上游的许多城市；随后沅、湘两水以南一带的州郡也纷纷投降了，他还俘虏了吴军都督孙歆以下的文武官员两百多人。这时，有人便认为吴国是强劲的敌人，不能够马上就完全打垮它；而且当时正是夏季，河水正在泛滥；而且怕流行疫病；应该等到明年春天再集中力量大力攻打。但杜预坚定地说："从前乐毅由于在济西打了一仗，就消灭了强大的齐国。现在我们士气正当旺盛，用这样旺盛的兵力去攻打吴国，犹如劈竹，等到劈破几节之后，下面的竹子便都'迎刃而解'，不会有什么阻碍了。"最后他带着队伍继续前进，果然如破竹子一样顺利迅速，终于把吴国灭掉了。

犹豫不决

"犹豫不决"形容人在处理事情时，没有主意，不知道如何处理。

此典出自《楚辞·离骚》："心犹豫而狐疑兮，欲自适而不可。"

犹是一种兽类，据说它生性多疑。不论在什么地方觅食或玩耍时，只要一听到人的声音，它就怀疑是有猎人要来捕捉它或者是什么东西要来杀害他，就匆忙先爬到树上去，躲藏在树枝或密叶之间,把头探出来,偷偷地看看情况。不一会儿,又从树上跳下来,在地上东张西望,其实,它根本就看不到什么东西,但一会儿它又怀疑起来,于是又魂不附体似地爬到树上去。在树上停了一会儿,它觉得没有什么危害,又从树上跳下来;不久,它又回到树上去。就这样它不停地跳来跳去。跳了大半天,一点主意也没有。

有始有终

“有始有终”比喻办事有头有尾,不中途而废。

此典出自《战国策·齐策》。

燕昭王始终认为乐毅是自己的知己,乐毅也真心实意地去报答他。但燕国的大夫骑劫,觉得自己有点武艺,又懂得些兵法,早就想掌握兵权。就因为在他上面还有乐毅,他不能如愿。

骑劫和燕太子乐资关系一直很好,就对他说:“齐王已经死了,齐国就剩了莒城跟即墨两处,其余的地界全掌握在燕国军队的手里。乐毅在半年之内打下了七十多个城,但为什么费了好几年工夫就是打不下这两座城呢?这里面一定有原因。”太子点了点头,没言语。骑劫接着又说:“如果他想存心打下这两个城,早就可以打下来了。听说他怕齐国人心不服,因此想用恩德去感化他们。等到齐国人真正归附了他,他不就可以当上齐王了吗?根本不会回到燕国当臣子了!”太子乐资便把这话告诉了燕昭王。燕昭王一听,怒气冲冲地打了太子二十大板,骂他是个忘恩负义的畜生。他说:“先王的仇是谁给咱们报的?昌国君的功劳简直没得说。咱们把他当作恩人都还怕不够尊敬呢,你们还要说他坏话?即使他真做了齐王,也是应该的呀!”燕昭王责打太子之后,便打发使者拿了节杖上临淄去见乐毅,立他为齐王。乐毅非常感激燕昭王的心意,但他对天起誓,宁愿死去,也不愿接受这封王的命令。使者回报燕昭王。燕昭王感动得涕泪交加。

可是太子乐资因为乐毅挨了二十板子。这件事,虽然他不愿意计较,但也无法忘记。周赧王三十六年、燕昭王三十三年、齐襄王五年、楚顷襄王二十年、赵惠文王二十年、秦昭襄王二十八年(公元前二七九年),燕昭王死了。太子乐资即位,这就是燕惠王。俗语说得好,“一朝天子一朝臣”,燕惠王信任骑劫正像燕昭王信任乐毅一样。不过他还算顾全大局,没把乐毅当做仇人。可是燕国人已经上了齐国人的当,听信他们散布的谣言,互相传着说:“乐毅本来早就当了齐王了,但为了不愿辜负先王,就没敢做王。如今新王即位,这下乐毅可就要做齐王了。如果新王另外派个将军来,莒城跟即墨一定会灭亡!”

燕惠王听信了流言,就把乐毅调回来,派骑劫为大将代替乐毅。

乐毅倒是比伍子胥更有见识,他相信“善始者不必善终”,再说他和燕昭王的交情可以说已经是有始有终的了。如果他回到燕国,万一被新王杀掉了,自己丢了一条命倒不算什么,只是太对不起燕昭王了。最后他说:“我是赵国人,还是回老家养老吧。”于是他就逃到赵国。赵惠文王封他为望诸君。

骑劫当了大将,统率了乐毅的军队。他自有他的一套。他把乐毅的命令全改了。燕国的君臣上下都有点不服气,可是大家都是敢怒而不敢言。骑劫到了大营,休息三天后,就去围攻即墨,围了好几层,但城里早就做好准备。守城的将军田单,把决战的步骤已经周密地布置好了。

有条不紊

“有条不紊”比喻有条理,丝毫不乱。

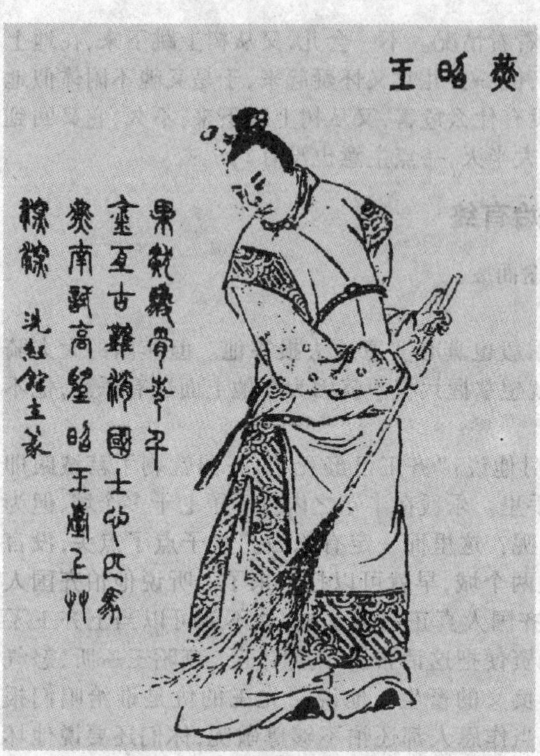

《东周列国志》版画之燕昭王像。燕昭王励精图治，广招贤才，任用乐毅、郭隗等人，使燕国强盛一时。

此典出自《尚书·盘庚上》："若网在纲，有条而不紊。"

三千多年前的商朝，国都本来设在古黄河下游的北岸，经常遭受水灾。帝位传到商汤的第九代孙盘庚的时候，为了避免水灾，使百姓安居乐业，他打算把都城迁到黄河以南的亳地。但他的臣民不能理解他的做法，因而引起了全社会的动荡。为了控制形势，盘庚几次召集大臣、贵族商议，让他们向百姓讲清楚迁都的原因。他说："你们大家一定要听从我的命令，这就'若网经纲，有条而不紊。'（意思是：我的命令，就好比只有把网结在纲上，才会有条理而不紊乱。）只要你们照我的话去做，政务也就好办了。"他最后告诫大臣及贵族们说："从今以后无论是什么事，都必须先向我报告，决不能煽动百姓闹事。要知道人心是很容易受蛊惑的，这就像'火之燎原'（意思是：烈火在原野上熊熊燃烧），是很容易蔓延开去的。"后来盘庚终于把国都建立在亳殷，并在那里安居下来。从此商代也就又改叫殷商了。

玉汝于成

"玉汝于成"用以激励人们在艰苦环境中应努力奋斗，取得成功。

此典出自宋代张载《正蒙·乾称篇》："贫贱忧戚，庸玉女（汝）于成也。"

北宋时，有一位哲学家名叫张载，字子厚，凤翔郿县（今陕西眉县）横渠镇人，世称横渠先生。他青年时学过兵法，曾想收复被西夏夺去的洮西失地。后来，在范仲淹的引导下，张载一心一意地研究学问，并逐渐形成了自己独特的哲学思想。张载曾当过崇文院校书，后讲学关中。宋神宗熙宁二年（公元 1069 年），张载回到横渠镇，并在那里专心读书治学。

横渠镇地处穷乡僻壤，自然条件非常艰苦。张载家中收入不多，生活清苦。但是，张载面对清苦的生活却怡然自得。他认为，只有艰苦的环境才能磨炼人的意志，帮助人取得成功。正是在这种思想的指导下，张载刻苦自励，终于成了一位颇有成就的学者。他的哲学思想及其著作《正蒙》、《经学理窟》、《易说》等，都对后世产生了深远影响。

据记载：张载在家乡治学期间，曾把《正蒙·乾称篇》的一部分写在书房的门上，左书《砭愚》、右书《订顽》。因此理学家程颐将《砭愚》改称《东铭》；将《订顽》改称《西铭》。在《西铭》中，有一句话"贫贱忧戚，庸玉女于成也。"意思是说，贫穷低贱和令人痛苦的客观条件，实际上可以磨炼人的意志，用来帮助人获得成功。这是张载一生治学的宝贵经验，也是一句警世之言。

越俎代庖

“越俎代庖”用以说明替代别人做不属于自己该做的事,那就不应该了,结果反而会被人指责。

此典出自《庄子·逍遥游》:“庖人虽不治庖,尸祝不越樽俎而代之矣。”

庄子在《逍遥游》中说:厨师的工作也像其他机构一样,有好几个部门,各有专人各司其事。负责洗涤的专做洗涤的工作,操刀和烹调的也分别各有人专门干;按照惯例,他们只做自己分内的事情。如果挑水的执起刀来切菜,或执刀烹调的干起煮饭的工作来,便是越职司事,不仅做不好那份工作,还会被人责难,这便是“越俎代庖”了。

争先恐后

“争先恐后”用以比喻人们力争上游,不甘落后,你追我赶的进取精神。

此典出自《韩非子》:“术已尽,用之则过也。凡御之所贵,马体安于车,人心调于马,而后可以进速致远。今后则欲逮臣,先则恐逮于臣。夫诱道争远,非先则后也。而先后心皆在于臣,上何以调于马,此君之所以后也。”

赵襄子向有名的驾车能手王子期学习驾车的本领,不久,他和王子期比赛驾车。谁知,连续换了三次马,赵襄子都落在王子期的后面。

赵襄子有些不高兴,对王子期说:“您教我驾车,却没把本领全部教给我。”

王子期解释说:“我已经毫无保留地全教给您了,只是大王运用得有所偏差。驾车,关键是要把车马套合适,用心地调理马匹,然后才能谈得上纵马飞腾,奔驰千里。而您驾车时,一旦落在后面了,便想急切地追上我;跑在前面了,又担心被我追上。比赛原本就有前后之分,而您争先恐后,把注意力都放在我的身上,哪里还有心思注意车马呢?这才是您每一次都落后的原因。”

知难而退

“知难而退”原意是指军事上要灵活机动,知道不可能取胜就退却下来,后来泛指见到困难就退缩而去。

此典出自《左传·宣公十二年》:“见可而进,知难而退,军之善政也。”

春秋时,晋国和楚国争夺霸权,时时等待机会攻打对方,称雄诸侯。当时的郑国先是拒楚服晋的,但后来又同楚国讲和,晋国就派正副元帅荀林父、先縠和大夫士会等带兵以援助郑国为名,同楚国决战。晋军到了黄河边的时候,听说楚兵和郑国已经讲和,荀林父便想收兵回国,士会也同意荀林父的建议,说:“用兵要有隙可乘才会取得胜利。现在楚国对外没有招怨,内部也很安定团结,国家正在强盛,这是不能够打败的,不如退回去的好。”但先縠却反对说:“出兵本来就是要和敌人一决胜负,现在听说对手强大便要退兵,这不是大丈夫应该做的。”于是领了自己所带的兵首先渡过黄河,荀林父阻止不了他,也只好命令全军渡河,两军在邲地(今河南省郑县东)激烈交战,晋军终于大败。

振臂一呼

“振臂一呼”形容在情绪低潮时,奋起呼喊,以提高士气。

此典出自《文选·答苏武书》:“死伤积野,余不满百,而皆扶病,不任干戈。然陵振臂一呼,创病皆起。”

西汉时,匈奴经常侵犯边境,汉武帝忍无可忍,便派李陵率领五千人马前去抵抗。李陵遇到了顽敌,孤军深入敌阵,以五千的人马迎击匈奴十万大军,等于以卵击石,以肉投饿虎,但李陵凭着他的英勇,身先士卒,却把敌人打得一败涂地,并斩杀了他们的主将。后来匈奴调动了全国的人马对付李陵。当时,李陵的部队已处于众寡悬殊的情势下,再加上敌人熟识地形,又有精锐的骑兵参战。每个人都抵抗着千百个敌人,兵士们都忍着巨大创痛,争先奋勇杀敌,直至死伤遍地,只剩下几十个人,他们都还不肯放下武器,这时,李陵仍挥动着手臂,号召剩下的兵士们努力杀敌,直到箭射完了,刀折断了,手无寸铁,失去了天时地利的条件,而路途又遥远,援兵依然没有到来,却依然不肯投降,还徒手和敌人拼个你死我活。李陵的英勇以及部下视死如归的精神真是令人感动。

中州之蜗

“中州之蜗”用以嘲讽世上那些好高骛远、不求实际、才疏志大的人。

此典出自《於陵子·人问》:“中州之蜗,将起而责其是非。欲东之泰山,会程三千余岁;欲南之江汉,亦会程三千余岁。”

“因自量其齿,则不过旦暮之间,于是悲愤莫胜,而枯于蓬蒿之上,为蝼蚁所笑。”

这段话意思是说:

中州有一只蜗牛,想要干一番事业,时时责备自己软弱无能。想向东去攀登泰山嘛,算了一下却要走三千多年;又想向南去涉长江和汉水,算了一下也要走三千多年。再想想自己的寿命,不过朝暮之间就要死去。于是不胜悲愤,枯死在蓬蒿杆上,而被蚂蚁所嘲笑。

《昭君传》版画之李陵像

壮士解腕

“壮士解腕”比喻当机立断,不能因为犹豫而因小失大。

此典出自《三国志·魏志·陈泰传》:“古人有言:‘蝮蛇螫手,壮士解其腕。’”

陈泰是三国时期魏国的将领,曾担任过游击将军、并州刺史、尚书右仆射等职务。

陈泰在代理征西将军时,有一年,蜀将姜维、夏侯霸兵分三路进攻魏国边境。雍州刺史王经连忙禀报了陈泰。当时姜维率领几万兵马,到达罕地方,预备直取狄道。陈泰命令王经进驻狄道,结果王经作战连连失利,损失惨重。只有一万多士卒退到狄道城内坚守,其余的都四向逃散了。姜维乘胜围住狄道城。陈泰领兵昼夜兼程，路上与邓艾的兵马汇合，一同前往陇西。邓艾对陈泰说：“如今王经的军队受到很大挫伤，姜维打了胜仗，士气高涨。他们的气势此时不可阻挡，而且我们战败之后，将士信心不足，我觉得，不如暂时放弃狄道城，避开姜维的锋芒，待他松懈下来以后再寻机救援狄道，我们割险自保，牺牲局部保全整体。古人说过：毒蛇咬手，壮士就砍掉手腕，以免身体受到毒害。孙子兵法上不是也有兵有所不击、地有所不守这样的话吗？请你考虑一下我的建议。”

孟郊像，图出自明·天然撰《历代古人像赞》。

陈泰沉吟了半晌，最后摇摇头说：“不行啊，王经已经败了，若让姜维趁胜进兵向东，占据栎阳，积存粮草，收降残兵，招纳羌人、胡人，与我们争夺关、陇要地，那我们就处于被动的境地了。现在必须速战速决，要迅雷不及掩耳地袭击他！”

陈泰说服了邓艾，派兵进入高城岭，夜里偷偷登上狄道东南的高山，点燃烽火，吹起号角。狄道城内守兵看见援军已到，士气倍增，纷纷请战，姜维见援军来得这样快，以为必有奇谋，不禁恐慌不已，便下令撤军。于是狄道城也因此解围了。

走马看花

“走马观花”原本是用来形容登科后得意愉快的心情，后引申为观赏游览之乐，最后又比喻草草观察，不仔细看个究竟；或比喻人们学习与处事的态度，只作表面的涉猎，而不细看其底蕴。

此典出自唐代孟郊《登科后》诗：“春风得意马蹄疾，一日看尽长安花。”

唐朝时候，有一个诗人名叫孟郊，直到将近五十岁才考中进士，喜不自胜，因而就写了一首《登科后》诗，其中有‘春风得意马蹄疾，一日看尽长安花’之句，“走马看花”这句成语，便是从孟郊那首诗中的字句演变而来的。

关于这个成语，在民间曾流传着一个很有趣的故事，说是有个名叫贵良的小伙子，是个跛子，但他想找个漂亮的妻子，便托朋友华汉做媒。恰好有个名叫叶青的姑娘，鼻子有些缺陷，也托华汉替她找个如意郎君。华汉心想正好把这两人配成一对夫妻。于是他叫贵良骑马从叶青门前走过，让叶青拿一朵鲜花遮住鼻子，装作闻香的样子。叶青看到贵良骑在马上的年青英俊样儿，心里非常高兴；贵良看到叶青鲜花遮羞、眉目清秀的容貌，也很满意。直到结婚的那天，夫妻二人见了面，谈起当初“走马看花”的情景，二人才醒悟过来。这虽是一则民间传说，但也可以作为成语“走马观花”的一个根源，故事的内容不也说明马马虎虎的稍微看一下就行了，因而必然得不到满意的结果。

长江天堑

“长江天堑”比喻地形险要。

此典出自《南史·孔范传》:“隋师将济江,群官请为备防,(施)文庆沮坏之,后主未决。范奏曰:‘长江天堑,古来限隔,虏军岂能飞度?’”

南北朝时期,长江成为南北分裂的天然屏障,南朝偏安一隅的无道之君和无所用心的大臣便把长江当成了不可逾越的障碍,过着苟且偷生的生活。

公元588年,隋文帝(杨坚)发兵五十一万,任用儿子杨广为统帅,准备渡江攻打陈国。陈后主(陈叔宝)认为,有长江作为屏障,前来进攻的隋兵等于是送死。大多数官吏都向陈后主建议应当严加防范。大臣施文庆诋毁主张设防的大臣,陈后主便犹豫不决。这时,大臣孔范向陈后主奏道:“长江是天然的壕沟,地形险要,自古以来就隔断了南北疆界,隋军寇贼又没有长翅膀,又怎能飞渡过来!”

孔范的话似乎有理有据,很有说服力。于是,陈后主君臣们依然沉湎于声色犬马中,对守江将领的告急文书置之不理。第二年,即公元589年,隋将贺若(姓)弼自广陵直渡京口,韩擒虎自横江(安徽和县)直渡采石,攻入建康(今南京),俘获陈后主,陈朝灭亡了。

方寸之地

“方寸之地”表示心。

此典出自《三国志·蜀书·诸葛亮传》:“本欲与将军共图王霸之业者,以此方寸之地也。今已失老母,方寸乱矣,无益于事,请从此别。”

东汉末年,群雄争霸。刘备礼贤下士,想方设法地招揽天下人才。有一个叫徐庶的人,便向刘备力荐诸葛亮。刘备三顾茅庐,终于请出了诸葛亮,同时也留下了徐庶,和诸葛亮一起替刘备出谋划策。徐庶足智多谋,是难得的人才。曹操为了逼迫徐庶为自己出谋划策,派兵打败了刘备,并软禁了徐庶的母亲。在封建社会里,封建统治者和志士仁人都提倡以孝治天下。徐庶是个孝子,听说母亲被曹操软禁了,便心急如焚,决心到母亲身边竭尽孝道。于是,他便辞别刘备,忍辱负重地投奔曹操。

徐庶辞别刘备时,用手指着自己的心,说:“我徐庶本来想与将军共图称霸天下的大业,这是我的本心。可是,如今母亲被曹操所俘,我的心绪已乱,留在您这里可能也不会有所作为,无济于事。现在特向您请求,我们从此分别吧。”说完,他投奔曹操去了。

傅粉何郎

“傅粉何郎”用以称美男子,也可用以指善于打扮的青年男子。

此典出自《世说新语·容止》:“何平叔美姿仪,面至白;魏明帝疑其傅粉。正夏月,与热汤饼。既啖,大汗出,以朱衣自拭,色转皎然。”

何晏(公元190—249年),三国时期魏国宛人,字平叔。他同母亲曾被曹操所收养。少年时代就富有才华,对《老子》、《庄子》颇有研究。他曾提倡玄学,崇尚清谈,是三国时期著名的玄学家。

何晏仪表非凡,相貌俊美,皮肤既白又嫩,魏明帝怀疑他在脸上搽了粉。当时正值夏日炎炎,魏明帝便让他吃热汤热饼。何晏吃完后,满脸大汗,便用自己的红色衣袖去擦汗,哪知脸上的肤色却更加雪白光亮了。魏明帝这才相信他脸上没有搽粉。

高屋建瓴

"高屋建瓴"比喻居高临下,不可阻遏的形势。

此典出自《史记·高祖本纪》:"(秦中)地势便利,其以下兵于诸侯,辟犹居高屋之上建瓴水也。"

西汉初年,刘邦刚平定了天下,就听到大将韩信准备谋反的消息。刘邦一向怕韩信本领大,不好对付,现在又听说他准备谋反,因而非常害怕,便召集大将周勃、樊哙、灌婴等人商量对策。这些大将都极力主张用武力征伐。刘邦又去请教陈平。陈平反对,他说:"韩信和其他的将军不一样,如果他真的叛乱,没有人能抵挡住他。皇上不如假装游云梦,让诸侯来陈城朝见,只等韩信一到,便叫武士捉拿住他。"

刘邦于是采纳了陈平的计策,假装游云梦,打发使者通知诸侯到陈城会见。当时,韩信并没有叛乱,因此他得知后就前来朝见刘邦,结果被刘邦捉拿。刘邦把韩信带到了洛阳,一面准备惩办他,一面又下令大赦天下,以表明自己的德政。

大臣们听到要大赦天下的消息,都向刘邦道贺。一个叫田肯的大夫祝贺说:"皇上逮住了韩信,又收复了三秦,建都关中。三秦幅员辽阔,山河相隔有数千里之远。秦地兵员众多,地势极其险要。以此来加兵于诸侯,必将高屋建瓴,势如破竹。此外,皇上还收复了齐地。三秦和齐地都是极其重要的地方,除了嫡亲子弟以外,皇上千万不可把这两个地方封给别人啊!"

刘邦是个聪明人。他知道,三秦和齐地都是韩信当年打下来的。田肯名为祝贺,其实是替韩信说情来了。况且,说韩信造反,也没有真凭实据,如果杀了韩信,反而会遭致众人的议论。于是刘邦便免了韩信的罪,封为淮阴侯。

姑射仙姿

"姑射仙姿"形容仙子、美女的姣好姿容。

此典出自《庄子·逍遥游》:"藐姑射之山,有神人居焉,肌肤若冰雪,绰约若处子,不食五谷,吸风饮露,乘云气,御飞龙,而游乎四海之外。其神凝,使物不疵疠而年谷熟。"

相传在非常遥远的地方有一座姑射山,在这座山上住着一位神人。她的肌肤洁白如冰雪,容貌柔和美丽,如同妙龄的处女。她不吃五谷杂粮,只是吸清风、饮甘露。她乘着云气,驾着飞龙,遍游四海之外。她神态安静,一动一静俱妙,使物不因病而死亡,人无灾害,四时依序而轮转,五谷丰登。

含哺鼓腹

"含哺鼓腹"的意思是,像婴儿一样嘴里含着食物,像童子一样用手拍打肚子。用以形容饱食无忧,尽情游乐。多用以比喻太平盛世。

此典出自《庄子·马蹄》:"夫赫胥氏之时,民居不知所为,行不知所之,含哺而熙,鼓腹而游,民能以此矣。"

传说我国上古时期,有一个帝王叫赫胥氏,即炎帝。据说,他德行高尚,能使天下百姓亲附于他。他治理天下时,形成了清静无为的社会环境,人们全都淡泊名利,安居乐业,整天没有事情可做,任情而动,出游无牵无挂,随意到各处去。他们嘴里含着食物,四处游戏玩乐,与婴儿差不多;他们用手拍打着肚子,整天嬉戏游乐,与童子差不多。只有如此淳厚朴实的时代,老百姓才能如此无忧无虑。

虎踞龙盘

“虎踞龙盘”用来指南京城的，也有赞美地势险要、雄伟的意思。

此典出自《太平御览》引张勃《吴录》：“钟阜龙盘，石城虎踞。”

南京，是我国的一座古都。战国时，楚置金陵邑，秦称秣陵，三国时吴称建业，晋时称建康，明时称南京，清为江宁府治所在地。三国吴、东晋、宋、齐、梁、陈、五代南唐、明初、太平天国及辛亥革命时均建都于此。

南京濒临长江，地势十分险要。东汉末年，刘备、孙权、曹操各割据一方称雄。刘备的军师诸葛亮同孙权谈论政治军事形势时，曾说：“钟阜龙盘，石城虎踞。”意思是，钟山像龙一样盘绕在东面，石头城像虎一样蹲在西面。他劝孙权依仗天险，独据一方，从而联刘灭曹。

（钟阜，即钟山，又名紫金山，在今南京市东郊。石城，又名石头或石头城，南京市的别名。）

江东子弟

“江东子弟”指家乡子弟。

此典出自《史记·项羽本纪》：“项王笑曰：‘天之亡我，我何渡为！且籍与江东子弟八千人渡江而西，今无一人还，纵江东父兄怜而王我，我何面目见之？纵彼不言，籍独不愧于心乎？’”

秦王朝被灭之后，刘邦和项羽展开了争夺天下的激烈战争。公元前202年，刘邦与韩信、彭越两支军队会合，大败项羽于垓下（今安徽灵璧县东南），将项羽和楚军团团围住。项羽带领八百壮士奋力突围出来，向南逃去。

项羽像，图出自明万历刻本《三才图会》。

项羽逃到乌江边。乌江里长正拢船着岸，只等项羽上船东渡，他对项羽说：“江东虽然小，但也有千里之地，数十万人，依然可以在江东称王。愿大王立刻上船渡江，因为这里只有我这一条船。如果刘邦的汉军追来，就渡不成了。”项羽笑着说：“老天爷叫我败亡，我渡江又有什么用呢？我和长江下游一带的子弟八千人举起义旗，组成起义军，进而渡江西进，争夺天下。但如今却没有一个人生还，即使江东父老兄弟同情我，拥戴我为王，我又有何脸面见江东父老？即使他们不责怪我，难道我的内心能不感到惭愧内疚吗？”项羽又对乌江里长说：“我知道您是一个德高望重的长者。这匹马跟随我已经五年了，可以说所向无敌，它一天可以奔驰千里，是一匹难得的好马。我不忍心杀死它，就送给您吧。”于是，他命令随从都下马步行，手持短兵器同汉军交战。仅项羽一人，就杀死数百名汉兵。他全身十几处受伤，最后自刎而死。

金碧辉煌

“金碧辉煌”形容建筑物装饰华丽，光彩耀眼。

此典出自元代汤垕《画鉴·唐画》：“李思训画着色山水，用金碧辉映，自成一法。”

唐代时，有一位著名的画家叫李思训，字建，一作建景。唐高宗时，李思训时任江都令，武则天临朝后，他辞官隐居，中宗时又再次出来做官，到了唐玄宗李隆基时，他官至左（一作右）武卫大将军。

李思训的书画造诣很深，他工于书法，尤其擅长画山水树石，笔锋雄浑有劲。他喜爱描写湍濑潺湲、云霞缥缈之景，无论鸟兽草木都栩栩如生。他曾应诏画大同殿壁和掩障，几个月才画完。

在中国绘画史上，李思训以其金碧辉映的山水画独创一格。他的画笔法工整，色彩鲜艳，装饰性极强，给人以绚烂多姿和富丽堂皇的感觉。元代书画评论家汤垕说：“李思训画着色山水，使用泥金和青绿，色彩艳丽，独具风格。”据说，存世的《江帆楼阁图》就是李思训的作品。

列子御风

“列子御风”形容仙人乘风遨游。也可用以形容乘着马、车、船等飞驰而过。

此典出自《庄子·逍遥游》：“夫列子御风而行，泠然善也，旬有五日而后返。”

《逍遥游》记载，战国时期，郑国有一个人叫列御寇（列子），与郑繻公（又说与郑穆公）生于同一个时代。他拜壶丘子林为师，著有书八卷。学得风仙之道，乘风四处游行，轻扬高飞，极端俊逸，每经十五日后回返归家，人们无不称赞他。

林下风气

“林下风气”形容女子风度娴雅，不同凡俗。

此典出自《世说新语·贤媛》：“谢遏绝重其姊，张玄常称其妹，欲以敌之。有济尼者，并游张、谢二家。人问其优劣，答曰：‘王夫人神情散朗，故有林下风气。顾家妇清心玉映，自是闺房之秀。’”

谢玄（公元343—388年），晋代阳夏人，字幼度，小字遏，是谢安的侄子。谢玄有一个姐姐，叫谢道韫，才华横溢，聪明而有才辩，嫁给王凝之为妻。谢玄很敬重姐姐谢道韫。同郡张玄有一个妹妹，嫁到顾家为妇。张玄也非常赏识自己的妹妹，经常把她同谢道韫相提并论，认为她们可以相媲美。有一个叫济尼的人经常出入张、谢二家。有人问他说：“谢道韫与张玄的妹妹相比，哪个更好呢？”济尼回答道：“王夫人（谢道韫）神态闲适大方，有竹林名士的风度。顾家妇（张玄的妹妹）清秀俊慧，是闺房中的佼佼者。”他的言外之意是，谢道韫比张玄的妹妹要好些。

千岩万壑

“千岩万壑”形容重山叠岭。

此典出自《世说新语·言语》：“顾长康从会稽还，人问山川之美，顾云：‘千岩竞秀，万壑争流，草木蒙笼其上，若云兴霞蔚。’”

王献之像，图选自《于越先贤像传赞》。

晋代著名画家顾恺之，字长康，晋陵人。他曾在荆州当参军。一次，他从会稽回来，人们便向他询问会稽山川的美丽景色，顾恺之回答说：“千座青山争妍斗奇，万条山谷绿水争流，草木蒙茏，葱葱郁郁，云蒸霞蔚美丽异常。”

青女飞霜

“青女飞霜”形容下霜降雪。

此典出自《淮南子·天文训》：“季春三月，丰隆乃出，以将其雨。至秋三月，地气不藏，乃收其杀。百虫蛰伏，静居闭户。青女乃出，以降霜雪。行十二时之气，以至于仲春二月之夕，乃收其藏而闭其寒。”

这段话意思是说：

每当阳春三月的时候，雨师便出现了，她将布施雨水。到了秋三月的时候，地气向下隐藏起来，并收缩起肃杀之气，各种各样的昆虫也潜伏起来，静静地躲藏起来以便渡过难关。接着主管霜雪的青女之神出现了，她使霜雪纷纷降落大地，并且运行十二时之气。而到仲春二月下旬，才收敛起所藏而闭塞寒气。

青毡旧物

“青毡旧物”用来指祖先传下来的旧物。

此典出自《晋书·王献之传》：“偷儿，青毡我家旧物，可特置之。群偷惊走。”

王献之（公元 344—386 年），晋代琅琊临沂人，字子敬，是著名书法家王羲之的第七个儿子。他七八岁时便学习书法，王羲之有一次曾悄悄地从身后去拔他手中的笔，没有拔动。王羲之感叹地说：“此儿日后定有大名。”果然，王献之书法技艺炉火纯青，与父亲王羲之齐名，被人们并称为“二王”。

王献之曾经与哥哥王徽之、王操之一起去拜访谢安（字安石，东晋孝武帝时任宰相）。谈话中，两个哥哥说的大多是生活俗事，而王献之对谢安仅表问候而已。他们走后，客人问谢安，王氏兄弟哪个优秀，而哪个稍微差一些。谢安说：“那个小弟弟好。”客人忙问为什么，谢安说：“贤人一般都不太爱说话。我看王献之很少说话，所以认为他是一个贤人。”一次王献之曾与哥哥王徽之同时呆在一间屋内，突然室内失火了，王徽之急忙跑出室外，连鞋子都顾不得穿上。而王献之则神情镇定，从容不迫地叫来仆人，扶着他走出室外。又有一天夜里，王献之躺在书斋中，有一些小偷潜入他的房间偷窃，想把所有的东西都偷走。等到小偷把东西都拿到手后，王献之从容不迫地说：“小偷们，青毡是我家先人留传下来的遗物，给我放下吧！”这些小偷一听，吓得慌忙逃走了。

轻裘缓带

“轻裘缓带”指穿着轻暖的皮衣，系着宽大的带子。形容仪态闲适从容。

此典出自《晋书·羊祜传》：“（祜）在军常轻裘缓带，身不被甲，铃阁之下，侍卫者不过十数人，而颇以畋渔废政。”

羊祜，字叔子，晋朝泰山南城人。曹魏末年，任相国从事中郎。晋王朝建立后，羊祜被封为巨平侯，都督荆州诸军事，为征南大将军。

羊祜在军中经常身穿轻暖的皮衣，系着宽大的带子，身上不穿甲胄，仪态优雅从容。在他的将帅居住地，一共只有侍卫十几人，他经常因为打猎、捕鱼而耽搁了政务。有一次，他想在夜间外出，军吏徐胤手执带有缯衣的戟（官吏出行的仪仗之一）挡着营门，对羊祜说：“将军统管万里地界，怎么可以擅自离开岗位！将军的安危关系到整个国家的安危。我誓死也不让您出去，除非我徐胤今天死了，这个营门才可打开。”听了这番话，羊祜马上向徐胤赔笑道歉。从那以后，羊祜便很少外出了。

琼楼玉宇

“琼楼玉宇”形容晶莹瑰丽的高楼；也可用它形容仙境。

此典出自晋代王嘉《拾遗记》：“翟乾祐于江岸玩月，或问：‘此中何有？’翟笑曰：‘可随我观之。’俄见琼楼玉宇烂然。”

唐代有一个道士叫翟乾祐，相貌古怪，懂得一些法术。一次，他与数十名弟子在江岸游玩赏月，有弟子问他：“月亮里到底有什么东西呢？”翟乾祐笑道：“你们可以顺着我手指的方向观看。”那一瞬间，弟子们便看见月亮里矗立着晶莹瑰丽的高楼，格外金碧辉煌。

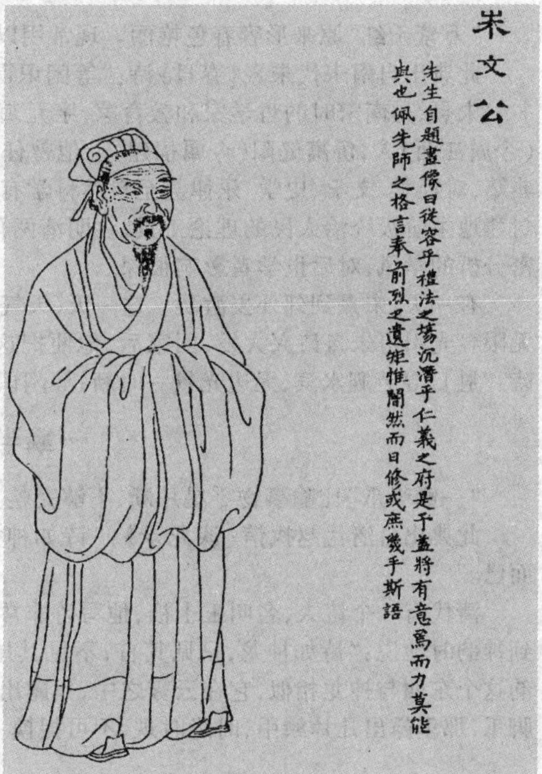

朱熹像，图出自清·上官周《晚笑堂画传》。

天涯海角

“天涯海角”比喻极其边远的地方。也作“天涯地角”。

此典出自南朝代陈徐陵《徐孝穆集四·武皇帝作相时与岭南酋豪书》：“天涯藐藐，地角悠悠。言而无由，但以情及。”

唐朝大诗人白居易亦有：“天涯海角无禁利，熙熙同似昆明春”的诗句。

据说宋代的大文豪苏轼（别号东坡居士）和这句成语有很大的关系。苏东坡在五十九岁那年，因被诬陷说他所写的诏令（皇帝对下属或对百姓所出的告示）中有斥责先朝的话，被贬到海南岛的昌化。他在昌化时，常到“角岭”一带去游览。这一天，他正在海边欣赏水天相接的景色，忽然狂风暴雨，波涛汹涌。这种情形引起了他的极大兴致，便在避风雨的那块大石上题了“天涯”和“海阔天空”六个大字。后来，石匠便把这几个字刻在石上。久而久之，这个地方就被人们称作“天涯”，又因为这个地方本是“角岭”的一部分，所以后来的人便把“天涯”和“角岭”结合成“天涯海角”这个名词。

铜驼荆棘

“铜驼荆棘”的意思是说，铜驼埋没在荆棘丛中。用来形容亡国的惨败景象。

此典出自《晋书·索靖传》：“靖有先识远量，知天下将乱，指洛阳宫门铜驼，叹曰：‘会见汝在荆棘中耳！’”

索靖（公元244—303年），字幼安，晋代敦煌人。他的家族世代为官，父亲索湛，任北地太守。索靖年少时就有超群的器量，与同乡人汜衷、索永等人一起在太学学习，驰名天下，索靖长期钻研学问，学识渊博。他曾官至驸马都尉，出任西域戊己校尉长史。晋武帝提拔他为尚书郎，又相继任雁门太守、酒泉太守。晋惠帝（司马衷）即位后，赐给他关内侯的爵位。他死后，被封为安乐亭侯。

索靖有远见卓识，曾预料时局不稳，天下即将发生动乱，便指着洛阳宫门旁的铜驼，感叹地说：“铜驼，有一天我会看到你倒卧在荆棘丛中的景象啊！”

万紫千红

“万紫千红”原来形容春色艳丽。现常用以比喻事物丰富多彩或是景象繁荣兴旺。

此典出自南宋代朱熹《春日》诗：“等闲识得东风面，万紫千红总是春。”

朱熹，是南宋时的哲学家和教育家，字元晦，一字仲晦，号晦庵，别称紫阳。徽州婺源（今属江西）人，侨寓健阳（今属福建）。他曾任秘阁修撰等职，积极主张抗金。朱熹广注典籍，对经学、文学、史学、乐律甚至自然科学有不同程度的贡献。他的理学一直成为后来封建地主阶级统治人民的理论工具，在明清两代被提到儒学正宗的地位。他的博览和精密分析的学风，对后世学者影响很深。

有一天，朱熹到郊外去游玩。这一天，天气晴朗，风和日丽，朱熹所到之处，百花盛开。无限春光引得朱熹诗兴大发，回家后，他便把这次郊游的感受写成了一首题为《春日》的诗：“胜日寻芳泗水滨，无边光景一时新；等闲识得东风面，万紫千红总是春。”

一鳞半爪

“一鳞半爪”比喻事物零星片断，不够完整。

此典出自清代赵执信《谈龙录》：“诗如神龙，见其首，不见其尾，或云中露一爪一鳞而已。”

清代有一个诗人，名叫王士祯，他写诗非常注重神韵。有一次，他和学生洪界谈论，讲到神韵时他说：“诗如神龙，只见其首，不见其尾，或是云中露一爪一鳞而已。”意思是：神韵这个东西与神龙相似，它在云雾之中，只露出一个头，而见不到尾，有时则这里露出一只脚爪，那里露出几片鳞甲，时隐时现，不可捉摸。

九、情思义理故事

白驹过隙

“白驹过隙”形容人生苦短；也可用来形容时光流逝迅速。

此典出自《庄子·知北游》：“老聃曰：‘……人生天地之间，若白驹之过隙，忽然而已。注然勃然，莫不出焉；油然漻然，莫不入焉。已化而生，又化而死，生物哀之，人类悲之。解其天弢，堕其天帙，纷乎宛乎，魂魄将往，乃身从之，乃大归乎！’”

有一次，孔子向老子请教，说：“今天没有什么事情，想向您请教一下关于大道的学问。”老子说：“人生活在世界上，如同飞驰的骏马穿过狭窄的道路，一转眼就过去了。世间万物，相与无恒，都是从变而生，顺化而死。生也好，死也好，全部是变化而已，造物主是不会放在心上的。因此，对于死，生物感到悲哀、人类感到悲哀，而非生物与非人类，既不悲也不哀。人类喜爱生，厌恶死，因此才受到生和死的束缚。可是一旦对大道有所领悟，就会忘记生死，就像从天然的弓袋和束囊中解放出来，魂魄上天，骨肉归土，不管如何纷乱，自为皈依，这才是真正意义上的皈依啊。”

白往黑归

“白往黑归”比喻只看表面现象而不注重本质，或首尾不一。

此典出自《韩非子》：“杨朱之弟杨布，布素衣而出。天雨，解素衣，衣缁衣而反。其狗不知而吠之。杨布怒，将击之。杨朱曰：‘子毋击也，子亦犹是。向者使汝狗白而往，黑而来，子岂能毋怪哉？’”

杨朱，是战国时著名的思想家，他认为万事“为我”，反对“兼爱”，他认为，人的本性就是自私自利的。他的弟弟杨布养了一只活泼可爱的小白狗，杨布很喜欢它。对杨朱说：“我这只小白狗非常讨人喜欢，一见到我，就摇头摆尾，亲热极了。”杨朱反驳说：“这并不表明什么，你经常喂它，因此它才对你亲热，这样可以骗得更多的食物。”杨布听了，心中很不痛快。“你那套‘为我’的自私观点，竟然用到狗身上！”他讽刺说。

杨布平时爱好穿白衣服，一天外出，淋了一身雨，就把外面的白衣换成黑衣。返回家里，那小白狗竟向他“汪、汪、汪”地吠叫起来。杨布十分愤怒，随手拾起一根棍子就要打，一道来的杨朱立刻劝住了他，并说：“何必呢？它把你认成了另一个人，因此要吠叫。现在我们换个角度，你的小白狗外出，回来时变成了一条小黑狗，你就不感到奇怪吗？你会认为是别人的狗，而别人的狗，不会对你摇头摆尾地表示亲热。所以，你也会表现出不能理解不认识的样子。”杨布知道杨朱在讽刺他，但细细一想，真的有一些道理。

百足之虫，死而不僵

“百足之虫，死而不僵”比喻已经败落的事物，但在一段时期内，尚能维持某些兴旺繁荣的景象。

此典出自《三国志·魏书·武文世王公传》注:“夫泉竭则流涸,根朽则叶枯;枝繁者荫根,条落者本孤。故语曰‘百足之虫,至死不僵’,以扶之者众也。此言虽小,可以譬大。”

魏明帝临终的时候,委托曹爽、司马懿一起辅佐幼主曹芳。然而,司马懿久有篡夺曹氏政权的野心,曹爽远不是司马懿的对手。那时候,有一个人叫曹冏,是曹氏宗室的人。他看清了曹氏宗室存在的危机,就上书劝告曹爽,叙说了历代皇族统治灭亡的原因,劝说曹爽不但要同本姓的族人建立亲近的关系,而且要与异姓有才干的人建立友好的关系,那样做了,才能巩固曹氏集团的统治基础,即使有什么变化,也能维持下去。

曹冏劝道:“如果没有泉水,河流就要干涸;树根腐朽,树叶就要枯萎。枝繁叶茂,树根才能得到庇护;枝条凋零,树干也就孤立了。所因此人们常说,‘百足之虫,死而不僵’,这是因为这种虫子脚很多,所以虽然死了,也能支撑其身体不倒。这句话讲的是小事,却寓意深远。”

冰冻三尺,非一日之寒

“冰冻三尺,非一日之寒”比喻事物的变化,有一个从量变到质变的过程。

此典出自《金瓶梅》九十二回:“冰厚三尺,非一日之寒。”

吴月娘的女儿嫁给陈敬济为妻。这陈敬济不是个东西,他又娶了个戏子回家做小老婆,反而总是欺负他原来的老婆,有一天把她打得鼻口出血,过了半天才苏醒过来。正妻哭到半夜,悬梁自缢身死。第二天,吴月娘听说了,她早已听说女儿受苦,又听说陈敬济娶了个唱戏的在家里,正是:“冰冻三尺,非一日之寒。”接着,率领家人、小厮、丫鬟、媳妇七八口,往他家来,见了女儿尸首吊得直挺挺的,就大声哭喊起来,将敬济拿住,揪住乱打,有的竟用锥子锥得他全身都是小眼,接着把那个小老婆也打了个臭死。把门窗户壁都打得七零八落。最后状子告到县里,判了陈敬济逼死妻子,徒刑五年。

冰山难倚

“冰山难倚”说明依仗别人权势,不得持久。

此典出自《开元天宝遗事》:“杨国忠权倾天下,四方之士,争诣其门。进士张彖者,侠(陕)州人也,力学有大名,志气高大,未尝低折于人。人有劝彖令修谒国忠,可图显荣。彖曰:‘汝辈以谓杨公之势,倚靠如泰山,以吾所见乃冰山也。或皎日大明之际,则此山当误人耳。’”

唐玄宗十分宠爱杨贵妃。杨贵妃的堂兄杨国忠也跟着沾了光,也受到唐玄宗的宠信升任右相,独揽朝政,权倾天下。那时候,天下许多士人,为了谋取功名,争相拜谒杨门,巴结杨国忠。陕西一带有一个进士,名叫张彖,他知识渊博,名气很大,而且又志向高远,从不向权贵低头献媚。有人劝张彖也去拜见杨国忠,为了博取荣华富贵。张彖却说:“你们都认为杨国忠权高势大,如果能够投靠他就像倚靠泰山一样稳固。可是在我的心目中,看起来威威赫赫的杨国忠不过是一座冰山,如果太阳出来当空照耀,冰山马上就会消融,依靠它的人就要上当了。”后来,安禄山起兵叛乱,杨国忠被士兵杀死,杨贵妃也被缢死,杨家这座冰山果然消融了。所以,那时的人都称赞张彖有先见之明。

不得要领

“不得要领”比喻没有掌握住事物的要领或关键。

此典出自《史记·大宛列传》:“中骞(张骞)从月氏至大夏,竟不能得月氏要领。”

张骞像,图出自清·金古良绘《无双谱》。

西汉的时候,在西域有一个大国叫月氏。月氏被匈奴的首领冒顿单于打败以后,不得不远远地往西逃避。他们痛恨匈奴,每时每刻都想复仇,但由于无人帮助,自己势单力薄,只好暂时忍受外族的欺凌。

汉武帝从投降汉朝的匈奴人那里听到这些消息以后,打算派人前去联络月氏,以便夹击匈奴。建元二年(公元前139年),博望侯张骞奉武帝之命出使月氏。就从西汉到月氏必须经过匈奴。因此张骞一行路经匈奴时就被匈奴扣留,这一扣便是十一年,他在匈奴娶了妻子,生了儿女。张骞等人虽然身在匈奴,可是内心一直未忘武帝交给自己的任务。到了后来,他们终于逃出了匈奴,继续往西寻找月氏。

再说月氏王被匈奴人杀死以后,又立太子为王。新王带领着自己的人马往西进攻大夏,并且占领了大部分土地。因为大夏土地肥沃,物产丰富,月氏人得到这块土地以后就非常满足,建立了一个大月氏国。他们向匈奴人复仇的念头早已淡忘了。等到张骞来了之后,和他们谈起夹击匈奴的事,他们已经不大感兴趣,言谈话语也不得要领。张骞在月氏住了一年多,还是无法联合月氏去攻打匈奴,最后只好返回汉朝。

不可同日而语

“不可同日而语”这句成语说明两种情况完全相反或差别迥异。

此典出自《战国策·赵策二》:“夫破人与破于人也,臣人之与臣于人也,岂可同日而言之哉。”

战国时期,苏秦是主张“合纵”的,他建议燕、赵、韩、魏、齐、楚六国联合抗击秦国。为了说服赵国的君主采纳他的建议,他从燕国来到赵国。赵王比较年轻,做君王的时间不长,很愿意听他的主张,于是便热情地接待了他。

苏秦十分委婉地对赵王说:“现在贵国疆域有二千多里,军队有几十万,战车千部,战马几万匹,粮食够吃十年。就地形上分析,西有常山,南有漳河,东有清河,北邻燕国。目前秦国虎视眈眈,一心想把赵国吞掉,然而迟迟不敢举兵来征伐,是担心韩国和魏国打他的主意。所以说韩、魏两国也是贵国的屏障。可是秦国一旦占了韩、魏,那么赵国就就十分危险了。这就是我为大王忧虑的事情呀!想当年,尧没有什么地盘,舜没有一点土地,却能领有天下。禹不足一百个部属,却成为诸侯的领袖。成汤和周武王也不过三千士卒,三百战车，也做了天子。这是什么原因呢？因为他们都具有卓识远见。圣明的君主能够了解敌国的强弱，清楚自己士兵的数目、将士的优劣，没有必要非得等到在战场上厮杀，对于胜负、存亡就已经心中有数了。哪有只听议论，就贸然地决定国家大事的呢？我计算过各国的领土，六国的土地加到一起比秦国大五倍；六国的军队比秦国多十倍。如果你们六国合成一体，共同攻打秦国，那秦国必定失败。可是你们现在不做长远打算，只想着秦国，心甘情愿做人家的臣子。你们可应该知道呀，打败敌国和被敌国打败；别人当自己的臣子和自己当别人的臣子，这两种状况可是不能够放在一起比较着说的呀！我的建议请大王深思啊！”

赵王对苏秦的主张十分感兴趣，决定封他为武安君，并赐给他一百辆车子，二万两黄金，一百双白璧和许多绸缎、衣物，让他去劝说其他几个国家。

不入虎穴，焉得虎子

“不入虎穴，焉得虎子”说明人们做事，如果不下决心，不身历险境，不经过艰苦的努力，是不能达到目的的。

此典出自《后汉书·班超传》：“超曰：‘不入虎穴，不得虎子。当今之计，独有因夜以火攻虏，使彼不知我多少，必大震怖，可殄尽也。灭此虏，则鄯善破胆，功成事立矣。’”

东汉时候，班超跟随奉车都尉窦固和匈奴作战，建立了功劳。后被派出使西域，他首先到鄯善国。国王广早知班超的情况，对他十分敬重，但隔一个时期，一下子变得怠慢起来。班超召集同来的三十六人说：“鄯善国王最近对我们很冷淡，一定是北方匈奴也派人来笼络他，使他犹豫不知顺从哪一边。聪明人要在事情还没有萌芽的时候就发现它的产生原因，何况现在事情已经十分明显了。”

经过打听，真的是这样。于是班超又对随行的人说：“我们现在处境十分危险，匈奴使者才来几天，鄯善国王就对我们这么冷淡，如果再过一些时候，鄯善国王可能会把我们绑起来送给匈奴。你们说，我们应该怎么办？”当时大家坚决地表示愿听他的主张。他便继续道：“不入虎穴，不得虎子。现在剩下的办法，就是在今天夜里用火攻击匈奴来使，迅速把他们杀了。这样一来，鄯善国王才会真心诚意归顺汉朝。”

这天夜里，班超就和他同去的三十六个随从，冲入匈奴人住所，奋力死战，用少数人力战胜了多数的匈奴人，后来就达到了预期目的。

沧海一粟

“沧海一粟”也可称为“太仓一粟”，比喻极其渺小的东西。

此典出自宋代苏轼《前赤壁赋》：“寄蜉蝣于天地，渺沧海之一粟。”

苏轼有一天和朋友坐了小船，到赤壁下去游玩，那天晚上天气很好，江中风平浪静，清风拂拂，他们二人对月饮酒，十分高兴。

苏轼和他朋友两个人都是洒脱不羁的才子，身处清风明月的境界里，一种豪气奔放的情绪不由自主的生发出来，他们俩好像神仙一样，他们一面饮着酒，一面唱着歌。到了赤壁矶下面，苏轼触景生情，不觉又怀起古来。他感慨于世事的变化无常，所谓英雄豪杰，转眼成空。于是他们议论起从前曹、周，在赤壁打仗的事来。苏轼的客人对他说：“当年曹操领着大军，攻陷了荆州，打下了江陵之后，顺着长江向东吴进发，战舰连接了千里，旗帜遮蔽了天空，凭着船栏吃酒，横着长矛作诗，真是不可一世的英雄，可是现在到哪里去了呢？我和你二人，在江渚捕鱼砍柴，和鱼虾麋鹿做伴，坐着一只小船，在这里举杯喝酒，生命短促得像蜉蝣一样的寄生在天地间,身体渺小得如海里的一粒粟罢了。我们的一生真的是太短暂了!哪里能像长江这样的无穷无尽呢?”

沉舟侧畔千帆过,病树前头万木春

“沉舟侧畔千帆过,病树前头万木春”常用来比喻旧的事物总会过去,新的事物必将到来。

此典出自唐代诗人刘禹锡《酬乐天(白居易)扬州初逢席上见赠》:“沉舟侧畔千帆过,病树前头万木春。今日听君歌一曲,暂凭杯酒长精神。”

唐敬宗宝力二年(公元826年)冬天,被贬在外的诗人刘禹锡被调回到洛阳任分司主客郎中。在北返洛阳途经扬州的时候,他和因病罢苏州刺史回洛阳的诗人白居易相逢。在相聚的宴会上,白居易即席赋诗《醉赠刘二八使君》,对刘禹锡被贬在外二十三年抒发了一些怜悯之情。当时,刘禹锡虽被召回了洛阳,结束了贬谪生活,可是并未得到重用,心情也不是很好,再加上过去的好友王叔文、吕温、柳宗元等人都死去了,自己孤单一个人北返,心情更加郁闷。白居易的诗,使得刘禹锡思绪万千,十分悲愤。随即当场挥笔写下了《酬乐天扬州初逢席上见赠》一诗。诗的全文是:“巴山楚水凄凉地,二十三年弃置身。怀旧空吟闻笛赋,到乡翻似烂柯人。沉舟侧畔千帆过,病树前头万木春。今日听君歌一曲,暂凭杯酒长精神。”诗的意思是说:那巴山楚水凄凉而又荒远,我被弃置在那里二十三年。怀念亡友只好吟唱思旧赋,回到故乡我的斧柄已朽烂。沉舟侧千帆竞发飞驰而过,病树前万木争春生机盎然。现在听到您为我作的一首诗,为了振奋精神我也要把杯酒喝干。

尺有所短,寸有所长

“尺有所短,寸有所长”比喻人各有其长处和短处。

此典出自《楚辞·卜居》:“夫尺有所短,寸有所长。”

白起,是战国时期秦昭王的大将,十分善于用兵。昭王十四年,破魏兵于伊阙,斩杀了二十四万兵丁,俘虏了魏兵主帅公孙培;十五年攻魏,取大、小六十二城;攻楚,拔郢都,烧夷陵,楚王逃走,把都城迁于陈;昭王三十四年,攻魏,斩首三十四万。尤其是昭王四十七年,秦、赵长平之战,白起断绝赵兵粮道,围赵兵,使得他们断粮四十六天,赵主帅赵括自带精兵突围,被射死,白起坑杀赵降卒四十万人,接着围住赵都邯郸。秦国的宰相应侯范雎妒忌他功劳太大,劝昭王和赵国讲和,下令撤军。白起看着马上就可以灭赵,却被迫撤军,心中不快,因此就和应侯结下怨仇。

这年九月,昭王又要攻赵,正好遇

刘禹锡像,图出自清·孔继尧《吴郡名贤图传赞》。

到白起生病，于是只好派王陵带兵，打了很久，损兵折将，昭王只好请白起去替王陵。白起已病愈，向昭王说："这仗不能打，我们的兵将已疲劳了，赵国的外援又快来了，邯郸是赵国的都城，城坚难下，他们会拼死保卫都城的。"所以他坚决不肯去。昭王改派王龁去换下王陵，又增派了许多军队，围城八九个月，还是攻打不下来。魏国信陵君带兵来救赵国，秦兵损失十分巨大。最后应侯只好亲自来请白起，白起还是不肯答应去带兵。昭王生气了，把他贬为士卒，接着逼迫他自杀了。

司马迁评论道："谚语讲：'尺有所短，寸有所长'。白起估计敌情的准确，用兵变化之奇妙，奇计无穷无尽，威名震动天下。然而却没能和宰相搞好关系，最后导致身亡，这是他的短处啊！"

"尺有所短，寸有所长"，意思是说："尺"比起"寸"来，就长十倍，但是它有缺点（短处），因为一尺以下的长度它无法度量；"寸"比起"尺"来，当然短小得多了，但它有优点（长处），因为它可以度量短小的东西。

唇齿相依

"唇齿相依"来比喻关系密切，互相依存。

此典出自《三国志·魏书·鲍勋》："王师屡征而有未克者，盖吴、蜀唇齿相依，凭阻山水，有难拔之势故也。"

鲍勋字叔业，泰山平阳人。魏文帝时，任御史中丞。魏文帝要攻打吴国，鲍勋就进见魏文帝说：大王的军队曾经几次远征都没有取得胜利，主要原因是吴国和蜀国地势相连，有如嘴唇和牙齿的关系一样，他们相互支援，再者是路途太远，山水相阻，行军困难，所以要战胜吴国是很困难的。文帝不但没有采纳他的意见，反而十分忿怒，把鲍勋从右中郎将降为治书执法。

唇亡齿寒

"唇亡齿寒"比喻两者互相依存，利益攸关。

此典出自《左传·僖公五年》："谚所谓'辅车相依，唇亡齿寒'者，其虞、虢之谓也。"

春秋时期，秦国的国君秦穆公比齐桓公更有策略，他不但肚量大、毅力强，而且深沉稳健。秦穆公一向埋头苦干，也不跟中原诸侯耍手腕用计谋。他认为要做大事，仅凭一、两个人的力量是不够的，还得有精英分子一起协助，于是他殚精竭虑网罗天下的人才，他第一个找到的人物是百里奚。百里奚和宁戚一样，原是替人家牧牛的，秦穆公却请他做宰相。

百里奚是虞国人（虞国，在山西省平陆县东北，在三门峡附近），他去找蹇叔，蹇叔引着他去见大夫宫之奇。宫之奇请他们留在虞国，还说他非要介绍他们去见虞君。蹇叔摇了摇头，说："虞君贪爱小便宜，不像个大人物。"百里奚说："唉！我已流浪多年，现在只想安定下来，我就留下来吧！"蹇叔叹了一口气，说："这也怪不得你，不过，我还是得回去。如果以后你想到我，就到鸣鹿村来找我吧！"从此，百里奚就跟着宫之奇在虞国做大夫，谁知真的不出蹇叔所料，虞君为了贪图小利，竟连国家也葬送了。

公元前六五五年（就是齐桓公纠合诸侯在首止开会那一年），晋献公派大夫荀息到虞国，送上一匹千里马及一对价值连城的玉璧，说："虢国（又称北虢，在山西省平陆县，在三门峡附近）多次侵犯我们，我们打算跟他们拼个你死我活，贵国可不可以借给我们一条道路，让我们通过？"虞公只是把玩着玉璧，同时鉴赏着千里马，说："可以！当然可以！"宫之奇劝阻他说："不行！不行哪！虢国跟咱们的关系，就如同唇齿相依一样，俗话说'唇亡齿寒’,只要我们两个小国互相帮助,就不至于被别国蹂躏,万一虢国不幸倾覆了,虞国一定也保不住。”虞公反驳说:“人家晋国诚心诚意送来这个无价之宝跟咱们交好,难道咱们小气得连一条道路都不能借人家走走?再说晋国比虢国强盛十倍以上,就算失了一个小国,可是交了一个大国,有什么不好?”宫之奇还想再劝说,却被百里奚拦住了。宫之奇退出来,对百里奚说:“你不帮着我说话也就罢了,为什么要阻挡我?”百里奚说:“跟这种有眼无珠的人讲道理,就好像把珍珠扔在马路上,算了吧!”宫之奇预测虞国难逃灭亡的命运,就悄悄地带着一家人跑了。

晋献公派大将军里克领着大军,如若无人似的穿过虞国的土地,十分顺利地灭了虢国。回程时顺便也灭了虞国,取回了千里马和玉璧。虞公和百里奚都做了俘虏。

《东周列国志》版画之“智荀息假途灭虢”图,讲述春秋时期晋国假途灭虢之事。

从善如登,从恶如崩

“从善如登,从恶如崩”作为一句成语,形容人学好、做好事难;学坏、做坏事容易。

此典出自《国语·周语》:“水火之所犯犹不可救,而况天谚曰:‘从善如登,从恶如崩。’”

周朝周敬王的时候,名叫朝的王子兴兵作乱,他们占据了王城洛邑。周敬王被撵到刘地、滑地,后来得到晋国的救援,才到了成周这个地方。这时王子朝虽然跑到楚国去了,可他的余部仍然控制着王城洛邑。周敬王不敢回去,于是便在成周住下。

周敬王的卿大夫刘文公和苌弘,想在成周筑起城墙,使它成为王城,就派人去晋国请求支持。晋国的国君魏献子准备答应他们的请求,来联合别的诸侯国,从而帮助周敬王在成周建立一个王城。正好这时卫国的大夫彪傒来到这里,听说筑城的事,很不赞成。然而他没有公开表示意见,而是去找周敬王的另一位卿士单穆公,他十分诚恳地对他说:

“我看苌弘这个人马上就要遭殃了。天的支柱是不能坏的,而一旦坏了天也就不能支持了。现今周朝的支柱已经坏了,已经支持不下去了,这是天意,人力是无法挽回的。周朝从幽王以来,就慢慢地衰落下去。俗语说得好:从善如登,从恶如崩。作好事像登山那么费劲儿,可学坏、堕落下来就像山崩一样,速度快得很呀!你回顾历史上各朝各代的兴衰,哪个不是如此!先前的夏朝从孔甲开始乱法,仅经过四代就灭亡了;商朝的兴起从玄王开始,勤身修德,经过十四代才获得天下,可是从帝甲开始衰落,只七代就垮台了。周朝经过十五代才建立起来,可是从周幽王作战到现在又过去十四代了,已经无法补救了,灭亡是必然的了。可是苌弘还想扶植它,这不是白费工夫吗?恐怕他将来还可能因此招来灾祸呢!”

没过几年,果然应了彪傒的话,苌弘被人所杀,而且遭到灭族之祸。

当止不止

“当止不止”是说事物在发展过程中,常常要向自己的反面转化;若不反顾,就会出现意想不到的后果。

此典出自《阅微草堂笔记》:“有樵者,山行遇虎,避人石穴中,虎亦随入。穴故嵌空而缭曲,辗内避,渐不容虎,而虎必欲搏樵者,努力强入,樵者窘迫,见帝一小窦,仅足容身,遂蛇行而入。不意蜿蜒数步,忽睹天光,竟反出穴外。乃力运数石,窒虎退路,两穴并聚柴以焚之,虎被熏灼,吼震岩谷,不食顷,死矣。此事亦足为当止不止之戒也。”

这段话意思是说:

有一个打柴的人,在山中走路时碰见了老虎,于是他躲避在一个石洞里,老虎也随着进入石洞里去。石洞弯弯曲曲陷进去,打柴人转来转去地往里头躲逃。石洞小了,慢慢地容不下老虎的身躯,可是老虎却一定要追咬打柴人,使劲往洞里钻。打柴人在十分危急的时候,看见旁边有一个小孔穴,仅仅可以容下他的身子,于是他就像蛇一样急忙爬了进去。没想到曲折地爬了几步发现天空的亮光,居然可以从另一方向钻出石洞外面来了。接着他便奋力运来几块大石头,堵死了老虎的退路,并在石洞的两头都堆放上柴草,点起火来焚烧。老虎遭受烟熏火燎,吼声震动了整个山谷,没过多久,老虎就死去了。

这件事可以给那些应当止步而不止步的人作鉴戒呀。

蹈水之道

“蹈水之道”说明做任何事情只有按照客观规律行动,从而才能完全驾驭它。

此典出自《庄子·达生》:“孔子从而问焉,曰:‘吾以子为鬼,察子则人也。请问,蹈水有道乎?’曰:‘亡,吾无道。吾始乎故,长乎性,成乎命。与齐俱入,与汩偕出,从水之道而不为私焉。此吾所以蹈之也。’”

孔子在吕梁观赏瀑布的景色,那水流从三十丈的高处直泻而下,江面水珠飞溅,直到四十里之远,鼋鼍鱼鳖都不能在这里浮游。这时忽然看见一个男子游在江中,他以为是想不开而自寻短见的,便让他的学生沿河往下游去救他。却见这人游到数百步外便从水中出来,披散着头发,在堤岸下悠然自得地边走边唱起来。

孔子赶忙跟上去问他,说:“我以为你是鬼,细看却还是人。请问下,你游水有秘诀吗?”

那人回答说:“没有,我并没有什么秘诀。我凭着人类的本能开始了我的生活,又依靠人类的适应性而成长,顺乎自然而成功。同漩流一起潜入水底,随涌流一同浮出水面,完全顺从水性而并不是按自己的意愿想怎样就怎样。这就是我能驾驭汹涌的急流的缘故。”

孔子问:“什么叫做凭本能开始生活,靠适应性而成长,顺乎自然而成功呢?”

他人回答说:“我生在陆地而安于陆地,这就是本能;长在水上而安于水,这就是适应性;不知道我为什么会这样,而结果就是这样,这就是顺乎自然。”

盗亦有道

“盗亦有道”的意思是,做盗也有其做盗的才智与品德。庄子的本意在于阐发无处不有道的观点，后来，人们用它指称即使为非作歹的人，也有其规矩。

此典出自《庄子·怫箧》："故跖之徒问于跖曰：'盗亦有道乎？'跖曰：'何适而无有道邪！'夫妄意室中之藏，圣也；人先，勇也；出后，义也；知可否，知也；分均，仁也。五者不备而能成大盗者，天下未之有也。"

传说在春秋末期，柳下屯（今山东西部）有一个人，名跖，人们称之为盗跖。有一次，盗跖的徒弟问他说："有人说，道是无处不在的，如此说来，偷盗也有一定的才智与品德吗？"盗跖回答说："那当然，哪里没有道呢！"猜测人家家中会有什么东西，这是无事不通；敢于率先溜进去，这是勇敢无畏；撤退时走在后边，这是义气；知道什么东西是否可盗，这是聪颖明智；分赃均匀恰当，这是一种仁德。不具备这五项素质，而能成为天下大盗的人，还从没出现过。

东郭先生

"东郭先生"的典故告诫人们，对自己的人要友好，对敌人要狠，决不能不分敌我。

此典出自《东田集·中山狼传》。

赵简子在中山这个地方打猎，前面开道引路的是专门负责狩猎的虞人，后面跟着一些凶猛的猎鹰和猎犬，飞禽走兽应弦而倒的数都数不过来。这时候有一只狼站在大路上，像人一样直立着嚎叫。赵简子从容登车，左手拿起乌号良弓，右手夹持肃慎名箭，狠狠射去一箭，正中恶狼。那狼大声痛叫，落荒而逃。简子十分恼怒，驱车追赶，霎时间，车马扬起的尘埃遮天蔽日，足奔蹄踏的声响，如雷轰鸣。十步以外，分辨不清人和马。

这时，墨家弟子东郭先生正向中山去谋求官职，他牵着一头瘦弱的驴子，驮一口袋图书，因一大清早就出门了，所以迷了路。他望见远处尘土飞扬，心中惊恐万分。突然，一只狼窜到他的面前，抬起头来看着他说："先生不是有志于救助万物吗？从前，毛宝买龟放生，后来战败才得以乘龟渡江；随侯为蛇治伤，蛇从江里衔来明珠报答他，龟和蛇的灵性本来就比不上狼，今日我遇到了危险，您为什么不让我及早藏在口袋里，让我可以躲灾避祸，得以活命呢？一旦幸免，将来如果能有出头之日，先生的大恩大德有如救死回生，枯骨生肉一般，我怎么会不像龟、蛇那样诚心诚意报答您呢？"东郭先生说："哈哈！包庇狼而去得罪世代做官的人，冒犯有权有势的人，灾祸说不定就要临头，哪里还敢期望报答呢？然而，墨家一向以'兼爱'为根本，我一定想办法救你活命，逃脱这场灾难，这本来就是我义不容辞、应该做的事情。"于是，他取出图书，空出口袋，慢慢地往里装狼，但前怕碰伤狼的嘴，后怕压着狼的尾，反复装了几次，一直都没有能够装好。东郭先生正在拖沓迟疑，追捕的人马越来越近了。狼焦急万分，哀求道："事情紧迫啊！先生难道真要客客气气地去灭火救溺，摇着响铃去躲避强盗吗？现在只请先生马上想办法！"说罢便蜷曲起四脚，让东郭先生拿绳子捆，它弯头至尾，曲背藏嘴，如同刺猬蜷缩腰脚，尺蠖弯曲躯体，蛇盘身子，龟缩脑袋那样，团成一团，听凭东郭先生摆布。于是东郭先生按照狼的意图，把它装进口袋，用肩扛起来放在驴背上，接着躲至道旁，等候赵简子等人通过。

没过多久，赶简子追来了，问不到狼的下落，十分生气，抽出佩剑，当着东郭先生的面"嚓"地削掉一段车辕，骂道："胆敢隐瞒狼去向的人，就和这段车辕一样！"东郭先生慌忙趴在地上请罪，他爬到赵简子跟前，跪着说："鄙人很不聪慧，却也想有所作为。现在奔走远方，自己尚且迷失了道路，又怎能得知狼的行踪，带着您的鹰犬去追赶呢？然而我曾经听说：'大道以多岐亡羊'羊这种东西，一个孩子便可以制服，如此驯顺的动物尚且在很多岔路中走失，狼不能和羊相比的，而中山可以迷失的岔路又何止那几条呢！您现在仅仅顺着大路寻找，不和‘守株待兔’、‘缘木求鱼’一样吗？更何况外出狩猎，本是虞人的事，请您去问他们吧！一个行路的人有什么罪过呢？而且，我虽然十分愚蠢，难道还不知道狼吗？这种东西生性贪婪而凶狠，与豺勾结，为非作歹，您若能除掉它，我理应以微力效劳，又怎么会隐瞒实情而不讲呢？”赵简子听了，无话可说，掉头上路而去。东郭先生也赶着毛驴赶紧向前走。

走了好一阵，再也看不见狩猎队伍的踪影，听不到车马的声响了，狼估计赵简子已经走远，便在口袋里喊道：“先生留意，快把我从口袋里放出来，帮我解开捆我的绳子，拔掉我腿上的箭，我要远走了。”东郭先生便动手把狼放了出来。狼吼叫着对东郭先生说：“刚才我被猎人追捕，情况十分紧迫，幸亏先生救了我。现在我饿得很厉害，而又没东西吃，最终还要死去。与其饿死在路旁，被野兽吃掉，倒不如死在虞人手里，还可以成为富人家俎和豆里食品。先生既然是墨家弟子，如今劳累奔波，受苦受难想有利于天下，您又何必吝啬您的身躯，让我吃掉，拯救一条微贱的生命呢？”说着张牙舞爪，便扑向东郭先生。东郭先生匆忙徒手同狼搏斗，边斗边退，闪到驴后，绕着驴身和狼周旋起来。这样，狼始一直不能伤害他，东郭先生全力抵挡，彼此都累得筋疲力尽，隔着驴气喘吁吁。东郭先生不住地叫道：“狼忘恩负义于我！狼忘恩负义于我！”狼振振有词地回答说：“并不是我一定要背弃你，天生下你们这些人，本来就是供我们狼吃的嘛！”

东郭先生和狼相持了很长时间，太阳快要落山了。看见一位老人拄着黎杖走来。只见他胡须眉毛已经雪白，衣服帽子非常素雅，看来是位有学识的人。东郭先生一见，又惊又喜，急忙撇开狼奔上前去，跪在地上，放声痛哭，说：“只求老先生说一句话，我就能活啊！”老人问起了事情的前因后果，东郭先生回答说：“这只狼刚才被猎人追捕，处境危急，向我求救，我真心实意地救了它，现在它反而要吃我。我再三请求也不能幸免，看来我现在是死到临头了。如今遇到您老人家，真是苍天不绝读书人！请您说一句公道话，救救我吧。”说完，爬到老人黎杖下，磕头如捣蒜，听候老人发话。老人听了，连声叹息，用拐杖指着狼说：“这是你的不是，受人之恩而后背弃，这是最不道德的。读书人常说：受人恩德而不忍背弃的人，作为儿子，必定孝顺。而且还讲，虎狼禽兽也知道父子情义。现在您如此忘恩负义，真是到了连父子恩情也没有的地步了。”便大声呵斥道：“快走开！不然，我要打死你！”狼诡辩说：“老先生只知其一，不知其二。请允许我申诉，愿您能耐心地听一下。一开始，他救我的时候，用绳子捆住我的腿脚，把我塞在口袋里面，又压了很多书，让我弯曲着身子，连气也不能出。而且又向赵简子编造了一套谎言，意思是想把我憋在口袋里，他独享其利。您看，这种人怎么不该吃呢！”老人转过脸来对东郭先生说：“如果是这样的话，您就和它一样，也有罪啊！”东郭先生不服气，又原原本本地讲述了自己用口袋救它的经过和怜惜它的心情。那只狼也花言巧语，狡辩不休，以求取胜。老人见他们争执不下，说：“你们讲的都不足凭信，还是再装一下，让我亲眼看看口袋里的处境是不是真的困苦。”狼十分高兴地同意了，躺在地上，把腿伸给东郭先生。东郭先生于是又把狼捆起来，装进口袋里，用肩扛起来放在驴背上，可是狼一点也不知道这是圈套！

这时，老人贴近东郭先生的耳朵说：“有匕首没有？”东郭先生说：“有。”于是取出匕首。老人向东郭先生示意，让他用匕首刺狼。东郭先生说：“那不害了狼的性命吗？”老人讥笑着说：“狼这样的禽兽这样的忘恩负义，还不忍心杀死它吗？你虽然是一个好人，可是实在迂腐到极点了！跳到井里去救落井的人，脱下衣服去暖冻僵的朋友，这样做，被救的人能够活命，救人的人不是置身死地吗？先生就是这类人啊！这样的迂腐，这本来就是有德行的人所不赞成的。”说罢放声大笑，东郭先生也笑了。接下来，老人动手帮助东郭先生一起用匕首将狼杀死，把尸首扔在路上就离开了。

东郭之牧

“东郭之牧”这个典故告诫人们，做事情不能只顾眼前利益，必须顾及长远、留有余地。

此典出自《石笥山房文集·淳于先生谓齐王》：“王不闻东郭氏之牧乎？受命主君，未尝饲焉，日操棰以责其息。牛羊尽于野，犬彘空于牢，而牧蒙上尝。后虽益之刍，呼之秣，皮骨之肆于鞔锯错中者不能驱而龁矣。”

这段话意思是说：

大王难道没有听说东郭先生放牧的传说吗？他接受了大王的派遣，去管理放牧，可是他却不舍得喂它们饲料，每天只知道拿着鞭子向牛羊猪狗取利。没有多久，成千上万的牛羊不见了，圈棚里的猪狗也都没有了，东郭先生收取到了大量的钱财，所以受到了大夫的赏赐。

后来，大夫所有的牛羊猪狗的皮毛骨头都已经到了皮革匠人手里，被制成了各种物件，这时，就算再给它们加添多少饲料，让它们来吃，也办不到了。

断鹤续凫

“断鹤续凫”的意思是，截短鹤足以续长凫足，反而使鹤、凫都受到损害。人们用它意指违反自然规律。

此典出自《庄子·骈拇》：“长者不为有余，短得不为不足。是故凫胫虽短，续之则忧；鹤胫虽长，断之则悲。故性长非所断，性短非所续，无所去忧也。”

《骈拇》中说，事物都有自己的一些规律，长者不为有余，短者不为不足。野鸭的腿虽然很短，接上一节反而会使它感到痛苦；鹤的腿虽然很长，截去一节同样会使它感到痛苦。因此原来长的东西不必截去，原来短的东西也不必加长，这样，就没有什么可担心的。

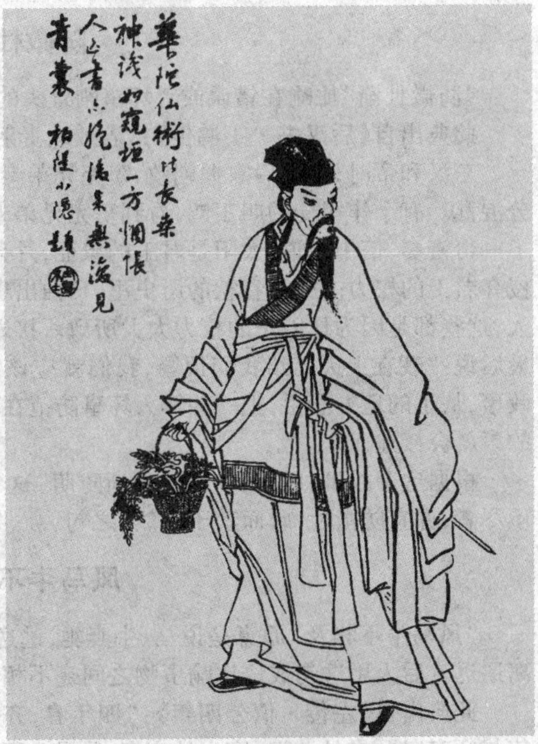

华佗像，图出自《图像三国志》。

对症下药

“对症下药”比喻针对客观情况，正确处理问题。这句成语又写作“对症发药”。

此典出自《三国志·魏志·华佗传》：“府吏倪寻、李延共止，俱头痛身热，所苦正同。佗曰：‘寻当下之，延当发汗。’”

东汉末期，有一位杰出的医学家叫

华佗。有一次，州官倪寻和李延都患了头痛发热病，他们请华佗医治。华佗诊断了两个病人后说："倪寻要吃泻药，李延吃发散药。"两人听了很十分诧异，就问为什么两人的病一样而吃的药不一样。华佗解释说："倪寻的身体外部没有病，病是从内部伤食引起的；李延的身体内部没有病，病是从外部受冷感冒引起的，因此治疗就不同。"接着给两人下了不同的药，倪、李二人服下后，两人病都好了。

芳兰生门，不得不锄

"芳兰生门，不得不锄"的意思是，即使是芬芳的香草，如果它有碍于进出，也得被锄掉。用来比喻一个人即使有才能，若是妨碍别人，也不会被宽恕。

此典出自《三国志·蜀书·周群传》："先主常衔其不逊，加忿其漏言，乃显裕谏争汉中不验，下狱，将诛之。诸葛亮表请其罪，先主答曰：'芳兰生门，不得不锄。'裕遂弃市。"

三国时，蜀国人张裕擅长通过观测天象来预测吉凶，其才能超过周群。当刘备要和曹操争夺汉中时，张裕对刘备说："不能进兵汉中，如果出师一定会有麻烦。"刘备没有听从张裕的劝告，派遣将军吴兰、雷铜征讨武都，结果大部分将士都战死在那里，被张裕说中了。张裕又私下对人说，庚子年，要改朝换代，刘氏王朝的气数已尽。有人把张裕的话密报了刘备。

刘备向来就讨厌张裕不恭顺，对他泄漏预言更加愤恨，于是他宣布说，张裕劝谏讨伐汉中的那些预言没有应验，借这个理由把他关进监狱，准备处以杀头之罪。诸葛亮上表讲求免除张裕的死罪，刘备回答说："香草生长在门户当中，妨碍进出，也只得锄掉。"于是张裕在闹市处斩。

防微杜渐

"防微杜渐"比喻在错误或者坏事刚冒头的时候，就加以制止，不让它发展。

此典出自《后汉书·丁鸿传》："若敕政责躬，杜渐防萌，则凶妖消灭，害除福凑矣。"

东汉和帝时，窦太后掌握朝政，窦宪兄弟专权，一般官吏溜须拍马，上下巴结，政治十分混乱。有个作司徒的叫丁鸿，看到窦宪兄弟专权扰民，便借日蚀出现的机会，向和帝上了一份密奏，信中说道：太阳是君王的象征，月亮是臣下的形象。日蚀出现，是作臣子的在侵夺君王的权力……在春秋的历史里，日蚀出现了三十六次，国君被臣下杀死的有三十二人，这些都是因为作臣子的权力太大所致。接着，丁鸿历数了窦宪飞扬跋扈君王的罪状，最后说："现在上天已给我们预警，我们就应该特别注意祸殃的发生，如果您能亲自处理政事，从小的地方着手，把一些坏人坏事防范在萌芽状态，那么凶恶的祸源可以除去，吉祥的事就会接连而来。"

根据这个故事，后人引申出"杜渐防萌"这句成语。后来的《元史·张桢传》中有"有不尽者，亦宜防微杜渐，而禁于未然"之句。

风马牛不相及

"风马牛不相及"原意是说马、牛奔驰，逃逸也不会跑到对方的境内，形容地域广大距离遥远。后人用这句成语比喻事物之间毫不相干。

此典出自《左传·僖公四年》："四年春，齐侯以诸侯之师侵蔡。蔡溃，遂伐楚。楚子使与师言曰：'君处北海，寡人处南海，风马牛不相及也，不虞君之涉吾地也，何故？'"

春秋时期，齐国由于有管仲辅佐治理朝政，生产发展很快，百姓生活也很安定，很快就成为一个强国，远远地超过了其他几个诸侯国。齐桓公便成为诸侯国的首领，以霸主的身份自居。鲁、宋、卫、陈、曹五都依附齐国，只有楚国距离齐国太远，又自认为是一个大国，不怎么理会齐桓公。齐桓公因为这个就对它很不满意、便召集各诸侯国的国君，一起商讨征伐楚国之计。

于是齐桓公亲自率领诸侯联军出征，他先攻打蔡国，蔡军不堪一击，很快就溃逃了。接着齐桓公命令军队向楚国的边境进攻。

楚国的国君听到齐桓公亲自率兵来讨伐的消息，十分惊恐，于是急忙派遣使臣前来与齐桓公谈判。使臣对齐桓公说：

“您的齐国在北方，我们楚国远在南方，两国的距离是那么遥远，就像是公马、母马，公牛、母牛发情的时候互相追逐、奔跑，跑的再快，驰的再远，他们也不会越过边境。可是今天齐国却跋涉到楚国的土地上，不知这是什么原因？”

管仲代替齐桓公告诉他说：“我们是以周天子的名义来讨伐楚国的。从前召康公曾命令我们的先君太公说：“为了辅佐王室，五侯九伯你都可以征伐，现在你们楚国轻视天子，连天子祭祀用的包茅，也几年不进贡了，我们因此特来兴师问罪！”

楚国使臣十分着急地解释说：“贡品没有如期送去，是楚国的罪过，今后怎么敢不送呢？不过还是请齐军退回去吧！”齐桓公不答应，将军队进驻在陉地。

到了夏天，楚国派屈完领兵前来抵御联军，齐桓公在召陵这个地方把军队列成阵式，接着请屈完坐在自己的战车上，一块检阅军队。

齐桓公威胁地说：“你瞧瞧，我用这样强大的军队来征战，谁能够抵抗它？用这样精锐的兵马去攻城，有哪个城池攻克不下？”

屈完迎合地说：“是呀，是呀，您光临我们楚国，安抚寡君，这正是寡君的愿望……不过您如果用德行来安抚诸侯，哪个不服呢？但用武力强迫楚国，楚国决不示弱。楚国有方城山当城墙，有汉水当护城河，您虽然率领浩大的联军，恐怕也是不能奏效的。所以我看不要争斗了，还是订立盟约吧！”

齐桓公最终被迫同意了，他与屈完订立了盟约。

佛道自尊

“佛道自尊”的这个典故告诫人们，光有良好的动机和愿望而不看客观效果，并不是真正的好心。

此典出自《传家宝·笑得好》。

有一所庙堂上塑着两尊泥像，左面是老君，右面是佛祖。有一天，有个和尚走来看见，不满地说：“佛祖佛法无边，怎么能屈居老君之下，而被放在右边呢？”于是就把佛像搬在老君像左。后来，又有一个道士看见，他又不平地说：“我们道教极其尊贵，老君怎么能屈居佛教之下，放在右边呢？”说着又将老君像搬在佛像左面。

就这样，两尊泥像被彼此不停地搬来搬去，最后竟然把两尊泥像都搬弄碎了。

否极泰来

“否极泰来”比喻情况从极坏转好。

此典出自《周易》。

《周易》也叫《易经》，又简称《易》。是儒家的重要经典之一。

《周易》通过八卦形式（象征天、地、雷、风、水、火、山、泽八种自然现象），推测自然和社会变化。认为阴阳两种势力的相互作用是产生万物的根源，提出“刚柔相推，变在其中矣”等富有朴素辩证法的观点。

“否”和“泰”是《周易》中的两个卦名，天地交(相互作用)叫做“泰”，“泰”就顺利；天地不交叫做“否”，“否”就失利。古人辨证认为，“否”是可以转化为“泰”的，事物发展到极点，就要转化为“泰”，故有“否极泰来”之说。

绠短汲深

“绠短汲深”的意思是，用短绳索汲取深井里的水。人们用它比喻学问浅薄的人不足以领悟深刻的道理。

此典出自《庄子·至乐》：“善哉汝问！昔者管子有言，丘甚善之，曰：‘褚小者不可以怀大，绠短者不可以汲深。’夫若是者，以为命有所成而形有所适也，夫不可损益。吾恐回与齐侯言尧、舜、黄帝之道，而重以燧人、神农之言。彼将内求于己而不得，不得则惑，人惑则死。”

春秋时期，孔子的弟子颜渊(即颜回)从西方的鲁国出发，东去齐国，想用三皇五帝的治国之道说服齐国国君。孔子觉得时机不够成熟，因此面带忧色。

另一个学生子贡离开自己的座位，毕恭毕敬地问孔子说：“学生我大胆问一句，颜回东去齐国，老师您面带忧色，这是为什么呢?”

孔子说：“你问得太好了！从前，管子说过几句话，我十分赞赏。管子说：‘小布囊不可以盛大东西，短绳索不可以汲取深井里的水。’同样的道理，人受命于天，愚智各有所成；受形于造化，各有各的特点，鹤足长却不可截短，凫足短也不宜续长。我担心的是，颜回向齐侯谈论尧、舜、黄帝的治国之道，再加上燧人氏、神农的言论。齐侯听了这些言论，根本不能领悟，却在内心提出这方面的要求，结果又做不到。既然做不到，一定会心生疑惑，由于颜回超过自己而心生妒忌来。这样一来，必定杀死颜回。”

共为唇齿

“共为唇齿”比喻具有利害关系的双方彼此相互依存。

此典出自《三国志·蜀志·邓芝传》：“蜀有重险之固，吴有三江之阻，合此二长，共为唇齿，进可并兼天下，退可鼎足而立，此理之自然也。”

三国时期蜀国有一位老将军，名叫邓芝。他对于蜀吴联合共同抗击魏国有着很大功劳。

原来刘备在世的时候，吴国孙权曾派人到蜀国，商讨两国和好，一起抗魏。蜀国也派使者去过吴国回拜孙权。可是刘备死了以后，与吴国那边和好的事情不再提了，为此诸葛亮十分担心，怕吴国改变主意，不再与蜀国和好。

一天，邓芝来见诸葛亮，说：“先帝故去，今主上幼弱，现在应该派人与吴国谈判，重修友好。”“你说的对呀，我每天担心的就是这件事！可是一直没找到合适的人当使者去吴国，现在可找到了……”诸葛亮高兴地拉住邓芝的手说。“那是谁呀?”邓芝十分急切地询问。诸葛亮笑了：“就是你呀，你去吴国最合适！”

邓芝到了吴国，孙权称病不见他。邓芝猜到孙权变了心，不打算与蜀国友好了，可能吴国要依附魏国。邓芝就写了一封信，送给孙权。信上说：“我这次来不单是为了蜀国，也是为了吴国。”孙权这才答应召见邓芝。

孙权坦率地告诉邓芝：“我是诚心愿意与蜀国和好，可是担心的是刘禅幼弱，国小势微，如果魏兵攻击，你们自身难保呀，我为这事忧虑啊，因此犹豫不决……”

邓芝说：“吴、蜀两国四州之地，这是成就王业的基础。诸葛亮乃当今英杰，蜀国地势险要十分牢固；吴国有三江之阻，固若金汤。假如把我们两国的优势合为一股，像唇、齿那样互相帮助，进攻可以兼并天下，退却可以鼎足而立。这不是摆在眼前的事实吗？如果吴国屈服魏国，那江南之地就不再是大王的了……”

孙权沉思良久，缓缓地说：“你说得很对，还是吴蜀联合为妙！”接着吴国拒绝了魏国的和谈要求，另派使臣与蜀国商谈和约。邓芝后来当上车骑将军，为蜀国屡建战功。

诸葛亮像，图出自《图像三国志》。

管中窥豹

“管中窥豹”比喻略有所得，见识不广；不见全体，所知尚狭；或从部分可推知全貌。

此典出自《世说新语·方正》：“王子敬数岁时，尝看诸门生樗蒲，见有胜负，因曰：‘南风不竞。’门生辈轻其小儿，乃曰：‘此郎亦管中窥豹，时见一斑。’”

晋代书法名家王羲之的儿子王献之，从小在学塾里读书，有一次观看樗蒲之戏（樗蒲是古时搏戏的一种），他看见对方互有胜负，就说：“竞赛的一方力量不强。”比他大一些的孩子就十分轻视他，说：“这个小孩子已经从管筒中看到豹身上的一些斑纹。”

这是很切贴切的比喻，由于管子的口径小，而又贴近着豹子的身体，因此只能够看到豹子身上的一些斑纹。如果在看过豹子后，以为一块小小的斑纹便是豹子的全貌，这是非常可笑的。在民间传说中，也有类似的故事：有一个瞎子，只是摸到大象的腿，就以为大象的模样如一条柱子。

邯郸学步

“邯郸学步”形容不善于学习，一味模仿，不仅学无成就，而且还失掉了固有技能。

此典出自《庄子·秋水》：“且子独不闻夫寿陵余子之学行于邯郸与？未得国能，又失其故行矣，直匍匐而归耳。”

邯郸是战国时的赵国首都，那里的人走路的姿势十分优美，因此邻国的人都很羡慕他们。燕国寿陵地方的有一个人知道了，他很想向邯郸人学习，便把几个刚会学走的小孩子，送到邯郸去学走路，专门学邯郸人步行的技巧，他希望学成回国后，将那步行的技术教给自己国家的人。哪知这几个小孩子学了好久，一点进步也没有，对邯郸人的步法，甚至连皮毛也不曾学到，反倒为了一心要学邯郸的步法，把自己原来的行路方法，也完全忘记了。在回国的时候，都不知怎样走才好，最后只有一个个匍匐着爬回燕国的寿陵，好像一队乌龟。别人见了，都哈哈大笑。这件事便传为笑谈。

好猎者

“好猎者”比喻要做好一件事情需有一定的物质条件，没有这种条件，即使主观愿望再好，事情也是做不好的。

此典出自《吕氏春秋·不苟论·贵当》：“齐人有好猎者，旷日持久而不得兽，人则媿其家室，出则媿其知友州里。唯其所以不得之故，则狗恶也。欲得良狗，则家贫无以。于是还疾耕，疾耕则家富，家富则有以求良狗。狗良则数得兽矣，田猎之获，常过人矣。”

这段话意思是说：

齐国有个十分喜爱打猎的人，长时间打不到野兽，回到家里，在妻子面前感到十分羞愧，每当走出家门，在乡邻亲朋跟前也感到没有颜面。考虑他所以猎不到野兽的原因，那是由于猎狗不好。他想得到好狗，但因家里贫苦没有办法。于是他就回家加倍卖力种地，地种好了，家里富了，有钱了，就有办法买来好狗。因为有了好狗，他屡次猎得野兽，打猎所得的东西，就总是超过别人了。

河中石兽

“河中石兽”比喻研究问题必须把理论与实际紧密结合，从事物本身的特点出发。

此典出自《阅微草堂笔记》。

在沧州的南面，有座寺庙紧靠着河边，山门崩塌在河里，两只石兽也一道沉下去了。过了十多年，和尚便筹集了一些钱，要重新修理山门，于是便派人到河里去打捞那两只石兽，可是竟然找不到影子。人们都以为石兽顺着河水流到下游去了，于是他们驾驶好几只小船，拖着铁钯，寻找了十多里，最终也不见踪迹。

有个教书的在庙里设馆讲学，听到人们寻找石兽的情况，就笑着说：“你们不会推求事物的道理。这石兽又不是木片儿，怎么可能被暴涨的洪水带走么？石头的质地坚硬沉重，沙性松浮，石兽湮没在沙地上，自然越沉越深啦。你们沿着河往下寻找，不是很可笑么？”大家都相信这种说法是正确的。

这时有位老河兵听了，又笑着说：“大凡掉到河里的石头，都应当到上游去寻找。由于石头的质地坚硬沉重，而沙性松浮，河水冲不动石头；它的反冲力必然会在石头下面迎水的地方，把沙土冲成陷坑，越冲越深，冲到石头半截空着时，石头必定翻过来落在陷坑里。像这样河水再次把沙冲成陷坑，石头又再次转过来，转翻不停，这样一来石头就反而逆流而上了。到河的下游寻找石头，固然可笑；到地下去找，不是更可笑么？”于是人们按照老河兵的话去寻找，最后果然在几里外的上游找到了这两只石兽。

世界上那些纷纭的事物，人们只了解一个方面，而不知道另一方面的情况，难道可以按照人的理解去主观臆断么？

黑牛白角

“黑牛白角”比喻华而不实。

此典出自《韩非子·解老》。

在事物发生之前就有论说，在事理发现之前就有认识，这就叫做“前识”。前识，是没有根据而胡乱猜测的意思。

詹何坐在家里，弟子们侍候在一旁。这时候有牛的叫声自门外传来。

一个弟子说："这一定是头黑牛，但它的前额是白色的。"

詹何说："不错，这是一头黑牛，但是白颜色却在牛角处。"

派人出去看了看，果然是一头黑牛，牛角上包着一块白布。

用詹何这样的道术，去纠缠在众弟子们的不顾客观实际的胡乱猜测之中，真是华而不实了。

狐裘而羔袖

"狐裘而羔袖"这个典故比喻大体很好，只是稍有不足。

此典出自《左传·襄公十四年》："余狐裘而羔袖。"

春秋时期，卫国的右宰相叫谷，他居官清正、辛勤，很有政绩，然而却不善于打仗。在一次战争中，他率领的军队被打得大败，逃了回来，听候处分。卫君和大臣们商议后，大家都认为他丧军辱国，决定判处他死刑，问他有什么要辩解的。谷说道："就这次打仗的失败而言，您的处分是适当的。我决不为此而辩护。可是，我正如谚语说的，是'狐裘而羔袖'者也，你们为什么不整体地评价一下我的功过呢?"卫君听了，回忆起谷一生的功绩，接着便下令赦免了他的罪行。

"狐裘而羔袖"是说：一件袍子，整体都是用极贵重的狐皮做的，只有袖子用的是贱价的羊羔皮。

惠施之谋

"惠施之谋"比喻兼听则聪，从而做到明察善断。

此典出自《韩非子·内储说上》。

张仪向魏王建议联合秦、韩的力量去进攻齐、楚两国，而惠施则坚持要通好齐、楚以息兵。二人各执己见，争持不下。魏王左右群臣都替张仪说话，认为攻齐、楚有利，而没有帮助惠施说话的。魏王最终听从张仪的主张，而认为惠施的计策是不可行的。

攻齐、楚的事情已确定后，惠施又去进见魏王。魏王一见他就说："先生您再别说了。攻齐、楚确实有利，臣民所有的人都是这样认为的。"

惠施说："对于人们的意见，作为国君不应当不加考察和辨别。如果攻齐、楚确实有利，而国人都能看到是有利的，为什么聪明人竟然这么多啊？假若攻齐、楚确实不利，而国人却都认为是有利的，那为什么蠢人竟然这么多啊？做任何事都需要商量，是因为利害得失还有疑问嘛；所谓疑而不决，就是说的确有疑问，有一半人认为这件事可以做，而另一半人认为它不可以做。现在您说所有的人都认为可以做，所以大王您失去了以为不可做的那一半人了！而那些控制君主把持大权的朝臣，正是他们使您失去了那一半持反对意见的人啊！"

兼听则明，偏信则暗

"兼听则明，偏信则暗"意思是，听取各方面的意见，才能明辨是非。

此典出自《潜夫论·明暗》："君之所以明者，兼听也；其所以暗者，偏信也。是故人君通必兼听，则圣日广矣；庸说偏信，则愚日甚矣。"

又见《资治通鉴·唐太宗贞观二年》："上问魏征曰：'人主何为而明，何为而暗?'对曰：'兼听则明，偏听则暗'"

《潜夫论·明暗》中记载东汉有一个人叫王符，性情十分耿直，从来都不肯随波逐流，所以仕途坎坷，郁郁不得志。于是，他隐居著书，评论时政得失。王符在著书立说的时候，不想暴露自己的真实姓名，于是起个笔名叫潜夫，把自己的这部著作称为《潜夫论》。

王符在《潜夫论·明暗》中说："作为君主，之所以能够耳聪目明，明辨是非得失，是因为能多方面听取意见；有的君主，之所以昏聩糊涂，作出错误的判断，是因为只听单方面的意见，就信以为真。因此，人君只要广泛听取各方面的意见，才能通晓事理，变得越来越聪明、睿智；假如只听取单方面平庸、浅薄的意见，最终就会越来越愚昧。"

《资治通鉴·唐太宗贞观二年》中记载有一次，唐太宗（李世民）问魏征说："当皇帝的，怎样才能变得聪慧、有明断，又怎样才会导致糊涂、犯错误呢？"魏征回答说："广泛听取多方面的意见，就能明辨是非得失；只听一方面的意见，就信以为真，那么一定会作出错误的判断。"

箭在弦上，不得不发

"箭在弦上，不得不发"比喻为形势所迫，非这样做不可。

此典出自《三国演义》三十二回："陈琳答曰：'箭在弦上，不得不发耳。'"

东汉末年，曹操和袁绍都占领了黄河南北中原地区的部分土地，两人都想消灭对方，从而统一中原，于是爆发了一场大战。袁绍部下有个叫陈琳的人，替袁绍写了一篇申讨曹操罪行的檄文，那文章言词犀利，说理透彻，把曹操骂得一文不值。文章传到曹操手中。这时曹操正患头痛病，痛得吃、睡不得。看了陈琳的文章，竟吓出一身冷汗来，头痛反而好了。

曹、袁大战的结果，袁绍几乎全军覆没，陈琳也被俘了。曹操便让人把陈琳带来，说："你写的檄文，骂我也还罢了，可是怎么连我祖父、父亲也侮辱了呢？"陈琳答道："那时我是效忠袁绍的。'箭在弦上，不得不发'啊！"曹操爱惜陈琳的才华，所以没有杀害他，反而让他做了"从事"官。袁绍手下的人，听说曹操连陈琳也宽恕了，就觉得曹操是个爱才的人，胸襟宽广，便都投降了曹操，中原的局势从此稳定了。

解铃还须系铃人

"解铃还须系铃人"比喻谁做的事，还得谁去了结。

此典出自《指月录》卷二十三。

金陵清凉山法灯禅师还是一个小和尚的时候，就十分聪明机智，性格豪迈，可他并不是一天到晚念经拜佛，因此大、小和尚都瞧不起他，只有主持方丈法眼禅师特别器重他，认为他对佛学造诣、领悟最深。一天，众和尚聚会听法眼讲经，法眼突然向大家问道："虎项金铃，是谁解得？"半天，没一个人答得出来，正好这时，法灯从外面进来，法眼禅师又把这个问题问他，法灯不假思索地答道："是谁把铃子系到虎颈上去的，谁就能解下来。"法眼禅师十分赞赏他的回答，向大家说道："听见没有？你们轻视他不得呢！他将来的成就必定高于你们。"后来，法灯果然成为一代名僧。

刻舟求剑

"刻舟求剑"比喻固执不化的人。也用来比喻那些自以为是的人。

此典出自《吕氏春秋·察今》。

一个楚国人坐在一艘小船上渡江，在途中因为不小心，把一柄剑掉进了水里，当时这个人因为急于要过河,没有立刻跳下水去找寻掉下去的剑,只用利器在船舷刻上一个符号,记下坠剑的地方,心中想等着办完事后,再凭着船舷上的符号,潜下水里寻找那柄失剑。这个人在坠剑处刻着符号,以为这个办法十分聪明,可以凭着符号把失去的剑寻回,结果是当然不会找到的。

扣盘扪烛

"扣盘扪烛"比喻认识片面,不符合实际情况。

此典出自宋代苏轼《日喻》:"生而眇者不识日,问之有目者。或告之曰:'日之状如铜盘。'扣盘而得其声。他日闻钟,以为日也。或告之曰:'日之光如烛。'扪烛而得其形。他日揣籥,以为日也。"

从前有一个人,刚一生下来眼睛就瞎了,他从来不知道太阳的形状。他问视力健全的人:"太阳是什么样子呢?"有人向他描绘说:"太阳的模样像铜盘子。"瞎子回去找到一个铜盘子,用手一敲,发出"当当"的响声。从那以后当他听到钟声,就以为就是太阳。又有人告诉他说:"太阳像蜡烛一样能够发光。"于是,瞎子又找到一枝蜡烛,摸着知道了它的形状。后来,他摸到一支笛子,就认为它就是太阳。

量体裁衣

"量体裁衣"说明办事必须依客观实际而行。

此典出自《南齐书·张融传》:"时与张融款接,见融常笑曰:'此人不可无一,不可有二。'即位后,手诏赐融衣曰:'见卿衣服粗故,诚乃素怀有本;交尔蓝缕,亦亏朝望。今送一通故衣,意谓虽故,乃胜新也。是吾所著,已令裁减称卿之体。并履一量。'"

南北朝时期,有一个人叫张融,字思光,生活很俭朴,才华十分出众,颇得齐太祖(萧道成)器重。

萧道成在当皇帝之前,常常与张融交往、谈笑,他每当见到张融时常常笑着说:"你这种人才,世上不能没有一个,但是也不能有二个。"萧道成即位以后,亲手写了一封诏书,赐给张融一件衣服,说:"看你穿的衣服又粗又旧,可知你向来很有胸怀和修养。然而,你与人交往时穿得如此破旧,也辜负了朝廷对你的期望。现在,我送给你一件旧衣服,是我以前穿过的。它虽然是旧衣服,但比新衣服更有意义。这套衣服虽然是我穿过的,我已叫人按你的身材进行了剪裁,你穿上一定会合适。同时,送给你一双鞋。"

临河而钓

"临河而钓"说明只有根据事物的特点,采取相应的办法,才能取得好效果。

此典出自《淮南子·人间训》:"夫临河而钓,日入而不能一儵鱼者,非江河鱼不食也,所以饵之者非其欲也。及至良工执竿,投而擐唇吻者,能以其所欲而钓者也。"

这段话意思是说:

有个人坐在河边钓鱼,可是直到太阳下山也没有钓上一条鱼。这并不就是因为鱼不贪食,而是因为他所用的钓饵,不合鱼的口味。

等到另一个善于钓鱼的人执竿垂钓,鱼儿纷纷上钩。这是因为他能够用鱼爱吃的东西做钓饵的缘故。

柳暗花明又一村

“柳暗花明”形容绿柳成荫、繁花似锦的美景。比喻在人生际遇中，乍看似乎已走到尽头，忽然眼前又出现了转机。

此典出自宋代陆游《游山西村》：“莫笑农家腊酒浑，丰年留客足鸡豚。山重水复疑无路，柳暗花明又一村。箫鼓追随春社近，衣冠简朴古风存。从今若许闲乘月，拄杖无时夜叫门。”

陆游（公元1125—1210年），字务观，号放翁，越州山阴（今浙江绍兴）人，从小有从军抗金的壮志。宋孝宗即位之后，抗战派才稍被重用，这时陆游被召见，并被赐进士出身。北伐失利后，陆游因力主出兵，被罢免隆兴（府治在今江西南昌市）通判的官职，回山阴镜湖的三山居住。回乡的第二年，也就是宋孝宗乾道三年（公元1167年），陆游写了《游山西村》这首诗，诗中描绘了当地的习俗、风光，表现了作者对农村生活的喜爱。

《游山西村》写道：“不要笑话农家冬天酿的酒浑浊，丰收之年款待宾客，备有丰富的鸡、豚（小猪）做成的菜肴。山峦重叠啊，水路弯弯，是不是路到尽头，没有办法往前走了呢？忽然在柳林荫荫、鲜花明艳之处，又可以看见了一个村落。此时正值立春后，祭祀土地神祈祷丰年的春社日将到，村子里萧鼓声声，连绵不断，一派节日的气氛；人们穿戴着简朴的衣帽，表现了古代淳厚的民风。从今以后，就这样趁着月光明亮外出闲游，拄着手仗，在夜里随时叩响朋友的门户。”

陆游像，图出自清·顾沅辑《古圣贤像传略》。

盲人摸象，各执一见

“盲人摸象，各执一见”比喻不见整体者的偏执。

此典出自宋代释道原《景德传灯录》卷二十四：“众盲摸象，各说异端，忽闻明眼人又作么生？”

古时候，有个皇帝召集了一批瞎子，让他们各摸大象的部分部位。等他们摸完了，然后逐个问他们：“大象是什么样子的？”摸象牙的人说：“大象像一个长萝卜。”摸耳的人说：“它像一只簸箕。”摸头的人说：“它像是一块大石头。”摸鼻子的人说：“不，它像一根木杵。”摸背的人说：“它像一只大床。”摸肚子的人说：“怎么我觉得它像一只瓮子呢？”摸到尾巴的人说：“你们说得都不对，大象像一根绳子。”他们仅仅根据自己的触觉各执一见，争论不休，实际上谁也未见整体，他们都说错了。

孟子休妻

“孟子休妻”这篇寓言告诫人们，看问题办事情要避免主观妄断，有时自己错了，却去责怪别人，就往往会把事情办坏。

此典出自韩婴《韩诗外传》。

孟子的妻子一个人在屋里，两腿岔开坐着。孟子走进门内，看见这种情况，就告诉他的母亲说：“我的妻子不守礼法，请求把她赶走。”孟子的母亲说：“不是你的妻子不守礼法，是你自己不守礼法。《礼》书上不是说吗：‘将要走上庭堂，声音必须高扬；将要走进房门，眼睛必须下视。’这是不让乘人不备呀。今天你单独去卧房，进门时没有一点声音，使你的妻子不知防备，岔开两脚坐着而让你看见。这反道是你不守礼法，不是你的妻子不守礼法啊。”孟子感觉自己错了，也不敢休掉妻子了。

迷途知返

“迷途知返”的意思是：发觉自己走在错误的道路上，即加以改正。

此典出自《与陈伯之书》：“况将军无昔人之罪，而勋重于当世。夫迷途知反，往哲是与；不远而复，先典攸高。主上屈法申恩，吞舟是漏；将军松柏不翦，亲戚安居。高台未倾，爱妾尚在；悠悠尔心，亦何可言！”

丘迟（公元463—508年），字希范，吴兴乌程（今浙江吴兴）人。南朝时曾在齐朝任殿中郎，后又在梁朝任中书郎、司徒从事中郎，由于有才华而出名。公元505年，临川王萧宏领兵北征魏国，魏国方面率军对抗的将领是陈伯之。陈伯之本是齐朝的江州刺史，曾抗击过梁武帝萧衍。到后来陈伯之投降梁朝，仍然担任江州刺史，被封为丰城县公。公元502年，陈伯之又率部投降魏国，任平南将军，与梁朝对敌。当时，丘迟在军中任记室。萧宏命令丘迟以私人的交情给陈伯之写信，并劝他投降。在信中，丘迟首先批评陈伯之忘恩负义投降敌人，接着申明梁朝宽大为怀不咎既往，最后指出敌我双方斗争的形势，以及陈伯之所处的危险境遇，从双方军事力量的对比中劝他投降。信中又以江南的美景来说服他，这是一篇委曲婉转、淋漓尽致的绝妙的骈体书信。陈伯之读信后深为感动，于公元506年3月在寿阳（今安徽寿阳县附近）率兵八千人归降梁朝。

丘迟在《与陈伯之书》中讲一遍过去一些降将的功过之后写道：“况且，将军您没有这些人犯的罪过，而功绩又重于当代呢！误入迷途而知复返，这是前世的圣贤所赞同的；在错误的道路上走得不远而改过自新，这是古代典籍所嘉许的。现在皇上轻法重恩，法网宽疏，大得像一条能够吞舟的鱼；将军先人的坟墓之旁松柏森森，没有被损毁，将军的亲戚也都安然无恙。将军在梁的住宅未损毁，爱妾尚在。您心里好好想想吧，这还有什么可说的呢！”

墨鱼自蔽

“墨鱼自蔽”这则寓言说明任何事物都有其两重性，在一定条件下，好事往往也能够转坏。

此典出自《田间书》：“海有虫，拳然而生者，谓之墨鱼。其腹有墨，游于水，则以墨蔽其身，故捕者往往迹墨而渔之。噫！彼所自蔽者，所以自祸也欤？人有恃智，亦足以鉴。”

这段话意思是说：

海里有一种动物，身体弯曲着生长，称之为墨鱼。它的肚子里有一个墨囊，游动在水中，能放出墨汁来掩蔽自己的身体，渔翁往往跟着墨汁的踪迹去捕捉它。

它所用来掩蔽自己的，恰好是给自己招来祸灾的东西呀！那些凭借个人小聪明的人，也可以引以为鉴了。

妻不识夫

"妻不识夫"比喻人的思想和感情都会改变。

此典出自《列子·汤问》："于是公扈反齐婴之室，而有其妻子，妻子不识；齐婴亦反公扈之室，有其妻子，妻子亦弗识。二室因相与讼，求辨于扁鹊，扁鹊辩其所由，讼乃已。"

鲁国的公扈和赵国的齐婴两个人有病，一同请求扁鹊给医治。扁鹊给他们治了病，等到两个人的病一起好了的时候，扁鹊便对公扈和齐婴说："你们过去所得的病，是从外部侵入到内脏的病，可以用药物和针灸治好。但是，现在你俩还有和你俩一同生下来的病，并和你俩身体一起生长的病。如今，我给你们治疗这种病怎么样？"公扈和齐婴说："我们想听听这种病的根据和效果。"

扁鹊对公扈说：

"你的心性深强而精神气质软弱，所以，考虑的虽多却缺乏果断；齐婴的心性软弱而精神气质深强，所以，考虑得少而过于专断。如果和齐婴换换你们的心，那么，你俩就会全都好了病。"

两个人都答应了，扁鹊就让他俩喝了药酒，昏迷了三天。这期间，扁鹊将他俩剖开了胸，拿出了心，然后交换着把心放回去，同时，也把神奇的药物放进去。三天过后，等到已经清醒像当初一样的时候，二人辞别扁鹊就回家去了。

接着，公扈回到齐婴的家，齐婴的妻子和孩子不认识他；齐婴也回到公扈的家，公扈的妻子和孩子也不认识他。这样，两家人就相互争论、辨识，在没有办法的时候，就到扁鹊那儿要求帮助辨识。扁鹊便把他们所以这样的原因讲清楚了，之后，这场争论也就结束了。

歧路亡羊

"歧路亡羊"比喻学习必须专一，才能有所成就；否则终无所获。

此典出自《列子·说符》。

杨朱的邻居丢了一只羊，他已经带领了他所有家属亲戚去寻找，又来请求杨朱的童仆帮忙去找。

杨朱说："咦！走失了一只羊，为什么要这么多人去寻？"

邻居说："因为岔路太多了。"

找羊的人回来之后，杨朱问："找到了羊吗？"

邻居说："跑掉了。"

杨朱又问："怎么会跑了呢？"

邻居说："岔路当中又有岔路，我们不知道它往哪条路上跑了，因此不得不空手回来。"

杨朱听了之后，十分生气，愁眉苦脸的，好长时间不说话，整整一天没有笑容。

杨朱的学生感到十分奇怪，便问："羊，不是什么珍贵的牲畜，也不是老师的，这样不高兴，是什么缘故呢？"

杨朱沉默不语。他的学生也就没有得到所要的答案。

骑马顶包

“骑马顶包”用以告诫人们，认识事物一定要认识事物之间的依从关系。不能把彼此关联的事物孤立起来。

此典出自《嘻谈续录》。

一个人头顶着被包，骑在马上赶路，晃晃悠悠，显出一副十分吃力的样子。有人见他这副狼狈样，奇怪的问：“为什么要顶着被包，而不把他搭在马背上呢？”那人回答说：“因为担心马的负担太重，顶在头上，这样可以省些马的力气啊。”

千里之行，始于足下

“千里之行，始于足下”说明一切事情总是从头开始，逐步进行而成。

此典出自《老子》第六十四章：“合抱之木，生于毫末。九层之台，起于累土。千里之行，始于足下。”

《老子》第六十四章，是叙述老子朴素的辩证观点的。老子根据事物总是由小而大地向前发展的客观规律，提出了谨小慎微和慎终如始的主张。

老子像，图出自清·顾沅《古圣贤像传略》。

老子说：事物稳定，就容易掌握；事物没有萌芽，就容易想法消灭；事物脆弱，就容易分割；事物微小，就容易散开；处理问题要在它未发生之前；治理国家要在它未乱之前。合抱的大树，成长于细小的幼芽。九层的高台，开始于一筐泥土。千里那么远的行程，也是从脚下一步步开始的。

千虑一得

“千虑一得”意思是说即使愚笨的人，经过多次的考虑，也会有一次是想对的。这句话多用于自谦之词。

此典出自《史记·淮阴侯列传》：“臣闻智者千虑，必有一失；愚者千虑，必有一得。”

汉时韩信用背水一战的巧妙战略，打败了赵国二十万大军，并且杀死了赵相成安君，活捉了赵王和赵国谋士李左军。

韩信知道李左军是一个很有智谋的人，于是便邀请他前来，十分虚心请教道：“我现在想北伐燕国，东伐齐国，请问怎样才能取得胜利？”李左军一开始自己身为俘虏，不敢妄议大事，后经不起韩信再三请求。就说：“智者千虑，必有一失；愚者千虑，必有一得”。“狂无之言，圣人择焉”。我的意见未必中用，但也姑且提一提，赵成安君虽有百战百胜的计谋，可是一旦有失，就为将军击败身死，今日将军渡西河，擒魏王，一举而下井径，不到一日破赵二十万大军，名闻海内，威震天下，哪个不知将军智勇。可是，今民众劳苦，士卒疲乏，将军想以这劳倦疲惫的军队，进军于燕国坚固城垣之下，可能日子拖久了，力不能自拔，那时，弱燕不服，齐必拒守边境以自疆，齐、燕不肯降，楚、汉西边胜负没能分出来，那时局面危急，将军恐怕还未考虑到。根据我的看法，我认为进军一事是错误的。韩信问："那怎么办呢？"

李左车说："为今之计，不应进军。一方面抚恤赵国死士遗孤，在百里之内，请宴大夫，犒劳士卒；另一方面，以兵势北向燕国，并写一封信说明自己的优势，向燕国示威，这样燕国不敢不服从。燕国的事定下来之后，再派一辩士出使齐国，齐国一定被震慑住。这就是兵书说的'先虚而后实'。"韩信便照李左车的计策办理，燕国果然主动投降了。

前车可鉴

"前车可鉴"这一成语是说警惕前面车子翻倒的教训。比喻把前人的失败作为自己的鉴戒。

此典出自《荀子·成相》："前车已覆，后未知更何觉时。"

又见《汉书·贾谊传》："前车覆，后车诫。"

贾谊是西汉洛阳人，有一次，他上治安策给文帝，陈述了一些治理国家的道理说："秦朝的时候，宦官赵高教导秦始皇次子胡亥，只教他怎么去处决犯人，他所学习的，不是斩杀犯人，就是灭绝犯人的全族！"

秦始皇崩于沙丘，次子胡亥做了皇帝，第二天就射杀人了。有人用忠言去劝他，他甚至认为是诽谤；有人给他贡献治国的计策，他就认为是妖言。他杀起人来，像割草一样。难道胡亥的本性生来就是那样凶残吗？不是的，原因是教导他的人，教得不合道理罢了！古话说："不熟悉做官的，只要看他所办的公事成绩如何就可以知道！"又说："前车覆，后车鉴"这一句成语。它的意思是教人注意从前自己或别人做事的失败，作为后来做事的警戒，要特别小心，千万不可重蹈从前失败的覆辙，

前事不忘，后事之师

"前事不忘，后事之师"的意思是记住过去的经验教训，可作以后行事的借鉴。

此典出自《战国·赵策一》："前事之不忘，后事之师。"

晋国的智伯联络韩、魏两国军队，准备攻打赵国，形势十分危急。赵国的赵襄子采用卿大夫张孟谈的计谋，派人暗中做韩和魏两的工作，向他们说明，假如晋国灭亡了赵国，那么对韩、魏两国也十分不利，强大的晋国一定会进而灭亡韩、魏两国。后来，韩、魏与赵联合起来，放水夜袭智伯军队，一举获胜，活捉了智伯。

张孟谈协助赵襄子大功告成之后，就向赵襄子提出辞呈。他说："凡能统治天下的，一定要能够驾驭臣子，而决不能反过来让臣子驾驭自己。现在，我的名声显赫，身价权力很大，大家都很信服我。因此我愿意抛弃功名，丢掉权力，离开大家。"

赵襄子听了这话，很不高兴，他说："我听说辅助君主的人，才能名声显赫；功劳多的，才能身价高；对国家大事负责的，才能委以重任；自己忠义诚实，才能够使众人信服。你正是国家所需要的人才，为什么这时候要辞职呢？"张孟谈回答说："您所说的是一个臣子应该做到的。而我所说的，是巩固君主政权的道理。因为我看到，历史上臣子的权力如果和君主的权力相等，总是没有一个有好结果的。不忘记以前的教训，就是处理以后事情的准则。您即使不同意我辞退，我也不可能再帮助您办事了。"赵襄子没有办法，只好同意张孟谈辞官。最后，张孟谈便弃官务农，当了一个普通的老百姓。

巧妇难为无米之炊

“巧妇难为无米之炊”比喻如果基本条件不具备，再有本领的人也办不成事。

此典出自宋代陆游《老学庵笔记》：“巧妇难做无面之汤饼乎？”

宋朝有个大官名叫晏景初，有一天，带了不少随从到和尚庙去玩，他们吵吵嚷嚷玩了一天，还想在庙里住下来。那庙的主持是个耿直的人，不愿拍大官马屁，就借口说：“我们的庙很小、很穷，房子破破烂烂，怎么能留贵客住呢？”晏景初道：“你是个很有办法的人，一定会想出办法来让我们住下来的。”和尚说：“巧妇安能做无面汤饼乎？”和尚一直不肯答应，晏景初只好灰溜溜地连夜赶回去了。

寝薪未燃

“寝薪未燃”是告诉那些处在危险的境地而企图侥幸获免，苟且偷安的人；即使一次可以幸免，终究也会身陷其害。

此典出自《新书·数宁》：“夫抱火措之积薪之下，而寝其上，火未及然，因谓之安，偷安者也。”

这段话意思是说：

有个人抱一个来火盆放在柴堆下面，自己爬到柴堆顶上睡大觉。侥幸大火没有烧起来，于是这人便说睡在底下有火的柴堆上是十分安全的，其实不过是一时侥幸而已。

穷则思变

“穷则思变”指事物到了尽头，就会设法改变，一改变就通达了，所谓“穷则变，变则通”。

此典出自《易传·系辞》：“神而化之，使民宜之。易穷则变，变则通，通则久。”

相传很久以前，有个叫伏羲氏的人做了国王。他感到天地万物纷乱复杂，于是就想用一种方法，来总结出大自然的规律。一天晚上，伏羲氏抬头观察天空时，忽然发现，天空中星罗棋布的大小星星，纵横交错的位置不是和地上的山川河流有相通之处吗？第二天，伏羲氏又仔细地观看了鸟兽的花纹和岩石的裂缝，在这个基础上，他最终发明了“八卦”。

伏羲氏画八卦图，伏羲氏是传说中的五帝之一。图出自《二十一史通俗演义》。

那时候，人们在水中捕鱼非常困难，他们只能用树杈戳，一天下来，捕不了几条。伏羲氏又运用疏密相间的粘附原理，发明渔网，从那以后人们捕鱼就容易多了。

伏羲氏死后，神农氏当了国王。他根据八卦遇到困境就加以改革，改革之后就行得通的原理（“穷则变，变则通，通则久”），将树条用火烤后弄弯，制成犁，就能够成片成片地开垦荒地了。土地多了，于是生产的粮食也多了。但人们所种的东西并不是相同的，于是，神农氏又发明了市场。他规定：凡是需要交换东西的人，在某一固定的时间，将所要进行交换的货物集中在市场上，彼此想到用不同的东西进行交换自己想要的东西。

再后来，黄帝、尧、舜先后担任国王，又发明了衣裳，并通过衣裳的样式、颜色区分出高低贵贱；又发明了船、弓箭、牛车和马车等。从此以后，人们的生活便极大地方便起来。

人不可貌相，海水不可斗量

“人不可貌相，海水不可斗量”比喻观察人要看他的实质，不能以貌取人。

此典出自《西游记》六二。

古时候，一个年轻人叫秦重，他是个痴情的人，他偷偷地爱上了一个有名的妓女，只想和她做朋友。那妓女名叫花魁娘子，她是个苦命人，被妓院视为摇钱树，要十两银子才能宿一夜。秦重是个卖油的，本钱只有三两银子，有什么办法才能接近她呢？秦重想：“如果一日积一分银子，一年也有三两六钱，只消三年，这事便成了。”于是拼命攒钱，一年有余，他便有了一大包银子，于是走到对门银铺里，借天平兑银。他的银子成锭的很少，散碎的就很多。银匠是小辈，没见过什么世面，见了这么多银子，心中很吃惊，想道：“人不可貌相，海水不可斗量。”慌忙架起天平，一称，不多不少，刚刚十六两。秦重把这一年多辛苦钱全花光了，才得以亲近花魁娘子一次。花魁娘子感激他的痴情，觉得他比那些花花公子们忠实可靠得多，她后来终于跳出火坑，嫁给了秦重，成了一对夫妻。

如人饮水，冷暖自知

“如人饮水，冷暖自知”比喻只有身体力行过的事，其道理及个中艰辛才理解得最深。

此典出自《景德传灯录》卷四：“今蒙您指点入处，如人饮水，冷暖自知，行者既是某甲之师也。”

有一个人对佛教非常虔诚，他到黄梅禅宗基地跟许多人在一起学习佛家理论，可是三十四年还没有领悟佛理，于是他找到一个佛学大师名叫断际禅师的去请教。断际法师只跟他谈了一次话，他立刻领悟，豁然开朗，心中有了默契。于是向禅师叩谢道：“今蒙指受入处，如人饮水，冷暖自知，那三十四年是白费功夫了啊！”

塞翁失马，安知非福

“塞翁失马，安知非福”比喻虽然受到了损失，说不定还会因此而得到更大的福报。也可以用来比喻坏事变成好事。

此典出自《淮南子·人间训》：“塞上之人，有善术者，马无故亡而入胡。……故福之为祸，祸之为福，化不可极，深不可测也。”

在边界一带地势险要的地方，住着一个善于用占卜之法推测人事吉凶的人。有一次，他家的马竟然越过边界，跑到胡人那里去了。遇到这样的不幸，人们都前来安慰他。这个善于占卜的老头却说“这怎么就不能算是一件好事呢？”

过了几个月之后，他家的马带着胡人的一匹骏马跑了回来，于是人们都祝贺他。可是这个老头却说：“这为什么就不能算是一件坏事呢？”由于家里添了好马，老头的儿子又喜欢骑马，骑着骑着，从马上摔了下来，跌断了大腿。人们又来安慰他。这个老头却又说：“这为什么就不能算是一件好事呢？”

一年之后，胡人入侵边境，年轻人都拿起武器参加战斗，十之八九都在战斗中死了，这个老头的儿子由于是个跛子，因此没有被召参军，最终父子双双都保全了性命。看来好事变成坏事，坏事变成好事，这里面的变化是无穷无尽的，这里面的道理也是深不可测的。

三人同舍

“三人同舍”比喻争论的双方，由于自以为是，各持己见，而互不相让；旁观者置身事外，却能看见里面的真相。

此典出自《淮南子·诠言训》：“三人同舍，二人相争。争者各自以为直，不能相听。一人虽愚，必从旁而决之。非以智，不争也。”

这段话意思是说：

有三个人一起住在一间房屋里，其中有两个人互相争辩不休。争辩的人都坚持说自己的意见是正确的，互不相让。另外一个人即使很愚笨，也一定能从旁边决断谁是谁非。

这里也并不是因为他聪明，而是因为他没有参加争辩的原因。

善骑者堕

“善骑者堕”比喻擅长于某事的人，容易疏忽大意，从而招致意外的失败。

此典出自《淮南子·原道训》：“夫善游者溺，善骑者堕。各以其所好，反自为祸。是故好事者未尝不中，争利者未尝不穷也。”

这段话意思是说：

善于游泳的人往往被水淹死，擅长骑马的人常常被摔死。每个人虽有自己的长处，但这个长处却反而成为他们的祸害之源。因此，好为情欲之事的人，没有不被情所困的；争夺利益的人，没有不被利益所困的。

射箭之道

“射箭之道”比喻无论干什么事情都要抓住主要目标，集中精力去干，否则将一事无成。

此典出自刘基《郁离子》。

常羊向屠龙子朱学习射箭。屠龙子朱说：“你想了解射箭的方法吗？楚王在云梦泽中打猎，派负责打猎的官员把鸟儿赶飞起来，再去射它们。当鸟儿飞起时，鹿从楚王的左边跑出来，麋斜刺着从右边跑过来。楚王拉弓正要射，又有天鹅擦着王的旃旗飞过，翅膀就像挂在天空的一片云彩。楚王把箭搭在弓上，却不知道他到底该射什么。这时，养由基进前说：‘我射箭的时候，在一百步以外放一片树叶射它，射十次中十次。但是假如放十片树叶，那么射中或射不中，就不是我能把握的了。’”

神奇化腐朽，腐朽化神奇

“神奇化腐朽，腐朽化神奇”人们将好的东西变成不好的东西形容成“神奇化腐朽”，将不好的东西变成好的东西形容成“腐朽化神奇”。“神奇化腐朽，腐朽化神奇”两句合用则表示事物的好坏是可以相互转化的。

此典出自《庄子·知北游》：“纂腐复化为神奇，神奇复化为臭腐。”

智慧想弄懂世间的所有道理，便到北方游历。一天，智慧来到玄水边，碰到无所谓。智慧对无所谓说："我想问你一些问题，具备怎样的思想，怎样的考虑，才真正懂得道理呢？具有怎样的地方，怎样的行动，才能与道理相处呢？从什么路径，用什么方法，才可以得到道理呢？"智慧连问三次，无所谓都不回答他。

智慧得不到解答，于是又来到白水的南边，无意中又碰到了狂屈，智慧又将上面的问题去问狂屈。狂屈说："唉！道理我是懂得，我告诉你吧！"狂屈心里正想说出来，可一转眼又忘掉了他想说的话。

智慧还是没得到解答，就回到帝宫里去见黄帝，向他请教，黄帝说："没思想，没有考虑，才能懂得道理；没有地方，没有行动，才能与道理相处；没有路径，没有方法，才能得到道理。"智慧接着问道："你能说出道理，无所谓和狂屈都说不出来，到底谁真正懂得道理呢？"黄帝说："无所谓是真正懂得的，狂屈也差不多，我和你都是是不懂道理的人。因为真正的道理是说不出来的，能说的就早已不是道理了。人们往往把喜欢的认为是神奇，把厌恶的认为是臭腐，但天地间的事很奇怪（"纂腐复化为神奇，神奇复化为臭腐。"）。智慧听了黄帝的话后，他认为黄帝说得很对，就再不去弄懂到底什么是道理了。

绳锯木断，水滴石穿

"绳锯木断，水滴石穿"比喻只要坚持不懈，即使力量再小也能办成大事或不要看只是小事，小事也会铸成大错。

此典出自《汉书·枚乘传》："泰山之溜穿石，单极之绠断干。水非石之钻，索非木之锯，渐靡使之然也。"

张乖崖是宋朝的一位清官，他最恨贪赃枉法的坏人。他担任崇阳县令的时候，有一天突然去查库房，看见一个小吏慌慌张张地走出来，立即就喝令他站住，叫左右的随从在他身上一搜，发现他偷了库房的一文钱藏在他戴的头巾里。再一清库房，结果发现不少库银被盗。张乖崖下令重罚，那小吏不服，大声嚷道："我只偷了一文钱，能算什么大罪啊？"张乘崖说："国家派你守仓库，是为了防盗，你倒自己偷起来了。仓库失盗不少钱，多半与你有关，这是因为你只要有机会，一文钱也不放过嘛！"吩咐把这小吏杀掉。批文上写道："一日一钱，千日千钱，绳锯木断，水滴石穿！"经过他的一番严惩，崇阳县贪污、偷盗国家财产的坏风气被刹住了，境内治安也好起来。

失之东隅，收之桑榆

"失之东隅，收之桑榆"比喻这边败了，那边却得到了胜利。

此典出自《后汉书·冯异传》："赤眉破平，士吏劳苦，始虽垂翅回溪，终能奋翼渑池，可谓失之东隅，收之桑榆。"

公元 25 年，刘秀当了皇帝（东汉光武帝）之后，马上开始围剿农民起义军。公元 26 年，刘秀认为大将邓禹对赤眉农民起义军打击不力，就派大将冯异去代替他。冯异与赤眉军在华阴相遇，双方对峙了六十多天，激战数十回合，冯异俘获了赤眉军将领刘始、王宣等五千多人。公元 27 年春天，刘秀派使者拜冯异为征西大将军。正好，大将邓禹率车骑将军邓弘等引军带着兵马归来，与冯异相遇，邓禹、邓弘要同冯异一起攻打赤眉军。冯异说："皇上命令诸将驻扎在渑池，截断赤眉军东去的要道，而命令我西进攻打赤眉军。这是万全之策，必须按说的去办，我们不能乱来。"邓禹、邓弘不听冯异的劝告，与赤眉军交战。最终上了赤眉军的当，东汉军死伤三千余人，邓禹逃回宜阳。

兵败后，冯异弃马徒步走上回溪阪，带着数名部下回到营地。他命令部队继续加强防御工事，收拢溃散的兵勇，招集各个营地的士兵数万人，与赤眉军约定时间再战。他挑选精壮的士兵，让他们穿上赤眉军的服装，埋伏在路旁。天明时赤眉军万名士兵攻打冯异的先头部队，而冯异只派小股部队去救援。赤眉军以为冯异军力单薄，就命令全体士兵一齐攻打冯异军，冯异立刻带领士兵大战。下午两点左右，赤眉军士气衰落下来，冯异埋伏下的士兵突然杀出，他们穿的衣服同赤眉军一模一样，达到了以假乱真的程度，赤眉军无法识别谁是冯异军，谁是自己人，于是惊慌失措，溃不成军。冯异军奋勇追击，在崤底大破赤眉军，俘获赤眉军八万人。其余十万人向东溃逃，到达宜阳时，早有刘秀亲率大军截住去路，赤眉军刘盆子、樊崇以下十余万人都投降了。朝廷发下一封用印章封记的文书，慰劳冯异，文书说："在消灭和平定赤眉军的战争中，你和士兵、将吏都辛苦了！战斗开始时，你们虽然像斗败了的鸟儿那样，垂着翅膀跑到回溪阪，可是最后终于在渑池奋翅高飞，赢得了战争的胜利。这就好像：当太阳从东方升起时，虽错过了阳光；可是当日落西山时，却在桑榆间得到了落日的余辉。"

东汉大将冯异像，图出自清·张士保绘《云台三十二将图》。

失之毫厘，差以千里

"失之毫厘，差之千里"比喻事情虽然开始只错了一点，其结果却造成大错，所谓失之毫厘，谬以千里。

此典出自《资治通鉴·汉纪十八》："失此二册，羌人致敢为逆。失之毫厘，差以千里，是既然矣。"

赵充国是汉宣帝在位时的一员老将，在平定边境叛乱的战争中屡建战功。

有一年，西北边塞的羌人又入侵城邑，杀兵斩将。于是汉宣帝命令赵充国去平定叛乱。赵充国带领大军，坚守营垒，一天，他捉住一个羌兵，羌兵交代说："我们首领说，赵将军是八九十岁的老将，擅长用兵，我们要决一死战！"赵充国就告诉羌人说：

"我们大军前来是讨伐有罪的人，不杀无罪的人，你们若是杀掉有罪的大首领，天子赏钱四十万；杀掉有罪的中首领，赏钱十五万；杀掉小首领，赏钱二万。"接下来，赵充国又把捕获的男女羌人释放了，搜刮来的财物也还给他们，无辜的羌人非常感激。

由于赵充国采取了安抚的办法，不轻率地使用武力攻杀，深得民心。不久就有一二万人投诚,赵充国还打算在边境屯兵垦植,等待羌人归顺。可是汉宣帝命令他马上平定边事,一连下了几封诏书,让他剿灭羌兵。赵充国认为这样做并不合适,就给皇帝写信,谈出自己的意见。赵充国的儿子赵卯,听到这个消息,立刻派人劝说父亲:

“领兵杀敌,破阵攻城,是将军的职责,既然皇帝叫你出兵你就出兵好了,还和皇帝争论什么?万一违逆皇帝的心意,派来御史办你的罪,你连自身就很难保住。那时候还谈什么国家的安危呢!”

赵充国感叹地说:

“我是一片赤诚之心啊!我对皇帝没有不忠的地方。皇帝事先假若听我的意见,哪能出现这种局面?我举荐辛武贤,他们却派义渠安国当统帅,最终被杀得大败而回。以前这里的谷子价钱便宜,我建议买三百万石存起来,羌人想叛乱也闹不起来。最后仅仅买了十万,还让义渠安国耗费去一半。做错了两件事情,致使羌人发生叛乱。真是失之毫厘,差之千里呀。目前边境危机四伏,假如他们连续闹事,再能干的将领也是难于扭转局势的,让人担忧的何止羌人一伙呢!因此我要死守边塞,我相信皇上会明白我的意思的……”

赵充国连续给汉宣帝写了几封信,耐心地说明自己的意图,汉宣帝才答应了他的请求。后来赵充国在边塞屯兵,最后真的收到了很好的效果。

师旷调琴

“师旷调琴”说明人们要进行正常的生活和有秩序的工作,就必须以一定的方式组织起来,分工协作。

此典出自《郁离子》:“晋平公作琴,大弦与小弦同。使师旷调之,终日不能成声。”

晋平公让人做一张琴,琴弦粗细一样,没有大弦、小弦的区别。

琴作好后,他让乐官师旷来调音。师旷调了一整天,也不能调出曲调来。

晋平公非常不满意,就埋怨师旷不会调琴。师旷回答说:“一张琴,大弦为主,小弦为辅,大弦小弦各有各的用途。它们彼此相互配合,才能合成音律;它们有条不紊,才能奏出和谐悦耳的音乐。您现在把琴弦做的完全一样,破坏了它们应有的结构。这样的琴是不能够调得好的!”

实事求是

“实事求是”的意思是,根据实证,求索真相。现在人们用它表示要从客观实际出发,按照事物发展的客观规律探求真理。

此典出自《汉书·河间献王传》:“河间献王德以孝景前二年立,修学好古,实事求是。从民得善书,必为好写与之,留其真,加金帛赐以招之。繇是四方道术之人不远千里,或有先祖旧书,多奉以奏献王者,故得书多,与汉朝等。是时,淮南王刘安亦好书,所招致率多浮辩。南王所得书皆古文先秦旧书,《周官》、《尚书》、《礼》、《礼记》、《孟子》、《老子》之属,皆经传说记,七十子之徙所论。”

汉景帝刘启有一生十四个儿子。

刘德为栗姬所生,汉景帝前二年封为河间王。刘德研究儒学,十分喜欢儒家经典。他读书时,总是根据实证,分析得出真相。他从民间得到好书,一定抄写一个漂亮的副本还给人家,自己留下书的正本,还赠给送书人金帛,来作为报答和鼓励。所以,四方有学问的人不远千里给他送书,有些书是很少见的先祖遗书,也都献给了刘德。因此,他私人收藏了许多书，与朝廷掌握的书籍差不多。

当时，淮南王刘安也喜好书，可是他搜集的大都是华而不实的书。刘德得到的都是先秦古文旧书，如《周官》、《尚书》、《礼经》、《礼记》、《孟子》、《老子》等等，都是经典著作，它们都是孔子七十个弟子的著述。

刘德做了二十六年河间王。他死后，谥号为："聪明睿智称为献。"皇上和群臣都认为他聪明智慧，因此，刘德被称为河间献王。

树欲静而风不止

"树欲静而风不止"的意思是，树要静止，风却不停地吹刮，使它摇动。人们用它比喻客观情况与主观愿望往往相悖，所谓事与愿违。

此典出自汉代韩婴《韩诗外传》卷九："'吾失之三矣！少而好学，周游诸侯，以殁吾亲，失之一也。高尚吾志，简吾事，不事庸君，而晚事无成，失之二也。与友厚而中绝之，失之三矣。夫树欲静而风不止，子欲养而亲不待往而不可追者年也，去而不可得见者亲也。吾请从此辞矣！'立槁而死。"

春秋时，孔子外出游历，在路上听见有人啼哭，哭声非常悲痛。孔子说："追上去，追上去！前面有贤人在哭泣。"近前一看，原来是皋鱼，他身穿粗布衣，抱着镰刀在道旁哭泣。孔子把车停下，同皋鱼交谈起来："先生莫非有丧事为什么哭得如此悲痛呢？"皋鱼回答："我有三个过失！年轻时喜欢求学，遍游诸侯各国，可是等到回家的时候，我的双亲已经去世，这是第一个过失；自命清高行事傲慢，不愿事奉昏庸的君主，以至岁月蹉跎，岁数很大了却没有任何成就，这是第二个过失；与朋友交谊深厚却中途绝交，这是第三个过失。树欲静而风不止啊，子女想孝敬双亲而父母却过早去世，一去不复返的是岁月年华，不能再相见的是去世的双亲，我要从此与世人永别了。"说罢一下子形同枯木，死去了。

孔子对弟子们说："你们要记住这些话，它足以作为自己的鉴戒了！"于是，有十三名弟子辞别孔子，回家侍奉父母去了。

水则载舟，水则覆舟

"水则载舟，水则覆舟"的意思是，水能载船，也能翻船。水比喻人民，舟比喻君主。比喻群力的伟大。

此典出自《荀子·王制》："马骇舆，则君子不安舆；庶人骇政，则君子不安位。马骇舆，则莫若静之；庶人骇政，则莫若惠之。选贤良，举笃敬，兴孝弟，收孤寡，初贫穷，如是，则庶人安政矣。庶人安政，然后君子安位。传曰：'君者，舟也，庶人者，水也。水则载舟，水则覆舟。'此之谓也。"

拉车的马惊了，那么坐在车内的人就会坐不安稳；老百姓对政事提心吊

汉景帝像，图出自明·天然撰《历代古人像赞》。

胆,君子在官位上就不安稳。拉车的马惊了,没有什么比使马平静下来更好的了。老百姓对政事提心吊胆,就没有比什么施予他们恩惠更好的了。选择贤良的人,提拔忠诚而又严正的人,提倡忠孝,收养孤寡,补助贫穷的人,果真做到这些,那么老百姓就会安于政事。老百姓安于政事,然后君子就能安于官位。古书上说:“君子如船,百姓如水,水既能使船安稳的航行,也能使船沉没。”说的就是这个道理。

种瓜得瓜,种豆得豆

“种瓜得瓜,种豆得豆”比喻造什么因,得什么果。

此典出自明代冯梦龙《古今小说》第二十九卷:“前为因,后为果;作者为因,受者为果。假如种瓜得瓜,种豆得豆,种是因,得是果。不因种下,怎得收成?好因得好果,恶因得恶果。”

宋高宗(赵构)绍兴年间(公元1131—1162年),柳宣教,胸藏千古史,腹蕴五车书,考中了进士,当上临安(今浙江杭州市)府尹。上任时,厅下一应人等全都来参拜,独有城南水月寺竹林峰住持玉通禅师不到。柳宣教大怒道:“这个秃驴太无礼了!”要抓来治罪。各寺住持劝解道:“此僧乃古佛出世,在竹林峰修行已五十二年。望相公宽恕他。”柳宣教只好作罢,可心中仍气忿难平,于是定下一计:就让一个叫红莲的艳色女子去同玉通禅师私通,并取得证物,想借此加害于玉通禅师。玉通禅师上了红莲的当,却识破了柳宣教的阴谋,索性坐在禅椅上圆寂了。他死后,投胎于柳宣教家,柳宣教的妻子高民生下一女,叫柳翠,就是玉通禅师的化身,柳翠不守妇道,干尽风流韵事。佛家认为,这是玉通禅师对柳宣教的报复。玉通禅师有一个好友,即月明和尚。月明和尚认为玉通禅师堕落风尘已久,于是想找个机会度他出世。也就是说,要使玉通禅师的化身——柳翠皈依佛门。所以,月明和尚委派法空长老点化柳翠。

有一天,柳翠在西湖游耍完毕,刚回家门,看见一个和尚在门外化缘,说话不俗,心中似有所悟,于是他便叫丫鬟把和尚唤入中堂,问道:“师父,你有何本事,来此化缘?”法空长老说:“贫僧没有什么本事,只会说些因果之事。”柳翠问道:“什么是因果?”法空长老说:“前为因,后为果;作者为因,受者为果。如同种瓜得瓜,种豆得豆一样,种是因,得是果。没有播种,哪里会有收成?好因得好果,恶因得恶果。”一番话,说得柳翠一下子明白了,她死后,人们都说是活佛显化,很多人都赶来送葬。

水涨船高

“水涨船高”比喻事物随着它所凭借的基础的提高而提高。

此典出自宋代释普济《五灯会元·卷九》:“眼中无肆,空中无依,水涨船高,泥多佛大,莫将问我,我也无答。”

章丘人耿崧生,家里非常贫穷,只能靠他的妻子织布卖过日子,妻子织布不停机,耿崧生读书不敢放松。慢慢的,生活宽裕了,他的学问也长进了。偶然有朋友来访,他的妻必定在房内偷听他们谈话,如果是谈论文章,则马上好茶好饭款待来客;如果谈笑说闲话,他的妻就恶声恶气的赶客人走。每次考试,考得个中等,耿崧生就不敢回家,回家必定挨顿痛骂;如果考得超等,则妻子就笑脸相迎,关怀备至。后来,他岳父请他去教妻弟,年终岳父送了他一些礼品和十两银子。耿崧生不好意思拿,就收了礼物不收银子。这事被妻子知道了,就要求他去把银子要来,说:“不要因为他是我父亲就不要银子,你教书的报酬是光明正大的,为什么不拿?”耿崧生觉得十分不好意思,于是每年教书就私下留下一点不让妻子知道，积蓄三年才得十两银子，还了岳父。

后来，耿崧生中了进士，做了官，一旦有一点不对，妻子依旧责骂他。耿说："我都做了官了，你为什么还这样管我？"其妻说："常言道，'水涨则船亦高'，不要说现在只是一个小官，就是你当了宰相，难道就比我大了么？"

司马迁像，图出自清·顾沅辑《古圣贤像传略》。

顺者昌，逆者亡

"顺者昌，逆者亡"比喻不可抗拒。

此典出自《史记·太史公自序》："夫阴阳四时、八位、十二度、二十四节各有教令，顺之者昌，逆之者不死则亡（逃亡）。"

在我国漫长的奴隶社会和封建社会中，统治者为了维护他们的统治，就规定了一整套社会规范和道德规范，称之为礼。并认为，"齐之以礼"是维护其统治的手段。所以，以"礼"为重点，尤其是"君为臣纲，父为子纲，夫为妻纲"和"仁、义、礼、智、信"，成了权威的维护封建等级制的道德教科书。《史记》的作者司马迁，是封建社会的史官，所以，维护封建等级制度，鼓吹伦理纲常是他所处的时代和他的世界观所决定了的。司马迁指出，遵循这些"纪纲"是"天道之大经"，就像要遵循阴阳四时一样，顺从就生存，违抗就会灭亡。

万马齐喑

"万马齐喑"比喻人们都已沉默、不再表述意见。

此典出自清代龚自珍《己亥杂诗》："九州生气恃风雷，万马齐喑究可哀！我劝天公重抖擞，不拘一格降人才。"

龚自珍（公元1792—1841年），浙江仁和（今杭州）人。进士出身，官至礼部祠祭司行走、主客司主事。

道光十九年（公元1839年），龚自珍辞官回家，后来又北上接家眷，在往返的途中，写成一组《己亥杂诗》，共三百一十五首，杂述见闻、感想以及往事回忆等等，有不少作品都具有较强的现实意义和思想性。

《己亥杂诗》第一百二十五首写道："中国若要有生气，一定要靠风雷激荡的社会变动。全国一片死气沉沉的局面这真是太悲哀了。我劝天子要重新抖擞精神振作起来，不拘泥于以往森严的等级制度而造就任用大批人才。"

罔与勿耨草

“罔与勿耨草”比喻解决问题的方法不对头，就会把事情办糟。

此典出自刘基《郁离子》：“罔与勿析土而农，耨不胜其草。罔并薙以焚之，禾灭而草生如初。勿两存焉，粟则化而为稂，稻化为稗。胥顾以馁。”

罔和勿两个人一起开荒种庄稼。地里的杂草总是锄不完。罔把禾苗同野草一起焚烧掉，最后禾苗被烧死了，而野草又像以前一样又生长起来。勿让禾苗和野草一同生长，最终谷子变成了狼尾草，稻子变成了稗子。他们两人都只好干瞪着眼饿肚子。

未分香臭

“未分香臭”比喻光有良好的愿望，而对实际缺乏了解，仍得不到如期的效果。

此典出自《金楼子》：“昔玉池国有民，婿面大丑，妇国色鼻齆。婿求媚，此妇终不回家，遂买西域无价名香而熏之，还人其室。妇既齆矣，岂分香臭哉？世有不适物而变通求进，尽皆此类也。”

这段话意思是说：

从前，玉池国有一户人家，丈夫长得非常丑陋，妻子却长得倾国倾城，但是她患有鼻塞病。丈夫向妻子讨好，但这妇人一直不愿回家。丈夫就买了西域出产的名贵熏香拿回来点燃，把妻子接回家来。可是妻子鼻塞不通，怎么可能分辨出香臭来呢？

世上凡是用不适当的办法去求得变通的，都是这一类人呀！

未始知味

“未始知味”指不知其味，而凭主观的概念想象的人。

此典出自《淮南子·修务训》：“楚人有烹猴，而召其邻人。以为狗羹也，而甘之，后闻其猴也，据地而吐之，尽写其食。此未始知味者也。”

这段话意思是说：

楚国有一个人烹煮了一只猴子，请他的邻居来吃。邻居还以为是狗肉汤，一直称赞味道很鲜美，后来听说是猴子肉，便趴在地上呕吐起来，把吃的肉汤全都呕吐出来了。

这就是根本不曾知道狗肉汤味道的人呀！

问牛知马

“问牛知马”的意思是说，为了弄清马的价钱而先问牛的价钱。人们用它比喻对同类的事物进行研究、推理，以辨事物的真相。

此典出自《汉书·赵广汉传》：“广汉为人强力，天性精于吏职。见吏民，或夜不寝至旦。尤善为钩距，以得事情。钩距者，设欲知马贾（同“价”），则先问狗，已问羊，又问牛，然后及马，参伍其贾，以类相准，则知马之贵贱不失实矣。唯广汉至精能行之，它人效者莫能及也。”

汉代有一个人叫赵广汉，字子都，涿郡蠡吾人。他当过郡吏、州从事、京兆尹。汉昭帝去世后，赵广汉与大将军霍光等决定，尊立刘询为帝（即汉宣帝）。汉宣帝赐给赵广汉关内侯爵位，又任他为颍川太守。本始二年（公元前 72 年），汉朝廷派五将军出击匈奴，赵广汉以太守的身份领兵前往前线。回来以后，又任京兆尹，食禄二千石。

赵广汉为人聪明、能干，他天性善于管理政事。接见官吏、百姓，有时彻夜不眠，一直谈到天亮。他的办事特点是，遇到事情善于寻根问底，以便把事情的真相弄明白。他怎样盘问呢？比如说，他想要了解马的价钱，就先问狗的价钱，已经问清了羊的价钱，又去问牛的价钱，直到最后才回到马的价钱。参考各种牲畜的价钱，互相加以比较验证，才确定马的价钱高低，比较符合实际。只有赵广汉精于此道，能够做到这一点，有些人仿效他，但却都做不到。

五十步笑百步

“五十步笑百步”比喻程度不同，本质一样。

此典出自《孟子·梁惠王上》：“填然鼓之，兵刃既接，弃甲曳兵而走，或百步而后止，或五十步而后止。以五十步笑百步则如何？”

战国时，梁惠王常常为了一点小事情就和别的国家打仗。有一天，他问孟轲：“我对于国家大事，已经是做到尽心尽力了。河内（古代总称黄河以北为河内）年成不好，有了灾荒，我就把河内的灾民移到河东去，同时还把河东的粮食调剂给河内，如果河东的年成不好，遭了灾荒，我也照样办理，在我看来，邻近各国的国君，没有哪一个能够像我这样爱护百姓，然而邻近各国的百姓却不见减少，我国的百姓也不见得增多，这到底是什么原因呢？”

孟轲回答说：“大王，你是喜欢打仗的，就拿打仗做个比方吧。双方军队到了战场上，战鼓一响，兵刃相接，一场厮杀的结果，打败了的免不了要丢盔弃甲飞跑逃命。在那些逃命的士兵当中，有的跑得快，有的跑得慢。如果一个士兵跑得慢，只跑了五十步，看见前边一个士兵跑得快，已经跑了一百步，所以就嘲笑那人‘贪生怕死’，算不得英雄，而说自己胆量大，对敌人追击并不害怕，这样对不对呢？”梁惠王听了说：“当然不对，那兵士只不过是因为自己跑的慢而落后五十步罢了。”

孟轲接着说：“对了，大王既然明白了这个道理，那么你的问题又有什么不明白呢？你虽然在小的方面比别的国家多照顾了一点老百姓，可是你爱好打仗，一打起仗来老百姓成千上万的死亡，这和邻国比起来，不也像‘五十步笑百步’吗？”

物腐虫生

“物腐虫生”意思是天地间的万物，必先从自己内部起了变化，才会表象于外。

此典出自《荀子·劝学》：“肉腐出虫，鱼枯生蠹，怠慢忘身，祸灾乃作。”

这段话意思是说：

这句话最初见于“荀子”的“勤学篇”：“肉腐生虫，鱼枯生蠹。”蠹：蛀虫也。但后来成为一句能广泛地应用的成语，却是因为宋代大文学家苏轼的《范增论》而开始的。

范增是秦朝末年反抗暴秦的许多英雄中之一，他是项梁的谋士，项梁战死后，他侄子项羽继承了抗秦的事业。项羽是一个有勇无谋的人，凭着勇武和范增的策划，取得了诸侯的领导权。那时候，范增以为能和项羽相争的只有刘邦，所以主张先将刘邦消灭，在有名的鸿门宴中，范增虽已安排好了杀刘邦之计，可是因为项羽没有决心，最终被刘邦逃脱。从那以后，刘邦便从各方面造谣中伤范增，来离间项羽和范增的感情，项羽是个有勇无谋的人，果然中了刘邦的奸计，慢慢疏远范增，范增愤而离开项羽，不久便病死。项羽最后也被刘邦从那以后。

苏轼在《范增论》中谈到这事情时，有“物必先腐也，而后虫生；人必先也，而后谗人。”意思是说：一件物体（指有机物）一定是先腐烂了，接着才生出虫来；一个人对另外一个人先有了疑心，才会听信关于他的谣言和毁谤。

物极必反

“物极必反”说明，凡事不可过分。

此典出自《鶡冠子·环流》：“美恶相饰，命曰复周；物极则反，命曰环流。”

武则天是唐太宗才人，太宗死后，高宗就位，选武则天为皇后，高宗死后，中宗年幼，武则天自己就临朝听政，没过多久就废了中宗，改国号叫周，自称为则天皇帝，当她临朝听政的时候，太子中宗已经懂事，可以处理国家大事，但武后总不肯放手。当时大臣苏安恒上了一篇奏疏，谏劝武后，文中有一段说：“太子现在年纪已大，才德也很出众，你还贪恋着皇帝的宝座，而忘记了母子的情份，我认为上天的意思和百姓们的心里，都是倾向李氏的。你现在虽然还平安地坐在皇位上，但是要知道物极必反，器满则倾呀！我不惜冒着死亡的危险向你劝谏，也不过是为着唐朝的天下着想啊？”

又鹖冠子：“物极必反，命曰环流。”就是说一件事到了极端，一定会变化而全部逆转过来。

喜获玄珠

“喜获玄珠”比喻强不知以为知，随心所欲地评论，可谓瞎子摸象。

此典出自《叔苴子》：“昔人闻赤水中有玄珠也，相与泳而探之。维时，有控得螺者，有控得蚌者，有控得石卵与瓦砾者，各自喜为获玄珠也。象罔闻之，掩口失声而笑。人攻象罔，象罔逃匿黄帝所，三年不敢出。呈！今学士之测经索理，皆是类也。”

从前，人们听说在赤水河里有一颗闪着黑光的明珠，于是便一道潜到水底去摸取。当时，有的摸到了螺蛳，有的摸到了蚌蛤，有的摸到了鹅卵石和碎瓦片，大家都非常高兴，还自以为获得明珠了。

象罔听说了这件事，很嘲笑这些人。人们都十分气愤地攻击象罔，象罔就逃到黄帝那里躲藏起来，有三年的时间没敢出头露面。

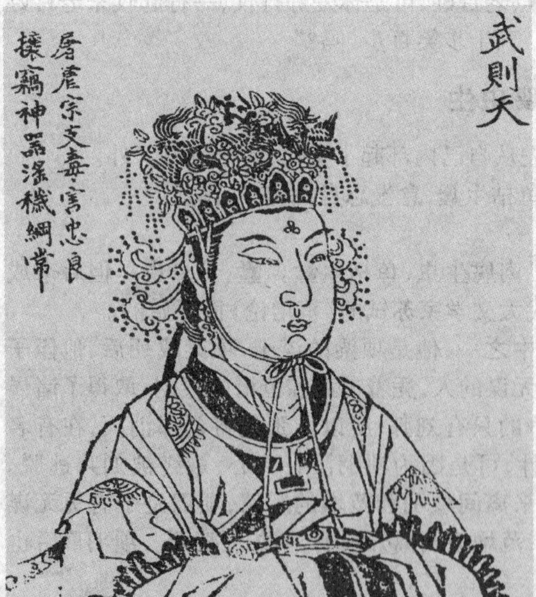

武则天像，图出自明·天然撰《历代古人像赞》。

显者禄数

“显者禄数”意思是，多行不义必自毙。

此典出自《聊斋志异·禄数》：“某显者，多为不道。夫人每以果报劝谏之，殊不听信。适有方士，能知人禄数，诣之。”

有一个达官贵人，一直为非作歹，干了很多坏事。他的妻子常常用因果报应的话劝谏他，可是他一点也不听从。

这时正好有个方士，能预知人的禄命寿数，他便前去请教。方士注目细看了他一阵，就说："您再吃二十石米，二十石麦，上天赐给您的禄数就结束了。"他回去对妻子说："估计一人一年到头不过才吃二石粮食，这样一算，我还有二十多年的寿数，那里就会因为不行善而遭报应呢？"于是，他照样横行霸道，为非作歹。

过了一年，这个达官贵人忽然得了消渴病，吃得特别多却很快又饿了。一昼夜居然要吃十几顿饭，不到一年就死了。

相提并论

"相提并论"的意思是，把两件不同的人和事摆在一起来谈论和看待。

此典出自《史记·魏其武安侯列传》："能富贵将军者，上也；将亲将军者，太后也。今将军傅太子，太子废而不能争。争不能得，又弗能死。自引谢病，拥赵女，屏闲处而不朝。相提而论，是自明扬主上之过。有如两宫螫将军，则妻子毋类矣。魏其侯然之，乃遂起，朝请如故。"

西汉时期，窦婴（字王孙）因为有功被封于魏其（今山东临沂县南）为列侯。孝景四年（公元前153年），汉景帝立长子（栗姬所生，又称栗太子）为太子，让窦婴做太子太傅之官。

孝景七年（公元前150年），太子又被废黜，窦婴屡次替太子争辩，人家都不听他的话。窦婴称病退职闲居，在蓝田南山之下一住就是几个月，许多宾客辩士去劝说他，让他回来，他都不愿意。梁地有一个叫高遂的人，对窦婴说："能使你富贵的，是当今皇帝；能亲近你的，是当今皇帝的母亲窦太后（窦婴是窦太后的堂侄）。现今，你当太子的老师，太子被废掉，你不敢去争；即使争了，也无法挽回，你又不肯为太子死谏。反而称病躲避，抱着美女，只知自己享受而不肯入朝。把你的这些行为互相对照着来看，这明明是你自己要暴露皇上的过失，如果太后、景帝动了气要害你，你的妻子也会被诛灭，必然没有幸存者了。"窦婴觉得高遂的话很有道理，于是立即起身，像以前那样上朝办事。

枭将东迁

"枭将东迁"说明处境不利时，归咎于客观，这是不对的。

此典出自汉代刘向《说苑·说丛》："我将东徙。"

有一天，枭碰着斑鸠，斑鸠见枭有些不高兴，就关心地问："你为啥不高兴呢？"枭闷声闷气地回答说："我打算要搬家了。"

"你搬到哪里去呢？"斑鸠问。

枭不安地说："我将东徙。"（意思是：我将要搬到东边去。）斑鸠又问："你为什么要东迁呢？"枭很无奈地说"乡下人都讨厌的我的叫声哪！我在那里实在住不下去了，因此才决定搬迁。"斑鸠说："你改变一下叫声不就行了，又为什么搬家呢？假如你不改变自己的叫声，搬到东边去难道东边的人就不讨厌你么？"

枭沉默着，一句话也没有说，它可能是不愿改变自己的叫声吧。

校人烹鱼

"校人烹鱼"比喻一切要心中有数，只听人说"得其所哉"是危险的事儿。

此典出自《孟子·万章上》："昔者有馈生鱼于郑子产，子产使校人畜之池。校人烹之。"

从前，有一个人送给郑国子产一条活鱼，子产叫一个管理池沼的小吏把它放到池子里去。那小吏却煎着吃了，回来报告说："刚才把它放到池塘里，它还半死不活的样子，可没过一小会儿，就变得欢欢的，一甩尾巴钻进深水里去了。"

子产说："终于找到合适的地方了！终于找到合适的地方了！'"

那小吏走出来说："谁说子产聪明！我早已煎着吃了，他还说：终于找到合适的地方了！终于找到合适的地方了！"

因此说，正人君子很有可能被人拿合乎情理的话诳骗，难于被不合情理的话所蒙蔽。

效岳遨游

"效岳遨游"比喻只求表面相似，纯粹的模拟，会使人感到可笑也可惜。

此典出自《世说新语·容止第十四》："潘岳妙有姿容，好神情。少时挟弹出洛阳道，妇人遇者，莫不连手共萦之。左太冲绝丑，亦复效岳遨游。于是群妪一起乱唾之，委顿而返。"

这段话意思是说：

潘岳的容貌非常漂亮，也非常潇洒。他年轻的时候，挟持着打猎的弹弓走出洛阳大道，妇女们遇到他，没有一个不手牵着手把他围起来的。

左太冲长得很丑，也想模仿潘岳出外猎游。可是却遇到一群妇女都朝着他乱吐唾沫，弄得他既困窘又疲乏地逃了回来。

邪不干正

"邪不干正"也作"邪不胜正"，它的意思是，邪气不会压倒正气。

此典出自《辽史·王鼎传》："鼎宰县时，憩于庭，俄有暴风举卧榻空中。鼎无惧色，但觉忱榻俱高，乃曰："吾中朝端士，邪无干正，可徐置之。"须臾，榻复故处，风遂止。"

辽道宗时期，辽国有一个大臣，叫王鼎，字虚中，涿州（今河北涿县）人。他从小就勤奋好学，博通经史，于辽道宗清宁五年（公元1059年）考取了进士，从此踏上仕途。

王鼎当县官时，有一次在庭院里休息，突然刮起一阵暴风，把他的卧榻卷到空中。王鼎一点也没觉得害怕，只觉得睡枕和卧榻一起升高了，他说："我是朝廷命官，不许妖邪冒犯正气，可把我慢慢放下来。"没过一会儿，卧榻真的落到原处，风也停止了。

星火燎原

"星火燎原"比喻小的事故可能酿成大祸，也可比喻力量虽然微小，但会迅速壮大。

此典出自《书·盘庚上》："若火之燎于原，不可向迩。"又见《后汉书》："涓流虽寡，浸成江河；爝火虽微，卒能燎原。"

窦宝是后汉和帝的母舅，和帝即位时，由于年幼由他母亲窦太后临朝，窦宝也从原来的虎贲中郎升为侍中的官。到后来窦宝因犯了法请求率兵反击匈奴侵略来赎罪，最终大破匈奴，回来后，封为大将军的官职，从此兄弟数人，执掌朝政大权，几乎满朝都是他的爪牙。和帝长大后，由于害怕他的权势，于是便设法治死了窦家兄弟。只有一个弟弟名叫窦环的还侥幸地留在朝中。那时有个御史叫周纾的，素与窦家有怨，于是他怂恿和帝说："涓流虽寡，浸成江河；爝火虽微，卒能燎原。"他极力劝告和帝斩草须除根，免生后患。这几句话的意思是说：细小的水虽少，慢慢地也会汇成江河；一把火虽很小，最后也能烧遍原野。

熊鱼难兼

“熊鱼难兼”形容两种事物不可兼得。“舍生取义”也出于此，它的意思是，为正义而牺牲。

此典出自《孟子·告子上》：“孟子曰：鱼，我所欲也；熊掌，亦我所欲也。二者不可得兼，舍鱼而取熊掌者也。生，亦我所欲也；义，亦我所欲也。二者不可得兼，舍生而取义者也。”

战国时期，孟子说过：“鱼，是我喜欢的；熊掌，也是我喜欢的。假如这两种东西不能同时得到，我就舍弃鱼而要熊掌。生命，是我热爱的，义，也是我热爱的，假如不能同时拥有这二者，我就牺牲生命而不背信弃义。”

循名责实

“循名责实”比喻因名求实，使名实相副。

此典出自《韩非子·定法》：“因任而授官，循名而贵。”

韩非子是战国末期的思想家。有一次，他和别人谈到申不害与公孙鞅二人的言论时，有人问他道：“你觉得申不害和公孙鞅这两家的言论哪家于国家有益？”韩非子说：“申不害讲求术，公孙鞅讲求法。所谓术，就是君主要依据人的才能而授给适当的官职，依照他的职务来要求他的具体工作，让当官的人掌握杀、生之权，按照一定的标准来考察群臣。而法呢，就是国家要建立一定的制度，让人们去遵守，好的则赏，奸佞则罚，做到赏罚严明。”有人又问：“术和法哪一个重要呢？”韩非子说：“一个君主没有控制和使用群众的办法，那君位就要发生危险；如果不讲法治，那下面的群臣就要乱套。因此，术和法都是统治者不可缺少的手段。”

夜光之珠

“夜光之珠”意思是说“富则骄，骄则暴，暴则乱，乱则危，危则大坏。”

此典出自《宋文宪公集遗编》：“雍丘有北宫殖，操舟捕鱼蚌自给。夜宿河滨，忽获夜光之珠，明照百步外。”

在雍丘那个地方有个名叫北宫殖的人，他以撑船、捕捉鱼蚌为生。有一天夜里，他在河边睡觉的时候，忽然发现了一颗夜中放光的珠子，它的光亮可以照到百步以外。雍丘的人们，都以为北宫殖得一了奇珍异宝，争相杀猪宰羊去庆贺他说：“自从你住雍丘以来，出门便撑船，进家便离船，穿的衣裳破破烂烂，吃的东西随随便便。宋国最贫寒的人，也没有像你的了。你现在却一下得到了奇宝，这件奇宝，是世人所珍贵的东西，你还有什么欲望不能满足呢！”

宋国的大夫听说了，也去祝贺说：“宋国国君想要寻求照亮车乘的宝珠十枚，现在已经有了九枚，在宋国的疆土到处下诏令去找寻，但总没有回音。没想到你竟在河岸边上获得了。你应当把宝珠用细布包裹起来，然后藏在一个宝匣子里，我带领你去向国君进献。到那时候，你的富贵就不必说了！”

北宫殖将要起行，他父亲刚从秦国回家来，北宫殖便把详细情况一五一十地告诉了父亲。父亲听了哭泣说：“我家住在雍丘，已经是十代人了，一直安于一条船的家资。现在把这颗宝珠献给国君，必定会发家致富；家境富贵了，便会骄纵傲慢；骄纵傲慢了，就会凶暴起来；凶暴了，就要行为不轨；行为不轨，就会陷入危境，就会遭致大祸而告终。到那个时候，就算你想要再像今日撑船为生，还能做到吗？我为什么要这样做呢？我为什么要这样做呢？”

于是他便把夜光珠砸碎了。

一目之罗

“一目之罗”比喻事物都是互相联系的，不能孤立地、片面地去看待。

此典出自《淮南子·说山训》：“有鸟将来，张罗而待之。得鸟者，罗之一目也。今为一目之罗，则无时得鸟矣。”

这段话意思是说：

有一只鸟就要飞来，张开鸟网等待着它。可是捕得了鸟的，只是鸟网的一个洞眼。

然而如果现在便去制作一个只有一个洞眼的鸟网，那就根本没有机会再捕到鸟了。

一日千里

“一日千里”比喻在学习中或工作中进步得快，或是一件事物发展得很快。

此典出自《后汉书·王允传》：“同郡郭林宗尝见允而奇之，曰：‘王生一日千里，王佐才也。’”

东汉时，山西太原有一个叫王允的人，字子师，他从少年时便以聪敏称于乡里，那时，他同乡的大学问家郭泰（字林宗）和他见面相谈之下，也很佩服他的才华，事后尊崇地对人说：“王生一日千里，王佐才也。”意思是说：王允的学问进步得很快，真是一日千里，将来必定是辅助帝王成大事业的人！从此以后，郭泰便和他成了十分要好的朋友。汉献帝时，王允曾做过司徒这个官职。那时，适值董卓专权，挟持了献帝，荒淫凶暴，整个朝廷弄得乌烟瘴气，老百姓也十分痛苦。王允表面上附和他，而暗中结交吕布（董卓的义子，勇武过人），密谋除掉他。最后终于将董卓刺死。可是王允却因不听从吕布除恶务尽的劝告，结果被董卓的部将李傕、郭汜所杀。

以其昏昏，使人昭昭

“以其昏昏，使人昭昭”指自己虽然不懂，却要教别人懂得，也可用它形容外行人胡乱指挥。

此典出自《孟子·尽心下》：“孟子曰：‘贤者以其昭昭使人昭昭，今以其昏昏使人昭昭。’”

意思是说，贤人在教导别人时，一定先让自己彻底了解之后，才能使别人明白、了解；可是今天教导别人的人，自己还稀里糊涂的，却要用自己的糊涂愚昧使别人清醒明白。这怎么能够做得到呢？

庸医止风

“庸医止风”指仅凭表面现象，不分析实质做事的人。

此典出自《雪涛谐史》。

有和尚、道士、医生三个人一块过河，在中途遇见大风，渡船的处境十分危急。船夫就向和尚、道士叩拜着说：“两位大师，请赶快祷告神灵制止大风好吗？”

和尚便念咒道：“念观世音菩萨的威力，风浪马上就停息。”

道士念咒道：“风神雨神，各回到自己的岗位上去，急急如律令！”

医生也跟着念道："荆芥、薄荷、金奶花、苦楝子！"

船夫问道："这些是干什么用的？"

医生答道："我这几味药，都是用做止风的药！"

庸医开方治病，大多都像此人。

欲速则不达

"欲速则不达"意思是说一味求快，反而达不到目的。

此典出自《论语·子路》："子夏为莒你宰，问政。子曰：'无欲速，无见小利。欲速，则不达；见小利，则大事不成。'"

子夏，姓卜名商，春秋时期卫国人，是孔子很得意的一个学生。莒父，是鲁国的一个县，如今已经不能确切地知道它的所处的位置，据《山东通志》说，大概在今山东省高密县东南。

子夏当上了莒父县的县令，他向老师孔子请教，怎样处理好县政、事务。孔子回答说："不要图快，不要只顾小利。图快，反而不能达到目的；只顾小利，就办不成大事。"

《韩非子》中也记载了一个欲速则不达的故事。

春秋末期，有一次齐国的国君齐景公正在海边游玩，忽然接到侍者的报告："相国晏婴病了，非常危险！"晏婴是长期帮助景公治理国家的功臣，有很高听威望。景公得到这个消息，十分着急，马上下令火速返回都城。他挑选最好的驭手驾车，挑选最好的马拉车。在车上，他不住的催促："快点跑！快点跑！"虽然马车跑得飞快，可是景公仍然觉得太慢。于是他把驭手推到一边，自已拿起鞭子赶车。这样跑了一阵，他还是觉得不够快。他心急如焚，干脆跳下车子奔跑起来。跑了一会儿，便累得汗流浃背，上气不接下气。景公哪里有四条腿的马跑得快哪，他一心想快，但这样做的结果反而更慢了，根本达不到他的预期目的。

远水不救近火

"远水不救近火"比喻舍近求远，是要误事的。

此典出自《韩非子·说林上》："鲁穆公使众公子或宦于晋，或宦于荆。犁鉏曰：'假人于越而救溺子，越人虽善游，子必不生矣。失火而取水于海，海水虽多，火必不灭矣，远水不救近火也。今晋与荆虽强，而齐近，鲁患其不救乎？'"

这段话意思是说：

鲁穆公为了结交晋楚两个大国，将有的公子派到晋国做官，有的派到楚国做官。犁鉏说："孩子掉到水里了，却跑到越国去请人来搭救，越国人虽然擅长游水，孩子一定活不了。家里已经失火了，却跑到海边取水回来灭火，海水再多，一定救不了火，这叫远水不救近火。现在晋楚虽然强大，然而齐国离我们最近，你却不联合，鲁国的祸患大概无救了吧？"

月晕而风，础润而雨

"月晕而风，础润而雨"意思是月亮周围出现圆晕就要刮风，础石湿润了就要下雨。后人常用这句成语比喻事故或事情发生前都会有征兆。

此典出自宋代苏洵《辩奸论》："事有必至，理有固然。唯天下之静者，乃能见微而知著。月晕而风，础润而雨，人人知之。"

王安石像，图出自清·上官周绘《晚笑堂画传》。

南宋初年，官僚大地主集团为了推卸北宋灭亡的责任，就说北宋亡于金是王安石变法导致的。还在王安石变法时就竭力攻击新法的保守派人物邵伯温，配合当时官僚集团反对政治的需要，假冒苏洵之名炮制了《辨奸论》，从性格、生活、行为等方面，对王安石进行了诋毁与丑化。由于是苏洵死后三年，王安石才入朝执政，因此邵伯温把苏洵打扮成一个预言家，在《辨奸论》中说：早就知道王安石当政会造成祸害。月亮周围起了圆晕，就意味着要刮大风了；屋柱的石座湿润了，就意味着要下大雨了。从王安石不讲究吃穿，不剃头洗脸，就能看出他做事不近人情，是个大奸大恶。

臧谷亡羊

“臧谷亡羊”比喻凡事如果心不在焉，各事所好，就会把事情办糟。

此典出自《庄子·骈拇》：“臧与谷二人，相与牧羊，而俱亡其羊。问臧奚事？则挟筴读书；问谷奚事？则博塞以游。二人者事业不同，其于亡羊均也。”

这段话意思是说：

臧和谷两个孩子一块去放羊，两个人全都把羊丢了。于是主人问臧在干什么去了？原来他是夹着羊鞭子在读书；又问谷在干些什么？原来他掷骰子玩去了。虽然两个人的行动有所不同，可是对于跑丢了羊这件事却是一样的。

毡帽当扇

“毡帽当扇”告诉我们，切不可本末倒置，把帮倒忙的当成帮忙的。

此典出自《笑赞》。

有个人在炎炎夏日戴着一顶毡帽赶路，后来被热得满头大汗。一会他看到路旁有棵大树，于是便坐下乘凉歇息，顺手拿下毡帽当做扇子扇起来。嘴里还欣慰地说道：“今天如果没有这顶毡帽，准得热死我哩！”

郑人买鞋

“郑人买鞋”讽喻那些不顾客观实际的人。“郑人买鞋”，也作“郑人买履”。

此典出自《韩非子·外储说左上》。

郑国有一个人到集市上准备去买鞋。他先把自己脚的长短丈量了一下，并做了一个尺码，放在自己的座位上，等到了集市买鞋时忘了拿上它。鞋子拿到手里，他才想起来，于是就说：“我忘记带尺寸来了”。他便立即回家去取。等到取回尺寸时，集市早已散了，所以他没有买到鞋。于是有人问他:"你为何不用脚试鞋子呢?"这个买鞋的郑国人却说:"我宁愿相信量好的尺寸,也不能轻易相信自己的脚啊。"

知其一,不知其二

"知其一,不知其二"比喻只看到事物的一面,而不能全面分析问题。

此典出自《史记·高祖本纪》:"上曰:'公知其一,未知其二。'"

刘邦消灭了各地的势力后,统一了中国,建立汉朝,于是在洛阳南宫宴请群臣。刘邦说:"你们大家不要隐晦,请坦白地说,为何我能胜利,项羽为什么失败呢?"有高起、王陵两个大臣说:"您为人傲慢又常常侮辱人,而项羽却对部下仁厚爱恤。然而,您对部下中不论是谁攻占了城、地,您就让他统管他占领的地方,因此人们愿意为此而努力。而项羽妒贤忌能,有功的人他忌狠,有才能的人他猜疑,战胜时他不给人记功,占领了城池他不让人自行管理,因此失去人心,因此您才能战胜他啊!"刘邦说:"你们知其一,不知其二。运筹帷幄之中,决胜千里之外,我比不上张良;镇国家、抚百姓,我比不上萧何;统领百万大军,战必胜、攻必取,我比不上韩信。这三个人都是杰出人才,我能信任他们,因此我能一统天下。而项羽只有一个范增是杰出人才。他却不信任,因此他被我战胜!"

知一不知二

"知一不知二"比喻对待隐患要随时警觉,不能因较小的危险排除了而掉以轻心。

此典出自刘基《郁离子》:"若石隐于冥山之阴,有虎恒蹲以窥其藩。若石帅其人书夜警,日出而殷钲,日入而燎辉,宵则振铎以望;植棘树,墉坎山谷以守。卒岁,虎不能有获。一日而虎死,若石大喜,自以为虎死,无毒己者矣。于是弛其机,撤其备,垣坏而不修,藩决而不理。无何,有驱逐麇来,止其室之隈,闻其牛羊豕之声而入食焉。若石不知其为驱也,叱之不走,投之以块。驱人立而爪之,毙。君子谓若石知一而不知二,宜其及也。"

这段话意思是说:

若石隐居在冥山的北边,有只老虎常常蹲在那里偷看他家的篱笆。若石带着家里人白天黑夜警戒,太阳出来敲铜钲,太阳下山点火把,夜间就摇动大铃守望,他还种植棘刺树,在山谷边筑墙挖沟防守。一年过去了,老虎一无所获。有一天老虎死了,若石十分高兴,以为老虎死了,再没有危害自己的东西了。于是放松了射兽的弩机,撤除了防兽的设备,墙壁倒了不修筑,篱笆坏了也不去修理。没有多久,有只貙追逐麇鹿来这里,到了他房子的转弯处,听到牛、羊、猪的声音,就进去咬吃。若石不知道它是貙,呵斥它它也不逃,就用土块掷它。貙像人一样站起来,用爪子抓若石,最后把他抓死了。

若石只知其一而不知其二,遭到祸害就不足为奇了!

周人怀璞

"周人怀璞"指璞玉璞鼠,同名异实。说明判断事物,不能只凭名。

此典出自《尹文子·卷下》。

郑国人叫那些没经处理过的玉石叫做"璞";周国人把没有制成干肉的老鼠叫做"璞"。

有一次,周国有一个人怀揣着他的璞,对郑国的一个商人回答说:"你想买璞吗?"

郑国的商人说:"想买。"

周国人便从怀里掏出他的璞来看,原来竟然是一只老鼠。郑国商人十分惊愕。

煮豆诗

“煮豆诗”比喻自家人自残骨肉是残酷并令人惭愧的事。

此典出自刘义庆《世说新语·文学》:“文帝尝令东阿王七步作诗,不成者行大法。应声便为诗曰:‘煮豆持作羹,漉豉以为汁。其在釜下燃,豆在釜中泣:本是同根生,相煎何太急?’帝深有愧色。”

魏文帝曹丕命令他弟弟东阿王曹植在七步之内作出一首诗,假如作不出来就要把曹植杀掉。曹植应声就作出一首诗,说:“煮豆子磨豆浆,榨豆子做豆汁。豆秆在锅底燃烧,豆子在锅里哭泣:你我本来是一条根生的,你为何熬煎我这样急?”魏文帝听了,脸上露出很惭愧的神色。

按图索骥

“按图索骥”比喻读书死,死读书。

此典出自杨慎《艺林伐山》卷七:“伯乐《相马经》有‘隆颡蚨日,蹄如累曲’之语,其子执《马经》以求马,出见大蟾蜍,谓其父曰:‘得一马,略与相同,但蹄不如累曲尔’。伯乐知其子之愚,但转怒为笑曰:‘此马好跳,不堪御也’。所谓‘按图索骥’也。”

春秋时,秦国有一个叫孙阳的人,他有着独特的识别马匹的能力,人们都称他为伯乐(“伯乐”本来是天上的星名,据说负责管理天马)。有一次,孙阳路过虞板,忽然发现一匹拉着盐车的马冲着他一直叫,他走近一看,原来是一匹千里马。孙阳眼见这样一匹好马拉着盐车慢慢慢地走,觉得太委屈这匹马了,不禁因同情而伤心起来。那匹马见孙阳果然了解它,接着就吐白沫,仰头狂叫,声音十分悲壮,同时又好像是高兴的样子。

后来,孙阳把他识别马的经验写成了一本书,还配上各种马的形态图。孙阳的儿子学了这本书,以为自己学会了父亲识别马的本领,于是拿着这本书到处去找好马,可是由于他只从图样上去识别,没有实际知识和经验,所以找来找去,不但没找到一匹千里马,而且还闹出了这样一个大笑话。

有一天,他的儿子拿着这本《相马经》去找好马,看见一个大蟾蜍(癞蛤蟆),对他父亲说:“我找到一匹好马,与《相马经》上写的大致一样,就是蹄子不一样。”伯乐知道儿子根本不会相马,但转怒为笑幽默地对儿子说:“这匹马好跳,不好驾驭。”

炳烛之明

“炳烛之明”比喻少年不努力,老大徒伤悲的情况。

此典出自《说苑·建本》:“少而好学,如日出之阳;壮而好学,如日中之光;老而好学,如炳烛之明。炳烛之明,孰与昧行乎?”

晋平公问师旷说:“我今年快七十岁了,想要学习,可能已经太晚了罢!”

师旷说:“您为什么不点燃蜡烛来照明呢?”

晋平公说:“你听说过有当人臣的戏弄国君的吗?”

师旷说:“盲臣哪里敢和国君开玩笑呀!臣听说:少年而好学习,像早晨温和的阳光;壮年而好学习,有如中午的太阳光;老年而好学习,好似点燃了蜡烛照起亮光来。点燃了蜡烛照起亮光,还有谁会在昏暗中摸索着行进呢?”

晋平公说:“好极了!”

博闻强记

“博闻强记”形容一个人见多识广，记忆力强。

此典出自《史记·屈原贾生列传》：“屈原者，名平，楚之同姓也。为楚怀王左徒。博闻强志(同‘记’)，明于治乱，娴于辞令。”

屈原出身于楚国的王族，有深厚的文化教养和卓越的政治才能。楚怀王时，官至左徒、三闾大夫，曾直接参与楚国内政外交的重大决策，楚怀王一直非常信任他。可是由于当时统治楚国的贵族集团腐朽顽固，贪婪好利，而屈原则坚持“联齐抗秦”的外交路线和“立法图治”、“选用贤才”的政治措施，所以遭到反动的贵族集团的排挤和打击。他先是遭谗被罢职，接着被流放。

在长期的流放生活中，屈原还一直是十分关心自己的祖国和人民的命运。但眼见楚王昏庸，奸臣当道，楚国已无可挽回地败落了，他怀着悲愤的心情，写下了不少著名的诗篇，如《离骚》、《天问》、《怀沙》等，揭露楚国黑暗混乱的现实，遣责反动贵族集团祸国殃民的罪行，同时陈述了自己的政治理想。公元前 278 年，秦国大举攻楚，破楚都，楚君逃亡，楚国面临亡国的危机。屈原感到十分悲愤绝望，于是投汨罗江而死。

对于屈原的一生，尤其是在政治上的宏伟抱负和深远的预见，《史记》作者司马迁深感敬佩和同情。屈原传记的一开头，司马迁就写道，屈原见多识广，记忆力强，懂得古往今来治乱兴亡的道理，擅长交际应酬的语言，是一位非常了不起的人物。

不耻下问

“不耻下问”的意思是不以向学识、地位不如自己的人请教为耻。

此典出自《论语·公冶长》：“子贡问曰：‘孔文子何以谓之‘文’也？’子曰：‘敏而好学，不耻下问，是以谓之‘文’也。’”

春秋时，卫国有一位叫孔文的大夫，死后被谥为“文”。子贡就这件事询问孔子说：“孔文子为什么谥为‘文’？”孔子回答说：“他聪明灵活，爱好学问，并且十分谦虚地向地位不如他的人请教，不以为是耻辱，因此用‘文’字作他的谥号。”

屈原像，图出自明·天然撰《历代古人像赞》。

不落窠臼

“不落窠臼”比喻不落俗套，有独创风格。多指文章、艺术作品。

此典出自《红楼梦》第七十六回。

《红楼梦》中描写的大观园里，有座凹晶馆。山的高处叫凸碧，山洼处叫凹晶。一年的中秋节晚上，林黛玉和史湘云一块儿在大观园里赏月。史湘云对林黛玉说：“这山凹里靠近水池边有座凹晶馆。山的高处叫凸碧，山洼靠水池处叫凹晶。这‘凸’、‘凹’二字，历来用的人最少，现在用来作轩馆的名子，更觉新鲜，不落窠臼。”

不求甚解

“不求甚解”原来是指读书只领会要旨，不在文句上下功夫。比喻学习不认真，不求深入了解，或比喻了解情况不深入。

此典出自晋代陶潜《五柳先生传》：“好读书，不求甚解。”

从前一个人，由于他住宅旁边有五棵柳树，因此大家都叫他五柳先生。五柳先生一直沉默寡言，不太爱说话，可是他对各种问题都喜欢思考，对各种社会现象都十分留心观察，并且有他独到见解。不大喜欢说话，并非他的天性，一旦遇到知己，他一样也慷慨激昂地抒发胸中的积闷，抨击官场的劣迹、社会的弊端。他“好读书”，但“不求甚解”，一心领会它的精要之处。一旦解除了一个疑团，懂得了一些新的道理，便乐得手舞足蹈，有时甚至废寝忘食。五柳先生尤其可贵之处是不羡慕名利，不愿奉迎拍马，对那些仗势欺人高高在上的官僚，他非常轻蔑鄙视他们，总是避而远之。由于他不愿与世浮相处，所以隐居故里。

不识车轭

“不识车轭”讽刺那些不仅不善于学习，而且蛮横不可一世的人。

此典出自《韩非子》。

郑县有个人，一天偶尔捡到一个车轭。

他不知道那是什么东西，就问人说：“这是什么东西呀?”那人回答说：“这是车轭。”

不一会儿，他又捡了一个车轭，仍然又问那人说：“这是什么东西呀?”人家又告诉他说：“这是车轭。”

他听了后勃然大怒，喊道：“先前说是车轭，现在又说是车轭。那里会有这么多车轭?这分明是你故意欺骗我!”接着，竟然就和人家打了起来。

不学无术

“不学无术”，原指没有学问因而没有办法，现指没有学问和没有本领。

此典出自《汉书·霍光金日磾传》：“然光不学亡术。暗于大理……”

东汉时期的著名史学家、文学家班固，用了二十年的时间写了一部《汉书》，在《霍光传》的卷末，他写了这样一赞语：

汉代的大司马大将军霍光，因为生前犯了一个大错误而导致死后祸灭九族之罪。原来霍光是朝廷上一位非常重要的大人物，受到朝野上下崇拜。他跟随汉武帝二十八年，深得皇帝的器重。汉武帝刘彻临终时，将幼子弗陵交给他辅佐。汉昭帝死后，他又改立刘询为皇帝。霍光掌握朝廷上的军政大权长达四十多年，可以说是对刘氏朝廷功勋显赫。然而，有一件事情他没有做对，并因此而带来了祸患。

那是刘询刚刚继承皇位的时候，霍光的妻子出于私利，想把小女儿成君嫁给刘询做皇后。可是刘询立了许妃为皇后，霍光妻子因此想害死许妃。她买通了女医淳于衍，趁许妃生病的时候，就下毒药谋害了她。许后暴死后，朝廷逮捕了女医淳于衍，关进大牢里严加审问。这件事霍光事先并不知道。他的妻子看女医下了狱，害怕事情败露，才如实告诉了丈夫。霍光一听，大为惊骇，想去告诉刘询，又不忍心让亲人下狱，便将此事隐瞒起来，还替女医说情，把案子压下来了。

然而没有不透风的墙，纸里是包不住火的。等霍光死了以后，有人把这件事向皇帝告发了。皇帝派人调查处理这个案子。霍光妻子和家里人听到风声，又惊又怕。自知性命难保了，便生了杀机，竟然企图谋反朝廷，召集兄弟姊妹女婿一同策划举事。没想到朝廷早已发觉他们的计谋，派兵将霍氏家族搜捕、杀戮。因这个案子受连累的近亲、远戚竟然有几千户人家，都被诛杀。

霍光像，图出自《三才图会》。

仓颉造字

“仓颉造字”说明，一个人说点好事并不难，难在疲于应付。

此典出自《淮南子·本经训》：“昔者苍颉作书，而天雨粟，鬼夜哭。”

汉代高诱注：“苍颉始视鸟迹之文造书契，则诈伪萌生；诈伪萌生，则去本趋末，弃耕作之业，而务锥刀之利。天知其将饿，故为雨粟；鬼恐为书文所劾，故夜哭也。鬼或作兔，兔恐见取豪（毫）作笔，害及其躯，故夜哭。”

这段话意思是说：

黄帝时期，有一个史官叫仓颉，他观察鸟兽的足迹并从而受到启发，就创造了文字。传说他创制文字时，天上降下粟米，鬼在夜间哭泣。因为天担心人们学会文字后，都去从事商业而放弃农耕，造成饥荒。鬼怕人们学会文字后，会作疏文弹劾它们，因此才在夜间哭泣。还有一种说法，兔子在夜间哭泣。因为兔子害怕人们学会文字后，取它们身上的毫毛做笔，从而危及它们的性命，因此才在夜间哭泣。

曹冲称象

“曹冲称象”称颂年幼而又聪慧的人。

此典出自《三国志·魏书·曹冲传》。

曹冲，字仓舒，是曹操的妃子环夫人所生，从小就聪明伶俐。五六岁时，他所表现的智力，已经达到了成年人的水平。有一次，孙权赠给曹操一只大象，曹操想知道这只大象到底有多重，问部下人有没有什么办法可以称一称。然而，人们都感到没有任何办法。曹冲说：“把象牵到大船上，在船舷边标出它的吃水线，接着把大象牵下船，把称过的东西放到船上，直到船下沉到所刻记号为止，这样一来就可以算出大象的重量了。”曹操听了很高兴，马上吩咐部下按曹冲说的方法去办。

刀穿单衣

人们用“刀穿单衣”这一寓言说明，有的孩子，小小年纪，便足智多谋。

此典出自《三国志·魏书·曹冲传》：“冲于是以刀穿单衣，如鼠啮者，谬为失意，貌有愁色。”

曹操有个小儿子叫曹冲。曹冲自幼聪慧过人，深得曹操的欢心。可惜，曹冲年仅13岁就病死了，曹操因此十分伤心。

那时，国家多战乱，而且用刑十分严酷。有一次，曹操的马鞍放在仓库里，被老鼠咬破了，守库的官吏十分害怕，觉得自己一定会被处死，想把自己反绑起来向曹操请罪，但又担心终究是免不了一死。曹冲对库吏说："等到第三天中午，你再去请罪。"曹冲于是用刀戳破了自己的单衣，就像被老鼠咬破的一样，接着又装作遇到了不称心的事，面带愁容。曹操问他为什么不高兴呢？曹冲回答道："世上的人都认为，假如被老鼠咬破了衣服，衣服的主人是不吉利的。现在我的单衣被老鼠咬破了，因此我感到担忧。"曹操就安慰他说："这些说法是没有根据的，你不要为这件事感到愁苦。"不一会儿，库吏前来禀报老鼠咬坏了马鞍的事，曹操笑着说："我儿的衣服放在自己身边，尚且被老鼠咬破了，更何况马鞍挂在柱子上，能不被咬吗？"他对这件事一点都不追问。

相诟于途

"相诟于途"，讽刺迂腐浅薄的道学家。

此典出自《笑林》。

有两个人在路上互相叫骂，甲说："你欺心！"乙也说："你欺心！"甲骂道："你没有天理！"乙也骂道："你没有天理！？"

有一个道学先生听见了，对他们的门徒们说："你们听道了，他们二人是在讲学呀！"

门徒们说："互相叫骂，怎么能称作讲学呢？"

道学先生说："他们二人说'心'、说'理'，不是讲学是什么？"

门徒们说："既然是讲学，那为何要互相对骂？"

道学先生说："你看如今的道学先生们，又有谁是互相和睦的？"

短小精悍

"短小精悍"原指身材矮小但精干。后来，人们常用"短小精悍"形容文章或发言等简短而有力。

此典出自《史记·游侠列传》："解（郭解）短小精焊，不饮酒。"

自周末到汉代，社会上就曾出现了一批不顾统治阶级的法律、道德的压制，轻生重义，排难解忧，扶危济困的人物，称为"游侠"。

游侠志士的仗义行为得到了广大人民的尊敬。可是，统治阶级却把他们视为暴徒而横加杀害。一些代言人也对他们进行污蔑和诋毁。《史记》作者司马迁在这个问题上和统治阶级的代言人具有截然不同的观点。不但给他们立传，而且给予很高的评价和热烈的颂扬。在所记述的汉代游侠中，有一个叫郭解的人，字翁伯。这个人身材短小精悍，善于克服自己的缺点，是一位"以德报怨"、"厚施而薄望"和"不矜其功"的游侠。许多游侠都把郭解引为自己的榜样。后来由于郭解杀人，所以全家被杀。司马迁十分惋惜郭解这样的人竟未能善终。

狗尾续貂

"狗尾续貂"比喻用次品续在珍品之后，多指文艺作品后来续写的不如原来的好。

此典出自《晋书·赵王伦传》："同谋者超阶越次，不可胜纪……每朝会，貂蝉满座。

时人为之谚曰：‘貂不足，狗尾续。’”

《晋书·赵王伦传》里有这样二句：“貂不足，狗尾续。”用来讥讽赵王伦封爵太滥，只要参加篡位的同谋者，不管是什么身份，一律加封爵位。赵王伦，于魏嘉平初年，被封为乐亭侯，后来被拜为谏议大夫。他与孙季勾结，谋害太子之后，又制造了个宣帝命他早入西宫的神话。舆论造足之后，就带兵五千自端门而入，僭即帝位。从那以后，他便滥封官爵，不管有功无功，只要那些投合他心意的人，都一一加官晋爵。由于爵位太多，所封官员的帽子上的貂尾就不够了，实在没有办法，只好用狗尾来代替。正如一件珍贵的貂皮，续上一条狗尾巴充数一样。貂鼠的皮革是何等珍贵，但续上一条下贱的狗尾巴，这样怎能相称呢？当时人们对这种怪现象很不满，就讽刺地说：“貂不足，狗尾续。”

顾名思义

“顾名思义”的意思是，看到名称就联想到它的含义。

此典出自《三国志·魏书·王昶传》：“故知足之足常足矣。览往事之成败，察将来之吉凶，未有干名要利，欲而不厌，而能保世持家，永全福禄者也。欲使汝曹立身行己，遵儒者之教，履道家之言，故以玄默冲虚为名，欲使汝曹顾名思义，不敢违越也。”

王昶，字文舒，三国时期晋阳人。王昶在写给侄子、儿子的信中，对他们再三教导说：“人们常说：‘假如不知满足，反而要失去所要得到的东西。’因此，只有知足的人，才能够永远感到满足。回顾以往事业的成败，观察未来事情的吉凶，从来没有求名逐利、贪而不足的人，能够于世有功、保持家业，永远保全福祉俸禄的。我想教你们学会安身立命、恭行实践，遵循儒家的教诲，履行道家的理论，因此用沉静无为、淡泊虚静的字来给你们起名字，以使你们看到名字就联想到它的含义，从而在行动上不敢违反。”

怪哉冤虫

“怪哉冤虫”比喻人有冤愤，郁结难消。

此典出自《太平广记》：“汉武帝幸甘泉，驰道中有虫，赤色，头、牙、齿、耳、鼻尽具。观者莫识，帝乃使东方朔视之，还对曰：‘此虫名怪哉’。昔时拘系无辜，众庶愁怨，咸仰首叹曰：‘怪哉！怪哉！’盖感动上天，愤所生也，故名‘怪哉’。”

秦始皇统一六国后，就建立起中央集权统治，推行严刑峻法。很多无辜百姓也被关在狱中，饱受折磨。

到了西汉时期，有一次汉武帝乘车前往甘泉宫。行至长平坂道中，走在前面的随从发现大路上有一种奇怪的虫，全身红得发紫，长着类似人的头和眼睛、嘴巴、牙齿等。大家都感到惊奇，立即跑去报告汉武帝，汉武帝派了些有学问的人去察看，但谁也说不出这是什么虫。

汉武帝有一个臣子叫东方朔，十分聪明博学。他也跟着汉武帝，在后面的车中。汉武帝派人叫东方朔去看虫，东方朔说：“这是因为秦代囚禁无辜的老百姓在狱中，大家心中忧愁，糊里糊涂地吃了官司，都仰头叹息‘怪哉’。这种虫就是忧冤之气所结，名叫怪哉。这个地方一定是秦代的监狱。”汉武帝派人去拿地图来对照，这里真的是秦代设监狱的地方。

汉武帝又问东方朔，该用什么方法对付这种虫。东方朔说：“一旦人有忧愁，都喜欢用酒来化解。这种虫是忧冤所结，想一想也许用酒可消解。”汉武帝命人取了酒来。随从们将虫捉来放到酒里，没过一会儿就消散了。大家十分佩服东方朔无所不知，真是世间奇才。

汗牛充栋

“汗牛充栋”形容藏书很多。

此典出自唐代柳宗元《河东先生集·陆文通先生墓志》:“其为书,处则充栋宇,出则汗牛马。”

唐代时,有一个叫陆质的学者,字伯冲,谥文通。他对于孔子的《春秋》研究的十分深入,曾讲学二十年,著书十年,编有《春秋集注》、《春秋辩疑》、《春秋微旨》等书,对当时和后世的学者有很大的影响。

陆文通死后,文学家柳宗元写了一篇悼念他的墓表《陆文通先生墓志》。在这篇墓表里,柳宗元写道:孔子作《春秋》差不多有一千多年了,多少人潜心地研究它,为它注解、评议,发表了各种各样的意见,并且互相争论,总以为自己说的有道理,写出的有关书篇,假如堆在屋子里,要遍及整屋,高及栋梁;假如用牛马来运,牛马也要累得满身大汗。接着,柳宗元就介绍了陆质对于《春秋》研究的独到之处,说了一些赞扬的话。

郝隆晒书

“郝隆晒书”指很有学问,好像肚子里装满了书籍。

此典出自《世说新语·排调》:“郝隆七月七日出日中仰卧。人问其故?答曰:‘我晒书。’”

晋代,在民间有一个习俗:农历七月七日这一天,每家都要晒衣物。这对于有钱人家来说,可以说也是一个非常炫耀豪富的好机会;可是对穷人来说,却是一个难堪的日子。因此,有些性情狂放的读书人,没有什么华贵的衣物晾晒,就把一些破旧的东西挑得高高的,让它迎风招展,以标榜自己愤世嫉俗、与众不同。

郝隆(字佐治,汲郡人,曾任征西参军)在农历七月七日这一天,看到别人都在外晒衣服,而他却走出室外,露出肚皮躺在庭院中,大晒其肚皮。别人问他在干什么啊?郝隆回答:“我晒肚子里的书。”

郝隆怎么产生袒腹晒书的念头呢?原来,东汉陈留的一个才思敏捷、出口成章的才子边韶(字孝先,汉桓帝时期任尚书令),曾说过:“腹便便,五经笥(sì)”。意思是说:“大肚子圆圆啊,是容纳五经的好盛器。”郝隆得到了启发,袒露肚皮,号称晒书,从而炫耀自己满腹经纶,是个才子。

囫囵吞枣

“囫囵吞枣”比喻不求甚解。

此典出自《湛渊静语》。

有人说:“梨子虽然对牙齿有益处,却会损害脾脏;枣子虽然对脾脏有好处,却会损害牙齿。”一个傻乎乎的青年人想了很久,猛然醒悟地说:“假如我吃梨子,就只嚼不吞,那样的话就不能伤害我的脾脏了;假如我吃枣子,就只吞不嚼,那样的话就不会伤害我的牙齿了。”有个和他很熟识的人跟他开玩笑说:“你真是囫囵吞下个枣子啊。”满座的人都笑得前俯后仰。

豁然开朗

“豁然开朗”原形容眼前一下出现了开阔明朗的境界。后比喻忽然领悟了某种道理。

此典出自晋代陶潜《陶渊明集·桃花源记》:"初极狭,才通人。复行数十步,豁然开朗。"

东晋时候,有一位有名的文学家姓陶名潜,字渊明,世号靖节先生。陶渊明虽然出身士族,但家世早已败落了。他青年时代怀着为国家建功立业的壮志,再加上为生活的贫困所迫,曾经几次出仕。可是因为不肯与士族社会同流合污,政治抱负得不到施展,于四十一岁弃官,一直过着躬耕隐居的生活。

因为那时候战乱不止,人民十分渴望安定。陶渊明受到这种愿望的感染,在五十七岁时,作了《桃花源》一诗并为此作记。

在《桃花源记》中,陶渊明假想一个武陵(今湖南常德)人发现了一个与世隔绝的桃花源。那个地方刚进去时很狭窄,仅仅可以通过一个人,又走了几十步,豁然开阔。原来,这是一个山清水秀,鸡犬相闻,竟然是人们安居乐业的世外桃源。

击瓮救童

"击瓮救童"的故事描述了儿童的机智聪明。

此典出自《宋史·司马光传》:"光生七岁,凛然如成人,闻讲《左氏春秋》,爱之,退为家人讲,即了其大指。自是手不释书,至不知饥渴寒暑。群儿戏于庭,一儿登瓮,足跌没水中,众皆弃去,光持石击瓮破之,水迸,儿得活。其后京、洛间画以为图。"

司马光(公元1019—1086年),字君实,北宋陕州夏县(今山西夏县)人,杰出的史学家,宋仁宗(赵祯)宝元年间(公元1038—1040年)考取进士,宋神宗(赵顼)时,出任御史中丞。宋神宗熙宁(公元1068—1077年)年间,王安石开始推行新法,因为司马光和一些保守派都极力反对,于是被贬。宋哲宗(赵煦)即位,司马光入朝为相,将新法全部都废了,恢复旧制。司马光著有《资治通鉴》、《司马文正公集》等。

司马光长到七岁时,稳重练达,居然像个成年人似的。听人讲解《左氏春秋》一书,他便对此产生了浓厚的兴趣,于是回来对家里人讲述。从此以后,他手不释卷,刻苦钻研,甚至到了不知饥渴冷热的程度。有一次,一群孩子在庭院里玩耍,有一个小孩爬上一只大瓮,一失足,跌进瓮中,被水淹没了。所有的孩子都十分害怕,纷纷跑了。这时,只见司马光拿起石头把大瓮击破,瓮中的水一下子流出来了,那个落水的小孩得救了。

司马光像,图出自明·天然撰《历代古人像赞》。

江郎才尽

"江郎才尽"比喻才思枯竭,写不出好的作品了。

此典出自《南史·江淹传》。

江淹，字文通，是梁朝人。他年少的时候，家里十分贫穷，可他依然肯用功读书。后来文章和诗都写得极好，在那时享有很高的声誉。官至光禄大夫。然而，到他老年，不但文章没有写得比以前好，甚至还有了退步，诗也写得平淡了。当时，人们传说他有一次乘船停在禅灵寺的水边，梦见一个自称名叫张景阳的人向他讨还一匹绸子，他从怀里掏出仅剩的几尺，所以以后写出的文章便不精彩了。又说他有一次在凉亭睡觉，在梦中一个自称名叫郭璞的人向他讨还毛笔，他从怀里掏还一枝五色笔，所以以后写出的诗篇就没有名篇了。

江淹的文章和诗到老年退步的传说是事实。但退步的理由却不是上面传说的那两个神话，而是他自己的思想深处错误地认为什么事情都应该知足，错误地认为人生应该及时地行乐，不要过于自苦，导致到后来不能坚持学习和刻苦奋进，所以他的文章和诗词都退步了。可是那时的人，见到江淹年轻时的才气很高，年老后反而退步，都说他可能是“才尽”了。

将勤补拙

“将勤补拙”指用勤奋补救笨拙，含自谦之意。

此典出自唐代诗人白居易《自到郡斋，公经旬日，方专公务，未及归游，偷闲走笔题二十四韵》诗：“救烦无若静，补拙莫如勤。”

公元825年，唐敬宗李湛任命大诗人白居易为苏州刺史。那时的苏州就是一个交通发达，商业繁盛，而且人口众多的重镇。白居易被派到苏州任职，深感自己肩负着重大的责任。

因此到职以后，白居易顾不上旅途的疲劳，也没去玩赏苏州的名胜古迹，立即投入到了紧张的工作中去。他立即召集下属，询问公务，调查研究，制定治理措施，每天从早出晚归，有时甚至工作到深夜。白居易酷爱饮酒和音乐，可是到苏州以后，因为公务繁忙，往往十天来滴酒不沾，半个月也不听一次音乐。

后来，白居易给他的朋友写了一首诗，谈了自己那段时间的心情，他在诗中写道：自己笨拙，担当不起苏州刺史这样的重任，只有用勤奋来补救外，没有其他办法。白居易以“将勤补拙”、勤政爱民的举动深得苏州人民的爱戴和崇敬。

举一反三

“举一反三”比喻善于推理，能由此知彼。

此典出自《论语·述而》：“举一隅不以三隅反，则不复也。”

孔丘是我国历史上的一位教育家，传说，他门下的弟子有三千多人。《论语》是记录孔丘以及他和他的学生对话的一本书。

据这本书的《述而》中这样记载，有一天孔丘对他的学生们说：我指出一个墙角，你们就应该学会独立思考，融会贯通，从而联想推类到剩下的三个墙角，并用能够用其余三个墙角来反证我指出的一个墙角；如果不这样学习和灵活运用，那么我就不再教你们了。

绝妙好辞

“绝妙好辞”形容极妙的文辞。

此典出自《世说新语·捷悟》。

东汉时，会稽郡上虞县有一个孝女，叫曹娥。她的父亲曹盱会唱歌跳舞，有人说他居然能迎来神仙。东汉顺帝汉安二年农历五月五日（公元 143 年），曹盱为了迎接伍君神，乘船沿江溯流而上，没想到却被洪水吞没，最终连尸体都找不到了。当时，曹娥只有十四岁，悲号痛哭，十分想念父亲。她把一个瓜放到江上，说：“假如父亲的尸体在这里，瓜儿你就沉下去。”她等了十七昼夜，也哭了十七昼夜，瓜儿突然下沉了，曹娥马上投到江里，自杀了。

上虞县的县令度尚很敬佩她，为她改葬，并命弟子邯郸淳为她撰文立碑，这就是有名的曹娥碑。

杨修像，图出自《图像三国志》。

魏武帝曹操曾经路过曹娥碑下，主簿杨修（字德祖）也一起跟随着。曹操见碑背上题刻着“黄绢幼妇，外孙齑臼”八个字，他感到困惑不解，不知道是什么意思，于是就问杨修说：“你懂得这是什么意思吗？”杨修说：“我知道它是什么意思。”曹操说：“你先不要说，等我考虑考虑再说。”等到向前走了三十里路以后，曹操才说：“我已经弄明白了。”于是叫杨修把自己的想法写了下来，杨修说：“这八个字，是另外四个字的隐语。‘黄绢’，是有颜色的丝，比喻‘绝’字；‘幼妇’，说的是少女，比喻‘妙’字；‘外孙’，是女儿的儿子，比喻‘好’字；‘齑臼’，就更容易。‘齑’，是切细的酱菜或腌菜，并且带有辛辣味儿。把它放在臼里，臼就要承受辛辣之物。‘受’和‘辛’合起来就是‘辞’。因此，‘黄绢幼妇外孙齑臼’这八个字的隐语是：‘绝妙好辞’。”曹操已经把自己的见解记下来了，正与杨修的说法几乎相同。曹操十分感叹地说：“我的才智远不如您，走了三十里路，才想出来啊！”

刻烛击钵

“刻烛击钵”形容文思敏捷，作诗迅速。也可用以形容文人集会赋诗。

此典出自《南史·王僧孺传》。

南朝齐国的竟陵王萧子良礼贤下士，十分敬重人才，萧文琰（兰陵人）、丘令楷（吴兴人）、江洪（济阳人）等一些文人才子都聚集在他的门下，每日吟诗作赋，展示自己的才华。有一次，竟陵王萧子良在夜晚召集学士们一起饮宴，吟诗作赋。他为了判断谁的诗才敏捷，萧子良在燃烧的蜡烛上刻有记号，规定在蜡烛燃烧地一寸的时间内，就要写成四韵八句诗，用这个为时间标准。文士萧文琰说：“烧完一寸蜡烛的时间作出四韵八句诗，这有什么难的！”于是，他与丘令楷、江洪等人以敲击铜钵为时间标准作诗，铜钵的响声停止时，他们便都写好了诗。

口耳之学

“口耳之学”是指耳朵听进去后，只挂在嘴上说说，并没有真正受益。现常用来指道听途说中所知道的一知半解的知识。

此典出自《荀子·劝学》：“小人之学也，人乎耳，出乎口。”

《劝学》是荀况表明自己的教育思想的一篇文章。荀况认为，人的知识不是天生的，而是后天学习、教育与环境影响而取得的。学习是没有止境的，要“锲而不舍”，“用心一也”，不可以死读书，也不可以浅尝辄止，杂而不专。

荀况写道：君子对于学习，听在耳里，记在心中，表现在一举一动上，所以他即使是极细微的一言一行，都有可能成为别人学习的榜样。小人对于学习，听在耳里，说在嘴上。嘴和耳之间的距离不过四寸，听在耳里说在嘴上怎么能利于自己品德的提高呢？那些古代的人，学习是为了提高自己；而现在的人，学习是为了给别人看。君子学习，是为了陶冶自己的情操；小人学习，则是为了四处卖弄，讨人喜欢。因此，别人没有问就去告诉人家叫做急躁，问一个问题却要告诉别人两个问题就是啰嗦。所以，君子回答问题也要适度。

脍炙人口

“脍炙人口”比喻人人赞美和传诵（多指诗文）。

此典出自《孟子·尽心下》：“脍炙，所同也；羊枣，所独也。”

春秋时的曾参是个非常孝顺的人。他的父亲曾皙喜欢吃羊枣（一种野生小柿子，俗名牛奶柿）。曾皙死后，曾参竟不忍心再吃羊枣。所以被儒家相传为美谈。

有一次，孟子的学生公孙丑就这件事向孟子提出了疑问：脍炙（精美的肉食）和羊枣哪一个更好吃呢？孟子说：当然是脍炙好吃。公孙丑说：那么曾参父子一定都爱吃脍炙了，可为何父亲死后，曾参只戒羊枣，不戒脍炙呢？

孟子回答说：脍炙，是大家都爱吃的；羊枣却是曾皙的个人嗜好，因此曾参继续吃脍炙而不吃羊枣。

力透纸背

“力透纸背”原形容书法遒劲有力。后形容诗文立意深刻，句句精炼。

此典出自唐代颜真卿《述张长史十三笔意》：“用锋常欲使其透过纸背。”又见清·赵翼《瓯北诗千方百计》卷六：“（陆游诗）意在笔先，力透纸背。”

南宋的陆游是一位才华十分出众的大诗人。他一生创作诗歌非常多，今存九千多首，诗的内容极为丰富。他的诗，大多都抒发政治抱负，反映人民疾苦，批判当时统治集团的屈辱求和，风格雄浑豪放，表现出一种渴望恢复国家统一的强烈感情。其中《关山月》、《书愤》、《农家叹》、《示儿》等篇均为世人所传颂。他抒写日常生活的诗，也有不少清新之作。明代文学家杨慎说，陆游的诗其纤丽之处像秦观，雄慨之处像苏轼。清代诗人赵翼在《瓯北诗话》里评论陆游的古体诗时说：“陆游的诗才气豪放，意境清新。他在写诗之前，构思精妙，所以写出的东西立意深刻，语句精炼，力透纸背。”

凌云健笔

“凌云健笔”形容文笔雄健，才气非凡。

此典出自《史记·司马相如列传》:“相如以为列仙之传居山泽间,形容甚臞,此非帝王之仙意也,乃遂就《大人赋》……相如既奏大人之颂,天子大说,飘飘有凌云之气,似游天地之间意。”

西汉人司马相如十分擅长辞赋。他在客居梁国的时候,写了一篇《子虚赋》,文章主要是写帝王贵族田猎的盛况,以及皇帝的苑囿之大。汉武帝读了《子虚赋》后十分称赞文中描写的境界。司马相如看到汉武帝喜好成仙得道之事,于是就对汉武帝说:“我写的《上林赋》描写了上林苑中令人神往的佳境、美事,然还不够味,还有比这更令人神魂颠倒的。我正在写《大人赋》,描写那种超然高举、飘飘欲仙的境界,现在还没有写完,等到写完之后奉献给您。”司马相如推测,历来传说群仙都居住在山泽之间,形貌清瘦,这种说法可能不符合汉武帝对成仙得道的理解和追求。于是,他投其所好,写出了《大人赋》,极力渲染仙道之乐。他把《大人赋》献上之后,汉武帝看了之后龙心大悦,觉得自己就像真的驾上了彩霞祥云,在天地之间畅游一样。

马头草檄

“马头草檄”檄:檄文,古代征召或声讨一类的文书。人们用“马头草檄”来形容文思敏捷。

此典出自《旧唐书·薛收传》:“秦府记室房玄龄荐之于太宗,即日召见,问以经略,收辩对纵横,皆合旨要。授秦府主簿,判陕东道大行台金部郎中。时太宗专任征伐,檄书露布,多出于收,言辞敏速,还同宿构,马上即成,曾无点窜。”

薛收,字伯褒,是隋朝内史侍郎薛道衡的儿子。薛收在十二岁时,就能够写出一手好文章。隋炀帝(杨广)大业末年(公元 605—618 年),郡里推举薛收为秀才,可是他并不答应。

那时,天下英雄豪杰并起,要推翻隋朝的统治。薛收隐居在首阳山,准备待机而起。秦府记室房玄龄向李世民推荐薛收,唐太宗当天就召见他,向他询问治国平天下的方略,薛收纵横捭阖,讲得头头是道,十分符合唐太宗的心意。唐太宗授予他秦府主簿的官职,并兼任陕东道大行台金部郎中。当时,唐太宗集中精力征战讨伐,征召或声讨一类的文书、捷报、布告,大都是由薛收起草写成的。薛收草拟文稿时写得特别快,有时在马上写成的文稿,就像事先写好的一样,每一句话都不需要改动。

司马相如像,图出自《大汉三合明珠宝剑全传》。

妙笔生花

“妙笔生花”意思是用来称赞别人杰出的写作天才。

此典出自五代王仁裕《开元天宝遗事·梦笔头生花》。

唐代诗人李白是继屈原之后我国古代伟大的浪漫主义诗人。他的诗歌在我国文学史上占据着十分重要的地位。传说，他少年时做过一梦，梦见他的笔头上生了花。于是后来便天才赡溢，文思敏捷，斗酒百篇，超群出众。

可是今天看来，李白在诗歌创作上的伟大成就，并不是因为那个奇怪的梦，而是他丰富的经历和刻苦学习的精神换来的。

奈何姓万

“奈何姓万”这个故事说明：学习不可浅尝辄止。

此典出自《贤奕编·应谐录》。

汝水边上有一个土财主，家里十分富裕，可是他们几代人都不认识一个字。有一年，他聘请楚地一个读书人教他儿子。先生先教他儿子握笔描红，写一画先生对他说：“这是一字。”写两画先生又对他说：“这是二字。”写三画说：“这是三字。”他儿子便高高兴兴地把笔一丢，跑到父亲那里说：“我已经学会了，我已经学会了！可以不必麻烦先生，再交学费了，还是辞退了他吧。”父亲听了很高兴，依了他的主张，打点了一些报酬把先生打发走了。

过了一段时间，财主打算请一个姓万的朋友来喝酒。一大清早起来叫儿子写请帖。很久了还没写完，父亲便去催促。他儿子大发脾气说：“天下的姓多得很，为什么他一定要姓万？我从清早一直写到现在，可到现在才写完了五百画。”

刚刚懂得一点道理的读书人，偶然有了一点心得，就立刻沾沾自喜地骄傲起来，可能就像这个富翁的儿子吧。

排沙简金

“排沙简金”的意思是，排除沙粒，挑出金子。人们用它比喻精心筛选，去粗取精。

此典出自《世说新语·文学》：“潘文烂若披锦，无处不善；陆文若排沙简金，往往见宝。”

东晋大文学家孙绰（字兴公）曾经说过这样一段话：“潘岳（字安仁）的文章写得非常好，灿烂多彩好像披着锦绣，没有一个地方不好；陆机（字士衡）的文章虽然不是全篇都好，但也有很多精彩之处，就像要排除沙粒，选择金子一样，一般也能发现宝贝。”

徘徊歧路

“徘徊歧路”表示在岔路上徘徊，比喻犹豫不决。

此典出自唐代骆宾王《为徐敬业讨武曌檄》：“若其眷恋穷城，徘徊歧路，坐昧先几之兆，必贻后至之诛。请看今日之域中，竟是谁家之天下。”

武则天掌握唐代政权以后，便打算建立大周王朝，自己好当女皇。唐朝开国功臣李勣的长孙徐敬业知道此事后，便以扬州为根据地，准备起兵反对武则天。

徐敬业为了扩大自己的影响，发展势力，以便号召人们起来推翻武则天，就请那时有名的文学家骆宾王帮他写了一篇声讨武则天的檄文。

骆宾王在檄文中一条条列举武则天的罪状，号召皇亲国戚都起来反对武则天。檄文的最后严正地告诉他们说："假如你们还留恋自己的城池，迟迟不选择自己的道路，耽误早日立功的机会，就一定要按违命而论处。请你们认识清楚，今天的中国，到底是哪一家的天下。"

强作解人

"强作解人"讽刺不懂真义而妄发议论的人。

此典出自《世说新语·文学》："谢安年少时，请阮光禄道'白马论'。为论以示谢，于时谢不即解阮语，重相咨尽。阮乃叹曰：'非但能言人不可，正索解人亦不可得！'"

晋代谢安（公元320—385年，字安石，阳夏人）在年少时，曾经向阮裕（字思旷，然而他金紫光禄大夫，又称阮光禄）请教"白马论"。阮裕的学识并不广博，但是对一些疑难问题善于钻研，并且长于归纳、提炼，再难的问题，经他言简意赅地讲出来，可以把道理讲的十分深刻明白，真是鞭辟入里。谢安请他讲"白马论"，倒是找准了对象。所谓"白马论"，就是战国时期公孙龙学派提出的"白马非马"的名辨命题。这个命题揭示事物与概念之间、个体与一般之间的差别，也包含事物皆是可分的思想。阮裕认真地讲给谢安听，但是当时谢安不能立即理解阮裕所讲的内容，但又好像有所领悟似的，于是一再仔细探问。阮裕感叹说："不但能讲'白马论'的人很少，能理解'白马论'道理的人就更少了。"

切磋琢磨

"切磋琢磨"比喻学习和研究问题时，互相讨论，取长补短。

此典出自《诗经·卫风·淇奥》："如切如磋，如琢如磨"。

《淇奥（yù 玉）》，是《诗经·卫风》的第一篇。《诗序》认为这首诗是赞美周平王的卿士卫武公的。意在说卫武公"有文章，又能听其规谏，以礼自防，故能入相于周"。也有人觉得，这首诗是古代贵族女子与丈夫离别后的思夫夸夫的诗歌。

《淇奥》共三段，第一段的原文是："瞻彼淇奥，绿竹猗猗。有匪君子，如切如磋，如琢如磨。瑟兮僩（xiàn 县）兮，赫兮咺（xuān 喧）兮，有匪君子，终不可谖（xuān 喧）兮！"文章的大概意思是说：看那淇河岸边，绿竹葱翠一片。君子神采奕奕，有如细切细磋，有如精雕精磨。风度庄重胸宽大啊，威武英俊容光焕发啊，君子神采奕奕，永远不能忘记他啊！

青箱家学

"青箱家学"形容世传家学。

此典出自《宋书·王准之传》。

南北朝时期，宋有一个人叫王准之，字元曾，琅邪临沂（今山东临沂）人。他的高祖王彬，曾经担任尚书仆射一职；曾祖王彪之，曾担任尚书令；祖父王临之、父亲王讷之，都曾经当过御史中丞。曾祖王彪之博闻多识，熟悉朝中典仪掌故，从他开始，这些学问就世代相传，并且熟悉长江下游以东地区的旧事，他把这些故事写下，藏入青箱中，世人称之为"王氏青箱学"。

取长补短

“取长补短”表示虚心学习别人的长处,以弥补自己的短处。此典出自《孟子·滕文公上》:“今腾,绝长补短,将五十里也,犹可以为善国。”

战国时代,滕文公做太子时,曾经去各国访问。有一次,他去楚国路经宋国时,见到了孟子。孟子给他讲了一些人之初性本善的道理,又勉励他要以尧舜之道来治理天下。滕文公回国时又在宋国会见了孟子。孟子担心他还不明白人性本善和以仁政治理天下的道理,又给他讲了文王、周公的治国之道。当谈到腾国还是可以治好时,他说:“当前的滕国,假如能够截长补短,将近有五十万平方公里的国土,假如能以仁政来治理天下,滕国还能变成一个好国家。”他停了一下接着说:“可是如不振作精神去痛除积弊,那也就不好说了。”滕文公听了孟子这番议论未置可否,只是微微笑了笑。

文中的“截长补短”是那时丈量土地的方法,相当于现在的“切角补弯”。

入木三分

“入木三分”形容人们写文章或说话非常深刻犀利。

此典出自《书断·王羲之》:“王羲之书祝版,工人削之,笔入木三分,言其笔力强健也。”

东晋时代,会稽有一个叫王羲之的人,因为他曾经做过右将军,所以人们叫他“王右军”。他是我国东晋杰出的大书法家,在历史上享有非常高的评价;也有人叫他“书圣”。他写的字既十分秀丽,又很苍劲。这是十分不容易的,一般总是秀丽的字显得柔软,苍劲的字显得僵硬,而他竟能超凡脱俗,可以看出来他书法功力之深,这一切全是他勤学苦练出来的。他即使在休息的时候,也揣摩字体的结构、间架和气势。心里想着,手也随着在衣襟上画着,时间久了,竟然把衣服都画破了。

传说有一次,他把字写在木板上,拿给刻字的人照着雕刻,这人先用刀削木板,却发现他的墨迹印到木板里面去有三分深。(“书断”的原文是:王羲之书祝版,工人削之,笔入木三分。)

入室操戈

“入室操戈”比喻学会了别人的本事,反过来却拿这个本事攻击别人。

此典出自《后汉书·郑玄传》:“时任城何休好《公羊》学,遂著《公羊墨守》、《左氏膏肓》、《谷梁废疾》。玄乃发《墨守》、针《膏肓》、起《废疾》。休见而叹曰:‘康成人吾室,操吾矛,以伐我乎!’”

东汉时北海有个叫郑玄(字康成)的人,他是一个很勤奋的读书人,曾人太学读书,学习经学后来又去向当时的名士马融学习,当他学成离开时,马融曾十分感慨说:“郑生东去,吾道东矣。”他回到家乡后,专心研究学问,后来与一个叫何休的研究经学的人为友。

何休著有“公羊墨守”(公羊,传名,公羊高著;墨守,指墨子善守城,喻固守成见)、“左氏膏肓”(左氏,指左丘明所著“左传”;膏肓,喻疾病无法医治)、“壳梁废疾”(壳梁,传名,周时壳梁赤着;废疾,罢病也)三篇有关这些传记意见的文章,郑康成见了何休的文章后,于是便作了“发墨守”(发,发扬也)、“碱膏肓(碱,亦作针)“起废疾”三篇文章,来驳斥何休的见解。何休看了郑康成的文章后,很感叹地说:“康成兄呀!你这真算得上是进我的屋,拿我的武器向我进攻!”意即:用我的学说来攻击我的意思。

三十而立

“三十而立”的这个典故告诫人们，学习要严谨，认真，切不可望文生义，穿凿附会。

此典出自《传家宝·笑得好》。

一位老师出了一个“三十而立”的题目，让两个学生对此破题。一个学生写的是：“两个十五之年，虽然有椅子板凳可是他们也不敢坐。”另一个写的是：“年龄已过花甲的一半，只是两条腿还得站立着。”

爱莫能助

“爱莫能助”表示虽对人同情，但却无力相助。

此典出自《诗经·大雅·烝民》：“爱莫助之。”又见明·冯梦龙《警世通言·王安石三难苏学士》：“子瞻左迁黄州，乃圣上主意，老夫爱莫能助。子瞻莫错怪老夫否？”

苏轼像，图出自《吴郡名贤图传赞》。

宋朝文学家苏东坡在宰相王安石那里学习时，自以为非常聪明，就不够虚心谨慎，于是被降为湖州刺史。他在湖州任满后回到京城，便去拜谒老师。恰逢王安石昼卧未醒，只得在书房等候。

苏东坡见宰相的书桌上有一素笺，上有诗二句：“西风昨夜人园林，吹落黄花满地金。”他一时兴起，不能自已，于是便提笔在素笺上续了两句诗道：“秋花不比春花落，说与诗人仔细吟。”苏东坡题诗后，便离开了。

午休后，王安石来到书房，看到苏东坡写下的诗句，感到苏东坡的轻狂的脾气并没有改，便密奏天子，于是降苏东坡为黄州团练副使。苏东坡明知因续诗触犯了王安石而贬官，但又不得不前去谢恩。苏东坡到大堂拜见宰相，王安石就以师生之礼待他。他对苏东坡说：“子瞻左迁黄州，乃圣上主意，老夫爱莫能助。子瞻莫错怪老夫否？”苏东坡立即回答说：晚学生自知才力不及，哪里敢怨老太师！”王安石笑道：“望你到了黄州，认真学习，从而增长知识。”苏东坡点头，拜辞而去。

苏东坡到黄州后将近一年，时当重九之后，连日大风，他到后园赏菊，只见满地铺金，枝上全无一朵，惊得目瞪口呆，半天还说不出话来。这时他才恍然大悟道：“以前只说老师揭我短处，公报私仇，谁知他并没有错，倒是我错了。我往后一定要牢记，千万不可轻易笑人！”等到一年任期满后，苏东坡到京拜倒在地上，向老师赔罪。王安石因重其才，于是又奏过天子，恢复了苏东坡翰林学士的官职。

一年被蛇咬，三年怕草索

“一年被蛇咬，三年怕草索”比喻人在某件事上遭受挫折后，一直心怀余悸，不敢再涉足其间。

此典出自《初刻拍案惊奇·转运汉巧遇洞庭红》:“一年被蛇咬,三年怕草索,说到货物,我就没有胆气了。”

明朝成化年间,苏州有个名叫文若虚的人,他做生意总是很失败,人家叫他“倒运汉”。这年他实在穷得过不了日子了,于是他拿着朋友送的一两银子,买了几篓太湖橘子——名叫洞庭红,随着商船去航海,他要看看海外风光。橘子是带着路上吃的。海船随风飘去,也不知道过了多少路程,到了一国,商人们都上岸做贸易去了。文若虚猛的想起:那一篓橘子不知烂了没有?于是搬将出来,摆在船板上吹风。那橘子红艳艳的,非常的鲜艳漂亮。岸上走的人,都拢将来问道:“是什么好东西呀?”文若虚拿了一个掐破就吃。围观的人惊笑道:“原来是吃的。”有个好事的人便来问价:“多少钱一个?”文若虚听不懂他的话,于是竖起一个手指。那人拿出一个银钱来买了一个,闻一闻扑鼻香,剥了皮,也不分瓣也不吐核,一口塞进去,甘水满喉咙,吃了之后便哈哈大笑道:“妙哉,妙哉!”又摸出十几个银钱来,说:“我买十个进奉皇帝。”旁的人看了,也有买一个的,也有买两三个的,都高高兴兴地去了。文若虚看看剩下不多了,就涨起价来:两个银钱买一个。正在纷攘间,只见那第一个买橘子的人,骑一匹青骢马飞快的赶来,大喝道:“不要零卖,不要卖了,皇帝都要了。”最后,居然连篓子都买了去。看的人见没指望了,便散开了。文若虚把钱数一数,共有一千多,约合百两银子,竟是一本百利了。众商人回来,听说这件事,都惊喜道:“人都道他倒运,而今想是转运了。”便都劝他将此钱买了货物再生利钱。文若虚道:“我是倒运的,将本求财,没有一次不是蚀本了。如何还要生利钱,妄想什么?万一和从前一样,再做亏了,哪里再有洞庭红来卖?‘一年被蛇咬,三年怕草索’,说到货物,我就没胆量了,我就带了这些银钱回去吧!”

安如泰山

“安如泰山”比喻事物的稳固、牢靠,不可动摇。

此典出自《文选·枚乘〈上书谏吴王〉》:“变所欲为,易于反掌,安于泰山。”

西汉初年,汉高祖刘邦分封了一些同姓诸侯王。当时分封这些诸侯王的本意,是为了让他们辅翼皇室,想用血缘关系作为政治支柱,来加强西汉王朝的统治。然而,分封在当时已成为一种落后的政治制度,最终的结果只能适得其反。诸侯王拥有大块的地盘,又有征收赋税、铸造钱币和任免相、太傅、中尉以下官吏的权力,加之他们都是皇帝的子孙或近亲,因此恃亲骄横,贪得无厌。分封,还使一些诸侯王的势力一天天增长起来。他们的野心逐步膨胀,这对中央政权构成了严重的威胁。

在分封的诸侯王中,刘邦的侄子刘濞被封为吴王。他“招天下亡命、冶铜铸钱”,占城五十多个,并且宣布吴国不收农民的赋税,引诱西汉政府直辖区的农民到吴国去。在势力和野心越来越大的情况下,吴王刘濞打算谋反了。这时,刘濞手下的一个郎中(官名)枚乘上书劝阻。书中说:你(想谋反)的想法十分危险,难于上天;然而改变想法则易于反掌,安于泰山。可是刘濞不听枚乘的劝告,于是枚乘便投奔了梁孝王。

霸王别姬

“霸王别姬”形容英雄末路时的悲壮;又用“四面楚歌”、“垓下之围”等典故形容穷途受困,四面受敌的处境。

此典出自《史记·项羽本纪》。

秦末楚汉相争，西楚霸王项羽被刘邦几十万大军围困在垓下，刘邦的士兵越来越多，围了一层又一层。而项羽的士兵不断逃亡，此时的项羽，才真正感到彻底丧失信心，万念俱灰。

当夜幕降临时，项羽十分痛苦地坐在大帐下。突然，他听到一阵"呜呜"的笛声随风飘来，那笛声忽高忽低，如泣如诉，十分凄惨！啊，这声音十分熟悉！不就是楚国的音乐吗？为什么汉兵中有那么多的人懂楚国音乐？难道楚国的土地全被他们占领了？这时，他听到兵营中传来一阵阵痛哭的声音。完了！楚军快灭亡了！项羽只好一声声地叹息。

他叫醒正在睡觉的美人虞姬，要她起床来陪伴他。两人默默地坐着，你看看我，我看看你，不禁泪流满面。过了一会，项羽起身说："来，我唱楚歌，你跳楚舞。"接着，项羽就唱了起来："力能拔山啊气盖当世，时道不利啊骏马不奔驰。无可奈何啊无可奈何，虞姬呀虞姬，你又怎么办？"这歌声慷慨凄凉，催人泪下。虞姬再也跳不下去了，她静静地靠在项羽的身边，跟着反复地唱起来，唱了一会儿，虞姬无法忍受这样的痛苦，就拔剑自杀了。只见项羽站在一旁，呆若木鸡，只有眼中的泪水不断地往外涌出。

项羽手下的将士见了，都失声痛哭起来。

白虹贯日

"白虹贯日"表示不祥的征兆。

此典出自《史记·邹阳列传》："昔者荆轲慕燕丹之义，白虹贯日，太自畏之。"

战国时，燕国太子丹打算刺杀秦始皇，便物色了一个叫荆轲的刺客。一天，荆轲对太子丹说："感谢太子对我的盛情款待，我愿意为太子去刺杀秦王。我时刻在想用什么方法去取信秦王，接近秦王。现在我认为，最好带上燕国督亢地区的地图和樊将军的头颅去秦国，这样，秦王一定会接见我，我便能够利用这个机会杀死秦王了。"

太子丹犹犹豫豫地说："樊将军得罪了秦王，从秦国逃出来投奔我，他的一家人也因此被秦王杀害了。我实在不忍心割下他的头颅，还是想想其他的方法。"

等太子丹走后，荆轲便私底下见樊将军，骗他自杀，从而取得了头颅，用一个盒子把它装好，然后又在赵国购得一把锋利无比的匕首，涂抹上毒药。接着，荆轲便带着樊将军的头颅、燕国督亢的地图和赵国匕首打算上路了。

临行的那天，燕太子丹见荆轲不愿动身，就对他说："荆大侠，太阳都快下山了，不知你是否打算在今天出发？"荆轲一听，十分不高兴地说："我本想等一个朋友，可是他迟迟不来。既然太子催促，那我就动身吧！"说完，荆轲十分愤然登上车子，甚至连句再见都没说。正在这时，太子丹仰望天空，居然发现一道白色长虹横跨在蓝天之下，他不禁全身猛地一震，失望地叹息说："这次行动一定要失败啊！白虹是不祥的预兆！"

最后荆轲刺杀秦王失败了，太子丹十分沮丧地说："唉，我早就知道了！"

白马清流

"白马清流"意指清高有德的官吏遭遇不测。

此典出自《新五代史·李振传》："（李）振尝举进士咸通、乾符中，连不中，尤愤唐公卿，及裴枢等七人赐死白马驿，振谓太祖曰：'此辈尝自言清流，可投之河，使为浊流也。'太祖笑而从之。"

唐朝末年，封建势力各行其是，局面十分混乱。有一个叫李振的人，他本来是朝廷的金吾卫将军，他见局势发生了变化，于是就投靠了实力雄厚的割据者朱温。李振替朱温出谋划策，杀死了唐昭宗和一些旧臣。

李振对唐朝的很多旧臣怀有仇恨。他在唐懿宗咸通年间和唐僖宗乾符年间，连续几次下科场考进士，一次都没有考中。因此，他十分嫉恨朝廷里的公卿大臣。等到朱温下令在白马驿杀死裴枢等七个大臣时，李振便十分凶恶地对朱温说："这些人自称是清高的士大夫，既然这样的话，就应该把他们投进黄河，把他们这些'清流'变成'浊流'。"朱温哈哈大笑，听凭李振摆布去了。

朱温建立梁朝，当上了梁太祖。李振也跟着当上了户部尚书，红了一阵子。

败军之将

"败军之将"比喻打了败仗的将军，后常用以讽刺失败的人。

此典出自《吴越春秋·句践入臣外传》："范蠡曰：'臣闻……败军之将，不敢语勇。'"又见《史记·淮阴侯列传》："广武君辞谢曰：'臣闻败军之将，不可以言勇；亡国之大夫，不可以图存。'"

楚汉相争的时候，汉将韩信用背水阵的谋略击败了赵军并俘虏了广武君李左车。韩信深知李左车是个人才，于是就向他请教攻燕伐齐的策略。李左车起初什么话也不愿意讲，后来，在韩信的诚恳追问下，他对韩信说："我是一个打了败仗的将军，没有资格谈论自己的勇敢；一个亡了国的臣子，不能希望保存自己的生命。"后来见韩信诚心求教，才说了自己的见解并被韩信所采纳。

阪上走丸

"阪上走丸"形容形势发展很快，就像斜坡上滚弹丸一样。

此典出自《汉书·蒯通传》："为君计者，莫若以黄屋朱轮迎范阳令，使驰骛于燕赵之郊，则边城皆将相告曰：'范阳令先下而富贵'，必相率而降犹如阪上走丸也。"

秦朝末年，群雄纷纷建立自己的割据势力。原陈胜的部将武臣在夺取赵地后，自号武信君，他那里一时兵强马壮，引起了赵地周围割据势力的慌恐。

有一天，一个叫蒯通的人来到范阳城，对范阳令徐公说："我是范阳的老百姓，听说您快要死了，因此前来吊丧；可是，我也向你祝贺，祝贺你见到我以后就不会那么快死了。"徐公惊异地说："你依据什么说我要死呢？"蒯通说："足下为秦国当了十多年的范阳令，谁不清楚你冤杀了多少人，砍断了多少手足！现在天下大乱，秦国的统治就要结束了，他们难道不报复吗？"

徐公一听，真的感到害怕起来，马上又问："为什么见到你就会不死了呢？"蒯通说："我来之前，见过了武信君。我对他说，范阳令徐公一心想投靠你，假如你用隆重的礼节对待徐公，接着派出使者到处宣传，其它的城市一定会纷纷投降，就像泥丸在斜坡上滚动一样。这样，你就能够兵不血刃而取得很多土地。于是武信君接受了我的建议，并派我来见足下。所以，现在足下假如不想死，就只有投靠武信君。"

徐公听后，顿时感到眼前有了一条生路，感激地说："麻烦您回去通报武信君，就说我已经愿意投降了。"

蒯通回去后，武信君派来一百辆马车，二百名骑兵带着封侯的印迎接徐公，四面八方的割据势力知道后，很快就有三十多座城市相继投降武信君。

鞭长莫及

“鞭长莫及”比喻心有余而力不足。

此典出自《左传·宣公十五年》:“十五年春,公孙归父会楚子于宋。宋人使乐婴齐告急于晋。晋侯欲救之。伯宗曰:‘不可。古人有言曰:虽鞭之长,不及马腹。’”

春秋时期,楚国出兵去打宋国。宋王派人到晋国去见晋侯,把宋国面临的危险告诉给了晋侯,并且请求他出兵帮助宋国抵抗楚国。晋侯听了,便想一下子答应他。

晋国的大臣伯宗知道了这件事,连忙去见晋侯,对他说:“你答应出兵去救助宋国,在道义上说是理所当然的,可是从当前面临的局势看来,我认为是不对的。为什么这么说呢?因为古人曾经这么说过,鞭子虽长,打不到马腹,现在楚国正强盛,不应该和它争斗。晋国虽然也很强,但两虎相斗,必有一伤,那又何苦呢?为什么不看看形势,而违反它呢?”

晋侯听了,他觉得伯宗的话说得十分有道理,便婉言拒绝了宋国的请求。

别无长物

“别无长物”常用来形容此外再也没有多余的东西了。“别无长物”亦称“一无长物”、“身无长物”等。

此典出自《晋书·王恭传》:“恭曰:‘吾平生无长物。’”南朝宋代刘义庆所著《世说新语·德行》中说:“王恭对曰:‘丈人不悉恭,恭作人无长物。’”

东晋的时期,有一个叫王恭,字孝伯,他做过大官,曾经出任过丹阳尹、中书令、太子詹事等官职。王恭为官正直、敢言,生活十分简朴、清廉。

一次,王恭随父亲光禄大夫王蕴,从盛产竹子的会稽到了东晋都城建康,他的同姓的一个老乡王忱去拜访他。两人坐在一张六尺长的竹席上,亲密地谈论着。王忱十分喜欢这领竹席,他认为,王恭从盛产竹子的会稽来到这里,必定会带了不少这样的席子。他便向王恭表明想要这张竹席。王恭十分爽快地答应了,派人把竹席送给王忱。事实上王恭只有这一张竹席,因此以后他只好在草席上读书、吃饭。

王忱知道这个情况以后,感到非常吃惊,感到很过意不去。后来他找到王恭,非常抱歉地对他说:“我原来以为你有好几张竹席,所以才开口向你要了一张,实在没有想到你只有这一张。”王恭回答说:“您不太了解我的情况,我王恭在生活上没有什么追求,从来就没有什么多余的东西。”王忱听后,大为感动,对王恭的廉洁简朴的美德,更加敬佩。

冰消瓦解

“冰消瓦解”比喻完全消失或崩溃。

此典出自《隋书·杨素传》:“公以深谋,出其不意,雾廓云除,冰消瓦解。”

公元581年,北周丞相杨坚夺取了北周政权,建立了隋朝。为了消灭陈朝,统一全国,杨坚命大将杨素为信州总管,抓紧时间建造战船,训练士兵,等待机会南下灭陈。公元589年,隋军大举南下,一下子便灭掉陈朝,活捉了陈后主叔宝。杨素因为立下战功而被封为越国公。

杨素为人阴险,军纪十分严谨。一旦军令下达,将士们稍有违抗便遭杀身之祸;英勇杀敌的,能及时得到封赏。所以,他经常赢得战斗的胜利。文帝杨坚的儿子杨广很赏识杨素的才能,他想尽办法笼络他。公元604年,杨广杀父篡位。消息一传出来,立即引起了宗室大臣的一致反对。汉王杨凉在并州起兵对抗。杨素听到这个消息，亲自率军还击。杨素的兵力虽处在劣势，但他声东击西，巧妙地运用了战略战术，不久便打到并州城下，杨凉被迫投降。

捷报传到京城以后，炀帝杨广非常高兴，亲自写了一道诏书，向杨素表示祝贺和慰劳。诏书中，杨广夸赞杨素足智多谋，勇敢善战，兵到之处，"雾廓云除，冰消瓦解"。杨素回京后，被任为太子太师，第二年又被提升为司徒，改封楚国公。

病入膏肓

"病入膏肓"指病情非常严重，已没有办法医治。后人也用以比喻事态非常严重，已无再造之功。

此典出自《左传·成公十年》。

春秋时期，晋景公有一次生病，非常严重，国内所有的名医，都没能治好他的病，便只好向临国请求名医。那时秦国有一位很高明的医生，姓秦名缓，字越人，又称扁鹊先生。于是景公就让人去请他，使者到了秦国，和秦伯商量，秦、晋两国，因为有亲戚关系，所以秦伯就答应让秦缓去医治景公。

当秦缓还没有到达晋国之前，景公在睡觉时做了一个梦，梦中见他的病，变化成为两个童子。其中一个童子对另一个童子说："秦缓，是秦国的良医，可是一旦他来了，恐怕会伤害我们，我看我们还是躲开他好。"另一位童子回答说："怕什么呢？我和你分居在肓的上面和下面，他就没有办法对付我们。"

景公醒来以后，感觉十分好奇。

秦缓到了晋国，替景公诊断了一番后，对景公说："你的病已经很重，没有办法医治了，由于你所患的病症有两处：一处在肓的上面；一处在肓的下面，这两个地方是药物所达不到的，因此没有办法了。"景公听秦缓说出来的病源，正好和梦中两个童子所说的话一样，不禁赞叹道："唉！你真是一位了不起的医生呀！"于是叫人送了很厚的礼物给秦缓，送他回去。

杨素像，图出自清·马骀《百将图传》。杨素为隋朝名将，曾率兵灭南朝的最后一个朝代陈。

病卧牛衣

"病卧牛衣"形容士人生活贫困，又得了病，贫病交加，一筹莫展。

此典出自《汉书·王章传》："初，章为诸生学长安，独与妻居。章疾病，无被，卧牛衣中，与妻诀，涕泣。"

汉代有一个人叫王章，字仲卿，泰

山巨平人。他在很年轻的时候就在文学上造诣很深了，并因此当了官。后来，他当了谏议大夫，由于在朝廷里直言敢谏，所以一时很有名气。元帝初年，他又被升迁为左曹中郎将，与御史中丞陈咸相友善，二人同中书令石显不和，被石显陷害，王章被罢了官。成帝即位后，征召王章为谏议大夫，后来又当上京兆尹。那时候，帝舅大将军王凤掌管朝政，王章上书说王凤这个人不可以重用，因此他便得罪了王凤。王凤非常恼火，陷害王章，使他含冤而死。

当初，青年时代的王章在长安求学，只与妻子一起居住。一次，王章得了疾病，因为家里贫穷无被，他便睡在乱麻编成的为牛御寒的“牛衣”中，他觉得自己快要死了，就与妻子诀别，哭泣起来。他的妻子十分生气，大声斥责他说：“仲卿！现在京师朝廷中的达官贵人中，有哪一个比你有才学？现在得了病，又贫困，你不自己振奋起来，反而大哭大叫，是多么没志气啊！”

不可救药

“不可救药”意思是病重到没有药可以治疗，后来多用它比喻人或事情已发展到无法挽救的地步。

此典出自《诗经·大雅》：“天之方虐，无言谑谑，老夫灌灌，小子蹻蹻，匪我言耄，尔用忧谑，多将熇不可救药。”

周武王灭掉商朝以后，建立了西周。西周初期，奴隶制的经济获得了长足的发展，农业和手工业都比以前有非常大的进步。但是到了后期，奴隶主贵族日益腐朽，他们长期发动战争，给百姓加重了负担。周厉王即位后，政局更加混乱，他贪财好利，独自霸占山林川泽，不许百姓打猎、砍柴、捕鱼，还派人监视人们的言行，谁若是不听从他，他就把谁杀死，人民忍无可忍，到处都有人起来反抗周厉王。

就这样，西周的政权慢慢地摇摇欲坠，关心国家的大臣都很痛心。那时朝廷上有一位忠心耿耿的老臣，名叫凡伯。他极力劝谏周厉王去除暴虐的政治，力修德政，挽救国家。可是周厉王哪里肯听，朝廷上的一些权臣都嘲笑凡伯，还说他昏庸无能、不识时务。这之后凡伯感到非常气愤，他挥笔写成一首长诗，用以表达自己的心情。凡伯写的这首诗，题目称作《板》，诗中有一节写道：

老天正地行暴谑，
不要这样来喜乐。
老夫谆谆将你劝，
小子骄傲意轻薄。
说话非我老昏了，
是你有意来戏谑。
你的气焰如此盛，
真是不可再救药。

凡伯的意思是劝说周厉王和那些权臣，千万不能把忧患当儿戏，要趁它还没有到来的时候，全力阻止，如果忧患越积越多，到后来就没有办法救治了。

果然不出凡伯的预料，西周在公元前 841 年爆发了“国人暴动”，平民和奴隶手拿武器，冲入了王宫，周厉王仓皇而逃。西周从那以后就衰落下去了，于是便出现了分崩离析的局面，后来周平王被迫迁都洛邑，也就是历史上的“东周”。

不名一钱

“不名一钱”形容极端贫穷，一个钱也没有了。亦作“一钱不名”。

此典出自《史记·佞幸列传》：“及文帝崩，景帝立，邓通免，家居。居无何，人有告邓通盗出徼外铸钱。下吏验问，颇有之，遂竟案，尽没入邓通家，尚负责数巨万。长公主赐邓通，吏辄随没入之，一簪不得著身。于是长公主乃令假衣食。竟不得名一钱，寄死人家。”

汉朝汉文帝在位的时候，有一个宠臣，名叫邓通。邓通本来没有什么本事，只不过是一个普普通通撑船把式。只是因为皇帝做了一个梦，邓通便飞黄腾达了。

原来，一天夜里，汉文帝刘恒做了一个梦，梦见他朝天上飞啊飞，可怎么也飞不上去，正在这时来了一个戴黄帽儿的年轻人，从后面往上一推，就把他推上天去了。他这时回头一看，看见推他上天的人是从身后往前穿着衣服，带子在后面的。等到他醒了之后，他就到处找梦中推他上天的那个年轻人。一天，他看见了邓通，觉得他与梦里的人一模一样，于是他心里非常欢喜，于是便将邓通安插在自己身边，当作他的心腹。并且赏给他几十万钱，又封他为上大夫的官职，可是邓通无德无才，只会奉承皇帝，陪皇帝游玩。

一天，汉文帝派一个相面的人去给邓通相面，相过面之后，他告诉皇帝说：“邓通这个人很贫穷，将来他必定会饿死。”

汉文帝心里十分不安，忧虑地说：“能让邓通富起来的只有寡人呀，我怎么可能会叫他受穷呢？”接着汉文帝下令把蜀郡严道的一座铜山赐给邓通，允许他自己铸钱。这一下邓通可发了大财。他铸造的铜钱布满天下，人人都知道有“邓氏钱”。

邓通从那以后对汉文帝感恩戴德，言听计从。有一年汉文帝背上生了一个疮，流脓流血不停。邓通看到后觉得孝顺皇帝的机会到了，便每天进宫去，替皇帝吮吸脓汁。

一次皇太子刘启来看望皇帝病情，皇帝说：

“我的疮流脓流血，你来帮我吮吸一下吧，这样我会好受一些……”

皇太子见疮口脓血模糊，腥臭难闻，禁不住一阵恶心。但是他又不敢违旨，不得不硬着头皮吮吸一口。接着邓通却高高兴兴地吮吸起来，脸上露出谄媚的奸笑。皇太子看到这副媚态，非常讨厌，从那以后便对邓通产生了忌恨。

汉文帝死后，皇太子刘启即位，称为汉景帝。刘启便免掉邓通的官职，让他回家闲居，不久有人告发邓通私自铸钱。刘启派御史查办，最终邓通的家产全被没收，邓通还负了几万钱的债务，顷刻之间便成了穷光蛋，连一个邓氏钱也没有了，吃饭、穿衣都要依靠别人救济。不久死在别人家里了。

不疑诬金

“不疑诬金”比喻遭到了冤枉；也可用它表示某人已表示宽容。

此典出自《汉书·直不疑传》。

汉代有一个人，叫直不疑，南阳人。汉文帝时期，直不疑辅佐文帝，并担任郎官。一次，与他一起居住的某公有事回老家了，误将别人的金子带走了。没过多久，金子主人发现自己的金子丢了，于是就怀疑是直不疑偷的。不疑并不辩解，马上承认道歉，并且买金偿还。到了后来，告假回家的某公回来了，把误拿的金子归还了回来，金子的主人十分惭愧。直不疑也因此被称为忠厚的长者。没过多长时间，直不疑得到提拔，当了中大夫。百官入朝，在朝廷会见的时候，有人诋毁直不疑，造谣说：“直不疑的外表、相貌倒是挺漂亮，可惜他同嫂子通奸，真叫人没办法！”直不疑听到这种谣言后，只是淡淡地说了一句：“我根本就没有哥哥的。”然而他并不进行辩解或替自己洗刷。

不越雷池一步

“不越雷池一步”比喻严守成规,不超出一定的范围或界限。

此典出自《晋书·庾亮传》:“亮知峻必为祸乱,征为大司农。举朝谓之不可,平南将军温峤亦累书止之,皆不纳。峻遂与祖约俱举兵反。温峤闻峻不受诏,便欲下卫京都,三吴又欲起兵,亮并不听,而报峤书曰:‘吾忧西陲过于历阳,足下无过雷池一步也。’既而峻将韩晃寇宣城,亮遣距之,不能制,峻乘胜至于京都。”

庾亮,东晋颍川鄢陵人,字元规。庾亮长得十分英俊,并且善于谈论,喜好《庄子》、《老子》,讲究礼节。在十六岁时,东海王司马越召他做官,庾亮不从。到了后来,他历仕元帝、明帝、成帝三朝,是一个很有影响的人物。成帝即位后,他以皇帝舅舅的身份当上了中书令,执掌朝政。由于他乱杀大臣,所以引起各种势力的担心。

公元327年,历阳(安徽和县)的镇将苏峻、寿春(后改称寿阳,安徽寿县)的镇将祖约以杀庾亮为名,率军进攻建康。在这之前,庾亮就预感苏峻一定会成为祸乱,为了稳住苏峻,庾亮曾建议皇帝召苏峻为大司农。可是,满朝文武都认为不妥,平南将军温峤也多次写信想制止他这样做,所有的人都不肯采纳庾亮的建议。就在这时候,苏峻与祖约都举兵造反了。温峤听说苏峻不肯接受皇帝的诏令,便要从江州率兵去保卫京都,吴兴、吴郡等地又要组织反对苏峻、保卫皇室的义兵,庾亮觉得这样安排不是很合适,于是他不肯采纳这些建议和要求。他给温峤送去手书一封,写道:“我非常担心西部边陲的安危,胜过对历阳方面的担心。你镇守江州,一定要管好自己的防区,不要越过雷池一步。”不久,苏峻的战将韩晃进攻宣城,庾亮派兵拒敌,但是也抵挡不住,苏峻乘胜到达京都。

不足回旋

“不足回旋”形容处境局促,连转身都不便。

此典出自《汉书·长沙定王传》应劭《汉书集解音义》:“臣国小地狭,不足回旋。”

西汉时,景帝刘启将自己的十三个儿子分封为诸侯王,从而达到加强自己统治势力的目的。公元前142年,各诸侯王前来朝见,汉景帝设宴招待。席间,大家跳舞歌唱,共祝景帝万寿无疆。只有长沙定王刘发跳起舞来缩手缩脚,十分别扭,别人都笑他笨,不擅长跳舞。景帝看到以后,心里也不大高兴,便责问他为什么这样笨拙。刘发说:我们那里国小地狭,没有什么回旋的余地。景帝一听,心中便明白他是嫌封地小了,故意用此法要求扩大封地,于是景帝便把武陵、零陵、桂阳三个地方加封给了他,扩大了他的地盘。

沧海横流

“沧海横流”比喻天下大乱,社会动荡不安。

此典出自晋代范晋《〈春秋穀梁传〉序》:“孔子睹沧海之横流,乃喟然而叹。”又见《晋书·王尼传》:“洛阳陷避乱江夏……常叹曰:‘沧海横流,处处不安也’”。

晋代城阳有个人名叫王尼,他住在洛阳的时候,曾经当过护军的军士,给军府养马。有一天,王尼和胡毋辅之在马房烤羊肉下酒,酒醉后,便擅离职守而去。护军为此大惊,于是就免去了王尼的职务。从那以后,王尼无以为生,只能靠别人的救济过日子。

王尼早年丧妻,只有一个儿子,父子二人,相依为命。后因避乱从洛阳到江夏。他们一文不名,最后就只有一头牛,一辆车。白天出门觅食,晚上宿在车中。王尼对此感叹道:

《东西晋演义》版画之草木皆兵图。《晋书·苻坚载记》:"坚与苻融登城而望王师,见部阵齐整,将士精锐;又北望八公山上草木皆类人形,顾谓融曰:'此亦劲敌也,何谓少乎?'怃然有惧色。"

"沧海横流,处处不安也。"意思是说:海水四处奔流,使人无安身之处。

到了最后几年荆州又闹灾荒,王尼没有吃的,便把牛杀了当饭吃,把车打烂当柴烧。牛肉吃完,柴烧光,别无他物,父子两人终于冻饿而死。

草木皆兵

"草木皆兵"形容遭遇惨败,以致胆小害怕得竟把外界不相干的事,也误认为可怕的事象。

此典出自《晋书·谢玄传》:"谢石等以既败梁成,水陆继进。坚与苻融登城而望王师,见部阵齐整,将士精锐,又北望八公山上草木,皆类人形,顾谓融曰:'此亦敌也,何谓少乎!'怃然有惧色。"

东晋时期,前秦苻坚率领八十万大军进攻东晋。晋朝的大将谢石、谢玄等领兵八万前去抵抗。苻坚听说晋朝的军队很少,就立即采取了主动进攻的策略,打算一举消灭晋军。可是却被谢玄的部下刘牢之独出奇兵杀死了他的大将梁成和一万多士兵。那时,苻坚站在寿隐城上见晋军的队伍十分整齐,将士十分精锐。当他看到八公山上长着许多草和树木的时候,竟然都以为都是晋兵,不禁胆怯地用手指着那些树木对站在他身旁的弟弟苻融说:"这是强有力的敌人啊!怎么能说晋兵少呢?"后来谢玄又在淝水把苻坚打得大败。淹死在淝水里的秦军,甚至把淝水堵塞了。同时符融也阵亡了;苻坚也中箭受伤,带了残部仓皇往淮北逃跑。一路上听见刮风和仙鹤的叫声,他们都以为是晋兵追来了。

长门买赋

"长门买赋"形容妇女失宠,心境愁苦忧闷。

此典出自《文选·司马相如〈长门赋〉序》:"孝武皇帝陈皇后,时得幸,颇妒;别在长门宫,愁闷悲思。闻蜀郡成都司马相如,天下工为文,奉黄金百斤,为相如文君取酒,因于解悲愁之辞,而相如为文以悟主上,陈皇后复得亲幸。"

汉武帝在很小的时候,就十分喜欢姑母的女儿阿娇,并且对别人说如果能够娶了她做媳妇,他就要造金屋给她住。后来汉武帝直的与阿娇成婚,立阿娇为皇后。陈皇后仗着汉武帝的宠爱,性格日益娇贵。但后来武帝又宠爱卫夫人,陈皇后非常嫉恨。有一段时间,卫夫人常常生病,有几次还差点没命了。汉武帝细查原因,发现陈皇后因为嫉妒卫夫人,在后宫中请一些女巫施行巫术。武帝非常恼怒，于是下了一道圣旨，将陈皇后贬于长门宫。

陈皇后贬居长门宫后，十分孤寂痛苦。她回忆起当年汉武帝“金屋藏娇”的许诺，觉得也许还可以使武帝回心转意。她听说蜀郡成都有一个才子叫司马相如，是天下写文章的妙手，于是她想到了一个好办法。

陈皇后派人给司马相如送去黄金百斤，请他为自己写一篇文章来打动汉武帝。司马相如真的为她写了一篇《长门赋》，赋中诉说了陈皇后居长门宫后的悲哀与愁苦，以及她对汉武帝的思念之情。

汉武帝读了司马相如写的《长门赋》，非常受感动。他马上赦免了陈皇后，并且与她和好如初。

长卿多病

“长卿多病”形容文人身体欠佳，疾病在身；但是有的时候，也可用来比喻文人因仕途坎坷而形成疾病缠身。

此典出自《史记·司马相如列传》：“相如口吃而善著书。常有消渴疾。与卓氏婚，饶于财。其进仕宦，未尝肯与公卿国家之事，称病闲居，不慕官爵。”

司马相如有些口吃，不善于表达，可是他却写得一手好辞赋，善于著书立说，写有《子虚赋》、《上林赋》、《美人赋》和《大人赋》等，在上流社会上享有一定的声誉。他与卓文君结婚后，曾一度贫寒，但没过多久就很富足了。他当官为宦之时，不肯参与官僚之间的闲杂事，也不愿意管理国家的政务，总是以病为理由长期休养，从来不想升官发财。

陈蔡之虞

“陈蔡之虞”形容生活的窘困，家里几乎已没有什么余粮。

此典出自《史记·孔子世家》：“孔子迁于蔡三岁，吴伐陈。楚救陈，军于城父。闻孔子在陈、蔡之间，楚使人聘孔子。……于是乃相与发徒役围孔子于野。不得行，绝粮，从者病，莫能兴。……于是使子贡至楚。楚昭王兴师迎孔子，然后得免。”

孔子生在春秋时代的鲁国。他出生没多久，父亲叔梁纥便死了。孔子在儿童时期，就喜陈俎豆，设礼容，17岁的时候，鲁国大夫孟釐子在病重弥留前，他就对儿子懿子说：“孔丘年少好礼，将来一定会发达的，我死之后，你要把他当作老师看待，向他学礼。”懿子谨遵父亲遗言，真的向孔子学礼。然而孔子贫贱，人微言轻，谁看得起他这样的人呢？他只得去做司职吏，郁郁不得志。35岁那年，季平子得罪了鲁昭公，昭公出师讨伐，但季平子联合了孟氏、叔孙氏三家共抗昭公，昭公大败，投奔到齐国。孔子也到了齐国，做了高昭子的家臣。他见到了齐景公。景公问政，孔子能够对答如流。齐景公很想封孔子一块地方，让他治理。但却遭到宰相晏婴的反对。晏婴认为用孔子那一套方法治国，不是以老百姓的福利为前提的。景公当然是相信宰相的话，接着就对孔子疏远了。齐国有些大夫们有的竟然想害孔子。孔子在齐国待不下去，只得回鲁。那时他已42岁，鲁昭公死，鲁定公即位。季平子也死了。季桓子嗣立，季氏与阳虎因仲梁怀的事件，闹得十分不愉快。鲁国大夫以下，皆僭离于正道。世道浑浊，孔子就远离仕途，退而修诗书礼乐，以教书为生。孔子50岁时，鲁定公才用他为中都宰，一年四方皆治。遂由中都宰做到司空，又做到大司寇。定公十四年，由大司寇摄行相事，诛杀乱政的官吏少正卯，做了三个月的宰相，把鲁国治得夜不闭户，道不拾遗。但是齐国看到孔子相鲁，这对齐国是不利的，所以便想出种种办法迷惑鲁君，使鲁定公堕入声色犬马的陷阱中，于是疏远而又疑忌了孔子。孔子便辞去官职，到卫国。适陈，过匡。因为孔子貌似阳虎，被匡人误认为阳虎拘留起来。最后弄明白了，又释放了。过蒲，反卫，适宋，去郑，至蔡，如叶，他老人家带着心爱的门徒，颜回、子贡、子路等，为的是想把自己满腹经纶，推销出去。但是每走一个地方，他们总碰钉子。各国的国君虽然都很客气的接待他，可就是不能重用他。孔子六十岁是在动荡中渡过的，这时鲁定公已死，哀公即位，孔子依旧在陈、蔡之间活动。陈国在今河南开封以东，南至安徽亳县。蔡国在今河南，新蔡、上蔡等县。这时吴国伐陈，楚国救陈。楚军停于城父（今河南宾丰），楚昭王闻孔子在陈蔡之间，便派人来请孔子。陈蔡的大夫们，听说这件事，谋划曰："孔子所说的话，都能说中诸侯之问题，他在我们陈蔡之间，住了五、六年，我们的毛病他都知道。假如有一天他被敌国所用，楚是大国，那时我们陈蔡的大夫岂不都完蛋了吗？我们不能让他到楚国去。"于是他们发动起来，把孔子围在途中，去不了城父，甚至连吃的粮食也没有了，饿得他和弟子们饥肠辘辘。有的饿病了，倒下去就站不起来了。一直到子贡至城父求救，楚昭王率军来接孔子，孔子才得以脱身。

城门失火，殃及池鱼

"城门失火，殃及池鱼"比喻无缘无故受到株连。

此典出自《吕氏春秋·必己》："宋君亡珠，殃及池鱼。"《风俗通》和《广韵》均作城门失火，殃及池鱼。北齐·杜弼《檄梁文》："但恐楚国亡猿，祸延林木，城门失火，殃及池鱼。"

据《吕氏春秋》记载：春秋时，宋国有一个司马叫桓魋。有一回，桓魋得了一颗宝珠，宋国国君想独占，于是就给他加了一个私藏国宝的罪名，打算把他驱逐出国。可是尽管宋君采取了种种手段，桓魋一直不肯交出宝珠。宋君又派人抄家，还是没有找到。他们逼问桓魋把宝珠藏到什么地方去了，桓魋说："扔到鱼池里去了。"宋君马上下令，汲干鱼池的水，寻找宝珠。最终，宝珠没找到，池子的鱼却遭了殃。

据《风俗通》记载：春秋时期，宋国国都的城门有一次着了火。人们为了救火，把城门附近护城河里的水都用完了，结果河里的鱼遭了殃。

处女遇盗

"处女遇盗"这个典故告诫人们：对恶人，只能针锋相对地斗争，绝不能妥协，绝不能幻想。

此典出自《荀子·富国》："处女婴宝珠，佩宝玉，负戴黄金，而遇中山之盗也，虽为之逢蒙视，诎要桡腘，君卢屋妾，由将不足以免也。"

这段话意思是说：

有个妙龄少女，脖子上挂着宝珠，腰间佩有玉环，身上带着很多黄金，在山中遇见了一群盗贼。强盗见财起意，他们要持刀抢劫。少女被吓得魂不附体，甚至不敢抬头看，她被吓得急忙弯腰下跪，苦苦哀求，表示愿给强盗作婢妾，然而，强盗还是把她杀了。

存亡继绝

"存亡继绝"比喻形容局势万分急迫。

此典出自《荀子·王制》："存亡继绝，卫弱禁暴，而无兼并之心，则诸侯亲之矣。"

《王制》是体现荀况政治思想的重要著作。在这篇文章中，荀况顺应时代需要，从政治、经济等方面为建立一个统一的封建国家作了理论上的论证，而且描绘出了一幅统一封建王国的理想蓝图。他通过对王、霸、安存、危殆、灭亡等不同政治状况的比较和分析，最后提出了加强君主集权，健全封建法制等一系列措施。

在对霸者进行分析时，荀况指出：霸者应该开辟田野，充实粮仓；磨砺兵器使之方便使用，慎重地招募和选择武艺高强的人；还应赏罚分明。同时还要保存将要灭亡的国家，使已灭亡国家的后代能继续祭祀其祖先；要保卫弱小的国家，制止那些凶暴的国家。这是荀况叙述霸者用此结好友邻，来扩大自己政治影响的一种策略。

厝火积薪

“厝火积薪”的意思是，把火放在柴堆下面。人们用它比喻潜伏着很大的危险。

此典出自《汉书·贾谊传》：“臣窃惟事势，可为痛哭者一，可为流涕者二，可为长太息者六，若其它背理而伤道者，难遍以疏举。进言者皆曰天下已安治矣，臣独以为未也。曰安且治者，非愚则谀，皆非事实知治乱之体者也。夫抱火厝之积薪之下而寝其上，火未及燃，因谓之安，方今之势，何以异此！”

西汉初年，有一个著名的政治家和文学家叫贾谊。他很有才华，在二十余岁时就做了博士，他提出了一套改革政治法制的主张，汉文帝没有采纳。朝廷里的大臣嫉贤妒能，极力排斥他，于是贾谊被派做长沙王太傅。他悲叹自己的遭遇，在长沙写了《吊屈原赋》、《鹏(fú)鸟赋》等作品。贾谊任长沙王太傅三年，由于汉文帝想念他，又被召回朝廷。这些日子里，汉文帝忽然对鬼神发生了兴趣，叫贾谊给他讲述鬼神的本末。贾谊口若悬河，讲得娓娓动听、头头是道。夜深了，文帝却听得入了迷，情不自禁地靠近贾谊，静静地听他侃侃而谈，始终不愿离去。后来，文帝说：“我好久没有见到贾谊了。我觉得有些对不起他，感到很后悔。”于是，文帝叫贾谊做梁怀王(文帝的小儿子)太傅，对他很信任。那时，西汉的政权并不稳固。从外部来说，北方的匈奴很强大，常常侵扰汉朝的边境。从内部来说，天下初定，各项规章制度都没有建立和健全起来；诸侯王个个野心勃勃，都想同天子争个高低，从而扩大自己的地盘，淮南王和济北王都因为发动叛乱而被杀掉，天下人心不古。在这种情况下，贾谊数次向汉文帝上书，写出了著名的《陈政事疏》。在这篇文章中，贾谊根据儒家的政治理想，要求汉文帝采取一系列措施，如：严格等级，使君臣之间上下有别；父子六亲各得其所；削减诸藩，控制诸侯王等等。

贾谊写道：“我认为，当前的政治形势很不好，应当为之痛哭的，有一条；应当为之流涕的，有二条；应当为之扼腕叹息的，有六条；其他违背情理、伤害道义的事情，更是比比皆是，不胜枚举了。有些向陛下进言的人，都说天下已经安定、大治了，可我却不能苟同。那些大谈‘安定’、‘大治’的人，如果不是愚蠢，那么就是阿谀奉承陛下，他们的一派胡言乱语，都没有实事求是，也不懂得什么是治与乱。打个比方说，将火种放到堆积起来的木柴下，却又躺在上面睡大觉，在大火燃烧起来之前，认为平安无事。当今的政治形势，跟这个十分相似啊！”

单衣更冷

“单衣更冷”告诉人们，遮遮掩掩固然出于一种自尊；但安贫乐道不是更达观么。

此典出自《笑赞》。

一个穷苦的人在寒冷的冬天穿着夹衣，有人问他：“这么冷的天，你干吗还穿夹衣？”这个穷人说：“单衣更冷！”有人称赞说：夹衣胜单衣，单衣胜无衣，这个人真是知足常乐啊。另有一个人耻于人说他穷，一天身穿单衣访问朋友，朋友问他："这么寒冷的天，为何还穿单衣？"那人回答说："我原来患有热病。"朋友知道他没说实话，便极力挽留他到天黑，送他到凉亭内休息，寒冷的冬天把他冻的够呛，他忍受不了就跑掉了。过了几天，朋友问他："前几天留宿，为什么第二天没有见到你人呢？"那人说："我怕太阳出来以后天热，趁着早晨凉快就走了。"

道旁苦李

"道旁苦李"的意思是，路边的李树，果多，是因为李子苦，过路的人不摘取。人们用"道旁苦李"表示为人所弃。

此典出自《晋书·王戎传》。

晋代王戎幼年时便聪慧过人，容貌俊美而又十分机敏。六七岁时，王戎在宣武场看戏，猛兽在围栏中发起怒来，吼声震地。众人都逃走了，只有王戎站立不动，神情不变。魏明帝在阁上看到了，感觉这个孩子很不一般。又有一次，他和一群孩子在道旁玩耍，看见李树结满了累累果实，同玩的孩子们都争着跑过去，唯独王戎不去。有人问他为什么，王戎回答说："树在大路旁却有很多果子，那一定是苦李子。"摘来一尝，真的像他说的那样。

邓禹笑人

"邓禹笑人"形容官职卑微，志愿难遂。

此典出自《南齐书·王融传》："融自恃人地，三十内望为公辅。直中书省，夜叹曰：'邓禹笑人。'行逢大航开，喧湫不得进。又叹曰：'车前无八驺卒，何得称为丈夫！'"

南北朝时期，有一个人叫王融（公元468—494年），字元长。祖父王僧达，在宋朝廷里当大官，父亲王道琰也身居要职。也许是家庭出身的影响，王融在青年时期就有强烈的当官欲望，他认为这个宦门子弟不当高官，是极不正常的。只有当了高官，才心安理得。他聪明机灵，也有文才，年纪轻轻就想出人头地，光宗耀祖。他给齐武帝（世祖）上书，要求显示一下自己的才能。后来，他被任做秘书丞，没过多久又得到升迁。他的诀窍是，一有机会便向皇帝上书，捞个一官半职。

王融自恃门第高贵，关系网多，于是给自己定下升官目标，要在30岁之前爬上公卿要位。后来，他进入中书省任要职，真算得上是平步青云了。可他并不满足，夜里叹息说："东汉的邓禹在24岁时就当上大司徒，并能够名垂青史，我让邓禹讥笑了。"有一次，他外出时遇上大船开航，路人喧嚣拥挤，阻塞道路，王融的车子过不去。他又叹息说："车前没有八匹马开路，怎么能算是大丈夫！"因嫌纱帽小，终使锁枷扛。齐武帝病重时，王融打算伪称诏书，立自己的朋友萧子良为皇帝，最终被发现了，后来便被杀死了。那时，他只有27岁。

鼎足之势

"鼎足之势"比喻三方分立的局面。

此典出自《史记·淮阴侯列传》："诚能听臣之计，莫若两利而俱存之，三分天下，鼎足而居，其势莫敢先动。"

楚汉相争时，大将韩信投归刘邦后，不久便改变了楚强汉弱的局面。韩信握有重兵，成了一个"右投则汉王胜，左投则项王胜"的举足轻重的人物。

那时候，有一个叫蒯通的人，深知天下为刘邦还是项羽所得，韩信是问题的关键。蒯通又从历史的教训中总结到，大凡帝王，只能与之共患难，不能同享乐。所以，他劝韩信不依附也不损害刘邦和项羽的任何一方，而是和他们三分天下，形成三足鼎立的局势，以便后来他自己得到天下。韩信没有听从蒯通的劝告。在刘邦得胜后，最后因谋反罪被吕后诛杀。临死前，韩信想起了蒯通的劝告，非常后悔说：我不该不听蒯通的劝告，导致自己最终死在妇人小子之手。

东海孝妇

“东海孝妇”比喻遭人诬陷，蒙受冤屈。

此典出自《汉书·于定国传》：“东海有孝妇，少寡，亡子，养姑甚谨，姑欲嫁之，终不肯。”

汉代，东海有一个孝妇，非常年轻便守了寡，又没有儿子。她侍奉婆婆非常恭谨，婆婆让她改嫁，孝妇坚决不答应。婆婆对邻人说：“媳妇侍奉我，十分勤谨，又很辛苦。她没有儿子，又死了丈夫，我非常可怜她。我老了，长期拖累一个年纪轻轻的女子，我应该怎么办呢？”后来，婆婆竟自缢而死。婆婆的女儿告状说：“那个婆娘杀死了我的母亲。”狱吏逮捕了孝妇，孝妇辩解说，她没有杀死婆婆。狱吏用刑拷问，孝妇只好屈打成招，违心供认自己杀死了婆婆。判决的文书到府里以后，狱史于公认为这个妇人奉养婆婆十多年，一向以孝顺闻名，根本不会杀死自己的婆婆。太守并不听从他的意见，于公就据理力争，可是无济于事。于公抱着判决文书，在官府大堂上失声痛哭，然后辞官而去。太守判决处死孝妇，最后天怒人怨，郡中大旱三年。后来，新太守到任，通过占卜的方法询问大旱的原因，于公说：“孝妇不应当判处死罪，而前太守硬是把她杀了。问题就出在这里吧。”于是，太守杀了一头牛，亲自到孝妇坟上祭奠，并给孝妇立下墓碑，表彰其孝。真的很巧，不久老天立刻降下一场喜雨，这一年五谷丰登。从此后，郡里的人更加敬重于公。

二者必居其一

“二者必居其一”说明只能在两样中只能选择一种。

此典出自《孟子·公孙丑下》：“前日之不受是，则今日受非也；今日之受是，则前日之不受非也。夫子必居一于此矣。”

战国时，有一次孟子去齐国，向齐王提出很多建议，但齐王都没接受。孟子离开齐国时，齐王赠送给孟子一百金，他也不接受。到了宋国，宋君赠送给孟子七十金，他反而接受了。又到了薛国，薛君赠送给孟子五十金，他也接受了。

孟子的学生陈臻对这个问题很迷惑，问他说：“假如说您不接受齐王的赠金是对的，那么，接受宋君、薛君的赠金就不对了；如果说接受宋君、薛君的赠金是对的，那么，不接受齐王的赠金就是错的了。一个人前后的行为应当一致，您只能在这二者中选择一种（“夫子必居一于此矣”），怎么前后矛盾呢？”

孟子向陈臻解释说：“你说的是非常道理，但不了解其中真正的原因。在宋国，我将去很远的地方，路上要用钱，不接受行吗？我到了薛国，看见到处都戒备森严，我住的地方有士兵站岗。薛君给我五十金，我当然要接受。但我不是自己要，而是把它分给了士兵。谈到齐国，齐王给我的赠金，我没有用处，没有用处而又要别人的赠金，那不是向别人借钱吗？天下哪有君子向别人借钱的呢？”陈臻听了，觉得老师说得很有道理。

方寸已乱

“方寸已乱”说明心中非常紧张，顿时六神无主，再没有心思办事了。

此典出自《三国志·蜀书·诸葛亮传》：“庶辞先主而指其心曰：‘本欲与将军共图王霸之业者，以此方寸之地也。今已失老母，方寸乱矣！’”

三国时代有一个叫徐庶的人，年轻时喜好击剑，行侠仗义，好打抱不平。后来一心一意在学问上下功夫，后来他非常有成就，机智谋略，为当时的人所称道。刘备知道了徐庶是个有谋略的人，便请他在自己手下做事。当时刘备由于兵败，暂时在荆州刘表处安身，没过多久，刘表死了，曹操来取荆州，他的儿子刘琮投降了曹操，徐庶因为是刘琮的部下，他只得向刘备辞别，他指着自己的心对刘备说：“我本来想和将军及诸位一起共同努力，建立王霸的事业，由于我心里一向敬佩你；现在我的老母被俘，我的心中很乱，对你们的事业没有帮助，我在这里向你告别了。”离别时，还特别推荐诸葛亮给刘备以取代自己，刘备才得以三顾茅庐将诸葛亮请出来作军师，创下了一番事业。

飞蛾赴火

“飞蛾赴火”比喻自取灭亡。

此典出自《梁书·到溉传》：“荩受诏便就，上览以示溉曰：‘荩定是才子，翻恐卿从来文章假手于荩。’因赐溉《连珠》曰：‘研磨墨以腾文，笔飞毫以书信。如飞蛾之赴火，岂焚身之可吝。必耄年其已及，可假之于少荩。’”

徐庶像，图出自《图像三国志》。徐庶字元直，初为刘备谋士，后被曹操骗去曹营。

南北朝时期，梁朝有一个大臣，名到溉，字茂灌。他非常有才学，而且为人厚道，很受梁武帝萧衍（公元464—549年）的赏识和信任，二人经常下棋、打赌，他们之间的关系融洽。虽然如此，到溉还是十分谨慎、谦虚，这样就更得梁武帝的欢心。到溉有个孙子，叫到荩，从小就很聪明，历任著作佐郎、太子舍人、尚书殿中郎等职，受到梁武帝重用。

有一次，梁武帝叫到荩赋诗，到荩接受诏令后，马上赋诗一首。梁武帝阅后，非常赞赏，并把这首诗拿给到溉看，并且对他说：“到荩无疑是一个才子。不过，我反而产生了一个念头：你的文章写得那么出色，可能是到荩替你写的吧！”开了这个玩笑之后，梁武帝信手题了《连珠》一诗，赐给到溉。这首诗写道：

研磨墨以腾文，
笔飞毫以书信。
如飞蛾之赴火，
岂焚身之可吝。
必耄年其已及，
可假之于少荩。

这首诗还是是在开到溉的玩笑。大意是说：你研磨着墨汁写文章，奋笔疾书写书信。就像飞蛾扑向火堆，不怕焚毁自己，也要把文章作出来。然而，人总是要老的，你已经年事高迈了，无奈力不从心，写不出文章来。那么，可以捉刀代笔，叫年少的到荩替自己写。

飞将数奇

“飞将奇数”意思是命运不好。后人用以比喻有才能的人遭遇不测。

此典出自《史记·李将军列传》：“猿臂善射，实负其能。解鞍郤敌。圆阵摧锋。边郡屡守，大军再从。失道见斥，数奇不封。惜哉名将，天下无双！”

李广是汉代的名将，在抵抗匈奴的战争中屡建奇功。他擅长骑射，十分勇敢果断，常能以少胜多，出奇制胜，曾经打败过多次匈奴的入侵。匈奴的将士对李广又惧怕、又敬佩，称他为飞将军。

有一年，匈奴入侵上郡，皇帝派朝廷内官跟随李广出兵抵抗。内官几十名骑兵发现三个匈奴骑兵，就向他们进攻。三个匈奴兵用箭射他们，把几十四马全射倒了，还伤了一个内官。余下的人都跑来找李广。李广知道这三个匈奴人一定是神箭手，于是就亲自率领百骑去追赶。李广张弓放箭，射中二人，活捉一人。这时李广士兵发现迎面山上有匈奴的几千骑兵，正在观察动静。汉兵见敌人那么多，自己才一百多人，非常惧怕，纷纷要求逃走。李广制止说：“谁也不许动！我们离营地几十里路，假如现在撤回去，匈奴骑兵追赶我们，我们就全完了。我们不动，匈奴会以为我们是诱兵之计，一定不会贸然来追。”李广命令下马解鞍，就地歇息。匈奴果然没敢来追。半夜时分，匈奴害怕汉军设有伏兵，就悄悄把骑兵带走了。李广平安地回到了营地。

还有一次，李广出雁门关迎战匈奴，因敌兵太多，汉军败退，李广被匈奴俘虏。匈奴首领单于知道李广是汉朝名将，下令说：“要李广活着来见我！”匈奴骑兵用两匹战马拉成一个网袋，托着李广。李广当时有伤在身，无法行动。匈奴兵看守也就放松了警惕。

李广在两马之间的网袋上躺着，一动不动，佯装死去。行至十几里时，李广突然跳起，推倒身旁马上的看守，跃上马背，往南飞驰。匈奴一百多个骑兵急忙追赶，李广举弓射杀，最后逃回汉营。可是朝廷说李广损兵折将，又当了俘虏，罪当斩首。后来他花了大量的钱，才算赎回性命。

李广待人和气，对部下和士卒很友爱，每次得了封赏，都分给士卒享用。因此大家愿意跟他去作战。

李广为汉朝抗击匈奴，作战几十次，建立大小功劳无数次。然而却得不到朝廷重视，升官加爵都没有他的份。李广的堂兄弟李蔡，能力不如李广，声望更在李广之下，一开始是和李广一样做着小官。可后来却官位升到丞相。李广对这些很烦恼，常与朋友说：“我李广不比别人差呀，为什么论功行赏都没我的份呢？还是我的命运不佳呀！”后来，李广六十多岁时出征匈奴，由于受到排挤和挫折，他自杀而死。

《史记》上在列举了李广的功绩后，评论李广说：“可惜他这个天下无双的名将啊，由于命运不好,得不到封赏呀!"

风餐露宿

"风餐露宿"形容旅途劳顿或野外生活艰苦。

此典出自宋代苏轼《游山呈通判承议写寄参寥师》:"遇胜即徜徉,风餐兼露宿。又见清代吴敬梓《儒林外史》第一回:王冕一路风餐露宿,九十里大站,七十里小站,一径来到山东济南府地方。"

元朝末年,有一个十分磊落的人名叫王冕,他七岁上死了父亲,仅仅他母亲做些针线活供他到村学去读书。他只读了三年书,就因生活所迫去给隔壁的秦老爹家放牛。在放牛期间,秦老爹给他的点心钱,他一个也不用,积攒起来买书。每天,他都是一边放牛,一边用心苦读,这样过了三四年,他就学到了许多知识,明白了不少道理。有一天,王冕坐在草地上,看见湖里十来枝荷花清新欲滴,非常好看,便下定决心要学会画荷花。于是,他用积下的钱托人买胭脂铅粉,学画荷花。初时,他画得不好,画了三四个月之后,那荷花样子颜色无一不好,像是湖里长的,又像是才从湖里摘下来贴在纸上的。从那以后,他以会画荷花而远近闻名。

知县得知王冕画荷花的技艺出众,便要王冕给他画二十四幅花卉,王冕本不想画,但碍于秦老爹的情面不得不给他画了。之后,知县为讨好老师危素,差人下乡要王冕去县衙一会,王冕因鄙视官场生活,根本不去。过后,知县又亲自下乡来请王冕,王冕一直避而不见。因为这,秦老爹抱怨道:"他是一县之主,你怎的这样怠慢他?"王冕回答说:"时知县倚着危素的势力,在这里酷虐小民,无所不为。这样的人,我为什么要与他结交?"接着王冕又对秦老爹说:"今知县回去,必然会设计陷害我,我打算外出躲避几时,请秦老爹代为照顾我的母亲。"秦老爹道:"你放心,一切包在我身上。"于是王冕拜辞了母亲和秦老爹,洒泪离别了家乡。

王冕一路风餐露宿,九十里大站,七十里小站,一路来到山东济南府地方。半年后,危素回朝当了官,那时知县也升任去了,王冕才得以回到家乡。

风中残烛

"风中残烛"形容老年人衰退三竭,在世不久。"风中残烛"亦作"风前之烛"或"风烛残年",比喻年老体衰,朝夕不保。

此典出自刘因,字梦骥,元时初年睿城(现在河北省容城县)人。他非常聪敏,并且肯下苦功读书。著作有《静修集》、《四书集羲精要》等。

他在很小的时候就死了父亲,他一向对母亲很孝顺,长大以后,曾经在朝廷任右赞庠大夫。后来他因为母亲生病,就辞去了官职,回家侍奉母亲。

没多久,朝廷又叫他去做官,他却不愿意再去。有人问他干吗要放弃做官的机会,他回答说:"我母亲已经九十岁了,好比是'风中残烛',怎么可以远去贪图一时的富贵呢?"

冯唐易老

"冯唐易老"表示身体衰老,不能再有所作为。也可用以感叹光阴似箭,人已老去,难以有所作为。

此典出自《史记·张释之冯唐列传》:"景帝立,以唐为楚相,免。武帝立,求贤良,举冯唐。唐时年九十余,不能复为官,乃以唐子冯遂为郎。遂字王孙,与余善。"

西汉有一个老臣,名叫冯唐。他因孝顺而有名,被推举为朝廷郎中令管辖下的中郎署署长,辅佐汉文帝。有一次,汉文帝乘辇(当时是用人拉的车子)经过郎署,看到冯唐已经一大把年纪了,客气地称他为“父老”(老者的通称),问他家住哪里?是怎样来做郎官的?等等。冯唐虽然年迈,但是挺富有朝气,敢于直言劝谏,批判当时法制。文帝对他有时生气,有时喜欢,居然任他为车骑都尉,管理京师地面和各地方政府的车战之兵。

汉文帝死后,汉景帝即位。景帝任冯唐为楚相,后来又免了职。汉景帝死后,汉武帝即位。武帝下诏访求贤良方正直言敢谏之士,冯唐又被举荐上来了。冯唐那时候已经九十多岁,不能再就任官职了。汉武帝就任用冯唐的儿子冯遂为郎官。冯遂字王孙,也是一个难得的人才,他同《史记》的作者司马迁是好朋友。

凤鸟不至

“凤鸟不至”用以感慨生不逢时,无法实现抱负。

此典出自《论语·子罕》:“凤鸟不至,河不出图,吾已矣夫!”

传说在舜的时代和周文王的时代,出现过一种神鸟(即凤鸟),它的出现,象征着“圣王”将要出世。那时还流传着一种说法:上古伏羲时代,黄河中有龙马背着八卦图而出。它的出现也象征着:“圣王”将要出世。

春秋时期的孔子,对这些传说他是非常相信的。他空有满腹经纶,不被君主重用,所以不免满腹牢骚,他认为春秋时期的形势并不那么好。他说:“凤鸟不来了,黄河也不出现八卦图了,我这一生完了!”

福至心灵,祸来神昧

“福至心灵,祸来神昧”比喻人交了好运,心思也灵敏了;人遭了祸患,神志也愚钝了。

此典出自宋代毕仲询《幕府燕闲录》:“吴参政少以学究登科,复中贤良,常草制以示欧阳公,称之,因戏曰:‘君福至心灵。’”

五代时期,军人专横,把百姓的生命、财产都当做小草一样,凡改朝换代或攻下一城,就允许士兵抢劫杀掠几天,以为“奖赏”,百姓苦不堪言。

有一年,刘知远建立了后汉王朝,做了皇帝。他也打算按老办法,搜刮京城老百姓财产“赏军”。他的李皇后就劝阻道:“你刚刚登上皇位,还没有给百姓一点点好处,就夺取他们的生活来源,不知多少人家会因为这家破人亡,这不是新皇帝应有的行为。我的意见是,把皇宫里全部财产都拿出来劳军,虽然不多,可是军人和老百姓都不会有怨言了。”刘知远听从了皇后的建议,所以,所有的大臣、将军、士兵都为刘知远的慷慨行为所感动。老百姓本来整日提心吊胆,因此店铺和住宅都关门闭户,京城如同一座死城,听到刘知远下令保护民众安全,全城欢腾,呼“万岁”之声震天动地,后汉王朝因此迅速巩固起来。

著名历史学家胡三省评价此事说:“刘知远听从妻子的忠告,正是‘福至心灵’;而以前后唐庄宗皇帝听从妻子的谗言,杀了忠臣郭崇韬,真的是‘祸来神昧’。”

釜底游鱼

“釜底游鱼”指锅里的鱼,难以久活。人们用它比喻即将死亡的事物。

此典出自《后汉书·张纲传》:“婴闻,泣下,曰:‘荒裔愚人,不能自通朝廷,不堪侵枉,遂相聚偷生,若鱼游釜中,喘息须臾间耳。今闻明府之言,乃婴等更生之辰也。既陷不义,实恐投兵之日，不免孥戮。'纲约之以天地，誓之以日月，婴深感悟，乃辞还营。明日，将所部万余人与妻子面缚归降。"

汉安元年（公元142年），汉顺帝派使者巡视各地的政风民情。朝廷御史张纲（字文纪）上书直谏，说大将军梁冀等人胡作非为，必须对他们以严惩。

当时，广陵张婴等人聚众造反，朝廷无力征讨。大将军梁冀想借机陷害张纲，建议任张纲为广陵太守。张纲到任之时，只带将吏十多人，来到张婴的营地，对他进行安抚，劝他归顺朝廷，使张婴备受感动。

张婴哭着说："我是荒远地区的蠢人，很难与朝廷沟通。只是因为忍受不了贪官污吏的侵凌和欺压，才聚众起事，苟且偷生。就像锅里的鱼一样，活不了多长时间啊。您是一个开明的太守，听了您的这番话，我觉得自己有了再生的机会啦。但是，我们起兵闹事，已陷入不仁不义的境地，我担心放下武器后，被朝廷捉拿杀掉。"张纲对天发誓，让张婴放下心来。张婴很感动，辞别张纲，回到营地。第二天，带着将士一万多人和妻子儿女，把自己绑起来面见张纲，并下决心归顺。

负郭穷巷

"负郭穷巷"的意思是指贴近城根的冷僻小巷。后指称贫寒之士所居住的地方；也可用来比喻人有才学，为人器重。

此典出自《史记·陈丞相世家》："户牖富人有张负，张负女孙五嫁而夫辄死，人莫敢娶。平欲得之。邑中有丧，平贫侍丧，以先往后罢为助。张负既见之丧所，独视伟平，平亦以故后去。负随平至其家，家乃负郭穷巷，以弊席为门，然门外多有长者车辙。张负归谓其子仲曰：'吾欲以女孙予陈平。'张仲曰：'平贫不事事，一县中尽笑其所为，独奈何予女乎？'负曰：'人固有好美如陈平而长贫贱者乎？'卒与女。"

汉朝文帝时期担任丞相的陈平，在少年时代家里十分贫穷，连媳妇都娶不上。巧的是，他的家乡户牖有一个富裕的张老大娘，张老大娘有一个孙女，嫁了五次人家，丈夫都死了，男人们视她为不祥之人，都不敢娶她。而陈平却想娶她为妻。有一次，城中某家死了人，陈平在丧家伴灵和料理杂事。因为他很贫穷，所以早到迟退，希望多得些报酬。张老大娘在丧家见到陈平，很看重他。陈平为了给张老大娘留下个交谈的机会，有意走得很晚。张老大娘跟随陈平到他家里观看，他家住在贴近城根的冷僻小巷，以一张破席子当作房门，可是门外却留下了不少长者车辆的辙迹。张老大娘回家对儿子说："我想把孙女嫁给陈平为妻。"儿子说："陈平贫穷，又不肯做事，全县的人都笑话他，你为什么要把孙女嫁给他？"张老大娘说："哪有像陈平这样洒脱的人，会一辈子穷困呢？"后来，她真把孙女嫁给他了。

负郭无田

"负郭无田"表示家中没有产业。

此典出自《史记·苏秦列传》："使吾有洛阳负郭田二顷，吾岂能佩六国相印乎？"

战国时，东周洛阳有个人叫苏秦，字季子。他一直穷困潦倒，连自家兄弟、妻子、嫂子也瞧不起他，对他十分冷淡。

后来，苏秦周游列国，到处宣扬他的"合纵"之说，即让六国缔约，合力抗秦。六国的君主接受了他的政治主张，封他为相，为纵约长，主持联合抗秦的事务。

当苏秦任六国之相，北上向赵王复命时，路过故乡洛阳。一路上车马众多，声势显赫，各路诸侯都以王侯之礼派遣使者相送。连周宣王听说后也感到十分恐慌，马上派人清扫街道，并派人到郊外慰劳。

苏秦衣锦还乡，一家人见他如此威风，都对他刮目相看。以前对他冷淡倨傲的兄弟妻嫂等人，现在变得毕恭毕敬，连抬头与他正视都不敢，不得不小心翼翼地跪在地上服侍他。

对比从前在家里的待遇，苏秦感叹地说："同是一个人，富贵了亲戚就敬畏他，贫贱时亲戚就鄙视他。更何况一般的人呢！"想到正是由于贫困，才促使他努力奋斗，终于成功，于是，他又庆幸道："如果当初我有靠近洛阳城郭的两顷良田，便会安心过着丰衣足食的日子。那么，我又怎么会有今天，又怎么能佩上六国相印呢？"

苏秦像，图出自《鬼谷四友志》。

覆水难收

"覆水难收"本指夫妻已经离婚后，不容易再言归于好；后人更把它引申出来，比喻事情已成定局，难以再挽回。

此典出自《野客丛书·心坚石穿覆水难收》："姜太公妻马氏，不堪其贫而去。及太公既贵，再来，太公取一壶水倾于地，令妻收之，乃语之曰：'若言离更合，覆水定难收。'"

朱买臣，是汉朝时吴县人，家里很穷，喜欢读书，不愿意从事生产，每天只好到山上砍些柴来卖，来以维持生活。买臣挑着柴在路上走的时候，一边还读着书，他妻子以为他在唱歌，屡次阻止他，朱买臣越发大声的读起来。后来他妻子嫌他贫穷，就要和他离婚。朱买臣笑着说："我到了五十岁时，一定会富贵的，现在我已经四十多岁了，你已跟我苦了这么久，再等几年，等我富贵以后，来报答你吧！"他的妻子气愤地说："像你这种人，到最后一定会饿死在沟渠里，哪里还想富贵呢？"坚决要离婚，朱买臣留不住她，便让她走了。后来朱买臣真的当了会稽太守，去上任时路过吴县，吴县县官为了迎接他，叫民夫打扫街道，朱买臣的妻子这时也一起在打扫，她看见朱买臣富贵起来，要求复婚，朱买臣拿一盆水泼在马前，对他已离婚的妻子道："你能够把这盆覆水收回来，我就同意和你复婚。"覆水是难收的，她遭了朱买臣的拒绝，羞愧和悔恨交加，竟自缢而死。

甘露之变

"甘露之变"比喻宫廷势力倾轧、争斗不停的现象。

此典出自《旧唐书·文宗纪下》："时李训、郑注谋诛内官，诈言金吾仗舍石榴树有甘露，请上观之。内官先至金吾仗，见幕下伏甲，剧扶帝辇入内，故训等败，流血涂地。"

唐文宗（李昂）时期，朝廷内部各种势力明争暗斗，朝政十分混乱。公元832年，唐文宗罢免宰相牛僧孺，任李德裕为宰相。李德裕得势，排斥李宗闵朋党，宦官势力多少有些削弱。公元834年，唐文宗得中风病，枢密使王守澄推荐郑注诊治，郑注竟成了唐文宗的宠臣。王守澄又荐举一个叫做李训的佞人，唐文宗认为他是奇士，要用作近侍官，宰相李德裕坚决阻止，唐文宗不听。王守澄、李训、郑注憎恶李德裕，让唐文宗召还李宗闵为宰相，斥逐李德裕出京。李宗闵得势，排斥李德裕朋党，官员调动不停，朝廷也因为这个而不得安宁，唐文宗束手无策，只好感慨地说，除河北贼易，去朝廷朋党难！

唐文宗想除掉宦官的势力。太和九年（公元 835 年），他将心事密告李训、郑注。二人认为有利可图，都答应以诛宦官为己任，替唐文宗出谋划策，唐文宗任郑注为凤翔节度使，李训为宰相。二人声威大震，杀死不少宦官，又杀死王守澄，也没人敢出来反对。二人密谋由郑注选凤翔兵数百人，作为亲兵，等到王守澄下葬时，唐文宗命令宦官去会葬，郑注操纵亲兵杀死宦官。

李训和党徒商议，以为这么办的话，功劳将被郑注占去，不如先下手，杀了宦官再赶走郑注，这样就可以独得大功。李训上朝，使徒党奏称左金吾大厅后石榴树上有甘露，唐文宗令李训率众官去察看。李训回来说不像是真甘露，唐文宗故意表示惊讶，命令左、右尉仇士良、鱼志弘率众官再去察看。李训先使徒党率部曲数百人潜伏在左金吾，准备杀宦官。仇士良等发觉有伏兵，逃回殿上，劫持唐文宗进入宫内。李训见阴谋失败，出京避祸去了。仇士良等入宫，派兵分别捕李训和他的徒党，宰相李训等以下被杀者数百人，郑注也在军中被杀。经历了这次甘露之变以后，唐文宗被宦官监视，只好饮酒求醉，赋诗消愁，自已觉得比亡国之君还不如。公元 840 年，唐文宗病死了。

高枕而卧

“高枕而卧”表示把枕头塞得高高地安安心心地睡觉；现在比喻思想放松，缺乏警觉、警剔。

此典出自《战国策·魏策一》：“为大王计，莫如事秦；事强大之秦国，则楚、韩两国不敢妄动；无楚、韩之患，‘则大王高枕而卧，国必无忧矣。’”

战国时期，张仪为了使齐、楚、燕、赵、韩、魏六国事秦，便去说服魏王。张仪到了魏国，魏王接见了他。他对魏王说：“贵国地方不过千里，士卒不过三十万；既无山川之险，又无丰富的产物。何况魏国地处楚国之北，赵国之南，韩国之东，齐国之西。所以，你亲近他们当中任何一国，其他三国都可能联合起来向你进攻；你反对其中任何一国，则其他三国也可能联合起来反对你。可见你们的处境十分困难，十分危险。”魏王皱了皱眉头说：“那么先生还有什么办法改变我国的处境呢？”张仪故作为难地说：“不好办哪！”他想了很久才说：“为大王设想，莫如事秦；事强大之秦国，则楚、韩两国不敢妄动；无楚、韩之患，‘则大王高枕而卧，国必无忧矣。’”魏王听说“事秦”，心中非常不高兴，但又不好表现出来，只好婉谢道：“先生的意见很好，但是寡人有些愚蠢，还不敢立刻作出决断，等我和臣子们商量之后，再和先生商量。”张仪听后，便辞魏王而去。

高枕无忧

“高枕无忧”表示没有什么可忧虑的。

此典出自《战国策·齐策四》：“三窟已就，君姑高枕为乐矣。”

春秋时代，有一个叫冯谖的人，在齐国相国孟尝君（姓田名文，孟尝君是他的封号）门下做食客。有一次替孟尝君到薛地（故城在今山东省滕县东南）去讨债，不但没把钱讨回来，反而不留神把债券全烧掉了。薛地人民以为这是孟尝君叫他这样做的，所以对孟尝君非常感激。到了后来孟尝君被齐王解除相国的官职，前往薛地闲居，受到薛地人民热烈欢迎。这时冯谖对孟尝君说:“狡兔有三窟,才能免除一死。现在你才有一窟,还不能把枕头垫得高高的睡觉,我愿意再替你凿两窟。”于是他去游说魏惠王,说是若请到孟尝君治理国事,定能国富兵强,魏惠王给说动了,便重金去请孟尝君,请了三次,冯谖都叫他不要去。这事给齐王知道了,怕孟尝君为魏国所用,就急忙用更隆重的礼节再请回孟尝君君做相国。冯谖又劝孟尝君向齐王要求赐给先王传下的祭器,放在薛地。建立宗庙,以保证薛地的安全。当宗庙建成时,冯谖封孟尝君说:“现在三个窟已经建成,你便可以高枕无忧地过快乐日子了。”

各得其所

“各得其所”的本意是,各自得到其所需要的东西。人们多用它表示各自都得到适当的安置,各如所愿,众人满意。

此典出自《汉书·东方朔传》:“臣闻圣王为政,赏不避仇雠,诛不择骨肉。《书》曰:‘不偏不党,王道荡荡。’此二者,五帝所重,三王所难也。陛下行之,是以四海之内元元之民各得其所,天下幸甚!臣朔奉觞,昧死再拜上万岁寿。”

西汉,隆虑公主有一个儿子,人称昭平君。昭平君娶武帝的女儿夷安公主为妻,是武帝的乘龙快婿。昭平君伏着自己是皇亲国戚,骄横狂放,胡作非为。他的母亲隆虑公主很替他担心,她在病重之际,拿出金千斤、钱千万为昭平君预赎死罪,于是汉武帝答应了。隆虑公主死后,昭平君果然犯了杀人之罪,论法当斩。为了慎重起见,掌管司法的廷尉将此判决上报汉武帝,请他恩准。那时,朝廷里的大臣都为昭平君讲情,说:“他母亲生前已替他赎了死罪,陛下就赦免了他吧!”汉武帝说:“我的妹妹隆虑公主老来得子,生了昭平君,视为掌上明珠。她去世之前,反复叮嘱,把昭平君托付给我,让我照顾他。”说着,汉武帝泪流满面,长叹不止,过了很久,汉武帝语气坚决地说:“法令,是先帝制定的,我也必须遵守。假如因为妹妹的请求而破坏先帝的法令,我有什么脸面去拜祭列祖列宗呢!再说,不处罚昭平君,也有负于天下万民的殷切期望啊!”于是,武帝批准了廷尉的判决,处死了昭平君。武帝极度伤心,左右大臣也都非常悲痛,整个朝廷都沉溺于哀伤的气氛中。

能言善辩的大臣东方朔(公元前154—前93年)上前给武帝祝寿,说:“我听说,圣明的君主管理政事时,奖赏不论仇敌,罚罪不分骨肉。《书经·洪范》中说:‘不偏私不阿附,帝王之道平坦顺遂。’对于‘奖赏不论仇敌,罚罪不分骨肉’这二点,古代五帝伏羲(太皋)、神农(炎帝)、黄帝、尧、舜等人都很重视,夏、商、周三代的君主也都难以处理好这些关系。现在陛下能够做到这二点,使四海之内的平民百姓得到适当的安置,这是普天之下最大的幸运!我东方朔向您敬献一杯酒,冒昧地再次向您顶礼膜拜,祝您万寿无疆!”事后,汉武帝对东方朔说:“先生说了那番话,合乎礼制吗?”东方朔回答道:“解除忧愁的最好方法是喝酒。我之所以向陛下敬酒祝寿,正是为了赞扬您的刚正不阿,并以此节制您的悲哀!”几句话,说得汉武帝高兴起来。本来,东方朔不久前犯了一个不大不小的错误:有一次他喝醉了酒,在殿中随意小便,被认定为“大不敬”,武帝已下诏免去他的官职。经过上述的一场谈话,东方朔竟然时来运转,汉武帝不仅对他在殿中的放荡行为没有进行惩罚,反而又任命他为中郎官,并赐给他帛百匹。

功败垂成

“功败垂成”的意思是,事业即将成功时,却遭到了意外的失败。常带有惋惜的语气。

此典出自《晋书·谢玄传》:“庙算有遗,良图不果,降龄何促,功败垂成,拊(通‘抚’)

其遗文,经纶远矣。"

谢玄(公元343—383年),自幼度,晋代阳夏人,是谢安的侄子。太元八年(公元383年),谢玄受征讨大都督谢安之命,率军抵抗前秦苻坚的百万大军。经淝水一战,将苻坚打得落花流水。他打算乘胜前进,实现统一北方的愿望。却因病去世,时年四十六岁。对他的死,人们都感到十分惋惜。

《晋书·谢玄传》的作者对谢玄作了很高的评价。作者写道:"由朝廷制定的克敌谋略还没有执行完毕,优秀的战略目标还没有实现,老天给他的生存年龄是这样短暂,使其宏伟的功业在即将成功之际遭到夭折。抚摸着谢玄的遗文,能够清楚地看到,他筹划治理国家大事的志向,是多么远大啊!"

功亏一篑

"功亏一篑"原意是只差一筐土就没有堆成高山,含有惋惜的意思。后人用它比喻一件事只差最后一点却满盘皆输。

此典出自《尚书·旅獒》:"呜呼,夙夜罔或不勤,不矜细行,终累大德,为山九仞,功亏一篑。"

周武王建立周朝、做了天子以后,四方各国都来朝拜他。那时距离周朝很远的地方有个小国叫西戎。西戎国派使臣来庆贺武王,并送给他一条大狗。这狗有四尺多高,是西戎的土产,武王非常高兴地收下了。这时候武王身边的太保召公对他说:

"这是您的圣德呀,四方都归服于您,无论远近,都把当地的土产、方物送给您。您也应该对他们分封赏赐,把珍宝、玉器赏给同姓之国,以显示信诚。玩物这东西谈不上贵贱的,关键在于德行。无德,物也不值钱;有德,物才显得贵重。盛德要靠自己修养,圣主不可以沉浸在声色之中,把人当做玩物加以戏弄,会丧失德行;把稀罕物件当做玩物加以赏玩,会丧失志气。这就是'玩人丧德'、'玩物丧志'。犬马这类东西不是本地所生的,不应畜养它;珍禽异兽没有什么用途,也不该养它;远来的珍宝不要那么稀罕它,不要人家的东西,人家才会归顺你。最要紧的是爱惜贤能之人,这是国家安稳的根本大计呀。君主应该随时积累德行,从早到晚都要想着德行,不要忽视细微的行为,大德都是从小德积累而来的。比如筑起一座九仞高的土山,要一筐土一筐土地堆积。当堆到差不多的时候,只差一筐土就达到九仞高了,可是这最后一筐土你没有加上去,结果就没有堆成。您是一个圣君,如果从这些方面严于律己,就可以世世代代稳坐天下

武王听信了召公的劝谏,从那之后便专心治理朝政。

周武王像,图出自明·天然撰《历代古人像赞》。

苟延残喘

“苟延残喘”比喻暂时勉强维持生计。

此典出自明代马中锡《东田文集·中山狼传》:“今日之事,何不使我早处囊中,以苟延残喘乎?”

这是一则寓言故事。故事说:战国时候,赵简子在中山这个地方打猎,有一只狼被射中了。这只受了伤的狼拼命地逃。跑着跑着,碰见了一位墨家人物东郭先生。狼苦苦哀求东郭先生救它一命。它见东郭先生背着一个大口袋,就说:“今天这种情形,你为什么不让我赶快钻进袋中,苟延残喘以保性命?”东郭先生经不住狼的哀求,把狼装入了袋中。等到赵简子追来打听狼的下落时,东郭先生推说不知道,骗走了赵简子。然而,狼从袋子里出来以后,竟要吃掉东郭先生。多亏这时来了一个老农,设计打死了这只恶狼。

孤苦伶仃

“孤苦伶仃”形容困苦孤单,无依无靠。

此典出自晋代李密《陈情表》:“生孩六月,慈父见背;行年四岁,舅夺母志。祖母刘,愍臣孤弱,躬亲抚养。臣少多疾病,九岁不行。零丁孤苦,至成立。”

公元263年,司马昭派遣钟会、邓艾等灭蜀之后,第二年他的儿子司马炎就废除魏帝曹奂,建立了西晋王朝。晋武帝司马炎为安抚蜀汉士族,于是就对汉蜀的旧臣采取笼络收买的怀柔政策,征召他们去洛阳任职。当时李密正在徘徊犹豫之中,打算暂时不去。接着以尽孝祖母为名,写了上武帝的《陈情表》。他在《陈情表》中描写他幼年时的生活说:“我生下来才六个月,我慈爱的父亲便去世了。我四岁的时候,舅父劝我母亲改嫁,改变了我母亲守节的志向。祖母刘氏怜悯我孤苦孱弱,亲自把我抚养。我小的时候,时常生病,到了九岁还不能行走。孤单困苦,没有依靠。直到长大成人,还是上面没有叔伯,下面没有兄弟,……单身独立,只有形体和影子互相安慰。并且祖母刘氏早年就有疾病,常常躺在床上,不能走动,我侍奉汤药,不曾离开过她。……(如今)祖母刘氏的病日愈沉重,正像太阳快往西山落下去了一样。她也只有一丝儿气了,生命十分危急,朝不保夕。我没有祖母,也就没有今天;祖母没有我,她也无法度过晚年。我们祖孙二人是相依为命的啊!

晋武帝看了他的《陈情表》后,为了维护其“以孝治天下”的幌子,就答应李密的请求,免于应征,并且在生活上予以优厚的照顾。

瓜田李下

“瓜田李下”比喻容易招惹嫌疑的地方。

此典出自《乐府诗集·君子行》:“君子防未然,不处嫌疑间,瓜田不纳履,李下不整冠。”又见《北齐书·袁聿修传》:“时邢劭为兖州刺史,别后,遣送白绸为信。聿修退绸不受,与邢书曰:‘今日仰过,有异常行,瓜田李下,古人所慎;多言可畏,譬若防川。愿得此心,不贻厚贵。’”

唐文宗(李昂)问工部侍郎柳公权近来外面对朝廷有什么议论,柳公权回答说:“自从你派郭枚做了分宁(今陕西分县)的主官以后,虽然有些人赞同,可是也有些反对的意见。”文宗有点不高兴,又问:“郭枚是尚父的从子,太皇太后的季父,做官一向没有过失,以金吾大将的身份放任分宁小镇做主管,这还有什么不恰当的地方呢?”柳公权说:“按照郭枚于国家的功劳,派做分宁的主官,这是合情合理的。只是有的人说,郭枚是因为进献

李密上陈情表图

了两个女儿入宫才得到这样的官职。”文宗辩解说郭枚的两个女儿进宫，为的是参见太后，并不是献给他的。但柳公权说：“瓜田李下的嫌疑，怎能够使得人人都清楚呢？”

柳公权是唐代的书法家，他当时所说的“瓜田李下”，原是来源于古乐府《君子行》里的两句诗句：“瓜田不纳履，李下不整冠。”意思是说：在瓜田里整理鞋子，很可能让人怀疑是偷摘瓜；在李树下面整理帽子，容易让人怀疑是偷摘李子，所以叫人在瓜田里不要整理鞋子，在李树下不要整帽子。

鬼笑伯龙

“鬼笑伯龙”形容士人生活贫困，经济拮据。

此典出自《南史·刘损传》。

南朝时期，刘损有一个同郡的族人叫刘伯龙。刘伯龙从小就家境贫寒，生活困十分穷。长大以后，刘伯龙历任尚书左丞、少府、武陵太守等官职，可他家中还是非常贫穷。他常在家中感慨，愤愤不平，召集身边的随从商量经商的办法，想谋点利益。忽然间，刘伯龙恍然间看到一个鬼在旁边拍掌大笑。刘伯龙感叹地说：“贫穷是命里注定的，还要再受鬼的嘲笑吗？”于是，他再也不同随从们商量靠经商发财了。

合浦珠还

“合浦珠还”，比喻人去而复还或一件东西失而复得，对其人其物含有赞美的意思；也用以称颂地方官政绩卓著。

此典出自《后汉书·孟尝传》：“迁合浦太守。郡不产谷实，而海出珍宝。与交趾比境，常通商贩，贸籴粮食。先时宰守并多贪秽，诡人采求，不知纪极，珠遂渐徙于交趾境界。于是行旅䟤至，人物无资，贫者饿死于道。尝到官，革易前敝，求民病利。曾未逾岁，去珠复还，百姓皆反其业，商货流通，称为神明。”

东汉时代，孟尝曾经出任过合浦太守。那一带地属沿海，不产谷物果实而盛产珍珠。那里百姓需要的粮食，多从交趾郡运来，两地经常有商贩往来，用合浦的珠宝交换交趾的粮食。

在孟尝出任合浦太守之前，前任太守却是个贪得无厌之辈。他下令采珠的老百姓，凡采到珍宝，全都要送到太守衙门，为他所用，他只把少许次等的珠宝还给采珠的人维持生活。说也奇怪，自从太守命令下达之后，那里的珠逐渐减少，自然地迁徙至交趾郡边界。由于海里的珠蚌迁移了地方，合浦一带变成没有特产了，行旅商贾当然不会来，没有粮食，百姓饿死的或贫病而死的不计其数。

孟尝到任后，首先革除先前那贪官的不合理法规，每个地方都为百姓谋利。不到一年，那些迁移而去的珠蚌又重新回合浦，百姓又过上了安居乐业的生活。

涸辙之鲋

“涸辙之鲋”比喻身处困境、急需救援的人。

此典出自《庄子·外物》。

庄周（庄子）家境一向贫穷，向监河侯（治理黄河的地方官）去借粮食。监河侯说：“好吧，等我收到地租后，可以借给你三百金，可以吗？”庄周气得连脸色都变了，他愤愤地说：“昨天我来时，走到半路，听到有个声音叫我。我回头一看，只见车辙沟里有一条鲫鱼，我问它：‘鲫鱼呀，你在这里做什么呢？’鲫鱼回答道：‘我是东海的水臣，您能给我弄一点水救救我吗？’我说：‘好的。我去拜访远在南方的吴国、越国的国王，引来西江之水来营救你，怎么样？’鲫鱼，十分生气地说：‘我失去了水，就无法容身。现在只需要斗升之水就可以活下来了。您却说了一大套不着边际的话。既然如此，还不如明天早晨到干鱼店里去找我呢！’”

黑云压城城欲摧

“黑云压城城欲摧”比喻恶势力的一时猖獗及其造成的黑暗压顶之势。

此典出自唐代诗人李贺的《雁门太守行》一诗中的一句话：“黑云压城城欲摧，甲光向日金鳞开。角声满天秋色里，塞上燕脂凝夜紫。”

李贺是我国中唐时期的一个很有才华的诗人。那时候，唐朝国内藩镇割据，边境上外族常常骚扰，李贺站在爱国主义的立场上，对抗击外族侵略的将士们给予赞颂。这首诗就是描写北方边塞上一座城池被外族军队包围之后，在十分危急的情况下守城将士下定决心，坚决守卫，誓死报国的壮烈情景。原诗共八句，这是前四句，诗的大概意思是：战事危急得就像浓厚的乌云笼罩，要把整个城池压毁一样，战士的铠甲在阳光照射下金光闪烁。在一片秋天的景色里，军中鼓角齐鸣，双方战斗激烈，边塞上战士鲜血染成的犹如胭脂一样的红土在夜里显得更加火红，凝成了紫色。

火烧眉毛

“火烧眉毛”比喻事情紧迫。

此典出自《五灯会元》：“问：‘如何是急切一句？’师曰：‘火烧眉毛。’”

有人问蒋山法寺禅师道：“对于修行的人来说，应该怎样看待改过从善、求源悟本的紧迫性呢？”禅师非常简洁地答道：“火烧眉毛。”

由于眉毛离眼最近，烧眉毛是看得见的最迫近的危险。

击缺唾壶

“击缺唾壶”形容渴望发挥才能。也可用以形容有志不得伸展，胸中感慨苦闷。

此典出自晋代裴启《语林》：“王大将军每酒后，辄咏：‘老骥伏枥，志在千里，烈士暮年，壮心不已。’便以如意击珊瑚唾壶，壶尽缺。”

晋代人王敦（字处仲）曾任大将军，立下许多战功。后来，王敦专擅朝政，晋帝怕他，对他不信任。王敦心中闷闷不乐，每当饮酒之后，就吟咏曹操《龟虽寿》一诗中的句子：“老骥伏枥，志在千里，烈士暮年，壮心不已。”他一边吟诗，一边用手中的玉如意敲打唾壶，以致敲打出许多豁口。

娇生惯养

“娇生惯养”形容从小过分受父母的宠爱和姑息，缺乏教育与锻炼。

此典出自《红楼梦》七十七回：“自幼娇生惯养的，何尝受过一日委曲，如今一身重病，一肚子闷气，又没有亲爹娘，她这一走，是不能再见面了。”

王夫人怕丫头们教坏了宝玉，于是来了一次大盘察，凡她认为不可靠的统统赶出去。一个名叫蕙香的丫环，聪明伶俐，只因她与宝玉是同日生的，王夫人便认定她是一个“没廉耻的货”，就被赶了出去。芳官是个唱戏的，王夫人认定唱戏的女孩子更是狐狸精，也把她赶了出去。剩下的唱戏的女孩子们，全部不许留在园里，全部弄出去嫁人。晴雯是侍候宝玉的丫头，她什么罪也没有，只因为长得特别漂亮，便安上“妖精”的罪名被逐出去。宝玉见晴雯正在重病，四五天水米不曾沾牙，硬被从炕上拉了出去，心中极为难受。当着王夫人的面，宝玉不敢多说什么，王夫人一走，他便倒在床上大哭起来。袭人劝宝玉道“哭也不中用，……太太不过偶然听了别人的闲言，在气头上罢了。等太太气消了，你再求老太太，慢慢的将她们叫进来，也不难。”宝玉说道：“怎么我们私自开玩笑的话太太知道了呢？怎么太太单不挑你（指袭人）和麝月、秋纹的不是呢？”袭人听了这话，低头半日，无可回答。宝玉笑道：“你是头一个出了名的至善至贤的人，他两个又是你陶冶教育的，怎么会有什么该罚之处？”袭人细揣宝玉的话，知道宝玉怀疑她告了密，竟不好再劝，所以叹息到：“天知道罢了！此时也查不出人来了，白哭一会子，也无益了。”宝玉听了，冷笑几声，然后说道：“晴雯自幼娇生惯养的，何尝受过一日委曲，现在一身重病，一肚子闷气，又没有亲爹娘，她这一走，是不能再见面了。”说着，越发心痛起来。

急如星火

“急如星火”形容事情已经到了万分急迫的地步。

此典出自晋代李密《陈情表》：“诏书切峻，责臣逋慢，郡县逼迫，催臣上道，州司临门，急于星火。”

李密，字令伯。他出生后六个月父亲就死了，到了四岁时母亲何氏被他舅舅逼迫改嫁。他少年时期常常害病，孤苦伶仃，靠他祖母刘氏亲自抚养。长大以后，他对祖母十分孝顺。李密曾在蜀汉时做过尚书郎的官。蜀之后，晋武帝司马炎征召他为太子洗马（侍候太子的官）。当时李密的祖母快九十六岁了，正是风烛残年，在家里无人照顾她，因此，李密无论如何是不能离开祖母去做官的。但晋武帝却天天下圣旨，说他态度傲慢，又下令郡县派人去紧催他上任，州里的人也到他家去催促，他在这种情形之下，感到进退两难，便写了一篇《陈情表》，向武帝诉说自己的苦衷。《陈情表》中有“郡县逼迫，催臣上道，州司临门，急如星火。”的句子。

寄人篱下

“寄人篱下”比喻依附别人而过活。

此典出自《南史·张融传》：丈夫当删诗、书，制礼乐，何至因循寄人篱人。

南北朝时的齐国，有一个叫张融的人，字思光。这个人长得体短貌丑，但精神清澈，思维敏捷。家境虽贫，可是他能勤奋自学，他记忆力和理解能力都很好而且滑稽多辩。齐高帝（萧道成）对他很厚爱，常说：“此人独一无二。”

有一次，高帝赐给张融一件衣服，张融前去向高帝请安。短短的一段路，张融走了很久。帝问何故，张融说：“我是从地下升到天上来，按理是不能快走的。”张融善草书，并常常为此自我欣赏。高帝曾说：“你的书法很有骨力，但无二王（指东晋书法家王羲之、王献之父子）的笔法。”张融说：“二王还有比不上我的笔法的地方呢！”

武帝继位以后，有一次张融请假东游。武帝问他住在何处。张融说：“我住的地方说是在陆上，但没有屋子；说是在船中，但船下又无水。”后来，武帝问张融的哥哥张绪。张绪说：“他住在一条停在岸上的小船里。”武帝听罢哈哈大笑。

永明（齐武帝的年号）中叶，张融染病时作门律，并自己作序言。序言中，他阐述了自己从事文章著述的情况。文中说：大丈夫应当删诗、书，制礼乐，文章著述自成一体，不能寄人篱下地沿袭别人。

“寄人篱下”即像麻雀一样，寄居在人家的篱笆底下生活。

家徒四壁

“家徒四壁”比喻家中只见墙壁，空无所有的贫困景况。

此典出自《汉书·司马相如上》：“文君夜亡奔相如，相如与驰归成都。家徒四壁立。”

司马相如是西汉辞赋家，字长卿，蜀郡成都（今属四川）人。他年少的时候喜爱读书、击剑。他原名犬子，后来，他羡慕蔺相如的为人，便改名为相如。他曾在汉景帝和梁孝王手下当过小官吏。梁孝王死后，回老家成都闲居。司马相如家境非常贫寒，生活十分艰难。

司马相如与临邛县令王吉交情很深，于是来到临邛，住在城外的客馆中。王吉经常前去看望司马相如。临邛县一些大财主，见王吉非常敬重司马相如，所以都很想结识他。有一天，大财主卓王孙设宴，请王吉和司马相如一同前来赴宴。司马相如借病推却，王吉亲自相请，他才勉强前往。司马相如举止大方，风雅潇洒，使满座宾客为之倾倒。在这期间，王吉请司马相如弹琴，相如弹了几曲。卓王孙有个女儿名叫卓文君，新近死了丈夫，在家寡居。她很爱好诗文音乐，听到司马相如悦耳的琴音，见到司马相如的一表人才，于是产生了爱慕之情。司马相如也很喜欢卓文君的才貌。接着两人决心结成终身伴侣。

卓文君夜奔相如图

为了实现真挚的爱情，卓文君毅然冲破封建礼教束缚，离家出走跟随了司马相如。他俩相亲相爱，返回成都。到了成都老家，卓文君发现司马相如一贫如洗，家中除了四周的墙壁，其余一无所有。大财主卓王孙对女儿的私奔十分愤怒，连一分钱也不肯给他们。为了维持生活，司马相如和卓文君又返回临邛，开了一个小酒馆，文君卖酒，相如穿着短裤子打杂。

后经亲友劝说，卓王孙分给卓文君一部分财产，她就和司马相如又回到了成都。

到了后来，司马相如以自己的才学得到汉武帝的赏识，官封中郎将，他为开发西南边疆作出了贡献。

将信将疑

“将信将疑”指不敢轻信，有些相信又有些怀疑。

此典出自唐代李华《吊古战场文》：“人或有信，将信将疑。”

唐玄宗李隆基时，封建统治集团对内实行残酷的剥削和压迫，对外不断发动战争，天宝十四年（公元755年）又爆发了安史之乱。战争给人们带来了无尽的灾难，不少百姓妻离子散，家破人亡。当时，有一个叫李华的人，字遐叔。他二十一岁中进士，官至吏部员外郎。安禄山攻陷长安时，李华被俘，并被迫接受了凤阁舍人的官职。安史之乱平息以后，他被贬为杭州司户参军，到后来辞去官职隐居起来。

李华目睹了战争给人民带来的灾难，于是就这样写了一篇《吊古战场文》，借描写一个古战场的凄惨情景，对战争进行了谴责。文中这样写道：天下民众，谁无父母？谁无兄弟？谁无夫妇？他们生前没有受到帝王的什么恩惠，为何要害他们呢？他们存亡死活，家里人都不知道。有人传来消息，家里人将信将疑。大军之后必有荒年，人民又要流离失所。怎样才可以避免这种祸害呢？唯有实行王道，使四夷各为天子守土。

尽善尽美

“尽善尽美”意思是形式和内容、外表和实质都好到了顶点，后来人们用它形容事物达到最美好的境地。

此典出自《论语·八佾》、《论语·述而》：“子谓韶：‘尽美矣，又尽善也。’谓武：‘尽美矣，未尽善也。’”

孔子三十五岁那年，鲁国国内发生动乱，君臣之间争权夺势，闹得百姓不得安生。孔子怕遭到祸殃，也带着少数几个弟子逃到齐国。

齐国的国君和大夫对孔子十分尊敬，盛情地款待他，并且请他欣赏音乐。

有一天，齐国的乐人专门为孔子演奏“韶”的乐章，很得孔子的欢心。他听得入了迷，竟一连几天都在回味着“韶”的音律，把肉的味道都忘记了。他一遍又一遍地说：

“真想不到呀，音乐感人之深居然能达到这样的地步！”

这时候有人问孔子说：

“先生，韶乐您欣赏过了，武乐您也听了，现在请您发表一下看法，是韶乐好呢？还是武乐好啊？”

孔子不假思索地说：

“当然是韶乐好呀，它的声音、旋律美极了，而且表达的意思也极好！至于武乐嘛，当然声音也是很不错的，但意思不够美呀……”

因为韶乐是虞舜时代的乐曲，孔子向往那个时代，因此极力赞美韶乐；武乐是周武王时代的乐曲，由于周武王的天子之位是由讨伐商纣而来，孔子不赞成，因此对武乐也有看法。

惊弓之鸟

“惊弓之鸟”比喻受过惊吓的人，心里常常疑惧，一遇到风吹草动就会异常惶恐不安。

此典出自《战国策·楚策》。

更羸，是战国时魏国的武将，他射箭的技术很高明，有一日他陪伴着魏王去游玩，走到一座高台下面。仰头看见空中有飞鸟经过，于是他对魏王说：“我可以不用箭，只用一张空的弓就可把空中的飞鸟射下来，我演试给你看看好吗？”魏王说：“你射箭的技术，已练到如此神奇吗？是否做得到呢？”更羸说：“我有把握把它射下来的。”过了一会儿，从东方有一只雁飞过来，更羸用一张没有箭的弓，向飞来的雁只用手对弦空拉了一下，弓弦嗡的响了一声。那只雁立刻应着弦声而跌落下来。魏王见更羸真的用无箭的弓能够射雁，于是惊奇地说：“你射箭的技术果然高明啊！”更羸说：“不是我的技术高明，是因为这只雁早已有了毛病。”魏王问他说：“你怎么会知道呢？”更羸解释说：“由于这只雁飞得很慢，叫声又很凄惨，飞得慢是因为受了创伤，叫声凄惨，是由于失群的缘故。它由于创伤没有好，心里还很惊怕，所以听到弓弦的声音而惊跌下来的。”

井井有条

“井井有条”比喻办事有条有理。

此典出自《荀子·效儒》：“井井兮其有理也。”

荀况又称荀卿，是我国古代杰出的唯物主义哲学家之一，战国末期赵国人。战国末期，由于封建经济的发展，又经过长期的兼并战争，一个全国统一的局面正在形成。荀况的思想，反映了实现统一集权的进步要求，并从理论上为地主阶级建立中央集权制造舆论。他对春秋战国以来的各派学说进行了研究和总结，有批判，有吸收，而后提出了一套完整的理论。

《效儒》是荀况论述“大儒”与“俗儒”的对立，重点阐述“大儒”即荀况理想中的地主阶级政治家、思想家的政治作用的一篇文章。在这篇文章中，荀况尖锐地批判了以孟轲为代表的“俗儒”，借“大儒”来表达自己致力于社会变革，实现统一天下的政治抱负。他认为，只有重用“大儒”，才可以达到“天下为一，诸侯为臣”的封建统一局面。但是，由于阶级和历史的局限性，荀况太过于夸大了所谓“圣人”的作用，把“圣人”说得完美无缺、形象高大，是实现封建统一的唯一因素。

荀况说：那些被称之为圣人的人们，办事是那样的井井有条；意志是那样的坚定不移，始终如一。他们安然自若，是那样经久不息；光明磊落，能够清醒地运用智谋；端正不邪，其行动是那样地符和礼义。……用最好的最完备的方法治理国家，任何事物都不能使他动摇，这就叫做圣人。

景差为相

“景差为相”的这个典故告诉人们，当官做事都要有方圆。

此典出自《说苑·政理》。

景差在郑国当相国时，有个郑国人在三九寒冬的时候，光着双脚过河。待走出水面后，两条小腿已经冻僵了。

恰巧景差坐车过来，匆忙把这个人扶上自己随从的车子，又给他盖上一件衣裳。

晋叔向听说后，议论道：“景差身为相国，真是无能。我常常听别人这么讲，贤德的官吏所管辖的地方，三月份就要疏通河沟渠道，到十月份就得修复渡口桥梁，六畜尚且不再淌水，更何况说的是人呢？”

九天九地

“九天九地”比喻差别极大，如一在天上，一在地下。

此典出自《孙子·形篇》：“善守者藏于九地之下，善攻者动于九天之上。”

春秋时，有一位著名的军事家叫孙武。他总结了以前战争的经验，探索分析出了战略战术的规律，并写出了一本兵书《孙子兵法》（简称《孙子》）。这本兵书不仅是我国现存在最古老的兵书，也是世界上最古老的兵书，在中外军事学术史上有着十分重要的地位。《孙子兵法》分上、中、下三卷，共十三篇，是孙武的战争观、军事思想和哲学思想的全面论述。

《形篇》是孙子兵法上卷的第四篇。主要从“军形”上来阐述“胜可知”和“先为不可胜”的观点。什么是“形”？孙武打比方说：好像千丈高山上决开积水，奔赴深溪那样，谁也阻挡不住，这就是“形”。

孙武说：过去擅长作战的人，先创造条件，使敌人不能够战胜自己，并以此等到敌人暴露他们的可以被我方战胜的弱点。从而创造条件，使敌人不能战胜自己，这样一来主动权在我方。敌人是否会暴露弱点，被我利用，主动权在敌方。所以善于作战的人，能够创造不被敌人战胜的条件，但不能使敌人一定被我所战胜。胜利便能够提前预见，可是在条件不具备的情况下不能硬来。使敌人不能战胜自己，这是防守；想法战胜敌人，这是进攻。防守是兵力不足，进攻是兵力有余。善于防守的部队，要像隐藏在最深的地下那样严密；善于进攻的部队，要像来自高不可测的天空那样兵贵神速。这样一来的话，防守能自保，进攻必能全胜。

行将就木

“行将就木”表示人将进棺材了，比喻人将不久于世。

此典出自《左传·僖公二十三年》：“‘待我二十五年，不来而后嫁。’对曰：‘我二十五年矣，又如是嫁，则就木焉。请待子。’处狄十二年而行。”

春秋时期，晋国宫内发生一些内乱。晋献公的妃子骊姬谗害太子申生，又妄图加害于公子重耳等人。

重耳逃到他的封地蒲城，晋献公派兵到蒲城去追杀他。蒲城人要奋起反抗，重耳不同意，说：“我倚仗君父的旨意，得到封地和供养，也有了众多的百姓归我管辖，假如属下的百姓同君父较量，这是最大的罪过啊。我还是离开为妙。”接着，重耳逃往狄国。跟他一起逃亡的，有狐偃、赵衰、颠颉、魏武子、司空季子等人。

有一次，狄国人征讨一个叫廧咎如的同族别种部落，他们俘获了两个姑娘，一个叫叔隗，一个叫季隗，狄国人把她俩送给公子重耳。重耳娶了季隗，生下伯、叔刘，叔隗嫁给赵衰，生下赵盾。到了后来，重耳要离开狄国到齐国去，对季隗说：“请你等我二十五年，如果到那时我不回来，你就改嫁吧。”季隗回答说：“我已经二十五岁了，再过二十五岁，就是快死的人了，还谈什么改嫁呢？我等你就是了。”就这样，重耳在狄国一共居住了十二个年头。

涓蜀梁见鬼

“涓蜀梁见鬼”告诉我们，世上本无事，庸人自扰之。

此典出自《荀子·解蔽》：“夏首之南有人焉，曰涓蜀梁。其为人也，愚而善畏。明月而宵行，俯见其影，以为伏鬼也；仰视其发，以为立魅池，背而走。比至其家，失气而死。”

这段话意思是说：

在夏首的海边有一个叫作涓蜀梁的人。他为人愚蠢而又非常胆小，看见什么东西都害怕。

一次，他在皎洁的月色下夜行。偶尔低头，看见自己的身影，他便以为碰到了趴在地上的魔鬼，又一抬头，他又看见自己的头发，就以为遇见立在身后的妖怪。他一下子吓得魂飞魄散，急忙往回拼命逃跑。等他跑回家中，已经上气不接下气，不久便气绝身亡。

决一雌雄

“决一雌雄”意思是彼此进行决战，比高低定胜负。

此典出自《史记·项羽本纪》：“项王谓汉王曰：‘天下匈匈数岁者，徒以吾两个耳，愿与汉王挑战决雌雄，毋徒苦天下之民父子为也。’汉王笑谢曰；‘吾宁斗智，不能斗力。’项王令壮士出挑战。汉有善骑射者楼烦，楚挑战三合，楼烦辄射杀之。项王大怒，乃自被甲持戟挑战。楼烦欲射之，项王瞋(chēn)目叱之，楼烦目不敢视，手不敢发，遂走还人壁，不敢复出。汉王使人间问之，乃项王也。汉王大惊。”

秦朝末年，楚霸王项羽和汉王刘邦争夺天下。有一次，两军在广武发起战斗，双方的军士和当地的百姓都叫苦连天。项羽是个急性子，迫不及待地向刘邦挑战。

项羽对刘邦说：“天下纷乱不止，动乱数年，这都是由你我二人引起的。我想不兴师动众，单独与你交战，分出个高低、胜负，免得天下老百姓跟着我们受苦遭罪！”刘邦笑着婉言拒绝说：“我宁愿与你斗智，不与你斗力。”项羽于是命令军士向汉军挑战。汉军中有一个神射手，名叫楼烦，楚军三次挑战的士兵，都被楼烦射杀了。项羽十分生气，于是亲自披挂上阵，手持兵刀挑战。楼烦要射他，项羽瞪眼大喝一声，楼烦被吓得连看看都不敢，手不敢射，急忙走回壁垒后边，再也不敢出阵了。刘邦派人打听，是谁这么厉害？听说挑战者就是项羽本人，刘邦大惊失色。

开门揖盗

“开门揖盗”的意思是，打开房门，请强盗进来。人们用它比喻引进坏人，自招祸患。

此典出自《三国志·吴书·吴主权传》：“五年，策薨，以事授权，权哭未及息。策长史张昭谓权曰：‘孝廉，此宁哭时邪？……况今奸宄竞逐，豺狼满道，乃欲哀亲戚，顾礼制，是犹开门而揖盗，未可以为仁也。’乃改易权服，扶令上马，使出巡军。”

三国时期，位于长江中下游的吴国，它的开国者是孙权(字仲谋)，可是吴国基业的奠基人却是孙权的父亲孙坚和哥哥孙策。公元 192 年，孙坚在攻打割据荆州的刘表时被射死。孙坚死后，他的长子孙策招募兵士数百人，从袁术那里带回孙坚旧部一千余人，又得到了周瑜送来的军粮等物资资助。孙策以这个为基础，脱离袁术，打算向江东独立地扩展自己的势力。八九年间，孙策削平江东大小割据势力，取得了吴(今江苏苏州)、会稽(今浙江绍兴)、庐江(今安徽六安)等五郡。那时候，孙权只有十五岁。他身为孝廉、秀才，经常跟随哥哥东征西战，因此性情大度开朗，仁义而有谋略，常常出些好主意，孙策为此也感

孙策像，图出自《图像三国志》。

到惊奇，自认为不如弟弟有才能。每当设宴款待宾客、军士时，孙策总是指着孙权说：“各位，他才是你们的将领呢。”

建安五年（公元200年），孙策在一次射猎中被刺客暗杀。死前，他把十八岁的弟弟孙权托付给谋臣张昭等人，把割据江南、争夺天下大业的任务交给孙权。孙权非常伤心，哭泣不止。孙策的长史张昭对孙权说：“孝廉，难道现在是可以哭的时候吗？现在犯法作乱的人竞相角逐，豺狼们到处行凶作恶。而您却想为哥哥志哀，顾全什么礼仪制度，这就好像打开房门恭请强盗进来，这种做法，算不上仁义之道。”接着，请孙权换了衣服，扶着他上了马，让他外出巡视军队。

枯树生花

“枯树生花”比喻重获生机。

此典出自宋代李石《续博物志》：“枯木一旦生花，花又有汁甜如蜜，人教令食之，遂取此花及汁并食之，食讫成仙。”

从前有一个人，十分喜欢学道。但“道”是什么呢？道在何处呢？他都不清楚。尽管如此，因为求道成仙心情急切，他总是成年累月地到四处去寻找。他进深山、入寺院、过大河，累坏了身体，走肿了腿和脚，最终还是一无所获。一天，他来到一棵高达数丈的枯树前停住了脚步，好像有什么无形之力把他来吸引住，他心中觉得奇怪，便恭恭敬敬地朝着枯树跪拜。此后，他每天清晨和晚上都去跪拜枯树，祈求长生不老。光阴荏苒，岁月流逝，一转眼二十八个春秋过去了，他依旧坚持每天去跪拜祈求。到了第二十九个年头的开始，他又去顶礼膜拜，他发现枯树开满了鲜花，长得郁郁葱葱，见这种情景，他高兴得手舞足蹈，摘下鲜花来品尝了一下，汁如甜蜜，味道好吃极了。他一连吃了很多花朵，等到回去之后，他很快就成仙了。

这个故事虽是没有任何根据的，但却说明了一个道理，那就是事物是要变化的。

困兽犹斗

“困兽犹斗”形容即使处在最困难的情况下，仍在尽力挣扎抵抗。另一种意思，是形容那些失去权势的人，还在作无谓的顽抗。多用于贬义。

此典出自《左传·宣公十二年》：“得臣犹在，忧未歇也。困兽犹斗，况国相乎！”

春秋时，有一年楚国和晋国作战，由于晋国的几位将军不服从元帅荀林父的命令，最终大败而回。荀林父却自己请求判死罪，晋景公打算答应他，大夫士贞子劝阻说：“这是不合情理的。从前城濮之战，楚国败了，晋兵吃了楚军三天的粮食，文公（景公父）脸上还带着愁容,左右的人问他道:‘本应该欢喜的事反而忧愁,难道应该忧愁的事反而欢喜吗?’文公说:‘得臣(楚国宰相,城濮之战役时的楚军元帅)还在,不能就这样放心呀!一头野兽被困住了还要挣扎,更何况一国执政的人呢?’后来楚国杀了得臣,文公方才露出欢喜的笑容,说:‘再没有人害我了,现在算是晋国又胜一次,楚国又败了一次了。’因为这个,楚国两代都兴盛不起来。……林父正是国家的柱石,怎么能够杀死他呢?……”景公觉得士贞子的话很有道理,就赦免了荀林父丧失辱国的死罪,还将他原来的官职恢复。

兰摧玉折

“兰摧玉折”用以哀悼有才能的人过早离世。

此典出自《世说新语·言语》:“毛伯成既负其才气,常称:‘宁为兰摧玉折,不作萧敷艾荣。’”

毛玄,字伯成,东晋颍川人,曾经担任征西行军参军。

毛伯成很有才气,所以他就十分自负,而且为人清高。

他常常对别人说:“我情愿像兰花那样被摧残,像美玉那样被折断,也要保持自身的纯洁、高尚,我决不会为了贪图荣华富贵,像萧、艾之类野蒿、臭草那样委曲求全,从而使自己飞黄腾达。”

狼狈不堪

“狼狈不堪”用以形容困顿或窘迫之极。

此典出自《博物典汇》:“狼前二足长,后二足短,狈前二足短,后二足长,狼无狈不立,狈无狼不行。故以为颠蹶困顿之喻。”

又见晋代李密《陈情表》:“臣欲奉表奔驰,则刘病日笃;苟顺私情,则告诉不许。……臣之进退,实为狼狈。”

李密的品德、文才都高,很有名气。晋武帝司马炎羡慕他的品行才学,就三番五次地去召请他来做官,结果都被他婉言拒绝。

原来李密生下来六个月时,就死了父亲,四岁时,母亲又被舅舅逼迫改嫁了。因此全靠他祖母刘氏,抚养长大。他家境并不好,刘氏历经千辛万苦,才把他养大成人,并且供给他读书,到李密年长时,他的祖母已很老了。李密为了服侍他,就不愿意出去做官。

晋武帝不断下诏书去请他,他写了一封言辞恳切的信给晋武帝,信里有这样的几句:“我生下来只有六个月,慈爱的父亲就死了,四岁时母亲被舅舅迫着又嫁给了别人,祖母刘氏,看我可怜,亲自扶养我长大,我家里既没有兄弟,又没有叔伯,孤苦伶仃……我那时候要是没有祖母刘氏,就根本不会活到今天,祖母刘氏现在要是没有了我,靠谁去服侍她的残年呢?所以我如不出去做官的话,又违背你的旨意,我现在的处境实在狼狈不堪呀……”

丧家之犬

“丧家之犬”嘲讽某人惨遭失败后的一副狼狈相,亦表示穷途末路四处逃窜的景况。

此典出自《史记·孔子世家》:“累累若丧家之狗。”

春秋时,周游列国的孔子来到了宋国。在宋国,孔子天天率领弟子们来到一棵大树下演习周礼。宋国司马桓魋对孔子这一套十分讨厌,叫人砍掉了那棵大树。第二天,孔子和弟子们又去时,不见了大树。一个弟子说:“我们马上走吧,不然的话宋人要找我们的麻烦。”孔子说:“怕什么呢?我们的行为符合天地的德性,桓魋等人又能拿我们怎么样呢?”

到了后来,孔子离开了宋国,又和弟子们来到了郑国。不料,孔子与弟子们走丢了,他一个人来到东城门外。弟子们分开寻找,到了后来,一个人告诉子贡说:“我出城时,见东城门外有一个人站在那里东张西望,像等什么似的。”子贡说:“那人是什么样子?”这人说:“要说样子还真有些特殊,额头像上古时的尧,脖子像皋陶,肩膀又像子产,但腰以下很短,还不及从前大禹腰的三寸。一副疲惫不堪的样子,像是一条没有主人的狗一样。”

子贡来到东城门外,找到了孔子,就把刚才在路上的情况如实的告诉了孔子。孔子听了欣然笑道:“说我像没有主人的狗,虽然我的外表不是很像,但我那时的神情真的很像啊!”

离心离德

“离心离德”来表示心力不往一处使,众叛亲离。

此典出自《尚书·泰誓中》:“受(纣)有亿兆夷人,离心离德。”

商朝的末代君主纣王暴虐无道,残酷地剥削压迫人民,每天总是跟贵族一起喝酒打猎。他为了掠夺奴隶和财富,他又向周边各小国不断地发动战争。商纣的倒行逆施,激起了国内人民和周围各国的怨恨。公元前1068年,周武王姬发为了讨伐殷商,就抓紧进行准备工作。他分析归纳过去兵力不足的教训,大力扩充自己的军队。这一年,他集结了八百个诸侯,在孟津举行誓师大会。他在誓词中说:“商纣部下人很多,可是都平凡无能,又‘离心离德’,我现在虽然只有十个臣子,却都是治理国家的能手,而且又‘同心同德’。”最后,他号召大家:“愿我们一心一德,誓把敌人消灭干净,让天下永享太平。”因为人民仇恨纣王,不愿为他打仗,所以,纣王带领的十七个(一说七十个)奴隶武装,纷纷在前线起义,跟着周兵一起攻入商都朝歌,纣王自杀,商朝便灭亡了。

离群索居

“离群索居”意为离开群众而孑然一身。

此典出自《礼记·檀弓》:“吾离群索居亦已久矣。”

孔子的学生子夏因儿子死了,把眼睛都快哭瞎了。曾子去安慰他。他哭哭啼啼地对曾子说:“天哪!我有什么过错呀!为什么要受到这样重的惩罚呢?”

曾子劝慰他说:“你难道说自己没有过错呢?你退居西河,总是炫耀自己,竟然使西河的老百姓都只知道有你,而不知道有老师孔子,这是你的过错之一;你死了父亲却不声

《武王伐纣书》版画之武王伐纣图

张，大家也都不知道，这是你的过错之二；现在你的儿子死了，居然伤心得把睛眼都哭瞎了，前后对比，情况截然不同，这是你的过错之三，总的来说，你不尊师，不孝父母，却偏疼爱自己的儿子，这不是三件大罪过吗？”

子夏听了忙向曾子跪拜说：“我离开朋友单独生活已经很久了，所以听不到朋友的劝告，从而放松了自己的修养。”

李广难封

“李广难封”感慨人的命运不好。

此典出自《史记·李将军列传》：“自汉击匈奴而广未尝不在其中，而诸部校尉以下，才能不及中人，然以击胡军功取侯者数十人，而广不为后人，然无尺寸之功以得封邑者，何也？岂吾相不当侯邪？且固命也？”

西汉名将李广，一年到头在塞外抗击匈奴，他身经百战，可是每次拜官封侯都轮不到他。表弟李蔡和李广一样，都是军中将领，但李蔡官封侯爵，粮饷二千石，甚至李广手下的一些将领也被封了侯。

有一回，李广问占卜者王朔说：“自从汉朝发兵与匈奴征战以来，我每战必在。很多下级军官，才能一般，以战功封侯的也不下几十人。而我每次效力疆场，浴血奋战，却是劳而无功。是不是真的因为我的命不好吗？”王朔回答说：“将军认真想一想，一生中是否有过什么遗憾的事？”李广说：“我担任陇西太守时，羌人曾经造反，我用欺骗的方式让他们投降，接着又把他们骗在一起，全都杀了。共有八百多人哪！”说着，表示出一副十分惭愧的样子。王朔说：“这或许是将军不能封侯的原因吧！”

两年后，李广随大将军卫青出塞攻击匈奴，因为他率部队晚到而放走了敌人。卫青要李广手下的人代他接受审讯，李广十分感慨地说：“我从小到老经历战争七十多次，这次出征有幸击败敌人，可是大将军要我行远道接应，最终又迷了路，这真是天意啊！我已是六十岁的人，难道还要去受人侮辱吗？”说完，他就自杀身亡了。

立锥之地

“立锥之地”形容极小的地方；亦指极小的安身之处。亦作“置锥之地”。

此典出自《史记·滑稽列传》：“今秦失德弃义，侵伐诸侯社稷，灭六国之后，使无立锥之地。”

春秋时，楚国著名艺人优孟与楚相孙叔敖很好。到了后来，孙叔敖得了重病，临死前叫来儿子说：“我死后没有财产给你，你一定要受穷的，到那时候你就找优孟，说是孙叔敖的儿子。”说完就闭上了眼睛。

几年后，孙叔敖的儿子真的十分贫困，不得不靠打柴度日。一天，他在路上碰见优孟，就对他说：“我是孙叔敖的儿子，父亲临死前告诉我，当我贫困时可以找你。”优孟说：“我替你想想办法吧。”

于是优孟回到家里，找来一套孙叔敖生前留下的衣服穿上，模仿孙叔敖的言行举止，直到练得十分相像，才去见楚庄王。楚庄王见了后，吃惊地说：“孙叔敖，你不是死了吗？怎么现在还活着？”过了一会儿，楚庄王又说：“既然你还活着，那么还是当相国吧。”优孟说：“我回家与妻子商量一下，假如她同意，三天后就来上任。”

三天后，优孟又扮作孙叔敖的样子来见楚庄王。楚庄王问他说：“你妻子的意见怎样啊？”优孟摇摇头说：“妻子叫我最好不要当相国，说我一向忠心耿耿，廉洁奉公，辅佐楚王你称霸天下,可现在儿子连锥尖那么一点儿土地也没有,穷得靠打柴为生,当这样的相国,还不如死了的好!"说完,优孟便脱下孙叔敖的衣服,现出本来面目,又唱起了歌:"山里的农夫苦啊,连食物也没有!贪婪的官吏钱多啊,居然不顾羞耻!奉公守法的官吏,一生没做过坏事,像孙叔敖那样,当了相国又有什么意义呢?"

楚庄王被优孟的表演所感动,于是马上召来孙叔敖的儿子,封给他一块有四百户人家的土地。

聊以卒岁

"聊以卒岁"指勉强地度过了一年。

此典出自《左传·襄公二十一年》:"优哉游哉,聊以卒岁。"

春秋时,晋国有个大臣叫范宣子。晋平公时,他掌握晋国下军,曾经打垮了贵族栾盈,迫使栾盈逃到了楚国。紧接着,范宣子又杀了羊舌虎等栾盈的许多同党族人,并且囚禁了羊舌虎的哥哥叔向。这时有人对叔向说:"你遭此罪,可能是因为不明智的做法所致吧!"叔向说:"我虽然被囚禁了,但比起死和逃亡来是不是差远了?《诗经》上说:自在啊逍遥啊!故且这样来度过岁月。这正是聪明啊。"到了后来,经过已告老还乡的祁奚劝说,范宣子才建议晋平公赦免了叔向。

流离失所

"流离失所",用来表示离开家乡,没有住所或安身之地;常用来形容流落他乡,衣食无着。

此典出自《汉书·薛广德传》:"窃见关东困极,人民流离。愿陛下亟反宫,思与民共忧乐。"

汉代有个叫薛广德,字长卿,沛郡人。汉元帝时,任御史大夫。有一回,他陪同皇帝出外打猎,元帝玩得忘乎所以,一连数日,不愿意停歇。薛广德心中非常焦急,为了恳求元帝迅速回宫处理朝政,便上书皇帝。上书的开头说:我看见关东一带百姓生活特别痛苦,许多人甚至流落他乡。恳求大王早些回宫,考虑怎样与百姓同甘苦,共忧乐。

元帝认为薛广德的劝告是很有道理的,于是就与光禄大夫张猛等一起回朝。

流水落花春去也

"流水落花春去也"比喻陈旧没落事物已经衰败退去。常云:"流水落花春去也,天上人间",从而感叹人世之多变。

此典出自五代时南唐国主李煜(yù 玉)的词《浪淘沙·怀旧》中的一句:"流水落花春去也,天上人间。"

五代时,江南有一个国家叫南唐。南唐是江南的大国,可是国力衰弱。公元 961 年,唐元宗李景死后,他的儿子李煜继位,历史上叫他为李后主。公元 974 年九月,宋太祖以曹彬为升州西南面行营都部署,潘美做都监,发兵十万征伐江南。975 年,曹彬大军到秦淮,强渡淮河,江南兵大败。同年十一月,宋军人金陵(今南京),李煜奉表投降,被俘到东京,后便被毒死了。

李煜是一位能诗善文的帝王,尤以词出名,是唐和五代中最杰出的词人。他的前期作品大多描写宫廷享乐生活,奢华浮靡。亡国以后的作品,则表现了一个被俘帝王的深愁惨痛,在语言上洗尽了原来的脂粉气息,在创造艺术形象上也有了高度的概括能力。这首

《浪淘沙·怀旧》便是李煜被俘后的作品。词中,他抒写了对以前生活的怀念,对自己由一国之主变成了宋朝的阶下囚发出了"流水落花春去也,天上人间"的感叹。

"流水落花春去也"作为文学作品中的语言,虽然它的资格很老,但作为一句成语,则时间还不算长,大多可以在后来的一些政论文章中见到。

漏网之鱼

"漏网之鱼"比喻侥幸逃脱的罪犯。

此典出自《史记·酷吏列传》:"网漏于吞舟之鱼。"

晋襄公打败了秦国。秦将孟明视、白乙丙、西乞术都被俘了。后来晋襄公听母亲说,秦国和晋国是亲戚,不宜就此结下仇冤,他就放了这三个俘虏。

这时,晋将先轸正在家里吃饭,一听说国君把秦国的败将放走了,吓得连饭也吃不下去了,他急匆匆地跑去见晋襄公,气喘喘地问他:"秦国的败将在哪里?"晋襄公红着脸说:"母亲叫我放了。"先轸一听,直气得青筋乱跳,向晋襄公的脸上啐了一口唾沫,说:"你这小子太不懂事了,战士们流这么多血,才逮住了这三个。这是留下一个后患啊!"晋襄公说:"怎么办呢?"先轸说:"马上追吧!"大将阳处父立刻提了刀,驾车去追。孟明视、白乙丙、西乞术这三个人也怕晋襄公后悔,派人来追,就拼命地跑。他们一直跑到黄河边,回头一瞧,真的尘头大起,大队人马追来。三个人直叫苦。正在这个危险关头,却见河边有一只小艇,他们不管三七二十一,都跳进艇里,原来打鱼的却是公孙枝。他是蹇叔派来接应他们的,阳处父追到河岸,只能眼睁睁的看着他们过河去了。

路鬼揶揄

"路鬼揶揄"形容穷困潦倒,生活无着。

此典出自《世说新语·任诞》。

罗友(字它仁,晋代襄阳人)自幼勤奋好学,不拘小节,十分喜爱饮酒,只要为了喝酒,不管同什么人都可以在一起畅饮。又喜欢向别人要祭祀完的酒食吃,不管是军营、官署,还是酒店里,哪里都喝,不以为羞。桓温常常责备他说:"你太不像样子了!你要吃喝,为什么不找我要?何必下贱到这等地步!"罗友对桓温的话不以为然,他说:"向您要吃喝,今天得到了,明天又没有了。"桓温大笑起来。一开始,罗友在荆州任职,到后来在桓温府中做事。由于家贫,罗友想当官求得俸禄,桓温虽然很欣赏他的才学,但觉得他行为怪诞,没有管理百姓的能力,所以只是口头答应,实际上不任用他。到了后来,一个同府的人被任为郡守,桓温为他设酒席送行,罗友到的最晚。桓温问他是怎么回事?罗友就回答道:"我喜欢酒食的美味,昨天应您召唤,今天一大早就出了门,在途中遇到一个鬼,它把我嘲弄了一番,说:'我只看见您去送别人做郡守,为何看不到别人送您做郡守呢?'我开始时感到恐怖,最后感到十分惭愧,思来想去,于是就来晚了。"桓温虽然笑他太滑稽了,可是他内心颇感惭愧。到了后来,桓温任他为襄阳太守,又升为广州刺史、益州刺史。在任期间他善于抓住主要的事情做,不计较人家的小过失,深得官吏、百姓们的拥戴。最后,他死在了益州。

罗掘俱穷

"罗掘俱穷"的意思是,网罗鸟雀、挖掘鼠类以充饥。人们用它形容没有食物的艰难境况,亦作已饥不择食。

张巡杀妾飨士图，出自清·马骀《百将图传》。张巡是唐朝名将，安史之乱中守睢阳，因城中无粮，张巡杀死自己的爱妾给士兵吃。

此典出自《新唐书·张巡传》："'诸君经年乏食，而忠义不少衰，吾恨不割肌以啖众，宁惜一妾而坐视士饥？'乃杀以大飨，坐者皆泣。巡强令食之，远亦杀奴僮以哺卒，至罗雀掘鼠，煮铠弩以食。"

唐代有一位将领张巡，邓州南阳人。他博览群书，通晓战法，志向远大，意志坚强。唐玄宗天宝十四年（公元755年），范阳节度使安禄山以诛奸臣杨国忠为名，就起兵叛乱，他的部将史思明率军响应，这就是历史上有名的"安史之乱"。在安史之乱中，张巡率军固守睢阳（今河南商丘）。他激励将士奋勇作战，一天之内就同叛军打了二十仗，将士们士气高涨。睢阳太守许远认为自己的才能不如张巡，所以把军事指挥权交给张巡，而张巡也不推辞，尽职尽责，指挥军队打了许多胜仗。

一开始，睢阳城内有粮食六万斛，可食用一年。然而，河南节度使嗣虢王（巨）自作主张，拿出一半的粮食发给濮阳、济阴的守军，许远坚决反对，可是他的意见没有被采纳。济阴的守军得到粮食后，马上叛变了。因此，到了关键时刻，睢阳城中的粮食十分缺乏，每天只发给每个将士一勺米，他们不得不煮木皮、纸张充饥。况且，城中只有士兵千余人，个个瘦弱不堪、筋疲力尽，连射箭的力气都没有了，救兵又总是没到，形势十分严峻。叛军闻知城内这样的惨状，就架起云梯，往城墙上爬。张巡命令士兵用钩杆打击，不让叛军爬上来，并且点起篝火，烧毁云梯。叛军利用钩车、木马冲击，张巡就命令士兵把这些东西砸碎。叛军佩服张巡的神机妙算。不再强行攻城，就挖掘壕沟，围起栅栏，坚守阵地，围困睢阳城。张巡手下的士兵有许多人都饿死了，侥幸活下来的那些士兵，也个个满身疮痍，气息奄奄。张巡献出自己的爱妾，对将士们说："你们整年吃不饱饭，而忠义之心一点不衰，我恨不能割下自己身上的肌肉给大家吃，又怎么能吝惜一个爱妾，坐视你们挨饿呢？"接着，他把那个爱妾杀了，叫大家吃。在座的人都泣不成声，不肯吃。张巡下令，逼迫他们吃。太守许远也杀掉奴僮叫军士吃。军士们还网罗鸟雀、挖掘鼠类，煮铠甲、箭壳来吃。到了后来，终因弹尽粮绝、寡不敌众，睢阳城被叛军攻破。张巡惨遭杀害，那时候他刚刚四十九岁。

落难公子

"落难公子"比喻落魄的王孙贵族，也指那些从富贵生活中衰微的人。

此典出自《战国策·齐策》。

王孙贾“右袒”的行动激起了齐国人的高涨的救国热情。逃散了的那些大臣也陆续跑到莒城来了。王孙贾虽然做了领袖,可是齐国没有君王。这该怎么办呢?于是他们想尽法子,到处去找那个失踪了的太子法章。

法章本来跟齐王在一块。他一听说父亲被杀的消息,于是就打扮成一个穷苦的老百姓跑了。淖齿派了许多人各处去逮他。当天晚上淖齿又派人打着灯笼各处搜查,逼得法章没地躲藏。后来,他摸着黑爬进一个花园,在假山的石头洞里躲了一夜。第二天早晨,他看见一个年老的佣人来打扫花园,就跪在他跟前,说:“老大爷,您行个好吧。我是逃难的老百姓,叫王立,父母在兵荒马乱之中都死了。现在我没处投奔。求您老人家行个好跟东家说一声,让我在这儿当个奴仆,我绝忘记不了您的大恩。”那个年老的使唤人是太史家里的老管家,瞧见这位眉清目秀的难民,怪可怜的,就在太史跟前替王力说了几句好话。他就这么在太史府里做些浇花、扫地的零活儿。虽然累一点,倒也清静,而且还可以保全性命。于是他就安心地住下去了。

有一天,太史的女儿来逛花园,一见这个新来的下人,面貌长得这么端庄可爱,举止行动又这么大方、文雅。她想:“这样的一个年轻人怎么会到这里来当奴仆呢?可能是个‘落难公子’吧。”她越想越起疑,就叫丫头过去问他的来历。太子怕再遇到祸患,说什么也不露出自己的底细来。太史的女儿有点见识,她越是问不出王立的来历,越疑心他是个落难的阔公子。从此以后,她常常打发丫头在背地里帮助他。有时候送他几件衣裳,有时候给他送点吃的。王立十分感激她。

日子长了,相互有了说话的机会,一来二去地越来越熟,就你爱我怜地私自订了终身。太子法章不好意思再隐瞒她,就绕着弯地把自己的身世讲了出来。她一知道王立原来就是太子法章,于是更愿意全心全意地跟着他了。

王立在太史家里早就听说聚在莒城的大臣们派人正在四处找太子,然而他还不大放心,不敢轻易出去。过了几个月,他们还是在到处打听太子的下落。他这才知道他们是真心实意地找他,就对太史说明了。太史立刻慌了,立刻报告了王孙贾。莒城的大臣们连忙派来车马,用很隆重的仪式来迎接他,立他为齐王。齐国有了君王,大家就有了发挥忠义的对象。这一来莒城变成了恢复齐国的大本营。他们通知即墨的将士,叫他们守住城,相互互通消息,共同抵抗燕国的军队。

乐毅围困着莒城和即墨整整三年,根本就没法打下来。他既然采用王道,下令退兵,大军驻扎在离城十来里的地方。又下了一道命令,说:“城里的老百姓出来打柴,就让他们随便来往,不准刁难他们。看见挨饿的人,要给他们东西吃;看见受冻的人,要给他们衣服穿。”要是燕国的君臣能够相信乐毅到底,实行收服人心的办法,那么莒城和即墨的抵抗也许长久不了。可是有人从中破坏,辜负了乐毅的一番苦心。

马嵬恨血

“马嵬恨血”指女子以色媚君,终招致玉碎身亡。

此典出自《新唐书·后妃传》。

杨玉环(公元719—756年),唐代蒲州永乐(今山西永济)人,曾经做女道士,号太真。晓音律,擅长歌舞。唐玄宗(李隆基)召她入宫,封为贵妃,其兄弟姐妹都跟着她显贵起来。她的堂兄杨国忠(公元?—756年)因堂妹杨贵妃得宠,也深得唐玄宗信任。

天宝十一年(公元752年),宰相李林甫死,唐玄宗任杨国忠为右相,兼吏部尚书、判度支等要职。于是他结党营私,独揽朝政,横征暴敛,搜刮民财。天宝十四年(公元755

年)，范阳节度使安禄山以讨伐杨国忠为名，起兵叛乱。第二年，安禄山兵破潼关，杨贵妃、杨国忠于是就跟着唐玄宗仓皇出逃。

唐玄宗逃到马嵬(今为马嵬镇，属陕西兴平县)的时候，军官陈玄礼等人为了维护唐朝的天下，决计杀死杨国忠，从而让安禄山退兵。然而，杀死杨国忠以后，军士们仍不肯散去。唐玄宗派身边的太监高力士去问，军士们回答说:“祸根杨贵妃还活着啊!”唐玄宗没有办法，洒泪与杨贵妃诀别，杨贵妃就被军士们带走了，接着将她吊死在路边祠堂下，裹上紫色的垫褥，埋在道旁。那时候，杨贵妃38岁。

买臣负薪

“买臣负薪”形容士人有志难遂，生活潦倒。

此典出自《汉书·朱买臣传》:“朱买臣字翁子，吴人也。家贫，好读书，不治产业，常艾薪樵，卖以给食，担束薪，行且诵书。”

汉代，有一个人叫朱买臣(公元前?—前115年，字翁子，汉吴县人)，家境十分贫寒，喜好读书，不谋产业，经常上山砍柴，换些钱用来糊口。在担柴的路上，他一边走，一边诵读诗书。他的妻子也背柴相随，多次阻止朱买臣在路上吟诵诗书，避免被人家嘲笑。朱买臣不听，反而更大声地吟诵起来。妻了感到羞愧，于是要求离婚。朱买臣笑着说;”我到五十岁时就要富贵起来，现在已经四十多岁了。你苦了很久，等我富贵后一定报答你的功劳。”妻子仍然十分愤怒地说:“像你这样的人，终究要饿死在山沟里，还做什么富贵梦?”朱买臣挽留不住妻子，不得不让她走了。到了后来，朱买臣独自一人在路上吟诵诗书，背着柴禾经过一座墓地。离了婚的妻子和她的新丈夫到墓地上坟，看到朱买臣又饿又冷，于是还送给他饭吃。

朱买臣像，图出自《于越先贤像传赞》。

几年以后，朱买臣来到长安，经人推荐，被汉武帝召见。朱买臣谈《春秋》，论《楚辞》，很得汉武帝的欢心。他也因此平步青云，当上了中大夫。到了后来，汉武帝任他为会稽太守，并对他说:“富贵不归故乡，如锦衣乡夜行，谁知道呢?”朱买臣顿首拜别汉武帝，到家乡会稽郡走马上任。各县县吏听说新太守到来。于是纷纷到路旁迎接，派人鸣锣开道，引得一群群百姓看热闹。朱买臣经过吴县时，看到他的前妻及其丈夫在路旁恭迎。朱买臣停下车，让他们坐在车后，一起来到太守的官邸，并把他们安顿下来，并且供给他们饮食。一个月之后，前妻自缢而死。

矛头淅米

“矛头淅米”形容处境极端危险。

此典出自《晋书·顾恺之传》:“矛头淅米剑头炊。”

顾恺之(公元341—402年),字长康,晋代晋陵无锡(今江苏无锡)人,是东晋一位杰出的画家。顾恺之性情坦率,而且为人诙谐幽默,人们都爱同他开玩笑。他曾给大司马桓温当参军,二人非常亲近。桓温死后,顾恺之给殷仲堪当参军,依然和大家相处得很融洽。殷仲堪在荆州时,顾恺之请假东归省亲,在路上遇到大风大浪,有幸的是他并没受伤。

顾恺之回到荆州之后,人们向他问起会稽一带的山川景致。顾恺之咬文嚼字地回答道:“千峰竞秀,万川争流。草木葱茏繁茂,恰似云霞满天,蔚为壮观。”那时候,桓玄(曾任江州刺史)同顾恺之一起就座,陪同殷仲堪,共同比赛,每人说出一句说到尽头的话。顾恺之先说:“火烧平原,焚毁无遗。”桓玄说道:“白布缠棺,挑起幡旗。”殷仲堪说道:“投鱼深泉,放走飞鸟。”这种说到尽头的话说过后,又比赛说描述惊险情景的话。桓玄说:“矛尖上淘米,剑刃上做饭。”殷仲堪说:“百岁老汉,攀登枯枝。”有一个参军插话说:“盲人骑瞎马,夜半临深池。”殷仲堪有一只眼睛失明,听到“盲人骑瞎马”一语,吃了一惊,大为光火,说道:“说这种危语,真是逼人太甚了!”于是,于是大家不再说下去了。

悔过自新

“悔过自新”比喻改正错误,重新做人。

此典出自《史记·扁鹊仓公列传》:“于是少女缇萦伤父言,乃随父西。上书曰:‘妾父为吏,齐中称其廉平,今坐法当刑。妾切痛死者不可复生而刑者不可复续,虽欲改过自新,其道莫由,终不可得。妾愿入身为官婢,以赎父刑罪,使得改行自新也。’”

西汉初年,有一个名医叫淳于意。他的医术十分高明,那时许多医生医治不好的病,他都能医治好。到了后来,淳于意被人告发,被解送到京城长安,要受割鼻、断足的残酷刑罚。淳于意没有儿子,只生了几个女儿,他因为没有儿子替他申冤感到气恼,这时,他的小女儿缇萦立志营救父亲,也跟着来到了长安。缇萦给皇帝上了封书信,书中说:“我父亲以前做官的时候,齐地的百姓都夸他廉洁,如今由于犯法应该受刑。我深深感到,人死了不能再活,砍下了手脚也无法接上,虽然想悔过自新,也没有办法了。我宁愿把自己献给官府为奴婢,来赎父亲的罪,让他有悔过自新的机会。”

皇帝看了缇萦上的书,于是便免去了淳于意的罪。

南柯一梦

“南柯一梦”比喻一场梦,或者是空欢喜一场。

此典出自《异闻集》:“棼至郡凡二十载,使送归,遂觉。因寻古槐下穴,洞然明朗,可容一榻,有一大蚁,乃王也。又寻一穴,直上南柯,即棼所守之郡也。”

从前,有个人名叫淳于棼,家住广陵郡,他十分喜爱喝酒,而且不拘小节。

一天,淳于棼饮酒过渡,酩酊大醉,躺在家门前的一棵大槐树下睡大觉。这时候,有两个酒友把淳于棼扶进屋里上床休息,于是两人就在床旁一面守候,一面洗脚。

淳于棼在床上迷迷糊糊地睡着了。恍惚间,他看见两个穿着紫色衣裳的使臣走进屋来,跪拜他说:“奉槐安国王之命,特来邀请。”淳于棼不由自主地下床整理衣服,接着跟随二人出门,登车往大槐树根部一个树洞直奔而去。一进洞里,于是淳于棼感到十分惊诧!

只见晴天丽日，山川旷野，城郭村庄，真是另外一个世界。淳于棼跟着使臣来到了大槐安国城内，进入王宫，拜见国王。

槐安国王亲自将次女瑶芳公主许配给他，择日完婚。淳于棼当上驸马，享尽人间的荣华富贵。他还想过过官瘾，国王就任命他为南柯郡太守。接着，淳于棼携妻来到南柯上任，由于他自己勤奋，加上瑶芳公主协助，一切都很顺利，政绩优良，全郡百姓极为拥戴，国王也很器重他。

光阴似箭，日月如梭，不知不觉就过了整整三十年。这时候，淳于棼已有五男二女，官位显赫，家庭美满，十分得意。可是，乐极生悲。瑶芳公主突然得了急症，不幸病故。时逢檀萝国兴兵入侵，淳于棼领军出战，可是却吃了败仗。从那之后，槐安国王不再信任他，不仅免去了他的官职，还把他软禁了一个时期，最后差人将他送回老家广陵郡。

淳于棼懊悔万分，一下子醒了过来，原来是一场大梦。恰恰这时候，他的两个朋友正在床边洗脚，他自己还躺在床上，想着梦境竟像度过了一生。淳于棼把酒友送出大门，他看见门前大槐树下有个蚂蚁洞。他梦中见到的槐安国就是这个蚂蚁洞，洞里旁边有一条孔道，往上直通向南的一支，这可能就是所谓"南柯郡"。

鸟瘦毛长，人穷智短

"鸟瘦毛长，人穷智短"亦作"人穷智短，马瘦毛长"，这个典故比喻人到穷困之时，再也无计可施了。多含悔恨当初之意。

此典出自《警世通言·赵春儿重旺曹家庄》："常言道'鸟瘦毛长，人穷智短'，只得聚十来个村童教书写仿，渐渐粗茶淡饭，习惯了，绝不想分外受用，又常被春儿数说，追思往事悔之无及。如此苦熬十五年。"

扬州城外曹家庄，庄主曹太公只生一子名曹可成，人材十分出众，是个监生，可是他不会持家，挥金如土。太公知他浪费，就不给他钱用。于是他就瞒了父亲，偷偷将田产抵押银子挥霍。本地有个妓女叫赵春儿，曹可成看上了她，便偷了父亲五百两银子给春儿赎身，平日里大把银子任由她使用。到了后来，曹太公一病身亡，债主都来算账，把曹家祖业田房尽行盘算去了。曹可成无依无靠，只好在坟堂安身，一时间酒肉朋友、亲眷更没一人上门慰问资助，十分凄惨。赵春儿得知，于是送白银百两与他，谁知他是个财主的性子，受苦不透，与一般闲汉好吃好喝，不过数日，盘缠就用完了，有一顿没一顿。有人怂恿他说："你在春儿身上费过几千银子，她是你赎身的，为什么不向她追回身价？"可成道："当初是我自愿，今日如何翻脸？"春儿闻得，知其心肠好，等三年丧满，就可以与可成结为夫妻。凑出三百两银子交与可成经营。那可成散漫惯了，被闲汉们哄他，不一时都哄尽了，却又去问春儿要银子用。春儿气得两泪双流，于是将箱笼钥匙交付丈夫，由他自用，从此开始，朝暮纺织自食。可成虽得了许多东西，坐吃空山，不到一年又使光了。又过几日，没饭吃了，常言道"鸟瘦毛长，人穷智短"，只得聚十来个村童教书写仿，慢慢粗茶淡饭，习惯了，也不想分外受用，又常被春儿数落，追思往事悔之无及。这样苦熬十五年。这日半夜，春儿醒来，见可成披衣在床哭泣不止，问其缘故，始知他白天见往日一般的监生补授了官职，回想自己选期早过，可是却没钱打点，悔恨不已，又愧对妻子，所以深夜悲泣。春儿见他真个悔悟，遂将地下藏下的银子约千余两挖了出来，交付可成。可成想她十五年绩麻吃素，为自己守下这许多银子，又感激又羞愧，痛哭失声。于是将银子打点一下，选了同安县二尹(副县官)，只因饱历世故，深知甘苦，宦声大振，数年间，直升至知府，重整了曹家家业。

牛衣对泣

“牛衣对泣”形容夫妻生活贫苦悲凉。

此典出自《汉书·王间传》:“章疾病,无被,卧牛衣中,与妻决,涕泣。”

汉朝时候,在山东泰安地方有个读书人,名叫王章。他十分聪明,性格耿直。他的妻子更是通情达理,十分贤惠,常常鼓励丈夫发愤读书,为国家效力。

有一年,王章和妻子一起住在京都长安读书求学,日子虽说很清苦,但夫妻二人十分恩爱,生活也还快乐。王章学问长进也很快,妻子心里也非常高兴。

有一天夜里,王章突然病了,且病势来得很急,浑身发烧,家里衣物被褥很不齐全,没有什么东西给王章盖上。妻子只得把平日里用乱麻编织的席子给丈夫盖在身上。这样的麻席子是用来给牛披盖的,农户称它是“牛衣”。可是由于家境贫寒,不得不给丈夫盖牛衣,妻子心里很不是滋味。她暗暗地流下了眼泪。

王章病得昏昏沉沉,想到自己的病一定很重,家里又无钱治病,很有可能会病死的。他越想越悲哀,越想越难过,禁不住呜呜咽咽地哭泣起来。

王章妻子心情更是凄楚万分。可她想,哭泣有什么用呢?她应该劝他鼓起勇气,打起精神来,病才会好,才会取得功名呀!因此她推开忧愁,狠了狠心,十分严厉地批评丈夫说:“夫婿啊,现在在朝廷做官的人,论才能有几个能比得上你呢?得了一点病就这样失魂落魄,像女人一样哭哭啼啼,这是多么胆小怕事呀!有志向的人,应该精神振奋、百折不屈啊!”

妻子的激励产生了效力,从那以后王章更加发愤,才学愈加深厚,没过多久便被朝廷召为官吏。开始做谏大夫,到了后来又做中郎将,并且当上京兆尹。

王章做官以敢于给皇帝提意见而扬名,他经常不避皇亲国戚,不管谁做错了事,犯了章法,他就揭发谁。哪怕是自己的好友、恩师也不例外。他也因此遭到排挤、诬陷。他的妻子看到这种状况,就劝丈夫说:

“夫婿,你已经做上京兆尹的高官了,官职难道还嫌小吗?人应该知足,你为什么不想一想披着牛衣夜里哭泣的日子呢?”

王章说:“这是不同的两回事嘛,你们女人了解什么!”

王章仍然我行我素,又去告发专权乱政的重臣王凤。王凤大将军是皇帝的亲戚,怎么能动得了呢?最终自己招来祸事,被捕下狱,最后丧了性命。王章直到死,还不清楚自己犯了哪条罪过。王章死后,他的妻子和家属被撵到广西合浦,以采珍珠度日,生活反倒清静多了。

呕心沥血

“呕心沥血”比喻做一件事情一定冥思苦索,用尽心血。

此典出自《新唐书·李贺传》:“(贺)为人纤瘦,通眉,长指爪,能疾书。每旦日出,骑弱马,从小奚奴,背古锦囊,遇所得,书投囊中。未始先立题然后为诗,如它人牵合程课者。及暮归,足成之。非大醉、吊丧日率如此。过亦不甚省。母使婢探囊中,见所书多,即怒曰:‘是儿要呕出心乃已耳。’”

唐朝时有一个叫李贺的诗人,字长吉,是李唐宗室。从小就很聪明,能诗能文,有“神童”的称誉。长大后,上京参加进士考试,由于文士们嫉妒他的才情,使他受到各种压抑,结果落第,从那以后他对功名冷淡,专心于吟诗作文。

李贺像，图出自清·顾沅辑《古圣贤像传略》。

他作起诗来，不先立题目，而是每天一早骑了一匹瘦马，叫个书童背了锦囊（丝织的手袋）跟在后面，遇到了好的题材，马上写成诗句，放在锦囊里，回到家里，就把它整理写成佳篇。

李贺身体一直不好，母亲见他天天从早到晚的奔波，非常担心，故每天待到李贺回家，便要查看他锦囊，若是见到诗句太多，便忍不住责骂他道："你这孩子如此下去，终有一天要连心血都呕出来！"唐宪宗时，李贺做了协律郎（调和乐器音律的官），传说某日白天他见到一个穿红衣的人拿了一块板，板上写着："上帝成白玉楼，召君作记。"意思是：上帝建成了一座白玉楼，召你去写一篇记，接着他便死了，那时还只二十七岁呢！

蓬头垢面

"蓬头垢面"表示头发蓬松散乱，脸上有很多污垢，来形容头发很乱，脸上很脏，亦用为很不振作之描述。

此典出自《元曲选·秋胡戏妻》："似这般蓬头垢面，不让人家笑话么？"

钜野县鲁家庄有个寡妇刘氏。她有一个儿子名叫秋胡。邻居罗大户有个女儿叫做梅英。经一个媒人说合，秋胡与梅英结为夫妻。成婚之后，媒人因嫌谢礼太少，于是就从中挑拨。她对梅英说："你一表人才，当初应选一个财主，有吃有穿，一生受用，而今嫁给这个秋胡，穷困艰苦，看你今后怎样过活？"梅英道："至如他釜有蛛丝甑有尘（意思是：就是他穷得锅底朝天，甑上有灰尘），我也愿意。"媒婆的话，梅英一概不听。

结婚不久，秋胡便从军服役去了。债主李大户趁机来向罗大户逼债，想利用这个把梅英弄到手。罗大户因为无钱偿还，李大户便摆出一副财主的架势说："既无钱还债，就把你的女儿梅英嫁给我，以了此债。"他还造谣说："你女婿已经死了，你女儿又这么年轻，总不能守活寡呀！若嫁给我李某，不但你女儿一生吃穿不愁，就连你这个当岳父的也可跟着享清福哇。"经他这么一说，罗大户便动心了。

罗大户来到刘家对刘氏说："秋胡已死，我女儿年轻，不能守寡！而今李大户要娶梅英，他自家牵羊担酒送礼来了。"刘氏没有办法，只得叫梅英梳妆打扮。她对梅英说："虽然秋胡不在家中，你是个年轻姑娘，也该梳梳头，收拾收拾呀！像这样蓬头垢面，不能够让别人家笑话么？"梅英说道："你儿不在家已十年了，妇道人家也该识个好歹高低呀！"婆媳俩正在说话之间，李大户偕同罗大户及罗大户的老婆，带领着一班人吹吹打打，鼓乐喧天地到鲁家庄娶亲来了。梅英对李大户的卑劣行为极为反感，她坚决而愤怒地对他父母说："要儿改嫁，要等那日头从西边升起！"此时李大户死皮赖脸地对梅英说："小娘子不要多言，我这模样可长得不丑呀。”梅英听了，十分气愤，啪的一声，一巴掌打在李大户脸上。并且骂道：“你有钱，有势，你怎敢欺负我这样的穷人，我虽穷，有骨气，你却来调戏良家妇女，滚吧，凤凰岂肯与乌鸦配。”李大户见势不妙，不得不暂时退去，妄想另找机会报复。

事后不久，秋胡便告假回家探亲来了。

秋胡入伍后，屡立奇功，现在已官至中大夫了。他告假回家，走到自己的桑园时，看见梅英正在采桑，便换身衣服去戏弄他的妻子。他说：“小娘子，左右无人，我央求你，采桑不如嫁郎，你就顺了我吧。”梅英大怒道：“你这厮，太无礼了。你待要偕比翼，你也曾听杜鹃它那里口口声声撺掇先生，不如归去。”秋胡还要和她纠缠，结果被梅英痛骂了一顿。

梅英夫妻团圆之后，秋胡便令钜野县官严惩李大户。县官马上捉拿李大户归案，将他重打四十大板，关押三个月，罚粮一千石，用于救济饥民。

披星戴月

“披星戴月”形容早出晚归或日夜奔波，极其辛劳。

此典出自春秋时，鲁国有一个人姓宓名不齐，字子贱，他是孔子的弟子，有一次到单文地方去做县官，他坐在公堂上，一面弹着琴，一面吩咐他的僚属办理公事，自己一直不出衙门，却能把单文治理得非常好。后来宓子贱离职，巫马子期去做单文的县官，巫马子期很勤劳，工作十分认真。他天还没有亮披着星星出门，一直到月亮很高才回来。无论什么事情，不分日夜，都要亲自去办理，所以也把单文治理得很好。

巫马子期觉得自己治理单文，总是要花费许多劳力和精力才能办理好，宓子贱整天只是坐在堂上弹弹琴，也能把单文治理好，他十分不明白其中的道理，于是跑去见宓子贱，问道：“你每天只弹弹琴就能治理单文，我看你一点也不觉得劳苦呢？”宓子贱回答他说：“我是任用能干的人，你是亲自去费精力的。任用能干的人替我办事，我所以就安逸了，你样样事情都要亲自去做，那自然就要辛苦了。”子期说：“噢！我的施政方法，实在还不够呢！”

疲于奔命

“疲于奔命”形容因为忙于奔走应付而弄得精疲力竭。

此典出自《左传·成公七年》：“巫臣自晋遗二子书曰：‘尔以谗慝贪婪事君，而多杀不辜，余必使尔罢于奔命以死。’”

春秋时期，有一次楚国围攻宋国，取得了胜利。楚军班师回国以后，大将子重认为自己很有功劳，向楚庄王要申邑、吕邑两个地方的田地，来作为对他的封赏。楚庄王答应了他的要求。可是掌管申邑的申公巫臣，却大力反对，他对楚庄王说：

“申邑和吕邑不能赏给子重呀，我们要靠这两个地方的赋税养兵，防御来自北方的敌人。如果没有了申邑和吕邑，晋国、郑国必然会来侵犯我们，那样的话怎么办呢？”

楚庄王听信了申公巫臣的话，于是改变了主意。最终子重没有得到封赏，于是他对申公巫臣非常怨恨。

到了后来，楚庄王死了，楚共王即位。这时候申公巫臣已经到了晋国，做了晋国的刑大夫。子重和子反合谋杀了巫臣的全部家族，并且夺去了所有财产、妻妾。巫臣得到这个消息，就从晋国给他俩写来一封信，信中说：

“你们这两个家伙戕害忠良，贪得无厌，杀了那么多无辜的人，实在是可恶极了。你们等着吧，我必定叫你们奔波疲竭而死！”

于是，巫臣来到吴国，并且从晋国带来九乘车和二十五个人，教给吴国的士兵如何射箭，怎样防守，怎样排列阵势，怎样攻打楚国。还叫自己的儿子为吴国通风报信，传递军事情报。经过一番准备以后，吴国出兵讨伐楚国，并且又向楚国的附属国巢地和徐地进攻，逼得子重不得不来回奔波。吴兵攻占了楚国的州来城，子重又奔回来救援。由于巫臣教会了吴兵作战的方法，吴兵在这一年内向楚国发动了七次进攻，楚国的子重、子反在这一年内，也奔波了七次。最后吴国扩大了许多地盘，成了强国。

平步青云

“平步青云”比喻地位突然一步登高。

此典出自《史记·范雎蔡泽列传》：“须贾顿首言死罪，曰：‘贾不意君能自致于青云之上。’”

战国时代，策士说客的风气很盛，很多人凭着天花乱坠的口才，层出不穷的诡计，就可立时取得统治者的信任，掌握政治大权。那时候魏国有个名叫范雎的人，他想说服魏王，替自己干点事业，由于没有机会，便投身在魏国官员须贾门下。有一次，他随须贾出使齐国，齐王很看中范雎的辩才，派人送了些礼物和金钱给他。须贾回国后报告了宰相魏齐，魏齐不经调查便叫手下的人将范雎打得重伤，关在相府的厕所里。范雎装死，给守门人救了出来，于是他躲在朋友郑安平家里疗伤。这时正巧有个秦国使者来魏国，郑安平将范雎介绍给秦国使者王稽，王稽便悄悄将范雎带回秦国。范雎用张禄的姓名见秦昭王，到了后来竟作了秦国的宰相，他主张攻魏。

《东周列国志》版画之“范雎巧计逃秦国”图。范雎在魏国因受小人诬陷而受刑，于是诈死，改名张禄出逃秦国，受到秦昭王重用。

魏王派须贾作使者，希望在宰相面前缓和局势。到了秦国，范雎便打扮成佣人去替须贾驾车去相府，等到了相府门前，他假装替须贾进去通报，便不出来了，须贾打听之下，才知道这个假扮佣人的人居然是宰相张禄！须贾吓昏了，急忙解开衣服，跪着爬进去见范雎，叩头说：“我没有料到你能凭自己的力量经营到这样高的地位，我不敢再读天下的书，不敢再参与各国间的事。我犯有不赦的罪，请宰相将我送去塞外胡人居住的地方去吧！我是生是死，就全由宰相一人说了算了。！”

蒲柳之姿

“蒲柳之姿”比喻体质衰弱；也可用它比喻地位低贱。

此典出自《世说新语·言语》：“蒲柳之姿，望秋而落；松柏之质，经霜弥茂。”

顾悦之（字君叔，晋代晋陵人，是东晋著名画家顾恺之的父亲。顾悦之曾经出任扬州别驾，后任尚书左丞）和简文帝（司马昱）一样大，但头发早就变白了。有一回，顾悦之进见简文帝，简文帝满头黑发，见顾悦之头发已经斑白，问起他的年龄，说道："为何你的头发先白了呢？"顾悦之回答道："蒲树和柳树不到秋天，就开始落叶凋零；而松树和柏树经历风霜，却更加枝叶繁茂。"

骑虎难下

"骑虎难下"比喻做事中途遇到困难，迫于形势却又无法中止。

此典出自《晋书·温峤传》："峤曰：'……峻、约小竖，为海内所患，今日之举，决在一战。峻勇而无谋，借骄胜之势，自谓无前，今挑之战，可一鼓而擒也。奈何舍垂立之功，设进退之计！且天子幽逼，社稷危殆，四海臣子，肝脑涂地，峤等与公并受国恩，是致命之日。事若克济，则臣主同祚；如其不捷，身虽灰灭，不足以谢责于先帝。今之事势，义无旋踵，骑猛兽，安可中下哉！公若违众独反，人心必沮。沮众败事，义旗将回指于公矣。'"

温峤（公元288—329年），晋代太原祁县人，字太真。晋元帝时期，刘琨任司空，温峤任右司马。晋明帝即位后，温峤被拜为侍中，又转任中书令，后任骠骑大将军。

晋明帝死后，晋成帝即位，东晋王朝危而复安地持续着。那时候，外戚庾亮当权，想振作帝室，排斥权臣王导，疑忌荆州刺史陶侃，乱杀大臣，从而引起各种势力的不安。公元327年，历阳（安徽和县）的镇将苏峻、寿春（后改称寿阳，安徽寿县）的镇将祖约以杀庾亮为名，率叛军进攻并占领建康，温峤听说京都失陷，于是放声大哭。并说服了陶侃同赴国难，二人率兵征讨苏峻和祖约。

那时，苏峻的叛军势力较强，温峤、陶侃的军队屡战屡败，并且粮草不足。陶侃怒气冲冲地说："温峤，以前你说，打起仗来，军中不愁没有得力的将士。但是你看，我们的军队里连个良将都没有，数战皆败。假如再没有粮吃，我就走了，只有作别的打算了。只要在今年之内平息这支叛军，就不算晚。"

温峤说："苏峻、祖约这两个小子，已经成为天下的祸患。今天成败在此一举。苏峻勇而无谋，打了几个胜仗，就骄傲自满，以为自己是史无前例的常胜将军了。如今我军向叛军挑战，一鼓作气，就能擒获苏峻。您为什么放弃唾手可得的战功，制定什么退兵之计！何况，天子已被苏峻幽禁，身处叛贼的威逼之下，国家危在旦夕，天下的臣子宁愿肝脑涂地，也要为国效力，扫灭叛逆。我温峤和您都蒙受国恩，正是我们为国家效命的时候。假如能够消灭叛贼，安定天下，那就是臣下和天子的福气；假如不能胜利，就算我们的躯体灰飞烟灭，也不足以在先帝灵前洗清自己的罪责。今天事态发展的形势注定了我们必须义无反顾地干下去，就像骑在猛虎背上，怎么能够中途下来呢！如果您违背众人的心愿，自己率兵撤走，军心一定会受到严重的挫伤。导致失败的结果，我军的义旗必将掉转方向，指向您了。"陶侃没有话说，不得不留下不走了。

温峤、陶侃率军艰苦奋战，最终在公元329年，击败了苏峻、祖约的叛军。

千载难逢

"千载难逢"比喻机会难能可贵。

此典出自唐代韩愈《潮州刺史谢上表》："当此之际，所谓千载一时不可逢之嘉会。"

韩愈，唐代的一位大文学家，字退之，河南河阳（今河南孟县南）人。因为自称郡望是昌黎（今河北昌黎），故后世也称他为韩昌黎。韩愈自幼好学，长大后通六经百家之学，但早年不得志。二十五岁中进士后，近三十岁时才被宣武节度使董晋征为属官，以后官至吏

《东西晋演义》版画之“苏峻举兵会祖约”图，讲述东晋时期，苏峻会同祖约起兵反叛之事。

部侍郎。在这中间几次受贬谪。

唐宪宗元和十四年（公元 819 年），韩愈因上表反对唐宪宗迎佛骨，被贬为潮州刺史。到任以后，他给唐宪宗上了《潮州刺史谢上表》，感激宪宗对他的宽恕。文中极力称颂唐宪宗。他劝唐宪宗去泰山举行“封禅”仪式（这是古代帝王祭天地的一种最隆重的典礼，统治阶级可以借此抬高身价），并认为这是千载难逢的好时机。

前功尽弃

“前功尽弃”的意思是说，以前的功劳、成绩全部废弃。用来指事情即将成功时却失败。

此典出自《史记·周本纪》：“今破韩、魏，扑师武，北取赵蔺、离石者，公之功多矣。今又将兵出塞，过两周，信韩，攻梁，一举不得，前功尽弃。公不如称病而无出。”

战国中期，秦国经过商鞅变法以后，国力增强，积极向外扩展，慢慢合并其他六国。公元前 294 年，秦向韩进攻，攻取了武始、新城等地。第二年，韩魏联军抗秦，在伊阙（今河南洛阳市南）交战，秦将白起大败魏将犀武，又攻取了赵国的蔺和离石两个地方。战后不久，秦又派白起进攻魏（梁）国。

秦国的强大，引起周天子的不安，一班谋士便纷纷为他献计献策。

有一次，纵横家苏厉对周天子说，秦军之所以连打胜仗，都是因为秦将白起太厉害了。应该派人去说服白起，叫他不要这样做了。怎样才能说服白起呢？苏厉出主意说，应该对白起说以下这番话：

“楚国有个人叫养由基，是一个神射手。射距离百步以外的柳叶，百发百中。围观的数千名观众，都夸他善射。可是，旁边有一个人却说：‘射得不错，假如再受点训练和点拨，那就更好了。’养由基十分生气，扔开弓，握紧剑，说：‘就你？还能教我射箭吗？’那个人不慌不忙地回答说：‘不敢，我不能教你射箭时左手如何伸直、右手如何弯曲等类的技法。可是我想距离柳叶百步去射，能够做到百发百中，已经很了不起了，应当见好就收，及时停止射击。不然的话，一会儿气衰力竭，弓、箭发射不准，这一发没有射中，此前一百发的成绩就全都被埋没了。’同样道理，将军您已经攻破韩国、魏国，打败了魏将犀武，又北取赵国的蔺和离石两个地方，功劳真的不小啊！现在又领兵出塞，借道两周（西周和东周）之间，背对韩国，攻打魏国，这样很危险。假如这一仗打败了，那么以前的功劳就不复存在了。您不如假装有病，不要出兵攻打魏国。”

强弩之末

“强弩之末”形容强大的力量已经衰竭,不能再起作用。

此典出自《史记·韩长孺列传》:“千里而战,兵不获利。……且强弩之极,矢不能穿鲁缟;冲风之末,力不能漂鸿毛。非初不劲,末力衰也。击之不便,不如和亲。”

西汉时代有一个叫韩安国的人,在梁共王时,由于触犯了国法,被削去官职,闲居在故乡城安(今河南省兰考县)。一直到刘彻做皇帝(汉武帝),田蚡做太尉,他贿赂田蚡,田蚡在武帝面前替他美言,武帝派他做了北地都尉;又调做大司农。没过多长时间,由于他平乱有功,又升做御史大夫。这时,匈奴派使者到汉朝来请求和亲,武帝叫大臣们议论这件事。有个名叫王恢的,曾经在边疆做过几年官,对于匈奴的情况很熟悉,不仅要求不答应,还要派兵去讨伐。韩安国却反对说:“现在匈奴依仗兵力的强大,抱着凶险的企图,流动不定,很难制服。我们假如跑过几千里的地方去打它,人马都会因此十分疲困;而匈奴正可以以逸待劳。比如箭矢到了最后没力量的时候,连极薄的绸子也穿不透;狂风的尾力,连极轻的羽毛也吹不动。不是它本来没有力量,而是到了最后,力量衰弱了。所以用兵讨伐匈奴不是好办法,应该答应和亲。”大家都同意这见解,后来也就决定对匈奴采用和亲的办法。

倾筐倒箧

“倾筐倒箧”比喻凡是看见有人拿出了所有的东西,或说出了所有的话,表示挚诚之意。

此典出自《世说新语·贤媛》:“王右军郗夫人谓二弟司空、中郎曰:‘王家见二谢,倾筐倒庋;见汝辈来,平平尔。汝可无烦复往。’”

晋朝太尉郗鉴十分喜欢他的女儿,一心想替她选个好丈夫,听说司徒王导的儿子和侄子们都很优秀,就叫一个学生去替他的女儿做媒。这人把这意思当面和王导说了,王导请他到东边厢房里去看哪一个少年中意。这人看过后,回去告诉郗鉴说:“王家的几位少年都很好。听说我要替你选女婿,个个都装模作样的走过来,极力地表现自己的才华,只有一个人露着肚子躺在东边的床上,自顾自的吃东西,好像不知道这回事一样。”郗鉴一边听着,一边想,忽然喜道:“这不正是我的好女婿吗?”他放心不下,又亲自去看,果然十分满意,便把女儿嫁给了这少年。这个少年便是王导的侄子,大名鼎鼎的大书法家王羲之。

郗氏和王羲之结婚后,有一天她回娘家去,对她的两个弟弟说:“王家的人看见谢安和谢万来,马上把筐子里、柜子里收藏着的食物都拿出来招待……”

穷酸饿醋

“穷酸饿醋”比喻生活贫苦还自命清高,实在酸得可以。

此典出自此典出自元代王实甫《西厢记》第五本第三折:“与了一个富家,不枉了,却与了这穷酸饿醋。”

唐朝裴度少年时,家里十分贫穷,到了衣食不周、无以为生的地步。他的远房叔叔对他说:“裴度,你父母双亡之后,你也不成器,不肯找点买卖营生做,每日只知道读书。我想你读的那些‘穷酸饿醋’,有什么好处?什么时候能够发迹也?”裴度受了这番奚落,又羞又愤,想想实在活不下去,于是跑出去寻死。这时,一个能够看得见鬼怪的道士见到他,只见他背后、左右跟随着许多饿鬼、穷鬼,百般地戏侮裴度,心里知道,裴度必定要穷饿至死，为时已不远了，心中暗暗地为裴度叹息。谁知傍晚，裴度从城里回来时，道士看见跟随、纠缠裴度的饿鬼一个也不见了，只见一些锦袍玉带的神，有的为裴度前导，有的为裴度侍卫，而裴度也神采奕奕，晦气全无。道士觉得非常奇怪，于是就邀裴度进屋坐，献茶奉饭，然后慢慢问他这一天的经历，裴度说：他在山神庙拾到一条玉带，那玉带嵌金线，镶宝石，非常珍贵，心想：这样贵重的东西遗失了，人家不知多着急呢！于是他就坐着等待失主。那失主原来是一家被冤枉坐牢的大官，他派管家拿玉带去进献权贵，以求昭雪冤案的，假如失去玉带，一家子就没命了。这下子得裴度还带，感谢之情自不必说了。道士听罢，禁不住叹息道："裴度相公，你这行为已感动上帝了，你不但不会饿死，还前途无量呢！"到了后来，裴度真的成了唐朝一位有名的贤宰相。

穷途之哭

"穷途之哭"描写路的尽头，无处可走的悲哀与痛苦，或指令人悲哀的末路。

此典出自《晋书·阮籍传》："时率意独驾，不由径路，车迹所穷，辄恸哭而返。"

阮籍，字嗣宗，魏时尉氏人，是竹林七贤之一，他非常喜欢研究庄子和老子的学说。而且十分喜欢喝酒，时时和山涛、刘令、嵇康、向秀、王戎、阮咸等饮酒作诗。性格放荡不羁，不肯和达官贵人们结交，也不愿出来作官。由于喜欢饮酒的缘故，他特地到步兵营里去当校尉，因步兵营有他们自己制造的酒，味道特别好，十分香醇。阮籍喝酒，不醉不休，喝醉了，叫人推着车子到山里游玩，直到很晚，不能继续玩下去，往往大哭着回家，因此当时的人，都说他疯狂。

裴度像，图出自清·顾沅辑《古圣贤像传略》。裴度为唐代名相，封晋国公。

茕茕孑立，形影相吊

"茕茕孑立、形影相吊"比喻一个人孤苦伶仃、无依无靠。

此典出自此典出自晋代李密的《陈情表》："外无期功强近之亲，内无应门五尺之童。茕茕孑立，形影相吊。"

大概意思是：外面没有比较亲近的亲属，家里没有应声开门的僮子，孤苦伶仃，只有自己的身体和影子陪伴安慰。

秋风扫落叶

"秋风扫落叶"比喻腐朽势力已一扫而光，亦作势如破竹。

此典出自《三国志·魏书·辛毗传》："以明公之威，应困穷之敌，击疲弊之寇，无异迅风之振秋叶矣。"

东汉末年，豪强争雄，天下大乱。

辛毗（pí，字佐治，颍川阳翟人）跟着哥哥辛评在袁绍部下供职。公元196年，曹操带兵到洛阳，亲自朝见汉献帝。他假称洛阳破坏太严重，把汉献帝把都城迁到许县（今河南许昌市东），并且逼迫汉献帝让他任命自己为司空兼车骑将军。曹操征召辛毗，辛毗不愿俯就。建安七年（公元202年），袁绍在官渡之战中被曹操打败后吐血而死，他的统治区由两个儿子袁谭、袁尚接管。袁谭驻守黎阳，袁尚镇守邺城。没过多久，兄弟二人为争夺统治权互相厮杀起来。一次，袁谭被袁尚打败，郭图对袁谭说："将军您国小兵少，粮缺势弱，可以请求曹操来帮助您。"他建议袁谭，可以派辛毗去同曹操谈判。辛毗见到曹操后，转达袁谭的请求，曹操非常高兴。可是几天后，曹操改变了主意，打算先去攻取荆州，让袁谭、袁尚继续自相残杀，从而进一步消耗他们的实力。有一天在酒宴上，辛毗从曹操的神情中感觉到事情变故，就去询问曹操手下的郭嘉，郭嘉报告了曹操，曹操对辛毗说："袁谭的话可信吗？我去进攻袁尚，就一定能打败他吗？"辛毗回答说："您不用问袁谭的话是否可信，看看他们的势力就清楚了。袁氏兄弟互相攻伐，袁谭如今已到了向您求援的程度，他已经穷途末路了。从袁尚方面来看，由于连年战火不息，士兵疲惫不堪，再加上旱灾、蝗灾，饥馑严重，民怨沸腾，这正是灭亡袁尚的绝好时机。"

辛毗进一步鼓励曹操，说："凭您如此强大的军队，去对付那种疲惫困顿、走投无路的敌人，打击那些精疲力竭、行将灭亡的贼寇，就像迅猛的秋风扫除干枯的树叶一样。"曹操采纳了辛毗的建议，就派兵攻克了袁尚驻守的邺城。

曲突徙薪

"曲突徙薪"比喻防患于未然，十分重要。可是，人们往往重视抢救，而忽视预防；重视筋骨之劳，而忽视筹划之功。

此典出自《汉书》："向使听客之言，不费牛酒，终亡火患。今论功而请宾，曲突徙薪亡恩泽，焦头烂额为上客耶？"

有一个人去探望他的朋友，看到朋友家里炉灶上的烟筒砌得太直，旁边又堆着干柴，他便对主人说："要把烟筒改成弯曲的形状，并且把柴堆移得远些。不这样，容易引起火灾。"主人听了并没说话。没过多久，主人家的房子真的着了火，幸亏邻居都赶来抢救，就把火扑灭了。于是主人杀牛备酒，酬谢他的邻居。被烧伤的人都坐在上席，其余的人也按出力的大小依次入座，可是没有请那个建议他改灶搬柴的客人。这时，有人对主人说："假如你听了那位客人的话，不但不用破费杀牛买酒，房子也不会引起火灾。现在，你论功请客，怎么可以忘记那位劝你改灶搬柴的朋友呢？难道提出预防意见的人没有功劳，只有救火受伤的人才能当上宾吗？"主人听了，这才醒悟，就去请了那位客人。

去住两难

"去住两难"意思是离去或住下都有为难之处，亦作两情依依。

此典出自《乐府诗集》："……喜得生还兮逢圣君，嗟别稚子兮会无因。十有二拍兮哀乐均，去住两情兮难具陈。"

蔡文姬是东汉时候著名的女文学家。她的名字叫蔡琰，文姬是她的字。蔡文姬的父亲蔡邕，也是东汉的一位著名的学者，他十分精通文学和音乐，曾在朝廷做过中郎将，蔡文姬从小博学能文，又通音律，从而得到广大人民的赏识。他初嫁卫仲道，后来因为丈夫死亡，又回到了蔡家。汉献帝当政的时候，军阀混战，她就被敌兵掳去了，最后流落到南匈奴，匈奴左贤王将她娶为妻子。蔡文姬在匈奴居住十二年，并且生下两个孩子。后来曹操

蔡琰像。蔡琰即蔡文姬，东汉末年的才女，曾流落匈奴，后被曹操赎回。宋代曾有儒生认为不应将其选入《烈女传》。

做了丞相，得知蔡文姬下落，便花了很高的代价，用金壁将她赎了回来，改嫁给董祀。这时蔡文姬的父亲蔡邕已经死去。曹操与蔡邕生前素有情谊，于是他便让蔡文姬整理父亲的文稿。

蔡文姬从匈奴回到家乡后，写了一道“悲愤诗”，记叙了自己十多年的悲惨遭遇、凄苦生活和归国别子的母子离情。传说，她还写了一篇曲词，叫“胡笳十八拍”，当中一段这样写道：“春天呵，送来了温暖的东风，这是汉朝天子布下了恩泽；羌人、胡人舞蹈又唱歌，汉兵与匈奴终于罢了兵戈；有一天听说汉使带来了天子的诏书，用千金代价赎我回国；能够活着回去见圣君我狂喜万分，可是丢下心爱的孩子又让我痛断肝肠。这离情别绪我无法表达！唉！这别子之痛与归乡之乐，实在相差不多，还说什么欣喜、快乐？回国呢，还是留下，两种心情都伤害我的心哪，我实在难以表达！”

燃眉之急

“燃眉之急”比喻事情已到万分危急。

此典出自《三国志通俗演义·诸葛亮舌战群儒》：“近闻玄德弃新野，走樊城，败当阳，奔夏口，无容身之地，有燃眉之急。”

汉献帝时，曹操作了丞相，挟天子以令诸侯，专权恣肆达到顶点，各地汉室的皇族，见曹操专权恣肆，纷纷起来反抗，这时东吴孙权，也不听号令。曹操要统一天下，他分别打败了刘表、刘琦，与刘备在新野等地交战，刘备因地狭兵少，无法支持。孙权见曹操大兵压境，也有点害怕起来，派鲁肃到刘备那里，打探消息，并和刘备商议，刘、孙两方联合起来，共同抵抗曹操。但是孙权的文臣们，见曹操兵力强大，不敢抵抗，都建议投降。所以，鲁肃邀请诸葛亮同赴东吴，说服孙权出兵。诸葛亮到东吴以后，孙权帐下的谋士，都来和他辩驳。张昭是谋士中的领袖，他带着责问的口气对诸葛亮说：“我们很久以前就已经知道先生居住在隆中的时候，时常拿自己来比喻战国时的管仲、乐毅。管仲相桓公，使桓公成为诸侯的盟主，乐毅替燕出兵伐齐，攻下七十余城，现在刘备得到你之后，非但没有能够帮助他强大起来，反而失去了新野，丢弃了樊城，富阳长城吃了败仗，又逃到夏口去，像燃眉一样的急迫，你还比不上管仲、乐毅的万分之一呢！”

人微权轻

“人微权轻”说明资历、名望浅，威权不足以服众。这句语后来演变成“人微言轻”，意思是地位低的人言论、主张不受人重视。

此典出自《史记·司马穰苴列传》："臣素卑贱，君擢之闾伍之中，加之大夫之上，士卒未附，百姓不信，人微权轻，愿得君之宠臣，国之所尊，以监军乃可。"

春秋时期，齐国有一位著名的大将，名字叫司马穰苴。到后来他当上了齐国的大司马，为国家立了大功。

司马穰苴先前只不过是一名下级军吏，但他打仗很勇敢，而且对人又诚实和善，很多士兵都非常愿意和他往来。有一年，齐国遭到晋国和燕国联军的攻击，齐兵接连战败，齐景公一点办法也没有。这时齐国的相国晏婴对齐景公说：

"君王，齐兵所以连遭败仗，是因为缺少一位核心的将领。"

"是呵，现在的统帅平时不带兵操练，到了战场上乱指挥，不可能不失败啊！"

晏婴想了一想，高兴地向齐景公建议：

"我看司马穰苴是个将才，他文能服众，武能震敌，您可以同他谈一次。"

齐景公同意了晏婴的意见，把司马穰苴找来，问了他一些作战的知识，用兵的谋略。他回答得十分得体，齐景公非常欢喜，马上命他为将军，领兵开赴前线迎击敌军。

司马穰苴拜谢了齐景公，同时也提出请求：

"君王，我一向地位卑微，您把我从卒伍一下子提拔到大夫之上，可能士卒不愿听我的，百官不信服我的，这是因为人微权轻。因此我请求君王派一位您所信赖的，地位又很尊贵的大臣，做我的监军，才好率军出征！"

"哈哈，那容易呵，派我的爱臣庄贾去一趟吧！"

司马穰苴拜谢了君王，又与庄贾一同商议，打算第二天中午在军门会合出发。

第二天清晨，司马穰苴就带领部队来到军门，整齐列队，等候庄贾。他命令侍从官在地上立下计算时间的"表"和"漏"。

庄贾是君王的宠臣，深得齐景公的厚爱，一向狂妄骄横，谁也不放在眼里。这一天他很晚才起床，到了中午才吃饭，又有不少官员和亲朋为他送行，直到下午了，他还没有离开家门。

司马穰苴全身披挂，站在队伍之前。他看天已经到了中午，表和漏正指着中午时分，与庄贾约定的时间已到，就下令将表放倒，将漏中的水倒掉，宣布说："庄贾大人失约了！"

庄贾一直到傍晚的时候，才大摇大

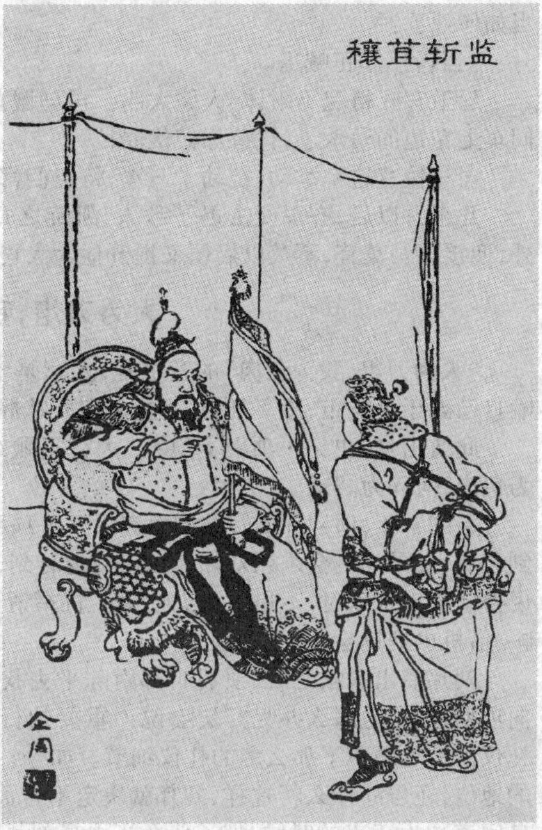

穰苴斩监立威图，出自清·马骀《百将图传》。司马穰苴，春秋时期著名军事家，著有《司马穰苴兵法》。

摆地来到军门。庄贾刚从车子上迈下来，司马穰苴便迎上去，厉声喝问：

“庄大人为何来晚了？！”

“哈哈，亲朋饯行，挽留些时候……”

“大将从受命时起，就应忘掉家庭，将士到了军中就应忘掉亲朋好友，兵士听见战鼓就应忘掉自己。现在敌军入侵，国内动荡，士卒战死在边戍，君王寝不安席、食不甘味，百姓的性命都系在我和你的身上，你竟然为酒宴而违犯军法……”

庄贾并没在意，并且嬉皮笑脸地说：

“别危言耸听了，你才当几天统帅呀

司马穰苴正言厉色地吼道：

“军正，违犯军法该当何罪？”

“当斩！”军正响亮地回答。

于是两名武士上来将庄贾捆绑。

庄贾的随从看到情况不妙，骑马飞驰，回宫廷替庄贾报信。可是没等送信人回来，司马穰苴早已下令把庄贾斩首了。

过了很久，齐景公派廷卫官，拿着他的命令来救庄贾了，几名骑兵驰入军中。

司马穰苴十分严肃地对廷卫官说：“将在外，君令有所不受！你们闯入我的军中，该当如何处置？”

“当斩！”军正喊道。

廷卫官吓得魂不附体，大哭大叫。司马穰苴说：“你们是君王的使者，不能处死，把你们车上左边的马杀了，代替你们伏罪！”

司马穰苴这一举动，震动了三军，将士们都心服口服地跟他去迎敌作战了。

几个月以后，齐军便击退了敌人，凯旋之日。齐景公亲自带领满朝文武大臣到了郊外，迎接司马穰苴，不久以后便又提升他为大司马。

人为刀俎，我为鱼肉

“人为刀俎，我为鱼肉”的意思是，人家是宰割鱼肉的刀俎，自己是刀俎上的鱼肉，比喻自己处于受摆布、遭宰割的境地，由别人掌握着生杀大权。

此典出自《史记·项羽本纪》：“大行不顾细谨，大礼不辞小让。如今人方为刀俎，我为鱼肉，何辞为。”

秦朝末年，项羽和刘邦共同争夺天下。项羽摆下鸿门宴，宴席上，项羽的武将项庄拔剑起舞，要寻找机会杀死刘邦。在这关键时刻，刘邦的猛将樊哙闯进项羽的军帐，一席话说得项羽无言以对，不得不对樊哙说：“将军请坐。”过了一会儿，刘邦假说上厕所，溜出军帐，借机也把樊哙叫了出去。

刘邦溜出军帐之后，项羽叫都尉陈平去找他。刘邦说：“我是溜出来的，还没来得及向项羽告别，这怎么办呢？”樊哙说：“重要的行动顾不上把细节考虑得那么周全，重大的礼仪活动也顾不了那么多的礼仪细节。如今，人家是刀和砧板，我们是鱼肉，处于被宰割的地位，还告辞什么？”这样，刘邦就决定不告而别。他叫张良留下，向项羽表示感谢。张良问道：“大王来的时候，带了什么礼物？”刘邦回答说：“我带来白璧一双，要献给项羽，带来玉斗一双，要献给范增。席间项羽发怒，我不敢献出。请你替我献给他们。”张良说：“一定照办。”刘邦逃走之后，张良回到军帐内，献上礼物，告诉项羽说，刘邦怕受项羽责怪，就赶回自己的军队去了。范增听了之后大发雷霆，拔剑把玉斗砍个粉碎，责骂项羽说：

"你这小子,不值得与你共谋大事。夺取你的天下的人,一定会是刘邦。等着瞧吧,我们都要成为他的俘虏!"

忍辱偷生

"忍辱偷生"形容忍受屈辱,苟且活命。

此典出自《左传·成公十一年》:"郤犨来聘,求妇于声伯。声伯夺施氏妇以与之。……生二子于郤氏。郤氏亡,晋人归之施氏。施氏逆诸河,沈其二子。妇人怒曰:'己不能庇其伉俪而亡之,又不能字人之孤而杀之,将何以终?'遂誓施氏。"

晋景公打败了齐国,灭了赵家,宠信屠岸贾和郤锜(郤克的儿子)、郤犨(郤的叔伯兄弟)、郤至,更加不可一世,傲慢自大了。有一天,他听说鲁国跟楚国私下交往,就吵嚷着要给鲁国一点颜色看看。原来,公元前589年,楚国派公子婴齐为大将进攻卫国,顺便打到了鲁国。出兵的理由是说卫国和鲁国不该帮着晋国攻打楚国的盟国齐国。鲁成公(鲁宣公的儿子)马上派人去向楚国求和,还送去了木工、缝工、织工各一百名作为礼物。楚国的公子婴齐接纳了这三百名身怀技艺的奴隶,答应和鲁国讲和。就是为了这个原因,晋景公才叫嚷着要对鲁国不利,吓得鲁成公亲自到晋国去赔不是。到了后来,鲁成公也三番两次地到晋国作友好访问。最后一次,晋国居然把他扣押起来。后来晋景公死了,鲁成公也没有获得释放,反而被逼着去送殡。按照那时候的规矩,诸侯对诸侯不应当送殡。晋国叫鲁侯送殡,分明是不把他当诸侯看待。可是被扣押了起来的鲁成公无可奈何,只得顺从,忍气吞声地任人摆布。这种事从鲁国的历史上来看,当然是奇耻大辱。只是鲁国的奇耻大辱,还不止这一桩哪!

晋景公死后,他的儿子即位,就是晋厉公。鲁成公低声下气地恳求晋厉公,答应永远归附他,并且年年进贡,听他的指挥。晋厉公这才把鲁成公放了,当场就派郤犨到鲁国去订盟约。他早就听说鲁侯有个娇美动人的堂妹。这下他来到鲁国,就先向鲁国的大夫公孙婴齐提亲,由于那个美女也就是公孙婴齐的堂妹。郤犨拿这件事作为订盟约的先决条件。公孙婴齐说:"她早就出嫁了,她是大夫施孝叔的妻子呀!"郤犨无理地说"管她出嫁没出嫁!你叫那姓施的另外娶个女人不就得了吗!"公孙婴齐说:"可是她总是个出了嫁的妇人了,不大方便吧!"郤犨恼火了,骂着说:"哼,不方便!你们的国君押在晋国,方便不方便?我费了九牛二虎之力替他求情,才把他放出来,这么做容易吗?我不舒舒服服地待在家里,为了你们的事东奔西跑,方便吗?我为了你们的国家,才老远跑到这儿来,你们连个女人都舍不得给!假如不答应,我只好回去喽!"公孙婴齐尴尬地说:"你别生气吧!让我们商量商量。"说:"你们去商量吧!明天给我答复!"

公孙婴齐愁容满面地把郤犨的要求一五一十地告诉了鲁成公。鲁成公召集了几个亲族里重要的人和施孝叔夫归,一起商量对策。施孝叔气得脸色铁青,他的妻子宁死也不愿离开丈夫。鲁成公知道晋国招惹不起,一再劝施夫人嫁给郤犨。他说:"晋是大国,晋侯又是诸侯的盟主,咱们哪里能得罪他呢?再说咱们晋国的大权都握在这三个人的手里,晋国人称他们叫"三郤'。你要是嫁给了郤家,除了你自己能享受荣华富贵之外,咱们鲁国或多或少还能沾点光!"公孙婴齐接着劝诱说:"说得是啊!这'三郤'连晋侯都怕他们三分哩!妹妹应当往远处想,为了鲁国的安全,就是牺牲了自己的性命也得去,更何况他又对你十分爱慕。你去了一定受他们的尊重。"施夫人反驳说:"这种丢人现眼的事还能受人家尊重吗?"鲁成公说:"话不能这么说。你要知道,鲁国的存亡全操在你手里。假如你能舍去私情,鲁国就可以保住;可假如你不肯帮忙,咱们眼看就得亡国。"其他在场的人唯

《春秋五霸七雄列国志传》版画之伍子胥鞭尸报仇图

恐触怒郤犨，大家的命保不住，都异口同声劝她，说："为了求和，你就豁出去吧！"施夫人哭着说："你们全都希望我去吗？"大家都说："唉，实在没有别的办法啊！"她注视着施孝叔，说："你呢？你就保护不了自己的妻子吗？"施孝叔支支吾吾地说："我……我又有什么法子呢？你别再怪我了，我已经非常难受了！"接着，他又说："不然，咱们躲到楚国去吧！"鲁成公、公孙婴齐一听他提起"楚国"，就好像他犯了什么忌讳似的，一起骂他，说："你好大的胆子，还敢提起那个国家！你要是再提它，先把你砍了！"施夫人说："好吧！你们就先把我杀了，再杀他吧！"大家一见她动怒了，又一再央求她。她看他们一会儿吓唬，一会儿央求，完全不将廉耻放在心上，气得摇头叹息。过了一会儿，她立刻止住了泪水，干干脆脆地宣称："好吧，我去！但愿你们这次的买卖不会赔本！"大家听说她答应了，高兴得几乎向她磕头。她转身对施孝叔说："你别难过，我并不怪你！我永远记得我们的恩爱。你就当我死了吧！这个没有灵魂的躯壳就让他们送去给畜生吧！"

于是郤犨和鲁国订了盟约，带着新娶的娇妻回去了。施夫人变成了郤夫人。过了两、三年，她生下了两个儿子，母爱使她这个没有灵魂的躯壳重新滋生了灵魂。没料到到了第六年，就是公元前574年，平静的日子起了变化。晋厉公一来怕郤家的势力继续扩大，将无法管束他们；二来听说郤家有意立孙周（晋襄公的曾孙），就下毒手把郤锜、郤犨、郤至三个人杀了。郤夫人因为是鲁国人，又是鲁成公的堂妹，晋历公十分照顾她，让她回到鲁国去。她苦苦哀求晋厉公，答应让她保全那两个儿子，还保证他们一辈子也不回到晋国来。晋厉公倒还爽快，他说："照理他们也得治死，现在我就把他们赏给你吧！不过，你得记清楚，从今以后，他们不再是晋国人了。"夫人就带着这两个孩子回到鲁国来了。

鲁成公、公孙齐婴等听说施夫人回来了，就派人到黄河畔去迎接她的到来。施孝叔也亲自前去。他在这漫长的六年里，天天思念着自己的妻子。有情人又能团圆了，他是多么地高兴啊！他们俩一见面，泪水就忍不住落下来了。施夫人拉着两个孩子，一个五岁，一个三岁，一面引见给施孝叔，一面弯腰跟他们说："叫爹爹。"两个孩子就天真地同声喊道："爹爹！"施孝叔顿时拉长脸，怒气冲冲地说："谁是你们的爹？我哪儿有这两个孽种！"他一边骂，一边就像老鹰抓小鸡似地把他们拎起来往河里扔去，施夫人赶过去阻止，却已迟了一步，他们已给波浪卷走了。旁边的人都愣住了。施夫人哭得呼天抢地，指着施孝叔大骂："孝叔，你这算哪门子的男子汉大丈夫！你真狠心！今天我才认清了你是怎么爱护我的！我为了你，当了六年的奴隶，眼泪往肚里吞，敷衍着过活。我天天盼望着能够再与你团聚。现在我回来了，我自由了，原以为咱们又能在一起了，想不到你的肚量如此小，心地如此狠毒！我看错了，你先前既然保护不了自己的妻子，现在又怎么能够保护人家的孤儿呢？"施孝叔连声分辩说："不！不！我对你是真心真意的，我太爱你了！"她冷笑一声，说：

“哼！你也配说爱！”说完，她一转身，就跳进黄河里，随着波浪翻了几下，就随她那两个孩子去了。

日暮途穷

“日暮途穷”比喻计穷力竭或接近死亡。多指敌对势力而言。

此典出自《史记·伍子胥列传》：“为我谢申包胥曰：‘吾日暮途远，吾故倒行而逆施之。’”

战国时期，楚平王的太子建有两个先生：一个叫伍奢，一个叫费无忌。费替太子到秦国去接秦女来结婚，待接来之后，由于秦女长得十分漂亮，费却让平王收做了妃子。费无忌虽因这件事取得了平王的宠信，但又害怕将来平王死了，太子建继任国君，对他不利，于是就常在平王面前说太子不是，平王听信谣言，把太子调到边境去。后来又把伍奢监禁起来，并派奋扬去杀太子。多亏奋扬秘密通知太子逃到宋国去了。

可是费无忌并不甘心，还要杀害伍奢的两个儿子（伍尚和伍员），派人骗他们说叫两个儿子到都城去，便可饶伍奢不死，不然的话便要杀害伍奢，伍尚明知有杀身之祸，还是去了，伍员即是伍子胥，却毅然出走，忍受不少屈辱，克服不少困难，逃到了吴国，过了十多年，帮吴王阖闾打到楚国都城郢。这时平王已死，伍子胥要替父兄报仇，掘坟开棺，拖出平王尸体，亲自用鞭子狠狠地打了三百下。伍子胥有个老朋友叫申包胥知道了这事，并且叫人送信去责备他报仇报得过分了。伍子胥对那送信人说：“你替我告诉申包胥，就说我仿佛是一个行路的人，天已经晚了，而路途还很遥远，不得不跌跌撞撞地走路，在违背通常的情理做事”。

如临深渊，如履薄冰

“如临深渊，如履薄冰”比喻行事极其谨慎。

此典出自《诗经》：“战战兢兢，如临深渊，如履薄冰。”

唐太宗是个很英明的皇帝，他处理国家事务十分勤奋，常常感到十分疲劳，并且形容憔悴。大臣们劝他爱护身体，不要太累了。唐太宗说：“我每天早上，当星星还没有隐去时就起来工作；下午，当太阳下山了，我还不敢休息。为什么呢？国家大事一点处理不当，就会留下隐患，招致危难，皇帝不是那么容易当的，我常常觉得自己像站在深渊边沿，好像走在薄冰上（如临深渊，如履薄冰），战战兢兢，小心翼翼。所以不是病得不能起床，决不敢休息——就是这样，我还怕出岔子呢。”

如鸟兽散

“如鸟兽散”意思是像鸟兽那样四处飞奔逃散，现在则用它形容敌兵溃败逃散。

此典出自《汉书·李广传》：“复得数十矢，足以脱矣，今无兵复战，天明坐受缚矣，各鸟兽散，犹有得脱归报天子者。”

李陵是汉代著名的“飞将军”李广的孙子，善于骑射，礼贤下人，因此将士都很喜爱他。汉武帝刘彻也很赏识他，常常夸他有李广的风度。

有一年，汉武帝派他去讨伐匈奴，他自愿带领五千步卒深入浚稽，直捣匈奴老巢。

李陵的部队到达浚稽山。与匈奴单于的部队相遇。单于用三万骑兵围住李陵，李陵命汉军在营外列阵，前排执戟、盾，后排持弓弩。单于看汉军兵少，于是就直奔汉营。李陵命将士击鼓开战，千弓俱发，喊声四起，匈奴兵应弦而倒，死伤无数。单于见势不妙，命令部将率八万骑兵一齐向汉军攻击。李陵寡不敌众,且战且退,于是后退到一个狭谷里。汉军受伤的人很多,轻伤的士兵仍然坚持作战。

这时候,汉军中一个叫管敢的人由于受了长官的大骂,一气之下投降了单于,报告了汉军的机密:

"李陵没有后援,箭快用完了,就剩下李陵和成安侯部下还有些箭,他们一共才八百多人,走在前边,打着白色旗和黄色旗,你们可以派骑兵打败他!"

单于果真派了精兵,最终将李陵堵在山谷中,大叫:"李陵快来受降!"

由于李陵的部队在谷底,单于在山上,地形上很不利。单于用石头、木棒袭击汉军,汉军死伤惨重,实在无法前进了。

天黑以后,李陵数一数人数,活着的人不多了,便悲痛地与他们说:

"我们注定失败了,这样下去谁也活不成了,你们别跟我走了,有勇气的去和单于拼命吧……"

汉军的将官劝他说:"将军,别悲伤,你的大名威震匈奴,上天不会让你死的,你以后还可以设法回汉。从前不是也有过汉将被俘以后重新回到家乡的吗?皇帝也是以礼相待的,更何况您李大将军呢?"

"不,我不死在战场就不是壮士!"

李陵下令放倒军旗,把珍宝埋入地下,然后对将士们说:

"现在还剩下几十只箭,还是完全可以逃脱的,不要等待天亮以后被他们俘虏去。你们像鸟兽那样各自散去逃命吧,即使只有几人回去报告皇帝也是好的。"

李陵给每个军士带上两升粮食、一块冰,冰是当水喝的。半夜之后,他让兵士们各自走开,他自己上马驰出山谷,单于用几千骑兵追赶他,成安侯韩延年中箭落马,最后只有李陵一人战败被俘。

三涂八难

"三涂八难"本是佛家语,指见佛闻法的种种障碍。后来,人们用它形容遭受到的种种艰辛和不幸。

此典出自《南齐书·周传》:"三涂八难,共所未免。然各有其累。"

南北时期,有一个人叫周颙(字彦伦),在齐太祖(萧道成)建元(公元479—482年)初年,任长沙王参军,后来任军参军,山阴县令,又任文惠太子中军录事参军,太子仆,兼著作郎。周颙阅百家之书,精通佛理,写有《三宗论》,有一个智林道人对周颙作了很高的评价。

每当宾友聚会时,周颙谦逊地避席而坐,与宾友交谈,语音如行云流水,使听的人忘记了疲倦。同时,他还精通《老子》、《周颙易》,与当时的有名之士张融谈论深奥玄远的义理,谈得难分难解,整整一天都没有休息。周颙清贫寡欲,整天吃素食。虽然有妻子,但还是自己一个人居住在山舍之中。卫将军王俭对周颙说:"你在山中吃什么呢?"周颙回答说:"我吃的是粗糙的米,洁净的盐,绿色的葵菜,紫色的蓼(liǎo)类植物。"文惠太子问周颙说:"哪种菜食的味道最好?"周颙回答说:"初春的韭菜,秋末的菘(sōng)菜(别称黄芽菜)。"那时候,有一个人叫何胤,也非常信奉佛法,潜心修身养性,不娶妻妾。文惠太子又问周颙说:"你同何胤相比,谁的佛法学得精些?"周颙说:"我说给你听。佛家认为,见佛闻法不是一蹴而就的。修养不到家,心存恶根,就无法见佛闻法。见佛闻法有八种障碍,称作八难。例如,有乐无苦,不思修道;自恃聪明才智,不肯信佛;生于佛前佛后,无缘见到

《秦并六国平话》版画之秦始皇崩沙丘图

佛；聋、瞎、哑，也是见佛闻法的障碍。阻碍最大的是头三条，即地狱、饿鬼、畜生，称作三涂，又称三恶道。这三涂八难，是哪个人都不能避免的，因此应当努力修炼。然而，我们各有各的拖累。"太子问："拖累是什么呢？"周颙回答说："我自己有妻子，何胤喜爱吃肉。"

沙丘鲍鱼

"沙丘鲍鱼"比喻暴毙。

此典出自《史记·秦始皇本纪》："始皇崩于沙丘平台。会暑，上輼车臭，乃诏从官令车载一石鲍鱼，以乱其臭。"

公元前210年，秦始皇出巡。走到平原津的时候，秦始皇病了。他害怕死亡，因此群臣都不敢谈论死亡的事。秦始皇的病情加重了。他写了一封信，留下自己的符玺，在信中他要求扶苏：发丧到咸阳后安葬。这封书信落到宦官赵高手里，但他并没有把信送给在上郡监督蒙恬军的公子扶苏。

这一年的七月，秦始皇死在沙丘平台。丞相李斯由于秦始皇死在外地，担心诸公子及天下各地乘机作乱，就对秦始皇死亡的事秘而不宣，没有举办丧事。尸棺仍放在秦始皇乘坐的輼辌车中，每天依旧由受秦始皇宠幸的宦官陪乘，照常送饮食。百官也照旧到车前奏事，宦官则在輼辌车中处理群臣所奏之事。只有公子胡亥、宦官赵高及受宠幸的宦官等五六个人知道秦始皇已死的真实情况。以前，赵高曾经教胡亥学习书法及狱律令法等，因此胡亥很宠幸他。赵高与公子胡亥、丞相李斯偷偷拆开秦始皇赐给公子扶苏的书信，篡改书信内容，诈称丞相李斯在沙丘接受秦始皇遗诏，立公子胡亥为太子，作为皇位的继承人。又给公子扶苏、大将军蒙恬写了一封信，揭发他们的罪过，赐令他们自杀。接着，大队人马上路，从井陉抵达九原。那时，正值溽暑盛夏，秦始皇的輼辌车发出尸体的腐臭味，于是命令随从的官吏在车里放上一石鲍鱼，用这个混淆尸体发出的臭味。

山穷水尽

"山穷水尽"比喻陷入了绝境，亦作前面已经没有了去路。

此典出自此典出自宋代陆游《游山西村》诗："山重水复疑无路，柳暗花明又一村。"

南宋大诗人陆游曾因为全力主张抗金被免职，回到老家山阴（今浙江绍兴）镜湖旁闲居了五年。

公元1167年，有一天陆游到镜湖附近的山西村去游访。这里农民的十分热情好客，尤其是村庄如诗画的景色，给诗人留下了深刻的印象。游访归来后，陆游便写了一首田园诗《游山西村》。诗的全文是：

莫笑农家腊酒浑，丰年留客足鸡豚。

山重水复疑无路，柳暗花明又一村。

萧鼓追随春社近，衣冠简朴古风存。

从今若许闲乘月，拄杖无时夜叩门。

身轻言微

“身轻言微”意思是地位低下的人，说的话往往不被人重视。

此典出自《后汉书·孟尝列传》：“臣前后七表言次故合浦太守孟尝，而身轻言微，终不蒙察。”

东汉时候，浙江会稽上虞县有一个寡妇，对年老的婆母十分孝顺。丈夫死后，她一个人砍柴烧饭，侍奉婆婆，村里人都夸她是一个好媳妇。到了后来，她的婆婆因为年老去世。

这位寡妇有一个小姑，也就是她丈夫的妹子。这个人心肠歹毒，为人刁钻，对自己母亲不但不敬不孝，反而说她自己受嫂嫂虐待。老人死后，她居然到县衙告状，说正是嫂嫂毒死了老婆婆。县令是一个昏庸之辈，不去调查就判了寡妇死罪。当时在县衙内担任户曹小官的孟尝，知道这是一起冤案，急忙报告太守，可太守根本不当回事儿，孟尝又气又恨，哭着离开官衙，辞职不干了。寡妇终于冤枉而死。

两年之后，换了一个新太守，孟尝向他告发寡妇蒙冤受难。新太守惩办了诬谄贤妇的那个女人，郡中百姓都非常高兴。不多久孟尝到合浦当太守，他制定了采珠的一些法令，保护母贝，珍珠产量逐年提高，使贫穷的合浦又繁荣起来。当地的采珠人和百姓交口称颂他的功绩。

孟尝有一个同乡，名叫杨乔，那时正在朝廷做尚书。他很了解孟尝，所以曾七次向皇帝推荐孟尝，但汉桓帝都没有理睬。杨乔第八次给桓帝上书，说：

“臣下前后七次向陛下举荐合浦太守孟尝，但因为我职位低下，言语也就微不足道，始终得不到采纳。孟尝的确是一个品行高尚的人，为百姓做了许多善事。是个难得的清廉之士呀，假如选到陛下左右，必定能帮助陛下成就大业！”

可是汉桓帝仍然不采纳杨乔的建议。孟尝不愿做官，他便以生病为由，请求免职还乡。听说孟尝要弃官归家，老百姓都地拦路阻挡，不让他辞官。郡吏们也拉住车辕，极力挽留他。可是孟尝已经下定决心不再当官，于是他就在夜里坐上渔民打鱼的小船，一个人悄然离去了。

尸居余气

“尸居余气”意思是说一个人已接近死期；也形容人暮气沉沉，碌碌无为。

此典出自《晋书·宣帝纪》：“司马公尸居余气，形神已离，不足虑也。”

魏废帝嘉平时，曹爽当了大将，并且掌握了全国的军权，他便骄奢无度，任情恣肆地享乐，那时很多人向他规劝，他全都置之不理，他所害怕的人只有太傅司马懿。

那时候河南主官李胜，是曹爽的亲信僚属，他被调任到荆州去做刺史时，就清楚地知道曹爽最害怕的是司马懿，于是便向司马懿去辞行，想顺便侦察司马懿的行动。司马懿专门装出生病的样子，叫两个婢女扶持着，衣服一半落在地上，用手指指嘴，就表示口渴，于是婢女就给他吃粥，他装出没有气力去接碗样子，就用嘴在婢女手上喝着吃，粥都流在胸前的衣服上。李胜见他这个样子，说：“我原以为是你的老毛病复发，哪里知道你的身体衰弱到这个地步呢?”司马懿有气无力地说:“我年老多病,就要死了,你要到并州去,并州地方接近胡人,你要留心防备,我可能不能再和你见面了,我的儿子,请你好好的照顾他们。”李胜说:“我是去荆州,不是并州。”司马懿又假装不懂的胡言乱语了一阵,李胜见他神志不清,回去报告曹爽说:“司马懿尸居余气,形神已离,大概就快死了,不必忧虑他了。”

势均力敌

“势均力敌”的意思是,双方力量旗鼓相当。

此典出自《宋史·苏辙传》:“吕惠卿始谄事王安石,倡行虐政以害天下。及势均力敌,则倾陷安石,甚于仇雠,世尤恶之。”

苏辙(公元 1039—1112 年),字子由,宋代眉州眉山(今四川眉山)人,是北宋大诗人苏轼的弟弟。宋仁宗嘉祐二年(公元 1057 年),苏辙与哥哥苏轼同年考取进士。王安石实行革新新法时,苏辙极力反对。那时有一个叫吕惠卿的人(公元 1032—1111 年),字吉甫,当初大力讨好奉承王安石,扶助他推行新法,有关重要的改革措施,他全部都参与了。因此,他颇受王安石的器重。

吕惠卿一开始时巴结、谄媚王安石,倡导推行暴虐的政策,给百姓带来很大危害。后来,王安石罢相,吕惠卿同他力量相当时,就倾轧、设计陷害王安石,对王安石的态度非常恶劣,比仇敌还厉害。对吕惠卿的得丑恶表现,世上人更为厌恶。

势如破竹

“势如破竹”形容作战或工作节节胜利,毫无阻碍。也形容气势不可阻挡。

此典出自《晋书·杜预传》:“今兵威已振,譬如破竹,数节之后,皆迎刃而解,无复著手处也。”

杜预是西晋的著名将领和有名的学者。他曾经担任镇南大将军,都督荆州诸军事,由于灭吴有功,被封为当阳县侯。他善于谋略策划,被称为“杜武库”。他撰写过《春秋左氏经传集解》、《春秋释例》、《春秋长历》等。其中《集解》是《左传》注解流传至今的最早的一种,收入《十三经注疏》中。

三国末期,蜀国被魏国消灭,魏国被司马炎夺去帝位,改称晋朝,自立为晋武帝。杜预坚持要出兵灭吴,他给晋武帝司马炎写了一道奏章。杜预的意思和司马炎的想法是相似的,于是,司马炎不顾其他大臣的反对,决心伐吴。

公元 280 年,杜预奉命率领几路大军进攻吴国。杜预仅仅用了十来天的时间,就攻占了长江上游许多城镇,沅、湘两江以南一带的州郡,也都纷纷投降。吴军都督孙歆等高级文武官员二百多人也有的被俘,有的被杀。

杜预想趁此有利时机,出兵彻底灭掉吴国。可是有人却认为,吴国是个历史悠久,实力雄厚的大国,很难把它一下子灭掉,何况时值夏季,雨水很多,河流泛滥,交通不便,气候炎热,疫病容易流行,还不如暂时停止进兵,等到冬季进攻也为时不晚。杜预不同意这种意见,他坚定地说:“从前,燕国的乐毅凭借济西一战,就攻占了强大的齐国。当前我方士气旺盛,趁此大好时机攻打吴国,就好像用刀破竹子,劈破几节以后,余下的便可迎刃而解,不用再费多大气力。”

于是杜预坚定按照自己的意见挥军作战。凡是他的军队所到之处,敌人全都投降了。不久,晋军攻占了建业,吴主孙皓投降。西晋终于统一了全国。杜预立下了汗马功劳,晋

降孙皓三分归一统图，出自《图像三国志》。讲述西晋大将杜预攻战建业，灭东吴之事。

武帝封他为当阳县侯。杜预认为天下虽安，忘战必危，于是依旧勤于军备，兴修水利，他也受到当时人们的称赞。

室如悬磬

“室如悬磬”形容室内空空的，没有东西。

此典出自《国语·鲁语上》：“室如悬磬，野无青草，何恃而不恐？”

齐孝公是战国时军事实力比较强大的诸侯，一次，他出兵去征伐鲁国，鲁君打算派人去说服、阻止齐国的侵略，可是一时又想不出用什么话去说服，于是就去问展禽。展禽说：“我曾经听别人说过，处在大国的地位，才可以教导小国，处在小国的地位，只能服事大国，这样才能杜绝战争，没有听说用言辞去制止战乱的。假如做了小国，还很自负的话，这样只能是惹起大国的恼怒，增加战事，现在战事已经开始，不是言辞就能收到效果的。”于是展禽派乙喜拿膏沐去搞劳齐军，并说道：“我们的君主没有才干，不能妥善管理边界上的事情，使你们动怒，劳累你们的军队露宿在我们的土地上，因此命令我来犒劳贵国的兵士。”齐侯说：“你们鲁国现在才恐慌吗？”乙喜回答道：“小人是很恐慌了，君子却并不恐慌。”孝公说：“你们屋里没有值钱的东西，田野里连青草都没有生长，怎么还说不恐慌呢？”

首鼠两端

“首鼠两端”比喻迟疑不决或动摇不定。

此典出自《史记·魏其武安侯列传》：“武安已罢朝，出止车门，召韩御史大夫载，怒曰：‘与长孺共一老秃翁，何为首鼠两端？’”

魏其侯和武安侯，都是汉武帝的外戚。他们两人为了灌夫的事，一直意见不和。由于灌夫是一位武将，性格坦率正直，不惧怕权贵，时常因为小事，得罪武安侯。

有一回，灌夫由于喝醉了酒，因此得罪武安侯，武安侯想方设法找借口杀他；魏其侯是灌夫的好朋友，于是就极力要去救他。两人相持不下，都告到皇帝那里去，皇帝只好召集群臣辩论，看看究竟谁对谁不对。

御史大夫韩安国说：“魏其侯说灌夫在吴国作战时，保身一个人拿着一只戟，便冲进吴军中去，身上伤了十多处，他却毫不在乎，建立很大的功劳，在三军里面他要算是第一。况且今天他没有什么大罪，仅仅因为在武安侯面前为了争一杯酒，是不能够罪杀他的，由此看来，魏其侯所说的话是对的。”武安侯说：“灌夫和奸猾的人往来，霸占百姓的财产，自己置了许多家私，还时常犯宗室，欺侮皇室的骨肉和亲戚，这就是所谓树枝比枝干大，小腿比大腿粗，不是折断，就要掉下来，所以武安侯所说的话也是不错的。”

争论没有结果。到了后来武安侯对韩安国说：“以往你和汲黯在朝中很能议论别人的长短，为什么今日的话首鼠两端呢？”

束之高阁

“束之高阁”比喻弃置不用。

此典出自《晋书·庾翼传》：“翼字稚恭。风仪秀伟，少有经纶大略。京兆杜乂、陈郡殷浩并才名冠世，而翼弗之重也，每语人曰：此辈宜束之高阁，俟天下太平，然后议其任耳。”

庾翼仪容俊美，体魄伟岸，青年时代就具有宏大的治理国家雄才大略和抱负。那时候，京兆的杜乂、陈郡的殷浩都以才学闻名于世，被称为佼佼者。可是庾翼并不看重他们，经常对别人说：“这类人，应当弃置不用，等到天下太平了，再考虑对他们的任用。”

“束之高阁”就是从这个故事来的。它的意思是，把某物捆起来，放在高阁之上，用来比喻弃置不用。

竖子成名

“竖子成名”的意思是，庸人得志。有时用来感叹自己生不逢时，怀才不遇。

此典出自《史记·孙子吴起列传》：“遂成竖子之名。又见《三国志·魏书·阮籍传》注：尝登广武，观楚、汉战处，乃叹曰：‘时无英才，使竖子成名乎！’”

阮籍，字嗣宗，陈留尉氏（今属河南）人，三国时期魏国的文学家、思想家。他生活在魏晋时代，经常感时伤怀，嗜酒谈玄，养成了放荡不羁的性格。他曾经当过步兵校尉，因此人又称他为阮步兵。

有一次，阮籍登上广武城（古址在今河南省荥阳东北广武山上）。这里曾是楚汉相争的古战场。那时，刘邦屯兵西城，项羽屯兵东城，两军对峙了十个月，刘邦和项羽最终约定：“中分天下”——以鸿沟（今河南荥阳、中牟、开封一带）为界，东属楚，西属汉，项羽送还了刘邦的父亲和妻子。阮籍看着楚汉争战处，心中许多伤感，叹息说：“当时没有英雄，让这小子成了名！”

霜露之疾

“霜露之疾”形容很轻微的疾病，所以后人也跟着常常引用，比喻轻微疾症。

此典出自《史记·公孙弘传》：“君不幸罹霜露之病，何恙不已？”

汉武帝时，有一位丞相叫公孙弘，他是个牧童出身，一直都替人家牧猪牧牛羊过活，到四十岁才去读书。由于他深知识字求学问的可贵，因此很快便学成功了。武帝初年入仕，后来更拜为丞相。公孙弘办事非常认真，因为随时有得罪当朝权贵的可能，在当时社会里，出身低微的人便会被人看不起，公孙弘眼看站在正义立场上的人的势力日渐削弱，于是他很灰心，决定弃官。一次借着一些小病，便上书给武帝说自己病倒了，没有精神去处理国家大事，就请求准他告老还乡。但武帝也知道他的苦衷，便写了封信给他，说：“你的病，不过是霜露之疾，好像寒霜朝露那样，过不了多久便会好的。目前朝廷还没有重要的事待办，你只消休养休养，看过医生、吃点药，就会好的；为什么要辞职不干呢？”而且，还赏赐了许多东西给他，作为养病之用。公孙弘深知武帝对自己的信任，于是便安心的干下去了。

死灰复燃

“死灰复燃”比喻人失败了又重新振奋起来，或用作已经销声匿迹的事物又重新发展壮大。

此典出自《史记·韩长孺列传》：“其后安国坐法抵罪，蒙狱吏田甲辱安国。安国曰：‘死灰独不复燃乎？’”

西汉时有个人叫韩安国，他在梁孝王的时候做过中大夫。当汉景帝因霜事不满孝王时，他跑去见景帝的姐姐，向她诉说孝王对景帝和窦太后的忠心和怀念，使孝王重新得到了景帝和窦太后的宠信，他因此得赏千金财物，名闻全国。从那以后，韩安国因为犯法被判罪，蒙县的狱官田甲侮辱他，他十分气忿地说：“死灰独不复燃乎？”意思是说：失败了难道就不能振作起来吗？然而田甲却斩钉截铁地回答他：“假如你复燃，我就撒一泡尿浇灭它！”没过多久，梁国内史的位置空缺，朝廷任命韩安国做内史，而且薪俸很高。田甲知道了这件事，十分害怕，悄悄地跑了。韩安国严厉地对人表示：假如田甲还不赶快回来就任，一定杀掉他的全家。田甲得到了这个消息，就光着身子跑去向韩安国当面请罪。安国笑说：“你可以拉尿了，不必捆他。”但韩安国非但没有惩罚田甲，而且后来还对待田甲很好。

生死存亡

“生死存亡”的意思是说，或者生存，或者死亡。人们常用它比喻情势十分危急，已经到了非生即死、非存即亡的关键时刻。

此典出自《左传·定公十五年》：“以礼观之，二君者，皆有死亡焉。夫礼，死生存亡之体也。将左右周旋，进退俯仰，于是乎取之。朝祀丧戎，于是乎观之。今正月相朝，而皆不度，心已亡矣。嘉事不体，何以能久？高仰，骄也；卑俯，替也。骄近乱，替近疾。君为主，其先亡乎。”

春秋时期，人们十分重视礼仪。诸侯国互相交往中，假如言行举止不合乎礼的制度和要求，一定会受到批评和议论。

鲁定公十五年（公元前495年）春天，邾国国君邾隐公前来朝见鲁国国君鲁定公。孔子的学生子贡也应邀参加观礼。邾隐公高高地举着玉器，仰着脸，态度十分傲慢，鲁定公接受玉器时，显得很卑微，他低着头，目光呆滞地望着地面。对这种场面，子贡很看不惯，他说：“以礼来观察这件事，我觉得这两位国君，都快要灭亡了。礼，是生死存亡的主体。人的一举一动，或左或右，以及进退俯仰，都要符合礼的规定，朝会、祭祀、丧事、征战等，更要用礼的标准加以观察。而现在两位国君在正月里互相朝见，而都违背礼仪，这表明他们的心里都不存在礼了。朝会不合乎礼仪，凭什么能够长久呢？邾隐公把玉器举得太高，而且仰着头，这就是自负。鲁定公低着头，两眼看着地面，这就是衰颓。骄傲引起动乱，衰颓等于疾病。鲁定公是主人，恐怕他要先死去的。”事有凑巧，这年夏天，鲁定公真的死了。

四分五裂

“四分五裂”它形容不统一、不完整、彻底分裂的局面。

此典出自《战国策·魏策一》：“张仪为秦连横，说魏王曰：‘魏地方不至千里，卒不过三十万，地四平，诸侯四通，条达辐辏，无有名山大川之阻。从郑至梁，不过百里；从陈至梁，二百余里；马驰人趋，不等倦而至梁。南与楚境，西与韩境，北与赵境，东与齐境，卒戍四方，守亭障者参列，粟粮漕庾，不下十万。魏之地势，故战场也。魏南与楚而不与齐，则齐攻其东；东与齐而不与赵，则赵攻其北；不合于韩，则韩攻其西；不亲于楚，则楚攻其南，此所谓四分五裂之道也。'"

战国时期，魏国有一个名叫张仪的人，是一个善辩之士。那时，苏秦游说六国合纵以抗秦，张仪则以连横之说，策动六国背弃合纵之约，而一块侍奉秦国。

一次，张仪劝谏魏王说："魏国领地，方圆不到千里，兵卒三十万，地势四面平坦，四周与诸侯国相连，这些国家像树枝一样分布在魏国的四周，他们到魏国去，便可以长驱直入，没有名山大川的阻隔。从郑国到魏国，还不到百里；从陈国到魏国，仅仅二百多里。马驰人跑，不久便可以到魏国。魏国南与楚国接壤，西与韩国接壤，北与赵国接壤，东与齐国接壤，士卒戍守四方边界，驻守堡垒的人排成了队列，军粮通过水路运进水漕仓，数量竟然不少于十万石。魏国的地理形势，本来就是一个自然形成的战场。假如魏国同楚国联合而不联合齐国，那样的话齐国就进攻它的东面；如果联合齐国而不联合赵国，那么赵国就进攻它的北面；如果不同韩国联合，那么韩国就进攻它的西面；如果不亲近楚国，那么楚国就进攻它的南面，这就是所谓四分五裂的道路。"张仪说了半天，只有一个目的是劝说魏王侍奉秦国，同其他国家绝交。

四面楚歌

"四面楚歌"形容穷途受困，四面受敌，处境孤危。

此典出自《史记·项羽本纪》："项王军壁垓下，兵少食尽，汉军及诸侯兵围之数重，夜闻四面皆楚歌。"

项羽和刘邦先前约定以鸿沟（在今河南荥阳县）东西两边为界限，互不侵犯。可后来刘邦听从张良和陈平的规劝，觉得应当趁项羽衰弱的时候消灭他，就又和韩信、彭越、刘贾会合兵力追击正在向东开往彭城（即今江苏徐州）的项羽部队。公元前202年12月，汉王刘邦率领汉军，将项羽的楚军四面包围在垓下（今安徽灵璧东南）。楚军长期被困，军粮几乎吃尽，几次突围，都没能奏效。一天夜里，包围在四周的汉军阵地上，传来了阵阵歌声。项羽侧耳一听，大吃一惊！原来汉军唱的全部都是楚地民歌。项羽号称西楚霸王，不仅楚地是他的大后方，而且楚军中最精锐的八千多江东子弟兵，也都全部是楚地人。楚霸王听到这四面楚歌，暗想："汉军难道完全占领了楚地？他们哪来的这么多的楚人?!"事实上，这四面楚歌，是刘邦的谋士张良为了扰乱楚军的军

张仪像，图出自《鬼谷四友志》。

心,有意叫士兵们学唱的。楚军士兵听到四面楚歌,也都以为家乡被汉军占领了。有的为乡音感动,引起共鸣,也哼唱起楚歌;有的思念父老乡亲、妻子儿女,竟然泣不成声。楚军没有经往这四面楚歌的攻心战,逃的逃,投降的投降,最后突围时,跟随在楚霸王后面的只有八百来人,于是到了乌江,仅剩二十余名骑兵,而追赶的汉军却有好几千人。楚霸王最后在乌江边自杀了。

泰山压卵

“泰山压卵”比喻强大的力量压向脆弱的东西,处于绝对的势力悬殊中。

此典出自《晋书·孙惠传》:“况履顺讨逆,执正伐邪,是乌获摧冰,贲育拉朽,猛兽吞狐,泰山压卵,因风燎原,未足方也。”

孙惠是晋惠帝时齐王间的谋士,齐王间兵败后,孙惠被成都王颖利用,成都王颖又起兵攻长沙王乂,孙惠非常失望,使改姓换名暂时退隐。

过了不久,东海王越又在下邳地方起兵,孙惠用南岳逸士秦祕的假名上书给东海王越,指出以前各代王朝危亡的事实,都是枝叶先凋零,上下根株才死亡的,所以,劝他应一心平乱,匡扶王朝。在颂扬他在诸王子中的实力,曾说:“……这力量就像叫乌获(战国时勇士)去摧毁冰块;令贲育(古时勇士)拉折那已枯的树木,使猛兽吞食狐狸;将泰山来压动物的卵;顺着风势烧毁广大的原野:这是没办法对比的。”东海王越被孙惠的恳切词句打动了,最后起用了他。

探囊取物

“探囊取物”的意思是从口袋掏东西,人们用它比喻事情极其容易办到,随手可及。

此典出自《新五代史·南唐世家》:“酒酣临诀,熙谓穀曰:‘江左用吾为相,当长驱以定中原。’穀曰:‘中国用吾为相,取江南如探囊中物尔。’”

五代时期,中原地区先后形成吴、南唐、前蜀、后蜀、吴越、楚、闽、南汉、南平、北汉共十个小国。那时,一些士人奔走于这些小国之间,谋求官职,有时不免夸夸其谈,以显示自己的才能。

有一个士人叫韩熙载,是一个文学之士。他南下投奔吴国,他的朋友李穀为他送行,酒酣临别之际,韩熙载对李穀说:“江南的国家假如重用我,让我当宰相,我一定率军长驱直入,快速平定中原一带。”李穀也不甘示弱,针锋相对地说:“假如中原的国家让我当宰相,我攻取江南各国,就像伸手到口袋里取东西那样简单。”

韩熙载后来去了南唐,曾一时得到南唐后主(李煜)的信任,可是始终没有能当上宰相,没有什么大的成就。李穀在北方后周当将军,在南征过程中虽打了一些胜仗。但是,他们二人当年的雄心壮志都不能够实现。

啼笑皆非

“啼笑皆非”就是哭也不是,笑也不是。后人用“啼笑皆非”比喻处境尴尬,无可奈何。

此典出自南朝陈徐德言之妻乐昌公主诗:“笑啼都不敢,方验作人难。”

南朝,陈后主(陈叔宝)有一个妹妹乐昌公主嫁与徐德言为妻。陈马上就要被消灭的时候,徐德言和乐昌公主被迫离散。隋文帝杨坚灭陈以后,乐昌公主被隋大臣杨素得到了。乐昌公主从原来那种安荣尊贵的生活,一下子变成了亡国之女。在杨素那里,她想念亲人,怀念往日的生活,但又不敢表现出忧愁的样子,所以作了以上的诗句,表达自己的处境和心情。

天低吴楚，眼空无物

“天低吴楚，眼空无物”形容众叛亲离、土崩瓦解的局面。

此典出自元代萨都剌《念奴娇·登石头城》：“石头城上，望天低吴楚，眼空无物。指点六朝形胜地，唯有青山如壁。”

元代诗人萨都剌，有一回，登上石头城四处瞭望，他不禁触景生情，回顾往事，感慨万端，因填《念奴娇·登石头城》一首。这首词的开头几句是：

石头城上，
望天低吴楚，
眼空无物。
指点六朝形胜地，
唯有青山如壁。

这几句词的大概意思是：登上石头城的高处，遥望吴楚一带，天向下垂，空荡荡的一片，什么也没有。长江中下游，从来是豪杰争斗的地方，可现在豪杰不知何处去了。指点汉魏六朝以来的兴盛地方，现在只剩下如壁的青山了。

铤而走险

“铤而走险”形容无路可走而采取冒险的行动，亦作不顾生死，铤而走险。

此典出自《左传·文公十七年》：“小国之事大国也，德则其人也；不德则其鹿也，铤(tǐng)而走险，急何能择？命之罔极，亦知亡矣。”

春秋时期，诸侯大国之间争当霸主，战乱不断。在此形势下，诸侯小国处境困难，经常处于进退两难的尴尬境地。

鲁文公十七年(公元前610年)，晋灵公为了壮大自己的力量从而能够当下霸主，于是就在扈地会合诸侯。那时，晋灵公认为郑穆公和楚国有勾结，不愿意和郑穆公相见。为了缓和郑国与晋国的矛盾，以免受无妄之灾，郑国执政大夫子家给晋国的执政大夫赵盾写了一封信，派掌管通讯的官吏携带书信送到晋国，用来表明郑国对晋国的态度。这封信说，我们郑国对晋国一直很尊敬，很友好。郑穆公即位三年以来，多次殷勤地侍奉晋国国君，郑国的大夫臣子，也不失时机地去进见晋国国君，而且以实际行动，影响陈、蔡等国，使他们虽然靠近楚国却不敢对晋国有二心。郑国作为一个小国，如此周到地侍奉晋国，实在是无以复加了。

子家在信中又写道：“当今大国说：‘你没能让我如愿以偿。’根据这些可以得出，我们郑国惟有灭亡，没有办法再加筹码侍奉贵国了。古人曾经说：‘怕头怕尾，身子还能剩下什么呢？’古人又说：‘鹿在临死时不选择庇荫的地方。’小国侍奉大国，假如大国能以礼相待，小国就会以人道相事；假如大国不能以礼相待，小国就会像临死的鹿一样，如果采取冒险行动，紧急时刻哪里还顾得了许多？贵国的命令反复无常，我们知道就要面临灭亡了。”

同舟共济

“同舟共济”原意是大家同坐一条船渡过江河，后来用它比喻在危难的环境中，大家同心协力战胜困难。

《全汉志传》版画之项羽杀秦降兵图。讲述了项羽入咸阳后，杀秦降兵，焚毁秦宫室之事。

此典出自《孙子·九地篇》："夫吴人与越人相恶也。当其同舟而济，遇风，其相救也，如左右手。"

有人问军事家孙武："如何才能不被敌人击败呢？"

孙武回答他说："你见过蛇吗？你假如打蛇的脑袋，蛇会用尾巴来打你，你打蛇的尾巴，它会用头部来攻击你；你若是打蛇的腰部，它就用头、尾一齐来攻击你。打仗用兵也要像蛇反击猎手一样。因此善于布阵的人，也要将军队摆成蛇一样的阵式，头尾能互相救援，使全军成为一个整体，互相能够照应对方，才不会被敌人击溃、打散……"

"那么军队的将士们能够像蛇那样，首尾合成一体，互相救援呢？"那人又问。

孙武告诉他说：

"这是不必多虑的，战争的形势迫使军队一定是这样。比如说，吴国和越国是敌国，两国的人互相敌视，仇恨非常深。可是当他们同乘一条船渡海，遇到大风大浪，眼看就要船翻人亡时，他们立刻互相救援，如同人的左右手一样，早已忘记吴国和越国是世代为仇的国家。连互相为敌的人在危难时都能相互相救，何况没有冤仇的将士呢？因此军队必然会像蛇一样成为一个整体，首尾相顾，相互救援的。"

土崩瓦解

"土崩瓦解"的本意是，屋上的土崩颓，众瓦解散。人们用这个典故比喻完全崩溃，一发不可收拾。

此典出自《史记·秦始皇本纪》："秦之积衰，天下土崩瓦解，虽有周旦之材，无所复陈其巧，而以责一日之孤，误哉！"

秦朝末年，天下大乱。诸侯兵马纷纷冲击秦王朝，秦始皇梦想传之万世的秦王朝处在危难之中。秦始皇死后，宦官赵高等人玩弄阴谋，剥夺了秦始皇长子扶苏的皇位继承权，并杀了他，让公子胡亥继承了皇位，历史上称秦二世。在起义浪潮的冲击下，篡夺了丞相大权的赵高看到情况不妙，又在望夷宫杀死了秦二世，让子婴当了秦王。子婴仇恨赵高，想办法杀了他。子婴当了四十六天秦王，项羽引大兵四十万入关，屠咸阳，杀子婴，烧秦宫室，大火三月不灭。威威赫赫的秦王朝，最后终于土崩瓦解，落了覆灭的下场。

秦王朝为什么会快速地灭亡？许多历史学家都总结过这里面的经验教训。《史记》的作者司马迁记述这段历史时，评论说："秦王朝积累了衰亡的诸多因素，最后终于天下败坏，归于覆灭，就像屋宇崩颓，众瓦解散一般。这种结局，就算有周公姬旦那样杰出的人才，也无法施展才能，挽狂澜于既倒。假如责怪子婴一个人，那是不对的。"

土阶茅屋

"土阶茅屋"的意思是，以泥土为台阶，以茅草为屋顶，居室简陋。人们用它形容俭约的生活。

此典出自《周书·武帝纪下》："朕饮承丕绪，寝兴寅畏，恶衣菲食，贵昭俭约。上栋下宇，土阶茅屋，犹恐，居之者逸，作之者劳，讵可广厦高堂，肆其嗜欲。"

公元六世纪三十年代，统治中国北部的北魏王朝瓦解，形成东魏和西魏两个封建割据政权。到了后来，东魏改齐，西魏改周——后人称它为北周。北周建德六年，周武帝宇文邕率兵灭齐。等到胜利后，就免不了大宴群臣，加官晋爵，热闹一番。然而，宇文邕要时常警惕自己：一定要艰苦朴素，千万不能奢侈浪费，从而避免重蹈齐国灭亡的覆辙。

大臣们忙于修建祠堂，大搞祭祀，用来向死去的先帝报功。宇文邕下诏说："我奉命承续帝王大业以来，睡不能安眠，生怕自己执政有失。贯节衣缩食，居住的房屋，可是只要上有正梁，下有屋檐，以泥土为台阶，以茅草为屋顶，还担心住在里边太安逸了，并记念着造屋者的辛劳。现在，怎么能广造大厦高堂，极尽穷奢极欲之能事呢？"

瓦解冰销

"瓦解冰销"的意思是，如瓦之裂，如冰之融，用以比喻迅速地溃败或被歼灭。

此典出自《旧唐书·李密传》："呼吸则河、渭绝流，叱咤则嵩、华自拔。以此攻城，何城不陷；以此击阵，何阵不摧。譬犹泻沧海而灌残荧，举昆仑而压小卵。鼓行而进，百道俱前，以今月二十一日届于东都。而昏朝文武、留守段达等，昆吾恶稔，飞廉奸佞，久迷天数，敢拒义兵，驱率丑徒，众有十万，回洛仓北，遂来举斧。于是熊罴角逐，貔虎争先，因其倒戈小心，乘我破竹之势，曾未旋踵，瓦解冰销。"

隋代人李密（公元 582—618 年），字玄邃，一字法主。父亲李宽，在隋朝任上柱国、蒲山公。李密年轻时酷爱读书，曾经在外出途中，把《汉书》挂在牛角上，一边走一边看书，受到尚书令、越国公杨素的赏识，杨素的儿子杨玄感佩服李密的才华，同他交往很深。

大业九年（公元 613 年），隋炀帝率军攻伐高丽，派杨玄感在黎阳负责监运。那时，天下骚动，纷纷扰扰，杨玄感准备起兵反隋，请李密做谋主。然而，杨玄感不肯采纳李密的策略，没多久便战死了，李密被捕，在押解途中逃跑。大业十二年（公元 616 年），李密参加翟让为首的瓦岗起义军，攻克荥阳等地，远近响应，集结众数十万人，翟让推李密为主，称魏公改元永平，以房彦藻为左长史，邴元真为右长史，杨得方为左司马，郑德韬为右司马，拜翟让为司徒，封东郡公，单雄信为左武侯大将军，徐世勣为右武侯大将军，祖君彦为记室，剩下的人等也各有封拜。

没多久，李密派将领裴仁基等袭击洛仓，大破之，攻入隋朝的东都。没想到，东都的隋兵伺机打败裴仁基等。李密亲率三万精兵向东都进发，在故都城与隋军交战，打败隋军。李密又攻下洛仓，大修堑壕营垒，以威逼东都。同时，命令记室祖君彦作书，发给各郡县，让各地效忠李密。当中写道："李密指挥百万大军，吹口气则使黄河、渭河断流，喊一声则使嵩山、华山崩溃。以此攻城，何城不陷；以此击阵，何阵不摧。就像倾泻沧海之水而浇灌残存的荧火，举起昆仑山而压一个小小的鸡蛋。击鼓进军，百条道路一起推进，在没多久逼近东都。然而朝廷中昏庸的文武大臣，留守段达等人，像夏商时被商汤灭掉的夏伯一样恶贯满盈，像殷纣的谀臣飞廉一样奸佞，他们不识天数，胆敢抗拒义兵，驱赶和率领丑恶之徒，聚有十万之众，在洛仓北边，向义兵举斧砍来。接着，熊罴之间展开角逐，貔虎之间恐后急先。段达的军队早有倒戈反叛之心，在我军势如破竹的攻势之下，他们还没有站住脚，就瓦解冰销，就立即失败了。”

万死一生

“万死一生”形容多次经历死亡危险而幸免于难，亦指历经难以想像的艰险而逃生。它的反意是“万劫不复”，永远不能恢复。

此典出自《汉书·司马迁传》：“夫人臣出万死不顾一生之计，赴公家之难，斯已奇矣。”

唐太宗李世民，协助父亲唐高祖李渊，打下天下，这个征战的过程是十分艰苦的。隋朝末年，义军在全国各地纷纷造反，李渊奉旨到山西、河东，充抚慰大使，他的任务就是镇压起义军。李世民那时才十八岁，便参加对义军的作战了。他们称起义军是“群盗”，这些“盗贼”虽然被疯狂镇压，可是越镇压越反抗，渐渐的从分散而集中，并在李密、窦建德、杜伏威以及孟海公领导下，对隋朝军队，开始了强大的反攻，黄河下游及江淮间广大的地区，几乎全被义军控制住了。留守在太原的李渊，虽是隋朝的官员，并不是亲信，隋炀帝杨广还派人在太原监视他的行动。

李世民看了天下大势，劝父亲说：“现今盗贼逐渐的多起来，到处都是，您奉诏讨贼您能讨得完吗？您讨不完还是有罪的。”李世民就这样日夜在父亲面前怂恿，要父亲起兵自立。李渊终被这个儿子说动，就拉拢豪强地主，在太原起兵。

这时隋朝早已是满身疮痍，各处都有义军活动。而罗艺、薛举、李轨、刘武周这些人，看着隋朝大势已去，也纷纷自立。

李世民认清了他与义军为敌，是有百害而无一利，于是从镇压转而利用拉拢义军。隋炀帝这时已在扬州被他的亲信宇文化及等谋杀，隋朝随即覆亡了。于是展开统一战争，起初，李世民击败了薛仁杲（薛举的儿子），控制了整个的陇东地区。接着又打败了刘武周等人。

李世民父子的政权，在王世充、窦建德两个集团溃灭后，越来越巩固了。紧接下来是剿灭刘黑达所领导的义军，和防御突厥颉利可汗。李世民统一的愿望最终达到了，他能知人善用，在他做秦王的时候，他的秦王府里，都是些杰出的人物，如尉迟敬德、秦叔宝、张亮、李靖、李勣。再加上房玄龄、杜如晦等，李世民和这些人出生入死，身经百战，才平定天下。

后来李世民，玄武门政变，他的哥哥太子建成，弟弟齐王元吉都死了，秦王李世民不久就接替了皇位，于是成为贞观皇帝，后世的唐太宗。他说昔日房玄龄从我定天下，备尝艰苦，出万死而遇一生。

万事俱备，只欠东风

“万事俱备，只欠东风”比喻做一件事情，样样都准备好了，就差最后一件重要的事了。

此典出自《三国演义》第四十九回。

公元 208 年，曹操率领八十万大军驻扎在长江中游赤壁，也就是现在的湖北省嘉鱼县一带，打算打败刘备以后，再攻打孙权。于是，刘备和孙权联合起来，抵抗曹操。

那时，孙权和刘备兵力都很少，而曹操兵多将广，处于优势。刘备的军师诸葛亮和孙权的大将周瑜，商计破敌良策，二人不谋而合，都主张只有用火攻，才能打败曹操。

所有一切都准备好了,周瑜却发现曹操的船都停在大江的西北,而自己的船只靠在南岸。这时正是冬季,尽刮西北风,假如用火攻,不但烧不着曹操,反而会烧到自己的头上。只有刮东南风才能对曹军发起火攻。周瑜眼看火攻不能实现,急得口吐鲜血,病倒床上,名医、良药都治不好他的病。这时诸葛亮去探望周瑜,问他为何得病,周瑜不愿说出实情,就说:“人有旦夕祸福,怎能保住不得病呢?”

诸葛亮早洞察到他的心事,就笑着说:“天有不测风云,人怎能预料到呢?”周瑜听到诸葛亮话中有话非常惊讶,就问有没有治病的良药。诸葛亮说:“我有个药方,保证治好您的病。”说完,写了十六个字,递给了周瑜。这十六个军是:“欲破曹兵,宜用火攻;万事俱备,只欠东风。”

周瑜一看,大吃一惊,心想:“诸葛亮真是神人啊!”他的心病既然已被诸葛亮猜中,于是他便向诸葛亮请教破敌之策。诸葛亮有丰富的天文气象知识,他预测到近期必定会刮几天东南风,就对周瑜说:“我有呼风唤雨的法术,借给你三天三夜的东南大风,你看怎样?”周瑜高兴地说:“不要说三天三夜,只一夜东南大风,大事便可以成功了!”

周瑜命令部下做好一切火攻的准备,等候诸葛亮借来东风,马上进兵。诸葛亮让周瑜在南屏山修筑七星坛,接着便登坛烧香,口中念念有词,装做呼风唤雨的样子。

到了半夜三更天,忽然听风响旗动,周瑜急忙走出军帐观看,真的刮起了东南大风,周瑜的病马上好了,他连忙下令发起火攻。

周瑜部将黄盖,率领火船向曹操水寨急驶,当火船靠近曹军水寨时,一声令下,士兵们顺风放火。风助火势,火借风威,把曹营的战船烧个一干二净,岸上的营寨也被烧着,兵马损失不计其数。在烟火弥漫中,曹操仓皇逃回许昌。这就是历史上著名的“赤壁之战”。

周瑜赤壁纵火图,出自清·马骀《百将图传》。

王猛卖畚

“王猛卖畚”形容士人生活贫寒,仕途坎坷。

此典出自《晋书·王猛传》:“(王猛)少贫贱,以鬻(yù)畚(běn)为业。尝货畚于洛阳,及有一人贵买其畚,而云无直,自言家去此无远,可随我取直。”

东晋十六国时期,前秦北海人王猛(公元325—375年),字景略。他得到前秦国君苻坚的信任,在将相群中成为一个出类拔萃的人物。

王猛出身十分贫家,幼年时卖畚为业。一次,他到洛阳卖畚,有一个人要买畚,给的价钱很高,却说没有带钱来,家离此不远,叫王猛跟着他去取钱。王猛贪图价钱高，就跟随那个人去了。走着，走着，并不知不觉中突然发现已经走进到深山之中。只见一个老翁，胡须和头发都白了，在床上坐着，两边有十来个随从。有一个人带着王猛去拜见老翁。老翁说："王公为什么要下拜呢！"接着，用十倍的价钱还给王猛，又派人将他送出。王猛出门后，回头一看，后面原来是嵩高山。

望尘莫及

"望尘莫及"比喻在某一方面远远赶不上别人，或远远地置后。

此典出自《南史·孝义传》："吴庆之，字文悦，濮阳人也，寓居江兴。宋江夏王义恭为扬州，召为西曹书佐。及义恭诛，庆之自伤，为吏无状，不复肯仕，终身蔬食。后王琨为吴兴太守，欲召为功曹，答曰：'走素无人世情，直以明府见接有礼所以奔走岁时，若欲见吏，则是蓄鱼于树，栖鸟于泉耳。'不辞而退。琨追谢之，望尘莫及矣。"

吴庆之，字文悦，南北朝宋时濮阳人（今安徽省灵璧县）。王义恭在扬州做太守的时候，曾请他担任类似现在秘书的职务。后来王义恭因事被皇帝杀了，吴庆之觉得自己没有辅佐的能力，就从此就不再出来做官。没多久，王琨就任吴兴（今浙江省吴兴县）太守，计划请他做功曹（官名）。他便对王琨说："我一向不懂得什么事情，只由于从前的太守很看得起我，所以才奔走了一些时候。如果你还要我做官，那简直是把鱼食放在树边，把鸟放在水里。"吴庆之说完这话，也不告辞一声，拔腿就走。王琨连忙跟在他后面追赶，只能看见前面扬起的灰尘，然而已经赶不上他了。

望门投止

"望门投止"比喻见有相识人家，即去投宿，也可用以形容逃亡或出逃时的窘迫。

此典出自《后汉书·张俭传》："俭得亡命，困迫遁走，望门投止，莫不重其名行，破家相容。"

汉桓帝延熹八年，当权的宦官侯览老家在山阳郡，家中人倚势横行，迫害邻里，无恶不作。山阳郡的督察官张俭上奏举发侯览和他母亲的罪状，要求加以惩办。侯览把张俭怀恨在心。张俭有个同乡名朱并，是个奸邪谄媚的小人，素来为张俭看不起。朱并听说他得罪了宦官，心想这正是报复的绝好机会，于是他便向朝廷告密，说张俭组党结社，谋为大逆。侯览见到这个密告，正求之不得，下令严密捕拿。张俭急了，不得不匆匆逃命，看谁家可以暂避风头，就向谁家暂避。人家知道他是个正直的人，遭了不测之祸，都不怕连累，冒险收容。后来，流浪到东莱，躲在李笃的家里。有一天，县令自己带着武器前来搜查，李笃把县令拉到一间密室，问他："张俭是当今名士，因公得罪，受了冤屈，不得已而逃路，即使发现他的踪迹，你忍不忍心逮捕他呢？"县令说："好事情大家做，你难道一个人做君子而让别人做小人吗？"李笃说："我固然喜欢正义，但明公如果肯这样，就已经把正义分了一半了。"

张俭就这样在众人的掩护下脱了险。

危如累卵

"危如累卵"表示身临极其危险的局面或形势。

此典出自张守节《史记正义》引《说苑》："晋灵公造九层之台，费用千金，谓左右曰："敢有谏者斩。"荀息闻之，上书求见。灵公张弩持矢见之。曰：'臣不敢谏也。臣能累十二博棋，加九鸡子其上。'公曰：'子为寡人作之。'荀息正颜色，定志意，以棋子置下，加九鸡子其上。左右俱慑息，灵公气息不续。公曰：'危哉，危哉！'"

春秋时代，晋灵公为了个人的享受，强征大批的百姓，耗用大量的钱财，建造九层的高台。他怕臣子们劝说阻止，就预先下了不许规劝的命令。荀息了解了这件事，跑去见他。灵公听说了，便拿出弓，举起箭，等着他来；准备只要他一开口规劝，马上把他射死，荀息明知情势很紧张，但装做轻松愉快的样子声明说："我不敢规劝什么。我仅仅为了来表演一个小技艺：我能够把九个棋子堆起来，上面再加十二个鸡蛋。"灵公听他说的这个小技艺倒很有趣，立时撤了弓箭，荀息定了定心神，严肃布置认真地先把九颗棋子堆起来，接着又把鸡蛋一个个加上去。旁边在看的人担心会掉下来，都害怕得屏住了呼吸，灵公也紧张地叫："危险！危险！"荀息却慢条斯理地说："这有什么了不起的危险，还有比这更危险的哩！"灵公说："我也想见识一下。"这时，荀息不再做什么别的表演，而是立定身子沉痛地说："为了建造九层的高台，三年没有成功。国内已经没有男人耕地，没有女人织布了。同时，国库也已空虚，临近的国家将要侵略我们，国家总有一天要灭亡的，你还打算怎么样呢？"晋灵公这才醒悟，马上下令停止了造台工程。

危在旦夕

"危在旦夕"原意是早晨不危险，晚上也要出事。后人用它形容形势危急，危险就在眼前。

此典出自《三国志·吴志·太史慈传》："今管亥暴乱，北海被围，孤穷无援，危在旦夕。"

东汉末年农民大起义，使朝廷摇摇欲坠，各郡守也招架不住。那时身为北海相的孔融，在都昌被黄巾起义军的管亥部队围困，形势很危急。有一个家住东莱的青年壮士，名叫太史慈，由于孔融曾经接济过他的老母亲，他想去搭救孔融，以报答从前的恩情。

太史慈在一天夜里，私自穿过包围的队伍，秘密进入都昌城。他见到孔融说：

"请给我一支兵马，我替你杀出一条路，救你出去！"

孔融对太史慈并不十分信任，没有答应他，说："还是等待援军吧，那样稳妥一些！"

三天过去了，并没有人来援救孔融。孔融非常焦急。他想派人去给平原相刘备报信，让他赶快来救援，无奈城池被围得水泄不通，一个人也跑不出去，大家十分忧虑。这时太史慈又来请求，说：

"这件事交给我吧，我保证能把信送到！"

"不行呀，敌人围得严严实实，大伙都说出不去，虽说你是壮士，很勇敢，可是也无法出城啊！"

"即使是这样，我也要为你把信送出城。过去大人救济过我母亲，是母亲叫我来为你解难，我一定有办法救你出去的，别迟疑了！"

太史慈说得恳切、诚实，孔融最后还是答应了。

第二天，太史慈披挂上马，身后只带两名骑手。城门敞开，太史慈跃马杀出，城外军兵一时惊骇，不知怎么对付。太史慈伏沟堑内，搭弓射箭，射中两个军卒，接着拍马进城。第三天还是这样，几天过去，城外围军已经习以为常，不加警惕。可是第五天早上，城门一开，太史慈飞马奔出，直冲围军而去。围军急忙躲闪，太史慈已越过重围，朝大路飞驰而去。

太史慈到了平原郡，见到平原相刘备，急告说："今北海相孔大人被围，孤立无援，危亡就在早晚，请平原相马上派兵解救，我今天是从兵刃中突围出来，以万死而自托于君，是为君存活于此，务请君救人于危难……”

太史慈像，图出自《图像三国志》。

刘备听了太史慈的话，非常感动，立刻就答应派三千精兵跟随太史慈去援救孔融。刘备说：“孔融这位大名鼎鼎的北海相，还知道世上有个刘备？真是看得起我呀，我怎能坐视不救呢？”太史慈领兵一到都昌城下，管亥的围军早已退走。孔融得救了，他十分兴奋地拉住太史慈，感慨地说：“卿真是我的年少挚友啊！”

太史慈辞别孔融，回到家乡。他的老母亲欢喜地把他迎入家门，叹息地说：“我的儿子终于替我报答了孔融的往日恩德哪！”

味如鸡肋

“味如鸡肋”比喻对事情的兴趣淡薄，或所得实惠不多。

此典出自《三国志·魏书·武帝纪》裴松之引《九州春秋》：“夫鸡肋，弃之可惜，食之无所得，以比汉中，知王欲还也。”

曹操带兵攻打汉中，驻在斜谷界口，不能取胜，进退维谷。进，又无法取胜；退，又怕丢了面子。正在十分为难的时候，恰巧厨师送上一碗鸡汤来，汤里有几根鸡肋。曹操看见鸡肋，引起了他的一阵感触。这时，部将夏侯惇来问夜里的口令，曹操便随口说道：“鸡肋！鸡肋！”口令传出之后，杨修就去整理行装，准备回去。别人觉得奇怪，便问他为啥这样干？于是他回答说：“鸡肋这东西吃吧没什么肉，弃之可惜。出这口令是用鸡肋比喻汉中，看来是打算要退兵了，因此我先把行李收拾好，免得临时忙乱。”接着曹操真的下令班师回朝。

瓮中捉鳖

“瓮中捉鳖”的意思是，像放在瓮中的鳖，伸手便可以捉住。人们用它比喻该事确有把握。

此典出自元代康进之《梁山泊李逵负荆》：“这是揉着我山儿的痒处，管教他瓮中捉鳖，手到拿来。”

康进之，棣州（今山东惠民）人，元代前期剧作家。他写过两个关于黑旋风李逵故事的剧本。传世的《梁山泊李逵负荆》成功地塑造了李逵的英雄形象，揭示了梁山英雄与人民的血肉关系。

在梁山泊附近，有个杏花庄，庄上有个老汉，名叫王林。王林有一个十八岁的女儿，名叫满堂娇，她年轻貌美，还没有许配人家。一天，有两个地痞流氓，一个叫宋刚，一个叫鲁智恩，他们假冒梁山好汉宋江和鲁智深的名义，强行抢走满堂娇。李逵便信以为真，要同宋江和鲁智深算账。他大闹忠义堂，举起板斧要砍倒杏黄旗，并要宋江去和王林当面对质。到了后来，弄清了事情的真相，李逵砍了一束荆条，缚在背上，向宋江请罪。

宋江下命令李逵去捉拿那两个冒名顶姓的恶棍，将功折罪。李逵说："这好像到大瓮中去捉鳖，一伸手就可以捉到。"后来，他把两个恶棍捉住了。

屋漏更遭连夜雨

"屋漏更遭连夜雨"比喻"祸不单行"。

此典出自《醒世恒言》："这等苦处，分明是：屋漏更遭连夜雨，船迟又遇打头风。"

明朝天顺年间，有个官居吏部给事中的人名叫马万群，单生一子名叫马德称。德称聪明好学，十二岁中了秀才，家里十分富裕，人人以为他早晚会出人头地，邻人黄胜把妹妹六瑛许与德称为妻，由于德称用心读书，年过二十尚未成婚。谁知马万群弹劾奸宦王振，反被王振诬以贪污万两赃银，削职追"赃"，家产被估价官卖一空。万群一病身亡，留下德称在坟堂中栖身，孤穷不堪，衣食不周。于是他便去杭州投奔表叔，没想到表叔十日前死了。再到南京访故，则故旧或升、或转、或死、或罢了官，一个也投奔不着。盘缠用尽，不得不寄食佛寺。家乡学官因他误了考，把他秀才头衔也申黜了，真是："屋漏更遭连夜雨，船迟又遇打头风。"自此命运更不顺了：运糖赵指挥请他做门馆先生，粮船沉没了；刘千户请他教八岁的儿子，儿子出痘死了；尤侍郎荐他去陆总兵处帮忙，陆总兵打了败仗，押解来京问罪，所以人们传说：马德称所到之处，一定会有灾殃，给他取名为"钝秀才"，一定会遇着他的，做买卖的折本，寻人不遇，告官的理输，讨债的必定厮打、厮骂，所以，人们和他狭路相遇，一个个口吐唾沫，叫声"吉利"便走。弄得马德称穷困落魄，卖字为生。

这时，邻人黄胜已死，六瑛探知马秀才在外如此苦楚，心中十分难过，派老家人带银百两去接未婚夫。马德称一则感念其情，一则愧无一成，乃婉谢六瑛，期以读书有成才回家完婚。光阴易过，已经是三十二岁。这年王振势败，新皇帝访知马万群冤屈，复

《三国志通俗演义》版画之王允授计诛董卓图

其原官，追加三级，抄没田产发还，准许马德称恢复秀才资格。从此“钝秀才”一洗晦气，连考连中，殿试二甲，选为庶吉士，方与六瑛完婚。正是：“十年落魄少知音，一日风云得称心。”

无计可施

“无计可施”指再也想不出什么办法来了。

此典出自《三国演义》第八回：王允曰：“贼臣董卓，将欲篡位，朝中文武，无计可施。”

东汉末年，何进将自己的妹妹献给灵帝当了皇后，自己任便出任了大将军。灵帝死后，何进立少帝刘辩，而他自己则独揽朝政。外戚专权引起了宦官的不满。为了巩固自己的势力，何进与袁绍等共谋诛杀宦官，并召凉州豪强、大军阀董卓进京协助。

昭宁元年(公元 189 年)，董卓率兵进入洛阳。这时，何进因为计谋被暴露，早就被宦官杀了。董卓进京后，立刘协为帝，就是汉献帝。董卓自己则专断朝政。因为曹操和袁绍等起兵反对，董卓挟献帝西迁长安，自任太师。他残暴专横，纵火焚毁洛阳周围数百里，使生产遭受到十分严重的破坏。

董卓的专权与残暴，立刻引起了朝中文武大臣的不满，又惧怕他的权势，敢怒不敢言。司徒王允见此情景，于是他们便想出一条连环计来除掉董卓。他对府中的歌妓貂蝉说：董卓这个老贼，妄图篡权夺位，朝中文武大臣对此无计可施，我想先把你配给吕布，接着再献给董卓，让他们互相争斗，借吕布之手杀掉董卓。貂蝉欣然答应了王允的要求，并按照计划行事。董卓真的被王允、吕布杀掉了。

无可奈何

“无可奈何”表示虽心中不乐意，但也没有办法了。

此典出自《史记·范雎列传》：“范雎既相，王稽谓范雎曰：‘事有不可知者三，有不可奈何者亦三。宫车一日晏驾则事之不可知者一也。君卒然捐馆舍，是事之不可知者二也。使臣卒然填沟壑，是事之不可知者三也。宫车一日晏驾，君虽恨臣，无可奈何。君卒然捐馆舍，君虽恨于臣，亦无可奈何。使臣卒然填沟壑，君虽恨于臣，亦无可奈何。’”

范雎当上了秦国的宰相，当年曾经救助过他的王稽，官职原封未动，所以王稽有些不满意。有一天，王稽去找范雎说：

“我以为人世间的事情，不能够预料到的有三件：一是皇帝不知哪天忽然驾崩归山；二是您不知什么时候离开人世；三是我自己不知哪天会死在山沟里。人世间还有没有办法的事情三件：皇帝死了，他虽然恨臣子也无可奈何了；您离开人世，你恨于臣也无可奈何；我死在山沟里，大家恨我也是无可奈何了……”

范雎听了王稽的话，心里非常不痛快，于是他便到秦昭王那里去说：

“陛下，王稽是有大功劳的臣子呀，如果不是他的庇护，我来不到秦国；若不是您的圣贤，我也不会当上宰相。现在我做了宰相，而王稽却不见提升官职，我心里过意不去呀……”

“好吧，那就提王稽为河东郡守吧！”于是秦昭王满足了他的要求。

范雎原本是魏国人，先在魏中大夫须贾家里做门客，后来须贾怀疑他私自勾结齐国，将他打得半死，把他扔进厕所里，他逃命后改名为张禄。恰巧秦昭王派王稽到魏国访寻贤人名士，于是有人将范雎推荐给他。王稽夜里与范雎谈得很投机，便约他到秦国去，范雎便十分高兴地答应了。

王稽和范雎乘车进入秦国，走到湖县的时候，碰上秦相国穰侯的车马。

范雎十分担心地说："我听说穰侯是十分专权的，反对接纳别国的宾客，假如知道我来了，他会不肯放过我的，我还是藏在车里吧！"

穰侯果然把车了停下来，问王稽：

"你这次去魏国有什么收获？有没有带来宾客呀？他们是只会乱人耳目，毫无益处呀！"

王稽恭谦地回答："哦，我什么人也没有带回来，您说得对……"

穰侯走远了。范雎跳下车子，对王稽说："我看穰侯这个人十分狡猾，一会儿一定回来检查车子，我看我还是躲开走吧！"

真的不出范雎所料，穰侯走出十转达多路，突然折回来搜索王稽的车子。他没有查出人来，才放心的离去。

范雎在王稽的保护下，安全地进了咸阳城，接着拜见了秦昭王，取得了秦昭王的信任，后来居然做了秦国的宰相。

王稽将范雎请来秦国，是有功劳的，因此他才向范雎说了那番话。

无立锥之地

"立锥之地"，形容地方极小。"无立锥之地"形容穷困到了极点；也可用来形容无立足之地。

此典出自《庄子·盗跖》："盗跖大怒曰：'丘来前！夫可规以利而可谏以言者，皆愚陋恒民之谓耳。今长大美好，人见而悦之者，此吾父母之遗德也。丘虽不吾誉，吾独不自知邪？且吾闻之，好面誉人者，亦好背而毁之。今丘告我以大城众民，是欲规我以利而恒民畜我也，安可久长也！城之大者，莫大乎天下矣。尧舜有天下，子孙无置锥之地，汤、武立为天子，而后世绝灭；非以其利大故邪？'"

春秋时期，鲁僖公有一个大夫，姓展名禽，字季，谥号惠。人称下季，又称柳下惠。柳下惠有一个弟弟叫盗跖，是一个名副其实的江洋大盗。孔丘去劝说盗跖，想叫他改邪归正。盗跖不愿意接见他，还把他大骂一通，说，如果孔丘再不滚回去，就把他的心肝掏出下酒吃。孔丘仗着自己是柳下惠的朋友，第二次请守门人通报，说："我与柳下惠是朋友，请求到帐幕之下，见盗跖将军一面。"守门人又进去通报，盗跖说："叫他进来！"孔丘一溜小跑，毕恭毕敬地进去了。盗跖大怒，伸着两脚，手按宝剑，圆睁双目，声如护犊子的母虎，说："孔丘，你过来！你所说的话，假如符合我的心意，就不杀你；假如不符合我的心意，我就叫你死！"孔丘说："天下有三种美德：长得高大魁梧，十分美好，人人见了都喜欢，这种美德是上等的；通晓天文地理，对万事万物都有明察，这种美德是中等的；勇敢剽悍，刚毅果敢，能够聚众率兵，这种美德是下等的。一旦具备了其中一种美德，就可以称帝为王了。如今将军您有三种美德，身长八尺二寸，满面红光，唇如丹漆，牙齿整齐，声如洪钟，可是您却被叫做盗跖，我认为是不合适的，假如您肯接受我的建议，我就为您南使吴、越，北使齐、鲁，东使宋、卫，西使晋、楚，我会说服这些国家，为您建造起数百里大城，给您采邑数十万户，尊将军您为诸侯，这样便可以使天下罢兵休卒，共享太平。这是圣人才士的行为，也是天下人的愿望。"

盗跖大怒说："孔丘，你靠前站！能被利益打动，能被花言巧语说服的人，都是愚昧浅陋的顺民。我身材高大，容貌美好，人人见了都喜欢，这是父母遗传给我的美德。就算你不夸奖我，难道我自己还不清楚吗？更何况我听说，擅长当面恭维人的家伙，也喜好在背

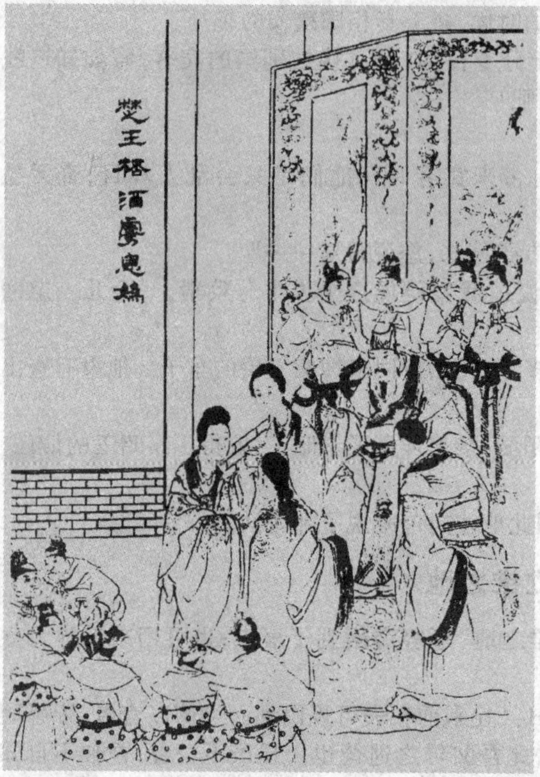

《东周列国志》版画之“楚王杯酒虏息妫”图

后诋毁人。现在,你说要给我造大城,又给我数十万户民众,这是想拿利益诱骗我,叫顺民们畜养我,这怎么能够长久呢!大城再大,也不会比天下大。尧舜拥有天下,而他们的子孙却穷困到极点,甚至没有立足之地;商汤和周武王贵为天子,而断子绝孙。这不是因为他们获利太大了吗?”

无妄之灾

“无妄之灾”意思是指自己想不到的灾祸突然发生,或者平白无故受到牵连。

此典出自《周易·无妄》:“六三,无妄之灾。或系之牛,行人得之,邑人之灾。”

又见《战国策·楚策四》:世有无妄之福,又有无妄之祸。今君处无妄之世,以事无妄之主,安不有无妄之人乎?

战国时楚国的考烈王没有儿子,春申君黄歇十分替他忧愁,于是给他想了许多办法,而且到处替他寻找会生儿子的美女,献进宫去,挑选去的人虽然不少了,可最终都没有生儿子。

赵国有个李园,想把自己的妹妹献给楚王,听说是楚王自己有病,才导致不育,就担心妹妹将来得不到宠爱。于是想办法先把妹妹送给春申君做姬妾。

等到他妹妹怀孕以后,李园又运用他的三寸不烂之舌说动了春申君,叫春申君把妹妹献给楚王。后来李园的妹妹真的生了一个儿子,他妹妹也做了王后,李园也因此得到楚王的重用。李园既在朝中专权,又担心春申君会把这件秘密泄露出去,就暗地里养了死士,想把春申君杀掉灭口,有一次考烈王病的时候,一个叫朱英的人对春申君说:“你有无妄之灾呀!”春申君听了觉得十分纳闷,叫朱英说出无妄之灾的理由,朱英指出李园现在虽还没有掌管国事,但他是将来楚王的母舅,他并不是带兵的将官,家里却养着死士,已经准备得很久,考烈王一旦死了,他一定会占据朝廷,挟制着国君,独霸政权的,到那时一定会杀掉你来灭口的,这不是无妄之灾吗?后来考烈王死的时候,春申君去奔丧,真的被李园杀死,并且被诛灭了全家。

无言息妫

“无言息妫”原意是息妫被楚文王强占后从来不说话的故事。人们用“无言息妫”形容古代妇女遭难,只能忍气吞声。

此典出自《左传·庄公十四年》:“蔡哀侯为莘故,绳息妫以语楚子。楚子如息,以食人享,遂灭息。以息妫归,生堵敖及成王焉,未言。”

息妫,是春秋时期息侯(息国国君)的夫人,妫姓。公元前680年(鲁庄公十四年),蔡哀侯(蔡国国君)在莘地战役中被俘,为了让楚王高兴,向他夸奖息妫漂亮。楚文王来到息国,假惺惺设下享礼招待息侯,便乘机把他杀了,灭了息国。楚文王把息妫带回楚国,生下堵敖(又称"杜敖")和成王,然而,息妫从没有主动说过话。楚文王问她为什么从来不说话,息妫回答道:"我作为一个女人,居然要侍候二个丈夫,纵然不能死,又有什么话可说呢?"楚文王由于蔡侯的缘故灭掉了息国,转手又攻打蔡国。这一年秋季七月,楚军攻进蔡国。

相濡以沫

"相濡以沫"比喻同处困境而互相帮助。

此典出自《庄子·大宗师》:"泉涸,鱼相与处于陆,相呴以湿,相濡以沫,不如相忘于江湖。"

浩瀚的江湖,鱼儿在深水中自由自在地游着,它们之间谁也不需要谁,互不来往,彼此相忘,恩情断绝的样子。然而,如果泉水干涸了,鱼儿就会被困在陆地上,它们各自吐着唾沫,各自嘘着湿气,用唾沫互相湿润。这种日子,哪里赶得上在江湖中互不往来和自由自在的生活啊。

心腹之患

"心腹之患"原指体内的疾病,后用来比喻严重的隐患。

此典出自《左传哀公十一年》:"越在,我心腹之疾也。

又见《史记·越王句践世家》:居二年,吴王伐齐。子胥谏曰:'未可。臣闻句践食不重味,与百姓同苦乐。此人不死,必为国患。吴有越,腹心之疾,齐与吴,疥癣也。愿王释齐,先越。'"

秦秋时代,有一次,吴、越两国正在交战时,越王句践伤了吴王阖闾的手指,而且伤得很厉害,吴王将要死的时候,便吩咐他的儿子夫差不要忘记这次的仇恨,夫差便点头答应了。

吴王阖闾死后,夫差当了国王,用伯嚭做太宰,他天天训练军队,打算复仇。过了二年,吴王出兵伐越,把越国打败了。越王句践,带残兵躲避到会稽去,一面派大夫文种,带了许多东西,送给吴国宰相伯嚭,他请求讲和,情愿用臣子的礼节服侍吴国,伍子胥劝吴王应该乘胜消灭越国,免除后患,可是吴王不听,却听信伯嚭的话,和越国讲和了。

过了五年,齐景公死了,因新立的国君昏庸懦弱,夫差便派兵去伐齐,伍子胥又向他说:"越国的句践,刻苦砺,慰生死,很得百姓的拥护,将来必然是吴国的心腹之患;你不先去讨伐越,却去攻打齐国,不是大错特错了吧!"

心如死灰

"心如死灰"本指内心枯寂平止,不再为物欲情感所动。现在多用它形容精神消沉,意志消磨。

此典出自《庄子·齐物论》:"南郭子綦隐机而坐,仰天而嘘,答焉似丧其耦。颜成子游立侍乎前,曰:'何居乎?形固可使如槁木,而心固可使如死灰乎?今之隐机者,非昔之隐机者也。'"

战国时代,有一个人叫子綦。古人纯厚质朴,多以居处为号,子綦居住在南郭,因此号叫南郭,人们称之为南郭子綦。他是楚昭王的庶弟,楚庄王的司马官。南郭子綦一心崇尚道德,清静寡欲,淡泊名利。有一次,南郭子綦凭几而坐,凝神遐想,仰天而叹,表现出一副忘却外物的超然沉静的神态。他有一个弟子,姓颜名偃,字子游,谥号成,人称颜成子游。颜成子游侍立在南郭子綦身旁,说:“怎么回事呢?纵使可以让形体像干枯的树木,难道也应当把心变得像熄灭的灰烬吗?您现在凭几而坐的样子,与过去凭几而坐的样子不同啊。”

形单影只

“形单影只”指将一个人孤立没有依靠,孤零零没有一个亲人。

此典出自唐代韩愈《祭十二郎文》:“吾上有三兄,皆不幸早逝。承先人后者,在孙惟汝,在子惟吾,两世一身,形单影只。”

我国的唐代的文学领域里出现了十分繁荣的景象。杰出的文学家、诗人非常多。韩愈便是其中的一个。

韩愈(公元763年—824年),字退之,邓州南阳(今河南省南阳市)人。他是唐代古文运动的倡导者。他一贯反对只重形式、内容空洞的骈体文,主张文章应该创造性地继承和学习秦汉以来的传统。他的主要成就是散文的创作,成为唐宋八大家里最有名的一个。

韩愈的家庭人口不大,三个哥哥都在他之前死去了。他的侄子,也是兄弟四人留下的唯一的一个后代也早他去世了。于是韩愈作了这篇有名的抒情散文《祭十二郎文》。此文用自由的散文体来抒写悼念亡侄的哀感,融注了诚挚的骨肉之情和宦海浮沉的人生感叹,字字句句,非常凄惨动人。

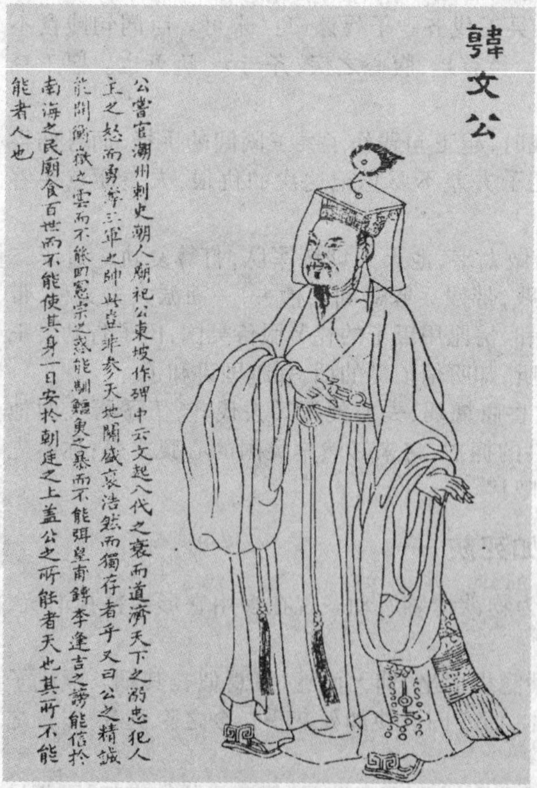

韩愈像,图出自清·上官周绘《晚笑堂画传》。

这段文字的大意是:我上面有三个哥哥,都不幸过早的离开了人间,能够承继祖先后代的人,在孙子一辈只有你,在儿子辈就是我。两辈人都是孤零零的,没有兄弟姊妹。嫂嫂曾经抚着你的背对我说:“韩家的两代人就只剩下这两个了。”那时你的年纪还很小,大概不记得了,我那时虽然能依稀记得这件事,却不能领悟这句话的沉痛悲伤。

悬鹑百结

“悬鹑百结”形容衣衫褴褛,家境贫困。

此典出自《荀子·大略》:“子夏家贫,衣若县(悬)鹑。”

春秋时期,孔子的学生子夏家里十分贫穷,生活非常清苦,常常穿着十分破烂的衣服,身上像悬挂着毛斑尾秃的鹌鹑一样,可是他却不想去做官,安贫乐道。有人说:“你为何不去做官呢?”子夏说:“诸侯当中看不起我的,我不愿做他的臣子;士大夫中看不起我的,我不愿再见到他。”

燕巢于幕

“燕巢于幕”的本意是说，燕子在帐幕上做巢。人们用它形容处境极其危险。

此典出自《左传·襄公二十九年》：“异哉！吾闻之也：‘辩而不德，必加于戮。’夫子获罪于君以在此，惧犹不足，而又何乐？夫子之在此也，犹燕之巢于幕上。君又在殡，而可以乐乎？”

春秋时期，吴王寿梦有一个儿子，名叫季札，一称季，又名吴公子札。吴王寿梦死了以后，吴国人要立季札为王，他坚决不肯接受。鲁襄公二十九年（公元前544年），季札离开吴国，到鲁、齐、晋、郑、卫等国家去游历，有时谈论诗歌、音乐、舞蹈，有时谈论政事、道德，有时同朋友谈谈友情，显得非常活跃。

有一次，季札准备从卫国到晋国去，事先在卫国的戚地住宿。突然，传来一阵钟声，季札听了，就感觉这钟声有些不正常，他说：“奇怪啊！我听过这样一种说法：‘与人争权夺利，却不进行道德修养，这样的人真的该杀’。演奏钟乐的人应该知道，得罪了国君，惧怕犹恐不及，还有什么可以寻欢作乐的呢？这种做法非常危险，就像燕子在帐幕上做巢一样。卫献公刚死，还没有安葬，难道就可以奏乐伉乐吗？”季札一气之下，立刻离开了戚地。戚地，是卫国执政大夫孙文子的封邑。孙文子听到季札这番话以后，一辈子不听音乐了。

阳侯之患

“阳侯之患”比喻严重的水灾。

此典出自《淮南子·览冥训》：“武王伐纣，渡于孟津。阳侯之波，逆流而击，疾风晦冥，人马不相见。”

周武王为了讨伐殷纣王，在孟津（古黄河津渡名，在今河南孟县西南、孟津东北）渡黄河。这里有一个水神，叫阳侯，原来是陵阳国君侯，陵阳国近水而居，君侯溺水而死，接着就变成子水神，能掀起滔天的巨浪，被称为阳侯之波。当周武王渡河时，水神阳侯迎着水流而发起冲击，狂风把天空刮得一片黑暗，人与马也分辩不清楚了。这时，周武王左手举起以黄金为饰的大斧，右手擎着白色的军旗，瞪起眼睛挥向水神说：“我担负着天下的重任，谁敢阻挡我实现自己的志向！”这时，风波停止了。

一败涂地

“一败涂地”本来是一旦破败，就要肝脑涂在地上的意思。但后人则一直借用它说明失败之后，而至不可收拾的情势。

此典出自《史记·高祖本记》：“天下方扰，诸侯并起，今置将不善，一败涂地。吾非敢自爱，恐能薄，不能完父兄子弟。此大事，愿更相推择可者。”

秦朝时候，沛县县令叫泗水亭长刘邦押送一批老百姓到骊山做苦工。没想到走到半路上，接二连三地逃跑了许多人，刘邦想：这样下去，可能还没到骊山，人就一定会逃光，连自己免不了要被治罪，他想来想去，干脆把没有逃跑的都释放了，自己和一些不想走的人躲在芒、阳二县交界的山泽中。

秦二世元年，陈涉在大泽乡起兵反秦，自称楚王。沛县令想归附，部属萧何和曹参建议说：“你是秦朝县令，现在背叛秦朝，恐有些人不服气，最好把刘邦召回来，挟制那些不服的人，事情就好办了。”沛县令马上叫樊哙去请刘邦。然而当刘邦回来时，沛县令见他领有近百人，怕他不服从自己的指挥，又懊悔起来。于是下令紧关城门，就不让刘邦进城。刘邦在城外写了一封信，绑在箭上射给城里的父老，叫沛县父老们齐心杀了县令，一起抗秦，以保全身家。父老们真的杀掉县令，打开城门，迎接刘邦进沛县，并请他做县令。刘邦谦虚地说：“天下形势很紧张，倘若县令的人选安排不当，就会‘一败涂地’。请你们另外选择别人吧！”最后，刘邦还是当了县令，称做沛公。

一场春梦

“一场春梦”比喻世事无常，像梦幻一样。

此典出自《侯鲭录·卷七》：“东坡老人在昌化，尝负大瓢，行歌于田间。有老妇年七十，谓坡云：‘内翰昔日富贵，一场春梦。’坡然之。里人呼此媪为春梦婆。”

这段话意思是说：

东坡老人住在昌化时，有一次，他背着一个大瓢，在田野间漫行，还不停的还哼着调子。途中碰见一个年近七旬的老妪，她见东坡这样悠然自在，非常神往，于是便对东坡嗟叹说：“内翰昔日的富贵繁华，只不过像是一场春梦罢了！”后来，在附近居住的人，知道了这件事，便称呼这个老妪为春梦婆。

一筹莫展

“一筹莫展”表示一根算筹也摆布不开，比喻一点办法也没有了。

此典出自《宋史·蔡幼学传》：“宁宗即位，诏求直言，幼学奏：九重深拱而群臣尽废，多士盈庭而一筹不吐。”

南宋时，温州瑞安蔡幼学是当时著名学者陈傅良的学生。因为他勤奋努力，进步十分快，很多人都说他的文章比他老师写得好。

宋光宗时，他曾任校书郎。光宗死后，宁宗继位。宁宗为了广开言路，以便征求君臣的意见，要他们直言不讳。蔡幼学上书宁宗说：“要想当好皇帝，就要做好三件重要的事：一事亲，二任贤，三宽民。要办好这三件事，最重要的就在于讲学。最近，一些坏人制造和平言辞来排斥好人，因此，大臣们想有所作为又怕别人说他故意多事；忠心之人想尽力做一些有益的事，又怕违背圣旨而遭到伤害。这样就使您孤立在上，而把君臣抛在一边，其结果虽然有志之士充满朝廷，而朝廷却‘一筹不吐’（意思是：一点办法也拿不出来）。”

一箪一瓢

“一箪一瓢”形容清贫如洗的生活。

此典出自《论语·雍也》：“贤哉，回也！一箪食，一瓢饮，在陋巷，人不堪其忧，回也不改其乐。贤哉，回也！”

颜回是孔子最得意的门生，他对于先生的道德标准实行的最有成绩，孔子曾多次地夸奖他。有一天，孔子对学生们说：“你们将颜回做为学习的榜样吧，他的心永远不离开仁义道德，可是你们呢？只是偶尔想起一下罢了！”

颜回的生活十分困难，吃穿都很窘迫，别人常同情他说：“颜回的日子过得有多苦啊！”而颜回却以苦为乐，每天都愉快地读书、听讲，照孔子的教诲去修养自己。孔子把这一切都看在眼里，常常对人感慨地说：“颜回啊，真是有修养呀，一竹筐饭，一瓜瓢水，都能过日子。他住在小巷子里，房屋简陋极了，别人谁也受不了那份苦，可他却能从中找到快乐。啊，颜回真是难得的大贤人哪！”只可惜颜回活到三十一岁就生病死了，那时孔子已年过花甲，对于心爱的学生逝去，他非常悲痛。鲁哀公与孔子谈话，他问孔子：“您的三千弟子之中哪一个是最好学的呀？”

孔子默默地回答说：“唉！我的弟子当中只有一个人最好学，修养也极好，自己不顺心的时候从不对别人发泄，偶尔有点小过失，但从不犯第二次。实在太可惜呀，他不幸病死了，我的门下再也没有这样的好学生啦……”

孔子伤心得老泪横流，鲁哀公也被感动得流下眼泪。

颜回像，图出自明·吕维祺编《圣贤像赞》。

一发千钧

“一发千钧”比喻一件事情，到了极危险的地步，好像一根头发，系着一千斤重的东西。

此典出自韩愈《与孟尚书书》：“百孔千疮，随乱随失，其危如一发引千钧，绵绵延延，寖以微灭。”

韩愈，字退之，唐朝邓州南阳人，是那时的大文豪，他一向主张文以载道之说，以复古为革命，用散文代替骈文，影响十分大，有文起八代之衰的功劳。他十分反对佛教。唐宪宗要派使者去迎接佛骨入朝，上表谏阻，被贬到潮州去当刺史。在潮州结识了一个老和尚，十分谈得来，两人往来比较密切，而外间的人都传说韩愈也相信佛教了。

朋友孟郊，任尚书职，信奉佛教。也为此被贬谪到吉州。他们到了吉州后，听到人们传说韩愈已经信起佛来，特地写了封信去问韩愈。

韩愈接到孟几道的信后，知道因他与和尚往来，才可能引起别人误会，立刻回信向孟几道解释。韩愈对当时在朝的一班大臣们，信奉佛教，不遵守儒道，一味拿封建迷信来迷惑皇帝，大加抨击。他对皇帝疏远贤人，使儒道堕落，十分愤慨。信中有这样的话：“百孔千疮，随乱随失，其危如一发引千钧……”

一佛出世，二佛涅槃

“一佛出世，二佛涅槃”的意思是死去活来。

此典出自《水浒传》第三十九回：“知府听了大怒。唤过牢子狱卒，把宋江捆翻，一连打上五十下，打得宋江一佛出世，二佛涅槃，皮开肉绽，鲜血淋漓。”

梁山泊好汉宋江被刺配江州，在浔阳楼饮酒，触景生情、十分感伤，立即作了一首《西江月》词牌，向酒保借了笔砚，题写到白粉壁上：“自幼曾攻经史，长成亦有权谋。恰如猛虎卧荒丘，潜伏爪牙忍受。不幸刺文双颊，那堪配在江州。他年若得报冤仇，血染浔阳江口。”写罢，自己看了，也禁不住大笑。一面又饮了数杯酒，不觉十分欢喜，又拿起笔来，去那《西江月》后，再写下四句诗，道是："心在山东身在吴，飘蓬江海漫嗟吁。他时若遂凌云志，敢笑黄巢不丈夫。"写罢诗，又去后面大书五字道："郓城宋江作"。

虽外，江州城中有个闲通判，叫黄文炳，是一个阿谀谄佞之徒，专在乡里害人。一日，他看到宋江题《西江月》词并所吟四句诗，大惊道："这个不是反诗！谁写在此？"马上报告当朝蔡太师的儿子蔡九知府。蔡九知府命人捉来宋江，宋江假装疯癫，睁着眼，对蔡九知府说起了疯话："我是玉皇大帝的女婿，丈人教我引十万天兵，来杀你江州人。你也快躲了我。不然，教你们都死。"在场的人中有人揭发宋江，说道："这人来时不见有疯病。"

蔡九知府听了，勃然大怒，命令牢子狱卒，把宋江五花大绑，踢翻在地，一连打上五十下，打得宋江一佛出世，二佛涅槃，皮开肉绽，鲜血淋漓。开始，宋江还在胡言乱语，最后吃拷打不过，只得从实招来。蔡九知府下令当厅给宋江钉了一面二十五斤死囚枷，关进了大牢。

一木难支

"一木难支"形容事情到了艰难危急的时候，已不是一个人或少数人的力量所能挽救的。

此典出自《南史·袁湛传》："粲还坐列烛自照，谓其子最曰：'本知一木不能止大厦之崩，但以名义至此耳。'"

南朝宋顺帝的时候，萧道成把持政权，杀害忠良，横行恣肆，并且企图篡夺皇权，当时大臣袁粲和刘东两人秘密商量要杀死萧道成，可是办事不机密，被萧道成同党褚渊知道了，把秘密告诉萧道成，萧道成非常气愤，马上就派部将戴僧静率兵攻打袁粲，把城池团团的围住了。这时，袁粲对他的儿子袁最说："我明知道一支木柱不能阻挡一座大厦的崩塌，但为了名誉义节，只能死守下去。"

后来，戴僧静率领部下越墙冲进城里去，在敌人的刀枪剑戟下，袁最勇敢地用身体去掩护他的父亲，这时，袁粲对他的儿子袁最说："我是个忠臣，你是个孝子，我们死而无愧。"后来父子俩都为正义而牺牲了。

一事无成

"一事无成"就是一件事情也没有做成，形容毫无成绩。

此典出自唐代白居易《除夜寄微之》："鬓毛不觉白毵毵，一事无成百不堪。"

唐朝，有一个人当了省郎的官，因为官运不怎么亨通，不管做什么事情，往往都不如他的心意，因为常常外出，想借游玩散心。他到了京国寺，寄宿在寺里。晚上做了一个梦，梦见一处岩石下，有位老和尚，面前摆着个小香炉，香烟袅袅。老和尚对省官说道："这小香炉中的香烟还是你许愿时留存下来的，现在你已做了三世人了。第一世你是唐玄宗时代的剑南安抚巡官；第二世你是宪宗时候的西蜀书记；第三世就是现在的省郎官。"他听了老和尚这番话，恍然大悟，仿佛记起三世所做的官，都是庸庸碌碌，一事无成。于是，再也不愿意在宦海里浮沉，对人生似乎恍然彻悟。

又王中的诗句，也有"干戈未定欲何之，一事无成两鬓丝"的感叹语。

一身两役

"一身两役"表示一个人兼两种职务，或一个人同时干两项工作。

此典出自《梁书·张充传》:“一身两役,无乃劳乎?”

南北朝南齐张充,十分爱好打猎。有一天他出外打猎,左手牵着猎犬,右臂上站一只鹰,十分潇洒。父亲张绪看见了便幽默地说:“一身两役,无乃劳乎?”张充马上跪下对他父亲说:“常言道:三十而立,我今二十九岁了,请允许我明年改吧。”张绪说:“过而能改,那就好了。”第二年张充发奋学习,博览群书,最后终于被征为散骑常侍,金紫光禄大夫。

一蟹不如一蟹

“一蟹不如一蟹”比喻一个不如一个,越来越不行。

此典出自清代翟灏《通俗编》引宋代《圣宗掇遗》:“陶谷奉使吴越,忠懿王宴之。以其嗜蟹,自蝤蛑至蟛蜞,凡罗列十余种。谷笑曰:“真所谓‘一蟹不如一蟹’也。”

宋朝初年(公元960年左右),宋太祖虽然还没有统一中国,但是已经占领整个中原地带,国势强盛,盘踞一隅的小国如南唐、吴越、南汉、北汉、后蜀都十分害怕。这一年,宋太祖派学士陶谷出使吴越国。吴越国主忠懿王对这个来自大国的使者非常尊敬,便十分殷勤地招待他,他听说陶谷喜欢吃螃蟹,于是下令摆个螃蟹宴。吴越国靠海,什么螃蟹都有,大的如“蝤蛑”比大盘子还大,小的如“彭蜎”只有指甲壳那么小,大大小小十几种蟹属都精心烹调上了酒席,真是美不胜收。陶谷看到后非常新奇,开玩笑地说:“啊哟!大的这么大,小的这么小,真的是‘一蟹不如一蟹了’。”这个玩笑话说得很不是得体,主人非常不高兴。后来宋太祖知道这件事以后,一直没有重用他。

异军突起

“异军突起”比喻一种新的力量突然出现。

此典出自《史记·项羽本纪》:“陈婴者,故东阳令史,居县中,素信谨,称为长者。东阳少年杀其令,相聚数千人,欲置长,无适用,乃请陈婴。婴谢不能,遂强立婴为长,县中从者得二万人。少年欲立婴便为王,异军苍头特起。”

秦朝末年,各地豪杰纷纷起兵反秦。项梁和他的侄子项羽,募集江东子弟8000人起事。他们听说有一个叫陈婴的人也在东阳县拥兵反秦,于是便打算与他联合,一起西征。

陈婴原是东阳县的小官吏,办事向来讲信义,很谨慎,被称为忠厚长者。有一次,东阳县的青少年杀死县令,聚集了数千人,想推举一人做首领,可是一直没有合适的人选,就邀陈婴挂帅。陈婴不答应,百姓们就强迫他当首领,一时之间东阳县中起而响应的有2万人。起义的青少年要立陈婴为王,这支刚刚兴起的起义军战士用青布包着头,以示与众不同。陈婴的母亲劝他说:“自从我嫁到你们陈家,从来都没听说过陈氏祖先有显贵的。现在你突然名声大噪,这是不祥之兆。我看,你还是归附别人为好,大事成功你可以封个侯,失败了也会有个退路,不会遭来千古骂名。”于是,陈婴不敢擅自称王,他对起义的军吏说:“项氏世世代代都是将军之家,在楚国威名远扬。如今想成大事,非依靠他们不可。我们依靠名族起事,一定可以灭亡秦王朝。”起义的军士听从了他的话,陈婴带着队伍投奔了项梁。

庸人自扰

“庸人自扰”比喻本来没有问题而自已疑神疑鬼自找麻烦。

此典出自《新唐书·陆象先传》:“天下本无事,庸人扰之为烦耳。第澄其源,何忧不简邪?”

唐朝人陆象先父亲是武则天时的宰相,自小受家庭的熏陶,年轻时更是气度不凡。唐玄宗时,陆象先外放做益州(今四川)大都督府长史,兼剑南道按察使。在任上,陆象先一直以宽大为怀,他的司马韦抱贞向他说:“望明公稍行仗罚以立威名,不然的话,害怕下面的人怠惰没有畏惧。象先说:“你的话作为当政人的理论是可以的,但何必用严刑来树立威风、损人利己呢?这样作不是一个仁慈的人所能够作的事。”

后来陆象先又在蒲州作刺史,有个平民百姓犯了罪,象先只简单批评了那人几句就算了。他的录事说:“这样的事应该判杖刑。”象先说:“人情都是相差不多的,难道他不了解我说的话吗?如果要用杖刑,应当从你开始。”录事只得马上退了下来。陆象先常常对人说:“天下本无事,庸人自扰之,并因此将事情越弄越多,只要在开始时态度冷静,事情便化繁为简了。”

有增无已

“有增无已”即只见增加,不见停止。人们常用这句成语形容越发展越厉害,亦作越开支愈大。

此典出自《左传·昭公七年》:“并走群望,有加无瘳。”

春秋时,有一年郑国的子产到晋国聘问。那时,晋平公有病,派正卿韩宣子接待子产。韩宣子对子产说:“我们的国君卧病,到现在差不多三个月了,应该祭祀的山川都去过了,可是病情仍不见减轻。现在又梦见黄熊进入寝室,这是什么恶魔呢?”子产回答说:“以君王的圣明,又有您执掌国政,哪里会有什么恶魔?从前唐尧在羽山杀死了鲧,他的精灵变成了黄熊,钻进羽渊里,为夏朝所郊祭的神,三代都祭祀他。晋国是盟主,或许没有祭祀他的缘故吧!”于是,韩宣子便去祭祀鲧,晋平公的病真的好了。为了对子产的指点表示感谢,晋国把莒国的两个方鼎赐给了子产。

有征无战

“有征无战”意思是只需征讨而不必实战,就可以达到克敌制胜的目的。人们用它形容兵威强大。

此典出自《汉书·严助传》:“淮南王安上书谏曰:‘臣闻天子之兵,有征而无战,言莫敢校也。’又见《周书·武帝纪下》:召大将军以上于大德殿,帝曰:‘太祖神武膺运,创造王基,兵威所临,有征无战。唯彼伪齐,犹怀跋扈。虽复戎车屡驾,而大勋未集。朕以寡昧,纂承鸿绪,往以政出权宰,无所措怀。自亲览万机,便图东讨。恶衣菲食,缮甲治兵,数年已来,战备稍足。而伪主昏虐,恣行无道,伐暴除敌,斯实其时。’”

公元六世纪三十年代,统治中国北部的北魏王朝瓦解,形成东魏和西魏两个封建割据政权。后来,东魏改齐,西魏改周——后人称它为北周。

北周周武帝(宇文邕)建德四年秋季的一天,宇文邕在大德殿召集大将军以上文武大臣议事,他说:“太祖神勇英武,堪当天命,创造了本王朝的基业,大兵所到之处,只需征讨,不必实战,就能达到克敌制胜的目的。只有东魏,伪称齐王朝,飞扬跋扈、与我为敌。虽然我朝屡派大军讨伐,却不能成就大业。寡人愚昧,心中有愧地继承祖先的基业。在这之前,朝政一度掌握在权臣之手,我一点办法也没有,无法实现自己的抱负。自从我亲自料理朝廷各种大事以来,就计划向东进兵,讨伐伪齐。减衣缩食,修缮武器,训练士兵,经过数年的准备,战备比较充足。而伪齐的君主昏庸暴虐,横行无道。我朝要讨伐暴君,根除祸乱,眼下正是大好时机。"经过了很多次苦战,宇文邕最终在建德六年灭齐。

羽毛未丰

"羽毛未丰"比喻年轻人没有轻验,缺乏本领自立。也可以引申来形容职位低微的人,拥护他的人尚不多,势力薄弱,一切还要需依托他人,不能独自单飞。

此典出自《战国策·秦策一》:秦王曰:"寡人闻之,羽毛不丰满者,不可以高飞,文章不成者,不可以诛罚,道德不厚者,不可以使民,政教不顺者,不可以烦大臣。"

战国游士苏秦,是个有才干的人,他用连横的策略去说服秦惠王,说:"大王的国家,西边有马蜀和汉中的富饶;北胡地有皮革和代地的良马;南边有巫山和函谷的要寨;并且土地肥沃,人民富有,兵多将广,地广物博,积蓄丰富,地势又利于攻守,因此可以说得上是天然的宝库,天下的雄国。并且再加上大王贤能,士民众多,假如能够惠王把兵士训练起来,必然可以兼并诸侯,吞灭天下,自己称帝的,我诚心地把这些好处向你说明,请大王思考。"

秦说:"我听别人说过:'羽毛未丰,不可以高飞;法令未成,不可以诛罚;道德没有博大,不能叫百姓去战争;政教不顺民情的,不可以烦劳大将。'现在你很诚意的,不远千里而来,辛苦地来指教我,我也很感激你,可是你所说的,还是让我再慢慢考虑吧!"

遇事生风

"遇事生风"形容好事的人,遇到一些小事端就兴风作浪,把事情扩大,从中渔利。

此典出自《汉书·赵广汉传》:"所居好用世吏子孙新进年少者,专厉壮蜂气,见事风生,无所回避,率多果敢之计,莫为持难。"

汉朝,涿郡人(今河北省涿县)赵广汉,初时在郡里作小官,他办事认真廉洁,升京兆尹。那时候,正好遇到汉昭帝去世,京城新丰县的京兆官杜建负责管理昭帝的陵园。杜建交游广阔,他和朋友一起利用职权做着非法的事。这事被赵广汉知道了,于是便暗示杜建改变作风,可是杜建却置若罔闻,于是赵广汉便将他们逮捕,事情发生后,京城里的达官贵人都来求情,赵广汉向来讨厌这种贵人们一贯为非作歹,包庇坏人的丑恶行径,为了防止更多的麻烦,就将杜建杀了。京里的达官贵人于是都对赵广汉望而生畏。

汉宣帝时,由于他不畏权势,一心为国,很得宣帝重用。他爱用新进的世吏子孙,这些年轻人爱逞一时之气,碰到一点事就将它扩大到没有回转的余地。最后,赵广汉还是被贵戚们害死了。

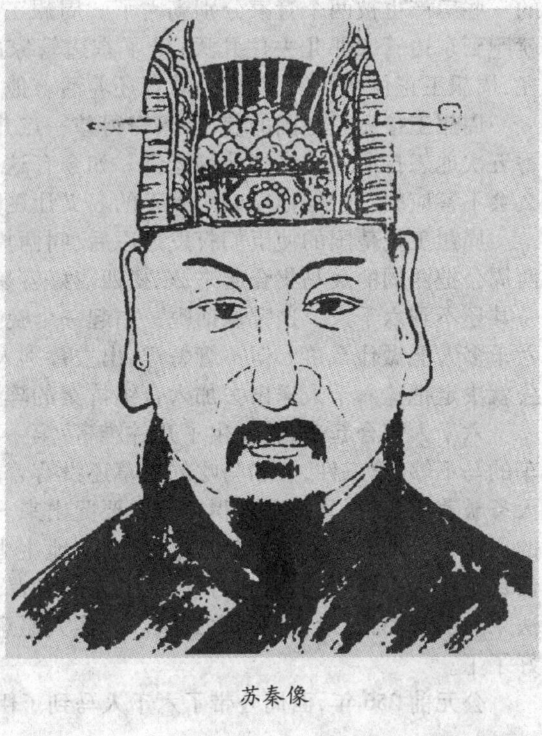

苏秦像

债台高筑

“债台高筑”形容欠债很多，无力偿还或形容负债累累。

此典出自《汉书·诸侯王表序》：“分为二周，有逃债直台。颜师古注：周赧王负债，无以归之，主迫债急，乃逃于此台，后人因以名之。”

春秋时期，楚考烈王听说信陵君打败了秦军，就想起平原君和毛遂请他当合纵抗秦的纵约长的事来。他怕秦国，不敢答应，后来受不住毛遂的逼迫，他才叫春申君带着兵马去抵抗。如今想起来觉得非常惭愧。过了几天，春申君带着军队回来，一点儿功劳也没立下。考烈王叹息着说：“赵公子所说的合纵计策实在不错，可惜我们没有像魏公子那样的大将。”春申君一听，非常羞愧，可是他心里还有点不服气。他想：“我学着孟尝君、平原君、信陵君的派头，收养了不少门客，怎么会跟不上他们呢？真怪！”于是他厚着脸皮，对考烈王说：“上回不是赵公子他们公推大王为纵约长吗？如今秦国打了败仗，失去了威风。大王这时候就该掌起纵约长的大权来，连忙派使者去约会各国，如果能够得到周天子的同意，就可以借着他的号令去征伐秦国。如果大王能这么做，就比齐桓公、楚庄王的功业大得多了。”考烈王经春申君这么一鼓动，又引起了当霸主的瘾来。马上就派使臣们到成周去请求周赧王下令征伐秦国。

周赧王一向软弱无能。虽然挑着个天王的旗号，其实，他还不如列国里最小的诸侯呢。真正被他管辖的土地不过几十个县。并且连这么个小小的天下，还被分成两半。河南巩县一带叫东周；河南王城一带叫西周（平王东迁的时候把镐京叫西周，洛阳叫东周；到了周赧王的时候，这当初的东周又分成了东、西两周）。东周由东周公治理，西周由西周公治理。不仅各自独立起来，时常还要互相讨伐。而天子只是个高高在上的傀儡。他就像是一个大户人家的老太爷，无权无势，受着晚生下辈们的欺侮。这还不算，连那最小的一些房产也被两个管家分别霸占了。周赧王就是这么个老太爷。受了西边管家的气，就跑到东边管家那儿去住几天；受了东边管家的气，就跑到西边管家那儿去住几天。现在，周赧王正住在西周，西周公总算还养活着他。

周赧王接见了楚国的使臣，兴奋得差一点儿掉下眼泪来。他正在恼怒秦王欺负他，三番五次地想打通三川来抄他的老窝。如今有这么个远房的孝子贤孙替他打抱不平，他怎么会不答应呢？于是他立刻用天王的名义让楚国去约会各诸侯。

周赧王把楚国的使臣们打发走以后，叫西周公准备出兵，跟着各国一块去征伐秦国。西周公把西周的兵马集合起来，东拼西凑好容易把军队拢在一起，计算了一下，老老少少，一共还不到六千人。这哪像话呢？白起一个晚上杀死的赵国投降士兵就有四十五万。这六千多人能做什么事？但不管怎样，出去替别人壮壮声势也是好的。于是，周赧王和西周公就决定把这六千人送出去加入合纵抗秦的阵营。

六千人集合起来，就发生了几件难事：第一件，那些破旧的兵车需要修理；第二件，拉车的马不够；第三件，人和马吃的粮草还没有着落。库房里拿不出这笔打仗的费用来。老太爷皱着眉头，抓耳挠腮急得差点儿要哭出来。最后，还是那个管家西周公想出一个借钱的方法来。周天王就向那些富裕的商人、地主去借钱，给他们立字据，并向他们讲了这次借钱是作为军饷用的，等到打仗回来，拿战利品作为担保，连本带利一起归还。这个新方法果然引起商人、地主们的兴致来。有钱人愿意放账的还真不少。军饷、军费很快就准备好了了。

公元前256年，西周公带了六千人马到了伊阙，于是就在那儿驻扎下来等候各国诸侯的大队人马。可是韩、赵、魏三国刚跟秦国打了仗，元气还没恢复，并不具备出兵的力量。齐国跟秦国向来很不错，而不愿发兵。只有燕国和楚国派了几队人马来。这回合纵抗秦的计划就算吹了。他们只好无功而返了，西周公也只好原封没动地带着他那六千人马回城去了。

周赧王出了兵，一仗没打，什么东西都没得着，军饷却全耗费完了。这回的买卖连老本全赔在里面。那些债主拿着字据在宫门外向天子要账。要账的要不着钱，也见不着欠账的，哪能答应呢？就连吵带闹地嚷开了。羞得周赧王面红耳赤。跑又没处跑，躲又躲不了。他不得不跑到高台上去躲账。自那以后，人们就将那座高台，称为"避债台"。

彰明较著

"彰明较著"形容极其明显的事。

此典出自《史记·伯夷列传》："天之报施善人，其何如哉？盗跖日杀不辜，肝人之肉，暴戾姿睢，聚党数千人，横行天下，竟以寿终。是遵何德哉？此其尤大彰明较著者也。"

西汉武帝时，提出"罢黜百家，独尊儒术"的看法。以董仲舒为代表的"天人感应论"神学体系，把儒学宗教化，使之成为适合于封建统治者御用的合法欺骗理论。司马迁反对"定儒学于一尊"的统治政策，尤其对董仲舒一派的宗教神秘主义深表反对。借着为伯夷作传的机会，于是司马迁驳斥了"天人感应"、"天之报施善人"的思想。

司马迁写道：有人说，天对人并没有什么偏私，它只是帮助好人。然而，像伯夷、叔齐这样仁德完备，品行高洁的人却活活饿死了；孔子最得意的学生颜渊也因贫寒而早亡。天所报答好人的，又是怎样的呢？而象盗跖这样乱杀无辜，吃人心肝的杀人魔王，却能够寿终正寝，这又是遵行的什么标准呢？这是一些极其明显的例子。到了近世，那些"暴戾姿雄"、"操行不轨"的人，竟然"终身逸乐富厚，累世不绝"；而一般"行不由径"、中规中矩、有崇高正义感的人，却是"遇祸灾者不可胜数"，这难道就是什么天理吗？

轵道之灾

"轵道之灾"比喻亡国的灾祸。

此典出自《史记·秦始皇本纪》。

秦朝末年，陈胜、吴广领导的农民起义失败以后，项羽、刘邦领导的起义军却逐步壮大起来。他们俘获秦名将王离，多次打败章邯，席卷关东，刘邦带领义军数万正在攻打武关。

公元前207年8月间，在秦王朝中夺得丞相职位的赵高被起义军吓破了胆，就托病不去上朝，秦二世（胡亥）派人上门去斥责赵高。赵高无法逃脱了，就同他的女婿咸阳令阎乐和弟弟赵成一起谋划，逼秦二世自杀。

秦二世死后，赵高又立二世的侄子子婴为秦王。他命令子婴沐浴斋戒，打算在祖庙举行仪式，接受秦王的符玺。斋戒五日之后，子婴同他的两个儿子密谋说："丞相赵高在望夷宫诛杀了秦二世，担心群臣以叛逆罪诛杀他，就虚伪地举起仁义的旗帜，立我为秦王。我听说赵高已与楚国订立了盟约，灭掉秦宗室后封他做关中王。现在他叫我沐浴斋戒，到庙中举行仪式，这是想在庙中杀掉我。我装病不去，赵高一定亲自来责问，等他来后，我们就杀掉他。"赵高派人去请子婴，请了数次，子婴皆不去。赵高真的亲自前来，对子婴说："国家大事，非常重大，秦王为什么不去呢？"子婴就在斋宫里刺杀了赵高，赵高家三族人也在咸阳被杀。

公元前206年，在子婴当秦王四十六天之后，刘邦即打败秦军攻入武关。接着，刘邦挥师驻扎在长安东三十里的霸上，派人命令子婴投降。子婴马上服从，他在脖子上系着丝带，坐着白马拉的素车，捧着皇帝的玉玺，在轵道旁向刘邦投降。刘邦进入咸阳，封存宫室府库的财物之后，又退军驻扎霸上。一个月后，诸侯军纷至沓来，项羽是各路军队的首领，他下令杀死子婴和秦王朝众多的公子宗族。秦朝便灭亡了。

置之度外

“置之度外”比喻对人或事不再重视或不再理会。

此典出自《后汉书·隗嚣公孙述传》：“帝积苦兵间，以嚣子内侍，公孙述远据边陲，乃谓诸将曰：且当置此两子于度外耳。”

东汉初年，虽然光武帝（刘秀）已重新建立了汉朝，可是还有很多人拥有重兵，占据个个州郡，要与刘秀争夺天下；表面虽然臣服朝廷，依旧想保留自己占有的地盘，准备待机而动。光武帝既然已经重复汉室，当然不能坐视这种割据的局面继续下去，决心要统一全国，前后经历了五年的时间，把函谷关以东的割据势力全部荡平，后来只剩下甘肃的隗嚣和四川的公孙述两股势力了。

光武帝鉴于隗嚣表面上已向他称臣，还遣他的儿子在京城洛阳做官，一时不足为患，公孙述远在西南边陲，路途遥远，攻取不易，暂时不想对他用兵，而更主要的，是打了许多年仗，兵力也需要休整一下，他在对部下众将官谈到隗嚣、公孙述二人时说：“这两个人暂时是不值得提的。”

众叛亲离

“众叛亲离”比喻众人反对，亲信背离，现常用来形容处境完全孤立。

此典出自《左传·隐公四年》：“阻兵无众，安忍无亲，众叛亲离，难以济矣。”

春秋时，卫国公子州吁将他哥哥卫桓公杀死，接着便夺取政权当了国君。他害怕国内人民反对，就拉拢宋、陈、蔡等国联合攻打郑国，想以对外用兵的办法来转嫁危急，从而树立威信，巩固自己的统治地位。这件事被鲁隐公听说后，就问大臣众仲：“州吁这次夺取政权能成功吗？”

众仲回答说：“州吁这个人依仗武力，生性残忍。依仗武力就会失去群众，对人残忍就没有人愿意对他亲近，现在他处境孤立，是很难成功的。”

最后还不出一年，卫国人就联合陈国，用计将州吁杀了。

烛影斧声

“烛影斧声”比喻千古不决的疑案。

此典出自《续湘山野录》：“开端门召开封王，即太宗也。延人大寝，酌酒对饮，宦官宫妾悉屏之。但遥见烛影下太宗时或避席，有不可胜之状。饮讫，禁漏三鼓，殿雪已数寸，帝引柱斧戳雪。”

宋代开宝九年（公元976年），宋太祖（赵匡胤）病重，他派大臣王继恩召皇子赵德芳前来议事。但是王继恩自作主张，就打开了端门，召来开封王，即宋太宗赵炅。宋太宗（宋太祖之弟）到了宫中，与宋太祖相对饮酒，宦官和侍妾们都奉旨回避了。宋太祖与宋太宗谈话的内容，其他人都听不见，远远看过去，只见烛光之下，宋太宗时而坐下，时而离席，如躲避之状。饮完酒，夜已三更，殿外的积雪已有数寸之深，宋太祖拿着柱斧敲打着雪地，对宋太宗说：“好做！好做！”接着解衣就寝，鼾声如雷。这天晚上，宋太宗留在禁宫之内住宿。五更时分，周围的房屋内寂静无声，宋太祖死了。宋太宗即位后，宋太祖的儿子赵德芳、赵德昭先后被处死了。

捉襟见肘

“捉襟见肘”比喻顾此失彼，无法应付。

此典出自《庄子·让王》：“曾子居卫，袍无表，颜色肿哙，手足胼胝，三日不举火，十年制衣，正冠而缨绝，捉衿而肘见。”

曾参，字子舆，春秋末期鲁国南武城（今山东费县）人。他是孔子的学生，以孝顺而出名。他提出：“吾日三省吾身”的修养方法等封建伦理道德和主张。相传《大学》是他的著作。他被封建统治者尊崇为“宗圣”。

庄周对曾参穷而不改其乐的品格非常敬佩，他对曾参贫居卫国时的境遇及品格，作了生动描述。他写道：曾子住在在卫国的时候，穷得非常厉害，穿的是以乱麻为絮而没有衣面的袍子，颜色十分杂乱难看，手掌脚底长满了厚厚的老茧。有时一连三天都揭不开锅。十年中没做过一件新衣服。头上戴的帽子不敢整顿一下，稍一动，穗带就断了。穿的上衣，拉一下衣襟胳膊肘就露出来了。脚上穿的破鞋，藏了前头而露出后跟。虽然这样穷困，可是他并不因此而忧愁。他常常拖着破鞋，引吭高歌，歌声就像敲击舍石一样洪亮，充满天地。曾参过着自由自在的生活，天子不能召他为臣子，诸侯无法和他交朋友。他虽然十分贫穷，但却十分高尚。

作祟自毙

“作祟自毙”这个典故告诉人们，水渟庙峙，云行雨施是顺应天理；反之“倒行逆施”则终究要自绝于世人。

此典出自《子不语》卷八。

杭州人赵清尧喜欢下棋，只要听到棋子走动的声音，总要坐下来和人家对局较量。

一天，他到二圣庵游玩，看见一个道士，相貌非常丑陋，正和游客下棋。道士的棋术十分低劣，还自称是有道行的“炼师”，赵清尧心里很瞧不起他，一句话也不说，马上转身走了。

当天晚上，他上床睡觉，只见两团鬼火在帏帐上绕动，赵清尧并不害怕。过了不一会儿，一个青面獠牙的恶鬼，手拿钢刀，揭开帏帐。赵清尧厉声呵斥，青面鬼一下子又不见了。

第二天晚上，满床铺发出细小嘈杂的啾啾声，好像小孩在学着说话。起初还听不太真切，仔细倾听，原来是说：“我棋术低劣，自称‘炼师’，与你有什么关系，竟敢小看我！”赵清尧这才知道是那个道士作怪，更不害怕了。接着又听到一个低低的声音咬牙切齿地说：“你好大胆，竟然不怕刀剑，我要用勾魂法要你的性命！”接着就念起咒来：“天灵灵，地灵灵，当门顶心下一针。”赵清尧听了之后。顿时觉得浑身肌肉跳动不停，好像在颤抖的样子。他便强忍着控制住自己，一动也不动。又用手堵住的耳朵，躺下以后，咒语又从枕头里发出来。就这样，赵清尧坚持忍耐了一个多月，有一天看见那个道士泪流满面地跪在床前说：“我因一时恼怒，行了法术恐吓你，想要你求饶，好诈取些钱财，没想到你总不动心。后悔也来不及了。我的法术不能侵害人，反过来自己就要遭殃，我昨天已经死去，但阴魂没有归宿，愿来服役侍奉，在您家里作个预卜吉凶的樟柳神，用以赎我先前的罪过。”赵清尧一直不予理睬。

第二天，他派人去二圣庵一看，那道士真的已经自杀了。

十、军事战争故事

弭兵会议

“弭兵会议”反映了春秋末期诸侯割据、争做霸主的矛盾冲突，比喻通过会议、谈判化干戈为玉帛。

此典出自《左传·襄公二十七年·襄公三十一年》：“宋向戌善于赵文子，又善于令尹子木，欲弭诸侯之兵以为名。”又“子产相郑伯以如晋，晋侯以我丧故，未之见也。子产使尽坏其馆之垣而纳车马焉。”

《东周列国志》版画之杀“宁喜子鲜出奔”图。讲述卫献公除掉宁喜，因宁喜是听从子鲜之语立卫献公，如今宁喜被杀，子鲜认为宁喜不当获罪，拒不留在卫国，遂出奔晋国之事。

春秋时期，卫国的卫献公杀掉宁喜，公子鲜出奔晋国时，卫国大夫石恶正奉宁喜之命与各国大夫在宋国开弭兵会议（公元前 546 年）。那时各国诸侯召开会议，像齐桓公、晋文公、宋襄公、秦穆公、楚庄王，各个诸侯都亲自与会，因为当时列国争端主要是诸侯的兼并战争。而诸侯在兼并战争中，必须依靠他们的手下，只好把新取得的土地分别赏赐给立下汗马功劳的大夫，因此真正从兼并战争中得到好处的实际上是诸侯手下的大夫。他们从战争中得到了土地，通过盘剥农民累积了大量的财富。后来大夫的势力愈来愈大，绝大多数的诸侯反而做了挂名国君，正如周天子做了挂名天子控制不了诸侯一样。在经济进一步发展中，为了扩张各自的势力，这些大夫之间也进行兼并战争。列国的战争由此演变成大夫的兼并战争。前来参加会议的也是各国大夫，如：晋国赵武、楚国屈建、宋国向戌、鲁国叔孙豹、卫国石恶、蔡国公孙归生、陈国孔奂、郑国良霄等。从此以后，列国的战争变成大夫和大夫之间的战争了。这次会议实际上是晋国和楚国分配势力的会议。晋、楚两国可以说是南北两个集团的领袖，都有独立的势力范围。鲁、卫、郑、曹、邾、莒、滕、薛等是在楚国的势力范围内；蔡、陈、许、沈（河南省汝阳东）等是在楚国的势力范围内；其余像宋、齐、秦等大国，谁也不属谁，可以说是独立自主的诸侯国。三大国中，宋国是会议的发起人，当然参加大会。但齐、秦两国都没参加会议。大会一致决议：原来受晋国保护的国家也得朝聘楚国，而原来受楚国保护的国家也得朝聘晋国；凡是破坏盟约先出兵的，各国就共同去攻打它。这样，一向被中原诸侯视为“蛮族”的楚国，便正式被承认为霸主，犹如晋国是霸主一样。而楚国屈建仍觉得不满意，他对宋国向戌说：“两个盟主怎么行得通呢？到底谁是第一，谁是第二呢？请你先跟晋国说明白，歃血为盟的时候，必须让楚国在先。”向戌只好去见赵武。他见了赵武，难于开口，只好由他手下的人传话。赵武一听，如果答应他，晋国的地位就降低了；如果不答应他，这个“弭兵会议”大概就将变成“开战会议”了。但楚国的态度如此强硬，非占上风不可。赵武虽想屈服，却又怕授人话柄。晋国大夫想出个好主意，他对赵武说：“霸主靠德行服人，武力是次要的。我们只要有德行，即便让楚国占了上风，诸侯依然会佩服我们。再说这次会合各国大夫原本为了平息战争，不打仗，大家都有利。为争先后排名次而打起来，岂不丧失了弭兵会议的意义？只要大家有利，退让一步又有什么关系呢？”这番话说中了赵武的心事。因为当时晋国的六家大夫（赵氏、范氏、智氏、中行氏、韩氏、魏氏）内部竞争非常激烈，无法兼顾跟楚国相争。于是，赵武答应了楚国的要求。

卫国石恶和各国大夫订完盟约，正要回去，忽然听到卫献公杀了宁喜的消息。由于石恶是宁喜的同党，所以他无法回去了，只好随赵武到晋国去。

郑国大夫良霄回郑国后，根本不把郑简公放在眼里。不久，郑国国内其他的公子为了争权夺利互相残杀，良霄也死在内乱之中。周景王二年（公元前 543 年），郑简公拜子产（又名公孙侨）为大夫。子产是一位比较开明的政治家，他执政以前，就已经受到了许多人的崇拜。公元前 563 年，郑国有一批奴隶起来暴动，杀了几个有权有势的大夫，要求当时执掌郑国政权的子孔烧毁丹书。子孔想用暴力镇压，将起事的人全杀掉。子产阻止他说：“千万不能这样做啊！您干脆依照众人的要求把丹书烧了吧！”子孔说：“如果众人反抗就屈从他们，那不等于是由众人执政吗？国家还治得了吗？”了产说：“众怒难犯。在这危急时刻，如果您坚持独断专行，可太危险了。在我看来，不如烧了丹书，安定人心要紧！”子孔不禁心虚起来，听从了子产的劝告，在仓门外把丹书烧了。一场暴动，就这样平息下来，很多奴隶获得了自由。人们都盛赞子产的精明能干。

地利人和

“地利人和”用来比喻地理条件和群众基础都好。

此典出自《孟子·公孙丑下》：“天时不如地利，地利不如人和。”

孟轲，一是战国时的一位思想家，是孔子学说的继承者和发扬者。他认识到民心向背的重要性，提出以“仁政治国”和“民贵君轻”的政治观点，宣扬“劳心者治人，劳力者治于人”的思想。

孟轲的政治主张、哲学理论等收集在《孟子》一书中。“地利人和”这篇文章，见于《孟子·公孙丑》的下篇。文中，孟轲论述了战争的胜负取决于人心向背的道理，重点强调了“人和”在战争中的重要性，指出天时有利不如地形有利重要，地形有利不如得人心重要。

岳飞像，图出自清·马骀《百将图传》。

巧退秦兵

“巧退秦兵”这个典故比喻爱国主义精神。

此典出自《淮南子·人间训》：“秦穆公使孟盟举兵袭郑，过周以东，郑之贾人弦高，蹇他相与谋曰：‘师行数千里，数绝诸侯之地，其势必袭郑。凡袭国者，以为无备也，今示以知其情，必不敢进。’乃矫郑伯之命，以十二牛劳之。三率相与谋曰：‘凡袭人者，以为弗知，今已知之矣，守备必固，进必无功。’乃还师而反。”

这段话意思是说：秦穆公派孟盟等出兵偷袭郑国。军队来到郑国边境，郑国的商人弦高和蹇他共同商议说：

“秦国的军队已经远征几千里，频繁地攻克了很多国家，看他们的趋势，一定是要偷袭咱们郑国。只要是偷袭其他国家的人都以为那个国家不知道要被偷袭，没有准备。如果我们说明知道了他们的真情，他们一定不敢再前进，这样就可保住郑国不受到侵略。”

于是弦高和蹇他就假装是受郑王的命令，用十二头牛，去慰劳秦军。秦国的三个统帅觉得非常奇怪，认为郑国已经发觉了就互相商议说：

“凡是偷袭别国，都是因为对方不知道。现在人家已经知道了，专门派人来慰劳，那就一定加强防守了，所以，再按原计划行动，可能就不会有好结果了。”于是就退兵回国了。

号令如山

“号令如山”的意思是，发出的军令像山那样不可更移，人们用它形容军纪森严。

此典出自《宋史·岳飞传》：“岳节使号令如山，若与之敌，万无生理，不如往降。节使诚信，必善遇我。”

公元1129—1130年，金兀术率军深入长江以南沿海地区，企图一举消灭南宋政权。但是，遭到了“岳家军”的顽强抵抗。岳飞率领的“岳家军”，多次打败金兵，立下了卓越的战功。

宋高宗绍兴五年(公元1135年)，岳飞出任镇宁、崇信军节度使，湖北路和荆、襄、谭州制置使，封为武昌郡开国候；后来又出任荆湖南北、襄阳路制置使，神武后军都统制。皇帝下诏，命令岳飞征讨贼人杨幺。岳飞所率领的将士都是西北人，不习惯水战，岳飞说：“用兵之道，哪有什么不变的规矩？只是看你如何运用罢了。”于是岳飞首先派遣使者去招降杨幺贼党。

贼党黄佐说："岳节度使军纪森严，发出的军令像山那样不可更移，如果同这样的军队打仗，绝对不会有好下场，不如前往归降。岳节度使诚实守信，一定会友善地对待我们。"于是，黄佐投降了。

鸣鼓而攻

人们用"鸣鼓而攻"表示公开宣布罪状，加以声讨。

此典出自《论语·先进》："季氏富于周公，而求也为之聚敛而附益之。子曰：'非吾徒也，小子鸣鼓而攻之可也。'"

春秋时期，鲁国的季孙氏、仲孙氏和叔孙氏势力很强大。公元前562年，这三家将公室（即鲁国国君直辖的土地和附属于土地上的奴隶）瓜分，季孙氏分到三分之一；公元前537年，三家第二次瓜分公室，季孙氏分到二分之一。由于季孙氏推行了新的政治和经济措施，因此他很快就富起来了。

季孙氏本来就比周王室的公侯还富有，孔子的学生冉求又帮助季孙氏到处搜刮钱财，使得季孙氏更富有。于是，孔子对其他学生说："冉求不再是我的学生了，你们可以无所顾忌地指责他了！"

避其锐气，击其惰归

后人用"避其锐气，击其惰归"比喻在作战时避开敌人的锐气，等敌人疲乏退缩时，狠狠地加以打击。

此典出自《孙子·军争篇》："是故朝气锐，昼气惰，暮气归。故善用兵者，避其锐气，击其惰归。"

《军争篇》是孙子兵法中卷的第三篇，主要阐述两军如何争取战争的主动权。孙武认为：除了要知道"以迂为直"的策略以外，还必须把握作战的时间。

孙武说："对于敌人的军队，要打击他的士气；对于敌军将领，要打乱他的决心。早晨士气最旺盛，午间逐渐懈怠，到了晚上就疲乏思归了。善于打仗的人，要避开敌军初来时的锐气，等到敌军懈怠、疲惫不堪时再去攻击，这是掌握士气的方法。

前徒倒戈

"前徒倒戈"比喻军队背叛，调转枪口攻击自己。

此典出自《尚书·武成》："会于牧野，罔有敌于我师，前徒倒戈，攻于后以北，血流漂杵。"

商纣王是个暴虐的国君。人民非常痛恨他。

当时，周国是商朝的附属国。周文王励精图治，积极准备力量，决心消灭纣王。他善于笼络人心，因此许多诸侯国都背离商朝，归附了周国。

周文王死后，他的儿子武王继位。周武王决心继承父亲遗志，完成灭商大业。

公元前1066年，武王率领兵士四万五千人，勇士三千人，战车三百辆，讨伐商纣王。各诸侯国纷纷起来响应。

周武王指挥大军向商朝别都朝歌（现在河南省淇县）发起猛烈进攻，攻到牧野，（现在河南省汲县北部），距朝歌七十里路。周武王在牧野召开誓师大会，列举了纣王的种种罪状，号召将士团结战斗，奋勇杀敌。

当时，商纣王正在宫中和妃子饮酒取乐，突然听到这个消息，惊慌不已，匆忙率领七十万大军,赶到牧野迎战。商军官兵不愿替纣王打仗,战斗一开始,纣王前锋部队的士兵就配合周军,掉转矛头向纣王杀去。结果商军大败,死伤无数,尸体堆积如山,血流成河,把木杵都漂起来了。纣王走投无路,自焚而死。从此,商朝灭亡。

哀兵必胜

“哀兵必胜”比喻兵力相当的两军对垒,心情悲愤的一方必胜。后指受压迫、受欺凌而奋起反抗的一方必定取胜。

此典出自《老子》第六十九章:“祸莫大于轻敌,轻敌几丧吾宝(指国家的土地、人民、主权)。故抗兵相加,哀者胜矣。”

《老子》第六十九章,是老子关于军事问题的一篇论述。其主要论点是:

一、不要发动侵略的战争;

二、各国的国君都懂得“柔胜刚”的道理,天下就没有战争了;

三、抗击侵略者时决不可轻敌;

四、反侵略的国家必胜。

老子说:“古代用兵的人有这样的话:我不做主动挑起战争的‘主’,而要做被迫进行战争的‘客’。我不进入别国领土一寸之近,可以退回本国领土一尺之远。王侯能这样‘守柔’,国家就将没有战争。这就是说,在军事行动中,可以没有行伍,不用严阵;可以不用袒露出胳臂,摆出争斗的架势;手里可以不持兵器,或许就不战而胜,要捉的敌人,或许根本没有了。这就是‘柔弱胜刚强’的道理。如果真有敌人进攻,则决不可轻视。灾祸莫大于轻视敌人。轻视敌人,几乎要丧失我们的土地、人民和主权。两国打仗时,受侵略而怀着悲愤心情的一方,必将打胜仗。”

步步为营

“步步为营”形容进军谨慎;也用来比喻行动、做事谨慎。

此典出自《三国演义》第七十一回:“渊为人轻躁,恃勇少谋。可激劝士卒,拔寨前进,步步为营,诱渊来战而擒之:此乃反客为主之法。”

刘备率领大军去攻取汉中。守将夏侯渊得知消息,便差人上报,曹操闻之大惊,亲率四十万大军抵敌。夏侯渊知援兵已到,仍固守定军山,未曾出战。曹操命夏侯尚前去诱敌。蜀将黄忠即派牙将陈式出战迎敌。尚诈败而走,陈式追击,行到半路,两山上滚木擂石打下来,无法前进。正准备撤回时,背后夏侯渊冲出,陈式被生擒。败军逃回,黄忠慌忙去找法正商议。法正说:“渊为人轻躁,恃勇少谋。可激劝士卒,拔寨前进,步步为营,诱渊战而擒之。”黄忠采纳他的计谋,把各种战利品赏给军士。黄忠军步步为营,生擒了夏侯尚。夏侯渊怒不可遏,立即要出战黄忠。张郃劝夏侯渊说:“这是法正的计谋,将军不可出战,只宜坚守。”夏侯渊拒不听从劝谏,分兵围住对方,大骂挑战。下午,法正见曹兵倦怠,乃将红旗一展,鼓角齐鸣,喊声大振,黄忠一马当先,驰下山来,夏侯渊措手不及,被黄忠一刀砍为两段,曹兵大溃,四处溃逃。

长驱直入

“长驱直入”比喻军队快速前进,如入无人之境,也写作“长驱径入”或“长驱直进”。

此典出自曹操《劳徐晃令》:“吾用兵三十余年,及所闻古之善用兵者,未有长驱径(直)入敌围者也。”

《三国志通俗演义》版画之黄忠斩夏侯渊图

东汉末年，徐晃，当过郡吏，骑都尉，后来归顺了曹操。徐晃精通军事，智勇过人，曾为曹操屡建战功，深得曹操赏识。为了夺取汉中，曹操命徐晃和夏侯渊把刘备阻拦在阳平。取得胜利以后，又奉命助曹仁征讨汉将关羽。徐晃利用声东击西的战术，大败关羽。事后，曹操给徐晃写信，赞扬了他大获全胜。信中说：我带兵打仗三十几年，所闻古代善用兵的将领，还没有长驱直入敌人包围圈的。你这次大获全胜，其功劳超过了古代的良将孙武和穰苴。

城下之盟

“城下之盟”指的是在敌人的武力威逼之下，被迫签订屈辱的盟约。

此典出自《左传·桓公十二年》：“楚伐绞……大败之，为城下之盟而还。”

春秋时期，各国争霸。有一次，楚国派兵攻打绞国，楚军直逼绞国的南门。楚国大夫屈瑕（官居莫敖，又称莫敖屈瑕）说：“绞国只是一个小国，而且做事草率。做事草率，就缺少谋略。我看，我军砍柴的人外出打柴时，不用派兵加以保护。这样，可以引诱敌军出城。”楚王采纳了屈瑕的建议。果然，绞军俘获了三十个楚军的砍柴人。第二天，绞军争抢着出城，在山上追赶着楚国砍柴人。没想到，楚军早已镇守在绞国的北门，并在山下设有伏兵。楚军大败绞军，逼着绞国签订了耻辱的城下之盟，然后班师回国。

出其不意

“出其不意”比喻在敌人意想不到的时候进行突然袭击。

此典出自《孙子·计篇》：“攻其无备，出其不意。此兵家之胜，不可先传也。”

《计篇》是孙子兵法上卷第一篇，是孙武军事思想的概述，主要论述决定战争胜败的各种主要因素。

孙武在论述到军事家取胜的办法时说：打仗是一种奇诡多变的行动，要因时、因地、因事制宜，临机决断。本来能打而向敌人表示不能打；本来准备要打而向敌人表示不想打。

准备从近处进攻,而表示将从远处进攻;将从远处进攻而表示将从近处进攻。敌人贪利就用利诱,乘敌人混乱而夺取胜利。敌人坚实,应严密戒备;敌人强大,应避开他们的锋锐。敌人暴躁易怒,就扰乱他,使之轻举妄动;敌人卑怯,就设计使之骄傲而丧失警惕。敌人安稳,就设法使他疲劳被动;敌人内部团结,就设法离间。要以神速的行动,乘敌人不及防备、意料不到时进击。这就是军事家取胜的办法,不能预先作出死板的规定。

箪食壶浆

"箪食壶浆"形容老百姓对所拥护的军队的慰劳和欢迎。

此典出自《孟子·梁惠王下》:"箪食壶浆,以迎王师。"

据《孟子·梁惠王下》载:战国时,齐国和燕国是两个大国。一次,齐宣王讨伐燕国。由于燕国君苛政,燕国老百姓生活在水深火热之中,齐国军队攻打燕国时,燕国老百姓都用竹篮子装着吃的,用壶盛着喝的来慰劳和欢迎齐军。最后,齐军取得了胜利。

疾风扫落叶

"疾风扫落叶"比喻军队力量强大,以迅猛之势扫除溃败的军队或腐朽的东西。

此典出自《三国志·魏志·辛毗传》:"以明公之威,应困穷之敌,击疲弊之寇,无异迅风之振秋叶矣。"

北朝时,初步统一北方的前秦皇帝苻坚,打算一举消灭南方的东晋王朝,统一中国。他的弟弟苻融及一些有见识的大臣都说不可轻举妄动,主要理由是:东晋目前比较安定、强大,而前秦王朝的军队是各少数民族联合的队伍,虽然人数不少,但人心却不齐,这场战争是没有必胜把握。然而苻坚却非常自信,他说:"我率领百万大军南下(其实是九十七万),投鞭可以塞断江流,较其强弱之势,犹疾风之扫落秋叶耳。"于是命令大军出发。军队的前锋已抵淮南,后军还未出都城,迤逦八百多里。苻坚和苻融亲临前线。东晋派出了它最精锐的"北府兵",由大将刘牢之率领作为前锋;以谢玄为前锋大都督,率八万人迎战。在洛涧与秦军相遇。刘牢之说:"要乘敌军还未到齐的机会作战,等待观望必死!"于是大呼进击,一举杀死秦军一万多,大大地挫伤了秦军的锐气。这时苻坚亲率援兵二十余万人赶到,两军夹淝水对峙。苻坚登上高山望敌,看见晋军队伍严整,脸上变了色,说:"啊!这也是劲敌啊!"谢玄请求秦军略微退一点,以便让晋军渡过淝水来决战。苻融想到兵法中有"等待敌人渡过来一半时攻击敌人"的说法,便同意了谢玄的请求,挥军后退。这时,后面的部队根本不知道队伍后撤的原因,而秦军中的汉族官员乘机造谣,大呼:"秦军败了",于是军队大乱。晋军乘机渡水攻击,苻融奔下山来整顿队伍,被晋军所杀。于是,秦军溃不成军,互相践踏抢逃,死伤不计其数。秦国的逃兵看到八公山草木都以为是埋伏的晋兵,听见风声鹤唳也以为晋兵追来了。这一战就是历史上著名的、以少胜多的"淝水之战"。战后,前秦精锐丧尽,苻坚也被人杀死。

坚甲利兵

"坚甲利兵"用以表示武器精良,或借指善战的军队。

此典出自《孟子·梁惠王上》:"王如施仁政于民,可使制梃以挞秦楚之坚甲利兵矣。"

梁惠王因自己地盘处在中原一带,四面受敌,经常感到国势日衰。这时,孟子前去拜见他。他对孟子说:"我国的强大,过去是没有任何国家能赶得上的。可是到了我执政的时候,东边和齐国打了一仗,我们打败了,连我儿子也战死了;西边一仗,又败给秦国,丧失了河西七百里的地盘；南方又被楚国抢去八个城池。这实在是奇耻大辱啊！我希望自己能替我国所有的阵亡将士报仇雪恨，您说有什么办法呢？”

孟子说：“一个纵横只有一百里宽的小国都能够施行仁政而使天下归服，何况魏国是一个大国呢？如果您能施行仁政，减免刑罚，减轻赋税，使百姓有吃有穿；又能在农闲的时候，对老百姓进行孝顺父母、敬爱兄长、为人尽心竭力、待人忠诚守信的教育，那就‘叫百姓制造木棒也可以抗击拥有坚实盔甲、锐利刀枪的秦楚军队了’。”

减灶之计

“减灶之计”表示在战争中隐瞒自己军队的实力，借此麻痹敌人。

此典出自《史记·孙子吴起列传》：“……入魏地为十万灶，明日为五万灶，又明日为三万灶。”

战国时，韩国因魏国的进攻向齐国求救。齐王派田忌为将，孙膑为军师，率军进攻魏国都城大梁。魏军主帅庞涓得知敌人袭击后方阵地，连忙撤军回援。孙膑听说魏军撤了回来，便对田忌说：“魏军一向勇猛善战，从不把齐兵放在眼里，我们为什么不加以利用呢？如果我军今天做饭时挖十万个灶，明天挖五万个，后天再挖三万个灶。魏军会认为我们的兵力越来越少，因此麻痹轻敌。”果然一路上庞涓见齐军的灶越来越少，高兴地说：“想不到齐军如此胆怯，才入魏国境内三天，士兵就逃亡过半。”于是他下令丢掉步军，只率领少数骑兵追赶齐军。当行至狭窄的马陵道时，到处倒着树木，非常难走。庞涓见地上放着一封信，便叫人举起火把来看，上面写着：“庞涓死于此！”这时，埋伏在两旁的齐军万箭齐发，魏军纷纷中箭，庞涓见难以逃命，就拔剑自杀了。

骄兵必败

“骄兵必败”意思是认为自己强大而轻敌的骄横军队必定要打败仗。

此典出自《汉书·魏相传》：“恃国家之大，矜民人之众，欲见威于敌者，谓之骄兵，兵骄者灭。”

魏相，字弱翁，济阴定陶（今山东定陶西北）人，西汉大臣，曾任河南太守、大司农、御史大夫、丞相等职。

公元前68年，宣帝刘询派侍郎郑吉、校尉司马熹，领兵攻打西北边境的车师国。车师王请求匈奴救援，匈奴没有及时派兵支援，因此车师国投降汉朝。

后来，匈奴派骑兵袭击车师。郑吉派人突围，给汉宣帝送去一道奏疏，请求派兵支援。

汉宣帝召集群臣商议这件事。将军赵充国主张趁当时匈奴势弱，派兵攻打匈奴右翼，使匈奴再不能袭扰西域。丞相魏相不同意派兵出战，他上书进谏，陈述自己的见解。他说：“近年，匈奴没有侵犯我们边境。现在为了车师，就要去攻打匈奴，这是没有道理的。现在，边境上的老百姓生活很困难，没有衣服穿，只能穿着羊皮、狗皮，没有粮食吃，只能吃草籽，怎能轻易兴兵打仗呢？国内连年遭灾，收成不好；郡县的许多官吏不称职，风俗、道德也很成问题，儿子杀父亲，妻子杀丈夫的案件经常发生。我认为现在最主要的任务是处理好国内的事情，应当首先整顿朝政，任用贤能，这才是大事。即使这次出兵打了胜仗，后患也是无穷的。仗着国大人多而对外炫耀武力，这就是骄横的军队，军队骄横必定要灭亡。”汉宣帝采纳了魏相的正确意见，决定暂不去攻打匈奴，就派兵接应郑吉的军队返回渠犁。

《东周列国志》版画之“弦高假命犒秦军”图

厉兵秣马

“厉兵秣马”意思是说磨快兵器，喂饱马，比喻做好充分的战斗准备。

此典出自《左传·僖公三十三年》：“郑穆公使视客馆，则束载厉兵秣马矣。”

春秋时期，秦国称霸西戎，并觊觎东方领土很长时间了。公元前628年，驻在郑国的秦将杞子，暗中派人报告秦国国君秦穆公：“我现在掌握郑都北门的钥匙，可速派军队偷袭郑国国都。”

秦穆公欢喜异常，不顾大夫蹇叔的劝阻，派遣孟明视、西气术和白乙丙三人，统率大军前去偷袭。

秦国与郑国相隔千里，秦军好不容易才来到离郑国不远的滑国。恰巧郑国商人弦高赶着一群牛来到这里。他担心自己的国家还不知道偷袭的秦军已经到了大门口，心急如焚。为了保卫自己的国家，弦高一面派人火速回国送信，一面又假扮成郑国的使者，把牛送给秦军。他对秦将说：“我们的国君早已知道贵军远道而来，特命我先送上皮革四张、肥牛一批，犒劳秦军将士。”秦将孟明视以为郑国已经做好迎战准备，不敢继续进兵。

在郑国的秦将杞子，觉得秦军快到了，就命令驻守官兵积极准备。他们整理好行装，喂饱战马，把兵器磨得异常锋利。

郑国接到弦高密报，立即做好迎敌准备。同时派人监视杞子的活动。杞子见势不妙，带着随从慌忙逃跑了。

秦将孟明视眼看偷袭不成，成功无望，只好败兴而归。当他们退兵时，遭到晋军的伏击，全军覆没，三个将领都成了俘虏。

令行禁止

“令行禁止”意即有令就行，所禁必止。比喻纪律严明。

此典出自《荀子·议兵》：“以守则固，以征则强，令行禁止。”

《议兵》是荀况的一篇军事文章。荀况从加强地主阶级专政、统一天下的政治需要出发，总结了战国末期兼并战争的经验，阐述了自己的军事思想。

荀况认为，单纯的兼并并不难做到，但要长久地保持和巩固下去就很不容易了。他又列举了历史上许多能夺人之地而不能固守的事例，指出：只能兼并而不能巩固，那就一定会得而复失；不能兼并又不能巩固其原有的土地、政权，那就一定会亡国。如果得到了土地而且能够使它巩固下来，然后再去兼并其他的土地，那么再强大的敌人也不会畏惧。……用礼来巩固士；用政来巩固民，才是最大的巩固。如果能达到这样的政治局面，那么守住国土就会非常容易；征伐其他国家就会非常强大，就会令行禁止。这样王者的事业就完备了。

柳营试马

“柳营试马”形容军营纪律严明，也泛指军营。

此典出自《史记·绛侯周勃世家》。

刘邦的老朋友周勃的儿子周亚夫，承其父荫，封为条侯，担任河内太守。

刘邦死后，起初所封子侄还算老实，君臣之间相安无事。后来为王权与皇权之争，渐渐地出现诸侯国王反抗中央政权的迹象。

吴王濞是刘邦的二哥刘仲的儿子，初封沛侯，追随叔父以骑将纵横在淮南，打败英布，那时他才二十岁。后来天下大定，高帝把刘濞封为吴王，割出三个郡五十三个城，作为吴国属地。

吴国离汉帝国的辖地较远，汉文帝在位二十三年，是最安定的一段时期，因为汉帝国吴王国当时都忙于生产建设，吴王濞四十年的经营，使吴国成为一等强国，他开山取铜，煮海为盐，使府库日渐充实，就对中央政权不肯服帖了。文帝在位，与吴王濞还算是平辈，到了景帝，吴王已是大伯身份了。对这个侄儿皇帝，越来越不恭顺。汉帝国碰也不能碰他，但不碰也要出毛病，这就是晁错所说：“削之亦反，不削亦反。”

吴王濞看到楚、赵、胶西这几个国，都在晁错的削藩政策下，眼看着削地政策就要轮到他的头上，于是他就联合楚、齐、济、北、胶西、胶东、胶南、济东、济南、淄川，以及赵国，来个九国联军，以“诛汉贼晁错”为名向长安进兵。

汉景帝得报后，想协商解决，就听了袁盎的话，杀了晁错，以谢吴王。谁知晁错虽然被杀掉，吴王仍不止兵，因为他最后的目的是要夺得皇位。

这时景帝才后悔杀了晁错，即拜条侯周亚夫为太尉，率领三十六员将军迎击吴楚联军。

周亚夫的战略是不打硬仗，用坚壁的方法，以守代攻。他把兵驻屯在昌邑（今山东金乡），在柳树茂密的地方札营，每天在这里操练兵马。

汉景帝率领官员慰问周亚夫的军队。路过霸上和棘门的军营，发现这两个军营的纪律松弛，皇帝的车队畅通无阻。到了周亚夫的军营，士兵们都是身穿铠甲，手持兵刃，弓箭袋装满箭，军队威武严明。汉景帝的先驱部队来到营门，对守门的士兵说：“天子就要来了！”守门的士兵说：“将军有令，在军营中只听从将军的命令，而不需听从天子的诏书。”先驱部队没有办法，汉景帝来到营门，也没有办法进入军营。于是汉景帝派遣使节持节进入军营，告诉周亚夫说：“皇帝要来慰劳军队。”周亚夫才命令打开营门。汉景帝的车队正要在军营中奔驰，守门的士兵高声喊道：“将军有命令，军营中不得驾车奔驰。”于是，汉景帝的车队只能慢慢地前进。到了周亚夫的营帐内，周亚夫以军礼相见。看到威武严明的军队，汉景帝非常高兴。出了军营以后，汉景帝的随从都惊出一身冷汗，汉景帝说：“周亚夫是一个真正的军人。霸上、棘门的军队简直是儿戏。”

吴王濞的军队要攻长安，必经梁国，梁王刘武是倾向中央政权的，阻住吴王去路，吴王就攻打梁王。梁王几次请周亚夫发兵援救，周亚夫都不答应，急得梁王派使者到景帝面前告周亚夫的状。景帝下诏，要周亚夫速援梁国，周亚夫不奉诏，坚守不出，暗中却派兵断了吴楚的后路，把粮道断绝。

吴王濞在梁地消耗的军力非常大，率军与周亚夫对阵，周亚夫依然是坚守不战。吴楚军的粮食耗尽了，不战自溃，吴王知事不能再这样下去了。就下令退兵。此时周亚夫才出兵突击，仅仅一仗，吴楚军就彻底垮了。

披坚执锐

“披坚执锐”表示投身战斗。

此典出自《史记·项羽本纪》：“披坚执锐，义不如公；坐而运策，公不如义。”

秦朝末年，秦二世胡亥派章邯进攻赵国，章邯带领二十万兵卒把赵王团团围困在巨鹿。赵王不停地向楚王求救，楚王便派宋义做主帅，项羽做次将，北上救援赵国。宋义故意带领人马缓缓而行，到了安阳，竟一下子停留四十六天。项羽对宋义说：“听说秦军把赵王围困在巨鹿，应该马上进军。如果我们在外面攻击秦军，赵军必然会作内应，这样我们就一定会打败秦军的。”宋义说：“现在秦军攻赵，如秦军得胜，他的兵力一定十分疲困，就乘秦军疲困时进攻；如果秦军不能取胜，就大张旗鼓向西进军，这同样能打败秦军。‘身穿铁甲、手拿锐利武器去打仗，我不如您；坐下来讲用兵之策，您就不如我宋义了。’”宋义仍然不肯进军攻秦。项羽心里很着急，又向宋义建议说：“现在将士都希望我们进兵，协力攻秦，而且今年灾荒严重，百姓饥饿，军队缺粮，久留是不行的。而今秦军强大，大有一举吃掉赵国之势，哪有什么疲困的机会可以利用？我军在定陶大败的事情，已使楚王‘坐不安席’，而楚王又把一国之事交付于您，国家安危在此一举，望你以国家利益为重。”宋义仍坚持他的看法，项羽再三劝说毫无效果。项羽恼羞成怒，就杀害了宋义。项羽夺了兵权后，楚王乃封项羽为上将军，接替宋义的职位。项羽便派当阳君黥布和蒲将军领兵两万渡过漳河，去救钜鹿，但只取得了小小的胜利。赵王的大将军陈余再次要求项羽增兵，项羽便统率全军去救。

队伍一渡过漳河，项羽便下令把船只全部凿沉，把煮饭的锅全部打碎，把宿营的房子全部烧光，每人只带三天的口粮，以此表示誓死不归的决心。项羽决心死战，战士勇往直前，两军在巨鹿城下展开大战。

这时候，楚军的势力雄冠诸侯。救援钜鹿的诸侯军有十几个营垒，都不敢出兵。“楚战士无不以一当十”，喊杀之声惊天动地。经过几次激烈战斗，歼灭了秦军，俘虏了王离，杀死了苏角，逼死了涉间。这便是历史上有名的“钜鹿之战”。

旗鼓相当

“旗鼓相当”亦称“鼓旗相当”，比喻双方势均力敌，不相上下。

此典出自《后汉书·隗嚣公孙述传》：“如令子阳（公孙述）到汉中三辅，愿因将军兵马，鼓旗相当。”

西汉末年，王莽势力衰弱，成纪（今甘肃省秦安）地方的隗嚣组织武装力量，反抗王莽统治，相继攻克了陇西、张掖、酒泉、敦煌等地，自称上将军。而公孙述则在四川一带自称皇帝。

公元25年，汉光武帝刘秀建立了东汉中央王朝，但边远地区尚未完全统一。刘秀为了孤立公孙述，逐步实现统一，就处心积虑地笼络隗嚣。隗嚣为了寻找政治出路，曾上书刘秀，向东汉称臣。于是刘秀通过大司徒邓禹封他为西川大将军。后来，隗嚣又打退了从长安往西发展的农民起义部队赤眉军。当时，陈仓人吕鲔拥兵数万，跟公孙述勾结在一起，率兵侵犯陕西中部一带，进攻长安。隗嚣率兵配合刘秀的部队，打退了吕鲔和公孙述的共同进攻。因此，隗嚣得到了刘秀的信任和尊重。

为了阻止盘踞四川的公孙述向外扩大势力，刘秀给隗嚣写了一封措辞委婉的信，希望他能够依仗着自己的实力阻止公孙述进犯。他在信中说："我现在忙于在东方作战，大部队都集中在那里，西方兵力薄弱。如果公孙述出兵到汉中，企图进犯长安，我希望能够借重将军的兵马旗鼓，和他较量一番。如果能这样，我就算得到了上天的赐福。"隗嚣采纳了刘秀的意见，与刘秀共同出兵，把公孙述打得大败。

强弓劲弩

"强弓劲弩"指的是军备充实，武器精良，势力强大。

此典出自《战国策·韩策一》："天下之强弓劲弩，皆出自韩。"

战国时，纵横家苏秦去游说韩王，联合六国共同对付秦国。

苏秦到了韩国，受到韩王接见。他对韩王说："韩国地势很好，北面有巩洛成皋作为防御要塞，西有宜阳常阪作为防御屏障，东有苑穰洧水，南有陉山层层相卫。而且韩国方圆千里，拥有数十万兵马，'天下之强弓劲弩，皆出自韩'你看，韩国多了不起呀！"

韩王听了，面有喜色。苏秦又说："韩国有坚甲利兵，训练有素，也非常英勇，一人能抵一百人。再加上大王贤明能干，领导有方，完全有能力联合齐、楚、燕、赵、魏等国共同抗击强秦。但是，我听说大王打算服从于秦国，这是真的？"苏秦停了一下又说："如果真是这样，必然会为天下人所耻笑，我也将为大王感到羞耻。"韩王听了，攘背按剑、仰天叹息。他坚决而愤愤地说："寡人虽死，必不事秦！"

秋毫无犯

"秋毫无犯"比喻军队纪律严明，丝毫不侵犯人民的利益。

此典出自《史记·淮阴侯列传》："大王(刘邦)之入武关，秋毫无所害，除秦苛法，与秦民约，法三章耳，秦民无不欲得大王王秦者。"

据《后汉书·岑彭传》载：岑彭是东汉时光武帝刘秀的延尉，行大将军事，封为舞阴侯。此人带兵打仗很有办法。建武十一年春，岑彭奉命讨伐公孙述。据《后汉书》记载，岑彭的军队，纪律严明，丝毫不侵犯老百姓的利益。

深沟高垒

"深沟高垒"指军队扎营时，把壕沟挖深，把壁垒筑高。用以比喻防御工事的坚固。

此典出自《孙子·虚实篇》："故我欲战，敌虽高垒深沟，不得不与我战者，攻其所必救也。"

孙武说："进攻时，要想使敌人不能抵御，就要猛攻敌人防备松懈的地方；退却时，要使敌人无法追击，就要退得迅速，使敌人无法追及。如果我军想打，敌人即使坚守深沟高垒，也要逼他打，要去进攻他必须要去援救的要害之地。如果我军不想打，就要划定地区坚守，使敌人再想与我军交战也不可能。这就要设计迷惑敌人，让他们弄不清往哪个方向前进。"

师直为壮

"师直为壮"意思是指出兵理由正当，因而斗志旺盛，战斗力强。

此典出自《左传·僖公二十八年》："师直为壮，曲为老，岂在久乎？"

春秋时，晋楚两国都是强大的国家，小国如宋、郑、曹等一向臣服于楚，后来宋国忽然背叛了楚国改投晋国。楚国立即出兵伐宋。宋国在强兵压境时,派使者向晋国求援,晋文公听了大夫先轸的话,一面叫宋国去劝秦、齐两国和楚国交涉,一面将曹、卫两国君扣留起来作为人质。楚将子玉派人去通知晋兵说:“你们送曹、卫君回去,恢复曹、卫两国,我也就解除宋国的围攻。”晋文公把楚国使者囚在卫国,又暗中答应恢复曹、卫两国,于是曹、卫便与楚国断绝关系。

子玉因此非常生气,便率兵攻打晋兵,晋兵奉令后撤。晋军将领非常不满,晋大夫狐偃说:“出兵而理直者,就是壮盛的,理亏者,就是衰老的,何必在乎时间的长久?我们若无楚国的恩惠(晋文公曾得楚君之助,得以回国接君位),到不了今天,退九十里避开他们,就是为报楚国旧日的恩惠。如果我们忘恩负义,以仇怨相对,那么,我们理亏,他们理直,他们的士气很旺盛。如果我们退了,他们仍要进军,那就是他们理亏了。”

四战之地

“四战之地”指兵家屡次相争的四通八达的地方,指战略地位重要。

此典出自《史记·赵世家》:“上乘倍战者,裂上国之地。张守节正义:信战,力攻也。韩国四战之地,军士惯习,倍于余国。”

乐毅是战国时候著名的将领,以多谋善战而闻名于诸侯。燕国燕昭王当政为了报齐国的仇,屈身下士,广招贤者,任命乐毅为上将军,征伐齐国。乐毅联合越国、魏国、楚国共同讨伐齐国,赵惠文王还把相国印件授予乐毅。乐毅以联军统帅的身份率领大军进入齐国。齐军无法抵抗,在济西遭到惨败。乐毅又独自带领燕军攻占齐都临淄,齐王逃到莒地。

乐毅在齐国先后五年,攻占七十多城,为燕国扩大了疆土。燕昭王心满意足,非常感激乐毅,封他为昌国君。燕昭王死后,太子燕惠王即位,开始不信任乐毅了。齐国人田单施用反间计,派人暗地里告诉燕惠王说:“乐毅想在齐国称王”,燕惠王信以为真,马上派遣大将骑劫去替换乐毅。乐毅知道自己遭到诬陷,便跑到赵国。乐毅一走,齐国田单立即出兵撵走了骑劫,收复了失去的城池。

燕惠王发现自己上了齐国的当,心里非常后悔,几次写信请乐毅回燕,乐毅都婉言谢绝了。燕惠王只好任命乐毅的儿子乐间为昌国君,掌管燕国的一部分兵马。

有一年,燕王喜打算攻打赵国,他征求乐间的意见。乐间说:“赵国不能攻打呀,它的周围全是邻国,是个四面受敌的地方,自古以来就是军事要塞。况且赵国的百姓十分熟悉作战,千万不能去招惹它啊!”

可是燕王求功心切,没有采纳乐间的意见。燕军入赵后,赵国的名将廉颇领兵御敌,结果燕军大败。燕国被迫割地给赵国,赵国才答应与燕国讲和。

从那以后,乐间也去了赵国,不再为燕王出谋划策了。

孙子练兵

“孙子练兵”说明治军必须纪律严明,带兵要遵循法则。

此典出自《史记·孙子吴起列传》:“孙子武者,齐人也。以兵法见于吴王阖庐。……阖庐曰:“可试以妇人乎?”曰:“可。”于是许之,出宫中美女,得百八十人。孙子分为二队,以王之宠姬二人各为队长,皆令持戟,……即三令五申之。于是鼓之右,妇人大笑。……复三令五申而鼓之左,妇人复大笑。……乃欲斩左右队长。吴王从台上观,见且斩爱姬,大骇,趣使使下令曰:“……愿勿斩也。”孙子曰:“臣既已受命为将,将在军,君命有所不受。”遂斩队长二人以徇,用其次为队长。于是复鼓之。妇人左右前后跪起皆中规矩绳墨,无敢出声。”

春秋时,吴王阖闾除掉庆忌后,大摆酒席,大臣们全都向他表示祝贺。伍子胥对阖闾说:“大王终于了却一桩心事,可是我的仇恨哪年哪月才能得报呢?”伯也请求阖闾发兵。阖闾说:“发兵去打楚国,那么让谁当大将呢?”伍子胥和伯齐声说:“听凭大王的吩咐,我们都愿意誓死从命。”阖闾没有吭声,看了看四周,叹了口长气。伍子胥窥出阖闾还不愿意拜他为大将,赶紧接着说:“要不,我再推荐一个人,我想大王一定会乐意用他。”阖闾问:“谁呀?”伍子胥说:“他是齐国人,叫孙武,是个大军事家。他研究了许多打仗用兵的方法,还写了十三篇兵法。如果把他请来,拜为大将,吴国必能变成天下无敌的强国,大王就是霸主了。对付楚国,易如反掌。”阖闾听了,非常高兴,立即打发伍子胥带着贵重的礼物去请孙武。

孙武,去见阖闾。阖闾从朝堂上跑下来迎接孙武,随即问他用兵的方法。孙武把自己写的十三篇兵法送给他。阖闾叫伍子胥念一遍。每当伍子胥念完一篇,阖闾就点头称赞,并对伍子胥说:“十三篇兵法既简明扼要又精练纯粹,好极了!可是吴国国小兵微,怎么办?”孙武说:“有了兵法,只要大王有决心,不仅男子,就是女子也行。男男女女,全都能够打仗?”阖闾笑着说:“女人怎么能打仗,这不是闹笑话吗?”孙武一本正经地说:“如果大王不相信我,请先拿宫女们试一试。如果不能把她们训练得跟士兵一样,我愿意认罪受罚。”阖闾派了一百八十名宫女,让孙武操练。孙武请阖闾挑出两个爱妃当队长。最后,孙武请求说:“军队最重要的就是纪律。虽说拿宫女们试试,也得讲究纪律。请大王派个执掌军法的人,再给我几个武将当助手。”阖闾都答应了。

一百八十名宫女全部穿戴着盔甲,手执兵器,在操场上集合。孙武首先制定了三道军令:“第一,队伍不许混乱;第二,不许吵吵闹闹;第三,不许故意违背命令。”接着,他把宫女们排成队伍,操练起来。那两个妃子队长觉得她们穿上军衣,拿着长枪、短刀,只是来玩耍而已,就带头嘻嘻哈哈地不听使唤,其他宫女也跟着笑闹成一团。她们或坐,或站,或摆姿弄势,或来回奔跑,简直不把操练当一回事。孙武传令,叫她们立即归队立正。其中还是有人不停地说笑,不听从命令。孙武传了三次令,那两个妃子队长和宫女还是嬉笑如故。孙武大怒,瞪着眼睛大声地跟那个执掌军法的人说:“士兵不听命令,不服约束,按照军法应当怎么处治?”军法官连忙跪下,说:“应当斩首!”孙武就发出命令,说:“先把队长斩了,做个榜样。”武士们就将两个妃子队长绑起来,吓得宫女们全都花容失色。

阖闾在高台上远远地看着孙武操练宫女,忽然看见两个妃子被绑上了,立刻打发伯拿着“节杖”(代表君王权力的一根手杖)去说情,说:“我已经知道将军用兵的才能了。这两个妃子是我最疼爱的,请饶了她们吧!”

伯急忙来见孙武,传阖闾命令。孙武说:“军中无戏言。既然大王让我做将军,就得由我管理军队。要是不把犯法的治罪,以后我还能够指挥军队吗?”最后孙武还是处死了阖闾的这两个妃子,又挑了两个宫女当队长,才重新操练起来。这批宫女在孙武严厉的训练下,居然操练得有模有样。

阖闾虽然佩服孙武的兵法,但心里却仍不太愿意重用他。伍子胥对阖闾说:“大王准备征伐楚国,领导各国诸侯,做一番惊天动地的大事业,就非得有个像孙武那样的大将不可。”阖闾经他这么一说,才拜孙武为大将,又称呼他为军师,嘱咐他为征伐楚国作准备。

天下无敌

“天下无敌”形容战无不胜，没有能抵挡住的。

此典出自《孟子·离娄上》：“夫国君好仁，天下无敌。”

有人问孟子：怎样才能做到天下无敌。

孟子说：“现在有些弱小国家想以强国为师，但又以接受别人的命令为耻，就好比学生以接受老师的命令为耻一样，这能行吗？”来访者问：“不以强国为师就没有其他办法了吗？”孟子沉思了一下回答说：“当然不是说只能以强大的国家为师，因为我们可以以文王为师。以文王为师，强大的国家只需五年，较小的国家只需七年，就能够得到统治天下的大权。”“怎样才能做到以文王为师呢？”来访者又问道。孟子说：“这就是要施行仁政。孔子说过：仁德的力量，是不能拿人的多少来计算的。如果君主爱好仁德，则‘天下无敌’。”孟子说完之后，又特意强调一句说：“仁者无敌。”

吴起养兵

“吴起养兵”的故事告诉我们：吴起有一番谋略和本领，同时他在实行自己主张的过程中，也触犯了许多人的利益，终于不能自保。

此典出自《史记·孙子吴起列传》：“楚悼王素闻起贤，至则相楚。明法审令，捐不急之官，废公族疏远者，以抚养战斗之士。要在强兵，破驰说之言从横者。于是南平百越；北并陈、蔡，却三晋；西伐秦。诸侯患楚之强。故楚之贵戚尽欲害吴起。及悼王死，宗室大臣作乱而攻吴起，吴起走之王尸而伏之。击起之徒因射刺吴起，并中悼王。悼王既葬，太子立，乃使令尹尽诛射吴起而并中王尸者。坐射起而夷宗死者七十余家。”

楚悼王（楚惠王的曾孙，楚昭王第四代的孙子）向来知道吴起的才干，拜他为相国。吴起非常感激楚悼王，就竭尽全力要给楚国做一番事业。他提出了富国强兵的计策，对楚悼王说：“楚国有好几千里的土地，一百多万的士兵，当初也做过诸侯的盟主。到了今天，反倒不敢跟列国去争个高低，还不是因为养兵的办法不好吗？一个国家要打算把兵马训练成百战百胜的军队，就必须要提高士兵的待遇。要提高士兵的待遇，首先要整顿财务。楚国的财物不是不丰富，也不是生产不够，毛病就在财务的分配太不合理。富裕的人太富裕，穷苦的人太穷苦。比方说，有名无实的大官，拿钱不干事的大夫，还有那些远房的贵族，他们没起什么作用，没做出贡献只是白拿国家俸禄，白吃白喝，耗费国家钱财。可是士兵平常连肚子都填不饱，哪还能够养活家人呢？要叫这些士兵打仗，不贪生怕死才怪呢！如果大王依照我的办法把那些没用的、多余的、挂名的官员们都裁掉，叫那些远房的亲族们自己去耕作，国家就能节省很多钱财和粮食。把这些省下来的钱财和粮食拿出些优待英勇的将士，将士的待遇就能提高。如能这么做，军队再不强大的话，请把我定罪！”楚悼王觉得这确实是富国强兵的好办法，就让吴起负责去做这件事。

吴起奉了楚悼王的命令，着手编定官员等级，订出惩罚贪污和奖赏有功人员的办法。用很严厉的手段，把多余的和挂名的官员裁去。大臣的子弟不能倚仗父兄的势力或者用贿赂当官，功臣子孙五代以后不能再靠祖宗功劳继承爵位。不到五代的功臣子孙必须按着等次减少俸禄。祖宗有功超出了五代的必须自食其力，国家不再供养。

经过吴起的一系列改革，国家的钱财增多了。他挑选精锐壮丁，加紧训练，并按其才干增加粮饷。士兵待遇比从前高了几倍。一个有能力的小兵比远门的贵族还强！楚国士兵都感激他，都愿替国家出力。于是楚国军队在短时间内就威名远扬了。在南边收服了百越(百越,也写做百粤,当时南方各部族的总称),西边打败了秦国。中原各国,像齐国、韩国、赵国、魏国从此不敢得罪楚国了。

先礼后兵

“先礼后兵”意即先以礼节相待,后用强硬手段或武力解决。

此典出自《三国演义》第十一回《刘皇叔北海救孔融,吕温侯濮阳破曹操》:“郭嘉谏曰:‘刘备远来救援,先礼后兵,主公当用好言答之,以慢备心;然后进兵攻城,城可破也。’”

东汉末年,北海相孔融被黄巾起义军的管亥部队围困,情况紧急。他派人冲出重围,向刘备求援。刚结束战斗,徐州太守陶谦又派人来告急,说徐州被曹操兵马围住,请求刘备去解燃眉之急。

刘备率领关羽、张飞和赵云,冲入曹军,杀出一条血路,长驱直入徐州城内。陶谦将刘备请入府衙,取出徐州牌印,让给刘备,说:“目下国事纷乱,朝纲不振,你是汉室宗亲,正该力扶社稷。我已年老昏庸,情愿将徐州相让……”

刘备推辞说:“我功微德薄,今来相救本是出自大义,怎敢有吞并之心?!”

二人互相推辞,没有结果,府吏们相劝说:“今日兵临城下,首先应该商议退兵之计,让位之事可留待日后再议。”刘备赞成说:“我先给曹操写封信,劝他退兵,若他不答应,再与他交战也不晚。”

刘备写道:“目前国内忧患无穷,董卓的余党没有肃清,造反的农民到处都是。你应该以朝廷为重,不要图报私仇,你如果撤回徐州之兵,以救国难,那是天下的幸事!”

曹操看完信,火冒三丈,大发雷霆,骂道:“刘备是什么人?胆敢来教训我!将送信的人给我斩首,全军上下马上攻城,我看他刘备到底有什么能耐?!”

曹操手下有一位谋士,名叫郭嘉。他是深谋远虑的人。他看曹操怒不可遏,便好言相劝说:“不能这样,刘备远来救援,先礼后兵,是很合乎礼节的。我们千万不能鲁莽,也应用好话去安抚他,松懈他们的斗志,然后再攻城,就会易如反掌了。”曹操听从了郭嘉的意见,款待送信的使者,又给刘备写了一封回信。曹操正在与使者闲聊的时候,忽然有流星马前来报告,说吕布的军队已经攻破兖州,正在进攻濮阳,曹操顿时惊恐万状,大声喊道:“兖州危急,我们无家可归了,马上撤出徐州!”

刘皇叔北海救孔融图,出自《图像三国志》。

郭嘉下达了撤军的命令,然后对曹

操说："我们可以卖个人情给刘备，就说看在他的面子上我们退军了！"

曹操会心地点了点头，又重新给刘备写了一封信。

先声夺人

"先声夺人"表示先以强大的声势摧折敌方的士气。

此典出自《左传·昭公二十一年》："《军志》有之，先人有夺人之心，后人有待其衰。"

春秋时代，宋国的司马华费逐有三个儿子：华貙、华多僚、华登。华多僚深受宋国国君信任。他经常说两个弟兄的坏话，华登被逼逃亡到国外。他又对宋公说："华貙这个人总和反叛的人来往，留着他后患无穷！"

宋公决定打发华貙到国外去，华貙明知这是华多僚的诡计，就和侍从一起杀了他，并召集逃亡的人一起反叛宋国，宋公请来齐国的乌枝鸣帮助防守城池。

这年冬天，逃亡在外的华登率领吴国军队来支援华貙。眼看华登的队伍朝宋国奔来，厨邑的大夫濮对乌枝鸣说："兵书上说：先张扬自己的声威，可以摧毁敌人的士气；后向敌人进攻，要等待他们的士气衰竭。现在华登的军队长途跋涉，还没有安定下来，正是我们发起进攻的好时机。如果敌人稳住，势头也足，我们就难以打败他们，到时后悔也来不及了。"

乌枝鸣听从濮的建议，第二天就派兵迎击华登，把吴军打得大败，俘虏两个将领，华登领着残兵败将奋力抵抗，拼命向宋公杀去。宋公招架不住，企图逃跑。濮拉住他，说："我是下臣，我可以为君王战死，但不能护送君王逃跑，君王应该坚持住！"

说完，濮又朝军士们喊："凡是国君的战士都把旗帜挥舞起来！"

军士们拼命地舞动旗帜，士气很足。这时宋公也尽量壮起胆子，对军士说："如果国家败亡了，国君死去，也是大家的耻辱，这不仅是我一个人的罪过，大家拼死战斗吧！"

乌枝鸣命令军士挥起利剑与华登拼搏。齐军和宋军一块攻击华登，华登支持不住，节节败退。濮冲锋在前，一个人刺死华登，将他的头砍下，裹在战袍里，一边奔跑一边狂呼："我斩了华登，我斩了华登！"

这次战争以宋公获胜而告终。

偃旗息鼓

"偃旗息鼓"用以说明战斗的休止；也比喻一切争吵或动乱的平息；还可以用来说明一些不法之事因被追查得紧而暂时停顿。

此典出自《三国志·蜀书·赵云传》："云入营，更大开门，偃旗息鼓，公疑有伏兵，引去。"

三国时代，黄忠在定军山下把曹操大将夏侯渊杀死，曹操亲自率领军队二十万来替夏侯渊报仇；并派张郃搬运粮草屯在汉水北山的脚下。黄忠和赵云奉命一同去烧劫粮草。后来赵云见黄忠和张著被曹兵分开围住，不能脱身，就奋勇刺死了曹操部将慕容烈和焦炳，打败了张郃和徐晃，这才救出了黄忠和张著。

曹操在高山上看见赵云如此英勇善战，所到之处，曹军节节败退，心里非常恼怒。随即亲自带领大军下山助战。赵云的部下张翼看见赵云的后面有强大军马追来，就请赵云下令关紧寨门。赵云坚决不肯，反而命令大开寨门，放倒旗帜，停止擂鼓；在寨外战壕里面埋伏下弓箭手。他自己独自骑着马，提着抢，站在营寨的门口。

曹操赶到，下令急攻，可是看见赵云仍然威风凛凛地站着不动，却又向后急退。赵云趁势把手一招，战壕里立刻万箭齐发。曹操不知赵云到底埋伏了多少兵马，首先拨马逃走，其余将领也在后面争着逃命，赵云和黄忠率军在后面紧追不舍，终于占领了曹军营寨，夺取了曹军粮草。

扬长避短

“扬长避短”指在战争中，应掩盖自己的劣势，发挥自己的优势。

此典出自《史记·淮阴侯列传》：“不以短击长，而以长击短。”

楚汉之争时，韩信率领数万军队，东经井陉进攻赵国。赵王赵歇、丞丁陈余知道这个消息后，立即发兵二十万驻扎在险要的井陉道口。谋臣李左车建议说：“韩信的军队长驱而来，就像锋利的刀口一样锐不可当，大王不要与他正面交锋为好。请大王借给我三万士兵，从小路去袭击韩信的后方，烧毁粮草，不到十日，韩信的头就可到大王帐下。”陈余反对说：“韩信的军队本来不多，又不远千里来袭击我们，对这样疲惫之师，何必用偷袭方法！”赵王拒绝了李左车的建议。

后来，韩信在井陉口击败赵军，活捉了李左车，李左车被带到韩信面前，韩信请他上坐，并亲自为他解开绳索，拜为老师。李左车非常感动。韩信想乘胜进攻北方燕地和东方齐地，就征求李左车的意见。李左车说：“败军之将谈不上勇气，亡国大夫侥幸活命。我当了俘虏，哪有脸面与将军一起讨论军事大事！”韩信安慰说：“先生是赵国的杰出人才，只是赵王不采纳你的意见罢了；否则，当俘虏的可能就是我了！”李左车见韩信一片真诚，就将自己的想法说了出来。他说：“将军一举攻下井陉，击败赵国二十万大军，威震天下，名扬海内，这是将军的长处；但将军的军队连续行军，已经疲惫不堪了，很难再远行打仗，这是将军的短处。善于用兵的人不以短处攻别人的长处，而是以自己的长处进攻别人的短处。所以，现在应让将士休息，同时利用战胜后的军威，致书燕、齐，进行政治攻势，使他们望风归顺。”

韩信听后，高兴地说：“这正符合我的心意！”

用兵如神

“用兵如神”形容非常善于指挥军队作战。

此典出自《三国演义》第六十四回：“张任看见孔明军伍不齐，在马上冷笑曰：‘人说诸葛亮用兵如神，原来有名无实。’”

东汉末年，诸葛亮向刘备提出占据荆、益两州，谋取西南各族统治者的支持，联合孙权对抗曹操，统一全国的建议，被刘备采纳了。建安十八年，刘备留诸葛亮等镇守荆州，亲自率兵进入益州。第二年，诸葛亮领兵来到雒城支援刘备。诸葛亮得知张任是益州名将，便决定想法先捉住张任，然后再攻雒城。诸葛亮乘马来到雒城东面的金雁桥边，绕河看了一遍，回营后便吩咐张飞、赵云、黄忠、魏延等人埋伏在金雁桥附近，以便抓获张任。

一切安排妥当，诸葛亮便亲自去引诱张任。只见他乘坐一辆四轮车，摇着羽毛扇，带着一队不整齐的人马，迎着张任而来。对阵以后，诸葛亮指着张任说：“曹操虽有百万大军，听说我的名字也望风而逃，你是什么人，还不赶快投降？”张任见诸葛亮军伍不齐，便在马上冷笑说：“别人都说诸葛亮用兵如神，原来有名无实！”说着把枪一挥，他手下的士兵一起杀了过来。诸葛亮弃了四轮车，上马退过桥去。张任不知是计，在后面紧追不舍。过了金雁桥，张任见左右皆有埋伏，知道中计了，掉头想回去时，桥已被拆断了，最后终于被张飞活捉。刘备劝张任投降，张任宁死不降，诸葛亮便派人把他杀了。

招兵买马

“招兵买马”原指组织、扩充军队。后亦比喻组织或扩充人员，有时用于贬义。

此典出自明代毛晋《六十种曲·白兔记》：“老夫我打听太原并州岳节度使招军买马，积草囤粮；你武艺过人，如何不去？倘然一刀两剑取个前程，有何不可？”

《残唐五代史演义》版画之刘智远像

五代残唐时代刘知远，因父母早死，生活困难，青年时流落在外，被徐州沛县李家庄李员外收为义子。李员外见刘知远相貌不凡，知他日后定会发达，便将三女儿许配给他。成婚不久，李员外夫妻都去世了。大儿子李洪见刘知远是个穷光蛋，就要求三妹改嫁；谁知计未得逞，反被刘知远痛打一顿。这件事被李三姐的三叔知道了。李三叔本来是同情刘知远的，他们成亲的时候，李三叔是媒人，为此，他便向刘知远说：“老夫我打听太原并州岳节度使招军买马，积草囤粮；你武艺过人，为什么不去呢？如果能谋个前程，有何不可？”刘知远听从了李三叔的意见，便去投奔了并州节度使。

刘知远到并州投奔节度使岳勋之后，先做更夫，后为军士。因在平乱中立了大功，被朝廷封为九州安抚使。

枕戈待旦

“枕戈待旦”比喻枕着武器躺着，等待天明。后用以“誓死抵抗”之意。

此典出自《晋书·刘琨传》：“琨少负志气，有纵横之才，……与范阳祖逖为友，闻逖被用，与亲故书曰：‘吾枕戈待旦，志枭逆虏，常恐祖生先吾着鞭。’”

刘琨，字越行，西晋末年魏昌人，具有丰富卓越的军事才能，诗文也非常好。愍帝时，做过都督，统辖并、冀、幽三州的军事。

年轻时，刘琨和祖逖关系很好，他们同做司州主簿，国家经常遭受外敌侵略，他们都立下大志，准备为国效劳。两个人常在半夜里听见鸡叫便起床学习舞剑，以此锻炼自己的本领。

后来刘琨听说祖逖得到重用，立下战功，他心里非常激动，一连写了许多封信给他的亲友们说：“我平日‘枕戈待旦’，立志要消灭凶恶的敌人。深怕祖逖先我着鞭……”

直捣黄龙

“直捣黄龙”比喻一鼓作气拿下敌人的老巢，取得战斗的最后胜利。

此典出自《宋史·岳飞传》：“飞大喜，语其下曰：‘今番直抵黄龙府，与诸者痛饮耳。’”

岳飞，字鹏举，相州汤阴人。他年轻时精通兵法，武艺过人。

二十岁时，岳飞报名参军，任秉义郎（下级军官）。他奋勇杀敌，多次立下战功，职位不断升高，最终成为南宋主要的抗金将领。

绍兴五年，岳飞任靖远节度使，为了壮大队伍，收复北方失地，他派部下梁兴等人去两河一带宣传他的主张，号召义军与官兵联合抗金。义军纷纷归附岳飞，打上“岳”字旗号。顿时，“岳家军”声势浩大，震动天下，所到之处，父老百姓争着拉车牵牛，运来粮食欢迎岳家军到来，在道路两旁焚香跪拜。金兵听说岳家军已经来到了，往往不战而败。金主兀术想调动军队抵抗岳飞，但河北没有一个人响应，兀术叹息道：“从我在北方起事以来，还没有受过这么巨大的挫折。”金兵主帅乌陵思一向是刚勇而狡猾，这时也没有办法控制他的部下，只好劝慰他们说：“我们不要轻举妄动，等岳家军一来就投降。”在岳家军的震慑下，金兵统制王镇、统领崔庆纷纷归降岳飞，金将军韩常也打算带五万人马秘密投降。抗金形势大好，收复北方失地，夺取最后胜利指日可待。岳飞异常兴奋，对部下说：“直抵黄龙府，与你们痛饮一场！”

暗渡陈仓

“暗渡陈仓”用来形容一边迷惑、麻痹对方，一边偷偷摸摸地暗中活动，出其不意，以达到某种目的。

此典出自《史记·高祖本纪》。

秦朝末年，项羽和刘邦都有独霸天下的野心。公元前206年正月，项羽在推翻秦王朝后封地、封王，他知道刘邦不好对付，有意将刘邦封为汉王，领地限制在当时偏僻的巴蜀和汉中一带。刘邦很是不服，但当时自己的实力不足以与项羽抗衡，只好领兵西上，开往汉中的南郑城。在通往南郑的路上，有绵延几百里的栈道。栈道是在险峻的悬崖绝壁上凿孔支架木桩，铺上木板而成的窄小通道。刘邦接受谋士张良的计策，将走过的栈道全部烧毁。这样既有利于自己的防御，又可以迷惑项羽。因为项羽为防刘邦日后与自己争天下，把他东进必经的关中分为三部分，封秦朝的三个降将郿邯、司马欣、董翳为王，号称三秦，拥重兵把守。烧毁栈道，既向项羽表示刘邦无意东进，又松懈了三秦对刘邦的戒备和防守。

公元前206年8月，刘邦拜韩信为破楚大将军。韩信命大将樊哙带一万人大张旗鼓地去修复栈道。由于山路崎岖，栈道全部焚毁，将士们连立足的地方都没有。樊哙心中暗暗叫苦，如此工程，就是十万人一年也修不完哪！消息传到把守关中第一道关口的老将郿邯耳朵里，也很是不以为然。

哪知韩信亲率三万精兵，秘密从孤云岭雨脚山后，沿陈仓小路疾行，将士们弃马步行，不顾山道曲折，披荆斩棘，昼夜兼程，仅半个月的时间，突然就出现在了关中。郿邯听到消息，大惊失色。由于疏于防备，一时手足无措，不知如何是好。而此时，汉军先锋樊哙已经开始攻城了。郿邯只得仓促披挂上阵，开城迎战。结果连败三阵，丢了三座城池，所带精兵所剩无几。郿邯恐怕被韩信活捉，有辱一世威名，恼羞成怒，拔剑自刎。

此后，韩信又连破司马欣和董翳，收取关中，直捣咸阳，楚汉相争从此拉开了帷幕。四年后，也就是公元前202年，刘邦最终击败了项羽，统一了天下，建立了汉朝。

楚汉相争是从“明修栈道、暗渡陈仓”开始的。刘邦最终取得胜利的结局，使人们把它作为重要的军事谋略广为传颂。而它的使用也逐渐走出军事领域，成为人们在日常生活中表达类似做法的一句成语。这句成语，也有人称作“明修暗渡”，意思是一样的。

出奇制胜

“出奇制胜”意思是说用奇计制伏敌人，取得胜利。比喻用出人意料的办法取胜。

此典出自《史记·田单列传》：“兵以正合，以奇胜。善之者，出奇无穷。奇正还相生，如环之无端。”

战国时，齐湣王田地骄傲自大，腐化堕落，不理朝政。附近的燕国乘机派大将乐毅带领五十万精兵，联合秦、赵、魏、韩四国一起攻打齐国，把齐兵打得溃不成军，占领了齐国七十座城，只剩下莒城和即墨两个小城没被攻破。田地也在逃亡中被人杀死。

刚开始齐国的老百姓非常痛恨田地，根本无心抗敌，但后来他们看到燕兵奸淫掳掠，感到了国破家亡的痛苦，便纷纷逃往莒城和即墨，誓死守城抗敌。不久，即墨大夫死了，大家就推举田单做守城将领。

田单是齐王的远族，很有智谋，又懂得兵法，他带领全城军民奋力守城，乐毅围城三年，无法攻下这座小城。一天，田单知道燕昭王死了，他便派人到燕京去散布流言，离间燕王和乐毅之间的关系，燕王便派骑劫去取代乐毅。

骑劫是个残暴而愚蠢的人，他到了齐国以后，经常虐待士兵，导致全军士气低落，毫无斗志。田单便乘机突然发动反攻，在夜晚用火牛车大破燕兵，只用了几个月，便完全收复了失地。因而齐人称田单为“齐国之父”。司马迁在《史记·田单列传》中赞扬他说：“兵以正合，以奇胜，善之者，出奇无穷，奇正还相生。”

调虎离山

“调虎离山”比喻用计谋使对方离开原来的有利地位。

此典出自《西游记》第五十三回：“才然来，我是个调虎离山之计，哄你出来争战，却着我师弟取水去了。”

唐僧师徒去西天取经，途中看到一条小河，清水澄澄，寒波湛湛。唐僧看河水挺清的，一时口渴，便叫八戒舀些水来喝。八戒取出钵盂，舀了一钵，唐僧喝了一小半，剩下的一大半被八戒一气喝个精光。一会儿，唐僧、八戒都叫：“腹痛！”又过一会儿，八戒、唐僧呻吟不已，大叫“痛得很！”又过了一会儿，疼痛难忍，肚子渐渐大了起来。又过了一会儿，肚内似有一血团肉块，不住地乱动。见到这种情况，孙悟空搀着唐僧，沙僧扶着八戒到一草舍寻医治病。悟空将事情的经过讲给一位婆婆听，那婆婆听了哈哈大笑道：“刚才你师父喝的是子母河的水，喝了那水便成胎气，过几天要生孩子的。”唐僧听了，大惊失色道：“徒弟呀！这怎么办啊！”八戒扭腰撒胯地哼道：“爷爷呀！我怎么生得出来啊！”婆婆见状，便对他们说：“离这里三十里外的地方有一座解阳山，山中有个破儿洞，洞中有个‘落胎泉’，必须喝一口那泉水，才能消除胎气。但如今这泉被如意真仙护住，不送厚礼，你休想得他一滴水。”孙悟空听了，高兴地说：“师父，你放心，待老孙去取水来。”

悟空来到破儿洞取水，那如意真仙非但不给，反而又骂又打。悟空与那仙打了十几个回合，那仙战败，拖着武器如意钩往山里跑了。悟空急忙去取水，吊桶刚放下，那仙跑来用如意钩把悟空钩倒在地，吊桶也落入井里。悟空无奈，只得回去叫沙僧来帮忙。

悟空、沙僧一同来取水，悟空对沙僧说："你先藏起来，等我与那仙交战正浓时，你乘机取水。"沙僧按计行事。沙僧取到水后，喊道："大哥，我已取到水了。"悟空得知，对那仙道："刚才，我使了调虎离山之计，哄你出来争战，却叫我师弟取水去了。……以后再有人来取水，千万不要勒索他了。"孙悟空、沙僧取回水给唐僧、八戒喝下去后，胎气便解了。

七擒七纵

"七擒七纵"比喻运用策略，有效地控制对方，使对方心服口服。

此典出自《三国志·蜀志·诸葛亮传》："七纵七禽，而亮犹遣获，获止不去，曰：'公天威也，南人不复反矣。'"

蜀主刘备病危，从成都把诸葛亮召到永安，在病榻前对他说："你的才学，比曹丕高十倍，必能安邦定国，成就大事。我的儿子，你觉得能辅佐就辅佐，如果不能，爽性你自己做西蜀之主吧。"诸葛亮流着眼泪说："臣敢不效忠贞之节，愿竭尽股肱之力，死而后已。"后来，诸葛亮果真竭尽全力地辅保后主刘禅。

刘备死后，夷王高定元等人起兵，反抗蜀汉政权。这对诸葛亮来说，是一个很大的威胁。因为主少国疑，西南地区的夷帅叛变，可以影响到其他地方，只是用军事力量去镇压是不能彻底解决的。所以诸葛亮采取了对外联吴防魏，对内提倡生产的政策，等到诸葛亮把一切都安排妥当后，才发兵攻伐南夷。

诸葛亮采用了分化的战略，使敌人先起内讧。高定元的部将杀了雍闿，然后高定元也被攻破。这时代替雍闿而起的夷帅是孟获。

孟获的军队驻扎在泸水（即金沙江）之南。时值五月，泸水险恶而不易渡。诸葛亮找了当地土人做向导，渡过泸水，生擒了孟获。见他不服，又把他放走。

诸葛亮知道，西南地区地远山险，民心不服已久。杀了孟获，并不能解决问题，只会引起南人的憎恨。大军一走，还会再起叛乱。只有使他们的首领心悦诚服，才是平服南夷的好办法。这样，在双方交战的过程中，诸葛亮活捉了孟获七次，又放了他七次，终于使这位

《三国志通俗演义》版画之"诸葛亮七擒孟获"图

强悍、勇猛的首领心服口服，一再表示从此以后南人绝不再与蜀汉为敌了。

三十六计，走为上计

“三十六计，走为上计”意思是指在战争中，敌我力量相差悬殊，自己处于劣势，只有撤走才是最好的办法。

此典出自《资治通鉴·齐纪七》：“是时上疾已笃，敬则仓猝东起，朝廷震惧。太子宝卷使人上屋，望见征虏亭失火，谓敬则至，急装欲起。敬则闻之，喜曰：“檀公三十六策，走为上策，计汝父子唯有走耳！”盖时人讥檀道济避魏之语也。敬则之来，声势甚盛，裁少日而败。”

王敬则为南朝齐高帝萧道成取得皇位立下汗马功劳，受到众人的敬重。萧道成死后，武帝继位，武帝死后昭业继位。不久，萧鸾采取阴谋手段杀死昭业和他的弟弟昭文，自己篡得帝位，号称明帝。萧鸾登上皇帝宝座，担心兄弟和后辈要推翻他，便残忍地杀掉了萧道成的二三十个儿孙。一些老臣旧将也被他除掉。王敬则也是被猜忌的对象。萧鸾虽然表面上对王敬则很尊敬，给他优厚的待遇，内心却处处防备他，派人监视他。当时王敬则任会稽太守，离朝廷远，萧鸾极不放心。

一天，萧鸾把王敬则在京都的儿子王仲雄叫来，递给他一把焦尾琴，说：“我听说你琴弹得好，请你试一下吧！”

王仲雄调准琴弦，边弹边唱，唱了一首民歌，歌词是：“常叹负情侬，郎今果行许……君行不净心，那得恶人题！”

萧鸾听了这个曲子，心里更加怀疑，忙派张瑰为平东将军、吴郡太守，领兵秘密监视着王敬则。王敬则听到这个消息，恼羞成怒，当即起兵叛变，领兵向京都建康进发。王敬则的一万兵马渡过钱塘江，打败张瑰的两千守兵，张瑰吓得逃跑了。跟随王敬则的百姓有十几万人，他们手拿铁锹、锄头，占领沿途各县，杀掉县令，直逼京口。

萧鸾正生病卧床，听说王敬则起兵反叛朝廷，非常惊骇，满朝文武大臣全都吓得失魂落魄。萧鸾的儿子萧宝卷叫人爬上房顶了望，看见征虏亭上火光冲天，以为叛军已经到来，萧宝卷吓得连衣服都顾不上换就要逃跑。这件事传到王敬则耳朵里，他得意地说：“嘿嘿，三十六计，走为上计，我料他萧鸾父子唯有逃跑这条路啦……”

可是不久，王敬则因寡不敌众，军队又被河水所阻，遭到失败，他自己也被守军杀死。

古代兵法所说的三十六计，是每套六计，共有六套，即：

第一套胜战计：瞒天过海、围魏救赵、借刀杀人、以逸待劳、趁火打劫、声东击西。

第二套敌战计：无中生有、暗渡陈仓、隔岸观火、笑里藏刀、李代桃僵、顺手牵羊。

第三套攻战计：打草惊蛇、借尸还魂、调虎离山、欲擒故纵、抛砖引玉、擒先擒王。

第四套混战计：釜底抽薪、浑水摸鱼、金蝉脱壳、关门捉贼、远交近攻、假途伐虢。

第五套并战计：偷梁换柱、指桑骂槐、假痴不癫、上屋抽梯、树上开花、反客为主。

第六套败敌计：美人计、空城计、反间计、苦肉计、连环计、走为上。

网开三面

“网开三面”多比喻对犯错误或有罪之人，采取宽大处理政策。

此典出自《吕氏春秋·异用》：“汤见祝网者置四面，其祝曰：‘从天坠者，从地出者，从四方来者，皆离吾网。’汤曰：‘嘻，尽之矣！非桀其孰为此也？’汤收其三面，置其一面。”

《吕氏春秋》中这段话的大意是说，把捕捉禽兽的网打开三面。今天我们常说“网开一面”，其实是由“网开三面”演变而来的，说的是一个意思。那么，这个典故与军事又有什么联系呢？

这得追溯到上古夏朝的末代，当时的天子桀是中国历史上臭名昭著的昏君。他暴虐无道，不理朝政，成天和宠爱的妃子妺喜在倾宫中寻欢作乐，过着极其荒淫糜烂的生活。为博得妺喜的欢心，桀命人在倾宫的花园里挖一个大池子，里面灌满美酒，池边的树上挂满肉脯，叫做“酒池肉林”。每天，他与妺喜在池上泛舟，看宫女们趴在池边饮酒，采摘肉脯；还下令民间每天进贡一百匹帛来，让力气大的宫女撕给妺喜听。

大夫关龙逢看不下去，冒死劝谏。桀勃然大怒，当场就将关龙逢斩首。从此，再也没人敢直言进谏。老百姓的生活苦不堪言。

当时，在夏的东面有一个诸侯国叫商，商的国君是汤，非常贤明。他极力实行仁政，团结邻近的诸侯，使商的国力日益强盛。

汤在伊尹的辅佐下，团结了中原地区的许多诸侯国，积极进行着灭夏的准备。可是，汉水以南还有四十个诸侯国没有归附，使汤不敢贸然兴兵。

一天，汤到郊外散步，看见一位猎人在野地里张网。猎人把四面的网张好以后，拱手对天祷告说：“天上掉下来的，地里跑出来的，四方经过的，统统进入我的网里来！”

汤听了祷告，就说：“嗨，这么一来，所有的飞禽走兽不都一网打尽了吗？除了桀以外，谁会这样做呢？”于是，汤命令猎人把网撤掉三面，只留下一面来捕捉禽兽。

商汤“网开三面”的事，很快传到了汉水以南，感动了所有的诸侯。大家都说汤是一位贤君，连禽兽都不忍心多加伤害，纷纷表示愿意归附。

汤得到了汉南诸侯的拥戴后，立即出兵讨伐夏桀。夏朝的军队被打得落花流水，桀也当了俘虏，后被商汤放逐到南巢，就是现在的安徽巢县西南，后来就死在那里。汤灭了夏以后，建立了商朝。

说到这里，不免让人想起我党的宽大政策。早在延安时期，毛泽东同志就提出“惩前毖后，治病救人”。解放战争时期，我军对俘虏的国民党军队许多高级将领采取的就是网开三面的宽大政策，表现出共产党人海纳百川的气度。

同心同德

此典出自《书·泰誓》：“受(纣)有亿兆夷人，离心离德；予有乱臣十人，同心同德。”

这段话就是“同心同德”这个典故的最早出处。它的意思是：商纣王虽然俘虏了很多奴隶，编入军队，但周武王有能够治理国家的良臣，并人心一致，行动统一。“乱臣”在这里指“良臣”。

这个故事源于公元前11世纪，在我国历史上属商朝的末期。当时，商纣王暴虐无道，陕西有个姓周的部族首领叫姬发(周武王)，他开始兴兵讨伐纣王。

周武王亲自率领三百辆战车，三千名勇士，还有四万五千名穿着盔甲的士兵出潼关，驻扎在黄河北岸。

周武王知道，对付纣王，光凭自己手中的这点兵力还是不够的。所以，他又联合了西南的八个部族，在距当时的商都——朝歌七十里的牧野(今河南淇县西南)，举行誓师大会，声讨纣王的罪行。

周武王在这个誓师大会上宣读的誓词名叫《泰誓》，“同心同德”就出自这里边。

《泰誓》中称，纣王虽然有很多的奴隶，但他们思想不统一，信念也不一致；而我方虽只有治国的能臣十人，但思想统一，信念一致。《泰誓》中接着还有一段话：大家要团结一心，为同一个目标共同战斗，就一定能够取得胜利，建立功勋，让天下永远享受太平。

当时所有的将士，听了周武王的誓词后，斗志昂扬，军心大振。此后，在牧野与前来应战的商朝大军展开了血战——这就是历史上著名的"牧野之战"。商朝的将士和奴隶不愿为纣王卖命，在激烈的战斗中纷纷倒戈，发动起义。结果是纣王兵败自焚，商朝从此灭亡了。周武王建立了新的王朝——周朝。

纣王与民众离心离德，最后国破身亡；武王与民众同心同德，取得了胜利。一反一正，两相对照，我们不难发现，一个国家民族内部团结，同心同德，该是多么重要。

如火如荼

"如火如荼"这个典故最初是用来形容军队的阵容强大，其中的"荼"字，在古代指的是茅草的白花。

故事源于春秋的后期，公元前506年。当时，吴国在大破楚国后，又战胜了越国。公元前484年，吴王夫差又打败了齐国，接着，夫差分别会见鲁国、卫国的国君，打算建立一个诸侯联盟，跟晋国争夺中原的霸权。

公元前482年，吴王夫差约鲁国的国君鲁哀公、卫国的国君卫出公一起到卫国去开会。夫差还请晋国的国君晋定公也一起前往。但晋定公并不想去，可是他又怕得罪了夫差，因为这个时候，吴国的国力比较强盛。于是，晋定公只得带了大队的人马护驾。

会盟开始后，快要订盟约时，各国为了前后的排列次序问题，争得面红耳赤，互不相让。主要的焦点集中在吴国和晋国之间。晋国向来是诸侯的领袖，不肯排在吴国的后边。吴王夫差就翻出"老皇历"，说吴国的祖先比晋国的祖先长三辈。

吴、晋两国谁也不肯让步。这个时候，吴王夫差接到密报，说越王勾践率大军攻打吴国报仇来了。夫差大为震惊，一怒之下，竟然把报信的人都杀了。

夫差怕各国诸侯，尤其是晋国，知道这个消息后瞧不起自己，只能假装镇定，继续开会。可是坏消息一个接一个地传来：先是说太子战死了，又说京城也被攻占了。夫差气得一口气连杀了七个报信的人。他急忙找身边的谋臣王孙雒商量。王孙雒说："我们现在是只可进而不可退。必须结了盟后，取得盟主的地位，才能回去。不然的话，会让各路诸侯看不起，说不定有的人还想趁机从背后袭击我们，那不就完了。只有取得盟主的地位以后，才可以借天子之名，联合各诸侯，讨伐越国。现在，取得盟主之事主要是晋国从中作梗，只要晋国服了，其他诸侯哪个还敢说不呢！不如把我们现在手头的军队集合起来，向晋定公带来的军队挑战，逼他让我们来当盟主。"

夫差觉得也只好这样了。在当天半夜的时候，他下令全军分左、中、右三路，每一路一百行，每行一百人，列成方阵，共一万人，三路方阵加起来总共是三万人马。大军悄悄地开到距晋军一里远的地方停下来，摆开阵势。

吴国中军全体将士，一律白衣白甲，打着白色的旗帜，背着白色羽毛的箭，看上去就像是遍野盛开的白色荼花。

而左军一律穿红色的衣裳，红色的盔甲，打着红色的旗帜，带着红色羽毛的箭，远远望去，如同是一片熊熊的烈火。

右军呢，则全都是黑色，看起来就好像一大片乌云。

天刚亮，吴王夫差亲自击鼓鸣金，三万人马一齐呐喊，就像是天崩地裂一般。

晋定公他哪见过这阵势，当时就吓得魂飞魄散。他身旁的军师献计说："咱们还是先答应夫差，让他早点走吧。定公你放心，只要他一回国，保准被越王勾践灭了。那时，我们不就又是老大了吗?”

很可惜,夫差“如火如荼”的盛大军容仪是昙花一现。此后没几年,吴国被越王句践所灭。但是“如火如荼”这个典故,却传了下来,而且作为褒义形容词一直沿用到今天。

同仇敌忾

“同仇敌忾”这个典故,最早见于《诗经》,意思是指共同一致地对敌人抱着仇恨和愤怒的情绪。由于《诗经》是我国最早的一部诗歌专著,所以这个典故本身并没有故事。它是春秋时秦军中非常流行的一首从军歌,歌名叫《无衣》。公元前623年,卫国的亚卿宁俞出使鲁国时说过“敌王所忾,而献其功”。这句话是“同仇敌忾”的典源,但把“同仇”与“敌忾”合为成语则是在公元前506年。

当时,伍子胥为报杀父之仇,率吴国的军队攻破楚国的都城后,掘开楚平王的墓,刨出尸首,用钢鞭把楚平王的尸首打得稀烂,这就是“伍员鞭尸”的典故。伍子胥还不解恨,又要找楚平王的儿子楚昭王讨还血债。

伍子胥有个好友叫申包胥,他给伍子胥捎信说:“物极必反,你适可而止吧!”伍子胥不听,回信说,为报杀父之仇,就顾不得楚国了。申包胥长叹说:“子胥要灭楚,我岂能坐视不救!”

申包胥知道楚平王夫人是秦哀公的女儿,秦、楚两国有甥舅之亲,所以决定到秦国求救。

申包胥到秦国后,对秦哀公说:“吴若灭楚,便会进一步攻秦,请赶快派兵解救楚国。”秦哀公任凭申包胥怎么说,就是不表态。

秦哀公让申包胥先住下再慢慢计议。谁知这申包胥就站在宫廷之中,日夜号哭,他不脱衣,不睡觉,不吃不喝,哭了七天七夜。

秦哀公大为感动,就亲自前去安慰申包胥,并唱道:“岂曰无衣?与子同袍。王于兴师,修我长矛,与子同仇。……”

申包胥知道这是当时秦军中的流行歌曲,是一首从军歌,其歌词大意是说:有衣同穿,有仇同报,整修武器,准备打仗。他知道秦哀公唱这首歌的意思是同意发兵,便三叩九拜,恢复了饮食。

申包胥终于请得秦兵,挽救了楚国。自从申包胥号哭秦廷后,“与子同仇”便被当时的人们称道。后人用“同仇敌忾”表达共同一致对敌斗争的决心。

干戈化玉帛

“干戈化玉帛”表达一种从战争转化为友好相处的一种状态。

此典出自《左传·僖公十五年》:“穆姬闻晋侯将至,以太子莹,弘与女简璧登台而履薪焉。……告曰:‘上天降灾,使我两君匪以玉帛相见,而以兴戎。若晋军朝以入,则婢子夕以死;夕以入,则朝以死。惟君裁之。’”

干、戈,是古代的两种兵器。干是盾,戈是一种不带锐角的平头戟,干、戈,在这里表示战争。玉帛中的玉,是指玉器;帛是丝织品,又称束帛,古代诸侯会盟时常以这两种物品作为礼物相赠,这里表示友好。“干戈化玉帛”,意思是指从战争转化为友好。这句成语此典出自《左传·僖公十五年》。

春秋时期,秦国的秦穆公对晋国的晋惠公很友好,不仅帮他做了国君,而且当晋国发生饥荒时,还支援了大批粮食,帮助晋国渡过难关。可是有一年,秦国遭受灾害,向晋国借粮食，晋惠公却不答应。这下得罪了秦国，秦穆公亲率大军攻打晋国。

两军在龙门山摆下战场。一交手，晋国的军队就败下阵来，慌乱之中，晋惠公的战车陷在泥坑中，结果被秦军俘虏。

如何处置晋惠公，秦国的大臣意见不一。有的说，这种忘恩负义的小人该杀；有的说，念秦、晋两国历史上就有的婚姻关系，还是放了为好。秦穆公一时拿不定主意，就想把晋惠公带回国都。他的夫人穆姬听说这一消息，心里非常悲伤。原来，穆姬是晋国人，与晋惠公是同父异母的兄妹。她本来就反对秦、晋两国交兵，现在晋惠公作为阶下囚被带回秦国，更是她的极大耻辱。为此，穆姬领着太子莹、儿子弘和女儿简壁，穿着丧服，一齐登上后花园的一座高台，台下堆积柴草。然后派人去通知秦穆公说："秦国和晋国本来是友好邻邦，但却不能用玉帛相见，而是兴师动众，大起兵戈，厮杀不断。虽然，这是上天降下来的灾祸，不是我所能决定的，但我决意不见作为俘虏的晋惠公。如果你执意带晋惠公回秦国，早晨你们进入国都，那么晚上我就自焚而死；如果你们晚上进入国都，那么我早晨就自焚而死。究竟怎么办，你自己拿主意吧。"

秦穆公一听，一时没了主意。而晋惠公听说穆姬为自己求情，更是羞愧得无地自容，当即表示悔过，愿与秦国修好。秦穆公决定放晋惠公回国。他先是以宾客相待，派人送上玉帛等礼物；随后，遣大将公孙枝护送晋惠公回国。晋惠公回到晋国后，也回赠玉帛，托公孙枝带给秦穆王。以后，秦、晋两国之间维持了一段时期的和平。

止戈为武

"止戈为武"表示通过正义的战争平息战祸，最后求得和平。

此典出自《左传·宣公十二年》："楚子曰：'非尔所知也。夫文，止戈为武。'"

"止戈为武"，作为成语，在实际生活中使用的并不多，但它却包含了一个深刻的哲理。意思是说，什么才算是真正的武功呢？不是打过多少胜仗，而是止息兵戈。

这个典故说的是：春秋时期，楚庄王用武力降伏了郑国后，就打算撤兵回国。援助郑国的晋国军队赶到时，战争已基本平息，晋军统帅荀林父认为，没有必要与楚军再交战，也准备撤军。可两人的部将十分好战，结果双方终于打了起来。

楚军袭击了晋军的中军，荀林父思想准备不足，防御也有漏洞，在楚军的攻击下，造成自己一片混乱。荀林父看楚军来势凶猛，一时难以抵抗，就下令说："快上船过河，先过河的有重赏。"结果军中士卒争先恐后登船。先上船的人用战刀砍断正在攀舷的士兵手指，一时弄得哀声震天，士气大减。驾驭战车的军士从陆路慌忙退却，而马车又陷在泥坑里，结果当了楚军的俘虏，晋军损失惨重，尸横遍野，剩下的残兵败将趁着天黑渡河，才逃了出来。

楚军获得全胜，将士异常自豪。一位将军建议楚庄王说："我听说战胜了敌人要建筑一个纪念物，将来给子孙看，使他们不要忘了先人的武功。我看您也应该这样做。就把晋军尸首堆积起来，封土为丘，来纪念这次对晋国的胜利吧。"

楚庄王摇摇头说："你哪里知道啊？你认识'武'字吗？在甲骨文里，'武'字是由'止'和'戈'两字组成的，'止戈'才是武！止息兵戈才是真正的武功啊！武功应该具备七种德行，这就是禁止强暴，消除战争，保持强大，巩固基业，安定百姓，团结民众，增多财富。现在晋楚两国交兵，士卒的尸骨暴露在野外，百姓生活不能安宁，这七种德行我一样也没有，拿什么留给子孙，我是没有武功的。我看，咱们还是回国吧。"

楚庄王没有修筑纪念物以表彰这次战功，很快就班师回国了。

老马识途

“老马识途”这个典故，原意是说老马认得出道路，今天多指有经验的人对情况熟悉，能把事情办好。

此典出自《韩非子·说林上》：“管仲、隰朋从于桓公而伐孤竹，春往冬返，迷惑失道。管仲曰：‘老马之智可用也。’乃放老马而随之，遂得道。”

上面这段古文的大意是说，齐桓公等人迷失了方向，于是放马领路，终于找到归途。这就是我们今天所说的“老马识途”典故的由来。

说到“老马识途”这个典故，很自然地让我们联想到与它相关的另外几个典故，如：“老马知道”、“老马知路”、“马识路”、“马识途”等。其实，它们都是“老马识途”这个典故的翻新，因为这些典故都是用来比喻富有经验、知晓是非的人。那么，这个典故与军事又有什么联系呢？

这个典故说的是公元前663年，齐国发兵讨伐孤竹国（孤竹国位于今天的河北省卢龙县南面）。当时，跟齐桓公出征的还有大夫管仲——他不仅知识渊博，而且足智多谋。

齐国军队讨伐孤竹的这场战争，从春季开始，凯旋时已是冬天。由于齐军不熟悉孤竹国的地理，加上风沙、浓雾遮天蔽日，齐军在回师途中迷失了道路。

当时指南针还没问世，更谈不上现代化的通信工具。如此恶劣的气候，使齐军根本无法分辨南北东西。

管仲一看，如果这样毫无目标地走下去，等粮草一尽，非得全军覆没不可。于是，他忙下令，将部队集合起来，先扎下营，再想办法。

部队集合后，管仲发现齐军进入了一个地势险要的山谷，今天我们管这种地方叫“迷谷”。他先派出几支人马，分头去寻找出路。

但是这个地方山高谷深，到处都是悬崖峭壁，派出去的人马绕来绕去，就是找不到出口。

齐桓公非常焦急，一时不知道该怎么办才好。这时，管仲想了想，对齐桓公说：“我听老人们讲，动物识路，‘狗记三千’，‘猫记八百’，马也许会有记路的本领，尤其是那些老马。我们可以挑选几匹，解开缰绳，看看这些老马认不认得路。”齐桓公听了觉得有道理，就让管仲试试。

管仲让人挑选了几匹老马，卸去笼头，解开缰绳，放它们自由行走。这几匹老马又饥又渴，获得自由后就没命地向“家”的方向跑。齐国的大军紧紧地跟在这些老马的后面。老马果然识途，齐军终于走出了“迷谷”。

图穷匕见

“图穷匕见”比喻事情发展到最后，形迹败露，真相和本意就完全暴露出来。

此典故最早记载在《战国策·燕策三》中。

这个故事发生在公元前227年，燕国太子丹派刺客荆轲和一个叫秦舞阳的助手，去刺杀秦王，秦王就是秦始皇。荆轲、秦舞阳两人为取得秦王的信任，保证刺杀成功，还带了秦国叛将樊於期的人头和藏着匕首的地图，来到秦国。

秦王在咸阳宫接见了燕国的两位使者。于是荆轲捧着装人头的盒子，秦舞阳捧着地图上殿。由于秦王一向怕人行刺，所以规定没有他的命令，任何人上殿都不准带武器。他的卫士虽然允许带武器，但只能站在殿外。

荆轲的助手秦舞阳年纪小，没见过这种警卫森严的情景，顿时吓得直哆嗦，连脸色都变了。幸亏荆轲沉着，才没让群臣看出来。

荆轲献上督亢地图，秦王喜上眉梢，因为这督亢之地是当时燕国最富的地方。燕国把这么富裕的地方割让给秦国，他能不高兴吗？秦王让荆轲把地图打开。

荆轲慢慢地把地图展开，图展尽时，露出一把明晃晃的匕首。秦王顿时大惊失色。荆轲趁机一下子扑上去，左手一把抓住秦王的袖子，右手紧握匕首向秦王刺去。谁知秦王力大惊人，挣脱开了，荆轲只撕下了秦王的半只袖子。

秦王想拔剑自卫，但宝剑太长，越急越是拔不出来，只得绕着殿上的柱子来回躲闪，殿前的卫士因为没有命令，谁也不敢上殿。荆轲不顾一切地追着秦王，眼看就要刺着了。正在这时，秦王的御医急中生智，将药箱砸向荆轲，荆轲一愣，秦王趁机拔出宝剑，一剑就砍断了荆轲的左腿。荆轲忍着剧痛，用力将匕首投向秦王，秦王一闪，匕首刺中了铜柱。

秦王又惊又恨，举剑向手中已无寸铁的荆轲连砍八剑，最后荆轲被一拥而上的卫士乱刀砍死。

太子丹指使荆轲刺杀秦王的事件，引发了秦王提前灭掉燕国的军事行动。第二年，燕国就被秦灭亡了。

纸上谈兵

“纸上谈兵”指不从实际出发，靠想象打仗的人。

此典出自《史记·廉颇蔺相如列传》：“赵括自少时学兵法，言兵事，以天下莫能当。尝与其父奢言兵事，奢不能难，然不谓善。”

荆轲刺秦王图

上面这段文字，说的是战国时期的赵国将军赵括，很小的时候就习读兵书，喜欢夸夸其谈。有时，就连他的父亲——身为赵国大将的赵奢都很难驳倒他。但赵奢坚持认为赵括并无真才实学。

赵奢，通晓兵法，英勇善战，当时很受赵国国君赵惠王的器重，被赵惠王封为马服君，地位与廉颇、蔺相如并列。

赵奢的儿子赵括，从小喜欢读兵书，有的兵书，他能大段大段地倒背如流，就连他的父亲赵奢也说不过他。日子长了，赵括便以为天下没有人能比得上自己了。

赵括的母亲看到儿子这样，认为很有出息，不免常常在丈夫面前夸耀。谁知赵奢却不以为然地说：“用兵事关国家安危，他却说得那么简单容易，实际上他只会纸上谈兵。将来如果赵王让他领兵，必败无疑。”

公元前 260 年，秦国发兵侵略赵

国，赵国的新君赵孝成王派老将廉颇迎战。

廉颇一看秦军太强大了，就在长平，也就是今天的山西高平县北固守，一守就是三年。

秦军远道而来，本想速战速决。现在，廉颇坚守不出，一时无法取胜，就派人到赵国去散布谣言，说廉颇老了，胆也小了。如果派赵括担任主将，秦军必败。

赵国的国王果然中了计，准备起用赵括做主将。大臣蔺相如和赵括的父亲都劝赵王，说赵括没有实践经验，只会纸上谈兵，万万不能作为主将。但赵王是死活也听不进去，不仅任命赵括为主将，还赏了好多的黄金、丝绸给赵括。

赵括到了长平后，接过了帅印，立即改变了廉颇的兵力部署，一切按兵书上写的去做。这时，秦国也换了主帅，任命白起为上将军。白起这个人物可不一般，他曾带领秦军转战韩国、魏国、楚国，屡战屡胜。不讲实际的赵括，此时却改坚守为速战，主动出城与白起硬拼，白起对脱离有利阵地的赵军予以分割包围。

四十多天后，赵军粮尽援绝，军心涣散。赵括率领一支精兵突围，还没冲出多远，就被秦兵乱箭射死了，这主将一死，群龙无首。赵国四十万大军随后全部投降了秦军，白起一看这么多的俘虏，怕看押不住，就把赵国的四十万将士全部都活埋了。

长平之战，由于赵括只会“纸上谈兵”，而不从实际出发，最终导致了赵军惨败。

火牛阵，田单术

“火牛阵，田单术”比喻能兵善战，谋略奇特。

此典出自《史记·田单列传》，原文是这样的：

燕攻齐，破齐七十二城。田单固守即墨。“收城中得千余牛，为绛缯衣；画以五彩龙文，束兵刃于其角，而灌脂束苇于尾，烧其端。凿城数十穴，夜纵牛，壮十五千人随其后。牛尾热，怒而奔燕军，燕军夜大惊。”遂溃败。

这段文字的大意是：田单用火烧牛尾而后纵牛冲杀燕军，致使燕军大败。

故事说的是公元前284年，燕昭王让大将乐毅统率燕、赵、魏等五国联军攻打齐国。五国联军很快就打下了齐国的几座城池。可是，另外四国的部队越过齐国的边境线后，就各自按兵不动了。只有乐毅率领的燕军乘胜前进，所向披靡，接连攻下了齐国七十二座城池，一直打到了齐国的都城临淄。最后，只剩下莒邑和即墨两座孤城了。

当时即墨的守将是田单。田单虽然不是齐国的大将，但他可是文武双全。乐毅率领的燕国大军把即墨围了三年，田单就守了三年，拒不投降。

燕昭王死后，他的独生子燕惠王即位。燕惠王是个喜欢别人奉承的人，而乐毅是一个正直的人，不愿说违心话，燕惠王就对乐毅不满，加上他身边的一些大臣看到乐毅立下了赫赫战功，生怕自己被冷落，就别有用心地常在燕惠王面前诽谤乐毅；田单又使出反间计，在燕国散布乐毅的谣言，说齐军不怕乐毅，就怕骑劫。如果派大将骑劫去攻打这两座城，指日可破。燕惠王果然中计，命骑劫去接替乐毅。

田单一看燕军换将，就着手准备组织反攻。他从城中收集了一千多头牛，在每头牛的两只犄角上都绑上利刃，牛身上披了画有各种神兽的图案，牛尾上系着浸过油的草把，然后，把牛赶出城外。那些牛的尾巴被火一烧，狂奔不已。闯入燕军的军营，乱冲乱撞。田单率五千精兵跟在这些火牛的后面，冲杀出来。一时，燕军不知哪里来的这么多神牛神兽，一个个吓得乱作一团，互相践踏，死伤无数。此时，齐军越战越勇，燕国大军全都葬身在火牛阵中。

田单乘胜前进，不到半年就全部收复了被燕军攻占的七十二座城池。由于田单匡扶

田单火牛破敌图，出自清·马骀《百将图传》。

社稷有功，最后被齐襄王封为安平君。

说到火牛阵这个典故，使人联想到《三毛从军记》这部电影。为抗击日寇，三毛想到在牛背上捆上炸药，去炸日军的炮兵阵地。我军也曾有过用牛群扫雷的战例。随着时代的进步，牛也许不再用于战争，但关于“火牛阵”的典故却很难被人忘却。因为，这个典故在今天为人们带来的是对奇特谋略的新的构想。

因势利导

“因势利导”意为顺着事物发展的趋势，加以引导。

此典出自《史记·孙子吴起列传》：“善战者因其势而利导之。”

公元前342年，魏国攻打韩国，韩国向齐国求救。齐威王一时拿不定主意，于是把大臣们都召集起来，商量对策。大臣们都到齐了以后，齐威王就问：“韩国派使者来向我求救，我们是早去救好，还是晚去救好？”齐威王这一问，他手下的大臣们马上就议论开了，成侯的意见是不救，田忌的意见相反。他认为，韩国被打败了，必然依附魏国，还是早点去救为上策。

正当双方意见相持不下时，孙膑站出来说：“现在韩、魏尚未正式交战，如果早去援救，我国将代替韩国与魏国作战，势必蒙受极大的损失；不如等他们双方的实力都消耗得差不多时，我们再出兵相救，这时可以名利双收。”齐威王认为这个意见很好，就答应韩国的使者，请他回去转告韩王，齐国会出兵相救。

韩国有了齐国作后盾，就拼命地抵御魏国大军的进攻。双方交战五次，但韩国五次都遭到失败，只好再派人向齐国求救。

齐威王一看是时候了，就派田忌为大将，孙膑为军师，发兵救韩。孙膑仍用十三年前围魏救赵的老办法，他不去与魏国的大部队正面交锋，而是避实就虚，挥师直逼魏国的都城大梁。

魏军的主将庞涓听到这个消息后，马上把军队从韩国回撤，没想到，这时的齐国大军已经越过边界，进入魏国境内。

孙膑早料到庞涓势必回撤，就对田忌献策说：“魏军向来强悍勇敢，轻视齐国，以为我军不敢和他们作战。会用兵的人，就要因势利导，引诱他们中计。现在我军进入魏国国境，可用减灶之计来蒙骗他们。”他接着说：“第一天扎营时，要架造供十万人煮饭的灶，第二天架造供五万人煮饭的灶，第三天只架造供三万人煮饭的灶，让敌人以为我们的军队惧战，天天有士兵在逃跑。”

果然不出孙膑所料。庞涓一路追踪齐军，看到齐军炉灶天天减少，庞涓中计。于是，他只带了一部分骑兵轻装前进，追赶齐军。

孙膑算好了魏军在天黑时会赶到马陵，马陵在河北省大名东南面。这里两面是山，道路狭窄，地势险要。孙膑就将大军埋伏好，静静地等待魏军进入伏击圈。

夜里，魏军进了马陵道。一时间，齐军万箭齐发，魏军纷纷倒毙，溃不成军。庞涓一看败局已定，就拔剑自杀了。齐军乘胜追杀，彻底打垮了魏国大军。这就是历史上著名的马陵之战，以魏军惨败、主帅庞涓自杀而宣告结束。

声东击西

“声东击西”意思是用假象来迷惑敌方，造成敌方的错觉，给敌方以出其不意的攻击。

“声东击西”这个典故最早记载在《通典》一书中。

古今关于“声东击西”的战例很多。最早有文字记载的，恐怕要算《战国策》中讲的一个故事。

故事说的是齐威王四年，就是公元前353年，魏国围攻赵国都城邯郸。赵成侯依仗坚固的城池，与魏军展开了势均力敌的攻防战。由于赵军孤军奋战，伤亡很大，而且粮食短缺，赵成侯便派人去齐国求救。齐国考虑到，如果赵国被魏国吞并，就等于扩大了魏国的势力，将来势必对齐国构成威胁。齐王决定出兵救赵。

齐国先是以少量兵力南攻襄陵，以牵制、拖住魏国，坚定赵国抗魏的决心。而齐军主力则按兵不动，静观事态发展，准备待时机成熟时再大举进兵。这个“声东击西”的战略方针是：先让魏、赵两败俱伤，就算邯郸被攻克，却不会导致亡国；而匆忙回援的魏军也将会被齐军击败，从而达到同时削弱赵、魏两国的目的。齐王命令田忌为主将，孙膑为军师，统率大军，日夜兼程，驰援赵国。

孙膑像，图出自《剑锋春秋》。

田忌打算直奔邯郸，同魏军主力交战。孙膑提出了“批亢捣虚”、“疾走大梁”的策略。他说：“要解开乱成一团的丝线，不能握拳去打；而要排解别人打架，自己不能帮助去打。派兵解围的道理也一样，不能以硬碰硬，而应该避实击虚、避强击弱，击中要害，使敌人感到困难，有后顾之忧，自然就会解围了。现在魏、赵两国相攻，魏国的精锐部队都在赵国，留在国内的都是一些老弱残兵。如果我们迅速向魏都大梁挺进，魏军必然回兵自救，我们就可以一举解救赵国之围，同时又让魏军疲于奔命，我们就很容易打败他们。”

田忌采纳了孙膑的计策，迅速率主力直奔魏国都城大梁。魏将庞涓得知消息后，大惊失色，只好以少量兵力留守历尽艰难刚刚攻下的邯郸，主力急忙回救大梁。这时，齐军已在地势险要的桂陵设伏，将长途跋涉已疲惫不堪的魏军打了个措手不及，魏军大败。这就是历史上著名的“围魏救赵”的故事，也是“声东击西”的经典战例。

解放战争时期，我东北解放军以一部分兵力围困长春，造成打长春的假象。就在国民党军举棋未定的时候（是退出还是坚守东北地区），我军突然遣主力南下北宁线，一举攻占锦州，造成对东北境内国民党部队的“关门打狗”之势。随后在运动中歼灭驰援锦州的国民党军主力廖耀湘兵团五个军十二个师共十万多人。接着长春和平解放，沈阳国民党守军几乎是不战而降，东北解放。这就是著名的辽沈战役，也是我军“声东击西”的经典战例之一。

伤弓之鸟

“伤弓之鸟”意思是指受过伤的鸟，比喻经过祸患，遇事犹有余悸的人。

此典出自《晋书·苻生载记》：“伤弓之鸟，落于虚发。”

《晋书·苻生载记》中的典故，叫“伤弓之鸟”。很多人认为这就是关于伤弓之鸟典故的最早记载。其实《晋书》中记载的并不是典源，而是引用《战国策·楚策四》中的故事。原文是这样的：

雁从东方来，更羸以虚发而下之。……对曰：“其飞徐而鸣悲。飞徐者，故疮痛也；鸣悲者，久失群也。故疮未息而惊心未至也，闻弦音，引而高飞，故疮陨也。”

战国后期，秦国为了兼并天下，频繁地向东方各国发起进攻。强大的秦国把各国的军队打得丧魂落魄，就连兵多将广的楚国也接连战败，楚国的临武君等人也都成了败军之将。

公元前241年，楚、赵、魏、韩、卫五国，为遏制秦国，决定再一次合纵抗秦。这五国中，由于楚国的军事实力最强，便一致推举楚王为合纵长。

联军组建后，赵孝成王认为，如果没有智勇双全的大将来统一指挥，还是不可能战胜秦军。于是，赵孝成王就特意派魏加出使楚国，试探楚国准备让谁来担任联军的统帅。

当时，春申君黄歇执掌着楚国的军政大权。魏加见到春申君后，就坦率地问楚国有没有能当联军统帅的大将？春申君说他准备让临武君来领兵。魏加听后，很不以为然。他说：“我很小的时候就喜欢射箭，我跟你讲个射箭的故事吧。”春申君说：“当然可以。”魏加说：“有一天，魏国有个叫更羸的人，陪魏王在主宫一处高台上游玩，天空不时有群群飞鸟掠过。更羸对魏王说：‘臣可以只拉弓，不发箭，就射落天上的飞鸟。’魏王以为更羸是在说笑。过了一会儿，有只大雁从东方飞来。”这只雁飞得很慢，叫声凄厉。更羸便把弓拉满弦，手一松，只听“崩”的一声，那只大雁就掉了下来。魏王惊叹不已，忙问其中的奥妙。更羸不慌不忙地说：‘实不相瞒，这是一只受了伤的大雁。我见它飞得很慢，是因为它的旧箭伤还在作痛；它的鸣叫声凄厉，那是因为它久已失群；它的旧伤还没有痊愈，心里还有余悸。所以，一听到弓弦的声音，就急忙高飞，结果引发了旧伤迸裂，支持不住，就掉了下来。’”

讲完“伤弓之鸟”的故事后，魏加这才言归正传，对春申君说：“临武君曾被秦国军队打败，这不就像是一只受了伤的大雁吗？他至今还心有余悸，慑于秦兵的威力，又怎么能领兵抗秦呢？”春申君这才恍然大悟。

后来，春申君听取了魏加的建议，但合纵抗秦之事，却以失败而告终。当秦国大军出函谷关后，屡战屡败的五国军队便惶恐不安，纷纷溃退，恰似一群“伤弓之鸟”。

今天，我们把这个典故通作“惊弓之鸟”，正是依据伤弓之鸟典故而来的。

画蛇添足

“画蛇添足”意思是画好了蛇却给添上脚，比喻多此一举，白费功夫；或比喻做事节外生枝，不但无益，反而坏事。

此典出自《战国策·齐策二》：“楚有祠者，赐者舍人卮酒。舍人相谓曰：‘数人饮之不足，一人饮之有余：请画地为蛇，先成者饮酒。’一人蛇先成，引酒且饮之；乃左手持卮，右手画蛇，曰：‘吾能为之足。’未成，一人之蛇成，夺其卮曰：‘蛇固无足，子安能为之足！’遂饮其酒。”

楚怀王六年，也就是公元前323年，楚王派大将昭阳率军进攻魏国。昭阳大败魏军，并夺取了魏国八座城池。昭阳打败魏军后，踌躇满志，又移兵东进，准备攻打齐国。齐宣王得到了这个消息后，急得团团转，一时不知该怎样来应付这一突发事件。

这时，一位大臣禀告齐宣王说，秦国的使者陈轸正在齐国，据说陈轸很有口才，不如请他去游说昭阳退兵。

陈轸也不愿看到楚国的势力过于强大，便答应了齐宣王的要求，去楚营见楚将昭阳。

昭阳久闻陈轸大名，连忙热情接待。陈轸先对昭阳取得的胜利表示祝贺，然后话锋一转，问道：“将军立下如此之大的功劳，不知回国能封什么官职？”昭阳得意洋洋地说：“楚王答应封我为上卿。”陈轸又问：“贵国还有什么官位比上卿更高的吗？”昭阳回答说：“那只有令尹这个位置了。”当时，楚国宰相的官位称令尹。陈轸叹了口气说：“可楚王不会设两个令尹呀！”

昭阳听出陈轸话中有弦外之音，一时又琢磨不透，便请陈轸指点。

陈轸说：“我给将军讲个‘画蛇添足’的故事吧，或许将军能从中悟出道理。楚国有个富翁，一天在祭祀仪式结束后，赏给几个仆人一壶美酒，这几个人仆人商量起来：‘几个人喝一壶酒，不过瘾；要是一个人喝，那才痛快！我们不妨比赛画蛇，谁先画完，谁就喝这壶酒。’于是，他们每人折了一根树枝，开始在地上画了起来。其中有个人很快就画完了，拿过酒来准备喝。可他还想卖弄一下自己的本领，说：‘我还能给蛇添上脚。’于是，左手拿杯，右手继续画蛇脚。这时，另一个仆人也画完了蛇，就一把抢过酒壶，说：‘蛇本来就没有脚，你怎么能给它画上脚呢？’画蛇脚的仆人自知理亏，只好眼睁睁地看着对方把酒喝光了。”

陈轸讲完这个故事，单刀直入地对昭阳说：“将军大败魏军，夺得八座城池，功不可没，可以官至上卿。但将军自恃实力雄厚，又要攻打齐国，我看这就是‘画蛇添足’了。因为，就算你打胜了，回国后仍然是上卿，楚王不会设两个令尹的职位；而如果你打败了，功名利禄会随之荡然无存，说不定楚王还会处死你。这不是‘画蛇添足’了吗？”

昭阳听后恍然大悟，立即停止进兵伐齐，返回楚国。

乐极生悲

“乐极生悲”劝诫别人，无论做什么事情，都要适可而止，不要太任性，过分享乐，以免荒废了正事，招致悲惨的结果。

此典出自《史记·滑稽列传》：“问曰：‘先生能饮几何而醉？’对曰：‘臣饮一斗亦醉，一石亦醉。’……故曰‘酒极则乱，乐极则悲；万事尽然，言不可极，极之而衰。’……齐王曰：‘善。’乃罢长夜之饮。”

“乐极生悲”的意思是说，享乐到了极点，就会带来悲惨的结果。它的典源出自战国时代齐国大臣淳于髡与齐威王的一段对话。据史书记载，淳于髡是人赘到齐国的女婿，身高不足七尺，按当时尺寸，是个身材矮小的人。他非常善辩，喜好喝酒，多次受命出使各诸侯国，总是能够出色地完成使命，很受齐威王的赏识。

齐威王也很喜欢喝酒，经常一喝就是一个通宵，不免疏忽国事。在喝酒问题上，淳于髡想劝谏齐威王，却一直没有找到合适的机会。后来，楚国举兵攻打齐国，齐威王派淳于髡出使赵国请求援助。淳于髡说服赵王，借来精兵十万。楚国见到这情景，不得不撤兵。齐威王非常高兴，特意在后宫备酒宴，为淳于髡庆功。淳于髡正想利用这个机会劝谏齐威王喝酒之事，便欣然前往。

席间，齐威王问：“听说先生海量，那么能喝多少酒呢？”淳于髡回答：“一斗也醉，一石也醉。”齐威王觉得奇怪，忙问这是什么原因。淳于髡解释说：“如果大王赐我喝酒，旁边有执法的大臣，后面有弹劾的御史，喝的时候，怀着恐惧的心理，一斗就醉了；如果家里有宾客，父母命我喝酒，因为要庄重一点给侄子看，不敢放肆，那么就可以喝两斗；如果有知己的朋友，很久没有见面，突然相遇，谈天说地，讲讲私事，这时可以喝五六斗了；如果碰到宴会，猜拳行令，说说笑笑，毫无嫌疑顾忌，心情又很欢乐，就可以喝八斗了；要是到了晚上，男女同席，杯盘狼藉，大家放怀，最感欢乐时，就可以喝一石了。所以有人说：酒喝高了，就容易出乱子，享乐到了顶点，就会走向反面，出现可悲的结局，天下万事都是这样，凡事总有个度，过了就会走向它的反面。”齐威王听了这番话，觉得很有道理，细细琢磨，知道淳于髡是在劝诫自己，于是高兴地说：“你说得好。”他从此取消了昼夜的长饮，还命以后置酒请客，淳于髡站在自己一侧，以示警戒。

一言九鼎

“一言九鼎”形容说话有分量，重要。

成语“一言九鼎”的典源，来自《史记·平原君虞卿列传》。意思是：平原君与楚国签订了联合抗秦的条约后，回到赵国对人说，毛遂一到楚国，一席话使赵国的地位一下子重要起来，毛遂的辩才真是胜过一百万军队啊。九鼎、大吕都是古代国家的宝器，后来人们就把起决定作用的言论称为“一言九鼎”。

战国后期，秦国出兵围攻赵国的都城邯郸，赵国国小难以抵抗，决定派平原君赵胜前往楚国搬救兵。赵胜这个人平时礼贤下士，门下收养了数千宾客（也称作食客），赵胜决定从门下选二十名文武兼备的宾客一同前往。他选来选去，只选中了十九名。这时，毛遂自告奋勇地站出来，要求与平原君同行。赵胜问毛遂：“先生你到我门下几年了？”毛遂答：“三年。”赵胜说：“我听说有能力的人，生活在世上，就像锥子放在布袋里一样，很快就会显示出来。先生来了三年，周围的人没有提起，我也闻所未闻，可见先生没有什么特殊的地方，先生还是留下吧。”毛遂说：“那我今天就请你把我放进布袋里，如果你早把我放进布袋，我早就脱颖而出了，问题是你过去没有把我放进布袋而已。”赵胜觉得毛遂说得有道理，就同意带他前往楚国。以上也就是成语“毛遂自荐”和“脱颖而出”的典源。

平原君赵胜到了楚国，拜见了楚王，陈述赵楚两国联合抗秦的利害关系，从早上说到中午，楚王就是不表态。赵胜的十九个宾客公推毛遂出面劝说楚王。毛遂按剑跨步上前先对赵胜说：“说明一件事的利害，有几句话就够了，今天说了这么久，还不能决定，到底为什么？”楚王见状就问：“他是谁？”赵胜答：“是我的门客。”楚王大声斥责道：“还不快退下，我与你的主人议事，哪轮得到你说话！”毛遂按剑挺胸说道：“大王你所以斥责我，是凭借楚国地广人多，但现在您和我相距仅十步之遥，楚国再大也帮不了你，大王的性命就在毛遂的手里，你还有什么威风可抖呢？楚国是大国，方圆五千里，军队有百万，却在以往与秦国的交战中三战皆败，有辱您楚王的先人，这是世代的怨仇，赵国都为你感到羞耻，而大王你却无动于衷。联合抗秦，说到底是为楚国而不是为赵国啊！”一席话说得楚王羞愧难当，又为毛遂的勇气和胆略所慑服，连声说道：“先生说得对，说得对，为了楚国的长久安定，我愿听从先生之言。”毛遂接着问：“条约可以订了吗?”楚王回答：“当然。”于是，楚王与平原君当场歃血为盟。平原君终于完成了使命，回到赵国后，他感慨地说出了文首的那段话。

后来，楚国的援兵迅速赶到赵国，秦国慑于楚赵两国的联合，退兵返回函谷关，邯郸之围终于解除。毛遂的一席话，挽救了一个国家，真可谓“一言九鼎”。

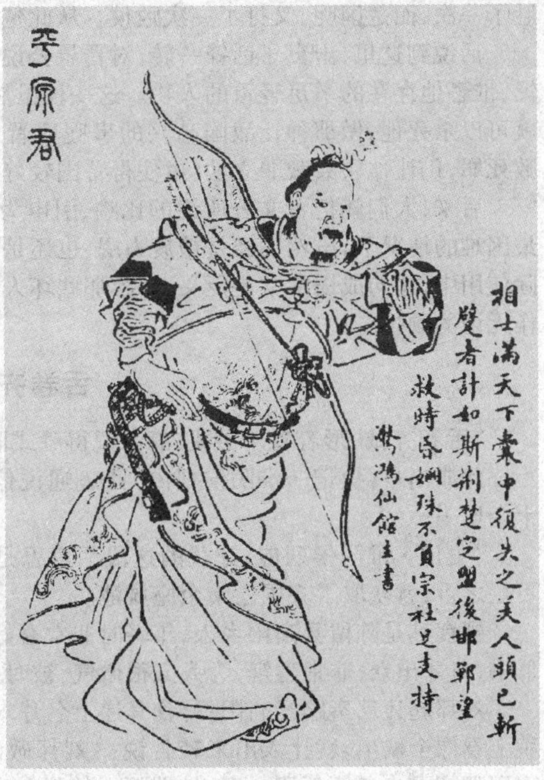

《东周列国志》版画之平原君像

困兽犹斗

“困兽犹斗”意思是处在困境中的野兽，还要拼死挣扎一番，形容那些失去权势的人，还在作无谓的顽抗。多用于贬义。

此典出自《左传·宣公十二年》：“公曰：‘得臣犹在，忧未歇也。困兽犹斗，况国相乎？’”

这句成语的典源与我们曾经讲过的“退避三舍”、“止戈为武”的典源有一定的联系。由于晋国的几位将军不听从元帅荀林父的命令，一意孤行非要与楚国军队交战，结果大败而归。荀林父引咎自责，请求判死罪。晋景公已经准备答应了，大夫士贞子却连说不可以，并劝阻说：“从前城濮之战时，先是退避三舍，后来打胜了的晋国军队缴获了楚国军队大批辎重，接连三天吃了楚军来不及搬走的粮食，而你的父亲晋文公的脸上还带着愁容。左右的人不理解，问道：‘打胜仗应该欢喜您反而忧愁，难道打了败仗应该忧愁的时候反而欢喜吗？’晋文公回答：‘得臣还在，不能就此放心啊！一头野兽被困住了，还要挣扎一番，何况像得臣这样的猛将呢’。”晋文公在这里提到的得臣，是指楚国的宰相，城濮之战楚军的统帅成得臣。成得臣有勇有谋，当年晋文公在楚国避难时，两人有所接触，彼此了解对方。酒宴上，晋文公答应楚成王，日后晋楚如果交兵，晋国将退避三舍以报楚王收留之恩。宴席散后，成得臣就劝楚成王杀掉晋文公，断言今后与楚国争天下者必是此人。楚成王却没有听从成得臣，这才有了以后的城濮之战。战后，楚成王一怒之下，逼迫成得臣自杀。这一消息传到晋国，晋文公方才露出了笑容，长出了一口气说：“现在算是晋国又胜了一次，而楚国呢，又打了一次败仗。从此楚国两代都兴不起来。”

话说到这里，士贞子话锋一转，对晋景公说：“荀林父是国家的重臣，可以说是敌方畏惧，惟恐他存在的举足轻重的人物。这一仗虽然打败了，但事出有因，责任不全在他，怎么就可以杀死他，做那种让敌国高兴的事呢！”晋景公这才恍然大悟，于是免了荀林父的战败死罪，仍让他领兵戴罪立功，也使得晋国较好地度过了战败的危机。

后来，人们就把晋文公所说的比喻，引申为“困兽犹斗”一句成语，用来形容即使处在最困难的情况下，虽然已经是精疲力竭，也还是要尽力挣扎，起来抵抗。不过，在今天的实际使用中，这句成语常常是贬义，形容那些坏人或坏的集团，在被压制得将要溃灭时，还要作无谓的顽抗。

舌卷齐城

“舌卷齐城”形容善于游说，靠游说得胜或取得成功。

此典出自《史记·淮阴侯列传》：“蒯通说信曰：‘郦生一士，伏轼掉三寸之舌，下齐七十余城……’”

《史记·淮阴侯列传》记载的这段话意思是说，谋士蒯通对韩信讲，郦食其凭着三寸不烂之舌，就获取了齐国七十余座城池。

郦食其是陈留县高阳乡人，年轻时非常喜好读书，因家境贫困而四处漂泊。由于博览群书，口才出众，非常善辩，为人又很傲气，被时人称为狂人。

刘邦起兵反秦路经高阳，郦食其递上名片求见。刘邦听通报的人说，来求见的人从外貌上看像个儒生，就让人出来转告说：“刘邦敬谢先生，现在是军事时期，不见儒生，先生请回吧。”郦食其听后眼一瞪，按着腰上的剑大声喝道：“去，我不是什么儒生，我是高阳酒徒。”后来高阳酒徒也成了一句成语，用来指狂放不羁的人。

刘邦也不含糊，当时正坐在床上洗脚，便说：“那就让他进来吧。”郦食其进来，只行拱手礼而不跪拜，说：“你是想要灭亡秦朝，还是帮助秦朝呢？”刘邦回答：“当然是灭亡秦朝。”郦食其说：“真要聚集民众组成正义的军队去讨伐无道的秦朝，就不应该用傲慢无礼的态度接见年长的人。”当时郦食其 60 多岁，刘邦 50 多岁。刘邦一听这话马上停止洗脚，起身整理衣服，并请郦食其坐在上座，向他道歉。于是郦食其帮刘邦出主意，降服了陈留县令。后来郦食其就成了刘邦的说客，经常乘着马车，出使各个诸侯国。

汉王三年，也就是公元前 203 年，刘邦与项羽在荥阳反复争夺，深感兵力不足。郦食其向刘邦献计攻取被称做“粮仓”的敖仓，并自告奋勇，出使齐国，说服齐王田广归顺汉王。当时田广拥有 20 万军队，占据着幅员千里的齐国，也就是今天的山东省的广大地区。如齐国归顺，不仅减轻了刘邦军事上的压力，也无疑增加了项羽防守上的压力。刘邦听从了郦食其的建议。

郦食其到了齐国对齐王直截了当地说：“大王知道天下人心的归向吗？”齐王说：“不知道。请教先生。”郦食其说：“当然是归向汉王。”随后列举了汉王刘邦的许多得人心的地方，和楚王项羽的失道之处。特别指出：如今汉王已经占有敖仓的粮食，堵塞了成皋的险要，把守着白马渡口，断绝了太行的通道，各路诸侯如不归服就会先被消灭。如果齐王先行归顺汉王，那么齐国的江山就可以保住，否则危亡立即就到了。齐王认为郦食其说得有道理，于是将齐国七十余座城池献给了刘邦。但是他把郦食其留了下来。

后来，韩信发兵攻齐国。齐王田广让郦食其去阻止汉军，郦食其拒绝了。齐王一怒之下杀了他，领兵东逃。

刘邦平定天下后，分封列侯功臣，想到了郦食其。一查，他还有个儿子叫郦疥，多次领兵打仗，但战功尚不足以封侯。念他父亲的缘故，刘邦封郦疥为高梁侯，食邑地为武遂。

投笔从戎

“投笔从戎”（“弃笔从戎”、“投笔从军”、“投笔取封”、“班超投笔”），形容一个人弃文就武，发奋建功立业的决心。

“投笔从戎”这个典故出自《东观汉记·班超传》。说的是班超不愿过为官雇佣抄写的生活，决心要像傅介子、张骞那样，立功异域，以得封侯。

说到班超，不能不提到班超的父亲班彪、哥哥班固、妹妹班昭，他们都是我国著名的历史学家，为史学作出过重大贡献。《汉书》的写作提纲和大部分手稿，都是班固草就的，后又经班昭续写而成。它记述了前汉共229年的历史，是一部断代史。

班固在写《汉书》时，曾被人诬告下狱，班超勇敢地去面见明帝，为兄争辩。明帝十分赞赏班超的勇气和才学，不仅释放了班固，还对班超留下了很深的印象。从此，班家从扶风平陵迁到洛阳，班固以校书郎身份修史，班超在家替人抄书挣钱，孝侍寡母。

在班超的心目中，有两个人他一直很敬慕。一个叫傅介子，是前汉北地人，在元帝时奉命出使西域，刺杀楼兰王平定西域，被封为义阳侯；另一个人就是张骞，汉武帝时通西域成功，被封为博望侯。日复一日的抄书工作使得班超心有不甘。有一次，他把笔往笔架上一放，说：“大丈夫怎能总在笔砚之间徘徊，而无志略，应该像傅介子、张骞那样，弃文就武，异域建功。”

不久，明帝偶见班固，想起其弟班超，便问：“卿弟现在哪里？”班固如实相告。明帝就召班超当了兰台令史，这是一个掌管文书、劾奏及官印的小官。没干多久，上司觉得班超爱讲西域立功一类的话题，认为他不安心工作，就把班超给辞退了。

永平十六年，也就是公元73年，奉车都尉窦固奉命出击匈奴，觉得班超是个人才，便任他为假司马。班超与匈奴首战伊吾，伊吾就是今天的巴里坤湖，大胜而还。窦固发现班超很有军事才能，便派他带领36人出使西域各国，直到永元十四年，即公元102年，班超才回到京师洛阳，被和帝拜为射声校尉。班超终年71岁。

班超立志投笔从戎，出使西域30多年，使50多国臣服，功勋卓著，确实令人肃然起敬。难怪今天人们常提“投笔从戎”，因为这里面包含着为国争光的壮志雄心。不过，“投笔从戎”在我们今天的军营里，有个新的讲法，叫“携笔从戎”。虽然只改了一个字，但意思却大相径庭。一个是投笔，一个是携笔。但就是这一字之差，却道出了能文能武的当代军人素质，使这个典故又有了新的生命力。

拔帜易帜

“拔帜易帜”比喻推翻别人，自己占有，即取而代之。

“拔帜易帜”这个典故最初出自《史记·淮阴侯列传》，原文是这样的：

信与张耳以兵数万，欲东下井陉击赵……，信所出奇兵二千骑，共候赵空壁逐利，则驰入赵壁，皆拔赵旗，立汉赤帜二千。赵军已不胜，不能得信等，欲还，归壁，壁皆汉赤帜，而大惊，以为汉皆已得赵王将矣，兵遂乱……

这段文字的大意是：韩信和张耳率兵攻打赵国，出奇兵突入赵军军营，拔掉赵军旗帜，换上汉军的红色旗帜，使赵军军心大乱，于是大破赵军。

故事说的是公元前204年10月，汉大将韩信与张耳率数万汉军，东下井陉（今河北省井陉)，攻打赵国。赵王和赵国大将军陈余在井陉聚集二十万大军，准备抵抗汉军。赵国谋士李左车向陈余献计说："韩信、张耳虽来势凶猛，但我军驻地井陉，地势险要，易守难攻。我军可一面据险坚守，一面派部分奇兵出其不意地袭击汉军粮草辎重，断其后路，可获全胜。"然而陈余并未采用他的计谋。

韩信得知这一消息，心中暗喜，大胆地在距井陉三十里处驻扎下来。当日深夜，韩信选轻骑二千人，人手一面汉军红色旗帜，在夜色掩护下，埋伏在赵军营帐附近的山上。然后，韩信命令这支伏兵等赵军追击汉军离营时，迅速冲入赵营，拔掉赵军旗帜，换上汉军红色旗帜。伏兵出发后，韩信又故意派出一支一万人的军队，背水布阵。背水布阵原是兵家之大忌，会自己断掉自己的退路。赵军见此情景，以为汉军必败无疑。

第二天天刚亮，韩信便指挥汉军向井陉攻击，赵军立即打开营门出战。双方刚一交战，韩信、张耳便命令汉军士兵丢下旗鼓仪仗，向水边阵地撤退。赵军见汉军不堪一击，便倾巢出动，争抢汉军弃物，追击汉军。此时，埋伏在赵军营帐附近的那二千汉军，见赵军营帐皆空，立即冲入赵营，将赵军旗帜全部拔掉，换上了汉军的红色旗帜。赵军回头一看自己的营帐全都插上了汉军旗帜，误以为赵王已被抓住，军心顿时大乱。

韩信、张耳退到水边后，汉军因再也没有退路，便拼命死战，越战越勇；而此时赵军已无心恋战，逃的逃、死的死，很快便被汉军全部消灭。

多多益善

"多多益善"就是越多越好的意思。

"多多益善"出自《史记·淮阴侯列传》："上(刘邦)问曰：'如我能将几何？'信曰：'陛下不过能将十万。'上曰：'于君何如？'曰：'臣多多而益善耳。'上笑曰：'多多益善，何为为我禽？'"

刘邦与韩信的这段对话的中心意思是：韩信统率军队，越多越好。也就是我们今天所说的"韩信将兵，多多益善"这个典故的由来。

这个典故说的是公元前202年，刘邦消灭了项羽后建立汉王朝，大封功臣。战功卓著的韩信被封在淮北做楚王，成为当时实力最强大的诸侯王。

第二年，有人向刘邦上书，密告韩信谋反。刘邦采纳了身边的谋臣陈平的计策，他假称自己准备巡游云梦(云梦是当时著名游猎区)，要各地诸侯到陈县(今河南的淮阳)相会。韩信不知是计，亲身前往，当场被刘邦下令逮捕。

韩信被押解到洛阳后，刘邦想起他昔日跟自己南征北战，立下了汗马功劳，就下令将韩信免罪释放，贬为淮阴侯。后来，刘邦定都长安，韩信就闲居长安，无所事事。他看到过去曾经是自己部下的周勃、灌婴、樊哙等人，一个个都位居列侯，跟自己平起平坐，很是不服。因此，经常称病不上朝。

刘邦知道韩信心怀不满。一天，刘邦派人把韩信召进宫来，闲谈中，刘邦叫韩信评论一下朝中诸将的才能。韩信就毫不客气地将周勃等人一一评说了一番，几乎没有一个人被他看上眼。刘邦听后，就笑着问韩信："如果我去带兵，你看能带多少人？"刘邦这句话触动了韩信，他不假思索就脱口而出："陛下如果带兵，我看最多不过十万人。"刘邦马上又问："那你能带多少呢？"韩信说："臣带兵是多多益善。"刘邦一听，不禁放声大笑，说："你既然带兵多多益善，远胜于我，为什么反而被我擒住呢？"韩信自知失言，忙说："陛下虽然不善于带兵，但是善于带将，这是臣所以被陛下生擒的原因。"

这次谈话，结果当然是不欢而散。韩信高傲的性格和流露出来的不满情绪，更加深了

《前汉书续集》版画之汉王游云梦擒韩信图

君臣之间的隔阂。

公元前197年,赵相国阳夏侯陈希起兵谋反,刘邦亲率大军前去讨伐。韩信想乘机在长安发动兵变,谁知还未动手,就被人告发。皇后吕雉和留守后方的丞相萧何用计把韩信骗进宫中,当场逮捕,并在长乐宫密室将其处死。

后人用一句成语概括了韩信的一生,叫"成也萧何,败也萧何"。早年,韩信投奔刘邦,一时不受重用,曾弃刘而走。是萧何月下追韩信,并说服刘邦,将韩信封为大将。楚汉相争期间,韩信统率汉军,所向无敌,没想到一世英雄,竟落了个晚节不保。

泰山鸿毛

"泰山鸿毛"出自司马迁《报任少卿书》:"人固有一死,或重于泰山,或轻于鸿毛,用之所趋异也。"

这段文字出自司马迁的一封信,这段话的意思是:人谁都免不了一死,但是有的死比泰山还重,有的死比鸿雁毛还轻。它这里面包含着非常深刻的人生哲理。

司马迁是西汉太史令司马谈的儿子,大约出生在公元前145年或135年,而何时去世,至今还没有一个准确的记载。

公元前110年,司马迁的父亲临终嘱咐他,要他继承太史令的事业,写出一部完整的通史。

公元前108年,司马迁做了太史令后,便开始在皇宫的皇家藏书楼检索图书。司马迁这个人特别勤奋刻苦,每天早出晚归,在一堆堆的木简和绢书中查阅和整理历史资料。经过四五年时间的整理和考证,他便开始构思,动手写《太史公书》。《太史公书》就是我们今天所说的《史记》。

就在司马迁日夜埋头写《太史公书》的时候,朝廷出了一件事。

西汉名将李广的孙子李陵率五千精兵出击匈奴,结果寡不敌众,李陵被俘后投降了。汉武帝为了这件事十分愤怒,他身边的大臣们也都把责任推到了李陵身上。汉武帝征求司马迁的意见时,司马迁认为李陵作战勇敢,以五千人打败了匈奴几万骑兵,最后是在寡不敌众、粮尽援绝的情况下才败降的,所以,不应该治罪。汉武帝因司马迁为李陵说情,非常生气,就下令将司马迁处以"腐刑",就是我们今天所说的"阉割"。

汉武帝为了利用司马迁的才华,任命司马迁为中书令,而这个职务原来一直是由太监担任的。司马迁为了完成《史记》的撰写,忍受了侮辱和迫害,身心都受到了极大的摧残。

司马迁受刑后，老朋友任安曾写信劝他，司马迁一直没有给他回信。后来，他听说任安也因故被下了大狱，这才复信。这封信就是著名的《报任少卿书》。在信中，司马迁回顾了自己的遭遇，表示自己所以蒙受耻辱后还顽强地活着，就是为了实现自己的愿望。

“泰山鸿毛”就出于这封信中。司马迁在这句话的自勉下，经过了十三年的寒来暑往，最终完成了我国第一部完整的纪传体通史——《史记》。

李广射虎

“李广射虎”出自《史记·李将军列传》。

李广（前181—前119），陇西成纪（今甘肃省静宁西南）人。他是秦朝李信将军的后代。由于祖祖辈辈精通骑射，李广很小的时候就学会了骑马射箭，练就一身的好武艺。

公元前166年的冬天，匈奴十四万骑兵大举进犯边境，李广因作战勇敢升任中郎将，经常随汉文帝护驾。汉景帝即位后，李广出任陇西都尉、骑郎将，曾随周亚夫讨平“吴楚七国之乱”。由于他功高显赫，出任七郡太守（七郡就是上谷、上郡、陇西、北地、雁门、代郡和云中），为守卫西汉边防作出了重要贡献。汉武帝时，李广官至前将军。到公元前119年，他随大将军卫青进军漠北，因为迷路，误了时间而愤愧自杀。

李广一生与匈奴激战七十多次，威震边疆，匈奴畏他如猛虎，给他送了两个外号，一个叫“飞将军”，另一个叫“猿臂将军”。

与之类似的有“射虎南山”，“李广难封”“飞将难封”“李广不侯”等典故。

运筹帷幄

“运筹帷幄”意为在军帐中策划克敌制胜的大政方针。

此典出自《史记·高祖本纪》：“夫运筹策帷幄之中，决胜于千里之外，吾不如子房。”

这段文字出自《史记·高祖本纪》，是刘邦说的一段话。大意是：若论在军帐中策划和运用克敌制胜的谋略，刘邦认为自己不如张良。这就是“运筹帷幄”这个典故的由来。

公元前207年，刘邦率领的起义军推翻了秦朝的统治，从此与楚霸王项羽展开了争夺天下的战争。

在楚汉相争的最初岁月中，刘邦好几次被项羽打得损兵折将，溃不成军。公元前205年，楚汉两军在彭城（今徐州）交战，汉军全线崩溃，伤亡将士二十多万人，连刘邦的父母和妻子都被楚军俘获了。刘邦自己一直跑到河南荥阳才站住脚跟。

“彭城之战”的惨重失败，使刘邦几乎失去了胜利的信心。他在途中对谋臣张良说：“函谷关以东的地方，我准备不要了。你看送给什么人，可以使他们为我建功立业？”

张良说：“大将韩信善于用兵，屡战屡胜；楚九江王英布和项羽有矛盾；魏相国彭越是一个能征善战的猛将。您就送给这三个人吧！如果他们能够为您出力，项羽就没有了安宁的日子，最后一定会失败。”

刘邦根据张良的谋划，联络彭越，策动英布背叛项羽，同时命韩信与他们相呼应，加紧对项羽后方进行骚扰和进攻。到公元前203年，项羽被迫同刘邦停战讲和，双方确定以鸿沟为界。鸿沟在今天的河南省境内，是沟通黄河与颍水的古运河。

平分天下的和约缔结以后，项羽就踏上了东归之路，刘邦也准备率军返回关中。此时又是张良深谋远虑。他和陈平一起劝说刘邦，不要放虎归山，要穷追猛打，将项羽一举消灭。刘邦觉得张良的意见很有道理，就调回大军开始追击项羽，一直追到阳夏。

公元前202年，项羽在垓下（今安徽灵璧南）陷入汉军重围。项羽突围无望，兵败自杀。刘邦经过五年的艰苦奋战,终于统一了天下。

在庆功大会上,刘邦论功行赏。他当着文武百官的面说:“子房(张良)虽然没有上阵打仗,但他运筹帷幄之中,决胜千里之外,建立了特殊的功勋。”刘邦当即宣布封赏张良齐地三万户,被张良谢绝,最后张良被封为留侯。

坚壁清野

“坚壁清野”要加固防御工事,将四野的居民、物资全部转移、收藏,使敌人一无所获,站不住脚。这是对付优势之敌的一种作战方法。

此典出自《三国志·魏书·荀彧攸贾诩传》:“今东方皆以收麦,必坚壁清野以待将军,将军攻之不拔,略之无获,不出十日,则十万之众未战而自困耳。”

东汉末年,曹操在镇压黄巾起义军后,占据了兖州地区,威震山东。接着曹操准备挥师东进,夺取徐州这个战略要地。

曹操东征,后方空虚。兖州豪强张邈勾结吕布,袭取了兖州大部分地区,并占领了濮阳。这样,整个兖州地区只剩鄄城、东阿、范县三处没有被攻破。当时,守卫这三处城池的是曹操的谋士荀彧。曹操得到消息后,十分恼怒。因为,丢了兖州根据地,形势变得对曹操十分不利。于是,曹操急忙从徐州撤兵回来,向屯驻濮阳的吕布发起反攻。

然而,吕布是员虎将,他的部下也不弱。曹军怎么攻打,都无法取胜。双方相持了好长时间,最后,各自的粮草都快没有了。无奈之下,双方只好各自收兵。

此后不久,徐州牧陶谦病死了。陶谦临死时,把徐州托让给了刘备。消息传到曹营后,曹操争夺徐州的心情更为急迫。他准备先打下徐州,然后再回过头来消灭吕布。这时,谋士荀彧忙劝阻曹操说:“以前高祖保住关中,光武帝据有河内,都是有了牢固的根据地。进可以胜敌,退可以坚守,才能够得天下。如今,将军为什么不顾兖州而去攻打徐州呢?”

曹操认为,陶谦刚死,徐州民心浮动,攻取不难。荀彧却说:“我看未必。眼下正值麦收季节,徐州方面已经组织人力,加紧抢割城外的麦子,运进城去。这分明是对可能发生的战争有所准备。收完了麦子,对方必然还要星夜加固营垒,强化防御工事,以应付万一。四野的居民、物资,也会全部转移、收藏。这样,军队开到那里,势必无法立足,反而让徐州的刘备赢得主动。”说到这里,荀彧进一步提醒曹操,他说:“对方‘坚壁清野’,固垒以待我军。到那里,将军攻不能克,掠无所得,不出十天,全军就要不战自溃了……为防吕布再次乘虚而入,我方需多留兵力。而这样,攻打徐州的兵力就会不足。但如果少留兵力,又不能保证守住鄄城。如果弄得兖州尽失,徐州又未取,这岂不是一举两失了!”曹操听了荀彧的话后,十分佩服,决定暂不分兵东进,只与吕布对垒。后来,曹操果然大败吕布,平定了兖州,巩固了后方根据地。为日后削平各地割据势力,统一中原,奠定了基础。

抗日战争时期,日寇一方面对我根据地加紧疯狂的进攻,另一方面实行残酷的大扫荡和“三光”政策。在中国共产党的号召下,我根据地抗日军民对优势之敌实行的就是“坚壁清野”的作战方针,使日寇最终一无所获。

人自为战

“人自为战”指民众为了自己的生存,而努力地去奋斗。

此典出自《史记·淮阴侯列传》:“信曰:‘……此所谓‘驱市人而战之’,其势非置之死地,使人人自为战;今予之生地,皆走,宁尚可得而用之乎。”

上面的这段话，可以说是成语“人自为战”的典源。原文的意思是：韩信对众将官说，这是激励全军将士努力作战的一种办法。把军队放置于被称作死地的地方，就会使全军人人为求生存而殊死战斗，从而赢得生的机会。

公元前204年，汉大将韩信领兵攻打赵国。赵王带大将陈余在井陉（今河北省井陉）布置了二十万大军，准备抵抗汉军。由于汉军兵少，韩信决定拨出一万人，背水列阵。韩信的部下十分不解，又不敢多问，只好执行命令。而陈余看后心中暗喜，笑韩信不会用兵。第二天，汉赵两军一交手，韩信就退走，赵军随后追杀过来。汉军退至河边预设的阵地，官兵们见已无退路可走，转过身来，殊死拼杀，真可谓以一当十，以十当百，个个奋勇，一时间顶住了赵军的攻击。赵军虽然兵多，却无法一下子吃掉顽强的汉军，双方你争我夺，处在胶着状态。这时，赵军后方突然大乱，刚才还向前进攻的赵军，开始纷纷后退。原来，韩信早在前一天夜里秘密派出的二千名骑兵，此时从赵军背后发起了袭击。赵军腹背受敌，军心大乱，士兵纷纷败走。尽管赵军统帅当场斩杀了多名士兵，也无法阻止“兵败如山倒”的趋势。在汉军的两面夹击下，赵军土崩瓦解，主将陈余死于乱军之中，赵王也成了汉军的俘虏。

战后，韩信的部下问：“兵法上讲，预设战场要依山傍水。这次，将军却令我们背水布阵，等于把军队置于死地，可结果却打胜了，这是什么道理呢？”韩信回答：“这种战法，兵法上也讲过，只是你们没有注意到而已。兵法上不是说，军队陷于死地可以后生，置于亡地可以后存吗？我不过是没有拘泥于前人的经验，而是采取了一种新的激励士兵努力作战的方法。”接着，韩信就说出了文中开头所提的那段话。

韩信胯下受辱图，讲述了韩信忍得胯下之辱，后成为一代名将之事。

胯下之辱

“胯下之辱”是说一个人从别人两腿之间处爬过去，这被视为是奇耻大辱。比喻有才能的人能忍受暂时的耻辱，亦称赞那些能忍辱负重而终成大器的人。

此典出自《史记·淮阴侯列传》：“淮阴屠中少年有辱信者，曰：‘若虽长大，好带刀剑，中情怯耳。’众辱之，曰：‘信能死，刺我；不能死，出我胯下。’于是信孰视之，俯出胯下，蒲伏。一市人皆笑信，以为怯。”

这是汉朝开国功臣韩信早年亲身经历的一件事。韩信是今江苏淮阴人，当他还是一个贫民百姓时，家境贫寒，本人由于既不能为官，又不会经商，经常吃不饱饭，时不时地要靠别人接济饭食，过着寄人篱下的生活，为当地人所瞧不起。

一天，城中杀猪卖肉的几个人围住

韩信。其中，一人用手指着韩信的鼻子说：“看你虽然长得身材高大，还背着刀剑，其实，你却是一个胆小鬼。”据史书上讲，韩信身长八尺五寸，当然那是旧尺寸。因是韩王的后代，所以经常带着佩剑出没于市井之中。在那些围住韩信的市井无赖中，有一高个子，扯着嗓门喊叫：“你小子要是不怕死，就来刺我一刀；你小子要是怕死，就从我胯下爬过去。”说着他叉开两条腿，用手指指自己的胯下。周围的那帮人在一旁起哄：“爬过去，爬过去。”韩信听了，一声不响，他仔细地看了看那个高个子无赖，又看了看其他几个人，便伏下身子，从那高个子的胯下慢慢地爬了过去。看热闹的人围了一圈，大家都哈哈大笑，讥笑韩信是一个十足的胆小鬼。韩信仍然是面无表情，默不作声，心里却牢牢地记下了这一奇耻大辱。

后来，各地起兵反秦。韩信先是投靠西楚霸王项羽。项羽只给了韩信一个微不足道的官职——郎中。韩信多次给项羽献计，项羽由于在心里看不起他，都没有采纳。于是韩信转而投奔汉王刘邦。刘邦开始也对韩信不以为然，常拿韩信“胯下之辱”的历史来搪塞举荐韩信的人，意思是说，这种人还能成大器吗？

丞相萧何慧眼识人，认为韩信是个奇才，极力向刘邦推荐，还不顾年迈，月下追回怀才不遇，又想出走的韩信。刘邦无奈，怀着试试看的心理，拜韩信为破楚大将军。拜将后，刘邦认真地与韩信作了一番对话，这才对韩信有了新的认识。韩信果然不辱使命，帮助刘邦最终战胜了项羽，建立了汉朝。

刘邦统一天下后，封韩信为楚王，淮阴是他的属地。韩信回到家乡，把当年那些曾侮辱过他的人吓得半死，特别是那个高个子，自认为必死无疑。没想到韩信却把他召来封了个军职——中尉，韩信对众将说：“当年他侮辱我时，我所以没有杀他，是因为杀了他并不会带来好处。现在也是如此，而我正是忍了，才有了今天。”

此后，人们就用“胯下之辱”比喻有才能的人，能暂时忍受耻辱，并终成大器。

匹夫之勇

“匹夫之勇”指那些没有深谋远虑，又听不进别人意见，只凭武力用事的人。

汉高祖刘邦为韩信登坛拜将事毕，刘邦问韩信：“丞相萧何等人在我面前多次称赞将军，说你雄才大略，经天纬地，是旷世奇才，将军对我有何指教呢？”韩信说：“现在能与大王争夺天下的，只有项羽。大王估计自己的勇猛强悍，比项羽又如何呢？”

刘邦沉默了一会儿，说：“那我远远不如他。”韩信听后躬身下拜，恭恭敬敬地说：“大王真有自知之明，我也认为大王不如项羽。但是，我在项羽手下做过事，我对他的性格、作风、才能、品行，知道得清清楚楚。项羽可以说是叱咤风云，他的一声大喝，就能吓退千军。但是他有一个致命的弱点，就是人他不能也不会用人。贤臣良将，在他的手下，一筹莫展，毫无用武之地。所以说，项羽虽勇，只是匹夫之勇。项羽待人也是恭敬和仁义的，他关爱部属，遇到将士患有疾病，他能问暖问寒，关注饮食起居。但是，当部属有功该分封行赏时，他却常常舍不得，这种仁其实只是妇人之仁。”接着，韩信又指出项羽背信和滥杀无辜的不义。最后总结说项羽的勇，只是匹夫之勇，项羽的仁只是妇人之仁，所过之处，烧杀抢掳，村庐尽墟，尽失人心。如果汉王能反其道而行之，揽天下贤才，任武功强将，以天下城邑，封有功之臣，让人心悦服，得到天下并非难事。刘邦听后大喜，自认为与韩信相见恨晚，对韩信是言听计从。

后来，刘邦打败项羽，做了皇帝，在洛阳宫大宴群臣时说：“我所以能成功，取得天下，是我能知人也能用人。运筹帷幄之中，决胜千里之外，我不如张良；镇守国家，安抚百姓，筹划粮草，整理财政，我不如萧何；上阵打仗，攻城拔寨，率百万之师战必胜，攻必克，我不如韩信。这三人都是人中之杰，我能用，此三杰。而项羽只有一个范增，还不能用，天下怎么能不属于我呢！”

项羽可以说是一位失败的英雄。他24岁在江东起兵反秦，26岁夺得秦朝政权。接着楚汉战争，他与刘邦交手四年，最后败在刘邦手下。死时也不过30岁出头。遗憾的是，究竟为何失败，他临死尚不觉悟，仰天高呼：“天之亡我，非用兵之罪。”司马迁批评他，说他最大的错误是自矜功伐，不肯纳谏，欲以武力经营天下。

大树将军

“大树将军”，讲述的是东汉时期著名军事将领冯异的故事，后指不居功自傲的将领。

冯异，字公孙，生年不详，死于公元34年。他出生在颍川父城，也就是今天的河南宝丰市东。他自幼好读书，通晓《左氏春秋》、《孙子兵法》等。东汉初年，冯异出任过王莽政权的郡掾，郡掾是一个职位不高的官衔；后来转投刘秀，受到重用。先是拜为偏将军，后因战功卓著，屡献定国安邦方略，被封为应侯。

冯异为人谦虚谨慎，从不居功自傲。他乘车行驶在路上，遇到别的将军，总是马上叫随从把车让到一边。行军作战休息的时候，将军们坐在一起谈论战功，有时甚至争得面红耳赤。冯异却常常躲在一边，坐在树下，不声不响，从来不参与这些争论，久而久之呢，军中的将士就都称他为“大树将军”。

刘秀率军消灭了王郎割据势力，打下邯郸以后，决定要整顿军制，重新分配将士的隶属，结果全军将士都表示愿意归于冯异手下，这很是让刘秀感慨。将士信服和拥戴冯异，不仅是因为他精通兵略，军纪严明，更是仰慕他为人谦逊，体恤士卒。冯异领军在外作战，每有战功，上报时总是尽数部下的成绩，从不贪功。有一年，由于道路被阻，冯异的部队被困在一个极度缺粮的地区。当地粮价飞涨，一斤黄金才能换取五升黄豆，百姓饥饿，甚至出现了吃人肉的现象。冯异严格要求部下不许扰民，自己带头吃野果、野菜，全军将士同心协力，坚持渡过了难关。冯异的为人也为他的对手所叹服，在与冯异的作战中，曾多次出现敌对方慑于其威力和仰慕其人格而投降的事例。公元25年，作为敌对方的更始军一次投降就达十余万人。

刘秀也很赏识和信任冯异。众人劝说刘秀称帝，刘秀拿不定主意，特意从前方紧急召回冯异，诚心诚意地征询意见。看到冯异点头了，刘秀才像吃了一剂定心丸。公元25年，刘秀即帝位，称汉光武帝，冯异被封为阳夏侯。冯异长期在外领兵作战，不免威权益重，百姓归心，有人密告刘秀说冯异有“反心”，朝中大臣也对冯异兵权过重有所担心，刘秀却坚信冯异不疑。冯异也不负刘秀的信任，南征北战，最后病死军中，马革裹尸，被后人奉为军人的楷模。

骄兵必败

“骄兵必败”，是我们在日常生活中使用频率较高的一句成语。“骄兵”，是指恃强凌弱的军队。这句成语的意思是：认为自己强大而轻敌的骄横军队必定要打败仗。

公元前68年，汉宣帝刘询派侍郎郑吉率军西征车师国。车师国求救于匈奴，但匈奴没有及时派兵支援，因此车师国投降了汉朝。不久，匈奴大军突然袭击车师，把郑吉率领的七千人马团团围住。郑吉派人突围，给汉宣帝报信请求派兵支援。

汉宣帝召集群臣商议此事。大将军赵充国主张趁机攻打匈奴的大本营。而丞相魏相却不同意派大军出战。上书进谏说："国家出兵作战一般是在五种情况下，结果却是不同的。救乱诛暴，谓之义兵，兵义者王；敌加于己，不得已而起者，谓之应兵，兵应者胜；争恨小故，不忍愤怒者，谓之忿兵，兵忿者败；利人土地货宝者，谓之贪兵，兵贪者破；恃国家之大，矜民人之众，欲见威于敌者，谓之骄兵，兵骄者灭。"

在魏相看来，第一种情况解救危难，平暴安良，是为正义，因此称为"义兵"，战必无往而不胜。第二种情况敌人侵犯，迫不得已奋起自卫，也可称作"应兵"，师出有名，必然打胜仗。而后三种情况，忿兵、贪兵、骄兵都是不可取的。因一时气愤铤而走险，置国家安危于不顾，或是贪恋他人资源财物，强取豪夺，大动干戈，甚至凭借自己的经济、军事实力，动不动就给别国发号施令，大施淫威，以战争相威胁，都是不义的，最终必然导致失败的结果。在忿兵、贪兵和骄兵中，尤以骄兵的后果最严重。魏相认为，骄兵"出兵虽胜，犹有后忧"。也就是说，骄兵短时期内可能取得一定的成功，但从长远观点看，却是忧患重重，弊大于利。所以，他对汉宣帝讲，骄兵的结局，不仅仅是失败，而可能是灭亡。

魏相像，图出自清·顾沅辑《古圣贤像传略》。魏相，汉宣帝时大臣。

说到这儿，魏相把话锋一转，说："近年来，匈奴没有侵犯我们边境。现在为了车师，就要去攻打匈奴，这是没有道理的。出兵作战要有名义，我不知道这次出兵攻打匈奴有何名义？"

汉宣帝采纳了魏相的意见，决定暂不出兵攻打匈奴，而是派了一支部队，驰援郑吉，把他和他的军队接应回了渠犁，也就是现在的新疆轮台、尉犁之间。

魏相的"五兵"说，其实是阐述了中国古代军事哲学中关于战争正义与非正义的一个基本观点。这一观点对后来的政治家和军事家影响很大。"骄兵必败"，作为这一思想的载体也以成语的形式在民间流传至今。不过，如今它的运用已走出军事领域，成为人们在表达骄傲的人做事不会成功这层意思时经常使用的一个比喻。

斗酒彘肩

成语"斗酒彘肩"源自"鸿门宴"的故事。在鸿门宴上，项庄拔剑起舞，欲杀刘邦，项伯暗中尽力用自己的身体掩护，但项庄咄咄逼人，形势万分危急。刘邦的谋士张良见势不妙，赶紧走出帐外，把消息告诉了负责刘邦安全的猛将樊哙。

樊哙与刘邦是同乡，早年以杀狗卖肉为生，后来跟随刘邦起兵，出生入死，战功卓著，很受刘邦器重。樊哙与刘邦还有一层关系，樊哙的妻子吕须与刘邦的夫人吕雉是亲戚。所以，在刘邦的诸多将领中，樊哙被认为是最亲近的。

樊哙听张良一说，顿时急了，立即持剑握盾闯入项羽的军帐。两侧持戟的卫士制止樊哙，不让他进去。樊哙侧着盾牌撞过去，两侧的卫士纷纷倒地。樊哙闯入军帐内，靠着帷帐向西站着，愤怒地瞪起眼睛，怒视项羽，头发都竖了起来，眼角也张裂流着鲜血。项羽按剑问道："这个大汉是什么人？"张良回答："他是刘邦的武士，名叫樊哙。"项羽说："真是一个壮士，快给他拿酒。"手下人立即给樊哙送来一斗酒，樊哙谢了项羽，一饮而尽。项羽又说："送给他猪肩。"手下人立即送上一只生猪肩，樊哙把盾牌扣到地上，把生猪肩放在盾上，拔剑切肉，大口吃起来。项羽说："壮士，还能再喝酒吗？"樊哙回答："我连死都不怕，喝几斗酒算什么！"樊哙的言行震慑了项羽及手下的武将们，项庄等人一时不知如何是好。刘邦借机上厕所，走出项羽的军帐，连来时坐的车都不要了，独自骑马逃离了鸿门。樊哙呢，也不辞而别，匆忙离开，抄小路返回了自己的营地。

"斗酒彘肩"就源于这个典故。"彘"，是指猪。后来人们用这个典故，形容某人言行豪壮，英勇无畏。

老当益壮

"老当益壮"此典出自《后汉书·马援列传》："援……尝谓宾客曰：'丈夫为志，穷当益坚，老当益壮。'"

这段文字的意思是：马援曾经对他的宾客们讲，大丈夫要胸怀大志，贫穷时要意志更坚定，年老时要志向更加高远。而马援正是用自己的一生实践了这一诺言。

马援出身将门，先祖是战国后期赵国的名将赵奢。在赵国，赵奢的战功可与廉颇、蔺相如相比，因此被封为马服君，他的后人也以此为荣，索性以马作为姓氏。后来，马援的曾祖父马通因为参与宫廷内部纷争，事败后被杀，从此家道败落。马援幼年父母就已亡故，12 岁时独自跑到塞外以放牧为生。不久，马氏家族的人纷纷前来归附他，大约有百家宾客跟随他在陕西、甘肃一带游牧，这就是马援的家为什么会在关中西部扶风县的由来。年少历经坎坷，游踪又遍于西北各地，开阔了马援的视野，也养成了他的大器胸怀。数年后，马援已拥有牛、马、羊数千头，粮谷万担，但他并不贪恋钱财，而是全部散发给亲朋故旧，自己常年穿着一身羊皮衣服，过着极其简朴的生活。从军后，马援也以同样的态度对待自己的部下。一次战斗，马援身先士卒，挥军搏杀敌方千余名，自己腿部被箭射穿。汉光武帝刘秀特下令嘉奖，赏赐他牛羊数千头，马援全部分给了部将和士卒。他常说："钱、财、物，可贵的是可以用来救助他人，可悲的是沦为它的奴隶。"这句话不仅表达了马援对待物欲的态度，也反映了他不同凡响的志向和抱负。

马援早年从军，追随汉光武帝刘秀东征西讨，驰骋疆场。他文武兼备，治军有方，谋略过人，屡建奇功。刘秀非常器重马援，经常召他商讨军机大事。据史书记载，马援"每有新谋，未尝不用"。马援在军中威信也很高，诸将领对某事有疑义或争论，也往往请教马援或由他裁定。由于战功显著，马援先是被封为伏波将军，后授新息侯。此刻，他可以说是功成名就，衣锦还乡。公元 47 年，在武陵，也就是今天湖南省常德市西一带发生大规模的反汉叛乱，刘秀两次派兵平叛，第一次汉军全军覆灭；第二次损兵折将，连遭败绩，当时满朝文武都一筹莫展。马援听到消息，从病榻上一跃而起，再次请缨出征。这年马援已 62 岁。刘秀认为马援年事已高，不想让他去，但经不住他坚决要求，只好说让他当场试试。马援纵身上马，据鞍回顾，不减当年雄姿。刘秀不禁笑道："矍铄哉是翁也！"后来，

"矍铄"一词就被用来形容老人很有精神的样子。

刘秀欣然任命马援为领军统帅。马援深知此行艰难,启程前特意与亲友一一诀别。他对知交杜情说:"我受国家厚恩,经常担心不能为国事而亡,今天终于如愿,可以无所牵挂地瞑目了。"出师后,马援慎重出战,首战杀敌两千;接着乘胜追击,直趋叛军大本营。由于叛军据险抵抗,汉军数次进攻不利,双方进入僵持局面。这时天气日益炎热,北方官兵不习南方水土,加上瘟疫流行,军中不少人相继生病,马援也身染重疾。于是,军中有人建议暂时退兵,马援认为坚持就是胜利。他镇定自若,为激励将士,不畏酷暑,每日亲临前线观察敌情,指挥作战。没过多久,马援终因年迈体衰,病逝于军中,终年63岁。马援去世不久,叛军也因断粮缺水而投降。马援虽然没有亲眼看到战役结局,但胜利的基础却是由他奠定的。

可悲的是,马援死后,竟遭到个别部下和朝中小人的诬陷。刘秀不分清浊,下令追回新息侯印绶,子孙不得袭爵食封。一代名将死后,宾客、同僚、故人竟然不敢凭吊。马援的妻子只好买了几亩地,草草安葬了这位老当益壮、马革裹尸的军人。

千秋功罪,自有后人评说。公元74年,马援终于得以平反昭雪,被追封为"忠成侯"。

斩将刈旗

"斩将刈旗"比喻将士勇猛杀敌。

歼灭了秦军主力的项羽与刘邦会师在灞上。后来双方为争夺天下又打了四年的仗,这就是历史上著名的"楚汉相争"。刘邦最终把项羽包围在垓下,四面楚歌,逼得虞姬拔剑自刎,而项羽乘夜率领八百多名士兵向南突围,到了天明,汉军发觉项羽逃走,将军灌婴立刻带领五千骑兵追击。

项羽突围后渡过淮河,由于走错了路,不得不原路返回,结果被汉军追上。这时,项羽的手下只有二十八骑,而汉军却是漫山遍野。项羽长叹一口气,对手下人说:"我自起兵反秦到现在,已经八年了,身经七十余战,所向无敌,今天看来是难以脱身了。"说着,他怒目圆睁,大声喝道:"今天就是决战,我在临死前,给你们痛痛快快地打一仗瞧瞧,杀它个三进三出,斩掉敌人的大将,砍倒敌人的大旗,让你们知道,这是上天要灭亡我,并不是我无能而战败。"这就是成语"斩将刈旗"的由来,它的意思是斩杀对方的将领,砍倒对方的旗帜。

项羽说完,把手下人分成四队,向四方突围,并约定在山的东面会合。接着,项羽身先士卒,大喝一声,催马奔向汉军。只见他冲到一汉将前,手起刀落,已经将那个汉将的头颅斩落马下。然后,项羽是左右驰骋,所过之处,汉军纷纷退后,无人敢抵挡。项羽杀得性起,一会儿,就毙伤一百多名汉军,在汉军中真可以说是如过无人之境。汉军由于惧怕项羽,纷纷避让,但里外三层,把项羽团团围住。项羽拼杀了一阵,回头一看,只损失了两名骑兵。他笑着对身后跟随的手下人说:"这一仗打得怎么样?"士兵都跪在地上说:"大王说的一点儿都不假。"项羽听后是仰天大笑。

最后,项羽只身一人赶到了乌江渡口。他拒绝了乌江亭长劝其返回江东,东山再起的建议。他认为,当初带领八千江东子弟起兵,如今一人返回,无颜见江东父老。于是将自己的坐骑乌骓托付给亭长,自己返身徒步与追赶上来的汉军继续拼杀,又斩杀数百人,自己也身受十余处创伤,最后拔剑自刎。

项羽至死认为,失败是上天的意志,而并非自己在军事上无能,这是他的悲剧。但是他作为军人,血战沙场,视死如归,又往往为人们所称道,所以他又被人们称为"失败的英雄"。

短兵相接

“短兵相接”今天常用来比喻敌我双方，面对面地进行针锋相对的斗争。而作为典故，它最早的出处应该追溯到战国时期著名诗人屈原所著的《九歌》。他在《楚辞·九歌·国殇》中描写古代战争场面时，就使用了“操吴戈兮被犀甲，车错毂兮短兵接”的诗句。汉朝的司马迁是最早把“短兵接”作为成语来运用的。

作为成语，它最早出自于《史记·季布栾布列传》。故事说的是，秦末楚汉相争的初期，汉王刘邦乘楚王项羽大军在山东一带作战的有利时机，亲率五十六万大军一举攻占了楚都彭城，也就是今天的江苏徐州。项羽见自己的后方告急，立即领精兵三万从山东挥师南下，迅速包围了彭城，打得刘邦措手不及。汉军仓促迎战，被驱入谷水、泗水，死伤二十余万人。项羽的部将丁公率军穷追不舍，他是项羽手下猛将季布的舅舅，是一个很有心计，也很会带兵打仗的将军。追到彭城以西，穷途末路的刘邦不得不回头迎战，两军在战场上开始了你死我活的拼杀。古代作战使用的兵器，弓箭称为“长兵”，刀剑称为“短兵”。近身作战，弓箭无法展开，必须使用短兵器，所以叫做“短兵相接”。在生死攸关的战场上，双方自然是奋力搏击。汉军人少，又连日征战，人困马乏，形势非常危急。刘邦自知很难脱身，便勒马回头对追上来的丁公说：“你我都是英雄，何必苦苦相逼呢？”丁公听了先是一愣，随后想了想，便卖了个情面，引兵退去。刘邦这才不由得长出了一口气，带着仅存的数十名残兵败将，脱身而去。

说到这里，我们有必要介绍一下“短兵相接”这个故事中的人物刘邦、季布和丁公的结局。刘邦最终战胜了项羽，做了汉朝的开国皇帝。曾多次与刘邦交战，让刘邦颇为忿恨的季布先是被通缉，刘邦为其人头悬赏千金；后来，刘邦听取了谋士建议，为收买人心，赦免了季布，还拜他为中郎将。而丁公呢？项羽与刘邦争夺天下兵败后，他自恃救过刘邦一命，主动前来投靠。没想到刘邦不仅不感激他，反而说：“你作为项羽的部属，是不忠的。使项羽最终丢失天下的人，就是你丁公。”随后，刘邦下令将丁公推出斩首，告示三军，做人做事不要学丁公！

马革裹尸

“马革裹尸”一词，最早见于《后汉书·马援列传》。原文的意思是：大丈夫应当战死沙场，用马的皮革包裹尸首，还葬故乡。

马援是后汉时期的一个重要将领。他生在前汉末年，12 岁时父母双亡。哥哥马况让他学诗，学了好几年，也没有什么起色，马援便要求到边疆去放马。哥哥怕弟弟灰心，就鼓励他说：“汝大才，当晚成。”意思是你的才能很大，可能成熟得晚些。就是我们今天常说的“大器晚成”。

马援果然应验了哥哥的话——“大器晚成”。王莽末年，他被任命为新城大尹，就是汉中的太守。王莽败后，隗嚣拜他为绥德将军，后来，马援与隗嚣反目成仇。刘秀大军西征时，马援受到重用。刘秀让马援与群臣共商讨伐隗嚣之计。马援顺手将一袋米倒在席上，按地形堆成山川河谷，这大概就是世界上最早的沙盘模型。当时，刘秀高兴地大叫，敌军全在我眼中了！随后，刘秀大军便进占第一（今宁夏固原县），隗嚣军大败。建武九年，马援被拜为太中大夫，建武十一年拜为陇西太守，是刘秀帐下有名的常胜将军。

光武帝刘秀基本统一中国后，为了发展经济，增强国力，极力避免战争。

建武二十年，马援班师回京后，刘秀赏赐给他一辆兵车，职务仅安排在九卿之后，封为新息侯。许多朋友都前来祝贺，其中有一个人叫孟冀，他跟马援是非常要好的朋友，言谈中不免有些溢美之词。谁知马援却说："男子汉就是应该在战场上逞雄，死于边野以马革裹尸还葬耳！何能醉卧床上，缠绵于儿女之情！"言辞之间表明了自己立志战死疆场的雄心壮志。孟冀敬佩地连连称道，说："将军真是壮烈之士，男子汉就应当如此！"

虽然马援在花甲之年请战出征，为国尽忠，最后病逝军中，但他的"马革裹尸"的精神却一直为人传颂，在历朝历代的将士中影响深远。

兵不厌诈

"兵不厌诈"是要迷惑敌人，给敌人以假象的一种军事战术。

此典出自《后汉书·虞诩传》："今其众新盛，难与争锋。兵不厌权，愿宽假辔策，勿令有所拘阂而已。"

《后汉书·虞诩传》中的这段文字，就是"兵不厌诈"这个成语的由来。意思是说用兵打仗，要尽可能地多采用一些迷惑敌人的办法。不过，关于这个成语的最早文字记载，还有一处是在《韩非子·难一》中：

战阵之间在，不厌诈伪。

这两处的文字其实说的都是一个意思，也就是我们今天所说的"兵不厌诈"。

东汉安帝年间，由于天灾不断，兵火连年，加上贪官污吏的不法行为，内忧外患迭起，各地农民起义不时发生，少数民族问题一直困扰着开始颓败的后汉王朝。永初四年，活跃在青海一带的一支羌族反叛，切断了陇道，割断了汉朝与西域的联系。当时临朝听政的是邓太后，她使用了镇压和安抚相结合的策略，但未能奏效；几次征讨又都不胜而还，益州、汉中太守先后被羌族所杀。不久，这支羌族部队又进攻武都，邓太后得到这个消息后，想到了当时担任朝歌长的虞诩。邓太后召虞诩进宫，改任他去当武都太守，即日从洛阳到武都赴任。羌军得到虞诩就任武都太守的消息后，便派一支精兵到陈仓（今陕西省宝鸡市东面），羌人准备在半路上拦截。虞诩当时只带了几千人马，见羌军是有备而来，当即下令部队停止前进，就地安营扎寨。他故意让将士们散布说羌军兵多，我们打不过。太守已向太后奏请援兵，等大军到来后，再继续进发。羌军探听到这一消息后认为，虞诩一两天内不能进军，也不可能向他们发起攻击，就分兵进攻邻县去了。虞诩

马援聚米为山图，出自清·马骀《百将图传》。马援为东汉名将，曾在光武帝刘秀前聚米为山，指画作战形势。

见羌军中计，急忙命令军队不分昼夜火速前进，并且下令部队每天都要增加行军用的土灶数量。这时，他的部下中有人不解地问："从前孙膑打仗时，每天减灶，为什么你倒要增灶呢？兵法上规定行军每天不过三十里，为的是要防止意外，为什么我们每天要走一百多里的路呢？"虞诩说："敌军人数多，我们人数少，走得慢了，会被敌人追上；走得快，每天又增加灶数，敌人以为我们部队多，就不敢追了。"他又说："从前孙膑减灶是'见弱'，我增灶是'示强'，彼此情况不同，对付的办法当然就不能一样了。"

当虞诩不过三千人的部队和羌军一万多人对阵时，虞诩下令不准使用射得很远的强弩，只用射得近的弱弓。羌军认为虞诩的部队战斗力很弱，就下令猛攻。虞诩等到羌军逼近时，下令集中强弩射击，把羌军打得大败。虞诩又派出人马，埋伏在羌军的退路上，进行袭击，最后终于打败了羌军。之后，他在辖区修筑了一百八十座营垒，赈济贫民，武都郡从此得到了安定。

虞诩带兵打仗灵活机动，"通权达变"，不为前人兵法所束缚，值得学习，但他镇压羌人起义却是应该给予批判的。虞诩一生多次沉浮。最终，他在永和初年，就是公元136年升为尚书令，不久就去世了。临死之时，他对自己镇压农民起义，杀害无辜进行了反省，受到了良心的谴责。

今天，我们讲的"兵不厌诈"这个成语，最初叫"兵不厌权"。"权"，就是权宜、权变，因时因事而变通办法，"兵不厌诈"这个成语是"从兵不厌权"演变而来的，其军事思想就是为了迷惑敌人。

七步诗

煮豆燃豆萁，
豆在釜中泣！
本是同根生，
相煎何太急！

这是一首燃情千古的悲情之作。因为它是在七步之内作成的，所以叫《七步诗》。这首诗的文字记载，最早见于南宋大文豪刘义庆所著的《世说新语》。不过，这首诗原是这样的：

煮豆持作羹，漉菽以为汁。其在釜下燃，豆在釜中泣。本自同根生，相煎何太急！

据宋朝的《漫叟诗话》记载，今天我们见到的《七步诗》，是经后人修改过的。到底是谁修改的，已无从考证。当然，修改后的《七步诗》更凝练、简洁、集中。

这首诗从表面看，说的是豆子和豆萁相燃相煎，隐喻的却是兄弟手足相残。说起这首诗呀，还有一段故事呢！

这首诗的故事出自于三国时期。建安二十五年，也就是公元220年的正月曹操病死洛阳后，他的儿子们便开始争夺王位。

曹操一共有25个儿子，王后卞夫人亲生的有四个：他们是老大曹丕、老二曹彰、老三曹植、老四曹熊。由于曹熊早早就死了，因此，王位争夺基本上是在曹丕、曹彰、曹植三兄弟之间展开。而三兄弟中，最有心计和手腕的是曹丕。

曹丕虽然文才、本领都不如三弟曹植，但他贿赂了一大批重臣，曹操一死，曹丕赶紧把先王的灵柩运到自己坐镇的邺城，急着以卞王后的名义，立自己为魏王。等曹彰带着兵马从长安赶到后，为时已晚。

曹丕掌权后，最惧怕的人就是三弟曹植，因为曹植文韬武略都在自己之上，老二曹彰只不过是一介武夫。当时，前往邺城奔丧的兄弟都到了，惟独曹植没去。曹丕终于找到了杀人的借口，他立即下令猛将许褚带兵到临淄，将曹植捉到邺城，质问曹植为何不来奔丧。

曹植暗想："你早有杀我之心，来是死，不来也是死，我又何必送上门来？"不过，他嘴里还是说："臣罪该万死！"

卞夫人在一旁直落泪，她一向疼爱曹植，就求曹丕念在兄弟情分上，饶他一命。曹丕见母亲反对，也不敢硬来，就心生一计说："先王在世时，你不是常炫耀自己的才华吗？限你在七步之内，吟诵一首诗出来。我和你是兄弟，就以我们兄弟为题赋诗，但诗中不准出现兄弟的字样。"

曹植战战兢兢地从地上爬起来，未到七步，诗已作成。曹丕一听，泪水夺眶而出。曹植明明是把哥哥比做豆萁，把自己比做豆子，燃萁煮豆，这不正说明哥哥要杀弟弟吗？曹丕幡然省悟：我能容得天下，如何容不下一个亲弟弟呢！当场赦免了曹植。虽然对曹植的封地进行了削减，但仍然将曹植封了个安乡侯。

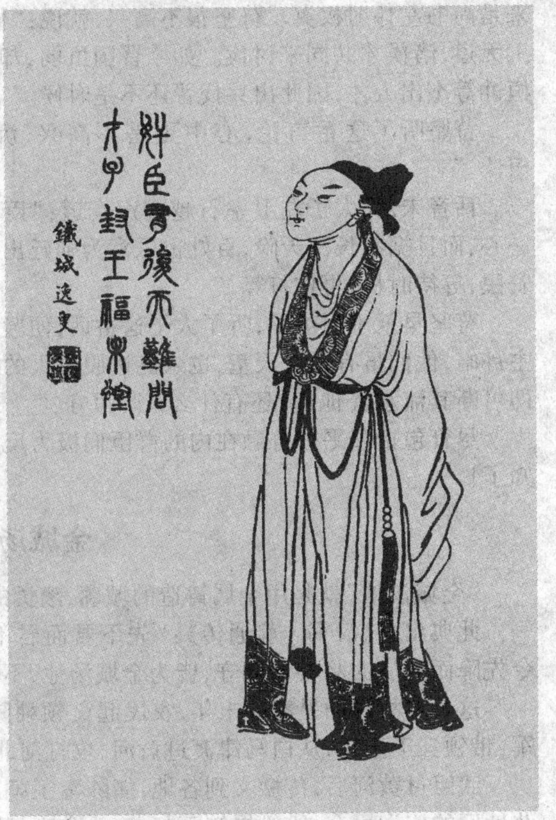

曹植像，图出自《图像三国志》。

投鞭断流

"投鞭断流"这个典故，最早记载在《晋书·苻坚载记下》中。原文是这样的：

前秦苻坚将攻晋，太子左卫率石越以为晋有长江之险，不可伐。坚曰：以吾之众旅，投鞭于江，足断其流，何险之足恃？

苻坚的大意是说，我兵马众多，就算是把马鞭扔到长江里，也能把江水挡住，使之不再流动，（他们）还有什么天险可守的呢？

那么，苻坚是在什么样的情况下说这句话的呢？

十六国时期，苻坚灭了前燕国，降服成汉国。太元元年，也就是公元 376 年又灭了前凉，并且出兵攻晋，占据襄阳，统一了北方大部，海东诸国六十二王纷纷派出使臣前来朝拜。苻坚此时飘飘然起来。他经常大宴群臣，极尽歌舞，朝廷上下渐渐兴起豪华奢侈之风。也正是在这种背景下，苻坚决心兴师讨伐东晋。

一天早朝的时候，苻坚将自己的想法和盘托出，谁知文武百官顿时鸦雀无声。

秘书监朱彤是个见风使舵的人，忙上前奏道："陛下威震四方，今御驾亲征，是应天顺时之举，大军所到之处，高山低头，河水让路，必然是有征无战……此举定能统一天下，建万古不朽功业！"

朱彤话音刚落，百官中走出一个人，高声奏道："臣以为现在不能伐晋！"众人一看，原来是尚书左仆射权翼。苻坚很不高兴，就说："你讲吧！"权翼正了正朝服，说："臣听说，国王无道，诸侯才共同来讨伐。如今晋国虽弱，却君臣和睦，上下同心，并且朝中还有谢安、桓冲等杰出人才，因此出兵伐晋还不是时候。"

苻坚听了这番言论，心中更是不高兴，沉默了一会儿才说："诸卿都说说自己的想法。"

话音未落，太子左卫率石越应声奏道："臣以为，权翼之言讲得有理。晋国不但君臣一心，而且据有长江天险，百姓也乐意为朝廷出力。出师伐晋必然凶多吉少。愿陛下保境安民，等待时机，再作打算。"

苻坚早就不耐烦了，听了太子这番话，便驳斥道："全是庸人之谈！从前吴王夫差，吴主孙皓，他们虽有长江天堑，也未能逃脱覆灭的命运。今我带兵百万，若将马鞭投入江中，即可断其流水，（他们）还有什么天险可守？"

尽管包括阳平公苻融在内的群臣们极力反对，但苻坚还是决心伐晋，结果当然可想而知了！

金城汤池

"金城汤池"就是用金属铸造的城廓，滚烫的护城河。形容城防坚固，极难攻克。

此典出自《汉书·蒯通传》："先下君而君不利（之），则边地之城皆将相告曰：'范阳令先降而死'，必将婴城固守，皆为金城汤池，不可攻也。"

这个典故说的是秦朝末年，农民起义领袖陈胜打下陈县（今河南淮阳），派武臣为将军，带领三千士兵，从白马津渡过黄河，攻打河北各地。

武臣过黄河后，传檄文到各地，痛陈秦王朝的残酷统治，引起了很大的社会反响。河北地区的广大民众，纷纷揭竿而起，痛杀贪官污吏。不久，便有数万人参加了这支农民起义军，武臣被拥为武信君。

义军占领了十多座城池后，仍有部分秦军在负隅顽抗。东郡范阳（今山东梁山县西北），是义军进攻的下一个目标。范阳令徐公胆寒心惊之余，下令日夜提防，加强守备。

当时范阳有个辩士叫蒯通，前去拜见徐公。还没等徐公发话，蒯通就没头没脑地说："你快要死了，我来为你吊丧；但又祝贺你，你能见到我就能获生。"范阳令很不高兴，面带怒容问蒯通："你说这话是什么意思？"

蒯通一脸严肃地说："你做了十几年范阳令，断人手足，杀人父子，积怨太深！过去老百姓害怕秦法，不敢杀你，而今天下大乱，秦法已废，百姓争着拿刀要挖你的心，剖你的腹，难道你还能逃脱不死吗？"

这一席话，击中了徐公的要害，他忙请教蒯通，怎样才能免去一死。蒯通说："现在武信君的大兵已临近范阳，年轻人都要杀你，迎接武信君。你赶快派我去见武将军，早日投降，方可转祸为福。"

徐公言听计从，立即派蒯通去见武信君。蒯通见了武信君后说："将军不是要占领河北吗？你现在每得到一块土地，夺取一座城池，都要经过一番激烈的战斗。我有一个办法，可以叫你不必苦战，就可以大功告成。"

一番话说得武信君心动起来，忙让蒯通快讲。蒯通说："你知道吗？范阳令所以不肯投降，是因为怕像前十几座城池的守官那样被你杀掉。"蒯通进一步指出："如果范阳令投降被杀，其他城池守将就会说，战是死，投降也是死，还不如据城死守。这样一来，就好像金城汤池一样难以攻下了。如果你能善待范阳令，其他城池的守将自然就会投降。"

武信君接受了这个建议,给范阳令送去了官印,还带了很多礼物相赠。其他城池的守将见此情景,纷纷仿效。于是武臣没伤一兵一卒,就得到了三十多座城池。后人往往用“金城汤池”、“固若金汤”、“金汤之固”、“金汤”、“汤池铁城”来形容防守之坚固。

兵贵神速

“兵贵神速”这个典故,最早的文字记载是在《三国志·魏书·郭嘉传》中。原文是这样的:

太祖将征袁尚及三郡乌丸……至易,嘉言曰:“兵贵神速。”

那么,郭嘉是在什么情况下说这句话的呢?这还得从袁绍说起。

东汉末年,天下大乱。出身名门望族的袁绍,凭借自己的声望和实力,在战争中逐渐发展壮大,后来被朝廷任命为冀州牧,占有冀、青、幽、并四州,也就是今天的山东、河北、山西等地区,成为北方最强大的割据势力。

当时,袁绍辖区北面的辽东、辽西、右北平(今河北省东部广大地区)散居着少数民族乌丸的许多部落联盟,其中以辽西单于蹋顿的势力最强。袁绍用和亲政策加以笼络,使三郡乌丸成为自己的有力后盾。

公元199年,袁绍和曹操的军队在官渡发生大战。曹操用计袭击袁军的粮道,把几千车粮草烧了个精光。袁绍被打得狼狈不堪,军心涣散,不久就发病吐血而死了。

袁绍共有三个儿子,小儿子袁尚最受宠爱,一直跟在袁绍的身边。袁绍死后,袁尚乘机自立为冀州牧。长子袁谭由于受排挤,和袁尚发生矛盾,两兄弟之间摩擦时有发生。

公元203年,曹操出兵讨伐袁谭、袁尚,准备统一北方地区。袁氏兄弟在曹操的进攻面前,曾经多次联合对敌,但是等到曹操大军一走,兄弟俩又自相残杀起来。

公元204年秋天,袁谭夺取了河北的安平、勃海、河间等郡,袁尚被迫投奔二哥袁熙。曹操就乘机出兵,攻打袁谭。

公元205年,曹操大军攻陷渤海南皮,杀死袁谭。袁熙的部将焦角、张南等人也起兵反叛袁氏兄弟,袁氏兄弟只好远走北方投奔乌丸的蹋顿。

蹋顿想到从前袁绍待自己不薄,决心支持和扶持袁氏兄弟。他经常派兵入塞,骚扰边境地区,使曹操深感忧虑。公元207年,曹操决定亲自率大军远征三郡乌丸,以彻底消除北方的边患。

由于曹操的人马和粮草辎重太多,行军速度很慢,走了一个多月才到达河间的易城。这时,曹操身边的谋士郭嘉就对曹操说:“兵贵神速。我们应当把大量辎重留下来,派出轻兵兼程前进,深入敌境,才能出其不意地取得胜利。”

曹操采纳了郭嘉的建议,亲自率领几千精兵日夜兼程北上。他们越过险峻的卢龙要塞,穿过五百多里的田间小道,直奔蹋顿的大本营柳城(今辽宁省朝阳市西南)。曹操的军队在离开柳城一百多里的白狼山,同前来迎战的几万名乌丸骑兵展开了遭遇战。虽然双方兵力悬殊,但曹操不慌不忙。他站在高处,看到敌军队形不整,就立即命令先锋张辽带领全军猛打猛冲过去。

曹军将士知道成败在此一举,因此无不斗志昂扬,以一当十,英勇杀敌。乌丸军在曹军凌厉的攻势下,被打得丢盔弃甲,尸横遍野,蹋顿和部下许多将领都死在了乱军之中。

袁氏兄弟又投奔辽东太守公孙康,后来被公孙康所杀。郭嘉的“兵贵神速”,使袁氏家族从此退出了历史舞台。

言过其实

“言过其实”出自《三国志·蜀书·马良传》:“先主临薨,谓亮曰:‘马谡言过其实,不可大用,君其察之。’”

大意是,刘备临死前对诸葛亮说:“马谡说话夸张失实,不可相信,不可委以重任,一定要慎重。”

马谡是三国时襄阳宜城人,与他的哥哥马良同在蜀中做官。马良被刘备任为侍中,马谡由于喜欢谈论军事,很受丞相诸葛亮的看重。但刘备对他并无好感。

公元 222 年,刘备为报孙权袭取荆州、杀死关羽的大仇,不顾诸葛亮等人的劝阻,亲率大军伐吴。吴将陆逊用计火烧连营,大破刘备,马良也死在乱军之中。刘备遭此失败,忧郁成疾,临终前召诸葛亮嘱咐后事。当时,马谡经诸葛亮推荐,做了成都令,得知刘备病危,也赶到白帝城。

马谡在场,刘备没说什么。等到只剩诸葛亮一人时,刘备说:“马谡言过其实,不可重用。丞相您要留意呀!”诸葛亮虽然当面点头称是,可心里有不同的看法。

刘备死后,诸葛亮于公元 227 年出师伐魏。他屯兵汉中,西出祁山,第二年接连攻下天水、南安、安定三郡。魏明帝曹睿发兵五万,派右将军张郃西御蜀军,并调司马懿从东路会师,共同对付诸葛亮。

诸葛亮料定张郃必定争夺汉中要地街亭(今甘肃清水东北)。当时,不少人建议让魏延、吴壹两位名将作先锋,诸葛亮却看中了马谡。他交给马谡两万人马,去守街亭。诸葛亮再三叮嘱马谡要在山下设营寨,多架栅栏,加强壁垒,还另派行事谨慎的王平为偏将军做马谡的助手;派魏延驻阳平关,遥应马谡。

《三国志通俗演义》版画之孔明挥泪斩马谡图

马谡到街亭后,决定在山上扎营。王平劝阻不过,请马谡让他带一部分人马在山下另立营寨,与大军互为犄角,以便彼此接应。马谡只拨给王平一千人马。

王平在离山十里的地方扎下营寨,当即画了地图,连夜派人送到大营,交诸葛亮验看。

诸葛亮接到布阵图后,大惊失色,正要设法补救,街亭失守的消息随之传来。

原来,就在当天晚上,张郃、司马懿两军会合后,立即把马谡所驻扎的山头团团围住,切断水源,导致蜀军不战自乱。由于王平只有一千人马,被张郃挡住,只能死守营寨,却无法前来救援。无奈,马谡只好孤军突围,两万人马突围后已所剩无几。幸亏王平沉着撤退，魏延及时接应，才杀退追兵，救下马谡。

街亭失守，全军退到阳平关。诸葛亮按军法挥泪将马谡治罪。马谡留给诸葛亮一封绝命书后就自杀了，死时39岁。诸葛亮也请求后主刘禅免去其丞相职务，降级三等，后主准奏。诸葛亮流着泪说："孙武所以战无不胜，在于纪律严明。如今四海分裂，北伐才开始，要是废了纪律，如何治军？先帝临终时曾叮嘱我说：'马谡言过其实，不可重用'。在用人方面，我确实不如先帝英明啊！"看来，智者千虑，总有一失，在识人、用人方面，古人给我们留下了很好的典例。

饮醇自醉

"饮醇自醉"出自裴松之注引《三国志》："与周公瑾交，若饮醇醪，不觉自醉。"

《三国志》裴松之注中引的这段话，原意是指喝着醇厚的美酒，自己不知不觉醉了。比喻同淳朴忠厚的朋友相交，会使自己的品德受到良好的影响和熏陶。这就是"饮醇自醉"这个成语的由来。表面看来这个成语跟军事没有多大的联系，其实不仅有联系，说的还是历史上的一位重要的将领，这个人就是一代名将周瑜。

周瑜生于公元175年，死于公元210年。他仪表不凡，才华出众，24岁时就辅佐孙策东征西讨，对于孙氏政权在江东的建立和巩固，起到非常重要的作用。

孙策对周瑜非常依赖和器重，任命周瑜为建威中郎将。安徽潜山名士乔公有两个聪明美丽的女儿大乔和小乔，孙策自己娶了大乔，让周瑜娶了小乔，由此可见孙策对周瑜的宠信。

公元200年，孙策中箭身亡，周瑜尽心竭力地辅佐孙策的弟弟孙权，巩固东吴政权，在朝臣中获得了很高的声望。

除了军事和政治上的才能以外，周瑜还有一个突出的优点，就是胸襟开阔，气量很大，无论谁冒犯了他，他从不计较。这种宽厚谦和的品德，使他深得人心。演义和野史中，传说周瑜气量小，并不是史实。

当时，周瑜在东吴威望极高，只有老将程普对他不满。程普是当时东吴的一位功勋卓著的勇将，在朝臣中年纪最大，资历最深，同僚们都尊称他为程公。程普看到周瑜年轻得势，地位在自己之上，心里很不服气，想找个机会煞煞周瑜的威风，以提高自己的身价。这很有点像战国时期的廉颇老将军。

周瑜看在眼里，便处处注意谦让程普，避免将帅失和。有一次，周瑜乘车外出，迎面碰上程普的车子，周瑜忙让车夫把车闪到一边，让程普的车子过去，程普很是得意。

赤壁之战中，周瑜和程普分别担任左右都督，但东吴对敌斗争的策略主要是周瑜制订的。战后，程普经常夸耀自己，贬低周瑜。周瑜知道后，不但不生气，反而说："我那时还年轻，没有程公的帮助，是打不了胜仗的。"

周瑜谦逊忍让的态度，传到程普耳中，对程普有所触动。为消除隔阂，周瑜又多次到程普府上探望老将军，程普深受感动。他终于抛开积怨，和周瑜结成了至交。后来，程普逢人便深有感触地说："与周公瑾相交，真是如饮醇醪，不觉自醉。""饮醇自醉"这个典故，就是由此而来的。

忍辱负重

"忍辱负重"出自《三国志·吴书·陆逊传》："逊案剑曰：'……国家所以屈诸君使相承望者，以仆有尺寸可称，能忍辱负重故也。各在其事，岂复得辟，军令有常，不可犯矣。'"

陆逊火焚连寨图，出自清·马骀《百将图传》。陆逊为三国时东吴大将，火烧蜀军连营七百里，大败刘备。

"忍辱负重"这个典故，典源很多，但最能说明其中内涵的是《三国志·吴书·陆逊传》中的这段话。意思是说，陆逊手按佩剑对众人说："各位都蒙受国家的恩德，应该和睦相处，共同消灭敌人，以报答你们所受的恩典和所负的重任。但是，你们却不服从指挥，这可不应该啊。我虽是一介书生，却是主上任命的。主上所以委屈你们听我的指挥，就是因为我还有些长处，能够'忍辱负重'的缘故。你们有自己的职责，怎么能够推辞不干呢？军队有军令，是不能违犯的。"

公元222年，刘备为报杀关羽之仇，亲率大军讨伐吴国。孙权拜陆逊为大都督，领兵与蜀军作战。陆逊字伯言，吴郡吴县（今上海松江）人，出身江东名望世家。他21岁开始在孙权的手下任职，先后任过都尉、校尉、将军，39岁时被拜为统领吴国军队的统帅。由于陆逊年轻，手下人很是不服。他们有的是孙策时的老将，有的是皇亲国戚，个个骄傲自负，不服从陆逊的命令。陆逊就是在这种情况下，说出了上面的那段话。

等到吴、蜀两军交战结束，吴军火烧蜀军四十多座营盘，绵延七百里，蜀军的舟船器械，水军、步兵的军需物资几乎全部损失殆尽，尸骸顺流而下，塞满了江面。刘备几乎当了俘虏，好不容易才得以退守白帝城。吴军获得胜利，谋略大多出自陆逊，众将这才心服了。大将孙桓还亲自到陆逊的府上道歉。

原来，孙桓是吴军抵御刘备大军的先锋，兵至夷陵，被刘备包围，便向陆逊求救。陆逊从战略全局考虑，决定不分兵去救。众将劝他说："孙桓是王族，被包围处境很艰难，为什么不去救他？"陆逊胸有成竹地说："孙桓在军中很得人心，他的城池牢固，粮草也充足，没什么好担心的。等我的计谋实现了，即使不救他，他自然也会解围。"等到陆逊计谋成功，刘备的部队果然溃散，其围也就自解了。孙桓对陆逊说："先前你不去救我，我的确很怨恨你，直到今天，才知道是你调度有方啊！"

陆逊领兵当然也受了不少委屈，后来孙权见到他说："你当初为什么不向我报告众将不听指挥的事儿呢？"意思是说，他可以为陆逊作主。陆逊回答："我承受的恩德深重，担负的责任大大超过了我的能力。这些将领有的可以成为心腹，有的可以成为战将，有的是有功之臣，都是与主上共同奠定大业的人。我虽然才劣性懦，但私下也仰慕蔺相如、寇恂对人的忍让精神，愿与众人团结一致来完成国家的大业。"孙权听后大笑，称赞他做得好，加任其为辅国将军，并封他为江陵侯。

熟读史书的毛泽东对《陆逊传》中记载的这段话，也予以了充分的肯定。他曾批注："此司马懿敌诸葛亮之智也。"在毛泽东看来，诸葛亮、陆逊、司马懿是三国时分属刘、孙、曹阵营中地位角色相同的高手。

静待其变

"静待其变"出自《晋书·晋宣帝纪》："时朝廷以亮侨军远寇，利在急战，每令帝持重，以候其变。亮数挑战，帝不出，因遗帝巾帼妇人之饰。帝怒，表请决战……后亮复来挑战，帝将出兵以迎之，毗仗节立军门，帝乃止。"

"以静制动，以稳待变"，是军事谋略中的一个重要思想，我们可以把它概括为"静待其变"，或者是"静观其变"。它的典源，即出自上面这段文字记载。

这里的亮是指诸葛亮，帝指的是司马懿。司马懿字仲达，河内温县，也就是今天的河南温县人，曾任过曹操的主簿，魏明帝时任大将军。他的孙子司马炎称帝后，追尊他为宣帝。

公元234年，诸葛亮率军十余万出斜谷，准备与魏国的军队在渭水一带决战。当时魏国认为，诸葛亮远道而来，长途行军，急于速战速决。所以，朝廷命令魏军统帅司马懿坚守不出，不急于与蜀军决战，静观形势的变化。诸葛亮多次挑战，司马懿按兵不动。诸葛亮便派人给司马懿送去女人用的东西，羞辱讥讽司马懿胆小怯懦，以激怒司马懿。司马懿果然大怒，上表请求决战。朝廷不同意，并派遣一个名叫辛毗的钦差大臣，带着象征着王命的符节充当军师，以监督司马懿。后来诸葛亮又来挑战，司马懿忍无可忍，要出兵应战，辛毗带着符节站立在军帐外，司马懿无法出兵。

其实，司马懿在这里用了一个计谋。他原本就不打算与蜀军决战，所以佯装大怒上表请战，实际是做给别人看的。将在外，君命有所不受，他若真想打，何必不远千里向天子请战呢？这样一来，既保全了不甘受污辱的面子，又达到了"以静制动"、"以稳待变"的军事目的。

结果，蜀、魏两军对峙了一百多天，诸葛亮病死在五丈原，蜀军不战自退。司马懿静待其变，还有一个重要的原因，那就是对情况的准确分析和判断。在此之前，诸葛亮的使者来到司马懿军营，司马懿看似不经意地问道："诸葛亮先生身体可好？每天能吃多少饭？"使者答："每天能吃三四升米。"又问处理政事情况，回答说："二十杖以上的罪犯都归他亲自处理。"司马懿事后对人说："进食已是如此，每件事无论大小事必躬亲，诸葛亮活不了多久了。"结果，真被他说中了。所以"静观其变"也是有一定条件的，能否实现，取决于将帅不仅要有良好的修养，而且要具有丰富的智慧。

正所谓"山外有山，天外有天"。司马懿虽然算准了诸葛亮不久于人世，但当诸葛亮真的病重逝世后，蜀军秘不发丧，烧掉营盘退走。司马懿率军追赶，蜀军按诸葛亮临终部署，突然掉头列阵，鼓钟齐鸣，好像要回兵相拒，这倒把司马懿吓了一跳，赶紧收兵停止追赶。直到两天后，搞清诸葛亮真的不在人世了，才再派兵追赶，可已经是为时晚矣，蜀军早已撤走。这就是"死诸葛走生仲达"的典故，意思是死去的诸葛亮吓跑了活着的司马懿。尽管如此，司马懿仍然不愧为一代帅才。

英雄无用武之地

"英雄无用武之地"的意思是：虽有本领，却没有施展的地方。人们常用它来形容因为受到环境、条件的限制，不能发挥其所长。

这句典故的典源见《资治通鉴》。

东汉末年，曹操、刘备、孙权之间激烈地进行争夺天下的斗争。开始时，刘备的力量比较弱小，被曹操追得东躲西藏，先后依附过多人。后来投靠刘表，原想暂居荆州，再图发展。建安十三年，也就是公元208年，刘表病死，曹操率大军向荆州压来，刘表的第二个儿子刘琮慌忙出降，荆州落入了曹操之手，刘备不得不退守夏口，也就是今天的湖北省武汉市的汉口。曹操想除掉刘备，进而扫平江南，点马、步、水军十三万，对外号称一百万，水陆并进，沿着长江，浩浩荡荡地进兵。

面对这一严峻态势，刘备的军师诸葛亮清醒地认识到，只有联合孙权的力量才能抵御曹军，便向刘备请求出使东吴。此时，孙权正屯兵柴桑（今江西九江），面对曹操大军咄咄逼来，是战是和一时拿不定主意。而他手下的大臣，以老臣张昭为首，极力主张降曹，主和派的势力远远大于主战派。

诸葛亮看出，孙权虽犹豫不决，但性格好胜，内心有割据东南，废汉自立，建立帝王大业的志向，便决定用激将法来坚定他"联刘抗曹"的决心。诸葛亮面见孙权后，首先指明形势的严重性，说："眼下曹操已经削平了北方的割据势力，消灭了袁绍、平定了乌桓，又乘胜攻下荆州，威震四海。天下的英雄豪杰被逼得连用武的地方都没有了。刘备兵败已经逃到夏口，将军您也该估计一下自己的力量，考虑下一步的打算了。"看见孙权沉默不语，诸葛亮故意激他说："如果你能与曹操抗衡，就趁早与他一刀两断；如果你惧怕曹军，干脆放下武器投降算了。现在你表面上顺从曹操，内心里又不服气，情况如此紧急，又不做出决断，恐怕大祸就要临头了。"孙权反问："照你的说法，为什么你的主公刘备不投降曹操呢?"诸葛亮回答："我的主公是当世英雄，人人佩服，目前只是时运不济，但他是绝不会向曹操屈服的。"孙权一听这话，明明是指自己比不上刘备，脸上变了颜色。诸葛亮见目的已经达到，话锋一转说："其实曹军也没有什么可怕的，远途奔袭，粮草容易不济；北方军队，不习水战，不服水土，实际可用之兵并不像曹操吹嘘的那么多；加上荆州和江南百姓恨透了曹操，东吴又据有长江天险，可谓占尽天时、地利、人和，只要与刘备联合，形成鼎足三分局面，还愁阻挡不住曹操吗?"一席话说得孙权转怒为喜。当即表示联合刘备，举兵抗曹。这以后，就有了著名的赤壁大战。

诸葛亮游说孙权，包括《三国演义》中记载的，在此前舌战群儒，驳斥以张昭为代表的主和派，此后计激主战派首领周瑜，都是历史上军事外交的经典范例。正是有了这一成功的外交活动，才使得一代豪杰有了施展自己军事才华的广阔舞台，无数英雄有了用武之地。

所向无敌

"所向无敌"出自《三国志·吴志·周瑜传》注引《江表传》："士风劲勇，所向无敌。"《三国志·蜀志·诸葛亮传》《心书》"善将者因天之时，就地之势，依人之利，则所向无敌，所击者万全矣。"意思为所到之处，没有对手，形容力量非常强大。

东汉末年，曹操打败袁绍以后，统一了北方，逐渐强大起来。公元202年，他为了让割据江东、实力相对弱小的孙权服从自己，于是给孙权写了封信，让孙权把儿子送给他作人质。面对曹操的无理要求，孙权召集文武官员商量对策。文臣张昭等人拿不定主意，而武将周瑜坚决反对，他对孙权说出了文首那一段话。

这段话的意思是："现在孙将军您继承了父亲孙坚、哥哥孙策的江山，管理着江东六郡的百姓。您统帅的军队英勇善战，粮草充足，全军将士都听从命令。您占据的江东富饶，开山可以炼铜，煮海能够得盐，可以说是国内富足，人心稳定，交通方便，乘船远行，朝发夕至。全军将士，骁勇善战，有刚强果敢的好传统，一定能够勇往直前，战胜任何敌人。

有什么困难逼得您走投无路，非要把自己的儿子送给曹操作人质呢？”

接着，周瑜又进言道：“如果把儿子送到曹操那里，我们可就得听曹操摆布了。”这番话语，说到了孙权的心里，他采纳了周瑜的意见，拒绝了曹操的要求。

周瑜知道，曹操是不会善罢甘休的。他请命前往鄱阳湖，日夜操练水师，整军备战。六年后，也就是公元 208 年，曹操举兵二十万，号称八十万征讨江东。在是战是和的争议中，又是周瑜极力主战，并亲率训练有素的三万水师，联合刘备，在赤壁大败曹军。真正实现了他所说的“所向无敌”。

以后，人们就用“所向无敌”这个典故比喻一支军队或者一个胆识过人、技艺高超的人，非常强大，没有人能够抵挡。

赤膊上阵

三国的故事我们之所以百听不厌，其中一个主要的原因是三国人物或勇或谋或刚或柔，都很有个性，就拿“赤膊上阵”这个成语来说，足可见“三国”人物性格是多么鲜明。

这个成语本义说的是一个人光着上身冲锋陷阵，引申的意思是比喻不顾一切猛打猛冲的战斗作风，但有时还常常带有贬义，那就是指不讲谋略、鲁莽地进行战斗的意思。

东汉末年，割据西凉的马腾被曹操所杀，马腾的儿子马超，起兵为父亲报仇。马超率领几十万大军攻破长安、潼关后双方在渭水与黄河交汇处摆开战场。排兵布阵后，马超上来挑战。他对曹操说：“听说你的军中有个虎侯叫许褚，这个人在哪里？”当时许褚就站在曹操身后，忙大喝一声：“我就是。”马超一见许褚，手提钢刀勒马而立，好不威风，心中暗暗称赞。曹操回到大营后，逢人便说：“马超听到虎侯的大名吓得不敢应战，缩回去了。”许褚是个性情焦躁的人，他急着要与马超决战，还派人给马超送去了挑战书，上面写到：虎侯单挑马超，来日决战。马超一看挑战书，勃然大怒，挥笔在挑战书上批道：明日誓杀“虎痴”！第二天，两军摆好阵势后，马超挺枪跃马，来到阵前，高声喊道：“虎痴快出来！”曹操见马超一表人才，神态威武，十分爱惜地对众将说：“马超有吕布之勇，切不可小看。”曹操话音刚落，许褚从阵中冲出，马超举枪迎战，二人一来一往，打了一百多个回合，不分胜负，直打得战马都累了，两人又各自回到阵中换了战马再斗，又打了一百多个回合，还是没分出胜负。

周瑜像，图出自《图像三国志》。

这时，许褚杀得性起，只见他拍马

回到阵中，卸了盔甲，露出一身强健的肌肉，接着赤膊提刀，翻身上马，再战马超，直把双方将士看得一个个目瞪口呆。刀光枪影，双方又斗了三十回合，许褚一刀砍向马超，被马超灵巧地闪过，同时提枪直刺许褚心窝，许褚忙扔掉大刀，一闪，顺势把刺来的枪夹住，“叭”的一声，马超的枪断成两截，两人就各拿半截枪一通乱打。曹操怕有闪失，忙下令收兵。

马超回营后对部下说，我身经百战，还从来没有见过像许褚这样不要命的，真是“虎痴”。这就是“赤膊上阵”这个成语的来源。据很多老人回忆说，吉鸿昌将军打仗时，也喜欢赤膊上阵。在收复被日寇占领的察东四县时，吉鸿昌将军袒胸露臂冲锋在前，“抗日同盟”纪念馆有一幅大型油画，描绘的就是吉鸿昌将军赤膊上阵的情景。

负重致远

此典出自《三国志·蜀书·庞统法正传》：“统曰：‘陆子可谓驽马有逸足之力，顾子可谓驽牛能负重致远也。’”

《三国志·蜀书·庞统法正传》中这段话，是说陆绩好比一匹脚力很快的马，有超逸的才能；顾劭好比是一头吃苦耐劳的牛，能够负重致远。这就是“负重致远”这个典故的最早记载。通常是指背着沉重的东西送到远方，比喻一个人能够担负重任。

公元210年，三国东吴大都督周瑜在巴陵病死后，他的生前好友庞统十分悲痛，亲自赶到吴郡去送葬。庞统是湖北襄阳人，生于公元179年，他是三国时刘备的谋士，人称“凤雏先生”，建安十九年，也就是公元214年中箭阵亡。庞统博学多才，与诸葛亮齐名，史称“卧龙凤雏”。当时，吴蜀联盟，两家的关系还不错。因此，庞统一到东吴，很多名士就慕名前来拜访。这中间有东吴的大将陆绩、顾劭、全琮等人，很快他们便成了知交。庞统参加完葬礼后，就要回蜀国，大家赶来与庞统话别。他们在一起谈古论今，谈得十分投机。庞统善于识人，酒过三巡后，他便开始评论身边的几位朋友。他说，陆绩好比是一匹脚力很快的马，有超逸的才能；顾劭好比是一头吃苦耐劳的牛，能够负重致远；他又指着全琮说全琮虽然智力差些，也是当代一个人才。事后有人问：“庞统，在先生的心目中，是不是认为陆绩的才能胜过顾劭？”庞统并不直接回答，只是说：“马儿虽好，只能运载一个人；驮着重担的牛，它运载的岂止是一个人的重量。”

陆绩、顾劭等人都得到了孙权的器重，这几个人也曾向孙权推荐庞统，可是孙权不赏识庞统，后来庞统成了刘备的主要谋士，刘备待他仅次于诸葛亮，请他俩共同担任军师中郎将，辅佐自己争雄天下。

刮目相待

“刮目相待”的原意是：彼此离开三天，就会有新的认识。现常用来比喻用新的眼光，看待人和事。在实际使用中，它又多被人说成是“刮目相看”，其意思是一样的。由于在典故中“士别三日”和“刮目相待”是连用的，因此，也有人用“士别三日”，来表达这层意思。

三国时期，吴国名将吕蒙，字子明，汝南富陂（今安徽阜南东南）人。他15岁从军，跟着姐夫邓当，追随“小霸王”孙策南征北战。邓当死后，他接替姐夫领兵，由于治军严谨，屡建奇功，在辅佐孙策的弟弟孙权的过程中，征伐黄祖，参加赤壁大战，拒曹攻皖，战功卓著，深得孙权的赏识。先后任别部司马、横野中郎将、虎威将军。行伍出身的吕蒙，最初文化水平很低，每次陈述军情，常常口授其词，由他人记录后，作为上奏的文书。为此，孙权曾劝他说：“你如今已经做了将军，不能不读书学习。”吕蒙却不以为然，常以军务繁忙为托辞。孙权说:“我并不是让你成为满腹经纶的饱学之士,你再忙还能比我忙吗?我坚持读书,很有收获。”吕蒙这才听从了孙权的劝告,开始利用戎马倥偬的间隙发奋读书。数年后,接替死后的周瑜到陆口,也就是今天的湖北省嘉鱼陆溪口,领兵的鲁肃在赴任时路过吕蒙的军营。鲁肃出身士族,内心有些轻视吕蒙,曾想一过了之。有人劝谏鲁肃:“吕将军功名日益显著,不能用老眼光看待他,您应该去拜访他。”

吕蒙像,图出自《图像三国志》。

于是鲁肃来到吕蒙的军营。酒喝到尽兴的时候,吕蒙问鲁肃:“您肩负国家重任,与占据荆州的关羽邻近,将采用什么计策谋略,以防备预料不到的事情呢?”鲁肃随口便答:“看情形随机应变。”吕蒙严肃地说:“现在吴蜀虽然联盟,而关羽占据荆州,总是吴国心腹之患,计策怎能不预先设定呢?”接着他给鲁肃提出了五条计策,鲁肃听后大惊,随即恭敬地走下席位,走近吕蒙,轻拍着吕蒙的肩说:“吕子明,我不知道您的谋略竟达到这样高的水平,你再也不是原来那个有勇无谋的阿蒙了。”吕蒙笑着回答说:“分别三天,就应该重新认识,这有什么大惊小怪的呢?”

建安二十二年,也就是公元217年,鲁肃病死,临终向孙权举荐吕蒙,接替自己到陆口就任都督。吕蒙果然不负众望,三年后,用计袭取了荆州,逼得关羽败走麦城。吕蒙一生对吴国最主要的贡献,就是策划和主持了夺回荆州的战役,为吴国政权的稳定奠定了坚实的基础。而这是与他勤于读书,发奋学习,从而胆识大增,谋略出奇,密不可分的。通过学习,吕蒙的人格也有提高,他关心部属,善待俘虏,举荐不计私怨,深受部下拥戴,这才有了袭取荆州的胜利,并被封为孱侯。但不久旧病复发,不治而死,死时年仅42岁。临终前,吕蒙嘱咐家人,将所有的赏赐全部上缴国家,丧事务必简单节约。孙权后来多次提到此事,深感钦佩。

乐不思蜀

“乐不思蜀”,常被人们用来比喻乐而忘返或乐而忘本。这句成语的典源是发生在三国时期的一个故事:吴、蜀、魏三足鼎立到了后期,孙权、刘备、曹操相继去世,他们的后代不像前辈那样叱咤风云,雄才大略,逐渐露出衰败之气,尤以蜀国后主刘禅为最。

刘禅是刘备的长子,小名阿斗,就是赵云大战长坂坡从万马丛中救出的那个婴孩。刘备病逝以后,他袭位于成都,当时年仅17岁。刘禅是个没有出息的庸碌之辈,在他即位之初,有盖世英才诸葛亮等旧臣的辅佐,还可以维持下去。诸葛亮死后,蜀国每况愈下,特别是诸葛亮选定培养的大司马蒋琬病逝，大将军费讳被杀后，刘禅终日热衷于声色犬马，重用宦官黄皓，朝政日益腐败。

诸葛亮病逝时，曾把伐魏的重任托付给大将军姜维。姜维领兵在外作战，黄皓私下里对刘禅说姜维要谋反，昏聩的刘禅不问青红皂白，就下诏要姜维迅速返回成都，以致丧失了与魏军主力决战的大好时机，蜀军无功而返。

不久，魏国大举进兵，命征西将军邓艾，镇西将军钟会分两路攻打蜀国。姜维领军镇守剑阁与钟会相持。邓艾则绕过宜守难攻的剑阁，从小路翻山越岭，经阳平突然出现在锦竹。面对魏军，在成都只会吃喝玩乐的刘禅，顿时慌了手脚。是战，是降，是投靠东吴，还是退守蜀国内地，在大臣们的众说纷纭中，刘禅选择了降魏，还下令让在剑阁与魏军作战的姜维也放下武器。其实，此时蜀军主力并未受到重创，仅成都城内还有数万人马，如果姜维全军驰兵救援，两面夹击，完全有可能消灭邓艾。但刘禅为了保全性命，竟然拱手让出了刘备苦心经营多年的江山。刘禅的第五个儿子刘湛哭劝刘禅背水一战，被刘禅赶出宫门，刘湛大哭，拔剑先杀妻儿，随后自杀。前方将士闻讯拔刀砍石，痛心疾首。姜维更是仰天长叹：真是一个扶不起来的阿斗。姜维曾想先诈降钟会，再寻找机会复国，但消息走漏，自己死于乱军之中。

降魏的刘禅被押往洛阳，司马昭封他为安乐公，为了答谢司马昭不杀之恩，第二天，刘禅带着投降的蜀官来到司马昭的府中，司马昭备洒款待，并命蜀人在筵席前弹奏蜀乐，表演蜀国的歌舞，在座的蜀官不胜感伤，都掩面流泪，只有刘禅嬉笑不止，毫无悲忧之情。司马昭轻轻叹了口气，问刘禅："你还想念蜀国吗？"刘禅随口回答："这里很快乐，一点也不想蜀国了。"一会儿，刘禅起身更衣，手下一位叫郜正的大臣跟着出来说："你怎么可以说不想蜀国了呢，如果司马昭再问你，你就哭着说'先人之墓，远在蜀地，无时不在想念它'，这样，他就会让你回去了。"刘禅牢记在心，重新入席。果然司马昭又问："你还想念蜀国吗？"刘禅就照着郜正的话，一字不改地回答了，可他想哭却没有眼泪，只好把眼睛闭起来。司马昭问："你说的怎么像是郜正的话啊！"刘禅不假思索地答："是啊，就是他说的话啊！"说得司马昭和左右大臣都哈哈大笑起来。

后来，人们就把那些乐而忘返或乐而忘本的人的所作所为，称作"乐不思蜀"。

生子当如孙仲谋

"生子当如孙仲谋"，此典出自多处，我们取宋代著名的爱国诗人辛弃疾的《南乡子·登京口北固亭有怀》这首词作例。词的原文是这样的：

何处望神州？满眼风光北固楼。千古兴亡多少事？悠悠，不尽长江滚滚流！年少万兜鍪，坐断东南战未休。天下英雄谁敌手？曹、刘，生子当如孙仲谋。

这首词的最后这一句，表达了作者对三国时期吴国创立者孙权的仰慕与怀念，意思是说，细数天下英雄，又有谁足以成为孙权的敌手呢？只有曹操与刘备了，人们想要生儿子，就应当生个像孙权这样的英雄人物。孙权，表字仲谋，他为什么能让诗人以及许多后人赞叹呢？我们不妨来看一看他的经历。

孙权，吴郡富泰（今浙江富阳）人，出身于将门，孙武之后。他的父亲孙坚和哥哥孙策都是当时赫赫有名的军事将领。孙权自幼追随父兄，艰苦、动荡的军旅生活，培养了他深谋远虑、倔强刚毅的性格。孙权 15 岁任阳羡县长官，建安五年，也就是公元 200 年，孙策被害，江东六郡的军政大权交给了年仅 18 岁的孙权。孙权在周瑜、鲁肃等人的辅佐下，精心治理属地，公元 208 年，联合刘备，以弱小之师大败号称拥有百万大军的曹操于赤壁。

221 年,他大胆启用年轻的陆逊,于夷陵之战中又战胜了刘备。孙权治军严谨,有一年,曹操举兵攻江东,与孙权在濡须对峙了一个多月,曹操从远处眺望孙权的军队,赞叹孙权的军队严明整肃,于是就撤军了。孙权军事上的深谋远虑,还表现在他的居安思危上。吴、蜀、魏三足鼎立局面形成后,曾出现过一段暂时的平静。当时吴国的不少军事将领思想上因此产生了麻痹。孙权特地下达命令说:“我们在生存时,不能忘记有灭亡;在安居时,一定要想到危机。”汉代有一位名臣叫隽不疑,他生活在社会安定和平的年代,刀剑却从不离身。所以,军备是时刻不可忘记的。关羽水淹七军,俘虏了魏国的左将军于禁,吕蒙袭取荆州后,对如何处置于禁,意见不一。孙权从战略高度考虑,派人把于禁送回了魏国,很得魏文帝曹丕的钦佩。关于孙权劝吕蒙读书学习的事,更是为人们所称道。毛泽东在读《吕蒙传》这一段时,特别赞扬孙权的这一举动。

孙权称帝后,下令各州、郡,想办法利用战争间隙让老百姓休养生息,鼓励农业生产。陆逊建议各位将军带头广开农田,孙权不仅给予支持,而且身体力行。他与太子亲自耕种分配的田地,把拉车的八头牛分成四对进行农耕。孙权还组织过舰队航海至夷州,也就是现在的台湾。

魏文帝曹丕曾问吴国使臣赵咨:“你说吴王孙权是雄才大略的君主,有什么具体内容吗?”赵咨回答:“在众多平凡的人当中选用了鲁肃,这是吴王超众的智慧;在众多平凡的军人中,越级提拔吕蒙,这是吴王的明智;俘虏到了于禁而不加害于他,这是吴王的仁义;夺取荆州,兵不血刃,这是吴王的智慧;占据江东,虎视天下,这是吴王的雄才。”这段评价是很能说明孙权的为人与政绩的。毛泽东对孙权也很赞赏,他非常喜欢吟诵辛弃疾的《南乡子》,有时还故意把最后一句改为“当今惜无孙仲谋”,表达了他对一代豪杰孙权的赞赏之情。

风声鹤唳,草木皆兵

“风声鹤唳,草木皆兵”出自《晋书·谢立传》:“坚众奔溃,自相蹈藉投水死者不可胜计,淝水为之不流。余众弃,甲宵遁,闻风声鹤唳,皆以为王师已至。”

这段文字,是“风声鹤唳”这个典故的最早记载。意思是苻坚的溃败之兵,听到风声和鹤叫,以为是追兵呼喊。形容疑惧惊慌,一有风吹草动,神经便极度紧张。

故事说的是太元八年,就是公元 383 年的秋天。秦主苻坚一声令下,百万大军浩浩荡荡向晋地进发,首尾连绵一千多里,蔚为壮观。

当时晋国只有八万将士,苻坚想以强凌弱,一举消灭晋国。然而,真正的悲剧开始了。苻坚遭到了弱小的晋国强有力的抵抗。

晋国的丞相谢安亲自统领八万水陆精兵,指挥抗敌。他命龙骧将军胡彬带五千水军,星夜增援寿阳;命谢石、谢玄率大军北上。

当胡彬的五千水军行到硖石(今安徽凤台县西南)的时候,寿阳已在两天前被苻融攻陷。与此同时,慕容垂也攻占了郧城(今湖北安陆县)。胡彬当机立断在硖石驻扎。

硖石是淮河上的一个重要关隘。胡彬的部队刚刚扎好营寨,秦军蜂拥而来,将胡彬的五千人马团团围住。

秦军一面围攻硖石,一面调派大将梁成率五万人马抢占洛涧(今安徽怀远县东南,洛水与淮水的汇合处)。胡彬顿时感到事态严重。要是秦军拿下了洛涧,便挡住了晋军北上抗秦的路线,硖石也就孤立无援了。他几次率军突围,但均被强大的秦军挡住,更严重的是,部队的粮秣也快没了。

在这紧急关头，胡彬一面派人去求救兵，一面迷惑敌人。他让部队三五成群地在山坡上筛土，装进麻袋。秦军一看，以为晋军在筛粮食呢！便认为晋军兵精粮足，放慢了进攻。

说到这里，得提到另外一个人，这个人叫朱序。朱序本来是东晋的将领，曾任梁州刺史，后镇守襄阳。四年前，秦军攻打襄阳时，由于他手下的将领叛变，襄阳被攻陷。朱序被俘后，苻坚让他当了秦国的尚书，朱序虽然在秦国为官，却“身在秦营心在晋”。

苻坚想利用朱序前去劝降东晋将领。谁知朱序将秦军的作战计划和盘托出，并献计说，苻坚虽然拥有百万大军，但战线过长，大部分军队尚在进军途中，先锋部队不过三十万人，如果先发制人，突然袭击，将先锋部队一举击溃，就能挫伤秦军的锐气，扭转战局。倘若等到秦军全部人马到齐，恐怕晋军再也没有回天之术了。

晋军经过讨论，认为朱序的计谋是眼下惟一克敌制胜的法宝。他们当即组成五千人的精锐先锋部队，在夜色的掩护下，渡过洛涧，向秦军兵营发动了猛烈的攻击，混战中斩杀了秦军大将梁成。主将一死，群龙无首，秦军四散逃命，他们自相践踏，溺死者不计其数，紧接着，晋军以迅雷不及掩耳之势，解了硖石之围，把秦军逼过淝水。

三战俱败，秦军锐气顿消。为搞清楚晋军的虚实动向，苻坚让众将陪他登上寿阳城头察看。目极之处，旌旗猎猎，杀声震天。他问苻融，晋军到底有多少人马？苻融说大约有十多万。苻坚忽然惊叫着说：“你看，那边山上不都是晋兵吗？”众将一看，只见八公山上，影影绰绰。苻坚不禁失声叫道：“只这一处就有十万之众！”其实，他将山上的草木当成了晋军。这就是我们后来所说的“草木皆兵”典故的源头。

秦、晋两军在淝水对峙。晋军为赶在秦军到齐之前一举击败秦军，便派人给苻融写了封信，信中说：你们能否往后撤出一箭之地，腾出一块交战的地方，让我们渡过淝水，再决一胜负。苻融拿着信找苻坚，苻坚心生一计，决定让晋军渡河。许多将领强烈反对。苻坚却说：“兵不厌诈！兵书上讲‘半渡击之’，难道这个道理你们也不明白？”

苻坚是想将晋军放过淝水一半的时候再攻击，把晋兵消灭在淝水之中。哪料想，晋军一过河，惧战的秦兵岂能抵挡得住！千军万马只顾逃命，死伤不计其数。苻坚夹在溃逃的队伍中，夺路而去，耳边传来尖厉的风声和鹤群的叫声，都以为是追来的晋军。这就是“风声鹤唳”的典故，用以形容秦兵的惊慌失措。晋军穷追猛打，直到收复了寿阳才收兵。

弱小的晋国，以八万之师，打败了秦国的百万大军，创下了以少胜多的经典战例。看来，兵不在多而贵在精。

三箭定天山

“三箭定天山”这个典故，出自《旧唐书·薛仁贵传》。原文是这样的：

薛仁贵“领兵击九姓突厥于天山……时九姓有众十余万，令骁健数十人逆来挑战，仁贵发三矢，射杀三人，自余一时下马请降……军中歌曰：将军三箭定天山，战士长歌入汉关。九姓自此衰弱，不复为边患”。

这段文字的大意是：薛仁贵在卫戍天山。发三箭射杀三人，威慑敌营，敌人俯首请降。后人以此喻指武将的武艺高强和功勋卓著。

关于这个典故，曾有一种说法：贞观十九年，高丽国发生政变，一个名叫泉盖苏文的酋长，杀了国王高建武及官员一百多人，并攻打新罗和百济。

这两地派使者向唐朝求救。三月，唐太宗率大军亲征。双方经多次激战，未分胜负，战争处于胶着状态。

在一次战斗中，薛仁贵身着白色铠甲，骑一匹白马，挥舞着方天画戟，冲入敌阵，所向披靡。当时，太宗在高处观战，对薛仁贵的骁勇十分赞赏。战斗结束后，太宗召见薛仁贵，封其为游击将军，赐给金帛。

这个故事，经后人演绎，竟张冠李戴，甚至编造出一些所谓东征的荒唐故事，在民间流传。大概的意思是说，“三箭定天山”的地点是在辽宁省凤城县的凤凰山，山上有两块巨石交叠，远远看去，有个比一间房子还大的孔，说这就是当年的“箭孔”。其实，这是谬误。薛仁贵在天山作战，应是十五年后的事情。故事发生在唐高宗显庆年间，薛仁贵当时任铁勒道行军副总管。天山下有个叫“九姓”的部族来侵扰，薛仁贵领兵应战。他连发三箭，射杀对方三名将领。对方惧而投降，于是军中流传出一首“将军三箭定天山，壮士长歌入汉关”的歌。这才是“三箭定天山”典故的由来。

机不可失

“机不可失”这个典故出自《旧唐书·李靖传》，意思是时机不可错过。

这个典故的主角是唐初著名军事家李靖，他是曾经帮助唐高祖李渊建立唐王朝的功臣。

李靖是陕西三原人，生于公元571年，死于公元649年，著有一部兵书，叫《李卫公兵法》，原书遗失了，只是《通典》中还保留了部分内容。

高祖武德四年，即公元621年，李靖上书给李渊，献计平定割据长江中游地区的萧铣。

李渊采纳了李靖的计策，并任命他为行军总管，兼任行军长史，随李渊的堂侄儿李孝恭，率兵南下去平定萧铣。

这年的八月，唐军开到夔州。萧铣以为秋汛江水上涨，三峡路险，唐军必然不敢轻易冒进，因此丝毫没作防备。

到了九月，李孝恭、李靖继续领兵前进，准备渡长江，下三峡，直捣萧铣的巢穴江陵。但许多将领觉得水涨时渡江太危险了，要求等水位下降后再进兵。

李靖听后，坚决反对。他说：“兵贵神速，机不可失。”也就是说，打仗时军事行动一定要快，遇到好的时机就决不能让它失掉；只有出其不意，攻其不备，才能打胜仗。

李孝恭听从了他的意见，进兵夷陵。萧铣派部将文士弘率领精兵数万，屯扎在清江，准备抵挡唐军。

薛仁贵天山三箭图，出自清·马骀《百将图传》。薛仁贵为唐初名将，曾以三箭平定天山，使突厥来降。

苏东坡像,图出自《西湖拾遗》。

李孝恭打算出击萧铣,李靖却不赞成。他说:"文士弘是萧铣手下的一员猛将,他的士兵很勇敢,最近他们刚失掉荆门,官兵们肚子里都憋着气,要跟我们拼一拼,恐怕我们一时还很难打败他们。不如暂驻扎在南岸,等敌军士气衰落时再出击。"

李靖这次的意见没有被采纳。李孝恭命令李靖留守大营,自己带了部队出战,结果被杀得大败而归。敌军乘机前进,大肆抢掠。

李靖看到敌兵将抢来的东西大包小包带在身上,就乘机出击,大破敌军,此战共缴获四百多艘战船,杀死敌兵近万人,挽救了危局。

接着,李靖率五千精兵为先锋,轻装前进,向江陵进发。他接连打败萧铣手下的几员大将,把萧铣包围在城里。萧铣在内无粮草、外无救兵的情况下,只好出城请降。唐军整队入城,秋毫无犯。

唐太宗时,李靖被任为兵部尚书、尚书右仆射等职,后封卫国公。他的"兵贵神速,机不可失"的作战指导思想,至今仍被军事家们奉为至理名言。

风流人物

"风流人物"出自苏轼《念奴娇·赤壁怀古》:"大江东去,浪淘尽,千古风流人物。"

成语"风流人物"中的"风流"二字,原是杰出的或者是英俊的意思,"英俊"在这里,不是就相貌而言的,而是指一个人的文韬武略出众。杰出的或英俊的人物,一般是指对一定时代有一定影响的人物。说起"风流人物"的典源,就是苏轼所作的《念奴娇·赤壁怀古》。

苏轼是我国唐宋八大家之一,他一生写下了许多至今还被人们广为传唱的名词佳句,《念奴娇·赤壁怀古》就是其中一例。在这首词中,诗人面对三国时期赤壁大战的古战场,由衷地发出了"大江东去,浪淘尽,千古风流人物"的感慨。大江,当指长江,意思是说,长江滚滚,终日不停地向东奔流,那汹涌澎湃的浪潮,淘洗尽了千古以来无数的杰出人物。诗人笔下的大江东去,代表着时间巨流的无情流逝,它带走了岁月,也带走了像周瑜这样的千古英雄。苏轼借这句词,感叹世上英雄人物的盛衰无常。可以说是气势雄伟,意境悲凉,从古以来为人称道,影响至今。

兵不血刃

"兵不血刃"出自《荀子·议兵》:"故近者亲其善,远方慕其德,兵不血刃,远尔来服,德盛于此，施及四极。”

又见《晋书·陶侃传》：默在中原，数与石勒等战，贼畏其勇，闻侃讨之，兵不血刃而擒也，益畏侃。

这两段文字说的都是一个意思，用来形容未经战斗就取得了胜利。故事的主人公是东晋时期庐江浔阳（今江西九江）的陶侃。陶侃是东晋著名的将领，生于公元259年，死于公元334年。陶侃自小丧父，家境贫困。但他聪明好学，很有才能。

公元305年，右将军陈敏拥兵作乱，派兄弟陈恢率军进攻武昌。荆州刺史刘弘，决定起用陶侃为江夏太守，带兵迎击陈恢。

陶侃初次带兵，不负众望，连连获胜。部将都反映他治军严明，廉洁奉公，处处以身作则，深得部下拥戴，很快，陶侃就被升为龙骧将军、武昌太守。他先后多次受朝廷派遣，南征北战，因功被封为柴桑侯。

后来，陶侃在担任广州刺史期间，由于局势平静，军务比较空闲。他每天清早起床后，总要将一百块砖搬到屋外，等黄昏时再搬进屋来。有人问他为什么这样做？他说：“中原还没有收复，我怕过分安逸了，将来不能再为国出力。”

当时有个屯骑校尉叫郭默，是个骄横跋扈的人，曾为泄私愤，杀害了平南将军刘胤。事后，他还伪造皇帝诏书，诬陷刘胤造反，通报给各个州郡。宰相王导，怕难以制服郭默，不但不敢问罪，反而任命他为西中郎将、江州刺史，以示安抚。

陶侃得知后，立即上表，请求讨伐郭默。他还写信给宰相王导说：“郭默杀掉州官，朝廷就任命他做州官。难道他杀掉宰相，也让他当宰相不成？”王导看了奏章后，采纳了陶侃的意见，并且派他出兵讨伐郭默。

郭默听说陶侃要亲自出马前来讨伐，心里非常恐慌，准备率军离开江州（今江西九江），南下占领豫章（今江西南昌）。谁知，郭默还没来得及动身，陶侃已兵临城下，把江州包围得水泄不通。

叛将宋侯见大势已去，便逮捕了郭默，开城迎降。陶侃终于“兵不血刃”地平定了这场叛乱。

由于陶侃治军有方，屡建战功并威名远扬，对巩固晋朝的统治起到了重大的作用。因而晋成帝下诏书拜陶侃为大将军，同时赏赐了很多宝物，授予各种特殊的荣誉。陶侃却没有居功自傲，一再上表辞让。公元334年夏天，陶侃病逝。他死后，被朝廷追封为大司马。

十一、寓言明理故事

弈秋诲弈

此典出自《孟子·告子上》。

下棋在众技艺中，只是一种小技巧，但不专心致志，就没法学会。弈秋，是全国最善于下棋的人。让弈秋教两个人下棋，其中一个人专心致志地向弈秋学习，全神贯注地听弈秋的讲授；另一个人虽然也坐在弈秋面前，但心里老想着会有天鹅飞来，想着张弓搭箭去射它。这个人虽说是和前一个人一起学习，但远不及前一个人学得好。是因为这个人赶不上前一个人聪明吗？实际上不是这样的。

豚子食于死母

此典出自《庄子·德充符》。

孔子说："我曾在去楚国的时候，在路上正巧遇见一群小猪在一头死母猪身上吃奶，一会儿便都惊慌失措地逃跑了。因为它们看到母猪不再用眼睛看它们了，不像一头活猪的样子了。小猪们爱它们的母亲，不仅是爱母猪的形体，更主要的是爱充实于形体的精神。

巫马其买鸩

此典出自《尸子》。

巫马其作为荆王的使者出访巴国。在途中，他遇见一个肩挑毒酒的人，于是问道："这是做什么用的?"那人答道："是用来毒害人的。"于是，巫马其就向他买那毒酒，带的钱不够，又押上随行的车马。买来后，全部都倾倒到江里去了。

黄公好谦卑

此典出自《尹文子·大道上》。

齐国有位黄公，喜好自谦自卑，他的两个女儿都是国内最美丽的女子，然而黄公却因此常常谦逊地称她们长得很丑陋。这样一来，他女儿貌丑的恶名就传得很远，以致两个女儿过了结婚的年龄却没有一个国人来聘婚。

这时，卫国的一个老光棍冒冒失失地迎娶了黄公的大女儿；才知道是国色佳人。此后他逢人就说："黄公喜好谦卑，故意贬毁他女儿美丽的容貌。因此，我妻子的妹妹也一定长得很美。"于是，人们争着向黄公的小女儿求婚，果然也是位国色佳人。

心不在马

此典出自《韩非子·喻老》。

赵襄子向王子期学习驭马驾车，不久就和王子期驾车竞赛，赵襄子换了三匹马，三次都比输了。

赵襄子说："你没有把驾车的技巧全教给我，所以我三次都落后于你。"

王子期回答说："我的技巧已全教给您了，您运用却不恰当。大凡驾车最重要的，是要让马的身体安于驾车，人的注意力集中在马身上，此后才能加速快跑，到达远方。现在您驾车，落后一点就一心想赶上我，跑在我前面又怕我追上来。而驾车在一条路上赛跑，不是跑在前面就是落在后头，但您却把心思全用在了是否能比赢我上了，还有什么心思去驭马呢？这就是您为什么三次都输掉的原因。"

子罕之宝

此典出自《韩非子·喻老》。

宋国有个边城小民得到一块璞玉而献给大夫子罕，子罕不肯接受。这位小民说："这是块宝玉，应是君子所用之器，而不该让小百姓使用。"

子罕说："我们的看法不同。你以为璞玉是宝贝，我认为不接受你的璞玉才是宝贝。"

杞人忧天

此典出自《列子·天瑞》。

杞国有个人担心天崩地塌，自己没有容身之处了，因此吃不香睡不着，忧心忡忡。又有一个人为那个忧天的杞人担心，便前去开导他说："天，不过是气的积聚罢了，没有一个地方没有，你起坐呼吸，整天在天空中生活，怎么还担心天会崩塌掉下来呢？"

那个忧天的杞人说："如果天真的是气积聚而成，那么太阳、月亮和星辰不会掉下来吗？"

开导者又说："太阳、月亮和星辰，也都是会发光的气积聚而成的，即使它们掉下来，也不会打伤人的。"

那个忧天的杞人问："那么地陷了怎么办呢？"

开导者又说："地是土块积聚而成，它充塞四野，无处不有，你迈步行走，整天在它上面生活，为什么还担心它会塌陷呢？"

那个忧天的杞人听了后，如释重负，非常高兴，开导者也因此消除了忧虑，高兴起来。

关尹子教射

此典出自《列子·说符》。

列子学习射箭，射中了箭靶，去向关尹子请教，关尹子问列子说："你知道你为什么会射中靶子吗？"

列子回答说："不知道。"

关尹子说："那还不行。"列子回去再进一步练习，练习了三年，又返回关尹子那里向关尹子回报自己练习的情况。

关尹子说："你知道你为什么能射中的原因了吧？"

列子说："现在我知道了。"

关尹子说："那就行了，你要把它牢记在心，千万别忘记了。不但射箭是如此，治理国家和修养自身也都是同样的道理。"

卫人迎新妇

此典出自《战国策·宋卫策》。

有个卫国人迎娶新嫁娘,新娘上车后,问:"这骖马是谁家的?"驾车人答:"借的。"

新娘对仆人说:"要轻轻地拍赶骖马,也不要用鞭子抽打自家的服马!"

车刚到家门口,新娘就侧身凑近伴娘告诉她说:"去把灶膛里的火灭了,不然怕失火。"

进到房里,新娘看到一个石臼,说:"把它移到窗户下面去,不然妨碍往来走路。"

婆家人都笑她。

新娘子说的这三句话,其实本身都很在理,但却被人耻笑,这是因为刚过门就说这些,未免为时过早了一点。

嗟来之食

此典出自《礼记·檀弓下》。

齐国闹起了大饥荒,富人黔敖在路旁煮了粥,等待饥民来后给他们吃。

有个饿得非常狠的人,用衣袖蒙着脸面,拖着破鞋子,踉踉跄跄地走了来。黔敖见了,左手捧着饭菜,右手端着汤水,喊道:"喂!快来吃吧!"

那饥民睁着双眼盯着黔敖,说:"我只是因为不吃这种吆喝着施舍的饭食,才饿到这种地步。"黔敖便向他道歉,但他始终不肯吃,最后便活活饿死了。

齐庄公出猎

此典出自韩婴《韩诗外传》卷八。

齐庄公外出打猎,有一只螳螂抬起前腿,准备与庄公车上的轮子拼搏。庄公便问驾车的人说:"这是什么虫呀?"车夫回答说:"这是螳螂。这种虫,只知道往前进,而不知往后退,从不估量自己的力量有多大,就轻易地与对手交锋。"庄公说:"这只螳螂如果是人,就一定成为天下的勇士了!"于是,庄公让车夫绕开螳螂而行。天下的勇士闻知此事后,都纷纷归顺了他。

公仪休嗜鱼

此典出自《淮南子·道应训》。

公仪休任鲁国的宰相,很喜欢吃鱼。国内不断有人给公仪休送鱼,公仪休不受,他的学生劝说道:"老师爱吃鱼,却又不受鱼,这是为什么?"

公仪休答道:"正是因为我爱吃鱼,才不要这鱼。如果接受了这鱼,那么,就会因受贿而被罢免宰相之职,到那时,我虽然还爱吃鱼,却再也不能满足这一嗜好了。现在不接受这鱼,就不至于被罢免宰相职务,就能永远地、经常地吃到鱼了。"

师旷劝学

此典出自刘向《说苑·建本》。

晋平公问师旷说:"我现年七十岁了,还想学习,恐怕就是晚了点!"

师旷说:"您为什么不点燃蜡烛照明呢?"

晋平公说:"哪有做人臣的随便与国君开玩笑的呢?"

师旷说："我这个瞎子大臣怎么敢与国君开玩笑呢？我听说，年少时而好学习，就如早晨初出的朝阳；壮年而好学，就像升入中天的太阳；老年而好学，又有如点燃蜡烛的光亮。点燃蜡烛照明，不是比在黑暗中行走要好得多吗？"

晋平公说："很对！"

周处改过

此典出自刘义庆《世说新语·自新》。

周处长桥搏蛟图，出自清·马骀《百将图传》。

周处年轻时，粗暴好斗，被乡里人看作祸害。义兴县河里有两条蛟龙，山中有只猛虎，都一同侵害老百姓。于是，义兴县里的人把周处连同这蛟、虎一齐称作"三害"，而其中又以周处之害最大。有人劝说周处去杀死猛虎，斩掉蛟龙，其实是希望"三害"之中只留下一个。周处就去山中杀了老虎，又去河中斩那蛟龙。蛟龙忽而浮出水面，忽而沉入水底，游了几十里，周处一直跟着它走。经过三天三夜，乡里的人都以为周处死了，便互相庆贺。谁知他竟杀死了蛟龙而游出水面。他听说乡里人都互相庆贺，才知道大家都把他当作祸害，于是产生了改过自新的念头。接着，又到吴郡去寻找陆氏兄弟。陆机不在家，却正碰见了陆云。他就把义兴人以他为患的情况全说了，还说自己想改正错误，而年纪已大，终究不能有所成就。陆云说："古人认为早晨懂得真理，即使晚上死了也值得。何况你的前途还远大！而且人怕的就是没志向，有了志向，又何愁美名不能远扬呢？"周处听了这番话，就改过自励，终于成了忠臣孝子。

铁棒磨成针

此典出自虞韶《日记故事》。

李白读书，还没完成学业就跑了。路上遇见一位老妇在磨一根铁棒。李白问她为何磨这铁棒，老妇说："想作根针。"李白笑他愚蠢，老妇说："功夫到家了就自然可以成功。"李白听后，大为感动，于是马上回去继续学习，完成了学业，终于成了名士。

蜀鄙二僧

此典出自彭端淑《白鹤堂诗文集·为学一首示子侄》。

在四川的偏僻地方，住着两个和尚，一个贫穷，一个富有。有一天，穷和尚找到富和尚说："我想到南海去，你觉得怎么样？"

富和尚问穷和尚："你依靠什么到那么遥远的地方去呢？"

穷和尚回答:“我有一个盛水的瓶子和一只吃饭的碗就足够了。”

富和尚又说:“我好多年来,想租一条船到南海去,可至今仍没能实现。你这样贫穷,依靠什么去呢?”

过了一年后,那个穷和尚从南海回来了,并将去南海的经历告诉了富和尚。富和尚听了,感到很羞愧。

西蜀与南海之间的距离,有好几千里,富和尚不能去,而穷和尚却去了。

鲁侯养鸟

此典出自《庄子·至乐》。

从前有只海鸟栖息在鲁国都城的郊外,鲁侯亲自把它迎接到祖庙,并设宴款待,给海鸟演奏《九韶》古乐来取乐,准备了牛、羊、猪三牲来作为它的膳食。结果海鸟晕头转向,忧惧悲伤,不敢吃一块肉,不敢喝一杯酒,三天就死了。

鲁侯是在用他自己享乐的方法来养鸟,不是用鸟的生活方式来养鸟。

杨布打狗

此典出自《列子·说符》。

杨朱的弟弟叫杨布,穿着白色的衣服出去,遇上天下雨,便脱掉了白色的衣服,穿着黑色的衣服回家。他家里的狗认不出他了,便冲上去对他乱叫乱吼。杨布非常生气,准备上去将狗痛打一顿。

杨朱说:“你不要去打狗了,其实你也是这样的。如果让你的狗在你出门时是白色的,而你回来时变成了黑色,你难道能不感到奇怪吗?”

两小儿辩日

此典出自《列子·汤问》。

孔子到东方去游说,路上碰到两个小孩在争论什么,孔子便问他们争论的原因。

一个小孩说:“我认为太阳升起的时候离人近些,而中午的时候离人远些。”

又说:“太阳刚出来的时候象车盖那样大,等到中午,只有盘钵那么大了,这不是因为离人远就看上去小,离人近就看上去大吗?”

另一个小孩说:“不对。太阳刚出来时,我们还觉得冷冷清清的,等到了中午,我们就觉得滚烫滚烫的,这难道不是因为离人近时才感到热,离人远时我们就觉得凉吗?”

孔子听了之后,也说不清谁对谁错。两个小孩笑着说:“谁说你知识丰富呢?连这个问题都说不清。”

疑邻窃斧

此典出自《列子·说符》。

有个丢了斧头的人,心中怀疑是邻居家的儿子偷去了。他看到邻居家这个儿子走路的样子,像是偷了斧头的;再看看他的脸色,也像是偷斧头的;讲话的姿态、动作、神态,样样都像是偷了斧头的。

不久,这个丢了斧头的人在山谷里挖土,找到了他的斧头。隔日再看他邻居家的儿子,动作神情没有一点像偷了斧头的。

宓子论过

此典出自《淮南子·齐俗训》。

宓子的一个朋友带一位客人来拜访宓子。客人走后，宓子对这个朋友说："你带来的这位客人别的都好，就是有三个错误：一见我就笑，是轻慢和不懂规矩的表现；言谈中从不提起自己的老师，是一种对师门的叛逆行为；刚见面，交情还不深，就推心置腹地说一大堆，这是稀里糊涂的表现。"

那客人对这番批评辩驳道："我一见你就笑，说明我坦荡无私，谈话中不提及我的老师，是为了打通师门之间的隔阂，以便交往；交情不深而敢说心里话，是对朋友忠诚和信任的表现。"

因此，这客人的言行本来就是一个样，但却可以被看作君子，也可以被看作小人，这完全是由于各人自己的看法不同。

辨伏神文

此典出自柳宗元《柳河东集》。

我得了痞病，经常心悸，到医生那里求诊，医生说："只有服食伏神最妥当。"第二天，我从市场上买来伏神，煎煮后服了，哪知病情更加严重。请来医生，责问其中的原故，医生要求观看一下药渣子，说："唉，这全是一些老芋头啊。那卖药的欺骗了你，让你买了假药。你也太无知了，却反而来责怪我，你难道不感到错了吗？"

我听后，感到紧张而惭愧，又恼又忧。将这件事推而言之，世上像以芋头充当伏神卖而坑害人的事是很多的了，但又有谁能明辨是非呢？

宥蝮蛇文

此典出自柳宗元《柳河东集》。

家里有一僮仆，擅长捉蛇。早上，他拿着一条蛇来拜见我，说："这是一条蝮蛇，咬人后，人只有死路一条。这蛇还善于观察人，听到有人咳嗽、喘息以及迈步急走的声音，就可判断出他们抵挡不住自己的毒性，于是就敏捷地攻取，巧妙地咬食、肆意地加害他们。然而，有时它不能加害于人，就大发起脾气来，转过来咬噬草木。草木被它咬后就立刻死掉。以后的人只要触及到了这已死草木的茎部，也会烂掉手指、手腕挛曲、脚部浮肿，成为残废人。所以，对这种蛇，一定要杀死它，不可留下它。"

柳宗元像，图出自清·顾沅《古圣贤像传略》。

我说："你是怎么抓住它的？"僮仆回答说："在树丛中捉来的。"我说："树丛中的这类蛇可以捉完吗？"他说："不可，这类蛇非常多。"我告诉僮仆说："蛇住在树丛中，你住在屋子里，它不靠近你，你却接近它，触犯并杀死它后来进见我，你确实需要强健和冒险才能接近这东西，然而，你还是杀死了它，这说明你更残暴啊。那些耕田种地的人，砍柴割草的人，都是与土地为伍，不得不提防蛇的侵入，他们拿着农具，端着鞭子，握着镰刀以免受其害。而你现在并不是一定要涉足于树丛之中，你只要把屋子密封好，把庭院整修好，不去水边深曲之地，不在阴暗处行走，这蛇又怎么会加害于你呢？况且蛇也不是自己乐意成为现在这种模样，而是造物主赋予了它那种形体，自然的阴阳之气赋予了它那种品性，形体非常怪异，品性十分阴毒。它即使不愿这样也不可能啊。它也够可怜的，又怎么能怪罪它，加怒于它呢？你再不要去杀它们了。"

蠹　化

此典出自陆龟蒙《笠泽丛书》。

桔树的蛀虫只有小指那么大，头上长有一只长长的角，身子一伸一缩地动着，很像天牛的幼虫，身子只不过是青色。它隐藏在树叶下面，仰面吃食，与饥饿的蚕儿吃桑叶速度不相上下。如果有人拿东西碰它一下，它就竖起角来发怒，气鼓鼓的，显出一副桀骜不驯的架势。一天，人们发现它呆在树上，不吃树叶，也不动弹。第二天再看它时，这蛀虫则蜕变成了蝴蝶。它的身子动动停停，翅膀还没舒展开来，身子却像披上了黑裙白衫一样，其中还点缀着红、黄两色，椭圆形的肚子也是各色相间，头上还长了一对又细又长的緌缨般的触须。那模样就像酒醉刚醒，瘦弱的四肢还不能张扬。又过了一天再去看，它已经能凭借微风和露水，沿着小草树木攀登爬行，翅膀轻轻地展开，飞向高空，眨眼之间就不见了。它有时也隐藏在蕙草之间，有时停栖在竹子枝头，有时或在广阔的天空中盘旋飞舞，飘飘扬扬的，非常可爱。没过多久，它撞到了蜘蛛网上，被粘上了。蜘蛛吐出丝来，将它缠了个结实，如同戴上镣铐一样。人们虽然同情它，但不可帮它解脱，使它自由飞去。

哎，美丽的外表、好像有文采；内心默默，好像有德性；没有伴侣，孤独地飞翔，像是很高洁；吃食也没有什么特别的爱好，像是很清廉，从前如果不知道它是桔树的蛀虫，后来又没看见它触上蛛网被困住，人们还可能会认为它是住在中央上帝那儿，现在又回来了。天下，就像一棵大桔树；名位，有如大的蜕化；封疆，有如大的蕙草竹林。如果失去德性，忘记大众，崇尚浮华，骄妄自大，表面华美，内心空虚，损害本性，堵塞源流，怎么可能不落得那种触网受粘的下场呢！阅读我的《蠹化》的人，可以此为鉴戒。

雁　奴

此典出自宋祁《宋景文集》。

雁奴，是雁群中最小的雁，性情尤其机警。每当群雁夜晚停宿时，唯独雁奴不睡觉，为雁群观察放哨。有时稍微听见人的声音，它一定要先鸣叫起来，群雁便杂然而动，相互呼唤着飞离而去。

后来乡里人便巧妙地设下诡计，使雁奴上圈套而捕捉群雁。于是，乡里人先观察好堤岸、湖边这些为群雁所常栖的地方，在那里暗中布下大网，又在大网旁边挖上许多洞穴。

太阳还没落山，人们各自拿着绳索躲在洞穴中，等到夜尽天明时，就在洞外点起火来，雁奴先发出警叫声，人们连忙扑灭火。群雁惊醒后，没有发现什么异样，便又接着睡起觉来。

这样三次点火又三次扑灭，雁奴三次警鸣，众雁三次惊醒，最后都没有发现什么动静，众雁就责怪雁奴报警不灵验，都用嘴去啄它，并轮番攻击它，然后又都安然休息。

过了一会儿，火又点燃起来，雁奴害怕众雁的攻击，不敢再鸣叫。

乡里的人们见雁奴不再鸣叫，便张开大网捕捉，众雁大概十有五只被捉。

祷钟辨盗

此典出自沈括《梦溪笔谈·权智》。

枢密院直学士陈述古任建州浦城知县时，有人丢失了东西，抓得了一些嫌疑分子，但不知谁是真盗。陈述古便哄这些涉嫌分子说："某某庙里有一口钟，能辨认盗贼，十分灵验。"于是派人将那口钟抬到官署后阁祭祀起来，又把那一群囚禁的人领到钟前，对他们说："没有偷东西的人，摸这钟是不会响的，而偷了东西的人一摸它，它就会发出响声。"陈述古亲自率领同事，在钟前很严肃地祷告了一番。祭祀完毕，便以帷帐将钟罩了起来，又秘密地派人把墨汁涂在钟上。过了一些时，他便领着被囚的犯人，让他们一个接一个地把手伸进帷帐里去摸钟，然后又分别检验他们的手，发现唯独一个人手上没有墨汁，其余的都有。陈述古对那个手上无墨汁的人进行了审讯，那人便承认了自己做盗贼的事。原来，那人是怕钟发出响声，所以没敢去摸它。

日喻

此典出自苏轼《经进东坡文集事略·日喻》。

有个生下来就瞎了眼的人，不知道太阳是什么样子，就去问眼睛好的人。有人告诉他说："太阳的形状像个大铜盘。"盲人回到家中就敲起了铜盘，盘子发出了声响，后来他听到了钟声，认为这就是太阳了。又有人告诉他说："太阳发光，就像蜡烛一样。"于是，盲人又去摸蜡烛，知道了蜡烛的形状。后来有一天，他摸到了竹笛，以为这就是太阳了。

太阳与钟、与竹笛相差太远了，但是盲人不知道它们之间的区别，这是因为他根本未见过太阳，只是向别人打听的缘故。

观捕鱼记

此典出自贝琼《清江贝先生文集》。

松江出产的鱼类有多种，捕鱼的人们，有的用网，有的用叉，有的用笱，有的用罾。大户人家则砍些大树放在水中，形成个鱼类聚集的场所，各种鱼不分大小都赶到了。大树在水中盘根错节，鱼儿在水中自由自在地游动，人们也没有敢来这里捕鱼的，所以鱼儿汇集到这里都不愿离去。天气开始寒冷了，鱼儿都汇集一堆。这时大户人家用编制的竹网阻断东西水流的两边，防止鱼儿逃走。于是撤去大树，在两岸击鼓轰赶鱼群。鱼群失去依赖的大树，有的惊骇得跳起来，有的愤怒地左冲右突，可不一会就泄了气，好像已在锅中了。于是人们驾起能装百斛的大船，往水里沉下有许多口袋的渔网，把前后左右的水面统统都遮蔽起来，于是那些大至能装满一车的鱼，小至只有铁针那么大的鱼，即使从这里逃脱，却又在那里被挂住，碰掉了鳞，折断了尾，没有一条能够逃掉。

越王好士勇

此典出自《墨子·兼爱中》。

从前越王句践，喜爱英勇无畏的官吏，教导训练朝臣们要勇往直前。他暗中派了人焚烧内官房屋，然后说是宫中失火了，考验他手下的官吏们说：“越国的宝藏全在这里面。”句践亲自击鼓督促官吏们赴火中救宝。官吏们听到鼓声，争先恐后地朝火中跑去，掉在火海中被烧死的，仅句践身边的大臣就有一百多人，越王这才鸣金把官吏们召唤回来。

弥子瑕失宠

此典出自《韩非子·说难》。

弥子瑕很受卫君的宠幸。卫国的法令规定，私下驾驶国君的乘车出去的人，要受刑砍掉腿脚。弥子瑕的母亲生病了，有人得知这一消息，夜间去告诉了弥子瑕，弥子瑕假托卫君的命令，驾驭着国君的车子赶回家去，卫君听说此事后赞扬弥子瑕说：“真是位孝子啊！因为母亲生病的缘故，连砍脚的刑法都忘记了。”另有一天，弥子瑕陪同卫君在果园里游玩，弥子瑕摘了一个桃子吃，觉得很甜，就没有吃完，把剩下的一半留给卫君吃，卫君吃着桃子，说：“弥子瑕太热爱我了！忘记他吃过会在桃子上留有余味，而拿来给我吃。”

等到弥子瑕人老珠黄，不再受宠，得罪了卫君。卫君就说：“弥子瑕这个人曾假传我的命令驾走了我的车，又曾让我吃他啃过的桃子。”

所以说弥子瑕的行为并没有什么改变，但以前因此受宠爱，而后来又因此而被指责，原因是卫君的爱憎感情发生了变化。

卫人教女

此典出自《韩非子·说林上》。

有个卫国人嫁女儿时教导女儿说：“一定要私下多攒点私房钱。给人家做媳妇而被休回家，是常事；不被休回娘家，那是侥幸的事。”

他的女儿出嫁以后，就按照父亲的教导想方设法攒私房钱。她的公婆认为她积攒私房太多，便将她赶了回去。这个卫人的女儿带回的钱财是带去的嫁妆的两倍。她的父亲不责怪自己教女的错误，反而自以为得计于捞回了成倍的财富。

如今那些做官为吏的人为官处世，都很像那个卫人。

和氏献璧

此典出自《韩非子·和氏》。

楚国的和氏在荆山中得到一块璞玉，恭恭敬敬地捧着它献给了楚厉王。楚厉王让玉工对这块璞玉进行鉴定，玉工鉴定后说：“这是一块石头。”楚厉王认为和氏是欺骗自己，便治罪砍掉了和氏的左脚。

等到楚厉王死后，楚武王继位为君。和氏又捧着他的璞玉来献给武王。楚武王派玉工来作鉴定，玉工又说：“这是块石头。”楚武王也认为和氏在欺骗自己，便又治罪砍掉了和氏的右脚。

楚武王死后，楚文王即位了，和氏就抱着他的璞玉在荆山下伤心地痛哭，哭了三天三夜，眼泪哭干了，哭出血来。楚文王听说此事，派人去荆山问和氏为什么这样，说：“天下被砍掉双脚的人多得很，你何必哭得这样伤心呢？”

和氏说：“我不是因为自己被砍了双脚而伤心，我伤心的是这块宝玉而总被人说成是石头，忠心耿耿的人却被当成了骗子，这些才是使我真正感到伤心的。”

楚文王便命玉工琢磨加工这块璞玉，发现真的是一块宝玉，便给它取名叫“和氏之璧”。

兰子进技

此典出自《列子·说符》。

宋国有个流浪艺人,用技艺去为宋元君表演,以求赏赐。宋元君召见了他,让他表演技艺。这个艺人用两根比他身体长一倍的木棍,绑在小腿上,边走边跑。舞弄着七把剑,并把七把剑交替抛起来,总有五把剑抛在空中,只有两把留在手里。宋元君看了觉得非常惊异,立即赏赐了这位艺人钱和布帛。

另有一位流浪艺人会演戏,听说有人以技艺获赏,也想凭自己的演出去求得宋元君的赏赐。宋元君勃然大怒,说:"先前有个艺人用他不同一般的技艺来求得赏赐,技艺本无用之事,当时正碰到我心情愉快,所以赐给了他钱和布帛。这次的这一位艺人一定是听说了那件事来效仿的,又希望我来赏赐他。"于是宋元君派人把他抓起来,并准备杀掉他,关了一个多月才放走。

惠子家穷

此典出自符朗《苻子》。

惠子家里很贫穷,饿了很多天都无法烧火弄饭,惠子便去找梁王帮忙。梁王说:"夏季的麦子快熟了,到时割了给你行吗?"惠子说:"我来这里的时候,在路上正遇上大小河流涨水,有一个人掉进河里去了,顺流直下,喊我救他。我说:'我不会游泳,让我为你向东越王求救,让他选择善于游水的人来救你,你看可以吗?'那掉进水里的人说:'我现在只要抓住一只瓢就可活命了。等你向东越王告急求援,再让他选人来救我时,我恐怕早就淹死在深渊之下,葬身鱼腹了。'"

人云亦云

此典出自邯郸淳《笑林》。

汉朝的司徒崔烈征召上党的鲍坚为自己的部下。鲍坚在崔烈要接见他时,十分忧虑,不知该怎么过这一关。就问先来的人有些什么仪式。刚好有一个人告诉他:"跟着司仪的人唱和就行了。"

到了拜见司徒的时候,司仪说:"可拜。"

鲍坚也跟着说:"可拜。"

司仪又说:"就位。"

鲍坚又跟着说:"就位。"于是,他又穿上鞋子入席而座。将要离开席位时,他不知道自己的鞋子放在哪儿。这时,司仪又说:"鞋子穿在脚上。"

鲍坚也跟着说:"鞋子穿在脚上。"

请君入瓮

此典出自《资治通鉴·唐纪·则天皇后天授二年》。

有人告发文昌右丞周兴与左大将军丘神勣相互勾结谋反。武则天命令来俊臣审查这件事。接到命令时,来俊臣正与周兴讨论案子,吃过饭。于是,来俊臣对周兴说道:"囚犯大多不肯承认罪行,你觉得应读使用什么办法让他们招认呢?"周兴说:"这岂不是太简单了!拿来一只大瓮,用炭火在大瓮四周烧起来,再命令囚犯进入到大瓮里面,这样,囚犯还有什么事情不肯招认的呢?"于是,来俊臣找来一只大瓮,按照周兴的说法在大瓮周围烧起炭火来。然后，站起来对周兴说："内宫传来命令，要我审问老兄，现在就请你到大瓮里去吧。"周兴听后，十分恐惧，连忙跪下来磕头，承认了自己的罪行。

州官放火

此典出自陆游《老学庵笔记》。

田登做太守，忌讳别人直称其名。有人冒犯，他一定大发雷霆。他手下的小吏、兵士大多因此遭受鞭打。"灯"与"登"同音，于是全州的人都把"灯"，说成是"火"。元宵节要放花灯，他手下的小吏不敢写"放灯"，便在悬挂于街头的公告榜上写上："本州按照惯例放火三天。"

权贵辨鼎

此典出自宋濂《龙门子凝道记·司马微》。

洛阳城有个平民叫申屠敦，他有一只贵重的汉鼎，是从长安附近的河底捞到的。鼎上雕饰有精美交错光彩灿烂的云龙花纹。

他家西边住着个姓鲁的读书人，见到这只汉鼎非常喜爱，请来工匠按照这只汉鼎的样子仿铸了一只，把它放在特制的药水里浸泡，又把它放在地窖里埋藏三年。泥土和药水的侵蚀、腐化，鼎的质地发生变化，同申屠敦的那只有些相似。

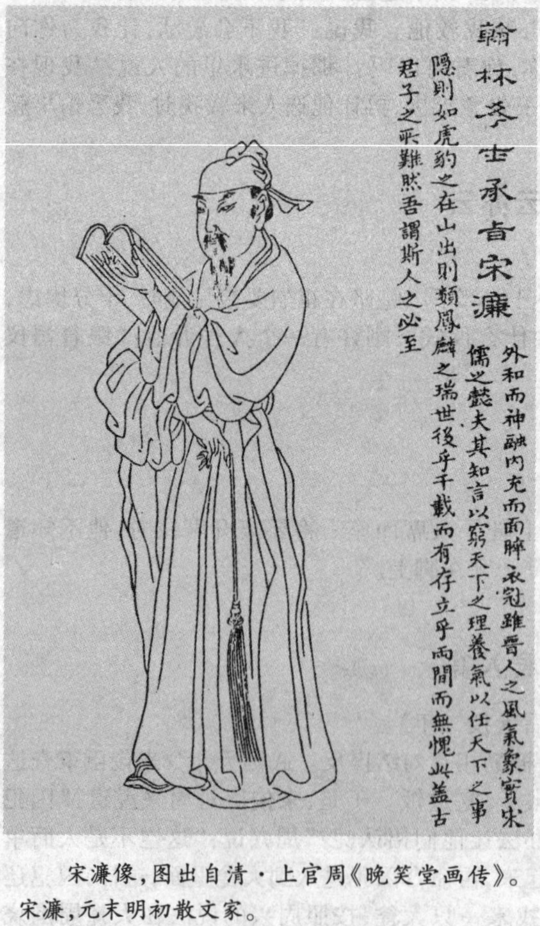

宋濂像，图出自清·上官周《晚笑堂画传》。宋濂，元末明初散文家。

一天，姓鲁的人把他的假鼎献给一个有权有势的显贵。那位显贵把它看作珍宝，专门为它宴请宾客请人观赏。申屠敦恰好也在座，心里明知这是姓鲁的读书人的那只假汉鼎，便说："我也有一只汉鼎，它的外形同这只十分相似，但不知哪一只是真的？"

那位显贵请求看看那只鼎，看了很久说："这只不是真的！"

其他宾客依次看过这只鼎，都说："是的，它确实不是真的！"

申屠敦不服气，用很多事实同他们辩论，但是他们一起对他进行攻击和辱骂。申屠敦闭口不敢再说什么，回到家里长叹说："我从今天开始算明白了权势能够颠倒是非呀！"

大言者缚

此典出自宋濂《龙门子凝道记·大学微》。

从前，李元平刚刚跟随宰相关播的时候，喜欢吹牛说大话，平时经常与同僚谈论兵法，鄙视天下的将领，说他们都是无能之辈。

一天，李元平带兵据守汝州，同李希烈的军队交战，结果，在李希烈谈笑之间，就被活捉了。

唉！这世上能高谈孙吴兵法而博得四座惊叹的，有几人能不被李希烈之流活捉呢！

玄石好酒

此典出自刘基《郁离子·玄石好酒》。

黔中在齐国做官，因为贪污受贿而被罢了官，陷入困境，于是对豢龙先生说："我现在对自己贪污受贿的过错感到后悔，希望先生可怜我，替我进一言，帮我官复原职吧！"可是他复职不久，又因同样的罪名被撤职了。

豢龙先生说："从前，玄石嗜酒，受酒的祸害，五脏六腑像被熏烤一样难受，肌肤骨骼发热像要裂开似的，什么药都治不了他，三天后才慢慢好了。他对别人说：'我从今往后知道酒可以要人性命啊。我再也不喝酒了！'戒酒不到一月，他的酒友来到，说：'试着尝尝这种酒吧！'开始喝三杯就不再喝了，第二天喝五杯，第三天喝十杯，第四天就开始狂饮大醉，完全忘记了先前差点醉死的事。所以说猫不能不吃鱼，鸡不能不吃虫，狗改不了吃屎。本性决定了，坏习惯不可能根除啊！"

工之侨为琴

此典出自刘基《郁离子，良桐》。

工之侨得到了一棵优质梧桐树，把它砍削成了一张琴，这琴弹起来，声音就像金钟、玉磬的声音一样和谐、悦耳，他自以为这琴是天下最好的了，便把它献给了朝中掌管礼乐的太常。太常请国内最优秀的乐工察看了一下，说："这琴不古。"就把琴退给了工之侨。

工之侨把琴拿回家后，商请漆工在琴上画了一些裂纹；又商请刻字工人在琴上刻了一些古代钟鼎上所刻的文字，然后用匣子把它装起来，埋进土里。一年以后，挖出匣子，把琴抱到集市上，一个达官贵人见后，便拿出一百两金子把琴买了去，并献到了朝廷。乐官们一个一个地传递着观看，都说："这真是一件稀世之宝！"

刘基像，图出自清·上官周《晚笑堂画传》。刘基字伯温，是明朝的开国元勋，军事家、政治家、文学家，著有《郁离子》。

献马贾祸

此典出自刘基《郁离子·献马》。

周厉王派芮伯率领军队讨伐西戎，缴获了一匹良马。芮伯准备把马献给厉王。芮伯的弟弟芮季说："不如把这匹马丢弃了吧。厉王贪得无厌又喜欢听信他人谗言,你现在班师凯旋回朝又献马给厉王,他的左右一定以为你缴获的马不只一匹,都来向你索取,你没有马应付他们,他们就会纷纷向厉王进谗言,厉王一定会相信他们。这会招致祸患啊!”芮伯不听,还是把马献给了厉王。荣夷公果然派人来索取良马,没得到,于是向厉王进谗言道:“芮伯窝藏了缴获的马匹。”厉王大怒,把芮伯赶走了。

有见识的人认为芮伯也是有罪的:他明知厉王贪财,却还要诱发他的贪欲,这是芮伯的过错啊!

代邻击子

此典出自《墨子·鲁问》。

有这样的一个人,儿子横行无道但又没有本事,所以父亲就用竹板来打儿子。这个人邻居家的一位长者见了,也举起一根木棍来打那人的儿子,说:“我来用棍子打他,是顺从他父亲的意愿。”这样做,不是太荒唐了吗!

冯妇搏虎

此典出自《孟子·尽心下》。

晋国有个叫冯妇的人,很会和老虎搏斗,因此而被称为善士。碰巧有一次他去野外,看见很多人在赶一只老虎,老虎背靠一处山石和人们相持着,没有一个人敢上前去碰老虎一下,人们远远地望见冯妇,便跑去把冯妇叫来。冯妇挽起袖子跳下车来,人们都为他欢呼。但他的行为却遭到了士人的耻笑。

山木与雁

此典出自《庄子·山木》。

庄子在山中行走,看见一棵大树,枝叶茂盛,伐木人站在它的旁边却并不想砍它。问其中的原因,伐木人回答说:“它虽然高大茂盛,但并没有什么用。”庄子感慨说:“这棵树因为没有什么用处而得以享尽它的自然寿命。”

庄子从山上下来,住宿在一位老朋友的家里。老朋友非常高兴,让他的小儿子去杀鹅款待庄子。老朋友的小儿子问:“有一只鹅会叫,另一只鹅不会叫,请问杀哪一只呢?”这位老朋友说:“杀不会叫的那一只。”

触蛮之战

此典出自《庄子·则阳》。

戴晋人对梁惠王说:“有一种叫做蜗牛的小动物,您听说过吗?”

梁惠王说:“听说过。”

戴晋人说:“在蜗牛的左角上有个部族国家叫触氏,在蜗牛的右角有个部族国家叫蛮氏,它们两国不时为了争夺地盘而开战,每次战争都要死伤百万,尸横遍野,追击者往往要半个多月才肯收兵。”

梁惠王说:“嘿,你这大概是不实之辞吧?”

戴晋人说:“我请求为您证实这些话。您以为天地之外整个宇宙有穷尽吗?”

梁惠王说:“没有穷尽。”

戴晋人说:“让你的想象力在无穷无尽的宇宙间遨游一番,然后再返回地上的诸侯国家，这些诸侯国和茫茫宇宙比起来是不是似有似无、非常渺小呢？”

梁惠王说：“是的。”

戴晋人又说：“在地上的这些诸侯国中有魏国，在魏国中有大梁城，在大梁城中有您梁惠王。大王您和蛮氏又有什么区别呢？”

梁惠王说：“是没有区别。”

戴晋人走后，梁惠王怅然若失。

田夫得玉

此典出自《尹文子·大道上》。

魏国有个农夫在野外耕田，挖到一块一尺见方的宝玉，他不知道这是块玉，就告诉了邻居。邻居暗想占有这块玉，就对他说：“这是一块怪石，谁保存它就对谁家不利，你不如把它扔回去。”农夫听后，虽然不太相信，但还是记在了心里，回到家，把那块玉放在廊下。当天夜里，玉石大放光明，满屋生辉。农夫全家都非常害怕，他又去告诉邻居。邻居说：“这就是怪异的征兆啊！赶紧把它扔掉，灾祸便可消除。”于是，农夫马上把玉石扔到很远的野外去了。没过多久，他的邻居把玉石偷了回来，献给了魏王。魏王召来玉匠鉴定这块玉石，玉匠一见玉石，就先拜了两下，再站起来说：“斗胆恭贺大王得到了这块天下珍宝，我还从来没见过这样的宝玉呢。”魏王问这块宝玉价值多少，玉匠回答说：“这是无价之宝，无法估量它的价值，即使用五个城市的地方作代价，也只能看上一眼。”魏王马上赐给献玉者一千金子，并永远享受上大夫的俸禄。

孔子马逸

此典出自《吕氏春秋·孝行览·必己》。

孔子行路休息时，马跑了，吃了人家的庄稼，有个种田人牵走了他的马。子贡请求前去劝说那个人还马，费尽口舌，那个种田人就是不听。有个刚侍奉孔子的从边远地方来的人请求前去劝说，于是他对那个种田人说：“你不在东海耕田，我不在西海耕田，我们相隔不算远，我的马怎么能不吃你的庄稼呢？”那个种田人听了非常高兴，对他说：“都像这样说话不是挺明白的吗，哪像刚才那个人？”解开马交还了他。

宋人御马

此典出自《吕氏春秋·离俗览·用民》。

有个宋国人赶路，他的马不肯往前走，他就杀了马把它扔到溪水中。然后，又换了匹马重新赶路，可马还是不肯往前走，他又杀了这匹马把它扔到溪水中。像这样反复杀了三匹马。

岂辱马医

此典出自《列子·说符》。

齐国有个穷人，成年累月地在城市里沿街乞讨。城市里的人嫌他来的次数太多，因而大家都不肯给他施舍食物，这个人便跑到齐氏的马栏里去，跟马医做杂活，在马棚附近混口饭吃。有人取笑他说：“你跟随着下贱的马医混口饭吃，你不感到耻辱吗？”

这个穷人回答说：“天下最耻辱的事，莫过于乞求要饭，乞讨我尚且都不觉得耻辱，难道还会以跟着马医混饭吃为耻辱吗？”

邹忌窥镜

此典出自《战国策·齐策一》。

邹忌身高八尺多，而且容貌秀丽。一天清晨，他穿戴好衣帽，照了照镜子，对他妻子说："我与城北的徐公相比，哪个更美？"他妻子说："您非常美，徐公哪能比得上您呀！"城北的徐公是齐国的美男子。邹忌不敢相信妻子的话，便又去问他的小老婆："我与徐公谁美？"

小老婆说："徐公哪能比得上您呀！"

早上，有客人从外地来访，邹忌与客人坐在一起交谈时，问客人道："我与徐公比，谁美？"

客人说："徐公不如您美！"

第二天，徐公来到邹忌家。邹忌长久地审视后，自以为不如徐公；又自己对着镜子一看，更觉得差得远了。夜晚，他躺在床上想道："我妻子夸我美，是因为爱我；小老婆夸我美，是因为怕我；客人夸我美，是因为有求于我。"

曾参杀人

此典出自《战国策·秦策二》。

从前曾参住在费这个地方。

费地有一个与曾参同宗族又同名的人杀了人。有人告诉曾参的母亲说："曾参杀人了，"

曾参的母亲说："我儿子不会杀人！"神态自若地继续织布。

过了一会儿，又有人来说："曹参杀人了。"曾参的母亲还能照样地织布。

不一会儿，一人又来告诉说："曾参杀人了！"曾参的母亲害怕了，扔下梭子翻墙跑走。

东野丈人

此典出自王沈《释时论》。

东野丈人审时度势，选择了隐居之地，并耕耘在肥沃的土地上。有位姓冰的年轻人，来自寒冷的山谷，路过这儿时向东野丈人问路。丈人说："你从哪儿来？"姓冰的年轻人说："来自干枯阴冷的地方。""到哪儿去呢？"姓冰的年轻人说："想去火光辉煌的大堂。"丈人说："想进入火光辉煌的大堂，自己必须有明亮的火。现在你被寒冷所困而想寻求光和热，你却还没有得到光和热的方法。"姓冰的年轻人惊讶地问："为什么这样呢？"丈人答道："那些过得和乐融融的人都是些趋炎附势之徒，而那些获得既有利益者，都是些挟有资财的人。你如果不是这类人，还不如打消你的念头。"

食菌得仙

此典出自刘基《郁离子·采山得菌》。

广东有个人在山上采集到一个蘑菇，那蘑菇大得能够装满箱子，它的叶子有九层，它的颜色像金子，光芒四射。带着蘑菇回到家里，他对妻子说："这就是人们所说的灵芝，吃了它可以成仙。我听说成仙要有缘分，老天爷从来不随便把灵芝赐给一般人的。人家求都得不到，我却得到了，我就要成仙了。"于是那人沐浴更衣，斋戒三天把蘑菇煮熟了吃，刚吞下去就死了。他儿子见到父亲的尸体说："我听说成了仙的人一定要蜕去自己的躯体。人们被自己的血肉之躯所拖累,所以不能成仙。现在我父亲蜕除了躯体成了仙,这不是死。"于是吃了剩下来的蘑菇,又死了。就这样这一家人都因吃所谓的"灵芝"死掉了。

翠鸟移巢

此典出自冯梦龙《古今谭概》。

翠鸟开始将窝筑得高高的,以避免灾祸。等到孵出了小鸟,因为很喜欢它们,生怕它们从上面掉下来,便将鸟窝往下移了一些。小鸟长出羽毛了,翠鸟更加喜欢它们,又把鸟窝往下移低了,于是人们便轻而易举地将小鸟捉走了。

庖丁解牛

此典出自《庄子·养生主》。

庖丁给梁惠王屠宰牛,手所触接的地方,肩所倚靠的地方,脚所踩着的地方,膝盖所抵着的地方,皮肉沙沙作响;进刀时哗哗有声,这些声响像音乐一样悦耳,和《桑林》舞曲的旋律相符,又合于《经首》乐曲的节拍。

梁惠王说:"嘀,好啊!你解牛的技巧怎么精熟到这种地步呢?"

庖丁放下刀回答说:"我所追求的是解牛之道,已超出了操作技巧的范围。我刚开始宰牛的时候,看到的也是整个的牛。三年以后,我便不曾看见过完整的牛了。到现在,我解牛只用精神去感遇牛而不需用眼睛去看牛了,我的感觉器官都停止了活动,但精神却极为活跃。我依照牛天然的肌理,劈开牛骨骼间的缝隙,沿着筋骨间窍穴进刀,按照牛本来的生理结构解牛。牛身上的脉络软骨我都不曾碰到过,更何况是大骨头呢!好厨师每年换一把宰牛刀,是因为他只用刀割肉;一般的厨师每月换一把刀,因为他把刀砍折了。现在我的这把刀已用了十九年了,所屠解的牛已有数千头了,但我的刀刃还好像是刚从磨刀石上磨过一样锋利。那些牛的骨节间有空隙,而刀刃却非常之薄;用很薄的刀刃插进那有空隙的骨节,宽宽绰绰的,对于游动的刀刃来说肯定会有余地,所以十九年了我的刀刃还像刚刚从磨刀石上磨出的那样。尽管如此,每当碰到筋骨交错聚集的地方,我见到难办,便小心谨慎,目不转睛,动作也因之放慢。运刀非常轻微,哗的一声牛的骨肉已分解开来,像土块一样堆在地上。此时我提着刀站着,四下打量,因此而心满意足,把它擦干净收藏起来。"

文惠君说:"妙极了!我听了庖丁的这番话、从中学会了养生之道。"

任公子钓大鱼

此典出自《庄子·外物》。

任公子做了一个巨大的鱼钩,系上很粗的黑丝绳子,用五十头阉过的公牛做钓饵,蹲在会稽山上,把鱼竿伸在东海中,天天垂竿而钓,等鱼上钩,整整一周年也没有钓到鱼。后来有条大鱼吞食下鱼饵,它牵动着那只巨大的鱼钩,沉没到海底,又拼命挣扎着跃出海面,掀起的白色波浪奔涌如山,海水翻腾,如鬼神怒吼,千里闻之,心惊胆战。任公子钓到这条大鱼后,把它剖开而晾制成鱼干,从浙江以东,到苍梧山以北的广大地区,人人都吃腻了这条大鱼。事过之后,那些才智浅薄、评头品足的人都惊讶地转告此事。实际上举根小竹竿,跑到沟渠边,整天守着泥鳅小鱼的人,他们要想钓到大鱼是不可能的,修饰一些街谈巷议的内容去打动听众,博取美誉,这样的人根本谈不上深明大理。因此,不曾听说过任公子钓大鱼的气魄的人,跟他们没法谈治理天下的大事,这是绝对无疑了。

佝偻承蜩

此典出自《庄子·达生》。

孔子去楚国，从一片树林中走过，看见一位驼背的老人用竿子粘取蝉，像在拾东西一样，很轻松地粘住了蝉。

孔子说："你的手真巧啊！你粘蝉有诀窍吗？"

驼背老人说："我有诀窍。五、六月间我在竹竿头上累加粘蝉的丸子，如果加放两颗丸子能不掉下来，粘蝉时蝉就很少能跑掉；如果加至三颗粘丸能不掉下来，那粘蝉时能逃走的就不过十分之一；如果加到五颗粘丸而能不掉下来，那粘蝉时能逃掉的就一个也没有了，我粘蝉就像拾东西一样简单。粘蝉时，我站在那里就像一根树桩；我伸出的手臂，就像一根枯树枝那样一动不动。天地虽然广大，万物虽然纷繁，但我心中只有蝉的翅膀。我不回头也不转身，不因周围的一切而分散我的注意力，这样，怎么会粘不住树上的蝉呢？"

孔子回头对身后的弟子说："用心专一，以至于全神贯注，说的就是这位驼背老人吧！"

津人操舟

此典出自《庄子·达生》。

颜回问孔子说："我曾乘船渡过一个名叫觞深的深水潭，摆渡船的人驾船的技术达到了出神入化的地步。我询问他驾船的事，说：'驾船的技巧我们可以学会吗？'他回答说：'能学会。会游水的人多驾几次船就会了。至于说那些能潜水的人，就是他从没见过船是什么模样，他也能一见到船便会操作。'我再问他为什么会这样，驾船人却不告诉我所以然，请问夫子这是什么意思呢？"

颜回像

孔子说："善于游水的人多练习几次操船就会驾驶，是因为熟习水性，没有在水上的恐惧。至于那些潜水者之所以从不曾见过船，也能一见就会，是因为他们的眼睛看待深渊就像平常人眼中的山陵，把翻车看得就像是车子在山坡上倒退几步那样平常。在他面前形形色色的翻船倒车的危险太平常了，他从不放在心上，往哪儿驾船他怎会紧张而不感到轻松自如呢？用瓦片作为赌注的人赌博特别轻巧，用衣带钩作赌注的人赌博时有些害怕，用黄金作赌注的赌起来吓得要命。赌博的技巧是一样的，而后者却担心受怕，说明他们所重视的是赌博时的外物。凡是重视外物的人内心一定笨拙。”

孟贲不易勇

此典出自《尸子》。

有人问孟贲：“生命可贵，还是勇气可贵？”孟贲答：“勇气。”“你是要显贵，还是要勇气？”答：“勇气。”“你是宁要富裕发财，还是宁要勇气？”答：“勇气。”生命、显达、富裕这三者是人们难以得到的，但都没有能够使孟贲舍弃勇气去换取它们。这就是孟贲能够威震三军、降服猛兽的原因。

曾子食鱼

此典出自《荀子·大略》。

曾子吃鱼，一次吃不完，还剩下一些，他便吩咐学生：“把剩下的鱼做成鱼汤。”学生说：“做成鱼汤容易变质，吃了人会生病，不如将它腌起来。”曾子听后哭泣流涕地说：“我哪里是有不好的念头想去害人呢？只是不知道做成鱼汤会变质啊。”他痛心的是自己懂得这种常识太晚了啊。

养由基射猿

此典出自《吕氏春秋·不苟论·博志》。

楚国的朝廷中曾有一只白色的神猿，楚国善于射箭的人没有谁能射中它。楚王就请养由基来射它。养由基矫正弓、拿着箭就去了，他还没有射箭就感觉箭头已经射中了白猿，等到箭一射出去，白猿便应箭而倒下，原来养由基在射中目标之前就已经在意念上射中了目标。

郑师文学琴

此典出自《列子·汤问》。

瓠巴弹琴，鸟听到琴声会应节起舞，鱼儿会跃出水面，郑师文听说后，便离开家跟随师襄学习弹琴。师襄按住他的手指调理琴弦，但郑师文学了三年也没学会弹曲。

师襄说：“你可以回家去了。”

郑师文放下他手中的琴，叹声说：“我不是不能自己调琴弦，自己弹曲子。是我的心思没在弦上，意念不在琴声上。这样内不能得之于心，外也就不能相应地调好琴弦，以至于不敢放开手脚去弹琴。请稍缓几天，给我几天练习的日子，再看我弹得怎样。”

没过几天，郑师文又去见师襄。师襄说：“你的琴弹得如何了？”

郑师文说：“已得心应手了。我请求试弹一曲。”

于是，郑师文展琴弹奏起来，能在春天时拨动商弦而奏出南吕之音，凉风忽然吹来，草木成熟结果。又能在秋天时拨动羽弦而奏出夹钟之音，暖风慢吹，草长花开。又能在夏天时而奏出黄钟之音，霜雪纷纷飘下，河流结冰，顿成雪原。还能在冬天时拨动徵弦而奏出蕤宾之音，立刻赤日炎炎，坚冰顿消。一曲弹终，他让宫音总括商、角、羽、徵四弦，便有南风轻拂，卿云飘过，甘露从天而降，醴泉喷涌而出。

师襄听完一曲，抚着胸口，高兴得手舞足蹈，说：“太妙了，你弹得太妙了！即使是师旷吹起清角，邹衍奏出旋律，也是望尘莫及。他们都应带了琴拿上乐管跟在你的后面当学生。”

束蕴请火

此典出自韩婴《韩诗外传》卷七。

乡里一位媳妇和老妈妈们关系很不错。一天，这个媳妇被怀疑偷了肉，她的婆婆把她撵走了。这媳妇便满怀怨恨地去向老妈妈诉说。一个老妈妈说："你先走好了，我可让你的婆婆把你叫回来。"于是，老妈妈立即捆了一把乱麻，到那被撵走媳妇的家中借火，她说："我家的狗为争抢不知哪来的肉，互相撕咬，我借个火去把它们惩罚一下。"那婆婆听后，便马上派人去追那被赶的媳妇，把她请了回来。

大贤杀鬼

此典出自干宝《搜神记》。

南阳西郊有座亭楼，人们不敢在里面休息，否则就要遭灾。

当地有个叫宋大贤的人，信守正道，不信鬼神。一天晚上他独自住进了亭楼里，坐在那儿弹琴，也不带兵器。等到半夜的时候，忽然见一鬼登楼上来，与大贤说话，怒目圆睁，咬牙切齿，形象十分可憎。大贤不予理睬，仍是照旧弹琴。鬼便转身走了。不久，鬼又从街上提来一颗死人头，对大贤说："你愿意稍微睡一下吗？"说着，便把死人的头扔到大贤面前。大贤说："太好了，我今晚睡觉正愁没枕头，正想得到这个东西。"那鬼没法，只得走了。过了很久，那鬼又回了来，说："你敢用手与我搏斗吗？"大贤说："好！"话还没说完，鬼正站在前面，大贤便突然将它拦腰抱住，然后倒提起来。鬼受不了，一个劲儿请求快让它死。大贤便杀死了鬼。

第二天一大早再看，原来是只老狐狸。从这以后，亭楼里再也不闹鬼了。

种树郭橐驼传

此典出自柳宗元《柳河东集》。

郭橐驼，不知道原来叫什么名字。得了驼背病，脊背隆起，弯着腰走路，好像骆驼的样子，因此同乡人都喊他"骆驼"。驼子听了，说："好得很，用这个名字来称呼我十分恰当。"于是就舍弃了本名，他又自称"橐驼"了。他的家乡叫丰乐乡，在长安的西郊。

驼子以种树为业，凡是长安有钱有势的人家修建观赏游览的园子，以及那些卖水果的人，都争着迎请供养他。看驼子所种的树木或移栽的树木，没有不成活的。而且高大茂盛，果实结得又早又多。其他种树人虽然暗地里观察、仿效他，但都赶不上他。

有人请教他，他说："我并不能使树木长寿并且使它不断繁殖，只不过是顺着树木的生长规律而使它按照自己的习性生成罢了。一般说来，种树的方法是：根要舒展，培土要平，还要用一些原土，树周围的土最后要筑结实。做到这些，就不要再去动它、想它，离开它也不必再去看管它了。移栽的时候要像抚育亲生子女一样，种好后要像扔弃东西一样。这样，树的生长规律就可得以保全，生长习性就可获得。因此，我只不过是不妨害树木的成长罢了，并没有使树木高大茂盛的其他什么本事；我只不过是不抑制、损伤它们的果实而已，并没有使它们早结多结果实的其他什么能耐。别的种树人则不是这样，树根拳曲而换用新土，所培之土不是多了就是少了。即使有人不是这样做，但却又过于爱惜，过于担忧，早上看看，晚上摸摸，刚刚离开又马上回来照管，甚至还用指甲掐破树皮来查验它是枯死还是活着，用手摇动树根观看培土是松了还是紧了。这样，树木的本性一天天地受到损害。虽说是爱护它，其实是摧残它；虽说是关心它，其实是伤害它，所以他们种的树都比不上我。其实,我哪有什么特殊的本事呢?"

有人问驼子说:"把你种树的这些道理,用到当官治民上,可以吗?"驼子说:"我只知道种树罢了,当官治民不是我的本职。但是我住在乡下,看到长官们喜欢颁布繁杂的政令,看起来像是惜爱百姓,结果给百姓造成了灾祸。从早到晚,地方官吏都来叫嚷:'长官有令,催促你们耕耘,鼓励你们种植,督促你们收获;你们赶快抽好丝,快点织好布;抚养好你们的孩子,喂养好你们的鸡和狗!'不一会,又敲鼓叫人们集合,又击梆子召唤大家。我们这些平头百姓常常顾不上吃饭,要去应酬官吏;忙这些都忙不过来,我们又怎么能发展生产,安居乐业呢?所以,只有被弄得痛苦、疲惫。这样看来,当官治民与种树似乎也有相同之处啊,"

请教他的人说:"哟!这不也很好吗?我请教养树的问题,却获得了使百姓休养生息的道理。"于是我记下了这事,以给当官的作鉴戒。

解铃系铃

此典出自瞿汝稷《指月录》。

金陵清凉寺泰钦法灯禅师还是个普通和尚时,性情豪爽飘逸,一副无所事事的样子。众人都看不起他,只有法眼禅师器重他。一天,法眼考问大家:"老虎脖子上系了个金铃铛,有谁能把它解下来?"大家都回答不上来。法灯刚好这时走过来,法眼于是又用刚才的问题问他,法灯回答说:"系铃者可以解开!"法眼于是对大家说:"你们这些人决不可轻视他!"

屠夫毙狼

此典出自蒲松龄《聊斋志异·狼》。

一个屠夫晚上回家,担中的肉已经卖完,只剩一些骨头。路上有两只狼尾随在他的身后走了很长一段路程。屠夫非常害怕,便给后面的狼扔骨头。一只狼得到骨头就停住了,另一只狼却仍然跟着他。屠夫又扔下一根骨头,后面那只狼停住了,而先前那只狼啃完骨头又跟上来了。骨头都扔完了,然而两只狼依旧追随着他往前跑。屠夫害怕极了,担心受到狼的前后攻击。回头观看,发现田野上有一个打麦场,场主将柴草堆积在场上,像一座小土山。他便跑到柴草堆旁,紧靠柴草堆,放下担子,手持屠刀。两只狼不敢向前走,只是用眼睛紧紧地盯着他。

过了一会儿,一只狼径自走了;另一只狼则像狗一样坐在那里,依旧盯着他。又过了很久,这只狼的眼睛好像闭上了,显得很安闲、若无其事。屠夫乘机猛然跳起身来,用刀向狼的头劈去,接连几刀将狼劈死。刚准备离开这里赶路,回头看柴草堆的后面,见先走了的那只狼正在柴草堆那边打洞,想从后面钻过来袭击他。身子已经钻进去一半,只是屁股和尾巴还露在外面。屠夫从后面去砍断了狼的腿,最后也将它砍死了。他这时才明白,原来前面那只狼假装睡觉,是想以此来麻痹他。

狼确实是够狡猾的了,然而顷刻之间两只狼都被杀死了;禽兽的诡计再多,变化再巧,又有什么用呢,只不过给人们增添一些笑料罢了。

老翁捕虎

此典出自纪昀《阅微草堂笔记·槐西杂志》。

靠近城边的地方出现了凶猛的老虎,已经咬伤了几个猎人,还没人能将老虎捉住。城里的人请求说："不请来徽州府的唐打猎，就不能除此祸患。"

于是，县府派官员带着钱财去请唐打猎。这个官员回来禀告说：唐打猎挑选了两名技艺最精湛的猎人，马上就要到了。等两位猎人到时，人们一看，一个是头发胡子都白得像雪一样的老头儿，还不停地咯咯咳嗽着；一个是才十六七岁的少年。人们见了都大失所望，只好先为他们安排饭食。

那个老头儿感觉到县令纪中涵对他们有不满和失望的情绪，便半跪在地上禀告道："听说这只老虎出入的地方离城不过五里路，我们先去捕捉它，等捕到后再回来吃饭也不晚。"

老头儿便叫役夫带路。役夫走到谷口时，便不敢再往前走了。老头儿讥笑他们说："有我在这里，你们还怕什么呢？"

到半山谷时，老头儿对少年说："这个畜生好像还在睡觉，你把它叫醒吧！"

少年学着虎啸的声音，老虎果然从树林中猛地窜出来，径直向老头儿站立的地方扑去。老头儿手中握着一把短把斧头，长八九寸，宽四五寸，伸直手臂，巍然屹立。老虎扑了上来，老头儿偏过头躲开，老虎从他头顶上跃过去后便扑倒在地，只见血流满地。大家过去一看，老虎从下巴到尾骨，都被老头儿的利斧割开了。大家便用很丰厚的礼物酬谢老头儿，送他们回家。

老头儿自我介绍说，他练习臂力练了十年，练习眼力练了十年。现在已经达到用扫帚来扫眼睛可以不眨一下，使身强力壮的人攀吊在手臂上用力往下扳都扳不动。

蜘蛛杀蛇

此典出自薛福成《庸庵笔记》。

我曾经见到一只蜘蛛，在墙壁间结了一张网，离地面大约二三尺高。有一条大蛇从它的下面经过，挺起头来想吃掉蜘蛛，但还稍微差一点，够不着。这样过了好一会儿，蛇就打算走了。这时，蜘蛛忽然悬丝而下，蛇也重新挺起头等待。于是，蜘蛛仍旧回到网间。像这样反复搞了三四次。蛇显出有些疲倦的样子，将头伏在地面上。此时，蜘蛛乘蛇不备，突然奋身直下，落在蛇的头部，死咬住不放。蛇狂跳乱蹦，左扑右摆。一直到死。于是，蜘蛛开始吸食蛇脑，直到吃饱了肚子才离去。

王良与嬖奚

此典出自《孟子·滕文公下》。

从前，赵简子派王良给嬖奚驾车去打猎，打了一整天，但一只鸟兽也没打到。嬖奚回来后说："王良是天下最无能的车夫！"

有人将嬖奚的话告诉了王良，王良对嬖奚说："请再去试猎一次。"几番勉强，嬖奚这才同意，结果一早晨就打到十只鸟兽。嬖奚回来后又说："王良是天下最优秀的车夫！"

赵简子对嬖奚说："我让王良专门来负责给你驾车。"又去对王良讲了这个意思，王良不同意，说："我按规矩给嬖奚赶车，整天都打不到一只鸟兽；相反，不按规矩给他赶车，这样，他略施巧技，一个早晨就打到十只鸟兽。《诗经》中说：'不违规则地朝前赶车，发射箭矢百发百中。'我不习惯与不懂规矩的小人驾车，我不能接受这件差事。"

东野稷败马

此典出自《庄子·达生》。

东野稷因他驾车的绝技而被鲁庄公召见，他驾车前进和后退，走得和墨线一样直；向左右两边旋转，又走得和圆规划的那样圆。鲁庄公认为东野稷的驾车技术太高了，即使是花纹也无法同他的车辙印痕媲美，就让东野稷驾车在地上同一点上来回绕了一百圈。

颜阖看到鲁庄公在不停地让东野稷驾车绕圈，便上前去谒见鲁庄公，说："东野稷的马将要累倒了。"鲁庄公默不作声，没有理颜阖。

过了一会儿，东野稷的马果然累倒了，被拉了回来。

鲁庄公问颜阖说："你怎么知道东野稷的马不行了呢？"

颜阖回答说："他的马的力气已经耗尽了，但还要赶着它跑，所以我说它会累倒在地。"

张子委制

此典出自《尸子》。

有个名叫竘的医生，是秦国医术高超的名医。他为齐宣王割痤疮，为秦惠王治痔疮，都治好了他们的病。张子的背部生疔发肿，也让竘来医治。张子对竘说："这背你只当不是我的背，任凭你怎么治疗都行。"经过治疗，背肿消失了。竘固然是治病的高手，但张子放心地让他大胆施治，也是使治疗成功的一个重要因素。其实治身和治国是同样的道理。必须十分地相信别人，把某些权力放心地交给别人，才能把国家治理好。

亡戟得矛

此典出自《吕氏春秋·离俗览·离俗》。

齐、晋两国交战，平阿邑的一名预备役士兵在作战时丢失了戟却拣到了一支矛，撤退时他很不痛快，对路边的人说："我丢了支戟，拣到支矛，可以回去吗？"那人说："戟也是兵器，矛也是兵器，丢了兵器又拣到兵器，为什么不能回去？"士兵继续往回走，心里还是不痛快，路上，又碰到高唐邑的一个孤儿叔无孙，他就拦在叔无孙的马前说："今天打仗，我丢了支戟，拣到支矛，可以回去吗？"叔无孙说："矛不是戟，戟不是矛，虽然你丢失了戟，拣到支矛，但两者不能相抵，你回去后难道能够当得住上司的责问吗？"听了此话，那个士兵说："噫！回去打仗，现在赶快回去还来得及。"他终于战死在疆场。叔无孙知道后，说："我听说：君子使人遭受祸患，就一定要和他共患难。"说完，快速策马奔赴战场，结果也死在战场上没能活着回来。

求千里马首

此典出自《战国策·燕策一》。

古时有个国君想以千金买千里马，却三年都没有得到一匹。

宫中有一个打扫清洁的人对这个国君说："请让我为你去买吧。"

国君就派他去了。这人去了三个月才找到一匹千里马，但马已经死了，于是他用五百金买下了马头，回来给国君。

国君大为恼火，说："我要买的是活马，你怎么为一匹死马而白费了五百金！"

这人答道："买匹死马尚且肯花五百金，而况活马呢？天下的人必然认为君王您真能够买马。千里马就要来了。"

自此还不到一年的时间，就先后三次有人送千里马上门。

伯乐遇骥

此典出自《战国策·楚策四》。

你听说过千里马的故事吗？一匹千里马很老了，还拉着盐车去爬太行山，累得蹄子变直，膝盖弯曲，马尾巴下垂，皮肤如溃烂一样，周身汗水交流，在山坡上挣扎，拉着盐车无论怎样也上不去。

这时，正巧遇上伯乐来了，伯乐下车牵着千里马，哭了起来，并把自己的衣服脱下来给它盖上。

于是，千里马低着头，喷吐了一口气，然后仰起头高声长鸣，那声音直冲云霄，就像金破石裂一样。这是什么原因呢？因为它遇见了伯乐这样的知己。

罗隐像，图出自清·孔继尧绘《吴郡名贤像传赞》。罗隐，唐代人，著有《谗书》。

齐景公出猎

此典出自刘向《说苑·君道》。

齐景公外出打猎时，上山见到了老虎，下湖泽见到了蛇。回来后把晏子找来问道："今天我出去打猎，在山上看见老虎，在湖泽地看见了蛇，这恐怕就是人们所说的不吉利吧？"

晏子说："国家有三种不吉利的事，但您刚才所说的事不在其中。有贤能的人而不知道发现，是第一件不吉利的事；发现了而不去任用；是第二件不吉利的事；任用人才而不信任人才，是第三件不吉利的事。所谓不吉利，就是指这些事情。今天在山上见到了老虎，因为山上本是老虎之窝；在湖泽见到蛇，因为湖泽本是蛇的洞穴。您看见这些，为什么要感到不吉利呢？"

说天鸡

此典出自罗隐《谗书》。

有个养猴人的儿子，没有学到父亲养猴的技术，倒掌握了鸡的习性。他蓄养的公鸡，鸡冠和脚爪都不出色，羽毛也不耀眼。没有神采，好像啄食、饮水的意念都没有。可是，遇见了敌手，它就变成了鸡中的英雄了；让它打鸣报晓，它总比别的鸡叫得早，所以人们都称它为"天鸡"。这位养鸡人死之前曾把养鸡的方法传授给了儿子，但儿子背弃了他老子的方法，公鸡如果羽毛不漂亮，嘴爪不锋利，他一概不喂养。因此，他养的公鸡再也不像父亲先前的那些公鸡那样天亮先报晓，斗敌很勇猛，只是会耸着鸡冠、迈着大步、吃吃喝喝罢了。

唉，治国之道的败坏，也就像这一样啊！

天下无马

此典出自韩愈《昌黎先生集·马说》。

日行千里的马，吃一顿就要吃完一石粮食。喂马的人不知道它日行千里要吃这么多粮食，不将它喂饱，那么，这种马，虽然具有日行千里的能力，但吃不饱，力气不足，它的才能就表现不出来，就是与普通的马相比也比不上，哪还能要求它日行千里呢！赶它奔跑，又不得法；喂它，又不让它尽量吃饱；吆喝它，又不懂得它的脾气，还拿着马鞭子走到马跟前说："世界上没有好马！"唉！真的没有好马吗？其实，只是他们不识好马呀！

画图买马

此典出自《太平御览》。

宋景公喜欢马，他叫画工画了一幅马，又叫他照这图画到市场上买马。结果花费了几百匹的钱，用了一年的时间，还没买到一匹马。因为那画的马太脱离实际，市场上根本寻不着。

今天，假如有一个爱惜人才的国君，查遍历史资料，按照前人的标准去寻求贤人，那么，即使是寻找一百年，也是找不到的。

缚虎与缚猫

此典出自沈起凤《谐铎》。

沂州的山势险峻，所以有不少猛虎出没。地方的官员常常下令让猎户去捕捉老虎，而猎户往往反被老虎吃掉。

有个陕西人名叫焦奇，投亲不通，便留住在沂州。此人平素神勇，曾经挟着千佛寺前的石鼎，跃到大雄宝殿的左边屋脊上，因此，人们都称他为"焦石鼎"。他知道沂州的山岭中藏有不少老虎，便每天来到山里，遇到老虎就徒手与之搏斗，将它打死，再将它背回来，这样做已经成为常事。有一天，他进山后遇到两只大老虎带着一只小老虎来了，焦奇杀性顿起，接连杀死了两只大老虎，左右肩上各背一只，而将小老虎捉住活着带回来。众人见状皆很惊讶，赶忙躲避一旁，焦奇却仍然谈笑自若。

有一个富户家的人，很钦佩焦奇的勇猛，设宴款待他。席间，焦奇向大家讲述以前自己捕虎的情状，听的人都大惊失色。于是焦奇更加夸大其词，边说边比划，样子显得很自豪。忽然一只猫跳到筵席桌上抓取食物，将汤汁弄得满座皆是。焦奇以为是主人家的猫，便随它大吃一顿离去。

主人骂道："这只邻居家的孽猫，真是讨厌得很！"

过了一会儿，这只猫又来了，焦奇急忙站起来用拳头去打它。桌上的菜盘都掉到地上摔碎了，而猫却已经跳到窗户角落里趴着。焦奇很气愤，又追上去打它，窗棂都被打坏了。那只猫又一下跳到了屋角，睁大眼睛注视着他。焦奇更加气愤，张开双臂摆出要捕捉猫的样子。那只猫见状，大叫一声，拖着尾巴，慢慢越过邻墙溜走了。焦奇无计可施，只有对着墙壁发呆。主人拍手大笑，焦奇羞愧地离去了。

能捕捉到老虎的人却捕捉不住猫，难道真是对大敌勇敢而对小敌胆怯吗？只是力量用得不当罢了。容纳得下一头牛的大鼎，不能烹煮小鱼；价值千金的弓箭，不一定能射中一只鼷鼠。身怀绝技的人应该明白这一点，使用人才的人也应该明白这个道理。

中华典故

陈君慧 徐继素 编著

上册

线装书局

图书在版编目（CIP）数据

中华典故/陈君慧，徐继素编著．—北京：线装书局，2010.1

ISBN 978-7-5120-0076-6

Ⅰ.①中… Ⅱ.①陈…②徐… Ⅲ.①汉语—典故 Ⅳ.①H136.3

中国版本图书馆 CIP 数据核字（2009）第 242117 号

中华典故

编　　著：陈君慧　徐继素
责任编辑：高晓彬
装帧设计：张立娟
出版发行：线装书局
　　　　　地　　址：北京市西城区鼓楼西大街 41 号（100009）
　　　　　电　　话：010-64045283　64041012
　　　　　网　　址：www.xzhbc.com
印　　制：北京德富泰印务有限公司
开　　本：787×1092　1/16
印　　张：63
字　　数：1501 千字
版　　次：2010 年 1 月第 1 版　2010 年 1 月第 1 次印刷
印　　数：0001-5000 册

定　　价：335.00 元（全二册）

前　言

典故,就是古书中的经典故事。每一个典故大致由出处、故事、含义三部分组成。每一个典故的背后,都有一个激动人心引人思索的历史故事。

典故这个名称,由来已久。最早可追溯到汉朝,《后汉书·东平宪王苍传》:"亲屈至尊,降礼下臣,每赐宴见,辄兴席改容,中宫亲拜,事过典故。"典故依据《词海》解释:1. 典制和掌故;2. 诗文中引用的古代故事和有来历的词语。这样看来,典故的释义要比掌故来得宽泛。以编者个人的理解,掌故要比典故更民间化、俚俗化、口语化,与逸闻、逸事往往成双出对;典故中的典是典籍的意思,顾名思义,典故也可解释成典籍中的故事和词句。因此,它更书面化、正规化,是正统文学的一个分支。典故运用很精炼的语言概括了整个故事的大概,以成语等固定的词或短语在民众中约定俗成。譬如刻舟求剑、掩耳盗铃、守株待兔、邯郸学步、画蛇添足等,令人一目了然,一读题目就知道是什么意思,讲了怎样的一个故事。所以,典故通常与成语紧紧联系在一起。成语是人们在长期使用语言过程中形成的固定词组或短语。成语典故是汉语词汇中的特殊部分。它们结构简练、含义丰富,有较强的表现力和感染力。但是,在许多成语典故中,字面上不易准确理解,必须认真加以查考。这是成语典故逐渐被人们遗忘和弃用的主要原因。

典故的来源大致有三个。第一,来源于民间故事、传说、民间习俗、神话、历史上的著名事件,或是某个地名等。如传说古时候有个叫嫦娥的女士偷吃了长生不老的药,但她吃的多了点,就不由自主地飞到月亮上去了。这就是典故"嫦娥奔月"的由来;第二,来源于一些历史书上或文学作品中的故事和人物。如古代有个叫谢灵运的诗人,说世界上所有人的才华加起来要有十斗的话,曹植一个人就占了八斗。他自己一斗,天下人共分一斗。后来人们就称才华超出普通人很多的人为"才高八斗";第三,来源于佛经、圣经等宗教书上的故事、人物、礼仪等,如"天女散花"这个典故来源于佛经,后来常用来形容下雪、落花地的情形。"替罪羊"这个典故来源于圣经,喻指为代替别人承担过错的人。

中华文明源远流长,历史文化典故也是数不胜数。本书编者在先秦到晚清的文化典籍中穿梭往来,精选出数千则典故,并对每则典故的出处、故事、含义、用法进行了详解。读者一书在手,尽览中国语言文化的博大精深。

在浩如烟瀚的典故大家庭中,很多典故,虽然大家用惯熟习了,但往往有些知其然而不知其所以然。所以，我们平时在阅读、写作等过程中，一定要注重典故的典源和释义，不积细流无以成江河，不积跬步无以至千里，让我们活学活用，边学边用，学以致用，在实践中不断学习、不断掌握典故和掌故吧。

编　者

目　录

上　册

一、安邦治国故事

二、智谋方略故事

三、品德懿行故事

四、勤学故事

五、经世济俗故事

六、世情方正故事

下　册

七、做人处世故事

八、空灵境界故事

九、情思义理故事

十、军事战争故事

十一、寓言明理故事

一、安邦治国故事

安居乐业

“安居乐业”，用来比喻居有定所、乐于工作的社会安乐蓝图。

此典出自《老子》第八十章：“甘其食，美其服，安其居，乐其俗”。又见《汉书·货殖传》：“各安其居而乐其业，甘其食而美其服。”

老子生活在由奴隶社会向封建社会过渡的大动荡、大战乱的时代。当时，阶级斗争非常激烈，人民不满意自己的“食”、“服”、“居”、“俗”，不“重死”，敢于犯上作乱，暴动起义，因而就产生了频繁的战争。

针对这种状况，老子提出了他的理想：建立一个国小人少的社会。这个社会不要提高物质生活，不要发展文化生活，人民无欲无知，满足于朴素、简单的生活条件和环境，让人民感觉到他们的饮食香甜，衣服美好，住宅安适，生活满足。

老子的这种理想是复古倒退的，但他的意图是反对奴隶制，反对一个阶级剥削压迫另一个阶级。这一点，有其积极的一面。

拨乱反正

“拨乱反正”，用以比喻治平乱世，使恢复正常，将国家政事导入正轨。

此典出自《汉书·礼乐志》：“汉兴，拨乱反正，日不暇给。犹命叔孙通制礼仪，以正君臣之位。”

在我国的奴隶社会和封建社会中，奴隶主和封建统治阶级及其文人，为了巩固其等级制度和宗法关系而制定了一些礼法条规和道德标准，称作礼或礼教。统治阶级对于礼是非常重视的。儒家从孔子开始就提倡礼治，要求天子、诸侯、卿、大夫、士等各级统治者都安分守己，遵守礼制，不得僭越，以便于巩固统治阶级内部而更有效地统治人民。《论语·宪问》中有“上好礼，则民易使也。”同时也要求对人民“齐之以礼”，《荀子·修身》中有“故人无礼则不生，事无礼则不成，国家无礼则不宁”

老子像，图出自明·天然撰《历代古人像赞》。老子姓李名耳，又名老聃，春秋时期思想家，著有《老子》（又名《道德经》）。

之说。

秦末汉初，由于大规模的农民战争，有些礼教秩序受到了很大的冲击。汉朝建立以后，统治阶级为了巩固其统治，就派人重修礼仪，以正君臣之位，《汉书》将其视为拨乱反正的措施之一。

百废俱兴

“百废俱兴”，这个典故用以比喻在遭受某种破坏之后，建设事业以重新振兴蓬勃发展的景象。

此典出自宋代范仲淹《范文正公集·岳阳楼记》：“越明年，政通人和，百废俱兴。”

《岳阳楼记》是北宋时的政治家和文学家范仲淹为岳阳楼的重修写的一篇文章。

赵普像，图出自清·顾沅辑《古圣贤像传略》。赵普字则平，在乱世中辅助赵匡胤夺取皇位，并使天下一统。他是北宋创业期间，赵匡胤的重要的智囊人物。

岳阳楼，在湖南省岳阳县城西面，紧临着洞庭湖，是唐朝初年修建的。宋仁宗（赵祯）庆历四年（公元1044年），范仲淹的朋友滕子京被贬到岳州（今湖南岳阳）做知州。到了第二年，政务做得非常突出，上下和谐，一切已废弛不办的事情都兴办了起来。于是重修岳阳楼，扩大了原来的规模，同时把唐朝名人和当时的名人的诗赋刻在上面。为此，范仲淹应滕子京的邀请，写了这篇《岳阳楼记》。

半部《论语》治天下

“半部《论语》治天下”，这个典故形容以学识辅佐君王。“半部《论语》治天下”，也可省作“半部《论语》”。

此典出自宋代罗大经《鹤林玉露》乙编卷一：“太宗尝以此语问普，普略不隐，对曰：‘臣平生所知，诚不出此。普以其半辅太祖定天下，今欲以其半辅陛下致太平。’”

春秋时代的孔子有许多关于治国的论调。孔子的学生把他的言行整理记录下来，成为儒家的经典著作，人们称之为《论语》。

宋代赵普任宰相时，有人说他只读过《论语》一部书。宋太宗（赵光义）把这些话告诉了赵普，并问他是不是这样？赵普一点也不隐讳，坦诚地回答道：“我平生所学，确实没有超出《论语》。从前，我以半部《论语》辅佐宋太祖（赵匡胤）打下天下，今天，我要以另半部《论语》辅佐陛下建立太平盛世。”

扁鹊见秦武王

“扁鹊见秦武王”这则寓言说明要“与知者谋之”，不要“与不知者败之”，要按照科学规律办事，依靠真知灼见，莫听啧声烦言。除病与知政，都是同一个道理。

此典出自《战国策·秦策》："医扁鹊见秦武王，武王示之病，扁鹊请除。"左右曰："君之病，在耳之前，目之下，除之未必已也，将使耳不聪，目不明。"君以告扁鹊。扁鹊怒而投其石：君与知之者谋之，而与不知者败之。使此知秦国之政也，而君一举而亡国矣。

这段话意思是说：名医扁鹊朝见秦武王，武王声称自己有些什么病，扁鹊看后表示要给武王医治。

左右近臣们说："君王的病是在耳朵的前面，眼睛的下面，要医治它不一定能彻底治愈，反之会把耳朵搞聋，眼睛搞瞎。"

武王把这些话告诉了扁鹊。

扁鹊一听大怒，立刻扔掉了手中的石针道："君王和知道病理的人商量治病的事，却又和不懂医道的人一同败坏它。如果像这样去管理秦国的政治的话，那么秦国很快就要亡国了！"

澶渊之盟

"澶渊之盟"，澶渊，又名澶州，即今河南濮阳。公元 1004 年，北宋与辽国在澶渊签订和约，史称"澶渊之盟"。后以"澶渊之盟"比喻签订和约。

北宋大臣寇准（公元 961—1023 年），字仲平，在宋太宗时期任左谏议大夫、参知政事。宋真宗即位后，也非常信任他。

宋真宗景德元年（公元 1004 年），辽国萧太后与圣宗亲自率领大军南下，攻打宋朝疆域，直逼京都。参知政事钦若主张迁都南逃，蜀人陈尧叟建议真宗逃往成都。真宗征求寇准的意见，寇准说："谁为陛下出这等主意，罪不容诛。如今陛下正当英勇之年，将相团结，如果陛下御驾亲征，敌人一定闻风而逃。"于是，真宗亲临澶州（今河南濮阳）督战。真宗把军事事务委托给寇准处理，寇准指挥果断，号令严明，士卒莫不心悦诚服。辽国在战事上没有占到便宜，就派遣使者前来，要求订立盟约，寇准不答应。有人造谣说，寇准不想讲和，是为了拥兵自重，谋取政治资本。在这种情况下，寇准迫于无奈，只好答应了。

由于宋真宗对战争早已厌倦了，急于讲和。他派大臣曹利用到辽军谈讲和条件，答应每年朝贡给辽国银两，宋真宗向曹利用交底儿说："每年朝贡给辽国的银两只要在百万以下，都可以答应。"寇准把曹利用召到军帐里向他交代说："虽然皇帝作了交代，但是你谈判时，答应每年输送的银两不许超过三十万。如果超过三十万，我就杀了你。"曹利用来到辽国军营，按寇准的条件和辽国谈判，最终果然以三十万银两的条件签订了盟约。

朝令暮改

"朝令暮改"的意思是说，早上发布的政令，晚上又改变了。人们用它比喻政令多变，反复无常。

此典出自《汉书·食货志上》："今农夫五口之家，其服役者不下二人，其能耕者不过百亩，百亩之收不过百石。春耕夏耘，秋获冬藏，伐薪樵，治官府，给徭役；春不得避风尘，夏不得避暑热，秋不得避阴雨，冬不得避寒冻，四时之间亡日休息；又私自送往迎来，吊死问疾，养孤长幼在其中。勤苦如此，尚复被水旱之灾，急政暴赋，赋敛不时，朝令而暮改。当具有者半贾而卖，亡者取倍称之息，于是有卖田宅鬻子孙以尝责者矣。"

西汉时期，有个人叫晁错（公元前 200 年—前 154 年），颍川人。他聪明好学，学识渊博，被称为“智囊”。文帝非常信任他，任他为太子家令。

文帝后期，官僚、地主、商人加重了对农民的剥削，广大农民被迫逃亡，生活非常困苦。为了维护汉王朝的统治，晁错上书汉文帝，主张打击商人投机倒把的行为，限制官僚、地主对农民的剥削，提出注重粮食生产、发展农业生产的建议。这就是著名的《论贵粟疏》。

晁错在《论贵粟疏》中写道：“农夫一家平均五口人，其中应服徭役的壮男至少有两人，一年里有几个月不能在自己的田地上劳动。一家人齐心协力种田也超不过一百亩，收获也超不过一百石。春耕、夏耘、秋获、冬藏、采伐薪柴、给官府服徭役等等，一年到头忙个不停。春天，不能躲避风尘；夏天，不能躲避炎热；秋天，不能躲避阴雨；冬天，不能躲避严寒，一年四季，哪有喘息的机会呢？另外，还有其他的耗费，如送往迎来、吊死丧、问疾病、养育孤儿幼童也包括在内。他们不但勤苦至极，而且还要承受水灾和急征赋税的剥削。如此沉重的赋税，不分时间地征收，而且变化无常，早上的规定，到了晚上又改变了。在这种情况下，农民有粮食的只好半价出卖，没有粮食的只好借那种取一还二的高利贷。到头来他们无可奈何，不得不卖掉田宅、子孙来还债。”

楚王好细腰

“楚王好细腰”，这个故事劝诫人们，只依靠个人的好恶去提倡、宣扬某种事物，往往会造成意想不到的恶果。从下面的人来说，不从实际出发，实事求是，而是逢迎上面的好恶，一味盲从，也不会有好结果。

此典出自《墨子·兼爱中》：“昔者，楚灵王好士细腰。故灵王之臣，皆以一饭为节，胁息然后带，扶墙然后起。比期年，朝有黧黑之色。”

这段话意思是说：从前，楚灵王喜欢纤细的腰身。因此，朝中大臣，都害怕腰肥体胖，失去宠信，所以就不敢多吃饭，把“一日三餐”减为“只吃一餐”。每天起床穿衣服的时候，先要屏住呼吸，然后把腰带束紧。就这样时间长了，一个个饿得头昏眼花，扶住墙壁才能站立起来。

一年之后，满朝文武都成了面黄肌瘦的废物了。

秦始皇像，图出自明万历刻本《三才会图》。

定于一尊

“定于一尊”，指思想、学术、道德等以一个有最高权威的人做唯一的标准。

此典出自《史记·秦始皇本纪》：“今皇帝并有天下，别黑白而定一尊。”

公元前221年，秦王嬴政统一全国，称为始皇帝。秦始皇统一全国以后，废除了分封制，实行郡县制，把全国分为三十六郡，郡下又设了县。他还统一了法律、度量衡、货币和文字,修建驰道,实现车同轨、书同文。这些举措,对巩固秦王朝中央集权起了积极的推动作用,在历史上是一大进步,但也遭到了一些守旧的读书人的反对。

公元前213年,秦王朝又增加了四个郡。为了祝贺,在咸阳宫里开了个庆祝会。大臣们都争相向秦始皇敬酒,表示祝贺。大臣称赞秦统一后,所采取的一系列改革措施是自古以来所有君王都没干过的伟大事业。这时,有位叫淳于越的儒生对秦始皇说:周王实行分封制,周朝享受了八百多年的天下。如今皇帝统一天下,但是自己的子弟和功臣连一块土地都没有,这是不行的。不论干什么,不把古人当老师最终都会失败的。秦始皇见发生了争吵,就征求其他大臣的意见。丞相李斯说:五帝的事业各不相同,三代的制度也不一样,不能照搬照抄。以前列国散乱,诸侯混战,一些读书人假造圣贤,托古说教,以古否今。如今天下统一,制度统一,举国上下定于一尊,只要注意法令,劝导农民专心干活就行了。如果拿古书来对照新法,造谣生事,毁谤朝廷,国家还成何体统。为此,李斯建议,除了秦国的历史和那些有用的书如医药、占卜、种树、法令等外,其余的诗、书、百家言论,都要全部烧毁。

秦始皇听从了李斯的建议,因此发生了历史上著名的焚书坑儒事件。

多难兴邦

"多难兴邦",指国家历经困难,反可促使上下团结奋斗,使国势兴盛起来。

此典出自《左传·昭公四年》:"或多难以固其国,启(开)其疆土;或无难以丧其国,失其守宇。"

春秋时,晋、楚两国曾相互朝见。公元前538年,楚灵王派大臣椒举到晋国去,希望借晋国的势力让其他诸侯拥护楚国。晋平公想自己称霸,害怕其他国家强大,所以他不想答应楚国的请求。晋国大臣司马侯对晋平公说:晋、楚两国的霸业只有靠上天的帮助,而不是可以彼此争夺就能得到的,君王还是答应楚国的请求才好。晋平公说:晋国有三条优势可以免于危险,还有谁能和我们匹敌呢?我们国家地势险阻又多产马匹,齐国、楚国又多祸难,有这三条,我们怎么会不成功呢?

司马侯回答说:依仗着地势险要和马匹多而对邻国幸灾乐祸,这是三条危险。四岳、三涂、阳城、太室、荆山、中南,都是九州中的险要地带,它们并不属于一姓所有。冀州的北部,是出产马的地方,并没有新兴的国家。凭借着地势险要和马匹多,是不能巩固自己的,自古以来就是这样。而往往是多有祸难而历经磨练巩固了国家,开辟了疆土;因为没有祸难而耽于安乐丧失了国家,丢掉了疆土。

晋平公认为司马侯的分析十分有道理,便答应了楚国的请求。

飞龙失乘

"飞龙失乘"这则寓言表明:慎到的政治思想是反对贤治,提倡法治,而主张势治。

此典出自《慎子·内篇》:"飞龙乘云,腾蛇游雾,云罢雾霁,而龙蛇与螾、螘同矣——则失其所乘也。"

这段话意思是说:飞龙驾云,腾蛇穿雾。等到云气没有了,雾也消失了,那些龙和蛇就和蚯蚓、蚂蚁一样不足道了——这是因为它们失掉了所赖以生存的条件。

分崩离析

“分崩离析”，用来形容国家或团体四分五裂，不可收拾。

此典出自《论语·季氏》：“邦分崩离析而不能守也。”

春秋时期，孔子的学生冉求、季路在鲁国大夫季孙氏手下任家臣。季孙氏为了扩大自己的统治权力，准备去攻打鲁国的属国颛臾。于是冉求、季路为此去请教孔子。孔子说：“冉求，你知道颛臾是关系到我们鲁国生死存亡的藩属，为什么要去攻打它呢？”冉求辩论道：“颛臾城池牢固，而且离季孙的封地费地非常近，如果现在不把它攻打下来，将来一定会给子孙后代留下祸害。”孔子很不高兴地说：“我最讨厌的是不说自己贪得无厌的人，却一定要找借口去侵犯别人的人。我听说过，无论是诸侯、大夫‘不患寡而患不均，不患贫而患不安’，如果财富平均，便无所谓贫穷；如果境内和平团结，便不会觉得人少；如果境内平安，便不会有倾危的危险。”孔子又告诫冉求道：“像你们这样做，其结果必然是：‘远人不服，而不能来也；邦分崩离析，而不能守也，而谋动干戈于邦内。吾恐季氏之忧，不在颛臾，而在萧墙之内也。’”冉求、季路听了孔子的这番话，纷纷点头称是。

各自为政

“各自为政”，用来表示各人按自己的主张办事，不顾全大局，也不与别人配合协作。

此典出自《左传·宣公二年》：“畴昔之羊，子为政；今日之事，我为政。”

公元前607年，郑国侵犯宋国，宋文公任命大夫华元为主帅率领宋军进行应战。开战前，华元为了鼓励将士，杀羊进行慰劳，并亲自分赏。没想到却忘记了赏给为他驾车的车夫羊斟。为此，羊斟怀恨在心。

等到战斗开始，羊斟对华元说：“前日赏羊的时候是由你做主，想分给谁就分给谁；今天驾车就由我做主，想把车驾往何处就去何处。”说完，羊斟驾着马车长驱直入郑军的阵地。于是郑军就把他们团团围住，华元寡不敌众，只好乖乖地当了俘虏。

宋文公得知华元被俘，非常惋惜，就用100百辆兵车、400匹马作为礼物，向郑军赎回华元。可是礼物送去一半，华元已经逃回了宋国。结果送去的礼物白白地浪费了。

华元回到宋国后，见到了羊斟。华元问道：“是不是那匹驾车的马使我当了俘虏？”羊斟回答说：“不是马，是赶马的人。”由于华元在宋国深受宋文公的宠爱，羊斟怕遭到陷害，就逃亡到鲁国去了。

更令明号

“更令明号”，用来说明贤明君主应重新申明号令，以取信于民。

此典出自《韩非子·外储说左上》：“更令明号而信之。”

楚厉王为了在有紧急事情时以便于动员百姓行动，便设警鼓。只要国家有了紧急情况需要百姓行动时，便以击鼓为号。一次，楚厉王喝醉了酒便击起鼓来，顿时全城百姓大惊。左右的人急忙告诉楚王说：“千万不能乱击警鼓，否则就会造成混乱，失信于民。”可是楚王毫不在乎地说：“我喝醉了酒，击击鼓，不过是和大家开个玩笑罢了，这有何妨呢？”百姓知道事情的真相后，就各自回家去了。

几个月后，真的有警报了，楚厉王大击其鼓，可是百姓以为楚厉王在开玩笑，一个也没有来。楚厉王所设的警鼓已失信于民，不能号令百姓行动，因此只得“更令明号而信之”。

广开言路

“广开言路”，这句成语常用来指尽量创造使人们发表意见的机会。

此典出自《后汉书·来历传》：“朝廷广开言事之路，故且一切假贷。”

东汉安帝时，内侍江京和中堂侍樊丰等人诬告太子刘保谋反。安帝信以为真，打算废掉太子刘保，为此征求文武大臣的意见。大将军耿宝等人主张废掉太子，大臣来历则认为太子年幼无知，其主要责任不在他，不应废掉。汉安帝不采纳来历的意见，还是坚持把刘保废为济阴王。

来历见自己的意见没被采纳，便约粃讽等十多个大臣一起到安帝那里去为太子说情。安帝见此情形，便派人拿着诏书去威胁这些大臣说：来历、粃讽等人不识大体，居然敢和一些小人在一起吵吵嚷嚷，这哪里是对待君主的态度呢！朝廷广开言路的本意是让大家尽量发表意见，他们却把一切责任推给别人。如果谁再坚持己见，就处死谁。来历由于一再坚持自己的意见，结果被罢了官。

国人皆曰可杀

“国人皆曰可杀”，形容罪大恶极的人，全国人民都说他该杀。

此典出自《孟子·梁惠王下》：“左右皆曰可杀，勿听；诸大夫皆曰可杀，勿听；国人皆曰可杀，然后察之，见可杀焉，然后杀之，故曰国人杀之也。”

战国时期，一次孟子和齐国国君齐宣王讨论关于考察和选拔使用人才的问题。孟子说：选拔人才，应当抛弃地位观念和亲疏观念。有时，地位低下的人可能会比地位高的人更有才能，关系疏远的人可能比关系密切的人更有才能。因此，地位高、同国君关系亲近的，并不一定都是贤能的人才。然而，地位低下、同国君关系不密切的人，往往不容易了解和被认识。所以，在考察一个人是否贤能的时候，需要特别慎重，而不能偏听极少数人的意见。就拿君王周围的情况来说吧，如果您的左右都说某人贤能，这个人未必就可以用；如果诸大夫也说这个人贤能，也未必可以用；但如果举国人民都说这个人贤能，君王再经过考察证实这个人确实贤能，然后才可以委以重任。如果您的左右都说某人不行，您先不要轻信；如果诸大夫也说其人不行，您也先别轻信；如果举国人民都说这个人不行，大王再经过考察证实这个人确实不行，然后再罢免。如果您左右的人都说某人可杀，您先不要轻信；如果诸大夫也说此人可杀，您也不要轻信；如果举国人民都说此人可杀，大王经过考察，证明这个人的确该杀，然后再杀他。这样，杀他的不是大王你个人，而是全国人民了。

黄池大会

“黄池大会”这个故事是讲越王勾践养精蓄锐了很多年，终于借黄池大会的机会打败了吴王夫差。

此典出自《史记·吴太伯世家》：“十四年春，吴王北会诸侯于黄池，欲霸中国以全周室。六月丙子，越王勾践伐吴。……吴王已盟，与晋别，欲伐宋。太宰嚭曰：‘可胜而不能居也。’乃引兵归国。国亡太子，内空，王居外久，士皆罢敝，于是乃使厚币以与越平。”

公元前486年，夫差为攻打齐国，动用大量的人工挖掘运河，直通淮河，贯通了长江和淮河两大流域。如此来就可以利用运河率领水军从水路攻打齐国了。公元前484年，在艾陵（在山东省泰安县）打败齐军，抓获齐国的大将国书。齐国的副将高无丕几乎送命。夫差获胜，更让他相信水上进兵的方便。于是他就征集了比上次更多的民工继续挖掘运河，北通沂水，西通济水。这样一来，吴兵从吴都坐船，一路可以从运河直上北方，从长江到淮河，再从淮河到泗水、沂水、济水。巨大的挖掘运河工程完成后，南北水上交通方便了，夫差要做霸主的心愿就可以实现，但是吴国的人力、物力、财力都用得差不多了，如果再出现其他情况，就很难支持了。

周敬王三十八年、吴王夫差十四年、晋定公三十年、齐简公三年、鲁哀公十三年、卫出公十一年（公元前482年），夫差与鲁哀公、卫出公一起到了黄池（卫国的地方，在河南省封丘县西南），派人去请晋定公开会。晋定公不想去。赵鞅劝他说："夫差这回亲自带着大队人马到中原来，气势非常强大。他诚心跟咱们挑衅。他派使者来请咱们去开会，这是'先礼后兵'的意思。如果不去，反而中了他的诡计。我想不如领着大队人马上黄池去，无论会发生什么事，到时候随机应变。"晋定公就带着赵鞅去会见吴王。

到订盟约时，他们为争次序，争执了很多天。次序先后关系重大，谁也不肯让步，会议陷入了僵局。

正在僵着时候，吴国派人来见夫差，偷偷报告："越王勾践派范蠡为大将，亲自率兵攻打吴国。太子友、王孙弥庸已经阵亡；大将王子地抵挡不住，退到城里去了。情况非常紧急。请大王赶紧回去。"夫差听了，心里虽然焦急万分，却不露声色。他说："咱们不能再跟晋国耗费时间了，你立刻把三万六千士兵准备好，明早就向晋君进攻，逼他订立盟约。"王孙雄说："还是回去要紧。"夫差说："不这么办，怎么能回去啊？晋国不敢跟咱们对抗。不把会盟办完撤兵，赵鞅会来为难咱们。"王孙雄和伯嚭很佩服吴王随机应变的能力。

第二天，天刚亮，夫差击鼓，三万六千兵打起鼓。赵鞅急忙派人打听。夫差说："天子令我主持会盟。晋侯不服，非要耽误时间，你就去对他说，无论答不答应都必须在今天给个答复。"那人回去，告诉晋定公。鲁哀公和卫出公都在场，赵鞅劝晋定公让步，但夫差也得让步，中原诸侯才有面子。晋定公派人对夫差说："天子既然有令，我们哪敢不听呢？贵国既然尊重天子，同样是天子的臣下。这吴王的称呼就不妥当。请把王号去了，改称'吴公'，我们就听从吴公。"夫差觉得他说的有道理，就用"吴公"的名义先"歃血"，晋侯第二个"歃血"，接着鲁侯、卫侯跟着"歃血"。黄池大会就"圆满而散"。夫差带军从江淮水路回去。

夫差害怕齐国宋国不服，派使者上陈周朝见周敬王说："楚国不尊重天子，阖闾征伐楚国，把他打败。如今齐国也不尊重天子，只好出兵征伐。托天子洪福，打了胜仗，特向天子报告。"天子连忙慰劳吴国的使者，捎话给夫差："伯父辅助王室，我就放心了。"周敬王还赐给夫差一张大弓和一块祭肉，以表明承认他为霸主。

吴王在半路上听到一个坏消息。士兵知道国内打了败仗，加上远途劳累，都无心打仗。越国的兵马经过几年训练，强大起来，两军交手，吴国的兵马就被打得七零八落。夫差问伯嚭："你不是说越国绝不会背叛吗？现在这是怎么回事了？还不赶紧去跟越王讲和求饶！"

于是伯嚭就带着贵重的礼物来到越国兵营，跪在勾践面前，央求双方讲和。范蠡对越王说："吴国不是很快就会灭掉的，不如答应伯嚭，也算报答他从前待咱们的好处。"勾践答应跟吴国讲和，退兵回去了。

这回黄池大会不只给越国一个进攻的机会，还引起了卫国和楚国的内乱。

家贫思贤妻，国乱思良相

"家贫思贤妻，国乱思良相"，比喻愈是在困难的情况下，愈要用人得当。

此典出自《史记·魏世家》:“先生尝教寡人曰‘家贫则思良妻,国乱则思良相’。今所置非成则璜,二子何如?”

一天魏文侯对他的谋士李克说:“谚云:‘家贫则思贤妻,国乱则思良相。’我想:魏成子和翟璜两个人都很好,因而不知道到底让谁做相国好,你觉得两人谁强些呢?”李克说:“你拿不定主意,是由于平时考察不够。考察一个人的标准是:平时要看他亲近些什么人;富裕了要看他和什么人做朋友;当官了要看他推荐什么人;不做官了,要看他哪些事不屑于干;贫穷了要看他哪些钱不屑于拿。通过考察这五个方面,就可以决定这两个人谁强些。”魏文侯说:“行了,你休息吧,我知道该封谁做相国了。”

贾谊像,图出自清·顾沅辑《古圣贤像传略》。

李克出来,遇见了翟璜,翟璜说:“听说文侯找你商量谁能够做相国,决定了没有?”李克说:“魏成子为相国。”翟璜不服气地说:“我哪一点不如魏成子?国王缺西河太守,我荐举西门豹;国王要攻打中山,我推荐乐羊;国王的儿子没有师傅,我推荐屈侯鲋。结果是:西河大治,中山攻克,王世子品德日益增长。我为什么不可以做相国?”李克说:“你怎么比得上魏成子呢?魏成子的千钟俸禄,百分之九十用来招揽人才,所以卜子夏、田子方、段干木三个人都从别的国家应募而来。这三个人,魏文侯都以师礼相等。而你所推荐的人,不过是魏文侯的臣仆,你怎么比得上魏成子呢?”翟璜思忖了一会,惨然失色说:“你说得没错,我是比不上魏成子。”果然,魏文侯让魏成子当了相国。

揭竿而起

“揭竿而起”的意思是高举义旗,起来反抗。现在多用它指人民起义。

此典出自汉代贾谊《过秦论》:“然而,陈涉,瓮疪绳枢之子,氓隶之人,而迁徙之徒也;才能不及中庸,非有仲尼、墨翟之贤,陶朱、猗顿之富;蹑足行伍之间,起阡陌之中,率罢弊之卒,将数百之众,转而攻秦。斩木为兵,揭竿为旗,天下云集而响应,赢粮而景从,山东豪俊遂并起,而亡秦族矣。”

贾谊(公元前 200 年—公元前 168 年),汉阳人,西汉初年著名的政治家和文学家。《过秦论》是贾谊早期论述秦帝国灭亡的重要著作。

这段话意思是说:陈胜一个用破瓮口做窗、用绳子闩门轴的农民的儿子,是一个没有土地的雇农,被流放的罪犯,论德才既没有孔子、墨子的贤德,也没有陶朱公(春秋末年,越国大夫范蠡弃官到陶地经商成为巨富,号陶朱公)、猗顿(春秋时鲁国人,在猗氏经营盐业成为巨富)那样富有;迫于生计他参加军队,不久,便率领士卒以木棒为刀枪高举义旗,天下穷人纷纷响应,山东等地的豪杰纷纷起义,于是秦王朝很快就被推翻。

近悦远来

"近悦远来"人们用"近悦远来"形容附近的人得到恩泽而感到高兴,远方的人也闻风前来归附。

此典出自《论语·子路》:"叶公问政。子曰:'近者悦,远者来。'"

春秋时期,孔子周游诸国,宣扬其政治主张,希望各诸侯国的君主能够采纳和运用他的主张。一次,孔子来到楚国,叶公向他请教如何管理政事。孔子回答说:"要使那些在你统治下的老百姓感到高兴,使那些不在你统治下的老百姓前来投靠你。"

晋国苦奢

"晋国苦奢"这则寓言说明一个道理:"上之所好,下必甚焉"。居于领导地位的人,一言一行都会对群众产生影响,关系到世运人心,必须谨言慎行。

此典出自《尹文子·卷上》:"昔晋国苦奢,文公以俭矫之,乃衣不重帛,食不兼肉。无几时,人绵大布之衣,脱粟之饭。"

这段话意思是说:从前,晋国流行讲排场、摆阔气的风气,晋文公便决定以身作则,用俭朴节约的作风去纠正它,他不穿华丽高贵的丝织品,不吃美味佳肴。

果然没过多久,人们都穿起了粗布衣服,吃起糙米饭来。

宽猛相济

"宽猛相济",指施政时宽大与严厉要相辅而行。

此典出自《左传·昭公二十年》:"政宽则民慢,慢则纠之以猛;猛则民残,残则施之以宽。宽以济猛,猛以济宽,政是以和。"

春秋时,郑国的政治家子产执政后,实行改革,整顿贵族田地和农户编制,并把刑书(法律条文)铸在鼎上公布。因而不久就使国力增强,威信提高。

公元前522年,子产病危。临死前,他对大臣子太叔说:"我死以后,由您执政。只有有德的人才能用宽大的态度来使百姓服从,其次就是严厉了。火猛烈,百姓看着就害怕,所以很少有人死于火;水懦弱,百姓轻慢而玩弄它,所以死于水的就很多。因而宽大不容易做到啊!"

子产死后,子太叔执政。他不忍心严厉,而实行宽大,结果郑国出现了很多盗贼,并且聚集起来待机闹事。子太叔后悔地说:"我早听子产老人家的话,就不至于到这一步了。"于是发兵攻打盗贼并全部杀掉。这一来,其他盗贼也就收敛了。

孔子听说这件事后,非常赞赏子太叔的做法。他说:"好啊!政事宽大百姓就怠慢,怠慢了就用严厉来纠正。严厉了百姓就伤残,伤残了就实施宽大。用宽大调剂严厉,用严厉调剂宽大,这样政事就调和了。"

离朱之明

"离朱之明"形容目光敏锐,能洞察秋毫。

此典出自《孟子·离娄上》:"孟子曰:'离娄之明、公输子之巧,不以规矩,不能成方员(同'圆')。'"

汉代赵岐解释说:"'离娄,古之明目者,黄帝时人也。黄帝亡其玄珠,使离朱索之,离朱即离娄也,能视,于百步之外见秋毫之末。'"

这段话意思是说:黄帝时,有一个人叫离娄,也叫离朱。他有一双神奇的眼睛,能在百步以外看清鸟兽在秋天新长出的细毛。一次黄帝丢失了玄珠,就派离娄去寻找。

孟子说:"即使有离娄那样好的眼力、公输般(春秋末期鲁国人,亦称鲁班)那样高超的技巧,如果没有圆规和直角曲尺,仍然不能准确地画出方形和圆形。"

路轼怒蛙

"路轼怒蛙"这个寓言说明"上之所以率下,乃治乱之所由也"。越王路轼怒蛙,便能鼓舞民气,英勇赴敌。

此典出自《尹文子·卷上》:"越王勾践谋报吴,欲人之勇,路逢怒蛙而轼之。比及数年,民无长幼,临敌,虽汤火不避。"

越王勾践处心积虑想报吴仇,想让人民都英勇坚强起来,走路碰到一只发怒的蛤蟆都要凭轼伏身以表敬意。

过了几年,人民无论老少,和敌人打起仗来,就是赴汤蹈火都不退缩。

民为邦本

"民为邦本"意思是,人民是立国的根本,要治理好国家,必须依靠人民,而不能违背民众的意愿。

此典出自《尚书·五子之歌》:"皇祖有训,民可近而不可下。民惟邦本,本固邦宁。……予临兆民,懔乎若朽索之驭六马。为人上者,奈何不敬。"

夏朝的国君太康,本来是大禹的孙子,他在继任国君后荒淫无度,不问国事,一天到晚只知打猎寻乐。所以,老百姓都非常怨恨他。有一次,太康到洛水的南面去打猎,连续一百天不回京城。有穷国的君主羿趁机起兵反叛,并鼓动夏国的老百姓,把太康阻截在黄河南岸。于是,羿篡夺取了夏国的政权。

太康有五个弟弟,当羿起兵反叛时,他们用车载着母亲从京城逃了出来。虽然他们都非常怨恨太康,但心想:"我们是夏国的子孙,怎么因羿叛乱就躲得远远的呢?我们一定要恢复夏国。"因此,他们就和母亲一起在洛水之滨住了下来。

后来,太康的五个弟弟一起作了一首歌,赞扬大禹的功劳,谴责太康的荒淫,其中一段歌词是:"英明的祖先告诫我们:人民不可鄙视而只能亲近。国家有了人民,好比大树扎下了稳固的根。一个人统领着万民,就好比用腐朽的绳索驾驶着快马在奔驰,随时要战战兢兢('皇祖有训,民可近而不可下。民惟邦本,本固邦宁。予临兆民,懔乎若朽索之驭六马。为人上者,奈何不敬')。"

太康死后,弟弟中康做了国君。后来,羿也荒淫无道,老百姓纷纷起来反抗。中康和他的弟弟们趁机起兵,恢复了夏国。

牛头马肉

"牛头马肉"这个典故告诉人们:不允许别人做的事,自己首先不要做。以身作则,才能取信于人。

此典出自《晏子春秋·内篇杂上》:"灵公好妇人而丈夫饰者,国人尽服之。公使吏禁之。曰:'女子而男子饰者,裂其衣,断其带。'裂衣断带,相望而不止。晏子见,公问曰:

晏子像，图出自清·顾沅辑《古圣贤像传略》。晏子名婴，是春秋时期齐国的贤相。

‘寡人使吏禁女子而男子饰，裂断其衣带，相望而不止者，何也？’晏子对曰：‘君使服之于内，而禁之于外，犹悬牛首于门而卖马肉于内也。公何以不使内勿服，则外莫敢为也。’公曰：‘善。使内勿服，不踰月而国莫之服’。”

这段话意思是说：齐灵公喜欢内宫的妇女女扮男装，结果上行下效，蔚然成风，全国妇女都穿起了男装。

于是灵公就派官吏禁止这种现象，下令说：“凡是女扮男装的，一律撕毁所穿衣服，扯断所系带子。”

然而，尽管人们亲眼看到有人遭到惩罚，但是女扮男装的风气依然禁止不了。

灵公为了这件事伤透了脑筋。有一天，晏子进见，灵公问道：“我让官吏严禁国中女扮男装，还下令毁掉她们的衣带，这一切人们都亲眼看到了，为什么还禁止不了呢？”

晏子回答说：“您允许宫廷嫔妃女扮男装，却禁止宫外的妇女女扮男装，这好比肉店门口高悬牛头的招牌，而里面卖的却是马肉。您为什么不首先禁止内宫女扮男装呢？那样，外面的人就会遵守规定了。”

灵公听了说：“好。”于是，下令禁止宫中女扮男装，不到一个月，果然全国便没有人再敢女扮男装了。

平定鲁国

“平定鲁国”这个典故反映了国家政治的变迁。

这个故事出自《史记·鲁周公世家》。

春秋时候，齐桓公到山戎和孤竹国去，回来后把带回的东西分了一部分给鲁国，其中有许多东西是从来没见过、没听过的，鲁庄公谢了齐桓公，像燕庄公一样，舍不得与他告别。鲁庄公因为自己兄弟之间的明争暗斗以及鲁国以后的处境，忧心忡忡，想向齐桓公倾诉自己的苦恼，又不知该从哪儿说起。他左思右想，欲言又止，最后还是跟齐桓公道别，懊丧地回去了。

原来鲁庄公有个哥哥，叫庆父；还有两个弟弟，一个叫叔牙，一个叫季友。庆父和叔牙是同母所生，他们俩是一派；鲁庄公和他的同母兄弟季友又是一派。

鲁庄公还没娶正夫人以前，就有了两个妾，一个叫党孟任，一个叫风氏。党孟任不仅容貌美丽，而且颇有心机，她怕国君不是真心爱她，就在鲁庄公想私下亲近她的时候，偏偏躲开他，就是不答应。可是她愈不答应，鲁庄公愈想得到她，就低声下气地对她说：“你要是跟随我，我将来一定立你为夫人。”他还对天发了誓。党氏担心他不把誓言当真，就咬破自己的手指，叫鲁庄公用她的鲜血抹在嘴上，算是对老天爷“歃血为盟”。他们就卿卿我我地同住同宿了。一年后，党孟任为他生下一个儿子叫公子般。鲁庄公打算按照盟约立党孟任为夫人，公子般为太子。可是他的母亲文姜反对，一定要他与齐襄公的女儿订婚，并且说：“齐是大国，两国要是能亲上加亲，往后鲁国就有个靠山了。”鲁庄公只好听从他母亲的话。他跟党孟任订的盟约就作废了。不过，他那个未婚妻还只是个襁褓中的婴儿，还得等上一、二十年才可能娶进门，因此党孟任名义上虽不是夫人，事实上却大权在握，形同夫人。

鲁庄公的另一个妾风氏，也替他生了个儿子，叫公子申。

鲁庄公有了党孟任和风氏，并且生下公子般和公子申之后，才顺从了母亲文姜临终遗嘱，正式娶齐襄公的女儿为夫人，就是一般人所称的哀姜。就在那时，党孟任病了，没过多久她就死了。鲁庄公看着党孟任的尸体，惦记着当初跟她订的盟约，可是他从前是不敢违抗她母亲，如今是不敢得罪夫人哀姜，纵使他心里始终视党孟任为夫人，此刻，也只好以安葬妾妃的仪式埋葬党氏，党孟任手指上的血算是白流了。

鲁庄公表面上对哀姜相敬如宾，骨子里却不喜欢她。哀姜并没有生下儿子，倒是随着她陪嫁过来的妹妹叔姜生了个儿子，叫公子启。因此，总计起来，鲁庄公有四个妻妾、三个儿子。

鲁庄公三十二年、齐桓公二十四年（公元前662年），鲁庄公在济水挥别齐桓公回来之后，明显地感到庆父谋篡的野心。当年秋天，鲁庄公得了重病，他把季友召到床前，悄悄问他：“叔牙对我说，庆父非常有才华，就劝我立他为国君，你认为怎么样？”季友摇摇头说：“您跟党孟任立过盟约，要立她为夫人，您背弃盟约，让她含恨而终，已经对不起她了，怎么还能再亏待她的儿子呢？更何况庆父残忍贪婪、自私自利，没有人君的气度；叔牙目光短浅，不顾大局。我愿一心一意地辅助公子般。至于这些事，您别着急，好好养病要紧！”鲁庄公点点头，竟说不上话来了。季友看到鲁庄公活不了多久了，生怕叔牙惹出事端，赶紧出来口传国君的命令，派人把叔牙抓起来，又送药酒给他说：“你喝下它，还能给子孙留下生路；否则，满门抄斩！”叔牙为了要立庆父，就这样被季友毒死了。当天晚上，鲁庄公气绝身亡。季友就立公子般为国君。

同年冬天，公子般的外祖父党氏死了，公子般去吊丧，就住在党氏家里。庆父就怂恿马夫荦趁着夜深人静去刺杀公子般。天明时分，马夫荦终于找到一个机会闯进公子般的寝室，公子般惊出一身冷汗，问他：“你来干什么？”马夫荦说：“上次你抽了我三百鞭，我来跟你算账！”一边说着，一边就用刀刺向公子般。公子般情急中拿起床头的宝剑，不顾一切劈了过去，瞬间把马夫荦的脑袋劈下了一块，可是马夫荦的那把刀也已经刺中了他的心窝。两人当场同归于尽，吓得公子般手下的人慌慌张张地赶去找季友。

季友一听说公子般被谋害了，就知道是庆父的阴谋。他自忖力量薄弱，只好出奔到陈国避难。庆父把一切归罪到马夫荦身上，假装要替公子般报仇，就杀掉了马夫荦的一家人。哀姜打算按计划立大伯庆父为国君，庆父却说：“慢慢来，公子申和公子启还在呢！要先让他人上了台，才不至于露出破绽。可是公子申岁数不小了，可能不太好控制他，干脆立公子启吧！”于是才八岁大的小孩子公子启做了国君，就是鲁闵公。

鲁闵公年纪虽小，却非常伶俐聪明。他知道哀姜跟庆父心怀不轨，要严加防范；季友却是正人君子，可以依赖。他央请他舅舅，也就是诸侯的领袖齐桓公帮忙，终于使季友回到鲁国去做相国。公子申也很识大体，没有什么逾矩的念头，跟鲁闵公、季友相处得非常融洽。庆父和哀姜眼看局面发展到这一地步,不敢轻率地起事。到了鲁闵公第二年,庆父已经沉不住气,他暗中派人趁鲁闵公夜里出游时刺死了他。季友听到这个消息,连夜叫醒公子申,一起出奔到别国避难。鲁国人向来信服季友,听说鲁闵公遇刺,季友带着鲁庄公唯一活着的儿子公子申逃到其他国家去了,举国哗然,群情激奋,都责怪庆父的不仁不义,当天全国罢市。庆父见已引起了公愤,唯恐大祸临头,就扮成商人模样,逃亡到莒国去。夫人哀姜坐立难安,也逃到邾国去了。他俩一走,季友就带着公子申返国,还请齐桓公来确定君位。齐桓公就派人到鲁国,和季友共同拥立公子申为国君,就是鲁僖公。

鲁僖公接受季友的建议,即刻派人到莒国去,请莒君代他严惩庆父。庆父逃到汶水,正好遇到公子奚斯,就拜托他去向季友求情,请季友饶了他一命,让他当个老百姓,他就心满意足了。奚斯走后,庆父焦急地等待回音。过了几天,他听见门外有异常的声响,竖耳倾听,原来是奚斯的痛哭声。他长叹一口气说:“他不进来,却在屋外哭得如此伤心,我还有什么指望呢?”说完他就解下腰带自缢而死。

季友逼死庆父后,就仗着齐桓公的势力把鲁国的内乱平定了,只剩下唯一一件棘手的事:怎么处置逃到邾国的夫人哀姜呢?他派人去请教齐桓公。齐桓公就派使臣竖貂到邾国去,说是特地送哀姜回鲁国去。走到半路,竖貂对哀姜说:“鲁国两位国君被害,都跟夫人有关。鲁国人和齐国人都知道这事,夫人即使回去,又有什么脸面见人呢?”哀姜仔细考虑了一下,觉得就是再活下去,也没有什么意思,终会遭人唾骂。她关起门哭了很长时间,就在释馆自缢了。

秦庭之哭

“秦庭之哭”指到别国哀求援兵。

此典出自《左传·定公四年》:“申包胥如秦乞师。……秦伯使辞焉,曰:‘寡人闻命矣。子姑就馆,将图而告。’对曰:‘寡君越在草莽,未获所伏,下臣何敢即安?’立依于庭墙而哭,日夜不绝声,勺饮不入口。七日,……秦师乃出。”

春秋时,楚平王无道,父纳子媳,宠信奸臣费无忌,毁法乱纪,并杀太师伍奢及其大儿子伍尚。次子伍员出奔吴国。伍员,字子胥,偷渡昭关,来至吴市,无以为生,吹箫乞食。

在伍员逃亡吴国的途中,曾遇到楚故人申包胥。申包胥问其何往?伍员将平王杀害父兄之事,如实告之。包胥说;“平王虽无道,君也。足下世受国恩,君臣之分已定,奈何以臣而仇君?”伍员说:“父母之仇,不共戴天,桀纣诛大臣,唯无道也。楚王纳子媳,弃嫡嗣,信谗妄,戮忠良,我必须到吴请兵,扫荡楚国污秽,以报亲仇。”

包胥说:“我要教你借兵报楚,则为不忠,若教你不报,又陷你于不孝。你好自为之吧。你对我说的话,我绝不告诉别人。不过,我应该告诉你的,只有两句话,那就是——你能覆楚我必能存楚,你能危楚我必能安楚。”

伍员到了吴国,见知于公子姬光(后来专诸刺杀了吴王僚,姬光继位,也就是吴王阖闾)。姬光推荐于吴王僚,拜为大夫。

吴国因楚太子建之母,遭受攻击,求救于吴国,吴王僚遣姬光迎建母于陨城。楚平王大怒,出师伐吴,吴亦兴师抗拒。适楚军统帅阳疕暴敝,诸侯从属军,各自慌张,吴军在姬光的策划下,大破楚军。吴军乃接建母楚夫人而归。楚平王见吴军势大,忧虑成疾,久治不愈而死。太子珍即位,为楚昭王。

伍员在吴,听说平王已死,痛哭流涕,姬光怪而问之。伍员说:“我非哭楚王,恨我不能在其生前,枭其首,以雪我恨,故痛哭也。”

姬光继位吴王后，楚侵蔡，蔡侯求救于吴。伍员说吴王兴兵，拜孙武为大将，伍员、伯嚭副之。出兵六万，援蔡伐楚。

孙武是历史上有名的军事家，用兵如神。伍员又报仇心急，再加上楚师统帅囊瓦是个贫贱之辈，故不旋踵楚军即败，楚昭王逃出郢都。伍员未能活捉昭王，而平王又死去多年，恨无处可雪，遂掘平王墓，鞭尸三百，稍解其恨。

申包胥逃避夷陵，闻伍员掘墓鞭尸，认为做得太过。他致书伍员，必践复楚之约。他想到楚昭王之母，是秦哀公的女儿，秦楚有舅甥之谊。包胥乃求救于秦，星夜西驰，足踵俱裂，到雍州，见秦哀公说："寡君失社稷，逃草莽，乞念甥舅之情，兴兵解围。"哀公说："我自保不暇，安能济人?"包胥说："秦楚边界，楚灭将及于秦，存楚即固秦，楚亡，秦亦不保也。"

泣秦庭申包胥借兵图

秦哀公意未决。包胥不居驿馆，不解衣冠，立于秦庭之中，昼夜号哭，不绝其声，是七日，哀公惊讶曰："楚有此贤臣，尚至于此。寡人无此贤臣，吴更不能容我矣。"遂起兵救楚。

青蝇报赦

"青蝇报赦"形容赦免等事，也可用来形容消息流传很快，不胫而走。

此典出自《晋书·苻坚载记》。

公元4世纪中叶，氐族人侵占了关中，建立了前秦。公元355年，前秦君主符健去也，他的儿子苻生即位。公元357年，苻坚（公元338—385年）杀掉符生，自立为秦帝。他重用王猛，打击豪强，休养生息，国势日益强大。

苻坚篡夺君位五年时，有凤凰飞集在都城长安的东门，苻坚认为这是吉祥的预兆，因此在国内实行大赦，百官的官爵都晋升一级。当初，苻坚将要实行大赦时，与王猛、符融在甘露堂秘密商议，不让其他大臣参加。苻坚亲自撰写赦文，王猛和符融在一旁准备纸张笔墨。有一只大苍蝇从窗户飞进屋里，嗡嗡飞得很响，落在毛笔尖上，赶走它，它又飞回来。不一会儿，长安城的街道、里巷、集市上人们奔走相告说："官府要大赦了。"有关部门把这个消息报告给苻坚，苻坚大吃一惊，对符融、王猛说："宫禁之中没有隔墙之耳，大赦的事情怎么会泄露出去呢?"因此传令宫外，要彻底追查这件事。人们都说，有一个穿黑衣服的小人，在市场上大声呼喊说："官场就要大赦了。"喊完，转眼就不见了。苻坚叹息说："这个穿黑衣服的小人，可能就是那只大苍蝇吧？难怪它的叫声和形状都非同寻常，我当时很厌恶它。谚语说：'要想人不知，除非己莫为。'声音再小也会被人听到，事情还没有做就会显露出来，说的就是这个道理。”

掣肘难书

“掣肘难书”说明充分信任，放手使用部下，给他们一定的自主权，是关乎事情成败的重要环节。

此典出自《吕氏春秋·具备》：“宓子贱治单父，恐鲁君之听谗言，而令己不得行其术也，将辞而行，请近吏二人于鲁君，与之俱至于单父。邑吏皆朝，宓子贱令吏二人书。吏方将书，宓子贱从旁时掣摇其肘。吏书之不善，则宓子贱为之怒。吏甚患之，辞而将归。宓子贱曰：‘子之书甚不善，子勉归矣！’二吏归报于君曰：‘宓子不可为书。’君曰：‘何故？’对曰：‘宓子使臣书，而时掣摇臣之肘，书恶而又甚怒。此臣所以辞而去也。’鲁君太息而叹曰：‘宓子以此谏寡人之不肖也！寡人之乱宓子，而令宓子不得行其术，必数有之矣。微二人，寡人几过！’遂发所爱，而令之单父，告宓子曰：‘自今以来，单父非寡人之有也，子之有也。有便于单父者，子决为之矣。五岁而言其要。’宓子敬诺，乃得行其术于单父。”

这段话意思是说：宓子贱受命治理单父，却又怕鲁君听信谗言，使他不能按照自己的主张治理。所以在即将辞行、走马上任的时候，请求鲁君派两名近侍随他同往单父。

到达单父，当地官吏都来参见，宓子贱让这两名近侍书写记录。近侍刚要书写，宓子贱就从旁边摇晃他的胳膊，以致写得非常难看。宓子贱借机大发雷霆。两名近侍非常犯愁，要辞别回都。宓子贱说：“你们书法很差，回去努力自勉吧。”

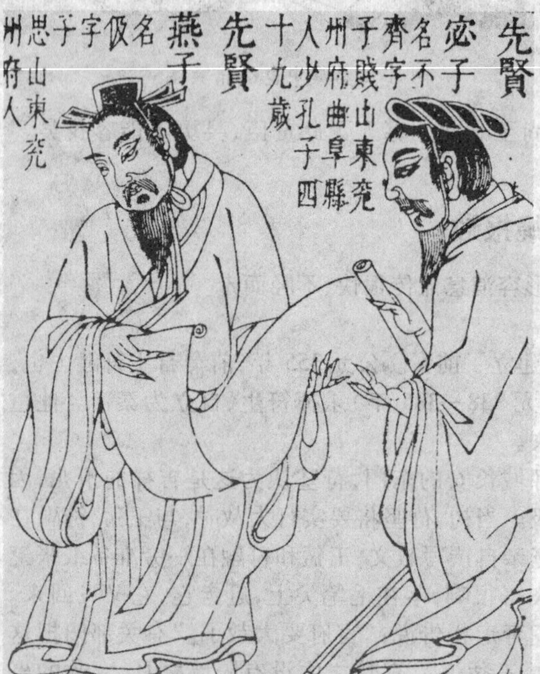

宓不齐像(右)，图出自明·吕维祺《圣贤像赞》。宓不齐，字子贱，孔子的学生。

两名近侍回去报告鲁君说：“宓子贱这个人，很难和他一起做事，无法为他担任书记。”鲁君问：“为什么呢？”近侍回答道：“他让我们书写，却又不时摇晃我们的胳膊；字写不好，又大发脾气，单父的官吏们都笑他，因此我们就告辞回来了。”鲁君听了，叹息说：“这是宓子贱在劝谏我改正不贤德的地方啊！过去我一定对宓子贱干扰过多，使他不能按照自己的主张办事。没有你们二人，我差点做错事。”

于是，鲁君又立刻派遣一名宠信官吏前往单父，转告宓子贱说：“从今往后，我不再过多地干涉单父了，主权属于您了。只要有利于治理单父，您就自己作决定吧，五年之后再回报您的政绩。”

宓子贱恭敬地答应了，顺利地在单父推行了他的政治主张。

三家分晋

“三家分晋”讲述的是春秋战国时期的一段史实，告诫后人：一个国家只有自强才能免遭瓜分之灾。

此典出自《史记·晋世家》:"静公二年,魏武侯、赵敬侯灭晋後而三分其地。静公迁为家人,晋绝不祀。"

韩康子、赵襄子、魏桓子三家灭了智伯,三家的领地大了,因为这三家对待老百姓要比晋国的国君好,所以老百姓都愿意归附。三家都想趁机瓜分晋国,各立各的宗庙。如果再推迟下去,等到晋国出了个英明的国君,重新把国家整顿一下。到那时候,韩、赵、魏三家想要安安稳稳地做大夫也许都不行了。可是这么大的事情也不能说做就做,总得找个恰当的时机才好。周考王三年(公元前 438 年),晋哀公死了,儿子即位,即晋幽公。韩康子、赵襄子、魏桓子他们一见新君刚即位,而且新君又软弱无能,大伙儿商定了平分晋国的办法。他们把绛州和曲沃两座城留给晋幽公,其他的地区就由三家平分了。如此一来,韩、赵、魏三家就称为"三晋",各自独立。晋幽公一点力量也没有,只好在"三晋"的势力之下忍气吞声地活着。他不但不能把三晋当做晋国的臣下看待,而且害怕"三晋",反倒一家一家地去晋见他们。君臣的名分地位就这么颠倒过来了。

这个消息传到了齐国,齐国的田盘(田恒的儿子)也如法炮制了一番。他把齐国的大城都封给田家的人。这是并吞齐国的第一步。同时,他跟"三晋"搞好关系,有事相互帮助。从此以后,齐国和晋国只要是和列国诸侯来往的事,都由田家跟韩、赵、魏三家出面办理,后来两位国君反倒慢慢地没有人知道了。

公元前 425 年,赵襄子得了重病。他自己感到活不多长时间了,就立他哥哥伯鲁的孙子为继承人。

就在赵襄子死的那一年,韩康子和魏桓子相继病死。韩虔继承韩虎的位子,赵籍继承赵浣的位子,魏斯继承魏驹的位子;齐国的田和(田盘的孙子,田恒的曾孙)继承田盘的位子。从此以后,韩虔、赵籍、魏斯、田和四个大夫连成一气,各自为诸侯。

魏侯以安邑作为都城;赵侯以中牟作为都城;韩侯以平阳作为都城。这新兴的三个国家都宣布了天子的命令,各自立了宗庙,并且通告了各个国家。各国诸侯都来给他们道贺。只有秦国自从和晋国断交之后,早就不跟中原诸侯来往了,中原诸侯也都把它当做戎族来看。所以秦国当然没派人来道喜。

晋幽公之后,到了他的孙子晋靖公,"三晋"就把这个挂名的国君也废了,让他做个老百姓。从此以后,晋国从唐叔以来的统治系统就断了,连晋国这个名号也废弃了。

三家灭智

这个故事讲述的是春秋时期的一段历史事实。

此典出自《史记·赵世家》:"三国攻晋阳,岁余,引汾水灌其城,城不浸者三版。……乃夜使相张孟同私于韩、魏。韩、魏与合谋,以三月丙戌,三国反灭知氏,共分其地。"

吴王夫差和越王勾践相继兴起的时候,中原诸侯非常衰弱。所以,黄池大会,夫差当上了霸主;徐州大会,勾践当上了霸主。然而中原诸侯越是衰弱下去,大夫的势力就越发大了起来。那时候,鲁国的"三桓"掌握鲁国的大权;齐国的田恒(就是陈恒)掌握齐国的大权;晋国的"六卿"掌握晋国的大权。这三国的君主都只是名义上的君主。黄池大会之后,田恒杀了齐简公,灭了鲍家、晏家、高家、国家,把齐国的土地从平安以东都划为他自己的封邑,齐国的大权全掌握在他自己手里。晋国的六卿看到田恒杀了国君,灭了各大家族,还得到了齐国人的帮助,他们也就自己并吞起来了。

晋国的六卿乱七八糟地混战了一阵。后来,范氏和中行氏被人家打败了,晋国的大权就归了四家,即:智家、越家、魏家、韩家。

晋国的四家——智伯瑶、赵襄子无恤、魏桓子驹、韩康子虎——之中,智伯瑶的势力最大。他对赵、魏、韩三家说:“晋国一直是中原的霸主,没想到在黄池大会上,赵鞅让吴国占了先,在徐州大会上又让越国占了先。这是咱们的耻辱。现在只要打败越国,晋国仍然能够当上霸主。我主张每家大夫拿出一百里的土地和户口归给公家。只有公家增加了收入,才能够有实力。”这三家大夫早就知道智伯心怀不轨,他是想独吞晋国。他所说的“公家”其实就是“智家”。可是他们三家并不齐心协力,没法跟智伯对抗。智伯派人向韩康子虎要一百里的土地和户口,韩康子虎如数交割了。智伯派人向魏桓子驹要一百里的土地和户口,魏桓子驹也如数交割了。就这样智伯增加了二百里的土地和户口。接着他又派人去找赵襄子无恤要一百里的土地和户口。赵襄子无恤没有答应。智伯派韩、魏两家一块儿出兵去打赵家,还答应他们灭了赵家之后,把赵家的土地三家平分。

智伯自己统率着中军,韩家的军队在右边,魏家的军队在左边,三队人马直逼赵家。赵襄子知道寡不敌众,就带着自己的兵马退到晋阳(在山西省太原)城里,打算在那儿死守。

没有多大工夫,三家的兵马就围起了晋阳城。赵襄子吩咐将士们只许守城,不准交战。每次三家攻打的时候,城上的箭就好像雨点似的落下来,智伯一时打不进去。晋阳城就依靠着弓箭守了一年。可是把箭都使完了,怎么办呢?赵襄子为此闷闷不乐。家臣张孟对他说:“听说当初董安于在宫殿里预备了无数支箭,咱们找找去。”这一下子提醒了赵襄子,立刻叫人把围墙拆了一段。果然围墙里面全都是做箭杆的材料。又拆了几根大铜柱子,做成了无数的箭头。赵襄子叹息说:“假如没有董安于,如今上哪儿找这么些兵器去呢?假如没有尹铎,老百姓哪儿能这么不怕辛苦、不怕死地守住这座城呢?”

三家的兵马把晋城围了两年多,都没攻下来。到了第三年,周贞定王十六年(公元前453年),一天,智伯正在察看地形的时候,忽然想起晋阳城东北的那条晋水来了。晋水由龙山那边过来,绕过晋阳城往下流去。如果把晋水一直引到西边来,晋阳城不就淹了吗?于是他立刻吩咐士兵们在晋水旁边另外挖了一条河,一直通到晋阳城,又在上游那边砌了一个挺大的蓄水池。在晋水上垒起土堆来,让上游的水不再流到晋水里去。当时正是雨季,一连下了几天大雨,蓄水池里的水都满了。智伯叫士兵们在蓄水池边开了一个大口,大水一直向晋阳城灌进去。不到几天工夫,晋阳城里的房子就被淹了一大半。老百姓跑到房顶上避难。竹排,木头板子都当了小船。烧火,做饭都在城墙上。可是全城的老百姓,宁可淹死,决不投降。

赵襄子叹息着说:“这全是尹铎爱护百姓的功德啊!”回头又对张孟同说:“民心虽说没变,要是水势再高涨,咱们不就全完了吗?”张孟同说:“形势虽然非常紧急,但是我老觉得韩家和魏家绝不会把自己的土地平白无故地让给智伯。如果他们不是出于无奈,才不跟着他来打咱们。依我看,主公多预备小船、竹排、木头板子,再跟智伯在水上拼个死活。我先去见见韩、魏这两家去。”赵襄子当天晚上就派张孟同偷偷地去跟两家协商。

第二天,智伯请韩康子和魏桓子一起去察看水势。他指着晋阳城,高兴地对他们说:“你们知道吗?水能灭国。以前我以为晋国的大河像城墙一样可以挡住敌人;依照晋阳的形势看来,大河反倒是个祸患了。你们瞧:晋水能够淹晋阳,汾水就能淹安邑(魏家的大城),绛水也就能淹平阳(韩家的大城)。”他们两个人连连答应说:“是,是!”智伯见他们答话有点慌里慌张,好像挺害怕的样子,才觉得自己话说错了。他笑着说:“我心眼直,想什么就说什么,你们可别多心!”他们又连着回答说:“哪儿会呢!哪儿会呢!您是顶天

《春秋五霸七雄列国志传》版画之荀瑶决水攻城图，讲晋国荀瑶发兵围赵襄子于晋阳，决水攻城之事。

立地的英雄。我们能够跟随您，蒙您抬举，已经非常荣幸了。”他们嘴里尽管这么说，心里可都觉得赵襄子派张孟同来找他们，对他们是有好处的。

第三天晚上，大约四更天，智伯正在睡梦里，猛然间听见一片嚷嚷声。他连忙从卧榻上爬起来，发现衣裳和被窝已经湿了，兵营里全是水。他想可能是堤防决口了，就立刻派士兵去抢修。不一会儿工夫，水势越来越大。智伯的家臣智国和豫让带着水兵，扶着智伯上了小船。月光下，智伯回头一瞧，看到兵营里的东西在水里飘荡着。士兵们在水里一浮一沉地挣扎着。智伯这才明白是敌人把水放过来的。正在惊慌不定的时候，霎时四面八方都响起战鼓来了。一看韩家、赵家、魏家三家的士兵都坐着小船和木排，一齐杀了过来，见了智家这些“落水狗”，就连打带砍，一点不肯放松。中间还夹带着喊叫的声音：“别放走了智瑶！拿住智瑶的有赏！”智伯对家臣豫让说：“原来那两家也反了！”豫让说：“别管他们反不反，主公赶紧往那边走，上秦国借兵去吧！我留在这儿对付他们。”说着，他跳上一只木排，杀开一条路，命令智国保护着智伯逃跑。

智国保护着智伯，坐着小船一直向龙山那边划去。这一带没有追兵。智伯才喘了口气。好容易他们把船划到龙山跟前，急急忙忙地上了岸。幸亏东方已经发白，他们顺着山道走去。跑了一阵子，稍微松了一口气。不料刚一拐弯，迎面碰见了赵襄子！赵襄子早就料到智伯会打这条路儿逃跑，预先带了一队兵马在这儿等着他。当时就抓获智伯，砍下他的脑袋。智国也就自杀了。

三家的兵马会合到一块儿，拆掉了河边的堤防，大水仍流到晋水里去，晋阳城又露出干地来了。

赵襄子安抚了居民之后，向韩康子和魏桓子道谢。他说：“这回全仗着二位救了我的命，实在出乎意料。智伯虽然是死了，但是他的同族人还多着呢。斩草得除根，否则，终究是个祸患。”韩康子和韩桓子一起说：“一定要把他的全族灭了，才能解恨！”他们一同回到绛州，宣布智家的罪恶，依照古时候的习惯把全族的男女老少杀得一干二净。赵襄子还不解恨，把智伯的脑壳做成一个瓢，外面涂上油漆，把它称为“夜壶”。

韩家和魏家的一百里土地，当然又各自收了回去。他们把智伯的土地三股平分了。当然晋哀公没有份。

赏罚分明

“赏罚分明”比喻奖赏有功者，处罚有过者，界限非常分明。

此典出自《左传·僖公二十八年》：“三月丙午，入曹。……令无入僖负羁之宫而免其族，报施也。魏犨、颠颉怒曰：“劳之不图，报于何有！”僖负羁氏。魏犨伤于胸，公欲杀之而爱其材，使问，且视之，病，将杀之。魏犨束胸见使者曰：“以君之灵，不有宁也?”距跃三百,曲踊三百。乃舍之。杀颠颉以徇于师,立舟之侨认为戎右。”

春秋时期,晋文公打败了卫国和曹国,以前逃难时所受的那股怨气消除了。大家都兴高采烈。赵衰提醒晋文公,说:“大丈夫有怨报怨,也别忘了有恩报恩哪!”晋文公不是个忘恩负义的人,听到赵衰的话说:“当然!当然!请问报谁的恩?”赵衰回答:“当初主公不是说过吗?如果您能够回到晋国的话,必定报答僖大夫的恩情。”晋文公着急地说:“哎呀,真糟糕!他在哪儿呀?为什么曹国大夫的名单上没有他呢?”经过认真地调查,才知道僖负羁被革了职,现在住在北门,成为一般老百姓了。晋文公立刻下令保护北门;然后又下了一道很严厉的命令,说:“不管是谁,只要侵犯了僖家的一草一木,就以死罪论处。”他留下一部分人马在城里,自己回到城外的大营里去。

魏犨和颠颉两个人听到这道命令,心里很不服气。

两人出于嫉妒,带了几名小兵包围僖负羁的房子,从四面八方放起火来。正巧那一天风大,没过多久,北门一带就烧得通红。

狐偃、胥臣等发现北门起火,急忙地领着士兵赶过去。仔细一瞧,原来是僖负羁的家着火了。他们立刻动手救火。一直忙到天亮,才把火扑灭。这时晋文公也赶来,默然地注视着眼前的景象。僖负羁被烧得面目全非,听说晋文公到了,痛苦地睁开眼睛瞧了他一眼,就咽气了。

晋文公非常悲愤。他查出是魏犨和颠颉放的火,就要把他们处死。赵衰说:“他们两个人跟着主公颠沛流离了十九年,最近又出生入死立了大功,还是从轻发落吧!”晋文公说:“有功劳的人就可以犯法吗?那以后我的命令还有用吗?功是功,过是过,赏罚必须分明。”赵衰说:“主公的话当然有道理,不过魏犨是咱们将军当中最勇猛的,杀了他实在可惜。再说这次放火是颠颉指使的,杀了他也就算了,何必再杀魏犨呢?”晋文公,思忖了一会儿,说:“魏犨虽然勇猛,可是受了重伤,看来也活不成了,就按照军令杀了吧!”赵衰说:“让我先去看看。如果他真的不行了,就照主公的话治死他;如果他还很健壮,不如留下他,让他戴罪立功。”晋文公点了点头,说:“由你去办吧!”然后转身对荀林父说:“你把颠颉带到这儿来!”

《东周列国志》版画之晋文公重耳像

荀林父带颠颉进来了。晋文公破口大骂:“你为什么违犯军令,烧死僖负羁?”颠颉明白十九年来的功劳算是白费了,无论如何也免不了一死,就毫不客气地挖苦说:“介之推割下大腿的肉给你吃,你把他烧死了;僖负羁给你酒肉吃,当然应该受到同等的对待呀!”晋文公听了,气得青筋暴露说:“介之推是自己跑掉的,怎么能怪我呢?”颠颉顶他一句说："僖负羁又没跑到绵山上去，你怎么不早点儿去探望他呢？如果你真心诚意地想报恩的话，为什么不去请他来呢？"晋文公更加恼火了，没有心绪再跟他辩解，就叫武士把颠颉推下去斩了。

赵衰奉了晋文公的命令去看魏犨。魏犨的胸脯受了重伤，有气无力地躺着。一听说赵衰来看他，本来心直口快的他竟生出了急智。他叫左右的人尽快用布帛裹紧他的胸脯，咬紧牙根，亲自出来迎接赵衰。赵衰一愣，问他："听说将军受了重伤，怎么起来了呢？主公叫我来看看你，你还是躺下来休息休息吧！"魏犨说："主公派大臣来看我，我哪儿敢失礼呀！我知道自己犯的是死罪，如果能免我一死，我将尽力报答主公的大恩和诸位的情义！"说完，他故意在赵衰面前施展他的身手，向前跳了两次，又往高处蹦了三次。赵衰赶紧阻止他说："将军好好休养，我替你去向主公求情就是了。"

赵衰回去一五一十地向晋文公转告了魏犨的话和又跳又蹦的情形。晋文公虽然心里高兴，嘴里却不说什么。他当着大臣们的面问赵衰："魏犨和颠颉在一起，颠颉放火，他也不阻挡他，该当何罪？"赵衰说："革去官职，让他戴罪立功。"于是晋文公就革去了魏犨的官职。大家都倒抽一口冷气，面面相觑，议论着说："颠颉和魏犨跟着主公颠沛流离，立下不少功劳，最近还打了胜仗。然而一旦犯了军令，重的死罪，轻的革职。如果其他人犯了法，那结局就可想而知！"从此，上下三军全都领教了国君赏罚分明的态度，谁也不敢违法犯纪。

上行下效

"上行下效"的意思是，上面的人喜欢怎么做，下面的人就跟着怎么做。

此典出自汉代班固《白虎通三教》："教者仿也，上为之，下效之。"

春秋时，齐景公自从宰相晏婴死了之后，一直没有人当面指责他的过失，为此总是闷闷不乐。

一天，齐景公宴请文武百官，席散后，大家一起到广场上射箭取乐。每当齐景公射一支箭，即使没有射中箭鹄的中心，文武百官也全都高声喝彩："好呀！妙呀！真是箭法如神，举世无双。"

事后，齐景公把这件事情对他的臣子弦章说了一番。弦章对景公说："这件事情不能全怪那些臣子，古人说：'上行而后下效'。大王喜欢吃什么，群臣也就喜欢吃什么；大王喜欢穿什么，群臣也就喜欢穿什么；大王喜欢人家奉承，所以，群臣就常向大王奉承了。"

十二金人

"十二金人"，人们用"十二金人"记咏秦始皇统一中国的事件。有时也用来比喻建功立业。

此典出自《史记·秦始皇本纪》："分天下以为三十六郡，郡置守、尉、监。更名民曰'黔首'。大酺。收天下兵，聚之咸阳，销以为钟鐻，金人十二，重各千石，置廷宫中。"

公元前221年，秦王嬴政经过南征北战，先后消灭了韩、赵、魏、楚、燕、齐之后，结束了诸侯割据称雄的混乱局面，统一了天下，建立起专制主义的中央集权，这就是强盛一时的秦王朝。为了加强统治，他把天下分成三十六个郡，郡里设置郡守掌管一郡政事、郡尉辅佐郡守并主军事、监御史监视郡守，不把老百姓称为"民"了，而称为"黔首"。举国上下饮酒同庆。把天下所有的兵器都收到咸阳。这些兵器被熔化后铸为乐器及十二尊铜人，每个铜人重约千石，摆放在宫廷中。

食鱼无反

“食鱼无反”的本意是，吃鱼的时候，不要把反面也吃光。后人用它劝诫国君不要耗尽民力。

此典出自《晏子春秋》：“景公游于纪，得金壶，乃发视之，中有丹书，曰：‘食鱼无反，勿乘驽马。’公曰：‘善哉！如若言，食鱼无反，则恶其臊也；勿乘驽马，恶其取道不远也。’晏子对曰：‘不然。食鱼无反，毋(wú)尽民力乎！勿乘驽马，则无置不肖于侧乎！’公曰：‘纪有书，何以亡也？’晏子对曰：‘有以亡也。婴闻之，君子有道，悬之间。纪有此言，注之壶，不亡何待乎！’”

这段话意思是说：

春秋时期，齐景公巡视纪地(今山东寿光县南)，当地老百姓把从地下挖到的一只金壶献给景公，景公叫人把壶盖打开，发现壶里面藏有两片竹简，上面用红漆写着八个字：“食鱼无反，勿乘驽马。”齐景公说：“写得真好？食鱼无反，吃鱼时吃了一面不要把另一面也吃光，可以防止鱼腥太重；勿乘劣马，因为劣马不能走远路。”晏婴对他说：“您说得不对。‘食鱼无反’，告诫后代的国君不要耗尽民力！‘勿乘驽马’，是忠告国君不要把小人放在自己的身旁！”齐景公问道：“按照你的意思，纪国的国君有此丹书，应该是很有远见的人了，但是纪国为什么会在我执政的一百多年前就被齐国灭掉了呢？”晏婴回答道：“纪国灭亡是有原因的。我听说，贤明的国君，应把自己的主张写在竹简上，张挂在城门上、里弄口，让全国的百姓都知道。而纪国的国君虽然有好的主张，却把它藏在金壶里，埋在地下，这样一来老百姓根本不知道，所以纪国除亡国之外，还有什么选择呢！”

王室完了

“王室完了”隐喻一个国家或朝代的灭亡。

此典出自《史记·周本纪》：“五十九年，秦取韩阳城、负黍，西周恐，倍秦，与诸侯约从，将天下锐师出伊阙攻秦，令秦无得通阳城。秦明王怒，使将军胠攻西周。西周君奔秦，顿首受罪，尽献其邑三十六，口三万。秦受其献，归其君于周。周君王赧卒。周民遂东亡。秦取九鼎宝器，而迁西周公于五十七狐。后七岁，秦庄襄王灭东、西周。东、西周皆人于秦，周既不祀。”

战国时候，周赧王打了败仗，没能拿到一点战利品，出征前借老百姓的钱也还不了，天子只好在高台上躲避债主的吵闹。然而，大臣们报告的事比那要账的事儿更倒霉。领头的是西周公，后面跟着一群大臣们。他们惶恐地嚷嚷着说：“不得了！不得了！秦国的军队打到西周来了！”天子吓得差点晕过去，哭丧着脸问西周公：“各国的诸侯呢？燕国和楚国的军队呢？”西周公说：“各国的诸侯连自己还顾不过来。秦国打败了韩国，夺去了阳城(在河南省登封县东南)和负黍(在登封县西南)，杀了四万多韩国的士兵。燕国和楚国的军队早就回去了。如今咱们既没有像样的军队，又没有粮饷、草料，简直就是坐以待毙！”周赧王说：“那就逃到三晋去吧。”西周公说：“有什么用呢？天子归附了三晋，等到秦国把三晋灭了再去归附秦国，反倒多受一回罪，丢两次脸。我看还不如直截了当地投降秦国，也许还能留下一点儿地位。”周赧王只好带着自己的子侄和大臣到太庙去，对着上代祖宗痛哭了一场。西周公到秦国兵营去投降，献上了三十六个小城，三万户口。

周朝的天子周赧王到了咸阳后，红着脸见了秦昭襄王，鞠躬认错。秦昭襄王看到他这个样子，禁不住地替他难受，就把梁城赐给他，称他为周公，这位由天子降为周公的老头儿，心里烦恼，再加上路上的劳累，到了梁城就病危了。不到一个月工夫，就死了。秦昭襄王立刻收回了周公的领土，拆了周朝的宗庙。从此以后，西周结束了。

秦昭襄王灭了西周以后，列国诸侯就更不敢得罪秦国了，都争先恐后地先派使臣到咸阳去道贺。韩桓惠王头一个朝见秦昭襄王，紧跟着就是齐、楚、燕、赵，都派使臣去朝贺。秦昭襄王一看，列国诸侯全都来了，却只少了个魏国，魏王没派人来。秦昭襄王要派河东太守王稽去征伐。王稽跟魏国一直有交情，就偷偷地派人去告诉魏安僖王。魏安僖王得到了这个消息，立刻让太子连夜赶到秦国来道歉。就这样，六国的诸侯全都归顺了秦国。

《东周列国志》版画之秦王灭周迁九鼎图。公元前256年，秦昭襄王灭西周，将象征王室宝物的九鼎迁入秦国，标志周朝灭亡。

到了公元前251年秋天，这位精明强干、一心一意想统一中国的秦昭襄王，不久便病死了。

太子安即位，就是秦孝文王。当时，秦孝文王已经五十三岁。他立子楚（就是王孙异人）为太子。秦孝文王即位三天，“中毒”身亡。子楚即位，称秦庄襄王。秦庄襄王封华阳夫人为太后，封赵姬为王后，儿子赵政为太子。

这位秦庄襄王是吕不韦一手培养起来的，因而他必须要重用吕不韦。蔡泽就告了病假，交了相印。于是秦庄襄王拜吕不韦为丞相，封他为文信侯，把洛阳十万户作为他的俸禄封给吕不韦。

吕不韦对秦庄襄王说：“我近来得到各地的报告，都说东周公为了秦国接连去世了两位君王，认为秦国不能安定，他就派使者去游说各国，要重新联合抗秦。我觉得咱们既然把西周灭了，就不能再留着东周”。秦庄襄王就拜吕不韦为大将，带着十万兵马去打东周。东周本来就是快要灭了。如今哪经得住狂风暴雨？周朝从武王即位（公元前1122年）到东周君被秦国掳去（公元前249年），总共874年，从此就完结了。

尾大不掉

“尾大不掉”是说尾巴太大就不好摇动，比喻部下势力强大，不听从调动指挥。

此典出自《左传·鲁昭公十一年》：“末大必折，尾大不掉，君所知也。”

春秋时期，楚灵王消灭了陈、蔡两个小国之后，准备在蔡设置城邑，派楚公子弃疾担任蔡公，管理蔡地的事务。当时，楚公子弃疾已经手握重权，名闻诸侯，如果再让他担任蔡公，掌管蔡地，就像是为虎添翼，留下隐患。为此申无宇委婉地说：“最了解儿子的莫过如父亲，最了解臣子的莫过如君王，公子弃疾是大王的儿子，如何安排是大王的事。不过我听说从前郑庄公建栎城，后来两个儿子争王位，盘踞在栎城的那个最终夺得王位。相反，齐桓公建谷城，派外人管仲掌管城中事务，到今天仍然平安无事。这就是亲贵大臣不宜出任地方官，逃亡来的臣子不宜担任朝中要职的原因啊！大王难道不应该再认真考虑吗？”

楚灵王听后，沉吟了一会儿，然后又问道：“一个国家除了都城外，如果另外还有一座大城，那将会怎样呢？”申无宇回答说：“历史上诸侯各国据大城反叛的例子很多，从前郑庄公的弟弟段据京城反叛，守国的大臣据萧、亳异地杀了君主子游，齐大臣雍廪据渠丘杀齐君无知，卫大臣宁殖、孙林父据蒲、戚异地驱逐了国君。因此一个国家另外还有一座大城是非常危险的，就像树枝的末端过重会折断，动物的尾巴过大难以摇动一样，这些简单的道理，大王应该知道（‘末大必折，尾大不掉，君所知也’。）”

但楚灵王最终还是拒绝了申无宇的劝告，坚持让弃疾担任陈蔡公，负责陈、蔡地的事务。

文事武备

“文事武备”这个故事告诉我们：要有勇有谋，有胆有识，治国如此，做人也如此。

此典出自《史记·孔子世家》：“孔子摄相事，曰：‘臣闻有文事者必有武备，有武事者必有文备。古者诸侯出疆，必具官以从。请具左右司马。’”

《东周列国志》版画之楚灵王挟诈灭陈蔡图，讲述楚灵王使诈于席间设伏擒蔡侯、灭蔡国之事。

公元前501年，齐景公正打算拉拢鲁国的中原诸侯，把齐桓公当年的事业重新干一番，正巧鲁国的阳虎来到齐国来，请齐景公派兵帮他去攻打鲁国。

阳虎是鲁国大夫季孙氏的家臣。那么为什么一个家臣就有这么大的势力呢？

事情是这样的：鲁国的国君鲁昭公被大夫季孙如意（季孙行父的孙子）赶走了不可能回来。鲁国的老百姓都拥戴季孙氏，说鲁昭公失了民心，不配做国君。他死在国外，谁也不会去可怜他。于是，鲁国的政权全部掌握在季孙氏、孟孙氏、叔孙氏三家大夫手里。鲁昭公死在国外，三家大夫立鲁昭公的兄弟为国君，就是鲁定公。而实际上鲁定公也只是个名义上的国君，大权还是在他们三家手里。

一国的几家大夫得到了实权，国君独尊的局面就给打破了。大夫夺取国君的实权，大夫的家臣又想夺取大夫的实权。

公元前502年，季孙氏的家臣阳虎不但要夺取季孙氏的大权，而且还要把季孙、孟孙、叔孙三家灭了，打算把整个鲁国大权控制在自己手里来。“三桓”被逼无奈，只好联合到一块儿去对付阳虎，才把阳虎打败。他跑到齐国，请齐景公派兵帮他去打“三桓”。齐景公觉得不能这样做。晏平仲请齐景公把阳虎送回鲁国去。齐景公就把阳虎逮住押回鲁国去。半路上阳虎买通了看守他的人，逃走了。齐景公给鲁定公写了一封信，告诉他阳虎偷跑了，还约鲁定公到齐、鲁交界的夹谷（在山东省莱芜县）商议。鲁定公自己不敢做主，就把三家大夫请来商量。

季孙斯（季孙如意的儿子）对鲁定公说：“齐国为了袒护先君昭公，三番两次地来打咱们，搞得我们鸡犬不宁。现在他们愿意和好，咱们怎么能不去呢？”鲁定公说：“我去赴会，谁当相礼跟我一块儿去呢？”大夫孟孙何忌推荐鲁国的大司寇孔丘去。孔丘就是闻名天下的孔子。孔丘的父亲是个地位并不高的武官，叫叔梁纥。他有九个女儿和一个儿子了。儿子的腿有毛病，可能是个瘸子。叔梁纥虽然上了年纪，可是还想生个文武双全的儿子。于是又娶了个小姑娘叫颜征在。他们曾经在曲阜东南方的尼丘山上求老天爷赐给他们一个儿子。后来他们果然生了个儿子，他们觉得这个儿子是在尼丘山上求来的，于是就给他取名叫孔丘，又叫仲尼（‘仲’就是‘老二’的意思）。

公元前501年，孔子已经五十岁了。他在鲁国做了中都宰。第二年，做了司空，又由司空升为大司寇。齐景公约鲁定公到夹谷去开个会议。鲁定公请孔子做相礼，准备一块儿到齐国去。孔子对鲁定公说：“我听说讲文事的事必须有准备。就是讲和，也要准备好兵马防备着。以前宋襄公开会的时候，没带兵车去，结果受了楚国的欺负。这就是说，光有文没有武不行。”鲁定公听了他的话，便让他去安排。孔子就请鲁定公派申句须和乐颀两名大将带领五百辆兵车跟着他们一起上夹谷去。

到了夹谷，两位大将把兵马驻扎在离会场十里的地方，自己随着鲁定公和孔子一同上会场。开会的时候，齐景公有晏平仲当相礼，鲁定公有孔子当相礼。举行了开会仪式后，齐景公就对鲁定公说：“咱们今天聚在一起，真是非常不容易呀，我预备了一种挺特别的歌舞。请您欣赏。”说话之间他就叫乐工表演土人的歌舞。一会儿台底下打起鼓来，有一队人扮做土人模样，有的拿着旗子，有的拿着长矛，有的拿着单刀和盾牌，打着呼哨，一窝蜂似的拥上台来，把鲁定公的脸都吓白了。孔子立刻跑到齐景公跟前，生气地说：“中原诸侯开会，就是要有歌舞，也不应该拿这种土人打仗的样子当做歌舞。请快叫他们下去。”晏平仲也说：“说的是啊。我们不爱看这种打架的歌舞。”晏平仲哪里知道这是齐国大夫黎弥和齐景公两个人使的诡计。他们本来想拿这些“土人”去威胁鲁定公，以便在会议上向鲁国再要些土地。经晏平仲和孔子这么一说，齐景公也觉得难为情，就叫他们下去了。

黎弥躲在台下，等着这些“土人”去吓唬鲁定公，自己准备在台底下带着士兵一起闹起来。没想到这个计策泡汤了，只好另想办法，散会以后，齐景公请鲁定公吃饭。正在宴会的时候，黎弥叫了几个乐工来对他们说：“你们上去唱‘文姜爱齐侯’这首歌，把调情那一段表演出来，目的是羞辱鲁国的君臣。事成之后，就重重地赏你们。”他布置完了，齐景公说：“土人的歌舞不合鲁君的胃口，我们就唱个中原的歌儿吧！”鲁定公说：“行，行！”

那些擦胭脂抹粉的乐工就在齐、鲁两国的君臣跟前连唱带跳地表演起来了。唱的是“夫人爱哥哥，他也莫奈何！”这些下流词儿。气得孔子拔出宝剑，瞪圆了眼睛，对齐景公说：“他们竟敢戏弄诸侯，应当定罪！请贵国的司马立刻将他们治罪！”齐景公默然不语。乐工们还接着唱：“孝顺儿子没话说，边界起造安乐窝！”很显然这是侮辱鲁国的君臣，孔子忍不住了，就说：“齐、鲁两国既然和好结为弟兄，那么鲁国的司马就跟齐国的司马一样。”说完他就扯开了嗓子向台下喊：“鲁国的大将申句须和乐颀在哪儿？”那两位大将一听见孔子叫他们，飞也似的跑上去把那两个领头的乐工拉出去。其他的乐工一见就惊异

孔子像，图出自明·天然撰《历代人物像赞》。

失措地全跑了。齐景公吓了一大跳，晏平仲非常镇静地请他放心。到这时候，黎弥才知道鲁国的大将也在这儿，还听说鲁国的大队兵马都驻扎在附近，吓得他也缩着脖子退出去了。

宴会之后，晏平仲狠狠地批评了黎弥一顿。他又对齐景公说："咱们应当向鲁君道歉。如果主公真要做霸主，真心诚意地打算和鲁国交好，应当把咱们从鲁国汾阳地方霸占过来的灌阳、郓城和龟阳这三块土地还给鲁国。"齐景公听了他的话，就把这三个地方都还给了鲁国。然而鲁定公却并不怎么高兴，向齐景公道了谢，就回国去了。

下车伊始

"下车伊始"这个典故，旧时指新官刚上任，现在有时比喻刚到一个地方。

此典出自《礼记·乐记》："武王克殷，反商，未及下车而封黄帝之后于蓟。"

商朝末年，由于商纣王暴虐无道，商王朝处于摇摇欲坠之中。在周族领袖姬发死后的第四年，姬发的儿子姬昌（周武王）乘商军主力在东南的机会，率兵车三百乘，虎贲三千人，会合西南的唐、蜀、羌、髳、微、卢、彭、濮等族攻伐商纣，经过孟津到达牧野（今河南淇县）。商军中的奴隶兵掉转武器，发动起义，周军占领了商都朝歌，纣王自焚而死，商王朝遂告灭亡。

在打到朝歌以前，周武王见自己胜利在握，就迅速分封了一些远古部落首领的后代：封黄帝的后代于蓟（今北京市附近）；封帝的后代于祝（今山东省泰安附近）；封帝舜的后代于陈（今河南省淮阳）。后来，又封夏禹的后代于杞（在今河南省杞县）。

因为在中国古代，被封的官都是坐释车上任的，所以新官上任后的文告中常用"下车伊始"表示刚刚到任。

虚堂悬镜

"虚堂悬镜"比喻只要存心公正，自能洞察是非。

此典出自《宋史·陈良翰传》："陈良翰字邦彦，台州临海人。早孤，事母孝。资庄重，为文恢博有气。中绍兴五年进士第。知温州瑞安县，俗号强梗，吏治尚严，良翰独抚以宽，催租不下文符，但揭示名物，民竞乐输，听讼咸得其情。或问何术，良翰曰：'无术，第公此心如虚堂悬镜耳。'"

这段话意思是说：南宋大臣陈良翰，字邦彦，台州临海（今浙江临海）人。少年时丧父，非常孝顺母亲。性情庄重，写文章很有气势。在宋高宗（赵构）绍兴五年（公元 1135 年）考取进士，做温州瑞安县（今浙江瑞安县）知县。当地民风以强悍耿直闻名，官吏治民崇尚严厉，而陈良翰却用宽厚的方法对待百姓，催缴租税时不下达命令，只是宣布各种东西的名号物色，老百姓高兴地争着缴纳，审理诉讼案件也公正严明。有人问他用的什么办法，陈良翰说："没有什么办法，只是存心公正，洞察是非，就像在空堂里悬挂镜子一样。"

亚相迁钟

"亚相迁钟"的这个典故告诉人们，反动统治者任用的所谓重臣元老，不过是些养尊处优，什么实际问题也解决不了的废物。究其原因，是用人唯亲造成的。

此典出自《艾子杂说》："齐有二老臣，皆累朝宿儒大老，社稷倚重。一曰冢相，凡国之重事乃关予焉。一日，齐王下令迁都，有一宝钟，重五千斤，计人力须五百人可扛。时齐无人，有司计无所出，乃白亚相，久亦无语，徐曰：'嘻，此事亚相何不能了也？'于是令有司曰：'一钟之重，五百人可扛。今思均凿作五百段，用一人五百日扛之。'有司欣然承命。"

齐国有两个老臣，都是几朝为官学识渊博的老先生，向来都被当做国家的栋梁。其中一个是六卿之首，官拜亚相，凡国家军政大事都要由他决断和处理。

一天，齐王下令迁都。有一只宝钟，重达五千斤，估计需要五百多人才能搬运。当时，由于齐国人烟稀少，一时半会找不到这么多劳力。主管人束手无策，只好请示亚相。亚相沉思了好久，慢吞吞地说："嘻，这点小事，我亚相怎么会没有办法呢？"果断地下了命令："既然要五百人才能搬动这个钟，那么我考虑可以把钟凿成五百等份，用一个人在五百天内搬完就是了。"主管人茅塞顿开，高高兴兴地照办了。

一国三公

"一国三公"形容主持政事的人太多，意见庞杂，号令不统一，让人无所适从。

此典出自《左传·僖公五年》："（士蔿）退而赋曰：'狐裘龙茸，一国三公，吾谁适从？'"

春秋时期，晋献公在晚年的时候去攻打小国骊戎，骊国送了两个美女给献公，一个是骊姬，一个是少姬。后来两人都生了男孩，骊姬由于深受献公宠爱，要立自己的儿子为太子，当时晋太子申生屡立战功，献公没理由废掉他，骊姬便作出主张，将太子申生派出去守曲沃（晋国大城），其他两个大儿子重耳、夷吾派去守蒲与屈两个小城。当时由于蒲、屈两地都是一片空地，于是献公就派大臣士蔿到那里去筑城。士蔿到了那里，命人用柴草夹在泥土中，随随便便地就完成了筑城的工作。有人便说："你筑的城恐怕不坚固吧？"他笑着说："过几年后，这里便是仇人的城了，何必要筑坚固呢！"夷吾就把这件事告诉了献公。献公派人去责备士蔿，士蔿于是写了一首诗，说"狐裘龙茸，一国三公，吾谁适从。"意思是权贵者众多，各说其是，自己不知怎样做好。

以人为鉴

"以人为鉴"的意思是，以他人的得失成败，作为自己的行动规诫。

此典出自《新唐书·魏徵传》："帝后临朝叹曰：'以铜为鉴，可正衣冠；以古为鉴，可知兴替；以人为鉴，可明得失。'"

魏徵（公元580—643年），唐代曲城人，字玄成。少年时代曾出家为道士。在隋末农民大起义中，跟随李密投靠了李世民，官至谏议大夫、秘书监，敢于直谏，唐太宗李世民对他非常器重。

贞观十七年（公元643年），魏徵得了重病，唐太宗派遣使者慰问并赏赐药品，往来不绝。又派中郎将李安俨住在魏家，随时向皇上报告魏徵的病况，唐太宗又亲自前去探望。正月十七日那天，魏徵去世了，唐太宗命令九品以上的官员都去吊丧，赏给羽盖鼓吹，恩准陪葬昭陵。魏徵的妻子裴氏说:“魏徵一生节俭朴素,如今用一品官的仪仗为他举行葬礼,这不是死者的心愿。”她婉言谢绝了,而用布篷车载运棺柩去埋葬。唐太宗登上禁苑的西楼,望着灵车痛哭。他亲自起草碑文,并亲笔写在石碑上。

唐太宗经常思念魏徵。一次,他临朝时,叹息地说:“人们用铜做镜子,可以用来穿好衣服,戴正帽子;用古史做镜子,可以从中看到盛衰的道理;用人当镜子,可以知道自己的长处和短处。我曾经决心保存这三面镜子,严格要求自己,不要出现过失。如今魏徵去世,我失去一面镜子了。听到魏徵去世的消息后,我派人赶到他的家里,得到魏徵写的一封书信,刚写了一半草底,能够辨认出来的话有:‘天下之事,有善有恶,任用善人则国家安定,任用恶人则国家衰落。君主对待公卿大臣,有的喜欢,有的嫌恶。恨谁就只看到他的过错,爱谁就只看到他的长处,这是非常危险的。爱谁、恨谁,爱什么,恨什么;怎样才算爱,怎样才算恨等问题,君主要慎重地正确处理。如果能在爱的同时知道他的短处,在恨的同时知道他的长处,铲除邪恶不动摇,任用贤才不猜疑,国家就可以兴旺发达了。’我仔细思考、回顾,觉得要做到这一点很难,恐怕会在这个方面出现失误。因此,我请众卿把魏徵的临终嘱托写在自己参加朝会时所执的手板上,以防止遗忘了,看到我有什么过失,一定要不客气地进谏。”

以羊易牛

“以羊易牛”这则寓言非常深刻地揭露了封建统治者的所谓“仁术”的虚伪性和欺骗性。以小易大,见牛未见羊,这就是只看到量变而忘掉质变。

此典出自《孟子·梁惠王上》:“王坐于堂上,有牵牛而过堂下者。王见之,曰:‘牛何之?’

对曰:‘将以衅钟。’

王曰:‘舍之!吾不忍其觳觫,若无罪而就死地。’

对曰:‘然则废衅钟与?’

曰:‘何可废也?以羊易之!’”

这段话意思是说:

齐宣王坐在大殿上,看到一个人牵着一头牛从殿下走过。齐宣王便问道:“牵着牛到哪儿去呢?”

那人回答说:“要把它拉去宰了祭钟。”

齐宣王道:“把它放了吧!我不忍心看它那种害怕可怜的样子,它毫无罪过,却要被杀死。”

那个人便问道:“难道祭钟这一风俗也要被废除了吗?”

齐宣王却说:“这怎么可以废除呢?就用只羊去代替它吧!”

魏徵像,图出自清·顾沅辑《古圣贤像传略》。魏徵,唐太宗时名臣。

殷鉴不远

“殷鉴不远”意思是指前人失败的教训就在眼前。

此典出自《诗经·大雅·荡》:“殷鉴不远,在夏后之世。”

在我国历史上,第一个朝代叫夏。相传是夏后氏部落领袖禹的儿子启建立的奴隶制国家。夏建都安邑(今山西夏县北)、阳翟(今河南禹县)等地。夏朝共传了十三代、十六王,最后一个君王叫桀,又称夏桀。夏桀是一个荒淫暴虐的君王,最后被汤灭掉了。

汤灭夏桀后,建立了商朝。这个朝代共传了十七代、三十一个王,最后一个君王叫纣,又称商纣。商纣王也是一个荒淫暴虐的君王,执政期间,政治腐败,周族首领伯昌曾经规劝纣王,说:殷商的教训不用向远处去找,就在夏桀那一代。也就是告诉纣王:夏代的灭亡,应当作为殷商的鉴戒。但是,昏庸的纣王不仅没有听从劝告,还囚禁了伯昌。最后商朝终于毁在纣王的手里。

雍门刎首

“雍门刎首”形容臣子誓死报国的决心。也可用以指为国事而死。

此典出自《说苑·立节》:“越甲至齐,雍门子狄请死之。齐王曰:‘鼓铎之声未闻,矢石未交,长兵未接,子何务死之?为人臣之礼邪?’雍门子狄对曰:‘臣闻之,昔者王田于囿,左毂鸣,车右请死之,而王曰:‘子何为死?’车右对曰:‘为其鸣吾君也。’王曰:‘左毂鸣者,工师之罪也,子何事之有焉?’车右曰:‘臣不见工师之乘,而见其鸣吾君也。’遂刎颈而死。知有之乎?’齐王曰:‘有之。’雍门子狄曰:‘今越甲至,其鸣吾君也,岂左毂之下哉?车右可以死左毂,而臣独不可以死越甲也?’遂刎颈而死。是日,越人引甲而退七十里,曰:‘齐王有臣钧(同‘均’)如雍门子狄,拟使越社稷不血食。’遂引甲而归,齐王葬雍门子狄以上卿之礼。”

这段话意思是说:

战国时期,诸侯争战。有一次,越国的军队进攻到齐国的边境,齐国大夫雍门子狄(复姓雍门,名字狄,名也作子迪)请死。齐王说:“军队进击的号令还没有发出,双方军队还没有交战,战斗还没有打响,你为什么请死呢?这是为了尽人臣的礼节吗?”雍门子狄回答道:“我听说,从前大王到圈养禽兽的场地去打猎,车子左轴发出声响,车右武士请求一死,大王问:‘你为什么要请死呢?’车右武士说:‘因为车子的响声惊吓了君王。’大王说:‘那是造车工匠的罪过,你又有什么责任呢?’车右武士回答道:‘我没有看见工匠造车,只知道车子惊吓了君王。’于是拔剑自刎而死。有这回事吧?”齐王说:“有的。”雍门子狄说:“现在越军打来了,这件事对君王的惊吓,难道比不上车子左轴发出的声响吗?车右武士可以因为左轴有声响而死,而我却不能因为越军入侵而死吗?”于是拔剑自刎而死。当天,越国军队撤退了七十里,并说:“齐王所有臣子都像雍门子狄那样,如果同他们打仗,他们一定会灭掉越国的。”因此,越国的将领率军回国了。齐王用上卿的葬礼安葬了雍门子狄。

与民偕乐

“与民偕乐”表示领导与群众共同享受快乐。

此典出自《孟子·梁惠王上》:“古之人与民偕乐,故能乐也。”

有一次,孟子去朝见梁惠王。他去的时候,梁惠王正在御花园里观赏鸟兽游鱼。孟子

亚圣孟子像，图出自明·吕维祺编《圣贤像赞》。

看到梁惠王兴致正高，不便打扰，也就站在一旁观赏，梁惠王回过头来对孟子说："有道德的人也喜欢享受这种快乐么？"

孟子回答说："有道德的人，才能享受这种快乐；没有道德的人，是无法享受这种快乐的。"

梁惠王问："这句话怎么讲呢？"

孟子说："《诗经·大雅·灵台》中说：周文王修建灵台'经之营之，庶民攻之。'要知道：在修建的过程中，周文王是很善于经营筹划的。他常常对百姓说：'慢慢修吧，大家不要着急。'可是百姓听了这种话，就觉得文王非常关心他们，反而拼命地干活，于是灵台很快就修好了。灵台修好之后，里面养着油光水滑的麋鹿、羽毛洁白的飞鸟；池塘里养的各种鱼鳖都活蹦乱跳。周文王一进入灵台，就感到非常快乐。故'古之人与民偕乐，故能乐也'"。

梁惠王听了，默然不语。

御马到马

"御马到马"这则寓言，是以御马比喻治国。

此典出自《论衡·非韩篇》："宋人有御马者，不进，拔剑到而弃之于沟中。又驾一马，马又不进，又到而弃之于沟。若是者三。

以此威马至矣。然非王良之法也。"

这段话意思是说：

宋国有一个驾驭车马的人，因为马不肯往前走，他就拔剑斩断马颈，然后把它抛到山沟里去。另外换了一匹马，可这匹马依然不肯往前走，他再次斩断马颈，把它抛到山沟里去。就这样连续有三次。

用断颈吓唬马的这个办法可算做到极点了，但并不是王良驯马的办法呀。

直上青云

"直上青云"比喻人的地位直线上升。

此典出自《史记·范雎蔡泽列传》："贾不意君能自致于青云之上。"

战国时，范雎随魏中大夫须贾出使齐国。回来后，须贾在魏相魏齐面前说他的坏话："范雎出使齐国时与齐王来往密切，不知暗地里都做了什么。"于是，范雎遭到严刑拷打，昏死过去。苏醒后，他逃到秦国，不久当了宰相，取名叫张禄。魏国的人却认为他已经死了。

过了一年，须贾出使秦国，不知是什么原因被秦国留了下来。一天，范雎穿一身破烂衣服，来到须贾的住处。须贾一见，猛吃一惊："你不就是范雎吗？怎么在这里？"范雎叹息说："唉，我从魏国逃出来后，就到了秦国。如今给别人当佣人。"须贾充满同情地说："想不到你依然贫寒啊！"说着，就取出一件绸袍赠送给他，对他说："我听说，秦国宰相张某深受秦王信任，秦国的大事都由他决定，不知你有没有熟人认识他？"范雎说："我家主人认识他，我们前去问问看。"于是两人来到宰相府，府中的人看见范雎来了都远远地回避，须贾觉得十分奇怪。范雎叫须贾稍等一下，他去通报主人。

须贾在外面等了很久不见有人出来，就问看门人说："范雎为什么还不出来？"看门人说："这里没有叫范雎的人。"须贾说："就是刚才和我们一起来的那个人。"看门人笑了起来："那是我们的张宰相。"须贾一听，吓得面如土色，连忙跪在地上。不一会儿，范雎在众人的簇拥下走了出来。须贾叩头说："想不到你踏着白云直上青天（'贾不意君能自致青云之上。'）。我的罪过拔下头发也数不清，现在任凭发落。"（"擢贾之发以赎贾之罪尚未足。"）范雎说："你的罪过确实不少，但先前赠我绸袍时，你表现出恋恋不舍的样子，就像老朋友一样，所以我会放你回去。"说完，范雎就离开了。

第二天，秦国果然释放须贾回国了。

逐鹿中原

"逐鹿中原"是从故事中"秦失其鹿，天下共逐之"一语演变而来的。人们用这个典故形容国乱无主，群雄争夺天下。

此典出自《史记·淮阴侯列传》："秦失其鹿，天下共逐之，于是高材疾足者先得焉。"

公元前196年，西汉巨鹿郡郡守陈豨在大将韩信的支持下自立为代王，举兵叛乱。汉高祖刘邦亲自率兵攻打陈豨，吕后用计杀死了韩信。

刘邦从征伐陈豨的军营中归来，到洛阳后，听说韩信已死，一边为除掉韩信而高兴，一边为他以往的功绩怜惜。刘邦问道："韩信死的时候，说过什么话吗？"吕后回答说："韩信死前，说他悔恨自己没有采纳蒯通的计策。"刘邦说："蒯通是齐国有名的辩士。"他下令齐国逮捕蒯通。蒯通被抓来以后，刘邦问他说："你叫淮阴侯韩信造反吧？"蒯通回答道："是的，我一再要求他造反，只是他不采纳我的建议，以致落了个灭亡的下场。假如这小子采用了我的建议，您怎能杀得了他呢？"刘邦大怒，说："来人，把蒯通烹了！"蒯通说："唉，如果烹了我，那真是太冤枉人了！"刘邦觉得很奇怪，问道："你叫韩信造反，罪不容诛，有什么冤枉的呢？"蒯通回答说："秦朝政权解体，东部各地大乱，各色人等同

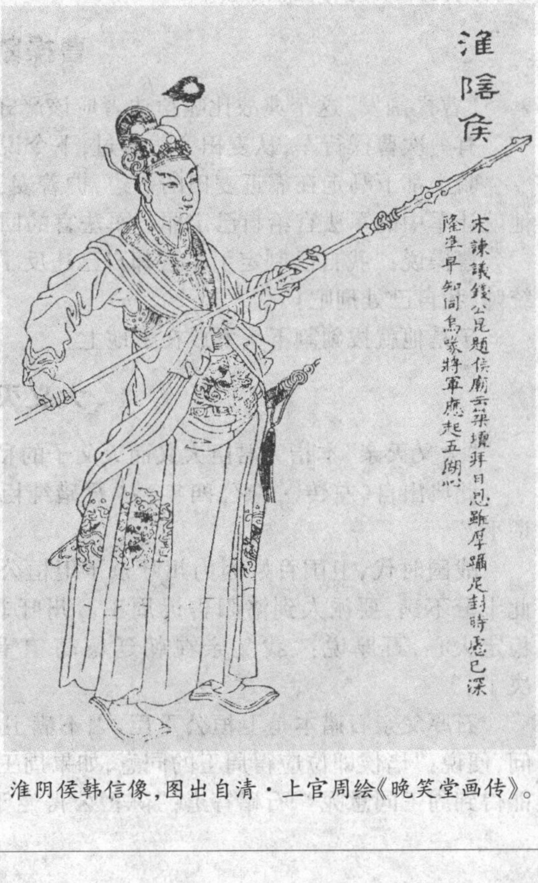

淮阴侯韩信像，图出自清·上官周绘《晚笑堂画传》。

时起义，豪杰之士像乌鸦那样聚到一起。秦王丢掉了帝位，天下的人都起来抢夺它，本领大而脚又快的人先得到了。人们常说，‘盗跖的狗向贤明君主尧狂吠，并不因为尧不仁德，而是由于他不是狗的主人。’当我为韩信出谋划策的时候，我心里只为韩信着想，并没有为你着想。况且，天下许多人都磨快了刀想像你这样去争夺政权，只是力量薄弱罢了。难道你可以把他们全部烹杀了吗！”刘邦听了，理屈词穷，只好对部下说：“算了，放了他吧！”为此，饶恕了蒯通的罪过。

邹缨齐紫

“邹缨齐紫”表示上行下效之意。

此典出自《韩非子·外诸说左上》：“邹君好穿长缨，左右也都穿长紫。当是时也，五素不得一紫，桓公患之。”

邹君喜欢服长缨，左右侍从皆服长缨，缨非常昂贵。邹君为此十分担忧，于是问他左右的人该怎么办，左右的人回答说：“你喜欢穿长缨，百姓也喜欢穿长缨，他们认为这样穿着才显得高贵。”邹君听了之后，先自断其缨而出，百姓见了，也都不再穿长缨了。

齐桓公喜欢穿紫色的衣服，全国的人就都爱穿紫色的服装。齐桓公担忧紫贵，便对管仲说：“我喜欢穿紫色的衣服，全国人都爱穿紫色的衣服，我担忧紫贵，用什么办法可以制止呢？”管仲说：“你要制止，那也不难，你为何不试试你不穿紫色的衣服，看有什么反应。以后你可对左右的人说：‘我非常讨厌紫色的臭气。’对那些穿紫服来朝见你的人，你就对他说：‘请退两步，我厌恶紫色的臭味。’”齐桓公按照管钟的建议去做，几天之后，国内就没有人再穿紫色的衣服了。

曹操割发

“曹操割发”这个典故比喻执法者应该严守其法。

有一次曹操行军，从麦田旁边经过，下令说：“士兵不得践踏麦子，违犯的要处死。”

骑士都下马走在靠近麦田的一边，护着麦子。这时，曹操骑的马忽然跑进了麦地里，他就让军中的军法官给自己定罪。军法官的回答是：“刑法不能施加在尊者身上。”

曹操说：“我自己制定了军法却自己违反了，以后拿什么来号令部下呢？我是全军的统帅，我自己处刑吧！”

于是他就拔剑割下头发放在了地上。

大义灭亲

“大义灭亲”本指为君臣大义而灭父子的私亲，后泛指为正义而不顾私亲的行为。

此典出自《左传·隐公四年》：“石碏纯臣也，恶州吁而厚与焉。大义灭亲，其是之谓乎？”

战国时代，卫国百姓因为州吁杀了卫桓公自立为王，并且任意驱使他们去打仗，对此十分不满，要派人到洛阳告诉周王。州吁非常着急，便和他的同谋者石厚商量如何稳定人心，石厚说：“我父亲在朝廷德高望重，如果把他老人家请出来，事情就好解决了。”

石厚父亲石碏本是卫桓公重臣，因不满卫州吁的所作所为，告老还乡。今见石厚来问，便说：“诸侯即位应得周王的同意，如果周王答应了，还有什么说的。”石厚问：“怎样才能得到周王同意呢？”石碏答道：“陈桓公得宠于周王，又和我们相处得很好，如果你们能够得到陈桓公帮助，在周王面前说几句好话，周王一定会答应的。”石厚把他父亲的话转告州吁，两人大喜，立即带些礼物到陈国去。

石碏也写了一封信，暗地里派人送给陈桓公，大意说：卫国不幸，出了祸国殃民的乱臣，这都应由州吁和石厚两人负责。我年老了，无力处治他们，只好想办法让他们上贵国，请你本着正义，惩治他们，为卫国除害。

州吁和石厚一到陈国，就被陈桓公逮捕了。陈桓公派人到卫国问如何处置这两个人，卫国派右宰丑赴陈国杀了州吁。对于石厚，大家为了讨好石碏，都主张从轻处治。但石碏说：“小子不忠不义，留下他又有什么用。”立即派管家孺羊肩到陈国把石厚杀了。石碏以国家之大义灭父子之私亲的做法，得到后世人的称赞。

多行不义必自毙

“多行不义必自毙”意思是说，一个人坏事干多了，一定会自取灭亡。

此典出自《左传·隐公元年》：“公曰：‘多行不义，必自毙。子姑待之！’”

春秋时期，郑国君主郑庄公有个弟弟，名叫共叔段，他深得母亲姜氏的宠爱。姜氏为他向庄公讨封京地，庄公答应了，为此共叔段就在京地修起都城，自己住在那里，人们称他为京城太叔。

共叔段与母亲姜氏一起密谋，想除掉庄公，自立君主。为了积蓄力量，共叔段把京地的都城修筑得很大，并且招来许多人。郑国的大夫祭仲看到这种情况，便告诉了庄公说：“依照先王的制度，大的都城不能超过国城的三分之一，中的都城不能超过国城的五分之一，小的都城不能超过国城的九分之一。因为都城超过了三百方丈，便是国家的隐患。如今京城的都城修筑已经不合法度了，我觉得这对你非常不利。”

庄公很为难地说：“这是母亲姜氏的意愿，我怎样才能避免这种祸害呢？”

祭仲说道：“姜氏哪里会有满足的时候？不如趁早设法不让他滋长蔓延。蔓草尚难除掉，况且是你所宠爱的弟弟呢？”

“他既然多做不义的事情，就一定会自取灭亡。你就等着瞧吧！”庄公没有听祭仲的话。

不久，共叔段把京地西边与北边的百姓，都召过来归他管理。接着又占据了那里的土地。大臣们看到这种形势，都劝庄公早点除掉共叔段，不然就很危险了。庄公还是那句老话：“他的行为很不义，一定没有人与他亲近，地方越多越有失败的危险，将来他必定会吃苦头的。”

共叔段胆子越来越大，他修好了城墙以后，又扩大了军队，制造了兵器，准备进攻郑国的都城。姜氏也秘密与他策划，作为内应，企图一举获胜。

可是共叔段与姜氏的计谋，庄公都看在眼里了。他得到了共叔段叛乱的消息以后，便下令攻打京地，他派二百乘兵车包围了京城，京城内部的士兵也反叛过来，袭击共叔段。共叔段遭到惨败，只得逃之夭夭。

罚不当罪

“罚不当罪”这个典故比喻处罚和所犯的罪行不相称。

此典出自《荀子·正论》：“夫德不称位，能不称官，赏不当功，罚不当罪。不祥莫大焉。”

《正论》，是战国末期的思想家荀况批驳当时社会上流行的种种论调，为巩固地主阶级专政制造舆论的政治论文。

在文章中，荀况批判了孟轲的“仁政”思想，反驳了“教化万能”和“治古无肉刑”的谬论，认为“治则刑重，乱则刑轻”。荀况指出：世俗（指社会上一般习俗）者说，古代太平的时代，废除了肉刑，只用象征性的刑罚。难道太平的时代就应该是这样的吗？不，如果人们本来就没有犯罪，不但不用肉刑，并且象征性的刑罚也可以不用。如果人们犯了罪，却用很轻的刑来处罚，就会使杀人的不偿命，伤人的不受刑。用刑罚处治犯人的目的，就在于禁止暴行，反对作恶，同时警戒以后发生类似的罪行。杀人的人不被处死，伤人的人不被判刑，这叫纵容暴行。如果宽容犯罪的人，就无法反对罪恶了。因此象征性地用刑，并不产生于古代安定的时代，而是产生于当今混乱的时代。如果赏罚的事情有一件处理得不恰当，就会引起混乱。

奉公守法

“奉公守法”这个典故比喻遵守国家规定的法令制度。

此典出自《史记·廉颇蔺相如列传》：“以君之贵，奉公如法则上下平，上下平则国疆（强），国疆则赵固。”

战国时，赵国有一个叫赵奢的人，做过田部吏（主管土地、租税等的官）。因为他善于用兵，后来当了赵国的大将。在秦赵交战时，他曾率军大破秦军。因功被封为马服君。

在赵奢当田部吏的时候，有一次征收租税，平原君赵胜（赵国的贵族，赵惠文王的弟弟）家不愿意交租税，赵奢依法杀了在平原君手下为虎作伥的九个打手。平原君大怒，要杀掉赵奢。赵奢毫不畏惧，他对平原君说：“你身为赵国的贵公子，纵容家人抗租不交，这是无视国家法律的行为。国家的法律削弱了，国家就要衰败，国家衰败了，各国诸侯就会出兵攻赵，各国诸侯出兵攻赵，我们赵国就要灭亡了。到那时，你还能有现在的荣华富贵吗？以你这样的权势和地位，如果能够奉公守法，那么上上下下都会敬佩你，从而使国家强盛，人民安定，希望你能以国家的利益为重。”平原君听了赵奢的这番话，觉得非常有道理，就禀报了赵王说赵奢是一个很贤明的大臣，赵奢也因此得到了赵王的进一步重用。

赵奢像

奉令承教

“奉令承教”指遵从命令。

此典出自《史记·乐毅列传》：“臣窃不自如，自以为奉令承教，可幸无罪，故受命而不辞。”

战国时，燕国有一个大将叫乐毅，中山国灵寿（今属河北）人，是燕国著名的大将乐羊的后代，祖上世代为将。燕昭王二十八年（公元前284年），乐毅率军打败齐国，先后攻下七十多座城池，因为有功被封于昌国（今山东淄博东南），号昌国君。

乐毅率军攻破齐国以后，将齐军孤守的莒城和即墨两座城整整围困了三年，并想以收服人心的办法，攻占这两座城。公元前279年，燕昭王死了，燕惠王即位。齐将田单施用了反间计，导致燕惠王用大将骑劫代替了乐毅，乐毅担心回国后会被燕惠王杀掉，便逃到赵国。

骑劫取代了乐毅以后，完全改变了乐毅的战略方针，准备一举攻下即墨。但事与愿违，反而被田单用“火牛阵”打败，齐军一举收复了七十多座城池。骑劫大败以后，燕惠王又想起了乐毅，便写了一封信，请乐毅回来。乐毅给燕惠王回了一封信，说明他不能回来。信中写道：贤圣之君不以爵禄私自赏给亲信的人，而是有功者赏。能胜任某种职务的，就使他担任某种官职。先王（指燕昭王）待我恩情很深，重用封为亚卿。我也认为，只要遵从命令，尽心尽职，便可报答先王了，因此欣然接受了先王的重托并已完成了。我和先王的交情已是有始有终了，还是不回燕国为好。

燕惠王见请不回乐毅，非常后悔自己当初的草率行为，就把乐毅的儿子乐闲封为昌国君。后来，乐毅死在了赵国。

格杀勿论

“格杀勿论”指在捉人的时候，由于被捕者抗拒而引起搏斗，捕人者打死了抗拒者可以不按杀人论罪。也指把行凶或违反禁令的人当场打死，而不以杀人论罪。

此典出自《后汉书·董宣传》：“叱奴下车，因格杀之。”

东汉初年，洛阳令董宣刚直不阿，不畏权贵。有一次，汉光武帝刘秀的姐姐湖阳公主的家奴杀了人，但这个家奴却依仗着湖阳公主的势力，逍遥法外。董宣决定对这个家奴依法惩处。一天，这个家奴跟随湖阳公主外出，董宣知道后，立即带人前去捉拿。赶到公主的车驾旁边，董宣上前勒住马缰绳，当面指出公主窝藏杀人罪犯是不正确的，同时大声斥骂那个杀人凶手，并让衙役把他拉下车来，当场杀死了。

董宣杀了公主的家奴，公主在皇帝面前告了他。刘秀立即召董宣进宫，并让内侍拿着鞭子要当着公主的面责打他。董宣说：“没必要打，让我把话说完，我情愿一死。陛下是中兴之王，一向注重德行。如今纵容公主的奴仆乱杀无辜，还能够治理天下吗？没必要打我，我自杀就行了。”说着，董宣挺着脑袋向柱子上撞去，头都撞破了。汉光武帝叫内侍把董宣拉住，说：“你向公主磕个头，道个歉吧！”谁知董宣宁肯杀头，不肯低头。光武帝非常佩服董宣的刚直不阿，笑着把他送出宫去，并赏了他三十万钱。从此，董宣不怕豪门贵族的举动震动了洛阳，人们都称他为“强项令”。

画地为牢

“画地为牢”比喻只能在规定的范围内活动。

此典出自司马迁《报任少卿书》：“故土有画地为牢，势不可入。”

西汉时，李陵战败投降匈奴，汉武帝非常恼怒。大臣中原来赞颂李陵士气旺盛的人，见此情况都反过来责骂李陵。唯独司马迁对李陵持有不同看法，他直爽地向汉武帝陈述了自己的意见。他说，我和李陵素来没有什么交情，各走各的路，但我看他的为人，很讲交情、很讲义气、恭敬俭朴。他常常想“奋不顾身”以殉国家的急难，确有国士的风骨。如今李陵出了问题，大家都全盘否定他，我实在想不通。这次，李陵只带五千步兵，深入敌境，竭尽全力地杀敌,把个人的生死置之度外。他与单于打仗十多天,杀敌之数超过了自己军队的人数,杀得匈奴全都恐惧不已。匈奴单于在这种情况下,动员全国军事力量,共同攻击李陵,在敌强我弱的情况下,李陵辗转战斗,拼死鏖战,最后因箭射完了,粮食吃光了,归路被切断了,士兵很多伤亡了,才被迫停止战斗。他的投降实在处于迫不得已,他不是真投降,而是想等待有利时机报答国家。司马迁最后还说,李陵的功劳也可以抵补他战败的罪过。武帝听了司马迁的话,大发雷霆,立即把司马迁关进了监狱。而廷尉杜周为了讨好武帝,对司马迁施行了当时最残酷、最耻辱的"腐刑"。

司马迁因身体和精神受到严重的摧残,内心极为痛苦,很想一死了之。但他冷静一想,如果真的死去,在达官贵人的眼中,也不过像"九牛亡一毛,与蝼蚁何以异?"那样死了不但得不到同情,反而让天下人耻笑。他认为"人固有一死,或重于泰山,或轻于鸿毛",为什么要轻易了结自己的生命呢?至于人身受到侮辱,是完全在意料之中的事。他想到猛虎在深山里为王时,百兽见了都非常害怕,一旦被关进槛圈坑阱之中,也只得向人摇尾乞食,"故士有画地为牢,势不可入……",如今我已被关进了监牢,有什么办法呢?历史上的王侯将相,如文王、李斯、韩信、魏其都受过侮辱,何况我们这些人呢!因此他决定坚强地活下去,忍受奇耻大辱,效法文王、屈原、左丘、孙子等人,在自己剩下的岁月里从事著述。由于艰苦、顽强地努力,他终于写成了《史记》这部伟大的著作。

居官守法

"居官守法"指为官谨慎,奉公守法。

此典出自《史记·商君列传》:"常人安于故俗,学者溺于所闻。以此两者居官守法可也,非所与论于法之外也。"

战国时,秦国国君秦孝公打算任用商鞅进行变法。即将实行的新法将大大提高农民和将士的地位,对秦国在当时称霸于其他诸侯国十分有利。但是,新法又威胁到了贵族和大大小小的封建领主的利益,因此变法之前就遭到了一些权贵们的反对,弄得秦孝公左右为难。有一天,秦孝公让大臣们商量变法的事。大夫甘龙和杜挚极力反对变法。他们认为,风俗习惯不能改,古代的制度不能变,否则就会使大家不习惯,国家就会灭亡。

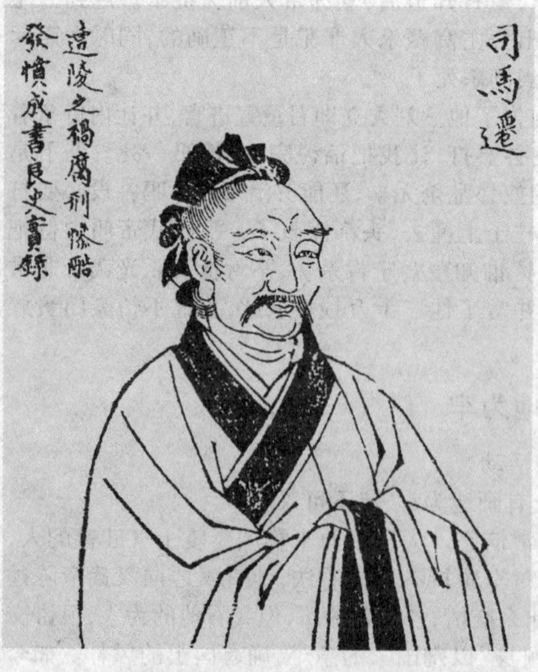

司马迁像,图出自明·天然撰《历代古人像赞》。

面对这些人的反对,商鞅据理力争。他说:甘龙的话,是世俗之言。一般的人安于现状,学者们沉溺于自己的所见所闻。这些人如果让他们当官谨守成法(居官守法)还可以,如果和他们谈论成法以外的事,他们就会一窍不通。古代的制度也许只适合古人的需要,但后来制度都变了,以前的制度也就没有了。成汤和武王改革了古代制度，却复兴了国家。所以，古代应用古人的制度，今人应用今人的制度。要想国家强盛，就得改革制度，实行变法。死守着古代的旧俗不变，就会亡国。

秦孝公非常同意商鞅的意见，便拜他为左庶长，于秦孝公三年（公元前359年）实行了变法。

马首是瞻

“马首是瞻”这个典故比喻服从某一个人的指挥或乐于追随某一个人。常写作“唯……马首是瞻”。

此典出自《左传·襄公十四年》：“荀偃令曰：‘鸡鸣而驾，塞井夷灶，唯余马首是瞻。’”

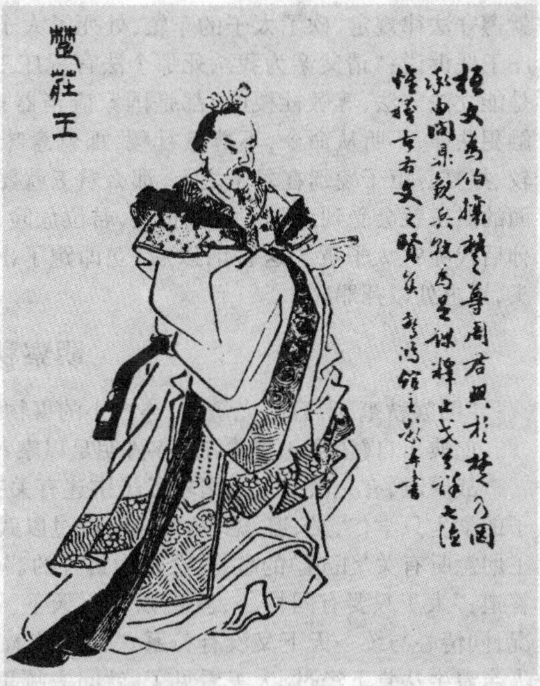

《东周列国志》版画之楚庄王像。楚庄王是春秋时楚国最有作为的国君，春秋五霸之一。

春秋时期，秦、晋两国虽有联姻，但为了各自的利益，却经常相互争斗。公元前558年夏天，晋悼公派元帅荀偃和栾黡（yǎn演）率鲁、莒、郑、卫等国军队攻打秦国。军队到达泾水，诸侯的部队不愿意过河。晋国大夫叔向朝见鲁卿叔孙豹，并决定由叔向去准备船只。叔孙豹念了《匏有苦叶》这首诗中的一段，进行了动员。后来，鲁国、莒国的军队首先渡河。郑国的子蟜进见卫国的北宫懿子说：“亲附别人而自己不坚决，没有比这个更令人厌恶了，把国家置于何地？”懿子很高兴，于是两人去见诸侯的军队，劝他们渡河。军队渡过泾水以后，秦国人在泾水上游放了毒物，诸侯的士兵死了很多。郑国司马子蟜率领郑军前进，其他国家的军队也都跟上来了。联军开到秦国境内的棫（yù玉）林，秦国仍不愿媾和。

茅门之法

“茅门之法”比喻必须执行的严肃的法令。

此典出自《韩非子·外储说右上》：“荆庄王有茅门之法曰：‘群臣大夫诸公子入朝，马蹄践霤者，廷理斩其辀，戮其御。’于是太子入朝，马蹄践霤，廷理斩其辀，戮其御。太子怒，入为王泣曰：‘为我诛戮廷理。’王曰：‘法者所以敬宗庙，尊社稷，故能立法从令，尊敬社稷者，社稷之臣也，焉可诛也？夫犯法废令，不尊敬社稷者，是臣乘君而下尚校也。臣乘君则主失威；下尚校则上位危。威失位危，社稷不守。吾将何以遗子孙？’于是太子乃还走，避舍露宿三日，北面再拜，请死罪。”

这段话意思是说：春秋时期，楚国国君荆庄王（即楚庄王）才能出众。他整顿内政，兴修水利，重视耕战，成为春秋五霸之一。当时，周代诸侯宫廷南面的宫门，称作雉门，在这个故事里称作茅门。为了管理雉门，荆庄王制定了有关的法令，称作“茅门之法”。茅门之法规定：“群臣和公子们到宫廷来朝见楚王时，谁的马蹄践踏了茅门外的散水，就由宫廷里的法官把他的车辕砍断，把他的车夫处死。”有一次，太子入朝，马蹄踏了散水，法官就遵守法律规定，砍了太子的车辕，处死了太子的车夫。太子非常愤怒，到宫廷里对着荆庄王哭诉说："请父亲为我杀死那个法官。"庄王说："法令是用以敬宗庙尊社稷的，因此凡是能立法守法，尊敬社稷的，都是国家应当器重的臣子，这样的人怎么可以把他处死呢？触犯法律，不听从命令，不尊敬社稷，那就意味着臣子凌驾在君王之上，下面的人喜欢计较、报复。臣子凌驾在君王之上，那么君王就要失去权威；下面的人喜欢计较报复，那么上面的君王就会受到威胁。权威丧失，君位危险，国家就会灭亡。到那时，我拿什么留给子孙后代呢？"太子听了这番话以后，立即跑了出去，离家在外露宿三天，朝向北面连连磕头，请求处以死罪。

明察秋毫

"明察秋毫"形容目光敏锐，连极小的事物都看得清楚。

此典出自《孟子·梁惠王上》："明足以察秋毫之末，而不见舆薪，则王许之乎？"

战国时，有一次齐宣王请求孟子讲述有关齐桓公、晋文公称霸的事，孟子回答说："孔子的学生只学仁、义、道、德，从来没听说过以武力称霸的事，所以我不会讲。不过，如果大王愿意听有关'王道'的事，我会尽力讲好的。"齐宣王说："您讲一统天下的事吧！"孟子回答道："大王只要有同情心，就可以统一天下。"齐宣王笑了，说："哪有这么简单的事，何况，同情心与统一天下又没有关系。"孟子接着说："我听人说，有一天，大王坐在堂上，有人牵着牛从堂下经过，大王看见了，就问去哪里。那人说，准备杀牛用它的血祭钟。你就叫那人把牛给放了，并说：'牛又没有罪，为什么要杀它呢？我不愿看到它被杀时那可怜的样子。'那人说：'那祭钟怎么办呢？'大王就叫他用一只羊代替。由此可见，大王是有同情心的，正因为有同情心，才会爱护老百姓，爱护老百姓国家就会强大。"

齐宣王听了，摸着头说："现在想来，真有些不能理解，齐国虽小，也不至于连一头牛都没有，难怪老百姓说我吝啬。"

孟子说："这没有什么奇怪的，只是老百姓不理解大王的情意。表面看，牛和羊都是死，大与小又有什么区别，但实质上却不同了。"齐宣王说："我这种心情与王道有什么关系呢？"孟子回答道："如果有人向大王报告：我的力量能举三千斤，却拿不动一根羽毛；我的眼睛能看清鸟兽的细毛，却看不清眼前的一车子柴火。大王相信吗（'明足以察秋毫之末，而不见舆薪，则王许之乎'）？肯定不信。大王只要有同情心，就应该把同情心扩大到全国，这是大王能做到的。"

齐宣王最后说："您说了这么多，但我还是不喜欢王道。"

天无二日

"天无二日"的意思是，天上没有两个太阳，比喻一国不能同时有两个国君。

此典出自《汉书·高帝纪下》："天亡二日，土亡二王。皇帝虽子，人主也；太公虽父，人臣也。奈何令人主拜人臣！"

刘邦做了皇帝，建立了西汉王朝，有一次回栎阳看望他的父亲。他五天拜见父亲一次，非常恭敬和孝顺。父亲的家令劝告刘邦的父亲说："天上没有两个太阳，一国不能同时有两个国君。皇帝虽然是你的儿子，却是一国之主；你虽然是皇帝的父亲，却是陛下的大臣。怎能叫皇帝朝拜大臣呢！这样做，就会使皇帝的威信很难树立起来。"从那以后，刘邦再来拜见父亲的时候，他的父亲就拿着扫帚，直往后退，以示对刘邦的恭敬。刘邦大吃一惊，马上弯下身扶住父亲。父亲说："皇帝是一国之君，万民之主，怎能因为我破坏了天下应有的法度!”为此,刘邦十分赞赏家令说的那番话,赐给他黄金五百两。不久,刘邦发下一道诏书,尊称自己的父亲为“太上皇”。

为鸦申冤

“为鸦申冤”这个典故比喻那些能够体察民间疾苦、铁面无私、执法如山、为百姓申冤昭雪的人的精神。

此典出自《北梦琐言》:“唐温璋为京兆尹,勇于杀戮,京邑惮之。一日,闻挽铃声,俾看架下,不见有人。凡三度挽掣,乃见鸦一只。君曰:‘是必有人探其雏而诉冤也。’命吏随鸦所在捕之。其鸦盘旋,引吏至城外树间,果有人探其雏,尚憩树下。吏乃执之送府。以禽鸟诉冤,事异于常,乃毙捕雏者而报之。”

这段话意思是说:

唐代温璋做京兆尹的时候,执法一丝不苟,毫不留情地处死那些作恶多端的罪犯,所以,京城的不法之徒都非常害怕他。

一天,忽然听到悬铃的响声,温璋立即派人查看,在铃架下四处张望,也不见有人。这样一共听到三次铃响,才发现是只乌鸦。京兆尹温璋说:“这一定是有人掏走了小乌鸦,它是来申诉冤枉的。”说完,便命令差役跟随乌鸦到乌鸦巢所在的地方拘捕掏小乌鸦的人。那只乌鸦引领差役来到城外的一片树林子里,果然有人掏了小乌鸦,还在树下休息呢,差役便将他捉拿回官府。温璋认为禽鸟诉冤的事不同寻常,就下令打死那个掏小乌鸦的人,为乌鸦申了冤,报了仇。

乌合之众

“乌合之众”的意思是,像乌鸦一样暂时聚集在一起的群体。人们用它比喻无组织、无纪律的人群。

此典出自《汉书·耿弇传》:“至长安,与国家陈渔阳、上谷兵马之用,还出太原、代郡,反复数十日,归发突骑以辚乌合之众,如摧枯折腐耳。”

公元8年,王莽大败西汉刘氏皇朝,建立起国号叫做“新”的王氏皇朝。他的这个行动,遭到汉宗室豪强集团的武力反抗。刘秀等人起兵以后,懦弱无能的刘玄被拥立为皇帝,号称更始帝。

当时,豪强王郎诈称自己是汉成帝的儿子刘子舆,欺骗天下舆论,在邯郸起兵。扶风茂陵人耿弇(字伯昭)辞别父亲耿况,前去投奔更始帝刘玄,以便自己能有一个好前程。跟着他一起去的官吏孙仓、卫包在路上对耿弇说:“刘子舆是汉成帝的儿子,投奔他是名正言顺。如今反而不去投奔他,我们千里迢迢往哪里去呢?”耿弇严肃地说:“刘子舆不过是一个下贱的贼,总有一天要成为阶下囚。我到长安以后,调用国家派驻在渔阳、上谷的兵马,迅速出兵太原、代郡,十几天后派出突击敌军的骑兵,扫平这些像乌鸦一样暂时聚合在一起的敌人军团,就如同摧毁、折断干枯而腐朽的木枝似的那样容易。我看你们二人不知何去何从,灭族之祸就为期不远了。”后来,孙仓、卫包二人没有听从耿弇的劝告,投奔王郎去了。

先斩后奏

“先斩后奏”指的是先采取果断的行动,然后再向上报告。也可用来泛指事前不报告,迫使上级承认既定的事实。

此典出自《窦娥冤》第四折："老夫廉能清正，节操坚刚，谢圣恩可怜，加老夫两淮提刑肃政廉访使之职。随处审囚刷卷，敕赐势剑、金牌，体察滥官、污吏，容老夫先斩后奏。"

元代剧作家关汉卿（号已斋）在晚年写了一部著名的戏——《窦娥冤》。剧情梗概是：善良的贫家女子窦娥三岁丧母，父亲窦天章是个穷书生，为了偿还欠下的债务和换取上京赶考的路费，把女儿送到蔡婆婆家里去做童养媳。十年后，窦娥的丈夫不幸早死，于是她就和蔡婆婆两个相依为命过着守寡的日子。地痞张驴儿和他的父亲垂涎欲滴地窥伺着这两个寡妇。张驴儿本来想毒死蔡婆婆，结果却毒死了自己的父亲。他反而诬陷窦娥，逼迫她顺从。官府断案不明，斩杀了窦娥。后来，窦娥的父亲窦天章当了大官，奉旨访察民情，惩处贪官污吏，回到离别十六年的家乡，终于替女儿昭雪了冤案。

窦天章是朝廷命官，深受皇帝信任。在戏中窦天章有这样一段独白：

"老夫我为官廉洁清正，情操坚强、刚直，皇上怜爱我，叫我担任两淮提刑肃政廉访使的职务，四处审讯囚犯，查阅案卷，赐给我象征权势的宝剑和金牌，让我监察贪官污吏，并允许我先斩后奏。"

"先斩后奏"就是从这个故事而来的。

有天没日

"有天没日"这则寓言以幽默的笔触、犀利的语言，揭露了衙门公堂残害人民的本质。"有天没日头"这个警句，是百姓觉醒的语言，它大胆而机智地揭露了黑暗的统治，从而概括出整个封建王朝的凶残本质。

此典出自《笑得好》。

夏天天气炎热，几个长官在一起商议公事，偶然谈到天气太热，不知道去哪里乘凉。有的说某处花园水上走廊特别凉快，有的说某寺院的大殿特别凉快。旁边的许多百姓齐声说："各位老爷想要凉快，不如去衙门的公堂上，那里最凉快了。"众长官诧异地问为什么，百姓们回答道："那里是没有日头照耀的地方，怎么会不凉快呢！"

约法三章

"约法三章"比喻订立法律，相互遵守。

此典出自《史记·高祖本纪》："与父老曰，法三章耳：杀人者死，伤人及盗抵罪。"

秦二世荒淫残暴，宠信赵高，陷害忠良，以致民不聊生，天下大乱。陈胜、吴广揭竿而起，不久后，江东项羽、丰沛刘邦也举起义师，拥立楚王孙心为怀王，建都盱眙。这时楚军上将军为宋义，项羽为次将，范增为末将，刘邦则自领丰沛起兵的军队，隶属于楚怀王。不久，刘邦封为沛公。

楚军立志要灭秦，必先占据关中之地（函谷关以西，今陕西等地）。楚怀王这日登殿，问殿前诸将，谁愿进取关中？项羽、刘邦，都表示愿意前往。楚怀王说："谁先进入关中，谁即为关中王。"项羽、刘邦整军出发，项羽从北路进发，刘邦从西路进军。

刘邦兵进关中，接连打了几个胜仗，被秦朝的暴政所残害的秦地人民在楚军进关时，箪食壶浆，夹道相迎。秦军望风而逃，刘邦直扑咸阳城下，秦二世、赵高等人，惊骇不已。

赵高杀了秦二世，立秦王婴，想与楚军和好。但秦王婴又杀了赵高，素车白马，出城向刘邦投降。

刘邦进入咸阳，就留恋皇宫的舒适，不愿出皇宫。这位泗上亭长出身的刘沛公，布衣时代，贪酒好色，进入宫廷后，就只顾享受荣华富贵，全然忘记了自己的使命。樊哙进宫劝他离去，他不听。张良又进宫劝说："秦皇无道，天下大乱，你才能兵进咸阳，为的是替天下扫除残贼。你刚到了咸阳，就安于宫室犬马，醇酒妇人之乐，这岂不是助纣为虐？"刘邦大悟，遂出宫回至霸上，召集关中豪杰开会，约法三章：一、杀人者死。二、伤人及盗抵罪。三、馀悉除去秦法。诸吏人皆安堵如故。

刘邦对大家说："我这次出关，是为父老乡亲们除害，不是来攻打父老乡亲们的，请你们放心。我不住在咸阳宫中，回到霸上行辕，为的是等待山东六国诸侯会师咸阳，再定约束。"

秦国父老乡亲们大喜，回家之后，牵着牛羊，抬着酒食，去慰劳刘邦的军士。刘邦不接受，婉转地对父老们说："我们军中有的是军粮，不能接受你们的酒食，但我们非常感谢你们的盛情，如果我们吃了你们的东西，花费了你们的钱食，就违背我们进关拯救你们的初衷了，东西请你们带回，心意我们领了。"

这和秦军搜括民脂民膏唯恐不尽的行为，完全相反。关中百姓奔走相告："如果刘沛公不回关东，在我们关中做秦王，我们就有好日子过了。"

刘邦入关，与民约法三章，立刻就收买了关中的人心。

罪不容诛

"罪不容诛"表示处以死刑也抵不过所犯的罪恶，用来形容罪大恶极。

此典出自《孟子·离娄十》："罪不容于死。"

有人去见孟子，希望他谈谈对冉求的看法。孟子说："冉求做季康子的家臣，不但不施仁政，反而把田税增加了一倍，孔子都不把他当成是自己的学生，这样的人还有什么可谈的呢？"来见孟子的人又问："冉求为季康子搜刮钱财都被孔子所唾弃，那么，那些帮助君主打仗的人又该如何看待呢？"孟子面有怒色地说："那些好战的人们为了争夺土地，争夺城池，不知杀死了多少人啊！这种人啊，真是'罪不容于死'（意思是：就是处他们的死刑，也抵不过他们犯下的罪）。"来见孟子的人说："您说得非常正确，可是谁来处他们的死刑呢？"孟子听后默然不语，无言以对。

入关约法图。秦朝末年，刘邦率军攻入咸阳，约法三章：杀人者死，伤人及盗抵罪。其余秦国苛法一概废除。百姓闻之，莫不奔走相告。

作法自毙

“作法自毙”是说立法的人因自己触犯法律，而自受其害；比喻自作自受。

此典出自《史记·商君列传》：“商君亡至关下，欲舍客舍。客人不知其是商君也，曰：‘商君之法，舍人无验者坐之。’商君喟然叹曰：‘嗟乎，为法之敝一至此哉！’”

战国时，秦孝公为了进一步改革政制，使秦国更加强盛，决定变法，并任用当时有名的政治家商鞅为宰相，制订和执行新法。商鞅变法的主要内容为：一、编定户籍，加强内部管理；二、一个户主如有两个儿子，到一定年龄必须分家，各自独立生产维持生活，防止一家人互相依赖；三、全国百姓都要努力耕耘和纺织，如超过一般人的生产量，可免除徭役，以增强秦国的经济力量；四、重新规定爵位，奖励对外作战有功的人；五、凡是没有军功的贵族，都废除他们原来的爵位，取消贵族世袭的权利；六、普遍建立以县为单位的行政制度；七、废除井田制，准许土地自由买卖；八、统一度量衡制度。

商鞅变法内容，完全符合当时秦国生产发展和军事扩张的要求，因此不到十几年，秦国实力更强盛。但由于这一变法得罪了一些贵族，所以在秦孝公死后，一些反对变法的人便到秦惠王跟前诬告商鞅造反，又由于惠王以前曾与商鞅不和，便下令捉拿他。商鞅被逼逃亡至关下，想在客栈休息一下，客栈主人不知他是商鞅，对他说：“商鞅的法律，凡客栈的主人不去验明客人身份而收容他的，处以死刑。”商鞅听了叹道：“想不到为法的弊端，竟到了这个地步！”说完，他继续逃亡到魏国去。

做贼心虚

“做贼心虚”指出了“为盗者”的一个致命弱点，说明一个人只要做了见不得人的事，总是不能够理直气壮。

此典出自《梦溪笔谈·权智》。

枢密直学士陈述古任建州城知县时，有人丢了东西，后来抓到了一些人，但却弄不清哪个人是真正的盗贼。于是陈述古骗他们说：“某某庙里有一口钟，能辨认盗贼，特别灵验。”他派人把那口钟抬到官署后阁，祭祀起来，把这一群囚犯带到钟前，对他们说：“没有偷东西的人，摸这口钟，它不响，偷了东西的人一摸它，钟就会发出声响。”述古亲自率领他的同僚，在钟前很恭敬地祈祷。祭祀完毕后，用帐子把钟围起来，并暗地里派人把墨汁涂在钟上，过了很久，钟涂好以后，带领被捕的犯人一个个让他们把手伸进帷帐里去摸钟，出来就查看他们的手，发现都有墨汁，只有一个人的手上没有墨汁。述古对这个人进行审讯，于是他才承认自己是盗贼。原来这个人是害怕钟响，没敢去摸钟。

不受一钱

“不受一钱”形容为官清正廉洁。

此典出自《晋书·邓攸传》：“郡常有送迎钱数百万，攸去郡，不受一钱。百姓数千人留牵攸船，不得进，攸乃小停，夜中发去。”

邓攸（公元？—326年），字伯道，晋代平阳襄陵（今山西襄汾）人，西晋时曾任河东太守。西晋末年，朝廷内讧，爆发了八王之乱。晋怀帝（司马炽）永嘉年间（公元307—312年），石勒（公元274—333年，羯族，上党武乡人，字世龙，东晋列国后赵的创造者）消灭东海王司马越全军，攻克陷洛阳城，邓攸当了俘虏。石勒欣赏邓攸的才能，就任用他为参军，让邓攸跟着他东征西战。邓攸乘机带着妻子儿女逃跑，又遭到贼人劫掠，失去牛马，只好扔掉自己的亲生儿子，只带着妻子和侄子邓绥逃亡。后来经友人推荐，得到晋元帝（司马睿）的任用。

晋元帝任邓攸为太子中庶子。当时，吴郡太守缺额，许多人都想去担任这个职务，晋元帝都没有答应，结果却把吴郡太守的职位授给邓攸。邓攸自己带着粮米到郡上任，不肯接受俸禄，只饮用吴郡的水而已。当时吴郡闹饥荒，邓攸上奏请求赈济灾民，还没有得到恩准，就自行开仓放粮，救济百姓。朝廷派遣散骑常侍桓彝、虞伻慰劳饥民，考察邓攸的政事的得失、好坏。这两个使者弹劾邓攸擅自开仓放粮。不久，皇帝有诏令下达，谅情而宽赦其罪。邓攸在吴郡任太守期间，清正廉明，百姓欢悦。后来，邓攸自称身体有病，就辞去太守的官职。郡府里常有用于迎送的金钱几百万，邓攸离职时，不肯接受一文钱。他离开吴郡时，数千名老百姓拉住邓攸乘坐的船，苦苦地哀求他留下来，使他的船无法行进，于是邓攸只好留下来又呆了一段时间，到晚上才乘船离去。

不贪为宝

“不贪为宝”形容清廉不贪，操守高洁。

此典出自《左传·襄公十五年》：“宋人或得玉，献诸子罕。子罕弗受。献玉者曰：‘以示玉人，玉人以为宝也，故敢献之。’”

子罕曰：‘我以不贪为宝，尔以玉为宝。若以与我，皆丧宝也，不若人有其宝。’稽首而告曰：‘小人怀璧，不可以越乡，纳此以请死也。’子罕僇诸其里，使玉人为之攻之，富而后使复其所。”

这段话意思是说：

春秋时期，宋国有人得到一块美玉，他把美玉献给子罕。子罕是一个清廉不贪的人，不愿意接受这块美玉。献玉的人说：“我把这块玉拿给玉工看过，玉工认定它是个宝物，所以我才敢把它拿来献给您。”子罕说：“我把不贪求钱财视为宝物，你把美玉视为宝物。如果您把美玉给了我，我们两个人就都丧失了自己的宝物。还不如您自己留着美玉，我严守自己不贪图钱财的操守，这样我们各自都会保守着自己的宝物。”献玉的人听了，连忙叩头，告诉子罕说：“我只是一个普通的老百姓，却带着如此珍贵的玉璧，必然为盗所害，不能越过乡里。我把它送给您，是请求免于一死的。”子罕把美玉留在自己的乡里，派玉工替献玉的人加以雕琢，等献玉的人卖出玉璧，变得富有之后，才让他回到自己的家里。

海不扬波

“海不扬波”比喻天下太平，好像大海风平浪静，没有一点波涛，也比喻人民生活非常安定，社会秩序非常良好。

此典出自《韩诗外传》五：“久矣，天之不迅风疾雨也，海不波溢也，三年于兹矣，意者，中国殆有圣人，盍往朝之。”

周成王时，周公摄行相事，处理国政，天下太平，人民安居乐业，国家治理得井井有条，邻国都非常敬仰，纷纷来朝贡。

交趾国越裳氏也派了使臣重译来中国朝贡，向周公赠献珍禽白雉。周公很谦虚地说：“我国并没有恩德加给贵国，何况有道德的人，是不贪图享受物质的，况且我们又没有好的政令设施，哪里敢把你们当臣属看待呢？”重译说道：“我来的时候，我们国王黄考对我说：‘如今天下已没有猛烈的风暴和连绵不断的阴雨；灾难也好久没有看到了，海不扬波也有三年了，我想中国一定出圣人啦！我们应该去朝贡。’”使臣朝贡完毕，在回国的途中

周公像，图出自明·天然撰《历代古人像赞》。周公是周武王的弟弟，周武王死后，周公辅佐年幼的周成王，摄行相事，处理国政。

迷失了方向，周公赐他一辆指南车，并派人给他当向导。

解狐举贤

“解狐举贤”这个典故比喻人要任人唯贤，以国事为重。

此典出自《韩非子·外储说左下》：“解狐举刑伯柳为上党守，柳往谢之曰：‘子释罪，敢不再拜。’曰：‘举子，公也；怨子，私也。子往矣，怨子如初也。’”

这段话意思是说：解狐推荐刑伯柳做上党的郡守，刑伯柳去向他道谢说：“你能原谅我的过错，我怎么敢不再次拜谢你呢！”解狐说：“我推荐你，是公事；怨恨你，是私事。你去（上任）吧，我对你的怨恨，一如既往。”

克己奉公

“克己奉公”的意思是严格要求自己，一心为公。

此典出自《后汉书·祭遵传》：“遵为人廉约小心，克己奉公。”

东汉初年，有一个人叫祭（chài）遵，字弟孙，颍川人。他的家庭虽然十分富有，但他生活俭朴，不喜欢穿衣打扮。母亲死后，他亲自背土为母亲的遗体筑坟。刘秀起兵反对王莽之后，路过颍阳，看中了祭遵，就任用他当军市令。有一次，刘秀身边的侍从犯了法，祭遵就把他杀了。刘秀对将领们说：“你们要当心祭遵！我身边的侍从犯了法，都被他杀掉了，如果你们犯了法，祭遵一定不会留情面的。”不久，刘秀又拜祭遵为偏将军，封为列侯。从此以后，祭遵跟着刘秀东征西讨，立下了许多功劳。

《后汉书》“列传”的作者范晔（南朝·宋）在为祭遵作传时写道：“祭遵为人廉洁、节俭、谨慎，约束自己，以公事为重。他把皇上赏赐的钱财物，全部分给士兵，家中没有一点私财。他身穿柔皮做成的低贱的牧人裤，盖布被子，夫人穿的衣服也非常普通，因此，光武帝刘秀很器重他。祭遵死后，光武帝刘秀感非常悲痛，祭遵的丧车到达河南县的时候，刘秀诏令文武百官先到祭遵的灵前集合，而刘秀本人穿着素服前往吊唁，哭得非常伤心。’”

两袖清风

“两袖清风”形容官吏为政清廉，除两袖清风外，别无所有。

此典出自明代于谦《入京》诗：“绢帕蘑菇与线香，本资民用反为殃；清风两袖朝天去，免得闾阎话短长。”

明代著名的民族英雄和诗人于谦（公元1398—1457年），字廷益，钱塘（今浙江杭州市）人。永乐十九年（公元1421年）考取进士，任兵部右侍郎，巡抚山西、河南十九年，能够体察老百姓的疾苦，深得民心。明英宗朱祁镇正统十四年（公元1449年）秋，蒙古瓦剌部进犯，英宗在土木堡（今河北怀来县）被俘，于谦被任为兵部尚书，坚决反对迁都南逃，亲自指挥作战，迫使瓦剌部议和。

明英宗复位，于谦却被诬陷致死。

于谦在担任巡抚从外地回京时，什么东西也不带。他写了一首《入京》诗，表达自己对贪官污吏的不满，以及廉洁自律的高尚情操。他写道：

“绢帕蘑菇与线香，
本资民用反为殃；
清风两袖朝天去，
免得闾阎话短长。”

这首诗的意思是，绢帕、蘑菇、线香等物品，本来应该给老百姓使用，只因贪官污吏巧取豪夺，反而给老百姓带来了灾难。在如此恶浊的世风下，我要保持自己的清白，离职返京时，什么东西也不带，两袖清风朝见天子，以免里巷与平民对我议论纷纷。

马不入厩

“马不入厩”形容官吏廉洁从政。

此典出自《后汉书·张奂传》：“使马如羊，不以入厩；使金如粟，不以人怀。”

东汉时期，有一个人叫张奂，字然明，敦煌渊泉（今甘肃安西县）人。汉桓帝永寿元年（公元 155 年），出任安定属国都尉。他刚到任的时候，南匈奴派兵七千多人侵扰闹事。张奂兵少，就联合东羌人，打败了南匈奴的军队，南匈奴七千多人全部投降，边界一带平安无事了。

羌族首领很感激张奂的恩德，就献给他二十四马。羌人先零部落的酋长又送给他八枚金银制成的耳环。张奂表面上收下了这些礼物，背地里却把主簿叫到羌人面前，说：“即使马像羊那样小，也不要牵入我的马厩；即使金子像谷粒那样小，也不要装进我的怀里。”他命令主簿把金子和马匹全部还给了羌人。羌人非常尊重清廉的官吏。以前，安定属国的八任都尉都贪图钱财，羌人对这些贪官污吏十分憎恶。张奂则以身作则，为政清廉，他的威望极大地改变了当地的社会习俗和风气。

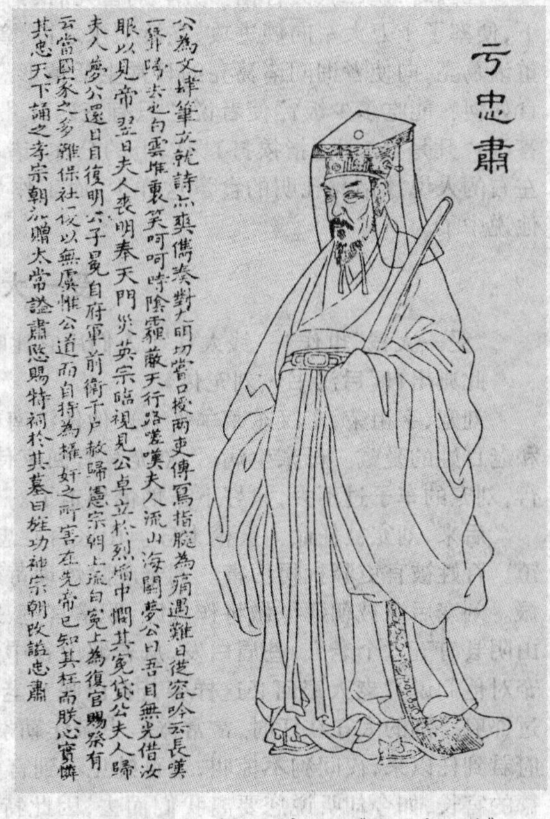

于谦像，图出自清·上官周绘《晚笑堂画传》。

黄羊任人

“黄羊任人”这个典故比喻大公无私、任人唯贤、因材荐录的崇高精神。

此典出自《吕氏春秋》：“晋平公问于祁黄羊曰：‘南阳无令，其谁可而为之？’祁黄羊对曰：‘解狐可。’

平公曰：'解狐非子之仇邪？'对曰：'君问可，非问臣之仇也。'平公曰：'善。'遂用之，国人称善焉。

居有间，平公又问祁黄羊曰：'国无尉，其谁可而为之？'对曰：'午可。'平公曰：'午非子之子邪？'对曰：'君问可，非问臣之子也。'平公曰：'善。'又遂用之，国人称善焉。"

这段话意思是说：

晋平公问祁黄羊说："南阳没有县官，你觉得哪个人可以去做县官？"祁黄羊回答说："解狐可以。"晋平公说："解狐不是你的仇人吗？"祁黄羊说："你问我谁可以当县官，没有问谁是我的仇人。"晋平公说："好。"于是晋平公便任用了解狐，百姓都称赞解狐是个好县官。

过了一段时间，晋平公又问祁黄羊说："国家没有法官，你看谁可以胜任这个工作呢？"祁黄羊回答说："祁午可以。"晋平公说："祁午不是你的儿子吗？"祁黄羊回答说："您问谁可以（做法官），并没问谁是我的儿子。"于是晋平公又任用了祁午，百姓都赞扬祁午是个好法官。

食少事繁

"食少事繁"比喻吃的饭很少，事务却很繁多。这个成语多用来劝告别人要注意身体的健康。

此典出自《晋书·宣帝纪》。

三国时，魏、蜀、吴各据一方。刘备死后，诸葛亮辅助幼主继承刘备遗志，想要统一天下，便率了十万大军向魏进攻，在渡渭水之前，曾派使者去魏国。魏国大将司马懿非常敬重诸葛亮，向使者询问诸葛亮的日常生活情形。说："诸葛孔明先生生活得好吗？他的饮食如何？能吃多少饭？"使者说："只有三四升。"接着又问诸葛亮处理政事的情形，使者回答说："凡是处二十（指挨打）罚以上的公文，诸葛丞相都要亲自审察。"事后，司马懿对他左右的人说："诸葛孔明的食量这样少，而工作量又这样繁重，他能长命吗？"后来真的被他说中了。

受一大钱

"受一大钱"也作"一钱太守"，人们用它比喻为官清廉。

此典出自《后汉书·刘宠传》。

刘宠，字祖荣，东汉东莱牟平人。他任济南郡东平陵县令时，为人宽厚，受到下级官吏和老百姓的爱戴。母亲生病后，刘宠辞官回家侍奉母亲。成群结队的老百姓赶来为他送行，刘宠的车子过不去，只好下车悄悄地走了。

后来，刘宠被任命为会稽太守。山区百姓忠厚朴实，有的人头发都白了还没有进过城镇。百姓被官吏骚扰得厉害。刘宠废除烦琐苛刻的政令，查禁不法行为，郡中风气为之一振。刘宠后来被朝廷征做将作大匠，职掌宫室、宗庙、陵园等处的土木建筑。消息传开后，山阴县有五六个老人，苍眉白发，从若邪山谷中赶来，每人拿了一百个大钱送给刘宠。刘宠对他们说："老人家何必这样劳苦自己呢？"老人回答说："我们生长在山谷野外，没有见过郡府。别的太守在任时，常常派官吏敲诈勒索，百姓没有好日子过。自从您这位开明的府君到任以来，夜间狗不惊叫，老百姓见不到官吏前来盘剥。我们在年老时才遇到如此圣德的官长，如今却听说您要离我们而去，因此特意赶来送别。"刘宠说："我的政事哪能有你们说的那样好？让老人家受累了！"说完，特地从每个老人那里拿了一个大钱接受了。

一馈十起

“一馈十起”形容事务繁忙或热情听取群众意见。

此典出自汉·刘安《淮南子·氾论训》：“一馈而十起，一沐而三捉发，以劳天下之民。”

大禹因为治水立下了功劳，非常受百姓爱戴。后来虞舜把帝位让给大禹，大禹就做了夏朝的第一个君主。

大禹做了君主以后就用五种声音来治理国家。这五种声音是：钟声、鼓声、磬声、鞀声和铎声。他对百姓说：“要告诉我大道，就击鼓；要告诉我大义，就敲钟；有紧急事情告诉我，就击磬；有案件要我处理，就敲小鼓；有大事告诉我就摇铃铛。”当他把这五种声音的功能告诉百姓以后，大禹就常常是：“一馈而十起，一沐而三捉发，以劳天下之民。”意思是：因为要找大禹的人太多，大禹吃一顿饭都要接待百姓许多次；洗澡的时候也常常还没洗好时就有许多人来找他。他就是这样一心一意为百姓办事。

夏禹像，图出自明·天然撰《历代人物像赞》。

一琴一鹤

“一琴一鹤”形容为官清正廉洁。

此典出自《宋史·赵抃传》：“闻卿匹马入蜀，以一琴一鹤自随，为政简易，亦称是乎？”。

赵抃（公元1008—1084年），字阅道，宋代衢州（州名，治所在今浙江衢县）西安人。宋仁宗（赵祯）景抃元年（公元1034年）考取进士，任殿中侍御史，弹劾不避权贵。

宋神宗（赵顼）即位后，任用赵抃在谏院任职，负责规劝朝廷得失。按照朝廷的先例，近臣从成都返回朝廷的，如果要重用，必须要到尚书、门下、中书等官署中任职，不能做谏官。赵抃曾在成都任职，而宋神宗居然任命赵抃当谏官，大臣们对此非常不满。宋神宗说：“我还得依靠他的直言劝谏呢。想用就应该用，这有什么妨碍呢。”等到赵抃辞谢时，宋神宗说：“听说你单人独骑进入蜀郡上任，随身只带一张琴、一只鹤，所带的行李非常少，为政清廉，主持政务简易不烦，你的这种表现，同谏官的身份不是十分相称吗？”不久后，赵抃被提拔为参知政事。赵抃为了感激宋神宗的知遇之恩，竭尽全力效忠于宋神宗。朝廷的政务有不合适的地方，赵抃总是秘密向宋神宗报告，宋神宗亲写手诏，对他以示称赞。

苑中种麦

“苑中种麦”说的是唐玄宗亲自种麦的故事，人们用它喻指皇帝励精图治、重视农业生产的明智之举。

此典出自《旧唐书·玄宗纪》:“此将荐宗庙,是以躬亲,亦欲令汝等知稼穑之难也。”

唐玄宗李隆基(公元685—762年),是唐睿宗(李旦)的第三个儿子,垂拱元年(公元685年)秋出生于东都洛阳。为人英勇果断,多才多艺,精通音律,擅长于书法,仪态俊逸,一表人才。

唐睿宗是一个昏庸懦弱的人,他依靠儿子李隆基和太平公主的力量得到帝位,因此,登上帝位后他就立李隆基为太子。公元712年,唐睿宗让位给李隆基自己改称太上皇。唐玄宗是一位励精图治的皇帝,从公元713年至公元736年,为了求得国内的安宁,在用人和纳谏等方面,表现出了卓越的政治才能。因此,开元年间,经济繁荣,国威远扬,是唐朝的黄金时代。

开元二十二年(公元734年)夏季,唐玄宗亲自在苑中种麦子,率领皇太子等人收割庄稼,对皇太子等人说:“因为要把这些收获下来的粮食供奉于宗庙,所以我要亲自动手收割,也想叫你们懂得耕种收获粮食的艰难。”他把粮食分赐给侍臣们,对他们说:“每年派人巡视检查禾苗庄稼,要知道到底能产多少粮食,但是,他们所报的数字多是浮夸之词,与事实不相符。所以,我要亲自种植,看一亩地到底能收多少粮食,以推测收成如何。况且,《春秋》这本书极力描述麦子禾苗,难道稼穑之事不是古人所重视的么!”

斋马清风

“斋马清风”形容官吏居官清廉。

此典出自《旧唐书·冯元淑传》。

唐代,有一个人叫冯元淑,在武则天时期任清漳县令,政绩非常突出,老百姓都极为尊敬和爱戴他。后来,冯元淑又出任浚仪、始平县令,都是单人独骑前去赴任,从来都不带妻子儿女一同前往。他所骑的马,午后就不再喂草料,冯元淑说,这是让马作斋戒。而且他自己以及他的随从奴仆,每天只吃一顿饭。节省下来的俸禄,都用来做办公的费用和赐给贫寒的人们。有人讥笑他是为了沽名钓誉,冯元淑说:“这是我的本性,不觉得清苦。”唐中宗(李显)时,皇帝发下诏书慰劳和勉励他,并叫史官编写他的事迹。

折臂三公

“折臂三公”指人坠马、伤臂等。也可用它称忠诚的官员。

此典出自《世说新语·术解》:“人有相羊祜父墓,后应出受命君。祜恶其言,遂掘断墓后,以坏其势。相者立视之曰:‘犹应出折臂三公。’俄而祜坠马折臂,位果至公。”

羊祜,晋代南城人,字叔子。三国时期,曾在魏国末年任相国从事中郎,掌握朝廷大权。西晋王朝建立后,羊祜被封为巨平侯,都督荆州诸军事,前后长达十余年。他在任期间,励精图治,开荒屯田,储备军粮,筹划攻灭东吴。他待人宽厚、抚恤百姓,深得百姓的喜爱。

羊祜任襄阳都督的时候,有一个风水先生察看羊祜父亲的墓地说,从其风水看,有朝一日羊家要出现一位受命于天的皇帝。羊祜很厌恶这个预言,于是把墓后的水土掘开,以此破坏墓地原来的风水。据说,掘墓土的时候发现一个五六岁的小孩,长得端庄秀丽,非常可爱。掘墓之后,那个小孩就不见了。可是,风水先生看了一会儿,又说道:“这样的风水,还可以出折臂三公。”不久,善于骑马的羊祜却从马上摔了下来,摔断了胳臂,随后,官职升到三公高位。士人都感叹羊祜的忠诚。

掷骰入相

“掷骰入相”形容官场腐败，仕风恶浊。此典出自《辽史·耶律俨传》：“帝晚年倦勤，用人不能自择，令各掷骰子，以采胜者官之。俨尝得胜采，上曰：‘上相之征也！’”

辽道宗（耶律洪基）时期，辽国有一个大臣叫耶律俨，字若思。他本来姓李，父亲叫李仲禧，析津（今北京）人。李仲禧在辽兴宗（耶律宗真）重熙年间（公元1032—1055年）开始在辽国朝廷里做官，辽道宗（耶律洪基）咸雍六年（公元1070年）被赐姓耶律。耶律俨一表人才，勤奋好学，以诗名著称，在咸雍年间（公元1065—1074年）考取进士，从此踏上仕途，曾任大理卿、参知政事等职。

辽道宗（耶律洪基）到了晚年时，很少管理政事，毫不用心，选用人才不是亲自考察，而是叫官员们像赌博一样掷骰子，谁掷出的骰子点数大，谁就升官。有一次，耶律俨掷骰子得胜，辽道宗说：“你快当相了！”随即任命耶律俨担任中央官署枢密院的长官。

哀鸿遍野

“哀鸿遍野”形容到处可以看到呻吟呼号、流离失所的灾民。

此典出自《诗经·小雅·鸿雁》：“鸿雁于飞，肃肃其羽。之子于征，劬劳于野。爰及矜人，哀此鳏寡。鸿雁于飞，集于中泽。之子于垣，百堵皆作。虽则劬劳，其究安宅？鸿雁于飞，哀鸣嗷嗷。维此哲人，谓我劬劳。维彼愚人，谓我宣骄。”

春秋战国时代，诸侯间互相攻伐，战乱频繁，老百姓经常被派遣在外服役，诗人们便借用“鸿雁”为题，写诗来抒发百姓的心声。

诗的意思是：成双成对的雁儿在空中飞行，它们的翅膀发出沙沙声。那个人的儿子出门，到郊外去当牛做马为别人卖命。我们都是受苦难的人，可怜的是既老又无亲。一对对的鸿雁儿飞走了，一同聚集在湖沼里。那个人去筑墙，百丈墙身都已筑起；他尝尽了苦难，可是哪里又是他安身的地方呢？雁儿们已经飞去，它们在空中发出声声叫啼，理解我们的人，说我们是劳苦的；那些糊涂虫，还觉得我们不安分！

逼上梁山

“逼上梁山”比喻被迫进行反抗。也比喻不得不做出某种行动。

此典出自《水浒传》。

豹子头林冲，是北宋京都汴梁（今河南省开封市）八十万禁军枪棒教头。他为人忠厚正直、安分守己。

一天，林冲带着妻子去岳庙进香。途中，看到花和尚鲁智深在耍一把六十多斤重的浑铁禅杖。众人齐声叫好，林冲也被吸引过去观看。鲁智深与林冲两个好汉一见如故，结义为兄弟。正在这时，林冲妻子的侍女锦儿慌忙跑来报信说，林娘子在路上被歹人拦截。林冲急忙与鲁智深告辞，去岳庙追赶歹人。林冲抓住歹人举拳要打时，发现此人原来是他的顶头上司奸臣高俅的义子高衙内。高衙内一伙得知那女子是林教头的妻子，害怕打起来不是林冲的对手，便假惺惺地劝解：“衙内不认识，多有冲撞。”说完，急忙把高衙内拉走。这时，鲁智深也急忙赶到，了解了情况要去追打高衙内，被林冲劝阻。林冲忍下了这口恶气。

高衙内逃走以后仍不死心，还想霸占林娘子。于是他与高太尉一起设计，以看刀为由将林冲骗进高府，诬陷林冲持刀闯入白虎节堂，将他下狱拷打。高俅一伙觉得不便在京杀害林冲，于是将林冲发配沧州（今属河北省）充军，同时买通差人，谋划在路经野猪林时将他杀害。鲁智深暗中保护林冲，大闹野猪林，高俅的阴谋未能得逞。

到沧州后，林冲被分配看管草料场。高俅父子贼心不死，又派他们的心腹前往沧州，火烧草料场。这样，即使林冲没有被烧死，也会因草料场失火而被处死。当草料场起火燃烧时，林冲听到高俅的心腹们得意地谈论暗害林冲的计谋。这时，林冲再也按捺不住心头的怒火，把仇人全部杀掉。毅然上了梁山，加入了梁山泊好汉的队伍。

比干剖心

“比干剖心”比喻忠臣被害。

此典出自《史记·殷本纪》：“纣愈淫乱不止。微子数谏不听，乃与大师、少师谋，遂去。比干曰：‘为人臣者，不得不以死争。’乃强谏纣。纣怒曰：‘吾闻圣人心有七窍。’剖比干，观其心。箕子惧，乃佯狂为奴，纣又囚之。殷之大师、少师乃持其祭乐器奔周。周武王于是遂率诸侯伐纣。”

我国商（殷）朝的最后一个王叫帝辛，也叫纣。他虽然有一定的历史功绩，但却是一个非常荒淫残暴的人，并且刚愎自用，不愿听从别人的劝告。

周武王已经准备讨伐殷纣王的时候，但是殷纣王却毫无改悔之意，并且越来越淫乱。他同父异母的哥哥微子启多次劝谏他改邪归正，纣王根本不听从他的劝告。无奈之下，微子就同太师、少师商议，一起躲藏到别的地方去。纣王的叔叔比干说：“作为臣子，不得不冒死进谏。”于是，他对纣王强行劝谏。纣王大怒，说：“我听说圣人的心有七个窍，我倒要看看你的心到底有几个窟窿！”他居然杀死比干，取出心来观赏。纣王的堂兄弟箕子恐惧万分，只好装疯卖傻扮做奴隶，但纣王还是把他囚禁了起来。殷朝有些太师、少师一类的大官，甚至偷偷地拿走太庙里的祭器、乐器，投奔了周武王。于是，周武王开始率领诸侯军，大举讨伐殷纣王。

不教而诛

“不教而诛”是从“不教而杀”一语变化来的。它的意思是平时不加管教，一旦犯了罪便轻易处死。可用它讽喻平时不教育，一旦出了问题便一棍子打死的作风。

此典出自《论语·尧曰》：“子张问于孔子曰：‘何如斯可以从政矣？’子曰：‘尊五美，屏四恶，斯可以从政矣’。子张曰：‘何谓五美？’子曰：‘君子惠而不费，劳而不怨，欲而不贪，泰而不骄，威而不猛。’子张曰：‘何谓惠而不费？’子曰：‘因民之所利而利之，斯不亦惠

《武王伐纣书》版画之商纣王剖比干之心图

而不费乎？择可劳而劳之，又谁怨？欲仁而得仁，又焉贪？君子无众寡，无小大，无敢慢，斯不亦泰而不骄乎？君子正其衣冠，尊其瞻视，俨然人望而畏之，斯不亦威而不猛乎？'子张曰：'何谓四恶？'子曰：'不教而杀谓之虐；不戒视成谓之暴；慢令致期谓之贼；犹之与人也，出纳之吝谓之有司。'"

这段话意思是说：孔子的学生子张问孔子说："怎样才可以管理政事呢？"孔子回答道："尊重五种美德，排除四种恶政，就可以管理政事了。"子张问："什么是五种美德？"孔子答道："君子使老百姓得到好处，而自己却不耗费；让老百姓劳作，老百姓却不怨恨；追求仁德而不贪图财利；庄重而不傲慢；威严而不凶猛。"子张问："怎样才能使老百姓得到一些好处，而自己却不要耗费呢？"孔子答道："叫老百姓做对自己有利的事，这不就是对老百姓有好处而不让自己耗费吗？选择老百姓能干的活，让他们去干，谁还会怨恨呢？自己追求仁德而得到仁，怎能叫做贪图财利呢？无论人多人少，势力大小，君子都不敢怠慢，这样不就是庄重而不傲慢？君子衣冠整齐，目光严肃端正，使人望而生畏，这不就是威严而不凶猛吗？"子张问："那什么是四种恶政呢？"孔子回答道："事先不教化而杀人，叫做虐；事先不预告，而要求立刻成功，叫做暴；命令下达得很晚，又要求限期完成，叫做贼；给人东西，却十分吝惜，这就叫做小气。"

不知天寒

"不知天寒"来讽喻养尊处优、脱离百姓的人，是不会懂得百姓疾苦的。

此典出自《晏子春秋·内篇谏上》："景公之时，雨雪三日而不霁。公被狐白之裘，坐于堂侧阶。晏子入见，立有间，公曰：'怪哉！雨雪三日而天不寒。'

晏子对曰：'天不寒乎？'

公笑。

晏子曰：'婴闻古之贤君，饱而知人之饥，温而知人之寒，逸而知人之劳。今君不知也。'"

这段话意思是说：

齐景公时，大雪接连下了三天还没停。景公穿着狐皮大衣，坐在大厅一侧的台阶上。晏子进来拜见，侍立了一会儿，景公说："奇怪呀！下雪三天而天气一点也不冷。"

晏子反问道："天不冷吗？"

景公笑了笑。

晏子说："我听说古代贤明的君主，自己吃饱却知道老百姓受饥饿，自己穿暖却知道老百姓忍受寒冷，自己安乐却能知道老百姓劳苦。如今您却是一点不知道。"

豺狼当道

"豺狼当道"比喻坏人掌握大权。

此典出自《后汉书·张绾传》："豺狼当道，安问狐狸。"

东汉顺帝汉安元年(公元 142 年)，朝廷选派特使到各地巡察，考察政治，如发现刺史太守有贪赃枉法行为，就上急奏弹劾，县令以下的官，可以不需奏报，立即逮捕处置。清廉而政绩好的则奏闻加以表扬。这些特使都是德高望重的老臣，只有张纲年纪最轻，官位最低。别人都受命出发了，张纲却将自己的车轮卸下，扔在洛阳城外的驿站旁。人们感到非常诧异，就问他为什么要这样做。他感慨地说："豺狼当道，安问狐狸。"意思是说：大恶不除，何必去问那些小恶？他所指的就是那时当权的大奸臣梁冀，政治的败坏都是由梁冀引起的。于是上了一封奏章，严厉揭发他的罪恶。但梁冀身为国舅，皇帝虽然了解张纲所弹劾的事实，可是不便发作，况且满朝都是梁冀的死党，怎能动摇他的分毫呢？

从此梁冀对张纲恨之入骨，很想找机会把他除掉。

弹冠相庆

“弹冠相庆”比喻作好即将做官的准备或准备上台做官而互相庆贺。

此典出自《汉书·王吉传》：“王阳在位，贡公弹冠。”

汉朝王吉和贡禹是一对好朋友两个从小好学，通晓五经，学识渊博，为人廉洁。由于他们爱好、抱负相同，所以关系特别亲密。正因为如此，在当时的人们眼中是，“王阳在位，贡公弹冠。”（意思是：王阳做了官，贡禹就会弹去帽子上的灰尘，准备去做官。）后来，王吉、贡禹都当了官。汉宣帝时，王吉为博士谏议大夫，因他对宣帝的宫室陈设，车服装备太盛，觉得不合适，就上书劝谏，被宣帝认为是迂阔，因此没有得到宣帝信任。王吉心中闷郁，就称病辞官归家。与此同时，贡禹也有类似的遭遇，他做河南令也被罢了官。由于他们为官比较廉正，汉元帝刚继位就派使臣去征召他们。二人被召之后，做事勤勤恳恳，忠心耿耿，都得到元帝的信任。

得丈人力

“得丈人力”这则寓言说明凭借老丈人的势力得中高魁，这在以血缘关系为纽带的封建宗法社会里，是司空见惯的。人们借《论语》的篇目次序，借孔子和公冶长的翁婿关系，编造寓言，讽刺宗法势力，抨击裙带关系，这在孔子被称为“至圣先师”、《论语》被奉为经典的历史条件下，是极其难能可贵的。

此典出自《雅谑》。

有一个人仰仗老丈人的势力、得中科举第一名人，人们编造一段话嘲讽他，说道：“孔门的弟子去参加考试，临揭榜时，先通报子张中了第十九名，人们说：‘子张相貌堂堂，果然有他不平凡的地方。’又通报子路中了第十三名，人们说：‘子路是个粗人，也能高中，大概全凭他坚强的气魄吧。’又通报颜渊中了第十二名，人们说：‘颜渊是孔圣人的高足，得了第十二名有些委屈了他。’又通报公冶长得中第五名，人们惊讶地说：‘这个人平时的表现都不太好，这次为何能得中正魁？’旁边有人回答说：‘全仗他老丈人的力量呀！’”

帝不果觞

“帝不果觞”这则寓言讽喻清廷官僚机构的极度臃肿重叠，连杯酒都赐不成，由此可知，做一件正事，该是多么难了。如此腐败政体，不“更法”、“改图”如何得了？这是作者对清朝末年“衰世”极其辛辣和尖刻的批判和揭露。

此典出自《龚定安全集》：“帝默然而息，不果觞。”

天上的神仙都来朝拜天帝。

天帝命令说：“赐给他们酒喝！”

天帝的司觞大臣便拿了简记去登记每个神仙的姓名，但是登记了三千年也没登记完。

天帝问是什么原因。司觞大臣报告说：“各位神仙都带着抬轿的轿夫。”

天帝默默地叹了一口气，没有赐给他们酒喝。

蛤蟆夜哭

“蛤蟆夜哭”这个故事告诉我们：横加罪名，株连无辜，这正是封建专制政治的一个重要侧面。

此典出自《艾子杂说》：“艾子浮于海，夜泊岛峙。中夜闻水下有人哭声，复若人言，遂听之。其言曰：‘昨日龙王有令，应水族有尾者斩。吾鼍也，故惧诛而哭。汝蛤蟆无尾，何哭？’复闻有言曰‘吾今幸无尾，但恐更理会蝌蚪时事也。’”

柳宗元像，图出自明·天然撰《历代古人像赞》。

这段意思是说：艾子在海上航行，晚上停泊在一个岛屿的附近。半夜时分，听到水底下好像有人在哭泣，又像是有人在说话，他就认真地听了下去，一个声音说：“昨天龙王下了命令，水中的动物，凡是有尾巴的都必须斩首。我是鼍，有尾巴，因而害怕被杀死，便哭了起来，你是蛤蟆，没有尾巴，为什么也在哭？”又听到一个声音说：“我现在虽然没有尾巴；但是我害怕会追究到我蝌蚪时代的事上去，因为那时我也是有尾巴的。”

官官相护

“官官相护”或作“官官相为”，表示官吏们互相包庇、相互纵容的现象。

此典出自清代刘鹗《老残游记》第五回：“纵然派个委员前来会审，官官相护……他是官，我们是民……”

在曹州于家屯那个地方，有个财主名叫于朝栋，他有两个儿子。有一年秋天，他家被强盗抢了一次，于家就到官府报案，结果有两个小强盗被逮住处死了，因而强盗他们就怨恨于家。强盗为了报复，在一次抢劫后，把一部分赃物悄悄地放进于家一间放杂物的屋子里。

曹州长官玉贤带领人马追捕强盗，途中在于朝栋家搜出了强盗所藏的赃物，于是不由分说，将于朝栋父子三人抓去。于朝栋父子明明是被冤枉的，但曹州府玉贤既不调查核实，又不听从下人的意见，硬把于朝栋父子三人放在站笼里活活折磨死了。

于朝栋父子三人死后，众人愤愤不平。

有的人建议：此事应往上告，要上面重审。有人却反对这样做。理由是：民家被官家害了，除了忍受，没有别的办法。如果上告，照例仍旧发回原地审问，这样又落在他手里，岂不是又要倒霉么？又有人建议，请于朝栋的女婿去上告，因为他是秀才，学问渊博，一定有办法。于朝栋的女婿对众人说：“我是可以去，只怕于正事无济，反叫站笼里多添一个屈死鬼。你想，抚台一定要发回原官审问；就算派个委员前来会审，官官相护，……他是官，我们是民……这个官司到底能不能打赢呢？”众人听了，觉得他说得很有道理，没有办法，只好罢了。

柜中刺史

“柜中刺史”形容封建官僚的愚蠢无能和那些封疆大臣贪生怕死的丑态。

此典出自《雅谑》。

刺史孙彦高被突厥军队围困在城中，吓得不敢升堂处理政务，收发文书、符令都从小窗口传递。当得到突厥军队登城的消息以后，他就把州衙、宅院的大门全部锁住，自己藏到柜子里，并叮嘱家奴说：“一定要掌管好钥匙，贼兵来了，千万不要把钥匙给他们。”

鸡犬不宁

“鸡犬不宁”形容骚扰非常厉害。

此典出自唐代柳宗元《河东先生集·捕蛇者说》：“虽鸡狗不得宁焉。”

永州乡下有一种很特殊的蛇。这种蛇毒很厉害，沾到草木上，草木就会全部死掉；人若被蛇咬，无药可治。但这种毒蛇捉来风干之后，可以做药。捕到这种毒蛇，可以拿去抵纳租税。

有一个姓蒋的人，祖孙三代都靠捕这种毒蛇抵租税。他祖父死在捕蛇上，他父亲也死在捕蛇上，他自己也几次差点死在捕蛇上。有人感到非常奇怪，就问他：“你为什么一定要冒着生命危险去捕蛇呢？我准备告诉那些当事者们，免去你捕蛇抵纳租税的苦差事。”那个姓蒋的人听后悲痛地说：“唉！租税重得压死人啊！……每年那些征收赋税的残暴凶横的官吏一到乡下，就到处乱喊乱叫，横冲直撞，到处骚扰。不仅人们被吓得提心吊胆，‘虽鸡狗不得宁焉’（意思是：就是鸡狗也得不到安宁）。老百姓一年劳动所得的全部东西还不够交租税。人们生活不下去了，被迫流落他乡，饥冻而死的人不计其数。而我呢，虽然是冒着生命危险去捕蛇抵税，但比起我的父老乡亲们还是好一点儿啊！所以，我宁愿冒着生命危险去捕蛇也不愿意被免去我捕蛇纳税的苦差事。”

景公求雨

“景公求雨”这个故事说明：处在高位的人，只有走到民间，了解民情，与老百姓同甘共苦，才能克服困难，渡过难关。

此典出自《晏子春秋·内篇谏上》。

有一年，齐国发生了大旱灾，错过了播种季节。国王景公召集群臣，问道：“天很久没有下雨了，老百姓很快就要挨饿了。我叫人占卜，说这是山神河伯在作怪，我想稍微征收一点钱来祭祀山神，可以吗？”臣子们都默然不语。

相国晏子走上前去对国王说：“不行，祭祀山神没有用处。山神本来就是用石头作躯体，用草木作毛发。这么长时间没下雨，山神的毛发将会晒得枯焦，躯体将要晒得滚烫。它难道不要雨吗？你去祭祀它，有什么用呢！”

景公说：“如果不祭祀山神，我打算去祭祀河伯，可以吗？”

晏子说：“不行，水是河伯国土，鱼鳖是河伯的臣民。长时间不下雨，泉水将要枯竭，地要干裂。它的国土将要沦丧；它的臣民也将干死。它难道不要雨吗？你去祭祀它，又有什么用呢！”

景公说：“那么，现在怎么办呢？”

晏子说：“国君如果能够离开宫室，到外面经受日晒夜露，同山神、河伯一样，为自己的土地和人民担忧，天也许会要下一场雨呢。”

景公听了晏子的话，就走出深宫，来到荒野，日晒夜露，察看民情。三天以后，天果然下了倾盆大雨，全国的老百姓都能栽种了。

君王末路

"君王末路"这个故事讲述了楚灵王穷兵黩武，劳民伤财，失去了民心，引起了国内外的反抗，终于使自己走上了末路。

此典出自《史记·管蔡世家》："楚灭蔡三岁，楚公子弃疾弑其君灵王代立，为平王。平王乃求蔡景侯少子庐，立之，是为平侯。是年，楚亦复立陈。"

楚灵王正在饮酒作乐的时候，忽然有一个名叫郑丹的人慌慌张张地跑到他跟前，说："公子干做了国王，这里的人也散了一大半！"楚灵王听了，心急如焚，一时没了主意。没过多久，又有人来报告："新王派遣蔡公带领大队人马朝乾溪杀过来了。"楚灵王只好勉强统领着剩下的兵马，往郢都的方向迎上去。本来将士们都不乐意跟着楚灵王去侵犯别的国家，现在又要他们去攻打本国人，不满的情绪当然更高涨。楚灵王拔出宝剑，当场砍了几名想要逃跑的士兵。没想到这么一来，逃跑的人更多了。最后，只剩下一百多个士兵。楚灵王看大势已去，长叹一口气，摘下帽子，把外衣也脱下来，挂在河边的一株柳树上，也打算独自逃跑。郑丹说："咱们还不如混进郢都去，打探一下到底是怎么一回事。"楚王沮丧地叹口气，说："唉！全国的人都变了，还去探听什么？"郑丹说："那么，暂时先躲到别国去，慢慢再想办法吧！"楚灵王说："哪个诸侯不恨我？何必自讨没趣呢？"郑丹知道跟着他也不会有好下场了，就找机会溜走了。

楚灵王发现郑丹了逃跑了，更加觉得孤苦伶仃的。最后，他身边一个亲信都没有了。腿酸脚麻，饥肠辘辘，他想到村子里去找点儿食物，却不知道该往哪儿走。老百姓当中虽也有人知道他是楚灵王，可是他们听逃出来的士兵说，新王的命令非常严厉，因此没有一个人敢冒险帮助楚灵王。楚灵王一连三天没吃一口东西，饿得眼冒金星，有气无力地倒在路旁，急切地渴望着能有个认识的人来救他一下。忽然楚灵王眼睛一亮，他看见一个以前给他看门的人从远处走过来。楚灵王就央求他说："你救救我吧！"那个人只好靠近去向他磕头。楚灵王说："我已经饿了三天，求你替我找点吃的来，我绝不会忘记你的。"那个人说："老百姓都怕新王的命令，我到哪儿去找食物呢？"楚灵王叹口气，就叫那个人坐在他的身边。楚灵王实在支持不住了，就把头枕在那个人的

《东周列国志》版画之杀三兄楚平王即位图，讲述楚平王杀死三位兄长即位之事。

大腿上歇着。过一会儿，那个人见楚灵王睡着了，就轻轻抽出自己的大腿，从旁边拿了块石头搁在他头底下，偷偷地走了。楚灵王醒来，不见那个人，摸摸颈脖下面，原来枕着的竟然是块石头。他不禁心酸得落下泪来，心想："我真到了穷途末路了。"他愈想愈觉得伤心。

过了一阵子，有个以前做过官的人乘着一辆小车过来，听见哭泣声，仔细一瞧原来是楚灵王，就行了礼，扶着楚灵王上了车，把他接到自己家里去。

楚灵王平常住的是细腰宫、三休台乾奚的行宫。现在到了乡村里，只得低着头进入小屋子，想想从前看看现在，越想越伤心，越想越觉得悲凉，禁不住又泪流满面。当天晚上，楚灵王一夜没睡，只是一味伤心叹气。到了黎明将至的时候，终于上吊自杀了。

同一时候，蔡公、朝吴、夏齧这些将士，找不到楚灵王，只好将他挂在柳树上的帽子和衣裳拿回去。蔡公眼珠一转，又想出了一个计谋。他嘱咐观从带着几百个士兵，假装成被楚灵王打败的样子，惊慌失措地跑到城里，散布谣言，说："蔡公已经被楚王杀了。楚王的大军随后就到城里来了！"有的说："大王已经进了东门。"有的说："大军已经把王宫包围了。"子干和子皙听见这些传闻，都不知如何是好。忽然瞧见一个将军气喘吁吁地跑进来，说："大王恼怒地杀进宫里来了！"说完，他就像火烧眉毛似的跑出去了。子干、子皙心急如焚，抱头大哭，说："咱们上了朝吴的当了。"他们知道无路可走，只得自杀了。公子弃疾也就是后来的楚平王，就是这样灭了楚灵王、子干、子皙三个兄长，自己踏踏实实地登上王位的。

楚平王埋葬了子干、子皙，大封功臣。大臣们竞相向楚平王谢恩，只有朝吴、蔡洧、夏齧不但不来谢恩，反而要辞职。楚平王问他们为什么不愿意做官。他们说："我们出生入死地帮助大王，为的是想恢复自己的国家。如今大王已经得了王位，可是陈国和蔡国并没有恢复，我们还有什么脸面见人呢？我们若继续待在这儿享受荣华富贵，而忘了父母之邦，简直是禽兽不如啊！从前楚王因为并吞陈国和蔡国，失了民心，才弄得一败涂地。大王怎么还要学他的样子呢？"楚平王说："你们别急，我答应你们的请求。"于是他打发人去找陈侯和蔡侯的继承人。他们找着了偃师的儿子公孙吴和公子有的儿子公子庐。楚平王叫他们分别回到本国去当国君，就是陈惠公和蔡平公。朝吴、蔡洧、观从跟着蔡平公回到蔡国；夏齧跟着陈惠公回到陈国。楚平王担心自己的王位不稳，便有意收买民心，索性一不做二不休，叫当初被楚灵王强送到荆山去的六个小国的老百姓也回到自己的国家去。于是六国的老百姓兴高采烈地重返了自己的家园。

苛政猛于虎

"苛政猛于虎"比喻政治的残酷。

此典出自《礼记·檀弓下》："孔子过泰山侧，有妇人哭于墓者而哀。夫子式而听之，使子路问之，曰：'子之哭也，壹似重有忧者。'而曰：'然，昔者吾舅死于虎，吾夫又死焉，今吾子又死焉。'夫子曰：'何为不去也？'曰：'无苛政。'夫子曰：'小子识之，苛政猛于虎也。'"

这段话意思是说：孔子和他的学生从泰山旁边走过，听到一位妇人在坟边哭得非常伤心。那悲惨沉痛的哭声引起了孔子的注意。于是他叫子路过去问明白。

子路走到妇人身边，询问她痛哭的原因。那妇人摇头。子路又问："我们听你哭得很凄惨，想必有些使你特别伤心的事情吧？"那妇人才勉强点点头，刚要开口说话，泪水又滚出来了："就是呀！这一带老虎很多，时常吃人。起初，我的公公在这儿被老虎吃掉，后来，我的丈夫又被老虎吃掉了。唉，前几天，我的孩子又被老虎咬死啦。”

孔子听了，带着点责备的口气问她：“哎呀！那你们这家人为什么不趁早搬走呢？”听了孔子的话，那妇人哭得更伤心了，边哭边说：“先生，你讲得好容易。到别的地方呀！可是，我们办不到。你要知道这儿老虎会伤人，但是这儿却没有苛捐杂税呀！”

妇人的这番话给了孔子很大的启发，他像觉悟到什么深奥的道理似的，对子路说：“子路，你该记住这句话：苛捐杂税，真比老虎咬人不知厉害多少倍呢！”

老不中书

“老不中书”揭露了最高封建统治者的冷酷无情，对于臣子需要时则加官晋爵，不需要时则一脚踢开。

此典出自《韩昌黎文集·毛颖传》：“颖为人强记而便敏，自结绳之代以及秦事，无不纂录；阴阳、卜筮、占相、医方、族氏、山经、地志、字书、图画、九流、百家、天人之书，及至浮图老子、外国之说，皆所详悉；又通于当代之务，官府簿书，市井货钱注记，唯上所使。自秦始皇帝及太子扶苏、胡亥、丞相斯、中车府令高，下及国人，无不爱重。又善随人意，正直、邪曲、巧拙，一随其人。虽见废弃，终默不泄。唯不喜武士，然见请亦时往。累拜中书令，与上益狎，上尝呼为中书君。上亲决事，以衡石自程，虽宫人不得立左右，独颖与执烛者常侍，上休方罢。颖与绛人陈玄、弘农陶泓及会稽褚先生友善，相推至，其出处必偕。上召颖三人者，不待诏，辄俱往，上未尝怪焉。后因进见，上将有任使，拂拭之，因免冠谢。上见其发秃，又所摹画不能称上意，上嬉笑曰：‘中书君，老而秃，不任吾用！吾尝谓君中书，君今不中书邪！’对曰：‘臣所谓尽心者。’因不复召。归封邑终于管城。”

这段话意思是说：毛颖先生博闻强记，机敏灵活。从结绳记事的上古时代到秦氏王朝的历代史事，他没有一件不予记载。诸如阴阳、卜筮、相术、医药、姓族、山河地理、字书图画、九流百家、天道人事，以及佛教道家、国外传闻，他都无所不知、无所不晓。除此之外，他还精通当今的事务，凡官府文书、店栈账簿，都听凭人们差遣。上自秦始皇帝、太子扶苏、世子胡亥、丞相李斯、中车府令赵高，下至平民百姓，都非常看重他。毛颖先生还善于随附人的意愿，不管正直、奸邪、圆滑、笨拙的人，全都听凭使唤。有时虽被废弃，也默不作声。但他唯独不喜欢舞枪弄棒的武士，如果邀请，也愿意前往。

毛颖先生后来升官做了中书令，与皇上更加亲近，皇上曾亲昵地称他为中书君。皇上每天都要亲自处理许多奏章，即使宫人都不准站立左右，而唯有毛颖先生和执烛者经常在旁边侍候，直到皇上休息为止。

毛颖先生和绛州陈玄、弘农陶泓、会稽褚关系非常好，彼此推心置腹，形影不离。毛颖先生和他的三位好友，有时不等皇帝诏令，就直接入宫，皇上也从不怪罪他们。

后来有一次皇上召见毛颖先生，准备任用他，轻轻一拂，毛颖先生脱帽谢恩。皇上见他发疏头秃，所书写的字画也不称心如意，便取笑说：“中书君，您年老头秃，已经不胜任了！从前我曾称您中书，而您现在却不中书了！”毛颖先生回答说：“我算得上是尽心竭力的臣子啊！”但从此以后皇上便不再召用他了。

毛颖先生只好回到自己的封地，老死在管城里了。

率兽食人

“率兽食人”用以比喻不体恤民情，虐待百姓。

此典出自《孟子·梁惠王上》：“庖有肥肉，厩有肥马，民有饥色，野有饿莩，是率兽食人也。”

战国是我国历史上战乱最多的一个时代。诸侯间的连年战争，使百姓流离失所，痛苦异常。孟轲是生活在战国中期的一位思想家。他主张施仁政，并且到齐、宋、滕、魏各国去游说，宣传自己的政治主张。

有一次，孟轲在魏国与国君魏惠王（即梁惠王）谈论政事。当谈到如何治理国家的时候，孟轲说：要富国强兵，一定要爱护百姓。针对梁惠王不体恤民情的情况，孟轲说：“现在大王王宫的厨房里藏着肥肉，马厩里养着肥马，然而国内百姓却面黄肌瘦，饿殍遍地。这等于率领着野兽去吃人。”

乱臣贼子

“乱臣贼子”指不守臣道、心怀异志的人。现大多用来指破坏国家统一、危害人民利益的人。

此典出自《史记·卫康叔世家》：“州吁新立，好兵，杀桓公，卫人皆不爱。石碏乃因桓公母家于陈，详为善州吁。至郑郊，石碏与陈侯共谋，使右宰丑进食，因杀州吁于濮，而迎桓公弟晋于邢而立之，是为宣公。”

春秋时候，郑庄公和大臣们正商议着去朝见天子，卫国的使臣来到，说卫桓公去世，公子州吁即位。郑庄公满腹怀疑，觉得这件事很蹊跷，就叫祭足去打探真相。祭足说：“传说卫侯是被州吁害死的。”郑庄公听了，皱眉顿足说：“州吁谋害了国君，看样子，他马上会朝咱们这儿攻过来，咱们一定得早做准备啊！”大臣们面面相觑，都不明白卫国的内乱，怎么会殃及到郑国呢？

原来卫桓公有两个兄弟，一个是公子晋，另一个是州吁。州吁向来喜欢发兵打仗。他见哥哥卫桓公生性懦弱、憨厚无能，非常瞧不起他，就与心腹石厚密谋抢夺君位。周桓王元年，卫桓公要到雒邑去觐见天子，州吁就在西门外设宴为他送行。他举杯向卫桓公敬酒，说：“哥哥要出远门，弟弟敬您一杯！”卫桓公说：“多谢您费心！我这一去只不过月余就回来，有劳贤弟代理朝政，小心留意。”说完，他也倒了一杯酒给州吁。州吁双手去接，故意失手使酒杯落地，然后趁弯身捡起酒杯的时候，闪到卫桓公背后，抽出短剑朝他刺去，卫桓公当场死去。但四周都是州吁的人，有谁敢出面说话呢？于是州吁自立为君，拜石厚为大夫，对外就说卫侯是得了急病死的，逐一向诸侯报告。可是卫国境内流言满天飞，都传说国君遭到了州吁和石厚的谋害。国君非常害怕流言蜚语，如果国内的老百姓和国外的诸侯不服，君位就会保不住。州吁和石厚对这一点也不敢掉以轻心。他们左思右想，非得想出个计策让别人服气不可。他们认为最好的计策是轰轰烈烈地打场胜仗，顺便还可劫掠些粮食。可是发兵打仗，总得有个冠冕堂皇的理由，至于要攻打哪一国呢？也得有个正当的名义才行。他们就在临近诸国里东挑西选，找人家的把柄。突然，石厚灵机一动，说：“有啦，郑伯寤生杀了他兄弟，又撵走他母亲，天理难容、罪该万死，咱们就去攻打他吧！”州吁直点头，煞有介事地说：“对！这理由够充分，像寤生那么不孝顺母亲，不爱护兄弟的家伙，就让咱们来重重地处罚他吧！”

州吁打算联合郑国共同出兵。石厚献计说：“最好能再联合宋国的力量，这样一来，五国一起出兵，还担心不能一举打垮郑国吗？”州吁说：“陈、蔡两国向来顺从天子，现在天子和寤生意见不合，他们为了讨天子的欢心，一定会答应跟咱们去打郑国。可是又怎么样才能叫宋国和鲁国兴兵相助呢？”石厚说：“主公有所不知，现在的宋公是宋穆公的侄子，宋穆公的儿子公子冯反而出奔到郑国，于是宋公总是担心郑伯会帮助公子冯去抢他的君位，现在咱们约他去袭击郑国，不就是也帮他去灭公子冯吗？这正合他心意，他哪有不答应的道理。至于鲁国嘛，大权全握在公子手里，他根本不把鲁君放在眼里，我们只要多多贿赂他，他一定会鼎力帮忙。”

州吁听了石厚这番话，非常高兴，立刻进行部署，事情正同石厚说的一模一样。宋、鲁、陈、蔡都按照州吁规定的日子，率兵前来帮助卫国。五国的人马把荥阳的东门团团围住，挤得水泄不通。郑庄公紧急和大臣们研究对策。大臣们一个个方寸大乱，有人主张讲和，有人主张迎战，乱成一团。最后，郑庄公笑着说：“这些都不是好办法，在这五国里头，除了宋国因为咱们收留公子冯，而与咱们有嫌隙之外，其他国家都和咱们无冤无仇。州吁刚刚篡夺君位，不得民心，所以才借故煽动四国出兵，目的只不过是为了打场漂亮的胜仗，好取得老百姓的信赖，我们只要留给他一点面子，他就会退兵了。”于是，他叫公子冯躲避到长葛去，派人去对宋公说：“公子冯投奔到我们这里来，我们不好意思杀他，现在他躲到长葛去了，杀不杀他都与我们无关，请宋公看着办吧！”宋公出兵本来就是为了要消灭公子冯，听到这番话，当然就把军队调往长葛去了。蔡、陈、鲁三国见宋国兵马走了，也都想班师回去。

此时，郑庄公就派公子吕去跟卫国人交战，并叮嘱他：“无论如何要给他留点面子。”于是，公子吕领着一队人马出了城门，石厚就引兵招架。另外三国的将士全都抱着胳臂肘，在旁边看热闹。公子吕和石厚只打了几个回合，就往西门跑去，石厚带着人马紧追不舍，谁知公子吕的军队进了城，闭上城门，竟不出来了。石厚只好叫士兵把西门外的稻穗全割下来，送回卫国，大摇大摆地如同打了胜仗般领兵回去。四国的兵马就这样莫名其妙地都各自回去了。

州吁、石厚“凯旋而归”，原以为卫国的老百姓会夹道欢迎，赞扬他们的神勇英明，谁知老百姓反而窃窃私语，抱怨他们无缘无故发动战争，搅乱了大家平静的生活，有人甚至想结伴到雒邑去向天子告状。州吁对石厚说：“唉，国人仍然不服我，怎么办呢？”石厚说：“我父亲当年在朝廷里的口碑很好，人人佩服他，如果把他老人家请出来，参与国家大事，老百姓一定没话说，您的君位也就可以保住了。”州吁也认为，找个德高望重的人支持他，也许比攻打郑国更能得人心，就叫石厚去求他父亲。

石厚的父亲石碏，就是因为厌恶州吁的所作所为，才告老还乡的，这次，仍谎称有重病，坚决拒绝入朝当官。石厚只好请示他：“新君担心人心不服、君位不定，请问您有什么好主意帮助他？”石碏说：“诸侯即位应该经过天子的同意，只要天子同意了，也就名正言顺了。”石厚点点头，说：“话是不错，就怕天子不同意，总得先有人劝说才好哇。”石碏一边抚着银白色的胡子，一边说：“唔，我想想看……有了，陈侯对天子百依百顺，天子非常厚爱他，咱们和陈侯关系一向都很密切，你们先到陈国去，请陈侯先在天子前面美言几句，然后你们再去觐见天子，这不就行了吗？”石厚把父亲的好主意转告了州吁，两人拍手叫好，立刻置备了一些玉帛礼物，往陈国去了。与此同时，石碏也写了一封信，暗地里打发人送给他的好朋友陈国的大夫子针，请求他助一臂之力。

州吁和石厚满怀着希望到了陈国，陈桓公叫子针招待他们，请他们到太庙里相见。子针事先早把太庙布置好了带领，还刻意安排了许多武士准备伺候两位贵宾。他们由子针着到了太庙门口，只见门外立着一块牌子，上面写着：“不忠不孝的人不准进入。”州吁和石厚倒抽一口冷气，诧异不已，不知该不该进去。石厚问子针：“这块牌子在这里是什么意思？”子针说：“这是敝国的规矩，先君的遗意，没有什么特别的用意。”他们这才放了心，大胆地进去。到了庙堂上，州吁和石厚正要向陈桓公行礼，却听见陈桓公扯开嗓门大声地

《东周列国志》版画之"卫石碏大义灭亲"图,讲述卫国老臣石碏为国家大义而杀死助卫公子州吁作乱的亲子石厚之事。

说:"天子有令:逮捕害卫侯的乱臣州吁和石厚!"他的话音刚落,早就等在一旁的武士立即上前抓住了他们。子针拿出石碏的那封信,当众朗读,大意是说:外臣石碏写信给敬爱的郑侯:卫国不幸,发生了谋杀国君的大祸,这全是州吁和石厚的恶行,如此不忠的人若不治罪,往后乱臣贼子就会更加嚣张,为所欲为,祸国殃民。我的年岁大了,没有力量处治他们,实在有负先公对我的爱护。现在我想了个办法让他们来到贵国,请您本着天理正义,严惩他们,这不仅仅是替卫国除害,也是为天下除害!

直到这时候,州吁和石厚才知道他们中了石碏的计谋。陈桓公想当场把他们俩杀了,子针上前阻止说:"先别杀!石厚是石碏的亲生儿子,咱们不便杀他。还是通知卫国,请他们自己处置吧!"陈桓公于是吩咐手下将他们俩监禁在两个地方,以免他们互通消息,同时打发使臣连夜去通知石碏。

石碏自从告老还乡后,就不再过问朝廷里的事了。今天接见了陈国的使臣,才特意到朝堂去找大臣们。大家知道了事情的来龙去脉,全都惶恐地说:"这是国家大事,全凭国老做主。"石碏说:"他们俩犯的是死罪,咱们只要派人到陈国去杀了他们就行了。"有位大臣自告奋勇地说:"乱臣贼子,人人都可以杀。我去杀州吁吧!"大臣们都说:"好!不过,主犯既然判了死罪,从犯就从轻发落吧!"他们这么说,为的是不忍石碏遭到丧子之痛。没想到石碏却火冒三丈,说:"州吁的罪,全是我那没出息的小子捣腾出来的,你们网开一面,留下他一条命,岂不是以情害义吗?你们当我是什么人?……谁去杀石厚?……谁去杀石厚?"问了两声,都没有人回应,朝堂上一片死寂。石碏气得满脸通红,最后他说:"没有人肯去?好,我自己去!否则我无脸见人!"他的一个家臣赶忙上前说:"国老别生气,我去杀石厚吧。"于是两人就依照卫国大臣们的意见去处治州吁和石厚。他们到了陈国,先去拜见陈桓公,感谢他除暴安良的恩德,然后分头去办事。州吁见了来人,大声吆喝说:"你是我的臣下,怎么敢来杀我?"那个人就说:"你不是杀了国君吗?我只是以你为榜样而已。"州吁无言以对,只好俯首受刑。石厚见了来人,央求说:"我罪该万死,但请让我见见我父亲再死吧!"那个家臣说:"我奉你父亲的命令来杀你,你如顾念父子之情,我就拎着你的脑袋回去见他吧!"说定拔剑斩杀了他。

石碏和卫国的大臣们处死了州吁和石厚,立公子晋为国君,就是卫宣公。卫宣公因为上次卫国联合四国攻打郑国,害怕郑伯前来报复,就打发使臣去聘问,也算是向郑国赔不是,借此恢复友好关系。

卖柑者言

“卖柑者言”这个故事告诫人们要有真才实学，不能哗众取宠。

此典出自《郁离子》。

杭州有一个卖水果的人。他善于储藏柑子，能使柑子经历严寒和暑热而不溃烂。他的柑子拿出来光闪闪的，质地坚实如玉，颜色橙黄如金。到市上去卖，即使价钱比别人的高十倍，大家还是争先恐后地购买。我也买了一只，剖开它时却有像烟尘一样的东西直冲口鼻，仔细一看，柑子的内部已经干枯得像破旧的棉絮了。

我责怪地问他说：“你卖给人家的柑子，是用来放在器皿中作为祭祀神灵、招待宾客用的呢，还是只是炫耀那外表以愚弄蠢人和瞎子呢？你太过分了啊！”

卖柑的人笑着说：“我卖水果已经有很多年了，就凭借这个办法生存。我卖出柑子，人家取走柑子，从来没讲过什么，却独独不能满足你的需要啊！现在，那些掌握兵符、坐在虎帐中的人，威风凛凛地好像是保卫国家的栋梁，但是他们真能够制订出像孙膑、吴起那样的战略吗？还有那些戴着高帽、拖着腰带的人，趾高气扬地好像是朝廷的栋梁，他们真能够建树起像伊尹、皋陶那样的事业吗？现在的实际情况是，盗贼蜂起却不知道防御，百姓困苦却不知道救济，官吏奸猾却不知道禁止，法纪败坏却不知道整顿，他们就知道浪费国库中的粮食而不知道耻辱。你看看那些坐高堂、骑大马、痛饮美酒、饱餐佳肴的人，从外表看来哪一个不是形象高大，叫人感到可敬，威风显赫，可以作为榜样呢？这样看来，哪里不会出现金玉其外、败絮其中的现象啊！现在，你不去考究这些，却来考究我的柑子！”

我无言以对，仔细想想他的话，觉得他与东方朔之类的人很相似。难道他是因为痛恨世上的不端行为而借助柑子来进行讽刺吗？

民不聊生

“民不聊生”比喻老百姓没有赖以生活的东西。现常用来形容在黑暗统治下，百姓极端贫困，无法生活下去。

此典出自《史记·张耳陈余列传》：“财匮力尽，民不聊生。”

秦朝末年，陈胜、吴广领导的农民起义军占据陈地以后，派一个名叫武臣的人，带领三千士兵渡黄河向河北进攻。武臣是一个善于用兵的人，他感到自己的兵力不足，必须加以壮大和充实。于是，刚刚渡过黄河，他就把当地一些有影响的人物召集起来并对他们说：“秦朝的残酷统治已经很多年了。他们派差出役接连不断，苛捐杂税多如牛毛，弄得老百姓家家无余财，户户没劳力，实在是民不聊生啊。”

武臣的政治宣传得到了当地百姓们的支持，于是他很快就扩充了部队，并占领十几座城池，使陈胜的农民起义军在黄河以北一带不断地取得重大胜利。

民生凋敝

“民生凋敝”形容社会经济衰败，百姓生活极端困苦。

此典出自《汉书·循吏传》：“孝武之世，外攘四夷，内改法度，民用凋敝，奸宄不禁。”

西汉武帝刘彻在位四十七年，是西汉皇帝中的一位佼佼者。他在位期间，征收商人资产税，打击富商大贾，同时兴修水利，移民西北屯田，促进农业的发展。他曾派张骞两次出使西域，加强了对西域的统治，并发展了经济文化交流。

但是，汉武帝崇尚武力，因此他在位期间，不断发起战争。虽然这些战争打击了匈奴贵族，保障了北方经济文化的发展，但频繁的战争也消耗了大量的人力财力，使人民遭到了严重的灾难。

《汉书》作者班固在编写《循吏传》时指出："汉武帝在位期间，接二连三地对外用兵，内政也必须适应战争需要，军费开支巨大，广大农民负担沉重，以致民生凋敝，犯罪行为增多。"

民无噍类

"民无噍类"意思是人民忍受不了反动的统治，百姓无法生存。

此典出自《宋史·岳飞传》："飞班师，民遮马恸哭，诉曰：'我等戴香盆、运粮草以迎官军，金人悉知之。相公去，我辈无噍类矣。'"

岳飞从小就立下为国家效力的伟大志向，在背上刺上"精忠报国"四个大字，以此来表示自己的决心。他的家境很贫寒，祖辈都是种田的。少年时的岳飞读书非常刻苦，他特别喜欢读《左氏春秋》和《孙子兵法》，研究打仗布阵的本领。岳飞身材魁梧，力气大得惊人，还没有成年就能拉开三百斤的大弓，而且左右手都能够射箭。

后来，岳飞统率宋朝军兵，替朝廷抵抗金兵，接连获胜。眼看就要打金国的都城黄龙府，获得全面胜利。可是宋高宗赵构和宰相秦桧决心与金兵讲和，一天之内下了十二道金字牌，命令岳飞撤军。

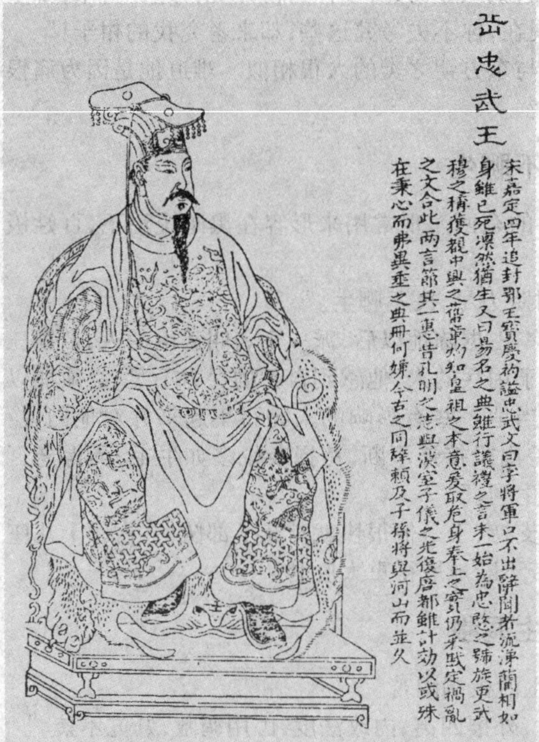

岳飞像，图出自清·上官周绘《晚笑堂画传》。岳飞是南宋名将，宋嘉定四年被追封为鄂王，谥忠武。

岳飞眼看收复的失地又要丧失，宋朝的百姓重新要沦为金国的奴隶，心里异常痛苦。他泪如雨下，面朝东方拜了两拜，悲愤地说："我们将士花了十年时间，用性命和血汗换来的胜利，想不到废于一旦啊！"

岳飞服从皇帝的命令，下令军队撤退。老百姓知道岳飞要走，都围在他身旁，拉住兵士的衣袖，哀求说："你们不能走呀，我们都是拿粮草、端香盆迎接你们的，金兵都是知道的，你们一走，我们就没法活下去了……"

百姓哭声惊天动地，岳飞流着眼泪对乡亲们说："这是皇帝的圣旨，我们也是无能为力呀！"

岳飞不忍心叫百姓受难，他命令部队再留下五天，让百姓抓紧时间逃亡，又奏请圣上让出汉上六郡空闲土地，安顿难民。

岳飞被朝廷召回以后，不久便被害死了。

庆父不死，鲁难未已

"庆父不死，鲁难未已"比喻首恶不

除，动乱不止。

此典出自《左传·闵公元年》："不去庆父，鲁难未已。"

春秋时代，鲁国有个名叫庆父的人，他是鲁君庄公的异母兄弟。这个人野心勃勃，手段毒辣，诡计多端，一心想自己做鲁国的君主。庄公死了，由他儿子子般继位，庆父派人刺杀子般。子般死了，由鲁闵公继位，第二年他又派人刺杀闵公。不断地制造内乱，引起国人共愤，因此时间长了，就有谚语说："庆父不死，鲁难未已。"国人联合起来声讨他，庆父逃到齐国的莒地。鲁国向莒地官府付出重金，要求把庆父抓回来，庆父在被解回鲁国的途中，自尽而死。

取道杀马

"取道杀马"这个故事批评那些不讲究正确方法而滥用严刑峻法的政治现象。

此典出自《吕氏春秋·用民》："宋人有取道者，其马不进，倒而投之溪水。又复取道，其马不进，又倒而投之溪水。如此三者。虽造父之所以威马不过此矣。不得造父之道，而徒得其威，无益于御。人主之不肖者有似于此。不得其道，而徒多其威。威愈多，民愈不用。"

这段话意思是说：

宋国有个人着急赶路，但是他的马不肯前进。他便把它赶入溪水，淹得它奄奄一息。这样连续反复三次，然而那匹马还是不肯前进。就算像造父那样最善于驾马的人，他用来威慑马的手段也绝不会超过这个宋国人了。他没有学到造父驾马的技巧，只是一味地仿效造父驭马的威严。这对于驾马，是没有丝毫益处的。

那些昏庸的国君同这宋国人有什么差别啊！治理民众，没有正确的方法，只知采用各种严刑。结果，严刑越厉害，民众越不会服从。

雀儿参政

"雀儿参政"形容低能的官员。

此典出自《金史·完颜合周传》。

公元1115年，女真族建立了自己的政权，号为"金"。

金哀宗（完颜守绪）时期，金朝廷有一个大臣叫完颜合周。完颜合周任参知政事，是朝廷最高政务长官，品位比宰相低一些。完颜合周喜好做诗填词，他的语言卑俗，人们搜集他的话作为笑料。公元1232年，蒙古军前来进攻金朝，因为粮食短缺，金朝廷下令搜刮，强取豪夺。为此，完颜合周亲自草拟了《括粟榜文》，其中有"雀无翅儿不飞，蛇无头儿不行"的句子。其实，应当是"雀无翅而不飞，蛇无头而不行"，而完颜合周把"无"字写成"儿"字，僚属明知道有错也不敢更改。因此，从那以后，京城人都称他为"雀儿参政"。而金哀宗依旧毫不醒悟，还是那么重用他，以致败坏大事。

三石之弓

"三石之弓"后人用"三石之弓"抨击了那些自己本来能力不大，却爱听别人的吹嘘，毫无自知之明的人。

此典出自《吕氏春秋·贵直论·壅塞》："齐宣王好射，说人之谓己能用强弓也。其尝所用不过三石，以示左右，左右皆试引之，中关而止，皆曰：'此不下九石，非王其孰能用是？'宣王之情，所用不过三石，而终身自以为用九石，岂不悲哉？"

这段话意思是说：齐宣王喜欢射箭，非常喜欢听别人夸赞他能使用强弓。他曾使用的不过是拉力三石的弓，故意拿给左右的臣子看，左右的臣子一个个试着拉，只拉开一半就停下来，都异口同声地说："这弓拉力不下九石，除了大王谁能使用它？"

其实宣王所使用的不过是三石之弓，而终身自认为用的是九石之弓，这难道不可悲吗？

生灵涂炭

"生灵涂炭"形容老百姓极端困苦，处于水深火热之中。

此典出自《晋书·苻丕传》："先帝晏驾贼庭，京师鞠为戎穴，神州萧条，生灵涂炭。天未亡秦，社稷有奉。主上圣德恢弘，道侔光武，所在宅心，天人归属，必当隆中兴之功，复配天之美。"

公元383年，前秦国的君主率军攻打东晋，结果在淝水之战中一败涂地，前秦国从此一蹶不振。后燕、后秦等国乘机攻打前秦，国都长安被围困。

公元385年苻坚退到五将山，后秦的君王姚苌派将军吴忠把五将山团团围住。苻坚的士兵见大势已去，都纷纷溃散逃走了，只剩下十多个亲兵跟着苻坚。苻坚神色自若，叫人送来食物，边吃边等待吴忠到来。不一会儿，吴忠来到了，把苻坚绑住，带回新平，单独囚禁在一间屋子里。姚苌向苻坚要传国玺，苻坚瞪起眼睛，说："五胡次序，没有你们羌人的名字。你这个小羌人胆敢威逼天子，我怎能把传国玺给你？"他骂不绝口，只求一死。于是姚苌下令在新平的佛寺中把苻坚勒死了。当时，苻坚四十八岁。

苻坚有一个长庶子，叫苻丕，字永叔，自幼聪慧好学，通晓经史，又学过兵法，其文韬武略不亚于叔叔苻融，也跟着苻坚打了不少仗。苻坚死后，幽州刺史王永劝苻丕即任皇位，苻丕答应了，遂于当年在晋阳即位。

后来，苻丕任王永为左丞相。王永主张报仇雪耻，向各州郡发下文书，说："先帝（苻坚）死在贼人姚苌的手里，京都长安穷困，成为敌人的巢穴，天下凋敝冷落，百姓生活在水深火热之中，困苦不堪。幸亏天不亡秦，国家有了接班人。如今君主圣明贤德，气度恢弘，道比光武帝刘秀，所在归心，天下归顺，一定会创出秦国中兴的大功，堪配天意之美。"

王永号召天下人齐心协力，报效国家，与仇敌们决一死战。不久，苻丕的军队在孙丘谷打败了姚苌的左将军姚方成、镇远将军强京，出了一口怨气。

十室九空

"十室九空"形容灾荒、战乱或苛捐杂税造成百姓贫困、颠沛流离的悲惨景象。

此典出自《宋史·余靖传》："今自西陲用兵，国帑虚竭，民亡储蓄，十室九空。陛下若勤劳罪己，忧人之忧，则四民安居，海内蒙福。如不恤民病，广事浮费，奉佛求福，非天下所望也。"

北宋大臣余靖，青年时就以才华出众著称，他当过县尉、知县、秘书丞。上书言事，颇有学识，又被提拔为集贤院校理，修订班固《汉书》等典籍。

当时，革新派范仲淹因上书言事而遭贬斥，谏官御史都没有人敢替他求情。余靖上书说："范仲淹因弹劾大臣而获罪，这是不应该的。如果他的话不符合皇上的心意，那么皇上听也可以，不听也可以，怎么能给范仲淹治罪呢？这样一来，可能天下人都不敢开口说话了。"不料，余靖也因此被降了职。当时欧阳修、尹洙等有名人物都因替范仲淹说情而遭贬，余靖也因此名声在外了。庆历年间，宋仁宗（赵祯）决心改革弊制，增设谏官，任命余靖为右正言。

有一次，开宝寺灵感塔发生火灾，有人传言说，灵感塔中的佛舍利不但没有被烧毁，而且闪闪发光呢。他们乘机蛊惑人心，想重修灵感塔，弄得宋仁宗也犹豫不决。余靖上书说："臣听说，自古以来的贤能帝王，都能勤劳俭朴，推行德政，感化天下人心。即使发生了苦难，也能顺利度过。如今自从在西部边境用兵以来，国库空虚，财力耗尽，百姓没有积蓄，流离失所，十室九空。如果陛下奋发图强，痛改自己的过失，忧天下人之所忧，那么，四方百姓就会安居乐业，天下人就会蒙受陛下的恩泽。如果不体恤百姓的疾苦，事事挥霍浪费，用修复佛塔、供奉佛舍利的办法祈求天下太平，这不是天下人所希望的。有人说，佛舍利经大火焚烧还没有被烧坏，这不是神异之事吗？这种说法是荒诞的。佛舍利本来就埋藏在土中，大火根本烧不到它，又怎么会烧坏呢？又有人说佛舍利都能发出奇异的光泽，必定有神灵庇护，这种说法更是无稽之谈。如果说神仙有灵，可是却连一个佛塔都保护不了，被大火烧毁了，又怎能靠神仙来保护天下百姓呢？"

《东西晋演义》版画之姚苌杀前秦王图，讲述东晋时期后秦君王姚苌杀死前秦王苻坚之事。

水深火热

"水深火热"比喻百姓生活陷入极度痛苦的境地。

此典出自《孟子·梁惠王下》："以万乘之国，伐万乘之国，箪食壶浆，以迎王师，岂有他哉？避水火也，如水益深，如火益热，亦运而已矣。"

我国古代很多有学问的人都善于用譬喻来讽喻君王的言行、措施和他所代表的制度。战国时，孟子便曾以水深火热比喻当时各国的苛政。一次，他在回答刚刚伐燕获胜的齐宣王提出的问题时说："齐这个大国攻打燕这个大国，燕国百姓反而提酒送菜的欢迎齐军，这正说明那里的百姓迫切要求摆脱燕国统治下的苦难日子而已。"

桃园打鸟

"桃园打鸟"这个故事讲述了统治者残暴无道，忠臣屡屡劝谏，反而招来杀身之祸，被迫逃亡。

此典出自《史记·晋世家》。

晋灵公长大了，却只知道吃喝玩乐，把国家大事都推给赵盾去处理。赵盾一心一意想恢复文公的霸业，对晋灵公的怠忽职守，非常不满，便常常阴沉着脸。晋灵公对他又恼又怕,巴不得他离开朝堂,免得一天听他三次训话。只有大夫屠岸贾最能讨他欢心,叫他精神百倍。

屠岸贾就像晋灵公肚子里的蛔虫,把他看得一清二楚,只要晋灵公心机一动,他一定会料到八九分。他替这个贪玩的国君造了一座花园,叫"桃园"。桃园里砌了一座高台,四面围着栏杆,登台一眼望去,全城的房屋和街道都尽收眼底。晋灵公和屠岸贾两个人经常在那儿玩乐。有时候他们拿着弹弓打鸟,比赛谁的手快、眼明;有时候喝酒、唱歌,还叫宫女们上台跳舞助兴。一些老百姓也在园外凑热闹,目瞪口呆地瞧着园内的欢乐景象。有一天,晋灵公发觉园外的人比园里的鸟儿更多,一时心血来潮,对屠岸贾说:"我们整天打鸟也没什么意思,今天换个新花样吧!咱们用弹弓来打人怎么样?打中眼睛,算是十分;打中耳朵,八分;打中脑袋,五分;打中身体,一分;打不着人的,罚酒一杯。"屠岸贾当然拍手赞成。于是他们张起弹弓,往园子外的人群中打去,直打得老百姓乱叫乱逃,各自捂着伤处喊疼嚷痛。晋灵公忍不住哈哈大笑,打人比打鸟有趣多了。

赵盾和士会知道了这件事。第二天就进宫去见晋灵公。晋灵公还没出来,他们就看见两名宫女抬着一个箩筐,从箩筐里露出一只人手来。赵盾、士会急忙走过去一看,原来里面装着一堆肢解了的尸体。赵盾问她们:"这是从哪儿来的?"她们说:"这是厨子老二。因为他没把熊掌煮熟,主公大发脾气。"赵盾转头对士会说:"他把人的生命当草芥一般看待,简直太过分了!"士会说:"还是让我先去劝劝他吧!如果他不听我的劝告,您再来。"士会进去了。晋灵公一看见他,就挥挥手说:"哎,你别说了!从今以后,我改过就是了。"士会瞧他这么坦白,反而不好意思再多说话了。

几天后,晋灵公没到朝堂去,又坐着车往桃园去了。赵盾急忙早一步赶到桃园门口等着,一瞧见晋灵公过来,就跪在地下。晋灵公很不高兴,说:"相国有事吗?"赵盾说:"主公游玩取乐,总得有个节制。怎么可以拿弹弓打人呢?厨子偶尔犯点小错也不能治死他呀!主公再这样继续下去,早晚都会出大事的。我怕主公、晋国会遭逢不幸,因此宁可得罪您,也要请您回去!"晋灵公低垂着头,眼睛凝视着鞋尖,说:"你去吧!这次让我玩玩,下次一定听你的,可以吧?"赵盾挡在大门口,坚持叫他回去。屠岸贾说:"相国劝主公,当然是出于一番好意。不过主公既然到了这儿,您就再让他就一次,有什么要紧的事,明天再说吧!"赵盾无可奈何,愤怒地瞪了瞪屠岸贾,侧身让他们进去了。

他们刚进入桃园,屠岸贾就跟晋灵公说:"唉!这可是最后一次玩呢。从明天起,您得关在宫里,受相国管教了!"晋灵公扯扯屠岸贾,说"求你赶紧想个办法啊!"屠岸贾冷笑一声,说:"嘿!有了,我家有个大力士叫鉏麑。我派他杀了赵盾,咱们就不必受他管了。"晋灵公说:"唔,就这么办吧!"

当天晚上,屠岸贾嘱咐鉏麑在五更上朝以前把赵盾刺死。于是鉏麑就在当夜潜入赵盾家的院子,躲藏在大树底下。过了四更天,天色还早,赵盾家的人已经起来预备车马,堂屋的门也推开了。他偷偷地看了一下,只见堂屋上燃着烛火,一位大臣已经穿好上朝的衣饰,坐在那儿等待黎明。鉏麑是有良心的汉子,内心不禁有几分感动。他再仔细观察堂屋的摆设,都是一些粗糙的家具,跟他心目中的相府完全不同。他心想:"这么忠诚敦厚的大臣,叫我怎么忍心下手呢?"他就跑到堂屋门口,高声地说:"相国,您听着:有人派我来刺杀您,我可不能丧尽天良,杀害好人。可是也许还会有人来下毒手,您一定要多留神啊!"说完转身就走。赵盾壮着胆子,追出去想问个明白。他还没张嘴,就听见那刺客自言自语地说:"如果我杀了忠臣,自己就是不忠;如果不杀,对那派我来的人就是不信。像我这么不忠不信的人还有什么脸苟活着呢?"于是他朝一株大槐树猛撞过去,顿时当场死去。赵盾看得瞠目结舌。他随即吩咐属下的人趁着天还未大亮,把刺客尸首埋在槐树下面。

那天早上,赵盾依旧准时上朝,晋灵公和屠岸贾暗暗吃惊:莫非鉏麑出了差错?散朝以后,屠岸贾对晋灵公说:"我有一只猎狗,凶猛极了。要杀赵盾,就靠他了!"他又把详细办法说了一遍,乐得晋灵公拍手叫好。屠岸贾回家以后,做了一个稻草人,替它套上跟赵盾一模一样的衣服,又在稻草人的胸腔部位塞着羊肉。天天训练那只狗扑向稻草人,撕裂它胸脯,饱吃一顿。经过几天的训练,那只猎狗一瞧见那个稻草人,就毫不犹豫地扑过去,在稻草人的胸口上又抓又撕。

有一天,晋灵公召赵盾到宫里去喝酒,赵盾的家臣提弥明陪他同去。屠岸贾当然也在座,他说:"主公请相国喝酒,其他的人不准上来。"提弥明只好站在堂下。群臣连吃连喝,气氛倒还十分融洽。谈话当中,晋灵公忽然一再赞赏赵盾的宝剑,要他拔出来让他观看一番。按照规矩,做臣下的如果在国君面前拔出剑来,就等于犯了行刺国君的大罪。赵盾没有想到这一层。当他正要拔出宝剑的时候,提弥明在堂下急切地嚷着说:"且慢!主公面前不得无礼!"赵盾经他这一提醒,才知道这是他们的诡计,就怏怏不乐地起身告辞。提弥明怒容满面地搀着他出来。屠岸贾立刻放出那只猎狗去追赵盾。这只猎狗看到活的"稻草人",就不由分说地扑过去。提弥明眼疾手快,发觉情况不对劲,赶紧挨过去,将那只猎狗的脖子一扭,当场结束了那条狗命。宫里顿时惊乱了起来。晋灵公大发雷霆,叫武士们去杀赵盾和提弥明。提弥明非常英勇,既要保护赵盾,又要还手抗敌;他杀了几名武士之后,终于也被杀了。剩下赵盾独自往前奔逃,武士们在后头紧追不舍。其中有个武士比别人跑得更快,三两步便追上了赵盾。赵盾瞧了他一眼,随即眼前发黑,一头栽到地上,一动也不动了。那个武士一把拉起赵盾,背着他就跑。

这时候赵盾的儿子赵朔,已经带着家丁来迎接他父亲。那个武士把赵盾安放在车上,就拔出刀来,准备跟国君的卫兵拼命。那帮卫兵看见赵家人多势众,就放弃追杀,掉头回去了。赵盾问那武士:"他们都要来杀害我,你怎么反而救我呢?你是谁呀?"他说:"相国难道忘了那个在路旁饿得奄奄一息的人了吗?"原来五年前赵盾打猎回来,看见路旁躺着一个人,以为是刺客,叫人把他抓来。那个人已经饿得站不起来了。赵盾问了他的情况,才知道他叫灵辄,在卫国游学三年,这次回来,穷得一无所有,已经饿了三天。赵盾很同情他,就给了他一些干粮和盘缠。后来灵辄做了卫灵公的卫士,常常想起赵盾的救命之恩。正巧屠岸贾唆使国君要杀

《东周列国志》版画之"赵宣子桃园强谏"图,讲述赵盾于桃园强谏晋灵公痛改前非之事。

害赵盾，灵辄就决意要救他的命。赵盾脱了险，就和他儿子投奔到国外去，他们本想带着灵辄一起走，可是灵辄早已不知去向了。

兔死狗烹

“兔死狗烹”比喻事情办成以后，把曾经出过力的人抛弃或杀掉。

此典出自《史记·越王勾践世家》：“飞鸟尽，良弓藏；狡兔死，走狗烹。”

赵王勾践的大夫范蠡，曾替越国立下了汗马功劳；在越国和吴国发生战争，越方军事失利时，范蠡劝勾践向吴王夫差暂时忍辱投降；等到时机成熟，形势有利时，又替勾践策划兴兵攻吴，结果越王复国报仇。对越国来说，范蠡确实是一个大功臣，本来可以在勾践复国后，享受荣华富贵，来补偿以往所付出的辛劳代价；但是范蠡没有这样做，宁愿舍弃了富贵荣华，自行引退，过着闲云野鹤般的生活。后来，他托人带了一封信给从前的大夫文种，劝文种也舍弃功名富贵，以免招惹灾祸。

范蠡在信中对文种说：“用来射鸟的弓，等到没有鸟时，人们会把弓收藏起来，对弓也没有什么损害；而用来猎兔的狗，在行猎时，或许会被凶猛的野兽伤害，等到兔子被捕杀后，主人更会把它杀掉吃肉，连性命也保不住。越王是可以与之共患难的人，而不可以与他共享乐。你为什么还不远离他呢？”文种没有听从范蠡的劝告，最后终被勾践所杀。

文恬武嬉

“文恬武嬉”形容文武官员贪图享乐，一点也不把国家大事放在心上。

此典出自唐代韩愈《昌黎先生集·平淮西碑》：“相臣将臣，文恬武嬉。”

唐玄宗李隆基是唐代帝王中在位时间较长的一个，从公元712年到公元756年，先后统治了四十五年。李隆基执政期间，先后任用李林甫、杨国忠等奸臣，到开元末年，政治日趋腐败。李隆基本人则爱好声色，奢侈荒淫。同时，由于府兵制遭到破坏，京师和中原地区武备空虚，西北和北方各镇节度使兵权在握，天宝十四年（公元755年）爆发了安史之乱。第二年，玄宗逃亡四川。至德二年末（公元758年实）回长安，后来郁闷而死。

到了唐宪宗时，淮西节度使吴元济又发动叛乱。公元817年，著名文学家韩愈随宰相裴度前往淮西平叛。叛乱平息以后，宪宗命韩愈撰写《平淮西碑》，以记述这件事。韩愈在碑文的开始，首先指出了淮西叛乱发生的根源：唐玄宗时，自恃国力强盛，荒淫奢侈。安史之乱虽然平息了，但北方的人民却蒙受了巨大的灾难。由于皇上荒淫，朝中的文官只知安逸享乐，武将也只是追求声色犬马。这种风气如果延续下去，国家的前途便不堪设想了。

五马分尸

“五马分尸”是一种极其残酷的刑罚，商鞅推行变法，立下了很大的功劳，在历史上也产生了很深的影响，但他自己却没有处理好各方面的关系，因而得到了一个悲惨的结局。

此典出自《战国策·秦策》：“卫鞅亡魏入秦，孝公以为相，封之于商，号曰商君。……孝公行之八年，疾且不起，欲传商君，辞不受。孝公已死，惠王代后，执政有顷，商君告归。……商君归还，惠王车裂之。”

秦孝公因卫鞅占领了西河，打了大胜仗，就封他为侯，把商于（在河南省淅川县西；）一带十五座城封给他，称他为商君。卫鞅就叫商鞅了。

商鞅谢恩回来，非常得意。家臣和亲友们都向他表示祝贺。有的说，秦国能够这么富强，全是他的功劳；有的说，他是自古以来最出名的改革家；有的说，他改变了土地制度，真了不起；有的说，他压住了贵族，实行连坐法，他所做的每一件事都是大事情。大伙儿你一言、我一语，说得商鞅心里美滋滋的。他骄傲地问他们："我比五羊皮大夫怎么样？"大伙儿都奉承着他，说："他哪儿比得上你呢？"其中有位叫赵良的门客，听了这些话，实在忍不住了，大声地说："你们都在商君门下吃饭，怎么不替他担点心事，反倒胡说八道，一味地奉承他！"大伙儿听了，不敢出声。商君有点不高兴，他满面春风的脸上浮上一层怒气，问他："先生有什么话要说？"赵良说："您要知道一千个人瞎称赞，不如一个人说真话。如果您不介意的话，我就说给您听听。"商鞅关于笼络门客，听了赵良的话后，立刻恭敬地说："俗语说，'良药苦口'，请先生指教。"

赵良一想，要说就说个透，要骂就骂个够。他挺郑重地对商鞅说："您说起五羊皮大夫，我就把他跟您作个比较吧。百里奚在楚国给人看牛，秦穆公知道了，想方设法请他来当相国；您呢？三番五次地托个小人景监给您介绍。百里奚得到了秦穆公的信任，就推荐别人。百里奚当了六七年相国，连续三次平定晋国的内乱，中原诸侯都非常佩服，西方的小国都来归附；您呢？冤了朋友，夺了西河，只讲武力，不顾信义，谁还能诚心诚意地相信您？百里奚处处替老百姓着想，减轻兵役，不乱用刑罚，叫老百姓能够安居乐业；您呢？把老百姓当做奴隶，采用最严厉的手段管理老百姓。百里奚生活非常俭朴，出去的时候不用马车，夏天在太阳底下走，也不打伞；您呢？每逢出去的时候，车马几十辆卫兵一大队，前呼后拥，吓得老百姓唯恐躲闪不及。百里奚死后，全国男女老少痛哭流涕，好像死了自己的父亲；您呢？割了太子的师傅公子虔的鼻子，在太师公孙贾脸上刺了字，一天之中杀了七百多人，连渭河的水都变红了。全国人民，哪一个不恨您。说句不中听的话，他们恨不得您早点死呢。别人只知道奉承您，我可真替您担心哪。"

商鞅听了这番话，一句话也没说，叹了口气，说："我竭尽全力为老百姓着想，怎么反倒叫人家都怨恨起来？这是什么道理？"赵良说："我知道您替老百姓着想，可是您的办法很不妥当。您有两个最大的毛病：第一、您只是说服了国君，得到他一个人的信任，可是没有别的人来帮助您；第二、只管替老百姓打算，不管人家愿意不愿意，就推行新法，不许老百姓替自己打算。老百姓就算得到了好处，他们不但不感激您，还都怨恨您。您自以为事事都替老百姓着想，实际上，您的心目中没有任何人。"商鞅打断他的话说："他们知道什么？"赵良说："您以为用不着听从老百姓的意见。老实说吧，自古以来，没有一个国君或是一个大臣单凭着自己的威力，违反老百姓的意志，能够成功的。俗语说，'顺天者昌，逆天者亡'。这句话说得非常正确。违反了老百姓的意志，就是违反天意。违反了天意，就没有不失败的。'天'是什么啊？天没有耳朵，他凭着老百姓的耳朵来听；天没有眼睛，他凭着老百姓的眼睛来看。我看着上上下下的人都怨恨您，就知道天也怨恨您。因此，我非常替您担心。为什么您还不赶快推荐别人来代替您呢？要是您现在能够立刻回头，安分守己地去种地，或许还能够保住您的性命。"商鞅听了赵良这些话，心里头闷闷不乐。可是他哪舍得把大权交给别人？种地也得有福分哪！

周显王三十一年、秦孝公二十四年（公元前 338 年），秦孝公得了重病。他想把君位传给商鞅，商鞅怎么也不肯接受。秦孝公一死，太子驷即位，就是秦惠文王。他做太子的时候，因为反对新法，被商鞅给定了罪，如今太子当上了国君，公子虔和公孙贾他们就得了势。这一帮人都是商鞅的冤家对头。这样一来，他就找商鞅算账了。秦惠文王就加了个谋叛的罪名，下令逮捕商鞅。

商鞅打扮成一个老百姓，打算跑到别国去。他到了函关天黑下来了，只好上一家客店

《东周列国志》版画之“说秦君卫鞅变法”图。卫鞅即商鞅，也称公孙鞅。

去住。客店老板要检查凭证，商鞅交不出来。老板说：“你这位客人真不明白。商君下过命令，不准我们收留没有凭证的人。如果我收留了你，我就要被砍头了。”商鞅一听，这可真是“哑巴吃黄连”——有苦说不出。

当天晚上，他不能住店，不过他还是想办法混出了函关，连夜逃到魏国。魏惠王恨他当初欺骗了公子印，夺去了西河，正想抓他，好报当年的仇。商鞅这才觉得这么大的天下，容不下他这么一个人。他又跑回商于。秦惠文王立刻发兵围住商于，把商鞅逮住，用最残酷的刑罚把他弄死。有的说，他的身子是叫车马撕开的。有的说，他的脑袋和两只手两只脚上各拴上一匹马，有五个人往五个方向打马，那五匹马分头一跑，商鞅的身子就这么扯成五六块。这就叫“五马分尸”。商鞅被弄死了以后，他的全家也被满门抄斩。

下马威

“下马威”指新官上任，装腔作势地显示威风。

此典出自《汉书·序传》：“定襄闻伯素贵，年少自请治剧，畏其下车作威，吏民悚息。”

西汉有个叫班伯的少年，家世显贵，常出入宫中，很受皇帝的信任。

当时，定襄石、李两家大姓对抗朝廷，捕杀地方官吏，弄得定襄一带人心惶惶。班伯正准备出使北方的匈奴，听到这种事，主动向皇上请求去定襄做太守。

定襄的豪绅大姓听说来了一位年少气盛的新太守，认为他走马上任伊始，一定要雷厉风行，大抓大杀，显示一下威风。因此，他们就把犯了罪的人藏起来，然后静观其变。

班伯首先请来了当地的豪绅大姓，恭敬地对他们说：“在座的都是父兄师父，今后有什么事，还需要大家鼎力支持。班伯一人治理不好定襄，所以也不准备在这里待得太久。定襄是在座诸位的，要治理好也是诸位的事。我这次来，只是同大家交朋友。”说完，班伯对年长的行了儿、孙礼。从这以后，班伯果然不问定襄的事，整天只知道广交朋友。日久天长，他结交了不少的人，逐渐了解到那些犯法的人匿藏的地方。于是，班伯召集民吏，分头捕获，不到十天，郡中震动。定襄很快恢复了秩序。

仙鹤坐车

“仙鹤坐车”比喻玩物丧志，丧失进取心。

此典出自《史记·卫康叔世家》：“懿公即位，好鹤，淫乐奢侈。九年，翟伐卫，卫懿公欲发兵，兵或畔。大臣言曰：‘君好鹤，鹤可令击翟。’于是遂入，杀懿公。”

卫懿公是卫惠公朔的儿子。他在位期间怠误国政，只知道玩乐，他有个特别的嗜好，就是豢养仙鹤。他把养仙鹤的人都封为大官，那些原来的大官有的反而失去了职位。为了养仙鹤，他向老百姓强索粮食，老百姓饿死冻死，他却无动于衷。公子燬(卫宣公的孙子)眼看这种局面，预料卫国终将灭亡，就投奔齐桓公，住在齐国。卫国人一直都没有忘记急子的委屈，痛恨着卫惠公，谁料到昏君的儿子又是个昏君，于是他们就把希望寄托在贤德的公子燬身上。后来连公子燬也逃跑了，卫国人就更埋怨卫懿公了。有一天，卫懿公载着几车仙鹤出去玩。他的仙鹤也依照地位的高低分出了三六九等，甚至连大夫也得将棚车让给仙鹤坐。那些坐在棚车上的仙鹤叫"鹤将军"，卫懿公出游的时候，就有不少"鹤将军"前呼后拥地"保驾"，他觉得自己在鹤群中威风八面，而那些仙鹤也就像一队文武百官。这一天，他正玩得兴致勃勃，忽然有人来报告，说："北狄攻进来了!"这真是太扫兴了，他一面赶着回宫，一面派人去守城，谁知老百姓全都是争先恐后地逃难，士兵们也不拿兵器，不穿铠甲，不去应战。卫懿公问他们："为什么不去打北狄呢?"他们说："打北狄也用不着我们，您还是叫将军去吧!"卫懿公说："哪个将军?"他们冷笑一声，不屑地说："当然是鹤将军喽!"这时卫懿公才明白他已失去了民心，懊恼地敲着脑袋，不断地向老百姓道歉，并把仙鹤全放了。可是那些娇生惯养的鹤却赶也赶不走，反而还伸长脖子，拍打着翅膀，频频向卫懿公献殷勤。卫懿公又羞又恼。这些仙鹤，越是在大家跟前炫耀它们美丽的红冠和鲜艳的羽毛，越叫他无地自容，他掐死了一只仙鹤，狠心地把它扔了，表明自己真心悔过的决心，这才勉强召集了一队人马。

卫懿公看见国人惨遭杀戮，他仿佛变了个人似的，奋不顾身地杀敌，可是人数实在太少了，根本抵挡不住如狼似虎的北狄。士兵们请卫懿公先化装潜逃，他坚决拒绝，他说："我已经愧对国人了，在这紧要关头，如果再贪生怕死，那不是罪上加罪吗? 我无论如何要跟狄人拼到底!"结果，卫国全军覆没，卫懿公也被北狄杀了。敌人进了城，来不及逃跑的老百姓几乎都被杀掉了，卫国的府库及民间值钱的东西全被掠夺殆尽。这些来自草原上的北狄，平常只会牧马放羊，不懂得耕种，袭击卫国也只是想抢掠财物，并没有占领地盘的意图。他们为了下次抢劫时方便，竟把卫国的城墙拆毁了。当卫国的使臣到达齐国报信时，北狄早就满载而归了。

《东周列国志》版画之"卫懿公好鹤亡国"图

羽翼已成

"羽翼已成"比喻左右已有辅佐的人和实力。

此典出自《史记·留侯世家》："鸿雁高飞，一举千里，羽翮已就，横绝四海。”

汉高祖(刘邦)在没有登基前,和一个姓吕的女子结婚,已生有一个儿子,后来做了皇帝,吕氏被封为皇后(即吕后),儿子被封为赵王。高祖因宠爱戚夫人,早想立赵王为太子,由于大臣们坚决反对,他就没有废除太子。后来吕后用留侯(张良)计,请出了四位年高德重的人来辅助太子。

有一次,高祖宴请大臣,太子在旁伺候,那四位长者也跟从在太子身旁,四位长者都是八十多岁人,发眉皓白,穿戴十分奇伟,高祖觉得奇怪,就询问他们的来历,原来就是他几次请求辅佐他而得不到的。四人向高祖敬酒后便走了。高祖目送他们远去,将戚夫人叫出来,指着四人的背影对她说:“我本想换你的儿子做太子,但这四个人都已出来辅助原来的太子,太子身旁有了这几个人,就等于鸟类的翅膀已长成,很难再变动,吕后真的是你的主人了。”戚夫人忍不住哭了起来,高祖乃叫她跳楚国的舞蹈,自己接唱道:“鸿鹄高飞,一举千里。羽翮尚安所施!”高祖最终没有更换太子。

只许州官放火,不许百姓点灯

“只许州官放火,不许百姓点灯”比喻统治者为非作歹,为所欲为,而普通老百姓的言论或行动却受到无理刁难和种种限制。

此典出自《老学庵笔记》。

宋代有一个太守,名叫田登。他专横跋扈,又有一个毛病:特别忌讳别人说他的名字,当然更不允许写。因此,整个州的人都必须把田登的“登”字读成“火”字,写起来也必须写成“火”字。每年到了阴历正月十五元宵节的晚上,按习俗可以随便往来,整夜点灯。然而,官吏们却在街市上张贴布告说:“本州依照惯例放火三天。”

炙手可热

“炙手可热”比喻气焰盛,权势大。

此典出自《新唐书·崔铉传》:“郑、杨、段、薛,炙手可热;欲得命通,鲁、绍、瑰、蒙。”

唐代人崔铉,字台硕,起初被举拔为进士,入朝拜为司勋员外郎、翰林学士,升迁为中书舍人、学士承旨。唐武宗会昌三年(公元 843 年),被拜为中书侍郎,入朝三年就官至宰相。唐宣宗时期,任尚书左仆射,兼门下侍郎,封博陵郡公。

崔铉同郑鲁、杨绍复、段瑰、薛蒙关系很好,共同参与时政,说话很有分量。当时人们评论说:“郑、杨、段、薛这四个人,权势大,气焰盛。要想使自己受到重视,就一定要结交郑鲁、杨绍复、段瑰、薛蒙这四个人。”唐宣宗听到这些议论后,把它记录在屏风之上。

当时,郑鲁任刑部侍郎,崔铉想推荐他做宰相,唐宣宗不答应,任命郑鲁为河南尹。有一天,唐宣宗对崔铉说:“郑鲁离开朝廷了,这些事能由你决定吗?”崔铉诚惶诚恐,立即向唐宣宗谢罪。

作威作福

“作威作福”本指统治者专行赏罚,独揽威权。后来,人们用它形容妄自尊大,滥用权力。

此典出自《尚书·洪范》:“臣之有作福作威玉食,其害于而家,凶于而国。”

公元前 1066 年,周武王讨伐商纣王,最后杀掉了他,带着殷纣王的叔父箕子返回镐京。周武王向箕子询问治国的道理,箕子一共讲了九条办法,其中第六条说:“人的德性可分三种：一是正直，二是过分刚强，三是过分柔顺。什么是正直呢？中正平和，不刚不柔，就是正直；什么是过分刚强呢？性情倔强，不能亲近人，就是过分刚强；什么是过分柔和呢？和顺而不坚强，就是过分柔和。君王应当抑制刚强不能亲近的人，推崇和顺可亲的人。只有君王才有权替人造福，对人行使威权，吃美好的食物。大臣们无权替人造福，无权对人行使威权，无权吃美好的食物。如果大臣们有权替人造福，有权对人施以威权，有权吃美好的食物，那么，就会对您的家有害，对您的国不利。您手下的大臣们会因此背离王道，老百姓也将因此犯上作乱。"

诗礼发冢

"诗礼发冢"形容满口仁义道德而实际上却干尽坏事的卑劣行径。

此典出自《庄子·外物》："儒以诗礼发冢。"

千万不要以为儒家学说不会把人引入歧途。你瞧，诗礼传家的儒生，却干起了掘墓盗物的肮脏勾当！

有一次，一个道貌岸然的大儒带着小儒去盗墓。小儒掘开坟墓，紧张地忙碌着，大儒站在旁边望风，以高高在上的口气对小儒说："东方已经发白，天快亮了。你做得怎么样了啊？"小儒回答道："我还没有解开死人的裙子短衣呢。瞧，他的嘴里含着珠玉！"大儒说："《诗经》中本来就说：'麦苗儿青青啊，生长在山坡上。你这个贵人，活着的时候那么吝啬，不肯救济穷人，死后含着珍贵的珠玉干什么！'喂，师弟，赶快抓住他的鬓发，揪住他的胡须，用锤子轻轻地敲打他的下巴，慢慢地撬开他的两颊，千万不要碰坏他嘴里的珠玉！"

爱身避死

"爱身避死"表示贪生怕死，畏缩不前。

此典出自《汉书·张敞传》："处此紧急时刻，不敢爱身避死，愿效忠陛下，竭尽全力以除盗贼，以安百姓。"

汉代有个人名叫张敞，汉宣帝刘询时，初任太仆丞，后为豫州刺史。

当时渤海、胶州地方的官吏失职，数年粮食歉收，盗贼蜂起。张敞听到这个消息，决定去那些地方平定，于是上书皇帝说："近闻胶州、渤海地方连年歉收，盗贼并起，至攻官寺，到处抢劫；地方官吏，已失纲纪，因而奸宄不禁。在这紧急时刻，不敢爱身避死，愿效忠陛下，竭尽全力以除盗贼，以安百姓。"宣帝看了张敞的上书，十分高兴，就拜张敞为胶东相，赏赐黄金三十斤。张敞到了胶东之后，采用劝善惩恶、有功者赏、顽抗者斩的办法治理胶州，收到了良好的效果。在平乱中因立功而调补为官者数十人，从此盗贼解散，渤海、胶州平定下来。

不久，长安市内，盗贼蜂起，宣帝又令张敞去进行治理。张敞采用走访长安父老，教育并利用偷盗者的首领，采取奖惩结合等多种办法，很快就制服了盗贼。当时人们对此评论说："张敞为人敏疾，赏罚分明。"

暗箭伤人

"暗箭伤人"比喻暗中用阴谋诡计伤害别人。

此典出自《左传·隐公十一年》，又见宋·刘炎《迩言》卷六："暗箭伤人，其深次骨，人之怨之，亦必次骨，以其掩人，所以不备也。"

《东周列国志》版画之“公孙阏争车射考叔”图

郑庄公准备去打许国，出征前拜颍考叔为大将，公孙子都和瑕叔盈为副将。子都没有当上大将，心怀不满，非常嫉妒，作战时不听指挥。

颍考叔上阵奋不顾身地杀敌，他身先士卒，一举杀了许国的大将，立了大功。许国军士抵挡不住，纷纷撤回城中，坚守不战。颍考叔为了取胜，便命令士兵用土垒台，以便翻入城中进攻。垒台完毕，颍考叔手执武器，跳上城头，进行厮杀。正在紧急时刻，公孙子都乘其不备，竟下毒手，对准颍考叔暗放一箭。颍考叔滚下城来，当场死去。瑕叔盈见颍考叔中箭身亡，以为是被敌人射死的，为了给他报仇，就迅速率领士兵冲上城头，奋力拼杀。不久城被攻破，许国战败，兵卒四散，许庄公也扮成百姓逃到卫国去了。

帮人笞子

“帮人笞子”比喻有的人侵犯了别人的利益，还要强词夺理。

此典出自《墨子·鲁问》。

从前有一个人，他的儿子强横凶暴，为非作歹，不务正业，他就鞭打他的儿子。邻家的老人，也拿木棍来打他，边打边说：“我之所以打你，完全是顺应你父亲的心意啊。”

这难道不是太不合理了吗？

包藏祸心

“包藏祸心”原意是心中暗怀不良企图，后来也用它形容外表和善，内心险恶。

此典出自《左传·昭公元年》：“小国无罪，恃实其罪。将恃大国之安靖己，而无乃包藏祸心以图之。”

春秋时期，有一年，楚国的国君派他的弟弟公子围去郑国访问。郑国是小国，楚国是南方的大国。因而郑国希望能与楚国搞好关系，以便依靠它与别国抗衡。所以郑国的大夫公孙段决定把女儿嫁给楚国公子围，以结友好。不料公子围来迎亲时却带领不少兵马，怀有乘机吞并郑国的野心。所以郑国大夫子产非常警惕，没有让公子围进入京城。

子产派子羽去对楚国的客人说：“我们郑国的都城太小了，容纳不下你们那么多的随从，请在城外举行迎亲仪式吧！”公子围十分生气，就叫太宰伯州犁回答子羽说：“婚礼怎么可以在野外举行呢？我们临来之前已经在祖庙里祭告过祖先，如果在城外娶亲，岂不是羞辱我们楚国？而且你们这样做对郑国来说也不体面，对我们做楚国大臣的更是耻辱，回国后恐怕无法再做大夫了。因此我们不能接受郑国这样的安排。”

子羽板起面孔，声色俱厉地说：“我们郑国国家小，但国家小并不是错误，如果依赖大国而不加防备，那才是错误。我们本想用联姻的办法求得楚国的保护，可是楚国却包藏祸心来打郑国的主意，我们是不能不警惕的呀！”

楚国的公子围和楚大夫们知道郑国早有防备，便答应不带兵甲进城，郑国这才同意了。这年的正月十五日，楚国的公子围进入郑国京城，接走了公孙段的女儿，立刻离开了郑国。

鲍鱼之肆

“鲍鱼之肆”是指小人集聚的地方。

此典出自《说苑·杂言》：“与善人居，如入兰芷之室，久而不闻其香，则与之化。与恶人居，如入鲍鱼之肆，久而不闻其臭，亦与之化矣。”

春秋时，孔子说：“不了解某人，就看他结交的朋友；不了解某个君主，就看他任用的臣子。”孔子又说：“与好人相处，如同进入有兰草白芷的房间，时间长了就闻不到它的香气，与它同化了。与坏人相处，如同进入卖鲍鱼的店铺，时间长了就闻不到它的臭味，也与它同化了。所以说，朱砂埋藏的地方是红的，煤炭埋藏的地方是黑的。君子应该慎重对待自己所处的环境。”

变易是非

“变易是非”这则寓言讽喻了封建权贵的炙手可热，以及趋炎附势者的卑鄙可憎。

此典出自《龙门子凝道记》：“吾今然后知势之足以变易是非也！”

洛阳的平民申屠敦，从长安的深河底下得到一尊汉代鼎器，鼎上雕刻着一条腾跃在云空里的黄龙，倾斜的身躯涂着金饰，花纹光彩夺目。西边的邻居鲁生看见了非常喜爱，就让铜匠按照那条黄龙的样子也铸造了一个，用特殊的药品淬它，在地下挖坑里藏了三年，土和药物交互侵蚀，铜质已经锈化，便和申屠敦那尊鼎的模样基本上一样了。一天，鲁生把他的鼎献给一位有权势的贵族，贵族非常珍惜它，摆设宴席招待宾客共同玩赏。这时候，申屠敦也正好地场，他心里清楚这是鲁生家的那个假鼎，便说：“我也有一尊鼎，它的形状与这一尊鼎极其相像，但不知谁的是真货罢了！”那个贵族请求拿来观看，端详了好久说：“这不是真的！”宾客们也纷纷说：“这尊鼎确不是真的呀！”

申屠敦心中不平，据理争辩不止。众宾客都一起反对他，共同羞辱他。申屠敦不敢再作声，回到家里叹息着说：“我从今天起才知道，权势的威严是足以改变事物的是非曲直呀！”

龙门子听说这件事笑了笑说：“申屠敦怎么觉察得这么晚呢！读书人对于文章的评论，也同样是这个样子呀！”

不三不四

“不三不四”表示不正派，不像样子。

此典出自《水浒》第七回：“这伙人不三不四，又不肯近前来，莫不要洒家？那厮却是倒来捋虎须！俺且走向前去，教那厮看洒家手脚。”

鲁智深通过智真长老的介绍从五台山寺来到大相国寺。大相国寺智清长老安排鲁智深去守本寺的一个大菜园。起初鲁智深不愿干这个差事，经寺内人员的哄骗说服，他才答应下来。

菜园附近住着二三十个赌博不成才的破落户小混混，平常总在园内偷盗蔬菜糊口，现在听说来了个管菜园的鲁智深，便设法要制服他，以便今后能够自由出入菜园。这些小混混商量决定，引诱鲁智深到粪窖边，然后大家一齐动手，把他掀入粪窖去，要要他。计策商定后，那二三十个小混混便拿些果盒、酒礼来到菜园，嬉皮笑脸地对鲁智深说："闻知寺里新来住持，我们邻舍街坊都来庆祝。"鲁智深不知是计，便来到粪窖边。智深道："你们既是邻舍街坊，都来廨宇里坐坐。"众小混混的头领张三、李四拜倒在地，不肯起来，只等着鲁智深去扶他们，他们便依计行事。智深见了，心里早疑忌道："这伙人不三不四，又不肯近前来，难道是要弄我不成？那厮却是倒来捋虎须！我走向前去，让他们看看我功夫。"智深走向前去，张三、李四便动起手来。智深不等他们靠近他，右脚早起，一下就把李四踢下粪窖去；张三正要逃走，智深又起左脚，把张三也踢入粪窖。后面的二三十个小混混看到这种情形，吓得目瞪口呆。

残贼一夫

"残贼一夫"指人民的敌人。在这个意义上也被说成"独夫民贼"。

此典出自《孟子·梁惠王》："残贼之人就叫做一夫。"

有一次，孟子去见梁惠王，梁惠王问孟子："听说商汤放逐过夏桀，武王讨伐过殷纣，有这事吗？"孟子回答说："历史上有这样的记载。"梁惠王又问："臣子杀掉君主可以吗？"孟子没有作正面的回答，他说："破坏仁爱的人叫'贼'，破坏道义的人叫'残'。残贼之人就叫做一夫。我只听说过武王诛杀了独夫殷纣，没有听说过他杀掉君主。"梁惠王听后，点点头，觉得孟子的回答很深刻。

"残贼之人谓之一夫"后被简缩成"残贼一夫"或"残贼独夫"。

藏垢纳污

"藏垢纳污"比喻包藏容纳种种坏人坏事。

此典出自《左传·宣公十五年》："川泽纳污，山薮藏疾，瑾瑜匿瑕，国君含垢，天之道也。"

公元前594年，楚庄王带兵攻打宋国，宋国非常害怕，就派出一个有影响的人——宋戴公的五世孙乐婴齐，到晋国去求救。晋国该不该去救宋国呢？战前，楚国曾派使臣路经宋国到齐国去，按当时的外交礼节，应公开向宋国要求借路而行。但楚国自恃强大，根本不把宋国放在眼里，根本就没提借路的事，而是派使者大摇大摆地路过宋国，连个招呼也不打。宋国一怒之下，抓获楚国的使者，并把他杀了。当时宋国与晋国相好，楚国藐视宋国，所以想欺负宋国，也有向晋国挑衅之意。正是由于这些原因，晋景公准备援救宋国。但是，晋国大夫伯宗却持反对意见，他连忙劝阻说："不可去救！古人曾经说过：'马鞭再长，也不能打到马肚子上。'现在正是老天爷让楚国强盛的时候，不能与它相抗争。虽然晋国也很强大，但是怎么能够违背天的意志呢？正像俗话所说的：'能屈能伸，心中有数，相机而行。'江河湖泊能够容纳污泥浊水，山林草莽可以隐藏毒蛇猛兽，华美的玉石也会有瑕疵斑点。当国君的也应该忍受一时的耻辱，这是自然的道理。你还是忍耐一下吧！"晋景公觉得伯宗说得很有道理，就打消了援救宋国的念头。

草菅人命

"草菅人命"意思是把人命视作野草一样。人们用它形容反动统治者滥施淫威，随意残害人命。

此典出自《汉书·贾谊传》:“故胡亥今日即位而明日射人,忠谏者谓之诽谤,深计者谓之妖言,其视杀人若艾草营然。”

西汉初年,著名的政治家和文学家贾谊深受汉文帝的信任,担任梁怀王(文帝的小儿子)太傅。在这期间,贾谊上书汉文帝,写了著名的《陈政事疏》,提出自已的政治主张,希望汉文帝采纳。在这篇文章中,贾谊除了纵论天下形势,提出许多重大的治国策略外,还详细地分析了教育太子的重要性。

贾谊写道:“夏、殷、周三代之所以能够长治久安,就是因为对太子的教育采用了正确的指导思想和具体方法。而秦朝却不是这样,在社会风俗方面不讲究辞谢谦让,而一味地崇尚背后告密、当面攻击,人与人之间互相争斗,像乌眼鸡一样;社会上普遍地不重视礼义仁德,一味地崇尚刑事处罚。秦始皇任命宦官赵高做胡亥(秦二世)的师傅,赵高教他斩杀刑罚,胡亥所学到的本事,不是砍人家的头、割人家的鼻子,就是剿灭人家的三族。因此,胡亥头一天登基掌大权,第二天就随便射杀无辜。忠心耿耿地向他进谏的人,被定为诽谤;深谋远虑的替他出主意的人,被说成是妖言惑众。胡亥把人命看做野草一般不值钱,在他看来,杀人就如同割掉野草一样,可以随意为之。难道说,胡亥生来就本性凶恶吗?不是的。原因就在于,赵高所教导的那一套是违背情理的。”

魑魅魍魉

“魑魅魍魉”比喻各种各样的坏人。

此典出自《左传·宣公三年》:“魑魅魍魉,莫能逢之。”

春秋时代,周天子周定王名义上是全国的国君,事实上他的权力几乎丧失殆尽。他的地盘只有国都洛阳附近那么一点地方,已经失去了对各个诸侯国的控制能力。各诸侯国国君,不但不按期赴朝面君纳贡,有的还想推翻周朝,夺取天下。

公元前606年,春秋五霸之一的楚庄王,率军征讨小国陆浑。路过洛阳郊区时,为了炫耀武力,他竟在周朝境内陈兵示威。

周定王惶恐不已,急忙派大臣王孙满,带上许多礼品,去慰劳楚庄王。楚庄王根本没把周定王派来的使臣看在眼里,对他非常傲慢无礼。楚庄王耀武扬威地向王孙满问道:“你们周朝王宫里珍藏的‘鼎’是个什么样子?大小轻重怎么样?”当时的“鼎”是周王朝最高权力的象征。楚庄王问鼎,就暗示着他有夺取周王朝政权的野心。王孙满对楚庄王的野心非常不满,他机智含蓄地回答说:“鼎上铸有妖魔鬼怪的图像,这是为了使老百姓都了解妖魔鬼怪的凶恶形象,即使到了山林水泽这种地方,碰见‘魑魅魍魉’也能识别躲避。”王孙满继续说道:“要得到王位,不在于有没有鼎,而在于有没有很高的威望。现在周天子地盘虽然已经不大了,但是他的德望还在,周朝的江山还不会丢掉。”楚庄王听了王孙满的一番议论,觉得自已实力还不够雄厚,威望还不足以服人,于是带兵离开了洛阳。

大逆不道

“大逆不道”原意是指封建时代犯上作乱等重大罪行,或指违反封建道德。后来人们用它指罪恶重大。

此典出自《史记·高祖本纪》:“夫为人臣而弑其主,杀已降,为政不平,主约不信,天下所不容,大逆无道,罪十也。”

秦朝灭亡以后,汉王刘邦和楚霸王项羽争夺天下。一次,汉军和楚军在广武对阵,双方相持不下。项羽要求同刘邦单独决斗,刘邦不愿意。他运用计谋,历数项羽十大罪状。

他对项羽说:"你有十大罪状。第一,你我同楚怀王约定,先攻下关中者为王。现在我先攻下关中,你却违背前约,自己称王;第二,你假借王命杀死卿子冠军宋义,篡夺军权;第三,你违抗楚怀王命令,擅自率兵入关;第四,你烧毁秦宫室,盗掘秦始皇墓,掠夺财物;第五,你杀死了已经投降的秦王子婴;第六,你活埋二十万秦国百姓;第七,你胡乱封王封地,煽动叛乱;第八,你把义帝楚怀王赶出彭城,自己称王称霸,又夺取韩地,吞并了梁楚;第九,你派人到江南杀死了义帝楚怀王。"

当讲到第十条罪状时,刘邦加重了语气大声说:"你身为臣子却杀死君主,滥杀已经投降的秦王子婴等人,掌权施政非常不公平,主持订盟约却不信守自己的诺言,你的种种恶劣行径都是为天下所不容,实属犯上作乱,毫无道德可言。这就是你的第十条罪状。"

项羽听后勃然大怒,命令弓箭手放箭,一箭射中刘邦前胸。刘邦为了安定士卒之心,弯腰摸着脚说:"这家伙射伤了我的脚趾!"从那以后,汉军退回成皋城中防守。

东窗事发

"东窗事发"比喻一些罪恶行为被人揭发或一些秘密事情被泄露了。

此典出自《西湖游览志余》:"秦桧之欲杀岳飞也,于东窗下与妻王氏谋之……桧曰:'可烦传语夫人,东窗事发矣!'"

宋朝有一个大奸臣,名叫秦桧,他私通金国,奉金主之命,要陷害岳飞。秦桧陷害岳飞的奸谋,都是在他家东面窗子下,与他的妻子王氏共同谋划出来的。

过了一段时间,秦桧死了,没过多久,他的儿子秦僖也死了。秦桧的妻子王氏设醮擅超度冤魂,并请了一些方术之士,想看看秦桧父子在地府的情况。过了一会儿,一个名叫伏章的方士看见秦僖上了铁枷关在地府的牢狱里,便问他:"太师在哪里?"秦僖说:"在丰都。"于是伏章依照秦僖的话,到丰都去找。果然看见秦桧和万俟卨(秦桧的同学)都被套着铁枷,在做苦工,受尽折磨。秦桧对伏章说:"烦劳你对我夫人说一声,我和她在东窗下商量的那件事,现在被揭发了。"

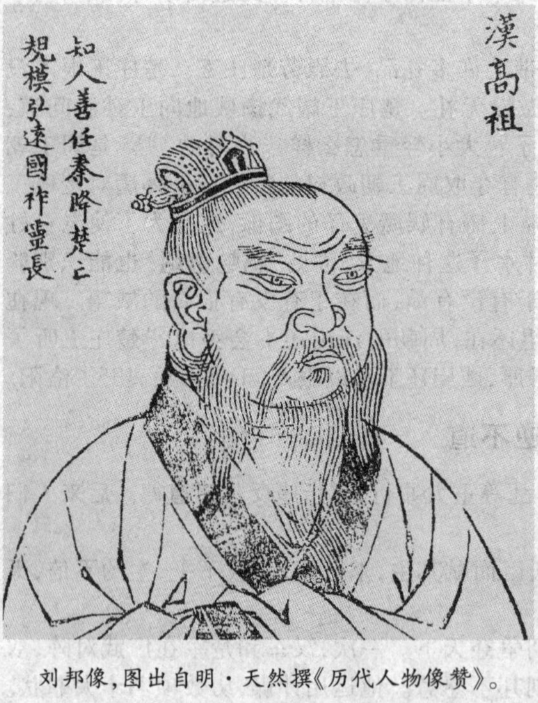

刘邦像,图出自明·天然撰《历代人物像赞》。

妒贤嫉能

"妒贤嫉能"即嫉妒和憎恨贤能之士。后人用这个典故比喻对有才能的人妒忌。

此典出自《汉书·高帝纪第一下》:"项羽妒贤嫉能,有功者害之,贤者疑之,战胜而不与人功,得地而不与人利,此其所以失天下也。"

项羽,下相(今江苏宿迁西南)人,秦末农民起义军的领袖。秦二世元年(公元前209年),他跟随叔父项梁在吴地起义。秦亡后,自立为西楚霸王,并大封诸侯王。在楚汉战争中,被另一支抗秦力量刘邦击败,自刎而死。

项羽是一个有勇无谋的武夫，在他起兵抗秦以后，曾经有很多贤臣名将，如范增、陈平、英布、韩信等，投靠在他的手下。他不是看不起他们，而是因为妒忌这些人的才能，致使这些人不是弃楚归汉就是愤然离去。韩信归汉后，成了刘邦和项羽争斗中致项羽于死地的大将。在著名的鸿门宴上，范增劝项羽杀掉刘邦，项羽不仅不听从劝告，反而中了陈平、刘邦施的反间计，罢免了范增的权力，致使范增愤然离去，病死途中。由于项羽不善用人，最后终于成了孤家寡人，演出了一场"霸王别姬"的惨剧。

汉朝建立以后，有一次刘邦大宴群臣。席间，刘邦问："为什么我能取得天下，而项羽却失去了天下呢?"大臣高起、王陵回答说："项羽妒贤嫉能，害功臣，疑贤者，所以他失掉了天下。"

恶贯满盈

"恶贯满盈"比喻坏事做得太多或坏事已做到了尽头，该是受到惩罚的时候了。

此典出自《尚书·泰誓上》："商罪贯盈，天命诛之。"

商朝末年，商纣王残暴无道，不但老百姓反对他，诸侯们也对他非常反感。当时有一个诸侯叫姬昌，在他的治理下施行仁政，大家都赞扬他，诸侯们也拥戴他，纣王便把他囚禁起来。后来姬昌的近臣献了许多美人和财帛给纣王，姬昌才得到释放。到他儿子姬发(即周武王)即位，便率领诸侯起兵讨伐商纣，在孟津渡黄河，向商都朝歌进攻。在牧野地方，与纣王的军队交战。周武王所率的是仁义之师，深受百姓的拥护，而纣王的军队却是深被老百姓摒弃和憎恶的，结果纣王大败，自焚而死，商朝也就此灭亡。

尔虞我诈

"尔虞我诈"用来比喻互相猜疑、互相欺骗。

此典出自《左传·宣公十五年》："宋及楚平。华元为质。盟曰：'我无尔诈，尔无我虞!'"

春秋时期，鲁宣公十四年九月，楚国去攻打弱小的宋国，楚庄王亲率大军，团团围住了宋国的都城。由于宋国军民同仇敌忾，坚守不懈，直到第二年五月，楚军还是打不进去。这时，楚庄王准备传令退兵。

楚国大夫申舟(名无畏，即毋畏)的儿子申犀在楚庄王的马前叩头说："我父亲知道自己一定会死在宋国，他为了不违背你的命令，毅然路过宋国，结果被扣留而死。而你也在我父亲临行前许下诺言，说如果申舟被杀，你一定讨伐宋国。而现在，你却要放弃以前的诺言了。"楚庄王无话可说。这时候，申叔时正在给楚庄王驾车，搭话说："我建议在阵地上修建房屋，并把一部分能够种田的战士派回去从事生产，以此表示我军要继续围困下去，如此一来，宋国必定会投降。"楚庄王采纳了申叔时的建议。

宋国果然感到恐惧不已，就派官员华元深夜混进楚国的军营，把楚将子反从床上抓起来，说："我们的国君派我来向你说明我们的困难，他说，我们国家没有粮食吃，只好互相交换小孩来吃；没有柴烧，只好拆开尸骨当柴烧。尽管这样，如果你们要强迫我们签订丧权辱国的条约，我们全国上下宁肯战死，也决不会投降。如果你们退兵三十里，我们就接受你们的条件!"子反已经落到华元手里，非常胆怯，只好先跟华元订了口头上的条约，然后才把这件事报告了楚庄王，楚军先撤退了三十里。

接着，宋、楚二国议和，华元到楚国做人质，条约上写着："我不欺骗你，你也不欺骗我!"

二桃杀三士

“二桃杀三士”这句话有两种意思，一种意思是讽刺阴险的人用恶毒的阴谋去杀害爽直的人；另一种意思是说直爽的人没有把事情搞清楚，反而被别人利用。

此典出自《晏子春秋·内篇谏下二》。

春秋时期，阖闾大败楚国回到吴国后，把第一大功归给孙武。孙武不愿做官，坚持要返回家园。伍子胥再三挽留他，他却劝伍子胥，说：“功成不退，将有后患！我不仅是要保全我自己，还想保全你。你还是和我一起离开这个地方吧，免得将来受人家的气。”但伍子胥舍不得离开，于是孙武就独自走了。

阖闾对伍子胥说：“中原诸侯最畏惧的就是楚国，现在我把它打败了，我应该代替晋国当霸主了吧。”伍子胥说：“晋国虽然失了霸主的声威，可是齐国的国君一直想恢复齐桓公的霸业，大王可不要忽视了他。”阖闾不言语，内心打算找个机会再把齐国打败，那么他就可以横行天下了。

齐景公早就觊觎诸侯领袖的地位，这个念头在他脑子里已经转了二十多年。从前楚灵王攻打陈国和蔡国的时候，蔡洧到中原来求救，各国诸侯慑于楚国的威名，都不敢发兵。当时齐景公曾派人到楚国去刺探军情，想了解这个“蛮国”究竟有多大的实力。晏平仲就是当年奉了这个使命到楚国去的人。楚国的君臣听说齐国派遣使臣来访问，有意想给他难堪，藉以夸示楚国的威风。他们知道晏平仲个子矮小，就在城门旁边凿了一个五尺来高的窟窿，叫他从这个洞钻进去。晏平仲一向擅长言辞，他说：“这是狗洞，不是城门。要是我到‘狗国’来，就钻狗洞；要是我来访问的是‘人国’，就应当从城门进去。我在这里等一会儿，麻烦你们先去问个明白，楚国究竟是个什么国？”管城门的人立刻把晏平仲的话告诉了楚灵王。楚灵王只好叫人打开城门，把他迎接进来。那些负责招待的人也说了一些很难听的话讥笑晏平仲，没想到全都给他三言两语驳回去了，他们再也不敢随便开口了。

楚灵王见了晏平仲，开玩笑地跟他说：“难道齐国就没有人了吗？”晏平仲回答说：“这是什么话？只是临淄一个城就挤满了人；如果大家都呵一口气，就能够变成一片云彩；擦一把汗，就能够下一阵雨；行人们摩肩接踵。大王怎么说齐国没有人呢？”楚灵王说：“那么既然如此，齐国为什么派遣你来呢？”晏平仲听了这话，觉得又好气又好笑，就回答说：“敝国有个规矩：访问上等国，就派上等人去；访问下等国哪，就派下等人去。我最没出息，所以就被派到这儿来了。”说着他故意笑了笑，楚灵王也只得赔着笑脸。

到了吃饭的时候，武士们拉着一个囚犯从堂下过去。楚灵王问他们：“那个囚犯犯了什么罪？是哪儿的人？”武士回答说：“是个强盗，齐国人！”楚灵王转头面向晏平仲，笑嘻嘻地说：“齐国人怎么那么没出息，竟做这种事情？”晏平仲说：“大王您不知道，江南的蜜橘，又大又甜。然而这种蜜橘种在淮北，就变成了又酸又小的枸橘。为什么蜜橘会变成枸橘呢？因为水土不同嘛！同样的道理，齐国人在齐国能清清白白地做人，一到了楚国，竟当了强盗，也许就是因为水土的关系吧！”楚国的君臣发现不是晏平仲的对手，大家反而对他尊敬起来了。

晏平仲从楚国回来对齐景公说：“楚国虽然兵强马壮，可是缺乏优秀的人才，咱们没有必要怕他们。主公只要把国家整顿好，爱护百姓就行了。另外有一点就是必须提拔有才干的人，远离小人。”齐景公非常赞成他的观点，可是他把“提拔有才干的人”这句话曲解了。他以为喜爱打架的大力士就是人才，因此他一味提升大力士的职位。如此一来，晏平仲反而替齐国忧心忡忡了。

有一天,鲁昭公亲自来访问齐国。齐景公一心想叫鲁国背离晋国来归附齐国,因此就特别隆重地招待他。在坐席间,鲁昭公有叔孙舍做相礼(相当于傧相),齐景公有晏平仲做相礼。君臣四人坐在堂上。堂下站着齐景公最宠爱的三个大力士。他们站在那儿仿佛示威似的,一副神气十足、得意洋洋的样子,简直是目中无人。晏平仲看在眼里,心里却很不自在。他向来把这种武人当做粗汉看待。可是齐景公把这种粗汉当做优秀的人才,难怪真正的人才不愿意来投靠他。晏平仲早想把这些武人撵走,再举荐真正有才干的人来。正当两位国君喝酒的时候,晏平仲灵机一动,想出了一个办法。他向齐景公禀报,说:"主公种了好几年的那棵桃树,今年结了桃子。我想摘来献给两位君主尝一尝,不知道行不行?"齐景公就要派人去摘。晏平仲说:"让我亲自去看着园丁摘桃吧。"

《东周列国志》版画之"晏平仲二桃杀三杰"图,讲述晏子用计除掉齐国三个桀傲不训而又功高震主的勇士的故事。

没过多久,他托着一个木盘进来。盘里摆着六个桃子,红绿的嫩皮里头饱饱满满,好像随时都可能渗出蜜汁来。齐景公问他:"就只有这么几个吗?"他说:"还有几个不太熟,所以就摘了这六个。"齐景公叫晏平仲斟酒行令。晏平仲奉上一个桃子给鲁昭公,一个给齐景公,又斟满了酒,说:"桃大如斗,天下少有;二君吃了,千秋同寿。"两位国君喝了酒,吃着桃子,都说味道很好。齐景公说:"这桃子不容易吃到。叔孙舍大夫的贤明,有目共睹,现在又做了相礼,应当吃个桃子。"叔孙舍说:"下臣不敢当,相国晏平仲协助君侯,才是真正的贤明,国内政治清明,国外诸侯钦佩,功劳不小,这个桃子应当赐给晏相国。"齐景公说:"你们两个人都有大功,各人赐酒一杯、桃子一个。"两个大臣就只好奉命又喝又吃。晏平仲说:"剩下的两个,我想主公干脆叫臣下都说一说自己的功劳。谁的功劳大,就赏给谁吃。"齐景公叫左右传下去,说:"堂下的侍臣里头,谁如果觉得自己立过大功劳,尽管直截了当说出来,由相国来评定谁的功最大,就赏给他一个桃子,尝尝鲜味。"

在齐景公最宠信的那三个大力士当中,有个叫公孙捷的,抢先往前走了一步,说:"我从前跟着主公到桐山打猎,忽然来了一只老虎,冲着主公扑过来。我连忙过去把那老虎打死,救了主公。就凭这件事我应该可以吃个桃子吧?"晏平仲说:"你救了主公的命,这功劳是够大的啊!"他转身对齐景公说:"请主公赏他一盅酒、一个桃子。"公孙捷赶忙谢恩,一口把酒喝了,把桃子吃了。

另一个大力士叫古冶子,他非常粗鲁地说:"哼!打死一只老虎有什么了不起!我以前跟着主公过黄河的时候,遇见一只老鼋。它忽然就咬住主公的马,把马拖进了水里。我跳下水去跟老鼋拼命，斗了老半天，最后我把老鼋杀死，救出了主公的那匹马。这难道不算是功劳吗?”齐景公接着说：“如果那天没有他呀，我或许早就命丧黄泉了！吃，吃！”晏平仲给他一个桃子，又替他斟了一盅酒。

第三个大力士田开疆，气呼呼地跳上来吵嚷着说：“我曾经奉主公的命令去攻打徐国。我不仅杀了徐国的大将，还俘虏了五百多个敌人，吓得徐国立刻投降，连邻近的郯国（在山东省郯城县）和莒国都归附了咱们。就凭这个功劳也可以吃上桃子吧?”晏平仲说：“像你这样为国出力，帮助主公收服属国，功劳真是非比寻常。打老虎、斩老鼋的功劳怎么能跟你比呢？遗憾的是，桃子都吃完了，赏你一盅酒吧。”齐景公说：“你的功劳最大，可是你说得太迟了。”田开疆气愤而又不服气地说：“打老虎、斩老鼋有什么稀奇？我跑到千里之外，为国争光，反而没吃到，在两位国君跟前丢人现眼，我还有什么脸面站在这儿哪！”这个粗汉拔出宝剑就往脖子上一割。

公孙捷惊跳起来。他说：“我凭着打老虎这么点儿功劳，抢了田开疆的赏，连我自己都觉得脸红。如果我活着，怎么对得起田开疆呢?”说完，他也自杀了。古冶子大声嚷着说：“我们三个人是患难之交，同生同死的拜把兄弟，我一个人活着，太丢人了！”他也自杀了。齐景公每一次都匆忙叫人去阻挡，却都没来得及。

鲁昭公目瞪口呆地愣了许久。他很歉疚地站起来，说：“我听说这三位勇士都是天下闻名的人才，没想到今天竟为了这两个桃子相继自杀了，唉，太可惜啦！连我心里都觉得惴惴不安。”齐景公叹了一口气，默默无语。晏平仲好像没事似的说：“这样的武人虽然有用处，却不是什么优秀的人才。今天死三个，明天就能来三十个。多几个、少几个，都无所谓。咱们还是喝酒吧。”

飞扬跋扈

“飞扬跋扈”比喻意气举动超出常规，不受约束。现多指蛮横放肆，目中无人。

此典出自《北史·齐高祖纪》：“景（侯景）专制河南（指今甘肃省西南部黄河以南地区）十四年矣，常有飞扬跋扈志。”

我国的南北朝时期，是门阀士族统治的时代。世家大族特别是皇亲国戚依仗祖先的政治地位和宗族姻亲的党援，享有政治特权，高居于广大劳动人民之上。对此，一些地方割据势力虽然不敢直接谴责封建皇帝，但对其儿孙们却常常流露出不满情绪。

北魏末年，北魏分成了两个政权，史称东魏、西魏。东魏的军政大权掌握在一个叫高欢的人手里。当时，有一个叫侯景的人，是长时间住在河南的一个地方首领。他看不起那些依附皇帝老子的权势作威作福的世子，曾对人说：“如果皇帝在，我的行动不敢有异；如果皇帝不在，我不能与那些不懂世事的皇家小子一起做事。”有一次，高欢的儿子代高欢起草了一份诏书，召侯景进见，侯景不愿意来。后来侯景又听说高欢染病，便集聚了一些军队打算在河南屯兵自固。高欢的儿子对此闷闷不乐。高欢问儿子：“我虽然身体不好，但看你好像有更大的忧愁，这是什么原因啊?”儿子没有说话。高欢又问：“难道你是害怕侯景背叛?”儿子点点头说：“是。”高欢说：“侯景专制河南已经十四年了，他常常怀有飞扬跋扈之志，我还可以制服他，他岂能听你的指挥。现在天下未定，你不要为此忧愁。有一些文臣武将还是听指挥的，他们当中有的可以对付侯景，你要对这些人以礼相待，重用他们。”

公元547年，侯景因为害怕被高澄所杀，降梁，受封为河南王。第二年，与梁宗室萧德正勾结，举兵叛乱。

钩心斗角

“钩心斗角”，亦作“构心斗角”，它的本来意思是指宫室建筑的内外结构精巧严整，后来人们用它比喻各用心机，明争暗斗。

此典出自《阿房宫赋》：“六王毕，四海一。蜀山兀，阿房出。覆压三百余里，隔离天日。骊山北构而西折，直走咸阳。二川溶溶，流入宫墙。五步一楼，十步一阁；廊腰缦回，檐牙高啄，各抱地势，钩心斗角。盘盘焉，囷囷（qūn）焉，蜂房水涡，矗不知其几千万落。”

唐代文学家杜牧，26 岁中进士，官至中书舍人。他生活在晚唐多事之秋，朝廷内外矛盾重重，国家日益衰败。可是，唐代晚期的帝王仍然不思进取，骄奢淫逸，大修宫室。杜牧因此作《阿房宫赋》，假借秦朝的事例以讽刺当代社会。

杜牧写道：“秦朝灭亡六国，统一天下以后，就砍伐蜀中山林，修成了阿房宫。它覆盖了三百多里的地面，遮蔽了天空和太阳。从骊山开始向北修筑，再往西折，直达咸阳。渭川、樊川的水缓缓而流，一直流入宫墙。五步一楼，十步一阁。游廊如绸带环绕，飞檐像鸟嘴隆起。楼阁各依地势，参差环抱，房心勾连，檐牙如飞龙斗角。盘盘绕绕，曲折回旋，像蜂房那样密集，如水涡那样相连，巍然耸立着，不知有几千座。”接着杜牧笔锋一转，写道，秦始皇的骄奢淫逸，使天下人敢怒而不敢言。后来，陈胜、吴广起义，刘邦一举攻占函谷关，楚霸王项羽的一把大火把阿房宫烧成了一片焦土！

含沙射影

“含沙射影”比喻在暗中攻击或陷害别人，也指影射某人某事。

此典出自唐代白居易《长庆集·读古诗》：“含沙射人影，虽病人不知，巧言构人罪，至死人不疑。”

江淮间盛产一种非常特别的甲虫，名叫蜮，又有人把它们称作蜮。这种虫常常伤害人，形状很是奇怪，背上有硬壳，头上有角，有翅膀，可以飞到上空，在人的头上施行袭击；它们虽没有眼睛，但耳朵听觉特别灵敏，口中有一横物，形状像弩，可以听到人声便知道人的所在方向和距离，然后用口中所含着的沙当做矢用，向人的影子射击。被蜮射着的人会染到一种毒质而生疮；即使人的身体能够躲避，如果影子被蜮射中，也会生病。

河清难俟

“河清难俟”比喻希望很难实现。

此典出自《左传·襄公八年》：“周诗有之曰：‘俟河之清，人寿几何？’”

春秋时，楚、晋两国都很强盛，郑国是一个小国，却处在楚、晋两个大国之间，因此郑国只能采取左右逢迎的政策。有一次郑国公子子国和子耳兴兵攻打蔡国。打了一次胜仗，子国的儿子子产很不以为然，担心楚国会来讨伐（因蔡国是臣属于楚国的）。那年楚庄王果然派他儿子公子贞亲自率兵来攻，郑国的当权者子驷、子国等不知所措，有的主张向楚国投降，有的主张等待晋国来援，子驷说：“我记得周诗中有这几句诗：‘俟河之清，人寿几何？兆支询多，职竞作罗。谋之多族，民之多还，事滋无成。’”意思是：要到黄河水清，人的寿命哪有这么长？既用卜来求人，又向人去问计，做的事已够多了。郑国主持大事的人又多，各持己见；顺从这方的主张；又忽略那方的意见，所以讨论的事情没有任何结果。现在楚兵就要来到，人民的生命处在危急中，不如暂时顺从楚国，让郑国老百姓松口气，不会死在战争里……最后郑国终于丧权辱国，向楚国投降。

黑白混淆

“黑白混淆”即黑的白的混在一起，分不清楚。比喻颠倒是非。

此典出自《后汉书·杨震传》：“白黑溷（‘混’的异体字）淆，清浊同源，天下哗，咸曰财货上流，为朝结讥。”

东汉时，有一个叫杨震的人，字伯起，历任荆州刺史、涿郡太守、司徒、太尉等职。杨震为人正直，廉洁奉公，声望很高，当时人们都称他为“关西孔子”。在杨震当荆州刺史的时候，曾推荐过一个叫王密的人做了昌邑县令。一次，杨震路过昌邑，王密趁夜深人静的时候，将十斤黄金献给杨震。杨震不但没接受，还批评了王密一顿。

当时，汉安帝（刘祜）的乳母王圣及中常侍樊丰等贪侈骄横，大兴土木，为自己建造住宅，耗费了巨大的资财。对此，杨震非常痛恨，于是上疏给安帝，揭露了这些人的罪恶。在其中的一封奏疏中，杨震写到：“如今白黑混淆，清浊不分，人们议论纷纷，都在指责朝内朝外贪污成风。”但是，汉安帝非但没有听从杨震的劝告，还在那帮坏人的怂恿下，下诏免了他的官职，遣返回乡。延光三年（公元124年），杨震服毒自杀。

狐假虎威

“狐假虎威”比喻依仗别人的势力欺压人。

此典出自《战国策·楚策一》：“虎求百兽而食之，得狐。狐曰：‘子无敢食我也。天帝使我长百兽，今子食我，是逆天帝命也。子以我为不信，吾为子先行，子随我后，观百兽之见我而敢不走乎！’虎以为然，故遂与之行，兽见之皆走。虎不知兽畏己而走也，以为畏狐也。”

战国时代，楚宣王很奇怪北方的臣民，为什么会畏惧他的大将昭奚恤，于是他就问朝中的大臣这到底是什么原因。朝臣中有一个人名叫汪乙，用一个寓言故事，来向楚宣王解释道：“有一只老虎捉到了一只狐狸，狡猾的狐狸恐吓老虎说，它是天帝派来管理百兽的，如果老虎吃了它，将会激怒天帝；如果不相信，可以跟在它后面走，看看其他的野兽对它是怎样畏服。老虎听了狐狸的话，就跟在狐狸后面想看个究竟。一路上其他野兽远远地看见狐狸，果然都匆忙逃跑。老虎看见这个情形，不知道野兽乃是怕自己，还以为它们害怕狐狸呢！现在大王的兵权都在昭奚恤手上，北方人民所怕的，实际上只是大王的兵罢了。”

怙恶不悛

“怙恶不悛”表示某人坚持作恶，不思悔改。

此典出自《左传·隐公六年》：“长恶不悛，从自及也。虽欲救之，其将能乎。”

春秋时期，诸侯混战。鲁隐公六年五月十二日，郑庄公攻打陈国，结果取得了胜利。由此，不禁使人想起一件往事：前一年，卫国州吁联合陈国攻打郑国，当时郑庄公向陈桓公求和，陈桓公坚决不答应。当时，陈五父（桓公之弟）劝谏陈桓公说：“亲近善人，友睦邻邦，是国家非常宝贵的策略。您还是答应郑国的求和请求吧。”陈桓公说：“宋、卫这两个大国难以对付，小小的郑国能把我怎么样呢？”陈桓公最终没有答应郑国求和的请求。

史官评论这件事说：为善的机会不可失掉，作恶的行为不该助长，这两句话，就是对陈桓公的告诫。助长罪恶却不加以改正，势必要自遭其祸。到那时候，即使想挽救它，也是办不到的。

《商书》说："罪恶的行为是很容易蔓延滋长的，就像燎原的烈火一样，不能够靠近，难道还能够扑灭它吗？"周朝的大夫周任曾经说过："治理国家的人，对待恶事应像农夫对待田间杂草一样，将它们连根铲除，不让它们再生长出来。只有这样扼制恶事，善事才能得到发扬。"

黄台之瓜

"黄台之瓜"比喻被屠杀将尽的人。

此典出自《新唐书·承天皇帝传》："种瓜黄台下，瓜熟子离离，一摘使瓜好，再摘令瓜稀，三摘尚云可，四摘抱蔓归！"

唐朝皇帝高宗身体虚弱，经常生病，于是就把国家大事委托给皇后武则天，让她代他决断处理国事，因此国家行政大权就移到武后的手上。武后是一个很有政治才能、怀有极大野心、手段又十分残忍的女子，她把以前的太子李忠废除，立李弘做太子，后来又把太子弘毒死了，再立李贤做太子。李贤也是高宗的儿子，历史上称他做章怀太子。他眼看着武后把太子弘害死了，日夜忧虑，知道自己总有一天也会受到迫害，但是他性格懦弱，不敢明说出来，于是写了一首歌词交给宫里的乐工们歌唱，希望武后听了有所醒悟。这一首歌词是这样的："种瓜黄台下，瓜熟子离离，一摘使瓜好，再摘令瓜稀！三摘尚云可，四摘抱蔓归！"它的意思是说：在黄台下边种的瓜啊！它的果实一个个的成熟了！经过一次采摘，瓜是茂盛的，再摘瓜便稀疏了！三次采摘，还说可以，四次采摘，只得抱着瓜藤回去了！这分明是一首非常可怜的乞命求饶的歌词，他拿瓜来比拟自己的兄弟。本来兄弟是手足之亲，少了哪一个，也是伤心的，又有什么"一摘使瓜好"和"三摘尚云可"的呢？我们读这一首歌，应该了解到作者所处的境地：在武后的魔掌控制之下，极端恐怖，哀求武后手下留情，期望着从此以后武后不再下毒手，过去的不敢计较了，因此还被迫得说句"好"和"可以"，可惜章怀太子贤最终也逃不过这厄运，武后强迫他自杀，由此可见武后的残忍。

武则天像，图出自《百美新咏》。

桀犬吠尧

"桀犬吠尧"的意思是说，桀是夏代暴君，他养的狗也向尧这样贤明的君主狂吠。人们用它比喻不分善恶；或用它比喻不辨黑白一心为主子效命。

此典出自《汉书·邹阳传》："今人主诚能去骄傲之心，怀可报之意，披心腹，见情素，堕肝胆，施德厚，终与之穷达，无爱于士，则桀之犬可使吠尧，跖之客可使刺由,何况因万乘之权,假圣王之资乎!"

汉代,有一个能言善辩的人,叫邹阳。当初,吴王刘濞广招天下游说之士,邹阳和枚乘等人在刘濞的宫廷做文学侍从之臣。后来,刘濞妄图起兵叛乱,邹阳上书劝谏。但是刘濞不肯听劝告,邹阳无奈只好离开他,投靠梁孝王。邹阳足智多谋,但是性情孤傲,与人相处不够随和。因此,遭到同僚羊胜、公孙诡等人的怨恨,他们在梁孝王面前百般谗毁邹阳。梁孝王一怒之下,把邹阳关进监狱,打算杀掉他。邹阳从狱中上书梁孝王,向他剖白自己的一片忠心。

邹阳写道:"您如果确能克服骄傲的态度,做到虚怀若谷,与人披肝沥胆,推心置腹,以诚相待,施以恩德,不论处在什么情况下,都与人有难同当,有福同享,对士人慷慨大方,决不吝惜钱财、自私自利,那么,即使是夏桀的狗也可让它向尧狂吠,盗跖的门徒也可让他去刺杀有道德的高士许由。更何况您握有一国的权柄,依赖着君王的资格和威望呢!"

口蜜腹剑

"口蜜腹剑"用来形容那些口是心非、阴险狡诈的伪善者。

此典出自《资治通鉴·唐纪》:"口有蜜,腹有剑。"

唐玄宗的宰相李林甫,很好才艺,字画也好;但作风不正,品德不好。只要才能比他强,声望比他高的人,他都非常嫉妒,于是就想方设法地暗害人家。他和人们交往时,表面上总是装得非常忠厚和善,说起话来甜言蜜语,但实际上秉性狡猾,诡计多端。别人有事求他,他总是爽快地答应,毫不推辞。可是别人走后,他不但不给人办理,反而想方设法进行破坏。他对皇亲国戚,尽量阿谀奉承;对地位比他低的人,稍不如意便加陷害,"虽老奸巨猾,无能逃其术者"。他在朝十九年,全都是以奸诈的手段待人。人们在长期的生活中认清了他的本质,所以就称他为"口有蜜,腹有剑"的人。

狼子野心

"狼子野心"的本意是说,狼崽虽小,却具有凶恶的本性。后人们用它比喻凶恶残暴的人野心难以抑制和驯服,或者用来比喻狠毒的用心。

此典出自《左传·宣公四年》:"谚曰:'狼子野心。'是乃狼也,其可畜(xù)乎?"

春秋时期,楚国司马子良生了个儿子,起名叫子越椒(又称子越)。子良的哥哥令尹子文说:"一定要杀掉这个孩子。你看,这个孩子有熊虎的形状,豺狼的声音。如果不杀掉他,他一定会毁掉我们若敖氏家族。俗话说:'狼崽子虽小,却具有凶恶的本性。'这个孩子是一条狼,难道能养着他吗?"子良反对杀掉子越椒。子文把这当成一件很大的愁事,他在临死的时候,把全家族的人都找来,对大家说:"子越椒如果执政,你们要赶紧离开楚国,以免遭到灾祸。"他还哭着对众人说:"鬼尚且要求食物。若敖氏的鬼,可能要挨饿了吧?"令尹子文死后,他的儿子斗般(即斗班,又称申公斗班,字子扬)做令尹,子越椒做司马,一个叫苏贾的人当了掌管百工的长官——工正。不久,苏贾诬陷斗般并杀了他,子越椒做了令尹,苏贾自己做了司马。子越椒非常厌恶苏贾,就把苏贾杀掉了。这年秋天,子越椒带领若敖氏的人,同楚王的军队作战。经过几次交战,楚王的军队灭掉了若敖氏。

狼狈为奸

“狼狈为奸”比喻坏人互相勾结,一起做坏事。

此典出自唐·段成式《酉阳杂俎》:“或言,狼狈是两物。狈前足绝短,每行常驾于狼,无狼则不能动。故世言事乖者称狼狈。”

这段话意思是说:据传说,狼和狈是同一类动物。狼的前腿长,后腿短;狈则相反。狈每次出去,都必须依靠狼,把它的前脚搭在狼的后腿上才能行动,否则就寸步难行。

狼和狈常常联合起来去偷吃牲畜。狼用长长的前脚,狈用长长的后脚,它们互相配合,既跑得快,又站得高,这样就能翻进羊圈,把羊偷走了。

两面三刀

“两面三刀”比喻耍两面手法,当面一套,背后一套。

此典出自《红楼梦》六十五回:“嘴甜心苦,两面三刀。”

贾琏偷偷娶了尤二姐的第二天,贾琏的心腹小厮兴儿来请贾琏,说:“老爷那边紧等叫爷呢。小的答应往舅老爷那边去了,小的连忙来请。”

贾琏走后,尤二姐便和兴儿拉起家常来了。兴儿坐在炕沿下,一面喝酒吃菜,一面将荣府的事告诉尤老娘和尤二姐。后来不知怎的扯到凤姐身上去了。

尤二姐听了笑道:“你在人背后这么说她,将来背着我还不知道怎么说我呢!我又差她一层儿了,越发有说的。”兴儿听了忙跪下求饶。

尤二姐笑道:“你这小猾贼儿,还不起来!说句玩笑话,就吓的这个样儿。你们做什么往这里来?我还要找你奶奶去呢。”兴儿忙摇手道:“奶奶千万别去?我告诉奶奶:一辈子不见她才好呢!‘嘴甜心苦,两面三刀’,上头笑着,脚底下就使绊子,‘明是一盆火,暗是一把刀’。他都占全了。只怕三姨儿这张嘴还说不过她呢!奶奶这么斯文善良的人,哪里是她的对手。”

露水桌子

“露水桌子”这则寓言刻画出一个用心险恶、官报私仇而又善于见风使舵的恶棍形象。

此典出自《笑林》。

有一个人偶然在露水桌子上用手指画了“我要做皇帝”五个字,他的仇人看见了,就立刻把桌子扛到官府里去,告发他想“造反”。但是官府还没有开门升堂,在大太阳底下,露水很快被晒干了。所以字迹也就消失了。

众人问道:“你扛这张桌子到这里来干什么?”

那人回答说:“我家里有一张桌子,特地把这张桌子拿来当样品,不知道老爷想不想买?”

落井下石

“落井下石”比喻人家有了祸事,非但不救他,反而跟着去打击。

此典出自唐·韩愈《柳子厚墓志铭》:“一旦临小利害,仅如毛发比,反眼若不相识,落陷阱,不一引手救,反挤之,又下石焉者,皆是也。”

唐朝柳宗元,字子厚,是唐宋八大家之一,他少年的时候,文章就写得很好,也有很大

韩愈像，图出自明·天然撰《历代古人像赞》。

的名气，后来中了进士，当御史大夫时，因参与新政被贬到雍州去做司马，后又调到柳州去当刺史。他死后，柳州人为了纪念他生前对柳州的功绩，建庙奉祭他。

韩愈是那时的大文豪，他看到好友柳宗元被小人所陷害，郁郁不得志而死去，替柳宗元写了一篇墓志铭；其中有一段这样说："唉！读书人要到穷困的时候，才能看出他的气节。现在有些人平常居住在黑巷里的时候，大家互相爱慕，用酒食来做游戏追逐，轻松地亲切地谈笑着，好像很要好似的，是能够拿出肺腑给人看一样的知己；还指着天地，流着眼泪。说着生死与共的话，装得很诚恳可信的样子。但是如果有一天为了点小小利害便冲突起来，即使是鸡毛蒜皮的小事，也会闹得反目成仇。你如果被人挤的掉到陷阱里去，他不但不会求援救你，反而会拿了石头来打击你，这种人是很多。不开化的人和各禽兽尚且还不忍去做的事，他们还自以为做得很对呢？"

猫祝鼠寿

"猫视鼠寿"说明对于敌人要认清其本质，不被一时的表面现象所蒙蔽。

此典出自《雅谑》。

有一只老鼠躲在瓶子中，猫捉不到它，就用胡须去拂掠老鼠的鼻子，老鼠因而打起喷嚏来。

猫在瓶子外面亲切地呼唤说："千岁！"

老鼠说："你这哪里是在为我祝寿？只不过是想把我引诱出来，吃我的肉罢了！"

明目张胆

"明目张胆"原指有胆有识，敢作敢为，但沿用下来，渐渐变成了贬义，形容公然作恶，无所顾忌，胆大妄为。

此典出自《宋史·刘安世传》："初除谏官，未拜命，入白母曰：'朝廷不以安世不肖，使在言路。倘居其官，须明目张胆，以身任责，脱有触忤，祸谴立至。'"

宋朝时候有一个叫刘安世的人，字器之，考中进士后，由于学识渊博，因此深受宋王宠信。他性情耿直，非常讲信义，对事物的见解又相当精辟，不久，被宋王任命为谏议大夫。这是一个非常显赫的官职，该职负有批评皇帝言行的重任。刘安世被任命为谏议大夫之后，立即回家对他的母亲说："宋王不因我的无能而摒弃我，反而委我做谏议大夫；儿子自知没有什么能力，但皇命不可更违，无法推辞，唯有好好的尽做臣子的责任，时时提醒皇上。毫不畏避的对待自己的职责，才是我应该做的事。今后侍奉母亲恐将有所怠慢，务请母亲原谅我！”刘安世做了谏议大夫后，果然耿直进谏，满朝文武都对他敬佩不已，当时有“殿上虎卒”的美誉。

莫须有

“莫须有”的意思是凭空捏造罪名。

此典出自《宋史·岳飞传》：“狱之将上也，韩世忠不平，诣桧诘其实。桧曰：‘飞子云与张宪书虽不明，其事体莫须有。’世忠曰：‘莫须有’三字何以服天下？”

北宋的时候，金兀术丢掉攻占的郾城以后，又连续几次被打败，伤亡惨重，他就亲自率领拐子马上阵反击，想挽回残局，不料碰到岳飞的盾牌兵，败得更加惨重。金兀术一面仓皇逃命，一面痛哭流涕地说：“我这支百战百胜的精锐部队完了，一切希望都完蛋了。”岳飞乘胜追击，一口气打到朱仙镇。岳飞也对他的军士们说：“让我们挺进黄龙府，痛快地干杯！”

但是前方的胜利没有给岳飞带来任何好处。皇帝赵构和秦桧日夜担忧，害怕战事总有一天会失利，打了胜仗心里还战战兢兢，总想求和。所以，当岳飞准备渡河猛进的时候，赵构这些软弱无能、胆小如鼠的人担心祸根愈种愈深，先断绝了对岳飞的援助，然后强调孤军不宜深入。一天当中连用十二道金字牌召回岳飞，岳飞不得已退守武昌。中原地方又被金人夺去了。

金兵只怕岳飞，现在见岳家军打了胜仗反而后撤，并且秦桧又接二连三地求和，于是兀术便叫人送信给秦桧，每一次都明确表态：“求和没那么容易，除非杀了岳飞，才有谈判可能。”秦桧知道赵构只求讲和，任何条件他都愿意依从。便安排御史罗汝楫等人在赵构面前参奏岳飞有阴谋叛乱的倾向，东拉西凑地编造用了“莫须有”——也许有的意思——三个字判定罪名，秘密地派人到牢狱里暗暗地处死了岳飞和岳云。岳飞死时年仅三十九岁。绍兴十二年正月和议成功，两国以淮河中流为界。南宋向金国叩头称臣，仰求金主封赐。

溺井之狗

“溺井之狗”比喻干了坏事的人，总是要千方百计阻挠人们揭露他的恶行。

此典出自《战国策·楚策一》。

有一个人，因为他的狗能抓到禽兽之类的东西，所以他特别喜爱它。他的狗曾经把尿撒到水井里。被他的邻居看到，想要进门告诉它的主人。狗憎恶他，就挡在门口咬他。邻居害怕它，最终没有进去。

牛鬼蛇神

“牛鬼蛇神”本来是指“牛头之鬼，蛇身之神，”是古代神话传说中虚构的拟人形象。后人用来比喻那种极端丑恶、遭人唾弃的人物。

此典出自唐代诗人杜牧的《李贺诗序》：“鳌掷，牛鬼蛇神，不足为虚荒诞也。”

李贺是李唐皇室的远门亲戚，但家世早已没落，生活困顿。李贺很年轻的时候便致力于诗歌的写作，他的诗才曾引起当时文坛的赞叹。在他十几岁的时候，号称“东京才子”、“文章巨公”的韩愈和皇甫湜都因为惊异于他的才华而访问他。李贺只活了二十七岁，是一位多才而短命、有特殊成就的诗人。他曾写过“雄鸡一唱天下白”，“黑云压城城欲摧”等名传千古的诗句。另外，也有不少作品构思独特，意境虚幻，充满了浪漫主义的想象和浓厚的神奇色彩。杜牧《李贺诗序》中的这几句话就是比喻李贺诗歌里虚幻荒诞成分的。

怀璧其罪

“匹夫无罪，怀璧其罪”指本来没有罪的人由于有了一些钱财，引起有些人的觊觎，如果不拿出来，就会弄得人财两空。后来人们用“怀璧其罪”比喻人因多财而得祸。也写作“怀璧为罪”。

此典出自《左传·桓公十年》：“匹夫无罪，怀璧其罪。”

战国时，齐国有一个大臣叫张丑，在燕国做人质，燕王打算杀死他，他乘机逃走了。即将逃离燕国边界时，却被守边界的小吏捉住。这时张丑急中生智，恐吓小吏说：“燕王要杀死我的原因，就是因为有人说我藏有宝珠；他想得到我的宝珠，但我现在已经没有宝珠了，燕王不肯相信我。现在你把我捉住，我在燕王面前只要说是你夺了我的宝珠，吞到肚子里去了，到那时候，燕王一定会杀死你，剖开你的肚子；割你的肠子，君王们都是贪得无厌的人，只知道财利，我迟早总要死，但是你的肠也要一寸寸被割断呢！”守边的小吏被他说得有点害怕起来，于是就把他放走了。

欺世盗名

“欺世盗名”指用不正当的手段欺骗世人，窃取名誉。

此典出自《荀子·不苟》：“是奸人将以盗名于暗世者也，险莫大焉。故曰：盗名不如盗货。”

春秋时，卫国有个大夫叫史鳍，又名史鱼。他曾经多次进谏劝说卫灵公，但是所提意见都没有被采纳。到了后来，史鱼病重，临死时，他告诉儿子，在他死后不要把尸体装进棺材，要实行“尸谏”。卫灵公知道后，对史鱼大加赞扬。孔子也说他是个“正直”的人。

战国时，齐国有个贵族出身的人叫田仲，又叫陈仲子。他的哥哥是一位食禄万钟的富翁，可是田仲离开了哥哥，靠织草鞋为生，自命清高不凡。

战国时的思想家、哲学家荀子认为，史鱼、田仲的行为实际上是欺世盗名。荀子说：没有比盗名这种行径更邪恶的事了，它甚至比偷盗更恶劣。

齐寇将至

“齐寇将至”意指不准别人讲真话，就会使问题成堆，终至不可收拾。

此典出自《吕氏春秋·壅塞》。

齐国军队进攻宋国，宋王派人前去侦察齐军入侵到了什么地方。

使者回报说：“齐军已经迫近了，城里的百姓们都很恐慌。”使者的话刚说完，宋王左右的亲信们纷纷对宋王说：“这真叫做肉里生出了虫子，真是无中生有啊！我们宋国这样强大，齐国兵力又那样弱，哪会像他说的那样呢？”宋王听了这些，非常生气，屈斩了使者。

宋王又另派人前去侦探。不料回报和第一个一样，宋王又恼怒地把他屈杀了。这样，一连杀了三个使者。

后来，又派了一个人前去侦察，真有齐军迫近，于是百姓们惶惶不可终日。就在这时，使者遇见了他的哥哥。哥哥问：“国难当头，危在旦夕，你这是往哪儿去呢？”弟弟回答说：“我奉大王之命，前去侦察敌情。不料齐军离城这样近，百姓恐慌到如此地步！现在我很担心，前几个使者都因回报齐军迫近而被处死。现在，我据情实报是死，不据情实报，恐怕也是死。你看怎么办好呢？”他哥哥说：“既然据情实报，会比别人先死；不如谎报，在齐军破城之前，先行逃走。”

于是，这个使者报告宋王说：“连齐军影子也看不见，谁也不知道他们在什么地方，百姓人心十分安定。”宋王听了，非常高兴。他左右的亲信们都说：“前几个使者真是该死！”宋王便赏赐了这个使者很多金子。

不久，齐军打来，宋王惊慌失措，只好跳上车去，赶快逃命。那个使者，早已逃到其他国家，做了富翁。

巧取豪夺

“巧取豪夺”形容施用不正当的方法，攫取自己不应得的财物。

此典出自《清波杂志》：“老米（芾）酷嗜书画，尝从人借古画自临，拓竟，并与真赝本归之，俾其自择而莫辨也。巧偷豪夺，故所得为多。”

宋朝大书法家米芾既写得一手好字，又长于作画，尤其喜爱古人的作品。有一次，他在别人的船上看见王羲之真笔字帖，喜欢得不得了，马上要拿一幅好书交换，主人不同意，他大呼大叫，攀着船舷竟想往水里跳，幸亏别人很快地把他抱住，才不致落水。他有一个很大的本领，便是会模仿古人的书品。他在涟水的时候，曾经向人借回一幅《松牛图》。后来他把真本留下，拿摹本还给了别人，这人当时没有觉察出来，拿着走了。过了好多日子，才来讨还原本。米友仁问他怎么看得出来，那人回答说：“真本中的水里面，有牧童的影子，而你临摹这一幅却没有。”然而米友仁模仿古人的书品，很少被人发觉他的摹本是假的。他常常千方百计向人借古画描摹，而摹完以后，总是拿摹本和真本一齐送给主人，请主人自己选择。由于他摹仿古画的技艺很精，摹本和真本摹得完全一样，主人往往把摹本当成真本收回去。米友仁便因此获得了许多名贵的真本古画。

禽兽不如

“禽兽不如”形容道德品质极坏，连禽兽也不如。

此典出自《晋书·阮籍传》：“禽兽知母而不知父，杀父，禽兽之类也。杀母，禽兽之不若。”

三国时期，魏国的文学家、思想家阮籍（公元210—263年），字嗣宗，狂放不羁，当官不问政事。才华出众，思维敏捷，常出惊人之语。

有一回，阮籍漫不经心地对文帝司马昭说：“我平生喜爱游山逛水，曾经到东平一带游览，十分喜欢那里的风土人情。”文帝很高兴，马上拜阮籍为东平相。阮籍骑着驴来到东平郡，把郡府官邸的屏障之物统统拆除了，使郡府内外开阔通畅，四通八达。阮籍治郡，法令清晰简单，十多天就从东平郡回来了。

阮籍像，图出自清·顾沅辑《古圣贤像传略》。

文帝荐举他为大将军从事中郎。一次，有关部门报告说，有一个人杀死了自己的母亲，阮籍说：“嘻，杀父还说得过去，怎么能杀母呢！”在座的人都责怪他说错了话。文帝说：“杀父，是天下最大的罪恶，你认为可以杀父吗？”阮籍说：“禽兽之类，只认得自己的母亲，而不认识父亲。杀父，是禽兽的行为，不足为怪。而那个人却杀自己的母亲，连禽兽都不如。”众人听了，一下子明白过来了。

穷斯滥矣

“穷斯滥矣”形容缺乏道德修养的人一遇上困难，就想胡作非为。

此典出自《史记·孔子世家》：“君子固穷，小人穷斯滥矣。”

春秋时，孔子来到蔡国，蔡国公热情地接待了孔子。不久，蔡国大夫公孙翩杀死了蔡昭公，蔡国一片混乱，孔子就离开蔡国来到叶国。一次，叶公问孔子说：“怎样才算把国家治理好了呢？”孔子回答说：“假如远近的国家都来归附你，那么，国家就算治理好了。”过了几天，叶公向子路打听孔子的为人。子路不愿在背后评论老师。孔子知道了这事，对子路说：“你怎么不告诉他，说你老师的为人，学习知识从不疲倦；教诲别人从不厌烦；发奋时会忘记吃饭；高兴时就不知道烦恼；快满六十的人了，却不知自己已经老了。”

劝虎行善

“劝虎行善”比喻对敌人不能讲慈悲，劝他们行善是徒劳无益的。

此典出自冯梦龙《古今谭概·微词》。

从前菩萨变化成雀王，用慈悲的心肠救济大众。有只老虎吃野兽，骨头挂在它的牙缝里，困饿得快死了。雀王便飞进虎口中啄那块骨头，每天都这样做，骨头便被啄出来了，老虎也得救了。雀王便飞到树上，对老虎说佛经：“杀死生命是残暴的行为，罪恶没有比这更大的了。”老虎听了，勃然大怒，说：“你才离开我的嘴，现在就敢多说话！”雀王马上飞走了。

雀儿肠肚

“雀儿肚肠”比喻人的肚量太小，不能宽宏大量。

此典出自宋代陈思道《后山谈丛》四：“曹武肃王密奏曰：‘孟昶王蜀三十年，而蜀道千余里，请擒孟氏而赦其臣以防变。’太祖批其后曰：‘你好雀儿肠肚。’”

宋朝初年，宋太祖灭了后蜀，诏令把后蜀国王孟昶以及后蜀的大臣们都送到京城开封来，一一封了官职。这时，大臣曹彬密奏道：“蜀国建立已三十多年了，根基非常深厚。蜀地离开封远达千里，一旦孟昶逃了回去，后患无穷。而且蜀国的人听说孟昶还活着，就可能借用他的名义叛乱。所以，蜀国的大臣们可以赦免，孟昶不能让他活着，应该马上杀掉。”宋太祖看了他的奏文后，哈哈大笑，在奏文后面批了几个字：“你好雀儿肠肚。”仍然封孟昶为秦国公，他的两个儿子也封为节度使。因此，历史上都称赞宋太祖宽厚。

人面兽心

“人面兽心”比喻外貌像人，内心却极端凶恶、卑鄙。

此典出自《列子·黄帝》：“夏桀殷纣鲁桓楚穆，状貌七窍皆同于人，而有禽兽之心。而众人守一状以求至智，未可几也。”

据说杨朱有一次在梁国遇上老子，便将老子请到家里，梳洗完毕后跪伏在地上，向老

子请教,老子给他讲了这么一个道理:

看人看事,不能只看他的外表怎样,主要应该看他的内心。圣人都是看内心的,而不看外表。然而庸人俗子只看外表,外表与我不同的,我就疏远他。如果看人,只要有身子、手、脚、头发、牙齿,你都说他是人,然而这种人不一定就有一颗兽心。他虽然长着一颗野兽的心,但外表与人一模一样,你也会亲近他。那些长有翅膀,有角、有爪、能飞、能跳的是禽兽。然而禽兽未必没有一颗人心,它们虽然有人心,但外表不与人相同,你还会疏远它的。以前的伏羲氏、女娲氏、神农氏、夏后氏,全部都是蛇身人面、牛头虎鼻,没有人的外表,可他们却有至高无上的圣德。夏桀、殷纣、鲁恒、楚穆这些家伙,虽然外表都与人相同,可是却心狠手辣。假如人们只看外表而以为他们也有德行,那不是上当了吗?禽兽之心智也有与人相似的地方,例如它们会找东西吃,雄雌相偶,母子相亲,逃避敌害,躲寒就温,居则成群,行则有列,幼者居内,壮者居外,觅食相助,遇害群鸣……可是禽兽的心智远不如人,人因此可以使唤它们。黄帝与炎帝的时候,让熊罴狼豹上战场作战,让雕鹰鸢鸟协助攻敌,这是用力量驯化禽兽的结果。尧帝就不同了,他使用音乐使令百兽跳舞,使用箫、笛让凤凰来仪,百鸟唱歌。这些全是上古之人的神圣所在呀,他们知道万物的情态,了解异类的声音,才能够驯化它们,只有圣人才能做到啊!"

杨朱听了老子的这番话,对他更加佩服了。

三圣搬坏

"三圣搬坏"意思是说抬捧老师是为了抬捧自己,像誉人自贤者一样。但他们却忘记自己最尊崇的偶像,竟也被搬成烂泥巴了。

此典出自《笑赞》。

有一个人同时信奉儒、佛、道三教,在庙里塑像时,他先塑孔子像,然后塑老君像,最后才塑释迦牟尼像。道士们看见了,就把老君像移到正中。和尚来了,又把释迦牟尼像搬到正中央。儒士来了,依然把孔子像摆在了正中间。

三位圣人互相说:"我们本自好好的,却被这些人搬来搬去,都把我们搬坏了!"《赞》云:三个圣人都各有自己的徒弟,徒弟们又各尊重自己的老师,谁肯互相让步?本来一个地方是坐不下三个人的。

丧心病狂

"丧心病狂"意思是丧失理智,言行悖谬,像发了疯一样。

此典出自《宋史 · 范如圭传》:"公不丧心病狂,奈何为此?必遗臭万世矣!"

秦桧是南宋投降派的代表人物。他是政和进士。北宋末朝任御史中丞。靖康二年(公元1127年)被俘到北方,成为金太宗弟挞的亲信。公元1130年随金军至楚州(今江苏淮安),被挞懒遣归。他却谎称杀死防守士兵,夺船逃回。绍兴年间他两任宰相,前后执政十九年,主张投降,为高宗所宠信。他杀害抗金名将岳飞,并且主持和议,还决定向金称臣纳币的政策,因此后来被百姓世代痛恨、唾骂。

有一次,金国的使者来到南宋京城,会谈议和条件。使者倚仗金国在军事上的优势,出言荒谬,态度十分傲慢,向南宋政权提出许多无理的要求,遭到朝野主战派官员的一致强烈反对。校书郎兼史馆校勘范如圭更是悲愤欲绝。他和秘书省的十几个同僚一起,痛骂金国使者,怒斥投降派卑鄙无耻。他们写了一份慷慨激昂的奏章,打算上书宋高宗,反对屈辱求和。可是,奏章写好之后需要签名时,人们害怕秦桧等人的淫威,担心遭到投降

唐宪宗李纯像，图出自明·天然撰《历代人物像赞》。

派的打击报复，于是就纷纷打起退堂鼓来。

范如圭见这些人这样胆小怕事，又气又恨，于是独自一人写了一封信给秦桧，痛斥他丧权辱国、卖国求荣的罪行。信中指责秦桧说："你秦桧如果不是丧失理智，言行荒谬，像发了狂一样，怎么能够干出这种卑鄙可耻的事情呢？你一定会遗臭万年，被子孙后世所唾骂！"

伤风败俗

"伤风败俗"比喻败坏社会风俗。

此典出自唐代韩愈《昌黎先生集·论佛骨表》："伤风败俗，传笑四方。"

唐代时，因为最高统治者亲眼看到农民是怎样起来把隋朝打垮的，因此在自己实施统治时，除了加强国家机器外，尤其要注意加强思想意识方面的教化。佛教，受到了很大的重视。遇到国家的重要节日庆典，经常召儒、释、道三教讲论于殿、庭，也经常利用佛、道在街道上作通俗讲演。那时还调用国家的人力财力，帮助一些有成就的僧人到处建寺、度僧。可是，这种敬佛、尊佛的风气，也遭到一些人的反对。他们极力反对佛教的流传。文学家韩愈就是这些人中的一个。

元和十四年（公元 819 年），唐宪宗李纯把陕西凤翔法门寺的一块所谓佛骨迎入宫中供养。韩愈反对这种做法，并写了《论佛骨表》对宪宗提出了劝谏。表中说：大量历史事实已经证明，信佛的帝王没有什么好下场。现在迎佛骨，王公士庶奔走施舍，十分浪费财资。唐宪宗看了这个奏表，非常生气，并且将韩愈贬为潮州刺史。

上下其手

"上下其手"比喻玩弄手段，使用伎俩，共同作弊。

此典出自《左传·襄公二十六年》："楚子、秦人侵吴，及雩娄，闻吴有备而还。遂侵郑。五月，至于城麇。郑皇颉戍之，出，与楚师战，败。穿封戌囚皇颉。公子围与之争之，正于伯州犁。伯州犁曰：'请问于囚。'乃立囚。伯州犁曰：'所争，君子也，其何不知？'上其手，曰：'夫子为王子围，寡君之贵介弟也。'下其手，曰：'此子为穿封戌，方城外之县尹也。谁获子？'囚曰：'颉遇王子，弱焉。'"

这段话意思是：

楚襄王二十六年，楚国出兵侵略郑国。那时楚国强大，弱小的郑国根本没有能力抵抗。最终，郑国遭遇到战败的厄运，连郑王颉也被楚将穿封戌俘虏了。等到战事结束后，楚军中有楚王弟弟公子围，想冒领俘获郑颉的功劳，说郑王颉是由他俘获的，至此穿封戌和公子围发生争执，相互都不肯让步，一时没有办法能够解决。后来，他们便请伯州黎作公证人，判定这是谁的功劳。伯州黎的解纷办法本是很公正的，他坚持要知道这是谁的功劳，最好是问被俘的郑王。于是命人带来了郑王颉，伯州黎便向他说明原委，接着手伸二指，用上手指代表楚王弟公子围，用下手指代表楚将穿封戌，然后问他是被谁俘获的。郑王颉因被穿封戌俘虏，很是恨他，便指着上手指，表示是被公子围所俘虏，于是，伯州黎便判定这是公子围的功劳。

申公巫臣

“申公巫臣”比喻那些满嘴仁义道德、一肚子男盗妇娼的伪君子。

此典出自《新序·杂事第一》。

楚庄王替陈灵公复仇，便杀掉了夏徵舒，得到了郑国美女夏姬，企图把她据为己有。申公巫臣极力谏阻：“这个女人惑乱了陈国，败坏了它的群臣，这样下贱的女人一定不要亲近。”庄王听从了他的劝告。

没过多久，令尹又想娶夏姬，申公巫臣再次慷慨陈词，晓以利害，令尹也被说服了，夏姬最后被襄尹娶走。

直到楚恭王时，楚晋交战，大战于鄢陵。楚国兵败，襄尹战死，尸体被晋国掳去，楚国虽然多次与晋国交涉，晋国拒不交还。于是，夏姬请求去晋国讨还丈夫尸体。

就在派遣夏姬的时候，恰好申公巫臣将出使齐国，他暗中劝说夏姬与他合谋。等到夏姬启程后，申公巫臣便忘掉了使命，中途逃跑了，随夏姬一起去了晋国，最后二人结为了夫妇。

甚嚣尘上

“甚嚣尘上”本指军中人声喧哗，尘土飞扬，后世比喻敌人反动言论十分嚣张。

此典出自《左传·成公十年》：“楚子登朝车以望晋军，子重使太宰伯州犁侍于王后。王曰：‘将发命也，甚嚣，且尘上矣。’”

春秋时，郑国与楚国结为同盟，对北方的晋国构成了严重的威胁。晋国为了自身的利益，首先出动军队，向较弱的郑国发动进攻。楚共王得知这一消息后，马上率领楚军北上援救，最终晋楚两军在鄢陵相遇，爆发了一场激烈的战斗。

战斗开始之前，楚共王亲自登上战车观察敌军的情况，曾任晋国大夫后来逃到楚国的伯州犁站在侧边。当楚共王看到晋军来来去去，左右奔驰时，便回头问伯州犁说：“这是为什么？”伯州犁对晋军的情况了如指掌，就回答道：“这是召集军中的将领。”接着，他将观察到的晋军的活动一一告诉楚共王：现在晋军大营的帷幕拉开了，一定是祷告祖先。帷幕又降下了，肯定是在发布命

汉宣帝刘询像，图出自明万历刻本《三才会图》。

令。哎呀,尘土满天,一片喧嚣之声("甚嚣,且尘上矣"),一定是晋军在堵塞井口,夷平灶头,准备出去。你看,士兵们登上战车后,又手握兵器从车上下来,那是在请求神灵保佑。

大战开始后,楚共王就身先士卒,勇猛地冲向晋军,不料一支箭从斜刺里射来,正中楚共王的眼睛。他忍住痛,回头喊大将子反代替自己指挥作战,可是连叫了几声居然无人答应。原来子反战前喝醉了酒,这时正睡在战车中,人事不省。楚共王看后不禁大怒,一箭射死子反,就命令全军撤退了。

死有余辜

"死有余辜"的意思是说,罪大恶极,即使处死也不足以抵偿他的全部罪恶。人们用它形容某人罪恶深重,民愤极大。

此典出自《汉书·路温舒传》:"盖奏当之成,虽咎繇听之,犹以为死有余辜。"

汉代,有一个人叫路温舒(字长君),少年时代,父亲叫他放羊。他边放羊边学习,懂得许多知识。到后来,他当了狱吏,懂得法律,县里出现了法律方面的疑难问题时,人们都去请教他。有一次,郡里的太守见了他,对他十分器重。他当了郡吏,继而又到朝廷任职。汉昭帝死后,汉宣帝即位。宣帝登上皇帝宝座不久,路温舒就向宣帝上书,主张提倡教化,减少刑罚。他认为,宣帝初登帝位,这正是天赐良机,应当抓住这个机会,借鉴秦朝灭亡的教训,减轻刑罚,免除民间疾苦,以使汉朝的天下繁荣昌盛。他分析说,秦朝太滥用刑罚了,最终,造成好人受气,言路堵塞,坏人猖獗,歪风盛行,导致了秦王朝的灭亡。而今天下承蒙皇上恩泽,没有战争之乱、饥寒之患,父子夫妻努力耕作。可是,并不能说已达到天下太平了。为什么这么讲呢?就是因为太滥用刑罚了。那些残酷的狱吏为了保住自己的乌纱帽,胡判乱断,置人于死地而后快。杀人的鲜血流遍了大街小巷,等着被杀头的人比肩而立,每年有数万起杀人的事件发生,使皇上的恩德之光大受损伤。之所以未达到天下太平,真正原因就在这里。

路温舒又写道:"人之常情是,平安就喜欢活着,痛苦就想死去。在严刑的痛楚之下,从'犯人'口里什么得不到呢?那些'犯人'经不起痛楚的折磨,就说一堆谎言给狱吏听,狱吏本来就想得到这种效果,就趁机加以点拨、诱供,狱吏在上报案情的时候,害怕上级批不批准,就把案情编造得天衣无缝,想方设法把它纳于法律规定的条文之内。他们上奏说该判什么罪,全都说得头头是道,证据确凿,即使是舜时掌管刑法的大臣咎繇(即皋陶)听了,也认为该犯真是罪大恶极,即使一死也不足以抵罪。"

隋珠弹雀

"隋珠弹雀"比喻用夜明珠去弹鸟雀,得不偿失。

此典出自"《庄子·让王》:"以隋侯之珠,弹千仞之雀,世必笑之。"

春秋的时候,有一天,隋侯和他的侍从们出游,途中见到一条大蛇,被人拦腰斩断,在路上打滚,并且显出非常疼痛的神情,隋侯于心不忍,生了恻隐之心,叫侍从去取专医跌打的续骨药膏,把它医治好。蛇痊愈后,慢慢地向山中移去。后来,这蛇衔了一粒很大的珠子,献给隋侯,以报答他的救命之恩。那粒珠子光滑圆润,光芒四射,因此,后来人们都把它称作隋珠。

贪天之功

"贪天之功"意思是说把天的功劳归于自己,比喻把别人的功劳攫为已有。

此典出自《左传·僖公二十四年》：“窃人之财，犹谓之盗，况贪天之功以为己力乎！”

晋公子重耳是个贤能的人，他很有志气，很有抱负。经过十九年的流亡，历尽艰辛，最后在公元前636年得到秦穆公的支持和帮助，回到晋国即位，称晋文公。得到君位的晋文公，为了报答有功之臣，对于那些跟随他流亡的人论功行赏，给了他们许多优厚的待遇。却把功臣介子推忘记了，他既没有得到赏赐，也没有得到提拔。在重耳流亡期间，介子推一直跟着他，对他照顾得无微不至。在挨饿的时候，介子推甚至把自己大腿上的肉割下来给重耳煮汤吃。他为重耳回国掌权出了很大的力。

《东周列国志》版画之“介子推守志焚绵上”图。讲述晋公子重耳归国当上晋国国君（即晋文公）后，当初跟他共同逃难的介子推拒不受禄，与母亲归隐于绵山，重耳为使介子推出山，乃放火烧山，结果介子推母子丧生于火海之事。

介子推是个很有气节的人。虽然没有得到重耳的封赏，可是他却很不在乎，并且毫无怨言。他不但没有伸手去要禄位，甚至认为自己根本就不该受赏。介子推在重耳回国之后便假称有病，回家隐居，侍奉老母，甘守清贫。他宁愿编草鞋为生，也不去贪图谋官位。他对重耳周围一些人居功自傲很不满意。他的老母和亲朋邻里都劝他去找重耳得到封赏，他都断然拒绝。他说：“重耳继承王位，这完全是上天的旨意，可是那些跟随重耳流亡的人却以为是自己的功劳，这不是骗人吗？偷人家东西尚且被称为盗贼，更何况贪取上天的功劳，把上天的功劳归为自己功劳的人，这不更加可耻吗？”介子推的母亲看到自己的儿子如此廉洁，如此决断，便同意和儿子一起到深山中隐居。于是，介子推带着母亲直奔绵上深山（今山西沁源县西北），从此便隐居不出。晋文公得知介子推归隐绵上，追悔莫及，他亲往深山寻找，始终不见踪影，只好把绵上作为介子推的封地。到后来传说，晋文公为了逼迫介子推母子出山，曾经放火烧山。介子推由于不愿出来做官，便和母亲一起被山火烧死。传说介子推被火烧死那天，正是阴历三月初三。为了纪念这位宁愿死也不做官的隐士，当地百姓每年到这一天都不烧火做饭，全天都吃冷食，这就是“寒食节”的来历。

贪污勒索

“贪污勒索”比喻利用职务上的便利贪婪地获取财物。

此典出自《史记·管蔡世家》：“昭侯十年，朝楚昭王，持美裘二，献其一于昭王而自衣其一。楚相子常欲之，不与。子常谗蔡侯，留之楚三年。蔡侯知之，乃献其裘于子常；子常受之，乃言归蔡侯。蔡侯归而之晋，请与晋伐楚。”

吴王阖闾吞并了徐国和钟吾之后,蔡国和唐国派使臣到吴国来。伍子胥对阖闾说:"蔡国和唐国一向归顺楚国。现在这两国一同派使臣到这儿来,我判断一定是跟楚国有了摩擦。假如我们能够拉拢这两国,进攻楚国就方便得多了。"阖闾和孙武都急欲听一听这两个使者说的话。

蔡、唐两国的使臣一见阖闾就央告说:"楚国令尹囊瓦贪污勒索,欺压蜀国,这下又发兵来攻打蜀国,请求大王主持正义,立即发兵去救。从今往后,我们愿意永远归附贵国,年年纳款,岁岁朝贡。"吴王阖闾一时丈二金刚摸不着头脑,就问两位使臣到底是怎么一回事。他们就将经过情形详细地述说了一遍。

原来楚国令尹囊瓦喜欢占小便宜,总是向一些属国索要东西。大家都有点嫌恶他。有一次,蔡昭侯和唐成公朝见楚昭王,囊瓦收了他们按照惯例送给他的礼物后,又向他们要其他的东西。蔡昭侯有两件极其贵重的银鼠皮袄,一件送给了楚王,一件留着自己穿。唐成公有两匹千里马,一匹送给了楚王,一匹留着自己用。囊瓦见了这两件宝贝,一直想据为己有,就派人去向这两位国君索要。蔡昭侯和唐成公很不高兴,坚持不愿送给他。囊瓦就在楚昭王跟前使花招,说:"听说蔡国和唐国私通吴国,打算来进犯咱们。咱们索性把蔡侯和唐侯扣留在这儿,也许能揭穿他们的阴谋。"当时楚昭王还很年幼,无论大小事全由囊瓦做主。如此一来,两位国君都被软禁在楚国。一禁就是三年。

唐成公的儿子见他父亲这么长时间都没有回国,就派人去打听。那个人把囊瓦扣留唐成公的事打听清楚以后,劝唐成公把那匹千里马送给囊瓦。囊瓦得到了千里马,对楚昭王说:"唐是个小国,实力不强。唐侯已经在这儿押了三年,他哪儿还有胆量再得罪咱们呢?让他回去吧!"于是楚昭王就把唐成公放了。

蔡昭侯见唐成公送了千里马就获释回国了,他也把那件银鼠皮袄送给囊瓦。囊瓦就对楚昭王说:"蔡国跟唐国一样,既然释放了唐侯,也不能只扣留蔡侯,也把他放了吧!"于是,蔡昭侯也回国了。

蔡昭侯出了郢都,义愤填膺地发誓说:"我不报仇,绝不再踏上楚国的土地!"他回到国内,立刻去向晋国借兵。晋定公把这件事禀报了周朝的天子。周敬王派卿士刘卷去跟晋定公联系。晋定公会合了宋、蔡、齐、鲁、卫、陈、郑、许、曹、莒、邾、顿、胡、滕、薛、把、小邾等一共十八路诸侯,代替天子去征伐楚国。各国的诸侯都对囊瓦恨之入骨,也都想借这个机会重振中原的威风。没想到自称为中原霸主的晋国,那时候竟也充斥着贪官污吏。晋国的大将荀寅也是个贪小便宜的人。他认为这次会合诸侯去打楚国是为了帮助蔡国,这功劳可非同小可,就派人先向蔡昭侯索要谢礼,说:"听说蔡侯把名贵的银鼠皮袄送给了楚国的君臣,为什么就不送给我们?我们千里迢迢发兵来打楚国,不知道蔡侯用什么来犒劳军队?"蔡昭侯回答说:"就因为楚国令尹贪污勒索,欺压属国,我才来归附贵国。如果将军主持正义,宣扬霸主的威信,帮助弱小的诸侯灭了楚国,那么整个楚国就是谢礼。"荀寅听了这席话,满脸涨得通红。

这时候(周敬王十四年,公元前506年),十八路诸侯的兵马都驻扎在召陵(在河南省郾县东),由于一连下了十几天倾盆大雨,一时不能进兵。恰巧天子的使者刘卷卧病在床。范鞅和荀寅本来就跟囊瓦一样,都是地地道道的贪夫,这次没从蔡侯那儿得到好处,已经有点怏怏不乐。他们就借着这个理由向各国诸侯说:"大雨下个不停,害病的人越来越多,还不如暂时回去吧!"各国诸侯看晋国不愿做主,顿时心灰意冷,都各自回国了。

蔡昭侯大失所望,垂头丧气地带着自己的兵马回去,路过沈国时,想起了沈国不愿发兵,也不去开会,于是就把满腹的怨气全发泄在沈国身上,发兵灭了沈国。

楚国的令尹囊瓦听说蔡国把沈国灭了,就亲自带着大军去攻打蔡国。有人对蔡昭侯说:“晋国已经靠不住了,中原其他的诸侯更不必说了。咱们索性到吴国求救去。伍子胥很早就想向楚国报仇,他们一定会尽力帮助我们的。”蔡侯就打发使臣去邀请唐成公一起到吴国去求救兵。

天罗地网

“天罗地网”比喻对罪犯进行缉捕的布置十分严密,也指包围得很严,使敌人无法脱逃。

此典出自《水浒传》第二回:“天可怜见,惭愧了,我母子两个,脱了这天罗地网之厄!”

高俅因踢得一脚好球,受到端王宠爱,做了端王的随从。后来,端王当了皇帝,就提拔他做了殿帅府太尉。高俅选了一个好日子去上任了,殿帅府所有公吏衙将,马步人等,都来参拜,开报花名。高俅一一点过,只有八十万禁军教头王进因生病没有来参拜他。高俅为此非常生气,便派人把王进抓来审问。幸好王进的部下为他求情,王进才免遭惩处。但是,王进心里明白:他父亲王升曾与高俅交过手,并把高俅打翻在地,现在高俅得志了,自己受他管辖,他要报仇,该怎么办呢。

王进回到家中,便与母亲商定,三十六计,走为上策。于是母子二人离开东京,往延安府方向逃去。在路上遇到了不少艰辛困苦。有一天走到半路上,天将黑了,王进挑着担子,跟在她母亲的马后面,对母亲说道:“天可怜见,惭愧了,我母子两个,脱了这天罗地网之厄!此去延安府不远了,高太尉要抓我也抓不着了。”

田父得玉

“田父得玉”形容那些用欺诈的手段以猎取高官厚禄的人。

此典出自《尹文子·大道上》。

魏国一个农夫在田野里耕地,得到了一块直径一尺的宝玉,但是这个农夫却不知道这是一块玉。他把这事告诉了邻居。这个邻居想暗中得到这块玉,就对他说:“这是怪石,留着对家里不利,不如丢回原处去。”

农夫虽然满腹狐疑,但还是把这块玉带回了家中放在堂下的小屋里。当天晚上宝玉通明,照亮了整个房间。农夫全家非常恐惧,又把这事告诉了邻居。邻居说:“这就是怪异的征兆,赶快丢掉它,才可以灾祸消除。”农夫于是急忙把这块玉丢到远远的野外。

蒲轮征贤图,出自明·张居正《帝鉴图说》,讲述汉武帝下诏征求贤良之事。

没多久,这个邻居就偷偷把玉取来献给魏王。魏王招来玉匠鉴别它。玉匠一看到这块玉,马上向魏王再拜行礼,站起来说:"祝贺国王得到了这个东西,这是天下最好的宝贝,我还从未见过。"

国王问值多少钱。玉匠说:"这块玉是无价之宝。就是拿五座城作代价,也只能让你看一看罢了。"魏王立即赏赐了献玉的人千金,让他终身享受上大夫的俸禄。

田骈不宦

"田骈不宦"是对言行不一的伪君子的绝妙讽刺。

此典出自《战国策·齐策四》:"齐人见田骈曰:'闻先生高议:设为不宦,而愿为役。'田骈曰:'子何闻之?'对曰:'臣闻之邻人之女。'田骈曰:'何谓也?'

对曰:'臣邻人之女,设为不嫁。行年三十,而有七子。不嫁则不嫁,然嫁过毕矣!今先生设为不宦,訾养千钟,徒百人。不宦则然矣,而富过毕也。'田子辞。"

这段话意思是说:齐国有个普通人去拜见田骈,对田骈说:"我听说先生品格清高,声称不愿做官,而愿意替人服役。"田骈说:"您从哪里听说的?"那人回答说:"我从我邻居的女儿那里推断出来的。"田骈说:"你这话是什么意思?"

那人回答说:"我的邻居的女儿,宣称不嫁人,但刚满三十岁,就生了七个孩子。是不出嫁,但大大超过了出嫁啊!如今,您宣称不做官,却拿三千钟的俸养,使唤着一百多名仆役。是没做官,可是大大超过了做官的啊!"

田骈连忙向他表示歉意。

党同伐异

"党同伐异"用以比喻偏袒同党,攻击异己。

此典出自《后汉书·党锢传序》:"至有石渠分争之论,党同伐异之说。"

西汉武帝时,为加强中央集权,亟须从地主阶级中起用有一定能力的人才来管理事务。公元前 134 年,汉武帝实行了察举制度(以前也有察举,但未形成制度)。之后,又接二连三地诏求贤良,于是公孙弘、董仲舒等人应运而出。由于汉武帝采取了诏求贤良的措施,于是从中央到地方各级机构都增补了一批有才能的人。汉武帝依靠他们贯彻政令,大大加强了地主阶级的统治。到了汉宣帝时,宣帝又集诸儒于石渠阁,讲论六艺(即"礼"、"乐"、"书"、"诗"、"易"、"春秋"等六经),并召萧望之等人评《公羊传》、《穀梁传》。在评论中,他们把观点相同的人当成朋党,对持不同意见的人就加以攻伐。《后汉书》的作者范晔在回述这段历史的时候,认为这是"党同伐异"。

同恶相助

"同恶相助"原意为憎恶一致,就要互相求助,后来常用来形容坏人互相勾结。

此典出自《史记·吴王濞列传》:"高曰:'同恶相助,同好相留,同情相成,同欲相趋,同利相死。'"

西汉初,汉高祖刘邦封了许多同姓王。他想趁机进一步巩固刘氏政权,然而由于分封的这些王侯手中的权力很大,封地大的王国"跨州兼郡,连城数十",吴、楚、齐三国竟征收租赋,煮盐铸钱,严重地威胁了西汉王朝中央集权的统治。

为了打击诸侯王的势力,到了文帝和景帝时,采纳了贾谊、晁错的建议,逐步削减了诸侯王的封地。削地直接影响了诸侯王的利益,吴王刘濞准备起兵反叛,汉景帝三年(公元前154年)，刘濞派出使者打着惩办晁错的名义，联合楚王、赵王和胶西王共同起兵。吴王刘濞的使臣应高去见胶西王刘印，劝他共同起兵反叛。应高对刘印说：憎恶一致，就要互相求助；喜好一致，就应共同努力以达目的；利益一致，就是舍弃性命也在所不辞。现在，我们吴王和大王忧喜相同，都担心晁错等人欺瞒天子，侵夺诸侯，所以请大王一起起兵讨伐。

后来，吴王刘濞联合楚、赵、胶东、胶西、济南、淄川六国以“请诛晁错以清君侧”为由，发动了叛乱。汉朝中央派周亚夫为太尉率军平叛，仅用了三个月，便镇压了这场叛乱。

同流合污

“同流合污”本指顺时浮沉，随波逐流。后来，人们用它指与坏人一起做坏事。

此典出自《孟子·尽心下》：“一乡皆称原人焉，无所往而不为原人；孔子以为德之贼，何哉?”

春秋时期的孔子非常讨厌好好先生，他把这种人称为乡愿。孔子说：“乡愿，德之贼也。”他的意思是说：“好好先生，是败坏道德的人。”孔子的这个观点影响深远，也有些难以理解。到了战国时期，孟子的学生万章就对孔子的这个观点感到困惑不解。有一次，万章问孟子：“什么样的人是好好先生呢?”孟子就为他作了解释，最后概括说：“像阉人那样满面堆笑、四处讨好的人，就是好好先生。”

万章还不明白，又问道：“一个人，全乡的人都称赞他是老好人，他的所作所为也表明他是一个老好人，孔子却说他败坏了道德，这是为什么呢?”

孟子回答道：“这种人的特点是，想要指责他吧，又找不出什么大毛病；想要责骂他吧，也没有什么值得责骂的。他们只是顺时浮沉，随波逐流，做人好像忠诚老实，行为好像正直廉洁，人们都喜欢他，他也自以为是，可是实际上完全与尧舜之道相背离，因此孔子称这种人是‘败坏道德的人’。”

为富不仁

“为富不仁”形容一心为了发财，不择手段地剥削人民。

此典出自《孟子·滕文公上》：“为富不仁矣，为仁不富矣。”

滕文公知道想要维持他的政权，必须懂得一些治国的道理，于是他去请孟子给他讲治国的方法。孟子告诉他，要维护自己的统治，就必须设法缓和一下国内的阶级矛盾。其办法之一就是使赋税正常，要有一定的赋税制度，并劝滕文公不要穷征暴敛，以缓和人民的反抗。他还引鲁国正卿阳虎的话说：“为富不仁矣，为仁不富矣。”(意思是：要发财就不能讲仁爱，讲仁爱就发不了财。)

为虎作伥

“为虎作伥”意思是引诱、帮助坏人做坏事。

此典出自《北梦琐言逸闻》：“凡死于虎，溺于水之鬼号为伥，须得一人代之。”

古时有这样一则传说：有一只老虎，正在茂密的森林里寻找食物，忽然碰见一个人，就一口咬死了这个人，然后把这个人身上的肉吃光了。老虎虽然把这人当做了鲜美的食物，痛快地吃了一顿，可是却还不准这人的灵魂离开他，一定要让这个人再找一个人给它吃，才可以获得自由。于是这灵魂就引着老虎到处去找第二个人。不久，找到第二个人，这时候，那灵魂便走上前去把那个人的衣服脱掉，又把带子解开，让老虎轻而易举地吃掉赤裸裸的人身。那帮助老虎干这种吃人勾当的灵魂,叫做“伥鬼”,也叫“虎伥”。

无中生有

“无中生有”本是哲学思想用语,含有事物可以互相转化的朴素辩证思想。后来,引申为凭空捏造。

此典出自《老子》第四十章:“天下万物生于有,有生于无。”

《老子》第四十章是老子的宇宙论。他指出了道(宇宙本体)的两个特点:第一是循环运行,第二是行动柔和。又指出,宇宙的形成过程是:道生天地,天地生万物。老子指出:循环往复,是道(宇宙本体)的运动,柔弱是道的运用。天下万物生于有形体的天地,有形体的天地生于无形体的道。

幸灾乐祸

“幸灾乐祸”是指一个没有同情心的人,看到别人发生了灾祸,不但不援救,还将它当做是一件高兴的事。

此典出自《左传·僖公十四年》:“背施无亲,幸灾不仁,贪爱不祥,怒邻不义:四德皆失,何以守国?”

春秋时,晋国内乱,晋公子夷吾逃奔秦国,秦穆公将自己的女儿许配给他,又护送夷吾回国做君王,就是晋惠公。惠公在离开秦国之前曾许诺回国后送给秦国五座城作酬劳,但等到进入晋国国境,他立刻改变主意,不肯交割城池给秦国的使者,秦穆公想到他们的姻亲关系,没有派兵去强夺。后来,晋国又发生两次灾荒,秦国都及时救济。

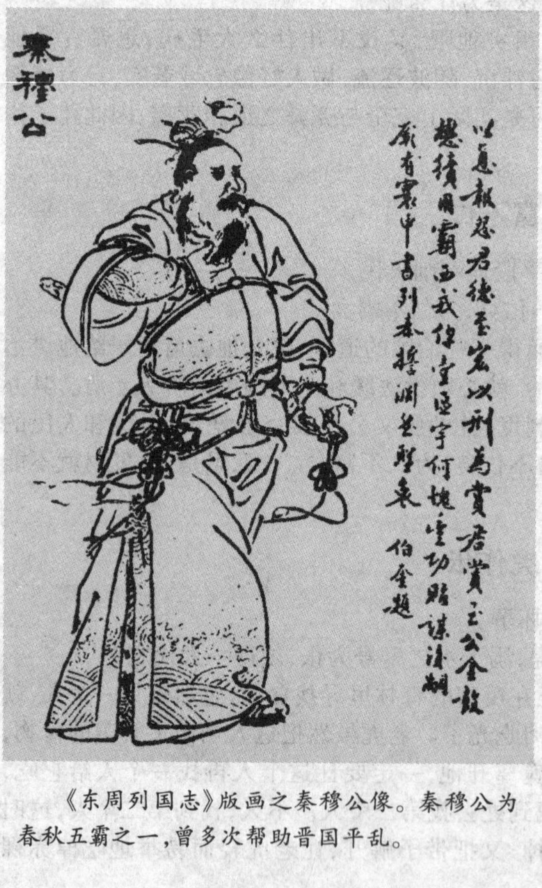

《东周列国志》版画之秦穆公像。秦穆公为春秋五霸之一,曾多次帮助晋国平乱。

第二年冬天,秦国也闹灾荒,就派使者到晋国请求买粮,然而晋惠公却不肯答应,还想趁此机会攻打秦国。晋国有个大夫庆郑说:“忘记人家的恩惠是无亲;人家有灾难却幸灾乐祸,是不仁;舍不得把东西给人,是不祥;激怒临国,是不义。四种美德都失掉了,又怎么能保住国家。”而惠公始终不听劝告,还以很不礼貌的态度对待秦国的使者。秦国上下群臣哗然。秦穆公便亲自率大军攻打晋国,晋国大败,惠公也被俘虏。

熊性恶血

“熊性恶血”这则寓言讽喻兄弟自相残杀,必然导致灭亡。

此典出自《燕书》。

阳都山,非常幽深,有好多熊在那

个地方聚集。

熊天生厌恶流血,一次,一只熊偶然渡过峡谷,荆棘刺伤了它的肋部,血流出来,像一条潮湿的线。熊急忙用爪子去抓它,血流得更多了,然而熊还是不停地抓,最后把那个地方抓成了一个洞,血如泉涌般源源不断地流出来。熊没有办法把血止住,就剜开肉皮,血更加涌流不息,最后熊竟然抽拔出自己的肠子和肾脏而死去。

一丘之貉

“一丘之貉”用以比喻同类没有差别,用来形容反面的事物,含有不屑一谈和讥诮的口吻。

此典出自《汉书·杨恽传》:“秦时担任小臣,诛杀忠良,竟以灭亡,令亲任大臣,即至今耳,古与今,如一丘之貉。”

汉朝有一个名人叫杨恽,他的父亲是汉昭帝时的丞相杨敞,母亲是大史学家司马迁的女儿。他自幼便受到良好的教育,未成年时就成了当朝的名人。汉宣帝时大将霍光谋反,杨恽最先向宣帝报告。后来他被封为平通侯,当时在朝廷中做郎官的人,贿赂之风极盛,有钱的人可用钱行贿,经常在外玩乐,无钱行贿的人,甚至一年也不能休息一天。杨恽做中山郎后,便把这些弊病全部革除,满朝官员都称赞他的廉洁。但他因少年得志,又有功劳,便骄傲自满,结果与太仆戴长乐(长乐是宣帝旧友,深受宠信)结怨。

有一次,杨恽听见匈奴降汉的人说匈奴的领袖单于被人杀了,杨恽便说:“遇到这样一个不好的君王,他的大臣给他谋划好治国的策略而不用,白白断送了自己的性命,就像我国秦朝时的君王一样,一味地信任小人,杀害忠贞的大臣,结果亡国了。如果当年秦朝不这样做,可能到现在国家还存在。从古到今的君王都是信任小人的,真如同一山丘出产的貉一样,没有任何差别呀!”就这样,杨恽被免职了。

衣冠禽兽

“衣冠禽兽”这则寓言是使人们认清世上那些残害同类的恶人。

此典出自《燕书》:“彼兽而人,汝则人而兽也!不杀何为?”

齐人西王须,擅长于做贩运海外物品的买卖,他经常往来于扶南的众多城镇和顿逊的各民族部落中,贩运各种珍奇宝物,像玳瑁、颇藜、火齐、玛瑙等类,晶亮的白光闪烁不止。有一次,在海上忽然遇见一阵风,把船刮翻了,西王须便抓住一根折断的桅杆,在海里漂了很长时间,侥幸靠近海岸爬了上去。他穿着湿透的衣服奔走在彝山北面的山谷之中,山谷幽深昏暗,不见阳光,常像有大雨压到地面似的。西王须想到自己可能难逃一死,便寻找一个山洞,希望自己的遗体不被乌鸦鹞鹰啄食了。还没进入山洞,忽然有一只猩猩从山洞中走出来,它注视着西王须,表现出同情的样子。过了一会儿,它便去拿了豆稞、萝卜、谷穗等食物,比划着让他吃。西王须正饥饿难忍,便狼吞虎咽吃下去了。山洞的右边有一个小洞,睡觉的地方铺着新的鸟毛,有一尺多厚,非常暖和,猩猩便让给西王须去睡,自己却躺在洞口外面,当时天气很寒冷,也不顾惜自己,它的语言虽然和人不一样,但咿咿呀呀的发出声音,好像安慰劝解的模样,这样整整过了一年也不稍有懈怠。有一天,海上开来了一条大船,停泊在山下,猩猩便急忙拉着西王须出来,送他登上船。西王须上船一看,恰好是他的朋友。猩猩还遥望着大船,不忍离去。

西王须对他的朋友说:“我听说猩猩的血可以染毡布,过一百年也不褪色。这只猩猩长得很肥,刺死它可以得到一斗多血,为什么不上岸去捕捉它呢?”朋友一听大骂道:“它虽然是一只野兽却非常像人，你虽然是人却像只野兽呀！不杀你留着有什么用？”于是他的朋友便用口袋装了石头套在他的脖子上，把他推进海里淹死了。

以邻为壑

“以邻为壑”比喻把灾祸、困难、危险推给别人。

此典出自《孟子·告子下》：“白圭曰：‘丹之治水也愈于禹。’

孟子曰：‘子过矣！禹之治水，水之道也，是故禹以四海为壑。今吾子以邻国为壑。水逆行谓之洚水。洚水者，洪水也。仁人之所恶也。吾子过矣！’”

这段话意思是说：魏国有一个人叫白丹，字圭。他曾经用筑堤坝的办法治理泛滥的洪水，在局部地区收到了一些好的效果。因此，他洋洋得意地说：“人们都说夏朝的大禹治水有功，舜还把帝位让给他。实际上，我治理水患比大禹高明多了。”

孟子对白丹说：“你错了！大禹治水，是依据水流的规律治理的。他采用疏通的办法，让洪水流到河海里，把大海当做蓄水的地方。而现在你治水，却把邻国的大片良田沃土当做蓄水的沟壑。水逆流、倒流叫做‘洚水’，‘洚水’就是为害的洪水。你使洪水在邻国泛滥，造成灾害。这种做法是有仁爱之心的人所深恶痛绝的。你的说法是错误的！”

以强凌弱

“以强凌弱”意思是凭恃强大，欺负弱小。

此典出自《庄子·盗跖》：“尧舜作，立群臣，汤放其主，武王杀纣。自是以后，以强凌弱，以众暴寡。汤武以来，皆乱人之徒也。”

《庄子》这部书中记载这样一个故事：

孔子有位朋友，名叫柳下季，他的弟弟名叫盗跖，是出了名的大强盗。据说盗跖带领九千兵马，横行天下，侵扰诸侯，掠牛抢马，百姓叫苦不迭。有一次孔子对柳下季说：“先生是当今世上的才子，可是弟弟却是强盗，为天下所耻笑，这是你做兄长的过错呀，既然是兄长，就应该能教导弟弟呀，我真为你感到羞耻呀！我去劝告他，如何？”

柳下季叹了一口气，说：“先生哪里知道，我那个弟弟呀，心如泉涌，意如飘风，顺心则喜，逆心则怒，他根本不听别人的话呀，我看你也不必去劝他，他常用语言污辱人的……”

“不，我还是去劝劝他！”孔子让颜回驾车，子贡陪着，一块去寻找盗跖。

盗跖听说孔子来见他，勃然大怒，咬牙切齿地骂道：“是那个鲁国的伪人吗？他不种地就吃饭，不织布就穿衣，整日里摇唇鼓舌，惹是生非，迷惑天下君主，欺骗各地弟子，他罪大恶极，赶快把他赶走，不然就摘下他的心肝作为我的午饭！”

孔子见到盗跖，耐心地劝他说：“你身长八尺，相貌姣好，两眼炯炯有神，牙齿洁白，是位仪表堂堂的男子汉，可是却被人称为强盗，我为你感到羞耻呀！如果你听从我的劝告，我可以南使吴越，北使齐鲁，东使宋卫，西使晋楚，给你造大城数百里，尊你为诸侯，从此以后你不要弄刀舞枪、侵扰万民，这可是贤人才士的行为啊！”

盗跖怒目圆睁，大声斥责孔子说：“算了吧，孔丘你不要骗人了，什么大城诸侯，城再大还有天下大吗？尧舜有天下，可他们的子孙却无立锥之地；汤武立为天子，但他的后世却灭绝了。我知道上古时候人少而禽兽多，人住在树上。后来人们耕种取食，纺织取衣，互相之间没有相害之心。然而自从有了黄帝以后，战争不断，尧舜设立群臣，商汤击败夏桀，周武诛杀殷纣，都是以强大欺凌弱小，以人多压迫人少的。自从汤武以来，一直都是征伐杀戮。而你现在却把文武那一套东西教给后世，散布谎言，蒙蔽天下之主，而想求得富贵，所以说天下的盗贼没有比你更大的了，天下人为啥不叫你盗丘，而偏叫我盗跖？”

孔子碰了一鼻子灰，赶忙跳上车离开盗跖，他目光呆滞面如土色，一连跑了三天，才回到鲁国。在东门外他遇到柳下季，柳下季问候说：“几天不见，看车马的样子你好像出远门了，是不是去找盗跖去了？见到他了吗？”

孔子仰头望天，长叹一口气，说：“哎呀，我是自讨苦吃呀，差一点掉进老虎嘴巴里了。”

任用六贼图，出自张居正《帝鉴图说》。讲述宋徽宗任用蔡京等六个奸臣，导致北宋迅速败亡之事。

阴谋诡计

“阴谋诡计”指背地里策划干坏事。

此典出自《宋史·余深传》：“京（蔡京）奸谋诡计得助多者，深（余深）为首，摅次之。”

北宋末年，蔡京、朱勔、王黼、李彦、童贯、梁师六人，贿赂公行，党羽满朝，当时称为六贼。六贼中，罪不容诛的是蔡京。蔡京，字元长，兴化仙游（今属福建）人。元祐元年（公元1086年），他任开封知府。当时，司马光恢复旧法，限五天内恢复差役制，蔡京如期完成，受到称赞。绍圣元年（公元1094年），章执政，蔡京任户都尚书，又帮助章颁布新法。宋徽宗即位后，蔡京被罢免，乃勾结宦官童贯，图谋东山再起。崇宁元年（公元1102年），蔡京为右仆射，后为太师。他以恢复新法为理由，加重对百姓的剥削，排除异己，并大兴土木，工役异常繁重。蔡京阴险奸诈，诡计多端，是当时的大奸臣。金兵攻打宋国时，他率全家南逃，被宋钦宗放逐到岭南，途中病死。

由于蔡京权重势大，有些阿谀逢迎之徒经常拍他的马屁。当时，有一件案子牵连到蔡京，审理案件的御史中丞余深，伙同开封府尹林摅，暗中替蔡京开脱。凡涉及蔡京的供词，余深等便全部销毁。后来，这两个人也凭借着蔡京的势力升官发财了。蔡京死后，余深也被降职。

阴柔害物

“阴柔害物”的意思是，表面温柔恭顺而内心阴险狠毒，陷害善良。

此典出自《旧唐书·李义府传》：“故时人言义府笑中有刀，又以其柔而害物，亦谓之‘李猫’。”

唐太宗时的奸臣李义府，用阿谀奉承得到了皇帝的信任。唐高宗即位时，李义府升迁为中书舍人。永徽二年（公元651年），李义府兼修国史，加任弘文馆学士。唐高宗要立武昭仪（武则天）为皇后，许多大臣都表示反对，而李义府曾暗地里表示赞成，要予以协助，所以不久就被提升为中书侍郎、同中书门下三品，监修国史，赐予广平县男的爵位。李义府表面看来非常和善，与别人说话时总是面带微笑，而实际上他心胸狭小、嫉妒心强，非常狠毒狡猾。他处在有权有势的地位上，喜欢让人们臣服于自己，如果有人稍微违背了他的心意，他就会排挤、陷害那个人。所以，当时人都说李义府是笑里藏刀，又因为他表面温柔恭顺而内心阴险刻毒，陷害忠良，人们又给他起了一个外号，称他为“李猫”。

有恃无恐

“有恃无恐”意思是指，因为有所依仗就无所畏惧。现在多用于贬义。

此典出自《左传·僖公二十六年》：“室如县罄，野无青草，何恃而不恐？”

鲁僖公二十六年（公元前634年）春天，周历正月，鲁僖公会见莒国国君兹丕公和卫国大夫宁庄子，在莒国的向地结盟，重温洮地盟会的旧情义。而齐国的军队攻打鲁国西部边邑，声讨洮、向这两次盟会。这一年的夏天，齐孝公派兵攻打鲁国北部边邑。卫国为了履行洮地盟约，就出兵攻打齐国。鲁僖公从策略考虑，决定派遣鲁国大夫展喜以犒劳齐国军队为名，去探听齐孝公的虚实。临行之前，鲁僖公让展喜去请教鲁国大夫展禽（又称柳下惠），讨论一下见了齐孝公之后如何措辞。

齐孝公还没进入鲁国国境，展喜就赶到境外跟在齐教公身旁，对他说：“敝人的国君听说您亲劳大驾，将要屈尊光临敝国，特派我赶来犒劳您的将士。”齐孝公说：“看到我来了，鲁国人都害怕了吧？”展喜回答说：“只有小人才害怕，君子是不害怕的。”齐孝公说：“哦？你们鲁国非常贫穷，百姓屋中像悬挂着的磬一样，其间空洞无物，田野里连棵青草也没有。到底凭借什么而不害怕呢？”展喜回答说：“凭借先王的命令。从前周公、太公辅佐周王室，左右辅助成王。成王慰劳他们，赐给他们盟约，说：‘你们世世代代的子孙都不要互相侵害。’这些教诲都写在盟书里，藏在盟府，由太师掌管它。齐桓公遵守先王的遗训，集合诸侯，协商解决争端，救援他们的灾难。这些做法都是为了使太公昔日的职责能发扬光大。自从您当上齐君后，各国诸侯都抱着殷切的期望，说：‘齐王一定会继承桓公的功德。’所以我们鲁国没有修筑城墙，也没有派遣强兵防守。鲁国人都说：‘难道齐王继承桓公之位才九年，就丢掉先王之命、废弃太公的旧职吗？如果这样，他怎样向先君交代呢？齐王一定不会这样做的。’我们就凭这些理由而不感到害怕。”齐孝公听了展喜的一席话，觉得很有道理于是他就率领大军回国了。

欲加之罪，何患无辞

“欲加之罪，何患无辞”的意思是，要想给别人加上罪名，难道还会找不到借口吗？

此典出自《左传·僖公十年》：“欲加之罪，其无辞乎？”

鲁僖公十年（公元前650年）夏季四月，周公忌父（周王卿士）和王子党（周全大夫）会合齐国大夫隰朋，拥立晋公子夷吾为晋国国君，史称晋惠公。晋惠公掌握大权后，想杀掉自己的党徒里克，以此证明自己不是篡位。在谋杀里克之前，他派人对里克说：“没有你的帮助，我就做不了国君，应当感谢你。但是，你毕竟杀了两个国君和一个大夫。给你这样的人当国君，岂不是太难了吗？”里克听后，不禁感慨万千，思前想后：晋献公临死之前，想立太子奚齐为国君。于是他就要求荀息尽力帮助和保护奚齐，荀息答应了。可是，晋献公死了还不到一个月，里克就把太子奚齐杀掉了，荀息打算为奚齐而死，有人说，不如立公子卓为国君。荀息立公子卓之后，里克又在朝廷上杀死了公子卓。荀息无计可施，终于自杀而死。里克心里清楚，自己和丕郑（晋国大夫）发动三公子（申生、重耳、夷吾）的党徒作乱，目的是拥立重耳为国君，对此，如今登上国君宝座的晋惠公（夷吾）也是心中有数的。

而晋惠公说感谢里克是言不由衷的。想到这里，里克毫不客气地说："如果不废除太子奚齐和公子卓，怎么会轮到您当国君呢？现在你要除掉我，要给我加上罪名，难道还会找不到借口吗？我让你如愿以偿就是了。"说完，他拔剑自刎而死。当时，大夫丕郑正受聘于秦国，并且商谈延续割让国土的事，因而没有遭到与里克同样的下场。

指鹿为马

"指鹿为马"这则故事，用以比喻那些利用权势故意颠倒黑白、混淆是非的行为。

此典出自《史记·秦始皇本纪》。

赵高想篡夺帝位，但又担心群臣不服，就想先试探一下。一天，赵高牵了一头鹿献给秦二世，对二世说："这是一匹马。"二世笑着说："丞相，您弄错了吧？把鹿说成了马。"赵高就问左右的官员们到底是鹿还是马。有的不敢吭声；有的竟说是马，用来讨好赵高；也有照实说是鹿的，赵高就背地里惩治了那些说真话的人。

至死不悟

"至死不悟"指的是到死都不醒悟。

此典出自唐代柳宗元《河东先生集·临江之麋（mí 米）》："麋出门，见外犬在道甚众，走欲与为戏，外犬见而喜且怒，共杀食之，狼藉道上，麋至死不悟。"

公元805年—815年，唐代文学家柳宗元在永州（辖境相当于今湖南零陵、东安、祁阳和广西全州、灌阳等县地）任司马期间，根据民间传说，写过三篇寓言故事——《三戒》：《临江之麋》、《黔之驴》、《永某氏之鼠》。这三篇寓言故事，以麋、驴、鼠这些艺术形象，讽刺了那些为非作歹的藩镇、宦官和贵族大官僚以及他们的爪牙。其中的《临江之麋》讲了这样一个故事：

临江（今江西清江县）有个人，有一次打猎时捉到一只小驼鹿，就把它带回家来喂养。他家里的几只狗见了小鹿，都想吃掉它。主人十分生气，就把狗赶跑了。为了使狗鹿能和睦相处，他还把这只小鹿抱到几只狗的旁边，让狗亲近它。时间长了，狗和小鹿逐渐混熟了。小鹿忘记了自己是只鹿，以为狗是它的好朋友，便经常和狗一起玩。这几只狗虽然同鹿一块玩，但总是想吃掉它，只是害怕主人，便忍住了。三年过去了，这只受到主人宠爱的小鹿有一天自己出门去玩，遇见了别人家的几只狗。它还以为同自己家里的狗一样，便跑上去和它们玩。这些狗见了这只小鹿，既兴奋又生气，一拥而上吃掉了鹿，皮毛、骨头到处都是。可怜这只小鹿，一直到死，还不知道自己是为什么死的。

终南捷径

"终南捷径"比喻一种猎取功名富贵的特殊手法。后来也比喻为达到某种目的而采取的方法。

此典出自《新唐书·卢藏用传》。

唐朝，有一个读书人名叫卢藏用，他中进士之后，急于想做官，便想出一个以退为进的办法，跑到长安附近的终南山隐居起来。那时的人，都认为隐居的人必定是不慕名利而又有学问的读书人。于是卢藏用故意到终南山隐居，他这样做，果然引起长安城里公卿们的注意，不久便礼聘他下山做了大官。后来又有一个隐者司马承祯，也在终南隐居，当朝的公卿也请他去做官，不过司马承祯却真是个淡泊的人，他不愿意做官，在长安住了几天，便要回山了。卢藏用送他出城，指着终南山对他说："这座山真是有好处啊。"司马承祯冷笑道："在我看来，终南山只不过是做官的捷径而已。"卢藏用明白司马承祯在嘲讽他，非常生气，但对他又无可奈何。

钟响磬鸣

"钟响磬鸣"这个典故用以告诉人们，事物之间有一定的联系，要科学地认识事物之间的联系。

此典出自《刘宾客嘉话录》。

洛阳一座寺院的僧房中有只磬，不论白天黑夜，没有人敲打它，它动不动就自己发出声响，僧人又奇怪又害怕，以致吓出病来。于是他请了许多江湖术士，想方设法去制止磬鸣，但都无济于事。

有个名叫曹绍夔的人，一向与僧人关系很好。他前来探望僧人的病情，僧人就告诉了他生病的原因。不一会儿，寺里正好敲击斋钟，磬又自己响起来。曹绍夔顿时明白过来，笑着对僧人说："请明天摆下盛宴，我来为您制止磬的自鸣吧！"

僧人虽然怀疑他的话，但还是抱着一线希望，就尽力准备了丰盛的宴席。第二天，曹绍夔吃完饭后，从怀里拿出一把锉刀，将磬锉了几下就走了。从那以后，这只磬便不再自鸣了。

僧人去询问原因，曹绍夔说："您的这只磬和寺院的钟频率相同，因此那边敲钟就能引起磬的共鸣。"僧人听了非常高兴，病也好起来了。

专横跋扈

"专横跋扈"的这个典故用以比喻一个人独断专行，蛮不讲理。

此典出自《后汉书·梁冀传》："帝少而聪慧，知冀（梁冀）骄横，尝朝群臣，目冀曰：'此跋扈将军也。'"

东汉时，有个叫梁冀的人，是大将军梁商的儿子，字伯卓。为了篡权，他把两个妹妹送入宫中，做了汉顺帝（刘保）和汉桓帝（刘志）的皇后。梁冀的父亲梁商死后，还没来得及下葬，汉顺帝就拜梁冀为大将军。顺帝死后，冲帝尚在襁褓之中，梁冀的妹妹梁太后临朝执政。他们兄妹二人先后立了冲、质、桓三个皇帝，专断朝政近二十年。当时，朝廷上下全部是梁家的党羽。梁冀执政期间，骄奢横暴，独断专行，大兴土木，修建苑囿，并强迫数千名百姓为奴婢，称"自卖人"。

由于梁冀党羽满朝，残暴专横，皇帝和一些大臣既恨他又怕他。汉质帝（刘缵）常对大臣们说，梁冀是个"跋扈将军"。梁冀听到此话以后，恨得咬牙切齿，就派人在食物中放了毒药，毒死了质帝。后来，梁太后死去，桓帝与宦官单超等人设计，诛灭了梁氏，梁冀自杀身亡。

二、智谋方略故事

白鱼入舟

“白鱼入舟”比喻用兵的吉祥征兆。

此曲出自《史记·周本纪》:武王渡河,中流,白鱼跃入王舟中,武王俯取以祭。

公元前十一世纪中叶,周武王率兵东进到黄河孟津渡口(现在的河南省孟县西南),大会诸侯。据说到会的有八百诸侯,盛况空前。这既是一次示威,又是一次政治攻势,目的在于集结力量,伺机征伐残暴无道的纣王。两年以后,周武王发动了灭商战争,纣王走投无路,自焚而死,商朝至此灭亡了。

在周武王率兵东进孟津时,发生了一件有趣的事:武王率兵渡河,当船渡到黄河中间的时候,一条鳞光闪闪的白鱼跳到武王乘坐的船上。武王立即捉住了这条鱼用它来祭天。

百战百胜

“百战百胜”就是打一百次仗,胜利一百次,也就是只要打仗就会胜利。后人用这个典故比喻每战必胜,所向无敌。

此典出自《孙子·谋攻篇》:“是故百战百胜,非善之善者也;不战而屈人之兵,善之善者也。”

《谋攻篇》是孙子兵法上卷的第三篇。主要论述如何用计谋征服敌人。

孙武说:战争中取胜的原则是:迫使敌人举国屈服是上策,举兵去攻打是下策;迫使敌人全军降服是上策,击破敌人一个军(古时以一万二千五百人为一军)就差些;迫使敌人全旅(古时以五百人为一旅)降服是上策,击破敌人一个旅就差些;迫使敌人全连降服是上策,击破敌人一个连就差些;所以,要想百战百胜,只有在进行具体战斗之前,就能够使敌人处于必败的境地,这才算是高超的计策。

白雁落网

“白雁落网”告诉我们,猎人用诡计欺骗了大雁;狡猾的敌人也常常是用诡计欺骗我

周武王观兵白鱼入舟图

们的。

此典出自《燕书》。

具区湖畔是大雁经常聚集的地方。到了晚上，它们总在那里选择合适的地方栖息。大雁怕被人捕获，就安排一只雁在周围巡夜放哨，一旦发现有人来，就鸣叫报警。

猎人们熟悉了大雁的这一套方法，于是在捕获大雁的时候，就先举火照耀。这时放哨的大雁看见了火光，立刻叫起来，猎人便很快把火灭掉。群雁被叫声惊起，环顾四周，发现毫无动静，于是又睡了。这样折腾了好几次，群雁以为雁哨故意欺骗它们，就都去啄它。

没过多久，猎人们举着火把来到雁群跟前，雁哨也不再叫了，于是正在酣睡的大雁们就被一网打尽了。

杯酒释兵权

“杯酒释兵权”指采用巧妙的办法，夺取了重臣武将的权力。

此典出自《宋史·石守信传》。

宋太祖采用兵变的方式废掉了后周的皇帝，自己正式做了天子，改国号为宋。他担心自己的部下也采用自己曾经用过的办法对付他，因此就千方百计削掉重臣武将的兵权。

公元961年秋天，某日，宋太祖因为散朝较晚，与大将石守信等人一起饮酒，酒意正浓时，宋太祖屏退左右，对这些将领们说：“我若没有你们的帮助，就不会有今天。我做了天子，却觉得做皇帝实在没有做节度使快乐！我整夜都睡不好觉，无法高枕无忧。”石守信等人听了宋太祖的话，连忙说：“现在天下已定，谁也不敢有异心，陛下为什么这样说呢？”

宋太祖说：“哪个人不想得到富贵呢，哪个节度使不想做皇帝？即使你们不想，有一天部下逼着你们做，硬把黄袍加在你们身上，你们虽然不想做皇帝又能怎么样呢？”石守信等诚惶诚恐地说：“我们断不敢有这种异心，请求陛下哀怜我们。”宋太祖说：“人生短暂，光阴难留，就像白驹过隙一样。你们不如多积攒一些钱财，购买田地房屋留给子孙后代，自己看着儿女歌唱跳舞，痛痛快快地享受天伦之乐。这样，君臣之间也两好无猜，不是很好吗？”石守信等人感恩地说：“陛下为我们想得这么周到，对我们真是再生之恩啊！”石守信等人明白宋太祖的心意。第二天，石守信等人都主动告病，并请求朝廷解除自己的军职。宋太祖一一批准，授予他们品位很高的闲散官职，并赏赐了非常丰厚的钱财。

闭门种菜

“闭门种菜”比喻掩藏才能，不显示自己的抱负。也可用于慨叹人不得志。

此典出自《三国志·蜀书·先主传》。

刘备刚起事时，曾一度因兵少将寡而被吕布打败，不得不忍气吞声，依附于曹操。曹操虽然对刘备以礼相待，情同手足，其实他上对刘备却非常不放心，时刻加以戒备和防范。曹操为人多疑，经常派自己的心腹暗中监视手下的将领，如果哪个将领同前来拜访的宾客一起饮宴，就会找借口处死他。刘备深知曹操的为人，为了免遭杀身之祸，就装作胸无大志的样子，天天关起门来，领着人种菜。曹操派密探来打探刘备的情况，密探走后，刘备对张飞、关羽说：“我哪是一个种菜人？曹操一定在猜疑我，不能再待下去了。”当天夜里，打开后栅门，刘备与张飞等人轻装骑马，一起逃走了。

乘虚直入

“乘虚而入”表示趁着某些虚弱的地方侵入或进攻。

此典出自《资治通鉴·唐纪》："守州城者皆羸老卒，可乘虚直抵其城。"

安史之乱后，唐王朝的统治大大削弱，各地藩镇兴起，各自为政。淮西节度使吴元济盘踞蔡州，烧杀抢掠，无所不为，闹得民众困苦不堪。唐王朝虽然多次派兵讨伐，但仍然平定不下来。宪宗元和十年十二月，唐王朝又派李愬前往讨伐。

李愬雪夜入蔡州图，出自清·马骀《百将图传》。

李愬到蔡州后，故意放风声说："我是来安抚蔡州军民的，不是来打仗的。"以此麻痹乱军，使他们放松警惕，同时，李愬又积极前往慰问降兵降将，了解吴元济军中的情况。有一天李愬和降将李愬一起聊天，谈到了吴元济军中情况，对李愬说："蔡州精兵全在洄曲及四境拒守，"守州城者皆羸弱老兵，可乘虚直抵其城"。"李愬听了，非常高兴，觉得这个计策可以实行。李愬做好了进攻的准备，选大雪纷飞的夜晚，带领人马，飞奔蔡州，突然袭击。李愬之军进入城内，竟没有人觉察。凌晨时分，李愬潜入吴元济宅外，吴元济还在熟睡之中。李愬命令下属攻打牙城，夺取武库，烧其南门，百姓争先恐后地前来帮忙。全面进攻一开始，城头上箭如雨下，杀声震天，到申牌时分，吴元济自知无力抵抗，便上城请求归降。

持重待机

"持重待机"比喻谨慎地等待时机。持重：稳重，不轻举妄动。

此典出自《晋书·宣帝纪》："时朝廷以亮（诸葛亮）侨军远寇，利在急战，每命帝（司马懿）持重，以俟其变。"

三国时，诸葛亮在建兴十二年（公元234年）率十多万大军出兵斜谷，与魏国争夺中原。魏国的军事统帅是后来被追尊为宣帝的司马懿。司马懿一向都畏惧诸葛亮，这次见诸葛亮来势凶猛，更是心急如焚。当他知道诸葛亮屯兵五丈原以后，为了安定军心，便故意对将士们说："如果诸葛亮从武功沿山往东，我没法不担心；如果从五丈原过来，大家可以放心。"当将士们得知诸葛亮果然屯兵五丈原时，便放心多了。为了消耗蜀军的力量，司马懿向将士们下了"只守不战"的命令。诸葛亮虽然带了充足的粮草，但这样长时间地相持下去也不是办法，于是便向司马懿挑战。

魏明帝曹叡知道诸葛亮远道而来，一定会急于求战，便命令司马懿要持重待变，不可轻举妄动。诸葛亮屡次挑战，司马懿都坚守不出。于是，诸葛亮派人给司马懿送去了一些妇女的衣服和首饰、脂粉，对其进行嘲弄。司马懿恼羞成怒，上书请战，明帝仍然不准他出战。就这样对峙了三个多月，由于诸葛亮病死于军中，蜀军不战自退。

哄堂大笑

“哄堂大笑”意思是指满屋子的人同时发笑。

此典出自唐代赵璘《因话录》卷五征部记载：“唐代御史有台院、殿院、察院，以一御史知杂事，谓之杂端。当时规矩，公堂会食，皆绝言笑，惟杂端笑而三院皆笑，谓之‘烘堂’。后来，宋朝人曾在《类说》一书中，将此引作‘哄堂’。”

关于“哄堂大笑”，宋代欧阳修的《归田录》和《群众通要》中曾记载过这样一个故事：

古时候，有两个好朋友，一个性子急的叫和凝，一个性子慢的叫冯道。一天，和凝看到冯道穿了一双新靴子，就问他多少钱买的。冯道抬起一只脚说：“九百。”和凝一听，立刻问他的随身小吏：“你给我买的那双靴子怎么花了一千八？”并因此批评了小吏一番。这时，冯道又抬起另一只脚说：“这只也是九百。”大家听了哄堂大笑。

东山再起

“东山再起”指隐居后又出来做官从政。也可用来比喻失败后重新崛起。

此典出自《世说新语·排调》。

谢安，字安石，晋代阳夏人。青少年时代就聪慧颖悟，才识过人，尤其擅长书法，名气非常大。官府屡次召他做官，他都不肯答应。谢安在浙江会稽东山隐居二十多年。后来，征西大将军桓温请谢安做司马，谢安只好答应了，当时他已经四十多岁了。谢安即将到新亭去见桓温，朝中官员都去送行，中丞高崧也亲自送他。高崧出发之前，多喝了几口酒，借着醉意，和谢安开玩笑说：“您多次违背朝廷旨意，在东山隐居，大家经常互相谈论说：‘安石不肯出仕，让天下百姓怎么办呢？’如今您出仕了，天下百姓又让您怎么办呢？”谢安笑而不答。后来，谢安担任征讨大都督，在淮河、淝水一带打败前秦苻坚的百万大军，为东晋王朝立下了汗马功劳。接着，谢安趁着前秦国力衰弱之际，命令谢玄等率诸将北伐。公元384年，收复徐州、兖州、青州、司州、豫州和梁州六个州。公元385年，猛将刘牢之进入河北名都邺，东晋王朝取得了重大的胜利。

谢安功绩卓越。那时朝廷内部的和睦状态出现危机，晋孝武帝整天饮酒作乐，不理朝政，并重用同母弟会稽王司马道子。司马道子也是一个整天只知喝酒的酒徒，专横跋扈，合力排斥、陷害谢安。谢安为了躲避灾祸，外出镇守广陵的步丘。谢安虽然在朝廷处于依附的地位，但是当年在东山立下的游山玩水的志向始终没有泯灭，经常从言语和神情中表现出来。他在步丘筑起新城，把全家老小都接了过去，并制作了浮游沧海的服装，准备在安排好镇守之事后，取道长江东还。不料，雅志未酬，染重病死去，享年66岁。

洞见症结

“洞见症结”本来是指行医的人能明辨病症所在及病变的过程，专用为治病方面的术语。现用以比喻眼光锐利，能够透过现象看到问题的实质。

此典出自《史记·扁鹊仓公列传》：“（长桑君）乃出其怀中药予扁鹊……扁鹊以其言饮药三十日，视见垣一方人。以此视病，尽见五脏症结，特以诊脉为名耳。”

相传春秋时，有一个叫长桑君的名医，与扁鹊（姓秦，名越人）交往十几年，扁鹊对他十分恭谨。长桑君把秘密的药方传给扁鹊，还将一包药物交给扁鹊，说：“你用天上掉下来还没有落地的水调药服用，连服三十天，便可替人治病了。”扁鹊按照长桑君的要求，一连服药三十天，果然出现了奇迹，他竟然能隔着墙壁看到隔壁的人；接着他专心研究医理，替人看病，只要接触病人，便能清楚辨别出病人的内脏里的患病部位。

杜渐防萌

“杜渐防萌”的意思是，把隐患消除在萌芽状态之中。用以表示防患于未然。

此典出自《后汉书·丁鸿传》：“若敕政责躬，杜渐防萌，则凶妖销灭，害除福凑矣。”

东汉，丁鸿，字孝公，颍川定陵人。汉和帝（刘肇）即位后，丁鸿被任命为太常。永元四年（公元92年），当上了司徒。当时，窦太后独揽大权，她哥哥窦宪等人都被封为文武大员，权势极大。看到这种情形，丁鸿非常担心，认为窦氏兄弟权势过大，是产生祸乱的根由。一次，发生了日食，丁鸿以日食为契机，上书皇上，陈述利害。

丁鸿写道：“有些人的行为违背了天的旨意，其结果就会在天上反映出来。天网恢恢，疏而不漏，有些人的计谋再诡秘，神灵也看得一清二楚，并且显示征兆，让君主知道，以示惩戒。近来，不到农历十五日，月亮已经圆了，过了十五日，月亮还不亏缺。这种天象说明臣子骄横过度，已经背弃君主，独断专行了。陛下对此没有觉察出来，所以上天屡次显示征兆，以示惩戒。我们君臣都应对此感到惶恐，加强重视，以防止祸患的发生。《诗经·大雅》上说，‘敬畏天的震怒，不敢偷懒自逸啊。’如果陛下勤于政事，身体力行，把隐患消除于萌芽状态之中，防患于未然，就会避免凶险妖妄之灾，除掉祸害，赢来福气。”

皇上采纳了丁鸿的建议，罢免了窦宪的大将军职务，后来窦宪和他的兄弟们都自杀了。

攻心为上，攻城为下

“攻心为上，攻城为下”意思是指使人心服口服，胜过采用强硬的手段。

此典出自《三国志·蜀书·马谡传》：“用兵之道，攻心为上，攻城为下；心战为上，兵战为下。”

三国时马谡，字幼常，襄阳宜城人。他熟读兵书，喜欢议论军事，见解不凡，因而诸葛亮非常器重他。

建兴三年，诸葛亮亲自率领大军远征南中，马谡前去送行。路上，诸葛亮问马谡对他这次南征有什么建议。马谡说：“南中依恃它路途遥远，地形险要，很长时间以来就不愿意归顺朝廷。即使今日攻破它，使它暂时降服，等到明日，它又会反叛。现在，您倾全国的兵力去讨伐南中，向它显示强盛和威风，南中知道我们表面势力强大，实际上却空虚，它的叛乱就来得更快了。如果我们将他们斩尽杀绝，则不符合仁者的情怀，而且也不可仓促行事。”

接着，马谡又很郑重地说：“用兵之

郭嘉像，图出自《图像三国志》。郭嘉字奉孝，曹操手下的谋士。

道，攻心为上，攻城为下；心战为上，兵战为下。我希望此去，能够设法运用心战，收服南中人的心，才是上策。”

诸葛亮深感马谡言之有理，决定采纳他的建议，重视运用攻心的战术。他七次抓住了南中的首领孟获，又七次将他释放。孟获想方设法与诸葛亮斗勇斗智，都不能取胜。最终孟获心服口服，诚心归顺诸葛亮，使这次南征全胜而归。一直到诸葛亮去世，南中都未敢谋反。

好谋无决

“好谋无决”指的是考虑问题多但不善于决断。

此典出自《三国志·魏书·郭嘉传》：“袁公徒效周公之下士，而未知用人之机。多端寡要，好谋无决，欲与共济天下大难，定霸王之业，难矣！”

郭嘉是三国时曹操的重要谋士，他为曹操除掉吕布征讨袁绍，立了大功，郭嘉少时见识超群，当时朝政危乱，预见天下将有争斗，便在家乡隐名埋姓，密交豪杰。开始，他想投奔袁绍，见到袁绍后，他又改变了主意。

袁绍手下的谋臣辛评、郭图问郭嘉：“你见了袁绍，对他的印象如何呀？”

郭嘉毫不客气地回答说：“我看袁绍只想效法西周的周公，屈己尊人，但不懂得使用人才，所希望的东西那么多，不知道哪些是最重要的；喜欢多虑而缺少决断。与袁绍这种人共济天下大难，夺取霸王之业，太难啦！”说完，郭嘉离开袁绍而投奔曹操了。

曹操见到郭嘉，问他：“袁绍地广兵强，我想讨伐他，可是觉得力量不够，怎么办？”

郭嘉恭敬地回答说：“刘邦、项羽的力量开始相差很大，但是刘邦却胜利了。项羽虽然强大，最终却免不了失败。据我分析，目前袁绍必败，而您必胜；袁绍外宽内忌，用人而疑，而您外简内机，唯才而用；袁绍多谋少决，失在后事，而您策得及行，应变无穷；袁绍大臣争权，谗言惑乱，而您御下以道，浸润不行；袁绍好为虚势，不知兵法，而您以少克多，用兵如神……所以袁绍必败！”

曹操听了郭嘉的一番话，兴奋地说：“使我成大业者，必此人也！”

郭嘉对曹操也非常满意，说：“曹操真是我想找的主公呀！”

郭嘉帮助曹操取得很大胜利，可惜只活到三十八岁就病死了。曹操对他的死感到非常痛心，亲自下表悼念他说：“军祭酒郭嘉，自从征伐，十有一年。每有大议，临敌制变。臣策未决，嘉辄成之。平定天下，谋功为高。不幸短命，事业未终。追思嘉勋。实不可忘……”

合纵抗秦

“合纵抗秦”这个故事讲述了苏秦利用自己所学，“合纵抗秦”，在各诸侯之间游说，推广自己的政治主张，打算用合纵的办法来对付秦国。

此典出自《战国策·赵策》：“苏秦从燕之赵，始合从。”

秦国杀了商鞅，但却没有改变商鞅的法令。商鞅新制定的土地所有制，不但在秦国得到了实施而且其他国家也有仿效的。各国都有新兴的商人地主，他们要把封建领主土地公田制改变为税亩制。六国的旧领主还想保持他们原来的割据统治，新兴的土地所有者要求有一个符合他们利益的统一政权。新旧土地所有者的矛盾，形成当时最突出的两派对立的政治斗争。列国分成了两派，无论使用什么名义，也不管其中发生了多少错综复杂的事件，新的土地所有者主张亲秦，展开“连横”运动，旧领主和他们的追随者主张抗秦，展开反连横的“合纵”运动,有时亲秦派得势,有时抗秦派抬头。就在这种形势下,两个能说善道的政客应运而出。一个主张“合纵”,认为中原诸侯应当联合起来一起抵抗西方的秦国,造成南北联合的局面。从地理位置上看,南北合成一条直线,所以叫“合纵”。一个主张“连横”,认为中原诸侯应当跟秦国友好,造成东西联盟的局面。从地理上看,连成一条横线,所以叫“连横”。从此,“合纵”,“连横”,闹得天下鸡犬不宁。

依赖“合纵”出名的人叫苏秦。他是洛阳人,本来是个政客,没有一定的主张。合纵也好,连横也好,他只打算凭着能说善道的嘴,弄到一官半职,不论哪个君王都可以做他的主子。他想先去见周显王,可是,别人不愿意把他引荐给周显王,他就改变了主意,到秦国去。他见了秦国就说连横的好处,秦国怎么怎么强大,劝秦王一步一步地兼并六国。哪知道秦惠文王自从杀了商鞅,就不怎么喜欢外来的客人。他听完了苏秦的话,挺客气地回绝他,说:“我的翅膀还没长那么硬,哪能飞得高呢?先生的话虽说很有道理。可是我得先准备几年,等到翅膀硬了,再请教先生。”苏秦碰了软钉子,只好走了。

可是他并没死心,还想着叫秦王用他。他费了好多工夫,写了一部书,说明兼并列国的方法。他把这部书献给秦惠文王,但却没被接受。他在秦国住了一年多。

苏秦回到家里,遭到家人的埋怨。他在家苦研一年多各国政治、军事、地理,各诸侯心理等,学业有成,便再去游说六国。他想:“七国中,秦国最强,秦王不用我,我不如去游说六国,叫他们联合起来去抵抗秦国。”他先到了赵国。赵肃侯(赵成侯的儿子)正用他的兄弟为相国,称为奉阳君。苏秦先去结交奉阳君,向他阐述了一通抗秦的道理。没被接受,便去了燕国去求燕文公。

苏秦对燕文公说:“燕国在列国当中,虽说有两千里土地,几十万士兵,六百辆兵车,六千多骑兵,但如果与西边的赵国、南边的齐国相比,就显出力量薄弱了。近几年来,赵国强大了,齐国强大了。可是强大的国家老打仗,弱小的燕国反倒太平无事。大王您知道这是为什么吗?”燕文公说:“不知道。”苏秦说:“燕国没受到秦国的侵略,是因为有赵国挡住秦国。秦国离燕国远,就是要来侵犯的话,也必须要路过赵国。因此,秦国绝不能越过赵国来侵犯燕国的。可是赵国要来打燕国,那就太容易了。早上发兵,下午就能到。大王不跟近邻的赵国交好,反倒把土地送给离自己那么远的秦国,这个做法很不妥当。要是大王用我的计策,先去跟邻近的赵国订立盟约,然后再联络中原诸侯共同抵抗秦国。这样,燕国才能够真正安稳。”燕文公很赞成苏秦的办法,但怕列国诸侯不能齐心协力。苏秦说他愿意先去跟赵侯商量。燕文公就给他预备礼物、路费、车马、仆从,请他去跟赵国联系。

苏秦到了赵国,这时奉阳君已经死了。赵肃侯听说燕国有位客人来了,亲自迎接,说:“贵客光临,有何指教?”苏秦说:“如今中原各国,最强盛的就是赵国,秦国觊觎的也是赵国。可是秦国却不敢发兵来侵犯,这是为什么呢?还不是因为赵国的西南边有韩国和魏国挡住秦国吗?可是有一点,韩国和魏国并没有高山大河可以防守,如果秦国真的率兵去打韩国和魏国的话,这两国很难抵抗。如果韩国、魏国投降了秦国,赵国也就要灭亡了。我仔细研究了地形和政治,中原列国的土地比秦国大五倍,列国的军队比秦国多十倍。如果赵、韩、魏、燕、齐、楚,六国联合起来共同抵抗秦国,还怕打不过它吗?为什么各国都要拿自己的土地去奉承秦国呢?六国不联合起来反而分别割地求和,绝不是办法。要知道六国的土地有限,秦国的贪心可是没完没了的。割地求和是亡国政策。反过来说,如果大王和其他诸侯,结为兄弟,订立盟约,不论秦国侵犯哪一国,其余五国一块去抵抗。一个孤立的秦国还敢欺负联合起来的六国吗?联合起来共同抵抗敌人是救国政策。我建议大王

项羽像，图出自明·天然撰《历代古人像赞》。

邀请列国诸侯到洹水来开大会。”赵肃侯是个有血气的青年，非常赞成苏秦合纵抗秦的政策。他拜苏秦为相国，把赵国的相印交给他，又给了他一百辆车马、一千斤金子、一百只玉璧、千匹绸缎，让他去联合各国诸侯。

苏秦当上了赵国的相国，准备去联络韩国和魏国。他刚要动身，赵肃侯召他入朝，说有要紧事商量。苏秦连忙去见赵肃侯。赵肃侯对他说：“刚才接到边疆的报告，说秦国攻打魏国，把魏国打败了，魏王求和，把河北的十座城送给秦国。万一秦国来打赵国怎么办呢？”苏秦心里吓了一跳，他想：如果秦国军队到了赵国，赵国准会像魏国一样割地求和，他那合纵的计策不就吹了吗？但他表面上仍然神色自若，拱着手，说：“我研究过了，秦国的兵马已经疲惫不堪了，绝对不会很快就能打到这里的。万一来了，我也有退兵的办法。”赵肃侯说：“既是这样，你先别出去。如果秦兵不来这里，到那时候你再动身吧。”苏秦只好留下，请赵肃侯加紧作好防御秦兵的准备。

后发制人

“后发制人”表示以弱对强时，得先让一步，再打败他人。

此典出自《史记·项羽本纪》：“先即制人，后则为人所制。”

秦二世元年七月，中国历史上爆发了第一次农民起义，陈胜、吴广首先揭竿而起，各地纷纷响应，秦王朝的封建专制统治摇摇欲坠。在农民起义的浪潮中，原先被秦国推翻了的六国后代及一些地方官吏，也相继起来反对秦王朝，趁势争权夺利。会稽郡的太守殷通，一向与项梁关系很好。农民起义后不久，殷通把项梁请来，对他说：“江西已起义，这是灭亡秦朝的好机会！我曾听说过这样一句话：‘先即制人，后则为人所制。’（意思是：先下手的就能制服敌人，后下手的就被敌人制服。）我想出兵，先占据一方，然后向外扩展，行动要迅速，晚了就会被别人占了先。我想出兵，请你和桓楚带领军队作战。现在桓楚流落他乡，只有项籍知道他的去处，请项籍去找他吧。”项梁这个人野心很大，怎么甘心当殷通的下属，便与他的侄子项籍（羽）密议。他叫项羽拿着宝剑，在外等着，也来一个“先即制人”。交代完之后，项梁又进去与殷通同坐，并告诉殷通，召项羽进来，让他去找桓楚。殷通答应之后，项梁便召项羽进来，向他使了一个眼色，项羽便将殷通杀了。项梁提着殷通的脑袋，佩上殷通的印章，众人全都惊骇不已，旧吏亦惊恐。项梁告诉了众人，于是率兵起义反秦。

缓兵之计

“缓兵之计”指使敌人延缓进攻的计策，借指使事态暂时缓和同时积极设法应付的策略。

此典出自《三国演义》第九十九回："孔明用缓兵之计，渐退汉中，都督何故怀疑，不早退之？郃愿往决一战！"

蜀汉建兴七年夏，诸葛亮与司马懿在祁山作战。司马懿令郭淮、孔礼引兵五千去救武都、阳平，并抄在蜀兵之后，让其自乱。行军路上，郭淮问孙礼："司马懿、孔明谁强？"孙礼回答说："诸葛亮大大胜过司马懿！"郭淮接着说："诸葛亮虽高明，司马懿这一计却有过人之智。蜀兵如果正在打武都、阳平，我们抄到他们后边，岂不是不打自乱了么？"二人正在谈论，忽然哨马来报：武都、阳平已被蜀兵占领。郭、孙得知，刚要退后，蜀军已到，喊杀连天。两军交锋，魏兵大败，郭、孙二人弃马爬山才得以逃脱。

郭、孙失败后，司马懿又唤张郃、戴陵各引精兵一万，趁孔明去安抚武都、阳平百姓不在营中之时去夺蜀寨。司马懿的打算早已在诸葛亮预料之中，张、戴未战即被蜀兵包围。诸葛亮在祁山上大喊："戴陵、张郃，你们二人乃无名小将，我不杀你们，赶快下马投降！"张郃闻言大怒，指着诸葛亮骂道："汝乃山野村夫，侵吾大国境界，如何敢发此言！吾若捉着汝时，碎尸万段！"说罢，纵马挺枪来战蜀兵。诸葛亮早有准备，张郃、戴陵战败而去。

司马懿连战皆败，半月不敢再战。诸葛亮见司马懿不出战，想出了一个办法，便叫各处都拔寨而回。魏军得知，张郃便要去追，司马懿不同意。后来魏军多次报告，都说诸葛亮接连后撤，司马懿不相信，他亲自去看，果见蜀兵后撤。司马懿回营后对张郃说：此是诸葛亮的计策，不可追赶。张郃说："诸葛亮用缓兵之计，渐退汉中，都督何故怀疑，不早退之郃愿往决一战！"经张郃一再请求，司马懿乃驱兵追赶，结果又中了诸葛亮的计策，魏军大败。

患鼠乞猫

"患鼠乞猫"用以说明任何事情都有其两面性，既有利也有弊。要抓住主要方面，不能因小失大。

此典出自《郁离子》："赵人患鼠，乞猫于中山。中山人予之猫，善捕鼠及鸡。月余，鼠尽而其鸡亦尽。其子患之，告其父曰：'盍去诸？'其父曰：'是非若所知也。吾之患在鼠，不在乎无鸡。夫有鼠，则窃吾食，毁吾衣，穿吾垣墉，坏伤吾器用，吾将饥寒焉，不病于无鸡乎？无鸡者，弗食鸡则已耳，去饥寒犹远，若之何而去夫猫也？'"

有一个赵国人担忧老鼠为害，便到中山国去要一只猫。中山人给了他一只猫，这只猫善于捉老鼠，但也善于捉鸡。一个多月后，这个赵国人家里的老鼠被猫捉完了，但鸡也被猫吃完了。他儿子很忧愁，就对父亲说："为什么不把猫除掉呢？"

他父亲说："这个道理不是你所能知道的。我们的祸患在于有老鼠，并不在于没有鸡。有了老鼠，便要偷窃我们的粮食，咬碎我们的衣服，弄坏我们的墙壁，破损我们的家具，这样，我们就会挨饿受冻了，不比没有鸡更有害吗？现在我们没有鸡，不过是不吃鸡罢了，离挨饿受冻还远着哩，为什么非要除掉这只猫呢？"

集思广益

"集思广益"指集中大家的智慧，以便收到更好的效果。

此典出自《诸葛丞相集·考与军师长史参军掾属》："夫参署者，集众思，广忠益也。"

这段话意思是说：三国时的著名人物诸葛亮，是一位博学多才，善于听取各种不同意见的政治家和军事家。他当了蜀国的丞相以后，仍然保持着这种优秀的品德。对于一些敢于向他提出意见的人，常常给予称赞。为了鼓励文臣武将参与政事，诸葛亮写了一份文告，号召大家积极发表政见，齐心协力把国家治理好。这份文告就是名的《教与军师长史参军掾属》，也称作《与群下教》。

在文告中，诸葛亮写道："丞相府里之所以要任用僚佐共同参与讨论国家大事，就是为了集思广益，广泛听取意见，共同把事情做好。"诸葛亮言而有信，他处处重视集中群众的意见和智慧，终于辅佐刘备完成了三分天下的大业。

狡狐捕雉

"狡狐捕雉"这个故事告诉人们，狡猾的敌人惯于隐蔽起来，搞阴谋诡计。

此典出自《淮南子·人间训》："夫狐之捕雉也，必先卑体弥耳，以待来也。雉见而信之，故可得擒也。使狐瞋目植睹，见必杀之势，雉亦知惊惮远飞，以避其怒矣。"

狡猾的狐狸捕捉山鸡时，总是先蜷缩起身体，耷拉下耳朵，隐蔽起来等待山鸡的到来。山鸡觉得没有危险，便放松了警惕，因而狐狸能够出其不意地捉到它们。

如果狐狸横眉怒目，表现出一副张牙舞爪、杀气腾腾的样子，山鸡也就知道害怕了，就会立刻躲避起来。

借箸代筹

"借箸代筹"表示代人策划。

此典出自《史记·留侯世家》："请借前箸为大王筹之。"

秦朝末年，项羽把刘邦围困在荥阳，刘邦忧心忡忡，与谋臣郦食其谋划对策，郦食其说："从前汤武讨伐夏朝的桀，分封其后代在杞，周武王讨伐商代的纣，分封其后代在宋。后来秦国背信弃义，侵略诸侯，灭了六国，他们的后代失去了生存的地方。如果陛下恢复六国，送去大印，他们一定会感恩戴德，为陛下效劳。这样，项羽就会势单力薄。"刘邦说："这个计策很好。你立刻负责刻印，然后送往六国。"

这时张良从外面进来。刘邦正在吃饭，就招呼张良说："你来得正好，刚才有人建议分封六国的后代，你觉得怎么样？"张良听了，叹息一声说："谁给陛下提的建议？陛下的大事完了！"刘邦诧异地问道："为什么呢？"张良说："请陛下把前面这支筷子借给我一下。"张良接过筷子后，一边画来画去，一边说："从前汤武、周武王分封灭亡国家的后代，是因为他们能将敌国置之死地，现在陛下能将项羽置之死地吗？"刘邦摇头说："我被项羽包围，怎么能置他于死地呢？"张良接着说："汤武、周武王的分封都是在消灭敌人、销毁兵器、战马放归、天下稳定以后才进行的，现在跟随陛下的将士，都来自六国，他们抛妻别子，血洒疆场，无非是希望有朝一日获得一块土地。如果恢复六国，那么他们就要离去，谁给陛下打天下呢？因此我说陛下的大事完了。"

刘邦听了张良的一番话，将口里的食物喷向郦食其，大声骂道："呸，你这个臭书呆子，差点坏了我的大事！"

狙公分栗

"狙公分栗"形容聪明人善于用手段驾驭他人。

此典出自《庄子·齐物论》、《列子·黄帝篇》。

有一个宋国人养了一大群猴子。天长日久，他能猜得到猴子的心意，猴子也能听懂他的话。由于他非常喜欢猴子，人们便称他狙公（狙，就是猴子）。狙公为了养活那群猴子，甚至不惜减少家里人的口粮。但猴子太多,消耗太大,渐渐地粮食不够吃了,他不得不想法限制猴子的食粮。

一天,狙公把猴子们召集来,对它们宣布说:"从今天起,按定量给你们分配山栗(即橡实)。每天早晨三个、晚上四个,你们同意吗?"

猴子听了,认为分的山栗太少,都非常不满,纷纷向狙公"吱吱"大叫,表示抗议。

狙公非常熟悉猴子脾气,知道如何对付它们。等猴子们吵闹一阵后,他又不慌不忙地说:"既然你们不满意,那么就增加一点,改为每天早上四个,晚上三个,这样总可以了吧?"

猴子再机灵,也只是畜生,不会算计。它们听说早上由三个山栗改为四个,就都以为口粮有所增加,于是就安静了下来,不再吵闹。

居安思危

"居安思危"是指在享受安逸快乐的时候,应该想到一些危险的事情;也就是在看到事情有利方面的时候,要想到一些不利或困难的情况。

此典出自《尚书·说命中》:"惟事事,乃其有备,有备无患。"

东周时代,各国互相攻伐,几乎没有安宁的日子,史称战国。当时郑国要出兵侵犯宋国,引起晋、鲁、卫等十一个国家的不满,派出军队围住了郑国都城,逼迫郑国退兵,郑国被迫和那十一个国家签订和好盟约。楚国(当时被中原的国家认做野蛮的地方)见郑国与这些国家和好了,便向秦国借兵攻打郑国,郑国又对楚国表示降服。这样一来,中原十二国认为郑国背弃了盟约行为,便共同出兵攻打它。

郑国首先请求较强大的晋国同意讲和,晋国答应了郑国的要求;并转告其他国家也这样做了。郑国感谢晋国的帮助和支持,送给晋国许多兵车、乐器和乐师、歌女。晋王把歌女的一半分送给他的功臣魏绛。魏绛不肯接受晋王的赏赐,说:"现在你能够团结和统率许多国家,这是你的能耐和大家的功劳;我并没有做出什么贡献。不过,我很希望你在享受快乐的时候,能够想到国家未来的许多事情。听人说:'居安思危,思则有备,有备无患。'我谨以这个道理来劝你。"

诸葛亮像,图出自清·上官周绘《晚笑堂画传》。

快刀斩乱麻

"快刀斩乱麻"比喻处理复杂问题需用果断的手段加以解决。

此典出自《北齐书·文宣纪》:"高祖尝试观诸子意识,各使治乱丝,帝独抽刀斩之,曰:'乱者须斩!'"

南北朝时期，齐高祖高欢有五六个儿子。高欢弄不清楚他们谁最聪明、最有才能，便命人取出几团乱麻来，要求儿子们每人理顺一团，看谁理得最快，方法最好。他的小儿子高洋非但没有动手理麻，反而拔出剑来说道："乱者须斩。"几剑就把麻剁碎了。高洋的这句话里含有两种意思：一是乱的麻，需用剑来斩最方便；一是只要是烦乱的事必须果断处理。高欢非常赏识这个儿子。后来，高洋在他哥哥死后，即位为文宣帝。他做皇帝后处理事情果然很决断，但却不怎么严酷。

隆中对

"隆中对"比喻精辟的对策。

此典出自《三国志·蜀书·诸葛亮传》。

诸葛亮（公元181—234年），字孔明，东汉琅琊郡阳都（今山东沂水南）人。他的远祖诸葛丰，官至司隶校尉。后来家境逐渐衰落。兴平元年（公元194年），诸葛亮的叔父诸葛玄被任命为豫章（今江西南昌）的地方官。十四岁的诸葛亮带着年幼的弟弟跟随着叔父来到豫章。可是不久，诸葛玄辞掉官职，带着诸葛亮兄弟投靠了荆州的刘表。叔父死后，诸葛亮不愿寄人篱下，于是就在建安二年（公元197年）来到荆州襄阳（今湖北襄阳）的隆中地方居住。建安十七年（公元207年），刘备三顾茅庐，在隆中会见了诸葛亮，向他请教治国平天下的大计。诸葛亮被刘备礼贤下士的行为感动了，详尽地分析了天下形势，把自己早已制定好的计划和盘托出。他说："自从董卓作乱以来，四方豪杰同时起事，跨州连郡，称雄数不胜数。曹操和袁绍相比，名望较小，人马又少，然而曹操竟能击败袁绍，转弱为强，这不仅靠的是机会，也有赖于人的计谋。现在曹操已经拥有百万大军，挟制着皇帝，以皇帝的名义发号施令，孙权割据长江下游一带，已历经三代。那里地势险要，民众依附，有才能的人都愿意为他效劳，我们只能和他相互支援，而不可进攻他。荆州北据汉水、沔水，向南直到海边的物资都可被它利用，其地东连吴郡、会稽，西通巴郡、蜀郡，这里是用兵的好地方。可是，它的主人刘表却没有能力守住它，这可能是上天有意要把这块地方留给将军，不知将军您是否有这个意图？益州地势险要，易于防守，沃野千里，是名副其实的天府之国，汉高祖刘邦就是凭借这个地方建立起汉朝基业的。而据守益州的刘璋昏庸软弱，北边的张鲁同他也有矛盾。益州虽有众多的人口和富饶的资源，可是刘璋不懂得爱惜民力，那里的有识之士都希望得到一个贤明的君主。将军您是汉朝皇室后裔，国人都知道您讲信义，正在广招天下英才，思贤若渴。如果您能够占据荆、益二州，守住天险，与西方的少数民族搞好关系，对南方的少数民族实行安抚政策，对外与孙权结成同盟，对内励精图治，修明政治。只要天下有什么变故，就派一员大将率领荆州的兵马直取南阳、洛阳，您则亲自统率益州的兵马出师秦川（今陕、甘一带），进取长安，老百姓怎能不热烈欢迎您呢？如果真能做到这样，您就可以建立霸业，复兴汉朝的天下了。"

猛虎不如群狐

"猛虎不如群狐"比喻一个集体的力量，强于任何个人。

此典出自《晋书·王镇恶传》："语曰：'猛兽不如群狐。'卿等十余人何惧王镇恶？"

南北朝时，南宋皇帝刘裕带领一大批将领北伐，所向无敌，一直打到洛阳，大将王镇恶的功劳最大。王镇恶是前秦丞相王猛的儿子，智能双全，在北方有很多亲朋故友。刘裕正顺利进军、眼看可以统一中国时，突然得知朝廷发生了重大的事情，必须要他亲自去处理，无奈，他只好把统帅大权交给儿子，自己赶回朝廷。这时，大将沈田子劝告刘裕说："你最好把王镇恶带走,你儿子控制不了他,他是一只猛虎,在北方根基深厚。如果他一叛变那就糟糕了!”刘裕说:“正因为他是一只猛虎,我才要把他留下来抗击敌人。你们十几员大将都是我的心腹,有你们在,还怕什么王镇恶叛变?俗话说‘猛虎不如群狐’嘛!你们注意些就行了。”说完,刘裕就回京去了。

后来,王镇恶真的没有叛变的意图,倒是沈田子等人时刻防范王镇恶,给他“穿小鞋”,终于害死了王镇恶,使整个北伐大军遭到惨败,沈田子等人也阵亡了。

欺以其方

“欺以其方”比喻坏人用合乎情理的方法欺骗别人。

此典出自《孟子·万章上》:“故君子可欺以其方,难罔以非其道。”

春秋时代,郑国贤相公孙侨,字子产。一次,有人送给他一条活鱼。子产就让管理池塘的人把鱼养到池塘里。管理池塘的人把鱼煮熟吃掉后,向子产报告说:“把那条鱼刚放到水里的时候,它还不够活跃;过了一会儿,它就摇头摆尾地游动起来。然后,很快地游向水的深处,再也看不见了。”子产听了这番话之后,高兴地说:“鱼儿到了好地方啊!鱼儿到了好地方啊!。”管理池塘的人暗暗得意,离开子产之后,就对别人说:“谁说子产聪明?我已经把鱼吃掉了,他还说‘鱼儿得到了好地方啊!鱼儿得到了好地方啊!’”

齐王筑城

“齐王筑城”说明人们办事情、想问题,既要考虑长远利益,也要注重眼前利益,要把二者结合起来。

此典出自《艾子杂说》。

齐王临早朝,回头对侍臣们说:“我们国家处在几个强国中间,年年苦于调度战备,现在我想抽调一批壮丁去修筑一座大城,从东海开始修筑,经太行山,接轩辕山,下武关,曲折蜿蜒四千里,这样就可以与各强国隔绝,使秦国不能觊觎我国西方,楚国不得偷犯我国南方,韩国和魏国不可牵制我国左右方,这难道不是一件很伟大的事吗?让老百姓去修筑大城,虽然暂时有一些劳累,但以后就不再有远征和遭受侵犯的祸患,可以一劳永逸了;老百姓听见我下达这个命令,又有谁不欢天喜地地来参加呢?”

艾子回答说:“今天早晨下大雪,我来赴早朝的时候,看见路旁有一个老百姓,光着身子,都快冻僵了,却还望着天空在唱歌。我觉得十分奇怪,便问他缘故。他对我说:‘这场大雪顺应了时令,正高兴明年人们可以吃到贱价的麦子,可是我却要在今年就冻死了。’正像筑大城,等到大城筑完了,不知道享受永久安乐的是什么人呢!”

擒贼先擒王

“擒贼先擒王”比喻作战要先除首恶或主要敌人,也比喻做事要抓关键。

此典出自《红楼梦》第五十五回。

凤姐因争强斗智,操劳太过,心力亏损,不能理事,因而家中琐碎之事,一应由李纨协理。李纨为人温顺,王夫人怕她逞纵了下人,又派探春合同李纨裁处。王夫人仍不放心,又请来宝钗会同照管。凤姐儿虽在病中,但自恃强壮,想起什么事来,便叫平儿去回王夫人。凤姐儿想,探春、宝钗事事明白,语言谨慎,知书识字,这比我更厉害一层,但她们是初次管理家务,怕难制服下人,因而对平儿道:“俗话说,擒贼必先擒王。他如今要作法开端,一定是先拿我开端,倘或他要驳我的事,你可别分辩,你只越恭敬越说驳的是才好。千万别想着怕我没脸。和他一强，就不好了。”平儿不等凤姐说完，就笑着说道：“我已经这样做了。”

权宜之计

“权宜之计”比喻为适应某种情况而暂时采取的变通办法。

此典出自《后汉书·王允列传》：“允性刚棱疾恶，初惧董卓豺狼，故折节图之。卓既歼灭，自谓无复患难，及在际会，每乏温润之色，杖正持重，不循权宜之计，是以群下不甚附之。”

王允是一位志向远大的人，自幼诵习经传，演练骑射，一心想为朝廷效力。他十九岁当上郡吏、豫州刺史。

王允被朝廷派去讨伐黄巾起义，一次，打败敌军，搜出一封信件。信件是朝廷中常侍张让写给黄巾起义部将领的，王允将这件事禀报了皇帝，皇帝把张让痛骂了一顿，张让叩头辩解，最后不了了之。因此王允遭到张让的报复，张让借故把他关进牢狱，想治他死罪。

朝廷司徒杨赐，素知王允性情孤傲、清高，受不了严酷的刑法，派人告诉他：“现在你栽在张让手上，难以活命，别再受罪了，设法早点结束自己的生命吧！”一些同僚好友也捧着毒药流着眼泪送给王允。

王允夺过药碗，狠狠地摔在地上，愤然地喊道：“我是朝廷的臣子，获罪就应该服刑以谢天下，岂有自己喝药求死的道理！”

王允面无惧色，走出牢门上了囚车。满朝大臣全都非常同情他。

大将军何进、太尉袁隗、司徒杨赐一块去请求皇帝，免他一死：“我等身为朝臣，不敢沉默，王允受朝廷之命诛逆安境，时间还不满期限，就取得很大的成绩，州境安定，功劳显著，本应加爵封赏，而今以事奉不当，受以大刑，恐怕有亏众望，臣等请陛下免他一死，以昭忠贞之心！”

皇帝无奈只好免了王允死罪，第二年才放他出来。当时汉朝廷宦官专横，王允担心又一次遭厄运，就隐姓埋名，迁居到远离京都的地方。

汉献帝即位后，朝廷又封他为太仆、尚书令。他与太将军何进等人，利用美人计收买吕布，借吕布之手杀掉了董卓。除掉董卓以后，王允觉得大患已经被除去，天下就会太平了，就不去考虑下一步的行动，结果后来被董卓部将杀害。

犬牙相制

“犬牙相制”形容地界相连，如犬牙交错，可以互相牵制。

此典出自《史记·孝文本纪》：“夫秦失其政，诸侯豪杰并起，人人自以为得之者以万数，然卒践天子之位者，刘氏也，天下绝望，一矣。高帝封王子弟地，犬牙相制，此所谓磐石之宗也。”

西汉初年，汉高祖刘邦为了巩固刘氏天下，封了许多同姓王。刘邦死后，吕后独揽大权，吕后的近亲也都在把持朝政。公元前180年，吕后死去，大将周勃、陈平等诛灭吕党，迎接代王刘恒为帝。

使者来到代地，向刘恒报告朝廷大臣都推举他即位，请他立即动身，刘恒不敢轻易答应。他召集大臣询问对策。郎中令张武说：“朝廷上的大臣都是高帝（刘邦）手下的将军和谋士，他们只知欺诈，不讲信义，大王可以谎称有病，观察一段时间再作决定。”中尉宋昌不同意张武的意见，他对刘恒说：“大王完全可以放心地去。残暴的秦皇失了天下，诸侯豪杰一窝蜂似的起兵，谁都想做皇帝，只有高帝成功了，统一了天下。高帝封了同姓王，地界相连，犬牙相制，刘氏天下坚如磐石。现在老百姓都非常讨厌战乱，渴望安定的生活，就算有的大臣想作乱，老百姓也不肯听从。大王可以放心地回去即位。”

刘恒觉得宋昌言之有理，又派娘舅薄昭到长安见太尉周勃，探听到朝臣们真心实意想拥他为王，便动身回京，做了皇帝，他就是汉文帝。

王允像，图出自《图像三国志》。王允为东汉末年大臣，官至司徒，曾设计除掉董卓。

群策群力

“群策群力”说明集聚众人的计谋和力量。

此典出自《法言·重黎》：“汉屈群策，群策屈群力。”

秦朝末年，天下大乱，各地有志之士，都纷纷起来抗秦，势力最大的是项羽所率的楚军，大破秦军，杀秦王子婴，自立为西楚霸王。后来和汉王刘邦争夺天下，由于项羽的刚愎自用，不听谋士范增的意见。最后在垓下自刎而死，临死前他说了一句：“此天亡我，非战之罪也。”意思是说：我的失败，是上天要我这样，并不是由于我的战略和战术的错误。

汉朝的大文学家杨雄（字子云，四川成都人）在他所著的《法言》一书中论到楚汉相争之所以汉胜楚亡，是“汉屈群策，群策屈群力”之故。“屈”字在这里作“竭尽”来解，这两句话的意思是说：刘邦接受和指挥了众人的智谋和力量，而项羽只凭一己之力，没有接受和利用众人的智谋，甚至连唯一的一个谋臣范增的忠言他也不接受，以致坐失良机；而刘邦的手下有萧何、张良、韩信、陈平等人为他出谋划策，帮助他消灭楚军，一统天下。

人弃我取

“人弃我取”的意思是，别人抛弃，我去取来。本意指一种经营之术，后用以表示自己的兴趣、见解与他人不同。

此典出自《史记·货殖列传》：“白圭，周人也。当魏文侯时，李悝务尽地力，而白圭乐观时变，故人弃我取，人取我与。夫岁熟取谷，予之丝漆；茧出取帛，予之食。”

战国人白圭，周朝国都洛阳人。魏国国君魏文侯当政时，任李悝为相，充分发挥土地的生产能力，因此魏国逐步强盛起来。白圭看到这种情形，抓住机遇，采取“人弃我取，人取我予”的办法经商，生意做得非常兴隆。每年秋收的时候，市场上谷子多起来了，他就买进谷子，而这时百姓们忙于织布和修缮房屋，他就卖出丝绸和油漆；每年春天蚕茧上市，他就买进丝织品和丝绵，卖出谷子。

白圭虽然很富有，却过着节衣缩食的生活。很多人都觉得白圭很会做生意，就纷纷向他请教。白圭说："做生意，要用智慧计谋，还要果断。智谋不足的人，不能随机应变；勇气不足的人，不能当机立断；仁义不足的人，不能做到'人弃我取，人取我与'；意志不够坚强的人，不能坚持自己的信念。因此，你们虽然想跟我学习做生意的本领，我也无法使你们完全掌握。"

人无远虑，必有近忧

"人无远虑，必有近忧"比喻如果事前没有深远的思考、谋划，一旦危难迫近，将无法应付。

此典出自《杀狗记》六："常言道：'人无远虑，必定有近忧来至。'作个道理，早寻个长久计。"

曹操率领四十万兵马去攻打东吴。东吴孙权召集文武百官研究抵御敌人的对策。大将吕蒙建议在濡须口（现在湖北黄冈附近）修筑船坞。船坞，是在江中旁岸环筑的城墙，把整个水军船只泊在里面，城墙上派许多兵防守，进攻退守，水陆两军配合都很方便。许多大将反对筑坞，说："上岸击贼，跣足（赤脚）下船，何用筑城？"吕蒙说："打起仗来有时顺利，有时不顺利；战无必胜。一旦突然发生激战，步兵骑兵白刃相接，人来不及奔近水边，又怎么来得及上船列队对敌呢？有了船坞就可以从容布置队伍了。"孙权听了吕蒙的这番话，非常同意他的观点，就说："'人无远虑，必有近忧'，吕蒙的话是有远见的。"于是派几万人连夜开工，在很短的时间内，筑成了濡须坞。曹操大兵到来，哨兵向曹操汇报说："遥望沿江一带，旗幡无数，不知兵聚何处。"曹操放心不下，爬上山坡探望，只见濡须坞内战船各分队伍，旗分五色，兵器鲜明，竟然无懈可击。这一战，曹操损兵折将而回，没有捞到任何好处。

三个臭皮匠，合成一个诸葛亮

"三个臭皮匠，合成一个诸葛亮"比喻人多智慧多，有事情只要大家同心协力，就会想出好办法。

此典出自我国的一句民间谚语。

诸葛亮是三国时蜀汉的一位政治家和军事家。他先做刘备的谋士。刘备采用他的计策，联孙攻曹，取得了赤壁之战的胜利，并占领了荆、益二州，建立了蜀汉政权。刘备称帝后他当了丞相。建兴元年（公元223年），后主刘禅继位，诸葛亮被封为武乡侯，领益州牧，政事无论大小，都由他决定。为了争夺中原，他曾五次伐魏。建兴十二年（公元234年），与魏司马懿在渭南对峙，病死于五丈原军中。相传诸葛亮曾革新连弩，能同时发射十箭，又制造了"木牛流马"，有利于山地运输。诸葛亮的聪明才智在历史小说《三国演义》中得到进一步夸张，以至于他成了智慧的化身和神话般的人物。

上楼去梯

"上楼去梯"指极端秘密的策划；也用来指诱人上前而断其退路。

此典出自《三国志·蜀志·诸葛亮传》中："共上高楼，饮宴之间，令人去梯。"

东汉末，山阳高平（今山东邹县）皇族刘表，字景升。初平元年（公元190年），刘表任荆州刺史，得到豪族蒯良、蒯越等人的帮助，据有今湖南、湖北地方，后为荆州牧。官渡之战后，本来依附袁绍的刘备在曹操逼迫下，投靠了刘表。

当时，刘表非常宠爱蔡夫人生的小儿子刘琮，而不大喜欢大儿子刘琦，刘琦非常苦恼。刘备和诸葛亮来到荆州后，刘琦曾多次找到诸葛亮，请他为自己想个保护自己的计策。诸葛亮怕招惹是非，没有答应。有一天，刘琦约诸葛亮到后花园游玩，一同登上高楼饮酒。欢宴之际，刘琦令人把楼梯拿走（古时楼房，楼梯为木制，可以搬动），对诸葛亮说：现在上不着天，下不着地，你说我听，没有外人，请先生赐教。诸葛亮觉得刘琦的处境的确危险，便示意刘琦说："春秋时，晋国公子申生在国内遇害，公子重耳奔国出走而保全。"刘琦听了，顿时醒悟。正好当时江夏太守黄祖死了，刘琦便乘机请求出任江夏太守。

深谋远虑

"深谋远虑"比喻计划周到，考虑得很深远。

此典出自汉代贾谊《过秦论》："深谋远虑，行军用兵之道，非及向时之士也。（向时：以往，过去。）"

西汉时，杰出的政治家和文学家贾谊，洛阳（今河南洛阳东）人，时称贾生。贾谊才华出众。他的文章雄辩有力，著《新书》十卷，其中有一篇论秦王朝过失的论文《过秦论》曾被鲁迅先生称为"西汉鸿文，沾溉后人，其泽甚远。"（鲁迅：《汉文学史纲要》）

在《过秦论》这篇文章中，贾谊首先叙述了秦国的地势险固和秦孝公任用商鞅变法所收到的效果，从而使秦国越来越强大，最后终于统一中国的必然性。接着又叙述了由于暴政导致了农民大起义，使秦王朝遭到灭亡。在叙述历史事实的基础上，贾谊总结了秦灭亡的原因。他说：

秦朝的天下并不弱小；雍州的土地，崤、函的险固，一如从前。陈涉的地位，并不比齐、楚、燕、赵、韩、魏、宋、卫、中山等国的国君尊贵；锄耙矛柄并不比钩戟长矛锋利；被征发戍边的人们，并不比九国的军队强大；论深谋远虑，行军用兵的本领，也比不上先前那些人。但是成败不同，功业相反。这是为什么呢？……就因为秦国不施仁政，攻取和固守的形势不一样啊。"

《三国志通俗演义》版画之"孔明遗计救刘琦"图

神机妙算

"神机妙算"形容智谋无穷，不可测度。

此典出自《三国演义》第四十六回："瑜大惊，慨然叹曰：'孔明神机妙算，吾不如也。'"

公元208年，曹操统率二十万大军南下，想要消灭孙权和刘备，统一全国。刘备派诸葛亮去联合孙权，共同对付曹操。

东吴大都督周瑜，心胸狭小，嫉恨诸葛亮的才能，想借机把他杀掉。诸葛亮完全明白周瑜的心思。为了顾全大局，他机警地与周瑜共同做事情。一次，周瑜要求诸葛亮在三天之内造出十万支箭，并让他立下军令状，三日内交不出十万支箭，就被杀头。周瑜心中暗喜，以为诸葛亮不能完成。周瑜又暗中吩咐军匠，拖延时间。然而，诸葛亮胸有成竹。诸葛亮暗地里向鲁肃要二十只快船，每只船上配置三十名士兵，船上都用青布做帐幕，每只船上扎了一千多个草人。第三天五更时分趁黎明前的大雾，诸葛亮下令，将草船驶近曹操水寨。诸葛亮和鲁肃一面在船中饮酒，一面命令士兵在船上擂鼓呐喊，装作要进攻曹军的样子。曹操听到鼓声、呐喊声大作，以为敌军趁大雾偷袭水寨，慌忙命令曹军不要出击，奋力用箭射向对方。霎时，曹操水陆两军一万多弓箭手，一齐朝江中射箭，等到太阳初升、雾散之后，诸葛亮下令各船迅速开回。二十只船的草人上已经挂满了箭支，远远超过十万支。诸葛亮又让船上士兵齐声高喊："谢丞相赠箭！"这时曹操才明白了事情的真相，但是诸葛亮的草船已经走了二十多里，无法追赶。曹操非常懊悔。后来，鲁肃把诸葛亮草船借箭的经过告诉周瑜，周瑜惊讶不已，长叹一声说道："诸葛亮妙算如神，我不如他呀！"

双管齐下

"双管齐下"比喻两件事情同时进行。

此典出自《图画见闻志·张璪》："唐张璪员外画山水松石名重于世，尤于松特出意象，能手握双管，一时齐下，一为生枝，一为枯干。"

吴地（今江苏吴县）张璪，政治上很失意，曾从员外郎降为卫州司马；后来又调任忠州。但他在绘画上的成就却非常高，尤其擅长画山水树石。画松树的时候，他总用一只手握着两管笔，同时落下来。其中一管笔画枯萎的树枝；另一管笔画苍翠的树枝。画出来的松树栩栩如生。因此，那时候的人都称赞他的画是"神品"。

顺水推舟

"顺水推舟"比喻看风转舵或顺应形势行事。

此典出自《元曲选·李逵负荆》："你休得顺水推舟，偏不许我过河拆桥。"

杏花村有一个叫王林的人，以卖酒为生。老伴死得早，留下一个女儿，名叫满堂娇，年方十八，还没有嫁人。

一天，贼人宋刚和鲁智恩到杏花村喝酒，宋刚自称是梁山泊头领宋江，鲁智恩自称是花和尚鲁智深。王林没有见过宋江和鲁智深，以为他们俩真是梁山上的好汉，便热情接待，并让女儿满堂娇敬酒。

宋刚要讨满堂娇作压寨夫人。鲁智恩对王林说："把你女儿与俺宋公明哥哥作压寨夫人，只借你女儿三天，第四天便送回来。"说着就要把满堂娇带走。

正好李逵也下山游玩，来到王林酒店喝酒，听说宋江和鲁智深抢走了王林的女儿，非常气愤。李逵立即回山与宋江理论。

李逵回到山寨，见了宋江，连忙打恭道："给哥哥道喜！"宋江问道："喜从何来？"李逵道："哥哥不是要讨压寨夫人么？"然后指着鲁智深说："秃儿，这是你做的好事？"鲁智深丈二的和尚摸不着头脑。李逵说："原来这梁山泊有天无日，我恨不得砍倒这面杏黄旗。"宋江忙说："你这铁牛，有什么事也不查个明白，就提起板斧来，要砍倒杏黄旗。"吴学究在一旁说道：“山儿，你也忒心直口快了。”宋江说：“山儿，你下山喝酒，遇着了什么人？他们说了我些什么？……”

李逵把事情的原委都说了出来，宋江否认。李逵不相信，便与宋江打赌说：“如果不是你，我愿把这个脑袋输了。”宋江道：“既然这样，就立下军令状，交学究收着。”李逵道：“哪怕指天画地能瞒鬼，步线行针待哄谁。”为了弄清问题，宋江、鲁智深和李逵一起下山去找王林。路上，李逵总认为宋江和鲁智深走路太慢，一定是心中有鬼，便道：“让我来给你们逢山开道。”鲁智深说：“山儿，我要你遇水搭桥呢！”李逵道：“你休得顺水推舟，偏不许我过河拆桥。”宋江知道李逵话中有话，便说：“山儿，你记得你上山时，是八拜之交认我做哥哥的吗？”李逵不听这些，只是不停地往前走，不觉来到杏花村王林家。对质的结果，抢王林女儿的果然不是宋江。

《忠义水浒传》版画之“梁山泊双献头”图，讲述有强人冒充宋江强抢民女，李逵出面打抱不平，与宋江赌头之事。

宋江回山要杀李逵的头，李逵也无话可说。正在这时，王林来报，那个假宋江，假鲁智深已经送他女儿回来。宋江便说：“山儿，你下山抓住那两个贼人，恕你无罪。”李逵听说，连忙谢恩。他说：“这是揉到我山儿的痒处了。管叫瓮中捉鳖，手到擒来。”说完，他立即下山把两个贼人捉拿上山。

司马昭之心

“司马昭之心”比喻人所共知的阴谋野心。

此典出自《三国志·魏书·高贵乡公髦纪》注引《汉晋春秋》：“帝见威权日去，不胜其忿。乃召侍中王沈、尚书王经、散骑常侍王业。谓曰：‘司马昭之心，路人所知也。吾不能坐受废辱，今日当与卿等自出讨之。’”

公元220年，曹操的儿子曹丕称帝，出生于高级士族家庭的司马懿逐渐占据了重要的地位，掌握魏国军权，成为魏国最有权势的大臣。公元239年，魏明帝临死前，委托曹真的儿子曹爽和司马懿共同辅佐年仅八岁的幼主齐王曹芳。曹爽远不是司马懿的对手，被司马懿杀死，司马氏独揽了曹魏的中央大权，司马懿和他的儿子司马师、司马照相继执政。公元254年，司马师废除齐王曹芳，另立年仅十三岁的高贵乡公曹髦为帝。公元255年，司马师病死，司马昭掌握政权。

公元260年，魏帝见司马氏三世专权，而自己的权力在一天天丧失，就觉得非常气愤。一天，曹髦召集侍中王沈、尚书王经、散骑常侍王业前来计议，对他们说：“司马昭之心，路人所知也。我不能坐等废辱，今天要与你们一块讨伐他。”王沈、王业不仅没有支持曹髦，反而立即向司马昭告密,司马昭做好了准备。曹髦带着宫中数百个老弱残兵,吵吵嚷嚷地去攻打司马昭。曹髦刚和司马昭的手下人交锋,就被杀死了。曹髦死后,司马昭另立十四岁的曹奂为傀儡皇帝。至此,曹魏政权及其支持者再也无力反抗了。

随机应变

“随机应变”表示顺应时机的变化而灵活应付。

此典出自《三国演义》第五十七回:“鲁肃邀请庞统入见孙权,施礼毕。权见其人浓眉掀鼻,黑面短髯,形容古怪,心中不喜。乃问曰:‘公平生所学,以何为主?’统曰:‘不必拘执,随机应变。’”

东吴大都督周瑜死后,鲁肃接替都督的职务,总统兵马。鲁肃对孙权说:“我是庸碌,没有才能。误蒙公瑾(周瑜)重荐,其实我并不称职。我愿推荐一人协助主公(孙权)。”孙权听了,异常欣喜,便问这个人姓名。鲁肃说:“襄阳,姓庞,名统,字士元,道号凤雏先生。”孙权说:“我早就听说了这个人。快请来见。”

鲁肃邀请庞统入见孙权,双方施礼毕。孙权看到庞统长着浓眉毛、翘鼻子,黑面孔,短胡须,相貌古怪,心里十分不乐意,于是问道:“先生平生所学,以什么为主呢?”庞统回答道:“何必拘泥于某一项本领,顺应时机的变化而灵活应付而已。”孙权问道:“您的才学赶得上周瑜吗?”庞统笑道:“我的学识与周瑜大不相同。”孙权一直都很喜欢周瑜,见庞统轻视周瑜,心里非常不舒服,对庞统说:“先生姑且退下。等到需要先生时,再向您请教。”庞统长叹一声,告退了。

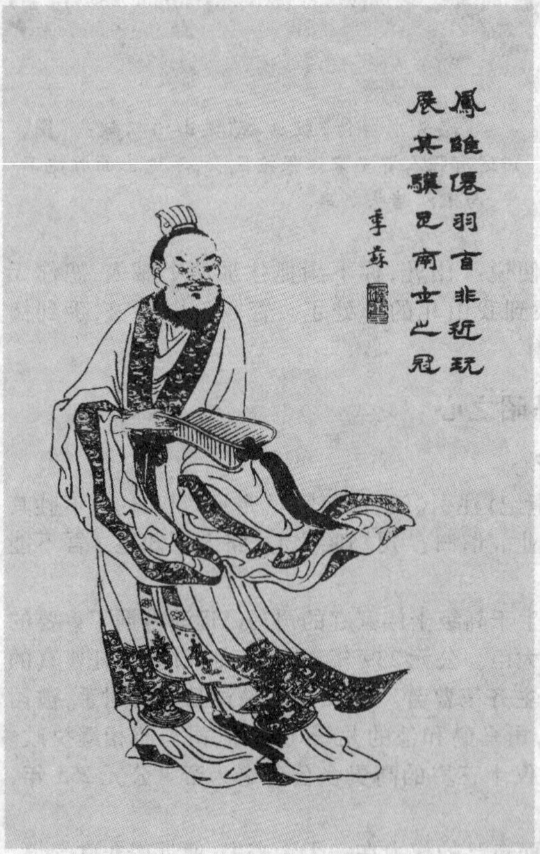

庞统像,图出自《图像三国志》。庞统字士元,道号凤雏,刘备的重要谋士。

孙膑赛马

“孙膑赛马”表示斗争的双方虽然势均力敌,但只要善于使用力量,还是可以取得胜利的。

此典出自《史记·孙子吴起列传》:“今以君之下驷与彼之上驷,取君之上驷与彼之中驷,取君之中驷与彼之下驷。”

战国时,齐国大将田忌常与王族赛马。他们双方马力都差不多,都有上中下三等马。假如以上等马对上等马,下等马对下等马,田忌要想取胜就太困难了。这时,孙膑正在田忌家里作客,田忌便向孙膑求教。孙膑告诉他说:“今以君之下驷与彼之上驷,取君之上驷与彼之中驷,取君之中驷与彼之下驷。”意思是:现在用你的下等马去对王族的上等马，以你的上等马去对王族的中等马，以你的中等马去对王族的下等马。田忌采用孙膑的办法，果然是败了一次，胜了两次。后来，田忌便向齐威王推荐孙膑，齐威王便尊孙膑为师。

孙庞斗智

"孙庞斗智"比喻彼此钩心斗角，互用计谋。

此典出自《史记·孙子吴起列传》。

战国时期，鬼谷先生收了很多门徒，有的学兵法，有的学诡辩。有两个徒弟，一个叫孙膑，一个叫庞涓。都学兵法。孙膑为人和善，庞涓则猜忌孙膑，庞涓听说魏王出榜招贤，就辞别老师，回国效力。临行前，与孙膑告别，对孙膑说，只要能得到魏王重用，立即推荐孙膑，共事魏王。庞涓本是魏国人，揭榜面君，把他在鬼谷子门下所学的兵书战策，对魏惠王滔滔不绝地讲了一遍，魏王大喜，拜为大将，兼当军师。立即出兵侵伐卫、宋等弱小国家，连战皆捷，鲁、郑等各国也相继来朝。

一天，墨子往游鬼谷山，见到孙膑，非常赞赏他的才能，就把他推荐给魏惠王。魏王问庞涓是否认识孙膑，庞涓只得说："臣早有荐孙膑之心，只因他是齐国人，恐其不能为魏国效忠，所以没有举荐。"魏惠王说："士为知己者死，何分国籍？"庞涓说："大王既有意延揽孙膑，臣当作书召之。"实际上庞涓根本不想让孙膑来到魏国，唯恐孙膑分其权柄，夺其爱宠，但事已至此，只得下函召孙膑来魏。

孙膑到了魏国，庞涓觉得自己的才智远不如孙膑，心里非常嫉妒，便假造了种种罪名，说孙膑私通齐国，出卖魏国，魏王盛怒之下把孙膑判处了切去膝盖的刑法，并在脸上刺字，使其永无出头之日。

孙膑起初不知道是庞涓罗织罪名陷害自己，知道事情的真相以后，自知性命难保，就装疯卖傻，逃过了庞涓的耳目。后来齐国使臣来到魏国，其中有墨子的弟子禽滑，他把孙膑藏在车里，带回齐国。齐国大将田忌，早就听说了孙膑是个人才，于是就把他推荐给齐威王。齐威王问了许多问题，孙膑对答如流，威王非常高兴就想授他官职，孙膑说："臣无尺寸功，安敢受爵，且庞涓闻臣在齐，又起猜妒；不如姑隐其事，容臣日后效力。"齐王答应了孙膑的请求，叫他住在田忌府中。

不久，魏王派遣庞涓伐赵，赵国向齐国求援，齐王派田忌为将，孙膑为军师，用"围魏救赵"的计策，迫退魏兵。

不久，魏王又派遣太子申与庞涓攻韩，韩又向齐求救。这时齐威王已死，齐宣王继位，仍命田忌为将，孙膑为军师，救韩御魏。

孙膑对田忌说："魏国军队，素称强悍，且轻视齐兵。我们就利用他们这种看法，诱其中计。我军进入魏境，用减灶之法，第一天造十万个锅灶，第二天造五万个，第三天造三万个，让敌人以为我们军队日渐减少，使其舍命穷追，我设伏擒之。"

田忌采用了孙膑的计策，庞涓果然以为齐兵天天在逃散，不到三天已逃了一半。于是不用步兵，以轻骑兵一天飞奔三天的路，尽力追赶。

孙膑预先在马陵的夹道，埋伏下弓箭手，计算出庞涓夜间一定会来到这个地方。他在道中一棵大树上，剥了树皮刻字，嘱咐弓弩手，见火起处，乱箭射之。

庞涓果然晚上来到这里，见大树上有字，星光下看不清楚，急命举火视之，原来是"庞涓死于此树之下"八个大字。庞涓大惊，正待回马，忽闻四面弓弦响，乱箭射来，庞涓叹曰："我没有杀得了孙膑，反被孙膑杀了，使竖子成名！"遂自刎死。

吕尚磻溪垂钓图，出自清·马骀《百将图传》。吕尚即姜太公，殷末周初著名的政治家、军事家，著有《太公兵法》。

太公钓鱼，愿者上钩

“太公钓鱼，愿者上钩”比喻心甘情愿地进入圈套。

此典出自《武王伐纣平话》：“姜尚因命守时，直钩钓渭水之鱼，不用香饵之食，离水面三尺，尚自言曰：‘负命者上钩来！’”

商代最后一个君主纣王，暴虐无道，荒淫无度，骄奢淫逸，甚至无故杀害百姓。姜子牙看到纣王如此胡作非为，便弃官而逃，隐居在渭水河畔。这里是诸侯姬昌的势力范围。

姜子牙知道姬昌胸怀大志，求贤若渴，就在渭水边“钓鱼”。一般人钓鱼用的是弯钩，弯钩上面挂着鱼饵，把鱼钩放入水中，诱骗鱼儿上钩。可是姜子牙的渔钩却是直的，上面也不放鱼饵，而且离开水面足有三尺高。他一边高举渔竿，一边自言自语地说：“不愿活的鱼儿，你要找死就自己上钩吧！”姜子牙与众不同的钓鱼方法，很快传到姬昌那里。

姬昌觉得这个人非常古怪，就派士兵去叫他。姜子牙见士兵前来，丝毫不理睬，边钓鱼边说道：“钓，钓，钓！鱼儿不上钩，虾米瞎胡闹！”士兵见此情景，只好回去禀报姬昌。姬昌更加觉得这个人古怪不凡，于是派官员前往迎请。姜子牙见了，仍然不加理睬，他一边钓鱼一边说：“钓，钓，钓！大鱼不上钩，小鱼瞎胡闹！”官员见此情形，又立即回去禀报姬昌。姬昌觉得这个人一定是个非凡的人才。于是，他带上厚礼，亲自去请姜子牙。姜子牙见他求贤确实是诚心诚意，便答应为他效劳。

姜子牙入朝后，被姬昌封为太公，做自己的军师，又提升为丞相。

后来，姜子牙辅佐文王、武王，讨伐纣王，终于灭掉了纣王，建立了周朝。

螳螂捕蛇

“螳螂捕蛇”表明只要敢于斗争，善于斗争，以己之长，攻敌之短，弱者是完全可以战胜强者的。

此典出自《聊斋志异·螳螂捕蛇》。

一个姓张的人正在一条河谷中行走，忽然听见山崖上传出一阵很刺耳的声音，他寻路登上山顶，想看看发生了什么事，只见一条碗口粗的大蛇，在树丛中摆来摆去，尾巴打在树上，把枝杆都折断了。看它扭曲弓张，反转颠扑的样子，似乎是被什么东西牵制着似的。

然而仔细观察了很久，什么东西也没有发现。

这个人更觉得事情蹊跷了，慢慢走近前一看，原来是一只小螳螂爬在巨蛇的头顶上，用一对刺刀般锋利的前腿抓着蛇的脑袋不放，任凭大蛇如何颠扑也弄不掉它，很长时间后，蛇居然死去，看那额上的皮肉，已经完全破裂了。

同心协力

“同心协力”比喻心往一处想，劲往一处使；思想一致，共同努力。

此典出自《三国演义》第一回：“我三人结为兄弟，协力同心。然后可图大事。”

东汉末年，爆发了黄巾起义。起义军攻打郡县，火烧官府，打开监狱，释放囚犯，开仓济贫，惩办赃官、污吏。汉灵帝心急如焚，急忙拜国舅何进为大将军，并发诏书到处招兵买马，吩咐各州、郡加强防备。没落贵族刘备从小丧父，跟着母亲靠卖鞋、编席过日子。刘备喜欢结交天下豪杰，特别是那些有武艺、讲义气的人。在刘备结交的朋友中，有两个关系最密切的。一个叫关羽；一个叫张飞。据说，他们三人见天下大乱，可以趁机起事，便结拜为兄弟，并在张飞庄后的桃园中举行了结拜仪式，祝告天地。结拜时，张飞说：“我们三人结拜为弟兄，同心协力，然后干一番大事业。”

偷梁换柱

“偷梁换柱”比喻玩弄手法，暗中以假乱真，或偷换事物的内容。

此典出自《红楼梦》第九十七回。

贾宝玉与林黛玉情投意合，却不能缔结良缘。结果，贾宝玉又犯了疯病，林黛玉也重病染身。为了保住贾宝玉，凤姐替贾母出了一个“调包儿”的主意，对贾宝玉说由老爷做主，将林黛玉许配给他，暗中却把薛宝钗嫁给他。当贾府秘密筹备为贾宝玉、薛宝钗结亲时，林黛玉病危。丫鬟紫鹃跑遍贾府，也找不到一个合适的人前来相助。猛然间，她想起了孀居的李纨，便命小丫头急忙去请。

李纨急忙赶往林黛玉居住的潇湘馆。她一边走，一边落泪，心里想着：“姐妹们在一起相处一场，情深意厚。林黛玉才貌双全，真是举世无双，只有青霄玉女和月中嫦娥才能同她相媲美，不料这样小的年纪，就要做了死葬异乡的女子了。这个歹毒的凤姐偏偏想出一条偷梁换柱之计，所以她自己也没有脸面到潇湘馆看望黛玉，竟然未尽一点姊妹之情，真是既可怜，又可叹！”李纨一边想着，已经走到潇湘馆的门口。

未雨绸缪

“未雨绸缪”，是说天还没有下雨，先把门窗绑牢。比喻做任何事情都应事先准备。

此典出自《诗经·豳风·鸱鸮》：“迨天之未阴雨，彻彼桑土，绸缪牖户。”

“鸱鸮”是一种体小、嘴尖、性驯的小鸟。诗的作者通过一只失去小鸟，但仍努力营筑巢室的母鸟的哀怨口吻，写出它自己的辛勤劳苦。

“迨天之未阴雨，彻彼桑土，绸缪牖户。”意思说：趁着天还没有下雨，用桑根的皮把巢室的空隙之处缠缚紧了，只有巢室坚固，才能避免人的侵害。

魏王索郑

“魏王索郑”比喻以其人之道，还治其人之身。

此典出自《韩非子·内储说上》：“魏王谓郑王曰：‘始郑、梁一国也，已而别，今愿复得郑而合之梁。'"

郑君患之,召君臣而与之谋所以对魏。郑公子谓郑君曰:"此甚易应也。君对魏曰:'以郑为故魏而可合也,则弊邑亦愿得梁而合之郑。'"

魏王乃止。

这段话的意思是说:魏王对郑王说:"起初郑、魏本是一个国家,后来才分开的。我现在希望再得到郑国的土地使它合并到魏国来。"

郑王为此很担心,便召集大臣们商议对付魏王的办法。郑王的儿子说:"这是很容易对付的。您对魏王说:'如果因为郑、魏原来是一国而要合并它,那么我们也希望得到魏国的土地使它合并到郑国来。'"

从此以后,魏王再也不敢提这件事情了。

闻雷失箸

"闻雷失箸"比喻掩饰自己的真实感情。

此典出自《三国志·蜀书·先主传》:"是时曹公从容谓先主曰:'今天下英雄,唯使君与操耳。本初(袁绍字本初)之徒,不足数也。'先主方食,失匕箸。"

刘备,涿郡涿县人,字玄德。他是东汉名儒卢植的学生,小时候家境贫寒,早年曾与母贩履织席为业。在袁术、袁绍等豪强武装组成关东联军讨伐董卓时,刘备也召集了一支武装,逐渐发展成一个政治集团。但是,他的兵马很少,又没有根据地。十几年中一直颠沛流离,寄人篱下。

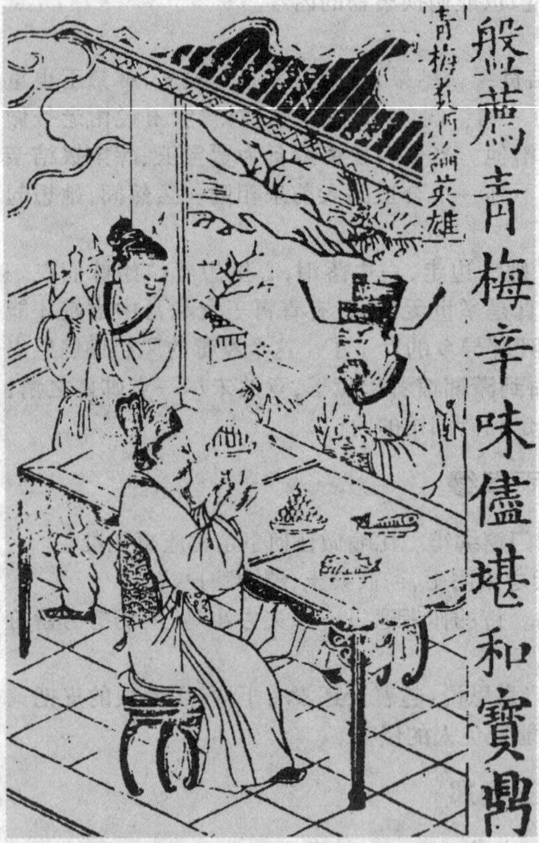

《三国志通俗演义》版画之"青梅煮酒论英雄"图

建安元年(公元196年)。曹操把汉献帝迁到许县(今河南许昌市东),把皇帝牢牢控制在自己的手中,成为中央政权的独裁者。当时,刘备占据徐州,抵挡着袁术的进攻。曹操为利用刘备阻挡袁术,任刘备为镇东将军,封宜城亭侯。不久,刘备被吕布打败,投奔曹操。曹操对他非常好,以礼相待。

有一次,曹操和刘备一起吃饭。曹操慢悠悠地对刘备说:"如今天下英雄,只有您刘备与我曹操了。袁绍那些人,算不了什么。"刘备正在吃饭,听到曹操的话,以为曹操识破了他的政治野心,大吃一惊,手中的筷子失手掉到地上。那时正在打雷,刘备乘机掩饰自己,对曹操说:"圣人说:'疾雷风狂必定带来灾异',确实是这么回事。雷震的威力竟可以达到这种程度呀。"

先见之明

“先见之明”比喻有预见性。

此典出自《后汉书·杨彪传》:“愧无日磾先见之明。”

东汉末年,曹操有个主簿叫杨修,字德祖,是侍中杨彪的小儿子。杨修是个很有才智的人,曾因猜中了曹操的心事,被曹操杀死。

杨修死后,杨彪非常伤心,面容一天天消瘦了。有一天,曹操见了杨彪,问他为什么这么瘦了,杨彪说,我没有金日磾的先见之明,而空怀着老牛爱护小牛那样的深情。因而,在儿子被杀这件事的打击下,身体一天天消瘦了。

金日磾,字翁叔,本是匈奴休屠王的太子,汉武帝时从昆邪王归汉,任侍中。他的两个儿子深受武帝的喜爱。这两个儿子长大以后,有一次在殿下和宫女们戏耍,金日磾见后,觉得这很不成体统,就把他们杀了。杨彪引用这个事例,是说自己如果知道儿子会因为得罪曹操而被杀,还不如效法金日磾,先把他杀了。

相机行事

“相机而动”亦作“相机而行”或“相机行事”,用来表示视情况的发展变化灵活地处理事情。

此典出自《左传·隐公十一年》:“许,无刑而伐之,服而舍之,度德而处之,量力而行之,相时而动,无累后人,可谓知礼矣。”

春秋时,郑国攻下了许国都城。许国士兵四散而逃,许庄公也扮成百姓逃到卫国去了。

郑庄公入城之后,让原许国的大夫百里辅佐许庄公的弟弟许叔继续留在许都,并告诉百里:“您应帮助许叔安抚百姓。我让您住在这里,不仅仅是为了许国,同时也是巩固我国的边疆,希望您不要让其他国家住在逼近我们郑国的地方,让他们来和郑国争夺这块土地。”郑庄公还说:“如得善终,我还希望许庄公回来治理他的国家。”郑庄公安排妥当之后,就回郑国去了。

《左传》作者对此评论说:“许,无刑而伐之,服而舍之,度德而处之,量力而行之,相时而动,无累后人,可谓知礼矣。”意思是说:许国违背了法度就征伐它,服了罪就宽恕它,揣度德行而处理,权衡力量办事,看准时机行动,这样就不会牵连到后人,由此可见,郑庄公处理事情是很懂得礼的。

项庄舞剑,意在沛公

“项庄舞剑,意在沛公”比喻某些人的言行表面上是一回事,实际上是为了达到另一种目的。

此典出自《史记·项羽本纪》:“今者项庄拔剑舞,其意常在沛公也。”

秦朝末年,项羽和刘邦进行争夺天下的斗争。项羽怒火冲天地打破函谷关,驻军鸿门,并打算第二天击败刘邦的军队。项羽的叔父项伯却替刘邦说了许多好话,使项羽改变了攻打刘邦的主意。第二天,刘邦只带领一百骑兵,同张良、樊哙等几员将领来到鸿门,拜见项羽。项羽设宴招待刘邦。参加宴会的,还有项羽的谋士范增,他被称为亚父。范增想叫项羽杀掉刘邦,宴会的气氛非常紧张。

项羽、项伯朝东坐着,范增朝南坐着,刘邦向北坐着,张良向西侍立。范增屡次用目光暗示项羽，三次举起身上佩带的玉玦暗示项羽杀掉刘邦，项羽默默地坐着，不肯答应。范增站起来，出去招来武将项庄，对他说："君王为人太慈善，不忍心杀掉刘邦。你进去给君王祝寿，祝寿完毕，就请求舞剑助兴，趁这个机会袭击刘邦，杀掉他。否则，你们以后都要成为刘邦的阶下囚。"项庄立即进入军帐，为项羽祝寿。祝寿完毕，他对项羽说："君王与沛公一起喝酒，军中没有歌舞为乐，我来舞剑助兴吧！"项羽说："好吧。"于是项庄拔剑起舞，项伯也拔剑起舞，常以身体掩护刘邦，项庄找不到下手的机会。张良一看情况不妙，急忙跑到军营门口，找到刘邦的大将樊哙。樊哙问道："今天的情况怎么样？"张良回答道："情况非常危急。项庄正在拔剑起舞，屡次要乘机杀掉沛公！"

挟天子以令诸侯

"挟天子以令诸侯"的意思是，挟持、控制皇帝，用皇帝的名义向诸侯发号施令。用以比喻假借权威者的名义发号施令。

此典出自《后汉书·袁绍传》："今朝廷播越，宗庙残毁，观诸州郡，虽外托义兵，内实相图，未有忧存社稷恤人之意。且今州城初定，兵强士附，西迎大驾，即宫邺都，挟天子而令诸侯，稽士马以讨不庭（通'廷'），谁能御之？"

东汉末年，豪强割据，军阀混战。初平元年（公元190年），渤海太守袁绍等豪强联合起来，组成关东联军，讨伐董卓。袁绍是北方最大的豪强，由于他有很高的声望，于是大家都推举他做盟主。董卓得知关东联军讨伐他，急忙把汉献帝迁往长安。不久，司徒王允与吕布设计杀死董卓。董卓的部将李傕、郭汜又杀死王允，汉献帝落到李傕、郭汜手中。

袁绍野心勃勃。他威逼韩馥让出冀州，自任冀州牧，割据河北，梦想有朝一日夺取整个天下。袁绍手下一个叫沮授的人，看透了袁绍的心思，他给袁绍出主意说："如今朝廷动荡，皇上颠沛流离，宗庙残破殆尽。独霸一方的州郡，虽然表面上说自己是讨伐董卓的义兵，暗地里却在关东联军内部互相攻击，根本没有忧虑国家、体恤百姓的意思。现在将军您已初步占据了冀州等地，兵强马壮，士人归附，如果到长安迎接皇上，在邺都（今河北省临漳）建立皇宫，以天子的名义向诸侯发号施令，积蓄兵马，征讨不听从朝廷号令的人，谁能抵挡得了呢？"袁绍打算采纳沮授的计策。颍川郭图、淳于琼却认为，如今汉室气数已尽，图谋中兴并不是容易的事，因此建议袁绍三思而后行。袁绍知道自己成不了大事，就改变了主意，没有采纳沮授的建议。

胸有成竹

"胸有成竹"比喻做事以前已经有了成熟的计划。

此典出自宋苏轼《文与可画筼筜谷偃竹记》："故画竹，必先得成竹于胸中，执笔熟视，乃见其欲画者，急起从之，振笔直遂，以追其所见，如兔起鹘落，稍纵即逝矣。"

宋朝有一个读书人，姓文名同，字与可。他擅长写生，喜欢用水墨画的形式画一些花鸟石鱼、翔鹰飞燕、旭日晚霞之类。

他非常喜欢竹子，就在自己的房屋前，对着窗子栽了许多青竹，耐心地培育这些心爱的青竹；从早春到隆冬，从晴天到阴雨，从早霜到晚雾，他凭窗仔细观察，品评竹叶和竹枝在每一个季节、每一种气候里的变化和不同的姿态。时间长了，他对竹的各种变化和姿态便非常熟悉，甚至能瞑目成形，把竹叶和他的枝干细致地默绘出来，而且每幅作品都栩栩如生。

有一天，他的一位知己晁补之来找他，看到了这种情况，便赋了一首诗，诗中写道：

“与可画竹时，胸中有成竹。”意思说文与可下笔画竹之前，心中早已孕育了竹的形象。因此诗画家苏东坡在其所作《画竹记》中，也有“画竹必先得成竹在胸中”之句。

一箭双雕

“一箭双雕”比喻采取一项措施，可以一举两得。即做一件事情，能得到两种好处。

此典出自《北史·长孙晟传》：“北周遣长孙晟送千金公主去突厥与摄图完婚，摄图爱晟，每共游猎，留之竟岁。尝有二雕飞而争肉，因以箭两只与晟，请射取之。晟驰往，遇雕相攫，遂一发双贯焉。”

南北朝周时有一个叫长孙晟的人，字季晟，洛阳人。他非常聪明，又懂军事，尤其擅长射箭。长孙晟和许多人被北周派到西北突厥族去访问。突厥族国王摄图只敬重他一个人，常和他一块儿出去打猎。当地的人听见他猛烈发箭的弓声，都惊异地称作“霹雳”；把他飞快跑马的姿势，称为“闪电”，可见他臂力之雄劲，骑术之精绝。国王摄图挽留他同住了一年，才让他回国。

长孙晟一箭双雕图，出自清·马骀《百将图传》。长孙晟为隋朝名将，善射，曾一箭射下双雕。

“一箭双雕”的故事就发生在长孙晟身上。当他在突厥时，有一次，他和国王摄图正在打猎，摄图忽然看见天空中有一只雕在争夺另外一只雕嘴里的肉块，马上交给长孙晟两支箭，请他把两只雕射下来。长孙晟纵马跑向前去，拉开弓，只发一支箭，就把两只雕都射落下来了。

一鸣惊人

“一鸣惊人”用以表达内心高远的志向与抱负。

此典出自《史记·楚世家》：“伍举曰：‘愿有进隐。’曰：‘有鸟在于阜，三年不蜚不鸣，是何鸟也？’庄王曰：‘三年不蜚，蜚将冲天；三年不鸣，鸣将惊人。举退矣，吾知之矣。’”

周襄王的儿子周顷王六年（公元前613年），楚穆王商臣死了，他的儿子即位，就是楚庄王。赵盾趁着楚国正忙着料理丧事的时机，召集了宋、鲁、陈、卫、郑、蔡、许七国诸侯，重新订立盟约，晋国又做了盟主。楚国的大臣很不服气，三番五次地请楚庄王去争霸，以便让楚国扬眉吐气。楚庄王不采纳这些意见。他白天出去打猎，晚上花天酒地，不把国家大事放在心上，就这样胡闹了三年，大家都非常痛心，都认为他是一个昏庸的君主。其实，他自有他的主张，他早就认为楚国令尹的权力太大。现任的令尹斗越椒更是大权在握，势力太大。楚庄王深深知道,仅凭他自己两只手根本干不了大事;而在楚国的大臣当中,他一直没有发现谁有本事、有胆识,可以重用。所以他干脆饮酒取乐,不问朝政。也有几位大臣劝告过他,然而他们的话,都是隔靴搔痒,不切实际,他连听都不想听。后来他下了一道命令,张贴在朝堂上,说:"谁敢再多嘴,就定死罪!"吓得大臣们噤若寒蝉,都不敢说话了。楚庄王大失所望,难道就没有一个不怕死的大臣吗?他觉得心寒意冷,只好再多喝几杯热酒,暖暖身子。

有一天,大夫申无畏来见楚庄王。不等申无畏开口,楚庄王就先问他:"你是来喝酒的呢?还是来听音乐的?"又挤着眼睛笑了一下。申无畏弄不明白楚庄王的心情如何,心想豁出去了,于是他回答说:"有人叫我猜个谜语,我猜不出来。大王多才多艺,请您猜猜吧!"楚庄王说:"什么?猜谜语?蛮有意思的。你说吧!"申无畏说:"楚国山上,有只大鸟,身披五色,遍体荣耀。一停三年,不飞不叫,谁都不知道它是什么鸟?"

楚庄王哈哈大笑,说:"这可不是普普通通的鸟。三年不飞,一飞冲天;三年不鸣,一鸣惊人。你别着急!"申无畏磕了个头,说:"大王真是英明!"

移花接木

"移花接木"指把一种花木的枝条嫁接到另一种花木上,比喻暗中使用手段以假换真,欺骗他人。

此典出自《战国策·楚策四》。

战国时,楚考烈王没有儿子,春申君想找个办法不让他没有后代。他给楚王献上过好几个女子,她们一个也没生养过。急得春申君无计可施,只能叹气出神。他这件心事被一个从赵国来的人李园知道了。李园想把他妹妹献给楚王,又怕她不能生养,白费心机。名叫李园的门客看透了,他还得费点脑筋。

他向春申君告假,说是要回老家去一趟,到了日子一定回来。春申君答应了。李园到了赵国以后,故意误了限期才回楚国去。春申君问他,为什么在家里住了这么些日子。李园嘟着嘴,翻着白眼说:"都是受了我妹妹嫣嫣的累!因为嫣嫣长得有几分姿色,连齐国人都知道了。没想到齐国还真派人来求婚,我只好招待他几天。"春申君一想:"赵国的女子,连齐国也全知道,一定是个天下无双的!"春申君禁不住问道:"你答应齐人了吗?"李园说:"还没呢。""那么,能不能叫我见见面?"李园连连点头,说:"我在您门下,我妹妹就是您的丫头,这还用说吗?"李园把妹妹送给了春申君。不到三个月,嫣嫣有了身孕。兄妹两个一商量,就想"移花接木",来夺取楚国的大权。

有一天晚上,圆圆的月亮照得屋子直发亮,春申君指着天上的月亮对嫣嫣说:"你瞧,月亮也像咱们一样,又圆满又快乐。"嫣嫣叹了口气,说:"我也想咱们两个人能够天长地久,永远团圆。可是咱们大王还没有儿子,千秋百岁之后,王位就得传给他的兄弟。您做了二十多年相国,一向得到大王的重用;将来的新王未必还能够这么重用您。"春申君没有说话。嫣嫣接着说:"不能再做相国,倒也没有什么。我知道您在这几十年当中,难免有得罪人的地方。万一您得罪过的人当上了君王,您还想有好日子吗?"春申君听了嫣嫣的这番话一下子就坐了起来,着急地说:"这倒是真的!怎么办呢?"一阵微风吹过来,有些透着凉意。嫣嫣给春申君披上一件上衣说:"办法倒是有,不仅能够躲过祸患,还能福上加福。只是我说不出口来。说出来怪难为情的。"春申君催促说:"你为我着想,有什么不好说的呢?我一定听你的。"嫣嫣抬起头来,咬着他的耳朵,说:"我已经有喜了,连您还不知道呢。您如果把我献给大王,大王一定会宠我。如果天从人愿,养个儿子,他可就是楚国的太子,也就是您的亲骨肉。将来您的亲骨肉当了楚王,您还怕什么呢?您觉得这个‘移花接木’的方法好不好?”春申君眉开眼笑地说:“天下竟有像你这么聪颖的女子!”春申君就替楚考烈王做媒,把李园的妹妹嫣嫣送到后宫。到了生产的时候,嫣嫣不光替老年的楚王养了个儿子,而且还是个双胞儿。楚王就立嫣嫣为王后,长子为太子,李园为国舅,跟春申君共同管理朝政。

李园虽然得了势,可是对春申君却特别恭敬。只要能叫春申君高兴的事,他都愿意去做,心甘情愿地去做。

迁都以后第三年秦王政九年、楚考烈王二五年(公元前238年,),楚考烈王病了。春申君静静地等待着,他那“亲骨肉”眼看就要即位了。到那时候他就是太上皇了。忽然有一天,他的门客朱英来见他,对他说:“天下有意想不到的福气,有意想不到的灾祸,还有意想不到的人。您知道吗?”春申君说:“你别打哑谜了直接说吧。”朱英说:“您做了二十多年相国,富贵无双。如今大王得了重病,没见好转。一旦小王即位,您就是伊尹、周公。这就是意想不到的福气。可是那位国舅李园表面上对您恭敬,背地里却养着武士。为了他妹妹的事,他怎么能放过您呢?只要大王一死,他一定会先来对付您。这就是意想不到的灾祸。”春申君笑着说:“他哪敢?——还有意想不到的人呢?”朱英指着自己的鼻子,说:“我帮您去对付李园,免得您落在他手里。我就是一个意想不到的人。”春申君说:“李园这么殷勤地伺候着我,怎么能陷害我呢?你别诬陷人!”朱英微微一笑,说:“当断不断,反受其乱。原来您也是一位意想不到的人哪!”

朱英劝不了春申君,就跑到其他国家隐居起来了。

朱英走之后,十几天,楚考烈王死了。李园叫人去报告春申君。春申君赶到宫里,就被李园的武士们团团围住,嚷嚷着说:“奉王后密令:黄歇谋反,理应处死!”春申君就这样遭到了意想不到的灾祸,满门抄斩。

《东周列国志》版画之“李国舅争权除黄歇”图

以暴易暴

“以暴易暴”形容以残暴的统治代替残暴的统治。

此典出自《史记·伯夷列传》:“伯夷、叔齐,孤竹君之二子也。父欲立叔齐,及父卒,叔齐让伯夷。伯夷曰:‘父命也。’遂逃去。叔齐亦不肯立而逃之。国人立其中子。于是伯夷、叔齐闻西伯昌善养老,盍往归焉。及至,西伯卒,武王载木主,号为文王,东伐纣。伯夷、叔齐叩马而谏曰:‘父死不葬,爰及干戈,可谓孝乎?以臣弑君,可谓仁乎?’左右欲兵之。太公曰:‘此义人也。’扶而去之。武王已平殷乱,天下宗周,而伯夷、叔齐耻之，义不食周粟，隐于首阳山，采薇而食之。及饿且死，作歌。其辞曰：'登彼西山兮，采其薇矣。以暴易暴兮，不知其非矣。神农、虞、夏忽焉没兮，我安适归矣？于嗟徂兮，命之衰矣！'遂饿死于首阳山。"

殷朝时，有个小国叫孤竹国，是殷汤封的。孤竹国君有三个儿子，大的叫伯夷，最小的叫叔齐。依照传统，接替君位的应是伯夷，但孤竹国君却想将君位传给叔齐，后来孤竹国君死了，叔齐要将君位让给伯夷，伯夷不愿接受，逃走了。叔齐也不愿做国君，也悄悄逃走了。国人便立孤竹国的二儿子为国君。伯夷、叔齐两人听说西伯昌很得人心，便去投奔，谁知到了那里以后，西伯昌已经死了，他的儿子(周武王)用车载着西伯昌的神位，到东方讨伐殷纣王，伯夷、叔齐一起上前去劝阻，武王的左右要抓捕这两个人，姜太公把二人放走了。不久武王灭了殷纣王，自称周武王，封他父亲为周文王，整个国家便在他的管辖范围内了。

伯夷、叔齐却誓死不吃周朝的米，他们居住在首阳山中，采野菜充饥，饿得快要死了，做了一首歌，其中有两句是："以暴易暴兮，不知其非矣。"意思是说：周武王用他的暴行除去了残暴的君王殷纣王，结果仍然是一暴换一暴，他们自己真不知道这样做是错误的。

殷纣王荒淫暴虐，百姓痛苦不堪，周武王率诸侯讨伐，正是顺从民意，伯夷、叔齐的见解，迂极，愚极，可叹又可笑！

以夷制夷

"以夷制夷"原指封建统治阶级对待其他民族的一种民族分化政策，现用以表示利用一种势力抵制另一种势力。

此典出自《后汉书·邓训列传》："议者咸以羌胡相攻，县官之利，以夷伐夷，不宜禁护。"

汉章帝时候，有一年因为护羌校尉用兵失策，引起羌人愤怒，起兵犯境，朝廷命邓训为校尉，前去平叛。

羌人首领是迷唐，他率领一万骑兵先去胁迫月氏胡。月氏胡有二三千骑兵，人数虽然不多，但却骁勇善战，每次与羌人作战，总能以少胜多。邓训的部下得知羌人攻打月氏胡，心里非常高兴，对邓训说："真是老天助我，羌人打月氏胡，月氏胡打羌人，让他们互相打吧，我们可以坐等他们的毁灭，这是以夷伐夷的谋略呀……"

邓训却不这样想，他深谋远虑的说："你们的想法是错误的呀，前任护羌校尉所以失策，就在于他失信于羌，惹得羌有骚乱，结果让朝廷兴师动众，耗费巨资，又使边塞百姓不得安生。让羌胡服从汉朝，必须获得他们的信任。如果想获得他们的信任，就应该对他们有恩赐。眼下月氏胡，遭到迷唐的攻击，我们要救援月氏胡！"

汉军按照邓训的命令，打开城门，让月氏胡的妇女、老人、孩子和伤员进城，然后派兵严密防御。迷唐的羌兵退走以后，月氏胡的兵士看到自己的父老、妻子受到汉军的保护，非常感动。他们纷纷给邓训叩头，流着眼泪说："邓使君对我们胡人这么好，我们真是感恩不尽呀，以后我们一切听从邓使君的，决不与汉朝三心二意！"

邓训从胡人中挑选一批年轻力壮的作为汉军兵士。胡人欢天喜地，愿同汉人结为一家。

当时羌人和胡人中流行一种风习，人生了病，久治不愈，就自杀，认为病死是一种耻辱，不如自杀。邓训想改变这种恶习。他听说胡人生了病，就去问候，并且将病人隔离开，收取他的刀剑，然后派医生为他耐心治疗。这样一来，许多病人都痊愈了，一传十，十传百，胡人对邓训更加崇拜和敬仰。

不久，邓训依靠月氏胡骑兵的帮助，平定了迷唐的叛军，俘虏了他们的将领，主要头目大都被杀死，边境从此安定下来。

因地制宜

“因地制宜”比喻根据各地的具体情况，灵活地采用适宜的措施。

此典出自《吴越春秋·阖闾内传》：“筑城郭，立仓库，因地制宜。”

春秋末年，楚国的伍子胥逃到吴国受到了吴王阖闾的器重。各路诸侯都想当霸主，阖闾也有这样的想法。

有一次，阖闾问伍子胥：“我想把国家搞得强盛一些，以便争当霸主，不知你有什么好办法。”伍子胥说：“要想使国家富强，并让远近国家都服从大王的指挥，要脚踏实地去做。首先，要把城市的防御工事搞好，将城墙筑得高大坚实。其次，要加强战备，把武器造得又多又好，让武器库的刀枪堆得满满的。再次，要发展农业，把粮食仓库充实起来。”

伍子胥像，图出自清·孔继尧《吴郡名贤图传赞》。伍子胥即伍员，为春秋时期著名军事家。

吴王听了伍子胥的话很高兴，他对伍子胥说：“你的建议很好，修筑防御工事，加强战备，发展农业，广积粮草，这些都要根据实际情况因地制宜地去做。”

引而不发

“引而不发”比喻善于诱导、启发，让别人自已去摸索、提高。

此典出自《孟子·尽心上》：“公孙丑曰：‘道则高矣，美矣，宜若登天然，似不可及也；何不使彼为可几及而日孳孳也?’孟子曰：‘大匠不为拙工改废绳墨，羿不为拙射变其彀率。君子引而不发，跃如也。’”

这段话意思是说：

孟子的学生公孙丑同老师对话。公孙丑问孟子说：“老师关于儒家学说的道理，讲得的确非常好，也很完善。可是对于我们学生来说，要想掌握它，几乎像登天一样难，老师，您为什么不把这些高深的道理变成我们能够掌握的东西，使我们能够通过不懈的努力去掌握它呢?”

孟子回答说：“我先通过实例加以说明吧。高明的工匠，不会为了迁就工人的笨拙而改变用墨绳测好的尺寸标准，更不会因此废弃它。著名的射箭能手后羿，也不会为了迁就射手的笨拙而改变拉弓的要求和标准。因此，有地位、有道德的人在教导别人的时候，就像教人射箭一样，拉满了弓却不把箭射出去，只是摆出一个跃跃欲射的姿势，让学习射箭的人观摩、体会。”

有备无患

“有备无患”比喻做事先有准备，才可以避免失败和祸患。

此典出自《左传·襄公十一年》：“‘居安思危，思则有备，有备无患。’”

春秋时代，晋悼公是一个贤明的君主。他的臣下司马魏绛也是一个执法严明的官吏。有一次，晋悼公的弟弟杨干在曲梁扰乱军阵，魏降就把替杨干赶车的仆人，抓来斩首示众。

杨干向悼公哭诉，说魏绛目中无人侮辱王室。晋悼公听了火冒三丈地，说：“我的弟弟受了侮辱，有什么羞耻比得上？我一定要杀死魏绛才能出这口气，快把他抓来。”

羊舌赤道：“魏绛是个忠臣，他绝对不会逃避责任的。”话未说完，魏绛到了宫门外，他呈给悼公一封奏书，然后就拔出佩剑，准备自刎。外门卫士，立即劝阻。

悼公看了魏绛奏书，得知是杨干无理取闹，魏绛秉公执法，于是悼公连鞋子也没穿就急忙跑到宫外，扶起魏绛，说：“这是我的过失，不关你的事呀。”从此悼公对魏绛更加信任，派他去训练新军。

北方戎族无终国，向晋国献礼，请求与戎族和睦。悼公道：“戎族没什么情义，又贪心，不如攻打它。”魏绛劝谏说：“戎狄既然求和，是晋国的福气，为何还要攻打它呢？”悼公听从了他的建议，从此断了外患，专心于国事。

晋国在魏绛的辅助下，国势日渐强盛。有一次郑国出兵侵犯宋国，宋国向晋国告急。晋悼公招集鲁、卫、齐、曹等十一国的军队，由魏绛率领围住郑国都城，逼郑国停止侵略宋国。郑国害怕了，就同宋、晋、齐等十二国签了和约。

楚国见郑国倾向北方，非常生气，便出兵攻打郑国。郑国见楚兵强大，无法抵抗，只好又和楚国订盟。郑国的做法引起北方十二国不满，北方十二国又出兵伐郑。郑国更是惶恐不安，郑国只好又派使臣向晋国求和。晋国答应了，战事于是平息。郑国为了感谢晋国，送给晋国大批珍宝、歌女等。悼公便把一半歌女送给魏绛。魏绛不肯接受，说：“居安思危，思则有备，有备则无患。”晋悼公听了，觉得魏绛言之有理，便把歌女送还郑国。悼公在魏绛的辅助下，终于完成了晋国的霸业。

予取先与

“予取先与”比喻要想从对方得到什么，必须先给对方一点甜头。

此典出自《周书》：“将欲败之，必姑辅之，将欲取之，必故予之。”

春秋末期，晋国的知伯向魏桓子索要土地，魏桓子拒绝了。一个叫任章的人劝魏桓子把土地割让给知伯。他说：“你把土地割给他，知伯必然骄傲而轻敌，而邻国必然惧怕他而互相团结起来。以互相团结的诸国之兵，来对付骄傲而轻敌的晋国，那么知伯的命就不会长了。《周书》上说的好，要想打败对方，必须暂时扶植他；要想从对方那里得到什么，必须先给他一点东西。”后来魏桓子采纳了任章的建议，知伯果然因为骄横、贪得无厌而丧了命。

愚者千虑，必有一得

“愚者千虑，必有一得”用于个人提出建议又表示谦逊的时候。

此典出自《晏子春秋·杂下》：“圣者千虑，必有一失；愚者千虑，必有一得。”

齐景公有个宰相名叫晏婴，他聪明、公正、廉洁。他诛杀了跋扈的武人，搞好了邻国的关系,谏止了齐景公的奢侈。景公三十二年,彗星出现,景公觉得这是灾害将要到来的象征,打算祈祷免灾。晏婴说:“如果你一个人祷告上帝请求免灾,而数以万计的百姓却在叫苦连天,上帝听谁的呢?与其祷告,不如减轻百姓负担,减少他们的冤苦。”景公听了他的话,齐国就强大起来。

景公认为晏婴立下了很大的功劳,看到他生活很贫困,就赏赐给他千金。晏婴三次都谢绝了。齐景公很不高兴地说:“你未免太固执了。过去我国著名宰相管仲,国公赐给他钱,他从来没有推辞过,你为什么要推辞呢?”晏婴说:“千金之赏,是应该立功才受奖的,我没有立功,所以我不配得到赏赐。谚语说:‘愚者千虑,必有一得。’我当然比不上管仲,我或许是个愚者,但在拒绝奖赏这事上,我或许比管仲做得对呢!”最终他推辞了千金之赏,一生过着贫寒的生活。

远交近攻

“远交近攻”指结交远邦,进攻邻国。后亦指待人、处世的一种手段。

此典出自《史记·范雎蔡泽列传》:“秦王跽曰:‘……愿先生悉以教寡人,无疑寡人也。’范雎曰:‘……王不如远交而近攻,得寸则王之寸也,得尺亦王之尺也。今释此而远攻,不亦缪乎!’”

张禄准备到宫里去,路上遇到秦王坐着车过来。他既不迎接,也不躲避,大模大样地照旧走他的路。卫士叫他躲开,说:“大王来了!”张禄回答说:“什么?秦国还有大王吗?”正在争执之中,秦昭襄王到了。张禄还在嚷嚷说:“秦国哪有什么大王呢?”这话正说在秦昭襄王的心坎上。一问,他就是张禄,就很恭敬地把他迎接到宫里去。

秦昭襄王叫左右都退出去,向张禄拱了拱手说:“请先生指教!”

张禄说:“哦,哦!”他一句话也不说。秦王见他不说话,就又说:“请先生指教!”张禄依然不说话。秦王第三回真心诚意地请求说:“难道先生认为我是不值得教导的吗?”张禄说:“从前姜太公碰见了文王,给他出了主意,文王灭了商朝,得了天下。比干碰见了纣王,给他出了主意,反倒被纣王杀害了。这是什么缘故?还不是因为一个信服一个不信服吗?如今我跟大王的交情还不深,而我要说的话非常深。我怕的是‘交浅言深’,也像比干那样招来杀身之祸,因此大王问了我三回,我都不敢张嘴。”秦昭襄王说:“我仰慕先生的才能,才叫左右退出去,诚诚恳恳地请先生指教。不管是什么事,上自太后,下至大臣,请先生直言不讳,我没有不愿意听的。”张禄说:“大王能给我这么个机会,我就是死了也心甘情愿。”说着他拜了一拜,秦王也向他作了个揖。君臣俩就谈论起来。

张禄说:“论起秦国的地理位置来,哪个国家有这么多天然的屏障?论起秦国的兵力来,哪个国家有这么多兵车、这么多强壮的士兵?论起秦国的人来,哪个国家的人也没有这么遵守纪律、爱护国家的!除了秦国,哪个能够管理诸侯、统一中国呢?虽然大王渴望要这么做,可是几十年来也没有多大的成就。因为秦国光知道一会儿跟这个诸侯订立盟约,一会儿跟那个诸侯打仗,根本没有制定统一的制度。听说最近大王又上了丞相的当,发兵去打齐国。”

秦王插嘴说:“这有什么不对的地方?”张禄说:“齐国离秦国这么远,中间隔着韩国和魏国,如果出去的兵马少了,也许被齐国打败,让各国诸侯取笑;如果出去的兵马多了,国内也许会出乱子。就算顺利地把齐国打败,也不过叫韩国和魏国捡点便宜,大王又不能把齐国搬到秦国来。当初魏国越过赵国把中山打败了,后来中山反而被赵国吞并了。为什么?还不是因为中山离赵国近、离魏国远吗?我建议,大王最好是一面跟齐国、楚国交好,一面去打韩国跟魏国。距离远的国家既然跟我们有了来往，就不会去管跟他们没有关系的事情。把近的国家打下来，就能够扩张秦国的地盘，打下一寸就是一寸，一尺就是一尺。兼并了韩国和魏国，齐国和楚国还站得住吗？这种像蚕吃桑叶似的由近而远的法子叫‘远交近攻’，是个最合适的办法。”秦昭襄王拍着手说：“如果秦国真的能够兼并六国，统一中原，全在乎先生的‘远交近攻’了！”立刻就拜张禄为客卿，依照他的计策去做，把攻打齐国的兵马都撤回来。从此以后，秦国只把韩国和魏国当做进攻的目标了。

运用之妙，存乎一心

“运用之妙，存乎一心”意思是，运用得巧妙、灵活，全在于思考。用以指作战等手段极其灵活、高超。

此典出自《宋史·岳飞传》：“阵而后战，兵法之常，运用之妙，存乎一心。”

宋朝岳飞抗金时，有一天，遭到敌人的偷袭，岳飞指挥全体士兵英勇作战，他说：“敌人数量虽然很多，可是他们并不了解我军的虚实，应当在他们喘息未定，狠狠地打击他们。”说罢，岳飞一人独骑冲向敌人。敌群中有一员猛将舞刀冲来，岳飞迅速把他斩首，敌人因此大败。岳飞由承信郎转任秉义郎，在宗泽的手下任职。在开德、曹州的战斗中，岳飞都立下屡屡战功，宗泽因此感到很惊奇，对岳飞说：“你智勇双全，才艺过人，古代的良将也超不过你。可是，你只擅长野战，这并不是十全十美。”于是，教给他列阵作战的策略。岳飞说：“列阵之后再打仗，这是兵法的常规，可是，战略战术要运用得巧妙、灵活，全在于思考。”宗泽对他的话十分认同。

汉家三杰像，即萧何、张良、韩信。刘邦认为自己之所以打败项羽，夺得天下，是重用这三人所致。

斩草除根

“斩草除根”比喻除掉祸根，以免后患。

此典出自《左传·隐公六年》：“周任有言曰：‘为国家者，见恶如农夫之务去草焉，芟夷蕴崇之，绝其本根，勿使能殖，则善者信矣。’”

春秋时期，卫、陈一起讨伐郑国。郑庄公请求陈桓公，希望讲和。陈桓公不答应，他的弟弟陈五父劝他说：“与善人亲近，与邻国和睦相处，是非常难能可贵的，不能失掉这个传统。我看还是与郑国讲和吧！”

陈桓公听了弟弟的话，很生气，说：“宋国和卫国是强大的国家，我担心他们难为我；可郑国是一个小国，我去攻打它，他们能把我怎么样呢？”于是就攻打郑国。

两年以后，郑国强大起来，派兵侵袭陈国，把陈国打得大败。邻国眼看着陈国吃了败仗，他们却坐而不救。人们议论说：陈国自找苦吃，长期作恶事不知改悔。古书有言，做恶事容易，这犹如燎原烈火一样，无法扑灭，必然最后将大祸引到自己头上。周朝的大夫周任讲过这样的道理：

"作为国家的国君，对待恶事应像农夫对杂草一样，将它们铲除，连根挖掉，不让它们再生长出来，只有这样做，善事才能伸张起来。"

装疯忍辱

"装疯忍辱"这个故事讲述的是受到迫害的孙膑，为了想办法逃过庞涓的毒手，吃尽苦头，受尽屈辱，终于脱离了险境。意思是假装疯癫，忍受屈辱，从而保全全自己，逃脱险境。

此典出自《史记·孙子吴起列传》："齐使者如梁，孙膑以刑徒阴见，说齐使。齐使以为奇，窃载与之齐。齐将田忌善而客待之。"

孙膑变成了残疾人以后，天天依靠着庞涓过日子，老觉着对不起人家。有一天，庞涓对他说："大哥，你那祖传的十三篇兵法，能不能凭着记忆写出来？不但能给我拜读拜读，还能传于后世呢。"孙膑恨不能做点事情好报答报答庞涓。那十三篇兵法，据说是鬼谷子传给孙膑的，孙膑早就背得滚瓜烂熟。庞涓这么一说，他就满口答应了。从此，孙膑便开始写他祖传的兵书。可是那时候写一篇东西不像现在这么容易，再说孙膑心里烦得慌，天天唉声叹气，写了一个多月，也没写几篇。伺候孙膑的那个老头儿叫诚儿，他见孙膑受了冤屈，倒挺可怜他的，时常劝他歇息，不要老坐着，辛辛苦苦地写兵法。

有一天，庞涓把诚儿叫去，问他："他每天写多少？"诚儿说："孙先生因为两腿不便，躺着的时候多，坐着的时候少，一天只写三五行。"庞涓一听，十分恼火了，骂着说："这么慢条斯理地要写到什么时候？你得催着他，叫他快点儿写！"诚儿嘴里答应着，心里可不大明白。他想："干吗死命催他呢？"诚儿那股傻劲叫他心里有点不踏实。可巧服侍庞涓的一个手下来了，诚儿就问他："嗨！我跟你打听一件事。军师干嘛老催孙先生？"那个手下说："傻瓜，你还不知道吗？军师为了要得到一部兵书，才留着他的命。等到兵书写完了，他的命也就完了。这话你可千万别跟人说！"

诚儿一听，替孙膑捏了一把冷汗。他偷偷地告诉了孙膑。孙膑到了这时候，才如梦初醒。他想："原来庞涓是这么一个人！唉，我真瞎了眼睛，交上了这么一个人面兽心的东西！"他又想："如果我不写，他必定要我的命。怎么办呢？"他越想越气，越气越没有主意，急得直流眼泪，一下子气晕过去了。醒过来时，他瞪着两只眼睛，连喊带叫，把东西全扔在地下，把他写好了的兵书扔在火里烧了。吓得诚儿赶紧跑去告诉庞涓，说："不好了！孙先生疯了！"

庞涓亲自来看孙膑，就瞧见他趴在地下哈哈大笑，笑完了又哭，庞涓叫了他一声，他一个劲儿地磕头，哭着说："鬼谷老师，救命啊！救命啊！"庞涓说："你认错了，我是庞涓！"孙膑拉着庞涓的衣裳，揪着不放手，嘴里乱喊乱叫。庞涓怕他装疯，就叫人把他揪到猪圈里。孙膑披头散发，竟然趴在猪圈里睡着了。庞涓暗中派人给他送饭。那个人小声地对他说："孙先生，我知道先生是冤屈，我瞒着军师，给你送点酒菜来，请你吃吧。这是我的一点心意。"说着又唉声叹气的，还流了几滴眼泪。孙膑做着怪样把送来的酒和饭都倒在地下，骂着说："呸！谁吃这种脏东西？我做得比你那个好得多了。"说着，他就抓了一把猪粪，揉成一个圆球,往嘴里塞。庞涓知道了这件事,就说:“他真疯了。”

从此,孙膑住在猪圈里。有时候,爬到外边晒晒太阳;有时候,自己跟自己傻笑,或者是哭。一到晚上,又爬到猪圈里去睡觉。庞涓叫人给他一点吃的,让他疯疯癫癫地爬进来爬出去。他还想等孙膑好起来给他写那部兵法呢。要是孙膑到街上去,就派人跟着他。后来庞涓让手下每天把孙膑到哪儿的情形报告他。孙膑老在街上躺着,一到晚上,他就知道爬回来,有时候也在外头过夜。人人都知道他是个疯子,两条腿也不能行走,挺可怜的,如果有人还给他吃的。他高兴了,就吃点儿;一不高兴,嘴里嘟嘟囔囔地唠叨一阵,把吃的倒在身上。他变成了一个迷迷糊糊又脏又可怜的疯子了。

孙疯子总是躺在街上。有人跟他说话,他也不理。有一天后半夜,他觉得有人揪他的衣裳。那人就坐在他旁边,流着眼泪,低声地说:“孙先生,你怎么到了这步田地?我是禽滑厘,墨子的门生,你还认得我吗?一听说你在这儿受苦,我的心里真难受。我已经把你的冤屈告诉了齐王。齐王打发淳于髡上魏国来聘问。我们一切都安排妥当了,想把你偷偷地带回齐国去,给你报仇。”孙膑一听禽滑厘来了,顿时泪如雨下,对他说:“我自以为早晚会死在这儿了,没想到今天还能够见着你。你们可得小心,庞涓天天派人看着我。”禽滑厘给孙膑换上衣裳,抱他上了车,那套脏衣裳叫一个手下的人穿上,让他假装孙膑,披头散发的,两只手捧着脑袋躺在那儿。

第二天,魏惠王招待了齐国的使臣淳于髡,送他一点礼物,叫庞涓护送他出境,那天庞涓得到手下的报告,说孙膑还在街上躺着,他就十分放心地去送齐国的使臣。淳于髡叫禽滑厘的车马先走,自己和庞涓谈了一会儿天,从从容容地辞别了庞涓,动身走了。

过了两天,那个手下人脱去孙膑的衣裳,偷偷跑回去了。庞涓的手下一见那套脏衣裳扔在地上,孙膑却不见了,立刻去报告庞涓。庞涓一想,他到底哪去了呢?大概是跳井了吧,于是叫人四处打捞尸首。可是哪儿有孙膑的影儿?他又怕魏惠王查问,就撒个谎,说孙膑淹死了。

淳于髡、禽滑厘他们带着孙膑到了齐国,大夫田忌亲自到城外去接他。孙膑洗个澡,换了衣裳,坐着软轱辘车,跟着田忌去见齐威王。齐威王跟他一谈论兵法,真是有种相见恨晚的感觉。齐威王要封他官职。孙膑推辞说:“我一点功劳都没有,哪能受封呢?再说,庞涓要是知道我在此地,必然又会出坏主意。不如我不露面,只要大王有用着我的地方,我一定尽力。”齐威王就让孙膑住在田忌家里。

知彼知己

“知彼知己”意思是对敌人和自己的情况都了解透彻。

此典出自《孙子·谋攻篇》:“知彼知己,百战不殆。不知彼而知己,一胜一负。不知彼不知己,每战必败。”

孙武是春秋时期著名的军事家,字长卿,齐国乐安(今山东惠民)人。他曾著《兵法》十三篇,拿了去见吴王阖闾,因此得到重用,被任为大将。这以后,孙武率领吴军攻破楚国,征服了北方的大国齐国和晋国。使吴国成为当时最强盛的国家,从而称霸于诸侯。

孙武的军事著作被后世称为《孙子》或《孙子兵法》,全书共十三篇。历代军事将领都把它看做是军事著作的典范。

这里引用的,大意是说:了解对方,同时又了解自己,每一仗都不会失败;如果不了解敌人,而只了解自己,那么胜负的可能性只能是各占一半;如果既不了解对方,又不了解自己,那么打起仗来,肯定会失败。

醉翁之意

“醉翁之意”比喻本意不在此而在彼。也比喻别有用心。

此典出自宋代欧阳修《醉翁亭记》：“太守与客来饮于此，饮少辄醉，而年又最高，故自号曰醉翁也。醉翁之意不在酒，在乎山水之间也。”

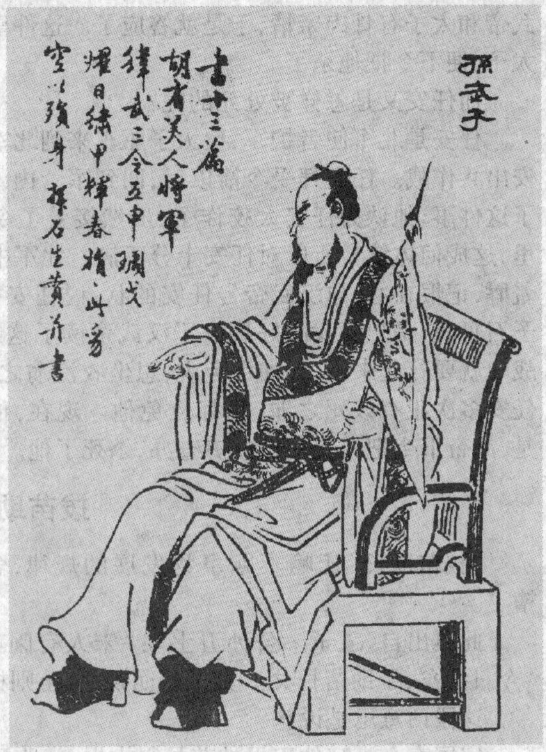

《东周列国志》版画之孙武像。孙武即孙子，为春秋末年著名的军事家。

欧阳修，字永叔，卢陵人(今江西吉安)。仁宗年间举进士甲科。很小的时候，父亲就死了，他就由他的母亲教导。他经常到南州一个姓李的大户人家，找他家旧筐中的书看，有一天找到了六卷唐《昌黎先生集》(韩愈文集)。借回家读，爱不释手。可当时天下学者，是以能诗文取科第的。将来出人头地，都依赖诗文。像韩文这种古朴的章法，是没有人学的。于是欧阳修立志，一旦显贵，决定提倡韩昌黎体例的古文。他进士及第之后，与尹师鲁等人，竭力倡韩文，把从前那部《昌黎先生集》补缀校定，以致天下学者渐趋于古。

王安石为相，提倡新法，欧阳修是站在以司马光为首的旧派这一边，反对新法的。他做陈官，论事切直，于是被贬为滁州太守。滁州有一座琅琊山，风景绝佳。欧阳修做滁州太守时，琅琊山的寺僧建了一个亭子，欧阳修常到亭子上与客饮酒。他写了一篇文章，叫《醉翁亭记》。文章说：“环滁皆山也。其西南诸峰，林壑优美，望之蔚然而深秀者，琅琊也。山行六七里，渐闻水声潺潺，而泻出于两峰之间者，酿泉也。峰回路转，有亭翼然临于泉上者。醉翁亭也。作亭者谁？山之僧智仙也。名之者谁？太守与客来饮于此，饮少辄醉，而年又最高，故自号曰醉翁也。醉翁之意不在酒，在乎山水之间也。山水之乐，得于心而寓于酒者也……”。

坐观成败

“坐观成败”意思是，坐在一旁看人争斗，待到胜败分晓后，去联合胜利者。后多指对别人的成败抱袖手旁观的态度。

此典出自《史记·田叔列传》：“是老吏也，见兵事起，欲坐观成败，见胜者欲合从之，有两心。安有当死之罪甚众，吾常活之，今怀诈，有不忠之心。”

汉武帝时期，大将军卫青家里有两个舍人，一个叫田仁，另一个叫任安。这二人官运不错，都当上了不小的官。然而，他们安享富贵，知进而不知退，最终酿成大祸，被武帝诛杀而亡。

田仁是怎么被处死的呢？汉武帝有一次外出巡视，丞相又要亲自带兵出战，身为丞相司直的田仁那时候负责防守京城。正好这时，汉武帝的儿子戾太子要求出城。田仁想到武帝和太子有骨肉亲情,于是就答应了。这件事让汉武帝知道了,他认为田仁是故意放纵太子,便下令把他杀了。

而任安又是怎样被处死的呢?

任安是北军使者护军,戾太子驱车来到北军南门外,召见任安,交给他一支令箭,叫任安出兵作战。任安拜受令箭以后,回到军营内,闭门不出,可是却不肯出兵。汉武帝听说了这件事,他认为任安太狡诈了,虽然接受了令箭,却不肯出兵,简直是不把太子放在眼里,这成何体统?,所以对任安十分不满。北军中有一个管钱粮的小官,经常被任安鞭打和羞辱,记恨在心,向汉武帝告任安的状,说任安接受太子令箭以后,曾经在私下里讲:"太子召见我,是想要我的好兵甲。"汉武帝读了这封告状信后就说:"任安这个老家伙,看着战斗就要打起来了,却袖手旁观,想坐收渔翁之利,对我三心二意,没有一点忠心。过去,任安多次犯有该死之罪,我都赦免他。现在,他竟然心怀鬼胎,对我没有一点忠心。"于是,武帝下令把任安交给狱吏查办,杀死了他。

拔苗助长

"拔苗助长"比喻不顾事物发展的规律,急于求成,结果适得其反,反而把事情弄糟了。

此典出自《孟子·公孙丑上》:"宋人有闵其苗不长而揠之者,芒芒然归,谓其人曰:'今日病矣,予助苗长矣。'其子趋而视之,苗则槁矣。揠,拔起的意思。"

这段话意思是说:

宋国有个人嫌他田里的苗长得太慢,就跑到田里把每棵苗向上拔高了一些。他认为这样就可以让苗长得快了。于是回来对家人说:今天实在太累了,我帮助田里的苗长高了。他的儿子听说以后,马上跑到田里去看,只见被他父亲拔起的苗都已经枯萎了。

班门弄斧

"班门弄斧"比喻在行家面前卖弄本领,有不自量力的意思。

此典出自唐代柳宗元《王氏伯仲唱和诗序》:"操斧于班、郢之门,期强颜耳。"

唐朝大诗人李白的坟前,有无数自命为才子的人,在那里题上不少诗句。明朝万历年间,有一位学者,叫梅之涣的,见到题诗的人们都太不自量力,于是他也在他们的诗句后,题上一首绝句,讽刺他们道:"采石江边一堆土,李白之名高千古。来来往往一首诗,鲁班门前弄大斧。"采石是指采石矶,处在安徽省当涂县西北二十里,那里有一个牛渚山,山下突入江中的一块地就是采石矶,这是李白坟墓的所在地。鲁班又叫鲁般,是我国春秋时代的一位建筑学和机械学的伟大发明家。这一首诗的意思是说:"采石矶江边的一个坟墓啊!那里躺着的是旷世奇才,名垂千古的大诗人李白啊!来来往往的人们都在这里题上一首诗,真的等同于在鲁班门前卖弄着大斧呢!"

鹬蚌相争,渔人得利

"鹬蚌相争,渔人得利"比喻双方争执不下,结果两败俱伤,让第三者不费吹灰之力就从中获得了利益。

此典出自《战国策·燕策二》:"蚌方出曝,而鹬啄其肉,蚌合而拑其喙。鹬曰:'今日不雨,明日不雨,即有死蚌'蚌亦谓鹬曰:'今日不出,明日不出,即有死鹬。'两者不肯相舍,渔者得而并禽之。"

战国时期，赵国曾一度准备攻打燕国。著名的说客苏代不很赞成，他赶到赵国替燕国说情，劝阻赵国攻打燕国。他对赵国国君惠文王说：“我这次来贵国的时候，路经易水，见到了这样的情景：一只河蚌从水里出来，在河滩上张开蚌壳晒太阳。一只鹬鸟看见了，伸嘴去啄蚌肉。河蚌急忙合拢蚌壳，紧紧地夹住鹬鸟的嘴。鹬鸟用尽力气，怎么也拔不出嘴来。于是它对蚌说：‘还不松嘴？如果今天不下雨，明天不下雨，就会活活晒死你！’河蚌脱不了身，无法回到河里去，还是硬着头皮对鹬鸟说：‘还不服气？如果能今天不放你，明天不放你，就会活活夹死你！’它们两个谁也不肯示弱，谁也不肯放谁。一个渔夫走过来，把它们两个一起捉走了。”

苏代讲完这个故事，对赵惠文王说：“现在赵国准备进攻燕国，两国争战，长期相持不下，最终会把两国的老百姓弄得财力衰竭，疲惫不堪。那时，强大的秦国就会像渔夫那样，乘机把赵、燕两国一起吞并掉。所以，我希望大王慎重考虑。”

抱残守缺

“抱残守缺”意思是，守住陈旧、残破的东西不放。多比喻思想守旧，不愿革新。

此典出自《汉书·刘歆传》：“犹欲抱残守缺，挟恐见破之私意，而无从善服义之公心，或怀妒忌，不考情实，雷同相从，随声是非，……以《尚书》为备，谓左氏为不传《春秋》，岂不哀哉！”

西汉有一个著名的学者，叫刘歆，是著名学者刘向的儿子。汉成帝河平年间（公元前28—公元前25年），他接受汉成帝的命令，刘歆与父亲刘向一起总校群书。刘向死后，刘歆为中垒校尉，继承了父业，整理六艺群书，编成《七略》，包括辑略（总论）、六艺略、诸子略、诗赋略、兵书略、术数略和方技略。刘歆知识丰富，刻苦钻研，对经籍目录学做出了很大贡献。刘歆非常喜好典籍，他提议为《周礼》、《左传》、《毛诗》、《古文尚书》等古文经设置博士，但遭到经文学派的反对，汉哀帝让刘歆与五经博士进行讨论，但是博士们都不肯赞同。刘歆很生气，于是他给太常博士写了一封信，提出了批评。

在信中，刘歆指出：“这些博士还想守住陈旧的、残破的东西不放，怀着不可告人的私意，没有从善服义的公心，或者尽怀妒忌，不敢面对实情，陈陈相因，人云亦云，不辨是非，不肯对《尚书》、《春秋》、《礼》等进行新的研究。竟然不知道《尚书》本来存有百篇，他们只见到二十八篇，就认为已经很完备了；博士们又说左丘明没有修《春秋》，这岂不令人感到悲哀呢！”

这封书信，正击中了儒生们的要害，遭到他们的怨恨。名儒光禄大夫龚胜为此请求告老还乡，大司空师丹也非常恼怒，请求哀帝惩治刘歆。刘歆得罪了执政大臣和众儒生，不得不离开朝

李白像，图出自明·天然撰《历代古人像赞》。

廷，做地方官去了。

抱薪救火

“抱薪救火”形容一个人处事不得方法，越是想除害，害处越加多。

此典出自《史记·魏世家》：“且夫以地事秦，譬犹抱薪救火，薪不尽，火不止。”

战国时，许多小国都被大国灭了，最后只剩下七个大国，历史上被叫做“战国七雄”。以秦国为最强。魏国嫠王时，先后遭秦国三次攻击，损兵失地；第四次秦国又出兵攻魏，各国诸侯见秦国不断进攻魏国，都为自己的安全担心，于是大家联合起来，共同对付秦国的侵略。韩、赵二国首先相互援助，合三国兵力抗秦。可是最后仍然被秦军打败，三国损兵十五万。魏国有个大将段于子，见魏国兵败，就提议将魏国南阳地送给秦国求和。谋臣苏代向魏王说：“要想得到大将印玺的人是段于子，要得魏国地方的却是秦国，现在大王却使想要地方的人管印，使想得印的人管地，魏国的地方没有割完以前，他们都不会满足。于是他们用割地的办法去讨好秦国，这就像抱薪救火一样，柴没有烧完，火是不会熄灭的。”可是魏王始终下不了决心，结果终为秦国所灭。一个国家要单凭割地来求取和平，不但不能长久，最终只有被灭亡；只有一面发愤图强，一面抗拒侵略，才能生存。像魏王那样畏首畏尾，希冀割地求和，哪有不失败的？救火必须用水，才是对症下药，这是最简单而明显的道理。

背道而驰

“背道而驰”比喻方向、目标完全相反。

此典出自《战国策·魏策四》：“今王动欲成霸主，举欲信于天下，恃王国之大，兵之精锐，而攻邯郸，以广地尊名，王之动愈数，而离王愈远耳，犹至楚而北行也。”

战国时，魏国有一个臣子，名叫季梁，奉奉命出使到外国。他在途中就听到魏王要出兵攻打赵国的都城邯郸。季梁就从半路急急忙忙赶回都城大梁，拜见魏王。

魏王闻报季梁回来了，他觉得非常奇怪。他奉命出使，这么快就回来，难道有什么特殊的事故发生了吗？于是当即传命召见。

季梁见到了魏王，他那一副满面灰尘的模样；魏王看了有点可笑，但还是忍住了问他：“你是奉命出使的，这么快就回来，一定是中途折返，难道有什么重要事情，要告诉寡人吗？”

“是的，有一件重要而且紧急的事，要禀告大王。”季梁喘息着说。“有什么紧急的事，你说吧。”魏王说。

季梁一面喘息一面说：“臣在途中，遇到了一位驾车的御者，挥着鞭子，叱着马，向北驰去。”

魏王笑道：“这是什么重要而又紧急的事，值得你中途折返向我报告吗？”

“启奏大王，问题在于他是到楚国去呀！”

魏王说：“到楚国自然是向南走，他为什么向北去呢？”

季梁说：“我说得十分紧急重要，正是在于此。我当时就问乘车的主人：‘你到楚国，为什么要向北方而去？’他对我说：‘因为我驾车的这匹马，是一匹名驹，跑得很快，转眼就可以跑几十里。’我对他说：‘你的马脚程虽快，可是越快越糟，因为你走的方向不对，到楚国是要向南去的，你为什么往北呢？’他说：‘我带有足够的经费，这路途之上，我是不用担心的。’我说：‘尽管你带的经费充足，可是你方向走得不对，永远也到不了楚国的。’他说：

‘不要紧，我的车夫有多年驾驭的经验，什么样的马他都能驾驭，更何况是一匹名驹，有日行千里的脚程，我还担心什么呢？’”

魏王不禁大笑起来：“这人简直是个疯子。他虽然有这么多优越的条件，可是他是背道而驰，楚国在南，他要向北，他的马快，御者精，这恰恰就更使他离楚国遥远了。”

季梁免冠顿首曰：“大王说的话一点不错，这人是背道而驰，愈向北则愈离楚国远。但大王平时尝以称王称霸自许，称雄天下自命。可是今天大王倚仗国势强，国土广，兵卒精，就准备进攻邯郸，取赵地来满足自己。依臣所见，大王愈对邻国用兵多，则愈离称王称霸的基业远甚，这正如臣在中途所见的那位去楚国而向北行的驾车者，是背道而驰啊！”

闭门造车

“闭门造车”比喻不依据实际情况，单凭主观想象办事。

此典出自宋代朱熹《〈中庸〉或问》三：“闭门造车，出门合辙。”

它的意思是说：把门关起来造车，把材料逐件造好后，只要件件合乎规矩，再拿到门外去合拢起来，使用时也能和路上的车辙完全相同。

博士买驴

“博士买驴”比喻废话连篇、不通人情世故的书呆子。

此典出自《颜氏家驯·勉学》：“博士买驴，书卷三纸，未有‘驴’字。”

邺下有个博学的人，他买了头驴。书写买卖合同时，他为了炫耀自己的学问，竟然写满三页，文中全是华丽的辞藻：描绘了驴子形态；叙述了自己需要驴子的愿望；铺叙了双方买卖过程；称赞了卖主的诚实……凡是谈到驴子都用“健步”、“蹇卫”等词代替，而不用一个驴字。这样的合同当然不合乎制度规范，也是无效的。卖方不肯画押。博士费了老大的劲，卖弄了自己的才学，却落个“不好”，十分生气，于是去衙门申诉。县官看后，笑道：“应用文字和文学作品是两码事，你连这都不懂，真是书呆子，根本算不上是博学之士！”

不懂装懂

“不懂装懂”讽刺那些没有知识却装做什么都懂的人。

此典出自江盈科《雪涛小说》。

北方有个不认识菱角的人，在南方做官。有一天，在宴席上吃菱角，他连壳一起放进嘴里吃。有人对他说：“吃菱角要剥掉壳儿。”那个人说：“我不是不知道。我连壳一起吃，是想用它清热去火呀！”问的人说：“北方也有这种东西吗？”那个人回答说：“前山后山到处都是这东西啊！”

不合时宜

“不合时宜”表示与世情不相投合，不合时势所需要。

此典出自《梁溪漫志》：“东坡一日退朝食罢，扪腹徐行，顾谓侍儿曰：‘汝辈且道是中有何物？’一婢遽曰：‘都是文章。’坡不以为然。又一人曰：‘满腹都是识见。’坡亦未以为当。至朝云，乃曰：‘学士一肚皮不入时宜。’坡捧腹大笑。”

苏东坡在朝廷任官职以后，诚心诚意想为国家效力。他看到朝廷内部存在不少问题，皇帝也有不少毛病，就上书给皇帝提意见，为朝廷提建议。

有一年正月十五，百姓都买灯庆贺佳节，卖灯人也趁机多做灯笼出售。可是皇帝下了

苏轼像，图出自明·天然撰《历代古人像赞》。

一道命令。压低灯价收购灯笼，卖灯人亏了本，很不满意。苏东坡给皇帝写信，批评皇帝，惹得朝廷大臣很不高兴。后来，王安石提出变法革新。苏东坡又提出不同意见，加以反对，弄得自己连京城都无法再住下去，所以他心情很不愉快。

有一天，吃过早饭，苏东城一边拍着肚子，一边缓步走出房门，就顺口问家中的侍儿："你们猜猜我这里边都是些什么？"

侍儿答道："大人的文章名满天下，当然是满肚子文章喽！"

苏东坡摇头笑道："不对，不对……"

"学士的学问高深，朝廷上下无不称赞，一定是满腹见识！"另一个侍儿这样说。

苏东坡对他的回答仍然不满意。正巧朝云走过来，她是苏东坡的侍妾，人十分聪颖，而且会弹琴、唱歌。她眼睛一闪，忽然对苏东坡说："学士整天上书、进策，可是人家不理睬，四处碰壁，回家就发牢骚……因此我说学士是一肚子不合时宜！"

"哈哈哈……让你说中了，我真是不合时宜呀！"苏东坡拍着肚子，大笑起来。

不识之无

"不识之无"形容一字不识的文盲。

此典出自《新唐书·白居易传》："其生始七月，能展书，姆指'之无'两字，虽试百数不差。"

白居易，是唐代的一位大诗人，字乐天。白居易自幼聪明，刚出生七个月，就能翻书。家里的奶娘教他指认"之无"两个字，上百次他都没有一次识别错的。所以便留下了白居易一岁识之无的故事。

不自量力

"不自量力"比喻不估量自己的力量而贸然行事必遭失败。

此典出自《左传·隐公十一年》："不度德，不量力，不亲亲，不征辞，不察有罪。"

公元前712年，郑国和息国因为言语不和发生战争。春秋时，爵分五等：公、侯、伯、子、男。息属侯爵，所以息国国君称作息侯；郑属伯爵，郑国国君称作郑伯。息侯带兵去打郑国，郑伯带兵拒敌，在于竟同息国军队大战一场，最终，息国军队大败，十分狼狈地逃回去了。后来有人评论这件事情时说，根据战事来看，可以断定息国将要灭亡。这是因为：息侯一不考虑郑伯的德望高，二不考虑自己的力量弱，三不亲近同姓的郑国，四不弄清言语不和的实际情况，五不调查到底谁是有罪的，犯了这五大错误却还要去攻打别人，所以结果被打得大败,这正是咎由自取?

陈陈相因

“陈陈相因”原指皇仓之粮逐年增加,新粮变陈粮。后多比喻因袭旧套,毫无创新。

此典出自《史记·平准书》:“太仓之粟,陈陈相因,充溢露积于外,至腐败不可食。”

自刘邦称帝以来,经过几十年积聚,汉朝国库一天天充实起来,从汉文帝到汉武帝,七十多年的时间,一直是政局稳定,秩序井然,百姓衣食充足,谷满官仓,钱满府库,因为堆积久了,穿钱的绳子也变得腐烂不能使用,官仓里的粮食一年年、一层层的堆积在那里,旧的没有用,新的又堆积上去,以至于堆砌在露天的地方,变得腐烂不能食用。

聪明自误

“聪明自误”用以比喻玩弄小聪明,反而害了自己。

此典出自北宋苏轼的诗《洗儿》:“人皆养子望聪明,我被聪明误一生,唯愿孩儿愚且鲁,无灾无难到公卿。”

宋朝时,苏轼自认为自己很有才干,但“怀才不遇”;他自认为自己生性聪明,但不得志。后来,搞政治投机又没有成功,在这种颓丧的情绪下,他作了上面说的那首发泄牢骚的诗,意思是:人们养育孩子都盼望他聪明,我却被“聪明”耽误了一生,只希望我的儿子愚笨又迟钝,这样也许就能够一帆风顺地当上大官。

错死了人

“错死了人”这个典故用以讽刺那些喜欢把书本上的东西当做万古不变的教条,只会生搬硬套的人。

此典出自《广谈助·谐谑篇》。

东家岳母死了,全家人准备前去祭奠,于是请了一位私塾先生撰写一篇祭文。

私塾先生就按照古本误抄了一篇祭岳父的文章,交给了东家。内行人看出了祭文的错误,主人责怪私塾先生,但私塾先生十分肯定地说:“古书上写的都是勘定过的,怎么会错呢?只怕是他家死错了人吧。”

打草惊蛇

“打草惊蛇”比喻一方面对甲方严罚,一方面又给乙方警诫。现在多用来比喻做事不密,使对方得以警戒预防。

此典出自《酉阳杂俎》:“王鲁为当涂令,颇以资产为务。会部民连状斥主簿贪贿,鲁判曰:‘汝虽打草,吾已惊蛇。’”

唐朝,有一个叫王鲁的人,他在当涂(今安徽当涂县)为官的时候,行为不正,爱财贪污。后来有人在他面前控告他的主簿(秘书)营私舞弊,接受贿赂。状子上列举的罪行,与他自己的违法行为都是大同小异。他一边看状子,一边直打寒战。等到把状子看完,已经忘记应该作出审理意见,却不由自主地批了八个字:“汝虽打草,吾已惊蛇。”意思是:你虽然打的是地上的草,但我像伏在草里面的蛇一样,已经受到了惊吓。

戴盆望天

“戴盆望天”比喻行动与目的相违背,愿望决不能实现。

此典出自汉代司马迁《报任安书》:"向者仆亦尝厕下大夫之列,陪奉外廷末议,不以此时引纲维,尽思虑,今已亏形为扫除之隶,在阘茸之中,乃欲仰首伸眉,论列是非,不亦轻朝廷、羞当世这士邪?嗟乎!嗟乎!如仆尚何言哉!尚何言哉!且事本末未易明也。仆少负不羁之才,长无乡曲之誉。主上幸以先人之故,使得奏薄伎,出入周卫之中。仆以为戴盆何以望天,故绝宾客之知,亡室家之业,日夜思竭其不肖之力,务一心营职,以求亲媚于主上。而事乃有大谬不然者!"

伟大的历史学家和文学家司马迁,字子长,生于龙门(今陕西韩城)。他的父亲司马谈在汉武帝时做太史令。司马迁从小在父亲以及经学大师董仲舒和孔安国的熏陶之下,遍览群书,游历山川,搜集史料,大约在汉武帝太初元年(公元前104年),开始写作《史记》。汉武帝天汉三年(公元前98),司马迁因为为李陵(率师进攻匈奴,被俘投降)辩护,触怒了汉武帝,被捕入狱,受了宫刑。出狱后,做中书令。为了完成他的不朽著作,"隐忍苟活",而对汉朝统治者已经绝望。司马迁有一个朋友,叫任安,字少卿。任安在任益州刺史时曾给司马迁写信,要司马迁利用在汉武帝身边任职的便利条件,向汉武帝"推贤进士"。司马迁没有及时回信,到汉武帝太始四年(公元前93年)十一月,任安获罪当死,司马迁才给他写了回信,这就是有名的《报任安书》。

司马迁在这封信里,述说了自己因李陵事件而蒙受奇耻大辱的始末,倾诉了郁积在内心的痛苦和愤懑,并述说了自己之所以隐忍苟活,是为了完成能流传后世的不朽著作。他在信中写道:"过去,我也曾厕身于下大夫行列,侍奉于朝堂之上,发表一些微不足道的议论,不在当时伸张国家的法度,为国家竭尽智谋献计献策,现在身体已经残废,成了地位低下的人,处于卑贱者行列里,竟要昂首扬眉,品评是非,这样做,不是轻视朝廷、羞辱当今的士人吗?唉!唉!像我这样的,还能说什么呢!还能说什么呢!况且,事情的缘由不容易说明白。年轻时,我原以为有高远的、不可限量的前途,长大成人后却得不到乡里的称誉,多亏主上鉴于我父亲的关系,使我有机会贡献微薄的才能,出入官禁之中。我认为,顶着盆子怎么还能望见天呢,所以我断绝了与宾朋的交往,把家庭私事抛在一边,日夜想着竭尽我微薄的才力,专心致力于本职事务,希望取得主上的信任和宠幸,可是竟然会出现与此背道而驰的情况!"接着,司马迁叙述了自己因为"李陵之祸"而遭受残害的情况与心情。

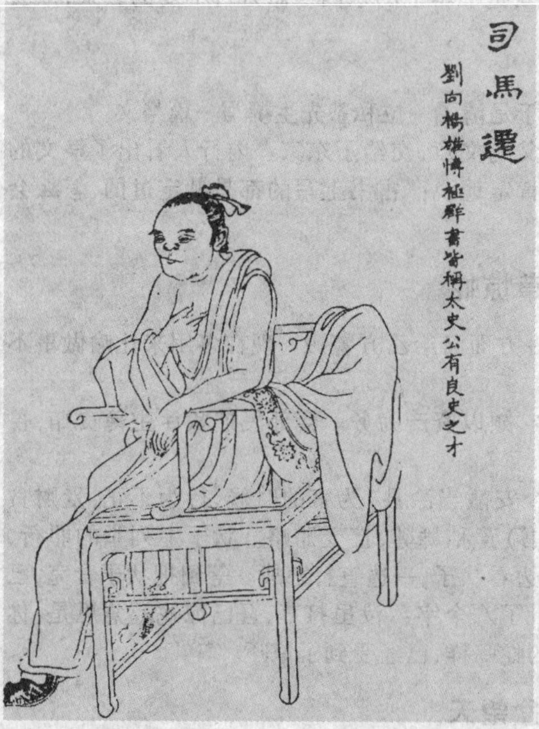

司马迁像,图出自清·上官周绘《晚笑堂画传》。

戴嵩画牛

"戴嵩画牛"这则寓言说明实践出真知。

此典出自《画论类编》。

在四川有个杜处士，平生喜好书画，名书画有数百幅。这当中有一轴是戴嵩画的牛，他对这幅画非常珍爱，用锦裹做画套、用玉石做画轴，经常随身带着。有一天，他打开书画晒太阳，有个牧童看见了戴嵩的画牛图，拍着手大笑起来。说道：“这张画是画斗牛呀，斗牛的力气在角上，斗时把尾巴紧紧地夹在两条后腿之间。现在这张画上的牛却是摇着尾巴相斗，错了！”杜处士笑了笑感到说得很对。

古人有句话说：“耕田的事应当去问农民，织布的事应当去问婢女。”这个道理千古不变。

单豹好术

“单豹好术”这个典故比喻有些人生活在社会中，却想脱离现实，逃避生活的想法。

此典出自《吕氏春秋·遇合》：“单豹好术，离俗弃尘，不食谷实，不衣芮温，身处山林谷崛，以全其生。不尽期年，而虎食之。”

这段话意思是说：

单豹这个人，崇信方术，想脱离人世。他不吃人们种植的五谷杂粮，不穿人们纺织的衣服，躲进深山老林，住在山洞中，借以保全所谓自然赋予人的天性。可是不到一年，就被老虎吃掉了。

当断不断

“当断不断”说明应该作出决断的时候，却犹豫不决，结果自食恶果。

此典出自《史记·春申君列传》：“当断不断，反受其乱。”

战国时，楚考烈王无子，相国的春申君为此非常担心。后来，有赵国人李园携带一女子来到楚国，想献给楚王。但后来听说楚王没有生育能力，就转而投靠春申君，春申君就将她占为已有。

过了一段时间，这女子怀了孕，她私下对春申君说：“楚王对你的宠爱，已远远超过了他的兄弟。你在楚国为相已有二十余年，可是楚王死后，他兄弟为王，肯定重用他的亲信，你如果把我献给楚王，生的是儿子，一定立为太子。今后太子为王，你就是太子的父亲。这样，楚国不就是你的了吗？”春申君觉得此话有理，就将该女子献给了楚王。后来，这女子真的生下一个儿子，后来果然被立为太子。而李园也因此受到楚王宠幸。

几年后，有一个叫朱英的人对春申君说：“楚王病重，不久就要去世。关于太子的事，只有你与李园最清楚。听说他养有刺客想杀死你，他又在楚王身边，有一天楚王去世，李园一定杀你灭口。所以，你应该早作准备，杀死李园。”春申君说：“李园是个仆人，又软弱，哪里能做这种事呢？”就拒绝了朱英的意见。

不久，楚王去世，李园真的叫人埋伏在宫门，等春申君进宫时，一刀将他砍死。

道士救虎

“道士救虎”比喻好心办坏事，要分清善恶。

此典出自《郁离子》。

有一座长满了翠竹的山，溪水在山脚下汇聚起来，流进大江。

有个道士在山上筑起了房舍供奉神佛，十分虔诚。有一天晚上，山上的洪水汹涌奔来，把村里的茅房小屋都冲得漂浮起来，甚至堵塞了溪道，灾民们骑着木头跨在屋脊上，高声呼救，声音连成一片。道士备办了一只大船，亲自披上蓑衣、戴上斗笠，站在水边，指挥

《东周列国志》版画之春申君像

那些善于游水的人手拿绳索等待救人。碰到漂流下来的灾民，便马上抛掷木板和绳索，把他们拉上岸来。由此活命的人非常多。

天大亮的时候，有一头野兽漂没在波涛之中，它的头浮在水面上，左右望着，好像也在向人求救的样子。

道士说：“这也是一条生命呀，赶快把它救上来！”

划船的人马上应声前往营救，用一块木板把它接上来，原来是一只老虎呀。开始时，老虎还有点朦朦胧胧的，坐着用舌头舔身上的毛。等到了岸上，它就瞪起眼睛盯着道士，跃起身子举着利爪猛扑过去，道士倒在地上。船夫们急忙奔前救护，道士才得以活命，但受了重伤。

郁离子说：“这是道士的过错呀！明知老虎不是人却要去救它，这不是道士的过错吗？”

道同功异

“道同功异”这个典故告诉我们：做任何事情，必须审时度势，否则，逆潮流而动，必然碰得头破血流。

此典出自《列子·说符》：“子道与吾同而功与吾异，失时者也，非行之谬也。”

鲁国施家有两个儿子，一个学文，一个学武。

学文的儿子凭借自己所学的道理，打动了齐侯。齐侯挽留他担任教导诸公子的太傅。学武的儿子到了楚国，向楚王讲述了自己的韬略，楚王高兴地请他留下协理军政。

施家二子功成名就，最终是全家富贵，九族荣耀。

他们的邻居孟宛，也有两个儿子，也分别习文就武，可是却一直穷困潦倒。

孟家很羡慕施家的富有，就登门请教晋升的方法。施家两个儿子如实相告。于是，孟家学文的儿子跑到秦国，向秦王鼓吹仁义。不料，秦王听了十分生气，说：“现在诸侯称霸，武力相争，我们应该致力于耕战。假如用你的那套仁义治理我们国家，必定会走上灭亡的道路。”说罢，下令将他处以宫刑，赶出秦国。

另一个学武的儿子投奔卫国，向卫侯大谈强兵之道。卫侯十分反感，他气恼地说：“我们是弱小国家，又处在几个大国之间。对大国，我们恭顺礼貌；对小国，我们爱护帮助。这才是保持和平，国家稳定的正确策略。如果照你所说的，去兴兵动武，马上就会灭亡。今天如果让你这样回去，跑到其他国家，蛊惑人心，穷兵黩武，一定会给我们造成很大的危害。”于是，下令剁掉他的双脚，撵回鲁国。

孟家二子回到家里，父子三人一起来到施家，拍着胸膛责骂。

施家问明情况，感慨地说：“凡识时务的人，就能一帆风顺；反之，不识时务，就要惨遭失败。您儿子学的和我们一样，而结果却和我们相反，就是因为他们不识时务，并不是做法有什么错误啊！”

颠倒黑白

“颠倒黑白”比喻故意歪曲事实，混淆是非。

此典出自《史记·屈原列传·怀沙赋》：“变白以为黑兮，倒上以为下，凤凰在笯（笼）兮，鸡鹜（鸭）翔舞。”

屈原，名平，是战国时楚国人，曾在楚怀王手下任过左徒（官名，参与议论国事，发布号令，出则接待宾客）。因为屈原很有才能，楚怀王一度非常信任他。但也因此引起了一些朝廷官员的妒忌，他们对他进行了诬陷。楚怀王终因听信谗言而疏远了屈原。屈原对奸佞横行、正人被排斥的情况非常气愤，作了《离骚》和《怀沙赋》这两篇留传后世的名篇。在《怀沙赋》中，他以盲目的人看不到明白的人所看到的东西为喻，感慨地写到：把白作为黑，把上看成下，凤凰被关在笼子里，而鸡鸭乱舞。

东涂西抹

“东涂西抹”原指用妇女妆饰打扮作比方，说明自己年轻时也曾取得功名。后来，表示写作、书法、绘画等功力不深，到处随意写画。也可以用它批评别人的创作态度不严肃，草草成篇。

此典出自五代王定保《唐摭言》卷三：“报道莫乞相，阿婆三五少年时，也曾东涂西抹来。”

五代人薛逢，曾在朝中任秘书监，晚年失意，官运不好。他曾骑一匹瘦马上朝，正好赶上新考取的进士看完皇榜，排着队往前走，前呼后拥有数十人。前导的人见薛逢的随从很少，又骑着一匹瘦马，就有点鄙视他，于是吆喝薛逢“快给新进士让路！”薛逢微微一笑，派出一个仆人上前说：“你鸣锣开道好了，却不要露出一副贫而暴富的面孔。看起来，你并没有脱掉寒碜的样子。打个比方说给你听：如果我是个老婆婆，不招你疼爱；可是在年方二八年之少时，也曾涂脂抹粉，装扮得花枝招展呢。”

屈原像，图出自清·顾沅辑《古圣贤像传略》。

独坐穷山，引虎自卫

“独坐穷山，引虎自卫”比喻自招祸患。

此典出自晋·常璩《华阳国志》五：“刘主至巴郡，巴郡严颜拊心叹曰：此所谓‘独坐穷山，放虎自卫’者也。”

三国时期，刘璋是汉朝的皇亲，被封为西川益州牧，管理着现在的四川和湖北西部一大片地方。汉末虽然天下大乱，他的地盘却因地势险固，物阜民富，所以比较安全。可是他的近邻汉中太守张鲁却和刘璋有杀母之仇，时刻想来进攻他，刘璋十分担心。这时有人向刘璋建议："您的同族兄弟刘备是个英雄，近在荆州，兵强马壮，不如和他结盟，并请他带兵来帮助我们防备张鲁那样不是更好吗?"刘璋同意了，决定派人去请刘备。这时，大臣王累反对道："不可，张鲁力量不大，不过是疥癣之疾；你把刘备请进来，那是心腹大患了。刘备宽以待人，柔能克刚，英雄莫敌，远得人心，近得民望。有诸葛亮为谋士，关羽、张飞等勇将，若召得他来，以部属待他，刘备怎肯伏低做小？若以客礼待他，又一国不容二主。所以，绝对不能召请他来。"可是刘璋为人懦弱，很怕张鲁打来，又认为刘备是亲戚，决不会贪图他的地盘，所以不听王累的忠告，竟去把刘备请来了。这件事被刘璋的大将来颜知道了，他长叹道："这真如谚语所说的：'独坐穷山，引虎自卫'者也！"

刘备被邀请进西川后，他便收买人心，广施德政，扩大自己的力量，果然不久，便把整个西川得去了，刘璋被送到一个小地方去养老，这时他后悔也来不及了。

断章取义

"断章取义"形容引证文章或谈话，只取合乎己意的一句两句，不问原意，不顾全文。

此典出自《左传·襄公二十八年》："赋《诗》断章，余取所求焉。"

春秋时，不少卿大夫为了在外交场合暗示自己对某事的态度，往往念上《诗经》中的某首诗的片断，借用其中一两句诗的字义，这种情况叫"断章取义"。

据《左传·襄公二十八年》记载：齐国的大夫庆封喜欢打猎又酒酗，于是把政权交给庆舍，自己带着妻妾财物搬迁到大臣卢蒲家里，交换妻妾而喝酒作乐。几天以后，官员们有事就到卢蒲家里来朝见庆封。后来，有一个逃亡在外名叫卢蒲癸的人回到了齐国，并做了庆舍的家臣，不但受到宠信，庆舍还把女儿嫁给了他。庆舍的另一个家臣对卢蒲癸说："男女结婚要区别是否同姓，您却不避同宗，为什么?"卢蒲癸说："同宗不避我，我怎么能避开同宗呢？就像赋诗的断章取义一样，我只要取得所需要的就是了，还管什么同宗不同宗。"

对偶亲切

"对偶亲切"这则寓言说明片面追求艺术形式，放弃生活真实，甚至竟达到造谣说谎、自我诅咒的地步。借以讽刺舞文弄墨、装腔作势、无病呻吟的无聊文人。

此典出自《遁斋闲览》。

李廷彦把他写的百韵诗献给上司官员，其中有诗句道："舍弟死在江南，家兄亡于塞北。"

上级官看了，哀伤悲痛地说："没想到你家里屡遭凶祸到这般田地！"

李廷彦连忙站起身来，解释道："其实并没有这回事，我只是图诗句的对仗工整罢了。"

二技致富

"二技致富"比喻把两件偶然发生的事情，当做普遍的必然的生活现象。

此典出自《五杂俎》："吾有二技，可立致富！"

有个以钉铰手艺当职业的人，路上碰见皇帝驾临郊外，碰巧帝王戴的平天冠坏了，于是便下令叫他修补。等修补完，皇帝给了他很优厚的赏赐。

回家的路上走到山中，恰巧又遇见一只老虎正趴在地上呻吟呼叫，它看见人来便举起爪子让别人看，原来是一根大竹刺扎在脚掌上。这人便给它拔去竹刺，于是老虎衔来一只野鹿报答他。

这人回到家中对他老婆说："我有此两大绝技，可以凭借这两个本领发家致富了！"

于是他在自己家的大门上题了两行大字道："专门修补平天冠，兼拔虎刺。"

放虎归山

"放虎归山"比喻放走敌手，贻患无穷。

此典出自《史记·秦本纪》："文公夫人，秦女也，为秦三囚将请曰：'穆公之怨此三人人于骨髓，愿令此三人归，令我君得自快烹之。'晋君许之，归秦三将。三将至，穆公素服郊迎，向三人哭曰：'孤以不用百里奚、蹇叔言以辱三子，三子何罪乎？子其悉心雪耻，毋怠。'遂复三人官秩如故，愈益厚之。"

晋襄公的后娘文嬴（怀嬴）听说秦国打了败仗，孟明视等全给擒获了，她担心晋、秦两国的仇恨愈结愈深，就劝晋襄公说："秦国和晋国是亲戚，向来是相互扶持。现在为了孟明视这群武人自己想揽权争势，竟使得两国伤了和气。我相信秦伯一定很埋怨他们。要是咱们把他们杀了，那样两国冤冤相报，永远不得安宁。索性把他们放了，让秦伯自己去处治他们，他必定会感激咱们的。"晋襄公说："已经擒住的老虎怎么能再放回山里去呢？"文嬴说："当年成得臣打了败仗，楚王是怎么处治他的？难道秦国没有军法吗？再说咱们的先君惠公，也曾经给秦国人逮住，秦伯却把他放回来了。你爹全仗着秦国才做了国君，咱们连这一点恩义都忘了吗？"晋襄公觉得她的话很有道理，就把秦国的三个俘虏释放了。

先轸听说国君把秦国的将军释放了，急匆匆地跑去见晋襄公，怒不可遏地问他："秦国的将军现在哪里？"晋襄公腼腆地说："娘叫我把他们放了。"先轸一听，气得火冒三丈，往晋襄公脸上啐了一口唾沫，说："呸！你这做事不牢靠的孩子，将士们费了多少心计，兵卒们流了多少血汗，才活捉了这三个人，你仅因为妇道人家一句话，把他们统统放了。唉，一定会后患无穷啊！"晋襄公拭去脸上的唾沫，羞涩地说："都是我不好！这可怎么办呢？不知道还能不能追上他们？"大将阳处父自告奋勇地说："我去追！"先轸转身对他说："你要是能追上他们，好言好语请他们回来，就是一等大功！"阳处父手提大刀，跳上车，快马加鞭，飞驰而去。

孟明视、西乞术、白乙丙担心晋襄公反悔，派人追捕他们，就不顾一切地奔跑，直跑到黄河边了，却一眼瞧见远处有尘土飞扬，想是有人追来了。他们吓得几乎瘫下来。正在这紧要关头，他们突然发现有一只船停靠在岸边，三个人顾不得一切，就跳了上去。船舱里走出来一个渔人。他们定睛一瞧，不禁张口结舌，相继倒在船上。那个渔人不是别人，恰恰他们的好朋友公孙枝！公孙枝已经在河东等了许多天，最后终于见到他们三人逃奔上船，立刻叫人开船。小船刚离河岸，阳处父就赶到了，他慌忙地说："喂！秦国将军慢点走！我们主公一时忘了给你们预备车马，特地叫我追上来，送给将军几匹马。请你们收下吧！"孟明视支撑着站起来，向阳处父遥遥行个礼，大声说："蒙晋侯不杀之恩，我们已经感激不尽，怎么还敢收受礼物呢？假如我们回去还能保住性命的话，那么再过三年，我们一定亲自到贵国来道谢。"阳处父还想再说什么，可那只小船已是越来越远了。

《东周列国志》版画之“晋襄公墨经败秦”图，讲述晋襄公于服丧中于崤山大败秦军、俘虏其主帅之事。

飞蛾扑火

“飞蛾扑火”比喻自取灭亡。

此典出自《梁书·到溉传》：“研(同砚)磨墨以誊文，笔飞毫以书信。如飞蛾之赴火，岂焚身之可吝。”

南朝(梁)时，有一位左民尚书叫到溉，梁武帝肖衍十分器重他。到溉有个孙子叫到荩(jìn尽)，自幼聪明，尤其擅长诗文，深为梁武帝赞赏。

有一次，梁武帝和到溉开玩笑说：“你的孙子是个才子，你的文章是不是你孙子代你写的？”并且写了一首《连珠》(古时一种诗体)赐给到溉，共六句，以上是前四句，意思是：砚台磨出墨汁来行文，毛笔飞动毫锋来写信，正如飞蛾投火一样(指砚台、毛笔)，自己焚身碎骨也丝毫没有什么可惋惜的。

焚鼠毁庐

“焚鼠毁庐”比喻得不偿失的愚蠢做法。

此典出自《龙门子凝道记》。

越西有个单身汉，他结扎芦苇茅草为屋盖，筑起简陋的房子，自己努力耕作，打下粮食过日子；时间长了，大豆粮食、盐醋调料，就都能自给自足了。

可是让他发愁的是在他的屋子里老鼠成灾。那些老鼠大白天成串结队地在屋里乱窜，夜里唧唧吱吱地乱咬东西，一直闹到大天亮。这个单身汉十分恼火。

一天，他喝醉了酒回家，刚躺到枕头上睡觉，老鼠就耍出各种花样使他十分烦心，眼睛不能合拢一会儿。这男人大怒，便拿起火把到四处烧杀它们，老鼠果然烧死了，他的茅庐也被焚毁了。第二天酒醒过来，他不知所措，甚至找不到一个安身的地方了。

龙门子便去对他的遭遇表示慰问。

那人说：“人不可积愤呀！我开始只是愤恨老鼠，但光看见老鼠而忘掉自己的房屋了，不想竟遭到了这样一场灾祸。”

妇人之仁

“妇人之仁”比喻处理事情优柔寡断，不识大体。

此典出自《史记·淮阴侯列传》：“项王见人恭敬慈爱，言语呕呕。人有疾病，涕泣分食饮，致使人有功当封爵者，印敝，忍不能予，此所谓妇人之仁也。”

楚汉相争时，有一次刘邦与韩信坐在一起交谈，他问韩信说：“丞相萧何多次向我推荐，因此拜你为大将。现在，你有什么好计谋告诉我吗？”韩信赶紧起身拜谢刘邦，然后问道："大王，今天你率领军队往东面进攻，争夺天下王权，竞争的对手是项王吗？"刘邦笑道："这还用问吗？"韩信紧接着说："大王自己认为，在勇敢、剽悍、仁慈、强盛等方面，哪一样可与项王相比呢？"刘邦沉默了好一会儿，有点难为情地说："都不如项羽"。

韩信退后两步，第二次向刘邦拜谢，然后向他祝贺说："的确，我也认为大王不如项王。然而，我曾在项王手下做过事，不妨说说他的为人。论勇猛，项王的确是一个了不起的人物，他大喝一声，千百人倒下；然而，他不会任人唯贤，因此他的勇猛无非是匹夫之勇。论仁慈，项王也的确对人和善慈爱，说话时呜呜咽咽，手下人得了病，他会伤心得流泪，把自己的食物分出来吃；但是，遇到有人立了功，行赏时应该封爵位的，他会把大印磨来磨去，直到磨烂也不肯给别人。这样的仁慈，不就是妇道人家的仁慈吗？这对争夺天下有什么好处呢？"

刘邦听了，非常高兴，对韩信有种相见恨晚的感觉。

割肉相啖

"割肉相啖"说明有勇无谋，只能白白牺牲。

此典出自《吕氏春秋》。

齐国有两个自诩为"勇敢"的人，一个住在城东，一个住在城西。有一天，两人在路上邂逅，说："我们去喝杯酒吧！"喝了几杯之后，一个说："买点肉来吃，好吗？"另一个说："你身上有肉，我身上也有肉，还要另外买肉干什么呢？"接着，两个人准备好了调口味的豆豉酱，就拔出腰刀来，你割我的肉吃，我割你的肉吃，最后两个人都死掉了。

悍勇到这种地步，还不如没有勇气的好。

固执己见

"固执己见"这篇寓言讽刺不懂装懂、顽固坚持错误的人。

此典出自江盈科《雪涛小说》。

楚国有个生来不认识生姜的人说："生姜是在树上结成的。"有人对他说："是在土里结成的。"那个人固执己见，说："请跟你打赌，以十个人为询问对象，拿我们骑的驴作赌注。"接着问遍了十个人，都说："生姜是土里出的。"那个人无言以对，气的变了脸色，说："驴就给你，可是生姜还是树上生的！"

桂饵金钩

"桂饵金钩"比喻那些脱离实际、讲求形式、舍本逐末的行为。

此典出自《阙子》。

鲁国有一个爱好钓鱼的人，用桂花

韩信登坛拜将图，出自清·马骀《百将图传》。

制成的食品当鱼饵，黄金锻制成的渔钩，镶饰上银丝和碧玉，把翡翠鸟的羽毛编织成钓丝。

他拿钓竿的姿势和寻找的位置都很贴切适当，可是，钓上的鱼却没有几条。

汉阴丈人

“汉阴丈人”比喻顽固反对新事物的人，往往会拿出一套歪道理为自己的守旧行为辩护。

此典出自《庄子·天地》。

子贡往南方的楚国游历，回晋国途中，经过汉水南岸，正好遇见一位老人正要去灌溉菜园子。只见他从挖开的一个隧道下到井里，双手抱一只大瓮汲水出来灌园，十分吃力而功效不大。

子贡说：“我有一种机械，一天可灌一百亩地，用力少而见效快，老人家您不用它吗？”务园子的老汉抬头望了望他说：“什么样的机械？”

子贡说：“在木头中凿一个机关，后半重前半轻，用它提水就像抽引一样，接连不断，水流泛溢奔流，它的名叫桔槔。”

老汉勃然大怒，一下变了脸色，讥笑说：“我从我的老师那里听到说，有机械的人一定有投机取巧之事，有机巧之事的，一定有机变巧诈之心。心中存有奸诈，人的纯粹洁白的天性就受到破坏；纯粹洁白的天性不完备，就会心神不定；心神不定的人，是不可能得到道的。我并非不知道桔槔这种机械，我是耻于做这种让人心神不定的事情！”

好大喜功

“好大喜功”形容铺张浮夸的作风。

此典出自罗泌《路史·前纪》卷四《蜀山氏》：“昔者汉之武帝，好大而喜功。”

西汉武帝刘彻（公元前140—前87年在位）统治期间，他接受董仲舒的建议，“独尊儒术”，作为巩固政权的工具；并采用法术、刑名以加强统治。他颁行“推恩令”，使诸侯王多分封子弟为侯，以削弱割据势力；设置十三部刺史，以加强对地方的控制。他征收商人资产税，打击富商大贾；又采纳桑弘羊的建议，把冶铁、煮盐、铸钱收归官营；设置平准官、均输官，由官府经营运输和贸易。同时，他兴修水利，移民西北屯田，实行“代田法”，发展农业生产。他曾派张骞两次出使西域各国，加强对西域的统治，并发展了经济文化交流。又派唐蒙至夜郎，在西南先后建立了七个郡。他还任用卫青、霍去病为将，攻打匈奴，解除匈奴威胁，保障了北方经济文化的发展。

刘彻十六岁当皇帝，在位五十三年，做过一些前人未做过的事情，因此罗泌说他“好大喜功”——一心想做大事，立大功。但是，由于他崇尚武力，加之举行封禅，祀神求仙，挥霍无度，使徭役繁重，农民大量破产流亡。天汉二年（公元前99年），齐、楚、燕、赵和南阳等地都爆发农民起义。

何足挂齿

“何足挂齿”的意思是事情很不重要，不值一谈。

此典出自《史记·刘敬叔孙通列传》：“此特群盗鼠窃狗盗耳，何足置之齿牙间。”

秦朝末年，陈胜、吴广揭竿而起，攻城略地，动摇了秦王朝的统治。秦二世（胡亥）慌忙召集一群儒生、博士，商量解决的办法。三十多个儒生异口同声地说：“这些家伙反叛朝廷，罪该万死，陛下应该发兵讨伐！”不知道出于什么原因，秦二世听了这番话之后，竟然大怒起来。有一个十分聪明的待诏博士，叫叔孙通。他揣摩清楚了秦二世的心思。于是，他大谈天下的大好形势。

叔孙通对秦二世谈道："这些儒生的话都没有道理。如今，天下统一，中央大权在握；郡守县令由朝廷任命，随时可以调动；销毁了天下的兵器，说明天下太平，没必要动用这些武器了。况且，朝廷上有贤明的君主，制定并向天下发布了种种法令，使天下人人各司其职，四方安定团结，百姓聚集在秦王朝周围，就像车辐集中于车毂一样，哪有敢于造反的人！陈胜这伙人，只不过是一群打家劫舍的强盗，干些鼠窃狗盗的事，根本不值得我们去谈论它。当地郡守、郡尉正在捕捉这伙强盗，陛下不足为忧。"秦二世听了叔孙通的这番话，非常高兴。他送给叔孙通二十四帛，一套衣服，又正式封他为博士。儒生们对叔孙通的言行非常厌恶，纷纷谴责他。叔孙通向他们解释说："如果我不那样说，是难逃胡亥虎口的！"于是，他从秦朝廷逃走了，起初是投奔项梁，后来投靠了刘邦。

汉武帝像，图出自明万历刻本《三才图会》。

鹤亦败道

"鹤亦败道"这则故事说明，故弄玄虚，自夸诞妄，与众不同，以为仙道。结果是，当众出丑。

此典出自《冷斋夜话》："渊材迂阔好怪，尝畜两鹤。客至，指以夸曰：'此仙禽也。凡禽卵生，而此胎生。'语未卒，园丁报曰：'此鹤夜产一卵，大如梨！'渊材面发赤，诃曰：'敢谤鹤也！'卒去，鹤辄两展其胫，伏地。渊材讶之，以杖惊使起，忽诞一卵。渊材嗟咨曰：'鹤亦败道！'"

这段话意思是说：

刘渊材性情迂阔又喜欢怪诞，曾在家中养着两只鹤。每逢客人到来，他便指着鹤夸耀道："这是只仙鸟呀！凡禽鸟都是卵生，而这只仙鸟却是胎生的。"

话音未落，园丁跑来报告说："这只鹤夜里下了一个蛋，和梨子一般大！"

刘渊材羞得满脸通红，大声呵斥园丁说："你竟敢诽谤仙鹤呀！"

最后，他们就一同去观看，鹤就展开它的双腿，趴在地上。刘渊材觉得很奇怪，用拐杖去吓它，想叫它站起来，这时鹤忽然又生下一只蛋。

刘渊材长叹一声，说道："唉，仙鹤也败坏仙道呀！"

猴子搏矢

“猴子搏矢”这篇寓言说明喜欢卖弄聪明、表现自己、爱耍骄傲的人，有时是要吃亏的。

此典出自《庄子·徐无鬼》。

吴王坐着船在长江里游玩，登上一座猴山。很多猴子看见了，都急忙逃到深深的荆棘丛里去。唯独有一只猴子，从容不迫地跳来跳去，在吴王面前表现它的灵巧。吴王拿起弓箭射它，它敏捷地接住了箭。吴王命令手下人一起射它，那只猴就被围住射死了。

吴王回头对他的朋友颜不疑说：“这只猴子啊，夸耀它的灵巧，依仗它的敏捷，来向我炫耀，以致得到这样一个下场。应该警惕啊！唉！不要拿你的神气对人骄傲啊！”

猴子救月

“猴子救月”比喻庸人自扰，而且招祸。

此典出自《法苑珠林·愚戆篇·杂痴部》。

在过去，有一个伽尸国，国内有座波罗柰城。在人迹罕见的树林中，有五百只猕猴。有一天，猕猴们到了一棵尼俱律树下，看到树下有口井。月影在井中一晃一晃，猕猴头儿见了，对那些同伴说：“月亮今天掉到了井中，我们应当共同努力把它捞出来，以免世界上每个夜晚都是黑漆漆的。”猕猴们共同商量说：“怎么才能救出月亮呢？”猕猴头儿说：“我知道救出月亮的方法：我捉住树枝，你们捉住我的尾巴，一个连一个，就可以捞出月亮了。”当时，那群猕猴便依照头儿的话去做了，一个捉住一个，挂成一长串。就要接近水面时，连在一起的猕猴太重，树枝弱小，“咔嚓”一下便折断了，所有的猕猴都掉到了井水中。这时，树神便说道：

“这一群蠢笨的野兽，
痴痴呆呆互相追随；
空空地自找烦恼，
怎能把月亮救出水？”

毁钟掩耳

“毁钟掩耳”用以嘲讽那些以为自己不知道的事，别人也一定不知道的蠢人。

此典出自《吕氏春秋·不苟论·自知》：“范氏之亡也，而姓有得钟者。欲负而走，则钟大不可负。以椎毁之，钟然有音。恐人闻之而夺己也，遽掩其耳。”

这段话意思是说：

范氏灭亡的时候，老百姓中有一个人偷了一口钟。他想背起逃跑，可是钟太大背不动。他就用铁锤把钟砸破，铁锤刚落，钟发出了巨大的响声。他唯恐别人听见之后从自己手里把钟夺走，就连忙用手把自己的耳朵紧紧捂住。

讳不识字

“讳不识字”这个典故告诫人们，不要不懂装懂，死要面子。

此典出自《笑林》。

有个人写了一封信派人去向一个富翁借牛。富翁正在会客。他忌讳自己不识字，就打开信，装模作样地看了一番，然后对送信的人说：“知道了，过一会我就去。”

浑沌凿窍

“浑沌凿窍”这个典故比喻办事情如果不考虑它们各自的特殊性,而主观地强求一律,那就像替浑沌凿窍一样,好心反而办了坏事。

此典出自《庄子·应帝王》。

南海神王,名字叫儵;北海神王,名字叫忽;中央神王名叫浑沌。儵与忽交情很好,他们常在浑沌所管理的中央地区会面,受到浑沌的热情款待。

儵与忽非常感激,就商量着要报答浑沌的恩惠:“人人都有口、鼻、耳、目七窍,用以看视,闻听,进食,呼吸,唯独浑沌没有。我们试凿一番。”于是,儵与忽一齐动手,每天开凿一窍,七天之后,浑沌竟被凿得七窍流血死去了。

矫枉过正

“矫枉过正”比喻纠正错误超过了应有的限度。

此典出自《汉书·诸侯王表序》:“可谓矫枉过其正矣。”

据《后汉书·仲长统传》载:东汉灵帝时,高平有个著名的读书人,名叫仲长统。他从小好学,博览群书,最擅长文章辞令,才二十余岁就在青、徐、并、冀诸州间游历,非常了解汉王朝的得失,曾写了几篇议论时事的文章献给灵帝。在其中一篇《理乱篇》中曾提到汉末政治动乱的原因和后来人们拨乱反正的做法。他说:后代的帝王有的很愚蠢,看见国内没有人反对他,就以为自己很了不起,将一切治理国家的功绩归于自己,以为无人可以将他推翻,于是,君主与臣下一起胡作非为。在宫内,沉湎于女色,在外整天驰骋于围猎场上。不理政事,不管人民的死活,有才能的人不用,亲信的尽是些阿谀奉承之辈,受到尊崇的全是皇后、妃子、姬妾的家人。这就像叫饿狼看守厨房、饿虎管理猪圈一样,百姓的骨髓被吸尽了,怨声载道,整个国家都处在纷乱不安之中,其他异族也乘机来犯,结果是土崩瓦解,一朝覆亡。

驳象虎疑

“驳象虎疑”比喻在社会生活中,类似这种为假象所惑而发生错觉的事情。

此典出自《管子·小问》:“此驳象也,驳食虎豹,故虎疑焉。”

齐桓公骑马出游,有一只老虎远远望见就连忙趴在地上。事后,桓公问管仲说:“今天我骑马出游,老虎看到我吓得不敢动,这是什么原因呢?”

管仲回答说:“君王必是骑驳马闲游,迎着太阳奔跑吧。”

桓公说:“是这样。”

管仲说:“这是因为驳马很像驳,驳能吃老虎豹子,所以老虎害怕了。”

进寸退尺

“进寸退尺”比喻得的少,失得多,得不偿失。

此典出自《老子》第六十九章:“用兵有言:吾不敢为主而为客,不敢进寸而退尺。”

《老子》第六十九章,是老子的一篇军事论文。老子说:古代用兵的人有这样的话:我不敢做主动发动战争的“主”,而要做被迫进行战争的“客”。我不敢进入别国领土一寸之近,可以退回本国领土一尺之远。

荆人畏鬼

“荆人畏鬼”这个典故告诫人们，没有科学态度，就不可避免地要被坏人利用。

此典出自《郁离子》。

楚地有个人，特别害怕鬼，听到风吹叶落和蛇鼠爬行的声音，都以为是在闹鬼。一个小偷知道他疑神疑鬼，就在夜晚爬在他家墙上，探头探脑，装鬼怪叫。他吓得半死，看都不敢看一眼。小偷这样反复四五次，然后进入他的屋里，把所有的财物洗劫一空。

举措失当

“举措失当”比喻措施不得当。

此典出自《史记·秦始皇本纪》：“举措必当，莫不如画。”

秦始皇二十六年（公元前221年），秦消灭六国，统一了天下。接着把全国划为三十六个郡，并且统一了度量衡。二十七年，为了宣扬威德，秦始皇开始巡游天下。二十八年，秦始皇到泰山去进行封禅典礼，接着又南登琅琊，在琅琊呆了三个多月，修筑了琅琊台，并且立了石碑，刻上碑文歌颂秦始皇的功绩和秦的德政。其中写到：秦始皇关心老百姓，勤于朝政，制定了符合大众要求的法律，地方官吏也能分工合作，对事务的安排、措施，全都是整齐划一，一切按规定、按制度办事。

拒谏饰非

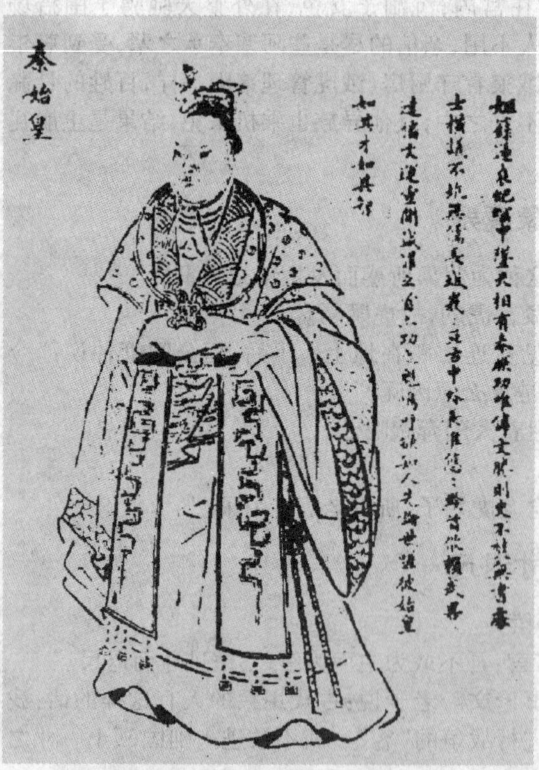

《东周列国志》版画之秦始皇像

“拒谏饰非”指拒绝别人的劝告，掩饰自己的错误。

此典出自《荀子·成相》：“拒谏饰非，愚而上同国必祸。”

《成相》是荀况晚年的作品。在这篇文章中，他借用一些历史故事，塑造了他理想中的圣王和贤相的形象。文中写到：君主喜欢忌妒和处处都想胜过臣下，这样大臣们就没法进行规劝了，必然要遇到灾祸。君主评论臣下的过错，要看他所做的事是否违背了尊崇君主，安定国家和推崇贤人的做法。君主拒绝规劝，掩饰自己的错误，臣下阿谀奉承、附和君主的意思，国家就必然遭到灾祸。

刻画无盐

“刻画无盐”比喻以丑作美，引喻失当。

此典出自南朝宋刘义庆《世说新语·轻底》：“何乃刻画无盐，唐突西施也”。

战国时,齐国无盐(今山东东平县东)有一个相貌丑陋的女子,姓钟离,名春,外地人都称她无盐。无盐相貌虽丑,但关心政事。她曾当面指责齐宣王奢侈腐败。齐宣王受到感动,立她为王后。后来,人们就用"无盐"来称颂和比拟貌丑而有德行的妇女。

春秋时代,越国曾有一个绝代美女西施。无盐和她比起来,简直是天壤之别。如果非要作个比较,那就把丑的抬得太高,把美的贬得太低了。这种做法,称作"刻画无盐,唐突西施"。

晋代时,征西将军庾亮与荆州刺史周友善。一次,庾亮对周说:"大家都拿你比乐广。"周说:"这真是精细地描绘无盐,无端地冒犯西施"。

空洞无物

"空洞无物"意思是空空如也,什么东西也没有。人们常用它形容文章或讲话空空洞洞,没有内容,或不切合实际。

此典出自《世说新语·排调》:"王丞相枕周伯仁膝,指其腹曰:'卿此中何所有?'答曰:'此中空洞无物,然容卿辈数百人。'"

王导(公元276—339年),晋代临沂人,字茂弘,少年时代就见识广,才智过人。晋元帝(司马睿)登基前,是琅玡王,王导为他出谋划策,笼络人心,对他的帮助很大。司马睿建立了东晋政权之后,任王导为丞相。王导在晋元帝(司马睿)时代、晋明帝(司马绍)时代、晋成帝(司马衍)时代,都出将入相当大官,一直当到太傅。

当时,有一个人叫周顗(yǐ),字伯仁,少年时代就很有名气,二十岁继承了父亲周浚的爵位,当了武城侯,晋元帝(司马睿)时任宁远将军、荆州刺史、吏部尚书等职。他才华出众,酷爱饮酒,有时一个人能喝一石酒,整天都是醉醺醺的。有一次,一个酒友来找他,两个人抱着二石酒大喝起来,都喝得酩酊大醉。周顗醒来一看,那个酒友已经醉死了。周顗的脾气很好,性情温和,对人非常友爱。他的弟弟周嵩有一次喝醉了酒,瞪着眼睛对周顗说:"你的才能根本比不上我,凭什么有那么大的名气!"说着,把燃烧着的蜡烛投到哥哥的身上。然而周顗神色不变,一点也不发脾气。正因为周顗有这些长处,丞相王导十分重视他,同他保持着非常亲密的关系。

有一次,王导枕着周顗的膝盖,指着周顗的肚子说:"您的肚子里有些什么东西呢?"周顗回答道:"我的肚子里空空如也,什么东西也没有。不过,像您这样的人,我的肚子里能装上几百个。"听了周顗的话,王导并不生气。

孔丘吃桃

"孔丘吃桃"比喻虚伪的礼仪和繁文缛节,也可用来比喻迂腐可笑。

此典出自《韩非子·外储说左下》。

有一次,孔子陪着鲁哀公闲坐,哀公赏给孔子桃子和黍子,请他吃桃。孔子先吃掉了黍子,然后才开始吃桃。哀公左右的人见孔子出了丑,都捂着嘴笑起来。哀公说:"这黍子不是吃的,是用来擦桃毛的呀。"孔子回答说:"这个我知道。我认为黍子是五谷中地位最高的,祭祀先王时用黍子做上等祭品。瓜果有六种,而桃子是地位最低下的,祭祀先王时,不能把桃子当成祭品。我听说,有修养的人用低贱的东西去擦拭贵重的东西。如果用五谷中地位最高的黍来擦拭瓜果中地位最低下的桃,这就好比让尊贵的人来给卑贱的人做事。我认为这样做有损于上下尊卑制度,因此我不敢把桃子抬高到宗庙祭品之上啊!"

王导像,图出自清·顾沅辑《古圣贤像传略》。

劳而无功

“劳而无功”指花了力气却没有成效。

此典出自《管子·形势篇》:“与不可,强不能,告不知,谓之劳而无功。”又见《庄子·天运》:“是犹推舟于陆地,劳而无功。”下面故事从《庄子》。

春秋末年,孔子带着一些弟子周游列国,宣传他们的政治主张。在准备从鲁国到卫国去的时候,弟子颜渊对鲁国的太师金说:“我的老师孔子要到卫国去宣传仁义道德这些政治主张,您说卫侯会接受吗?”金回答说:“现在战乱四起,各国的国君都只顾着打仗,谁听那些不合时宜的说教呢?如今他去卫国游说,可能会像在陆地上推着船前进一样,花了力气,却收不到效果。”后来,孔子来到卫国,仍然不合时宜地进行说教,卫侯果然没有采纳他的主张,他只好垂头丧气地走了。

两败俱伤

“两败俱伤”是指双方都吃了亏,都受到了损害。

此典出自《战国策·齐策三》。

战国时代,齐宣王打算发兵去攻打魏国。当时齐国有一个幽默善辩的人名叫淳于髡,他知道了,便去见宣王,说:“韩子卢是最有名的猎犬,东郭逡是最著名的狡兔。有一天,韩子卢追赶东郭逡;一只在前面拼命地逃,一只在后面拼命地追,绕着山脚追了五圈,越过山头又追了五趟,直到后来它两个都跑得精疲力竭了,就全部倒在路边,死掉了。这时,来了一个种田的人,他弯下腰去,毫不费力地拾起一只狡兔和一只猎犬。现在,如果齐国攻打魏国,必定兵连祸结。这场战争不是短期之内可以结束的。结果,必将使双方士兵都打得焦头烂额,疲惫不堪!而且也极大地加重了百姓的负担,落得民穷财尽,两败俱伤。那时候,秦国和楚国便可以不费吹灰之力、长驱直人,占领齐、魏两国,就像种田的人毫不费力地拾到一只狡兔和一只猎犬一样。”

齐宣王听了,觉得淳于髡的话非常有道理,就放弃了攻打魏国的念头。

龙蛙喜怒

“龙蛙喜怒”这个典故告诉人们,越是鼠目寸光,胸无大志的人,往往越喜欢自我陶醉,自鸣得意。

此典出自《艾子杂说》。

很久以前，有一位龙王在海滨遇到一只青蛙。

它们相互寒暄后，青蛙问龙王说：“大王您居住的地方怎么样啊？”龙王回答道：“那是珍珠造成的宫殿，彩贝堆砌的楼台，可以说是无比壮丽、无比精巧了。”

龙王也问青蛙说：“你住的地方怎么样啊？”青蛙说：“周围是绿苔碧草，门前是清泉白石。”

青蛙又问龙王：“大王喜怒的时候，是什么样呢？”龙王说：“我高兴的时候，普降甘霖，让天下五谷丰登；发怒的时候，先兴狂风，再发雷霆，后飞闪电，让千里之内，寸草不留。”

龙王也问青蛙：“你喜怒的时候，又是怎么样呢？”青蛙说：“我高兴的时候，便对着清风明月，尽情鼓噪一片蛙声；生气的时候，先怒眼睛，再鼓肚腹，直到最后胀破肚皮，一死方休。”

鲁人徙越

“鲁人徙越”比喻要根据社会的实际需要决定行动，否则就非碰钉子不可。

此典出自《韩非子·说林上》。

鲁国有个人擅长织草鞋，他的妻子擅长织生绢，他们想搬迁到越国去生活。有人告诉他说：“你一定会遇到困难的。”

这个鲁国人诧异地问道：“为什么呢？”

那个人回答道：“鞋子是用来穿的，而越国人是光脚走路的；织绢是为了做帽子戴，而越国人是不戴帽子的。拿你们所擅长的技艺，跑到用不着的地方去谋生，要使自己摆脱困境，怎么可能做到呢？”

驴鸣犬吠

“驴鸣犬吠”的意思是如同驴狗般的号叫，用以嘲笑某人文章写得拙劣。但此典过于刻薄，对人不敬，应当慎重使用。

此典出自《朝野佥载》卷六：“梁庾信从南朝初至北方，文士多轻之。信将《枯树赋》以示之。于后无敢言者。时温子升作《韩陵山寺碑》，庾信读而写其本。南人问信曰：‘北方文士何如？’信曰：‘唯有韩陵山一片石堪共语，薛道衡、卢思道少解把笔，自余驴鸣犬吠，聒耳而已。’”

庾信（公元513—581年），字子山，是南北朝时期的北朝作家。起初，他在南朝梁朝当官，与他的父亲庾肩吾一起入宫廷，写作绮丽的宫体诗。梁元帝（萧绎）承圣三年（公元555年），四十二岁的庾信奉命出使西魏，到了长安。恰巧此时，西魏的军队攻陷了江陵，捕杀萧绎。从此，庾信便被留在西魏，历经西魏、北周，到隋文帝（杨坚）开皇元年（公元581年）去世。

庾信本是被逼迫留在北方的南朝使臣。他从南朝初到北方时，文人们都轻视他。留在北朝做官，这在庾信看来不但是背井离乡，而且是“失节”的行为，使他内心中感到严重的屈辱和痛苦。这种遭遇和经历使他的创作发生了变化，写出了《哀江南赋》、《小园赋》和《枯树赋》等代表作。《枯树赋》主要是抒写自己身世之感，如“若乃山河阻绝，飘零离别，拔本垂泪，伤根沥血。火入空心，膏流断节。横洞口而欹卧，顿山腰而半折。”树的形象已经成为作者身世的象征，读后催人泪下。庾信把《枯树赋》拿给其他文人看，他们看后深表佩服，从那以后他们再也没有攻击庾信了。此前，以尔朱荣为首的尔朱氏拥有强大的兵力，魏国在凶暴愚蠢的尔朱氏支配下，从统一的形式转向分裂的形式。公元532年，晋州(今山西临汾县)刺史高欢在洛阳大杀尔朱氏及其徒党,并在韩陵山(在河南安阳东)建立定国寺,记载自己的功德,一个叫温子升的文人撰写了碑文,即《韩陵山寺碑》。庾信很喜欢这篇碑文,就把它抄了下来。有一次,南方的文人问庾信说:“北方文人的水平怎么样呢?”庾信回答道:“唯有韩陵山上的那块碑文尚可一读,薛道衡(字玄卿)、卢思道稍懂为文之道,除此之外,都是一些驴鸣犬吠之徒,聒噪一番,污人耳目而已。”

买鳖亡鳖

“买鳖亡鳖”这一则寓言讽刺了教条主义者总是带着很大的主观性、片面性和表面性。

此典出自《韩非子·外储说左上》。

郑雎人卜子的妻子去赶集,买了一只甲鱼。

路过颍河的时候,她以为甲鱼渴了,就把它放到河里去喝水。结果甲鱼就跑掉了。

盲人骑瞎马,夜半临深池

“盲人骑瞎马,夜半临深池”这个典故用以比喻人们办事乱碰瞎闯,危险之至。

此典出自《世说新语》:“盲人骑瞎马,夜半临深池。”

东晋时期,桓玄掌握大权,家中常常是宾客满座,饮宴至深夜。有一天,在宴席上行酒令。规定每个人讲两句诗,表达一个非常危险的境界。一人说:“月黑杀人夜,风高放火天。”大家说:“不错,是挺吓人的。”又一人说:“昼日则鬼见,暮卧则梦闻。”大家说:“不错,也吓人。”一人道:“大虫口中夺脆骨,骊龙项下夺明珠。”大家说:“不错,这也是很吓人的事。”轮到一个参军时,他脱口说道:“盲人骑瞎马,夜半临深池。”可大家竟默不作声。原来桓玄瞎了一只眼睛,最忌讳别人说什么瞎子、盲人。良久,桓玄涩声说道:“你怎么当面讥刺我是盲人呢?”于是酒宴不欢而散,第二天,参军就被免了职。

梦中受辱

“梦中受辱”说明:寻找虚幻的敌人,报复梦中的羞辱,以至竟含恨自杀。比喻虚幻的好勇,毫无意义与价值。

此典出自《吕氏春秋·遇合》。

齐庄公时候,有个名叫宾卑聚的人。一天夜晚,他梦见有个壮士,头戴白缟制的帽子,外穿红色麻布盛服,内穿东布做的衣服,脚登崭新的白鞋,挂着黑色的剑囊,把他骂了一顿,唾了他一脸。

这个人突然惊醒了,原来只是一场梦。结果气得一夜再也不能入睡,闷闷不乐地坐在那里。

第二天,他请来要好的朋友,把梦里的事讲给他听,并说:“我自幼勇敢好胜,到现在六十年来从未受过半点羞辱。现在有人竟敢在夜间羞辱我,我非要根据我梦见的相貌找到他,报仇雪恨。如果最终能找到了,还算罢了;找不到,一死了之。”

于是,他每天约朋友一起站在十字路口寻找梦中的那个人。

结果,三天过去了,还没有找到,他便回去自杀了。

目不见睫

“目不见睫”意思是眼睛看不见自己的睫毛,比喻目光短浅,没有自知之明。

此典出自《韩非子·喻老》:“臣患智之如目也,能见百步之外而不能自见其睫。”

又见《史记·越王勾践世家》:吾不贵其用智之如目,见豪毛而不见其睫也。

战国时,越王无疆执掌政权,他想与当时的其他国家争霸,就对外使用武力,准备北面向齐国用兵,西面对楚国侵略。齐威王知道越国要向齐国进攻,就打发人去对越王说:“越国不去攻打楚国,大既不能称王,小也不能称霸。我想越国之所以不去攻打楚国,是因为得不到晋国的支持。”越王说:“我对晋国的希望是保持中立,不想和他们两军相对,难道晋国还会来攻夺我的城池吗?”然后他又分析了当时各国的情况后,对晋国的不趁机去掠取楚国的土地,认为十分失算。

齐国使者听了越王的见解,说:“我觉得越国没有亡国是件幸运的事情,大王你看得多么肤浅!我一点不重视那种运用智慧像使用眼睛的做法,眼睛虽然能看清楚细微的毛,却看不见自己眼睑上的睫毛。现在,你只看见晋国的失计,却看不见越国本身的错误,只盼望晋国去瓜分楚国,又不能和他联合,怎么能够全凭希望呢?大王不如现在出兵去攻打楚国,先夺长沙一带的产米区(楚国在今湖南、湖北地方)和竟泽陵的产木材的地区,那么就可以建立霸王的基础了。”越王被齐国的说客打动了,就放弃齐国而去攻打楚国了。

目不识丁

“目不识丁”也作“不识一丁”。它的意思是,“丁”字是最好认的字,如果连“丁”也不识,则便一个字也不识。比喻人不识一字。

此典出自《旧唐书·张弘靖传》:“今天下无事,汝辈挽得两石力弓,不如识一丁字。”

张弘靖,字元理,在唐宪宗(李纯)时期任吏部尚书、检校右仆射、宣武军节度使,后又取代刘总出任幽州、卢龙等军节度使。

张弘靖的手下侍从有韦雍、张宗厚等人,都是些轻狂放肆、嗜酒如命之徒,常在夜里喝得酩酊大醉,回家的路上,点燃满街的灯笼火把,前后吆吆喝喝,当地人很厌恶他们。韦雍等人又经常侮辱责骂吏卒,人们都把他们称作“反贼”,对军士说:“现在天下太平无事,你们能拉开两石重的硬弓,还不如认识一个‘丁’字!”军中向来讲义气,听了这番侮辱的话,军士们都怨恨韦雍等人。前任幽州节度使刘总回到朝廷后,派人送来一百万贯钱犒赏军士,张弘靖即从中扣留二十万贯钱充作军府杂用。当地士兵非常气愤,于是互相串通,进行叛变,把张弘靖囚禁在蓟门馆,并抓住了韦雍、张宗厚等数人,最后把他们都杀死了。

沐猴而冠

“沐猴而冠”比喻装扮得人模人样,但虚有其表,只是装样子而已。

此典出自《史记·项羽本纪》:“人言楚人沐猴而冠者,果然!”

项羽在鸿门把刘邦放走以后,心中非常懊悔,又想起刘邦或许要占领咸阳,心中更加恼怒。一怒之下,他便带领军队攻打咸阳。占据咸阳后,他杀掉了秦降王子婴,烧了秦朝宫殿,抢了宫中的珍宝财物,带着军队准备东归。当时有个名叫韩生的人对项羽说:“关中这个地方东有函谷关,南有武关,西有散关,北有萧关,山河西塞,四面都有险要的地方可守,而且土地肥沃,物产丰富,确实是一个建都的好地方啊!”项羽说:“富贵不归故乡,如衣绣夜行,谁知之者?(意思是:升了官,发了财不回故乡显耀一番,就像穿着非常漂亮的锦绣衣服在夜里行走一样,有谁知道呢?)”韩生说:“我听说楚人‘沐猴而冠’,现在看来,果然是这样。”项羽听了恼羞成怒,就把韩生投入沸水锅内煮死了。

牛膝鸡爪

“牛膝鸡爪”意即望文生义。

此典出自《广笑府》。

有个开药铺的人，一天外出，让他的儿子看守铺面。

没过多久，有位顾客前来购买牛膝、鸡爪、黄连。儿子愚昧，不认识药，找遍了药柜也没有找到，便割下家里耕牛的一条腿，剁了两只鸡爪子，卖给了顾客。

弄巧成拙

“弄巧成拙”比喻本想要弄聪明，结果反而做了蠢事，亦称“弄巧反拙”。

此典出自《宣和画谱》：“弄巧成拙，为蛇画足。”

孙知微是北宋时期一个有名的画家。有一次，成都寿宁寺请他为寺院画一幅《九曜图》。他画好草图以后，由于有事要到一个朋友家去，于是就把他的弟子们找来，对他们说：“这幅画的轮廓我已经画好了，我要出去办点事，剩下着色的工作，你们几个人接着做吧，一定要认真做好。”

这些弟子得到老师的信任，满心欢喜。老师走了以后，他们就准备上色，可是，他们忽然发现图中水星菩萨的侍从童子手中拿着的水晶瓶是空的，他们觉得十分奇怪。一个名叫童仁益的学生对大家说：“老师平时画瓶，总要在瓶上画一束鲜艳的插花，这一次可能因为要去办事，一着急忘了画上。我们给画上吧。”大家都赞同他的意见，于是他就在水晶瓶上认真地添上一枝粉红色的莲花。

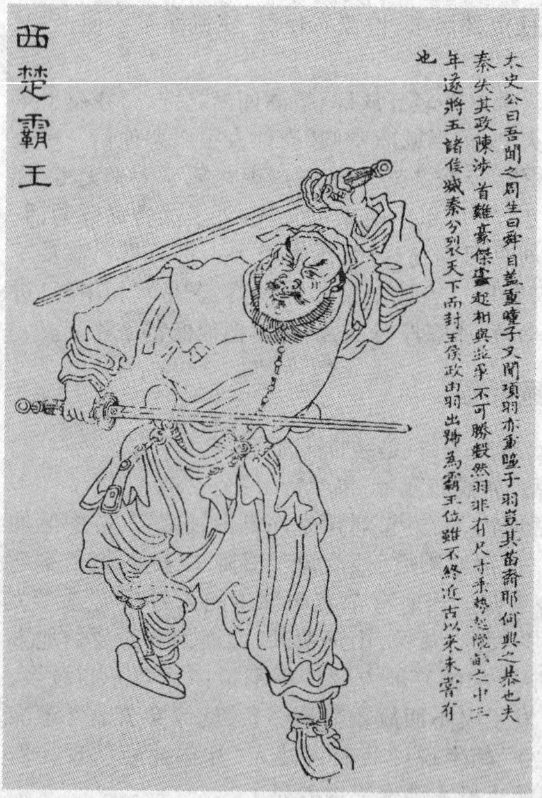

项羽像，图出自清·上官周绘《晚笑堂画传》。

第二天，孙知微归来。当他看到水星菩萨的侍从捧的瓶子中居然冒出一朵莲花时，气得火冒三丈。他责问学生们：“莲花是你们添上去的吗？为什么要随便添上莲花？”学生们回答：“是我们添的，添上莲花不是更好看了吗？”孙知微气愤地说道：“这简直是胡闹。你们的本意虽然是好的，但却干了一件自以为聪明的蠢事。《道经》中说，这水星菩萨的水晶瓶不是插花用的，而是用来镇伏水的宝贝。瓶中根本就没有什么花草，如果添上花，它就不是神物而仅仅是只普通的花瓶了。这幅画全让你们给毁了。”

蚍蜉撼树

“蚍蜉撼树”比喻力量最小而妄想动摇强大的事物，就像蚂蚁想去撼动大树一样，自不量力。

此典出自唐代韩愈《调张籍》诗:“李杜文章在,光焰万丈长。不知群儿愚,那能故谤伤。蚍蜉撼大树,可笑不自量。”

张籍是韩愈的学生,他们师生之间感情很深。当时有些狂妄自大的人妄自评论李白、杜甫的诗文,韩愈对此非常不高兴。那时张籍也有着急出名的念头,韩愈乃作《调张籍》这首五言诗。一则勉励张籍,一则抨击当时的狂人。这首诗的前六句是:

李杜文章在,光焰万丈长。

不知群儿愚,那能故谤伤。

蚍蜉撼大树,可笑不自量。

这几句诗的意思是:李白、杜甫的诗歌存于天地之间,放射万丈光辉。不知道一伙无知之徒,为什么要故意诽谤他们。这就像蚂蚁想撼动大树一样,未免太可笑,太不自量力了。

剖腹藏珠

“剖腹藏珠”比喻惜物伤身,轻重倒置。

此典出自《资治通鉴·唐太宗贞观元年》:“西城贾胡得美珠,剖身以藏之。”

唐太宗李世民有一次给大臣们讲了这样一个故事:西域有一个商人,偶然得到一颗珍贵的珍珠。这颗珍珠非常罕见,价值连城,商人也十分珍爱。他害怕珍珠被人偷去,放在哪里都不放心。后来,他想出一个“高明”的办法,把自己的肚子剖开,把珍珠藏在肚子里面,结果他一命呜呼。

唐太宗讲完这个故事后说道:“这个故事我是听别人讲的,你们说真会有这种人吗?”大臣们说:“也可能有。”

齐王赐药

“齐王赐药”这个故事用以说明:方法不对就会好心办坏事,正如药不对症一样。

此典出自《艾子杂说》。

艾子侍奉齐宣王。一天,朝见宣王的时候,脸上露出了忧郁的神色。齐宣王感到奇怪,就问他原委。艾子回答道:“我不幸,我的孩子正在害病。我想把情况报告您并请个假,但又想到您身旁没有商量国事的人,所以来朝见您;但我心里却又惦念着孩子。”宣王说道:“你为什么不早点儿说呢?我有一个很好的药方,你的孩子吃下后,病很快就会好的。”说完他就把药方赐给艾子。艾子拜受了宣王的药物,并带回家给他的孩子吃了。辰时吃下去,巳时就死了。第二天,艾子去见宣王时,流露出一副悲痛的神情。宣王问明了缘故,非常忧伤地说道:“你死去了儿子,确实值得哀悼,现在我赐给你一些黄金,帮助你埋葬儿子。”艾子说道:“我那没有成年就死去了的孩子,不能承受您的赏赐;不过,我打算另外向您提出一个请求。”宣王急切地问道:“什么请求?”艾子说:“我只要求您赐给我前天让我孩子吃了并有了效果的药方。”

骑马乘舟

“骑马乘舟”这个典故用以讽刺那些形而上学的人。

此典出自《笑府》。

有个喜欢骑马的人,被人欺骗,用五十两金子买了一匹马。这匹马低劣不堪,无法驱驰。

这人便租了一条船把马载上，自己跨在马背上。走了一里多路，仍然嫌慢，他就对船夫说："我请你喝酒，你快点摇船，我要放马驰骋，好好过过瘾。"

起死回生

"起死回生"表示使死人或死东西复活，多用来形容医术高明；也用来形容挽救了看来已没有希望的事情。

此典出自《史记·扁鹊列传》："越人非能生死人也，此自当生者，越人能使之起耳。"

战国时代，有位名医叫扁鹊。有一次，他路过虢国，正好碰上虢国太子突然患病死了。他了解了死者的情况后，就自告奋勇地去进行抢救。扁鹊仔细观察了太子之后说："太子并没有真死，还有救活的希望，这是一种昏迷症，名叫尸蹶"。于是扁鹊用针灸疗法使太子苏醒过来，然后又给他服汤药。服药不久，太子的病就痊愈。这个消息传出去后，人们都称赞扁鹊"能为生死人"。但扁鹊却谦逊地说："我没有什么本领，那是因为太子没有真死，所以我才能把他救活。"

前途亦雨

"前途亦雨"这个故事用以说明：遇到困难，不积极想法克服，而采取消极拖延态度，就像这个在雨中徐行的人一样。

此典出自《笑笑录》。

有一个人在雨中慢条斯理地走路。别人说他走得太慢了。他却回答说："前面的路上也在下雨嘛。"

黔驴之技

"黔驴之技"形容貌似强大，实际上则只有一点拙劣的本领；又用"黔驴技穷"形容仅有的一点本领也使完了，再也无计可施。

此典出自唐代柳宗元《三戒》。

唐代文学家柳宗元曾写过三篇著名的寓言，合称《三戒》。其中有一篇为《黔之驴》，讲述的是这样一个故事：从前贵州不产驴子，有个好管闲事的人用船载了一头驴去。运到以后，又发现驴子没有什么用处，就将它放在山下，不管它了。

一天，来了一只老虎。贵州的老虎从未见过驴子，见它是个庞然大物，以为是什么神怪。老虎悄悄地藏在树林中观察了半天，才试探着走出来，害怕惊动了驴子。一次，老虎又在观察驴子，驴子突然仰头大叫起来。老虎以为驴子要吃它，吓得要命，急忙逃得远远的。

经过较长时间的观察，老虎终于发现驴子并没有什么大的能耐，便不再那么害怕。而且它也渐渐听惯了驴子的叫声，也敢走到它的身旁了，但仍然不敢侵犯它。时间长了，老虎更加挨近驴子，还故意去碰撞它。驴子发了脾气，举起蹄子就去踢老虎。

这一下子暴露了它的软弱无能，老虎看了非常高兴，心想："看你又高又大，原来却只有这么一点点能耐！"于是，老虎毫无顾忌地冲向驴子，一口便咬断了它的喉咙，慢慢地吃光了它的肉，才心满意足地离去。

群蚁观鳌

"群蚁观鳌"这个典故告诫人们，要认真学习一点东西，首先要从不自满开始，自以为是、目空一切是不会有收获的。

此典出自《荀子》。

浩瀚的东海里有一只大鳌，它头顶着蓬莱仙山，在大海中浮游。有时跃起飞腾，冲上云霄；有时直入海底。

陆地上有一只红蚂蚁听说了大鳌的壮举，不胜惊喜，就邀约了一群蚂蚁来到海岸，想开开眼界。它们等了一个多月，大鳌都没有出现。它们准备回去的时候，突然海风鼓荡，掀起了万丈波涛，整个大海沸腾起来，雷鸣般地震撼着大地。这群蚂蚁喊道：“啊，这回大鳌就要出来了。”

几天以后，风止浪息，海岸也平静下来，只见水面上隐隐约约，升起一座齐天的高山，时而还向西游动。这群蚂蚁伸头探脑看了一阵，纷纷议论道：“嘿嘿，它头顶高山与我们头顶米粒有什么区别呢？我们还是逍遥自在地在地上爬行，回到洞中歇息去吧。这是各得其所，又何必白费体力奔波数百里来看它呢？”

柳宗元像，图出自清·上官周绘《晚笑堂画传》。

人妖颠倒

“人妖颠倒”这个典故说明：人间一切的妖魔鬼怪往往喜欢改头换面，欺骗蒙蔽一些人。

此典出自《搜神记》。

晋朝时候，吴兴一户人家有两个儿子。这天，儿子们正在田里干活，忽然父亲赶来，对他们又打又骂。

一个小孩看到了这种情形，就跑回去告诉了他们的母亲。母亲去问父亲，父亲大吃一惊，料想是鬼魅作怪，就悄悄告诉儿子们，如果鬼魅再来捣乱，就杀掉它。鬼魅从此却销声匿迹没有再去。父亲在家坐立不安，非常担心，恐怕儿子们被鬼魅迷住，便亲自到田里去探望。两个儿子以为又是鬼魅，不由分说，一齐动手将父亲杀死埋掉了。

鬼魅这时又变成他们的父亲的模样，跑到他们家里，对家里人说：“这下好了，两个儿子将妖怪杀了。”

黄昏，儿子们耕作归来，家里人还共同庆贺了一番。

后来，又过了很多年，这事都没有被发觉。

肉食者鄙

“肉食者鄙”这则寓言用以说明人的智慧是依靠主观努力，通过社会实践的锻炼，通过理论学习的修养而培养出来的。决不取决于吃肉的多少。

此典出自《艾子杂说》。

艾子的邻居们都是齐国粗俗的人。

一个人对另一个人说："我和齐国的公卿大夫都是人，也都禀受了天、地、人三才的灵智，为什么他们就有智慧，我就没有智慧呢？"

另一个人说："他们天天吃肉，所以有智慧；而我们只能吃些糟糠，所以缺少智慧呀。"

那个问话的人说："我恰好有几千元粜米的钱，就让我们天天吃些肉试试看。"

过了几天，又听见那两个人对话说："我自从吃肉以后，心志清楚、聪明通达，碰见什么事情都有智慧，不仅有智慧，而且还能弄懂其道理。"

一人说："我观察到人的脚面，向前出十分便利，如果向后出，岂不要被后面的人踩到了吗？"

其中另一人说："我也发现人的鼻孔向下长着非常便利，如果向上长，岂不要被天上落下的雨水灌进去吗？"

于是，两个人便互相称颂起自己的才智来了。

艾子听后感叹着说："唉！吃肉人的智慧，不过如此罢了！"

善治伛者

"善治伛者"这个典故指那些打着善治的招牌，到处招摇撞骗干坏事的人。

此典出自《笑林》。

平原郡有个擅长治驼背的人。他到处自我吹嘘说："治不好的，一百个人里不过一、二个。"

有个驼背的人顺着弯曲的身体量长八尺，由头至脚垂直量高六尺，听到了这一消息，就带着很多钱，请求治疗。擅长治驼背的人说："请你面朝下躺着吧。"说着就要去踩他的背。驼背的人一见惊恐万分，叫道："这不是要我的命吗？"善治驼背的人说："我只管尽快弄直你的驼背，不管你的死活。"

上树取菱

"上树取菱"说明，不认真调查研究，凭主观臆断办事，结果一无所获。

此典出自《雅欲同观·精选雅笑》。

一个山里人来到江南水乡。

他在一株大树下闲坐，看见一只菱角丢在地上，就拣起来吃了，觉得非常香甜，就爬上树去，挨枝摇着寻找。可是，找了很长时间，也没有找到一个。他惊诧地说："这样一棵大树，难道就只长了一只菱角？"

舍本逐末

"舍本逐末"意思是放弃根本的、主要的，而只追求细枝末节。借以比喻轻重主次颠倒。

此典出自《战国策·齐策四》："苟无岁，何以有民？苟无民，何以有君？故有问舍本而问末者耶？"

战国时，齐王派遣使臣去拜访赵威后，威后还没有把信拆开，先问使臣说："贵国那里的庄稼好吗？人民好吗？君王好吗？"使臣心里不满地回答说："我是奉命来问候你的，你不问王，先问庄稼和人民，难道是先贱而后贵吗？"威后说："你的观念错了，没有庄稼哪里会有人民，没有人民，哪里来的国君呢？难道要舍本逐末吗？”

生吞活剥

“生吞活剥”比喻生硬的抄袭或模仿。

此典出自《大唐新语·谐谑》：“人谓之谚曰：‘活剥王昌龄，生吞郭正一。’”

唐代文人李义府才华横溢，他曾经写过一首诗：“镂月成歌扇，裁云作舞衣。自怜回雪影，好取洛川归。”这首诗广为流传，深受世人喜爱。枣强县尉张怀庆喜欢抄袭名士的文章，他在李义府的每句诗前分别加上两个字，拼凑了一首诗，写道：“生情镂月成歌扇，出意裁云作舞衣。照镜自怜回雪影，时来好取洛川归。”人们见他抄袭得非常拙劣，就编顺口溜取笑他。因为王昌龄和郭正一都是著名文士，人们讽刺张怀庆说：“活剥王昌龄，生吞郭正一。”

失其故步

“失其故步”辛辣地讽刺了那种生搬硬套的学习方法，模仿别人不成，反而忘记了自己固有的东西。

此典出自《汉书》：“昔有学步于邯郸者，曾未得其，又复失其故步，遂匍匐而归耳。”

这段话意思是说：

从前，有一个人到邯郸去学习步法。他连邯郸人走路的基本样子也没有学到，反而把自己原来的步法也忘记了。结果，他就只好爬着回去了。

食笋煮箦

“食笋煮箦”用以讽刺满足于一知半解，不调查清楚便鲁莽从事，及至碰了钉子反而责怪他人的人。

此典出自魏《笑林》。

汉地有一个人到吴地去。吴地的人就用竹笋来招待他。他不认识竹笋，就问道：“这是什么东西？”吴地人回答说：“这是竹子。”他觉得味道不错，回家后便拿着床上的竹席去煮，却怎么也煮不烂。于是对他妻子说：“吴地人真狡诈啊，竟然这么欺骗我。”

守株待兔

“守株待兔”原是对墨守成规者的讽刺。后多比喻不主动努力争取，而希望得到意外收获。

此典出自《韩非子·五蠹》：“宋人有耕者，田中有株，兔走触株，折颈而死。因释其耒而守株，冀复得兔。兔不可复得，而身为宋国笑。”

这段话的大概意思是说：

宋国有一个人正在田地劳动的时候，忽然看见有一只兔子从田里飞跑过去，不料却碰在树根上，折断了颈骨死了。于是这人马上扔掉耕具，跑到树底下，十分高兴地把兔子拾了起来，接着就守在这树根的旁边，等着再拾到兔子。可是，这兔子碰死在树根，是一件非常偶然的事情，哪里还会一直有兔子碰死在这里呢！

蜀犬吠日

“蜀犬吠日”比喻少见多怪。

出自《答韦中立论师道书》。

唐代作家柳宗元在《答韦中立论师道书》中写道："屈原在《九章·怀沙》中说：'许多的狗群起而叫，是向它们觉得怪异的东西狂吠。'我听别人说古代庸国、蜀国的南部，阴雨连绵，很少见到太阳。太阳偶尔出来，那儿的狗看到了，觉得非常奇怪，就对着太阳大叫起来。我认为这种说法未免太夸张了。六七年前，我来到南方。元和二年（公元807年）冬季，偶尔下了一场大雪，覆盖了山岭和南方数州，这几个州的狗见到大雪，都惊慌失措，狂吠着、噬咬着、狂奔乱跑，这种情形一直持续了很多天，直到雪过天晴、大雪消融为止。我看这种情形后，才感觉以前听说的群犬吠日的事情是可信的。"

鼠肝虫臂

"鼠肝虫臂"又称"虫臂鼠肝"，比喻随缘而化，并无常规。

此典出自《庄子·大宗师》："伟哉造化！又将奚以汝为，将奚以汝适？以汝为鼠肝乎？以汝为虫臂乎？"

子祀、子舆、子犁、子来；四个人都是对生死看得很开的高士。这四个人互相谈论说："谁能情同淡水，置生死于度外，我就同他结成好朋友。"四个人相视而笑，相互心领神会，于是便结交为好朋友。不久，子舆生病，弯腰曲背，头都抬不起来，脸色也非常难看。子祀前去问候说："您对生病感到十分厌恶吗？"子舆回答道："不，我有什么厌恶的呢！老天高高在上，昼与夜不断地变化。何况人活在这个世界上，怎能没有生死的变化！我怎能对死亡感到厌恶呢？"

又过了不久，子来生病了，气喘吁吁，就要死了，他的妻子儿子围着他哭泣。子犁前去慰问，说："去！你们统统给我走开！不要惊动了正在变化的人！"子犁倚着门对子来说："伟大极了，大自然的造化！又要把你变化成什么，要把你变化到哪里去呢？究竟让你变成鼠肝呢，还是让你变成虫臂呢？"

数典忘祖

"数典忘祖"原意是说，谈论历来的制度、事迹时，把自己祖先的职守都忘掉了。比喻忘本，也比喻对本国历史的无知。

此典出自《左传·昭公十五年》："籍父其无后乎，数典而忘其祖。"

有一年，晋国的籍谈作为副使跟随荀跞去成周参加葬礼。葬礼后，周天子就脱掉丧服，与客人们饮酒。

酒宴上，周天子使用鲁国进贡的宝壶作酒杯斟酒，心怀叵测地询问籍谈："诸侯各国都有礼器进献王室，为什么你们晋国没有，这是什么原因呀？"

籍谈恭敬地回答道："早年诸侯受封的时候，都接受了王室的宝器，可晋国没有接受。晋国远在深山，与戎人和狄人为邻，远离王室，天子的威福不能达到，因此不能奉献宝器。"

"咦？不对，不对，"周天子不满地说。"晋国的始祖唐叔是周成王的同胞兄弟，怎么会分不到宝器？唐叔接受了文王的鼓和车，接受了武王的皮甲……还有斧钺、香酒、红色的弓、勇士，你们都接受过。这些难道不是周王室对晋国的威福？你是不是都忘记了，亏得你的先祖还是掌管典籍的官呢！你既然是司典的后代，为什么能忘掉这些呢？"

籍谈一时语塞，不知说什么好，只好沉默不语。

周天子送走了客人以后，对大臣们说："我看籍谈的后代恐怕不能享有禄位了吧，他举出了典故却忘记了祖宗……”

籍谈回国后，将这事报告了大夫叔向。

叔向不以为然地说：“我看天子是不能够长治久安于王位的，他把忧愁当快乐，吊丧时候他和宾客饮酒作乐，还向人家要宝器，他也太不知礼法了！就算他能记住祖宗也是没用的。”

四体不勤，五谷不分

“四体不勤，五谷不分”形容脱离劳动、缺乏实际知识的人。

此典出自《论语·微子》：“四体不勤，五谷不分，孰为夫子？”

春秋时，孔子去楚国，他的学生子路跟随在后面。后来，子路迷了路，碰见一个老头正用拐杖挑着除草的工具，他就上前十分客气地问道：“老人家，你看见我的老师孔子了吗？”老头十分不高兴地回答说：“你问的是孔子吗？一个四体不勤，五谷不分的人，怎么配做老师呢？”说罢，老头把拐杖立在一旁，又锄他地里的草去了。

天黑了，老头准备回家了，发现子路还站在地边，于是他就邀请他到自己家里住，并杀鸡煮米饭招待子路，吃饭时还叫来了两个儿子来陪客人。

第二天黎明，子路告别了老头一家，接着寻找孔子。当他找到孔子后，向孔子讲述了昨天的事情。孔子对子路说：“从他的言行看，一定是一个隐士。你再回去，请他出来做官。天下多一些这样的人，对仁政是有好处的。”子路又沿路返回，到达老头家里，却再也没看到那个老头。子路只好失望地回到孔子那里。孔子叹息说：“一个人如果有本领不出来做官，是不仁义的。既然他懂得尊老爱幼的礼节都不可以废除，那么君臣之间的道义，又怎么可以废除呢？只为了自己的身家性命就不管国家的安宁，这不是太自私了吗？有道德的人出来做官，是为了尽到自己的职责。现在天下征战不已，难道我不清楚吗？”

荷篠丈人像，图出自清·任熊绘《高士传图》。荷篠丈人为古代隐士，其事见《论语·微子》。

随声逐响

“随声逐响”这则寓言，意在说明耳听为虚、眼见是实的道理。

此典出自《潜夫论·贤难》：“昔有司原氏者，燎猎中野。鹿斯东奔，司原袾譟之。西方之众有逐譟者，闻司原之譟也，竞举音而和之。司原闻音之众，则反辍已之逐而往伏焉。遇夫浴垩之豨，司原喜，而自以获白瑞珍禽也。尽刍仓以养之。仰嘶，为作容声，司原愈益珍之。居无何，烈风兴而泽雨作，灌巨豕而垩涂，渝豕骇惧，真声出，乃知是家之艾豭尔。此随声逐响之过也!”

这段话意思是说:

很久以前,有一个叫司原氏的人,夜间打猎的时候,有一只鹿向东方跑去了,司原便跟踪着大喊起来。

在西边有一群人正在追赶一只猪,听见司原的喧叫声,也就一起大声喊叫着和他配合。

司原听见喊叫的人这么多,于是停止了自己的追赶,到众人呼叫的方向去埋伏下来。于是碰到了一只身浴白色土的猪,司原高兴极了,以为自己是获得了一只白色吉祥的野兽呢。于是,便用仓库的粮谷和草料去喂养它。那只猪见了他,俯首帖耳,发出一种亲昵谄媚的声音,司原便更加珍爱它了。

过了不多久,下了一场大雨,雨水把大猪身上的白色土冲刷掉了,改变了体貌的猪非常惊恐害怕,就发出猪的真声音来,这才知道它原来只是农民家里养的那种普通大公猪而已。

这就是随声逐响所造成的差错呀!

螳臂挡车

“螳臂挡车”比喻不自量力的人。

此典出自《庄子·人间世》:“汝不知夫螳螂乎,怒其臂以当车辙,不知其不胜任也。”

螳螂是一种昆虫,它的头部形状成三角形,眼珠凸出,触角很长,像两条鞭子一样,前胸细长,腹部肥大,前脚非常发达,像两柄有齿牙的镰刀。《庄子》中说:犹螳螂之怒其臂以当车辙,不知其不胜任矣。这句话的意思是说虽然有雄壮的气势,但是力量十分单薄,对于事情没有什么很大的作用。

田夫擅功

“田父擅功”比喻方式方法不得当,最后利益为第三者占有。

此典出自《战国策》:“韩子卢者,天下之疾犬也;东郭逡者,海内之狡兔也。”

韩子卢逐东郭逡,环山者三,腾山者五,兔极于前,犬废于后,犬兔俱罢,各死其处。

田父见之,无劳倦之苦,而擅其功。

这段话意思是说:

韩子卢,是一种非常擅长奔跑的猎狗;东郭逡,是一种有名的狡兔。

子卢追赶东郭逡,绕着山冈追了三圈,上山下山赶了五趟。兔子在前面舍死逃跑,猎狗在后面拼命追赶。狗和兔最后跑得精疲力竭,都活活地累死在了山上。

有个农夫看到了,不费吹灰之力,就把它们捡回家去了。

同室操戈

“同室操戈”是说自家人动刀枪。比喻兄弟争吵或内部纷争。

此典出自《左传·昭公元年》:“休见而叹曰:‘康成人吾室操吾矛以伐我乎?’”

春秋时,判国大夫徐召犯的妹妹长得非常漂亮,举止十分文静。郑国的公孙楚和公孙黑两兄弟都想前去求亲。公孙楚先送去订婚的聘礼,徐吾犯答应了。公孙黑再送去聘礼时,徐吾犯只好婉言谢绝。想不到公孙黑竟威胁说:“如果你不答应,我将派人来抢你妹妹。”

徐吾犯对此十分担心，公孙家族在郑国势力强大，怎么敢得罪呢？他将此事告诉了子产，子产说："公孙兄弟应该以礼相让，怎么急起来了呢？这是郑国政治上也十分混乱的表现啊！事已如此，不如让你妹妹自己作决定。"

于是，徐吾犯请来了公孙兄弟，接着让妹妹在帘幕后面观察。公孙黑穿得鲜艳华丽，一副贵公子的派头，出门时向徐家的人施舍了不少钱财。公孙楚一身戎装，左手握弓，右手拿箭，出门时向上一箭射中天上的飞鸟，向下一箭射死池中的游鱼，接着跳上战车飞奔而去。

孔子像

徐吾犯的妹妹说："公孙黑的确英俊，但缺乏大丈夫的气概。男人应该有男人的样子，女人也应该有女人的样子，这样夫妇才能和顺。"最后，她嫁给了公孙楚。

公孙黑不服。一天，他全副武装闯进楚家，要杀弟弟，夺他的妻子。公孙楚大怒，手握长矛向哥哥刺去，两人就在室内打了起来。最后，公孙黑斗败负伤逃跑。

屠门大嚼

"屠门大嚼"的这个典故用以比喻本无所有，凭设想聊以快慰。

此典出自《新论》："人闻长安乐，则出门向西而笑；知肉味美，则对屠门而大嚼。"

这段话意思是说：

有个人听别人说长安繁华热闹，便走出门信步向西走去，一边做出左右顾盼的样子，一边兴高采烈地畅怀大笑。

他知道肉味鲜美，于是就跑到屠户门前，一面大口咀嚼，一面不停地赞赏肉的味道。

推舟于陆

"推舟于陆"意思是，推着船只在陆地上行走。用以比喻劳而无功。

此典出自《庄子·天运》。

孔子从鲁国西行到卫国去游说，推行先王的仁义之道。他的学生颜渊对鲁国的太师说："老师，孔子要到卫国去推行仁义之道，您看行得通吗？"鲁国太师师金回答说："孔子是很聪明，又有智慧。但是很可惜，他推行仁义之道一定会遭到困穷。"颜渊不解，问道"推行先王的仁义之道反而要遭到困穷，这是什么原因呢？"师金以祭祀用的草狗为例，向颜渊讲了一通绝妙的道理。他说，祭祀之前，人们对祭品草狗等是十分珍视的。祭祀过后，它就失去了作用，甚或被随意践踏，用来烧火做饭。孔子推行的仁义之道，正是先王已经用过、并早已丢弃的草狗，孔子拣起来使用它，定会遭到不如意。为了进一步说明白，师金说："在水中行走，最好的工具就是船。在陆上行走，最好的工具就是车。船行于水，车行于陆，千里的路也不成问题。如果因为船可在水中行走，就把它推到陆地上，叫它像车一样行走，结果一辈子也走不上几尺远，这是寻常的道理。古时与今时相比，不就像水中和陆上的关系吗？周代与鲁的关系，不也像船和车的关系吗？形势不一样了，礼制也应该有所改变，而孔子想把周代的一套办法搬到鲁国来推行，这就等于把船推到陆地上，让它像车一样行走，其结果不但劳而无功，连他自己也一定遭到祸殃。"

剜肉医疮

"剜肉医疮"比喻用有害的方法来救一时之急。

此典出自唐代聂夷中《咏田家》诗："二月卖新丝，五月粜新谷；医得眼前疮，剜却心头肉。"

这段话意思是说：

二月蚕儿还没有抽丝；五月禾稻还没有成熟，可是农民们为了肚子饥饿，不得不把未收的稻谷预先贱价卖给人家。为了解决燃眉之急，顾不了将来的损失，这好像是为了医好眼前的疮子，却要剜掉心头上的一块肉一样。

玩火自焚

"玩火自焚"这个典故用以比喻干冒险的或害人的勾当，最后受害的还是自己，有搬起石头打自己的脚之意。这句成语有时也写为"玩火者必自焚"。

此典出自《左传·隐公四年》："夫兵，犹火也；夫戢，将自焚也。"

春秋时，卫国有一个叫州吁的人，是卫庄公的宠妾所生的儿子。这个人十分崇尚武力和战争。庄公死后，桓公继位。公元前719年，州吁杀死桓公，自立为君。并联合宋、陈、蔡等国攻打郑国。鲁隐公问大夫众仲：'仲州吁前途如何？'众仲回答说："逞强好战，就好比玩火，如不及时收敛，结果一定会把自己烧死。"后来，州吁果然被卫国大夫石碏诱到陈国，被陈人杀死。

王皓失马

"王皓失马"这个典故说明，如果被假象所迷惑，就不能正确认识事物。

此典出自《雅谑》。

王皓生性迟钝，曾经跟随北文宣帝北伐，他乘坐的那匹红马，一天早晨蒙上了一层白霜，他就没能认出来，对人说他的马丢了。虞侯到处都找遍了，也没有找到。不一会，太阳出来，马身上的霜融化了，王皓这才说："我的马还在哩！"

王子训獐

"王子训獐"这个典故说明恶人，本性是不会变的，虽然它们有时也会装出一副慈悲善良的面孔，但只是为了解除人们的思想武装，一旦有机可乘，便会凶相毕露，作恶为害。

此典出自《壮悔堂文集·悯獐》。

一位客人途经侯子的家，送给它一只獐。侯子问："獐能够驯养吗？"客人回答说："天下大乱的时代，那些彼此争斗的猛兽也能成群结队，和睦相处。这点，您难道不知道吗，怎么还会怀疑獐不能驯养呢？"侯子点头道："说得有理。"于是，修建了一个房屋，把獐留了下来。

獐被养起来后，有时呦呦鸣叫，声音低悄，好像在寄托哀思；有时又嗥嗥号叫，声音高亢，又像是在悲叹自己的穷途末路。到了夜晚，就用头碰撞门窗，有人去看看，就好像又惊动了它似的，它非常害怕。獐子的这种心情，虽然很像人，恐怕也是难以驯养的。

仲凫王子知道这件事后。就对侯子说："看来，你不善训獐，为什么不把它送给我呢?"侯子担心地说："您家院子里有两个东西，那只大的如同西旅氏的猛狗，小而美的好像古代良犬韩卢的后裔，它们都想吃獐那怎么办呢?"王子哈哈大笑说；"您这个人不仅不善于训獐，也不了解我那两只狗。您等着瞧吧，我将引您的獐去见它们，让它们慢慢一块吃东西，渐渐同窝共睡，一步步交成朋友，而且一天比一天亲密。我就是要用这样的办法使你的獐子生活得更安定、美好，怎么会让它受到伤害呢?"侯子还是不放心，于是嘱咐说："虽然如此，您还是让童仆守着它，用铁索拴住它。"王子没有作声。

三天以后，王子派人来告诉侯子说："我已经不让童仆看守了，那两只狗看见獐十分平静安然，毫无举动。"又过了三天，派人来告诉说："我把铁索也去掉了，现在两只猛狗表情慈祥，开始亲近獐了。只是獐对它们还有戒心。"三天又过去了，王子又转告侯子说："现在獐已经解除了顾虑，和那两只狗亲密无间，打成一片了。"

可是，又过了三天，两只猛狗等獐熟睡后，就开始对獐下手了。那只大的猛然扑上去一口咬住獐的喉咙，小的用力撕扯肋骨，那只獐最终被它们活活咬死了。

妄自菲薄

"妄自菲薄"指过于小看自己，以致自轻自贱。

此典出自诸葛亮《出师表》："诚宜开张圣听，以光先帝遗德，恢弘志士之气，不宜妄自菲薄，引喻失义，以塞忠谏之路也。"

三国时，蜀汉皇帝刘备于建兴元年病死，他的儿子刘禅继位。建兴五年（公元 227 年），诸葛亮准备出师北伐。临行前，他为了消除后顾之忧，给后主刘禅呈上了《出师表》，对蜀中各方面作了通盘考虑，适当安排。表中反复劝勉刘禅发奋有为，励精图治，赏罚分明，亲贤使能，虚心纳谏，以完成刘备"兴复汉室"的还未完成的事业。表中写道：陛下应当兼听各方面的意见，振奋自己的士气，不应当妄自菲薄，说一些无原则的话，从而堵塞批评者进谏的道路。

虽然诸葛亮对刘禅寄予很大的希望，但刘禅是位扶不起的阿斗。诸葛亮死后，他信任宦官黄皓，朝政日趋腐败，终于炎兴元年（公元 263 年）投降了魏军。

《三国志通俗演义》版画之"孔明初上《出师表》"图

未尝见驴

“未尝见驴”这则寓言嘲讽了不懂装懂，强不知以为知的人。

此典出自《牟子》。

晋孝武帝从来没有见过驴子，谢太傅问他道：“陛下猜想驴子的样子大概是什么样子呢？”

晋孝武帝捂着嘴巴笑道：“应当像一只猪吧！”

畏影恶迹

“畏影恶迹”这个典故用以讽刺那些疑神疑鬼、不敢面对现实的人。

此典出自《庄子·渔父》：“人有畏影恶迹而去之走者，举足愈数而迹愈多，走愈疾而影不离身，自以为尚迟，疾走不休，绝力而死。”

这段话意思是说：

有个非常胆小的人，走在路上，低头看到自己的身影和足迹，以为遇到了鬼怪，心里十分害怕。他想离开这些可怕的东西，就快步跑起来。

可是，他跑得越快，脚印越多；跑得越急，影子追随越紧。他更加害怕起来，以为跑得还慢，便拼命跑了起来，结果就活活累死了。

梧台燕石

“梧台燕石”比喻假的就是假的，丑的就是丑的，无论怎样打扮也不会变成真的和美的。

此典出自《太平御览》。

宋国有个蠢笨的人，在梧台的东边得到了一块燕石，回家后珍藏起来，认为自己得到了最好的宝贝。周地一位珠宝商人听到这事就来观看。这个人毕恭毕敬地戴好帽子，穿上红色的衣服，打开十层华丽的木柜，取下十层橘红色的丝绢。客人见到宝贝，捂嘴笑着说：“这是燕石呀，和那些瓦片砖块一样。”

笨人听到后大怒，反而将燕石藏得更加仔细了。

五经扫地

“五经扫地”比喻丧尽文人体面，即斯文扫地的意思。

此典出自《新唐书·祝钦明传》：“帝与群臣宴，钦明自言能八风舞，帝许之。钦明体肥丑，据地摇头稔(huǎn)目，左右顾眄，帝大笑。吏部侍郎卢藏用叹曰：‘是举《五经》扫地矣！’”

唐代人祝钦明，字文思，少通经典，被选拔为明经之士，任东台典仪。唐高宗(李治)永淳年间(公元682—683年)，拜为著作郎，任太子率更令。那时候，李显(唐中宗)在东宫做太子，祝钦明兼侍读，教太子读经书。公元684年，唐中宗(李显)复位，祝钦明被提拔为国子祭酒、同中书门下三品。又任礼部尚书，封鲁国公。

有一次，唐中宗与群臣宴饮，祝钦明自告奋勇说，他能跳八风舞为陛下助兴，唐中宗答应了，他就跳了起来。祝钦明体形肥胖丑陋，摇头晃脑，左顾右盼，惹得中宗哈哈大笑起来。吏部侍郎卢藏用叹息地说：“真是把五经之士的脸都丢尽了！”

闲时不烧香，急则抱佛脚

“闲时不烧香，急则抱佛脚”比喻平时不努力，急迫时仓促应付可是却无济于事。

此典出自《中山诗话》。

宋朝时，王旦做宰相，闲暇时喜欢和客人们谈论诗词，说说笑笑。有一天，他和客人谈起佛教，王旦说：“人老了，就容易信佛，以求得精神有个依托，不是说‘投老欲依僧’吗？”那客人笑道：“这就迟了，不是说‘急则抱佛脚’吗？”王旦说：“我这句话，是古诗中的一句。”客人道：“我这句话，是谚语的全文。”接着笑道：“把你的那句诗去‘头（投）’字，把我的谚语去‘脚’字，斩头去脚，就成了‘老欲依僧’、‘急则抱佛’，是很好的一副对联呢！”王旦觉得他说得很机智、诙谐，十分风趣，就大笑起来。“闲时不烧香，急则抱佛脚”是说：没事时不烧香敬佛，等到着急的时候，抱着佛脚求又有什么用呢？

王旦像，图出自《东沙筑塘王氏宗谱》。王旦是北宋大臣，官至太保。

小巫见大巫

“小巫见大巫”比喻两者相比较，相差很多。

此典出自《三国志·吴书·张紘传》：“今景兴在此，足下与子布在彼，所谓小巫见大巫，神气尽矣。”

张紘，字子纲，东汉末年广陵人。他善于辞赋，写得一手好文章。公元192年，孙坚死后，其长子孙策继承父业，削平江东大小割据势力，开创东吴的基业，张紘跟随孙策，与张昭一起替孙策出谋划策。公元200年，孙策战死，他的弟弟孙权继承了哥哥的事业。张紘又跟随孙权，做了长史。

有一次，张紘看到一个楠榴枕。楠榴就是生瘤的楠木。这种楠木盘结着，花纹十分好看，可以用来做器具。当时人们又认为“楠榴之木”，是“相思之树”，因此又常用它做枕头。张紘特别喜爱楠榴枕的花纹，就为楠榴枕写了一篇赋。出身北方的陈琳（东汉广陵人）看到了，深表称赞。他把张紘写的楠榴枕赋拿给别人看，自豪地说：“这篇赋，是我的广陵同乡张子纲写的。”陈琳也是一个才华横溢的文章大家，他写《饮马长城窟行》（诗）脍炙人口，历来被世人传诵。张紘受到陈琳称赞之后，看到了陈琳写的《武库赋》、《应机论》，心中十分佩服，就给陈琳写了一封信，赞叹了一番。陈琳给张紘写了一封信，答谢说：“自从我到河北在曹操手下服务以来，几乎与天下文人隔绝了。这里写文章的人少，好的文章不多，写出文章，很容易称雄于世，被看做‘老大’，所以才使我承蒙您的错爱，受到您的过分夸奖。其实，我的文章并没有那么好。如今我在这里，您和张昭（字子布）在那里，我与你们二位相比，好像小女巫见了大女巫，相形见绌，无法施展法术了。”

秀才买柴

“秀才买柴”讽刺那些装腔作势、咬文嚼字、之乎者也的人。

此典出自《笑赞》。

有个秀才要买柴禾，叫道：“担柴的人过来！”

卖柴禾的人因为“过来”二字听得明白，就把柴禾担到秀才面前。

秀才又问道：“其价几何？”

因“价”字也能听得清楚，就对秀才说了价钱。

秀才看了看柴捆说道：“外实而内虚，烟多而火焰少，请损之！”

卖柴人不知道他说些啥，就挑起柴禾离开了。

玄石戒酒

“玄石戒酒”比喻那些与本性相联系的强烈嗜好是不容易戒绝的。

此典出自《郁离子·虞乎篇》。

过去有个叫玄石的人，特别喜欢喝酒。有一次，他喝醉了，酒力像火一样，熏灼他的五脏，蒸煮他的肌肉骨骼，身体像要裂开一样，各种药物都治不了。过了三天才好起来。他对同伴说：“我是知道酒可以喝死人的。我再不敢喝酒了。停了不到一个月，喝酒的同伴来了，对他说：‘试着尝一点吧。’也只喝了三杯便停止了。第二天增加到了五杯，再后一天便增加到十杯，再后一天便一大杯一大杯地往肚里灌了。他完全忘记了那一次的教训，直到最后喝酒喝死了。

掩目捕雀

“掩目捕雀”比喻自己欺骗自己的行为；或形容不注意客观情况、不从实际出发的作风。

此典出自《三国志·魏书·陈琳传》：“谚曰：‘掩目捕雀’，夫微物尚不可欺以得志，况国之大事，其可以诈乎？”

东汉后期，宦官与外戚为争夺权势，斗争非常激烈，常常互相仇杀。灵帝以后，少帝刘辩即位，何太后临朝，外戚何进掌握朝政实权。何进想秘密地召董卓入京，靠董卓的军队来消灭宦官的势力，但何太后却不答应。于是何进便召集四方的将领，让他们一齐带钦军队逼进京城，以此来威胁何太后。

那时候，著名文学家陈琳任主簿（汉时管理文书及处理一事务的官员），他也反对何进的做法，就劝阻何进说：“你这样做是行不通的。有句谚语叫‘掩目捕雀’，就是说像麻雀那样的小东西，闭着眼睛都抓不住，何况国家大事，想用欺骗的办法完成这样大的事，成功的几率是很小的。”他还对何进说：“将军现在借重皇戚，手握兵权，更应小心从事。就像炉火煽得过旺容易烧焦毛发一样，假如外地军队在京城聚集过多，最强大的必将成为新的头领，到时候只怕反过来对付你，不仅你的目达不到，反而会导致更大的祸乱！”

但是，何进根本听不进陈琳的劝告，一意孤行。最终他还未动手，反而激起宦官首先起兵，将他杀死。

羊质虎皮

“羊质虎皮”比喻外强中干或徒有虚名。

此典出自汉代扬雄《法言·吾子》:“羊质而虎皮,见草而悦,见豺而战,忘其皮之虎矣。”

动物中羊是最温驯的,常受其他动物的欺侮,虎最凶恶,且狗威猛,常捉其他野兽来吃。但是,世界上根本找不出一只羊质虎皮野兽,这不过是假设比喻:说有些人本来有羊一样的素质,却喜欢扮成虎样威猛,从外表看,这种人虽像老虎,但内心仍是如羔羊般懦弱,遇到豹时,只是外表好看,里面却空虚而不实际。

养虎遗患

“养虎遗患”比喻庇护、姑息敌人,自留后祸。

此典出自《史记·项羽本纪》:“今释弗击,此所谓‘养虎自遗患’也。”

秦末,刘邦和项羽两人都率兵攻打秦国,刘邦首先攻进了秦国的国都咸阳。项羽不服气,准备攻击刘邦。刘邦觉得当时自己的兵力比较少,但是项羽的兵力却很多,不敢应战,只得到汉中一带去了。后来刘邦的势力逐渐强大,而项羽却一天天地显得孤立,缺少帮助。刘邦就打发使者去劝说项羽,愿以鸿沟为界,订立和约。项羽知道自己已经不能打败刘邦了,只得接受刘邦的建议,两人分割土地:鸿沟以西的地区归刘邦;以东的地区归项羽,从此以后,井水不犯河水。

谈判成功以后,项羽带兵往东边去了,刘邦也感到非常满足,准备撤兵回到西边去。可是张良和陈平等人却劝刘邦说:“如今你已经有了天下三分之二的土地,而诸侯又都支持你。项羽的部队很疲劳,又断绝了粮食,正是衰弱的时候。如果不趁这个时候消灭他,真是‘养虎自贻患’啊!”刘邦便采纳了他们的意见,背约率军追击项羽,又命韩信、彭越等夹击,结果项羽大败,在乌江自刎。

叶公好龙

“叶公好龙”比喻表面上爱好某一事物,实际上并不是真的爱好,甚至对其有畏惧情绪。

此典出自《新序·杂事》:“叶公子高好龙,钩以写龙,凿以写龙,屋室雕文以写龙。于是天龙闻而下之,窥头于牖,施尾于堂,叶公见之,弃而还走,失其魂魂,五色天主。是叶公非好龙也,好失似龙而非龙者也。”

这段话意思是说:

叶公特别喜欢龙。他的武器上画着龙,工具上刻着龙,屋子内外的墙上也画着龙,柱子上雕着龙。到处都是龙的图案。天上的真龙听说叶公这么喜爱龙,就来到他的家里,把龙头伸进窗户探望,把尾巴拖在厅堂上。叶公看见真龙来了,转身就跑,吓得失魂落魄。

《全汉志传》版画
之项羽乌江自刎图

由此可见，叶公并不是真正喜爱龙，他只是喜欢外表像龙而实际上并不是真龙的东西而已。

夜郎自大

“夜郎自大”用以比喻妄自尊大。

此典出自《史记·西南夷列传》：“滇王与汉使者言曰：‘汉孰与我大？’及夜郎侯亦然。以道不通故，各自以为一州主，不知汉广大。”

夜郎在汉朝时虽然可以说是一个独立的国家，但它的国土却小得可怜，只相当于汉朝的一个县；而且出产很少，连牲畜也不多。可是夜郎国的国王却异常骄傲，自以为他统治的国家是很大、很富裕的。当汉朝派使臣去访问的时候，他竟不自量力地问：“汉朝和我的国家相比哪个大？”

一举两失

“一举两失”说明做一件事，使两方面都不利或都受到损失。

此典出自《纲鉴抄略》：“朝廷一举而两失。纵不能复后，宜还仲淹、道辅。”

这段话意思是说：

宋仁宗的皇后郭氏，有一次和仁宗所宠爱的美人吵了起来，并打了那美人一记耳光。仁宗听说美人挨打，就过去帮忙，不料也挨了郭氏一记耳光。仁宗心里很不舒服，就把这事告诉了宰相吕夷简。正好吕夷简讨厌郭氏，就竭力劝说仁宗废掉郭皇后。仁宗听从了吕夷简的劝告。当时的御史中丞孔道辅，右司谏范仲淹等了解到这件事后就急忙去见仁宗，反对废掉郭皇后。仁宗为此大发雷霆，马上贬孔道辅到秦州，贬范仲淹到严州。河阳判官富弼听到这个消息，说道：“朝廷一举而两失。纵不能复后，宜还仲淹、道辅。”不久，宋仁宗就另立曹氏为皇后。

一孔之见

“一孔之见”比喻狭小片面的见解。

此典出自《申鉴·时事》：“有鸟将来，张罗待之，得鸟者一目也。今为一目之罗，无时得鸟矣。”

这段话意思是说：

鸟儿就要飞来了，一个捕鸟人布下了罗网等待着。

一会儿，鸟儿飞来，当即就被捕获了。捕鸟人把网收起来一看，发现鸟被缚在一只网眼里。于是，他回去制作了一张只有一个孔眼的网，拿到原处张设起来，兴致勃勃地等候着。

但是，他再也没有捕到一只鸟。

一误再误

“一误再误”指屡次犯错误。也可用“一误岂容再误”指不容许再犯错误。

此典出自《宋史·魏悼王廷美传》：“太祖已误，陛下岂容再误邪？”

北宋魏王（赵）廷美，字文化，本名（赵）光美，在宋太宗（赵炅）太平兴国（公元976—984年）初年，改名为廷美。他是宋太祖（赵匡胤）的弟弟。

太祖建隆二年（公元961年），太祖的母亲昭宪杜太后生了病，太祖亲自服侍母亲，不离左右。病危时，太后召宰相赵普进宫接受遗命。太后问太祖说："你知道赵家为什么得了天下吗？"太祖泣不成声，不能回答。太后坚持要他回答，太祖说："我之所以得了天下，都是祖宗和太后的功德。"太后说："不是这样的。赵家之所以得到天下，就是因为（后）周世宗（柴荣）让幼儿（恭帝柴宗训）君临天下，你才有机会黄袍加身，夺得周世宗的天下。如果周世宗有一个年长的人继承皇位，你怎么会夺得天下呢？所以，你去世之前，一定要决定把帝位传给你的弟弟赵炅（太宗）。"太祖顿首再拜，接受太后的遗命。太后对赵普说："你也要牢记我的话，不可违背。"并要求赵普在病榻之前写下约誓书，赵普在纸尾写上"臣普书"三个字，并把这份约誓书藏在金柜里，命令谨慎认真地宫人好好保管着。有人传言道，昭宪杜太后和太祖的本意是，太宗要把帝位传给魏王廷美，魏王廷美再把帝位传给太祖的二儿子燕懿王（赵）德昭。所以太宗即位后，就命令魏王廷美任开封府尹，德昭实称皇子。太平兴国元年（公元976年），德昭跟着太宗出征幽州。一天夜里，军中突然出现惊扰，不知道太宗在什么地方，有人谋划策立德昭为皇帝，太宗听了很不高兴。后来，因为又产生了一些误解，德昭自杀了。太宗闻讯，抱着德昭的尸体痛哭不已。德昭死后不久，德芳（太祖的第四个儿子）也死了，魏王廷美开始感到恐慌。不久，大臣柴禹锡等人上告廷美阴谋篡位，太宗召来赵普讯问，赵普回答说；"我要叫朝廷的机要部门做好准备，以察奸变。"退下之后，赵普又秘密启奏太宗说："我身为老臣，却有愧于自己的职责，受到权臣的攻击。"于是，他向太宗谈了昭宪杜太后的遗命和先帝太祖说过的话。太宗在宫中找到赵普先前所上的奏章，并打开金柜得到那份约誓书，立即明白了事情的真相。太宗召来赵普，对他说："谁没有过错呢，我不到五十岁，可是已经认识到前四十九年自己全做错了。"太宗任赵普为司徒兼侍中。

《二十一史通俗演义》版画之宋祖登基图

有一天，太宗同赵普商量：应该把帝位传给谁呢？赵普说："太祖已经犯了错误，难道陛下还要重蹈覆辙吗？"于是，太宗没有把帝位传给弟弟魏王廷美，而是把它传给了自己的第三个儿子赵恒（宋真宗）。

一厢情愿

"一厢情愿"比喻处理事情，只管自己愿意，不管对方愿意不愿意。泛指只凭自己的主观愿望，不管客观实际。

此典出自《百喻经》："昔有农夫，游行城邑。见国王女，颜貌端正，古所稀有。昼夜想念，情不能已，思与交通，无由可遂。"

很久以前，有个愚蠢的人，有一次到城里去玩，偶然碰到了国王的女儿。回家后，公主漂亮的容貌姿态使他日夜难忘，于是他就想娶公主为妻。

这个愚人朝思暮想，竟然得了相思病，亲友们知道后，只好假意劝慰他说："别愁，这事容易办，我们可以帮助你。"过了几天亲友又来告诉他："我们已经去过了，只是公主不同意。"可是这个愚人听了却说："这下好办了，只要我再去一趟，她就会答应了。"

一叶障目

"一叶障目"比喻被局部或暂时的现象所蒙蔽，不能认清事物的全貌、主流或本质。

此典出自《晋书·顾恺之列传》："桓玄尝以一柳叶给之曰：'此蝉所翳叶也，取以自蔽，人不见己。'恺之喜，引叶自蔽，玄就溺焉，恺之信其不见己也，甚以珍之。"

顾恺之是晋朝时期著名的画家，他画的人像惟妙惟肖，呼之欲出。

有一天，顾恺之的朋友桓玄，拿来一片柳树叶子，送到他面前，一本正经地说：

"这是一个蝉翳叶，可以隐身，用它遮住眼睛旁人就看不见你！"

顾恺之喜不自胜，他信以为真，就把柳树叶子挡在眼睛上，这时桓玄故意东找西找，大声呼唤顾恺之的名字，焦急地说：

"你在哪呀？我怎么看不见你呀！"

隔了一会儿，桓玄故意对着他撒尿，装得好像完全看不到他的样子。顾恺之真的认为蝉翳叶能隐藏身子，所以将它珍藏起来了。

以卵击石

"以卵击石"比喻不自量力，自取灭亡；也作"以卵投石"。

此典出自《墨子·贵义》："以其言非吾言者，是犹以卵投石也，尽天下之卵，其石犹是也，不可毁也。"

春秋战国时期，有一位思想家，名叫墨翟，又称墨子。他有许多弟子，他的名声很大。据说有一年他到北方的齐国去，途中遇见一个叫"曰"的人，对墨子说：

"你不能往北面走啊，今天上帝在北边杀黑龙，你的皮肤很黑，去北方是不吉利的呀！"

墨子说："我不相信你的话！"说完依然朝北走去，但没过多久他又回来了，因为北边的淄水泛滥，无法渡河。

名叫"曰"的那个人得意地对墨子说：

"怎么样啊？我说你不能往北走嘛！遇到麻烦了吧?!"

墨子微微一笑，说："岂有此理！淄水泛滥，南北两方的行人都受到了阻碍，行人之中有皮肤黑的，也有皮肤白的，怎么都过不去呀？"

"曰"支吾半晌说不出话来。墨子又说："假如天帝在东方杀了青龙，在南方杀了赤龙，在西方杀了白龙，再在中央杀了黄龙，岂不是让天下的人都无法动弹了吗？所以你的谎言是抵挡不过我的道理的，就像拿鸡蛋往石头上撞，就算把普天之下的鸡蛋全用光，也伤害不了石头的一丝一毫！石头是毁坏不了的呀！"

听了墨子的这番话，"曰"羞愧地逃走了。

亦步亦趋

“亦步亦趋”原比喻学习别人的一举一动。后形容处处模仿,一味追随别人。

此典出自《庄子·田子方》:“夫子步亦步,夫子趋亦趋,夫子驰亦驰,夫子奔逸绝尘,而回瞠若乎后矣。”

春秋时,鲁国有一个叫颜回(春秋鲁人,字子渊,亦称颜渊)的人,是孔子最宠爱的学生,他聪明好学,性情温和,从不犯重复的错误。乐观而安贫,孔子经常称赞他的贤德。有一次,他对孔子说:“夫子步亦步,夫子趋亦趋,夫子驰亦驰,夫子奔逸绝尘,而回瞠若乎后矣。”颜回这几句话的意思是说:老师慢慢地走,我也慢慢地走;老师急速地走,我也急速地走;老师快速地跑,我也快速地跑;老师飞快地奔跑,我只能惊异地从你脚步扬起的灰尘中看着你的背影了。

饮鸩止渴

“饮鸩止渴”的意思是说用毒酒解渴,终将致命。比喻只顾解决眼前困难不计后果。

此典出自《后汉书·霍传》:“岂有触冒死祸,以解细微?譬犹疗饥于附子,止渴于鸩毒,未入肠胃,已绝咽喉,岂可为哉!”

东汉顺帝时,霍胥的舅父宋光被人在大将军梁商面前诬告,说宋光擅自删改朝廷法令,于是宋光被囚在洛阳的监狱里。当时霍胥只有十五岁,他上书给大将军梁商,替宋光辩解,要求梁商查明真相、主持公道。信中说:“……我和宋光有骨肉之亲,可以替他隐瞒,我说他受了冤屈,不一定能使人同情。但我却认为应该根据人之常情、平心静气来观察宋光做人的态度,来决定他的罪行。宋光一向按规章办事,他是一州之长,即使对法令有疑问,也会采取其他的办法去解决,哪会冒着死罪去删改法令解决极细微的事呢?譬如一个人肚子饿了就用含有毒质的附子(草本植物,茎、叶、根均有毒)来充饥,口渴了就用鸩酒来解渴,这两种东西还没有到达肚胃的时候,早就会停止了呼吸,这样的事谁又会做呢?

有勇无谋

“有勇无谋”意即只有胆量,没有计谋。比喻做事或打仗只是猛干猛冲而缺乏计划和策略。

此典出自唐代陆贽《论两河及淮西利害状》:“(王)武俊蕃种,有勇无谋。又见《三国演义》第十一回:吾料吕布有勇无谋,不足虑也。”

吕布,字奉先,东汉末五原(今内蒙古包头西北)人,善弓马,当时号为“飞将”。他是一位勇力过人而智谋不足的武夫。董卓被杀后,董卓的部将李傕、郭汜带兵攻入京城,杀了王允,大败吕布。吕布便逃出武关,投靠了袁绍,后又投靠了张扬,继而又弃张扬投靠张邈。兴平元年(公元 194 年),曹操率军攻打徐州,张邈趁曹操东征的机会,就派吕布袭破兖州,占据了濮阳。曹操得知这一消息,急忙回军兖州。路上,碰上了曹仁。曹仁对曹操说,吕布势大,又有陈宫相助,不可轻视。曹操说:“我料想吕布有勇无谋,没什么可怕的。”于是决定先收复濮阳。由于吕布势大,没有成功。吕布虽然凭借着武力猖狂了一段时间,但终因有勇无谋,于建安三年(公元 198 年)被曹操杀死。

与虎谋皮

“与虎谋皮”意思是跟虎商量,要它的皮。比喻跟利害关系直接有冲突的人去商量某事,一定不会成功。

此典出自《太平御览》卷二〇八转引《符子》:“周人欲具少宰之珍,而与羊谋其羞,言未卒,羊相呼藏于深林之中;欲为千金之裘,而与狐谋其皮,言未卒,狐相率逃于重丘之下。”

这段话意思是说:

周朝的时候,有一个人为了把祭祀活动搞得隆重一些,准备杀猪宰羊,筹办美味的祭品。他跑去与羊商量,恭敬地说:“把你的肉借出一些来吧,我用它做精美的菜肴。”他的话音未落,羊早已吓得魂飞魄散,先后钻进深山老林躲藏起来了。这个人又想缝制一件价值千金的皮袍,便跑去与狐狸商量道:“把你的皮借给我吧,我要用它做一件华贵的狐狸皮袍。”他的话还没有说完,狐狸早已吓得灵魂出壳,争先恐后地,钻进高土堆下面躲藏起来了。

欲盖弥彰

“欲盖弥彰”,是说本想掩盖坏事的真相,结果反而暴露得更加明显。

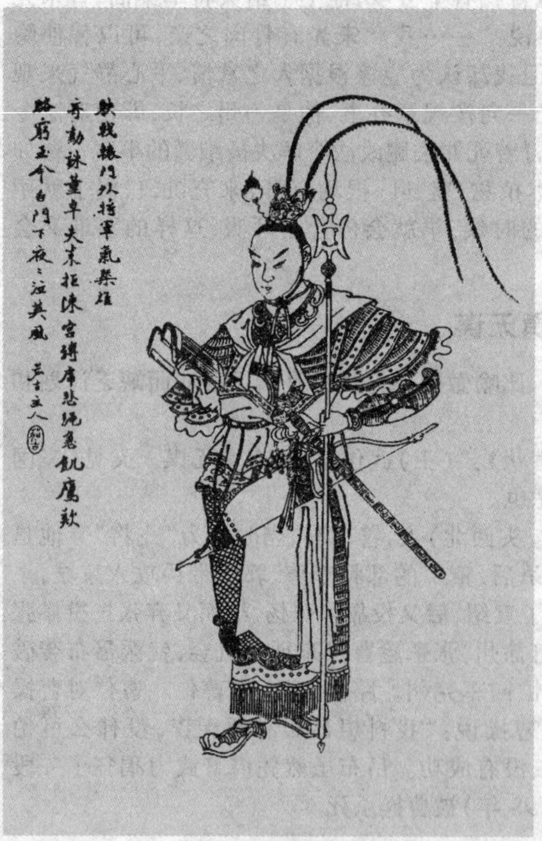

吕布像,图出自《图像三国志》。

此典出自《左传·昭公三十一年》:“或求名而不得,或欲盖而名彰,惩不义也。”

春秋时,邾国的大夫黑肱偷偷地把滥(地名,故址在今山东省藤县东南)邑送给鲁国,希望鲁国给他政治上的庇护。鲁国是周公的后代,是一个非常注重礼义的国家,于是就在鲁国的史册上把黑肱投奔鲁国的事直接用邾黑肱的名义记载下来。鲁国的正人君子批评这件事说:“一个人应该重视自己的名字,不应该使自己的名字受到污辱,凡是反叛自己国家的人,……罪状都会永远写在历史上,终身成为不义之人,万世万代都消灭不了他的罪行。……有的本来想求名,而史册上却不写出他的名字;有的想将自己的名字隐藏起来而史册上却将他的名字记下来。”

越人遇狗

“越人遇狗”比喻“江山易改,本性难移”。

此典出自《伯牙琴》。

有个越人在路上遇见一条狗。这

条狗俯首摇尾，对越人说："我擅长打猎，猎物和你平分。"

越人很高兴，就把狗带回了家，每天喂它精美的膳食，用人的礼节对待它。狗得到了这样的盛情招待，逐渐傲慢起来，每次捕捉到动物，必定自己吃尽了才算完。有人讥笑越人说："您喂养着这条狗，它捕猎到动物，自己都吃光了，你还要这条狗干什么？"

越人一听醒悟了，就要与狗分食猎物，而且自己要多拿些。

狗非常恼怒，立即咬住越人的脑袋，撕断了他的脖子和双足，逃跑了。

遭见贤尊

"遭见贤尊"这个寓言在说明心有余悸是受挫之后产生的一种畏惧心理，失去了冷静分析情况的能力。

此典出自《启颜录·遭见贤尊》。

有一条老虎想到田野中去寻找食物。看见了一只刺猬仰面躺在地下，以为是块肉块，便想去衔它。忽然老虎的鼻子被刺猬卷曲的身子卷住了，受惊而逃，也不停歇。一直跑到山中，觉得很累了，禁不住昏昏入睡。刺猬便放开老虎的鼻子跑掉了。

老虎忽地站起来，觉得非常轻松愉快，走到一棵橡树底下，低头一看，发现面前一颗小橡栗，便连忙躲在一旁，对橡栗说："今天早上碰见过令尊大人，现在就请贵公子让让道吧！"

郑人逃暑

"郑人逃暑"这则寓言用以说明情况是在不断的变化，一味地用老眼光、老办法去解决新问题，就会碰壁受灾。

此典出自《苻子》。

有个郑国人怕热，逃到一棵树荫下去乘凉，太阳在空中移动，树影在地上转移，于是他也就搬动着自己的卧席跟着树阴而跑。等到黄昏，他又把卧席铺在大树下。月亮在空中移动，树影在地下转移，他又搬动着卧席随树阴跑，因而被露水打湿了身体。树影越移越远了，他的身上也越沾越湿了。这个人白天乘凉的办法可以说很巧妙，但晚上用同样的办法乘凉就愚蠢了。

志大才疏

"志大才疏"也称"才疏志大"，指志向大而才能小。

此典出自南朝宋刘义庆《世说新语·识鉴》："伯仁为人志大而才短，名重而识暗。"

晋代时，有一个叫周顗（yǐ 乙）的人，字伯仁，祖籍在汝南安成（今河南平舆南）。西晋末，周顗为镇军将军长史。公元 316 年，西晋灭亡。第二年，司马睿在建康（今江苏南京）重建政权，史称东晋。周顗渡江后，任东晋的荆州刺史。

东晋刚建立时，丞相王导和他的堂兄王敦权势很大。晋元帝司马睿为了削弱王导兄弟的权势，重用刁协、刘隗等人。永昌元年（公元 322 年），王敦以诛灭刘隗为名，起兵攻打建康。当时，有人认为王敦谋反，王导也有责任，主张把他们俩都杀掉。周顗认为，王敦谋反，不应该牵连到王导。他力称王导无罪，被晋元帝采纳。后来，王敦领兵攻入建康，杀了刁协，刘隗战败投奔了石勒。王敦曾问王导：周顗这个人怎么样？王导因为不知道周顗曾在元帝面前救过自己，所以对王敦说：他的政治倾向我不太清楚。王敦见此情形，也把周顗杀了。当王导知道周顗曾救过自己时，非常悔恨地说：我虽没有杀周顗，但周顗却是

司马睿像，图出自明·天然《历代人物像赞》。司马睿是晋元帝，为东晋的建立者。

因为我而死的。

刘义庆在《世说新语》中，对周伯仁曾有段评语，说他志向很大而才学有限，名声很重但愚昧无知。

重蹈覆辙

“重蹈覆辙”比喻不吸取失败的教训，又走上失败的老路。

此典出自《后汉书·窦武传》：“今不虑前事之失，复循覆车之轨，臣恐二世（秦二世）之难，必将复及，赵高之变，不朝则夕。”

这段话的意思是说：

外戚和宦官的轮流专权削弱了东汉王朝的统治。窦武总结了外戚与宦官专权的教训，于永康元年（公元167年）上疏给桓帝，让桓帝吸取以前的教训，不要重蹈覆辙。否则，秦二世胡亥掉脑袋和赵高政变的情形就会重演。

轴折造辕

“轴折造辕”的这个典故说明，正确的方法必须来源于正确的判断。如果轴折造辕，是出于错误的判断，不但不能治好轴折，而且还会使轴折得更快。

此典出自《淮南子·汜论训》：“今夫僦载者，救一车之任，极一牛之力，为轴之折也。有加辕轴之上以为造，不知轴辕之趣轴折也。”

这段话意思是说：

有个赶车的人，装了很多的货物，超过了车的负荷和牛的力量，一个轴快要折断了。于是有人又给他加了一条辕杆，以为这下就会万无一失了。

但是，殊不知在车轴上加辕更加重了轴的负荷，反而促使了轴的断折。

自相矛盾

“自相矛盾”比喻一个人自己的言行前后互相抵触，互不相容。

此典出自《韩非子·难一》。

有一个卖长矛和盾牌的人，先称赞自己的盾牌十分坚固：“不管什么利器都不能刺穿我这个盾牌。”

后来，他又吹嘘自己的长矛说：“我这个长矛非常锋利，不管什么东西都能刺穿。”

这时旁边有人应声问：“拿你的长矛去刺你的盾牌，看看结果会如何？”

这个卖盾牌和长矛的人被问得哑口无言。

纵虎归山

“纵虎归山”又作“放虎归山”，意思就是把老虎放回山林，比喻放走敌人，留下后患。

此典出自《三国演义》第二十一回：“昔刘备为豫州时，某等请杀之，丞相不听；今日又与之兵，此放龙入海，纵虎归山也。后欲治之，其可得乎？”

东汉末年，天下大乱，群雄各自称霸一方。一心想趁机夺取天下的刘备，因为没有立足之地，经常寄人篱下，不得不暂时投奔曹操，等待时机，壮大实力。

不久曹操担心袁绍、袁术兄弟联合起来，势力壮大，不好对付，于是他就答应了刘备的请求，让他带领五万人马前往徐州，截击袁术。

刘备走后，曹操的谋士郭嘉、程昱从外地赶回许昌，他们听说曹操放走了刘备，急忙去见曹操。程昱说：“当初刘备做徐州牧时，我们曾建议把他杀掉，丞相没有采纳我们的建议；现在您又给他许多兵马，放他离去，这就等于把蛟龙放回大海，把猛虎放归深山。将来再想制服他，能够做到吗？”

作舍道旁

“作舍道旁”又作“作舍道边”，是说在路旁筑屋，和过路人商量。用以比喻众说纷纭，莫衷一是，难于成功。

此典出自《后汉书·曹褒传》：“作舍道边，三年不成；会礼之家，名为聚讼。”

从前有一个没有主张的人在大路旁边造了一间住宅。房子快要造好时，路人甲经过那里观察了一番他的房子，大发议论说：“如果我是这个房子的主人，我就不这样造？”

那没主张的人连忙请教：“依先生的意思该怎样造？”

“你应该把门窗的方向全都朝东，太阳一出来就会照进你的卧房，这样就可以养成早起的习惯，岂不很好！”

“对对，你的意见真宝贵，我马上照办。”于是这个人就把房子拆毁了。

房屋第二次快要盖好的时候，路人乙又来发表意见：“住宅最重要的是冬暖夏凉，而只有向南才能达到这样的要求；现在你的住宅向东，这怎么妥当呢？”

“对对，你说得很正确！”结果房屋又被拆毁，第三次重建。

出主意的人愈来愈多，每一个出主意的人都有理由，没主张的人觉得他们的意见都是正确的；于是他的住宅拆了又砌，砌了又拆，三年过去了，没主张的人还没有把他的房屋盖好。

魏太祖曹操像，图出自明·天然撰《历代古人像赞》。

坐井观天

“坐井观天”这个典故比喻眼界狭小,所见不广。

此典出自《庄子·秋水篇》。又见韩愈《原道》:“坐井观天,曰天小者,非天小也。”

《庄子·秋水篇》记载的故事大意是:废井里住着一只青蛙,有一天青蛙在井边上碰见了一只从东海里来的海鳖。青蛙说:“你看,我多快乐呀! 高兴的时候就在井栏边上跳跃,累了就在井里的砖洞上休息,或者就露出头来泡在水里,或者在泥地里散散步。看看那些蚌蟹与蝌蚪谁能比得上我呢? 井里这样自由自在,无比快乐,我又是这里的主人,还是请你来井里观赏一下吧!”海鳖听了就想进去看看,可是左脚还没有完全伸进去,右脚就被井栏绊住了。于是海鳖对青蛙讲述海的广大无边等等情况,青蛙才吃惊地知道原来井外还有如此广阔的天地、快乐的世界。

拔山扛鼎

“拔山扛鼎”形容力大无比。

此典出自《史记·项羽本纪》:“籍长八尺余,力能扛鼎,才气过人,虽又中子弟皆已惮籍矣。……于是王乃悲歌慷慨,自为诗曰:‘力拔山兮气盖世……’”

项羽身材高大,力气大得惊人,能够把一只很重的鼎举起来,同时他也非常聪明。他曾经跟着叔父在吴地避难,当地的青年人都惧怕他。项羽在推翻秦王朝的斗争中大显身手,但后来却被刘邦打败。最后垓下一战,项羽彻底失败,走投无路。他面对心爱的美人虞姬和名叫“骓”的骏马,慷慨悲歌,唱起自己写的诗来:“我的力气能拔起一座大山,我的气度盖世无双。”

冲锋陷阵

“冲锋陷阵”形容作战勇敢。

此典出自《北齐书·崔暹传》:“中尉尽心为国,不避豪强,遂使远迩肃清,群公奉法。冲锋陷阵,当官正色,今始见之。”

北魏末年,朝廷内部发生政乱,分裂为西魏和东魏两个政权。东魏的皇帝是既孝静帝元善见。但军政大权却掌握在高欢和他的儿子高澄、高洋手里。

崔暹是读书人出身,为官清廉,办事公正,不徇私情,深受高欢的喜爱。

高欢对崔暹的做法非常满意,觉得他可以帮自己做事,所以见到他常常握着他的手,友爱地说:“从前朝廷不是没有法官,可是大臣权贵徇情枉法,无人弹劾,可是你尽心为国,不避豪强,使得国家远近都很清净,群公奉法,看样子冲锋陷阵的那就是你崔暹呀,为官正色我今天才见到。对你的功劳,我高欢父子无以相报呀!”于是高欢赠送一匹良马给他,并亲自为他牵着缰绳。

打破鬼例

“打破鬼例”这个典故用以讽刺那些思想僵化、循规蹈矩的人,鼓励人们敢于打破惯例,革除积弊。

此典出自《续子不语》卷三。

有个姓李的人,家住在河边。一天夜里,李生正在灯下读书,听见鬼说道:“明天有个人来渡河,他就是我的替死鬼。”到了第二天,果然有个人来渡河,李生竭力劝阻他,结果那个人没有渡河，掉转身回去了。

当天夜晚，鬼找到李生责备说："与你有什么关系，害得我得不到替身？"李生问："为什么你们转世必须找替身呢？"鬼说："你们从人间补廪、补官，必须等名额空出，才能补上，可能都是一个道理吧。"李生开导他说："你错了！廪生供给谷粮，官吏享受俸禄，这些都需要国家的钱粮，不能浪费，所以数目都有一定的限制，必须要这样做。而人生活在天地之间，阴阳变化，自生自灭，自食其力，创造万物的造化神哪有时间去管这些闲事呢？"鬼说："听说转轮王专门掌管这件事情。"李生说："那么，你就把我的话转告转轮王。如果他认为必须要替代，你就来拉我当替身，我好去见转轮王，当面骂他一顿。"鬼非常高兴，一蹦一跳地走了，从此再也没有出现过。

姜维像，图出自清·顾沅辑《古圣贤像传略》。

胆大如斗

"胆大如斗"形容胆量很大。

此典出自《三国志·蜀书·姜维传》："魏将士愤怒，杀会及维，维妻子皆伏诛。"裴松之注引《世语》曰："维死时见剖，胆如斗大。"

姜维（公元202—264年），字伯约，三国蜀汉天水人。他很有才干，得到诸葛亮的器重，历任征西将军、卫将军、大将军等。诸葛亮死后，姜维统率蜀军屡次攻打魏国，屡战屡败。魏元帝景元四年（公元263年），魏军大举攻蜀，姜维放弃阴平而退守剑阁，抗击魏将钟会。钟会劝姜维投降，姜维不肯答应。但是，蜀后主刘禅已经宣布投降，姜维无奈，也投降了钟会。

钟会对姜维非常好，二人出则同车，坐则同席，钟会经常在别人面前夸奖姜维。后来钟会暗地里谋划背叛魏国，姜维认为复兴蜀汉的机会到了，便假意替钟会出谋划策。不料，事情败露了，魏军将士非常愤怒，杀死了钟会、姜维以及姜维的妻室儿女。

姜维死后，魏兵剖开他的肚子，只见他的胆长得形如斗状，有鸡卵那样大。

道士得仙

"道士得仙"的这个典故用以告诫人们，不要相信迷信不实之事物。

此典出自《续博物志》。

唐朝天宝年间，河南缑氏县太子陵有座仙鹤观。每年九月三日夜晚，都有一名道士在此得道成仙，升天而去。这事已有旧例，到时候把姓名报告官府就行了。

后来，张竭忠担任县令，根本不相信会有这样的事。于是他便在九月三日悄悄地派两名勇士携带兵器潜入观内侦探。

到了夜半三更，只见一只黑色猛虎闯进观里，叨起一个道士就走。两个勇士张弓射去，虽未射中黑虎，黑虎却为之一惊，扔下道士逃走了。

之后，张县令把真相报告了州府，请来一队弓弩手，围猎山洞，杀掉了好几只猛虎。在石洞中，发现道士祈祷用的金简玉录和衣冠发骨，不计其数。

定伯捉鬼

“定伯捉鬼”的典故告诉人们，作战要讲究策略，善于发现并利用敌人的弱点，这样才能取得胜利。

此典出自《搜神记》。

南阳人宋定伯，年轻时黑夜行路遇见了鬼，定伯就问他是谁，对方回答：“我是鬼！”然后反问：“你是谁？”

定伯就骗他说：“我也是鬼。”

鬼问：“你到哪里去呀？”

定伯答：“到宛市去。”

鬼说：“我也正要去宛市，刚好是同路。”

于是，他们结伴而行。走了几里，鬼提议说：“步走太轻了，咱们轮流背着走吧！”

定伯说：“太好了。”

于是鬼先背着定伯走了几里，感到沉重，疑惑地说：“你太重了，难道不是鬼？”

定伯机智地回答道：“我刚死不久，所以沉重。”

轮到定伯背鬼，果然鬼真的很轻。

就这样，他们轮流背着赶路。定伯又开口问道：“我是新鬼，不知鬼都害怕什么？忌讳什么？”

鬼小声回答：“鬼最怕人唾。”

走着走着，遇到了一条小河。定伯让鬼先过，鬼如履平地，悄无声息。定伯自己过的时候，却淌得水花四溅，哗哗作响。

鬼又起了疑心。问：“为啥有响声？”

定伯仍掩饰说：“刚死，还不习惯渡水，请不要猜疑我。”鬼就相信了他。

快到宛市的时候，定伯把鬼紧紧地放在肩上，大步流星地猛跑起来。鬼大声呼叫，要求放下。定伯没有说话，一口气跑到了宛市，把鬼摔在地下。鬼变成了一只羊。定伯又怕它变化，连唾了它几口便在市上把它卖掉，卖了一千五百钱，高高兴兴地走了。

风吹幡动

“风吹幡动”的这个典故说明，不论学习还是工作，都要一心一意，才能不受外界干扰，不为外界所动。

此典出自《大藏经·六祖大师法宝坛经》：“（惠能）至广州法性寺，值印宗法师讲《涅槃经》。时有风吹幡动，一僧曰：‘风动。’一僧曰：‘幡动。’议论不已。惠能进曰：‘不是风动，不是幡动，仁者心动。’”

这段话意思是说：

惠能和尚来到广州法性寺，适逢高僧印宗法师在给和尚们讲《涅槃经》。

正在这时，一阵风来吹动了幡。在座的一个和尚悄悄说：“快看，风在动。”另一个反驳说：“不对，是幡在动。”两个人各持己见，争论不下。

惠能在旁静静说道:“既不是风动,也不是幡动,而是你们的心在动!”

肝胆涂地

“肝胆涂地”或“肝脑涂地”均形容惨死。“肝脑涂地”后也用来表示竭尽忠诚,甘愿牺牲。

此典出自《史记·淮阴侯列传》:“使天下之人肝胆涂地。”

蒯通原为燕国人,后来,在齐国游历,所以又说他是齐国人。他听说韩信握有重权,便想说服韩信背叛刘邦,建立第三种势力,与刘邦项羽鼎足而立。于是,他便化装成一个看相的去见韩信。

蒯通见到韩信后说:“我是看相的。我看看他的骨骼,就知道他是高贵还是下贱;瞧瞧他的脸色,就知道他是忧愁还是高兴;事业的成败决定于他的性情是否果断。‘以此参之,万不一失。’(意思是:拿这三项来考察一个人的前途,是有绝对把握的。)韩信听了蒯通的这番言语,便想试试。他对蒯通说:“先生给我看看怎么样啊?”蒯通说:“行,但你手下的人必须回避一下。”蒯通见随从退去后就说:“我看你的面部,做官高不过封侯,就算封了侯,也还是危而不安;我看你的背部,那富贵就没法说了。”韩信急问道:“你这话是什么意思呢?”蒯通煞有介事地说:“当今天下分为楚汉两种势力,这两种势力互相争斗,使天下无罪的人‘肝胆涂地’。老小死于田野者无数。我认为在这种形势下,你应成立第三种势力,与他们鼎足而立。像你这样能干的人,完全能做到这点。否则的话,让楚、汉争斗,结果必然使你反受其祸。因为你助楚得胜,你就成了汉王的罪人;你助汉打败了楚,刘邦怕你夺他的天下,你也很危险。所以我希望你认真考虑一下这个问题。”

蒯通虽然费了不少心思和言语,但韩信始终不忍背叛刘邦。

鬼怕恶人

“鬼怕恶人”比喻鬼也和神一样,都是人造的。若不信鬼,也就不怕鬼。

此典出自《艾子杂说》。

艾子路过一条小河,看见一座庙宇,建筑矮小但装饰得很威严壮丽。庙前有一条小水沟,有人走到水边,不能涉过,回到庙中,就搬来大王的神像,放在水沟中间,踩踏着走了过去。

又有一个走来,看见了神像,一再叹息着说:“对待神像哪能这样轻慢冒犯呀!”就亲自扶起神像,用衣服把尘土擦干净,然后把神像捧到座位上,一拜再拜而去。

过了一会儿,艾子听见庙里的小鬼说:“大王住在此地为神仙,享受乡里人的祭祀,反被愚顽的百姓侮辱了,你为什么不施加灾祸责罚他们呢?”

大王说:“是,但应当把灾祸降给那个后来的人。”

小鬼又说:“前面那个人用脚践踏大王,再没有比这种侮辱更厉害的了,你反而不降灾祸给他;后面来的那个人,是尊敬大王的,反而要降祸于他,这是什么原因呢?”

大王说:“前面那个人早已不信奉鬼神了,我又怎么能够降祸于他呢?”

艾子说道:“这真叫做鬼怕恶人呀!”

鬼有三技

“鬼有三技”用以说明:不受迷惑,不被阻拦,不怕恐吓,就会无往而不胜。

此典出自《子不语》。

有一个姓吕的人，是松江县的秀才，性格很豪放，自己取了个外号叫“豁达先生”。

有次，路过泖湖西乡。天渐渐黑了下来。忽然看到一个妇人，搽粉画眉，急匆匆地拿着绳索向前走。她望见姓吕的，便跑到树下躲起来，但所拿的绳索却丢失在地上了。姓吕的拾起绳索一看，原来是条草绳，闻一下，有一股阴冷腐臭的气味。他心里明白了，这是一个吊死鬼。便将草绳藏到怀里，一直朝前走。

接着，那个妇人从树阴中走出来拦他的路。姓吕的向左走，她就拦住左边；向右走，就拦住右边，姓吕的心想，这便是大家常讲的“鬼打墙”，于是他便无所顾忌地向前冲去。

鬼拦他不住，没有办法，便大叫一声，变成披头散发、七孔流血的凶恶样子，舌头从口中伸出一尺多长，向着姓吕的跳跃。姓吕的对它说：“你开头搽粉画眉，想迷惑我，接着挡住去路，想遮拦我；现在又装出这副凶样子，想吓唬我。你的三套本领都用完了，我还是不怕，我觉得你也没别的本领使出来了。你也该知道我向来就叫豁达先生吧？”鬼听了这些话，只得恢复原形，向他跪拜……然后急急忙忙走开了。

过五关，斩六将

“过五关，斩六将”比喻只要有坚强的意志，肯定可以达到预定的目标。

此典出自《三国演义》第二十七回：“关公请二嫂上船渡河。渡过黄河，便是袁绍地方。关公所历关隘五处，斩将六员。”

汉寿亭侯过五关斩六将，图出自《图像三国志》。讲述关羽从曹操处前往河北寻找刘备，沿途过五关斩六将之事。

东汉末年，朝政腐败，英豪蜂拥而起。关羽、张飞、刘备桃园三结义后，在一次战役中三人失散。曹操十分喜爱关羽的德才，欲收入帐下。关羽为了刘备二位夫人的安全，同时感念曹操对他的恩德，暂时为曹操效力，在一次战役中替曹操斩了敌将颜良、文丑。后来，关羽得悉刘备兵败后投在河北袁绍处，立即写信辞别曹操，从河南许昌出发，护送刘备的二位夫人去寻找刘备。由于关羽没有丞相曹操的文凭，沿途守关将领阻截关羽。关羽英武异常，斩将夺关而过。

第一关，东岭关，把关将领孔秀带领五百名军兵在岭上把守，两马相交，只一合，关羽钢刀起处，孔秀横尸马下。

第二关，洛阳关，洛阳太守韩福先命牙将孟坦出马，孟坦抡双刀来打关羽。孟坦只指望引诱关羽，拨马便走。不想关羽马快，早已赶上，拦腰一刀把孟坦砍为两段。韩福闪在门首，尽力放了一箭，正射中关羽左臂。关羽用口拔出箭，血流不止，飞马直奔韩福，韩福慌忙逃走，关羽手起刀落，带头连肩，把韩福斩于马下。

第三关，沂水关，把关将领卞喜设下埋伏，要杀关羽。左右伏兵刚要动手，都被关羽拔剑砍掉。卞喜下堂绕廊而走，关羽弃剑执大刀来赶。卞喜暗取飞锤掷打关羽。关羽用刀隔开锤，追上去，一刀把卞喜劈为两段。

第四关，荥阳关，荥阳太守王植与韩福是两亲家。王植设下诡计，要烧死关羽。关羽得知王植的阴谋，提前出关，王植赶来，大叫："关某休走！"关羽勒马，大骂："匹夫，我与你无仇，如何令人放火烧我？"王植拍马挺枪，直奔关羽，被关羽拦腰一刀，砍为两段。

第五关，滑州关黄河渡口的守将秦琪，纵马提刀，直取关羽。二马相交，只一合，关羽刀起，秦琪头落。

关羽请二位嫂嫂上船渡河。渡过黄河，便是袁绍的地界了。在曹操管辖的地界内，关羽冲破了五道关口，一共斩杀了六员将领。

艰难险阻

"艰难险阻"说明前进道路上的困难危险和障碍。

此典出自《左传·僖公二十八年》："险阻艰难，备尝之矣，民之情伪尽知之矣。"

楚国联合曹、卫两国进犯宋国，宋国向晋文公求救。于是晋文公马上出兵救宋，一鼓作气攻下曹、卫两国。楚成王看到两个盟国被攻下，晋国又与齐国、秦国结成了新的同盟，心里非常害怕，于是就叫围攻宋国的楚将子玉撤离宋国，并告诫他说："晋文公在外颠沛流离了很久才回国做了国君。"还告诉他："兵书上说过，进攻要适可而止，如遇到难于战胜的敌人就应该退却。"可是子玉不听他的劝告，结果楚军大败。

举笏击蛇

"举笏击蛇"比喻胆识过人的行为。

此典出自《宋史·孔道辅传》。

宋代人孔道辅，字原鲁，他是孔子四十五代孙。孔道辅幼年端庄持重，长大后考取进士，任宁州军事推官，经常同州将争论军事问题。有一次，在天庆观真武殿中出现了一条蛇，满郡的人都认定它是神灵的化身，州里的将帅官员都前去祭拜，并且还要向皇帝报告这件事。孔道辅一直走上前去，用手中的笏板击蛇，把蛇头打碎了。起初，观看的人大吃一惊，可是事后，大家全都佩服他。

据水断桥

"据水断桥"形容胆识过人，勇猛善战。

此典出自《三国志·蜀书·张飞传》。

三国时蜀汉大将张飞，字翼德，东汉末年涿郡（今河北省涿县）人。从青年时代起，张飞就与关羽一起，跟随刘备南征北战。张飞作战勇猛，当时人称他和关羽为"万人敌。"

建安十三年（公元208年）七月，曹操率军攻打荆州。八月，荆州牧刘表去世，刘表的二儿子刘琮投降曹操，荆州被曹操占领了。当时，刘备依附于刘表，他见势不妙，立即逃到了江南。曹操率军紧追不舍，经过一天一夜，追到当阳（今湖北当阳县）的长坂坡。刘备听说曹操的军队突然赶来，便丢下妻儿逃跑，并命令张飞带领二十名骑兵在后面抵挡曹军。张飞利用河道，站在桥上阻断曹军的前进道路，瞪起眼睛，横握长矛，大喝一声说："我就是张翼德，不要命的，就来跟我决一死战！"结果，敌军中没有一个敢向前靠近，于

寇准像，图出自清·顾沅辑《古圣贤像传略》。

是，刘备的军队成功逃脱了。

寇准牵衣

“寇准牵衣”比喻敢于直言进谏。

此典出自《宋史·寇准传》：“尝奏事殿中，语不合，帝怒起，准则引帝衣，令帝复坐，事决乃退。上由是嘉之，曰：‘朕得寇准，犹文皇（指唐太宗）之得魏徵也。’”

北宋大臣寇准（公元961—1023年），字平仲，华州下今陕西渭南东北人。他在少年时代就胸怀大志，刻苦学习，十九岁就考取进士。当时，宋太宗挑选人才时，都是亲自观察，不录用年龄太小的人。有人建议寇准多报几岁，寇准说：“我现在正处于进取之际，怎能做这种欺君之事呢？”不久，他受到太宗的赏识，当了尚书虞部郎中、枢密院直学士等官。

有一次，寇准在殿上向太宗奏事，由于话不投机，太宗气愤地站起来要走。寇准拉着太宗的衣襟，请他又坐下来。等到事情决定之后，寇准才退下。

因此，太宗十分欣赏他，经常说：“我宋太宗得到寇准，就像唐太宗得到魏徵一样。”

鲁阳挥戈

“鲁阳挥戈”用以赞扬坚强勇敢，挽回危局。也可用它形容气概豪迈，威震天地。

此典出自《淮南子·览冥训》：“鲁阳公与韩构难，战酣日暮，援戈而后 抐之，日为之反三舍。”

这段话的意思是说：

战国时期，楚国的鲁阳公与韩国军队作战，双方战鼓齐鸣争斗最激烈的时候，太阳落山了。鲁阳公举戈挥向太阳，太阳就倒回了三舍（古代三十里为一舍）。

马肝大毒

“马肝大毒”这个典故告诫人们，对具体事物存在的条件及其属性不进行具体的分析，贸然行动，就会酿成恶劣的后果。

此典出自《雅谑》。

有个人说：马肝有很大的毒性，能毒死人，所以汉武帝曾经说：“文成将军因吃了马肝而死。”这话正好被迂公听见了，他不禁失声说道：“您这是骗人的话，马肝一直就在马肚子里，马为什么不死呢？”有人哄骗他说：“马活不到一百岁，就是因为有肝的缘故。”迂公猛然省悟，正好他家养着马，于是他回去就剖开马的肚子挖出了马肝，马立刻就死了。迂公扔下刀子感叹地说:“我算相信了,马肝的毒性真大啊！挖掉它,马都不能活,何况留着它呢?”

茅焦解衣

“茅焦解衣”比喻冒死向皇帝进谏。

此典出自《说苑·正谏》:“茅焦至前,再拜,谒起称曰:‘臣闻之,夫有生者不讳死,有国者不讳亡。讳死者不可以得生,讳亡者不可以得存。死生存亡,圣主所欲急闻也,不审陛下欲闻之不?’皇帝曰:‘何谓也?’茅焦对曰:‘陛下有狂悖之行,陛下不自知邪?’皇帝曰:‘何等也?愿闻之!’茅焦对曰:‘陛下车裂假父,有嫉妒之心;囊扑两弟,有不慈之名;迁母萯(fù)阳宫,有不孝之行;从蒺藜于谏士,有桀纣之治。今天下闻之,尽瓦解无向秦者,臣窃恐秦亡,为陛下危之。所言已毕,乞行就质。’乃解衣伏质。皇帝下殿,左手接之,右手麾左右曰:‘赦之!先生就衣,今愿受事。’乃立焦为仲父,爵之为上卿。皇帝立驾千乘万骑,空左方,自行迎太后萯阳宫,归于咸阳。太后大喜,乃大置酒待茅焦,及饮,太后曰:‘抗枉令直,使败更成,安秦之社稷,使妾母子复得相会者,尽茅君之力也。’”

战国末期,秦国国相吕不韦手下有一个舍人,叫嫪毐(lào ǎi),受到秦始皇母亲的宠爱,与之私通,生了两个儿子,嫪毐被封为长信侯。他骄横跋扈,专断国事。他经常与皇上的宠臣一起赌酒作乐,大耍酒疯,和别人争吵、争斗。有一次,他大骂别人说:“我是皇帝的继父,你这个穷小子,怎么敢与我作对!”被骂的人跑去报告了秦始皇,秦始皇大怒。长信侯害怕被秦始皇杀死,就发动叛乱,围攻咸阳宫。失败后,秦始皇下令车裂了他。同时秦始皇又将自己的两个幼弟装在口袋中摔死,将皇太后迁徙到萯阳宫(行宫),下令说:“谁敢拿皇太后的事来劝谏我,就把他乱刀砍死,将棘刺扎在他的脊背和四肢上,把尸体堆积在城门之下。”后来有二十七人向秦始皇进谏,他们全都被处死了。

秦始皇像

当时,有一个人叫茅焦,是齐人,要求劝谏秦始皇。秦始皇派使者对他说:“你没有看见城门下堆积的尸体吗?”茅焦回答说:“我听说,天上有二十八星宿,现在死去的人已经有二十七个了,我这次来,就是为了凑够二十八这个数。”京城中和茅焦一起吃住的同乡,全都背上自己的衣物逃走了。使者入宫禀报了秦始皇,秦始皇恼怒说:“这个家伙故意来违抗我的禁令,赶快烧起鼎锅用开水煮死他!看他怎么能在城门之下去充数?马上召他入宫!”秦始皇按剑而坐,气得火冒三丈。

茅焦到了秦始皇面前,拜了两拜,

起身致辞说：我听说："长寿的人不忌讳死亡，拥有国家的人不忌讳败亡。忌讳死亡的人不会因此活着，忌讳败亡的人不会因此而保全。死生存亡的道理，是圣明的君主都渴盼知道的，不知陛下是否想知道这些道理？"秦始皇说："你说这话是什么意思？"茅焦回答说："陛下有狂乱悖理的行为，您自己不知道吗？"秦始皇说："你指的是什么？我想听听。"茅焦说："陛下车裂继父，有嫉妒之心；用口袋摔死两个弟弟，有不仁之名；将母亲赶走，有不孝之为；把棘刺扎在进谏的人身上，有夏桀殷纣一样的暴政。这一切全国上下都知道，人心涣散，没有人再拥护朝廷。我担心秦国将亡，很是替陛下担忧。我的话全都说完了，让我就刑吧。"于是，茅焦解开自己的衣服，伏卧在刑具上。但是替秦始皇走下殿来，左手拉起他，右手挥退左右的人，说："赦免他！请先生穿起衣服，从今天起我愿意向先生请教。"于是秦始皇立茅焦为仲父，封以上卿的爵位。秦始皇立即带领千乘万骑，空着辇车左方的尊贵位置，赶到萯阳宫，亲自把皇太后接到咸阳。皇太后大喜过望，大办酒宴款待茅焦。敬酒时，皇太后说："违抗错误的旨令而使之得到纠正，让败坏的事情重新得到成功，使秦国的政权得到安定，使我们母子团聚，全是茅君的功劳啊！"

南史直笔

"南史直笔"形容不畏强暴，秉笔直书，如实记载历史事件。

此典出自《左传·襄公二十五年》："大史书曰：'崔杼弑其君。'崔子杀之。其弟嗣书而死者，二人。其弟又书，乃舍之。南史氏闻大史尽死，执简以往。闻即书矣，乃还。"

鲁襄公二十五年（公元前548年农历）夏季五月间，齐国发生了大臣杀害国君的事件。事件的起因是，齐庄公和齐国执政大夫崔杼（又称崔武予）的妻子棠姜私通，崔杼对齐庄公恨之入骨。再加上政治上的复杂因素，崔杼决定要杀死齐庄公。有一次，齐庄公又去和棠姜约会。岂知，崔杼早已做好准备，派甲士包围了齐庄公。齐庄公登上高台请求饶命，甲士不同意；请求自杀，甲士也不同意。齐庄公跳墙逃命，甲士射中他的大腿，齐庄公掉下墙来，当场被杀死了。崔杼乘机又杀死了齐庄公的一些亲信。

太史记载道："崔杼弑其君。"崔杼杀死了太史。太史的两个弟弟也这样写，也被杀死了。太史还有一个弟弟又这样写，崔杼没有再杀他。当时，齐国有一个史官南史氏听说太史都被杀害了，就拿着书简前去书写。他听说史官已经如实地记载了这件事，就回去了。

霹雳破柱

"霹雳破柱"用以表现胆识过人，处变不惊；也可用以形容雷电迅猛；也用以比喻突然发生重大的变故，令人震惊。

此典出自《世说新语·雅量》："夏侯太初尝倚柱作书。时大雨，霹雳破所倚柱，衣服焦然，神色无变，书亦如故。宾客左右，皆跌荡不住。"

这段话意思是说：

夏侯玄（字太初，也称夏侯太初）曾经靠着屋柱写书，这时大雨滂沱，一声响雷把他靠着的屋柱都击破了，夏侯玄的衣服也被烧焦了，但是他镇定自若，依然埋头书写。而左右的宾客都吓得趴下了。

舍得一身剐，敢把皇帝拉下马

"舍得一身剐，敢把皇帝拉下马"，一般用于表现人民群众对反动统治者的勇敢斗争精神。

此典出自《红楼梦》第六十八回："拼着一身剐，敢把皇帝拉下马。"

王熙凤知道了贾琏悄悄娶了尤二姐，内心十分妒恨。她趁贾琏外出办事的机会，要整死尤二姐。当贾琏一离开贾家，王熙凤便连忙到尤二姐住处"拜见"。她对尤二姐说，我一味劝二爷（贾琏）保重，别在外面眠花宿柳，恐怕叫老爷太太担心。如今他娶了妹妹作二房，这样的大事也没有和我商量过。我劝二爷正经办了这事，以后生个一男半女，你也有个依靠。不想二爷反以为我妒忌，我的这个心呀，惟有天地可知啊。现在请妹妹体谅我的苦心，搬过去我们同居同处，免得别人说三道四。妹妹这样伶俐，搬过去，我也得个膀臂，如果妹妹不愿搬过去，我也愿意搬来陪妹妹住。要是妹妹在外头，我在里头，我的心怎么过得去呢？说着，便呜呜咽咽哭了起来。尤二姐是个实在人，见凤姐如此这般，便觉得凤姐是个好人，推心置腹，真诚相待，满口答应马上搬过去。

《红楼梦》版画之尤二姐吞金自杀图

凤姐一面把尤二姐骗了过去，软禁起来；一面又唆使张华（原与尤二姐订婚，后退了亲）去衙门里告状，告贾琏背旨瞒亲，仗财依势，强逼退亲，停妻再娶。

当张华去都察院告了状后，王熙凤又来威胁讹诈尤二姐的母亲和贾蓉。王熙凤一面大哭一面大骂："你们这些王八蛋，不要脸的东西，竟干出这些没有王法、败家破业的事情。你们竟在后面伤害我，要把我挤出去……"说了又哭，哭了又骂，一把鼻涕一把泪的，竟要去寻死撞头。一会儿王熙凤又指着尤老娘和贾蓉说："张华是个无赖穷花子，他是个穷疯了的人，什么事做不出来，俗语说'拼着一身剐，敢把皇帝拉下马'，看你们怎么办？"尤老娘、贾蓉无法，只得向凤姐叩头，请她帮忙，并愿意拿出五百两银子给凤姐，让她买通官府，平息这件事。

王熙凤以其毒辣的手段，不久就把尤二姐折磨死了。

舍死忘生

"舍死忘生"，表示不把生死放在心上而去做有益的事。

此典出自《杂剧·薛仁贵》："你待要忘生舍死在这沙场上，则你那雄赳赳，气昂昂，身凛凛，貌堂堂，知甚日，得还乡。唉，儿也！休叫我这两口儿，斜倚定门而望。"

绛州龙门大黄庄有个人叫薛仁贵。他虽出身农家，却从小就喜欢武艺。长到二十岁，已学成十八般武艺，还熟读了很多兵书，懂得用兵的道理。他一心想投军报国。虽然他父母多次劝阻，但他意志坚决，一心想要从军。他对父母说："今当国家用人之际，要扫除夷虎，肃靖边疆，凭儿子学成的武艺，智勇双全，若能两阵之间，还怕不马到成功。"经薛仁贵

这么一说，父母就让他投军去了

薛仁贵入伍之时，父亲叮嘱他说了这些话："你待要忘生舍死在这沙场上，则你那雄赳赳，气昂昂，身凛凛，貌堂堂，知甚日，得还乡。唉，儿也！休叫我这两口儿，斜倚定门而望。"薛仁贵听了非常感动地说："孩儿一定奋勇杀敌，决不辜负二老所望。"

身先士卒

"身先士卒"意思是指作战时将帅亲自冲锋，带头走在士兵的前面。现也用以比喻领导带头，走在前。

此典出自罗贯中著的《三国演义》第七十二回："披坚执锐，临难不顾，身先士卒。"

曹彰，字子文，是曹操的儿子。他从小就擅长骑射，膂力过人，能赤手空拳和猛兽格斗。他好武不好文，曹操经常告诫他说："你不读书而喜欢玩弓玩马，这是匹夫之勇，不值得一提。"曹彰说："大丈夫应当学习卫青和霍去病，纵横天下，为国立功，怎能钻到书堆里去呢！"曹操问儿子的志向，曹彰说："我将来要当大将。"曹操就问道："当大将应该怎么做？"曹彰说："当大将就应当披坚执锐，临难不顾，身先士卒。"

螳螂搏轮

"螳螂搏轮"又作"螳臂挡车"比喻自不量力。

此典出自《淮南子·人间训》。

齐庄公出外打猎的时候，看见一只昆虫举起前肢来要和车轮搏斗。于是便问他的赶车人说："这是什么虫子呀？"赶车人回答说："这就是螳螂呀。它只知道前进不知道后退，不自量力却轻视敌人。"齐庄公说："这虫子如果是人，必定是天下最勇猛的武士了！"就命令把车子退回去，避开了那只螳螂。

军队里的武勇兵卒们听说了这件事，都知道自己应竭尽全力为国效力而不顾惜牺牲自己的生命了。

铜头铁额

"铜头铁额"形容人勇猛强悍。

此典出自《史记·五帝本纪》"正义"引《龙鱼河图》："黄帝摄政，有蚩尤兄弟八十一人，并兽身人语，铜头铁额，食沙石子，造立兵仗刀戟大弩，威震天下，诛杀无道，不慈仁。万民欲令黄帝行天子事，黄帝以仁义不能禁止蚩尤，乃仰天长叹。天遣玄女下授黄帝兵信神符，制伏蚩尤，帝因使之主兵，以制八方。蚩尤没后，天下复扰乱，黄帝遂画蚩尤形象以威天下，天下咸谓蚩尤不死，八方万帮皆为弭服。"

在四千多年以前，中华民族的祖先生活在氏族公社时代。氏族公社不断扩大或者通过和其他公社合并，慢慢地就形成部落，几个部落又联合起来，成为部落联盟，部落联盟也可以叫做部族。黄帝是我国古代黄河流域一个很有名的部落联盟的首领。他是我国历史上第一个比较能干的君主，也是中华民族的共同祖先。

据说黄帝姓公孙，也有人说他姓姬，名叫轩辕，也叫有熊氏。在黄帝部族开始种植五谷、驯养家畜、打造船车兵器、造字记事，开始过上文明生活的时候，中国的土地上还存在着许多其他部族。黄河流域的西北方有一个部族，首领是姓姜的炎帝。炎帝部族看到黄河中游一带的土地肥沃，他们就逐渐向东南迁徙，于是就和已经住在黄河中游的九黎部族发生了冲突。两个部族斗争的结果，炎帝部族被打败了。炎帝不得不带着他的族人，逃到

黄皇像

黄帝部族居住的地盘上来，又和黄帝部族在阪泉（在今河北省涿鹿县东南）发生激战，经过几次角逐后，黄帝打败了炎帝。炎帝服输，同意把两个部族合并，由黄帝担任合并后的部族首领，炎帝担任副首领。这个炎黄部族就是中华民族的雏形。后来，中国人常称自己是炎黄子孙。

炎黄二族合并以后，炎帝要求黄帝帮他洗雪当初被九黎部族战败的耻辱。九黎部族正向东南迁徙，从而威胁炎黄部族的安全。九黎部族的首领蚩尤因为打败过炎帝，所以十分骄傲，不把炎黄部族放在眼里。

黄帝摄政时，蚩尤有兄弟八十一人，个个都是人头兽身，铜头铁额，有8条胳膊，9个脚趾，脸上有各种颜色的花纹，能吃沙子石块。他们制造兵器、刀戟、弓箭，从而威震天下。并且多行诛杀而惨无人道，不讲仁慈。天下万民想推举黄帝为君主，可黄帝无法以仁义道德规范蚩尤，于是黄帝仰天长叹，一点办法也没有。天神派玄女授给黄帝兵书神符，制伏了蚩尤。黄帝令蚩尤镇守八方。后来蚩尤死了，天下又混乱起来，黄帝用蚩尤的画像威镇天下，天下人都以为蚩尤没有死，这样八方的部族都臣服了。

万死不辞

“万死不辞”的意思是死一万次也不推辞，形容冒死效力的决心极大。

此典出自《三国演义》蝉曰：“妾蒙大人恩养，训习歌舞，优礼相待，妾虽粉身碎骨，莫报万一。近见大人两眉愁锁，必有国家大事，又不敢问。今晚又见行坐不安，因此长叹。不想为大人窥见。倘有用妾之处，万死不辞！”

东汉末年，朝政大权落在了董卓的手中。董卓掌管一切，骄横跋扈，出入宫廷用天子的仪仗，让弟弟、侄儿统率禁军，把董氏宗族的人不论老小一律封为列侯。他还在长安城郊郿坞，征集了二十五万民夫，为自己修筑宫殿，囤积粮食，从民间选来八百美女，纳入宫内。他处心积虑要推翻汉室，自己做皇帝。

大夫司徒王允，看到董卓如此嚣张，很为朝廷担心，又无法除掉董卓，心中十分烦恼。一天夜里，王允到后花园散心，忽然听见有人在牡丹亭畔长吁短叹，走近一看，原来是他家中的歌妓貂蝉。

王允问：“深更半夜你为什么来这里唉声叹气？！”

貂蝉回答说：“我是在替您犯愁呀，这几天我看见您双眉紧锁，我知道您一定为国事操心，所以忧心忡忡。如果大人有用我的地方，我一定效力，虽万死而不辞……”

王允听了貂蝉的话，灵机一动，计上心来，马上给貂蝉跪下，给貂蝉磕头。貂蝉扶起王允，王允流着眼泪说："你也看到了，现在朝廷危如累卵，贼臣董卓将欲篡位，朝廷中文武无计可施。董卓有一个义子，名叫吕布，此人骁勇异常，天下无人能敌。刚刚听了你的话，我想出一条'连环计'来，先把你许配给吕布，再暗中献给董卓。你去离间他们父子二人，让他们因为吃你的醋而互相仇恨，最后挑拨吕布去杀死董卓。如此方能除掉大害，为国效忠。不知你意下如何？"貂蝉缓缓站起，态度十分坚决地说："我已许下大人万死不辞，我如果不能遵计杀死董卓，以报国恩，愿意以死谢罪！"

果真王允和貂蝉共同谋划，实现了"连环计"，最后除掉了贼臣董卓。

王司徒巧使连环计图，出自《图像三国志》。讲述王允与貂蝉定连环计除董卓之事。

辛毗引裾

"辛毗引裾"比喻直言敢谏。

此典出自《三国志·魏书·辛毗传》。

魏文帝黄初元年（公元220年），曹操的嫡长子曹丕（字子桓）用禅让的形式结束了汉朝的统治，自己当上了皇帝，改国号为魏。

同年十二月，曹丕开始营建洛阳宫室。因久经战乱，洛阳地区人口十分稀少，魏文帝曹丕打算迁移冀州士兵家属十万户，来充实河南的人口。那时连年闹蝗灾，遍地饥民，国家各部门都认为这事不好办，而魏文帝的意愿极其强烈。侍中辛毗和朝廷大臣都要求召见，魏文帝知道他们打算劝谏，就满脸不高兴地召见他们，大臣们不敢说话了。辛毗说："陛下您打算迁移士兵家属，有什么具体计划？"魏文帝说："你认为我迁移他们到这里不对吗？"辛毗说："我确实认为这样做是不对的。"魏文帝说："我不跟你一起议论了。"辛毗说："陛下您不认为我无能，而把我放在您的身边，安排在谋议的官员当中，怎么能不跟我议论问题呢！我所讨论的一切，不是图谋个人私利，而是为国家考虑的呀，您怎么能恼恨我呢！"魏文帝也不搭理他，站起来进入内宫，辛毗追随上来，拽住文帝衣服的后襟，文帝奋力摆脱，不愿意理会他。过了很长的时间，文帝才走出内宫，说："佐治（辛毗字佐治），你逼我为什么那样急呢？"

辛毗说："在这种情况下搞移民，既丧失民心，又没有粮食给他们吃啊！"于是，魏文帝只迁徙了原定数额一半的移民。

一身是胆

"一身是胆"亦作"一身都是胆"，形容极其胆大勇敢、无所畏惧。

此典出自《三国·蜀志·赵云传》裴松之注引《赵云别传》:“先主明旦自来至云营围视昨战处,曰:‘子龙一身都是胆也。’作乐饮宴至暝,军中号云为虎威将军。”

赵云是刘备手下的一员大将,他足智多谋,骁勇善战,屡建奇功,为蜀国争得三分天下,立下汗马功劳。

刘备占据益州以后,想把成都的房舍和城外的园地、桑田分配给有功的将领们。刘备与将军们商讨这件事情,有人同意,也有人反对,意见一时不能统一。赵云说:“我听说汉朝的大将霍去病说过:‘匈奴未死,无可家为’,现在天下混战,国贼作乱,我们不能贪图一时安逸呀!等待将来天下安定,我们都回家经营土地,享受天伦之乐,那才是最恰当不过的。当前益州百姓,心神不宁,屡遭战乱,民不安生,应该尽快把田宅归还给他们,我们才能得到这里的百姓的拥戴啊!”

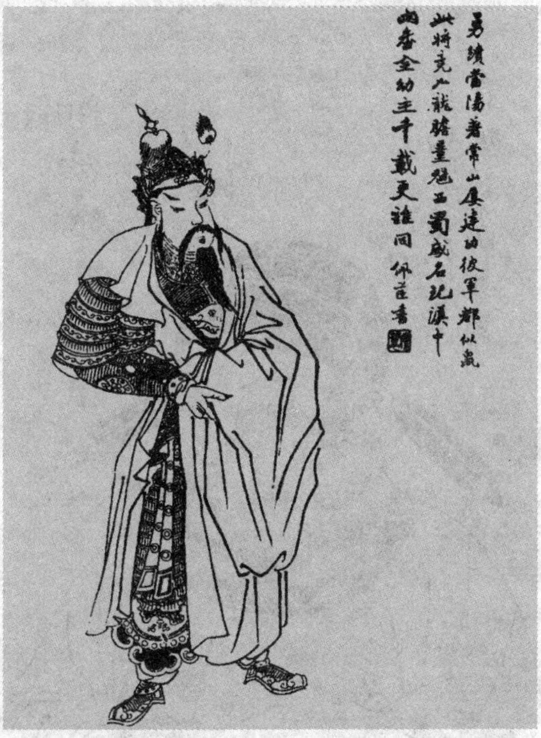

赵云像,图出自《图像三国志》。赵云字子龙,为三国时蜀国大将。

刘备和将军们都佩服他的见解,于是按他的意见办了。

不久,曹操领兵来争夺汉中,搬运几千万袋的粮米囤积在汉水北山脚下。刘备的老将黄忠和赵云奉命去烧劫曹兵的粮草。

两军交战,黄忠被困,赵云举枪来救,刺死曹操手下部将,曹兵大败。曹操亲率大军来攻打赵云,赵云让弓箭手埋伏在营外的战壕里,然后打开营门,独自一人横枪立马守候曹兵。曹操追到营下,见赵云镇定自若,营内鸦雀无声,深恐中了他的埋伏,于是下令撤退。这时赵云命令击鼓反击,曹兵惊恐万状,拼命逃跑,死伤惨重。

赵云获胜的消息很快传到刘备帐内,他兴奋得一宿没有合眼,第二天清早亲自来到军营向赵云道贺。他说到赵云大破曹兵的情景,惊讶的称赞他说:“赵将军真是一身都是胆呀!”从那以后人们都称赵云是虎威将军。

以一当十

“以一当十”亦作“一以当十”,比喻一个人可抵过十个人,形容斗志极盛。

此典出自《史记·项羽本纪》:“楚战士无不以一当十,楚兵呼声动天,诸侯军无不人人惴恐。”

秦朝末年,秦始皇的儿子胡亥继位(史称秦二世),他派兵攻打赵国。赵国请求楚国援助,楚怀王即派宋义(人称卿子冠军)做上将军,项羽做副将,领兵援救赵国。宋义不敢同秦军决战,领兵迟迟不往前线靠近,贻误战机。项羽假借楚王密令,杀了宋义,楚怀王即委任项羽做上将军,领兵救赵。

项羽像

项羽杀了宋义之后，威震楚国，名闻诸侯。他立即派遣黥布和蒲将军率领两万人马，横渡漳河，救援赵国的巨鹿。然而，并没有取得令人可喜的战功。赵王手下的大将陈余再次请求楚军援助。于是，项羽亲自率领军队渡过漳河，命令凿沉全部渡船，砸破所有做饭的大锅，烧掉营房，限定每人只带三天的干粮，以此向全军将士表示誓同秦军决一死战，不打胜仗绝不生还的坚强决心。这样，楚军一到就迅速包围了秦将王离的军队，多次向秦军发起攻击，截断了秦军运粮的通道，把秦军打得落花流水，杀死秦将苏角，活捉了王离。秦将涉间不肯向楚军投降，自焚而死。

楚军的威势已压倒所有的诸侯军队。参加救援巨鹿的诸侯军队数量很多，布满了十几个营垒。当楚军向秦军发起猛烈攻击的时候，各诸侯军将领都躲在自己的营垒边，袖手旁观，不敢迎战。楚军战士却一当十用，冲锋陷阵，喊杀声惊天动地。诸侯军将士见此情景，无不胆战心惊。大破秦军之后，项羽召见诸侯军将领。他们进入楚军营门的时候，全部都跪着向前爬行，都不敢抬头看一眼。从此项羽成为诸侯军的上将军，各路诸侯军队都归他管辖听他指挥。

义不反顾

“义不反顾”也作“义无反顾”，比喻在道义上只有奋勇向前，不能徘徊后退。

此典出自《史记·司马相如列传》：“夫边郡之士，闻烽举燧燔，皆摄弓而驰，荷兵而走，流汗相属，唯恐居后，触白刃，冒流矢，义不反顾，计不旋踵，人怀怒心，如报私仇。彼岂乐死恶生，非编列之民，而与巴蜀异主哉？计深虑远，急国家之难，而乐尽人臣之道也。”

西汉时期，我国西南部地区居住着一些少数民族，被称作西南夷。有的还生活在氏族部落状态中，有的已进入到奴隶社会，形成一个个小的国家。

汉武帝为了与西南夷的部族沟通，派郎中唐蒙（曾任鄱阳令）修治通往夜郎（贵州西部一带）西亳（bó）中（四川宜宾一带）的道路。唐蒙在巴、蜀二郡征用民工过多，又杀了他们的首领，并在西南一带大肆骚扰，这引起了巴、蜀百姓的惊恐和不安，于是那里就发生了骚乱。汉武帝听到这个消息，就命文人司马相如责备唐蒙，又命他写《谕巴蜀檄》，解释唐蒙的骚扰不是汉武帝的旨意，又威胁巴蜀人服从汉朝的命令，司马相如在檄文中写道：“边境郡县的士卒们，听说要打仗，他们人人都挽弓冲锋，执戈向前，汗流浃背，紧紧相随。个个争先，唯恐落后。他们迎着敌人的刀刃，冒着如蝗的飞箭，为了正义，决不徘徊退缩；

宁可战死，也不愿做逃兵，他们满怀义愤，如同自己有深仇大恨。难道他们愿意死、厌恶生吗？难道他们不是在编的大汉国民、与你们巴蜀百姓不属同一个帝王管辖吗？他们深谋远虑，从长计议，急国家之所急，替国家排忧解难，心甘情愿尽到自己的责任。”司马相如的檄文，是为了说服巴蜀老百姓能够顾全大局，听从汉朝命令的。他的文章果然奏了效。巴蜀一带暂时安定下来，修路的工程又开始进行了。

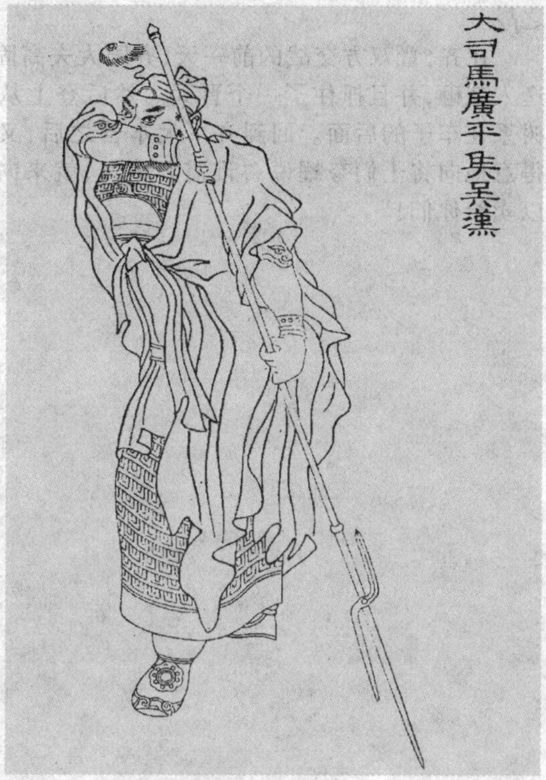

东汉大将吴汉像，图出自清·张士保绘《云台三十二将图》。

隐若敌国

“隐若敌国”的本意是，威武持重，俨然可与国家相匹敌。后用以比喻国家举足轻重的杰出人才。

此典出自《后汉书·吴汉传》：“汉性强力，每从征伐，帝未安，恒侧足而立。诸将见战阵不利，或多惶惧，失其常度。汉意气自若，方整厉器械，激扬士吏。帝时遣人观大司马何为，还言方修战攻之具，乃叹曰：‘吴公差强人意，隐若一敌国矣！’”

东汉初年，有一个人叫吴汉，字子颜，南阳宛人。王莽新朝末年，吴汉由于自己的门客犯法而受到牵连，于是他不得不逃命到渔阳，后来盘缠用光了，他就以贩马为业。往来于燕、蓟之间，结交天下豪杰。光武帝刘秀起兵之后，拜吴汉为偏将军，又拜他为大将军，乃至大司马。

建武十八年（公元42年），蜀郡的守将史歆在成都造反，自称大司马，率兵攻打太守张穆。刘秀派吴汉率兵前去讨伐。吴汉到了成都，经过一百多天的战斗，攻破了成都，杀了史歆等叛变之人。吴汉为人刚强能干，每次跟随光武帝刘秀出征，遇到战争刘秀感到忐忑不安，总是紧张得不能站立。将领们见到战阵形势不利，很多人都十分惶恐，非常失态。而吴汉神态自若，整治器械，激励官兵。光武帝刘秀不时地派人观看大司马吴汉在做什么，使者回报说，大司马正在整修作战器械呢。光武帝刘秀听后，很感叹地说：“大司马吴汉的所作所为，还算能激励人的意志。他威武持重，真像一个可以对等匹敌的国家啊！”

余勇可贾

“余勇可贾”原形容勇士的豪迈气概，后亦指力未使尽。

此典出自《左传·成公二年》：“齐高固入晋师，桀石以投人，禽之，而乘其车，系桑本焉，以徇齐垒，曰：‘欲勇者贾余余勇！’”

公元前589年，齐国和晋国在齐国的鞍地打了一场硬仗，这就是历史上著名的齐晋鞍之战。

在齐、晋双方交战的前一天,齐国大夫高固只身闯进晋军的营地,举起一块大石头逢人就砸,并且抓住了一个晋兵。然后登上从晋军手里夺过来的兵车,又拔下一棵桑树系在车子的后面。回到齐军大本营之后,又骑着马绕着营地兜了一大圈儿,并且还得意地向将士们夸耀说:“谁需要勇气,就来向我买!我还剩下不少勇气没有用完,可以卖给你们!”

三、品德懿行故事

爱老怜贫

“爱老怜贫”表示敬重年老的人，同情贫苦的人。

此典出自《西游记》第二十七回：“我丈夫更是个善人，一生好的是修桥补路，爱老怜贫。但听见说这饭送与师父吃了，他与我夫妻情上比平常更是不同。”

唐僧师徒到西天取经。路上，看见前面有座高山，峰岩石重叠，涧壑湾环，怪石嶙峋。满山的大蟒喷吐愁雾，奇怪的长蛇吐出怪风，唐僧骑在马上十分害怕。孙大圣见状，舞动金箍棒，大吼一声，吓得那些狼虫乱窜，虎豹奔逃。师徒们进到此山，正行到嵯峨之处，唐僧感到肚中饥饿难忍，要悟空为他化斋。悟空明明知道这无处可化斋，本不想去，但又怕师父念那个紧箍咒，不得已只好将身一纵，跳上云端，手搭凉篷，四处寻觅。看了多时，才见正南方向有一座高山，向阳处有一片鲜红的点子，悟空料定那是山桃，便奔南山摘桃子去了。

常言道：“山高必有怪，岭峻却生精。”这山之中果然有妖怪——白骨精。孙悟空去时，惊动了他。他在云端踏着阴风，看见唐僧坐在地上，十分高兴。因为他听别人说：吃了唐僧的肉可以长生不老。那妖精想去捉唐僧，但见唐僧身边有两员大将，就不敢靠近，便摇身一变，变成一个花容月貌的少女。那少女眉清目秀，齿白唇红，左手提一个青瓷沙罐，

《西游记》版画之“尸魔妖三戏唐三藏”图

右手提一个绿瓷瓶，从西向东，径向唐僧走来。唐僧听说少女是来斋僧的，连忙站起身来，合掌当胸道："女菩萨，你府上在何处？是甚人家？有甚心愿，来此斋僧？"那妖精见唐僧看不出他是妖怪所变，便哄骗说："我丈夫在北山凹里锄田，我给他送饭去，不料在路上遇到三位远来，我父母好善乐施，所以将这饭食送给你们吃。"唐僧道："善哉！善哉！……我不敢吃；如果我吃了你的饭，你丈夫晓得，骂你，却不罪坐贫僧也？"那女子见唐僧不肯吃，又装模作样地说："师父啊！我父母斋僧还是小可，我丈夫更是个善人，一生爱的是修桥补路，爱老怜贫。要是听说这饭送与师父吃了，他与我夫妻情上比平常更是不同。"唐僧还是不吃。站立一旁的猪八戒可气坏了，他不容分说，一嘴把罐子拱倒，就要开始吃。

这时悟空正好从南山摘桃回来，睁起火眼金睛观看，认得那女子是个妖精，举棒就打。那妖精使了个"解尸法"，把个假尸留在路边，偷偷溜掉了。

安贫乐道

"安贫乐道"后来多指虽处于贫困境地，仍以守道为乐。这是剥削阶级提出的一种骗人的话，意思是要人们安于穷苦生活，愉快地接受他们的那套说教。

此典出自《论语·雍也》："'贤哉回也！一箪食，一瓢饮，在陋巷。人不堪其忧，回也不改其乐。'何晏集解引孔安国曰：'颜渊乐道，虽箪食在陋巷，不改其所乐。'"

孔子是春秋末期的一位思想家，政治家和教育家，是儒家的创始人。为了维护封建贵族的统治，孔子提出了"己所不欲，勿施于人"，"己欲立而立人，己欲达而达人"等著名论点，即"忠恕之道"。在此基础上，他还提倡德治和教化，反对苛政和刑杀。在孔丘的学说中，劝人安贫守法是一项重要内容。他曾提出"不患寡而患不均，不患贫而患不安"的论点，并用这些作为衡量他的学生品行好坏的一项标准。

据史料记载，孔丘教过的学生有三千人，其中著名的有七十二人。在这七十二人中，有一个孔丘最为得意的弟子叫颜渊，就是一个安贫乐道的典范。颜渊，春秋末鲁国人，名回，字子渊。孔丘曾称赞他说：颜渊真是一个贤德的人啊！他虽然贫居陋巷，只有一小竹篮子干粮，一瓢水，也能活得很开心。

拔剑割雁

"拔剑割雁"形容从容就义，宁死不惧。

此典出自《明史·孙炎传》。

明代人孙炎，是一个勇敢坚毅的将领。一次，他率军攻下处州，被授予处州总制的官职。后来苗军作乱，孙炎被俘虏了。

苗军威胁孙炎投降，他不肯屈服。苗军统帅贺仁德用烤熟的雁和上好的酒给他吃喝，孙炎一边喝酒一边大骂不止，宁死不屈。贺仁德大怒，拔下佩刀指着孙炎，并且命令他脱下衣服，孙炎说："我穿的紫绮裘衣，是皇上赐给我的，我死了也要穿着它。"

冰魂雪魄

"冰魂雪魄"形容一个人的品质纯洁，行为高尚。

此典出自五代王定保《唐摭言》卷十："忍苦为诗身到此，冰魂雪魄已难招。直教桂子落坟上，生得一枝冤始销。"

古代，有一个很有影响力的人物，叫刘得仁。他死后，诗人们都争着写诗悼念他，一时间有许多悼亡诗问世。在这些诗篇中，只有供奉僧栖白写的诗大有名望。这首诗是："忍

《武王伐纣书》版画之伯夷、叔齐说武王图。武王伐纣，伯夷、叔齐拦马进谏，认为以臣伐君是不义之举。

着悲苦到这里献诗悼亡，可是，

行为高尚、操行清白的忠魂已难招回。只有浓香的桂花从月中飘下，落在坟上，长出桂枝来，心中的愁苦才会消除。”

不食盗食

“不食盗食”形容坚持廉洁方正的原则。

此典出自《列子·说符》。

东方有一个人，名叫爰旌目，一次要出门到很远的地方去，走到半路没有东西吃，就饿昏倒了。

狐父的一个强盗名丘，看见他快要饿死的样子，便拿来一些汤水饭喂给他吃。

爰旌目吃了三口以后眼睛才开始看得见东西，他开口问道：“你是做什么的？”

答道：“我是狐父人，名字叫丘。”

爰旌目说：“哦！你不是个强盗吗？干吗要来给我饭吃呢？我是一个讲信义的人，不吃你们强盗送来的饭！”

于是，他便两手按在地上用力呕吐，呕吐不出来，喉咙里格格作声地趴在地上死去了。

不食周粟

“不食周粟”比喻坚决反对某种行动或主张。

此典出自《史记·伯夷列传》：“武王已平殷乱，天下宗周，而伯夷、叔齐耻之，义不食周粟，隐守于首阳山，采薇而食之。”

殷朝末年，孤竹国国君有两个儿子，大儿子伯夷，小儿子叔齐。国君在位时，就想让叔齐继承王位。国君死后，叔齐觉得自己比伯夷小，就把国君之位让给伯夷。伯夷说：“立你为国君，是父亲的意思，我怎么能接受呢？”两人相互推让，都不愿做国君。最后，两人弃位逃往西部周文王处。

刚走到半路，伯夷、叔齐碰上周武王的部队。原来周文王已死。武王继承了王位。还来不及埋葬父亲，他就用车载着周文王的遗像，前去攻打纣王。

伯夷、叔齐拦住周武王的马头苦苦劝谏说：“父亲死后不埋葬，反而兴兵讨伐，说得上孝道吗？以臣子的身份去杀害君王，说得上仁慈吗？”武王手下的士兵见了，想要杀死他们。姜太公说：“他们是仁义之人。”就叫士兵把他俩扶开。

周武王平定殷朝之后，天下都属于周朝。为此，伯夷、叔齐感到耻辱，坚决不吃周朝的粮食，后来他们隐居在首阳山中（“伯夷、叔齐耻之。义不食周粟，隐于首阳山”），靠采摘蕨菜度日，他俩编了一首歌，歌中唱道：“登上西山啊，采摘蕨菜。残暴代替残暴啊，不知谁是谁非（“以暴易暴兮，不知其非矣”注：伯夷、叔齐认为殷和周都是一样的残暴）？神农、舜和禹已经消逝啊，我们将依靠谁？往哪里啊往哪里？生命就这般衰微！”

出类拔萃

“出类拔萃”的意思是说一个人有特殊的才干，在同类的人群中，不论品德和学问都高出一筹。

此典出自《孟子·公孙丑上》：“‘圣人之于民，亦类也。出于其类，拔乎其萃。自生民以来，未有盛于孔子也。’”

孟子是承继孔子学说的人，所以他对孔子是非常推崇的。有一次，孟子的学生公孙丑要求孟子将古代的伯夷（商朝贤人，曾与其弟叔齐推让王位）、伊尹（商朝的贤相）和孔子相比较，孟子在评论三人的不同之处时，借用了孔子学生有若的话：“有若说：‘如果将孔子和寻常的百姓相比，那正像麒麟之与其他走兽、凤凰之与其他飞鸟、泰山之比于小石堆、大河大海之与池中的水，都是同类的人和普通的老百姓，本来也是同类的人，只是圣人在同类的人群中能高出一层，就如同在一堆乱草中长出一株特别的草。自从天地间有了人民以来，道德、学问没有胜过孔子的。’”这就是说，自古贤人都是与众不同，而孔子又是一个更加突出的人才，比伯夷、伊尹强多了。

大泽之雉

“大泽之雉”这则寓言是说意志自由的可贵。

此典出自《韩诗外传》：“君不见大泽中雉乎？五步一噣，终日乃饱。羽毛悦泽，光照于日月；奋翼争鸣，声响于陵泽者何？彼乐其志也。援置之仓中，常噣粱粟，不旦时而饱，然犹羽毛憔悴，志气益下，低头不鸣。夫岂食不善哉！彼不得其志故也。”

这段话意思是说：

您没有见过大沼泽草莽中的野鸡吗？它走五步才吃一口食，用一整天时间才能吃饱。但是，它的羽毛却闪闪发亮，和天上的日月相辉映；它振翅飞翔争相啼鸣，叫声弥漫了整个丘陵和沼泽，什么原因呢？它是欣赏自己的志向和气节呀！把它捉来放在粮食仓库中，让它随时啄食粟米，一会儿工夫就能吃饱，但羽毛却变得憔悴萎靡，志气越来越下降，以致垂头丧气，最后连一声都懒得叫了。难道是吃得不好吗？不是，是它不能伸展自己志向的缘故呀。

德高望重

“德高望重”意即品德高尚，声望很高。现在人们常用来指道德高尚，在群众中有很高声望（多用于老年）的人。

此典出自《晋书·简文三子传》：“元显因讽礼官下议，称己德隆望重，既录百揆，内外群僚皆应尽敬。”

东晋时，皇族司马道子和他的儿子司马元显位高权重，骄横无比。为了宣扬自己，攫取更大的权力，司马元显曾让礼官写奏议，称赞他品德高、声望重。就这样，他当上了中书令、尚书令等官，独揽朝政大权，宫廷内外群僚都必须听从他，并要对他表示尊敬。

司马元显利用自己的职权，不断地搜刮，富过帝室。隆安三年（公元 399 年），他伙同他的父亲征调江南诸郡已被免除奴隶身份的佃客，到建康（今江苏南京）服兵役，称为“乐属”，激起佃客的反抗，从而爆发了孙恩起义。他在镇压起义中，屡屡失败，元兴元年（公元402年），荆、江二州刺史桓玄攻下建康，司马元显和他的父亲都被杀。当时，这位自称“德隆望重”的司马元显才二十岁。

邓攸弃子

“邓攸弃子”比喻以义为贵的精神。

此典出自《晋书》。

石勒过了泗水，邓攸逃走了。他挑着自己的儿子和侄子绥，考虑到不能（同时）保留两个小孩，就对他妻子说：

“我的弟弟早已去世了，只有这个儿子，按理不能让他没有后代，只能抛弃咱俩的孩子了。如果我们能幸运地活下去，以后还会有儿子的。”

妻子哭泣着答应了他，于是他们就把自己的儿子抛弃了。

动心忍性

“动心忍性”的意思是，触动灵魂，使性格坚韧。

此典出自《孟子·告子下》：“孟子曰：‘舜发于畎亩之中，傅说举于版筑之间，胶鬲举于鱼盐之中，管夷吾（管仲）举于士，孙叔敖举于海，百里奚举于市。故天将降大任于斯人也：必先苦其心志，劳其筋骨，饿其体肤，空乏其身，行拂乱其所为。所以动心忍性，曾（同‘增’）益其所不能。’”

这段话意思是说：战国时期，孟子说：

“古代圣王舜帝都是从普通农事活动中成长起来的；殷代武丁时的贤相傅说是从被人雇佣筑墙的位置上提拔上来的；殷纣时的贤人胶鬲是从贩卖鱼、盐的市场中被提拔起来的；齐国国相管仲是从狱官手中解救出来，被齐桓公提拔起来的；春秋时楚国隐士孙叔敖是从海边的隐居之所被提拔起来的；百里奚被楚人捉住后，为人放牛，秦穆公闻其贤，把他赎出来，举以为相，因而也相当于从市场上买回来加以重用的。”

“所以说，上天将要把重大的使命赋予给一个人：一定先使他的内心愁苦，劳累他的筋骨，饥饿他的身体，使他穷困贫乏，让他经历坎坷。用各种各样的窘况来触动他的灵魂，坚韧他的心性，增强他还不曾具有的应付事情的能力。”

断头将军

“断头将军”表示宁死不屈。

此典出自《三国志·蜀书·张飞传》。

建安十六年（公元211年），曹操向汉中一带进兵，并扬言要南下益州。软弱无能的益州刺史刘璋听后怕得要命。刘璋的部属张松和法正对刘璋十分不满，想迎接刘备和诸葛亮入蜀。张松趁曹操即将进犯益州的机会，劝说刘璋借用刘备的力量守卫益州。

刘备进入益州后，对刘璋展开了进攻。诸葛亮让关羽继续守住荆州，然后带领张飞、赵云等沿江西上，分别平定各郡县。张飞带兵来到江州，攻破了刘璋的巴郡，活捉了刘璋的部将巴郡太守严颜。张飞大声喝道：“大军已到，为什么不投降？”严颜回答说：“你们无缘无故地夺取我州，我州只有断头将军，没有投降的将军。”张飞大怒，叫左右侍卫把严颜拉出去砍头，严颜镇定自若说：“砍头就砍头，发什么怒！”张飞觉得严颜胸怀壮志，就把他释放了,并待为宾客。

堕甑不顾

“堕甑不顾”的这个典故劝告人们,在错误和挫折面前,切不可陷入无穷无尽的忧虑之中,失去前进的勇气。但是,另一方面,我们提倡“破甑返顾”,回过头来看一下,是为了总结失败的教训,避免再犯错误。

此典出自《后汉书·郭太传》。

孟敏,字叔达,巨鹿杨氏人。

他在太原的时候,一天上街不小心弄掉了煮饭的罐子,摔得粉碎。可他连看都不看一眼,就走了。

郭泰见了觉得十分奇怪,就问他原因。孟敏回答说:“罐子已经摔烂了,看它又有什么用呢。”

翻云覆雨

“翻云覆雨”比喻反复无常、背信弃义、多含贬义。

此典出自唐代诗人杜甫的诗《贫交行》:“翻手作云覆手雨,纷纷轻薄何须数。君不见管鲍贫时交,此道今人弃如土。”

这段话意思是说:

春秋时,有两位名气很大的人,一个叫管仲,一个叫鲍叔牙。他们是贫贱之交的好朋友。管仲自幼就与鲍叔牙关系密切,同在南阳做买卖,分钱时,管仲要多分一些,鲍叔牙知道管仲要侍奉他的老母亲,没有因为他家贫而嫌弃他;管仲办事几次不顺利,鲍叔牙也不抱怨他愚笨。后来,鲍叔牙做了齐国的大夫,并极力向齐桓公推荐管仲做齐国的相国。管仲曾对人说:“生我者父母,知道我者鲍叔牙也。”

唐代诗人杜甫一生处在李唐王朝由鼎盛走向衰颓的大动荡时期,他长期居住在长安,深切体会到上层社会的世态炎凉、人情淡薄,不禁想起了管、鲍的友谊,因而抚今思古写出了这首诗,谴责那些不顾信义的人。

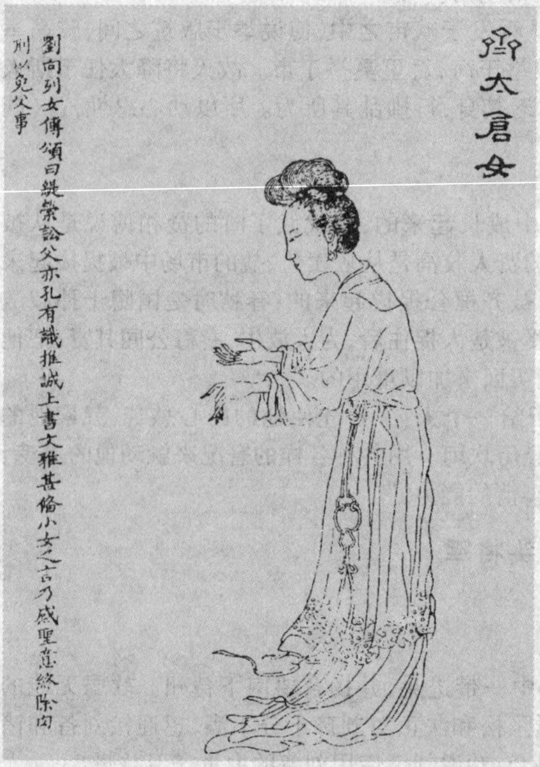

淳于缇萦像,图出自清·上官周绘《晚笑堂画传》。淳于缇萦是汉太仓令淳于意之女。淳于意犯罪应该被施以肉刑,缇萦上书汉文帝,请求使自己成为女奴来为父亲赎罪。汉文帝既同情又感动,下诏废除肉刑。

改过自新

“改过自新”比喻重新做人。

此典出自《史记·扁鹊仓公列传》:

"虽欲改过自新,其道莫由,终不可得。"

汉朝初期,有个著名的医学家名叫淳于意,他是临甾(今山东临淄)人。曾任齐太仓令,人们都称他为仓公。他极其喜欢医术,曾跟随公孙光学医,并跟随公乘阳庆学习黄帝、扁鹊脉书。阳庆七十多岁的时候还没有儿子,因此就把他珍藏多年的秘方和医书全都传授给了淳于意。淳于意医术越来越高明,终于成为一代名医。

公元前167年,淳于意被人诬陷,并被判刑押解长安。淳于意有五个女儿,在他被押解的时候,五个女儿都跟在他后面号啕痛哭。淳于意痛心地骂道:"我只有女儿,没有儿子,现在有了急事,也没有人能够为我排忧解难。"

淳于意最小的女儿缇萦听到父亲的话更加伤心了,于是她跟随父亲到了长安。她给汉文帝写了一封奏书,她说:"我的父亲做官的时候,人们都称赞他为人廉洁,没想到如今却要受到惩处。我现在深切地感到,一个人死了再也不能复活,一个人遭受刑罚的惩处被砍掉手脚,就再也不能长了。即使他想改过自新,也不可能了……"她还说:"我甘愿给官府当奴婢,以此赎掉父亲的罪过,以给他留下改过自新的机会。"

汉文帝读了这封奏书,深受感动,于是下诏赦免了淳于意。

甘就寂寞

"甘就寂寞"这则寓言说明在任何情况下都不改变自己的志向。

此典出自《雪涛谐史》。

宋朝有个大宋和小宋,同时登上制科第,并一起在京都做官。正碰上元宵佳节,小宋准备了丰盛的灯火筵席,极其奢侈。

大宋见了,就批评小宋说道:"兄弟忘记前年在山寺里读书时的寂寞时光了吗?"

小宋笑着说:"就是想着今天,当年才甘愿忍受寂寞。"

小宋也算是一个人杰了,他竟然也说出这样的话。如此看来,人在走运时而不改变志向,真是不容易啊!

肝脑涂地

"肝脑涂地"的意思是人死得很惨。现用来表示竭尽忠诚,不怕作出任何牺牲。

此典出自《史记·刘敬叔孙通列传》:"娄敬曰:'……今陛下起丰沛,收卒三千人,以之径往而卷蜀汉,定三秦,与项羽战荥阳,争成皋之口,大战七十,小战四十,使天下之民肝脑涂地,父子暴骨中野,不可胜数,哭泣之声未绝,伤痍者未起,而欲比隆于成康之时,臣窃以为不侔也。'"

公元前202年(汉高祖五年)正月,诸侯将相拥戴刘邦为皇帝。刘邦经过一番谦让、推辞,最终正式即位称帝,国号为汉,并定都洛阳。不久,齐人娄敬特意从山东赶到洛阳求见刘邦,建议刘邦把国都迁到关中。他认为,周朝的天下太平安定,在洛阳建都是可以的。如果汉朝在洛阳建都,却不如在关中建都。

娄敬说:"高祖您在丰沛起兵,带领三千人,一直打到蜀汉之地,平定三秦(故在地今陕西省)一带,与楚霸王项羽一直争战在荥阳、成皋等战略要地,大战七十余场,小战四十多次,使天下的老百姓死得很惨,父老子弟的尸骨都暴露在野外,不可胜数。直到现在,哭泣之声还不绝于耳,遭受伤病的人还没有养好身体,而您却要同周朝的成康盛世比排场,我认为二者是不可以相提并论的。"

刘邦犹豫不决,就召集大臣们共同商议。许多人都认为还是在洛阳建都好,只有张良同意娄敬的意见,认为关中是“金城千里,天府之国”,攻守都很方便。刘邦听了,十分赞成。立即西迁关中,建都长安。并封娄敬为郎中,号奉春君,又把他的姓“娄”改成“刘”,以表示对他的恩宠。所以,“娄敬”就变成了“刘敬”。

羹污朝衣

“羹污朝衣”形容气量大,有修养。

此典出自《后汉书·刘宽传》:“尝坐客,遣苍头市酒,迂久,大醉而还。客不堪之,骂曰:‘畜产’。宽须臾遣人视奴,疑必自杀。顾左右曰:‘此人也,骂言畜产,辱孰甚焉!故吾惧其死也。’夫人欲试宽令恚,伺当朝会,装严已讫,使侍婢奉肉羹,翻污朝衣,婢遽收之,宽神色不异乃徐言曰:‘羹烂汝手?’其性度如此。海内称为长者。”

东汉时期,有一个人叫刘宽,字文饶,弘农华阴人。父亲刘崎,在顺帝(刘保)年间当司徒官。刘宽自幼学习儒术,从不和别人计较。一次,有人丢了牛,就把刘宽用来驾车的牛牵走了,说是自己的牛。刘宽什么也没说,下车走回了家。不一会儿,那个牵牛的人又把牛送回来了,叩头谢罪说:“我的牛找到了。请您处罚我吧。”刘宽说:“这两头牛模样相似,认错了也并不奇怪。谢谢您把牛送了回来,何必谢罪呢?”灵帝(刘弘)初年,刘宽被征拜为太中大夫,在洛阳华光殿为皇上讲经,熹平五年(公元176年),刘宽取代许训担任了太尉的职务。

有一次,刘宽宴请宾客,就让仆人去买酒,等了大半天,仆人喝得大醉回来了。客人忍耐不住了,骂道:“畜生!”过了一会儿,刘宽悄悄派人去探视这个仆人,担心他会自杀。刘宽对身边的人说:“这位客人骂仆隶是畜生,太污辱人了!我害怕仆人会自杀。”又有一次,夫人想试探刘宽,让他生气,于是就等他准备去朝见君主、已经装束停当的时候,让侍女送上肉汤,故意弄翻肉汤碗,弄脏了刘宽的朝服。侍女急忙收拾,刘宽却从容问道:“肉汤有没有烫坏你的手?”他的性情、气度就是这样富有修养,天下人都赞扬他是有道德的人。

公而忘私

“公而忘私”意思是为了公事而忘了私事。现在人们多用这句成语形容全心全意为革命的崇高精神。

此典出自《汉书·贾谊传》:“故化成俗定,则为人臣者主而忘身,国而忘家,公而忘私,利不苟就,害不苟去,唯义所在。”

在我国周朝的一系列统治手段中,最突出的是“礼”和“刑”。“礼”只适用于奴隶主阶级,“刑”则专门用来对付老百姓。所以《礼记·曲礼上》中有“礼不下庶人,刑不上大夫”的说法。在整个封建社会中,封建统治者及其知识分子也基本上继承和鼓吹这套统治手段。但在威胁到统治阶级利益时,有些君王也公开处罚犯罪的大臣。

西汉文帝初年,政治家贾谊对当时大臣获罪受刑的做法持反对意见。他认为,体罚大臣不合古代“刑不上大夫”的规定,要求对有罪的大臣待之以礼,不上刑罚,令其自裁。贾谊对汉文帝说:“这样做了,大臣们就能做到为国忘家、为公忘私,见利不随便谋取,见害不苟且逃避,反而忠心耿耿的以节义回报君王的礼遇之恩。”汉文帝采纳了贾谊的建议。

攻苦食淡

“攻苦食淡”意思是做艰苦的工作,吃清淡的食物。人们常用这句成语形容刻苦自励。

此典出自《史记·刘敬叔孙通列传》:“今太子仁孝,天下皆闻之;吕后与陛下攻苦食淡,其可背哉!”

西汉初年,汉高祖刘邦立吕后所生的儿子刘盈为太子。刘盈懦弱无能,为人处世老实巴交的。刘邦担心他将来继承不了自己的事业,就想废掉他,另立戚夫人所生的赵王如意为太子。

汉高祖、吕后和汉惠帝像

在封建社会里,废、立太子是一件极其重要的事,因为太子是皇位的继承人。按照当时的规矩,太子一般为皇帝的嫡长子。赵王如意不是嫡长子,刘邦担心立他为太子,大臣们会引经据典地起来反对,便召集大臣们来讨论这件事。果然,大臣们都不赞成。有一个叫叔孙通的太子太傅更是坚决反对。他对刘邦说:“春秋时,晋献公就是因为宠幸骊姬,改立太子,使晋国乱了数十年,被天下人所嘲笑。秦朝时,也是因为没有早立扶苏为太子,致使赵高等伪造诏书,立了胡亥,使秦王朝二世灭亡了。太子刘盈既仁慈又孝顺,全天下的人都知道,吕后和陛下攻苦食淡,怎么能违背常理,另立太子呢?如果陛下一定要坚持废掉太子,另立如意,我情愿先死一步。”刘邦见大臣们都持反对意见,便说:“算了,算了,我只是和你们开开玩笑罢了。”

郭生自满

“郭生自满”用以告诫人们,做人要谦虚谨慎,切不可骄傲自满。

此典出自《聊斋志异·郭生》。

郭生是本县东山人,从小酷爱读书,但是由于在偏僻的山村得不到老师指教,所以到了二十多岁,连写字都写不好。

先前,郭生家中有狐狸精作祟,衣服食物家具器皿,经常大量丢失,他深感忧虑,万分苦恼。一天夜晚,他把读过的书卷放在案头边,竟被狐狸精涂得一塌糊涂,最厉害的地方,勾画得乱七八糟,已分辨不出字行。于是,他把那些稍微干净的收集到一起,仅得六七十篇,心中无比气愤,却又无可奈何。还有一回,他把平素的二十多篇习作,整理到一块,准备请教名人。早晨起来,发现资料已被翻过,摊了一桌子,并且几乎都被墨笔删改了,他愈加恼恨。

这时,有个名叫王生的人,因有事来到东山,他平素与郭生友善,顺便登门拜访,见到污损了的书本就问起原因,郭生就详细告诉了他。王生仔细品味,发现狐狸精所作的修改,似乎很有《春秋》笔法,又看涂改过的书卷,那些被涂抹掉的词句确实如同水中污泥杂质一样,应该删掉。王生惊讶地说:“狐狸精似乎是有意指正,不但不必担忧,反而可以让他做个老师呢?”

过了几个月,郭生回过头来翻看自己的旧作,顿时觉得涂改的十分正确。于是,又另作了两个题目,放在桌上,以便察看它的奥秘,等到天亮,果然又被涂改了。

过了一年多,狐狸精不再涂改了,可是又用浓墨加以圈点,密密麻麻,满纸都是。郭生感到奇怪,就拿着这些东西去告诉王生,王生看过后说:“狐狸精真是你的老师啊,你有这样的佳作,完全可以考中了!”这一年郭生终于考入了县学。

为此郭生非常感激狐狸精,经常放置鸡、谷等食物,以备狐精食用,每逢购买书籍和名人文稿,自己不加选择,完全由狐狸精决定。因此两次乡试,他都在前几名,中了副榜贡生。当时,叶、缪等人的文章,风格高雅,辞藻华丽,家家流传,户户诵读。郭生也有抄本,非常爱惜。有一天,上面突然被泼了一碗墨汁,几乎没有留下任何字迹。另外,郭生自己拟题构思的得意之作,也全部被随意地涂掉,所以,郭生渐渐不怎么信服狐狸精了。

没过多久,叶公在整肃文体中犯禁,被逮捕下狱,郭生又开始佩服狐狸精的先见之明。然而由于每写一篇文章,花费很多心血,却往往被涂抹,加上他屡次考试,都名列前茅,心气正高,因此更加怀疑狐狸精狂妄。于是,他把过去被加过圈点的文章再抄录出来,进行考验。结果,狐狸精又把它们全部涂改了。郭生便大笑着说:“这正说明狐狸精是真的狂妄,为什么以前给以肯定的如今又加以否定呢?”从此便不再给狐狸精准备饭食,又把所读的书锁入箱子里。第二天早上,箱子依然锁得严严实实,但打开一看,发现封面上被涂了比指头还粗的四画。第一章上涂了五画,第二章也涂了五画,后来就没有涂了。从此以后狐狸精就销声匿迹了。后来,郭生参加岁试,一次考了四等,两次考了五等。这时他才醒悟到狐狸精早已预言了自己的考试结果。

东汉大将王霸像,图出自·清张士保绘《云台三十二将图》。

厚颜无耻

“厚颜无耻”比喻脸皮厚,不知羞耻。

此典出自南齐孔稚珪《北山移文》:“岂可使芳杜厚颜,薜荔蒙(一作无)耻。”

南北朝时,南齐有一个叫周颙的人,他最初很孤傲,隐居在北山中,不愿做官。当时,人们有一种偏见,以为隐居之士必然都是些有才能的人。而周颙却是有隐居之名而无其实。他隐居只不过是待价而沽,以此换取更高的官职。后来,周颙出来做官了,任海盐令。职满后入京(南齐的京城在建康,即今南京市),将要路经北山,孔稚珪就写了这篇《北山移文》来讽刺周颙，同时，也对那些追名逐利、热衷往上爬的封建士大夫文人进行了尖锐的讽刺和有力的鞭笞。

《北山移文》的最后一段说：周颙现在急急忙忙在海盐县邑整顿行装，鼓着船桨向京都急驰。虽然他心早已投向朝廷，但还要装模作样地再游北山，以示自己的清高。如果要看周颙的这种行径，连芳杜也得厚着脸皮，薜荔也得不顾羞耻，苍翠的山岭要再受污辱，朱红的山崖要重蒙污秽。周颙来北山后，听到他的谈话就得洗耳，连清池都要被弄脏了。

疾风知劲草

“疾风知劲草”这个典故比喻危难的时候，才显出人的意志坚强，经得起考验。

此典出自《后汉书·王霸传》：“光武谓霸曰：‘颍川从我者皆逝，而子独留努力，疾风知劲草。’”

公元1世纪初，各地农民纷纷发动起义，反抗王莽的统治。汉朝皇族刘秀趁机招兵买马，积聚力量准备夺取政权。当刘秀带着军队经过颍川的时候，当地一个叫王霸的青年和他的许多朋友一起投靠了刘秀。后来王霸帮助刘秀南征北战，打了不少胜仗，得到了刘秀的信任。当刘秀进入河北以后，战事不太顺利，甚至连脚跟都站不稳，原来和王霸一起投靠刘秀的几十人看到这种局面，都偷偷地逃跑了，只有王霸一人仍忠心耿耿地跟着刘秀。见此情景，刘秀感动万分，便对他说：从前在颍川跟随我的人都跑光了，你却独自留在这里帮助我，只有在暴风雨中才能看出哪种草最强劲啊！

季札挂剑

“季札挂剑”形容守诺重信，始终不渝；也用此表现悼念亡友等。

此典出自《史记·吴太伯世家》。

春秋时期，吴国公子季札是个讲信义、重友情的人。

一次，季札出使晋国，路经徐国，便去拜见徐君。两人闲谈时，徐君很喜欢季札所佩的宝剑，就拿过来欣赏了很久。他虽然没有开口向季札索要，但却流露出想要的神情。季札很明白徐君的心思，但因为出使晋国，必须带上佩剑，所以没有送给徐君。

季札完成使命归国时，又经过徐国，但此时徐君已经死去。于是，季札将宝剑赠送给徐君的继承人。季札的随从急忙阻止他说：“这是吴国的宝贝，不该用来送人，何况人都死了，何必一定要送呢？”季札说：“上次徐君看上了我的剑，我因为出使需要，没有送给他。但是，当时我心里是下了决心，要将宝剑送给徐君。如今他死了我就不愿给他，这是违背良心，是廉洁的人不允许做的。”他坚持取下佩剑送给徐国嗣君。但嗣君说：“先君没有遗命，我不敢接受您的剑。”

季札见嗣君坚辞不受，便将宝剑挂在徐君墓前的树上，方回国去了。为此徐国人作歌称赞他道：“延陵季子呵不忘故旧，千金之剑呵挂于陵墓。”

见危授命

“见危授命”表示看到国家有危难时，不惜献出自己的生命。

此典出自《论语·宪问》：“见利思义，见危授命，久要不忘平生之言，亦可以为成人矣。”

春秋时期，孔子收了许多学生。有一次，他的一个名叫子路的学生问他：怎样才能做一个完美的人。孔子回答：“如果具有臧武仲（即臧孙纥，鲁国的大夫）的智慧，孟公绰（鲁

子路像。子路是孔子的弟子,名仲由。

国大夫)的克制,卞庄子(鲁国大夫)的勇敢,冉求(孔子的学生)的才艺,再用礼乐加以修饰,这样就可以成为一个完美的人了。”孔子又说:“如今何必要求自己一定要成为一个完美的人呢?如今的人,只要见到财利时能想到道义,遇到国家或君主有危机时而愿付出生命,长久处在困境中也不忘记平生的诺言,这样也可以算是一个完美的人了。”

脚踏实地

“脚踏实地”这句话,在当时主要是指研究学问必须刻苦努力,切切实实的下番工夫;后来沿用为成语,比喻做事踏实、认真。

此典出自《邵氏闻见录》:“司马温公问康节曰:‘某何如人?’曰:‘君实,脚踏实地人也。’”

司马光是宋代有名的历史学家,是我国第一部编年体通史《资治通鉴》的编撰者。年轻时,司马光就喜欢历史,博览群书;后来他奉宋英宗的命令编撰《资治通鉴》,在十九年中,他时时刻刻都在刻苦研究,努力写作。他每天都工作到深夜,天没亮就起床了,他怕自己睡得太多,特用圆木做了个“警枕”,睡了一会儿后,枕一转动就惊醒了,于是他又起来继续工作。在编撰过程中,他先是收集和选择材料,再把材料串成长编,最后再加以剪裁润色,写成定稿;其中唐代部分,原有长编六百卷,定稿时只剩下了八十卷。书成之后,在洛阳存放的残稿就堆满了两间屋子。所有这些都表现出司马光认真踏实的治学态度,受到当时和后代人们的称赞。有一次,司马光问邵雍:“你看我是怎样一个人?”邵雍答:“君实脚踏实地人也。”

洁身自好

“洁身自好”比喻一个正直的人不受污浊环境的影响。

此典出自《晏子春秋》:“洁身守道,不与世陷乎邪。”

战国时,屈原被楚国流放后,流浪在湘江一带。他常常一边走,一边吟唱楚国的诗歌,想到楚国的政局每况愈下,万分忧虑。长期的流放,使得他面容憔悴,面黄肌瘦。

一天,屈原来到湘江边上。一个渔父见到他后,非常惊讶地说:“你不就是楚国的三闾大夫吗?为什么会落魄成这个样子呀?”屈原长长地叹息道:“整个世道都像这泛滥的江水一样浑浊,而我却像山泉一样清澈见底;所有的人都像喝醉了酒一样失去了理智,而我却保持着异常清醒的头脑。所以,我被流放了。”

渔父听后嘲笑他说:“完美的人是不会受外在事物的约束的,而是掌握它的特征并加以运用。例如，世道浑浊，为什么不搅动泥沙，推波助澜呢？众人皆醉，为什么不仿效他们也喝个酩酊大醉呢？何苦洁身自好，遭受到流放呢？”

屈原说：“我听说一个人洗头后戴帽，先要弹去帽上的灰尘；洗澡后穿衣，先要抖直衣服。怎么能使自己洁净的身躯受到脏物的污染呢？”

渔父听了屈原的一席话，知道无法改变屈原的看法，就唱着歌划着船离开了。

结缨而死

“结缨而死”形容壮士从容献身。

此典出自《左传·哀公十五年》。

鲁哀公十五年（公元前480年），卫国太子蒯聩发动叛乱，带人闯进大夫孔悝的家，把他劫持到一座高台上，强迫他签订盟约，同意叛乱。当时，孔子的弟子子路在孔悝手下当邑宰。他听到这件事后，就急忙赶来，正要进入国都，遇上卫国大夫子羔（即高柴，孔子弟子）准备逃跑，对子路说：“城门已关。”子路说：“我应当去一趟。”子羔说：“来不及了，不要去引火烧身了。”子路说：“我吃人家的俸禄，就不能在人家受难时逃跑。”于是，子羔逃走了，子路进了城来到孔氏大门口。孔悝的家臣公孙敢在那里守大门，他对子路说：“不要进去了。”子路不高兴地说：“这是你公孙敢的作风，在这里谋求利益却躲开祸难。而我却不能这样做，我拿了人家的俸禄，就要帮助人家排忧解难。”这时候，有一个使者从门里走出来，子路就乘机走进门去，大声地说：“太子怎能用得着孔悝？即使杀了他，也一定会有人接替他。”并且说：“太子是个懦夫，如果放火烧台子，烧到一半，他必定会释放孔悝。”太子听到子路的话很恐惧，就叫自己的同党石乞、于魇下台去攻击子路，他们用戈击中了子路，也斩断了子路的帽带。子路说：“君子死，帽子不能丢掉。”一边说一边结着帽带，结好帽带就死去了。孔子听到卫国发生动乱的消息后，说：“子羔能够回来，子路却会死去的。”

景公占梦

“景公占梦”这个典故告诉人们，在功劳和荣誉面前，要谦虚退让，不夺人之功，不蔽人之能，才是最可贵的。

此典出自《晏子春秋·内篇杂上》。

齐景公患了肾病，十几天卧床不起。

一天夜晚，他做了一个噩梦。梦见和两个太阳争斗，最后被打败了。

第二天，晏子上朝，景公对他说：“昨天晚上，我梦见和两个太阳争斗结果我被打败了。这是不是预兆我要死了？”

晏子想了一下说道：“请召见占梦官员，为您占卜吉凶吧。”

说完，晏子就派人用车接来占梦人。

占梦人见到晏子，问：“大王有什么事召见我呢？”晏子对他说：“昨天夜晚，大王梦见他和两个太阳争斗，结果他被打败了。大王说：‘是不是我要死了？’所以，请您去占卜一下。”

占梦人听了，不假思索地说：“请反其意解释吧。”

晏子却说：“请不要那样说。大王所患的疾病属阴。梦中的日头，是阳。一阴不能胜二阳，所以预兆病将痊愈，请你这样回答吧。”

占梦人进宫以后，景公说：“我梦见和两个太阳争斗而不能取胜，是不是预兆我将要死了?”

占梦人回答说:“大王所患的病属阴,日头是阳,一阴不能胜二阳,这是大王病将痊愈的吉兆。”

过了三天,景公的病果然痊愈了。

景公大喜,要赏赐占梦人。占梦人说:“这不是我的功劳,是晏子让我这样说的。”

景公听了,就要赏赐晏子。晏子道:“我的话由占梦人讲出来,才有效果。如果我亲自告诉您,您一定不信。因此,这是占梦人的功劳,我并没有什么功劳。”

后来景公就赏赐了他们两个人,并称赞说:“晏子不争夺别人的功劳,占梦人不隐瞒别人的智慧。”

救死扶伤

“救死扶伤”这个典故比喻医务工作者全心全意为人民服务的精神。

此典出自汉代司马迁《报任少卿书》:“且李陵提步卒不满五千……与单于连战,十有余日,所杀过当,虏救死扶伤不给。”

西汉时,匈奴经常侵犯边境,威胁着西汉王朝的安危。汉武帝天汉二年(公元前99年),李广利和李陵奉命征伐匈奴。李陵率领的五千步兵到达边境后,被匈奴首领单于的三万骑兵团团围住。李陵率军奋勇杀敌,终因寡不敌众,被匈奴俘虏。汉武帝听到了这个消息后,就囚禁了李陵的家人。司马迁对此事愤愤不平,为李陵辩护,也遭到了囚禁,并遭受残酷的腐刑。

出狱之后,司马迁给他的好友任少卿写了一封信,叙述了自己的家世、志向、遭遇和矛盾的心情。信中写到李陵被俘一事时,司马迁仍然认为李陵的功劳大于过错。他写到:李陵率领不满五千的步兵,和单于连战十几天,杀伤匈奴的人马远远超过了他力所能及的范围,使匈奴连抢运死伤的兵将都来不及。李陵虽然兵败被俘,仍不愧为一位英雄。

“救死扶伤”意即抢救快要死的人,扶助受伤的人。

诸葛亮像,图出自明·天然撰《历代古人像赞》。

鞠躬尽瘁

“鞠躬尽瘁”形容小心谨慎,贡献出全部精力。

此典出自诸葛亮《后出师表》:“臣鞠躬尽力,死而后已。”

诸葛亮,字孔明,琅琊阴都人。汉司隶校尉诸葛丰的后裔。他在《前出师表》中,介绍了自己的家世与经历:“臣本布衣,躬耕南阳,苟全性命于乱世,不求闻达于诸侯。先帝不以臣卑鄙,猥自枉屈,三顾臣于草庐之中,谘臣以当世之事,由是感激,遂许先帝以驰驱……”

诸葛亮对刘备确实不但有知遇之

恩，并且有知己之感。以诸葛亮的才智，当然看得出当时天下英雄强弱之势。曹操那时早就平了淮南袁术、河北袁绍、徐州吕布，俨然已有统一江左的趋势。孙权承父兄的基业，占据江东，人心归附，财富充足。同时诸葛亮的哥哥诸葛瑾又在孙权帐下任谋士。诸葛亮可以借着哥哥的引荐而投奔东吴。但他既没有投奔曹操，也没有投奔孙权，却选择了没有任何基础的主人刘备，白手兴家。

当时刘备寄人篱下，在荆州牧刘表那里做客。诸葛亮是因为刘备三顾之恩，把自己毕生都献给了刘备，帮着他打天下了。

有人说，诸葛亮如果辅佐曹操，不必等曹丕受汉禅，曹操就能统一中国。如果辅佐孙权，至少孙权不会偏安江左。可惜诸葛亮帮助一个赤手空拳、一无所有的刘备，结果只能三分天下，无复统一之望。

事也不尽然，曹操帐下，谋士如云，猛将如雨。诸葛亮即使投曹，不知能否冒得出来？何况曹操猜忌的性格，连祢衡、张松都不能用，许攸之辈，也要斩尽杀绝才能安心，他能把一个诸葛亮放在手边，让他轻轻摇着羽毛扇子吗？

说到孙权，孙权与诸葛亮的关系，怎能与周瑜相比呢？周瑜是孙权哥哥孙策的好友，临终时就说过“内事不决问张昭，外事不决问周瑜”的话。其实周瑜是东吴的决策者，孙权对周瑜，是以兄礼事之的。赤壁之战时，诸葛亮到了江东，代表刘备与孙权组织军事抗曹，周瑜对诸葛亮就表现得非常的嫉妒。“既生瑜，何生亮”，虽仅见于罗贯中的《三国演义》，然而《三国志·诸葛亮传》，也有诸葛亮的话：“孙将军可谓人主，然观其度，能贤亮而不能尽亮。”因此诸葛亮即使在东吴，也不会有什么希望。他选择了一个能够对他推心置腹的刘备，来共同创业，这个选择是明智的。

因此，诸葛亮一生谨谨慎慎地立功创业，一步也不能走错。他辛辛苦苦亲手制定的联孙抗曹政策，被刘备亲手破坏，得到的结果是全军覆没，甚至搭上了刘备的性命。

刘备死后，四川混乱不堪，外侮内患，交相煎迫，诸葛亮都一一地稳定住了。如五月渡泸，深入不毛。六出祁山，拒司马懿。他上了一篇《后出师表》，开头就说：“先帝虑汉贼不两立，王业不偏安，故托臣以讨贼也……”但他也知道自己势弱敌强，可是“然而伐贼，王业亦亡，惟坐而待亡，孰与伐之。”这篇文章中，提出六不解。坚决请求后主刘禅准许出兵，北伐中原。最后，忠心耿耿地说：“臣鞠躬尽力，死而后已，至于成败利钝，非臣之明所能逆观也。”

君子固穷

“君子固穷”的意思是，君子再穷也能够坚守节操。后用它比喻人安于穷困，不为财物所诱惑。

此典出自《论语·卫灵公》：“在陈绝粮，从者病，莫能兴。子路愠见曰：君子亦有穷乎？子曰：君子固穷，小人穷斯滥矣。”

春秋时期，孔子经常带着学生游历各诸侯国，宣扬自己的政治主张，希望各国能够采纳。有一次，孔子到了卫国，由于不受卫灵公重用，便离开卫国去了陈国。孔子等人来到陈国境内，粮食吃完了，随从的人全都是面黄肌瘦。有的人病倒了，不能起来行走。子路气愤地去见孔子，问道：“君子也有穷困的时候吗？”孔子说：“君子能安守穷困，但是小人碰到穷困，就什么事都干得出来。”

克勤克俭

“克勤克俭”说明既勤劳，又节约。含褒意。

此典出自《尚书·大禹谟》：“克勤于邦，克俭于家。”

在我国的古代传说中，有一个部落联盟首领叫禹，姓姒，名文命，亦称大禹、夏禹、戎禹。他是部落首领鲧的儿子。当时，黄河流域洪水泛滥成灾，人们深受其害。部落联盟首领舜派大禹去治理洪水。

刚结婚不久的大禹接受任务后，决心治好水患，为民除害。他告别了新婚的妻子，带领人民疏通江河，并兴修沟渠，发展农业。在治水十三年中，大禹三过家门而不入，终于制服了水患。由于禹消除了水患，被舜选为继承人。起初，大禹不肯接受，舜对他说：“你是一个贤能的人，既能勤劳地治国，又能节俭地持家。”舜死后，大禹担任了部落联盟首领。大禹治水的故事，成了千百年来的美谈。

孔雀爱尾

“孔雀爱尾”告诉我们真正美好的事物，美好的理想，是应当爱护的，甚至用生命来保护，也是应该的。

此典出自《权子·顾惜》：“孔雀雄者毛尾金翠，殊非设色者仿佛也。性故妒，虽驯之，见童男女着锦绮，必趁啄之。山栖时，先择处贮尾，然后置身。天雨尾湿，罗者且至，犹珍顾不复骞举，卒为所擒。”

雄孔雀的长尾闪耀着金黄和青翠的颜色、美丽动人的纹彩，任何画家也难以描绘。它生性忌妒，即使驯养了很长时间，但只要看见衣着华美的男女儿童，也要追啄他们。

孔雀在山野栖息的时候，总要先选好放置尾巴的地方，然后才安身。天下雨，打湿了它的尾巴，捕鸟人马上就要到来，它还是珍惜地回顾自己美丽的长尾，不肯飞走，终于被捕鸟人捉住了。

庙堂之量

“庙堂之量”比喻气量大，能容忍。

此典出自《晋书·谢安传》。

秦王苻坚率兵侵犯晋国，他统帅的步骑兵近百万人，声势浩大，使得晋朝的文武百官，都胆战心寒。独有宰相谢安，根本没把秦兵犯境这种重大的事情放在心上。

谢安的侄儿谢玄，向他叔父请示，这次出征，应如何迎秦兵？谢安毫不在意地说：“朝廷不是另有旨意给你了吗？”说完，他就不再理睬谢玄了。谢玄不敢多问，就叫张玄再请示。谢安也未答张玄的话，只顾左右而言他的传命备军，原来他老人家要到郊外别墅作乐去了。在相府的亲友们都跟了去玩，谢玄不好意思不去，于是也跟到了郊外别墅，谢安对谢玄说：“来来来，我们下盘棋，我就以这别墅为赌注，如果我输了，我就把它送给你。”

二人对坐下起棋来。平时谢安的棋是下不过谢玄的，每次都要谢玄让几个子，而这一次，谢安并没有让谢玄让他，但谢玄却输了，因为他心里总想着怎样迎战强大的秦军，哪里还有心下棋呢！棋局结束后，谢安又提议游山玩水，谢玄也只得陪着，直到深夜才回城。

中军将军桓冲对秦王苻坚的大兵南下，是沉不住气的。他惟恐建康京城有问题，就派了三千精锐兵卒，来保卫京城。可是谢安一口回绝了，说：“没必要，你何必这样大惊小怪呢？京城自有京城的防御部队，怎么会要你派队伍来增防？你的队伍应当留在西线防敌，京城里朝廷自有部署,不劳你担忧。"

桓冲退出相府,对他的部下说:"谢相国虽然气度大,有所谓庙堂之量,宰相肚里撑得了船。话说得没错,但他到底是个文臣,他不懂军事,现在大敌当前,秦军是虎狼之师,眼看着就要打到长江边上了,他老人家还在游山玩水,怡然自得,和朋友们聊天,和子侄辈下棋,品茗酌酒,这简直是……并且,他所派出迎击敌军的将领,都是些小孩子,年轻识浅,哪能抵抗住苻坚?何况军队又少,战斗力不强,胜负之局,已经一目了然了,我们眼看就要做亡国奴了。"

《东西晋演义》版画之谢安弈棋图。淝水之战中,东晋主帅谢安对战事镇定自若,弈棋以待捷报。

然而,结局与桓冲推测的完全相反,淝水一战,强大的秦军,被这几个毛头小伙子,杀得风声鹤唳,草木皆兵地溃败。当这捷报传到京城,谢安正在和客人下棋,他看了一眼捷报,随即把它扔到床上,没有流露出一点喜悦的神情,仍旧和客人下棋。

客人说:"这报告里写的是什么?"

谢安漫不经心地说:"小事情,几个小孩子们把敌人苻坚给消灭了,如此而已。"他仍旧与客人下完棋才回内室。

谢安是真的若无其事、漫不经心吗?绝对不是。当他回内室,过门槛时,兴奋得连木屐底上的木齿都碰断了。但他自己还没有觉察。

廉泉让水

"廉泉让水"比喻廉洁和礼让的人。

此典出自《南史·胡谐之传》:"(范柏年)见宋明帝,帝言次及广州贪泉,因问柏年:'卿州复有此水不?'答曰:'梁州有文川、武乡、廉泉、让水。'又问:'卿宅在何处?'曰:'臣所居廉、让之间。'帝嗟其善答。"

廉泉和让水都是河流的名称。廉泉又叫廉水,在今之陕西省境,发源于陕西南郑县的巴岭山,向北流,至廉水镇和汉水会合。让水又名逊水,是廉水的支流,也在陕西省境。"廉泉让水"源于南宋时代的一个故事。梁州人范柏年有一次朝见宋明帝,请示关于办理朝政的事。宋明帝和范柏年在谈话时,偶然提到广州的贪泉,明帝于是问范柏年的家乡有没有这种名称古怪的河流。范柏年说梁州没有贪泉,只有廉泉和让水。范柏年对明帝说的虽是实情,但却话中有话,表示梁州的人不贪心,操守也十分廉洁,而且具有礼让的君子风度。

留取丹心照汗青

“留取丹心照汗青”的意思是,在历史书籍上记下自己的赤诚之心。人们用它形容赤诚报国,名垂青史。

此典出自《宋史·文天祥传》:“人生自古谁无死,留取丹心照汗青。”

宋恭帝赵显德祐二年(公元 1276 年)一月,元将伯颜率军到达皋亭山,离南宋京城临安(今杭州),只有三十里。朝中的官员见势不妙,都纷纷跑掉了。就在这样危急的时刻,南宋朝廷才任命文天祥(公元 1236—1283 年)为右丞相,派他到元营去,同伯颜谈判,被伯颜扣留了,押送到北方去。在押往北方的路上,文天祥乘元军不备,在镇江逃脱。这时,南宋的大臣陆秀夫和张世杰又立了一个小皇帝,驻守在崖山(山名,也称崖门山,在广东新会县南大海中)。文天祥赶到福州,又到江西招兵买马,同元军周旋,打了几仗,收复了一些州县。可是,不久他又被元军打败,家眷子女都被元军掳去,他自己想办法逃出去到了广东。在广东潮阳一带,继续抵抗元军,又遭到张弘范率领的元军的包围,最后在海丰附近的五坡岭兵败被俘。

文天祥被押到潮阳见张弘范,左右的元兵命令他下拜,文天祥坚决不肯。于是,张弘范以客礼接待他,同他一起渡海登上崖山,让他写信给张世杰,劝他投降,并给他准备好了纸和笔。文天祥说:“我不能保护自己的父母,却叫人背叛自己的父母,这怎么行呢?”张弘范坚持要他写,文天祥把自己过去作的一首《过零丁洋》诗写到纸上,交给张弘范。这首诗最后两句是:“人生自古谁无死,留取丹心照汗青!”意思是说,一个人是免不了会死的,应该把自己精忠报国的决心留下来,永垂不朽!张弘范看了,只是苦笑了一下,放在一边。公元 1279 年,张弘范攻克了南宋朝廷的最后根据地崖山,宋朝灭亡。在元军举行的庆贺宴会上,张弘范劝文天祥投降,说:“宋朝已经灭亡,你的忠孝也已经尽了。请你改变一下你的心思。你如果用替宋朝做事情的精神来替元朝做事情,那么,你就能当上元朝的宰相。”文天祥痛哭流涕,说:“国家灭亡不能救,我身为大臣已经死有余辜,难道还会贪生怕死,改变心肠吗?”张弘范认为文天祥非常有气节,就在公元 1279 年 10 月,派人把文天祥押送到大都(今北京)。

文天祥像,图出自清·孔继尧《吴郡名贤图传赞》。

流芳后世

“流芳后世”这一典故的意思是,好的名声永远传留于后世,也作“流芳百世”。

此典出自《晋书·桓温传》:“既不能流芳后世,不足复遗臭万载邪!”

桓温(公元312—373年),字元子,晋代谯国龙亢(今安徽怀远西)人,是宣城太守桓彝的儿子,晋明帝(司马绍)的女婿。他曾任荆州刺史,掌握长江上游的兵权,立下卓越的战功,官至大司马,专擅朝政。

桓温天生俭朴,每次饮宴只安排七个盘子装茶果而已。然而,他却以雄才和勇武为资本,在朝廷里专横霸道,独揽大权,窥视皇帝的宝座,企图篡夺帝位。他有时候躺在床上对他的心腹说:“司马懿的儿子司马昭和司马师在曹魏的朝廷中都独揽大权。司马昭的儿子司马炎代魏称帝后,尊司马昭为文帝,尊司马师为景帝。我这样无所作为,恐怕要被文帝、景帝笑话了。”众人都不敢答话。接着,桓温抚着枕头起身说:“既然不能流芳后世,还不如遗臭万年么!”他曾经路过王敦的坟墓,因为王敦曾在晋元帝和晋明帝时期专擅朝政,后又起兵反叛朝廷,因而桓温非常佩服王敦,望着王敦的坟墓说:“真是一个能干的人,真是一个能干的人!”他的心迹就是如此狂妄。当时,远方有一个受过具足戒的女僧,以道术闻名。女僧在一间屋子里洗浴,桓温偷窥她,只见女僧赤裸着身子,先用刀把自己的肚子豁开,然后砍掉两只脚。女僧洗浴完以后,走出屋门,桓温向她请教吉凶之事,女僧说:“如果您做了天子,也会像我这样,豁开肚子,砍掉双脚。”

梦尸梦秽

“梦尸梦秽”的本来意思是,当官之前梦见尸体,发财之前梦见污秽之物。后来人们用它表示鄙薄功名利禄。

此典出自《晋书·殷浩传》:“浩识度清远,弱冠有美名,尤善玄言,与叔父融俱好《老》、《易》。融与浩口谈则辞屈,著篇则融胜,浩由是为风流谈论者所宗。或问浩曰:‘将莅官而梦棺,将得财而梦粪,何也?’浩曰:‘官本臭腐,故将得官而梦尸。钱本粪土,故将得钱而梦秽。’时人以为名言。”

殷浩(公元?—356年),晋代陈郡长平人,字深源。东晋简文帝(司马昱)时,任建武将军,扬州刺史。当时,桓温掌握大权,连简文帝都畏惧他。于是,简文帝把殷浩当作心腹,与桓温相抗衡。所以,桓温对殷浩怀恨在心。永和六年(公元350年),殷浩担任中军将军,都督扬州、豫州、徐州、兖州、青州等五州诸军事,并于永和九年(公元353年)率师北伐,结果战败,军储器械全都丧失了。桓温乘机弹劾殷浩,把殷浩废为庶人。

殷浩见识广博,气度恢弘。青年时期就享有美好的声誉,尤其善于佛教、道教的精微玄妙的义理。与其叔父殷融都喜好《老子》、《周易》。殷融与殷浩辩论时,殷融说不过殷浩,而写起文章来,殷融则胜过一筹。因此,殷浩成了那些喜欢高谈阔论的人所尊崇的对象。有人曾经问殷浩说:“将去做官之前,梦到了棺材;在得到钱财之前,梦到了粪便,这是什么原因呢?”殷浩回答道:“官位本来腐臭,所以将要当官时就梦到了尸体。钱财本来就是粪土,所以将要得到钱财时就会梦到污秽的东西。”当时人认为,殷浩说的这番话是至理名言。

木人石心

“木人石心”比喻人意志坚定,不受诱惑,外物不足以动其心。

此典出自《晋书·夏统传》:“统危坐如故,若我所闻。充等各散曰:‘此吴儿,是木人石心也。’”

西晋时期,每一年三月初三这一天,京都洛阳城的王公贵戚、才子佳人,都到洛河两岸宴饮游春。耀武扬威的太尉贾充也来游玩。

贾充忽然发现洛河边一只小船上，坐着一个行为怪异的人。那人神情庄重，端坐船上，对周围的花花世界不屑一顾，无动于衷。贾充觉得奇怪，便问他的姓名。原来这人叫夏统，会稽永兴人，是个厌恶世俗浊流、洁身自守的隐士。因母亲病重，来京都买药。

贾充问他家乡有没有三月初三游乐的风俗，夏统傲然回答："我们那里的人们，性情平和，节操高尚，不慕荣华，有大禹的遗风。"贾充又问："你久居水乡，会划船吧?"夏统驾船在河面上往返三次，他高超熟练的驾船本领惊呆了两岸的游人。贾充又问："你能唱家乡的歌吗?"夏统唱了三首赞颂大禹、孝女曹娥和义士伍子胥的歌曲，歌声慷慨激昂、动人心弦。

贾充觉得夏统是个人才，便要推荐他做官，谁知一提做官，夏统勃然大怒，再也不愿答话。贾充心想：官职、地位、女色，谁见了能不动心？于是，他调来威武的仪仗队，在夏统面前显示荣耀，又招来一大群美女，载歌载舞，把夏统团团围住。然而，夏统对眼前的一切，全不理睬。他稳坐船中，神情冷漠而又严肃。见此情景，贾充等人议论："这个家伙真是木人石心呀?"说完，他们都悻悻地离去了。

南鹞北鹰

"南鹞北鹰"比喻严峻的人，也可用来比喻清廉刚直、不徇私情的人。

此典出自《晋书·崔洪传》："遂免婴官，朝廷惮之。寻为尚书左丞，时人为之语曰：'丛生棘刺，来自博陵。在南为鹞，在北为鹰。'"

崔洪，字良伯，晋代博陵安平人。曾祖父崔寔(shí)，在汉代是名气很大的人。父亲崔赞，三国时在魏国任吏部尚书、左仆射，以胸怀宽广受人称道。而崔洪在青年时代就以清正、严厉而出名，无论谁有什么过错，他都是当面指责，从不在背地里说什么。

晋武帝(司马炎)时，崔洪在朝廷中当御史。一次，他上了一个奏折，就免了散骑常侍翟婴的官。

翟婴被免了官，朝廷里的人都惧怕崔洪。不久，崔洪又当了尚书左丞，当时人就给他编歌谣说："丛生棘刺，来自博陵，在南为鹞，在北为鹰。"

后来，崔洪升任吏部尚书，他的家里从未出现过说情的人。

宁为玉碎，不为瓦全

"宁为玉碎，不为瓦全"的意思是，宁做玉器被打碎，不做陶器得保全。比喻宁愿为正义守大节而死，不愿苟且偷生。

此典出自《北齐书·元景安传》："岂得弃本宗，逐他姓，大丈夫宁可玉碎，不能瓦全。"

南北朝时期，有个人叫元景安，本是魏国昭成王的五世孙。公元550年，高洋(齐文宣帝)灭魏，建立齐政权，自立为齐皇帝。

齐文宣帝(高洋)天保(公元550—559年)年间，魏国元氏皇族的许多近亲都被杀掉了。稍远一些的元氏皇家亲族如元景安之流，连忙商量对策，准备提出申请，跟着齐国皇族改姓高氏，以保住自己的性命。元景安的堂弟元景皓说："怎么能抛弃自己的姓而跟随人家的姓呢？大丈夫宁可像玉一样被打碎，为保持气节而牺牲，也不做块泥瓦而保全，丧失名节，苟且偷生。"元景安把堂弟元景皓的话禀报给了高洋(显祖)，于是高洋就下令处死了元景皓，其家属被迁徙到彭城(今属江苏)。所以，齐文宣帝(高洋)准许元景安改姓高，其他人仍袭本姓。

披肝沥胆

“披肝沥胆”比喻对人对事非常忠诚。

此典出自《三国演义》第二十六回。

曹操带领二十万兵马，分兵五路至徐州，攻打刘备。刘备兵败，张飞突围后，刘备无处可去，遂去投奔袁绍。关羽被围无法解脱，为保全刘备家眷，只得暂时投降曹操。

《三国志通俗演义》版画之刘备赴冀州图，讲述刘备被曹操打败，去冀州投奔袁绍之事。

刘备在袁绍那里，整天忧心忡忡，一忧关羽、张飞不知去向，二忧妻小陷于曹营。袁绍得知刘备心中苦痛，便遣良将击曹。袁曹交战，关羽连斩袁绍名将颜良、文丑，刘备始知云长身在曹营。袁绍得知刘备二弟关羽斩了他的爱将，即下令斩刘备之首。刘备表示愿修密书一封与云长，叫他前来辅佐袁绍，共同消灭曹操。袁绍大喜，即派人前往送信。关羽看毕书信，大哭，当即写书答云：“……近至汝南，方知兄信，即当面辞曹公，奉二嫂归。羽但怀异心，神人共戮。披肝沥胆，笔楮难穷……”

之后，关羽便去拜辞曹操，曹操知道他的心思，避而不见。关羽去志已决，遂率旧日随从，护送车仗，夺门而走。关羽一行沿路屡遭难险，过五关，斩六将，终于在古城与刘备、张飞相聚。

贫贱骄人

“贫贱骄人”形容对权贵的鄙视和蔑视。

此典出自《史记·魏世家》：“子击因问曰：‘富贵者骄人乎？且贫贱者骄人乎？’子方曰：‘亦贫贱者骄人耳。’”

战国时，有一个叫田子方的人，他和李悝、段干木、子夏等人共同辅佐魏文侯，受到优礼。魏文侯十七年（公元前408年），魏文侯派乐羊为大将、西门豹为先锋，率军攻打中山国。

魏国攻下中山后，魏文侯派太子击驻守中山。太子击乘车准备前往中山，刚要出京都城门，碰上了田子方。于是太子击让田子方的车先过去，谁知田子方看都没看太子一眼，就径直过去了。太子击非常生气，上前问田子方：“谁可以骄傲，是富贵的人还是贫贱的人？”田子方笑着说：“古往今来，只有贫贱的人才能骄傲，那些富贵的人是不能骄傲的。做国君的一骄傲，国就保不住；当大夫的一骄傲，家就保不住。楚灵王因为骄傲亡了国；智伯瑶因为骄傲被灭了族。而贫贱之人就不一样了，他吃的是粗菜淡饭，穿的是旧衣破鞋，他不仰仗富贵人，不争权夺利。如果贤明的君主来请教他，他高兴，就会提出点意见；如果君主不听他的话，他就拂袖而去。周武王能灭掉纣王，但却拉不住首阳山的两个穷人，所以说，贫贱之人不骄傲，谁又骄傲呢？”

太子击挨了一顿教训，只好向田子方行了个礼，前往中山国去了。

曲肱之乐

“曲肱之乐”比喻生活贫困，有“安贫乐道”的意思。

此典出自《论语·述而》：“饭疏食，饮水，曲肱而枕之，乐亦在其中矣。不义而富且贵，于我如浮云。”

春秋时期的孔子，经常教导学生要讲求仁义，修身养性，安贫乐道。一次，孔子说：“吃粗粮，喝白水，弯着胳膊当枕头，这也是很有乐趣的。用不义的手段得到的富贵，对于我来说好像浮云一样。”

全无心肝

“全无心肝”指毫无羞耻之心。也可指心地狠毒。

此典出自《南史·陈后主纪》：“后监者奏言：‘叔宝云，既无秩位，每预朝集，愿得一官号。’隋文帝曰：‘叔宝全无心肝。’”

《南史演义》版画之陈后主叔宝像

南朝陈国皇帝陈后主，名叫叔宝，字元秀，小字黄奴，是宣武帝（陈顼）的儿子。至德元年（公元583年），陈后主即位后，不理政事，大兴土木，建造了临春、结绮、望仙三阁，每天与嫔妃佞臣寻欢作乐，沉湎于酒色之中，生活非常腐朽奢靡。对老百姓横征暴敛，搞得天下乌烟瘴气、怨声载道。

祯明三年（公元589年），隋兵攻入建康，陈后主与他的两个宠妃张贵妃和孔贵人一起藏到景阳宫井中，被发现后，抓到长安。

有一天，监守者向隋文帝杨坚报告说：“陈叔宝说，不给我什么官位也无所谓，但是我要参加朝廷集会，希望得到一个官号。”隋文帝说：“陈叔宝厚颜无耻，真是毫无心肝！”

人死留名

“人死留名”说明一个人的节操，在遭遇困难或危险时，也能保持意志坚强，绝不为当时的荣华富贵而改变初衷。

此典出自《五代史·王彦章传》：

"五代梁王彦章,骁勇善战,不知书,常为俚语,谓人曰:'豹死留皮,人死留名。'"

五代时期,有一个叫王彦章的人,少年时随梁太祖(朱温)征战,立下了汗马功劳。太祖死后,他辅佐末帝(朱稹),南征北战,建立梁王朝。当时梁朝的大敌人是晋国,王彦章因对晋国作战时曾两次失利,遭到嫉恨他的人的诬陷,被免了兵权。但在不到半年的时间里,梁朝的主要地盘都被晋军侵占了。在危急时,彦章再被起用,在一次战役中,彦章因战马受伤,自己也身受重伤,从而被晋人俘虏。晋王见到王彦章后,向他说:"你曾经说我是个小孩子,如今服不服呢?我听说你擅长操兵,为什么不守兖州呢?"彦章说:"大势已去,不是我智力能预知的"。

晋王爱惜他的勇敢,亲自为他的伤口敷药,让他好好养伤,同时派人劝他投降。彦章对劝慰他的人说:"我是一个普通的人,与贵国皇帝(指晋王)对抗了十五年,现在兵败力穷,是应该死的……世上哪有做臣子做将领的人,早上替梁朝做事,晚间为晋朝服务的道理呢?能够死已感到十分荣幸了。"就这样,彦章被杀掉了,但他的英名却永远被流传。

任劳任怨

"任劳任怨"形容能经受困苦,不计较嫌怨。

此典出自《左传·宣公二年》。

赵盾碰见赵穿打猎回来,就把想要逃走的事告诉他。赵穿说:"你可不能离开晋国,我自有办法请您回来。"赵盾听后都不知道怎么办才行。要保住自己的性命,就该早点儿跑,他对于国君,对于国事确实负责。可是那个昏庸无能的国君老是排挤他,他又有什么办法?他一听赵穿的话,心里就念着:这种事可千万别闹出来呀!赵穿瞧他愁眉不展,就安慰他说:"您不用着急!我自有办法。"

于是赵穿就去见了晋灵公说:"主公您老在桃园里玩,我可真有点儿担心,万一出了事,光凭几个武士有什么作用呢?让我选一二百名勇士,专门保护桃园,你看如何?"晋灵公道:"非常好。"没过多久,二百名卫兵拿着武器围住了晋灵公,他开始觉得事情不妙,这时赵穿把剑往下一沉,晋灵公的脖子上就挨了一刀了。

赵穿杀了晋灵公后,赵盾心里老是不放心,他担心谋害国君的罪名赵家担当不了,就想瞧瞧朝廷的大事册上怎么记载的这件事。他拿来一瞧,上头写着:"秋七月,赵盾在桃园谋害了国君。"赵盾有点不相信自己的眼睛,整个心凉了大半截,咆哮地对太史道:"你弄错了吧?谁都知道先君不是我杀的。当时,我正在河东的。先生你怎么叫我担这个罪名啊?"太史说:"您是相国,国家大事由你掌管。您虽说跑了,可是还没有离开本国的地界,相国的大权还在您手里。如果您不同意赵穿那样做,那么您回来以后,为什么不把凶手判罪呢?"赵盾觉得自己理亏了。凭良心说,灵公早就该杀了。赵家杀了他,人人痛快,就连赵盾也直点头,但要他担当起这个罪名,就有点过分了。明明是别人干的事,却叫他背黑锅!他想:也许大人物免不了要任劳任怨。想到这里,他叹了一口气,说:"完了也就完了!我只要于心无愧就是了。"

三省吾身

"三省吾身"意思是经常自我检查、反省自己。形容虚心自问。

此典出自《论语·学而》:"曾子曰:'吾日三省吾身:为人谋而不忠乎?与朋友交而不信乎?传不习乎?'"

春秋时期,孔子有一个得意的门生,姓曾名参,字子舆,人称曾子。曾子为人忠厚、勤

《春秋五霸七雄列国志传》版画之豫让板桥行刺赵襄子图

奋，深得孔子的喜爱。同学们向他请教修养德行的经验和体会。曾子说：“我每天都要不断地问自己：替别人出主意做事情，有没有不忠的地方呢？与朋友交往，有没有不讲信用的地方呢？老师所传授的东西，是不是都温习好了呢？”

舍生取义

“舍生取义”指为了正义、真理而牺牲生命。

此典出自《孟子·告子上》：“生亦我所欲也，义亦我所欲也，二者不可得兼，舍生而取义者也。”

豫让是春秋时晋国的义士，起初替范中行做事，中行待他很刻薄，他无法忍受了，就到知伯那里去了，知伯很重用他。

知伯后来被三晋打败，其土地被瓜分，他自己也被杀。因为赵襄子是杀知伯的主谋，所以豫让要杀赵襄子替知伯报仇。他扮成一个残废的人，到了襄子的厕所，装成粉饰墙壁的人，想伺机刺死襄子。襄子去小便，忽然心里觉得情况不妙，知道有人要刺杀他，便叫人把他抓住，知道他是义士，就把他释放了。

后来豫让又把漆涂在身上，剃去胡须和眉毛，毁了容貌，扮成一个乞丐，连他自己的妻子也认不出来；但说话的声音还没有改变，于是他又吞炭变成哑巴，改变了自己的声音，提前躲在赵襄子必经的桥下，当襄子将要走到桥上时，忽然他的坐马惊叫起来，赵襄子知道一定又是豫让来行刺他了，立即派人搜查，果真是他。赵襄子叹道：“豫让，你替知己报仇，人家都已知道你的义声了，这次我不再释放你，成全你吧！”

豫让也被襄子的仁恕所感动，请襄子把袍子脱下来，他在襄子的袍子上刺了三刀，然后自杀了。

当豫让吞炭毁容的时候，他的朋友认为豫让这样做太辛苦了，叫他想办法先到赵襄子那里去做事，然后再找机会杀掉他。这样做，不但事情比较容易，而且自己也不必吃那么多苦头。豫让笑着对他朋友说：“照你的说法，不是叫我替先前的知己去杀后来的知己，替旧主人杀新主人吗？我今天所以这样做的，自己吃点苦，目的是要表示君臣的‘义’罢了，如果照你的办法去做，那就是乱义。”

孟子也说过：“生，是我所喜欢的；义也是我所喜欢的，当二者不能兼得时，我是宁愿不要生命而去争取义的。”

声名狼藉

“声名狼藉”表示恶名昭著或名誉扫地。含有贬义。

此典出自《史记·蒙恬列传》:“恶声狼藉,布于诸国。”

蒙恬和蒙毅兄弟俩都受到秦始皇的信任。秦始皇死后,他的儿子胡亥即位。胡亥年幼无知,听信李斯、赵高的谗言,派人通知蒙毅,让他自杀。蒙毅在给胡亥的答话中列举了几个杀害良臣的暴君:如秦穆公以三位良臣殉葬,秦昭襄王杀白起,楚平王杀伍奢,吴王夫差杀伍子胥,并说这些君主因犯了杀害良臣的错误而遭到天下人的声讨,以致“恶声狼藉,布于诸国”,希望胡亥引以为戒。但是胡亥不听他的劝谏,最终还是杀了蒙毅,接着蒙恬也被迫自杀了。

食无求饱

“食无求饱”这句话的用意在于:教导人为学要专心,不要被逸乐和享受分了心,并且虚心为学,不耻下问。

此典出自《论语·学而》:“君子食无求饱,居无求安;敏于事而慎于言。就有道而正焉:可谓好学也已。”

孔子对学生们的学识和修养,有很多精辟的言论,其中有一条谈到做学问要有成就的重要条件,说:“君子食无求饱,居无求安,敏于事而慎于言,就有道而正焉:可谓好学也已。”“君子”:指有道德有学问的人。“敏”:迅速;“慎”:谨慎。“有道”:指道德高尚、学问渊博的人。“正”:是动词,“就……正”就是求教于人的意思。“也已”:助语词,了的意思。这段话的意思是说:有道德有学问的人,志在专心做学问,不要求饮食的满足,也不讲求居住的安适。做事迅速,讲话审慎;对自己的言行如有怀疑,应该求教于有道德有学问的人。能够做到上面所讲的那些,就称得上是好学的了。

《昭君传》版画之李广像

岁寒知松柏

“岁寒知松柏”比喻只有经过艰苦的考验才能看出一个人的品格。

此典出自《论语·子罕》:“岁寒,然后知松柏之后凋也。”

有一次,孔子称赞他的学生子路道:“穿着破旧的麻布衣服,跟穿着狐貂皮裘的达官贵人站在一起却不觉得羞耻,只有你才能做到啊!”子路听老师这样评价他,笑逐颜开,乐滋滋的。孔子见子路的这种表情,担心他骄傲自满,又激励子路道:“这本来是人生的本分啊,有什么值得赞扬的呢!”孔子又担心子路不能完全理解他的意思,又意味深长地补充说:“岁寒,然后知松柏之后凋也。”(意思是:只有在严峻的考验面前,才能看出一个人的品格。)

桃李无言

“桃李无言,下自成蹊”比喻只要真诚、忠实,就会感动人,为人所敬仰。

此典出自《史记·李将军列传赞》:“谚曰:‘桃李不言,下自成蹊。’此言虽小,可以喻大也。”

西汉时代有一位著名将领,名叫李广,他总共跟北方的匈奴打过七十多仗,立下了很多的战功。他为人谦恭谨慎,能与士兵同甘共苦,每当得到朝廷赏赐,他都把赏赐分给部下;行军时碰到粮食和饮水供应不上,他一定先让士兵吃喝,最后自己享用;因此部下都非常爱戴他。他去世的时候,全军将士都痛哭失声,远近相识的和不相识的人也全都为他流泪叹息。根据这些事实,《史记》的作者司马迁在为李广写传记时赞道:“谚语说:‘桃李有着芬芳的花朵、甜美的果实,它用不着向人们打招呼,人们自然会在树底下来来去去,从而走成了一条小路。这个比喻虽小,但正可用来说明李广并没有自我炫耀,只是因为他品德高尚,才使大家心悦诚服。’”

特立独行

“特立独行”的意思是,自恃有操守、有识见,不随波逐流。

此典出自《宋史·李焘传》:“焘性刚大,特立独行。”

南宋学者李焘,字仁甫。眉州丹棱(今属四川)人。公元1138年中进士,他博览群书,学识丰富,历任兵部员外郎、礼部侍郎、敷文阁学士,主修国史。编撰《续资治通鉴长编》。

李焘性情刚直,志向远大,自恃有操守,有识见,不随波逐流。李焘早年著书时,秦桧还大权在握,秦桧死后,李焘才开始在朝廷有名。等到成了孝宗近臣,讨论和决定国家大事时,经常严肃地提出自己的意见。学者张拭曾经说:“李焘像霜雪中的苍松翠柏。他没有嗜好,没有姬妾,也不添置家产。他把所有的精力都放在写作上了。”他曾花了四十年的时间编撰《续资治通鉴长编》。南宋思想家、文学家叶适(字正则)认为,《续资治通鉴长编》是继《春秋》之后的又一部历史巨著。

田光伏剑

“田光伏剑”表示义士信守诺言,即使牺牲生命也不负重托。

此典出自《战国策·燕策三》。

战国时期,燕国太子丹在秦国做人质,后来逃回了燕国。他看到秦国快要灭掉六国,非常忧虑。他同太傅鞫武商议对策,鞫武说:“燕国有一位田光先生,他智谋双全,勇敢沉着,可以同他商量一下。”鞫武把田光请来了,太子丹跪着前来迎接,退着为田光引路,又跪着为田光拂拭坐席。田光深受感动,但考虑到自己已经年迈力衰,不敢贸然承担重任,以免耽误国家大事,就向太子丹推荐了荆轲。

太子丹说:“我希望通过您同荆轲结交,可以吗?”田光说:“可以。”说着连忙站起来,快步走出去请荆轲。太子丹把他送到门口,嘱咐田光说:“我们所谈的话,涉及国家大事,希望先生不要泄漏出去。”田光谦卑地弯下腰笑着说:“好吧。”田光礼貌地去见荆轲,对他说:“我同您交好,燕国已是尽人皆知了。如今太子丹要求我替国家出力,但他只了解我年轻时的情况,不知道我如今的身体已经力不从心了。太子丹对我说:‘燕秦两国势不两立，希望先生多多留心。’我认为您不是外人，就向太子丹推荐了您，希望您能入宫拜见太子。”荆轲说：“我听从您的教诲。”田光说：“我听说品德高尚的人的行为，不应该让人产生怀疑。如今太子告诫我说：‘我们所谈的一切，都是国家大事，希望先生不要泄漏出去。’太子还是有些不信任我，自己的行为让人产生怀疑，就不配做有节操的侠义之士。”田光决定用死来激励荆轲，坚定他的意志，就对荆轲说：“希望您快去拜见太子，就说我已经死了，绝对不会泄密了。”说完，他就拔出宝剑，自刎而死。

田横笑人

“田横笑人”人们以“田横笑人”勉励自己不做苟且偷生的事，也可用以比喻宁死不屈。

此典出自《南史·陆超之传》：“陆超之，吴人，以清静雅正为子懋所知。子懋既败，于琳之劝其逃亡。答曰：‘人皆有死，此不足惧，吾若逃亡，非惟孤晋安之眷，亦恐田横客笑人。’”

这段话意思是说：

南朝时期，齐国有一个大臣叫陆超之，吴郡（今江苏苏州）人。他性情清静素雅，晋安王萧子懋（齐武帝萧赜第七个儿子）十分欣赏他。齐明帝（萧鸾）时期，萧子懋起兵清君侧，遭到了失败，中兵参军于琳之劝陆超之逃走，但是，陆超之回答说：“人总归要死，这并不可怕。我如果逃亡，不仅辜负了晋安王（萧子懋）对我的眷顾之情，可能也要被田横的宾客所耻笑。”陆超之说的田横，是战国时期齐国的贵族，秦朝末年在楚汉战争中自立为齐王。刘邦灭楚为帝后，田横与其部下五百多人逃到海岛。刘邦召他到洛阳，他在途中自杀。刘邦又命人召求岛中五百多人。五百多人听说田横已经死了，也都自杀了。

推梨让枣

“推梨让枣”的典故教导少年儿童讲究礼貌，在亲友面前友爱谦让。

此典出自《后汉书·孔融传》。

中国是古老的文明礼仪之邦，讲究做人要懂得礼貌谦让。一些从小显示出有这种美德的人，千百年来，都受到人们的赞扬。

东汉末年有个人叫孔融，字文举，他小小年纪便聪明过人。四岁时，一天长辈拿了一盘梨子给孔融弟兄几个吃，因为孔融最小，就让他先拿。孔融走上前去，在盘里拿了一个最小的梨。长辈问他为何不拿一个大的，孔融回答：“我人小，按道理应该吃最小的嘛。”同族的长辈见他如此懂事知礼，都说孔融不平凡。果然，孔融谦恭有礼，虚心好学，长大后成为著名的文学家。

南朝时梁国有个人叫王泰，字仲通，从小聪明好学，举止稳重。在他只有几岁的时候，一天祖母把孙儿侄子们召集在一起，享受热闹温馨的家庭气氛。为了使场面更热烈，祖母特意把一大堆枣子、栗子抛散在床上，让孩子们去抢。孩子们一哄而上、争先恐后地去抢，只有王泰一个人在旁边静静地看着。大人觉得奇怪，问他为什么不去抢，王泰从容地说：“我不去拿，祖母也会分给我的。”人们见他如此冷静，都说他将来一定有出息。后来，王泰果然不负众望，长大后官至吏部尚书。

退思补过

“退思补过”表示事后省察自己的言行，有没有错误必须补正的地方。

孔融像，图出自清·顾沅辑《古圣贤像传略》。

此典出自《左传·宣公十二年》："林父之事君也，进思尽忠，退思补过，社稷之卫也，若之何杀之？"

春秋时代，晋国有一个将军名叫荀林父。有一次，他带兵攻打楚国吃了败仗，晋景公要处死他。有个大臣觉得这样做不太合适，就对景公说："林父之事君也，进思尽忠，退思补过，社稷之卫也，若之何杀之？"（意思是：林父对待你景公，是每次一进朝廷就思考他是否竭尽了忠心，退朝回家，也要思考他对国君是否需要补正过错。像他这么忠心的人是保卫国家的栋梁，你为什么要杀他呢？）晋景公听了这个大臣的这番话后也就不杀荀林父了。

威武不屈

"威武不屈"表示在强暴的压力之下，坚贞不屈。

此典出自《孟子·滕文公下》："富贵不能淫，贫贱不能移，威武不能屈，此之谓大丈夫。"

战国时期，有个人名叫春景，喜欢纵横之术。一次他去问孟子："公孙衍和张仪是不是真正的大丈夫？"孟子回答说："不是。"春景觉得诧异，就反问孟子道："他们发起脾气来，诸侯们都很害怕；他们一静下来，天下则太平无事，这难道还不算真正的大丈夫吗？"孟子看了看春景道："我所理解的大丈夫嘛，应该是以仁义为本的人。当他得志的时候，能带领百姓沿着大道前进，不是让别人害怕他；当他不得志的时候，也能独自坚持自己的原则，不阿谀奉承。"说到这里孟子郑重地说："富贵不能淫，贫贱不能移，威武不能屈，此之谓大丈夫。"春景听了孟子的话，心中虽然不满，但却没有形之于色，便辞别孟子而去。

闻过则喜

"闻过则喜"指虚心接受意见。

此典出自《孟子·公孙丑上》中："子路，人告之以有过，则喜。"

战国时，孟子教育他的学生要正视自己的缺点错误、勇于接受别人的批评。他以子路、禹和舜为榜样对学生们说：孔子的弟子子路，当听到别人给他指出缺点的时候，他非常高兴。大禹王听到别人对他好言相劝时，感激万分。古代圣王大舜比禹更伟大了，他不把成绩功劳归于自己，而归于群众。他能改正自己的缺点，遵从别人的优点。舜曾耕过田，烧过窑，捕过鱼，一直到他做天子，他都能注意汲取别人的长处以提高自己，从而更好地为百姓服务。

无能为役

“无能为役”意思是自已能力低下，不足以做他们的仆役。这句成语形容对某职务不能胜任，有时也用作自谦之词。

此典出自《左传·成公二年》：子曰：“‘此城濮之赋也。有先君之明与先大夫之肃，故捷。克于先大夫，无能为役，请八百乘。’许之。”

春秋时期，齐国的齐顷公派兵攻打鲁国，包围了鲁国北部边境的小城龙地。齐顷公有一位宠爱的将领，名叫卢蒲就魁。他想争夺战功，就首先去攻击龙地的城门，但龙地的守兵非常英勇，经过一番厮杀，就抓住了卢薄就魁。齐顷公非常着急，赶忙派人送信说：“你们别杀死卢蒲就魁，我答应不进入龙地，愿意与你们讲和。”可是龙地的将士不听，竟将俘虏杀了，并且把尸首摆在城墙上，让城外的齐军观看。齐顷公为此怒火中烧，他亲自击鼓督战，齐军拼死作战，爬上城墙，只用三天时间就攻下龙地，接着又占领了巢丘地方。

卫国同鲁国比较友好，卫侯眼见鲁国遭到侵犯，便派孙良夫、石稷领兵前去援救。卫军在路上与齐军相遇，石稷看到齐军强大的阵势，心里害怕，打算撤兵回去。但孙良夫不答应，说：“还没打一仗就回去，怎么向国君交代呢？既然已经碰上敌人，就该攻击他们！”卫军与齐军交战不久，便败退下来。石稷忧虑地说：“再打下去或许会有全军覆没的危险。如果损失了军队，无法向国君交代，不如请孙良夫回去，他是卫国的卿士，一旦失去了他，那是卫国的耻辱，让孙良夫带领卫军撤退吧，我先抵抗一阵子。”

卫军撤回国去，但孙良夫不肯罢休，就去向晋国求援。正巧鲁国也派大夫来求救晋侯。当时晋国的中军统帅是郤克，他掌握着晋国的朝政。郤克一直就与齐顷公有怨仇，他请求率兵去援救卫国和鲁国。晋侯晋景公答应配给他七百辆战车。可是郤克嫌战车数量太少，他请求晋侯再给他多派一些战车。他对晋景公说：“七百辆战车，这是从前晋文公时候‘城濮之战’的战车数目。那是因为有晋文公那样的英明国君，还有像先轸、狐偃那样机智的大夫，所以才取得胜利。可我呢？我的能力远远比不上他们，就连做他们的仆役，可能还不够条件呢，所以我要求派八百辆战车！”

晋景公答应了郤克的要求，派了八百辆战车给他，让郤克率领中军，士燮辅佐上军，栾书指挥下军，韩厥为司马，浩浩荡荡地向齐国境内开去……

这次战争晋军胜利了，齐国拿出许多玉器、宝贝给晋国，让出了大块土地还给鲁国，并且向晋国请求讲和，晋国同意了，后来他们在爰娄地方结了盟。鲁国的国君鲁成公会见了晋国军队，又将车服奖给晋军将领，晋军凯旋而归。

吾争周耻

“吾争周耻”比喻礼义仁爱。

此典出自《史记》：“虞芮之人，有狱不能决，乃如周。入界，耕者皆让畔，民俗皆让长，虞芮之人皆惭，相谓曰：‘吾所争，周人所耻。向往，为只取辱耳。’遂还，俱让而去。”

这段话意思是说：

虞国人和芮国人有一件事解决不了，就一起到周国去寻求解决的办法。进入周地，他们看见耕田人互相让界，老百姓对长辈都十分谦让。虞国人和芮国人都非常惭愧，相互说：“我们所争的正是周国人感到可耻的。如果我们到那里去，只是自取其辱而已。”

于是，他们相互谦让着回去了。

先忧后乐

“先忧后乐”形容对人民的疾苦关心。

此典出自宋代范仲淹《岳阳楼记》:“先天下之忧而忧,后天下之乐而乐。”

宋朝的范仲淹在担任副宰相时,针对当时的政治弊端提出了十条改革意见,主张建立严密的任官制度,发展农桑,加强国防,推行法制,减轻赋税。可惜推行不久,由于遭到大官僚地主的反对而失败。范仲淹因此被免职离京去,出任地方官吏。和范仲淹同时考中进士的腾子京也同时被贬官到巴陵郡任太守。滕子京任太守一年,治理巴陵卓有成绩,于是重修岳阳楼以显其功。岳阳楼竣工之后,滕子京专门邀请了范仲淹写文章记叙此事。范仲淹应邀前往,欣然命笔,写了《岳阳楼记》一文。他在文中先颂扬了滕子京一年来的政绩:“越明年,政通人和,百废俱兴。”(意思是:事经一年,政治顺利,人民安乐和好,过去一切废弛之事,都已重新办起来了。)接着便写巴陵郡的风物,最后抒发他的高尚情操,说他愿“先天下之忧而忧,后天下之乐而乐”。(意思是:在天下人忧之前先忧,在天下人乐之后才乐。)

象箸玉杯

“象箸玉杯”比喻奢侈一开端,享受的欲望就会愈来愈大。也比喻奢侈生活的开始。

此典出自《韩非子·喻老》:“……象箸玉杯必不羹菽藿,则必旄象豹胎。……”

范仲淹像,图出自《吴郡名贤图传赞》。

商朝末年,有一个太师叫箕子。一次,他见商纣王用象牙做的筷子,非常害怕。他认为,用象牙筷子就不肯用泥做的碗,而要用玉石做的杯子;用象牙筷子玉石杯,就不会吃一般的蔬菜,而要吃豹胎之类的珍异食品;吃上珍异食品就不肯穿粗布衣服、住茅草房子,而要穿锦衣、住高级房子。人的享乐是无止境的,一旦开了头就无法控制欲望。

箕子越想越感到不安,便向纣王提出了劝谏。纣王非但不听箕子的劝告,反而把箕子囚禁在狱中。不久,纣王兵败自杀,周武王灭商后释放了箕子。

言必信,行必果

“言必信,行必果”意思是说出话来一定要算数,行动起来一定要果断、坚决。

此典出自《论语·子路》:“言必信,行必果。硁硁然小人哉!抑亦可以为次矣。”

这段话意思是说：

有一次，子贡向孔子请教说："怎样才配称为士？"孔子回答他说："能够用羞耻之心来约束自己的行为，奉命出使到其他诸侯国家，能够不辜负君主的托付，圆满地完成任务，这样的人便可以称为士。"子贡又问："请问次一等的呢？"孔子回答道："宗族中的人称赞他孝顺父母，乡里的人称赞他尊敬师长。"子贡又问："请问再次一等的呢？"孔子回答道："说话一定兑现，行动一定坚决，这种人浅薄固执，属于小人哪！不过，也可算是再次一等的了。"子贡又问："那么，您觉得当今的执政者怎么样呢？"孔子回答道："哼！这些器量狭小的卑贱小人，算得了什么呢！"

晏子之御

"晏子之御"这篇寓言启示人们，不应该有虚荣心和骄傲自满情绪；有了缺点，如能接受意见，加以改正，还是值得肯定的。

此典出自《晏子春秋·内篇杂上》："晏子为齐相，出。其御之妻从门间而窥。其夫为相御，拥大盖，策驷马，意气扬扬，甚自得也。既而归，其妻请去。夫问其故。妻曰：'晏子长不满六尺，身相齐国，名显诸侯。今者妾观其出，志念深矣，常有以自下者。今子长八尺，乃为人仆御。然子之意，自以为足。妾是以求去也。'"

其后夫自抑损。晏子怪而问之，御以实对。晏子荐以为大夫。

这段话意思是说：

晏子做齐国的国相时，有一次外出，他车夫的妻子从门缝里面偷看，看见她丈夫给国相赶车，坐在大车盖下面，鞭打着驾车的四匹马，显现出一副洋洋自得了不起的样子。过了不久，车夫回到家里，他的妻子要求离婚，丈夫问她是什么缘故。妻子说："晏子身高不到六尺，他做了齐国的国相，在各国都有很大的名声。今天我看他出门，虽然深谋远虑，满腹韬略，却总是显出自己很谦虚的样子。你身高八尺，不过是给人家做奴仆赶车。然而你就感到心满意足，自高自大了。所以我要求跟你离婚。"

从此以后，车夫变得很谦卑。晏子觉得奇怪，问他是什么缘故。车夫告诉了晏子事情的真相。晏子就推荐他做了大夫。

瑶林琼树

"瑶林琼树"比喻人的品格高洁。

此典出自《八王故事》。

王衍，晋代琅玡临沂人，字夷甫。他很有才气，常自比孔子的学生子贡，名噪一时。曾任尚书令、太尉，居宰辅之位。八王之乱时，东海王司马越死，王衍被推为元帅，与石勒争战，结果败得一塌糊涂。

石勒见到王衍，见他风采秀逸，才华横溢，不忍杀他，就对长史孔苌说："我到过许多地方，但从来没有见过如此才貌双全的人物，是不是可以不杀他呢？"长史孔苌说："王衍身居晋朝三公高位，绝对不会替我们效力的。"石勒说："虽然想处死他，也不想直接用刀杀害他。"在晚上，石勒命人把墙推倒，王衍被砸死了。

王衍是个出类拔萃的人物。晋代人王戎有知人之明，经常观察、品评人物，谈到王衍时，他说："太尉王衍神姿高雅秀异，就像传说中玉白色的树林和传说中的高达万仞的大树，自然是世俗风尘之外的奇物。"

一去不复返

“一去不复返”这个典故比喻去了以后，再也回不来了，或者形容事物已经过去，不能重现。

此典出自《国策·燕策三》：“风萧萧兮易水寒，壮士一去兮不复还。”

战国末期，秦国打算统一全中国，已在一步一步地消灭其余六国，当秦国大兵开到燕国的西部边境易水河边的时候，燕太子丹异常惊恐。于是，他找了一个叫荆轲的武士，派他到秦国去刺杀秦始皇。

太子丹假装把燕国督亢这个地方献给秦国，派荆轲去给秦王送地图，将一把匕首藏在图卷里，以便让荆轲见机行刺。

这一切都准备好了以后，荆轲就带着一个随员前往秦国。太子丹和荆轲心里都清楚，这次去秦国必定凶多吉少。所以，太子丹带了一批官员穿上白衣服，戴着白帽子，像送丧一样一直把荆轲送到易水河边。临别时，荆轲悲切地唱道：

风萧萧兮易水寒，

壮士一去兮不复还。

后来，荆轲行刺没有成功，反被秦始皇杀掉了，的确是一去不复返了。

一诺千金

“一诺千金”说明诺言的重要，并表示对别人诺言的尊重和信任。

此典出自《史记·季布栾布列传》：曹丘至，即揖季布曰：“楚人谚曰：‘得黄金百斤，不如得季布一诺。’足下何以得此声于梁楚间哉？”

秦末有一个叫季布的人，性情耿直，乐于助人，凡是他答应过的事情，无论如何，他都会做好。因此，受到当时很多人的称赞。《史记》在写到关于他的生平时，说他在项羽部下带兵时，曾多次打败刘邦。项羽被困自杀后，刘邦做了皇帝（汉高祖），就悬赏缉拿他。后来因为朱家说动汝阴侯滕公（夏侯婴）转请刘邦撤销了对他的通缉令，并封他做郎中官，不久又改做河东守。

当时有一个曹邱生，是季布的同乡（楚人），喜欢结交有权势的官员，借以夸耀自己。听说季布又做了大官，特地请窦长君写信介绍求见。窦长君拒绝不了他，便答应了。然而季布一见到曹邱生，便露出厌恶的神情。曹邱生却拱手惊喜地说：“我听到楚人说过：‘即使得到黄金百斤，也抵不上季布一诺。’”

一士谔谔

“一士谔谔”比喻耿直、敢于直谏的人。

此典出自《史记·商君列传》：“千羊之皮，不如一狐之腋；千人之诺诺，不如一士之谔谔。”

战国时，秦孝公于公元前356年任命卫国人公孙鞅为左庶长，进行了一场政治改革，史称“商鞅变法”。随后，公孙鞅升为权势很大的大良造。公元前340年，公孙鞅用计战胜魏军，俘魏公子卯，因功封商（今陕西商县东南）、于（今河南内乡东）十五邑，称为商君，亦称商鞅。

商鞅在秦国执政十九年，两次变法，奠定了秦国富强的基础。商鞅为此得意洋洋，不少家臣和亲友都阿谀奉承他。有一位叫赵良的门客见此情景，劝他不要听那些奉承者的言语，而是要主动反省自己，虚心听取别人的意见。赵良说："一千只羊皮也抵不上一只狐狸腋下的皮毛珍贵；一千个唯唯诺诺的人也抵不上一个敢说真话的人值得尊敬。如果您不介意，我愿向您说点真话。"商鞅见赵良直言相劝，就客气地对赵良说："俗话说得好：'良药苦口利于病，忠言逆耳利于行'，请先生指教。"于是，赵良就把当时的形势和变法的利弊对商鞅进行了陈述，并劝他放弃权位，以保全自己的身家性命。

但是，已经身居高位的商鞅根本听不进赵良的劝告。公元前338年，秦孝公病死，太子驷即位，就是秦惠文王。这时原本对商鞅变法就心怀不满的一些权贵们趁机诬告他谋反，煽动秦惠文王下令逮捕了他。商鞅举兵反抗失败，被车裂而死，全家也遭灭门之祸。

《东周列国志》版画之"咸阳市五牛分商鞅"图

应有尽有

"应有尽有"的意思是，应该有的全有了。

此典出自《宋书·江智渊传》："智渊初为著作郎，江夏王义恭太尉行参军，太子太傅主簿，随王诞后军参军。世父夷有盛名，夷子湛又有清誉，父子并贵达，智渊父少无名问，湛礼敬甚简，智渊常以为恨，自非节岁，不入湛门。及为随王诞佐，在襄阳，诞待之甚厚。时咨议参军谢庄、府主簿沈怀文并与智渊友善。怀文每称之曰：'人所应有尽有，人所应无尽无者，其江智渊乎。'"

南北朝时期，宋朝有一个人叫江智渊。他曾任骁骑将军、尚书吏部郎，公元463年去世，年仅46岁。他的父亲江僧安曾任太子中庶子。

当初，江智渊任著作郎、江夏王刘义恭太尉行参军、太子太傅主簿，随王刘诞后军参军。他的大伯父江夷有很大的名气，江夷的儿子江湛又有良好的声誉，父子二人都显贵通达。而江智渊的父亲江僧安在年轻时名声不好，江湛对他不够尊敬，态度傲慢。江智渊对此心怀怨恨，除非过年过节，平时根本不登江湛的家门。后来，江智渊做了随王刘诞的辅佐之官，在襄阳供职，刘诞对他非常好。当时，咨议参军谢庄、府主簿沈怀文都同江智渊关系不错。沈怀文经常称赞江智渊，说："人们应该具有的美德他都具有，人们不应该有的恶习他都没有，这就是江智渊哪！"

有口皆碑

"有口皆碑"比喻人人都称赞，像记载功德的纪念碑一样。引申为人的优良品质和英雄事迹。

此典出自《五灯会元·太平安禅师》："劝君不用镌顽石，路上行人口似碑。"

碑是我们常见的那种有文字的石块,因为石质坚硬,所以把文字刻在石块上面,可以保存很长的时间也不会损坏,因此用碑来纪念事迹是最好的方式。例如我们祖坟上的石碑和英雄伟人们的纪念碑,目的都是要使他和他们的后人,能够知道以前的事迹。

有则改之,无则加勉

"有则改之,无则加勉"表示对群众所提的意见和批评,如果有,就改正;如果没有,就用来勉励自己。

此典出自《论语·学而》:"吾日三省吾身——为人谋而不忠乎?与朋友交而不信乎?传不习乎?宋代朱熹在《朱子全书·论语》注释道:曾子以此三者省其身,有则改之,无则加勉。"

孔子的学生曾参严格要求自己,一次,有人去问他:"怎样对待自己才好?"曾参说:"吾日三省吾身——为人谋而不忠乎?与朋友交而不信乎?传不习乎?"(意思是:我每天总是反复询问自己:替别人办事是否尽了自己的力量?同朋友来往是否讲信义了?老师教给我的知识是否复习好了?)那人听了说:"我一定遵照先生的教导每天检查自己,如果发现有不妥之处,我一定及时改正。"曾参听了点点头说:"如果你真的能做到这些,那一定能够成为有德又有才的人。"

宋代朱熹在《朱子全书·论语》中对曾子这段话所加的注释是:"曾子以此三者省其身,有则改之,无则加勉。"意思是:曾子常从三方面来检查自己,有缺点就及时改掉,没有就加以警惕。

曾子像。曾子即孔子的弟子曾参。

原宪甘贫

"原宪甘贫"形容安贫乐道,操守高洁。也可用"原宪"比喻贫穷的士人。

此典出自《庄子·让王》。

孔子有一个弟子,姓原,名思,字宪。原宪居住在鲁国,他所居住的房屋只有四周墙壁,屋里没有任何家具,用草覆盖屋顶,用蓬草织成门户,用树条做成门轴,用破瓮做成窗口,夫妻二人各居一室,用碎布烂衣填塞墙洞。下雨时屋顶往屋内漏水,屋内潮湿。尽管生活是这样贫困,原宪依旧安然自乐,常常坐着弹琴唱歌。孔子的另一个弟子子贡(名赐)能说会道,喜爱荣华富贵,做了官。他乘坐大马拉的高车,穿着红色的内衣,披着白色的大衣来见原宪,由于车高马大,巷道都容纳不下。原宪戴着树皮冠,趿拉着一双没有后跟的便鞋,拄着藜杖来开门。

子贡见了原宪,诧异地问道:"吓!先生有什么病吗?"

原宪回答说："我听说，没有钱叫做贫穷，学了方策而不能施行才叫做病。如今，我原宪是贫，却不是病。"子贡听了，进退两难，面带愧色。

原宪笑着说："为了争名夺利而行动，结伙营私，成为朋友，所学是为了向别人炫耀，所教是为了宣扬自己，假借仁义而行奸诈之事，追求华丽的车马和服饰，我是不忍心干这种事。"

越凫楚乙

"越凫楚乙"比喻蔽于主观，对事物认识不清而盲目地作出错误的判断。

此典出自《南史·顾欢传》："昔有鸿天飞首，积远难亮，越人以为凫，楚人以为乙。人自楚、越，鸿常一耳。"

这句话折意思是说：从前，一只鸿雁从天空中飞过，飞得又高又远，肉眼看不清楚。于是，引起了越和楚人的一场争论，越人说它是一只野鸭，楚人却说它是一只燕子。人们各从楚、越不同的角度观察，得出不同的结论。实际上，他们所指的是天空中的同一只鸿雁。

朝三暮四

"朝三暮四"原来比喻聪明人善于使用手段，愚笨的人不善于辨别事理。后来比喻反复无常。

此典出自《庄子·齐物论》："狙公赋芧，曰：'朝三暮四。'众狙皆怒。曰：'然则朝四而暮三。'众狙皆悦。"

宋国有一个人喜欢养猴子，大家都称他为狙公。狙公懂得猴子的心理，猴子也能听懂他的话语。狙公经常缩减家里人的口粮来满足猴子的食欲。但没过多久，家里贫穷了，所以他决定要减少猴子的粮食。不过，他担心猴子们不满意，就先和猴子们商议："我每天早晨给你们三颗栗子，晚上再给四颗，够吃了吗？"猴子们听说他们的粮食要减少，都龇牙咧嘴地站立起来，非常生气。狙公看见这情形，立刻又说道："那么，我每天早晨给你们四颗栗子，晚上再给三颗，够吃了吗？"猴子们听说栗子早上已经从三颗变成了四颗，以为是增加了，便高兴地欢呼起来。

重于泰山，轻于鸿毛

"重于泰山，轻于鸿毛"比喻人生两种不同的价值。

此典出自司马迁《报任少卿书》："人固有一死，或重于泰山，或轻于鸿毛。"

西汉时，有一位伟大的史学家、文学家和思想家叫司马迁，字子长，夏阳（今陕西韩城南）人。他是当时的太史令司马谈的儿子。司马迁年轻的时候，到全国各地游历，考察风土民情，采集传说，初任郎中（官名）。元封三年继承父亲的职位，任太史令，有机会博览国家所藏的大量图书，曾与唐都等人对历法进行改革，并立志继承父亲的遗愿，写出一部完整的通史来。后来，他由于帮投降匈奴的李陵辩护，被投入狱中，受了残酷的腐刑。为了完成历史著作的任务，司马迁忍受了各种各样的侮辱与迫害，最终获释出狱。在给他的好友任安（字少卿）的信中，司马迁对自己下狱受刑的经过和著书的志愿作了详细的论述。信中写到：人都免不了一死，但有的死得比泰山还重，有的死得比鸿毛还轻。我不能轻易死去，我之所以忍辱负重，蒙受奇耻大辱而活下来，全都是为了完成我的历史著作。

司马迁凭着坚强的毅力，发愤写作，经过十三个年的努力，终于完成了我国最早的一部通史——《史记》。此书开创了纪传体史书的形式，既是一部史书，又是一部优秀的文学作品，对后世的史学和文学有深远的影响。

自知之明

“自知之明”比喻一个人能够正确地认识自己。

此典出自《老子》第三十三章：“知人者智，自知者明。”

《老子》第三十三章是老子的人生论。老子指出：人要“知人”，更要“自知”；要“胜人”，更要“自胜”；要“知足”，就要“强行”，要“不失其所”，就要“死而不亡”。

老子说：“善于识别人的人，可谓智慧。善于认识自己的人，可谓明通。战胜别人的人，可谓有力量。战胜自己思想弱点的人，可谓坚强。知足的人才会觉得自己富有。坚持自己行动的人，叫做有志气。不失掉其所执守的人，就能长久相安。虽然死了，但他的道德功业、学说等并不会随之消失，而是被人念念不忘，就可以称他为长寿。”

白首同归

“白首同归”本指互相之间友情深厚，到老不变。后来，人们也用它表示年老后同时死去。

此典出自《晋书·潘岳传》：“投分寄石友，白首同所归。”

潘岳的父亲潘芘，曾任琅琊内史。潘岳才华横溢，但仕途却不够顺达，经常郁郁不得志。他任过河阳县令、尚书度支郎、太傅主簿等职，后任给事黄门侍郎。

当初，潘岳的父亲潘芘任琅琊内史时，让一个叫孙秀的人做潘岳的随从，孙秀这个人狡猾而聪明，常常自鸣得意。潘岳很厌恶孙秀的为人，多次鞭打、侮辱他，于是孙秀怀恨在心。当赵王司马伦辅佐朝政时，孙秀当了中书令。有一次，潘岳在官署里对孙秀说：“孙中书令，你还记得从前与我相处的事情吗？”孙秀回答道：“过去挨打受辱的情景深深地印在我的脑海里，一天也没有忘记。”于是潘岳知道自己一定会受到孙秀的陷害。不久孙秀诬陷说，潘岳和石崇、欧阳建阴谋帮助淮南王司马允、齐王司马冏举行叛乱。皇帝下令杀死潘岳、石崇等人，并且夷灭三族。潘岳快要被押刑场之前，与母亲诀别，说：“母亲多次劝我要懂得满足，多加检点。而我辜负了母亲的教诲！”潘岳和石崇被抓起来时，彼此都不知道对方的情况。石崇先被押赴到刑场，潘岳后到，石崇对潘岳说：“安仁（潘岳字安仁），您也被抓来了！”潘岳说：“这次真是‘白首同所归’了！”潘岳曾写过一首《金谷诗》，歌咏石崇家的别墅金谷园，诗中写道：“投分寄石友，白首同所归。”没想到，“白首同所归”这句诗，竟成了预言吉凶的文字。

乘龙佳婿

“乘龙佳婿”是一个神话故事。因故事里面萧史是乘着一条龙飞回天上的，而他又是秦穆公喜爱的好女婿，所以后来的人凡称赞别人的女婿，就说是他的“乘龙快婿”或“乘龙佳婿”。

此典出自《列仙传》：“萧史者，秦穆公时人也，善吹箫，能致白孔雀于庭。穆公有女子弄玉，好之。公遂以女妻焉。日教弄玉作凤鸣，居数年，吹似凤声，凤凰来止其屋，公为作凤台。夫妇止其上，不下数年，一旦皆随凤凰飞去。故秦人为作凤女祠于雍宫中，时有箫声而已。”

春秋时代，秦穆公最小的女儿名叫弄玉，长得非常漂亮，擅长吹笙，穆公非常喜欢她，一心要替她选择一个理想的丈夫。

有一天夜里，弄玉梦见天上西南方出现一个美貌的男子，骑着彩凤来到她所住的楼房前的凤台上，对她说：“我是太华山的主管人，玉帝叫我来和你结为夫妇，我们应该在中秋节这一天见面。”

说着，他就拿出身边带来的赤玉箫吹起来，音调非常好听；弄玉听得不觉陶醉了。第二天，她就把这个梦告诉了穆公，穆公立时派人到太华山去找这个吹箫的人。后来在太华山找到了一个名叫萧史的人，随即带到穆公的面前，并且叫他吹箫。这一次吹出来的箫声比弄玉在梦中听到的还要美妙。穆公非常高兴，而在厅子后面偷听的弄玉，也情不自禁地说：“他真是我的好丈夫啊！”

当天正是八月十五的中秋节，他俩结婚了。结婚不久，萧史教弄玉学吹箫。大约半年以后的一个晚上，夫妇俩正同在月光下面吹箫，忽见一只紫色的凤停在凤台左边；又有一条赤色的龙停在凤台右边。这时萧史才说他原本是天上的神仙，因为和弄玉天生有姻缘，所以特地前来配婚，但不能长久地住在人间；于是萧史乘龙，弄玉骑凤，双双腾空而去了。

弄玉像，图出自《百美新咏》。弄玉是春秋时代秦穆公的小女儿，擅长吹笙。

风树之叹

“风树之叹”表现孝道，或感叹对父母未能尽孝；又用“树欲静而风不止”形容本想保持宁静的心态，但却有某事影响人的情绪，使人心潮难平。

此典出自《韩诗外传》：“树欲静而风不止，子欲养而亲不待也。”

春秋时，有一次孔子带了一群学生出门去。走着走着，忽然听到前面传来一阵哭声，非常悲伤。孔子对赶车人说：“快点赶上前去，看看是什么人在那里哭泣。”

他们走近一看，发现正在哭泣的是一个须发斑白的老人。孔子诧异地问他：“先生是谁？为什么在这里哭？”老人回答说：“我叫皋(gāo)鱼，因为想起我的三次重大损失，所以伤心痛哭。”孔子又问：“您的三次重大损失是什么呢？”皋鱼说：“一是我年少时就外出求学，父母很早就双双去世；二是我自命清高，立志不为昏君做事，但直到年老体迈却一事无成；三是我本来有不少情谊深重的朋友，但却中途断绝了与他们的友情。如今我想起这些，心潮难平，就像树木想安静下来而风偏要不停地吹。我想尽孝奉养双亲，他们却过早去世。想到再也不能见到我的父母了，我实在悲痛难忍。从此以后，我要与这个世界永诀了。”说罢，皋鱼便如枯木一般呆立不动，孔子仔细一看，原来他已经气绝身亡了。孔子立即告诫学生们要记住皋鱼的教训，于是立刻就有十几名学生告辞回家去侍奉父母了。

含饴弄孙

“含饴弄孙”的意思是，含着饴糖逗弄小孙子玩。人们用它形容晚年安乐闲适的生活。

此典出自《后汉书·明德马皇后纪》：“‘吾计之孰矣，勿有疑也。夫至孝之行，安亲为上。今数遭变异，谷价数倍，忧惶昼夜，不安坐卧，而欲先营外封，违慈母之拳拳乎！吾素刚急，有胸中气，不可不顺也。若阴阳调和，边境清静，然后行子之志。吾但当含饴弄孙，不能复关政矣。’”

东汉明德马皇后，是伏波将军马援的小女儿。公元48年，六十多岁的马援请求出征武陵、五溪，结果在五溪遭到失败，马援患病而死，紧接着妻子也去世了。他的小女儿自幼失去了父母，十几岁就开始学会自己料理家务，内外应酬，像成人一样能干，受到人们的称赞。十三岁的时候，她在堂兄马严的推荐下，被选入太子宫。公元60年，被立为皇后。公元76年，汉明帝死，汉章帝即位，尊马皇后为皇太后。

章帝即位后，要为舅舅加官晋爵，皇太后不同意。第二年夏天，天下大旱，饥荒严重。有些大臣认为，这是因为不封外戚，遭到了上天的惩罚。他们纷纷上书章帝，要求按过去的方式加封外戚。太后历述外戚的祸患，下达诏书，一针见血地指出：“凡是要求按一日制晋封外戚的大臣，其意图都是讨好皇上，以便图谋个人的私利。”因此，她坚决不肯答应。章帝看了太后的诏书以后，悲叹不止，又奏请太后，要求给舅舅封侯，并且催促太后抓紧时间办理，不能再耽搁了。

太后回答说：“这件事情，我已经想好了，你不必再担心了。对于你来说，最好的孝悌行为，就是使亲属们安居乐业，这才是上策。如今天下多次遭灾，发生一些不正常的情况，粮价增长数倍。我昼夜忧心忡忡，坐立不安，而你却要首先晋封外戚，实在违背母亲我的一片忠心啊！我一向性情刚强、急躁，胸中常常郁结不平之气，不可不顺畅一些。假如万物协调，天下太平，一切按照你的意愿去处理。那时，我就会嘴里含着糖块逗孙子玩，不再处理政事了。”

韩寿偷香

“韩寿偷香”代指男女私情。

此典出自《晋书·贾充传》。

韩寿，字德真，晋代南阳堵阳人，是魏国司徒韩暨的曾孙。他仪表堂堂，风流潇洒，权臣贾充（字公闾，平阳襄陵人）任他为司空掾。每当贾充宴请群臣时，他的小女儿贾午就从窗棂中偷看，看到仪态俊美的韩寿，心里油然而生一股爱慕之情，贾午询问左右的侍婢，是否认识这个风流男子。一个侍婢说，这个男子姓韩名寿，字德真，是她的旧主人。贾午非常想念韩寿，每天辗转反侧，睡不着觉。后来，那个侍婢去韩寿家，详细地陈述了贾午的心意，并且说，贾午光彩迷人，艳丽风流，端庄美妙，举世无双。韩寿听了，心旌摇动，便叫侍婢替他牵线搭桥，转达爱慕之意。于是侍婢把韩寿的心意告诉了贾午，贾午随即悄悄地与韩寿通达音信，互赠厚礼，约定幽会之期，叫韩寿在晚上前去和她见面。韩寿强劲矫健，非一般人可比。他越墙而入，韩家的人没有一个人知道。只有贾充发现女儿喜悦欢畅，与以往大不一样。当时，西域进贡奇特的香料，一行人忙了一个多月才送到宫里，皇帝特别珍爱这些香料，只赐给贾充和大司马陈骞。贾午偷盗父亲的香料给韩寿。贾充手下的官员与韩寿在一起饮宴时，闻到一股浓郁芬芳的气味，就告诉了贾充。贾充料定，一定是女儿与韩寿私通。但他又想，家中院墙高耸，门户紧严，不知道韩寿从哪里进来的。于是，贾充心生一计，在夜里假装受惊，说有盗贼潜入，命令仆人检查院墙，看看有没有什么异常现象。仆人们报告说："没有什么不正常的，只是院子的东北角，好像有狐狸走过的痕迹。"于是，贾充拷问贾午身边的侍婢，侍婢忍受不住了，就把经过情形一五一十地说了。贾充秘而不宣，就把女儿贾午嫁给韩寿为妻。

汉官威仪

"汉官威仪"的意思是，汉代的官吏服饰制度。可用它比喻对过去社会与制度的思念。

此典出自《后汉书·光武帝纪上》："更始将北都洛阳，以光武行司隶校尉，使前整修宫府。于是置僚属，作文移，从事司察，一如旧章。时三辅吏士东迎更始，见诸将过，皆冠帻，而服妇人衣，诸于绣镼，莫不笑之，或有畏而走者。及见司隶僚属，皆欢喜不自胜。老吏或垂涕曰：'不图今日复见汉官威仪！'由是识者皆属心焉。"

西汉末年，天下大乱。王莽废除西汉刘氏政权，建立新政权。刘秀、刘縯起兵反对王莽，归顺于更始帝刘玄。刘縯等率兵攻下宛城，作为更始帝的都城。王莽被打败之后，更始帝决定迁都洛阳。

更始帝准备建都洛阳时，命令刘秀兼司隶校尉，派他前去整修宫府。于是刘秀设置属官，下发文书，主管文书的从事吏进行督促监察，完全按照先朝廷的旧制度办事。当时，长安京城附近的官吏士人都从西部赶到东部，迎接更始帝。他们看到走过来的将官们都戴着头巾，身穿妇人外衣和短袖上衣。他们全都笑了起来，有的人甚至被吓跑了。等到见了司隶校尉及其属官，人们都不禁高兴起来。有的老官吏流着眼泪说："没想到今天又见到了汉朝官员的威风仪容！"从此以后，有见识的人都依附刘秀了。

华亭鹤唳

"华亭鹤唳"表示做官被害，追悔莫及；或用以表达思念故乡、眷恋人生的情感。

此典出自《晋书·陆机传》："颖大怒，使秀密收机。其夕，机梦黑幰绕车，手决不开，天明而秀兵至。机释戎服，著白帢，与秀相见，神色自若，谓秀曰：'自吴朝倾覆，吾兄弟宗族蒙国重恩，入侍帷幄，出剖符竹，成都命吾以重任，辞不获已。今日受诛，岂非命也！'因与颖

陆机像，图出自《吴郡名贤图传赞》。

笺，词甚凄恻。既而叹曰：'华亭鹤唳，岂可复闻乎！'遂遇害于军中，时年四十三。二子蔚、夏亦同被害。机既死非其罪，士卒痛之，莫不流涕。是日昏雾昼合，大风折木，平地尺雪，议者以为陆氏之冤。"

陆机（公元261—303年），字士衡，西晋吴郡人。祖父陆逊，曾任东吴丞相；父亲陆抗，曾任东吴大司马。陆机身材高大，声如洪钟，满腹经纶，文章冠世，儒生们都非常钦佩他。父亲陆抗死后，陆机率领父亲的兵马，任牙门将。他二十岁的时候，东吴被西晋灭掉，陆机回到故乡，闭门勤学，共有十年。

晋武帝太康（公元280—289年）末年，陆机与弟弟陆云来到洛阳，以文才名扬一时。后来，陆机依附成都王司马颖，任平原内史。晋惠帝（司马衷）太安（公元302—303年）初年，成都王司马颖起兵攻打长沙王司马乂，任陆机为后将军、河北大都督，不料被长沙王司马乂打败，将士死伤无数。有一个统领万人的小都督孟超，是成都王司马颖的心腹。作战时，孟超不但不去打仗，反而率兵劫夺百姓财物。陆机调查这件事时，孟超竟造谣说："陆机要造反了！"于是又有一帮人跟着孟超起哄。

司马颖大怒，命令冠军牵秀秘密逮捕了陆机。恰好在那天夜里，陆机做了一个奇怪的梦，梦见车前的黑帷把车子缠绕起来了，用手也拨不开。天亮时，牵秀果然派兵来抓他。陆机脱下战时穿的衣服，戴上白色的便帽，去见牵秀，镇定地对牵秀说："自从吴国灭亡以来，我兄弟和宗族的人蒙受国家（指西晋政权）的大恩大德，在内出谋划策，出外执掌兵权。成都王委我以重任，我多次辞谢不干，但是得不到恩准。今日被杀，难道不是命中注定么！"于是，他给司马颖写信，措辞异常悲切凄凉。接着，他叹息说："我再也听不到家乡华亭的鹤鸣叫声了。"陆机在军中被害时，时年四十三岁。他的两个儿子陆蔚、陆夏也同时被杀害。因为陆机无罪受冤而死，所以士兵们都感到很痛心，全都失声痛哭。这一天，大白天就雾气迷漫，天昏地暗，狂风猛吹，树木断折，在平地积了一尺多深的大雪。人们说，陆家父子死得太冤枉了，以致天怒人怨。

鸡犬新丰

"鸡犬新丰"表示虽在异地他乡，却同在故乡一样熟悉而欢乐。也可用它表示思乡之情。"鸡犬新丰"，也作"鸡犬识新丰"。

此典出自晋代葛洪《西京杂记》卷二："'太上皇徙长安，居深宫，凄怆不乐。高祖窃因左右问其故，以平生所好，皆屠贩少年，酤酒卖饼，斗鸡蹴鞠，以此为欢，今皆无此，故以不乐。高祖乃用新丰，移诸故人实之，太上皇乃悦。……士女老幼，相携路首，各知其室。放犬羊鸡鸭于通涂，亦竞识其家。'"

这段话意思是说：

汉高祖刘邦当了皇帝后，他的父亲虽然也跟随他居住在深宫之中，但却心境凄凉，郁郁寡欢。刘邦偷偷地询问左右侍从："太上皇为什么不高兴呢？"经过询问，刘邦得知，太上皇平时最喜欢与市井的屠户、商贩交往，同他们一起买卖酒、饼，斗鸡踢球，好不快活！而现在住在皇宫中，只能看到四角天空，以前的快活事一点都没有了，所以才觉得非常愁闷。于是，刘邦按故乡丰县的面貌，在长安附近建造了新的丰县，并将丰县的居民迁移到这里居住，太上皇这才高兴起来。迁来的男女老幼，在街上互相搀扶，大家都找到了各自的家。由于新丰建造得与原来的丰县完全一样，所以，把犬羊鸡鸭放到大街上时，它们也都认得自己的家门。

金屋藏娇

“金屋藏娇”指娶妻纳妾。“金屋藏娇”，又作“金屋贮娇”。

此典出自汉代班固《汉武故事》：若得阿娇作妇，当作金屋贮之也。

汉武帝刘彻在四岁时就被封为胶东王。有一次，他的姑母长公主将他抱在腿上玩时，随口问道：“侄儿想娶媳妇吗？”胶东王立即回答道：“想啊！”于是，长公主指着经常在身边侍奉的百余名宫女，问他想娶哪一个，胶东王说这些人他都不要。最后，长公主指着自己的女儿阿娇，问道：“阿娇好不好？”胶东王笑着回答说：“好！如果能娶到阿娇做媳妇，我就给她造一间金屋让她居住。”长公主喜出望外，就向刘彻的父亲刘启（汉景帝）苦苦要求，于是刘彻和阿娇二人订立婚约。后来，阿娇果真被立为陈皇后。

陈皇后像，图选自《百美新咏》。陈后，即汉武帝的姑母长公主之女阿娇，后来成为汉武帝的皇后。

惜玉怜香

“惜玉怜香”用以比喻爱怜女色，现作“怜香惜玉”。

此典出自元代陶宗仪《辍耕录·妓聪敏》：“参政，宰相也；学士，才人也。燮理阴阳，致君泽民，则学士不及参政；嘲风咏月，惜玉怜香，则参政不如学士。”

元代有一个歌妓，艺名叫顺时秀，姓郭氏，她天资聪颖，色艺超群，在教坊（掌管女乐的官署）中是位佼佼者。翰林学士王元鼎非常喜欢她。中书参政阿鲁温也想插一手，于是借机调戏顺时秀，对她说：“我比不上王元鼎吗？”顺时秀回答道：“你是宰相，王学士是个才子。治理国家、处理政务、替皇上效劳、为百姓造福，王学士比不上你这位参政；可是吟风咏月、爱怜女色，你却比不上王学士。”阿鲁温听后付之一笑，从此再没有纠缠顺时秀了。

林回弃璧

“林回弃璧”比喻人与人相交，不应以金钱私利为转移，而应以道义情感作为结合的基础。

此典出自《庄子·山木》：“假人之亡与，林回弃千金之璧，负赤子而趋。”

或曰：“为其布与？赤子之布寡矣；为其累与？赤子之累多矣。弃千金之璧，负赤子而趋，何也？”

林回曰：“彼以利合，此以天属也。”

这段话意思是说：

假国人逃难时，有个名叫林回的人抛弃了价值千金的宝玉，却背上婴儿急忙逃走。

有人问道："你是贪图钱财吗？婴儿比宝玉价值少得多；你是怕受累吗？背上婴儿劳累大得多。抛弃价值千金的宝玉却背上婴儿奔走，为什么呀？"

林回答道："那宝玉是因为值钱才跟我在一块的，而这婴儿却天生是骨肉相连的。"

鲁有恶者

"鲁有恶者"比喻爱是伟大的、神圣的，但偏爱却是出于自私，这样的"爱"犹如害。

此典出自《吕氏春秋·去尤》："鲁有恶者，其父出而见商咄，反而告其邻曰：'商咄不若吾子矣！'且其子至恶也，商咄至美也。彼以至美不如至恶，尤乎爱也。"

这段话意思是说：

鲁国有个相貌丑陋的人。有一次他父亲外出，看见了美人商咄，回到家里便对邻居说："商咄的容貌比不上我的儿子啊！"这个人的儿子是个最丑的人，商咄是个最美的人。而他竟然认为最美的人比不上最丑的人，这是因为他被对儿子的偏爱迷住了心窍。

陆绩怀橘

"陆绩怀橘"表示对父母十分孝顺。

此典出自《三国志·吴书·陆绩传》。

陆绩是三国时东吴的一位学者，他六岁那年，在九江见到袁术。袁术见他聪明伶俐，就叫人拿出橘子来招待他。他趁袁术与别人说话没注意的时候，就拿了三只橘子揣在怀中。

临走时，陆绩向袁术弯腰行礼，没想到怀中的三只橘子全都滚了下来。但他却不慌不忙地又把三只橘子拾起来放进怀里。袁术觉得奇怪，问他说："小孩儿，你做客还偷带主人的橘子吗？"

陆绩连忙跪下说："我很想把橘子带回去给母亲尝尝。"袁术十分感动，赞叹道："这孩子果真与众不同啊！"

妻离子散

"妻离子散"比喻一家人被迫分离四散。

此典出自《孟子·梁惠王下》："'吾王之好鼓乐，夫何使我至于此极也？父子不相见，兄弟妻子离散。'"

齐国的大臣庄暴对孟子说："齐王说他喜欢音乐，我不清楚这是好事学是坏事？"孟子说："如果真的那样，齐国便很不错了。"

过了几天，孟子去见齐王，他问齐王："庄暴说你喜欢音乐，是吗？"齐王不好意思地说："我并不喜欢古代音乐，只是喜欢流行音乐。"孟子说："只要你爱好音乐，那齐国就会很不错了"。接着孟子又说："一个人独自欣赏音乐和与别人一道欣赏音乐，到底哪一种更快乐呢？"齐王回答说："当然跟别人一道欣赏更快乐啊！"孟子又进一步问道："跟少数人一道欣赏音乐和跟多数人一道欣赏音乐，又是哪一种快乐呢？"齐王微笑着说："当然跟多数人一道欣赏快乐。"孟子接着便说："如果你在这儿奏乐，老百姓却觉得很头痛，埋怨道：'大王这样喜欢音乐，为什么却让我们受苦呢？为什么使我们父子不能相见，兄弟妻子离散？'大王这样是只图自己快乐，而没有'与民同乐'了！"齐王听了，无言以对。孟子看到齐王没有反对的意思就接着说:“如果大王在这儿奏乐,百姓听到钟鼓箫笛之声,就互相转告说:‘我们国君很健康,他还在奏乐呢?’这就做到了‘与民同乐’了。如能与百姓同乐,就可以使天下的人完全归服。”齐王觉得孟子讲得很有理,也就不再做声了。

牵丝娶妇

“牵丝娶妇”指缔结婚约。

此典出自五代王仁裕《开元天宝遗事·牵丝娶妇》。

唐代大臣郭震(公元656—713年),字元振,身高七尺,须发极美,少有大志。在唐高宗咸亨四年(公元673年),十八岁的郭元振考取进士,踏上仕途,曾任凉州都督、安西大都护、朔方军大总管、兵部尚书等官职。

唐高祖李渊像,图出自明·天然撰《历代古人像赞》。

郭元振在青年时期,长得一表人才,而且才华横溢。宰相张嘉贞想选他做自己的女婿。郭元振说:“宰相有五个女儿,不知哪个长得丑陋?这件事不要着急,让我认真考虑一下。”张嘉贞说:“我的五个女儿都很有姿色,我拿不定主意把哪个女儿嫁给你才好。你风采出众,骨相不凡,不是庸才。我准备让五个女儿各持一丝线,坐于帷幔前。你牵到哪个女儿的丝线,我就把哪个女儿嫁给你。”郭元振欣然从命,结果牵到了他的第三个女儿的丝线,大有姿色。后来,她果然随同丈夫显贵发达了。

雀屏中选

“雀屏中选”表示择婿许婚。

此典出自《旧唐书·高祖太穆皇后窦氏传》。

唐高祖(李渊)皇后窦氏,是京兆始平人,隋朝定州总管、神武公窦毅的女儿。窦氏的母亲,是(北)周武帝的姐姐襄阳长公主。窦氏出生的时候,满头黑发垂过脖子。三岁时,头发已经长得与身体一样长了。周武帝特别喜爱、重视她,把她养于宫中。当时,周武帝娶突厥女为皇后,不太宠爱她。窦氏年纪还小,悄悄对周武帝说:“如今国家四边疆界并不安定,突厥族的势力还很强大,希望舅舅抑制自己的感情,好好地抚慰皇后,以天下苍生为念。只要得到突厥的援助,江南、关东一带就不足为虑了。”周武帝非常赞成她的意见,于是便毫无保留地采纳了。窦氏的父亲窦毅听到这个消息,对妻子长公主说:“我们这个女儿的才貌如此出众,千万不要随便许配给人,应当给她找一个贤德的丈夫。”于是,他就在门前屏风上画两只孔雀,有公子前来求婚,就发给每人两支箭,规定谁能射中孔雀的眼睛,就把女儿许给他。前后有数十人都没能射中。唐高祖(李渊)当时还是个小伙子,也赶来求婚,比其他人都来得晚。他发出两支箭,各射中孔雀的一只眼睛,窦毅非常高兴,便将女儿许配给他了。

舍肉怀归

“舍肉怀归”的本意是，颍考叔吃饭时留下肉不吃，带回家送给母亲吃。人们用它形容孝敬父母。

此典出自《左传·隐公元年》：“颍考叔为颍谷封人，闻之，有献于公。”

春秋时期，颍考叔（郑国大夫）正在郑国边邑颍谷做管理疆界的官，听到郑庄公将自己的母亲移居别处，而且发誓不到黄泉不相见的消息之后，就去拜见郑庄公，想劝他同母亲重归于好。

颍考叔带着礼物去见郑庄公，庄公留他吃饭。吃饭时颍考叔故意把肉丢在一旁。庄公感到十分奇怪，便问他为什么不吃肉。颍考叔回答说：“小人家中有老母，以前凡是我吃的食物我都让母亲尝尝，她老人家还没有尝过君王赐给的肉羹呢，请您同意我把肉羹带给她吃。”庄公感慨地说：“你有老母孝敬，偏偏我没有！”颍考叔故作不解地问：“小人冒昧问一句，您这句话是什么意思呢？”庄公说，自己的母亲姜氏支持弟弟共叔段搞叛乱，他已立下誓言，不到黄泉不同母亲相见，想起这件事，自己心里就觉得非常后悔。颍考叔说：“君王何必过虑！如果掘地见水，在地道中相认，谁能说这样做不是‘黄泉相见’呢？”于是庄公采纳了颍考叔的意见，派人开通地道，掘地见水。庄公走进地道时吟诗说：“隧道之中，愉快呀！”姜氏走出地道也吟诗说：“隧道之外，舒畅呀！”从此之后，庄公与母亲又和好如初了。

舐犊情深

“舐犊情深”形容父母对儿女情感的深挚。

此典出自《后汉书·杨彪传》：“后子修为曹操所杀。操见彪问曰：‘公何瘦之甚？’对曰：‘愧无日磾先见之明，犹怀老牛舐犊之爱。’操为之改容。”

东汉时期有一个叫杨修的人，字德祖，华阴（今陕西省华阴县）人氏。他学问渊博，而

《三国志通俗演义》版画之“曹操忌杀杨修”图

且又有很高的才智，曾给曹操当主簿。有一次，曹操领兵打到汉中，驻在斜谷界口，想再去打刘备；但考虑到当时的情势，既不能进，又不能守，退又要丢面子，正在为难的时候，恰巧厨师送上一碗鸡汤，曹操看见汤里面有几块鸡肋，不禁感慨万分。这时部将夏侯淳来问夜里的口令，曹操随口说："鸡肋！鸡肋！"杨修听到这个口令，马上收拾行李，准备回去。夏侯淳奇怪地问他原因，他说："鸡肋这东西，吃之无肉，丢掉它却觉得还有点可惜。我们现在进不能取胜，退又害怕被别人耻笑，住在这里既没有好处，不如早点回去。丞想既然说出'鸡肋'两字，一定就要回去了。所以我提前收拾好行李，以免到时候手忙脚乱的。"后来曹操果然下令班师。并且知道杨修猜中了他的心思。曹操对杨修本已疑忌，就借此机会说他惑乱军心，把他杀了。杨修死时才三十四岁。

后来曹操见到杨修的父亲杨彪，问他为什么瘦得这样厉害，杨彪流着泪哀声说："我很惭愧没有金日磾那样能对事情有预见，还深深地怀着'老牛舐犊之爱'哩！"曹操听了之后深受感动。

噬指弃薪

"噬指弃薪"指母子眷恋的感情。

此典出自《后汉书·周磐传》。

东汉时期，汝南安成人周磐以孝闻名天下。周磐有个同郡人叫蔡顺，字君仲，也以孝行闻名于世。蔡顺在小时候就失去了父亲，由母亲抚养长大。一次，蔡顺外出打柴，有个客人突然来拜访他。蔡母左等右盼，还不见儿子回来。于是，母亲就咬自己的手指头，蔡顺的心里马上就有所感悟，丢掉柴禾跑回家，跪问母亲有什么事。母亲说："有一个客人突然来拜访你，我咬手指头是为了使你有所感悟。"母亲年届九十岁，寿终正寝。还没有安葬的时候，村里着火了，眼看着大火就要烧到了蔡顺的房屋，这时蔡顺伸开双臂，伏身护住母亲的灵柩，哭声连天。奇异的现象出现了，大火顿时绕开蔡顺的房屋，焚烧他人住宅去了，结果整个村子里只有蔡顺的房屋没有被火烧毁。太守韩崇把蔡顺征召为东阁祭酒。蔡顺的母亲一辈子害怕打雷，她死后，每逢打雷，蔡顺就环绕着母亲坟墓哭泣，说："不孝儿蔡顺在此保护母亲。"太守韩崇听说后，每逢打雷时，就派给蔡顺马车，拉着他去上坟。后来，新任太守鲍众选拔蔡顺为孝廉，但是蔡顺不愿意远离母亲的坟墓，就没有去做官。蔡顺八十岁时，在家里寿终正寝了。

一夜十往

"一夜十往"形容体贴周到地服侍病人。

此典出自《后汉书·第五伦传》："'吾兄子常病，一夜十往，退而安寝；吾子有疾，虽不省视而竟夕不眠。'"

东汉时，有一个叫第五伦的人，为人正直，办事公正。在他当会稽太守的时候，据说曾亲自铡草喂马，他的妻子也亲自下伙房做饭，操持家务。因此，当时的人们都非常敬重他。

有一次，有人问第五伦："像你这样，是不是可以说毫无私心杂念了？"第五伦回答说："不。有个朋友，因为想做官来求我，送来了一匹骏马。我虽然没有接受，也没有推荐他当什么官，可是每当我推荐人的时候，却常常想起这位朋友。这难道不能说明我有私心吗？还有，我的侄子生病的时候，我虽然能一夜起来十次去看他，但看过之后，我依然会酣然入睡；可我的亲生儿子生病的时候，即使我没有起来看过他一次，却整夜不能入睡。这不是说明我有私心吗？"

倚门倚闾

“倚门倚闾”,也叫做“倚闾之望”,意思是儿子远游在外,母亲在家盼望他回来,每天倚在门口期待,显示出慈母、长辈对子女的牵挂和思念。

此典出自《战国策·齐策六》:“王孙贾年十五,事闵王。王出走,失王之处。其母曰:‘女朝出而晚来,则吾倚门而望;女暮出而不还,则吾倚闾而望。女今事王,王出走,女不知其处,女尚何归?’”

春秋时代,齐国到了闵王执政的时候,政治慢慢腐败下去,大臣孤咺向闵王直言谏劝,他不但不听,反而杀死了孤咺,后来又杀死了陈举、司马穰苴,因此百姓们都极其痛恨他,宗族也离心,大臣从此也不再亲附他。因为这几件事,激起燕国的愤怒,起兵伐齐。齐国因国王无道,民心动摇,士气瓦解,结果大败。

国王逃到莒国,被楚将淖齿杀死。太子法章就扮成普通人躲藏在太史的家中,替太史灌溉花园,太史知道法章是贵人,有朝一日定会有所作为的,待他很好。后来田单招集残兵败将,用火牛攻退燕军,恢复了齐国。把法章迎接回去,立他做国君,即是齐襄王。立君王后做了王后,而君王后就是那位太史的女儿。那时有个王孙贾,只有十五岁,本来是服侍国王的,国王逃走时,他也不知道所踪了,到了襄王即位时,他又回来了。他母亲说:“你早上出去晚上回来,我便倚在门口盼望你;你晚上出去不回来,我便清早倚在闾(巷口)口盼望你。你侍奉君王,君王出走时,你不知道去保护他,只管自己逃走了,如今还回来做什么呢?”王孙贾听了母亲的教训后,觉得非常羞愧,便到市中去大叫道:“淖齿扰乱了我们齐国,杀死我们的国王,谁愿意和我去杀掉淖齿,请袒出右臂来。”于是他纠集了四百人,一起杀死了淖齿。

鱼传尺素

“鱼传尺素”表达相思之情。也可用以指书信。

此典出自汉代乐府民歌《饮马长城窟行》:“青青河边草,绵绵思远道。远道不可思,宿昔梦见之。梦见在我旁,他乡各异性。辗转不可见,忽觉在他乡。枯桑知天风,海水知天寒。入门各自媚,谁肯相为言!客从远方来,遗我双鲤鱼。呼儿烹鲤鱼,中有尺素书。长跪读素书,书中竟何如?上言加餐饭,下言长相忆。”

这首民歌写道:“春天河边绵延的青草,引起我对远方丈夫的思念。远方的丈夫不可思念啊,思念既深,只会在夜未尽、天未明的时候梦见他。梦中,他依偎在我的身旁,梦醒之后,他又飘然而去,远在异地他乡!因此,我既想梦见他,又怕梦见他。丈夫在他乡,与我相悬隔。梦醒后,我翻来覆去睡不着,思念无法相见的丈夫。树落叶而知风起,水结冰而知天寒。别人的丈夫回家,百般爱抚着自己的妻子,谁也没有替我捎个音信来!我正在怨恨的时候,恰好有人给我捎来丈夫的信,来人递过一个双鱼形的木匣,里边藏着丈夫的信。我连忙让孩子打开信匣取信,丈夫的书信写在一尺长的生绢上。我双膝着地,腰身伸直,长跪在地上,恭敬而又急切地想知道丈夫在信中究竟写了什么。噢,我的丈夫啊,他在信中先说要我多吃饭,保重身体,接着又叮咛我要常常想着他。”

月下老人

“月下老人”人们称男女婚姻介绍人为“月下老人”,或称“月老”。

此典出自《续幽怪录·订婚店》。

唐朝,有一个人名叫韦固。一次他到宋城旅行,住店时看见一个老人在对着月光翻看一本又大又厚的书,就好奇问他说:“老爷爷,你看的是什么书?”那老人答道:“这本书是天下男女的婚谱。”韦固又问:“你袋中那么多红绳是干什么的呢?”老人说:“这些绳用来系夫妇之足,虽然男女两人现在是仇家,或分居异地,只要用这些红绳一系,他们必定和好要结合为夫妇。”韦固与老人一同走入米市,看到一个瞎了眼的老妇人抱着一个三岁左右的小女孩走来,老人便对韦固说:“这个老妇人抱着的女孩就是你未来的妻子。”韦固勃然大怒,以为这老人有意开他玩笑,回去便磨尖一把小刀,叫一个家奴把那女孩子杀掉,那家奴拿了小刀当众刺了女孩子一刀便走了。事隔十四年,相州刺史王泰将女儿嫁给韦固,这女子容貌十分美丽,只是眉间有一伤疤。韦固问道:“她为什么有这个伤疤呢?”王泰说:“十四年前,她的保姆陈氏抱她走在米市上时,被一狂徒刺伤的。”韦固又问:“那保姆是不是一个盲眼的老妇?”王泰说:“对!”于是韦固将十四年前的遭遇对王泰说了一遍,岳婿二人都不禁惊奇不止。从那以后,韦固夫妇十分恩爱。这件事被宋城耆老知道了,大家便把那个南店称为订婚店。

遇人不淑

“遇人不淑”的意思是遇到不善良的人,指女子嫁了个不好的丈夫。

此典出自《诗·王风·中谷有蓷》:“中谷有蓷,暵其乾矣。有女仳离,嘅其叹矣。嘅其叹矣,遇人之艰难矣。中谷有蓷,暵其湿矣。有女仳离,条其歗矣。条其歗矣,遇人之不淑矣。中谷有蓷,暵其湿矣。有女仳离,啜其泣矣。啜其泣矣,何嗟及矣。”

这一首诗描写一个女子,因灾荒被丈夫抛弃,道出了自己内心的悲愤。全诗的意思是:山谷里生长的夏枯草,将要被太阳晒干了。有个女子因天灾而被丈夫抛弃,她正在深深的叹息,找一个好丈夫是多么不容易呀?山谷里的夏枯草,枝条被太阳晒枯了。这个被抛弃的女子多么美好,她正在哀怨的长啸!她正在哀怨地长啸!原因是她被丈夫抛弃了。山谷中的夏枯草,虽然生长在水边但也干枯了。这个女子因灾荒被抛弃,她伤心地哭了!她伤心地哭了!事到如今,不知所措。

织锦回文

“织锦回文”借指妻子的书信或情诗,也可用来颂扬女子词工意美的佳作。

此典出自《晋书·窦滔妻苏氏传》:“窦滔妻苏氏,始平人也,名蕙,字若兰。善属文。滔,苻坚时为秦州刺史,被徙流沙,苏氏思之,织锦为回文旋图诗以赠滔。宛转循环以读之,词甚凄婉,凡八百四十字,文多不录。”

东晋时期,中原地区先后被前秦(氐族)等少数民族占领。氐族酋长苻洪死后,他的儿子苻健于公元352年称帝,国号秦,建都长安。公元355年,苻健去世,苻坚于公元357年杀了苻健的儿子苻生,自立为秦帝。苻坚打定主意要消灭东晋,于公元383年大举出兵征伐,结果大败,这场战役就是著名的淝水之战。淝水之战后,苻坚的前秦国分裂成燕、秦、凉三部分。公元386年,鲜卑人拓跋部消灭各个割据者,建立魏国。

苻坚部下有一个官吏叫窦滔。窦滔的妻子苏氏,是始平(今兴平东南)人,名蕙,字若兰,她擅长写诗文。窦滔在苻坚时期任秦州(治所在今天水市)刺史,后来被贬到西北部的沙漠地区。苏氏非常思念丈夫,就织锦作回文旋图诗赠给窦滔。诗词的字句回旋往返都能成义。全诗共八百四十一字,排成纵横各为二十九字的方图,循环反复读起来,能够得到三千七百五十二首诗。宛转循环地读起来,文辞十分凄切哀伤,因为诗文太长,所以

唐初名将李勣像，图出自明·天然撰《历代古人像赞》。

这里没有载录。

煮粥焚须

“煮粥焚须”比喻手足情深。

此典出自《新唐书·李勣传》：“（勣）性友爱，其姊病，尝自为粥而燎其须。姊戒止。答曰：‘姊多疾，而勣且老，虽欲数进粥，尚几何？’”

李勣，唐代人。本姓徐，名世勣，字懋功。隋朝末年，参加了瓦岗寨起义军，后来归顺了李渊、李世民。非常受重视，是唐朝廷的重臣。李勣对人和善。当初，他率起义军攻下黎阳城，打开粮仓，救济灾民，许多有才能的人都来亲附他。他跟随秦王李世民攻下虎牢后，俘虏了戴胄等人，李勣在卧室内接见他们，待之以礼，量才使用；他平定洛阳后，俘虏了单雄信，李勣上表称赞单雄信的才能，说：“我愿以自己的官爵做抵押来保全他的性命。”可是，他的建议没有得到采纳，最后单雄信还是被杀掉了，李勣收养了单雄信的孩子。

李勣性情友爱。有一次，他的姐姐病了，身居高位的李勣亲自为姐姐煮粥，竟然把胡须都烧着了。姐姐劝阻他不要再煮了。李勣回答说：“姐姐多病，我也老了，即使想多给姐姐煮几次粥，又还能有几回呢？”

尺寸之功

“尺寸之功”形容功劳很小，微不足道。

此典出自《战国策·燕策一》：“齐伐宋，宋急。苏代乃遗燕昭王书曰：‘夫列在万乘而寄质于齐，名卑而权轻。奉齐助之伐宋，民劳而实费。破宋，残楚淮北，肥大齐，仇强而国弱也。此三者，皆国之大败也，而足下行之，将欲以除害取信于齐也。而齐未加信于足下，而忌燕也愈甚矣。然则足下之事齐也，失所为矣。夫民劳而实费，又无尺寸之功，破宋肥仇，而世负其祸矣。’”

战国时期，诸侯混战。有一次，齐国出兵攻打宋国，宋国的形势非常危急，该如何是好呢？这时，有一个名叫苏代的人，他想出一条计策：说服燕国联合秦国共同攻打齐国。这样一来，齐国自顾不暇，宋国也就保住了。苏代写了一封信，打发人把信送给燕王，信是这样写的：“燕国强大，属于拥有万辆兵车的国家之列。虽然是这样，却让齐国扣押着人质，使自己名声受损、权威降低。如今又侍奉齐国，帮助它攻打宋国，弄得自己劳民伤财。您想，无论是攻破宋国，还是侵占楚国的淮北，都会使齐国的领土扩大，造成仇敌强大而燕国弱小的局面。这些都是燕国的大患，而您却想以替齐国除掉祸害的行动而得到齐国的信任。但是实际上齐国不一定会信任您，反而要更加嫉恨燕国。这样看来，您侍奉齐国的决策和行动，就太不值得了。攻打宋国使燕国劳民伤财，又没有微小的功劳，功破宋国却扩大了齐国的领土,从此以后世世代代都要遭到齐国的祸患。”

苏代在信中还说,宋国的失败对燕国来说,其实是一场灾祸。他极力劝谏燕昭王联合秦国去攻打齐国,这样就可以报仇雪耻,不再受齐国的欺负了。燕昭王看完信后喜不自胜,立即召来苏代,与他一起商讨攻伐齐国的对策。结果,攻破了齐国,齐闵王被迫出逃。

出手得卢

“出手得卢”比喻一举得胜。

此典出自《南齐书·张瑰传》:“太祖(萧道成)密遣殿中将军卞白龙令瑰取遐。诸张世有豪气,瑰宅中常有父时旧部曲数百。遐召瑰,瑰伪受旨,与叔恕领兵十八人人郡,与防郡队主强弩将军郭罗云进中斋取遐,遐逾窗而走,瑰部曲顾宪子手斩之,郡内莫敢动者。献捷,太祖以告领军张冲,冲曰:‘瑰以百口一掷,出手得卢矣。’”

南北朝时期,有一个人叫张瑰,字祖逸。他的父亲张永在宋朝廷任光禄大夫。有一次,张永战败,有人要处罚他。幸亏萧道成(南齐高帝)大力帮助,才幸免于难。所以,张永的儿子张瑰一直非常感激萧道成。

宋顺帝(刘准)升明元年(公元479年),有一个叫刘秉的人图谋不轨,他的弟弟刘遐任吴郡的长官,也有背地里做准备,以帮助刘秉。并且聚众三千人,打造了大批的攻战器具。

萧道成秘密派遣殿中将军卞白龙给张瑰下命令,要他抓住刘遐。张氏家族世代有英豪之气,张瑰的家中常有数百名以前父亲的老部下。刘遐以长官的身份召见张瑰,张瑰故意接受刘遐的指令,趁机与叔叔张恕领兵进入郡府,与郡中主管强弓的将军郭罗云一起进入中室,追捕刘遐。刘遐跳窗而逃,张瑰的部将顾宪子杀了刘遐,郡内没有人反抗。捷报传来,萧道成把这个喜讯告诉了领军张冲,张冲说:“张瑰用家兵一冲,就像赌博中掷出胜子一样,一出手就能得胜。”

创业维艰

“创业维艰”比喻成功必须要经过艰苦的奋斗,而要创一番大事业,更要经过艰苦的奋斗不可。

此典出自唐太宗李世民,自幼天资聪敏,遇事果决;对于文学也有相当造诣。隋朝末年,天下大乱,李世民劝其父亲李渊举兵,征服四方,成统一之业。李世民即位后,锐意图治,去奢轻赋,宽刑整武,成为一代英王。

太宗问群臣道:“是创业艰难呢?还是守成艰难呢?”贤臣房玄龄回答说:“陛下创业初期,群雄并起,割据四方,经历大小数百次战役,才平定他们,统一天下。我觉得创业艰难。”谏臣魏徵接着点头说:“自古以来,帝王获得天下,大都经过一番困难,但后来都因为贪图安逸而失去了。因此,我认为守成才是真正的困难。”太宗听了他们的观点,便总结说道:“玄龄跟着我平定天下,大小数百战,出生入死,他觉得创业艰难是没错的。现在我已建立了唐朝,魏徵替我安抚天下,我也觉得,一个人到了富贵的时候便会骄奢起来,骄奢了便会懒散,不再努力,到最后就会失败了。所以,创业虽然不容易,但守成也是非常困难的啊!”最后,他又说:“创业阶段的困难已经过去了,现在的困难是怎样守成,我们都要鼓起勇气,一点都不能松懈地干下去才行啊!”

功成不居

“功成不居”形容立了功而不把功劳归于自己。

此典出自《老子》第二章：“万物作而不辞，生而不有，为而不恃，功成而弗居，夫唯弗居，是以不去。”

生于春秋末期的老子，具有朴素的辩证观点。他初步认识到万事万物矛盾对立的客观规律，列举了美与丑、善与恶、有与无、难与易、长与短、音、声、前与后八个例子，并把这些规律运用到政治上，提出了自己的一些政治主张。

老子说：天下人知道美是美，就有丑与美对立；知道善是善，就有不恶与善对立。有和无是对立相生的，难和易是对立相成的，长和短是对立相形容的，高和下是对立相倾轧的，声音的大小、长短、高低、清浊是相对立配合的，前和后是对立相随从的。因此，圣人治国知道有为有所不为，所以用无为政策；知识有教有所不教，所以行不言的教育。万物各有活动，而圣人不去治理（无为）；万物各有生长，而圣人不占为己有（无私）；万物各有所为，而圣人不去掌握（无为）；大功告成，而圣人不以有功自居（无私），正是他不以有功自居，所以人们才都归功于他。

捷足先登

“捷足先登”说明走路或做事快的人先达到自己的目的。

此典出自《史记·淮阴侯列传》：“秦失其鹿，天下共逐之，于是高材疾足者先得焉。”

在中国历史上，秦朝的暴政是非常厉害的，焚书坑儒，横征暴敛，民怨沸腾。到了秦末，各地英雄豪杰揭竿而起，争夺天下。刘邦手下大将韩信打败了齐王田广，占领了临淄，平定了齐地。这时刘邦正被项羽围困在荥阳（今荥泽县西南），为了防范韩信叛变，便派张良去立韩信为齐王。韩信有个叫蒯通的谋士劝韩信背叛刘邦，联络项羽，三分天下，然后统一天下，但是韩信不愿意这样做。后来韩信被贬为淮阴侯，他便暗中联络驻兵在巨鹿的陈豨妄图推翻刘邦。刘邦带兵去打陈豨，而韩信也因阴谋泄露，被吕后用计谋杀死。临死之前，韩信感叹道：“我后悔没有采纳蒯通的计策，以致死在妇人、小子之手！”刘邦打败了陈豨回来，得知了这件事，要煮死蒯通。蒯通大呼冤枉，并且对刘邦说：“狗总是向着不是它的主人的人狂叫。那时我只知道有韩信，不知道有你，而秦朝失去帝位，天下英雄都在争逐，唯有才能高而跑得快的人才能先胜利。天下纷乱，谁都想做你所做的事，你能把所有的人都煮死吗？”刘邦觉得蒯通说得很有道理，便赦免了蒯通。

《全汉志传》版画之吕后令斩韩信图

金印系肘

“金印系肘”形容建立巨大的功业,位高而爵尊。

此典出自《晋书·周颛传》。

周颛(公元269—322年),字伯仁,晋代安成(今属河南)人,在晋元帝时曾任尚书左仆射。晋元帝永旦元年(公元322年),东晋大臣王敦率兵攻打东晋的都城建康(今南京),妄图篡位夺权。晋元帝的宠臣刘隗劝元帝把王氏家族的人都除掉,这样一来,吓坏了王敦的堂弟、担任司空之职的王导。王导率领子侄辈到朝廷请罪,正碰上周颛入朝,王导呼喊周颛,对他说:“伯仁(周颛字伯仁),我把全家老少百口的性命都托给您了,拜托了!”周颛一直走进宫内,竟连看都不看一眼。周颛见到元帝时,就说王导为人忠诚,千方百计替王导开脱,元帝采纳了周颛的意见。周颛喜欢饮酒,喝醉了才出朝。王导还在宫门口等着,又招呼周颛。周颛没有理睬王导,只对身边的随从说:“今年把这些叛逆的贼奴才全部杀掉,我要得到斗大的金印系在肘后。”周颛出朝后,又上表说明王导的心迹,言语非常恳切慎重,不断地为王导说情。可是,王导并不知道周颛在想方设法救自己,心里非常怨恨周颛。王敦率兵攻进建康后,感到志得意满,问王导说:“周颛、戴若思(名渊,任豫章太守、振威将军等职)受到南北士人的仰慕,让他们做三公,是没有问题的。”王导听了,没有作声。王敦又问:“如果不做三公,就让他们做令仆吧?”王导还是不吭声。王敦又问:“不然的话,就把他们杀了。”王导还是没有说话。后来,王导翻检中书省旧文书,发现了周颛搭救自己的奏章,其言辞异常恳切。王导手捧那份奏章痛哭流涕,不胜悲哀,告诉他的孩子们说:“我虽然没亲手杀死伯仁,但伯仁却是因为我才死的。现在,他已经死去了,我辜负了这个好朋友啊!”

惊天动地

“惊天动地”形容影响极其重大或意义伟大,使人极度震惊。

此典出自唐代白居易《李白墓》:“可怜荒冢穷泉骨,曾有惊天动地文。”

《朱子语录》:“圣人做事时,须惊天动地。”

“圣人做事时,须惊天动地”,意思是说:人格最高、能力最强的人做事时,应该要声势浩大,远近皆闻。换句话说,就是一个有高尚道德、崇高理想和本领高强的人,应该做一番大事业,轰轰烈烈地连天地都能惊动。后来,明朝有一个叫郎瑛的人,在他所著的《七修类稿》一书中,对“惊天动地”又有另一种形象的运用:“御史初至则曰惊天动地;过几月则曰昏天黑地;去时则曰寞天寂地。”御史,在当时是弹劾官吏的官,负有监察官吏的工作和廉洁的使命,并有弹劾官吏缺点和过错的权力。因而他初上任时都是声势显赫,官吏们都很畏惧他。但过了几个月,由于官场贪污之风盛行,便同流合污搜括民脂民膏,将国家弄得乌烟瘴气。等到他下任时,没有一个人去送他,那些趋炎附势的人都在等着迎接新贵,他当然只好孤单单地回去了。

开天辟地

“开天辟地”说明前所未有的重大改革。

此典出自《太平御览》引徐整《三五历记》:“天地开辟,盘古在其中,一日九变。”

传说在远古时代,天和地本来是一体的,没有分开,宇宙原是一个混浊的气团,模样就像个鸡蛋,盘古就在这个“鸡蛋”中一直孕育了一万八千年。有一天,他忽然醒来了,睁开眼睛一看，四周黑漆漆的，看不到任何东西。他觉得喘不过气来，便顺手摸到一把斧头，用力一砍，鸡蛋似的宇宙立刻破裂了。轻的往上升变成了天，重的凝固起来变成了地，从那以后，就有了天和地。自此以后，天，每天升高一丈；地，每天增厚一丈；盘古也每天长高一丈。光阴荏苒，又过了一万八千年。这时，天升得很高很高，地变得很深很深，盘古也长得很高很高。"天地开辟，盘古在其中，一日九变"，于是，盘古变成了顶天立地的巨人。

劳苦功高

"劳苦功高"意思是指出了很多力，吃了很多苦，立下了大功。人们常用它肯定和赞扬某人的突出成绩和较大功劳。

此典出自《史记·项羽本纪》："今沛公先破秦入咸阳，毫毛不敢有所近，封闭宫室，还写霸上，以待大王来。故遣将守关者，备他盗出入与非常也。劳苦而功高如此，未有封侯之赏，而听细说，欲诛有功之人。此亡秦之续耳，窃为大王不取也。"

秦朝末年，汉王刘邦和楚霸王项羽争夺天下。当刘邦率军占领秦都咸阳之后，项羽率四十万大军驻扎鸿门（今陕西临潼东），想一举消灭刘邦。刘邦见势不妙，就亲自到鸿门会见项羽。宴会上，项羽的堂弟项庄拔剑起舞，想瞅准机会刺杀刘邦。在这千钧一发之际，刘邦的部将樊哙闯进项羽的军帐，保护刘邦。项羽见他是条好汉，让他吃生猪腿，又让他喝酒。

樊哙威风凛凛，指责项羽说："我连死都不怕，喝杯酒还需要推辞么！秦王残暴，杀人无数；加刑于人唯恐不及，天下人都反对他。楚怀王和将领们约定说：'首先打败秦军攻入咸阳的人，便可以在那里称王。'如今，刘邦首先打败秦军攻进咸阳，对一切财产都秋毫无犯，封闭了秦王的宫室，撤兵住在霸上，等候你到来。之所以派遣将领驻守函谷关，是为了防备其他盗贼的出入和意想不到的事情。汉王出了很多力，吃了很多苦，立下大功。但却没有得到封侯的赏赐，而你却听信小人的谗言，想杀死功劳如此大的人。这是继续走亡秦的道路，我认为你不应该这样做！"项羽无言以对，只好对樊哙说："将军请坐！"

马到成功

"马到成功"是说马一到战场就能取得胜利。现在常用"马到成功"形容迅速地取得胜利。

此典出自《杂剧·薛仁贵》："今当国家用人之际，要扫除夷虏，肃靖边疆，凭你孩儿学成的武艺，智勇双全，若能两阵之间，怕不马到成功。"

绛州龙门大黄庄有个名叫薛仁贵的人。他虽出身农家，却自幼喜欢武艺。等他到了二十岁的时候，便已学成了十八般武艺，并且还熟悉兵书，懂得用兵之法。他一心要想投军报国。虽然他父母极力阻止他，但他意志坚决。他对他父母说："当今国家正是用人的时候，要扫除夷虏，肃靖边疆，凭我的武艺，智勇双全，若能两阵之间，怕不马到成功。"听了薛仁贵的这番话，他的父母就答应让他投军了。

马援铜柱

"马援铜柱"表示将领征战边地建功立业。

此典出自《后汉书·马援传》："援将楼船大小二千余艘，战士二万余人，进击九真贼征侧余党都羊等，自无功至居风，斩获五千余人，峤南悉平。《后汉书·马援传》注引《广州记》曰：'援到交阯阯，立桐柱，为汉之极界也。'"

公元41年，光武帝刘秀拜马援为伏波将军，派遣他率军到交阯郡平定征侧、征贰的叛乱。两年后，直到建武十九年(公元43年)，马援才传来捷报，斩杀了征侧、征贰。

马援率领大小战船两千多艘，战士两万多人，攻伐九真郡造反者征侧的余党都羊等部众。从无功县到居风县斩杀和俘获了五千多人，岭南一带完全平定了。马援到交阯郡之后，就在边界上竖立两根铜柱，以作为汉与南方诸国的疆界标志。

鸿门闯宴图，出自清·马骀《百将图传》。讲述鸿门宴上，范增使项庄舞剑，意在杀沛公刘邦，樊哙闯宴斥责项羽，项羽无言以对。

排难解纷

"排难解纷"意即替人排解困难，解决纷争。

此典出自《战国策·赵策》："所贵于天下之士者，为人排患、释难、解纷乱而无所取也。即有所取者，是商贾之人也，仲连不忍为也。又见宋·司马光《答孔文件司户书》：夫国有诸侯之事，而能端委来带，与宾客言，以排难解纷徇国家之急。"

战国时代，秦国军队包围了赵国的都城邯郸。赵孝成王向魏国救援。于是魏国打发将军新垣衍劝赵国尊秦王为皇帝，说只有这样才能使秦兵退去。群臣意见不一，相国平原君也一时犹豫不决。

这时，有个名叫鲁仲连的人，请平原君介绍他去见新垣衍。鲁仲连见了新垣衍，说："秦国本来就十分强横，如果称帝，一定更加暴虐。我宁愿跳海而死，也不愿意当他的百姓。难道魏国就甘心情愿臣服于秦国吗？"又说，"秦王如果称帝，魏国就是他的属国，他要杀谁就杀谁。更会随意撤换诸侯的大臣。可能到时候就连你的地位也很难保住了！"新垣衍听完这一番话，吃惊地站起身来，感谢了鲁仲连的指教，并立刻打消了原来的想法，回复魏王去了。

秦王听说魏国使臣在赵国商议尊秦为帝的事没有成功，就觉得邯郸城内一定住着有才能的人，因而不敢轻举妄动，把军队撤到汾水去了。不久，魏公子无忌窃符救赵，把秦军打得大败。事后，赵孝成王为了感谢鲁仲连，请他做官，他不答应，送他一千两金子，他也拒绝了。他说："作为一个人，就应该替别人'排患、翻难、解纷乱'，而决不接受别人任何报酬。"

披荆斩棘

"披荆斩棘"比喻在创业过程中清除障碍，艰苦奋斗。

此典出自《后汉书·冯异传》："异朝京师引见，帝谓公卿曰：'是吾起兵时主簿也，为吾披荆棘,定关中。'"

东汉初年,有一位著名的军事将领叫冯异,颍川父城(今河南宝丰东)人,字公孙。冯异谦虚好学,受到大家的敬仰,每次取得战斗的胜利,诸将并坐论功的时候,他常独自一人退避树下,军中的人们都称他为"大树将军"。

在刘秀夺取政权的日子里,冯异跟随刘秀南征北战,出生入死,立下了汗马功劳,因此深受刘秀的器重。东汉王朝建立以后,汉光武帝刘秀封冯异为阳夏侯,任征西大将军。

由于冯异长期坐镇长安,因此老百姓都称他为咸阳王,但也有些人向刘秀告冯异的状,说他威势太大了。为此,冯异写了一份奏折,表明自己对朝廷的一片忠心。刘秀回诏说:"我们义则君臣,恩如父子,从无嫌疑,何必惧怕!"后来,冯异入朝谒见,刘秀当着文武百官的面说:"冯异是我起兵时的主簿,为我披荆斩棘,定关中,他是有功之臣!"

千秋万岁

"万岁千秋"也说成"千秋万岁",用来祝人长寿。今用来形容年代久远,或形容事业、精神永世长存。

此典出自《战国策·楚策一》:"乐矣,今日之游也。寡人万岁千秋之后,谁与此乐矣。"

楚王同他的宠臣安陵君巡游云梦时,随行者有几千人。旗旄导前,旌旗蔽日,威风凛凛,声震山河,吓得山中虎啸兕嗥。正在走着走着,突然有兕迎面而来,楚王拉弓搭箭,一箭就把兕射死了。楚王高兴得仰天大笑说:"今天的巡游真是太快乐了。等到千秋万岁之后,又有谁来和我一起快乐呢?"安陵君听了连忙赶上前去跪禀道:"我在朝内就照顾大王的生活起居,大王出巡,我就陪伴大王、侍候大王;大王千秋万岁之后,我也愿陪大王一道去黄泉,为大王驱赶蝼蚁。"楚王听了,非常高兴。

前程万里

"前程万里"比喻前途远大。

此典出自宋计有功《唐诗纪事·崔铉》。

天边心胆架头身,
欲拟飞腾未有因。
万里碧霄终一去,
不知谁是解绦人。

韩铉看诗后,不禁赞叹说:"此儿可谓前程万里也。"

取而代之

"取而代之"表示把别人赶走,由自己来代替。

此典出自《史记·项羽本纪》:"始皇游会稽,渡浙江,梁与羽俱观,籍曰:'彼可取而代之也!'"

项羽年少的时候既不好好读书又不认真练习武艺,他的叔父项梁为此常常责备他。项羽却不以为然地说:"读书读多了有什么用呢?只要能记下人的姓名就够了。学剑术,只能抵抗住少数的人,有什么值得学的呢?要学,就要学万人都不能抵挡的本领。"项梁见他胸怀大志,就教他学习兵法。后来项梁因杀了人,被官府追捕,便带着项羽一同逃到吴中。

公元前210年，秦始皇巡游会稽，路过钱塘江的时候，项羽、项梁一道去观看巡游的盛况。项羽看到秦始皇威风凛凛的样子，自己也想当皇帝，情不自禁地说道："那个皇帝应该由我取而代之啊！"项梁听了又惊又喜又怕，连忙用手捂住项羽的嘴巴，责备说："不要胡说八道，这是要灭族的啊！"项梁嘴上虽这么说，然而心中却非常赏识项羽，认为他是一个奇才，将来一定有一番了不起的作为。

任重道远

"任重道远"比喻担负的责任重大，而且要经历长期的艰苦奋斗。

此典出自《论语·泰伯》："士不可以不弘毅，任重而道远。"

有一次，曾子的学生去问曾子："读书人应该如何做人？"曾子说："必须刚强而有毅力。"学生又问："为什么要这样呢？"他回答说："治理天下的任务很重，道路又很遥远。如果没有坚强的毅力，是担不起这副沉重的担子的。"说到这里他又看了看学生，然后慢条斯理地说："你们把施行仁政作为自己的任务，这一副担子难道不沉重吗？就是做到老死，也不一定能实现施仁德于天下，能说这一道路不遥远吗？"学生们听后严肃而又认真地说："老师放心，我们一定会坚韧不拔地把这个担子担当起来。"曾子听了微笑着点了点头。

杀敌致果

"杀敌致果"表示勇敢杀敌以建立战功。

此典出自《左传·宣公二年》："狂狡辂郑人，郑人入于井。倒戟而出之，获狂狡。君子曰：'失礼违命，宜其为禽也。戎，昭果毅以听之之谓礼。杀敌为果，致果为毅。易之，戮也。'"

春秋时候，晋国和楚国是大国，宋国、郑国是小国，小国必须要听从大国的命令。有一年，晋国派荀林父率兵征讨宋国，逼迫宋国向晋国媾和，降服于晋国。楚国为此对宋国不满，第二年春天，楚王就命令郑国替他去攻打宋国。郑国只好听从楚王的命令，派公子归生率兵去攻打宋国。

宋国的军队由华元、乐吕统率，迎战郑军。两军在大棘打了一仗，结果宋军惨败，不仅损失了四百六十辆战车、二百五十名军士被郑军俘虏，而且乐吕阵亡，华元也当了俘虏。

在交战中，有一个宋军士卒名叫狂狡，他作战很勇敢，心地也很善良。狂狡追击一个敌人，敌人吓得跳进井里。狂狡立即把戟倒过来，用戟柄将落井的郑军士卒搭救上来。可是这个郑国人上来后，非但不感谢狂狡的救命之恩，反而把他绑起来，交给将领了。

这件事后来传到宋国，宋国的人们说："狂狡太可惜了，不过这是他自作自受。打仗就应该发扬果敢刚毅的精神，服从命令、击败敌人，这就叫做礼。杀死敌人就是果敢，而做到果敢就是刚毅。狂狡丢掉了礼，又违背军令对敌人大发慈悲，所以最终当了俘虏，这是自讨苦吃啊！"

时不再来

"时不再来"鼓励人要抓紧时机，时机错过了就不会再来了。

此典出自《国语·越语》："臣闻之，得时无怠，时不再来，天予不取，反来之灾。"

春秋时，越王句践继承王位三年，率兵攻打吴国，结果反被吴国打败，被围困在会稽山上。最后，句践同意把国库的钥匙交出，自己也亲自去吴国当吴王的仆人，吴王这才解除了对他的包围。

三年后，吴王把句践放回了越国，句践请教谋臣范蠡说：“我继承王位后，因为年轻好胜，沉湎于打猎喝酒，结果给越国带来了灾祸，让吴国来统治我们。然而吴国也太过分了，我想同你商量报仇的事。”范蠡说：“现在还不可以，应该顺应天时的转变。时机不成熟，事情反而难以预料。”

过了一年，句践听说吴王沉湎于声色犬马之中，疏远贤臣，就想进攻吴国。范蠡劝道：“人事上是可以报仇了，可天时还不到，大王暂且忍一下吧！”又过了一年，句践听说吴王杀了宰相伍子胥，于是又想进攻吴国。范蠡又劝句践暂时忍耐。又过了一年，句践听说吴国遭受天灾，稻和蟹都吃光了，又想去攻打吴国。可范蠡还是认为时机不成熟。

句践发怒说：“天时、人和都已有了，为什么还要等呢？”范蠡说：“战争是难以预料的事，只有天时和人和都配合好了才能得胜。”一年后，吴国国内人心涣散，这时范蠡才劝越王句践出兵进攻。进军之前，范蠡说：“我听说得到了时机就不能怠慢，时机一失去就不能再来。上天给予的如果不接受，就会招致灾难。”句践点头回答：“我听从你的劝告，一定不会盲目进攻；现在有了机会，自然会抓住不放。”

最后，句践终于打败了吴王夫差。

视为畏途

“视为畏途”是指把事情看得过于艰难。

此典出自《庄子·达生》：“夫畏途者，十杀一人，则父子兄弟相戒也。”

句践三战灭东吴图

春秋时，有个叫田开元的人见到了周威公，周威公对他说：“听说一个人能保护好肾脏就等于学会了养生之道。先生能不能给我讲些这方面的道理呢？”田开元回答说：“我只不过是个手拿扫帚的看门人，哪里有大王的学识渊博呢？”周威公很不高兴地说：“先生也太谦让了，只是随便聊聊，又有什么关系呢？”田开元说：“好吧。我曾听孔子说过，一个善于养生的人，就好似一个牧羊人。鞭打羊时，打它的头就不会走，打它的肚子就会损伤身体，只能鞭打它的后面。”

周威公听了，疑惑地说：“为何这样比喻？”田开元说：“举个例子吧。鲁国有个叫单豹的人，长期隐居山林，生活俭朴，无忧无虑，已经七十岁了，肌肤还像婴儿那般娇嫩。不幸的是，一次出门遇见饿虎，结果被吃掉了。另有一个叫张毅的人，拼命追逐物质享受，居住在高门大户之中，虽有许多财物，可刚到四十岁就得疾病而死。单豹注重颐养性情，却被老虎吃掉了；张毅一心追求财富，却被疾病蚕食了精神。这两个人都没有领悟养生的道理，就像用鞭打羊打在肚子上一样。善于养生的人，不仅要注重身体和精神，还要注重文化修养，才算是真正的完人。”

庄子知道后，不禁感慨道：“一个畏惧在道路上行走的人，听说前面杀了人，就会立刻回到家里告诫全家，然后带上刀刃，结伴而行。这确实是明智的行为！但那些注重吃喝玩乐和声色享受的人却不了解，他们的所作所为远远超过杀人的畏途，然而依旧不引以为戒，这不是非常危险的吗？”

死马当做活马医

“死马当做活马医”比喻虽然已经没有希望了的事，也不妨再作一次努力。

此典出自清代夏敬渠《野叟曝言》八无：“既是这先生有起死回生的本事，死马当做活马医他一医罢了。”

晋朝有个叫窦固的大官，他有一匹骏马，能日行八百，异常神骏，窦固以为这匹马是天下无双了。因此就特别宠爱它。谁知有一天，它突然病了，请了许多兽医来也治不好，后来马死掉了。窦固痛惜之余，便向门房嘱咐道：“我今天心里不痛快，谁来拜访我都不见。”郭璞听说此事后，跑来对门房道：“我有办法能把死马救活。”门房通报进去。窦固半信半疑，又惊又喜，心想：“死马当做活马医嘛，姑且让他试试看。”于是立刻出来迎见。殷勤接待，并请他立即为马治病。郭璞道：“此去东门外三十里有座小山，山上树林密布，你叫几十个人去敲锣打鼓，撵出一个像猴子样的动物来，把它活捉住带回来。”于是窦固立刻派了上百个士兵前去捉拿，没过多久，士兵果然捉来了一个动物。只见那动物比猴子稍微大一些，目放金光，灵动异常。它一看见死马，立即扑上去吸它的鼻孔。吸了一会，那死马竟慢慢动了起来。再过一会儿，那马竟一跃而起，仰天鸣嘶、踢脚摆尾，就和没生病时一样。再看那猴子，却不知什么时候跑了。窦固大喜，立刻重赏了郭璞。

完璧归赵

“完璧归赵”比喻把原物完好地归还原主。

此典出自《史记·廉颇蔺相如列传》：“赵惠文王时，得楚和氏璧。秦昭王闻之，使人遗赵王书，愿以十五城请易璧。赵王与大将军廉颇诸大臣谋：欲予秦，秦城恐不可得，徒见欺；欲勿予，即患秦兵之来。计未定，求人可使报秦者，未得。宦者令缪贤曰：‘臣舍人蔺相如可使。’……相如曰：‘王必无人，臣愿奉璧往使。城入赵而璧留秦；城不入，臣请完璧归赵。’赵王于是遂遣相如奉璧西入秦。”

公元前283年，秦昭襄王听说赵王得了一块“和氏璧”，于是便打发使者带了国书去见赵惠文王，说秦王情愿拿出十五座城来换那块玉璧，希望赵王能够答应他的要求。赵惠文王就跟大臣们商量。想要答应秦国，又怕上当；要不答应，又怕秦国打进来。大伙商议了半天，也想不出好的计策。于是赵惠文王问谁能够担当使者上秦国去办这件事。他瞧了瞧大将廉颇，廉颇却低着头不说话。

当时有个宦官名叫缪贤的，他对赵王说：“我有个门客叫蔺相如，他是个很有见识的谋士。我觉得让他出使秦国比较合适。”赵惠文王就把蔺相如召上来，问他：“秦王拿十五座城来换赵国的玉璧，先生认为是答应好呢还是不答应好？”蔺相如说：“秦国强，咱们弱，不能不答应。”赵王接着又说：“如果把玉璧送了去，得不到城池，怎么办呢？”蔺相如说：“秦国拿出十五座城来换一块玉璧，这个价钱够高的了。赵国如果不答应，那么错在赵国。如果大王把玉璧送去，秦国不交出城来，那么错在秦国了。所以我们宁可让秦国担这个错儿，也不能不讲道理。”赵惠文王说：“先生能到秦国去一趟吗？”蔺相如说：“大王如果没有合适的人选，那我就去一趟。秦国交了城，我就把玉璧留在秦国；不然的话，我一定完璧归赵。”赵惠文王当时就拜蔺相如为大夫，派他到秦国去。

蔺相如带着“和氏璧”到了咸阳。秦昭襄王听说赵国送玉璧来了，耀武扬威地坐在朝堂上。蔺相如恭恭敬敬地把玉璧献了上去。秦王看完了，喜不自胜。他把玉璧递给左右，大伙儿传着看，又交给后宫的美人们瞧了一回，大臣们都向秦王庆贺，一起欢呼万岁。蔺相如一个人孤孤单单地站在一边等着。等了大半天，也不见秦王提起那十五座城的事。他想：“秦王果然不是真心实意地想交换。可是玉璧已经到了他手里，怎么能拿回来呢？”于是他灵机一动，上前对秦王说：“这块玉璧，看着虽然很好，可是却有点小毛病，别人不容易瞧出来，让我指给大王瞧一瞧。”秦王一听，便让手下的人把玉璧递给蔺相如。

蔺相如拿着玉璧，往后退了几步，靠着柱子，瞪着眼睛，怒气冲冲地对秦昭襄王说：“大王当初派使者给赵王送国书的时候，说是情愿拿出十五座城来换赵国的玉璧。赵国的大臣们都说：‘这是秦国骗人的话，千万不能答应。’我反对说：‘老百姓还讲信义，何况大国的君王？我们怎么能以小人之心，度君子之腹呢？’赵王这才斋戒了五天，然后派我把璧送过来，这是多么郑重的一回事啊。可是大王太不恭敬了。拿着这块玉璧随随便便地叫左右传看，还送到后宫去给美人们把玩，根本没把它重视得像十五座城一样。从这点看来，我知道大王并不是诚心想交换。所以，我把这块玉璧拿了回来。大王如果威逼我的话，我宁可把我的脑袋跟这块玉璧在这根柱子上一起撞碎！”说话之间，他便拿起玉璧来，朝着柱子就要撞过去。秦昭襄王连忙向他道歉，说：“大夫别误会了我的意思。”他立刻就叫大臣拿上地图来，指着说：“从这儿到那儿，一共十五座城，全给赵国。”蔺相如一想：“可别再上了他的当！”他就对秦王说：“好吧，不过赵王斋戒了五天，又在朝堂上举行了一个非常郑重的送玉璧的仪式。大王也应当斋戒五天，然后再举行一个接受玉璧的仪式。只有这样恭恭敬敬地尽到礼仪，我才敢把玉璧奉上。”秦王无奈地说：“就这么办吧。”他只好叫人把蔺相如送到客房去歇息。

蔺相如拿着那块玉璧回到了客房。他想：“如果过了五天，仍然得不到那十五座城，可怎么办呢？”于是他就打发一个手下的人扮做生意人的模样，把那块玉包着系在身上，偷偷地从小道跑回赵国去了。

过了五天，秦昭襄王召集大臣们和几个在秦国的别国使者来参加接受玉璧仪式，并想借着这个机会来炫耀自己。朝堂上坐满了人，非常严肃。忽然传令官喊道：“请赵国的使臣上殿！”蔺相如不慌不忙地走上殿，向秦王行了礼。秦王见他空着两只手，就对他说：“我已经斋戒了五天，正在举行接受玉璧的仪式吧。”蔺相如说：“秦国自从穆公以来，前后二十多位君主全都重用善于欺诈的人。孟明视欺骗了晋国，商鞅欺骗了魏国，张仪欺骗了楚国……过去的事一件一件地都在那儿摆着。我也害怕受到欺骗，对不起赵王，我怎么会说话不算话呢？我已把那块玉璧送回赵国去了，请大王治我的罪吧！”秦王大发雷霆，嚷嚷着说：“你说我不恭敬，我就依了你的话斋戒了五天。今天举行仪式，你竟把玉璧送回赵国去了，是你欺骗了我还是我欺骗了你？”他怒气冲冲地对底下人说：“把他绑上！”蔺相如神态自若地对秦王说：“慢着！让我把话说完了。天下诸侯都知道秦是强国，赵是弱国；天下只有强国欺负弱国，绝没有弱国欺负强国的道理。大王真要那块玉璧的话，请先把那十五座城交割给赵国，然后再打发使者跟我一块儿到赵国去取那块玉。赵国得到了十五座城以后，绝对不会不讲信义，得罪大王的。我的话说完了，请把我杀了吧。正好各国的使者都在这儿，他们都知道是我得罪了大王，而不是大王欺负了弱国的使者。”

秦国的大臣们听了蔺相如的这番话，面面相觑，都不做声。各国的使者都替蔺相如捏一把冷汗。两边武士正要去绑他，秦昭襄王喝住他们，说：“不许动手！”转过头对蔺相如说：“我哪能欺负先生呢？一块玉璧不过是块玉璧，我们不应该为了这件小事，伤了两国的和气。”他很恭敬地招待了蔺相如，让他回去。

秦昭襄王本来也没打算一定要得到“和氏璧”的，只是想借着这件事去试探赵国的态度罢了。蔺相如的“完璧归赵”就表示了赵国不屈服的决心。可是秦昭襄王却总忘不了赵国，如果连赵国都收服不了，怎么还能够吞并六国呢？

《东周列国志》版画之蔺相如像

问鼎中原

“问鼎中原”用以指某人有非分之想，妄图夺取天下。

此典出自《史记·楚世家》：“昔虞夏之盛，远方皆至，贡金九牧，铸鼎象物，百物而为之备，使民知神奸。桀有乱德，鼎迁于殷，载祀六百。殷纣暴虐，鼎迁于周。德之休明，虽小必重；其奸回昏乱，虽大必轻。昔成王定鼎于郏辱，卜世三十，卜年七百，天所命也。周德虽衰，天命未改。鼎之轻重，未可问也。”

春秋时代的五霸之一楚庄王，是楚成王的孙子、楚穆王的儿子。他父亲死后，他就以世子的资格即位为君。他即位三年后就因善于纳谏而一鸣惊人，他弃郑姬、蔡女，修明政治，任用贤才，国家政治也因此而兴盛起来。伐宋救郑，与晋国争雄。征陆浑之戎，过洛水，扬威于周天子疆土之上。周天子听说楚军前来攻打陆浑，连忙派了大夫王孙满前去慰问楚庄王。这时庄王已不把天子放在眼里，颇有与天下共主、万国一尊的周天子一争雄长的意思。所以当天子使臣到了楚庄王面前时，楚庄王很傲慢地问道：“寡人听说大禹铸有九鼎，三代相传，它是世间至宝。此鼎现在洛阳，但不知鼎的大小轻重如何？”

王孙满说：“三代以德相传，岂在鼎哉！昔大禹有天下，九牧贡金，取铸必鼎夏桀无道，鼎迁于商，商纣暴虐，鼎又迁于周如有其德，鼎虽小亦重，如其无德，鼎虽大犹轻。成王定鼎于郏辱，卜世三十，卜年七百，天命有在，鼎未可问也。”

楚庄王这才感到惭愧，再不敢有觊觎周室之心了。

无翼而飞

“无翼而飞”形容语言文字传播迅速、广泛。

此典出自《管子·戒》：“管仲复于桓公曰：‘无翼而飞者，声也；无根而固者，情也；无方而富者，生也。公亦固情谨声，以严尊生，此谓道之荣。'"

春秋时，齐桓公打算到东海边的芝罘（即今山东烟台）地方去看海潮，再从海路到南方的郎邪（山名，在今山东诸城县东南海滨）去游玩。当时有人讽喻说："桓公的这次出游可以与从前贤君的出行相比了。"桓公听到了，便问管仲："我有什么德能，可以和以前的贤君相比呢？"管钟对桓公说，君王的出游有几种："有的出去是省察农事，关心百姓生活；有的出去却只是乐不思蜀。从前的贤君出游的性质是属于前一种而不是后一种。"

齐桓公听了管仲的解释，觉得十分有意思，准备仿效贤君的做法。管仲随后又对桓公说了"无翼而飞者，声也！"等几句话，意思是说："话说出了口，正像没有翅膀能飞的东西那样，千里之外也会受到影响。"表明君王的一言一行影响很大，叫桓公谨慎，桓公都听从了。

燕然勒石

"燕然勒石"意指在燕然山上刻石纪功。人们用它表示取得了重大的胜利；也可用来形容建功边地的决心和气概。

此典出自《后汉书·窦宪传》："与北单于战于稽落山，大破之，虏众崩溃，单于遁走，追击诸部，遂临私渠比鞮鞮海。斩名王已下万三千级，获生口马牛羊橐驼百余万头。于是温犊须、日逐、温吾、夫渠王柳鞮等八十一部率众降者，前后二十余万人。宪、秉道登燕然山，去塞三千余里，刻石勒功，纪汉勒德，纪汉威德，令班固作铭曰：……"

窦宪率军在稽落山一带大战匈奴北单于，把北单于的军队打得一败涂地，匈奴的军队分崩离析，北单于仓皇逃窜。窦宪率军追赶匈奴残部，一直追到匈奴的私渠比鞮海。斩杀匈奴著名的大王及其以下的小王、将士等一万三千人，缴获马、牛、羊、骆驼等牲口一百多万头。匈奴温犊须、日逐、温吾、夫渠王柳鞮等八十一部率众投降的，共有二十多万人。窦宪与耿秉等人登上离开边塞三千多里的燕然山，刻石纪功，以显扬汉王朝的威德，命令班固撰写《燕然山铭》，以志不忘。

永垂不朽

"永垂不朽"表示永远传于后世而不朽或形容光辉的事迹或伟大的精神永远流传，不会磨灭。

此典出自《左传·襄公二十四年》："大上有立德，其次有立功；其次有立言，虽久不废，此谓之三不朽。"

春秋时期，有一次，鲁国的穆叔到晋国去，晋国的范宣子接见了他。在交谈中，范宣子问穆叔道："'人死了也不会朽'这句话是什么意思？"穆叔想了一会回答说："据我所知：最高的是德行上有所建树，其次是建立功业，再其次是树立言论。能做到这些，虽然死了，也永远不会废弃的，这就叫做'三不朽'"。

八斗之才

"八斗之才"用以比喻才华极高。

此典出自宋无名氏《释常谈·八斗之才》："文章多，谓之'八斗之才'。"

文章写得多的人，被称为"八斗之才"。南朝（宋）文学家谢灵运曾经说过："天下才能总共只有一石（十斗），曹子建（曹植）一个人独占了八斗，我得一斗，天下的其他文人共分一斗。"

伯乐哭骥

“伯乐哭骥”这篇寓言说的是千里马在不识马的人手里，竟被用来拉盐车，埋没一生，即使遇见识货的伯乐，也因年老无力，只有感伤悲鸣，徒唤奈何。这篇寓言对我们在了解发现和使用人才方面具有很大的启发意义。

此典出自《战国策·楚策》：“夫骥之齿至矣，服盐车而上太行，蹄申膝折，尾湛胕溃，漉汁洒地，白汗交流，中阪迁延，负辕不能上。伯乐遭之，下车，攀而哭之，解紵衣以幂之。骥于是俛而喷，仰而鸣，声达于天，若出金石声者。何也？彼见伯乐之知己也。”

这段话意思是说：

有一匹千里马很老了，拉着盐车上太行山。它吃力地伸着蹄子，弯着膝盖，垂着尾巴，皮肤溃烂，嘴里流出的白沫洒在地上，浑身汗水流个不停，在半山腰里拼命地挣扎着，驮着车辕子拉不上去。伯乐遇见了，急忙下车，拉着千里马哭了起来，脱下自己的麻布衣服盖在它身上。这时千里马低下头喷气，仰起头鸣叫，叫声直冲云霄，就像钟、磬发出来的声音一样。这是为什么呢？是因为它看到伯乐能够了解自己啊。

伯乐相马

“伯乐相马”人们常把具有识别人才的眼力的人比拟为伯乐，而把有用的人才比拟作千里马。所谓“世有伯乐，然后有千里马；千里马常有，伯乐不常有”，就是说，人世间有不少有用的人才，可惜没有人赏识他们，使用他们，结果他们都被埋没了。

此典出自《列子·说符》。

伯乐起初的名字叫孙阳，是春秋秦穆公时人。他擅长识别马的好坏。伯乐原本是天上一个星宿的名称，传说此星专管天马，因为孙阳擅长相马，所以人们都称他为伯乐。

伯乐有一个朋友九方皋，也擅长相马。伯乐曾把他介绍给秦穆公，替穆公求马。三个月后，九方皋果然找到一匹骏马。他说这是黄色的雌马，穆公一看，却是一匹栗色的雄马，不禁大失所望，对伯乐说，九方皋连马的性别毛色都分辨不出来，怎么能看出马的好坏呢？伯乐却不以为然，他认为九方皋着重在看马的内在精神，对马的外形却不大重视。穆公仔细一看，这匹马果然是天下最好的马。

不可多得

“不可多得”形容稀少、难得。多用于赞扬。

此典出自《后汉书·文苑列传下》：“若衡等辈，不可多得。”

东汉末年，平原郡般县（今山东临邑东北）有个名士叫祢衡，字正平。他博学善辩，才华横溢，深受士大夫们的赏识。当时的太中大夫孔融很欣赏祢衡的才能，便把他推荐给汉献帝。在荐表中，孔融写道：（祢衡）对事物，只要看一眼，便能背诵于口；只要听说一次，便能牢记在心。像祢衡这样的人，的确是不可多得的奇才。

汉献帝是个有名无实的傀儡皇帝。接到孔融的奏表以后，不敢擅自做主，便把荐书交给了曹操。曹操召见了祢衡，谁知祢衡对曹操出言不逊，惹怒了曹操。但为了不背上杀害贤良的罪名，曹操把祢衡派到刘表那里，想借刘表之手杀害他。起初，刘表对祢衡非常好，可是后来，祢衡又轻侮刘表，刘表便把他派到部将黄祖那里，想借黄祖之手杀害他。谁知黄祖和他的儿子黄射（yì）非常钦佩祢衡的才华，把祢衡待为上宾。

有一次，黄射大宴宾客，有人送了一只十分漂亮的鹦鹉，黄射很欢喜，请祢衡作篇鹦鹉赋，以助酒兴。祢衡不加推辞，操笔立成，顷刻之间，写出了在中国文学史上有名的《鹦鹉赋》，显示了他那不可多得的才华，众宾客全都赞不绝口。

可是，祢衡恃才傲物，狂妄不已。有一天，他又对黄祖出言不逊，惹恼了黄祖。一怒之下，黄祖便命人把祢衡给杀害了。这年，祢衡才二十五岁。

不舞之鹤

“不舞之鹤”意思是指不肯跳舞的鹤。人们用“不舞之鹤”比喻有名无实；也可用以自谦无能。

此典出自《世说新语·排调》：“刘遵祖少为殷中军所知，称之于庾公。庾公甚忻然，便取为佐。既见，坐之独榻上与语。刘尔日殊不称，庾小失望，遂名之为‘羊公鹤’。昔羊叔子有鹤善舞，尝向客称之。客试使驱来‘氃氋(tóngméng)而不肯舞。故称比之。’”

晋代人刘爰之，字遵祖，沛郡人，少有才学，喜欢谈论玄理，历任中书郎、宣城太守。当时，殷浩(曾任中军将军，又称殷中军)非常赏识他，就把他推荐给征西将军庾亮。庾亮非常高兴，便把他委任为辅佐之官。见面之后，庾亮叫刘爰之单独坐在一个座位上，双方开始谈话。那一天，刘爰之的谈吐欠佳，不像殷浩介绍的那样好，庾亮有点失望，因此给刘爰之起了一个绰号，叫“羊公鹤”。为什么把刘爰之称为“羊公鹤”呢？原来，晋代人羊祜(字叔子，曾任征南大将军)率军镇守荆州，江陵泽中有很多鹤，羊祜就捉了一只鹤，教它跳舞，以娱宾客，羊祜曾经向客人吹嘘这只鹤。可是叫人把鹤赶来，只见那只鹤羽毛松散，坚决不肯跳舞。庾亮把刘爰之比作那只鹤，就是嘲讽他有名无实。

祢衡裸衣骂曹操图。讲述祢衡当众辱骂曹操，但曹操不想背上害贤的罪名，于是将祢衡送至刘表处，欲借刘表之刀杀祢衡，后刘表将祢衡送至黄祖处，祢衡终为黄祖所杀之事。

沧海遗珠

“沧海遗珠”的意思是，沧海中被采收者遗漏的珍珠。人们用它比喻被埋没的人才。

此典出自《新唐书·狄仁杰传》：“仲尼称观过知仁，君可谓沧海遗珠矣。”

唐朝人狄仁杰，字怀英，并州太原(今山西太原)人。在唐高宗(李治)时期，历任侍御史、宁州刺史等职。武则天时期任豫州刺史。后来，他被酷吏来俊臣诬陷下狱，遭到贬谪。武则天神功元年，被恢复相位，是武则天晚年最信任的大臣。

狄仁杰小的时候，有一个守门人被杀害了，县吏前来调查情况，大家七嘴八舌地争着回答，狄仁杰专心读书，无动于衷。县吏责问他，狄仁杰回答说："我在书籍之中，正与圣人贤者对话，哪有工夫同你们这班庸俗的官吏答话呢？"他被荐举为明经之士，调任汴州参军。有一次，他遭到官吏的诬陷，黜陟使阎立本找他谈话，觉得他才能优异，歉疚地说："孔子说，观察人的过失，可以了解他的仁德。您就像大海之中被采集者遗漏的珍珠，是一个不可多得的人才啊。"于是就举荐他为并州法曹参军。

出将入相

"出将入相"的意思是，出则可为将，入则可为相。人们常用这个典故指称文武兼备的人才。

此典出自《旧唐书·李德裕传》："德裕以器业自负，特达不群。好著书为文，奖善嫉恶，虽位极台辅，而读书不辍。有刘三复者，长于章奏，尤奇待之。自德裕始镇浙西，迄于淮甸，皆参佐宾筵。军政之余，与之吟咏终日。在长安私邸，别构起草院，院有精思亭，每朝廷用兵，诏令制置，而独处亭中，凝然握管，左右侍者无能预焉。东都于伊阙南置平泉别墅，清流翠筱树石幽奇。初未未时，讲学其中。及从官藩服，出将入相，三十年不复重游，而题寄歌诗皆铭之于石。"

李德裕，唐代赵郡人，字文饶，才华出众，历任唐宪宗、唐穆宗、唐敬宗、唐文宗、唐武宗诸朝。唐武宗即位后，李德裕由淮南节度使升任宰相。执政六年，晋升为太尉，封卫国公。后来遭到异党打击，贬为潮州司马，再贬崖州司户。唐宣宗（李忱）大中三年，死在贬谪的地方，时年六十三岁。

李德裕自恃才能和业绩突出，我行我素，清高自傲，不同一般人来往。喜欢著书写文章，褒奖善良，疾恶如仇，虽身居宰辅高位，仍然坚持读书。有一个叫刘三复的人擅长写奏章，李德裕待他非同一般。自从李德裕镇守浙西时起直到在淮西任职，刘三复都是他的座上宾，参与议事。处理好军政公务之后，经常与刘三复一起吟诗咏文，终日不停。

李德裕在长安私宅建起了一个起草院，院内设有精思亭，每当朝廷用兵、皇帝诏令筹划安排的时候，李德裕就单独住在精思亭里，凝神构想，手握笔管，禁止侍从打扰他。东都洛阳市南的伊阙之地，设有平泉别墅，那里清流翠筱，奇树怪石，异常幽静。当初，李德裕未当官时，在此地讲学。等到去离京畿较远的地区当官，出则为将，入则为相，三十年间都没有来过这个地方。而他题写的歌诗之类都铭刻在石头上。

出一头地

"出一头地"的意思是高人一等。

此典出自《宋史·苏轼传》："后以书见修，修语梅圣俞曰：'吾当避此人出一头地。'闻者始哗不厌，久乃信服。"

北宋诗人苏轼，字子瞻，号东坡，眉州眉山（今四川眉山）人，父亲苏洵和弟弟苏辙都是著名的政论家，又都属于"唐宋古文八大家"。所以，苏轼从小就受到良好的教育。苏轼十岁时，父亲到四方讲学，母亲程氏亲自教他读书，向他讲述古今成败的道理。苏轼听后，就能讲出其中的主要道理。苏轼长大后，通晓经史，每天写出数千字的文章。宋仁宗嘉祐二年，二十一岁的苏轼考取进士。当时，科举考试中作弊之风非常严重，主考官欧阳修有志改正弊端，审卷十分严格。当他看到苏轼的论文《刑赏忠厚论》时，非常赞赏，想把苏轼列为第一名，但是又怀疑这篇文章是苏轼请别人代写的，因此只把他列为第二名。

李德裕像，图出自清·孔继尧绘《吴郡名贤图传赞》。

后来，苏轼把自己的文章拿给欧阳修看，欧阳修看后，认为苏轼才华盖世，就对梅圣俞（即梅尧臣，北宋诗人）说："我应当让此人（指苏轼）高出自己一头。"听到苏轼这些话的人，都不断地议论纷纷，心里不服。可是时间一长，他们都心悦诚服了。

楚材晋用

"楚材晋用"的本来意思是说，楚国的人才为晋国所用。后来人们用它指使用外国人才，或指人才外流。

此典出自《左传·襄公二十六年》："声子通使于晋。还如楚，令尹子木与之语，问晋故焉。且曰：'晋大夫与楚孰贤？'对曰：'晋卿不如楚，其大夫则贤，皆卿材也。如杞、梓、皮革，自楚往也。虽楚有才，晋实用之。'"

春秋时期，公子归生（即声子）出访晋国。回国之后，令尹子木找他了解晋国的情况，令尹子木问道："晋国的大夫和楚国的大夫相比，哪国的大夫更贤能呢？"归生回答说："虽然晋卿不如楚卿，但晋国的大夫却非常贤能，几乎每个人都有做公卿的才能。好像杞木、梓木、皮革都是从楚国运去的一样，楚国的一些人才都流到晋国去了。这就是说，虽然楚国有人才，但只有晋国在使用他们，发挥他们的才干。"

接着，归生举了很多例子。如，楚庄王元年发生子仪之乱的时候，析公逃亡到晋国，晋国把他安排在晋侯战车的后面，让他做主要谋士，在靡角战役中，晋军失利，打算逃跑。析公建议说："楚军轻佻，很容易被动摇。如果齐擂战鼓，在晚上全军进攻，楚军一定会逃跑。"晋国人采纳了他的建议，果然大获全胜。

又如，雍子的父亲和哥哥诬陷雍子，国君和大夫们都反对为他主持公道，雍子只好逃奔到晋国。晋国人给他封邑，让他做主要谋士。彭城战役中，晋军与楚军在靡角之谷交战，晋军就要战败了，雍子向军队发布命令说："年老的和年幼的都回去，孤儿和有病的都回去，兄弟二人一起服兵役的，回去一个，精选步兵，检阅兵车，喂饱战马，烧掉帐篷，明天决战。"结果，晋军把楚军打败了。又如，灵子逃到晋国，晋国人给他封邑，让他做主要谋士。灵子抵御了北狄，让吴国和晋国和好，教吴国背叛楚国，教吴人乘战车、射箭驾车奔驰作战等等，给楚国带来了祸患。

又如，若敖叛乱中，伯贲的儿子贲皇逃奔到晋国。晋国人给他封邑，让他做主要谋士。在鄢陵战役中，楚军气势汹汹地逼近晋军，晋军想要逃跑时，贲皇建议说，楚军的精锐部队是中军王族，应集中力量攻击他们。晋军依计行事，结果大获全胜。

列举了这些事例之后，公子归生又谈到当前伍举被迫逃亡到郑国的事。令尹子木害怕了,连忙向楚王报告,增加伍举的官禄爵位,把他接回国内。

大器晚成

“大器晚成”的意思是说,材器大的,就不容易速成。人们多用它指人的成熟较晚。

此典出自《三国志·魏书·崔琰传》:“琰从弟林,少无名望,虽姻族犹多轻之,而琰常曰:‘此所谓大器晚成者也,终必远至。’”

崔琰,字季珪,东汉末年清河东武城人。他从小爱好击剑,练得一身好武艺。后来又苦读诗书,学识丰富。大将军袁绍知道他贤德,封他当了骑都尉。袁绍兵败官渡之后,患病而死,曹操起用崔琰,任为别驾从事。曹氏立国之后,崔琰做了尚书。他为人正直,并且擅长识别人才、爱惜人才。

崔琰有个堂弟,叫崔林。崔林在年轻的时候,名气不大。大家都瞧不起他,即使是亲戚们也都轻视他。只有崔琰常常说:“崔林这个人是有希望的。正如老子所说,大的器物需要经过长时间的加工才能做成,崔林将来必定会成大器的。”后来,崔林果然成为栋梁之才。

独步一时

“独步一时”的意思是,超群出众,在当时独一无二。

此典出自《宣和画谱》卷十一:“论者谓熙独步一时,虽年老落笔益壮,如随其年貌焉。”

《宣和画谱》,共20卷,没有著撰人名姓,记宋徽宗(赵佶)宣和年间内府所藏诸画,共收画家231人,名画6396轴,并按时代附上了画家小传,评论其风格成就。

《宣和画谱》中记载了一个画家,叫郭熙,字淳夫,宋代河南人,是御画院艺学士,擅长画山水,在他的笔下,山山水水如有云烟出没,峰峦隐显,千姿百态。《宣和画谱》记载道:“评论者都说郭熙的作品超群出众,独树一帜,虽然年老了,可是画起来更加气势壮伟,好像随着年龄的增长,画技越来越高超了。”

独当一面

“独当一面”的原意是说,可以独立担当一个方面的军事任务。人们多用它表示可独自承担或负责一个方面的工作。

此典出自《汉书·张良传》:“汉王之将独韩信可属大事,当一面。”

秦朝末年,汉王刘邦在争夺天下的时候,得到谋士张良的大力协助。刘邦封张良为成信候,并于公元前205年亲自率领大军前去攻打项羽。到彭城,被楚霸王项羽打得大败,汉军狼狈逃窜。当军队撤到下邑时,刘邦跳下战马,手扶鞍鞯,问道:“如果有人能与我一起打败项羽,我愿意把函谷关以东的地区送给他,你认为谁能担当这个重任?”张良回答说:“九江王黥布,是楚国的勇将,但他与项羽有矛盾。楚大将彭越和齐王田荣正在梁地,反对项羽,应尽快派人与这两个人取得联系,得到他们的配合。而汉王您的部将中只有韩信可担此重任。应该把大事交付给他,让他独自承担一个方面的重任。既然您愿意把关东之地送给立功的人,那就送给这三个人好了。如此一来,就可以把楚霸王打败了。”刘邦采纳了张良的意见,果然得到了显著的战果。

张良像，图出自明·天然撰《历代古人像赞》。

丰城剑气

“丰城剑气”形容珍贵、稀奇之物，也可用它形容才能杰出的人。

此典出自《晋书·张华传》。

张华，字茂先，晋代范阳方城人。父亲张平，在魏国曾任渔阳郡守。张华少年时孤独贫寒，曾以牧羊为生。他博闻强记，学问渊博，才华横溢。西晋政权建立后，晋武帝（司马炎）欣赏张华的才能，拜他为中书令、散骑常侍。后来，他做了司空。

在我国古代，天文学家把太阳和月亮所经天区（被称为黄道）的恒星分成二十八个星座，称为二十八宿，四方各有七宿。天文术数家又认为，人的命运同星宿的位置、运行有很大的关系，他们根据星体明、暗、薄、蚀等现象，预测人事的吉凶。

当初，东吴还没有被灭掉时，斗宿与牛宿之间常有紫色云气。天文术数家们据此认为，东吴正处于强盛之际，是不可征服的。只有张华认为事实并不是这样。等到东吴被平定之后，那紫色云气却更加明显了。张华听说豫章郡（今南昌）人雷焕对星象很有研究，就邀请他留下过夜，并悄悄对雷焕说：“我们应当一起研究天文，预测将来的吉凶。”于是，二人一起登楼，夜观星象。雷焕说：“我已经观察很久了，没有发现异常现象，只是牛宿、斗宿之间有很多异常的云气。”张华问道：“这是什么征兆呢？”雷焕回答说：“这是宝剑的精气，上达于天际。”张华说：“您说对了。我在小时候，有个相面的人说，我年过六十岁会登上三公的官位，并且能够佩带宝剑。这个话，看来就要应验了！”于是，张华问道：“宝剑在哪一郡呢？”雷焕回答说：“在豫章郡丰城县。”张华说：“我想请您屈尊做丰城县令，帮我秘密地寻找宝剑，可以吗？”雷焕答应了他的请求。张华大喜，立刻委任雷焕为丰城县令。雷焕到达丰城县，挖掘监狱屋基，挖到四丈深的地方，发现了一个石匣，光气异常，里边有一双剑，都刻有题记，一个叫龙泉，一个叫太阿。当天晚上，斗宿、牛宿之间的云气就消失了。雷焕把其中一把剑送给张华，自己留下一把佩带着。有人对他说：“您得到两把宝剑，只送给张华一把，难道张华是那么容易欺骗的吗？”雷焕说：“本朝即将大乱，张华必遭灾祸。宝剑是灵异之物，必会消逝，不会永远为人效劳的。”张华得了宝剑，非常爱惜，常常放在身边。后来，张华被杀，宝剑不知去向。雷焕死后，他的儿子雷华带着另一把宝剑行经延平津，宝剑忽从腰间蹦出，掉到水里不见了。雷华命人到水中寻找，根本就没有宝剑的影子，只见两条龙各长数丈，互相盘绕着，慢慢地游走了。从那以后，两把宝剑就永远地消失了。

封人之怨

“封人之怨”比喻应任人唯贤，论功行赏。

此典出自《韩非子·外储说左下》：“管仲束缚，自鲁之齐，道而饥渴，过绮乌封人而乞食。乌封人跪而食之，甚敬。封人因窃谓仲曰：‘适幸及齐不死而用齐，将何报我？’曰：‘如子之言，我且贤之用，能之使，劳之论。我何以报子？’封人怨之。”

春秋时期，齐桓公（小白）还没有当上齐国国君的时候，曾在莒（jǔ）国避难，他的哥哥公子纠在鲁国避难。后来，管仲帮助公子纠同小白争夺君位，并曾经射中小白的带钩。桓公即位后，就派人把管仲从鲁国押解回齐国。

管仲被押解着从鲁国到齐国去，半路上又饥又渴，路过绮乌这个地方的时候，到主管边防的地方官吏那儿去讨点饭吃。那个官吏就跪下来给他东西吃，对他非常恭敬。官吏偷偷地对管仲说：“如果您到了齐国能够活下来，还受到齐国的重用，您将怎样报答我呢？”管仲回答道：“如果真像您说的那样，我就任用贤能，论功行赏。我又能怎样来报答你呢？”那个官吏听了这话以后，非常佩服管仲。

凤毛麟角

“凤毛麟角”比喻珍贵而不可多得的人或事物。

此典出自《南史·谢灵运列传》：“王母殷淑仪卒，超宗作诔奏之，帝大嗟赏，谓谢庄曰：‘超宗殊有凤毛，灵运复出。’”

谢灵运是南朝宋时的著名诗人，写得一手好文章。他的山水诗名噪一时。他的孙子名叫谢超宗，聪明好学，极有文采，在当时也颇有名气。

谢超宗曾经担任新安王刘子鸾的常侍，王府中的文告函件都是由他撰写的。新安王的母亲殷淑仪去世后，谢超宗写了一篇悼念死者的诔词，写得非常精彩，孝武帝读过以后，非常赞赏，对左右说：

“谢超宗真是有凤毛呀，天下又出了一个谢灵运！”

当时右卫将军刘道隆也在座。他听孝武帝夸谢超宗有凤毛，误认为谢超宗真有凤凰的羽毛，就跑到谢家，央求说：

“听说你有稀奇的东西，快让我瞧瞧！”

谢超宗不明来意，反问道：

“我这个贫寒之家能有什么稀罕之物呢？！”

原来刘道隆是行伍出身，没读过书，不理解“凤毛”的含义，又正巧谢超宗的父亲名字叫谢凤，他以为谢家藏有稀世之宝。结果刘道隆找了半天，直到天黑他也没有找到凤毛，自言自语地

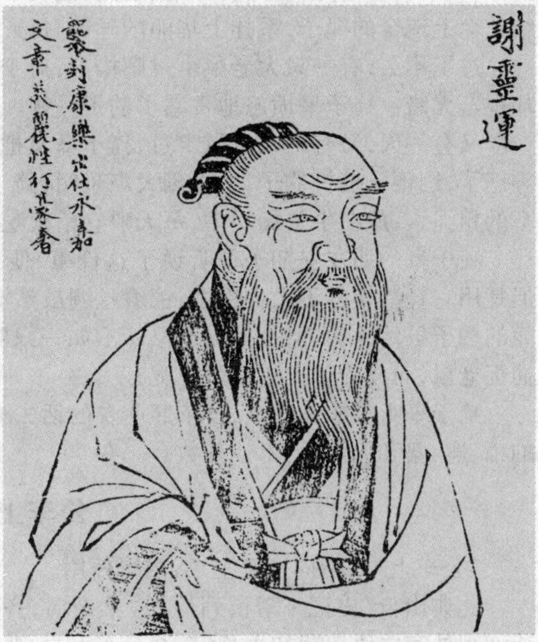

谢灵运像，图出自明·天然撰《历代古人像赞》。

说："早上陛下还说你有凤毛啊，怎么找不到呢！"无奈，他只得扫兴而归。

后来，这件事成了大家的笑柄。

伏龙凤雏

"伏龙凤雏"喻指有才能的隐居之人。

此典出自《三国志·蜀书·诸葛亮传》裴松之注引《襄阳记》："儒生俗士，岂识时务？识时务者在乎俊杰。此间自有伏龙、凤雏。"

东汉末年，天下大乱，群雄并起。刘备为了夺取天下，千方百计搜罗人才。有一次，他带着侍从，不顾风寒，不怕路途遥远，诚心去拜访司马德操请教治国之事。当刘备谈到怎样的人才能治理好国家，以及从哪里可以取得这样的贤人时，司马德操说："儒生俗士，岂识时务？识时务者在乎俊杰。此间自有伏龙、凤雏。"（意思是：孔子的信徒和那些庸俗之士，哪里能够知道世事的发展变化？能够认清形势变化的人，才算得上是杰出的人物，才是治国的人才。这里就有这样的人才，那就是伏龙和凤雏二人。）刘备听后，喜笑颜开，连忙问道："你说的伏龙、凤雏到底是哪一位呀？"司马德操慢条斯理地回答说："诸葛孔明、庞士元也。"刘备牢牢记住了这两个人的名字，回去以后，他就时刻留心寻访。

各有所能

"各有所能"这则寓言用以说明兽有专长，人各有能，以之不能强使之能，就是不得要领、不辨菽麦，犹如缘木求鱼，劳而无功，更何况，大材小用，有材不用，就是浪费、糟蹋财富，像这样是没法把事情办好的。

此典出自《燕书》。

猗于皋听说尾勺氏养着一只豹子，善于捕捉野兽，就用一对白璧和他交换，并且摆设宴席，召请自己的好友来喝酒。酒宴间，把豹牵到庭院里，当众夸赞它的捕兽本领。于是，给它套上镜金的绳子，系挂上华丽的丝绸，每天用牛肉、猪肉喂它。

过了不久，有一只大老鼠窜过廊檐下，猗于皋急忙解开豹子让它去捉老鼠，但是豹子却视若无睹。猗于皋愤怒地责骂了豹子一顿。

又有一天，又有一只老鼠窜过，猗于皋又把豹子放开，豹子依然是视若无睹。猗于皋震怒了，用鞭子抽打豹子，豹立刻大声吼叫，猗于皋鞭打得更加厉害了。给豹子换上牵牲畜的粗绳索，放在牛羊栅栏中，每天喂它糟糠吃。豹子非常懊丧，很想痛哭一场。

猗于皋的朋友安期子佗听说了这件事，便来责怪他说："我听说名剑巨阙虽然锋利，但是用它补鞋却赶不上尖锥子；锦缎丝绸虽然漂亮，用它洗脸却比不上一尺粗布；花纹美丽的豹子虽然凶猛，但是捕捉老鼠却不如一只野猫。你是多么愚蠢呀！为什么不用猫去捕捉老鼠，而放豹子去猎获野兽呢？"

猗于皋听了非常高兴，就依照朋友的话去做。不久，猫把老鼠都捉完了，而豹子捕获的獐、鹿、麋和兔等，则不计其数。

公车上书

"公车上书"指向帝王上书，求得任用。

此典出自《史记·滑稽列传》："武帝时，齐人有东方生名朔，以好古传书，爱经术，多所博观外家之语。朔初入长安，至公车上书，凡用三千奏牍。公车令两人共持举其书，仅然能胜之。人主从上方读之，止，辄乙其处，读之二月乃尽。"

这段话意思是说：

汉武帝时期，齐地有一个名叫东方朔的人，因为他爱好古代的史传和儒生所习的经术，所以很广泛地阅读诸子百家的作品。东方朔初次来到长安的时候，到掌管殿廷司马门的官署那里上书给皇帝。那时候纸张还没有发明，记事或通信的时候就把字句写在木片或竹片上，叫做简牍。东方朔要说的话很多，共用了三千枚奏牍。官署派了两个人才能抬得起他的奏牍。

汉武帝在宫内阅读东方朔的奏牍，看到一个地方需要停读了，便在那里勾勒一下，以方便再继续看下去，就这样，汉武帝一直读了两个月才读完。

东方朔像，图出自清·顾沅辑《古圣贤像传略》。

盖世之才

“盖世之才”比喻当代第一或独一无二的人才。

此典出自宋代苏轼《留侯论》：“子房以盖世之才，不为伊尹、太公之谋，而特出于荆轲、聂政之计。”

张良刺杀秦始皇失败后，便隐居在下邳。有一次，张良在下邳的一座桥上散步，遇到一位老人，名叫黄石公。老人走到张良面前故意把鞋子掉到桥下去，然后回头对张良说：“小伙子，到桥下替我把鞋子捡起来。”张良毫不犹豫地照办了。当张良把鞋子拾起来后，老人又让张良把鞋给他穿上，张良又非常乐意地给他穿上了。老人笑着对张良说：“孺子可教矣。”临走时，老人让张良五天后的黎明来桥上等他。

五天后，张良来到桥头上时，老人早就来到桥上了。老人责备张良说：“与长者相约，为什么后到呢？”然后老人又让他五天后再来。五天后，鸡刚叫张良就到桥上去，但是老人又先到了。老人又责备张良来晚了，叫他五天之后再来。又过了五天，张良不到半夜就到桥上去了，他等了好一会儿老人才来。这一次，老人对他非常满意，于是就把一部《太公兵法》赠给了张良。

张良得到兵书，如获至宝，回到家中不分昼夜地认真研读，苦心琢磨，后来成了刘邦得力的谋臣。宋朝苏轼在《留侯论》中，赞扬张良是“盖世之才”。

顾曲周郎

“顾曲周郎”指歌曲评论家、内行人。

此典出自《三国志·吴志·周瑜传》：“瑜少精意于音乐，虽三爵之后，其有阙误，瑜必知之，知之必顾。故时人谣曰：‘曲有误，周郎顾’。”

东汉末年，吴中有一位名将叫周瑜，字公瑾，庐江舒县（今安徽舒城）人。他出身士族,少与孙策友善,后来依附孙策,为建威中郎将,帮助孙策在江东创立了孙吴政权。孙策死后,周瑜与张昭共同辅佐孙权,任前部大都督。建安十三年(公元208年),曹操率军南下。周瑜和鲁肃坚持主战,并亲率吴军大败曹兵于赤壁。两年后周瑜病死,终年三十五岁。

周瑜不但有卓越的政治军事才能,而且精通音乐,有很高的音乐欣赏能力。据载:周瑜听人演奏的时候,即使喝得醉醺醺的,也能听出很细微的差错。每当发现了错误,他就看一眼演奏者,示意他演奏错了。因此,当时有句歌谣说:“曲有误,周郎顾。”

挂壁梭飞

“挂壁梭飞”比喻贤士会应时而起。

此典出自《晋书·陶侃传》:“侃少时渔于雷泽,网得一织梭,以挂于壁。有顷雷雨,自化为龙而去。”

陶侃(公元259—334年)少年丧父,家境贫寒。曾任县吏,办事认真,后任荆州、广州刺史,都督八州诸军事。陶侃在军中供职四十一年,雄毅果决,多谋善断。晋代,陶侃年少时,有一次到雷泽捕鱼,一网下去,从水中网起一个织布梭子。陶侃把梭子带回家,挂在墙壁上。过了一会儿,天空雷雨大作,梭子变成了一条龙,腾空而去。

桂林一枝

“桂林一枝”的意思是,桂树林中一枝花。人们用“桂林一枝”比喻科举考中。用“失桂”指落榜。也可用“折桂”比喻科举考中。

此典出自《晋书·郤诜传》:“臣举贤良对策,为天下第一,犹桂林之一枝,昆山之片玉。”

郤诜,字广基,晋代济阴单父人。他博学多才,风度翩翩,不拘小节,连州郡礼请他做官,他也不答应。

泰始(公元265—274年)年间,晋武帝(司马炎)初建西晋政权,为了选拔人才,诏令天下荐举贤良之士。在对策考试中,郤诜的应试答对名列第一名,被朝廷任作议郎。不久,他的母亲去世,郤诜守丧三年后,又被朝廷召为征东参军,后改任尚书郎,又转任车骑从事中郎。吏部尚书崔洪见他才能优异,荐举他为左丞。在职期间,郤诜因事弹劾崔洪,导致崔洪对他心怀怨恨。郤诜据理力争,使崔洪羞愧难当。

郤诜被任命为雍州刺史。晋武帝召集文武百官在东堂为他送行。晋武帝问郤诜说:“你认为自己的才学怎么样?”郤诜回答道:“在朝廷举行的贤良对策考试中,我的应试答对名列天下第一,这就像桂树的一枝花,昆仑山上的一块玉。”晋武帝大笑。朝廷的侍中觉得郤诜太狂妄,上奏武帝,请求免去郤诜的官职。武帝说:“我同他开开玩笑,他只是说了点不得体的话而已,没必要大惊小怪。”郤诜在任期间威严明断,很受四方百姓的称赞。

国士无双

“国士无双”用以称赞杰出的人才。

此典出自《史记·淮阴侯列传》:“上复骂曰:‘诸将亡者以十数,公无所追,追信诈也。’何曰:‘诸将易得耳,至如信者,国士无双。王必欲长王汉中,无所事信;必欲争天下,非信无所与计事者,顾王策安所决耳!’”

汉初大将韩信,在秦末楚汉相争时,刚开始投靠项羽。后来,他对项羽不满,又投奔了刘邦。开始，他在刘邦手下只当一个小官，并没有得到重用。刘邦的谋士萧何认为韩信是个人才，便屡次向刘邦举荐，但刘邦仍没有重用他。后来，韩信不辞而别，另谋出路。萧何来不及把韩信逃亡的事向刘邦报告，就独自骑马追赶。

刘邦得知这一消息后，责骂萧何说："现在逃走了几十个将领，你都不去追赶，而你却偏去追赶韩信，这是欺骗我。"萧何说："一般的将领是很容易得到的。但是像韩信这样的人，却是不可多得的人才，没有人可以同他相比的。大王你如果长期局限在汉中当王，是没有韩信的用处；如果你想争夺天下，除了韩信，没有可以同他商议大事的人。这就要看大王决定走哪一条路了！"

刘邦尊重萧何的意见，拜韩信做了大将。

和氏之璧

"和氏之璧"这个故事讲述了张仪被诬陷拿了和氏璧的经过。

此典出自《史记·张仪列传》："张仪已学而游说诸侯。尝从楚相饮，已而楚相亡璧，门下意张仪，曰：'仪贫无行，必此盗相君之璧。'共执张仪，掠笞数百，不服，醳之。"

楚威王让昭阳做楚国的令尹。张仪到了楚国，令尹昭阳就把他留下做了门客。那时候（公元前334年），昭阳打败了越王无疆，把他杀了。越国的残兵败将、大臣们，以及许多老百姓都逃到东南海边一带去了。昭阳灭了越国后，又收复了从前属于吴国的土地，再向东扩张地盘，一直到了浙江（就是钱塘江）。他还请楚威王派大将庄蹻率领大军进入滇国（就是云南省）。他以滇池（就是云南省昆明市）为中心，周围占领了几千里地方。这是庄蹻的功劳，可是昭阳的功劳比他更大，因为这是他提出的建议，是他主持的工作。于是楚威王赏给他一块天下出名的玉璧，叫"和氏璧"。

这块玉璧大概已经有了四百多年的历史了，这回楚威王把这块价值连城的宝物赏给了昭阳，昭阳觉得非常荣幸。

有一天，令尹昭阳和客人、家臣们在池子旁的亭子里喝酒。客人当中有人提起"和氏璧"来，大伙儿就请令尹拿出来给他们开开眼界。昭阳就把这块玉璧交给在场的客人，叫他们一一传看。大家看到"和氏璧"，全都惊奇不已、赞不绝口。正在传着看的时候，池子里突然跳起一条大鱼来，大伙儿都站在窗户旁仔细看。那条大鱼又跳起来，接着又有几条鱼也在水面上跳。一会儿工夫，东北角起了一片乌云，眼看就要下大雨。昭阳怕客人们被雨淋了，就赶紧命令散席。谁知道那块玉璧没了，也不知道传到哪个人手里了。大伙儿找了一阵子，没找着那块"和氏璧"。昭阳一肚子的不高兴，又不好意思得罪客人，只好让大伙儿回去。可是他自己的门客必须要搜一搜。他就叫手下的人一个一个地搜。俗语说："人爱富的，狗咬穷的"，他们见张仪这么穷，就说："偷玉璧的不是他就没有别的人了。"昭阳也怀疑是他，叫手下的人拿鞭子打张仪，逼着他招认。张仪哪能招认呢？他把眼睛一闭，咬着牙，让他们打了好几百下，打得遍体鳞伤，眼瞧着活不了啦。昭阳觉得他挺可怜的，也就算了。旁边也有可怜张仪的，把他送回家去。

张仪的妻子一瞧自己的丈夫被人家打得不像样儿，就哭着说："你不听我的话，如今被人家欺负到这种地步，如果不去做官，哪能被人家打成这样呢？"张仪哼哼着问她："你瞧一瞧，我的舌头还在吗？"他的妻子呸了他一口，说："瞧你说的，给人家打得这个样儿，还逗乐啊！舌头当然还在。"张仪说："只要舌头没掉，我就不怕，你完全可以放心。"他调养了一段时间，就回到本国去了。

鹤立鸡群

“鹤立鸡群”比喻一个人的身材或才能超出一般人。

此典出自《世说新语·容止》：“有人语王戎曰：‘嵇延祖卓卓如野鹤之在鸡群。’”

晋朝时有一个叫嵇绍的人，长得身材高大，仪表气宇轩昂。他在晋惠帝朝中当侍中的官。有一次，都城发生了叛乱，齐王同就在这次叛乱中被杀。嵇绍看到叛乱的形势越来越危急，就一直往皇宫狂奔。宫门口的侍卫见有人跑来，立时搭箭拉弓准备射杀，这时侍卫官萧隆远远望见嵇绍的高大身材，连忙从那个侍卫的弓上取下正要射出的箭。

不久，河间王颙和成都王颖联合起来，侵犯国都，嵇绍跟随惠帝到汤阴去讨伐，结果却打了败仗。当时许多官员和侍卫死的死，伤的伤，逃的逃；只有嵇绍依然跟随威武而恭敬地保卫着惠帝。后来，由于射来的箭太多了，嵇绍终因寡不敌众，也中箭身亡。他身上流出的鲜血溅到惠帝的衣服上，有人要洗掉，惠帝却舍不得。当嵇绍殉难之前，有人曾对司徒王戎说：“昨天在人群中看到嵇绍，他那雄伟英俊的样子就像仙鹤立在鸡群里一样。”

黑头公

“黑头公”意指头发仍黑时就登上三公高位。人们多用它指少壮而居高位者。

此典出自《晋书·王珣传》：“珣字元林。弱冠与陈郡谢玄为桓温掾，俱为温所敬重，尝谓之曰：‘谢掾年四十，心拥旄杖节。王掾当作黑头公。’”

这段话意思是说：

晋代王珣，字元林，年纪轻轻就与陈郡的谢玄一起给桓温当副官，两人都受到桓温的敬重。桓温曾经评论他们说：“谢副官在四十岁时，一定会持着帅旗、拿着符节，当上军政要员。王副官在少壮时就可以荣登三公高位。”

嵇绍像，图出自清·顾沅《古圣贤像传略》。嵇绍，字延祖，曹魏中散大夫嵇康之子。

后起之秀

“后起之秀”用以称誉晚辈中优秀的人物。

此典出自《晋书·王忱传》：“卿风浪俊望，真后来之秀。”

王忱，字元达，青年时代名气就很大，与王恭、王珣都名震一时。曾任骠骑长史。有一次，王忱去拜访舅舅范宁（字武子，在东晋任豫章太守），恰巧客人张玄（字祖希）也来拜访范宁，范宁叫王忱陪着张玄说说话，张玄正襟危坐，等着王忱说话，谁知王忱竟然一言不发，不搭理张玄。张玄大失所望，悻悻地走了。范宁责备王忱说：“张玄是吴郡中有名的人物,你为什么不同他谈谈呢?”王忱笑着说:“他如果想认识我,可以亲自来见我嘛。”范宁说:“你如此风流俊逸,才智杰出,真是晚辈中的优秀人物啊!”王忱说:“没有您这样的舅舅,哪有我这样的外甥!”后来,范宁叫人向张玄转达了王忱的意思,张玄穿戴得整整齐齐,登门拜访王忱,二人尽宾主之礼,成了好朋友。

东晋孝武帝(司马昌明)及太元(公元376—396年)年间,王忱出任荆州刺史,都督荆州、益州、宁州三州诸军事。他自恃才高,狂放不羁。有一次,张玄来拜访他,门口通报的侍者进去向王忱报告,还没有返回来,张玄就坐着轿子径直进去了。王忱对张玄大发脾气,张玄也很生气,愤然离去,王忱也不挽留。还有一次,王忱在农历初一接见宾客,安排了许多仪仗侍卫人员。张玄说想去打猎,向王忱借数百人作为随从。王忱毫不犹豫地如数把随从拨给了他,张玄非常敬服。

后生可畏

“后生可畏”用以表示青年人容易超过老的一代,他们是值得敬服的。

此典出自《论语·子罕》:“后生可畏,焉知来者之不如今也?”

有一次,孔子和一些上了年纪的人一起聊天。有人说:“现在的一些年轻人将来能不能赶上我们这些人呢?”孔子回答说:“年轻人是可爱的,你怎么能断定他们将来赶不上我们这些人呢?”孔子停顿了一下,又接着说:“不过,一个人到了四十、五十岁如果还没有成就,那就可怕了。”在场的人听了孔子最后的这句话都深有感触地说:“像我们这样的人,如果再不努力,就真的会老大徒伤悲了。”

华而不实

“华而不实”的原意是只开花不结果。比喻某人某物外表好看,内里空虚。

此典出自《左传·文公五年》:“晋阳处父聘于卫,反过宁,宁嬴从之,及温而还,其妻问之。嬴曰:‘以刚。’《商书》曰:‘沉渐刚克,高明柔克。夫子壹之,其不没乎!天为刚德,犹不干时,况在人乎?且华而不实,怨之所聚也。犯而聚怨,不可以定身。余惧不获其利而离其难,是以去之。’”

这段话意思是说:

春秋时期,晋国大夫阳处父去访问卫国。访问归来时,他路过晋国的宁地。晋国有一个逆旅大夫名叫宁嬴,想要投靠阳处父,就跟着他走了。可是,刚走到温地的时候,宁嬴却离开阳处父,回家去了。他的妻子觉得非常奇怪,就问他为什么半路返回呢?宁嬴说:“阳处父这个人,性情过于刚硬了。《商书》说:‘深沉不暴露的人才能刚硬,爽朗不暗弱的人才能柔和。’这是人必须具备的两项修养。而阳处父只具备其中一项,恐怕以后要有祸患!上天具有刚强的德性,尚且不触犯寒暑四时的次序,何况做人做事呢?如果一个人只会夸夸其谈,言过其实,不办实事,就容易触犯别人而积聚怨恨,其结果必然是自身难保。我担心我不能得到利益反而遭到祸害,所以我就离开他了。”

驾豕耕田

“驾豕耕田”这则寓言说明耕田不用牛,虽不得田,其害小,治国不用贤人,则天下受祸。

此典出自《宋文宪公集遗编》。

商于子家里十分贫困,没有牛耕田,便牵了一头大猪去耕田。大猪不肯服套,刚把轭

杨大眼像，图出自清·马骀《百将图传》。杨大眼，中国北魏孝文帝时名将，武都(今属甘肃)人，氐族，生卒年不详。因骁勇敏捷，被任为统军，继任征虏将军、武卫将军、平东将军等职。

套在脖子上就立刻挣脱了下来，一整天也没有犁破一畦土地。

宁母先生走过来责怪他说："这是你的错误了！耕田应当使用牛，因为牛的力气大，能够翻起土块，而且牛的蹄子坚硬，能够陷踏泥沼。猪纵然肥大，又怎么能耕田呢？"

商于子怒气冲冲地没有搭理他。

宁母先生说："《诗》中不是说过'告诉众伙伴，抓猪在猪圈'吗？这就是说，要把猪当作菜肴食用。而现在，你却用猪代替牛，这不是把事情弄颠倒了吗？我是同情你才告诉你的，你却反而恼怒我不理睬我，这是为什么呢？"

商于子说："你认为我把事情弄颠倒了，而我却认为你把事情弄颠倒了。我难道不知道耕田必须用牛，就像治理人民须用贤能的人一样！如果不用牛耕田虽不能耕好田地，它的危害还是小的；如果不使用贤能的人，则天下的老百姓都要遭殃，那它的危害可就大很多了！你为什么不去把责怪我的话拿去责备那些统治人民的人呢？"

宁母先生回头对他的徒弟们说："原来这是一个内心怀有激愤的人呀！"

蛟龙得水

"蛟龙得水"比喻英雄逢时，可以充分施展才能。

此典出自《北史·杨大眼传》："吾之今日，所谓蛟龙得水之秋，自此一举，不复与诸君齐列矣。"

南北朝时，北朝后魏武帝时，又想出兵向南方攻打梁朝，尚书李冲负责选拔出征官员。有一个名叫杨大眼的小官毛遂自荐，李冲不答应。杨大眼说："尚书，你不知道我的本领，因而不了解我，让我表演一个小技能给你看看。"接着他便表演了一种飞奔的本领，其速度之快连飞驰中的马也追不上，李冲看后非常高兴，立刻升杨大眼为军官。

杨大眼被这突如其来的喜事弄得得意忘形，向他的同事说："今天的我，真像人们所说的蛟龙得水一般的快乐，从此以后，我将不会和你们诸位站在同一行列了。"没过多久，杨大眼又被升作统军，每次打仗都会立下很大的功劳。他骁勇善战，不但梁朝的军人都畏惧他，就是北方的儿童，只要一听到杨大眼的名字，也吓得不敢啼哭了。

金莲花炬

"金莲花炬"形容文士受到皇帝的宠爱和信任。

此典出自《新唐书·令狐绹传》："进中书舍人，袭彭阳男。迁御史中丞，再迁兵部侍郎。还为翰林承旨。夜对禁中，烛尽，帝以乘舆、金莲华炬送还，院吏望见，以为天子来。及绹至。皆惊。"

唐代人令狐绹，是尚书仆射令狐楚的儿子。唐文宗（李昂）太和四年，令狐绹被举荐进士，唐武宗时期，出任湖州刺史。唐宣宗（李忱）大中初年，唐宣宗对宰相白敏中说："宪宗（李纯）逝后安葬时，半路上遇到了暴风骤雨，六宫的百官都躲雨去了，只剩下一个身材高大、留着长胡子的人扶着灵柩，不肯离开，这个人是谁呀？"白敏中回答说："他是山陵节度使令狐楚。"宣宗问："令狐楚有儿子吗？"白敏中回答说："有。他的儿子令狐绪从小患有风痹病，无法做官。另一个儿子令狐绹现任湖州刺史。"白敏中还说："令狐绹是个当宰相的人才。"宣宗听后立即诏令令狐绹进宫，任考功郎中，翰林学士。

一天夜里，宣宗招来令狐绹，同他谈论人间疾苦一事，宣宗拿出《金镜》这本书，对令狐绹说："这部书是太宗（李世民）所著，你帮我指出其中的要点。"令狐绹回答道："这部书的要点是：要达到天下大治，就不能任用不肖之人；导致天下大乱，就是因为没有任用贤才。任用贤才，就会给天下带来幸福；任用不贤之人，就会给天下带来祸患。"

宣宗说："你讲得很好，我每次读到这里，总要反复咀嚼，深刻反思。"令狐绹下拜说："陛下要振兴王业，除此还有什么更重要的办法呢？"此次谈话以后，令狐绹更受皇帝的器重了。

令狐绹被提拔为中书舍人，承袭了彭阳男爵位，升为御史中丞，又升为兵部侍郎。同时任翰林承旨。一天夜里，宣宗召他到宫禁之中谈话，谈了很长时间，才让他回翰林院。临行时，宣宗把御用的乘舆和金莲花形的蜡烛送给他用，并送他返回翰林院。院吏看到后，以为是天子驾到了。近前一看，原来是令狐绹，众人不禁大吃一惊。

举足轻重

"举足轻重"的意思是，只要移动一步，就会影响两边的轻重，比喻某人的地位十分重要，他的一举一动，一言一词，足以影响全局。

此典出自《后汉书·窦融传》："今益州有公孙子阳，天水有隗将军，方蜀汉相攻，权在将军，举足左右，便有轻重。"

东汉初年，有一个人叫窦融，字周公，扶风平陵人。王莽建立新朝之后，窦融因人推荐，在王莽的军队中做事。王莽失败后，窦融带着一部分军队投降了更始帝刘玄手下的大司马赵萌。赵萌非常看重他，任他为巨鹿太守。不久，他辞去了巨鹿太守的职务，请求镇守河西（今甘肃省河西走廊一带）。更始帝刘玄答应了他的请求，封他为张掖属国都尉。

窦融为人宽厚，喜欢与人交往，被酒泉太守梁统等人推选为河西五郡（酒泉、金城、张掖、敦煌、武威）大将军。在他的治理下，河西境内五谷丰登，兵强马壮，周围流亡的百姓都纷纷归顺于他。窦融等人听说刘秀做了皇帝，就想投靠刘秀。但是，因为路途遥远，没有及时沟通。

而刘秀听说河西一带治理得很好，非常欣赏窦融的才干。再说，河西与陇地、蜀地相接壤，如果同窦融联合，可以消灭盘踞在陇、蜀之地的豪强隗嚣和公孙述。因此，刘秀派出使者前去同窦融联络，恰巧在路上碰到窦融派来的使者刘钧。使者带着刘钧来见刘秀，刘秀欣喜异常，盛情款待刘钧，并给窦融写了一封信，让刘钧带回去。在信中，刘秀赞扬了窦融在河西的政绩，表达了自己的爱才之情。然后，他通过对形势的分析，充分肯定了窦融应当发挥的重要作用。刘秀写道："如今，豪强公孙述占据益州（今四川北部），隗嚣盘踞天水(甘肃东南部),他们正在与我军交战。在这种情况下,你掌握着扭转大局的权力,只要你举足移动一步,稍微偏向某一方,就会影响两边的轻重。”

窦融接到刘秀的信后,更是喜出望外。于是他立刻给刘秀写了一封回信,派刘钧送去,表示对刘秀的效忠。在窦融的协助之下,刘秀很快就平定了陇、蜀之地。窦融更加受到青睐,被封为安丰侯,又被任为大司空。

眷　遇

“眷遇”的意思是异常厚待。

此典出自《宋史·傅尧俞传》:“英宗眷遇尧俞,尝雪中赐对,尧俞自东庑升,英宗倾身东向以待,每奏事退,多目送之。尝问曰:‘多士盈庭,孰忠孰邪?’尧俞曰:‘大忠大佞,固不可移;中人之性,系上所化。’英宗纳其言。”

傅尧俞,字钦之,北宋大臣。他十岁就会吟诗作文,不到二十岁就考取进士。国子监直讲石介每次去看他时,他都在认真读书写作。石介说:“你在少年时考取进士,为什么不痛痛快快地玩一番呢?”傅尧俞说:“我天生不喜欢喧闹。”石介叹息良久,觉得十分惊奇。

宋仁宗(赵祯)嘉祐(公元1056—1063)末年,傅尧俞当了监察御史。当时,宋仁宗年纪已经很大了,还没有立皇太子。在傅尧俞的建议下,宋仁宗立赵曙为皇太子。赵曙即位,称宋英宗。傅尧俞转任殿中侍御史,又升为起居舍人,成为宋英宗的心腹大臣。宋英宗患病,皇太后协助宋英宗执政。当宋英宗病好以后,傅尧俞上书皇太后,请求她把政权交还给宋英宗。可是,有一个叫任守忠的宦官从中挑拨,皇太后犹豫不决,傅尧俞又讲了一通道理,分析利害,劝谏皇太后。皇太后终于把政权交给了宋英宗,并同宋英宗保持了良好的关系。因此,宋英宗特别赏识傅尧俞。

宋英宗对傅尧俞异常厚待。有一次,天降瑞雪,宋英宗诗兴大发,召傅尧俞前来应对诗句。傅尧俞从东堂下走廊往上走,宋英宗俯着身子,面朝东站着等待他的到来。每当傅尧俞奏事完毕,告辞而退时,宋英宗经常目送他远去。宋英宗曾问道:“朝廷中这么多大臣、士人,可是,谁忠诚、谁邪恶呢?”傅尧俞回答道:“大忠臣、大坏蛋,都是天生的本性,是难改变的。可是,一般人的性情,是要依靠皇上的教化啊!”宋英宗采纳了他的建议。

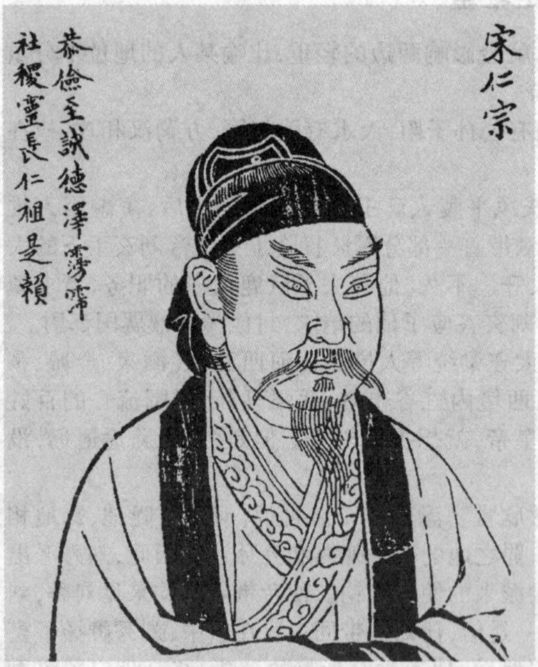

仁宗赵祯像,图出自明·天然撰《历代人物像赞》。

枯木朽株

“枯木朽株”比喻平庸无能之辈;又可用来比喻年老体弱的人。

此典出自《汉书·邹阳传》:“故无因至前,虽有随侯之珠,明月之璧,犹结怨而不见德。故有人先谈，则以枯木朽株树功而不忘。”

汉景帝时，有个名叫邹阳的人，他为人慷慨正直，不与坏人同流合污。他先在吴王刘濞手下做官，因文才口才都很好，所以深受吴王的器重。后来，吴王阴谋叛乱，邹阳上书劝谏，吴王不听，他就去投奔了梁孝王刘武。梁孝王的亲信羊胜和公孙诡嫉妒他的才能，就在梁孝王面前说了他很多坏话。梁孝王听信了这些小人的谗言，便把邹阳逮捕入狱，打算杀掉他。邹阳在狱中写了一封信给梁孝王，劝他细察忠奸，不要冤枉了好人，应重用人才。这封信，就是流传至广的《狱中上梁孝王书》。

在这封信中，邹阳说了这样一番话：“我听说过：就算是像明月之珠和夜光之璧（美玉）之类的稀世之宝，如果在黑暗中将它突然投向路人，任何人也会手按佩剑对你怒目而视，那是因为你没有提前向他说明。有些树木虽然长得弯弯曲曲、稀奇古怪，却可以做成君王使用的器物。那是因为君王的左右先就看中了它。可见，如果没有人提前说情，即使是明珠美玉，也得不到赏识；反之，如果有人提前游说，即使是枯木朽株，也可以建功立业而不被丢弃。许多有才有德的人士就是因为没有人推荐，空有一腔忠贞，也不能施展才志，反不如羊胜等人那样的枯木朽株受到君王重用。”梁孝王被邹阳的言辞打动了，就将他释放出狱了。

蓝田生玉

“蓝田生玉”比喻名门出贤良子弟。

此典出自《三国志·吴志·诸葛恪传》：“恪少有才名……权见而奇之，谓瑾曰：‘蓝田生玉，真不虚也。’”

三国时期，诸葛瑾在东吴做官，深受孙权的重用，官至大将军。诸葛瑾有个儿子叫诸葛恪，字元逊，他从小聪明，机敏过人，善于言辞，深受孙权喜爱。

有一次，孙权大设宴会，六岁的诸葛恪跟随他的父亲一起去参加宴会。诸葛瑾的脸长得特别长，孙权想开他的玩笑，于是在宴会期间，他命人牵来一头毛驴，在驴的脸上写了“诸葛子瑜（诸葛瑾字子瑜）”四个大字，借以讽刺诸葛瑾脸长似驴。众人见了，都捧腹大笑。诸葛恪见此情状，不窘不慌，他跪请填写两个字。孙权命人将笔拿来给他。诸葛恪在“诸葛子瑜”四字后面填写“之驴”二字，变成“诸葛子瑜之驴”。满座文武大臣见此无不惊讶，无不叹服。

又有一次，孙权问诸葛恪：“你父亲和你叔父相比，到底谁高明？”诸葛恪答道：“我父亲高明。”孙权要他说出理由，他说道：“我父亲懂得事奉明主，而叔父却不懂得这个道理，所以是我父亲高明。”当时，东吴的臣民大都认为孙权是英豪，刘备没出息；诸葛亮辅佐刘备，可以说是缺少眼光。诸葛恪的回答让孙权满心欢喜，不禁又大大夸奖他一番。

孙权见诸葛恪才思敏捷，对答如流，大为赞叹。又一次，孙权对诸葛瑾说道：“人们都说蓝田生美玉，名门生贤良，真是名不虚传呀！”

后来，诸葛恪当了吴国的抚越将军、丹阳太守。孙权死后，他又辅佐孙亮，任大将军，执掌朝政。

老蚌生珠

“老蚌生珠”称赞人有聪颖的儿子。

此典出自汉代孔融《与韦端书》：“前日元将来，渊才亮茂，雅度弘毅，伟世之器也。昨日仲将复来，懿性贞实，文敏笃诚，保家之主也。不意双珠近出老蚌，甚珍贵之。”

东汉时期，有一个姓韦名端的大将，他有两个儿子：大儿子的叫元将，二儿子的叫仲将，他们都是十分优秀的人，和孔融都是世交好友。孔融是当时的一位有名人物，在文学上很有地位。有一次，孔融写给韦端一封信，里面有这样几句话："前天元将到来，我看他那一套高深的学问，透彻明快，才华丰富；他胸怀宽广，意志又坚强；将来必然是一个有大本领，能够创建大事业的人才。昨天仲将又来，我看他在学问和做事方面有条不紊；资质聪明，才华丰富；心思敏捷；性情敦厚老实，热诚恳切；将来一定是个能继承家业的好子弟。想不到这一对宝贵的珍珠，就在一对老蚌的身上产生出来！"当时韦端的年纪也很大了，所以孔融就用老蚌来比拟他夫妻两人，又用两颗珠来比拟他那两个优秀的儿子。

离　朱

"离朱"这则寓言强调形势的决定作用，也是慎到"势治"主张的表现。

此典出自《慎子·内篇》："离朱之明察毫末于百步之外，下于水，尺而不能见浅深。非目不明也，其势难睹也。"

这段话意思是说：

离朱能在百步之外明察秋毫的末梢，但是潜到水里，竟然看不清一尺以内的。这并不是说他的眼睛不明亮，而是形势所迫使他难以看见。

钝槌利锥

"钝槌利锥"讽喻了自恃聪明反遭失败的人。

此典出自《启颜录·祖士言》："晋祖士言与锺雅相嘲。"

锺云：'我，汝、颍之士利如锥，卿，燕、代之士钝如槌。'

祖曰：'以我钝槌，打尔利锥。'

锺曰：'自有神锥，不可得打。'

祖曰：'既有神锥，亦有神槌。'

锺遂屈。

这段话意思是说：

晋朝士人祖士言和锺雅相互嘲讽戏弄。

锺雅说："我这汝、颍之士锐利得像锥子，你这燕、代之士愚钝得像槌子。"

祖士言说："用我这愚钝的槌子去打你那锐利的锥子。"

锺雅说："我是把神锥，你根本就打不住我。"

祖士言说："既然你有神锥，我也有神槌。"

锺雅听了就屈服了。

埋玉树

"埋玉树"意思是指有才华的人去世。

此典出自《晋书·庾亮传》："亮将葬，何充会之，叹曰：'埋玉树于土中，使人情何能已。'"

庾亮，东晋颍川鄢陵人，字元规。他在元帝、明帝、成帝三个朝代都当过官，在成帝时期任中书令，是一个举足轻重的人物。公元327年，历阳（安徽和县）的镇将苏峻和寿春（安徽寿县）的镇将祖约起兵造反，攻克了京都，庾亮逃了出来，就推举荆州刺史陶侃为盟主，起兵反击苏峻、祖约，最终平息了叛乱。陶侃死后，庾亮以镇西将军的身份，都督江州、荆州、豫州、益州、梁州、雍州等六州的事务，同时任江州、荆州、豫州三州刺史，晋号为征西将军，镇守武昌。

庾亮打算北伐，收复中原，并且调兵遣将，进行了周密的安排。可是权臣郗鉴等人都持反对意见，庾亮的北伐计划就成了泡影。正好这时，郏城被敌人攻陷，庾亮忧愤发病，于公元340年（晋成帝司马衍咸康六年）死去，时年五十二岁。

在安葬他的时候，扬州刺史何充前来参加葬礼，感叹地说："庾公去世，就等于将玉树埋入地下，叫人在感情上如何割舍得了呢！"

莲　府

"莲府"指大臣的幕府，也可指丞相大臣。可用以比喻人才集中的地方，也可用以表现善于使用人才。

此典出自《南史·庾杲之传》："（王俭）乃用杲之为卫将军长史，安陆侯萧缅与俭书曰：'盛府元僚，实难其选。庾景行泛绿水依芙蓉，何其丽也。'时人以人俭府为莲花池，故缅书美之。"

南朝齐高帝时，王俭任卫将军，即宰相之职，他总理朝政，任用贤才，他所任用的人都是才华出众、名望很高的人。那时，有一个人叫庾杲之，字景行。王俭任他为卫将军长史。安陆侯萧缅给王俭写了一封信，称赞也说："您的府中人才济济，都是难得的人才。现在又加上庾杲之，他身处贵府的人才渊薮之中，就好比在清澈的水流中泛舟，依恋着朵朵美丽的莲花，那是何等壮美的景色啊！"当时人把王俭的幕府比作莲花池，所以萧缅在信中以莲花池作比喻，竭尽全力进行赞美。

良禽择木

"良禽择木"的意思是说，好的飞鸟选择好的树木栖息。人们用它比喻良臣选择好的君主。

此典出自《左传·哀公十一年》："鸟则择木，木岂能择鸟？"

春秋时期，卫国大夫太叔疾娶了宋国人子朝的女儿为妻，同时她的妹妹也受到太叔疾的宠爱。子朝在卫国做官，是卫国大夫，后因政治上的事情而逃出卫国。卫卿孔文子（即孔圉）让太叔疾抛弃他的妻子，而同意把自已的女儿嫁给他为妻。于是太叔疾娶了孔文子的女儿，同时又派随从联络他前妻的妹妹，把她安置在犁地，并为她修建一座房子，成为他的又一个妻子。孔文子听到了这件事，非常恼怒，打算攻打太叔疾。

孔文子因攻打太叔疾的事去征求孔子的意见。孔子说："有关礼仪的事情，我曾经学习过；有关打仗的事情，我从来没有听说过。"于是，孔子告退而去，叫人套上车准备离开卫国，说："飞鸟可以选择树木栖息，但是树木怎么能选择飞鸟呢？"孔文子急忙劝阻他，说："我不是为自己考虑，而是为了避免卫国的祸患。"孔子又打算留下不走，鲁国人拿财礼来召请他，于是孔子就回到鲁国了。

良桐之琴

"良桐之琴"这个故事说明：盲目守旧，势必阻碍改革，摧残人才，扼杀社会的生机。

此典出自《郁离子·千里马篇》。

工之侨得到了一块质地优良的梧桐木，把它削成琴，又装上弦一弹，声音美妙得像金、

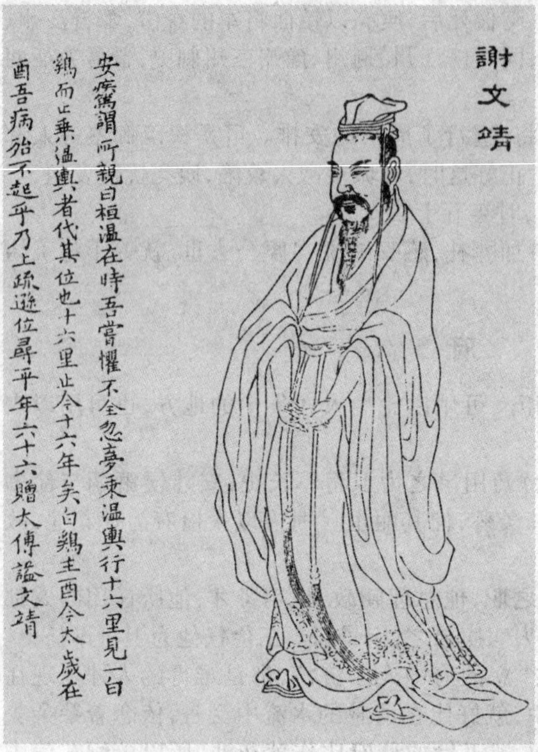

东晋谢安像,图出自清·上官周绘《晚笑堂画传》。

玉的声音一样。他觉得这是天下最珍贵美妙的乐器,便把它献给朝廷。主管祭祀和乐器的太常官命令高级乐器师来鉴别。那乐器师看了琴以后说:“这把琴,时代并不古老!”于是,就把它归还给工之侨。工之侨抱着琴回到家里,就跟油漆工商量,在琴上画了些断断续续的纹路;又与刻字工商量,在琴上刻了些古代器皿上的文字,然后用匣子把琴装起来埋在地下。一年后,工之侨把琴挖出来,抱到市场上去出售。一个有权有势的人看到了这张琴,用一百两银子买了它,再献给朝廷。管理音乐的官员,一个传一个争着观看,都高兴地说:“这琴是世界上少有的珍宝。”工之侨听到这种情况后,感叹说:“真可悲啊,这个世界!难道就只是一张琴的遭遇是这样吗?没有一件不是这样的!如果不早点想办法,将要同这个世界一起灭亡呢!”于是他便离开都城,躲进宕冥山,后来就杳无音信了。

林宗巾

“林宗巾”形容人名望高,为世人所敬仰。

此典出自《后汉书·郭太传》。

东汉时期,有一个人叫郭太,字林宗,太原介休人。他精通经籍,知人善教,品学兼优。郭太身长八尺,容貌魁伟,穿着衣襟宽大的服装,系着又宽又长的带子,到各郡国游历。一次,他在陈地和梁地之间的路上碰到了大雨,头巾被雨打湿,一个角垂下来了。于是,人们都争相效仿他的样子,故意把头巾折下一角,称为“林宗巾”。由此可见,人们对他的仰慕竟达到了这种程度。

柳絮才

“柳絮才”,或称“咏絮才”,用以称赞女子有诗才。

此典出自《世说新语·言语》:“谢太傅寒雪日内集,与儿女讲论文义。俄而雪骤,公欣然曰:‘白雪纷纷何所似?’兄子胡儿曰:‘撒盐空中差可拟。’兄女曰:‘未若柳絮因风起。’公大笑乐。”

谢安在少年时代就有很大的名气,朝廷屡次召他做官,他都不肯。年届四十,才想当官干一番事业,桓温请他做司马。简文帝(司马昱)死后,桓温想篡夺东晋政权,他看到谢安是一个既有才干、又有影响的人物,于是就对谢安加以威逼利诱,但谢安不肯顺从他的主张,因此桓温篡位的计划没有成功。后来,谢安当了尚书仆射,主管吏部,并任后将军,一心辅佐朝廷。

公元383年，前秦国的君主苻坚率军攻打东晋，谢安任征讨大都督，派遣侄子谢玄等人在淝水打败了苻坚，立下了很大的功劳。死后被追赠为太傅。谢安有个侄女叫谢道韫，是晋代人王凝之的妻子。她聪慧颖悟，博学多识，能说会道，口才很好。谢安曾经问她说：“《诗经》当中哪一个句子最好？”谢道韫回答道：“‘吉甫作颂，穆如清风’这一句最好。”谢安认为谢道韫对《诗经》有深入的理解，对她加以称赞。

有一次，冬日严寒，大雪纷飞，谢安趁着下雪天，在家里把儿女辈召集在一起，与他（她）们谈论诗文经义。不一会儿，雪下得更大了，谢安满心欢喜，向儿女辈发问道：“白雪纷纷的景致应当用哪句诗句来做比喻呢？”侄儿谢朗（小字胡儿）说：“撒盐空中差可拟。”谢朗这句话的意思是，就像在空气中撒把盐。谢安对此没有加以评价。谢道韫说：“未若柳絮因风起。”她的意思是，与其说白雪纷纷像在空中撒把盐，还不如说它像柳絮被风吹起一样。谢安听了，大笑起来，非常快乐，他非常赏识侄女谢道韫的诗才。

鲁国少儒

“鲁国少儒”用以告诫人们：看人看事，不能只看形式，更要看内容。为人也不要只求表面，而要有真才实学。

此典出自《庄子·田子方》：“以鲁国而儒者一人耳，可谓多乎？”

一天，庄子拜见鲁哀公。

哀公说：“鲁国的儒士很多，但崇尚您道家学说的人却很少。”

庄子反驳道：“不是这样的，鲁国的儒士很少。”

哀公听了，反诘说：“鲁国上下都穿儒士的衣服，怎么能说鲁国儒士少呢？”

庄子说：“我听说，头戴圆形帽的儒士，知道天时；脚穿方形鞋的儒士，通达地理；身佩彩络的儒士，决策当机立断。真正有这种学问的人，不一定穿这种衣服。穿这种衣服的人，未必懂得这种学问。您如果认为我说得是错误的，您可以通令全国：‘不通儒学而穿儒服的人，处以死罪。’试试看结果怎么样？”

于是，哀公依照庄子的建议发了一道命令。五天以后，果然全国没有敢穿儒服的人了。这时只有一位大夫，身着儒装，气宇轩昂，站立在宫廷门口。

哀公马上召见了他，询问国家大事，这个大夫果然满腹经纶，对答如流。庄子说：“鲁国作为儒家的故乡，只有一名儒士，这能算多吗？”

毛遂自荐

“毛遂自荐”比喻那些不经推荐，未经过邀请，便自动请求做事的人。

此典出自《史记·平原君虞卿列传》。

战国时期，很多掌管实权的士大夫们，平素都供养着许多士人，作为智囊，借此来扶植势力，增加声望，有事时又可帮助策划，供给差使，这些士人，当时叫做食客，又叫做门下客。供养他们叫做养士。那时赵国有一位公子——赵王的宗亲人物，名叫赵胜，因他受封在平原，故又称作平原君，当时赵国派平原君出使楚国，请求救兵，约楚国合纵（合纵即是联盟抗秦）。平原君准备挑选二十名文武双全的门下客，作为随员，可是经过几番甄选，只录取了十九人，还差一个人，这时他的门下，有一位姓毛名遂的，不经别人推荐，自动请求同行，平原君问他寄居在门下多少年，毛遂回答说已经三年了，平原君说：“有才德的人，居处世间，正如一柄锥子，被放进袋里一样，那锋利的尖端将会立刻显露出来的，如今您老先生寄居在我的门下已经三年了，还不见有所表现，先生！您没有本领，您做不了这件事，还是留下吧！”毛遂说：“我是直到今天才请求进入袋子里的，如果我早一点得到进入袋子里，我这柄锥子，早就刺破了布袋，脱颖而出了，一些锋芒的显露，还不算什么一回事呢！”平原君听了他的这一席话，这才勉强地接纳他的要求，和他一块儿启程。

到了楚国，在会议席上，费尽了唇舌，还没法把楚王说服，叫他和赵国合纵，同行的那十九人都面面相觑，毫无办法。最终由毛遂鼓其如簧之舌，向楚王陈说一番利害，才说服了他，订好了纵约，出兵解除了赵国的危局。毛遂在订约的时候，得意洋洋地对着那十九人说：“诸君都是庸庸碌碌，依傍着他人成功的啊！”

面壁九年

“面壁九年”形容勤学苦练，专心致志。

此典出自宋代释道原《景德传灯录》：“（初祖菩提达摩大师）寓止于嵩山少林寺，面壁而坐，终日默然，人莫之测，谓之壁观婆罗门。”

南北朝梁武帝时，天竺有一个学问渊博的高僧名叫菩提达摩。他为了宣扬他的禅宗教义，不惜远涉重洋，历经三年，来到中国讲学。

菩提达摩到达中国广州后，梁武帝曾派人把他接到金陵，同他谈论佛理。因梁武帝不懂佛教禅宗教义，菩提达摩便离开南京到了河南。最后他在河南嵩山少林寺住了下来。为了参透禅理，他面壁而坐，一坐就是九年，终于开创了我国佛教中的一大宗派，他成为禅宗的始祖。少林寺的教徒们为了纪念他们的这位禅师，表彰他的刻苦精神，就在少林寺内为他建立了“面壁阁”。

名列前茅

“名列前茅”的意思是说，前军在举茅为信号，负责侦察有无敌情。“前茅”用以比喻先头部队，以后，又逐渐将此语用来比喻名次列在前面，称为“名列前茅”。

此典出自《左传·宣公十二年》：“军行：右辕，左追蓐，前茅虑无，中权，后劲，百官象物而动，军政不戒而备，能用典矣。”

春秋时期，诸侯混战。鲁宣公十二年楚庄王领兵攻打郑国。晋军的中军统帅荀林父领兵救援郑国。当他们听说郑国已同楚国讲和时，荀林父就建议撤回晋军。上军统帅士会赞成荀林父的意见，并列举了一大堆理由。他认为，楚国的德、刑、政、事、典、礼这六项都不违背常规，这样的国家是不可战胜的，不能同它为敌。

当谈到楚国军队时，士会说：“楚国的军队训练有素，严整有序。行军的时候，右军跟随主帅的车辕，保护兵车前进；左军寻求草蓐，为军队住宿做准备；前军负责侦察敌情，以茅为旌，做行军的信号和标志；中军负责制定权谋；后军用精兵压阵。百官必须根据各种旗帜所表明的趋向分别行动，军中政令还没有下达警戒，士兵们都已做好准备。总而言之，楚国能正确地动用军典了。”

明珠暗投

“明珠暗投”比喻有才德的人未被发现重用或陷入歧途；也比喻珍贵物品落入不识货的人手里。

此典出自《史记·鲁仲连邹阳列传》：“臣闻明月之珠，夜光之璧，以暗投入于道路，人无不按剑相眄者，何则？无因而至前也。”

邹阳，是汉景帝时人，很有辩才，在吴王那里做事，后来梁孝王，梁孝王以上宾礼待他。

梁孝王的亲信羊胜、公孙诡，见邹阳受到孝王特别优待，心里非常嫉妒，就常常在梁孝王面前说他的坏话，孝王信以为真，就把邹阳逮捕入狱，将要杀他的时候，邹阳在狱中给梁孝王写了一封信，说明了自己的冤枉。

邹阳在给梁孝王的信中，列举了很多例子，说明别人的嫉妒，剖诉自己的委屈。其中一段说："像月儿一样明亮的珠子和夜里会发光的璧玉，在黑暗中突然投到人的面前去，众人都会按着剑斜视它，为什么呢？因为这是突然而来的原因。"

墨子教为义

"墨子教为义"教育人们：要成就一项事业，必须发挥各人的长处，通力合作。

此典出自《墨子·耕柱》："治徒娱、县子硕问于墨子曰：'为义孰为大务？'"

子墨子曰：'譬若筑墙然，能筑者筑，能实壤者实壤，能欣者欣，然后墙成也。为义犹是也，能谈辩者谈辩，能说书者说书，能从事者从事，然后义事成也。'

治徒娱、县子硕问墨子："干正义的事业，什么是最重要的事？"

墨子回答说："好比筑墙一样，需要夯的就夯，需要填土的就填土，需要拿标尺测量的就拿标尺去测量，这样墙才能筑成功。干正义的事业也这样，需要谈说论辩的去谈说论辩，需要解说史籍的去解说史籍，需要处理事务的处理事务，这样就能做成正义的事业。"

南州冠冕

"南州冠冕"用以赞誉才识优异的人。

此典出自《三国志·蜀书·庞统传》："颖川司马徽素有清雅有知人之鉴，统弱冠往见徽，徽采桑于树上，坐统在树下，共语自昼至夜。徽甚异之，称统当为南州士之冠冕。"

这段话意思是说：

庞统是三国时襄阳人，字士元。他二十岁左右的时候，有一次去拜访司马徽。见到司马徽时，司马徽正在采桑，二人便坐在桑树下面谈古论今，直到天黑。在谈论中，司马徽觉得庞统才华超群，于是就称庞统为南州士之冠冕。

牛铎之音

"牛铎之音"比喻未被发现的才能，也可以喻未被赏识、重用的人才。

此典出自《晋书·荀勖传》："初，勖于路逢赵贾人牛铎，识其声。及掌乐，音韵未调，乃曰：'得赵之牛铎则谐矣。'遂下郡国，悉送牛铎，果得谐者。"

荀勖，晋代颖阴人，字公曾，是汉献帝时期位居三公的重臣荀爽的曾孙。三国时期，荀勖在魏国任中郎。西晋政权建立后，荀勖被封为济北郡公，位居光禄大夫，负责管理重要文件，为人谨慎小心。博学多识，精通音律。

荀勖还没有当光禄大夫的时候，有一次，他在路上遇到赵地商人赶着牛车经过，牛脖子上挂的铃铛响个不停，发出和谐优美的声音，给荀勖留下了深刻的印象。后来，荀勖当了光禄大夫，掌管音律之事，发现乐人配乐不和谐，他说："用赵地的牛铃配乐，音律就会和谐了。"于是，他命令赵地要把牛铃全部送过来。终于，得到了适合配乐的牛铃。

驽马并麒麟，寒鸦配鸾凤

"驽马并麒麟，寒鸦配鸾凤"比喻两人才能高低悬殊，无法相比。

此典出自《三国演义》三十六回："庶曰：'以某比之，譬犹驽马并麒麟，寒鸦配鸾凤耳。

徐庶像，图出自清·顾沅辑《古圣贤像传略》。

此人有经天纬地之才，盖天下一人也。'"

三国时期，刘备得到徐庶作为谋士，如虎添翼，曹操非常害怕，于是把徐庶的母亲抓来，逼她把儿子找到自己的幕府下来。徐庶听说母亲被抓，心乱如麻，一刻也不愿停留，立即就要启程去探望母亲，刘备设宴送行，两人都非常悲伤。徐庶说："听说老母亲被曹操囚禁，即使是金波玉液也不能下咽。"刘备说："备闻公将去，如失左右手，虽龙肝凤髓，亦不甘味。"二人相对而泣，一直坐到天亮。第二天，刘备不忍相离，送了一程，又送一程。庶辞说："不劳远送，庶就此告别。"刘备就坐在马上，握着徐庶的手，说："先生此去，天各一方，不知相会却在何时？"说着潸然泪下。徐庶也是泪如雨下。刘备伫马凝目而望，却被一树林隔断。刘备以鞭指曰："吾欲尽伐此林，何阻我望徐庶之目也？"

正望见，忽见徐庶拍马而来，刘备喜曰："徐庶复回，莫非无去意乎？"欣然拍马迎之，问曰："先生此回，必有主意。"庶曰："某因心绪如麻，忘却一语：此间有一奇士，只在襄阳城外二十里隆中，使君何不求之？"刘备曰："此人比先生才德如何？"庶曰："以某比之，譬犹驽马并麒麟，寒鸦配鸾凤耳。此人有经天纬地之才，盖天下一人也。"刘备喜曰："愿闻此人姓名。"徐庶曰："此人乃阳都人，复姓诸葛，名亮，字孔明，与弟躬耕于南阳，所居之地名卧龙岗，自号'卧龙先生'，使君急宜枉驾见之。若此人肯辅佐，何愁天下不定乎？"备踊跃曰："非先生言，备有眼如盲也！"后人有赞徐庶走马荐诸葛诗曰："片言却似春雷震，能使南阳起卧龙。"

平公食客

"平公食客"告诉人们，真正重视人才，就要精心选拔那些确有真才实学的人。网罗那些滥竽弃数的人，多而无益，反而有害。

此典出自《新序·杂事第一》。

晋平公泛舟黄河，船至中流，他感慨地说："啊！山川雄伟，景色壮丽，如果能和天下的名人贤士共同享受这种快乐，该有多好啊！"船公固桑听了对他说："您说错了！利剑产于越地，明珠出自江汉，美玉生在昆山，这三件珍宝都能归您所有。如果您确实喜欢人才的话，那么贤士名人自然都会投奔到您的门下。"

平公有些气冲冲地说："固桑啊，我门下现有食客三千多人，早饭不够，我晚上就去收租，晚饭不足，我清晨就去催粮。难道能说我不爱惜人才吗？"

聪明的固桑看到他执迷不悟，打了一个比喻说："大雁穿云破雾，直上九天，靠的是双翼的羽茎。至于腹背的绒毛，多一把或少一把都无关紧要，不会影响它的飞翔。不知您的食客是双翼的羽茎还是腹背的绒毛呢？"平公语塞，无言以对。

平舆二龙

"平舆二龙"指兄弟都是才华出众的人。

此典出自《世说新语·赏誉》："谢子微见许子将兄弟曰：'平舆之渊，有二龙焉。'"

许劭，东汉汝南平舆（属河南省）人，字子将，才华横溢，擅长识别人才，经常评论乡里人物。曹操在少年时期曾请许劭对他评论一番，许劭说："你是治世之能臣，乱世之奸雄。"曹操听后大笑了起来。许劭的哥哥叫许虔，字子政，也是才华出众。

汝南召陵人谢甄，字子微，也擅长识别人才。有一次，谢子微见到许劭、许虔兄弟二人，说："平舆县的深渊里，有两条龙啊。"

屏营忧木

"屏营忧木"这个典故告诉人们，用老眼光观察新事物的人，即使有良好的愿望，也是得不到真正的人才的。

此典出自《龚定盦全集·凉燠》："越十旬，胥摩氏犹屏营而忧木，自忧其不成，其成也，必弗可识也。"

网摩氏栽种了一株树木，长了七年，还没有长大成材。有人就为此忧虑。一个聪明人劝告说："请不用忧虑，一旦长大成材，它就会高出云际。"

胥摩氏也栽种了一株树木，三天就长得像柱子那样粗了。那株树秧一天就生机勃勃，三天就长得枝繁叶茂了，七天之后就高与天齐了。有的人又担忧它成材过早。一位智能超凡的人说："您这是像爱桃、李、柞、柘这些普通的树那样看待我这树啊。您如果再以网摩氏栽种的那株树来要求，就更不恰当了。"

一百天过去以后，胥摩氏还是在惶恐地担心自己的树木。当初栽树的时候，担心它长不成；现在它长成了，却又不能认识它了。

蒲扇价增

"蒲扇价增"形容某人的名气很大。

此典出自《晋书·谢安传》："安少有盛名，时多爱慕。乡人有罢中宿县者，还诣安。安问其归资，答曰：'有蒲葵扇五万。'安乃取其中者捉之，京师士庶竞市，价增数倍。"

晋代谢安，字安石。他才华出众，隐居二十多年不愿意做官。后来应征西大将军桓温之召，出任司马，公元383年，谢安任征讨大都督，在淮河、淝水一带打败前秦苻坚的百万大军，又继续北伐，收复失地，为东晋王朝作出了重大的贡献，受到人们的尊敬。

谢安年少时就很有名气，当时许多人都非常爱戴仰慕他。有一个同乡人，在中宿县被免了官，回来时去拜访谢安。谢安问他回乡带了多少钱，那人回答说："有五万把蒲葵扇。"谢安拿了一把质量中等的扇子使用起来，京都士族和庶族看见谢安使用这种扇子，都争先恐后地购买，于是，扇子的价钱立即增长了好几倍。

人中龙

"人中龙"比喻非常杰出的人物。

此典出自《晋书·宋纤传》:“名可闻而身不可见,德可仰而形不可睹,吾而今而后知先生人中之龙也。”

晋代有个名人叫宋纤,字令艾,敦煌人。他有远大的志向和高尚的节操,为人稳重冷静,不愿与世俗的人结交来往,就隐居在酒泉郡的南山中,成天埋头研读经书并传授学术,有三千多名学生。官府多次征召他,他都不愿出来做官。很多人仰慕他,但却见不到他。太守杨宣曾叫人画了一幅宋纤的像,悬挂在楼阁上,每次进出都要看上一眼,还作一首诗道:“您用山间哪块石头作枕?用哪道清泉漱口?陷居南山不风身影,淡泊名利一无所求。”

酒泉太守马岌(jí)是一位品格高尚的官员,他非常想见到宋纤。于是他就摆起威严的仪仗,前呼后拥,鸣起鼓号,非常隆重地去拜访他。但宋纤躲在家中,始终不出来见他。马岌叹息道:“先生大名鼎鼎、德高望重,让人敬仰。可是他就是不愿让别人见到他。人说天上的龙藏在云中,难得一见。从今以后,我知道先生确实称得上人中之龙呀!”然后,马岌写了一首称赞宋纤的诗,并命人铭刻在山间的石壁上:青青的悬崖高百丈,幽幽的树林密又深。隐居山中的高士呵,是国家的宝贝。近在咫尺却见不到您,令我久久心潮难平息。

三语掾

“三语掾”就是“三字官”的意思。人们用它表示对下属官员的赞美。也可用它形容人富有才学,应答机敏。

此典出自《世说新语·文学》:“阮宣子有令闻,太尉王夷甫见而问曰:‘老、庄与圣教同异?’对曰:‘将无同。’太尉善其言,辟之为掾。世谓‘三语掾’。”

阮修,字宣子,晋代陈留尉氏人。学识广博,对《老子》、《周易》很有研究,善于讲述其中玄妙深奥的义理。不喜欢会见世俗之人,有时偶然碰到了,就马上躲得远远的。虽然他家境贫寒,无隔夜之粮,阮修也是泰然处之。他名气很大,远近闻名。一次,太尉王衍(字夷甫)见到阮修,问他说:“《老子》、《庄子》的道家学说与孔子、孟子的儒家学说有什么异同呢?”阮修的回答只有三个字:“将无同。”意思是说,可能是相同的吧。王衍很欣赏他的回答,就聘请他作为自己手下的官员。阮修因为回答三个字就当了太尉掾,所以世上人都称他为“三语掾”,以表达对他的赞美。而才华横溢、风姿秀异的卫玠(字叔宝)却嘲笑阮修说:“回答一个字就能当上太尉掾,为什么要回答三个字呢?”阮修答道:“如果是天下众望皆归的大才,用不着回答就能当上太尉掾,还有必要回答一个字吗?”两个人最终成了好朋友。

晋代人阮瞻(即阮咸子,字千里)曾任太子舍人。有一次,他去见司徒王戎,王戎问道:“孔子注重以正名定分为主的礼教,老子、庄子注重阐明客观自然规律,他们所提倡的主旨相同吗?”阮瞻回答说:“将无同。”意思是说,可能是相同吧。王戎很满意他的回答,赞叹了好一阵子,于是立刻征召阮瞻当了自己的属官。当时人称阮瞻为“三语掾”。

山公启事

“山公启事”比喻选贤举能,知人善任。

此典出自《晋书·山涛传》:“涛再居选职十有余年,每一官缺,辄启拟数人,诏旨有所向,然后显奏,随帝意所欲为先。故帝之所用,或非举首,众情不察,以涛轻重任意,或谮之于帝,故帝手诏戒涛曰:‘夫用人唯才,不遗疏远单贱,天下便化矣。’而涛行之自若,一年之后众情乃寝。涛所奏甄拔人物，各为题目，时称“山公启事”。”

山涛，晋代河内怀县人，字巨源。他年少时父母双亡，家境贫寒，博学多识，卓然不群。喜好《老子》、《庄子》，隐身韬晦，不露锋芒。与嵇康、阮籍等文人为友，被称作“竹林七贤”之一。嵇康被杀之前，对儿子嵇绍说：“有巨源（山涛）在，你就不会孤立无援的。”由此可见，山涛待人坦诚，深得友人信赖。

三国时期，山涛在曹魏做过赵国相，后任尚书吏部郎。西晋政权建立后，晋武帝（司马炎）非常器重他，咸宁初年任他为吏部尚书。宦海风波多，仕途最坎坷。山涛对此深有体会，多次要求辞官晋武帝都没有答应他的请求。山涛无可奈何，只得硬着头皮干下去。

山涛像，图出自清·顾沅《古圣贤像传略》。山涛字巨源，西晋人，竹林七贤之一，累官至右仆射，加侍中。

山涛又在吏部尚书的职位上干了十多年，负责选拔人才，荐举官吏。每当空出一个官员的位置，山涛就启奏几个备选人选，当了解皇帝的意向后，再正式启奏，符合皇帝意图的人选予以优先安排。所以出现了这样的情况：皇帝所任用的人有的并不是群臣荐举的，而群臣也不知道是皇帝的意图，还以为是山涛任意安排的。所以，有的大臣就在皇帝面前说山涛的坏话，晋武帝也不清楚事情的真相，给山涛写手令，告诫他说：“用人之道，唯才是举，不要遗漏疏远的人，也不要疏远出身卑贱的人，这样，天下便可大治了。”而山涛不加解释，还是一如既往。一年以后，众臣的议论也就停止了。山涛对所荐举的人都加以评论品题，然后写成“启事”供皇帝选用，当时人称为“山公启事”。

善呼之客

“善呼之客”告诉人们：善于发现并充分发挥每个人的一技之长，调动一切积极因素，是搞好工作的必要条件。

此典出自《淮南子·道应训》。

从前，公孙龙在赵国的时候，曾对他的弟子说：“我不与没有能力的人来往。”

一天有个穿着粗布衣服、系着破旧腰带的人，登门自荐说：“我擅长呼喊！”公孙龙环顾众弟子问道：“你们中间以前有擅长大声呼喊的人吗？”众弟子回答：“没有。”公孙龙便说：“收下他吧！把他的名字登记到名册上去。”

过了几天，公孙龙前去游说燕王，走到一条大河边，而摆渡的船却在对岸。公孙龙叫来那个善于呼喊的人，那人一声呼喊，渡船应声摇了过来。

由此看来，为人处世，决不能拒绝有一技之长的人。

商山四皓

“商山四皓”比喻年高望重、才识过人的隐士高人。

此典出自《史记·留侯世家》。

秦朝末年，有四位德高望重、头发皆白的隐士，由于无法忍受秦朝残酷的统治，隐居在商山，被称为商山四皓。这四位老人是东园公、角里先生、绮里季、夏黄公。汉朝建立以后，汉高祖刘邦恳请他们出山，四位老人都不肯答应。后来，刘邦病重，打算改立太子，吕后着急了，就去向张良请教。张良谋划，请四位老人出山辅佐太子，制止刘邦改立太子。

在一次宫廷宴会上，摆了上等的美酒。太子刘盈侍立一旁，四位老人跟随着太子，四人都已经八十多岁，须发皆白，衣帽严整，气宇轩昂。刘邦觉得十分奇怪，就问道：“这四位老人是谁？”四位老人上前应对，一一报出自己的名姓，说他们是东园公、角里先生、绮里季、夏黄公。

刘邦大惊，说：“我访求你们数年，你们一直回避我，现在你们为什么跟我儿子在一起呢？”四位老人说：“你轻视士人，随意辱骂他们，我们义不受辱，因此隐居不出。听说太子为人仁德孝顺，恭敬爱士，天下人都愿意为太子效力，所以我们才来的。”

刘邦觉得太子羽翼已经丰满，难以废除了，就放弃了改立赵王如意为太子的念头。他同如意的母亲戚夫人抱头痛哭一场，忍气吞声，从此再也不提改立太子的事了。

李固像，图出自清·顾沅辑《古圣贤像传略》。

上　驷

“上驷”比喻上等人才或事物中的精品。

此典出自《史记·孙子吴起列传》：“今以君之下驷与彼上驷，取君上驷与彼中驷，取君中驷与彼下驷。”

战国时期，齐国大将田忌屡次与诸公子赛马打赌，下了很大的赌注。他的军师孙膑看到田忌用来参赛的马的足力同人家的马相差不多，但可以分成上、中、下三等，于是对田忌说：“您尽管放心下大的赌注，我有办法让您取胜。”田忌相信孙膑的话，与齐王和诸公子下了千金赌注。临近比赛时，孙膑说：“如今您可以这么办：用您的下等马对付别人的上等马；用您的上等马对付别人的中等马；再用您的中等马对付别人的下等马。”三场比赛后，田忌果然两胜一负，最后赢得千金。

盛名之下,其实难副

“盛名之下,其实难副”用以形容某人的实际才能与过高的声誉不相符合;或用以告诫人要有自知之明,不要为人们的赞美称誉冲昏头脑。

此典出自《后汉书·黄琼传》:“峣峣者易缺,皦皦者易污。阳春之曲,和者必寡;盛名之下,其实难副。”

东汉时期的黄琼学识丰富,名望很高,但他只想做个清高的隐士,不愿出来做官。永建年间,王公贵族多次推荐黄琼,朝廷下令征聘后,他才不情愿地离开了家乡,但称病不进京去。当时,很多有名的人受到征聘后,才发现他们的才能与名望有很大的差异。太傅李固自来敬慕黄琼,希望他能出来做官,用事实证明自己不是那种孤傲自恃、名不副实的人,于是就写了一封信去劝说黄琼。

李固在信中说:“如果先生真想以上古隐士巢父、许由等人为榜样,立志终身隐居深山幽谷中,也就算了;如果想辅佐朝政,为民效力,现在正是好时候。自古以来,像唐尧虞舜那样的圣明君主是罕见的,但并非仁人志士就没有用武之地。我曾听人说过,高傲刚直的东西容易折损,晶莹洁白的东西容易受到污染。像《阳春白雪》那样高深的曲调唱和的人必定很少,名声很大的人其才能与事实不一定相符。像近日一些受到征聘的先生,任职前声名太盛,但任职后却显露不出任何出色的作为,因此民间纷纷议论处士们纯粹是徒有虚名。愿先生能展示宏才大略,令众人叹服,消除民间不利于处士们的看法。”

黄琼听从了李固的建议,到了京城,立即被封为议郎;不久,显露出真才实学,升为尚书仆射。

十步芳草

“十步芳草”比喻到处都有人才。

此典出自汉代刘向《说苑·谈丛》:“必贵以贱为本,必高以下为基。天将与之,必先苦之;天将毁之,必先累之。孝于父母,信于交友。十步之泽,必有香草。十室之邑,必有忠士。”

这段话意思是说:

尊贵必须以卑贱做根本,高大必须以低下做基础。上天将要给予他,一定是首先使他辛苦;上天将要毁灭他,一定先要使他犯错误。对待父母孝敬,对待朋友诚信。十步大小的洼地,一定会有香草生长;十户人家的地方,一定会有忠实可靠的士人。

释车下走

“释车下走”用以比喻越是遇到突然发生的紧急情况,越要冷静思索,镇定处置。

此典出自《韩非子·外储说左上》:“齐景公游少海,传骑从中来谒曰:‘婴疾甚,且死,恐公后之。’

景公遽起,传骑又至。景公曰:‘趋驾烦且之乘,使驺子韩枢御之。’

行数百数,以驺为不疾,夺辔代之;御可数百步,以马为不进,尽释车而走。

以烦且之良,而驺子韩枢之巧,而以为不如下走也。”

这段话意思是说:

齐景公出游到少海,传骑从朝中来拜见说:“晏婴病得非常厉害,奄奄一息,可能您赶回去都晚了。”

景公急忙站起来，这时其他的传骑又赶来了。景公说："快驾上烦且拉的车子，让驺子韩枢驾驭它。"

走了几百步，景公认为驺子驾得太慢了，就夺去缰绳亲自驾驭，驾了不过几百步，觉得马跑得还不够快，就跳下车子往前跑。

用烦且这样的好马，加上驺子韩枢那样高超的驾驭技巧，齐景公竟还觉得比不上下车徒步跑得快。

蜀得其龙

"蜀得其龙"用以赞美杰出的人才。

此典出自《世说新语·品藻》："诸葛谨弟亮及从弟诞，并有盛名，各在一国。于时以为'蜀得其龙，吴得其虎，魏得其狗'。诞在魏与夏侯玄齐名；瑾在吴，吴朝服其弘量。"

三国时期，分别在蜀、吴、魏三国，有三个很有名气的人物。一个是诸葛亮，阳都人，字孔明。他曾隐居隆中，自比管仲、乐毅，被人们称之为卧龙。为感谢刘备三顾之恩，出山辅佐刘备争夺天下，建立蜀汉政权，出任蜀相。一个是诸葛瑾，阳都人，字子瑜，诸葛亮之兄。当初，在孙权手下任长史，转任中司马。孙权派诸葛瑾出使蜀国，他会见诸葛亮，秉公办事，毫无私情。孙权称帝后，拜诸葛谨为大将军、左都护、领豫州牧，诸葛瑾对东吴忠心耿耿，胸襟开阔，善于容人，深得孙权器重。另一个是诸葛诞，阳都人，字公休。有人说，他是诸葛亮的堂弟。当初，他在魏国任荥阳令，又升任御史中丞尚书，出任扬州刺史，跟随司马懿南征北战，立下战功，被晋封为高平侯，任征东大将军。后来，因为起兵反对司马昭，兵败被杀。

诸葛瑾的弟弟诸葛亮以及堂弟诸葛诞都很有盛名，各在一国供职。当时，人们以文、武、龙、虎、豹、犬为次序，评论那些卓有功绩的知名人物。能被称之为"龙"、"虎"的人，固然是崇高的荣誉；有的人被称之为犬（狗），仅次于龙、虎、豹，也是一种难得的美誉。在评论诸葛亮、诸葛瑾和诸葛诞时，人们说："蜀国得到一条龙（诸葛亮），吴国得到一只虎（诸葛瑾），魏国得到一条狗（诸葛诞）。"诸葛诞在魏国与征西将军夏侯玄齐名；诸葛谨在东吴任职，吴国朝廷的大臣都称赞他有宽宏的气概。

死诸葛吓走生仲达

"死诸葛吓走生仲达"用以比喻有本领的人摆个样子，也能吓倒对手。

此典出自《三国志·蜀书·诸葛亮传》注引《汉晋春秋》："杨仪等整军而出，百姓奔告宣王，宣王追焉。姜维令仪反旗鸣鼓，若将向宣王者，宣王乃退，不敢逼。于是仪结阵而去，入谷然后发丧。宣王之退也，百姓为之谚曰：'死诸葛吓走生仲达。'"

三国时期，诸葛亮是蜀国的丞相，司马懿（又名仲达）是魏国的都督，他两人都统率本国精锐部队在五丈原对峙，诸葛亮用兵如神，司马懿多次中计战败，无奈他只好采取坚守不战的办法，等待时机。两军对峙了一年多，无论蜀军如何挑战辱骂，司马懿都不理睬。后来诸葛亮病死了，消息传到魏军，司马懿仍是半信半疑，直到听说了蜀军已连夜撤退，方才大喜，亲自领兵前去追赶。追至山脚下，望见蜀兵不远，乃奋力追赶。忽然山后一声炮响，喊声大震，只见蜀兵俱回旗返鼓，树影中飘出中军大旗，上书一行大字："汉丞相武乡侯诸葛亮。"司马懿大惊失色，定睛看时，只见中军数十员上将，拥出一辆四轮车来，诸葛亮端坐在车上，纶巾羽扇，鹤氅皂绦。司马懿大惊道："孔明尚在，吾轻入重地，堕其计矣"，掉头就跑。魏兵魂飞魄散，丢盔弃甲，自相践踏，死者无数，司马懿奔走五十余里，抄

《三国志通俗演义》版画之“死诸葛走生仲达”图

近路奔回营地。

过了两天，乡民奔告曰：“蜀兵退入谷中之时，哀声动地，军中扬起白旗，孔明确实死了，前天车上的诸葛亮，乃木人也。”司马懿又是惭愧，又是后悔，讪讪地道：“吾能料其生，不能料其死也！”因此蜀人谚曰：“死诸葛吓走生仲达。”

天塌下来，自有长子顶着

“天塌下来，自有长子顶着”用以比喻再大的风险，自有有力量的当事人担负，不必害怕。

此典出自《醒世恒言》七：“天塌下来，自有长的撑住。”

太湖西山有个富翁名叫高赞，他有个女儿既漂亮，又能干，一心想找一个才貌双全的女婿。他不相信媒婆的嘴巴，决定要自己当面挑选，试过文才，自己满意了才行。

对湖吴江县有个富人叫颜俊，听说高家女儿长得很漂亮，就想娶她为妻，可是自知相貌丑陋，又不学无术，很难被高赞看中，竟异想天开，托表弟钱青冒名顶替去面试，只要订了婚，娶回来，生米煮成熟饭，即使高赞知道了真相，也没什么可怕的了。

他表弟钱青当真是饱读诗书，一表人才，只是穷困潦倒，在县里读书只能在颜俊家寄宿，听颜俊要他去干冒名骗人的事，心想：欲待从他，非君子所为；欲待不从，必然见怪。颜俊见他沉吟不决，便道：“贤弟，常言道：‘天塌下来，自有长子撑住。’什么事有愚兄在前，贤弟不必多虑。”于是拿了些新衣衫把钱青打扮起来去求婚。高赞一见假颜俊小小后生，气宇轩昂，心里已开始喜欢他了。又请了几个儒者一谈，都赞他高才，大喜过望，便允了婚，只提出一个条件：迎亲时，必须女婿亲自上门会见亲友，才能把女儿嫁给他。

钱青回去告诉颜俊，颜俊无奈，只好在迎亲那天，又请求钱青再假冒他一次，他以为：迎回来可以再由自己拜堂成亲。谁知迎亲船过了湖，会见亲友后，刚想带新娘回程，突然刮起了大风，三天三夜都不停，太湖根本无法渡过了，高赞便做主，立即在娘家成亲，假颜俊变成了真女婿。

颜俊费了许多心机，花了许多钱财，竟让钱青占了便宜，大怒之下告到官府。钱青百般解释，证明三天和新娘并未同床，颜俊根本不相信，正好法官是个贤人，听了情况后，把新娘判给了钱青。高赞和新婚夫妇皆大欢喜，只有颜俊满面羞惭，抱头鼠窜而去。

徒手搏虎

“徒手搏虎”这个故事说明：好勇斗狠，露才冒险，不过匹夫之勇而已。真正的大智大勇，就要为国为民，贡献自己的力量，甚至生命。

此典出自《魏书·列传第三》：“可悉陵年十七，从世祖猎。遇一猛虎，陵遂空手搏之以献。世祖曰：‘当才力绝人，当为国立事，勿如此也。’”

这段话意思是说：

可悉陵十七岁的时候，跟着北魏国王拓跋焘去打猎。遇到一只猛虎，他就赤手空拳地冲上去，捉住了老虎并把它献给了国王。拓跋焘看到这个情形，对他说：“你的才智和力气，没有人比得上，但是，你应当用你的本领为国家出力，再不要像这样只能打老虎了。”

吐哺握发

“吐哺握发”形容求贤心切，为国事操劳。

此典出自《史记·鲁周公世家》：“周公戒伯禽曰：‘我文王之子，武王之弟，成王之叔父，我于天下亦不贱矣。然我一沐三捉发，一饭三吐哺，起以待士，犹恐失天下之贤人。子之鲁，慎无以国骄人。’”

周文王有一个儿子，名叫旦。因为他的采邑被封在周地，所以被称为周公。他对父母非常孝顺，为人仁德，比其他弟兄们都要强一些。周文王死后，周武王（周公的哥哥）即位，周公尽心竭力辅佐周武王，做出了较大的贡献。可是后来，周武王因病而死，武王的儿子（成王）年纪还小，怎么能执掌朝中大权呢？周公担心天下诸侯乘机叛乱，就代替成王摄政。不久，流言蜚语满天飞了，说周公摄政将对周成王不利。周公善加解释，仍然诚心诚意辅佐周成王。

周成王封周公子伯禽于鲁，周公教导伯禽说：“我是周文王的儿子、周武王的弟弟、周成王的叔父。我的身份在天下并不轻贱啊。即使是这样，我洗一次头发要三次握千头发，吃一次饭要三次吐出口中的食物，站起身来接待天下的士人，还担心有做不好的地方，害怕失去天下有才能的人。你到鲁国之后，千万不要因为你是一国之主而骄傲待人啊。”

无出其右

“无出其右”的意思是没有能超过的。往往用来形容某人有才能。

此典出自《史记·田叔列传》：“贯高事明白，赵王敖得出，废为宣平侯，乃进言田叔等十余人。上尽召见，与语，汉廷臣毋能出其右者，上说，尽拜为郡守、诸侯相。”

公元前202年，刘邦做了皇帝，建立了西汉王朝以后，统治并不很稳定。异姓诸王各自拥兵据地，常常图谋不轨。公元前200年，巨鹿郡守陈豨（xī）反叛，攻打赵、代地区。刘邦率军前去讨伐，路过赵地。赵王张敖亲自服侍刘邦饮食，但是刘邦却大骂不止。这时，赵相赵午等数十人都非常愤怒，埋怨赵王张敖怯懦无能，极力主张起兵叛乱，赵王张敖赶紧加以制止。但是，贯高等人私下商议，策划杀害刘邦。刘邦听到这个消息后，下令逮捕了赵王张敖和阴谋反叛的大臣。于是，赵午等人纷纷自杀身亡，唯有贯高被监禁起来。孟舒、田叔等十几个大臣虽然没有参与叛乱，但是为了表示对赵王的忠心，也自称是赵王张敖的家奴，跟随张敖被押长安了。

贯高等人的案情调查清楚了，赵王张敖并没有什么大罪，得到释放，被贬为宣平侯。

张敖向刘邦推荐田叔等十余人，刘邦全部召见，与他们谈论天下大事，发现他们非常有才华，西汉朝廷上的大臣还没有能超过他们的。刘邦喜出望外，把他们都封了官，有的做郡守，有的做诸侯相。

武　库

“武库”本指储藏武器的仓库，样样兵器俱全，无所不有。后用以称赞人富有才识，干练多能。

此典出自《晋书·杜预传》：“咸宁四年秋，大霖雨，蝗虫起。预上疏多陈农要，事在《食货志》。预在内七年，损益万机（‘机’也作‘几’），不可胜数，朝野称美，号曰‘杜武库’，言其无所不有也。”

杜预，字元凯，晋代京兆杜陵人。祖父杜畿，在魏国曾任尚书仆射。父亲杜恕任幽州刺史。他学问渊博，精通朝代更迭、帝业兴废的知识，既能文，又能武。曾撰有《春秋左氏经传集解》，担任镇南大将军，都督荆州诸军事。

公元278年秋天，阴雨连绵，闹了蝗灾。当时，杜预任度支尚书，他向晋武帝上书，经常陈述抓好农业的重要性和应当采取的措施（这些事在《食货志》上有详细记载）。杜预在朝内七年，对帝王日常的繁忙政务在执行中精心地加以增减、改动，即使处理极其细微的事情也是非常谨慎，以免造成后患。他处理的事情很多，不可胜数。朝廷内外都称赞他、夸奖他，把他叫做“杜武库”，说他的脑袋就像储藏武器的仓库，十八般兵器一应俱全，无所不有。

萧何追韩信

“萧何追韩信”用以表示对人才的重视。

此典出自《史记·淮阴侯列传》。

楚汉之争时，韩信投靠刘邦，但一直得不到重用，等到刘邦行军至南郑时，他便在一天夜晚不辞而别了。刘邦的谋士萧何知道此事后，心里着急万分，来不及告诉刘邦，就连夜快马加鞭追赶他。有人不知详情，向刘邦报告说：“萧何已经逃亡了。”刘邦一听，顿时感到像失去了左右手一般，沮丧地说：“想不到连萧何也会离开我！”

过了一两天，萧何返回来。刘邦骂他说：“连你也逃跑，到底是什么原因？”萧何解释说：“我怎么敢逃跑，只是去追回一个逃跑的人。”刘邦又骂他说：“自从我被项羽封为汉王以来，逃跑的将士不计其数，你不去追赶，如今却来骗我，我会相信你吗？”萧何回答道：

《两汉开国中兴传志》版画之萧何追请韩信图，讲述韩信在汉王刘邦处不得重用，不辞而别，萧何深知韩信是难得的人才，来不及禀告刘邦，乘夜追赶韩信之事。

“其他逃跑的人都无关紧要，而我追赶的韩信，实在是一个杰出的人才啊！大王如果想在汉中称王，韩信没有什么用；如果大王想与项羽争夺天下，一定要重用韩信。如今我已将韩信追回，请大王考虑吧！”刘邦考虑了一会儿，说：“我是东部沛县的人，哪能郁郁寡欢地久居在这偏僻的汉中。”

接着，萧何请求刘邦用隆重的仪式拜韩信为大将，并对刘邦说如果不这样做，韩信最终还是要逃走的。刘邦见萧何如此重视韩信，就答应了他的请求。

于是刘邦选择了一个良辰吉日，筑起了拜将坛，向大家宣布：将拜一位智勇双全的大将。拜将仪式开始后，将领一看，原来被拜的大将曾是他们手下默默无闻的韩信，不由得大吃一惊。

孝廉船

“孝廉船”用以赞美人有才学，受人赏识。

此典出自《世说新语·文学》。

张凭，字长宗。晋代吴郡人，他非常讲义气，受到乡里人的称赞。他博学多识，思路敏捷，又有文才。被荐举为孝廉后出京都，对自己的才能很有自信心，声称一定要谒见当时的名人好好谈论一番。他想拜访丹阳尹刘惔，乡里人以及同时被荐举为孝廉的人都嘲笑他不自量力。张凭不理睬这些，就乘船去拜访刘惔。刘惔洗濯器物，料理事情，对张凭并不热情，让他坐在最末的座位上，只同他寒暄，完全心不在焉。张凭想开口谈论，可是一时又找不出合适的话题。不一会儿，又有不少名士来找刘惔谈论。谈着谈着，客人和主人之间有辩论不清的地方，张凭远远地从末座上发出话来，对此进行分析、判断，虽然话很简明，但是富有深刻的意义，足以使辩论的双方顿开茅塞。于是满座的人都惊呆了。刘惔马上请张凭上坐，和他谈了一整天，并且留他住下来，直到第二天天亮。张凭要走，刘惔说：“您暂且回到船上，我正好要同您一起去见抚军（即简文帝司马昱）。”张凭回到船上，同伴问他昨夜住在哪里的？张凭含笑不答。不一会儿，刘惔派人传呼张孝廉的船，同伴们全都惊讶不已。刘惔与张凭一同坐船去拜访抚军。进门后，刘惔快步走上前去，对抚军说：“下官今天为您找到一个太常博士的绝妙人选！”

虚左以待

“虚左以待”古时候宴客，左边的首位最为尊贵，所以“虚左以待”是尊敬贤人的意思。也就是表示做大事的人求贤的态度，空着最尊贵的位置来等待有本领的人。

此典出自《史记·魏公子列传》：“公子于是乃置酒大会宾客。坐定，公子从车骑，虚左，自迎夷门侯生。”

战国时魏公子无忌，封于信陵，号称信陵君，是当时的四公子之一，信陵君好客，礼聘天下的贤士，家中供养着三千个门下客。他听说夷门那个地方有一位隐士，名叫侯嬴，年纪已七十，信陵君想邀请他到自己的门下来。

一天他大摆筵席，宴请宾客；等到客人们都坐下后，他把自己左边的座位空出来，驾了车马，亲自去迎接侯嬴。侯嬴穿着破衣服，非常不客气地上了信陵君的座车，信陵君自己执着马鞭，毕恭毕敬地为他驾车，在半路上侯嬴碰到他的老朋友朱亥，下车来和朱亥交谈，故意耽搁了很长时间，但是信陵君并没有厌倦的心情，而是更加和气。他家里的客人，有许多是魏国的将相等有名人物，等他开席，他的侍从看到信陵君给一个衣衫褴褛的老头子执着马鞭驾车，背地里都在怪罪侯嬴，但侯嬴看信陵君的态度越来越恭敬，才又上了车。

到了家里，请他坐在上座，并亲自给他斟酒，为此客人都感到非常惊奇。

《东周列国志》版画之信陵君像

妍皮不裹媸骨

“妍皮不裹媸骨”比喻表里是一致的，秀外一定慧中。

此典出自《晋书·慕容超传》：“谚云：研皮不裹嗤骨。”

南北朝时期，前燕慕容氏亡了国，贵族慕容超流亡在后秦。他害怕受到迫害，又希望秘密地进行复国活动，于是就假装贫困，在街上做乞丐。后秦的大臣姚绍发现了他，见他一表人才，决不是甘于贫困的人，于是向后秦国王姚兴说：“慕容超在街上讨饭，这个人决不是安分的人，是很有才干的，您不如给他一官半职，一方面使他感激，另一方面约束他，使他不至于反叛。”姚兴于是将慕容超招来谈话，慕容超知道姚兴已经开始怀疑自己了，所以见到姚兴便装出一副笨样子。姚兴果真被他的假象迷惑了，谈了一会便让他走了，并对姚绍说：“今谚有‘妍皮不裹媸骨’的说法，真是胡说八道。慕容超虽说相貌不凡，其实是个草包而已，这种人不值得重视。”从此不再提防慕容超的行动了。后来，慕容超联络残余力量，积极活动，终于完成了复国大业。

羊蒙虎皮

“羊蒙虎皮”这个故事说明：有虚名而无实际的人，是经不起检验的。

此典出自《法言》：“羊质而虎皮。见草而悦，见豺狼而战，忘其皮之虎也。”

这段话意思是说：

一只羊披着一张老虎皮。它看见草便高兴，看到豺狼便颤抖起来，这是因为它忘记了自己还披着一张虎皮呢。

阳桥与鲂

“阳桥与鲂”用以告诉人们，趋炎附势、逢迎讨好的人，往往是没有真才实学的人，也不是正派的人。万不能把重任托付他们；治理国家。必须依靠作风正派并有真才实学的人！

此典出自《说苑·政理》。

宓子贱被任命为单父宰，顺路去拜访阳昼，他说：“我将赴任，你有何指教呢？”

阳昼说：“我年轻无知，不懂治理百姓的办法。只能略谈一点钓鱼的经验，算是我送你的礼物吧。”

子贱问:“您有哪些钓鱼经验呢?”

阳昼说:“当你刚刚安好鱼饵,放尽钓丝的时候,鱼儿马上一拥而上,吞食上钩的鱼叫阳桥,这种鱼肉薄而味寡。还有一种鱼绕着钓饵游来游去,想吃又不敢吃,这种鱼名叫鲂,这才是肉肥味美的鱼哩!”

子贱领悟了其中的道理,连连说:“好!”

于是,子贱启程上路。还没到单父,一班豪绅显贵已经纷纷赶来夹道欢迎。宓子贱大声催促车夫:“快点走!快点走!阳昼所说的那种阳桥鱼来了。”

到了单父,他邀请那些德高望重、贤明干练的人,一起治理单父。

一顾千金

“一顾千金”用以说明,人们需要权威,尊重权威,同时也应该努力学习使自己逐步成为内行。

此典出自《刘子·因显》:“昔有卖良马于市者,已三旦矣,而市人不顾。乃谓伯乐曰:‘吾卖良马而市人莫赏,愿子一顾,请献半马之价。’于是伯乐造市,来而睇之,去而目送之。一朝之价,遂至千金。”

这段话意思是说:

有个人在集市上卖马,等了三天都没有一个买马的人前来光顾。

于是这个人去求见伯乐,对伯乐说:“我卖的本来是一匹好马,但是人们都不识货。请你去看看,我愿意把马价的一半送给您。”

伯乐来到集市一看,果然是匹好马。他走上前去爱抚地左看右看,临走时还恋恋不舍地频频回顾。于是,一天之内马价涨到了千金。

一夔已足

“一夔已足”用以形容学有专长的人才。

此典出自《吕氏春秋·察传》:凡闻言必熟论,其于人必验之以理。鲁哀公问于孔子曰:“乐正夔一足,信乎?”孔子曰:“昔者舜欲以乐传教于天下,乃令重黎举夔于草莽之中而进之,舜以为乐正。夔于是正六律,和五声,以通八风,而天下大服。重黎又欲益求人,舜曰:‘夫乐,天地之精也,得失之节也,故唯圣人为能和。乐之本也。夔能和之,以平天

孔子侍坐于鲁哀公图,讲述鲁哀公同孔子问对之事。

下。若夔者一而足矣。’故曰夔一足，非一足也。”

这段话意思是说：

凡是听到传闻一定要深入考察，听到关于人的议论，一定要验证它是否有道理。春秋时期，鲁国国君鲁哀公问孔子说：“听说舜时的乐官夔只有一只脚，这是真的吗？”孔子回答道：“从前，舜想利用音乐教化天下人，就让重黎物色人才。重黎在民间发现了夔，就把他推荐给舜，舜让夔当乐官。于是夔正定六律，和谐五声，用以调和八方的风气，于是天下人完全归服。重黎还想多找几个像夔这样的人才，舜说‘音乐是天地之气的精华，政事得失的关键，只有圣人才能使音乐和谐。和谐是音乐的根本，夔能使音乐和谐，以安天下。像夔这样的人才，有一个就足够了。’因此所说的‘夔一足’，并不是说夔只有一只脚呀。”

一匹锦

“一匹锦”比喻美好的文才。

此典出自《南史·江淹传》。

江淹，字文通，南朝梁国的文学家，曾经历宋、齐、梁三个朝代。少年时代，勤奋好学，年轻时就因能写文章而远近闻名，可是到了晚年，他的才气逐渐减退，思路也有些迟钝了。据说，江淹任宣城太守免官归来时，停泊在禅灵寺的江边水渚中，夜里梦见一个自称是张景阳的人，对他说：“我曾经把一匹锦寄放在你这里，现在你应当还给我了。”江淹把手伸进怀里，摸出几尺锦还给他。这个人气愤地说：“怎么都给割取完了！”梦中的张景阳其实就是晋人张协，曾任河间内史，少有俊才。张景阳回头看见丘迟（南朝梁文学家），便对他说：“剩这几尺没有什么用，就送给您吧。”从此以后，江淹的文章开始退步了。

一身二任

“一身二任”指一人能承担两个方面的任务。可用来说明某人的重要地位和作用。

此典出自《汉书·王吉传》：“皇帝仁圣，至今思慕未怠，于宫馆囿池弋猎之乐未有所幸，大王宜夙夜念此，以承圣意。诸侯骨肉，莫亲大王，大王于属则子也，于位则臣也，一身而二任之责加焉，恩爱行义纤介有不具者，于以上闻，非飨国之福也。臣吉愚戆，愿大王察之。”

汉代，有一个人叫王吉，字子阳。他在青年时期学习刻苦，知识丰富，当上了昌邑中尉。而昌邑王刘贺却喜好狩猎，驰驱国内，放荡不羁，无休无止。

于是，王吉上书劝谏，说道：“昭帝仁义贤德，武帝去世不久，他至今思念不已，从来不到宫馆园林中游玩，也不以狩猎为趣。大王您应当时刻把这件事放在心上，体会皇上的意图。在诸侯骨肉之亲中，谁都没有比您更亲的了。您是武帝的孙子，是当今皇上的臣子，在您一个人的身上担负着两个方面的责任，如果在恩爱仁义方面出现细微的差错，被皇上知道了，对国家都是没有好处的。我王吉又呆又愚，或许说的不完全正确，希望大王您详察。”正如王吉所料，在汉昭帝死后，大将军霍光等人迎立昌邑王刘贺为皇帝，然而他品行不端，荒淫、放荡，不久便被废掉了，王吉也受到了牵连。

一柱擎天

“一柱擎天”的原意是一根柱子托住天，后来人们用它比喻一个人担负重任、支撑大局。也常用它来形容某人的重要作用。

此典出自《淮南子·天文训》：“天地之袭精为阴阳，阴阳之专精为四时，四时之散精为万物。积阳之热气生火，火气之精者为日；积阴之寒气为水，水汽之精者为月，日月之淫为精者为星辰。天受日月星辰，地受水潦尘埃。昔者共工与颛顼争为帝，怒而触不周之山。天柱折，地维绝。天倾西北，故日月星辰移焉。地不满东南，故水潦尘埃归焉。”

天地的聚集之气，变成阴阳，阴阳的会合之气，成为四季。四季的消散之气，成为万物。阳气聚集，它的热气生成火，火的精气，变成太阳。阴气积聚，它的寒气生成水，水的精气，变成月亮。日月的过甚之气，生成星辰。天容纳日月星辰，地容纳水潦尘埃。

从前共工（古代一个部落首领）和颛顼（古代一个部落首领，黄帝之孙）争夺天下的帝位，共工发怒碰倒了西北方的不周山（古代神话传说中的山名），结果撑天的柱子被撞断，系地的绳子也被拉断。天因为失去了支撑，便向西北方向倾斜，所以天上的日月星辰都移向西北方向。东方大地倾陷下去，所以水流尘土都归向东方了。

圯上老人

“圯上老人”比喻熟悉兵法、善于识别人才的长者。

此典出自《史记·留侯世家》。

汉高祖的大臣张良在青少年时代有一段传奇般的经历：有一次，张良在下邳圯桥上游荡，一个身穿粗布衣服的老翁走到张良跟前，故意把鞋甩到桥下，并对张良说：“小伙子，下去给我把鞋拾上来！”张良很生气，真想狠揍老翁几下，可是看在他是个老人的份上，还是强忍怒气，把他的鞋拾了上来。老翁说：“给我穿上！”张良想，既然已经把鞋拾上来，干脆把好事做到底，于是跪着给他穿上。老翁穿上鞋后，笑着离去。张良非常吃惊，一直目送着他。老翁走了一里多路，又返回来，对张良说：“小伙子有出息。五天后的黎明时分，与我在此相会。”张良觉得这件事怪异，连忙跪下说：“遵命。”五天后黎明，张良到桥上时，老翁已经先到了，老翁生气地说：“与长辈相约，你却晚来，这是怎么回事？”说罢就走，对张良说：“再过五天后再早点来。”五天后鸡鸣时刻，张良又去了，可是老翁又先到了。老翁再次生气地说：“你为什么又来晚了？”说罢就走，对张良说：“五天后要早来。”五天后，张良不到半夜就去了，等了一会儿，老翁也来了，他高兴地说：“年轻人，就应该这样。”他拿出一部书给张良，说：“读了这部书，就可以辅佐帝王完成大业，后十年必将兴旺发达。十三年后，你可以在济北见到我，我就是榖城山下黄石。”老翁说完就走，也没有留下其他的话，以后再没有露过面。天明后，张良打开书一看，原来是《太公兵法》。

倚马之才

“倚马之才”用以称颂文思敏捷。

此典出自《世说新语·文学》：“桓宣武北征，袁虎时从，被责免官。会须露布文，唤袁倚马前令作。手不辍笔，俄得七纸，殊可观。”

东晋废帝（司马奕）太和四年（公元369年），大将军桓温上书，请求亲自率兵北征鲜卑。袁宏为桓温记室参军，随军出征，因为过失被免去官职。行军途中需要一种紧急的文书，桓温便叫袁宏倚在马前起草文稿。袁宏不停地在写，一会儿工夫就写满了七张纸，文章斐然可观。

玉　笋

“玉笋”用以比喻才士众多，如笋林立。

此典出自《新唐书·李宗闵传》：“俄复为中书舍人，典贡举，所取多知名士，若唐冲、薛庠、袁都等，世谓之‘玉笋’。”

唐代人李宗闵，字损之，曾中进士，调任华州参军事，后任监察御史、礼部员外郎等。唐穆宗（李恒）即位后，李宗闵任中书舍人。

李宗闵曾因事被贬为剑州刺史。不久，又官复原位，任中书舍人，主持贡举考试之事，他所寻取的门生都是当时知名之士，如唐冲、薛庠、袁都等人。人们认为这些人的才能超群，于是称之为“玉笋”。

袁宏泊渚

“袁宏泊渚”形容才华横溢，诗文俊逸；也用来形容受到别人赏识。

此典出自《晋书·袁宏传》。

晋代袁宏，字彦伯，是侍中袁猷的孙子。父亲袁勖，曾任临汝令。袁宏才华横溢，擅长写一手极美的文章。年少时父亲早亡，家境贫寒，靠给别人运租米生活。当时，谢尚（西晋人，历任镇西将军、豫州刺史、尚书、仆射等职，善音乐，才学广博）镇守牛渚。在一个秋天的夜晚，皓月当空，谢尚与他的随从们穿上平民服装，游江赏景。这时，袁宏正在船中吟咏诗文，声音响亮，辞藻出众。于是，谢尚把船停住，听了很久，并派人前去问候。被派去的人回来说：“是临汝令袁勖的公子在吟诗。”袁宏所吟诵的诗篇就是他自己创作的咏史诗。谢尚顿时产生了浓厚的兴致，把袁宏请到船上来，与他纵情谈论起来，通宵不寐。从这以后，袁宏便声名大振。

岳飞论马

“岳飞论马”用以比喻在选用人才上，与识别良马和劣马是一样的，不要只看表象，更要看实际，要看在实践中所表现出来的真才实学。

此典出自《宋史岳飞传》。

岳飞入朝参见宋高宗（赵构），高宗随口问道：“你近来得到好马了吗？”

岳飞说：“我有两匹马，每天能吃几斗草料，喝十斗泉水，但是草料不精细，泉水不洁净，它们就不吃。披上护甲奔驰的时候，开始时跑得很慢，等到跑到百里时才开始越发精神越发快速。这时，从中午到晚上还可以跑二百里。解下马鞍和护甲，它们既不喘息，也不流汗，好像没事一样。”

“这种马，可以吃很多草料，但不是随便什么都吃，有很大力气，但不轻易表现出来。这是可以跑远路的马。不幸的是，它们都相继死掉了。”

“现在我所骑的马，每天（吃料饮水）不超过几升，喂它可以不用选择草料，不用选择水质。但当你揽起缰绳还没坐稳的时候，它便一跃而起飞快地奔跑起来。等它刚跑出百里，就流汗气喘没有一点力气了，就像快要死了一样。”

“这种马，吃得少容易饱，喜欢表现而又没有力气。这是愚钝无能的马。”

宋高宗称赞岳飞讲得好，他说：“你今天这番议论太深刻了。”

谪　仙

“谪仙”谪居世间的仙人。人们往往用它称赞才行高迈、人品清超拔俗的人，意思是说人才非凡，非人间所有。

此典出自《新唐书·李白传》：“天宝初，南入会稽，与吴筠善，筠被召见，故白亦至长安。往往见贺知章，知章见其文，叹曰：‘子，谪仙人也！’”

李白像,图出自《吴郡名贤图传赞》。

李白是我国唐代著名的大诗人。在唐玄宗天宝(公元742—756年)年间,李白游历天下名山大川,进入会稽山(在今浙江绍兴县东南),与文人吴筠和睦相处。吴筠被召到京城供职,李白也随之来到京城长安。有一次,李白去拜会著名诗人贺知章,贺知章读了李白的诗文感叹地说:“您真是贬降尘世的仙人哪!”于是,贺知章向唐玄宗推荐李白,唐玄宗在金銮殿上召见李白,当谈及当朝国事时,李白当即写了一篇歌颂的奏章。唐玄宗向李白赏赐酒食,亲手为他调羹,发下诏书,让李白供职于翰林院。然而,李白依然与酒徒们一起在街市上饮酒,经常喝得酩酊大醉。有一次,唐玄宗坐在沉香子亭观赏景物,心中有所感触,想召李白作词曲。等李白进宫时,却已经喝得酩酊大醉了,左右侍从用水给他洗脸,才使他稍微清醒一点儿。李白提笔便写,一会儿就写好了一篇词曲,曲词婉约华丽、精当贴切,无懈可击。唐玄宗爱惜李白的才华,于是经常用美酒佳肴款待他。

镇守西河

“镇守河西”这个故事讲了吴起为了成就功名,做了长期持久的努力,经受了种种考验和磨难,终于有所成就。

此典出自《史记·孙子吴起列传》:“吴起者魏人也,好用兵,尝学于曾子。事鲁君。……魏文侯以为将,击秦,拔五城。起之为将,与士卒最下者同衣食。卧不设席,行不骑乘,亲裹赢粮,与士卒分劳苦。……文侯以吴起善用兵,廉平,尽能得士心,乃以为西河守,以拒秦、韩。”

魏文侯听说翟璜又挑选了一个大将能够镇守西河,就问他是谁。翟璜说:“他原本是卫国人,做过鲁国的大将,现在他正好在我们这里。如果再晚一步,他也许就到他国去了。”魏文侯说:“你说的是不是吴起?”翟璜说:“就是他。”魏文侯摇了摇头,说:“这种人,我有点看不起。听说他为了要当鲁国的将军,竟把他自己的妻子杀了。这么狠心的人哪能成大事?”翟璜说:“这是反对他的人说的话,不能信。咱们眼前正需要这样的人去防备秦国,我才推荐他。”魏文侯说:“你就请他来吧。”

吴起喜欢比剑,爱名不爱利。他为了要出名,想做大官,花光了所有的家产。有一回,他母亲狠狠地骂了他一顿。他便赌气把自己的胳膊咬了一口,并发誓说:“得不到功名,决不回家!”就这样他离开卫国到了鲁国。

吴起到了鲁国,拜在孔子的弟子曾参门下做学生,夜以继日地刻苦钻研学问,居然成了曾参的得意学生,并且已经有点小名望了。有一天,他碰见齐国的大夫田居,两个人就聊了起来,发现他们情投意合。田居佩服他刻苦用功的精神,又挺喜爱他的学问,就把女儿许配给他。这个鲁国的学生就当了齐国田家的女婿了。过了五六年,他的老师曾参问他:“你在这儿念书已经好多年了,怎么不回趟家去看看你母亲呢?”吴起说:“我在母亲跟前发过誓,得不上功名,决不回家。”曾参批评他一顿,说:“做儿子的怎能跟母亲赌气发誓呢?”从那以后,曾参就轻视他了。没多久,吴起接着一封家信,说他母亲死了。他就对天大哭三声,擦去眼泪,把心一横,仍旧跟平日一样地念书。这回曾参更生气了,骂道:“你母亲死了,还不回去奔丧,你简直是个逆子。我一辈子都在提倡孝道,哪能收你这种人当学生呢?”于是他就把吴起开除了,还叮嘱其他的学生以后不许跟他来往。

吴起被开除之后,索性扔掉文的,专门研究武的。研究了三年兵法,有了很多体会。到了鲁国,见到了相国公仪休,跟他谈论兵法。公仪休倒挺赞赏他的才能,就在鲁穆公跟前推荐他,鲁穆公拜他为大夫,但不叫他做将军。

那时候(公元前412年,周威烈王十四年),齐国的相国田和打算篡位,又害怕邻国攻打他。他就用了两种手法:对那些势力大的邻国,像“三晋”,用交好的手法;对那些软弱无能的小国,像鲁国,用强硬欺压的手法。田和先发兵去打鲁国,理由是鲁国从前跟着吴国来打过齐国,现在要报仇雪恨。公仪休对鲁穆公说:“要打退齐国,非用吴起不可。”鲁穆公虽然答应着,但又不把兵权交给吴起。不到几天工夫,鲁国的一座城便被齐国占了。公仪休又说:“主公怎么不派吴起去抵御呢?”鲁穆公说:“我也知道吴起能够当大将,可是他是齐国田家的女婿呀!难道放心吗?”

公仪休也不敢担保,就出来了。吴起跑过去对他说:“齐国的军队攻得非常猛烈,主公怎么还不来找我呢?不是我吴起在相国跟前说大话,如果我当大将,一定能把齐国的军队打回去!”公仪休就把鲁穆公的话告诉了他。吴起说:“我以为是什么难事,原来是因为我的妻子啊!哪个国家没有别国的女婿?如果照这么说,那么谁都不能信任了。”正巧这时他的妻子生病死了,反对他的人就说他是为了要做将军就把妻子杀死了。

田氏死了以后,吴起对鲁穆公说:“我立志为主公出力,主公为了我的妻子起了疑心。现在我的妻子已经死了,主公总可以放心了吧。”鲁穆公对吴起说:“请大夫先退下去吧。”他问公仪休怎么办。公仪休说:“他如今只图功名。主公不如利用他先把齐国打退了再说。如果帝国任用了他,就会带来祸患了。”于是鲁穆公就拜吴起为大将,叫他带领两万人马去抵抗齐国。

吴起当上了大将,天天紧咬着牙,非要争口气不可。只要能够打败齐国,他可以忍受任何艰难困苦。他和士兵们整天待在一起,小兵吃什么,他也吃什么;小兵在地下睡,他也在地下睡;小兵步行,他也不坐车;小兵扛着粮草,他也帮着他们扛。有人病了,他给他煎药;有人长了疙瘩,他给他挤脓上药。于是士兵们一个个都把他当做父亲一样看待,死心塌地地情愿为他卖命。

吴起把军队驻扎下来,嘱咐士兵们守住阵线,不跟齐国开仗。田和反对这样做,就打发张邱去侦察鲁国的兵营,假意说是来求和的。吴起听到了消息,把精锐的兵马隐藏起来,让那些上了年纪的和瘦弱的士兵守着中军。吴起挺恭敬地招待着张邱。张邱说:“听说将军杀了夫人,真有这回事吗?”吴起说:“我虽说品德不好,毕竟也当过曾子的门生,学过孔子的教训,怎会做出这种狠心的事呢?我在动身之前,我的妻子正巧生病死了。也许有人把这两档子事掺到一块儿造谣言。”张邱说:“这么一说,将军还是齐国的亲戚,能不能为了这点情分，双方和好如初？”吴起拱着手说：“双方能够讲和，那当然再好不过了。”张邱临走的时候，吴起又再三托付他，请他帮忙，一定要成全这回事。

张邱回去之后，报告了田和，说鲁国兵马怎么怎么软弱无能，吴起又如何如何胆小。于是田和就打算第三天来个总攻击。到了第二天，他们两个人正在兴高采烈的谈论着这件事，忽然听见咚咚的鼓声，响得惊天动地，鲁国的兵马紧跟着就打过来了。那些年老的和瘦弱的士兵全不见了，一个个全是粗壮的大汉和不怕死的小伙子，见了齐国人乱杀乱打，吓得田和来不及上车，张邱也没工夫上马。其余的将官们还没穿上盔甲呢！转眼的工夫，军营大乱，都慌忙向没有鲁国兵的地方跑。有被鲁国人杀了的，有被自己人踩死的，也有投降的。于是，等到田和的士兵逃回本国，已经死伤了不少人马。

田和打了败仗，痛骂了张邱一顿，说他误了大事。张邱说：“我是如实向您汇报的，谁知道上了他的当呢？”田和叹着气说：“吴起用兵简直跟孙武、穰苴一样。他要是留在鲁国，咱们可就别想过太平的日子了。”张邱说：“我再去跟吴起商量商量，以后谁也不许侵犯谁。我要把这事办到了，便能将功折罪。”田和就嘱咐他见机行事，谨慎地去处理此事。

张邱带着不少金子，打扮成做买卖的样子，到鲁国去见吴起，把礼物送给了他，请求他不要再攻打齐国了。吴起对张邱说：“只要齐国不来侵犯鲁国，我决不叫鲁国去打齐国。”张邱从吴起那儿出来后，故意把这私自送礼的事宜传出去。鲁国人知道了这件事，便一传十、十传百地传扬开了，并且还添加了好些不中听的话。于是鲁穆公就要查办吴起。

吴起逃到魏国，住在翟璜家里。可巧魏文侯和翟璜说起派人镇守西河的事，翟璜把吴起推荐出来。魏文侯就派吴起去做西河太守。

《东周列国志》版画之“吴起杀妻求将”图

吴起到了西河，又拿出他那苦干的精神来了。他立刻修理城门、城墙，训练兵马。为了防备秦国，还修了一座非常重要的城叫吴城。他不但挡住了秦国，而且可以转守为攻，打到秦国去。秦国连续打了几次败仗，被魏国夺去了河西的五座城，以致秦国人再也不敢往河西这边来。这一来魏国的名声可就大了。韩国、赵国、齐国都派使者来朝贺，特别是齐国的相国田和，最会奉承魏文侯，把他当做新兴起的霸主。

芝草无根，醴泉无源

“芝草无根，醴泉无源”比喻有才华的人是有自己的特色的，决不模仿他人。

此典出自清代李渔《巧团圆》四：“自古道：‘芝草无根，醴泉无源。’只要孩子肯学好，那些闲话，听他怎的？”

唐朝宰相李德裕，是个博学多才的人，喜欢和客人谈古论今。有人认为：好诗好文章一定要有自己独特的新意，决不可模仿别人，并说："著名诗人张九龄就说过'灵芝无根，醴泉无源'，好文章就应该像仙草灵芝、甘水醴泉一样无根无源。"李德裕笑道："这些话有些片面，伟大的思想和高尚的学问都是在前人成就的基础上发展起来的，怎么会无根无源呢？就拿'灵芝无根，醴泉无源'这两句话来说，三国时文人虞翻写给弟弟的信中就出现过，那是'芝草无根，醴泉无源'张九龄只不过是改动了一个'草'字而已。"那个人不相信，就想方设法去查，最后在一个藏书家的家中看到那封信，李德裕记得一字不差。

芝兰玉树

"芝兰玉树"用以比喻德才兼备的优秀子弟。

此典出自《晋书·谢玄传》："譬如芝兰玉树，欲使其生于庭阶耳。"

谢玄（公元343—388年），字幼度，晋代阳夏人，是谢安的侄子。公元383年（太元八年），前秦苻坚率领百万大军攻打东晋王朝，谢玄接受征讨大都督谢安的指挥，率军抵抗前秦军队，在淝水大败苻坚，立下很大的战功，于是被封为康乐县公。

谢玄年少时就聪颖敏慧，与堂兄谢郎都被叔父谢安所器重。谢安曾教诲告诫子侄辈，对他们说："孩子们，你们怎样待人处事，人们才希望你们出类拔萃呢？"其他孩子都默不作声。只有谢玄回答道："这就好像芝兰玉树，人们都希望它们生长在自己的庭内阶前。"听了谢玄的话，谢安非常高兴。谢玄在小时候喜好佩带紫罗香囊，谢安为此很忧虑，但又不想伤了孩子的心，于是采用游戏赌赛的办法赢取了紫罗香囊，把它烧掉了。从此以后，谢玄不再佩带香囊了。

掷地作金石声

"掷地作金石声"用以形容文章极美，也可用来称赞某人才华很高。

此典出自《晋书·孙绰传》："尝作《天台山赋》，辞致甚工，初成，以示友人范荣期，云：'卿试掷地，当作金石声也。'荣期曰：'恐此金石非中宫商。'"

孙绰（公元314—371年），晋代太原中都（今山西平遥西南）人，字兴公，是冯翊太守孙楚的孙子。孙绰曾任章安令、永嘉太守，后来当上廷尉卿。孙绰博学多才，胸怀大志。他曾经旅居会稽，游山玩水，共有十多年，并写成《遂初赋》，以抒发自己的情怀。他很轻视文人山涛，就对别人说："我不知道山涛是怎么回事，官不像官，隐士不像隐士。"他自己在门前栽了一棵松树，经常亲自守护着。邻人对他说："这棵松树的样子挺可爱的，但是它永远长不成栋梁之材。"孙绰回答道："枫树柳树能够长得很粗，但是它们又有什么用呢？"

孙绰曾经写了《天台山赋》，非常精彩，词句甚工，刚把它写好时，送给友人范启看，对他说："您试试看把我的这篇文章掷到地上，它会如金石坠地，发出悦耳的声音。"范荣期开玩笑说："可能这块金石的声音，不符合宫、商、角、徵、羽等五音吧。"

中山猫

"中山猫"这个故事说明：做事、用人都要权衡利害大小；做事不要怕付出代价，因噎废食；用人不要责备求全，以瑕掩瑜。

此典出自《郁离子·枸橼篇》。

赵国有一户人家发生了鼠患，便从中山国讨取捕鼠的猫。于是中山人给了他一只。

孙绰像，图出自清·任熊绘《于越先贤像传赞》。孙绰，字兴公，是东晋士族中很有影响的名士。

那只猫擅长捕老鼠，但也喜欢捉鸡。一个多月以后，他家里老鼠被猫捕完了，但他养的鸡也被吃光了。他儿子认为那只猫是个祸害，就对他父亲说："为什么不把那只猫赶跑呢？"他父亲说："这件事，不是你能了解的。我们的祸患在于有老鼠，不在于没有鸡。有了老鼠，便偷吃我们家的粮食，咬烂我们家的衣服，钻穿我们家的墙壁，啃坏我们家的家具。这样，我们就要挨饿受冻，比没有鸡不是更有害吗？如果没有鸡，我们只不过是不吃鸡而已，离挨饿受冻还很遥远呢。为什么要赶走那只猫呢？！"

予卿荐毋恤

"子卿荐毋恤"比喻推荐人才、识别人才。

此典出自《史记·赵世家》。

春秋末年，有一个见识卓著的人，姓姑布，字子卿。一次，姑布子卿前来拜见赵简子，赵简子把他所有的儿子都叫来，让子卿给他们看相。子卿看完后说："没有一个能当将军的。"简子说："如此说来，赵氏家族可能要衰亡了吧？"子卿说："我在路上见过一个人，可能也是您的儿子。"于是简子把那个儿子毋恤叫来，毋恤刚刚来到他们面前，子卿就站了起来，说："这才是真将军啊！"简子说："这孩子的生母贫贱，是翟地的侍婢，哪能谈得上尊贵呢？"子卿说："上天授给他一副贵相，即使现在卑贱，将来也一定尊贵。"从此以后，简子同所有的儿子逐个谈话考察，发现毋恤最有贤行才能。有一次，简子对所有的儿子说："我在常山上藏有宝符，谁先找到我就奖赏谁。"于是儿子们争先恐后地奔驰到常山之上，想方设法寻找，结果都一无所得。毋恤回来说："我已经得到宝符了。"简子说："那就把宝符拿给我。"毋恤说："从常山上居高临下地攻打代地，就可以把它夺过来。"通过这件事，简子发现毋恤的确有才干，就废掉了太子伯鲁，把毋恤立为太子。

爱子骄痴，独儿得惜

"爱子骄痴，独儿得惜"用以比喻过于骄纵子女，尤其是骄纵独子，会形成子女不好的行为习惯。

此典出自《警世通言·金明池吴清逢爱爱》："正是'爱子骄痴，独儿得惜'。"

宋朝开封府有个员外叫吴子虚，他有个独生儿子叫天清。正是"爱子骄痴，独儿得惜"，吴子虚一天都不许他的儿子出门。谁知那儿子却是风流的人，专要觅柳寻花。忽然有一天，赵八节度使二子来邀他出去踏青，吴员外碍于情面，只好放他出去。正值清明时节，游人如织，三人来到一个小酒店，外面花竹扶疏，里面杯盘罗列，走出一个十六岁如花似玉的女孩。她见吴天清美貌风流，不觉春心动了，紧挨他坐着。刚刚才饮得一杯，忽听驴儿蹄响，却是女儿的父母上坟回来，三人败兴而归。

匆匆一年，吴天清虽每天想念却再也不能够去探视。直到清明节，三个子弟才不约而同，再寻旧约。至则门户萧然，当垆的人不知何在。询问店主，店主潸然泪下，说道："官人问的正是小女爱爱。去年不知从哪里来了三个轻薄子弟和她吃酒，见我回来散了。老拙薄薄罪过她几句言语，不想女儿性重，不吃饮食，几天后就死了。"三人不敢再问，回途一路感伤不已。谁知爱爱竟魂魄不散，痴恋吴天清，变成鬼找上门来，和吴天清日日欢聚，渐渐地吴天清形容枯槁，奄奄一息。吴员外只此一子，怎不焦急呢，寻求一个皇甫真人请他救儿子性命。皇甫真人道："你依我说，急往西方三百里外避之。如果满了一百二十日，这鬼不去，不可救治也。"吴员外只得让儿子启程，匆匆过了一百二十日。这些日子爱爱一刻也不离吴天清，两人非常恩爱。这一日睡梦中忽见爱爱来告别道："奴自死后，太清夫人空中经过，怜奴无罪早夭，授我太阴炼形之术，是以得游行世上。感你隔年垂念，因而冒耻相从，与你有一百二十日情缘。今当自去。玉雪丹一粒，服之百病消除，以报夫妻之恩。"吴清醒来，感到嘴里有异香，腹中一似火团辗转，身子顿觉健旺，从此爱爱再也不见。

四、勤学故事

百尺竿头，更进一步

“百尺竿头，更进一步”比喻不要满足已经取得的成就。

此典出自宋代释道原《景德传灯录》卷十：“‘师示一偈曰：百尺竿头不动人，虽然得人未为真；百尺竿头须进步，十方世界是全身。’”

长沙有个招贤法师，他的佛学修养非常高。每次讲起经来，来听的和尚和信佛的俗家人都不可胜数。有一天讲经中讲到：佛学修养有很高的境界，好像爬到一百尺高的竿子上面，看得远，看得全。这时有个听众问道：“百尺竿头是不是学习已经达到最高境界了呢？”招贤法师随口念了一首诗回答道：“百尺竿头不动人，虽然得人未为真；百尺竿头须进步，十方世界是全身。”意思就是：你虽到了百尺竿头，如果不再动了还不能算是真正高明。只有继续奋力向上，你的心胸才能包容十方世界。

程颐像，图出自明·吕维祺《圣贤像赞》。程颐，北宋著名哲学家。

笔冢

“笔冢”形容练习书法勤奋刻苦。

此典出自唐代李肇《唐国史补》卷中：“长沙僧怀素好草书，自言得草圣三昧。弃笔堆积，埋于山下，号曰：‘笔冢’。”

唐代僧人怀素，字藏真，长沙人，是玄奘的弟子。他以狂草出名，继承张旭笔法，世称“颠张狂素。”

怀素爱好草书，刻苦练习，自称得到了草书圣人张旭的书法奥妙。他把丢弃的笔堆积起来，埋在山下，称为“笔冢”。

车胤囊萤

“车胤囊萤”比喻勤奋刻苦。

此典出自《晋书·车胤传》：“（胤）博学多通，家贫不常得油，夏月则练囊盛数十萤火以照书，以夜继日焉。”

这段话意思是说：

车胤非常博学，精通很多方面的学

问。家里贫穷，经常没有灯油，夏天的夜晚就把几十只萤火虫装进丝麻的口袋里，用萤火虫的光照着书，夜以继日，勤奋读书。

程门立雪

“程门立雪”形容恭敬师长和对有高深学问、精湛技能者的仰慕。

此典出自《二程全书·外书十二》：“游、杨初见伊川，伊川瞑目而坐，二子侍立。既觉，顾谓曰：‘贤辈尚在此乎？日既晚且休矣。’及出门，门外之雪深一尺。”

北宋时，有一位大学问家，名叫程颐，当时的人都称他为“伊川先生”。他和他的哥哥程颢，都是宋代理学大师周敦颐的得意门生。他的学说以“诚”字为基础，即是专心一意，不自欺欺人；其次是要存“疑”，有了疑问，再去“穷理”便是求学的方法，这样才能得到真知；得到真知之后，才能确信自己所讲的道理，力行而不惑。

由于程颐在当时有很高的名望，因此很多人都投奔到他的门下读书。后来在学问上有很大成就的游酢和杨时，就是程颐的学生。

游酢和杨时第一次去见程颐，谈了一会，程颐因年老体弱，容易疲倦，就闭目养起神来，两人不敢惊动他，就耐心地侍立在旁边。待程颐醒来，发觉他们还站在那里，忙对他们说：“怎么你们还在这里啊？快回去吧！”两人走出门外，只见原先没有积雪的地上，已经下了一尺多深的雪，可知他们两人已在程颐面前站立了很长时间了。

诗人谢应芳在一首“杨龟山祠”的诗中，有“卓彼文靖公，早立程门雪”之句，称赞杨时卓越的成就和敬慕师长的品德。

断织励学

“断织励学”称颂妻子鼓励丈夫刻苦学习。

此典出自《后汉书·列女传》。

东汉时，在河南郡有一个叫乐羊子的青年，他希望自己将来能有所作为，就远离家乡四处寻师求学。谁知，他才去一年就回来了。

他的妻子见丈夫一事无成地回来了，非常愤怒，从屋里拿出一把菜刀，走到织布机前对乐羊子说：“这机上的布是从蚕茧里一根根抽出来的，然后又拿到机上一寸一寸地织，最后才织成一匹布。如果现在截断，那就会前功尽弃。你在外求学，也应该像织布一样，随时积累自己的知识，反省自己的不足之处。不懂的地方，多向先生请教，如果半途而废，岂不太可惜！”说完，她举刀割断了机上的布。

乐羊子觉得万分惭愧，马上转身出门继续求学去了。

整整七年，乐羊子没有回过一次家。

衡石量书

“衡石量书”的本意是指，用衡器称取各种表奏等文件。后来，“衡石量书”比喻执政者不辞辛苦，勤于政事。

此典出自《史记·秦始皇本纪》：“侯生、卢生相与谋曰：‘……天下之事无小大皆决于上，上至以衡石量书，日夜有呈，不中呈不得休息。贪于权势至如此，未可为求仙药。’”

公元前221年，秦始皇消灭韩、赵、魏、燕、齐诸国，统一天下后，日益骄横，严加统治。特别是对一些儒生，更是不留情面，动不动就加以指责、处罚，引起儒生们强烈的不满。儒生中有两个人，一个是侯生，一个卢生，两人有些胆量，时常私下议论秦始皇的功过是非。

欧母教子读书图。欧阳修是北宋著名文学家，他小时候家里很穷，母亲郑氏亲自教他，经常拿芦荻作笔，在地上写字，教他读书。欧阳修日后成为唐宋八大家之一，很大程度上得益于母亲对他的教育。

有一次，他们二人私下议论说，秦始皇这个人，天性刚愎自用，专横跋扈，以为自古以来没有任何人可以赶得上他。专门任用狱吏，不信任有学问的儒士。丞相和大臣们全都唯唯诺诺，对他唯命是从。他不听取不同意见，骄横自大，所以下边的人都处心积虑地讨好他，谁都不敢指出他的过失。

当谈到秦始皇办理朝政的时候，侯生和卢生说："天下事无论大小，都由他自己来决定。就拿批阅文书来说吧，那些文书都是书写在竹简木札上的。秦始皇用石（dàn，古代以一百二十斤为一石）来计算公文的数量，每天都要批阅分量很重的公文，日夜都有安排，完不成任务就坚决不休息。这种人贪恋权势达到这种地步，一定不能为他求取仙药，使之长生不老。"

画荻教子

"画荻教子"形容母亲教育孩子的殷殷之情。

此典出自《宋史·欧阳修传》："欧阳修字永叔，庐陵人，四岁而孤。母郑，守节自誓，亲诲之学。家贫，至以荻画地学书。"

欧阳修是唐宋八大文学家之一。可是，在他少年时代，学习条件是很艰苦的。他四岁失去父亲，全家就只靠他母亲一个人来维持生活。母亲不愿欧阳修失学，于是，自己当了儿子的教师。家里贫穷，买不起文具，欧阳修的母亲就想出了别的办法。她看到沙滩上有鸟兽走过的足迹，认为在沙子上面也可以写字。于是，她就让欧阳修到沙滩上搬些沙来。她在家里选了一个光线比较好的地方，挖成深坑，然后，把沙倒下去铺平。这样，小小的沙坑便代替了笔墨纸砚。学习的时候，他的母亲折断一根荻草，在沙面上画出一个生字，等欧阳修学会了，便用手把沙子弄平，再写一个。欧阳修也利用这个地方来做练习。母子两人，一教一学，教的认真，学的起劲。后来，欧阳修在文学上的许多成就，就是因为有这个小小的沙坑帮他打下良好的基础。

画　沙

“画沙”形容儿童聪慧；也可用它形容刻苦学习，努力钻研。

此典出自《宋史·朱熹传》：“熹幼颖悟……尝从群儿戏沙上，独端坐以指画沙，视之，八卦也。”

南宋理学家朱熹，字元晦，一字仲晦，徽州婺源（今属江西）人。他的父亲朱松，曾任校书郎、著作郎等职。

朱熹在幼年时异常聪明，刚学会说话时，父亲指着天空告诉他：“这是天。”朱熹问道：“天的外边是什么？”父亲朱松感到非常惊讶。就学时，给他《孝经》读，他读完后，就在书上写出这样的话来：“如果做人不孝顺，就枉为人了。”一次，他跟着一群孩子在沙地上玩耍，朱熹一人端端正正地坐着，用手指在沙地上画来画去。别人走近一看，原来是神秘的八卦。

诲人不倦

“诲人不倦”比喻教导特别耐心。

此典出自《论语·述而》：“学而不厌，诲人不倦。”

孔丘，是我国春秋末期的一位思想家、政治家，是儒家的创始人。在认识论和教育思想方面，他注重“学”与“思”的结合。他首创了私人讲学的风气，主张“有教无类”，因材施教。在《论语·述而》中，孔丘论述了一个教育工作者对“学”与“教”应采取的态度。他说，应该默默记住（所学的东西），学而不厌，诲人不倦，也就是说学习要专心，不能厌倦和满足；教人时应不嫌疲劳和麻烦。

教学相长

“教学相长”比喻师生之间的互相促进，共同提高。

此典出自《礼记·学记》：“学然后知不足，教然后知困。知不足然后能自反也；知困然后自强也；故曰教学相长。”

《礼记》，又称《小戴礼》，主要讲的是论述儒家对“礼”的见解。据说是孔子死后，他的弟子根据各自的见闻撰写而成的。其中的《学记》是我国古代关于教育方面的一篇论文。它论述了教育理论、教学原则、教学方法等诸多方面的问题，总结了前人在教与学方面的丰富经验。

《学记》中写到：即使有美味的熟肉，如果不吃就不知道它的味美；即使有最好的道理，如果不学就不知道它的好处。所以，学才知道自己的欠缺，教才知道自己理解得还不透彻。知道了自己理解得不透彻，才能刻苦地钻研。所以说教与学是互相促进的。

教子学谄

“教子学谄”比喻为人要正直不阿，不事权贵，那才是可以万古流芳的好品德。

陈万年善于阿谀奉承人，为了对皇亲国戚贿赂送礼，甚至于把自家财产倾尽也在所不惜。

有一次他病了，就唤来儿子陈咸，在床前教训他，话一直谈到半夜。陈咸睡着了，不小心头碰到屏风上，陈万年大怒，想用拐杖打陈咸，他说：

“老子我苦口婆心教导你，你却睡着了，不听我的话，这是为什么？”

陈咸叩头认错说：

“父亲息怒，您所教导的，我全都明白了，总而言之，您是教我学会阿谀奉承。”

经师易遇，人师难遭

“经师易遇，人师难遭”比喻能够传授知识的老师多得很，能够育人的老师就不多了。

此典出自晋代袁宏《汉纪·郭泰传》：“经师易获，人师难得。”

东汉末年，有个大学者名叫郭泰，他道德品质都十分高尚。一天，他看见一个十二三岁的童子正在给他打扫书房，那童子长得眉清目秀，而且举止有礼。于是他就问那个童子说：“你叫什么名字？几时来的？”那童子彬彬有礼地答道：“我叫魏昭，是这两天才由府上总管收下来的仆人，分派我给您做清洁工。”郭泰问：“你认识字、读过书吗？”魏昭说：“读了一点。”于是郭泰拿起一本较容易的书考问他，觉得这孩子不但聪明，而且很有学问。郭泰说：“你有这么好的素质，应该继续学习啊，来这里做仆人岂不是浪费青春吗？”魏昭说：“我是专门投到你府上来的，因为我听说‘经师易遇，人师难遭’，所以想到你身边来，学习怎样做人啊！”郭泰听了，深深地被这孩子积极进取的行为感动，于是收魏昭做自己的学生，尽心竭力地教育培养他。魏昭后来成为一个德才兼备的学者。

“经师”：教书的教师；“人师”：育人的老师。

劳思逸淫

“劳思逸淫”说明一个人只有参加实际劳动，才能保持良好的品质；贪图安逸享乐，就容易变坏。

孟母三迁择里图。讲述孟母在孟子三岁时，为使孟子受到好的环境熏陶，三迁择邻之事。

此典出自《国语·鲁语》：“劳则思，思则善心生；逸则淫，淫则忘善，忘善则恶心生。”

春秋时，鲁国有一个叫公父文伯的贵族子弟，祖上世代袭封为大夫。后来，公父文伯继承了大夫爵位，踌躇满志。一天，当他退朝回家时，看到母亲敬姜正弯着腰一指甲一指甲地绩麻，水把手泡得又白又胀。于是他连忙蹲在母亲身旁，关心地说：“母亲，像我们这样的人家，还用得着绩麻吗？难道不怕别人嘲笑吗？母亲，我能奉养你，绩麻这种事就让下人干吧！”

敬姜虽然也是贵族出身，但是目睹了许多贵族家庭的衰败，深知只知道依仗着祖上的袭封来维持荣华富贵，是不会长久的。如今听到儿子说出这样的话，她惊叹道：“孩子呀，咱们鲁国要亡了吗？怎么能让你这样不懂道理的孩子做官呢？你坐下听我说：一个人只有经常参加劳动，才会认真思考问题，才会变得善良;贪图安逸的人只知荒淫奢侈,善良的心就会因此变得丑恶起来(劳则思,思则善心生;逸则淫,淫则忘善,忘善则恶心生。)”

后来,鲁国的人知道了这件事,都赞扬敬姜是一个擅长教育儿子的好母亲。

孟母三迁

“孟母三迁”描写慈母希望子女成才,选择良好的学习环境,教育有方。

此典出自《古列女传·母仪》。

孟子年幼的时候,他的家靠近墓地。所以,他和临近的孩子们都学会了祭祀。大家聚在一起,你跪我拜,你哭我哀,办理丧事这一套学得有板有眼。孟子的母亲看着孩子玩了几次以后,便说:“这地方不能让孩子待下去。”于是就迁移到市集上去。

在市集上,孟子又和临近的孩子学会了做买卖,大家聚在一起,你吹牛,我夸口,把做买卖的那种招揽顾客的模样,表演得惟妙惟肖。孟母见了,皱皱眉头说:“不行,这地方也不能让我的孩子待下去。”于是她们又搬了家。

第三次,他们搬到学校附近。这次情形不同了,孟子学会的是学校中的一切,他和孩子们做游戏,往往是怎样守秩序、讲礼貌。这时,孟母的心才放下来,高兴地说:“对啦!这才是我的孩子最适宜居住的地方。”

妙处难学

“妙处难学”这则寓言说明学习是一种创造性的劳动,老师对学生要“传道授业解惑”,学生要学老师为人处世的道德品质和各种专业知识。抛弃离开这根本的学习内容,只从形式上注意学习老师的“一言一行”,那是舍本求末,学不好的。

此典出自《广笑府》。

有一个人对他儿子说:“你应该效仿老师的一言一行。”儿子听从了父亲的教诲,正好赶上吃饭的时间,老师吃饭他也吃饭,老师喝水他也喝水,老师侧身他也侧身。老师看到学生的举动忍不住笑了起来,故意放下筷子,打了一个喷嚏。这一下他为难了,于是他揖手说:“老师的举止是玄妙的,我确实是难学啊。”

名落孙山

“名落孙山”指投考学校或参加其他考试,而没有被录取,以致榜上无名。

此典出自《过庭录》:“吴人孙山,滑稽才子也。赴举他郡,乡人托以子偕往;乡人子失意,山缀榜末,先归。乡人问其子得失,山曰:‘解名尽处是孙山,贤郎更在孙山外。’”

这句成语来自于宋朝时候一个幽默才子的诗句。当时有一个叫孙山的人,他非常聪明,又喜欢说笑话,当时的人就给他起了一个绰号叫做“滑稽才子”。一次,他和一个同乡(吴人)的儿子一块去参加举人的考试,当发榜的时候,只见孙山的名字列在榜上的最后,也就是说考了最后一名,但和他一块去的那个同乡的儿子,却没有考上。

孙山先回到家里,同乡便去问他的儿子有没有考中。孙山没有直接回答他,只是顺嘴说了两句诗:“解名尽处是孙山,贤郎更在孙山外。”

封建时代的科举制度规定:考中举人第一名叫解元。他诗里的“解名”两字,乃是泛指考取举人的名字。这两句诗的意思是:举人榜上最后的一个名字是孙山,同乡儿子的名字还在孙山的后面哩!所以他没有考中。

谬种流传

“谬种流传”原指荒谬的种子一代一代传下去，现多比喻错误的言论、见解、学风等传播扩散。

此典出自《宋史·选举志二》：“所取之士既不精，数年之后，复俾之主文，是非颠倒逾(愈)甚，时谓之缪(通‘谬’)种流传。”

在我国封建社会中，封建统治阶级推行一种叫做科举制度的教育考试制度。宋朝以后，科举都必须用儒家经义，参加考试的人必须按规定的格式答题，不能随意阐述自己的见解。因此，这种制度造成人们读死书、死读书、思想僵化、弄虚作假，产生了很多的弊端。《宋史》在记述当时这种制度的腐败的情况时说：“考试录取的人学业原本就不好，几年之后，又让我们去主持考试，是非就更加颠倒，当时把这种现象称作‘谬种流传’”。

磨穿铁砚

“磨穿铁砚”形容勤奋学习；也用以形容立志坚定不移。

此典出自《新五代史·桑维翰传》。

五代时，有一个人叫桑维翰，字国侨，身材矮小，而且脸长得很长，相貌丑陋又古怪。但他很有志向，想进入朝廷担任要职，所以苦读勤学。

桑维翰第一次考进士时，主考官就十分讨厌他的姓，因为“桑”与“丧”同音，认为不吉利。所以桑维翰没有考中。有人便劝他没必要非要再去考进士了，可以想其他办法去做官。桑维翰感慨万分，一边写《日出扶桑赋》表示自己的志向，一边用铁铸造一只砚台给人看，并说：“等我把这个砚台磨穿后，我再改变主意。”后来他终于考中了进士。

牛角挂书

“牛角挂书”形容刻苦攻读。

此典出自《旧唐书·李密传》：“密大喜，因谢病，专心读书为事，时人希见其面。尝欲寻包恺，乘一黄牛，被以蒲鞯，仍将《汉书》一帙挂于角上，一手捉牛靷，一手翻卷书读之。尚书令、越国公杨素见于道，从后按辔蹑之。”

隋代人李密字玄邃，一字法主，本是辽东襄平人。父亲李宽，在隋朝任上柱国、蒲山公，迁徙为京兆长安人。李密小时候非常聪敏，一次，隋炀帝见了他，对许公宇文述说：“刚才站在左边仗下的黑色小儿是谁?”宇文述回答道：“那个小儿，是蒲山公李宽的儿子，叫李密。”隋炀帝说：“那个小儿的眼光与常人很不一样，不要让他在我跟前转来转去的。”有一天，宇文述对李密说：“贤弟聪敏异常，应当以才学取官，不要再干宿卫之类的事了。”

李密听了宇文述的话以后，满心欢喜，于是就声称自己有病，不能再担任宿卫了。他一心以读书为业，闭门不出，苦心钻研。他听说饱学之士包恺在緱山，就去寻访从学。他骑着一头黄牛，以草垫为鞍，把一部《汉书》挂在牛角上，一手牵革带，一手翻书，吟读不已。尚书令、越国公杨素在路上见到有人对读书这么痴迷，从后边骑马赶上前来，问道：“你是何处书生，如此专心读书?”李密认识越国公杨素，就下牛再拜，自报姓名。杨素又问他读什么书，李密回答道：“我在读《项羽传》。”越国公杨素感到很惊奇，就同李密交谈起来。后来十分高兴地对自己的儿子杨玄感等人说：“我看李密的见识和气度，你们都赶不上。”于是，杨玄感一见倾心，就与李密成了好朋友。

抛砖引玉

“抛砖引玉”比喻用自己肤浅的、不成熟的意见或文章，引出别人高明的、成熟的意见或作品，常用作谦辞。

此典出自《景德传灯录·赵州东院从稔禅师》：“比来抛砖引玉，却引得个墼子。”

赵嘏，字承佑，唐时山阳人。他的诗写得很好，就连大诗人杜牧也喜欢读他的诗。尤其喜欢他的“长笛一声人倚楼”这一句诗，因而人们又称他为“赵倚楼”。

同时代人常建也是一个诗人，向来仰慕赵嘏的诗才。有一次当赵嘏到了吴地的时候，常建断定赵嘏一定会去游览灵严寺，为了想得到赵嘏的诗句，就先在寺里墙上题了两句诗。后来赵嘏果真到灵严寺去游览，看见寺里墙上只有两句诗，于是就接着写了两句，续成了完整的一首诗。常建就这样心随所愿了，得到了赵嘏的诗句。

跛鳖千里

“跛鳖千里”的意思是，跛脚的鳖不停地走，也能走千里。人们常用“跛鳖千里”来比喻只要坚持不懈地努力，即使条件很差，也能取得成功，获得成就。

此典出自《荀子·修身》：“故跬步而不休，跛鳖千里；累土而不辍，丘山崇成。厌其源，开其渎，江河可竭；一进一退，一左一右，六骥不致。彼人之才性之相县也，岂若跛鳖之与六骥足哉？然而跛鳖致之，六骥不致，是无他故焉，或为之或不为尔！”

这段话意思是说：

荀子议论说：半步半步地不停地走，跛鳖也可以行走千里；一点一点地不停堆土，也可以堆积成一座高高的山丘；堵住江河的源头，开通渠道让河水流淌，浩浩的江河也会枯竭；马儿拴在一起，如果有的前进，有的后退，有的向左，有的往右，即使是六匹良马也会跑不远。人的才能素质是有所差别的，但这个差别再大，也不会比跛鳖与那六匹良马之间的差别大。然而，跛鳖能做的，六匹良马却做不到。这没有其他的原因，最主要的原因就在于你去干，还是不去干！

青出于蓝

“青出于蓝”这个典故比喻学生胜过老师或后者胜过前者。

此典出自《荀子·劝学》：“青，取之于蓝而青于蓝；冰，水为之，而寒于水。”

战国时，赵国有一位著名的思想家叫荀况，又称荀卿或孙卿。他著有《荀子》三十二篇。在这本书的《劝学》篇中荀况写到：青色是用蓝色调成的，但比蓝色要好看；冰是由水凝成的，但比水要冷。这几句话是劝人好学上进的。比喻学生如果用功研究学问，再经过一段时间的努力，就会比教导他的老师更有成就。

日旰忘食

“日旰忘食”形容专心致志，孜孜不倦。

此典出自《陈书·傅縡传》：“縡素刚，因愤恚，乃于狱中上书曰：‘夫君人者，恭事上帝，子爱下民，省嗜欲，远谄佞，未明求衣，日旰忘食，是以泽披区宇，庆流子孙。陛下顷来酒色过度，不虔郊庙之神，专媚淫昏之鬼；小人在侧，宦竖弄权，恶忠直若仇雠，视生民如草芥；后宫曳绮绣，厩马余菽粟，百姓流离，僵尸蔽野；货贿公行，帑藏损耗，神怒民怨，众叛亲离。恐东南王气，自斯而尽。’”

东方朔像，图出自明·天然撰《历代古人像赞》。

南朝陈后主（陈叔宝）时期，陈国有一个大臣叫傅縡（zài），他博学善文，天资聪敏，起草重要的军国文书时，一蹴而就，从不打草稿。人们捧之推敲再三，也挑不出毛病，为此，陈后主非常器重他。

傅縡为人耿直倔强，恃才傲物，常常当众揭别人的短处，所以朝臣们既怕他，又恨他。于是一班擅长谄媚陈后主的大臣就到处搜集罪名诬陷傅縡，说他接受了高丽使者贿赂的金子，傅縡有言难辩，被陈后主关进了监狱。

傅縡生性刚强，他怀着满腔怒火，在狱中上书陈后主，对他进行劝谏，说："您作为一国之君，应当毕恭毕敬地上事天帝，像爱子女那样抚爱天下的百姓，要克制自己的嗜好和欲望，疏远那些阿谀奉承的奸佞之人，天没亮时就穿衣起床，天色已晚却忘记了吃饭，只有这样勤政不息，才能让恩泽遍及天下，把幸福留给子孙后代。陛下最近过于贪恋酒色，不忠于天地和祖先的神灵，却一味地向荒淫昏庸的恶鬼讨好；小人们包围在您的身旁，宦官擅权专政，仇恨忠直之士，把百姓看得如草芥一样的轻贱。后宫的嫔妃拖着锦绣的衣裙，马厩里的豆和谷子有多余的，但是天下百姓却流离失所，僵尸遍野；贿赂公开进行，国库的资财大量流失，搞得神怒民怨，众叛亲离。可能偏安东南的陈国的气数，到此就算完结了。"陈后主看了傅縡的奏书后，大怒。过了一会儿，怒气稍微平息了一点儿，就派人对傅縡说："如果我赦免你，你以后能不能改过呢？"

傅縡回答说："我的心就像我的面孔，如果我的面孔能改变，我的心就可以改变。"于是，陈后主更加发怒，命令宦官李善庆彻底查办傅縡。后来，陈后主就把傅縡赐死在狱中，当时傅縡五十五岁。

三冬足文史

"三冬足文史"形容勤奋读书，学业有成。

此典出自《汉书·东方朔传》："臣朔少失父母，长养兄嫂。年十三学书，三冬文史足用。十五学击剑，十六学《诗》《书》，诵二十二万言。"

汉代，有一个人叫东方朔，字曼倩，汉平原厌次人，汉武帝即位后，广泛招揽天下人才，选拔有道德、有才能的人。对他们不拘常规，破格提拔使用。于是，四方人士纷纷上书陈述政事成败得失，对自己进行炫耀吹嘘的人不计其数。汉武帝看了这些奏书之后，留下那些无关紧要、不予采纳的奏书，让申奏的人回去。东方朔初进京城，上书说："我东方朔在少年时代就失去父母，全靠兄嫂抚养长大。十三岁开始学书，平时忙忙碌碌，只有冬季才有时间读书。我用三个冬季（即三年）学习文史，学到的知识已经足够用了。十五岁学习击剑，十六岁学习《诗经》、《书经》诵读了二十二万言。"

三月不知肉味

“三月不知肉味”形容专注于一物，而忘记他事；或用来形容音乐高妙，令人忘情。

此典出自《论语·述而》：“孔子在齐闻《韶》，三月不知肉味。”

相传在我国古代，有歌颂虞舜的一种乐舞。这种乐舞不论从思想内容上还是艺术形式上来说，都受到了普遍的欢迎。春秋时期，孔子谈到《韶》这种乐舞时，也是赞不绝口。

有一次，孔子在齐国听到了《韶》乐，很长时间吃肉也觉不到肉的滋味，说：“想不到古人创作的音乐达到了如此迷人的地步。”

杀彘教子

“杀彘教子”比喻父母对子女一定要言出必行，以建立父母的信用。

此典出自《韩非子·外储说左上》：“婴儿非与戏也。婴儿非有知也，待父母而学者也，听父母之教。今子欺之，是教子欺也。母欺子，子而不信其母，非以成教也。”

曾参是孔子许多弟子中最有名的几个之一，他宣扬孔子学说，述《大学》，作《孝经》，在当时也是一个大名鼎鼎的人。由于他本身受过严格的教育，所以对下一代也非常重视。一次，曾参的妻子因为有点事要去市场，被他的孩子知道了，于是孩子也要跟他母亲一起去。曾参的妻子不愿带孩子去，便骗她的孩子说：“你乖乖的在家吧！等我回来后把家里的那头猪杀给你吃。”孩子听了这话，便乖乖地留在家里。过了一会儿，曾参的妻子从市场回来了，一推开门，看见丈夫和孩子正在追捕那头还没有养肥的猪。他的妻子很生气，就把孩子推开一边，对她丈夫说：“我刚才的话不过是暂时骗骗孩子，你怎么信以为真了呢？”曾参却认真地说：“跟孩子开玩笑要看情况，不能随便胡说；孩子觉得大人的话都是真的，所以他才听父母的话；看了父母的举动，先是模仿，再运用到自己的现实生活中去，现在你欺骗了他，其实就是教孩子下次学会欺骗你，这种教育方式是不对的。”他的妻子听后哑口无言，就让曾参把小猪杀了。

伤仲永

“神童”方仲永的一生说明：如果不注重后天的学习，天赋再好也是没有意义的。

此典出自《临川先生文集》。文中说，江西金溪县有个人叫做方仲永，祖祖辈辈都是农民。方仲永长到五岁，从来没有看到过笔墨纸砚。有一天，他忽然哭着要笔墨纸砚。他父亲感到奇怪，从邻居家借了给他。拿到笔墨纸砚后，他立刻写了四句诗，并且自己定了题目。那首诗用奉养父母、团结宗族作为主题。诗写出以后，一乡的读书人都传阅了。从此以后，指定任何事物要他作诗，他都能马上写出，那文采、立意都有值得赞赏的地方。同县的人都惊叹他的才能，逐渐把他父亲当做宾客接待，有人还拿钱财接济他。他父亲把这种情况看做有利可图，每天牵着仲永轮流拜见同县的人，却不让他学习。

我听说方仲永的事已经很长时间了。明道年间，我跟随父亲回乡，在舅父家见到了方仲永，当时他已经十二三岁了。叫他做，跟以前的名声不能相称。又过了七年，我从扬州回家，再到舅父家去问方仲永的情况，大家说：“方仲永的才智已经完全消失，跟普通人没什么区别了。”

我认为：方仲永领悟知识的才智，是从先天获得的。他从先天获得的东西，比那些有才能的人要多得多。但最终还是成了一个普通人，那是他从后天获得的东西不够。像他这种人先天禀赋这么好，由于忽视后天学习，尚且成了一个普通人；现在那些先天禀赋差，本来就是普通人的资质，而又不注重后天学习的人，又怎能够赶得上一般人的才能呢？

十年树木，百年树人

“十年树木，百年树人”形容培养人才是百年大计，极为重要。

此典出自《管子·权修》：“一年之计，莫如树谷；十年之计，莫如树木；终身之计，莫如树人。一树一获者，谷也；一树十获者，木也；一树百获者，人也。我苟种之，如神用之，举事用之，唯王之门。”

春秋时期，齐国有一个人叫管仲，名夷吾，字仲。他在齐桓公手下任相国，协助齐桓公富国强兵，统一天下，使齐桓公成为春秋五霸之一。相传他写了《管子》一书，共二十四卷，八十六篇。

《管子·权修》篇写道：“希望当年有所收获，就种谷物；希望十年有所收获，就栽树木；希望终身有所受益，就培养人才。因为播下种子，一年能够收获的是谷物；播下种子，十年能够收获的，是树木；播下种子，百年才能收到效益的，是人才。如果我培养了人才，他就会像神灵一样发挥作用，处理事情就像神明一般，这是君王称霸天下的必由之路。”

诗　瓢

“诗瓢”比喻做诗的一片苦心。

此典出自宋代计有功《唐诗纪事》卷五十：“（唐球）为诗拈稿为圆，纳之大瓢中。”

唐朝有一个诗人，叫唐球。他住在蜀地，是一个不受礼教拘束的人。他写好诗后，就将诗稿揉成纸团，装进一只大瓢里。日积月累，大瓢里便装了许多篇诗稿。他临死前，将瓢投入江中，说：“如果这些诗文不沉没，那么得到它的人就会了解我的一番苦心。”后来，这些诗篇果然被人得到了，认识他的人都说：“这是隐士唐球的诗瓢。”

管仲像，春秋时期政治家，图出自清·顾沅辑《古圣贤像传略》。

书　淫

“书淫”形容嗜书成癖、读书入迷的人。

此典出自《晋书·皇甫谧传》：“耽玩典籍，忘寝与食，时人谓之‘书淫’。”

皇甫谧（公元215—282年），字士安，幼名静，晋代安定人。是东汉灵帝时的太尉皇甫嵩的曾孙。

皇甫谧二十多岁时，还不爱学习，整天到处闲逛，玩起来毫无节制，有的人认为他是白痴。有时得到了瓜果，便去孝敬叔母任氏。任氏说："《孝经》说：'即使用牛、羊、猪等三牲来奉养长辈，也算不上真正的孝顺。'你今年已经二十多岁了，眼中没有礼教，心中不入善道，没有什么使我感到安慰的。"接着，任氏叹息说："以前，孟母三迁，造就了孟子的仁德，曾父杀猪，对曾子进行教化。难道我居不择邻，对子女的教育存在漏洞吗？为什么你如此拙笨迟钝呢？修身养性，刻苦学习，归根到底是你自己受益，和我又有什么关系呢？"于是，任氏在皇甫谧面前哭了起来。皇甫谧深受感动，从此他向同乡人席坦学习，勤苦不怠。由于生活贫寒，他亲自耕田种地，身边带着经书，边干农活边学习，终于掌握了各种典籍和诸子百家的著作。他把著书当作自己的事业，自称为"玄晏先生"。他著有《礼乐》、《圣真》等著作。后来，他得了风痹症，还是手不释卷，勤奋地读书、写作。

有人劝皇甫谧说，应当传扬自己的名声，广交天下的朋友，以让自己能够做官。而皇甫谧认为，身居田野之中，也可以领略尧舜之道，何必出仕为官，追名逐利呢？为此，他写了《玄守论》，答谢友人的关心，同时也阐明自己的志向和观点。

所以，皇甫谧不去当官。他沉醉于典籍之中，废寝忘食地刻苦钻研，当时人称他为"书淫"。有的人劝他说，学习太用功了，会损伤精神，搞垮身体。而皇甫谧回答说："早晨听到了真理，即使晚上死了，我也会心满意足的。何况人的寿命长短和气数都掌握在苍天手里呢！"

水滴石穿

"水滴石穿"意指滴水可使石穿。比喻力量虽然细微，但积蓄长久之功，可以成就大事。

此典出自宋代罗大经《鹤林玉露》卷十《一钱斩吏》："一日一钱，千日一千。绳锯木断，水滴石穿。"

从前，有一个人叫张乖崖，任崇阳县令。有一次，一个官吏从府库中出来时，鬓旁头巾里藏着一枚钱。张乖崖发现后，就去盘问他，那个官吏承认钱是从府库里偷来的。于是张乖崖下令杖打他，那个官吏不服气，勃然大怒说："一枚钱有什么了不起，却要杖打我？随便你打吧，反正你不敢杀我。"张乖崖拿起笔来，宣判说："一天一枚钱，千天就是千枚钱。时间长了，绳子能锯断木头，水能滴穿石头。"然后，他亲自拿起宝剑，走下堂来，杀死了那个官吏。事后申报台府，要求台府处罚自己。

孙敬悬梁

"孙敬悬梁"比喻人的成材，不决定于天才或环境、条件，主要决定后天的勤奋、刻苦和坚持不懈。

此典出自《太平御览》："孙敬，字文宝，好学，晨夕不休。及至眠睡疲寝，以绳系头悬屋梁。后为当世大儒。"

这段话意思是说：

孙敬，字文宝，非常喜欢学习，每天从早到晚一刻也不停地学习。等到困乏得要躺下睡觉的时候，他便用绳把头发系在房梁上，让头悬起来。后来，孙敬终于成了当时有名的大学士。

孙康映雪

"孙康映雪"形容勤学苦读。

此典出自《初学记》卷二引《宋齐语》："孙康家贫，常映雪读书。清淡，交游不杂。"

这段话意思是说：

晋代人孙康，家境贫寒。他勤奋好学，但是没有油点灯，他便常常在晚上借着雪光读书。孙康清淡寡欲，从不随便与人交往。

孔席墨突

"孔席墨突"形容人们忙于世事，到处奔走的行为状态。孔席：孔子的坐席。墨突：墨子的烟囱。

此典出自《淮南子·修务训》："孔子无黔突，墨子无暖席，是以圣人不高山，不广河，蒙耻辱以干世主，非以贪禄慕位，欲事起天下之利，而除万民之害。"

这段话意思是说：

孔子为了宣传自己的学说，到处奔走游说，甚至有时连坐席也没有坐热，就又起身走了。墨子为了推行自己的政治主张和治国之道，也是不辞劳苦地四处奔波，周游列国，往往到了一个地方，烟囱还没有烧黑，就又动身走了。因此圣人不以山为高，不以河为宽，忍着耻辱求谒当时的国君，不是贪图俸禄，也不是羡慕爵位，而是想担起天下重任，为天下百姓兴利除害。

庭训

"庭训"指父教。

此典出自《论语·季氏》。

孔子的儿子叫孔鲤，字伯鱼。一次，孔子的学生陈亢问伯鱼："您在老师那里听到过特别的教导吗？"伯鱼回答说："没有。有一天，他一个人站在那里，我从他面前快步经过庭院。他问我：'学过《诗》吗？'我回答：'没有。'他便说：'不学《诗》，在官场上就不会说话。'于是我回去就学《诗》。又有一天，他又一个人站在那里，我从他面前快步经过庭院。他问我：'学过《礼》吗？'我回答：'没有。'他便说：'不学《礼》，就无法自立为人。'于是我回去就学《礼》。我只听说过这两件事。"陈亢回去后高兴地说："我只提一个问题，却得到三个收获：了解到学《诗》的道理，了解到学《礼》的道理，又了解到君子不偏向自己的儿子。"

生子送鲤图。讲述孔子生子时，恰逢鲁昭公命人送来鲤鱼，于是孔子为其子取名孔鲤，字伯鱼。

问　津

“问津”表示请求指点学问的门径。

此典出自《论语·微子》：“长沮、桀溺，耦而耕，孔子过之，使子路问津焉。”

春秋时期有两位隐士，一个叫长沮，一个叫桀溺。有一次，他们正一起在田里干活时，孔子经过那里，孔子叫学生子路去向他们打听渡口的位置。长沮问子路：“那位在车上手拿马缰绳的是什么人？”子路回答道：“是孔丘。”长沮又问道：“是鲁国的孔丘吗？”子路回答道：“是的。”长沮说：“他自己应该知道渡口在哪里，没必要问我。”子路又问桀溺。桀溺问：“你是谁？”子路说：“我是仲由。”桀溺问：“你是鲁国孔丘的门徒吗？”子路答道：“是的。”桀溺说：“如今礼崩乐坏，有如滔滔大水到处奔流，但是又有谁能改变这种趋势呢？你与其跟随躲避人的人，还不如跟随避开社会的人呢。”他一边说，一边不停地覆盖种子。子路回来把他们的话转告了孔子。孔子叹息说：“同鸟兽是无法合群的，我不跟那些贵族统治者在一起又能跟谁在一起呢？如果天下合乎正道，我孔丘当然就不会和他们一起去改变它了。”

无怨无德

“无怨无德”说明既没有仇恨，也没恩德，大家平平而过，是一般普通朋友的关系。

此典出自《左传》：“臣不任受怨，君亦不任受听，无怨无德，不知所报。”

春秋时期，鲁宣公十二年，晋、楚两国在郑（在今河南郑县东）展开大战，晋国大败，晋大夫知莹被俘。知莹的父亲知庄子亲自领兵去援救，射死了楚王的儿子穀臣及大夫连尹襄老。晋国要求用楚公子及大夫的尸首交换晋国的知莹，楚国答应了晋国的要求。楚王在为知莹送行时问他将如何报答他，知莹回答说：“我从来没有对你有过怨恨，你也没有对我有过别的恩惠，我既不埋怨你，你对我也无恩，无恩无怨，所以不知如何报答你了。以大王的威名，使我回到晋国，让晋君亲自判我死刑，纵然死了也是不朽的；如果蒙大王之恩德免于死，如果晋君再任命我担当军旅之事时，修治晋国边疆，那时，虽然和楚君相遇，也不敢回避。我只有竭尽全力卫国，没有二心，这就是我对大王的报答了。”

吾道东矣

“吾道东矣”是说自己的学术见解东传。一般指师生学业相传。

此典出自《后汉书·郑玄传》：“融门徒四百余人，升堂进者五十余生。融素骄贵，玄在门下，三年不得见，乃使高业弟子传授于玄。玄日夜寻诵，示尝怠倦。会融集诸生考论图纬，闻玄善算，乃召见于楼上，玄因从质诸疑义，问毕辞归。融喟然谓门人曰：‘郑生今去，吾道东矣。’”

东汉时期，有一个人叫郑玄（公元127—200年），字康成，北海高密人。他曾入太学学习《京氏易》、《公羊春秋》、《三统历》和《九章算术》，博学多才。又跟随张恭祖学习《礼记》、《左传》、《古文尚书》等。

当时，马融的门下有四百多名学生，其中学有所成的有五十多人。马融平时骄贵自矜，郑玄投在马融门下三年了却还没有见过他的面。马融叫优秀的学生向郑玄传授学业。郑玄日夜钻研、诵读，不敢有丝毫的疏忽和倦怠。当时，社会上流行一种附会经义以占验术数为主要内容的书，如《河图》、六经诸纬和《孝经纬》等。一次，马融召集门生考证和研究这些书，他听说郑玄对算学很有研究，就在楼上召见郑玄。郑玄一一回答了一些疑难问题，谈完以后，郑玄辞别马融，回到了家乡。马融感慨地对学生说："郑生今天走了，我的学问也传到东方了。"

五不足恃

"五不足恃"说明人贵自立。

此典出自《魏文侯书》："魏文侯问孤卷子曰：'父贤足恃乎？'对曰：'不足。''子贤足恃乎？'对曰：'不足。''兄贤足恃乎？'对曰：'不足。''弟贤足恃乎？'对曰：'不足。''臣贤足恃乎？'对曰：'不足。'文侯勃然作色而怒曰：'寡人问此五者于子，一一以为不足，何也？'对曰：'父贤不过尧，而丹朱放；子贤不过舜，而瞽瞍顽；兄贤不过舜，而象傲；弟贤不过周公，而管叔诛；臣贤不过汤、武，而桀、纣伐。望人者不至，恃人者不久。君欲治，从身始。人何可恃乎？'"

这段话意思是说：

魏文侯问孤卷子说："是不是父亲有德有才，就可以依赖呢？"孤卷子回答说："不能。"又问："儿子有德有才可以依赖吗？"孤卷子回答说："不能。"又问："哥哥有德有才可以依赖吗？"回答说："不能。"又问："弟弟有德有才可以依赖吗？"回答说："不能。"又问："臣下有德有才可以依赖吗？"孤卷子还是回答说："不能。"魏文侯听了，顿时变了脸色，愤怒地质问道："我向您问了五种情况，您竟然都说不能依赖，为什么呢？"孤卷子回答说："父亲有德有才，没有超过尧的，可是丹朱却被流放了；儿子有德有才，没有超过舜的，可是瞽瞍却很愚顽；哥哥有德有才，也没有超过舜的，可是象却很傲慢；弟弟有德有才，没有超过周公的，可是管叔却被处以死刑；臣下有德有才，没有超过商汤王、周武王的，可是夏桀王、商纣王却受到了讨伐。由此可知，寄希望于别人的人，是永远不会达到自己的目的，依赖别人的人也是不会长久。您要治理好国家，还是从您自身做起吧！又怎么能依赖别人呢？"

公孙龙像，图出自明·吕维祺《圣贤像赞》。公孙龙，哲学家、战国时名家的代表，赵国人，曾是平原君的门客。

先教而后师之

"先教而后师之"这则故事讽喻那些口称向人家学习，实际上却是强人以从己的名实相违的人。

此典出自《公孙龙子·迹府》："公孙龙，赵平原君之客也；孔穿，孔子之叶也。穿与龙会。穿谓龙曰：'臣居鲁，侧闻下风，高先生之智，说先生之行，愿受业之日久矣，乃今得见。然所不取先生者，独不取先生之以白马为非马耳。请去白马非马之学，穿请为弟子。’”

公孙龙曰：‘先生之言悖。龙之学，以白马为非马者也。使龙去之，则龙无以教；无以教，而乃学于龙也者，悖。且夫欲学于龙者，以智与学焉为不逮也。今教龙去白马非马，是先教而后师之也；先教而后师之，不可。’

这段话意思是说：

公孙龙是赵国平原君的宾客，孔穿是孔子的后裔。有一次，孔穿和公孙龙见了面。孔穿对公孙龙说：“臣下住在鲁国，久闻先生大名，仰慕先生的才智，钦佩先生的德行，早就想向您求教，今天才得见面。但是有一点却不敢赞同于先生，那就是先生白马非马的学说。请先生放弃白马非马的说法，我就愿意做先生的弟子。”

公孙龙说：“先生的话错了。我的学问，就是在于白马非马的学说呀。如果我放弃了它，我就没有什么可教的了；让我没有什么可教的了，您才愿意向我学习，这是荒唐的。而且您所以想要跟我学习，总是因为智力与学问不及我吧。现在却叫我放弃白马非马的学说，这是先来教我然后再拜我为师了；先来教我然后再拜我为师，这种做法是错误的。”

象罔寻珠

“象罔寻珠”比喻探求或取得真道。

此典出自《庄子·天地》：“黄帝游乎赤水之北，登乎昆仑之丘而南望，还归，遗其玄珠。使知索之而不得，使离朱索之而不得，使吃诟索之而不得也。乃使象罔，象罔得之。黄帝曰：‘异哉！象罔乃可以得之乎？’”

这段话意思是说：

有一次，黄帝游于赤水之北，登上昆仑山向南瞭望，回来的时候，把玄珠弄丢了（故事中用“玄珠”象征“道”）。于是黄帝派知去寻找，知竭尽思虑，也没有找到；黄帝派离朱去寻找，离朱努力辨别形影，也没有找到；黄帝派吃诟去寻找，吃诟努力聆听音响，也没有找到。于是，黄帝派象罔去寻找，象罔既不思虑，也不辨别形影、声音，完全无所用心，最后居然找到了。黄帝说：“真奇怪，象罔无心无形无智无虑，就可以得道吗？”这个故事的意思说，只有无心忘形、绝智去虑，才能得到真道。

循循善诱

“循循善诱”表示有步骤地诱导别人学习。

此典出自《论语·子罕》：“夫子循循然然善诱人，博我以文，约我以礼，欲罢不能，既竭无才，如有所立卓尔。”

孔子的学生非常崇敬孔子。有一次，颜渊称赞孔子的教学方法说：“老师善于有步骤地来诱导我们，用各种文献来丰富我们的知识，又用一定的规矩制度来约束我们，使我们想停止学习都做不到。我用尽了自己的才力，才似乎觉得可以独立工作了。”坐在颜渊旁边的一个学生听了也附和着说：“我也有这样的感觉。”

朽木不可雕

“朽木不可雕”意指腐朽的木头无法雕刻。比喻无法教育、不堪造就。

此典出自《论语·公冶长》：“宰予昼寝。子曰：‘朽木不可雕也，粪土之墙不可圬（wū）也；于予与何诛？’子曰：‘始吾于人也，听其言而信其行；今吾于人也，听其言而观其行。于予与改是。'"

孔子有一个学生，叫宰予。一天，孔子给学生们讲课，而宰予却在大白天呼呼大睡。孔子非常生气，说："腐朽的木头无法雕刻，粪土的墙壁无法粉刷。对于宰予这个人，批评还有什么用呢？"孔子又说："以前我对于人，是听了他的话就相信他的行为；现在我对于人，是听了他的话还要观察他的行为。从宰予身上，我改变了观察人的方法。"

延师教子

"延师教子"这则寓言说明延师教子，原是一件十分严肃的事情，但这家主人不仅不尊敬老师，反而想把老师当做奴仆看待，想方设法要剥削他的劳动力。难怪老师最后声明说："仆实不识一字。"——这实在是一句极其巧妙、极富有智慧的推辞性语言。

此典出自《一笑》。

有一个人想聘请老师教他儿子学习。

最后找到了一个老师，主人对老师说："我家里很穷，对先生失礼的地方很多，可怎么好！"

老师说："您说话太客气了，我原本没有什么不可以的。"

主人说："粗菜淡饭，可以吗？"

老师回答说："可以。"

主人说："因为我家里没有奴仆，所以像是打扫庭院卫生、开门关门这些事，都请先生代劳，可以吗？"

老师回答说："可以。"

主人说："碰到家里妇女儿童想买些零星杂物，想让先生去买，可以吗？"

老师回答说："可以。"

主人高兴地说："如果是这样，真是太好了！"

老师说："我也有一句话，希望主人感到不要惊讶。"

主人诧异地问："什么话？"

老师回答说："我很惭愧自己从小就没有学习！"

主人说："你说话太客气了！"

老师说："不敢欺骗您，其实，我连一个字都不认识。"

夜不就席

"夜不就席"指夜晚不上床睡觉，形容勤奋刻苦。

此典出自《宋史·邵雍传》："雍少时，自雄其力，慷慨欲树功名。于书无所不读，始为学，即坚苦刻厉，寒不炉，暑不扇，夜不就席者数年。"

北宋哲学家邵雍(公元1011—1077年)，字尧夫，共城(今河南密县东北)人。邵雍年轻时，自认为很有才华，意气风发，雄心勃勃，一心想成就自己的功名。他酷爱学习，什么书都学，刚开始读书，就刻苦磨砺自己，天冷不生火炉，天热不扇扇子，夜晚也不上床睡觉，就这样过了好几年。

一之谓甚

"一之谓甚"表示错一次已经过分了，还能再犯第二次吗？常被用来劝人不要重犯错误。

此典出自《左传·僖公五年》："虢，虞之表也。虢亡，虞必从之。晋不可启，寇不可玩。一之谓甚，其可再乎！"

僖公二年，晋献公曾向虞国借路去攻打虢国。虞国大夫宫之奇向虞公建议，不能让晋国借路去打邻国，但虞公没有听从他的劝告，结果虢国的都城下阳被攻占。僖公五年，晋侯又向虞国借路去打虢国，宫之奇又劝虞公不能再借路了。可是虞公依然不听他的劝告。宫之奇说："虢国是我国的屏障，虢国灭亡了，我们虞国也将随之灭亡。不能让晋军进来，外寇是难于对付的。我们已经上过一次当了，哪能再上当呢！"

虞公认为晋与虞有着氏族关系，如果他灭了虞国，神灵是不会保佑的，所以虞公没有采纳宫之奇的建议。后来晋国消灭了虢国后，回师时就把虞国灭掉了。

三十六计之假道伐虢图

一字之师

"一字之师"指称诗文的改正者。诗文经旁人更改一字就更加完美，故称修改者为"一字之师"。

此典出自南宋·计有功《唐诗纪事》："人以谷为一字师。"

唐朝时期，有一个和尚名叫齐己，他非常喜欢写诗。他写诗的态度也十分严谨，诗写成后，还要仔细琢磨、反复推敲，并虚心向别人请教。有一次，他写了一首五言诗，题名为《早梅》，为了使自己的诗句准确、生动，就去向他的朋友郑谷请教。郑谷把诗中的"前村深雪里，昨夜数枝开"这两句反复看了几遍之后说："'数枝'不足以点明'早'的意思，不如改为'一枝'。"齐己听了非常佩服，深深地向郑谷表示谢意。于是"人以谷为一字师。"(意思是：人们称郑谷为齐己的一字之师。)

义方之教

"义方之教"说明父母教育子女，应该采用适当的方法，既不能太严，也不能太溺爱；过与不及都不能教好孩子。

此典出自《左传·隐公三年》："臣闻爱子，教之以义方，弗纳于邪，骄奢淫逸，所自邪也。"

春秋时，卫国君王卫庄公的次子州吁是庄公的宠妾所生，因为自幼深受宠爱，所以不爱读书，刁蛮专横，而庄公对州吁的行为也是听之任之。卫大夫石碏向庄公劝说道："我听说一个人爱他自己的儿子，就应该用正当的方法去教育他，避免他走上邪路。像公子州吁那种骄傲、矜夸、嗜欲过度和任性放恣的行为，很容易走上邪路的。为什么会出现这种情况呢？我认为是主上你的过分宠爱所造成的。……一个人能够宠爱而不骄傲，或者虽然有点矜骄而自己能够控制住，虽然心有怨恨而能自己持重的人太少了。……做父母的要爱他的儿女、做儿女的要孝顺父母、做兄长的要爱护弟弟、做弟弟的该对哥哥尊敬……”庄公没有听从石碏的劝告，结果，后来真的发生了州吁杀死哥哥自立为国君的邪恶事情。

尹儒学御

“尹儒学御”比喻功到自然成。无论学习什么东西，有了老师的指导，自己还要有决心，经过长期的、刻苦的锻炼和摸索之后，必然会达到融会贯通的境界。

此典出自《吕氏春秋·不苟论·博志》。

尹儒学习驾车的技术，学了三年还没有掌握驾车的技能，因而他感到非常痛苦。有一天晚上，他忽然梦见老师给他传授秋驾的技能。第二天他去拜见老师时，老师看了他一眼，对他说：“我并不是舍不得传授我的技术，我是觉得时机还不成熟，你接受不了。今天我将要把秋驾的技能教给你。”

尹儒后退几步，朝北向老师行礼说：“昨晚上我梦见接受了您的教导。”他先给老师讲了他昨晚做的梦。他所梦见的原来就是秋驾。

载酒问字

“载酒问字”比喻勤学好问。或用来比喻从师受业。

此典出自《汉书·扬雄传》。

汉代，有一个人叫扬雄（公元前53—公元18年），字子云，蜀郡成都（今四川成都）人，他是著名的学者和文学家。扬雄在青年时期学习很刻苦，博览群书，知识丰富。他不善言谈，善于思考问题，清静寡欲，不追求富贵，不贪图虚名。一生喜爱文学，尤其偏爱辞赋。他虽家境贫寒，但却全心写作，著述很多。晚年在新莽朝当了一个大中大夫。

扬雄曾经因病辞了官，后来又被任为大夫。由于他的家境贫穷，又喜欢喝酒，所以很少有人去拜访他。因而每有爱好学问的人都是带着酒菜向他讨教，巨鹿的侯芭经常和扬雄住在一起，学习他著的《太玄经》、《法言》等哲学著作。

《法言》是模仿《论语》写的，《太玄经》是模仿《易经》写的，比较难懂。大学问家刘歆看过这两部书后，对扬雄说：“何必白白辛苦一场呢！如今那些享有高官厚禄的学者，尚且弄不懂《易经》，何况你的《太玄经》是模仿《易经》写的。能有什么价值呢？可能后人要用它盖酱缸了。”对刘歆这番冷嘲热讽的话，扬雄笑而不答。公元18年（天凤五年），扬雄病逝，享年七十一岁。巨鹿人侯芭为他修了坟，并且守丧三年。

择善而从

“择善而从”指发现别人的优点，并学习这些优点。

此典出自《论语·述而》：“三人行，必有我师焉，择其善者而从之，其不善者而败之。又见《左传·昭公二十八年》：择善而从之曰比。”

春秋时，晋国的韩宣子于公元前514年秋天去世，魏献子执政。他把被灭掉的祁氏的领地划分为七个县，把羊舌氏的领地划分为三个县。曾经给王室出过力的贾辛等人，非嫡长子中不失职、能够保守家业的魏戊等人以及其他一些有才能的人共十人，分别被任命为这些县的大夫。

有一次，魏献子问一位大夫："我把一个县给了魏戊，别人会觉得我偏袒吗？"大夫回答说："不会的，戊的为人，远不忘国君，近不逼同事，处在有利的地位上想到道义，处在贫困之中想到保持操守，有兢兢业业之心而没有过度的行为，即使给了他一个县，也是没什么的。以前武王战胜商朝，广有天下，他的兄弟领有封国的十五人，姬姓领有封国的四十人。这些都是举拔的亲属。举拔就是择善而从。因此，亲密、疏远都是一样的。"

《左传》癖

"《左传》癖"的意思是，特别喜好《左传》，成为一种习惯的嗜好。人们用它指喜欢钻研古书的爱好。

此典出自《晋书·杜预传》："时王济解相马，又甚爱之，而和峤颇聚敛，预常称'济有马癖，峤有钱癖'。武帝闻之，谓预曰：'卿有何癖？'对曰：'臣有《左传》癖。'"

晋代杜预（公元220—284年）文武兼备，才华横溢。既是将军，又是学者。平时，杜预不喜欢骑马，射箭也不穿铠甲。但是，只要担任重大军务，却身居将帅高位。杜预在结交朋友和待人接物方面，对人既谦恭又有礼貌。回答人家的问话时，总是尽力阐述自己的观点；开导别人时，从不感到厌倦。真是做事勤快，说话谨慎。他立下平定东吴的功劳之后，由于从容安逸，悠闲无事，于是便专心琢磨经典，著《春秋左氏经传集解》。又参考诸家所著记述宗族系统的书籍，写了阐释《左传》的著作《春秋释例》。又写了《盟会图》、《春秋长历》，形成了一套体系完备的独家学说，直到老年才完成。当时，大臣王济擅长相马，又特别爱马，大臣和峤贪得无厌，喜欢聚敛钱财。杜预常说"王济有马癖，和峤有钱癖"。晋武帝听说后，问杜预道："你有什么癖？"杜预回答说："我有《左传》癖。"

百步穿杨

"百步穿杨"形容射击、射箭技艺精湛，本领高明。

此典出自《战略策·西周策》："楚有养由基者，善射，去柳叶者百步而射之，百发百中。"

战国时，楚国有一位将军叫养由基。他射箭的技术非常高明，到了出神入化的地步，人称"神箭将军"。

养由基射箭非常准确，能百步穿杨。也就是说，他能站在一百步开外，一箭射穿小小的一片杨树叶子，看到过他射箭的人都惊叹不已。

他射箭不仅是准，而且刚劲有力。有一次，人们将七层铠甲，（古代兵士打仗穿的护身服装，多用金属片缀成）叠在一起让养由基去射。他一箭射去时，竟然能射透又厚又重的七层铠甲，真是让人赞叹呀。

楚王有一只心爱的白猿，它非常聪明，善解人意，楚王常常将它带在身边玩耍。有时候楚王要射箭，就命令白猿站在对面的柱子前面，白猿不仅不害怕，反而轻而易举地将楚王射过去的箭接住，拿在手里玩弄，看它那好奇的样子，还认为挺好玩的哩！

有一天，楚王叫养由基来射箭，也让白猿站在柱子旁接箭。但是，这只通人性的白猿知道养由基的箭术非常厉害，它无论如何是接不住养由基射去的箭的。因而，它非常恐惧。当养由基刚刚开始调整弓弦时，白猿已经吓得半死，抱住了柱子凄惨地号哭起来。楚王见白猿如此可怜，便不让它接箭了。

薄技大用

“薄技大用”表示在关键的时候,微小技能可以起到大作用。

从前,楚国将军子发喜欢招纳有专门技能的人,有一个精通偷窃的人听说后,便去拜见他,说:“听说将军喜欢招纳有一技之长的人,我是一个小偷,想凭这点本领在您的手下谋个小差。”子发一听,衣带没有束好,帽子来不及戴好,就热忱地接待了他。后来,子发的随从劝他说:“做小偷的人,都是世上不走正道的人,您为什么要以礼相待呢?”子发说:“这不是你们应该干预的,有很多事可能你们一时不理解。”

没过多久,齐国动员军队攻打楚国。楚王命令子发率领军队前去抵抗,但是,齐军攻势异常猛烈,一连三仗楚军都被齐军击败。楚国那些自以为道德高尚的大夫们,绞尽脑汁,想出的各种办法,都不起一点作用;相反,齐国的军队越打越强,攻势也越来越猛。

正在这个十分危急的情况下,那个小偷来到子发面前,请求说:“我感谢将军收留了我,可我却一直没有机会报答。现在,或许我能为将军出把力。”子发毫不犹豫地就把他派遣去了军中。楚大夫们听说子发派了一个小偷去对付强大的齐军,都偷偷地讥笑他。

当天晚上,小偷潜入敌军营中,偷回了齐国将军床前的围布。第二天,子发派人送回去,并对齐军说:“我军有个士兵外出打柴,捡到了将军的围布,现在派人送还。”第二天夜里,小偷又偷来了齐将的枕头。天亮后,子发又派人把枕头送还。第三天晚上,小偷又去把齐将头上的发簪偷来了。子发又派人送还。这几件事使齐将异常害怕,他们商量说:“如果今天夜里再不离开这里,或许我们的脑袋就保不住了。”于是连夜撤军离去。

楚国的大夫私下赞叹说:“看来人的技能不在大小,关键是要看如何去利用。”

扁鹊换心

“扁鹊换心”这则寓言是隐喻:一个人即使形体如旧但心已变,则判若两人。

此典出自《列子·汤问》。

鲁国公扈和赵国齐婴二人有病,共同去请扁鹊给他们医治。

于是,扁鹊就去给他们治病,结果把二人的病都治好了,扁鹊便对公扈、齐婴说道:“你们先前所得的疾病,是从外表侵入到五脏六腑,原是药物所能治好的。现在你们都还得了一种先天的病,现在我再为你们治疗一下怎么样?”

二人说:“我们想先听听这种病的情况。”

扁鹊就对公扈说:“你的心智有余,气质很弱,所以你多智慧,却欠果断;齐婴心智不足,气质坚强,所以智慧少而好专断。如果把你们的心互换一下,就会两全其美了。”

扁鹊就给二人喝了毒酒,让他们像死了似的昏迷三天,由着他剖开胸膛,挖出心来,互相换置,再敷上神效的药。他们醒来后,和从前一样正常。两个人便都告辞回去了。

于是,公扈回到了齐婴的家,去寻他的妻子,但妻子不认识他;齐婴也回到了公扈的家,去见他的妻子,妻子也不认识他。

两家因此互相争讼起来,就去找扁鹊辨认是非;扁鹊便把以前治病换心的经过告诉了他们,争讼这才停止了。

长康三绝

“长康三绝”形容书画神妙奇绝。

此典出自《晋书·顾恺之传》:“故俗传恺之有三绝:才绝,画绝,痴绝。”

顾恺之（字长康）是一个多才多艺的人，年轻时就精通诗、文、书、画，在绘画创作和绘画理论两方面都有很高的成就。顾恺之绘画创作的真迹现在已经失传了，流传下来的只是后人的摹本，如《列女图》、《女史箴图》、《洛神赋图》等几幅。在绘画理论方面，他留下《论画》、《魏晋胜流画赞》和《画云台山记》等著作。

顾恺之曾在大司马桓温属下当参军。当初，他在桓温府中时，桓温常说："顾恺之身上痴呆和聪慧各占一半，合起来讲，正好持平。"因此，世间传说顾恺之有三绝：才绝、画绝、痴绝。

操舟若神

"操舟若神"比喻只有抛掉得失之心，才能在各种繁复多变的情况下发挥自己的技能。

此典出自《庄子・达生》："颜渊问仲尼曰：'吾尝济乎觞深之渊，津人操舟若神。……敢问何谓也？'"

颜渊问仲尼说："我曾经渡过觞深这个水潭，那摆渡的人驾船的技巧真是高明。我问道：'驾船可以学会吗？'他回答说：'可以。擅长游水的人是要经过反复学习才学会的。至于那些会潜水的人，即使平时没见过船，一旦见到就可以很容易地驾驶它。'他不直接回答我的问题，请问他说的那些话是什么意思？"仲尼说："擅长游水的人反复学习就会，是因为熟悉了水性，就不害怕水了。至于会潜水的人没见过船就能驾船，那更是因为他看水就像陆地一样，看待翻船就像大车在上坡时打了滑倒退几步一样。即使翻掉船的种种危险同时出现在面前，依然会沉着镇定，心里丝毫不受影响；这样，到哪里不轻松自如呢？一个赌博的人，用瓦块当赌注的时候，赌起来随心应手；用随身物品做赌注的时候，心中便有所顾忌；用黄金做赌注的时候，失去黄金的恐惧会搞得他心绪烦乱。赌的技巧本来是一样的，但因为心里有了负担，所以表现出来的技巧就有很大的不同，这就是看重外物的结果。凡是看重外物的人内心一定是笨拙的。"

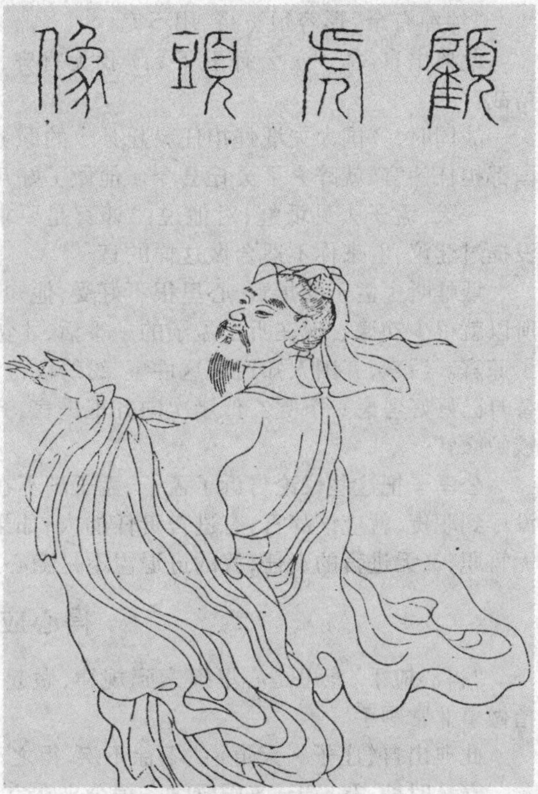

顾恺之像，图出自清・顾沅《古圣贤像传略》。顾恺之是晋代著名画家。

楚王田射

"楚王田射"的这个典故告诉人们，集中精力，专心一意，才能把事情办好。

此典出自《郁离子》："楚王田于云梦，使虞人起禽而射之。禽发，鹿出于王左，麋交于王右。王引弓欲射，有鹄拂王旃而过，翼若垂云。王注矢于弓，不知其所谢。养叔进曰：'臣之射也，置一叶于百步之外而射之，十发而十中，如使置十叶焉，则中不中非臣所能必矣。'"

一次，楚王在云梦打猎。他让虞人把飞禽走兽轰起来，供自己射猎，当飞禽出现的时候，只见楚王的左边跑来一只鹿，右边窜出几只麋。他刚要拉弓射箭，又发现一只天鹅从他头顶的大旗上掠过，两只挥动的翅膀好像垂在天空的白云。楚王眼花瞭乱，箭搭在弦上，却不知该射哪一个。

这时，大夫养由基上前说："我射箭的时候，百步之外放一片树叶，我能够射十次中十次；如果放上十片树叶，能不能射中，那就很难说了。"

春蚓秋蛇

"春蚓秋蛇"比喻书法拙劣。

此典出自《晋书·王羲之传》："（萧）子云近世擅名汇表，然仅得成法，无丈夫气，行行若萦春蚓，字字如绾秋蛇。"

梁朝的萧子云从小就喜欢书法。他的书法虽出于近世，却独具一格，因而在长江一带很有名气。但当时有人却有不同的看法，认为萧子云的书法"仅得成法，无丈夫气，行行若萦春蚓，字字如绾秋蛇"。意思是：只能说他会写字，因为他的字没有骨气，每行字都像春天的蚯蚓，每个字都像秋天蜷曲的蛇。

绰绰有余

"绰绰有余"形容很宽裕，用不完。

此典出自《孟子·公孙丑下》："我无官守，我无言责也，则吾进退，岂不绰绰然有余裕哉？"

战国时，齐国大夫坻蛙担任灵丘县令的职务，干得有声有色。过了一段时间，他想去国都担任谏官，就辞去了灵丘县令。他做了好几个月的谏官，却从来没向齐王劝谏过。

一天，孟子去见坻蛙，对他说："谏官是要求进言的官，你做了几个月的谏官，却始终没提过建议，看来你不适合做这样的官。"

坻蛙听了孟子的指责，心里很不好受，他知道齐王的脾气很坏，担心劝谏也不起作用，所以就很少劝谏。现在听了孟子的一番话，才觉得自己没尽到职责。于是，他向齐王辞去了谏官。后来，齐国人知道了这件事，纷纷议论说："孟子替坻蛙考虑得不错，但为什么不替自己好好考虑一下呢？他屡次向齐王进言，齐王都不采用，但他却依然不走，这难道是嫉妒么？"

公孝子把这些议论告诉了孟子，孟子满不在乎地说："我听说，一个有官职的人，如果没尽到职责，就应该辞官；有进言责任的人，如果进言未被采纳，也应该离去。而我呢，既无官职，又无进言的责任，我的进退岂不是随心所欲吗？"

得心应手

"得心应手"意思是心里摸索到规律，做起来就自然顺手。技艺纯熟，心手相应。也指做事非常顺手。

此典出自《庄子·天道》："不徐不疾，得之于手而应于心。"

春秋时期，有一天，齐国君主齐桓公坐在宫殿上读书，木匠轮扁在宫殿下面制作车轮。忽然，轮扁放下手中的工具，来到齐桓公面前问道："请问您读的书里面讲的都是什么啊？"桓公说："都是圣人说的话。"轮扁又问："圣人还活着吗？"桓公回答说："都已经死了。”轮扁又说道：“这样说来，您所读的，只不过是古人的糟粕而已。”齐桓公听了轮扁的这句话，很生气，他严厉地喝道：“我在这里读书，你这个车轮匠怎么敢口出狂言？你如果能把刚才说过的话讲出道理，我就饶了你，如果讲不出道理，我就处死你！”

轮扁并未因为桓公发怒而害怕，他不慌不忙地说：“我是个制作车轮的人，现在就以我制作车轮这件事为例子来讲讲我的观点吧。轮笋作宽了，可能松动，牟轮不坚固；而太紧了，就滞涩，装不进去。只有不宽不紧，不大不小，才正合适，做起来顺手，符合心意，才能做出合格的车轮。我虽然说不出其中的道理，但是这里却有一定的技术和经验。我无法把这技术单靠嘴说教给我的儿子，我的儿子也不能只是听我讲就能把技术学到手。所以，我虽然快七十岁了，还是独自一人在这里制作车轮子。古人的技术和不可言传的道理，因为人死了而无法传授下来。所以，您现在所读的古人的书，只不过是古人的糟粕而已。”

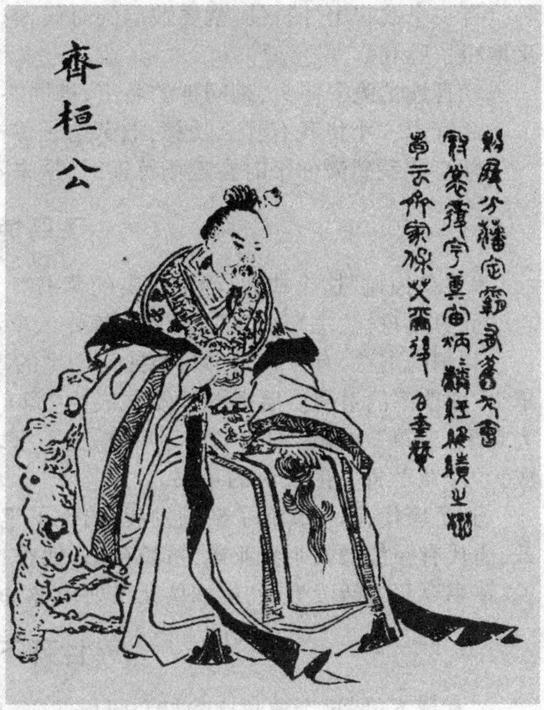

《东周列国志》版画之齐桓公像。齐桓公为春秋五霸之一。

雕虫小技

“雕虫小技”原指鸟虫书，古代汉字的一种字体。后比喻微不足道的技能，多指文字技巧。

此典出自唐代李白《与韩荆州朝宗书》：“至于制作，积成卷轴，则欲尘秽视听，恐雕虫小技，不合大人。”

韩朝宗，是唐朝玄宗年间人，曾经做过荆州的刺史。他特别爱惜青年文士，乐于提拔后进的人才，有很多人经过他的推荐，都出人头地有所成就。因此，社会上的人都非常敬慕他。

当时大名鼎鼎的大诗人李白，曾经写了一封信给韩朝宗，希望得到他的赏识，为他推荐一份工作。

李白写给韩朝宗的信，就是文学史上有名的《与韩荆州书》。信中除了称赞了一番韩朝宗的为人和学问之外，就是阐述了自己的志愿以及写作方面的情形。信的末尾说：“恐雕虫小技，不合大人。”这是一句谦虚的话，意思是说，可能我所写的文章是微不足道的玩意儿，不符合大人的口味。

堵子助阵

“堵子助阵”这则寓言讥讽武者之无能。

此典出自《笑林》。

有一个武官出外打仗，就要败退的时候，忽然从天降下一队神兵来帮助他作战，后来又取得了胜利。

武官连忙跪下叩头，询问神的名字，神回答说："我是堵子神。"

武官说："小将我有什么功德，敢劳堵子尊神来相救呢？"

神答："我感激你平时在教场练箭时，从来不曾有一箭射伤我的身体。"

飞鸟惊蛇

"飞鸟惊蛇"这个典故，称赞优美的草书。

此典出自《法书苑》："飞鸟出林，惊蛇入草。"

我国的书法，有一种为书写便捷而产生的字体叫草书。草书始于汉代，当时通行的是草隶，即草率的隶书。后来慢慢发展成为"章草"。到汉末，相传有一个叫张芝的书法家去除了"章草"中保留的隶书笔划形迹，上下字之间的笔势往往牵连相通，偏旁相互假借，成为"今草"，即一般所称的草书。

到了唐代，草书又有了新的发展，出现了笔势连绵回绕，字形变化繁多的"狂草"。据载，唐代有一位僧人叫释亚楼，擅长草书，他曾自题一联："飞鸟出林，惊蛇入草"。意思是说，草书要写得活泼生动，犹如鸟儿飞射出林，惊蛇窜入草丛。

甘拜下风

"甘拜下风"这个典故比喻打心眼里佩服，自认不如对方。

此典出自《左传·僖公十五年》："君履后土而戴皇天，皇天后土，实闻君之言，群臣敢在下风。"

春秋时，晋国因为闹灾荒，国内缺粮，便派使臣到秦国买粮。秦穆公和大臣商议后，决定答应晋国的要求，并派了很多人，把大批的粮食送到了晋国。过了一年，秦国国内闹灾荒，而晋国倒是五谷丰收。这时秦国又派人到晋国买粮。可是，晋惠公不但不肯把粮食卖给秦国，反而想趁着秦国闹灾荒的时机，派兵侵犯秦国。

公元前645年，晋惠公果然派兵攻打秦国。秦国国君秦穆公见晋惠公这样忘恩负义，便亲自带领大军前来迎战。经过一番激烈的战斗，晋军战败，晋惠公和大将韩简都当了俘虏。晋国的大夫披头散发，拔出帐篷，跟随着晋侯。秦穆公看到他们垂头丧气的样子，就对他们说："你们为何这么凄惨呀？我这次带着你们的国君回到秦国，不会伤害他的。"晋大夫连连作揖，对秦穆公说："君王踩着后土而顶着皇天，皇天后土都听到了您的话，我们甘拜下风。"

弓人之妻

"弓人之妻"这篇寓言告诫人们，要珍惜一件物品，首先要懂得它的价值。

此典出自韩婴《韩诗外传》。

齐景公命人制造一张弓，这个人做了三年才做成。景公拿着这张弓去射箭，射不穿铠甲的三层铁片。景公非常恼怒，要杀做弓的人。做弓人的妻子去见景公说："我是蔡国人的女儿，做弓人的妻子。这张弓，是用从泰山向阳坡上找来的桑柘木，骍牛的角，楚国麋的筋，黄河里的鱼皮熬制的胶做成的。这四种材料是从天下精选出来的最好的材料，用这种材料做成的弓不应当只射穿这样少的铠甲片。况且我听说过，奚仲造的车子自己不能跑；莫耶宝剑虽然锋利，自己不能砍断东西，都必须会有人使用它。射箭的方法，手要像攀着树枝，手掌要像握着鸡蛋，四个指头像断了的短棍，右手射出，左手毫无感觉。这就是射箭的方法。”景公把这些方法作为准则再去射箭，竟射穿了七层铠甲片。于是这位蔡国女人的丈夫也马上被放了出来。

公输为鹊

“公输为鹊”这个典故是比喻没有实际意义的东西，即使做得再精巧，也毫无所用。

此典出自《墨子·鲁问》：“公输子削竹木以为鹊，成而飞之，三日不下，公输子自以为至巧。”

公输子用竹木做了一只鹊鸟。做成以后，打开开关，鹊鸟展动翅羽，直上九霄，飞了三天，还没落下来。公输子非常得意。

墨子知道后，对公输子说：“您呕心沥血制作这只会飞的木鹊，还没有一个普通匠人做车辖有意义。您看，他们花费很短的时间，使用极少的木料，做成之后插在车轴两端，便可经受五十石的重压。因此说，制作的东西能给人带来好处，才能称为‘巧’；否则，没有实用价值，只能叫‘笨拙’罢了。”

鬼斧神工

“鬼斧神工”形容制作技艺高超、精妙。

此典出自《庄子·达生》：“梓庆削木为鐻，鐻成，见者惊犹鬼神。”

秦始皇统一了天下之后，大兴土木，建造了很多宫殿楼台；其中有一座名叫“云明台”，特别宏伟。据说，建造这座台时，有两个工匠不用梯子、支架及绳索，能在空中挥斧弄凿，从子夜（午夜）到午时（正午）这么短短的时间，就能全部完工，因而这座台又称“子午台”；当时人们称这两个工匠精巧的手艺和快捷的工作为“鬼斧”，意思是说不是凡人所能做得到的。

秦始皇像，图选自《剑锋春秋》。

西域骞宵国向秦始皇贡献了一个著名的雕刻匠，名叫裔烈，秦始皇命他用玉石雕成各种兽类，每雕成一件，他便在那野兽胸前刻上完工的日期，但所有野兽都没有刻上眼睛。有一天，秦始皇见两只玉虎没有眼睛，便用笔替它们各加上了一只眼睛，谁知过了几天，那对玉虎忽然不见了。到了第二年，西域有个国家进贡了两只白虎，秦始皇发觉白虎胸前都烙有日期，而且都只有一只眼睛，觉得很奇怪，就派人查了一下，和失踪的玉虎雕刻日期正好相同，便叫人把两只白虎的眼睛挖下来，它们竟又变成玉虎了。人们惊叹于裔烈的技巧，就称之“神工”。

画工传神

“画工传神”这则寓言说明中国古代绘画艺术，强调形神兼备，不但要求画得像，还要画出神情和精神。

此典出自《道山清话》：“昔人有令画工传神，以其不似，命别为之。”

从前，有一个人让画师给他画一张传神的像，这个人觉得画得不像，就叫画师另画一张。后来这个人又觉得画得不像，又叫画师改了三四次画稿。

画师生气地说：“如果画得真像了，那要成个什么样子！”

画虎类犬

“画虎类犬”比喻不切实际地攀求过高的目标，实现不了反闹笑话。

此典出自《后汉书·马援传》：“效季良不得，陷为天下轻薄子，所谓画虎不成反类狗者也。”

东汉时代，被封为伏波将军的马援，有一次写信批评他的侄儿说：“我希望你们在听到有人提到别人的过失时，能够像听到有人说及父母的名字一样集中精力，龙伯高是一个敦厚、谨慎的人，我希望你们能够模仿他的品行；杜季良为人豪侠好义，但我却不愿意你们模仿他。因为如果模仿龙伯高不成，仍可以成为一个谨慎的人，就像一个刻鹄如果没刻好，刻出一只鹜来，仍可以说刻成相类似的飞鸟；如果模仿杜季良不成，将会变成一个轻浮的人，就像想画一只老虎，结果却画出一只狗来一样，变成性质根本不同的兽类了。”

鸡鸣狗盗

“鸡鸣狗盗”比喻为达到某种目的而使用一些不正当的小伎俩，也指具有这种技能的人。

此典出自《史记·孟尝君列传》。

平原君收养门客的消息传到秦国。秦昭襄王叹息着对大夫向寿说：“像平原君这么贤明的人，天下罕见！”向寿说：“不过他比起齐国的孟尝君来，还有很大的差距。”秦昭襄王问：“孟尝君是怎么样的人？”向寿说：“孟尝君田文继承他父亲田婴做了薛公（薛，在山东省滕县东南；田婴封于薛，叫薛公，田文继承他父亲，也叫薛公），就大兴土木，修盖房子，招待天下豪杰。凡是前去投奔他的人，他全部都收留。他自己的吃、喝、穿戴跟住处，跟大伙儿一样。孟尝君的家当就这么快花完了。门客的饭食，当然也不能再像先前那样丰富了。听说有一天晚上，有个客人见了那种饭菜，心里不高兴。碰巧他看见孟尝君独自一个人在上边吃。他想主人吃的一定是山珍海味。这个人就大发脾气，扔下筷子，愤怒地说：‘岂有此理！我干什么到这儿来吃这种东西？’孟尝君连忙拦住他，端着自己的饭菜让他瞧。原来主人吃的东西和他一样，他叹了口气，说：‘孟尝君这么真心诚意地待我，我还起疑心，我简直是个小人，还有什么脸在这儿住着呢？’说完，他就拔出宝剑，自杀了。可是平原君呢？放纵着女人欺负瘸子，答应了人家的请求，还舍不得把她治罪。直到门客慢慢地散了，这才去给人家道歉，这不是已经晚了吗？”

秦昭襄王说：“我非常喜欢像孟尝君这样的人，怎样才能把孟尝君请到秦国来呢？”向寿说：“这并不难。要是大王能够打发自己的子弟去齐国做抵押，然后请孟尝君到这儿

《春秋五霸七雄列国志传》版画扮狗盗白狐裘图。孟尝君困于秦,使人到秦昭王宠姬处求解。宠姬要孟尝君的宝物白狐裘才肯答应帮忙,可是白狐裘已被献给秦昭王。孟尝君门客中有人擅长偷盗,于是扮狗偷回白狐裘献给秦王宠姬,宠姬替孟尝君求情,秦昭王放了孟尝君。

来,我想齐国是会答应的。等到孟尝君到了这儿,大王拜他为丞相,齐国当然也不好意思不拜咱们的人当齐国的相国。这样,秦国跟齐国联合起来,要打算收服诸侯,事情可就容易得多了。"于是秦昭襄王就打发自己的兄弟泾阳君到齐国去做抵押,请孟尝君到秦国来。

就在这短短的几天里,孟尝君和泾阳君交上了朋友。齐宣王在公元前301年死了,他的独生子即位,就是齐闵王。齐闵王不敢得罪秦国,只好派孟尝君到秦国去。后来有一个大臣对齐闵王说:"大王既然诚心跟秦国结交,何必把泾阳君留着做抵押呢?"于是齐闵王就把泾阳君送走了。

孟尝君带着众门客,一块儿到咸阳去。秦昭襄王亲自迎接他。他见孟尝君威风凛凛,仪表不凡,不禁又多了几分敬仰之情。两个人说了一些彼此敬仰的话。孟尝君奉上一件纯白的狐狸皮袍子,作为见面礼。秦昭襄王知道这是很名贵的银狐,当场就高兴地穿上,向宫里的美人们夸耀。

孟尝君和他的那些门客到咸阳之后,就有一批秦国的大臣怕秦王重用他,背地里商量怎样排挤他。秦王打算选个良辰吉日拜孟尝君当丞相。樗里疾首先反对说:"田文是齐国的贵族,手下的人又多,他当了秦国的丞相,一定会先替齐国打算。如果他仗着他丞相的权力暗中谋害秦国,秦国不就危险了吗?"秦昭襄王说:"那么,还是把他送回去吧!"樗里疾说:"他在这儿已经住了很久了,秦国的事,他差不多全都知道了。怎么能放他走呢?干脆杀掉他,以免留下祸患。"秦昭襄王觉得不能杀,可也不能放,就把孟尝君软禁起来。

泾阳君为了建立自己的势力,在齐国的时候,跟孟尝君已经交上了朋友。这会儿一听说秦王要谋害他,就替他想办法。他带了两对玉璧送给秦王最宠爱的燕姬,请她想个办法。燕姬拿手托着下巴,装腔作势地说:"叫我跟大王说句话倒是不难,你把这两对玉璧带回去,别的谢礼我不要,我只要一件银狐皮袍子就够了。"泾阳君把她的话告诉了孟尝君,孟尝君皱着眉头说:"就只有一件银狐皮袍子,我已经送给秦王了,哪能要回来呢?"当时有个门客说:"三讨不如一偷,我有办法。"于是他就跟管衣库的人做了朋友。

有一天晚上这位门客从狗洞里爬进宫里,找到了衣库去偷那件狐狸皮袍子。他掏出好多钥匙,正要开门的时候,看库的人醒了,咳嗽了一声。那个门客就装狗叫,"汪汪"地叫了两声,看衣库的人就又睡着了。那位门客进了衣库,打开箱子,拿出那件狐狸皮袍子,然后又锁了箱子,关上库房,从狗洞里钻出来。

孟尝君把这件皮袍子送给燕姬。燕姬得了这件宝贝,就甜言蜜语地劝秦王把孟尝君放回去。最后秦王答应了她，发下过关文书，让孟尝君回去。

孟尝君得到了文书，好像“漏网之鱼”，急急忙忙地往函谷关跑去。他担心秦王反悔，派人来追；又担心把守关口的人刁难他，他就更名改姓，打扮成生意人的样儿。

他的门客中有个专门假造文书的人，巧妙地把过关文书上的名字改了。他们到了函谷关，正赶上半夜。依照秦国的规矩，每天清晨，关口要听到鸡叫的时候才能放人。没办法，他们只好在关里等天亮。

那边樗里疾听说秦王把孟尝君放了，就去朝见秦昭襄王。他说让孟尝君回去，就像“纵虎归山”，将来一定会带来后患。秦昭襄王果然后悔了，立刻派人去追。那追上去的人赶到函谷关，查问守关的人，说：“孟尝君过去了没有?”他说：“没有。”还拿出过关文书让他们瞧，里面果然没有孟尝君的名字。他们才放了心，觉得孟尝君可能还没来到这里。

等了半天，孟尝君还没来，他们有点起疑，就跟守关的人说明了孟尝君的长相，还有他带着的门客的人数、车马的样子。守关的人说：“哦！有，有！他们早就过去了，是第一批过的关。”他们又问：“你什么时候开的城？我们到这儿，天还黑着呢。难道你半夜就把城门开了吗?”守关人说：“城门是鸡叫时才开的，过了半天，东方才发白。我们还纳闷今天太阳怎么出来得这么晚?”他们哪知道孟尝君的门客之中各色各样的人都有。有会学狗叫的，有会学鸡叫的，还有会假造文书的。孟尝君猜想秦王会派人追来，忽然这些门客里有人捏着鼻子学公鸡叫起来。接着一声跟着一声地有好几只公鸡叫着。随后关里的公鸡全都叫起来了。于是关上的人就开了城门，验过了孟尝君的过关文书，让他们出了关口。

纪昌学射

“纪昌学射”比喻射技高超。

此典出自《列子·汤问》。

甘蝇是古时候有名的神箭手，他把弓一拉开，野兽就倒在地上，飞鸟就掉了下来。徒弟飞卫跟着甘蝇学射箭，本领更超过了他的老师。有个叫纪昌的又跟飞卫学射箭。飞卫对他说：“你要先练习不眨眼睛，然后才可以谈射箭。”

纪昌回到家里，仰面躺在妻子的织布机底下，张大着眼睛，死盯着一上一下的脚踏板。两年之后，即便是锥子的尖头刺到他眼眶里，他的眼睛也不眨一眨了。纪昌把自己练功的经过告诉了飞卫。

飞卫说：“功夫还没到家，必须锻炼视力才行。达到能把小的东西看得大，把模糊的东西看得非常清楚，然后再告诉我。”

纪昌回去用牦牛毛系上一只虱子悬挂在窗户上，面朝南，目不转睛地望着它。十天之间，看见虱子渐渐变大了；三年之后，看那虱子竟有车轮那么大。这时再看其他比虱子大的东西，都好比是山丘。于是就用燕国牛角造的弓，北方蓬梗做的箭，去射那虱子，不偏不倚正穿过虱子的心脏，而悬挂虱子的牛毛并没有射断。他把这情况告诉飞卫。飞卫高兴得跳起来，拍着胸膛说：“你把射箭的门道真正掌握了！”

空前绝后

“空前绝后”这个典故比喻某件事情或某种艺术成就超绝古今。

此典出自《宣和画谱》：“顾冠于前，张绝于后，而道子乃兼有之。”

晋朝时，有一位大画家叫顾恺之，他学问渊博，绘画闻名于当时。他画人物，从来不点眼睛，有人就问他其中的原因，他说：传神之处，正在这个地方。当时被人称为三绝：才绝、画绝、痴绝。

南北朝时的梁国，也有一位大画家名叫张僧繇，这个人擅长画山水人物及佛像，梁武帝时建了很多寺院佛塔，梁武帝都命他作画。据说，有一次他在一个寺庙的墙壁上画了四条龙，没有点眼珠，别人问为什么不点睛，他说：恐怕点了眼珠后这些龙就破壁飞走了，人们再三要求他试一下，他便点了两条，果然两条龙都破壁飞走了，而没有点上眼睛的两条龙依然还在墙壁上。这一传说虽然很荒诞，但说明他作画的功夫是很高的。

到了唐朝，又出了一个更加有成就的画家叫吴道子，他对画山水、佛像造诣很深，笔法绝妙，有书圣之称。据说，他为唐玄宗画巨幅嘉陵江图，三百里山水竟在一天内画好了。他在景玄寺中画了“地狱变相图”，不画鬼怪而阴森逼人，据说看过这幅画后，很多人都改过自新了。

《宣和画谱》在评价吴道子的作画成就时认为，顾恺之的成就超越前人，张僧繇的成就后人莫及，而吴道子则两者兼而有之。

滥竽充数

“滥竽充数”比喻不称职的人充占职位。

此典出自《韩非子·内储说上》：“齐宣王使人吹竽，必三百人。南郭处士请为王吹竽，宣王说之，廪食以数百人。宣王死，王立，好一一听之，处士逃。”

战国时，齐国有一位君王，姓田，名辟疆，又叫齐宣王，他非常喜欢音乐，尤其喜欢吹竽（竽是一种乐器，把很薄的铜片制成叶子，装在管子上头，吹起来能够发出声音；再把这样的管子一共三十六根，合在一起，装在一个壶子上面，才造成一个竽。）。宣王为了能常常欣赏那种竽乐的吹奏，又喜欢听合奏，便经常供养着三百名吹竽乐手，一吹起来，便三百人一起演奏着。当时齐国有一个人，自称为南郭处士的，他请求齐宣王让他加入吹竽乐队；齐宣王十分高兴，并且给他很优厚的待遇。后来齐宣王死了，齐湣王继位，他也一样地喜欢吹竽；但是他不喜欢听合奏，而是喜欢欣赏独奏。他叫那三百名吹竽手，依次地每一个轮回演奏给他欣赏。命令刚下来，南郭处士就偷偷地逃走了。原来他根本就不会吹竽的，在那音乐大队中混了多年，也没有把吹竽这一种技艺学会；他害怕齐湣王要他表演独奏时，要露出马脚来。

白居易像，图出自明·天然撰《历代古人像赞》。

老妪能解

“老妪能解”形容诗文的通俗易懂。

此典出自宋代释惠洪《冷斋夜话》：“白乐天每作诗，令一老妪解之，问曰：“解否?”妪曰：“解”，则录之；“不解”，则易之。”

在唐代的著名诗人中，白居易是位佼佼者。白居易，字乐天，晚年号香山居士。其祖先为太原(今属山西)人,后迁居下(今陕西渭南东北)。贞元年间,白居易中进士,授秘书省校书郎。后任左拾遗及左赞善大夫。因上表请求严厉处罚刺死宰相武元衡的凶手,得罪了权贵,被贬为江州司马。长庆初年任杭州刺史,宝历初年任苏州刺史,后官至刑部尚书。

在文学上,白居易积极倡导新乐府运动,主张“文章合为时而作,歌诗合为事而作”,强调继承《诗经》“风雅比兴”的传统和杜甫的创作精神,摒弃“嘲风雪,弄花草”而别无寄托的作品。白居易的诗深入浅出、通俗易懂,历来受到广大人民群众的喜爱,他的长篇叙事诗《长恨歌》、《琵琶行》等,在唐诗中是很出名的,受到后人的称颂。

据宋代和尚释惠洪编的《冷斋夜话》记载,白居易作诗时,经常把酝酿好的诗句读给不识字的老妇人听,然后问她们能不能听懂。老妇人说能听懂,他才采纳。不然的话,他便进一步修改,直到她们能听懂为止。白居易的诗歌“老妪能解”一直被后人传为佳话。

列子学射

“列子学射”这个典故告诉我们:办事情不仅要知其然,还要知其所以然,才能把事情办好。

此典出自《列子·说符》:“列子学射,中矣,请于关尹子。”

列子学习射箭,已经能够射中目标了,他兴高采烈地来告诉关尹子。

关尹子问他:“您知道您为什么能射中目标吗?”列子想了想,回答说:“不知道。”于是,关尹子就对他说:“不行,您还没有学好。”

于是,列子回去又练习了三年,三年后,他又来报告关尹子。

关尹子又问:“您知道您为什么能射中目标吗?”列子立即回答说:“知道。”

关尹子说:“行了!您已经学成了。这其中的道理,您应当永远记住,一定不要忘记了。而且不仅是射箭,治理国家和处事为人都应该这样。”

面壁功深

“面壁功深”比喻某人在某一方面造诣很深。

此典出自宋代释普济《五灯会元》卷一:“寓止于嵩山少林寺,面壁而坐,终日默然,人莫之测,谓之壁观婆罗门。”

南北朝时,有个和尚名叫达摩,据说是南天竺国香至王的第三子。他是中国佛教禅宗的创始者。南朝宋末,他乘船来到广州。传说,他先到金陵(今江苏南京),因与梁武帝面谈不愉快,就前往北魏洛阳,后来在嵩山少林寺住下。

达摩到少林寺后,日日夜夜地面对石壁而坐,一言不发,人们谁也不明白其中的奥妙。他这样坚持了九年,直到寿终正寝。

达摩面壁九年,被立志修行的僧徒们传为佳话,后人还据此编出一些带有神话色彩的传说。有的说,在少林寺的石殿西边,有一块大石壁,隐约可以看到达摩静坐在那里的姿态,这就是达摩九年面壁修行留下的痕迹。

妙画通灵

“妙画通灵”本来是表现顾恺之为人超脱的故事。后人以“妙画通灵”一词形容画品绝妙,世上少有或形容画家技艺高超。

此典出自《晋书·顾恺之传》:“恺之见封题如初,但失其画,直云妙画通灵,变化而去，亦犹人之登仙，了无怪色。”

顾恺之(公元341—402年)，字长康，晋代晋陵无锡(今江苏无锡)人，是东晋时代的杰出画家。他虽然博学，但却相信虚无缥缈的神灵变化之术，因而时常闹出笑话来。

有一次，顾恺之站在画柜前，把画柜前面封糊、题署完毕，寄放在友人桓玄那里。而这些画都是他非常珍惜的。桓玄却从后面打开柜子，偷偷地把画取走了，然后又把柜子封闭好，使之同原来一模一样，又还给顾恺之，骗他说，画柜从没有打开过。顾恺之看见画柜前面的封条、题署一点也没有变，只是柜子里的画没有了，不住地说妙画通神，变化而去，就像成仙一样，没有流露出一点疑惑的神色。

目无全牛

“目无全牛”比喻技术纯熟到了得心应手的境地。

此典出自《庄子·养生主》：“臣之所好者道也，进乎技矣。始臣之解牛之时，所见无非全牛者。三年之后，未尝见全牛也。”

战国时，有一个擅长宰牛的厨师，名叫庖丁。有一次，他为梁惠王宰牛时，显露出非常高超的技术。

梁惠王非常赞赏他熟练的技术，问他说：“真是棒极了！你的技术如何能达到如此精湛的地步呢？”

庖丁放下手中的刀，回答道：“我所爱好的是道，已经超过解牛的技术了。当初，我学习宰牛时，眼睛看到的都是一头全牛。三年以后所见到的不是整个一条牛了。如今，我只用精神去感知，而不需要用眼睛看，感官的活动已经停止，只有心神的活动在进行。按照牛体的结构，我从空隙大的地方进刀，再顺着骨节的缝隙运刀，不曾碰着筋脉经络相连的地方，也不曾碰到附着在骨头上的肉与筋肉聚结之处，更何况大骨头呢？优秀的厨师一年换一把刀，因为他们用刀割肉；一般的厨师一月换一把刀，因为他们用刀砍断骨头。而我的这把刀已用了十九年了，宰杀过数千头牛，但是刀刃还像新磨的一样。牛的骨节有间隙之处，而刀刃几乎没有什么厚度；把几乎没有厚度的刀刃插入有间隙的骨节间，就觉得绰绰有余，运起刀来有充分的回旋余地。所以，我的这把刀用了十九年，刀刃还像刚磨的一样。即使是这样，每遇到筋骨交结之处，我觉得难以下刀，就格外谨慎，集中精力，行动稳妥。这样，只要轻动一下刀，整头牛就骨肉相离了，牛肉好像土块一样散落在地上。这时候，我提刀而立，环顾四周，感到心满意足，把刀擦干净，收藏起来了。”

梁惠王说：“妙极了，我听了庖丁的这番话，懂得养生的道理了。”

雀屏中目

“雀屏中目”比喻武艺高超。

此典出自《旧唐书·高祖太穆皇后窦氏传》：“乃于门屏画二孔雀，诸公子有求婚者，辄与两箭射之，潜约中目者许之。前后数十辈莫能中。高祖后至，两发各中一目。”

窦毅的妻子生了一个女儿，觉得她很可爱，便用心抚养，到这个女儿长大了，出落得非常漂亮。窦毅心里特别疼爱这个女儿，更不愿她嫁个平平凡凡的人，于是，便想了一个替女儿招亲的办法，他叫人在屏风上绣了一双孔雀，如果有人来求婚，便叫他拿起弓箭来射，如果在百步以外能发两箭射中孔雀的眼睛，就将女儿嫁给他。这个消息传出去后，那些懂得武艺的少年就纷纷来应试。可是孔雀的眼睛实在太小了，半年来从没有一个人射中。有一天，来了一个姓李的少年，他拿起箭来，把弓轻轻拉开，“嗖”的一箭，正中孔雀的眼

仲由像，图出自明·吕维祺《圣贤像赞》。仲由即孔子的学生子路。

睛。窦毅喜出望外，就将女儿嫁给了他。这个箭法高强的人，就是唐高祖李渊！

善自为谋

“善自为谋”形容善于为自己设想打算。

此典出自《左传·桓公六年》：“君子曰：‘善自为谋。’又见《南史·王昙首传》：高帝素善书，笃好不已，与僧虚赌书毕，谓曰：‘谁为第一？’对曰：‘臣书第一，陛下亦第一。’帝笑曰：‘卿可谓善自为谋。’”

南北朝南齐人王僧虔，因为写得一手好隶书，出了名，紧接着，他对待工作和对待别人的态度，也出了名，他的友人替他概括出八个字：“戒益守满，屈已自容”。拿现在的话来解释，意思就是：“工作不能做得太巴结，让人家先走一步吧！人家好坏，只要对自己没有影响，何必坚持自己意见。凡事得过且过，不要有过高的要求。有时，为了少找‘麻烦’，也不妨委屈一下。”如果再说得通俗些，王僧虔便是一个“刀切豆腐两面光”的人物。正巧，当朝的皇帝齐太祖也特别爱好书法。一天，他高兴起来，要在书法上和王僧虔比试比试。这位进退都为自己留一步的人，这次可不肯示弱了。他一笔一捺，非常用心，写好以后，自己也很满意。但是，当齐太祖要他作个评论，说说谁的字够得上第一的时候，王僧虔愣住了。他顾前顾后，心想，把自己的评做第一吧？不行，当面怎能说皇上差呢？惹恼了齐太祖，可不得了。故意推说皇上的字得第一吧？不行，如果以后被他发现了是欺骗他的，这也可不得了。思索了好半天，王僧虔才想出妥当的办法，他模棱两可地说：“我看，我写的字可以得第一，但是，我看，皇上写的也同样得第一。”齐太祖听了忍不住笑了起来。他说：“王僧虔，你真不愧是一个‘精明能干’，专替自个儿盘算的人。”

升堂入室

“升堂入室”比喻人的学习、技能等方面造诣很高。

此典出自《论语·先进》：“子曰：‘由之瑟奚为于丘之门！’门人不敬子路。子曰：‘由也开堂买，未入室也。’”

子路名仲由，春秋时卞(biàn)地人。他为人耿直，敢作敢为，常与他人争斗，平时喜欢戴一顶像雄鸡一样的帽子，衣服上佩戴着野猪样式的标志，以此显出自己的勇敢。后来，子路拜孔子为师，不过他的年龄只比孔子小九岁，有时，他还欺负孔子。不过孔子了解他的性格，也不和他计较。

一次，子路问孔子说："有道德的人也崇尚勇武吗？"孔子回答说："仁义是最重要的。有道德的人崇尚勇武就会失去仁义，没有道德的人崇尚勇武就会去抢劫别人的财物。"又有一次，孔子看见子路在自己家里弹琴，就十分生气地指责说："你也太不讲礼貌了，怎么到我家里来弹琴？"

因此，孔子的学生都蔑视子路。孔子发现学生们的这种情绪后，就解释说："其实，子路也有他的长处。如果他与衣着华贵坐着漂亮马车的人在一起，虽然他衣衫褴褛，但他也不以此为耻辱；如果他治理一个中等国家，虽然他不讲仁义道德，但却可以管理好税赋。他来我这里学习，已经学到了很多东西，但还没有真正学到一个读书人应该学习的知识（'由也升堂，未入室了'）。"

后来，子路去卫国做了大夫，卫国发生内乱，子路觉得很惭愧，就上吊自杀了。

胜任愉快

"胜任愉快"指有能力担当某项任务或工作，而且干得很好。

此典出自《史记·酷吏列传》："当是之时，吏治若救火扬沸，非武健亚严酷，恶性胜其任而愉快乎！"

在封建社会中，统治阶级和封建文人对于如何治理国家、管理百姓，以便维持其封建统治，有两种不同的观点。一种认为应该用严刑酷吏；一种认为应该用礼仪、德政。孔子就曾经说过：用行政命令来治理老百姓，用刑法来约束他们，老百姓虽然暂时不会犯罪，但还不知道犯罪是可耻的；用德来治理老百姓，用礼来约束他们，老百姓就会有羞耻之心，因而也就守规矩了。司马迁非常赞同孔子的看法。他认为：法令是治国的工具，但并不是根除社会弊病的灵丹妙药。汉以前，各种法律法令多如牛毛（秦就有"法密于凝脂"之说），但奸佞仍然层出不穷。当时的官吏只能治标，无暇治本，然本弊不除，则其末难止，若不是严刑酷吏，甚至都不能担起重任，令人满意地去完成任务。西汉开国以后，曾经废除前朝的严法，以仁政治国，虽然法令太宽，以致让一些坏人漏网，然而百姓却太平无事。由此看来，为政在于道德，而不在于严刑酷吏。

师文学琴

"师文学琴"比喻要使自己技艺上有精深的造诣，不但立志要高，还须下决心刻苦努力。

此典出自《列子·汤问》。

瓠巴弹起琴来，鸟儿飞舞，鱼儿跳跃，郑师之听到这事之后，就去跟从师襄学习弹琴。他按指调弦，三年奏不成乐章。师襄说："你可以回家了。"

师文放下自己的琴，叹气说："我并不是弦不能调，乐章不可奏。我的心思不在弦上面，所向往的不在乐调上。内心里没有深刻的感受，也就不能反应在乐器上，因而不敢放手去拨弄琴弦。请让我再琢磨一段时间，看我以后的情况。"

没过多久，师文再去见他的老师师襄。师襄说："你的琴弹得怎么样了？"

师文回答说："摸到门道了！请允许我试弹一弹。"

于是当奏曲调的时候，拨动商弦以奏出南吕之音，凉风忽然吹过来，草木结子成实。在奏秋天曲调的时候，拨动角弦以激发夹钟之音，和风慢慢回荡，草木荣华。当奏夏天曲调的时候，拨动羽弦以奏出黄钟之音，霜雪交加，河流池塘猛然冻结，正在奏冬天曲调的时候，拨动徵弦以激发蕤宾之音，阳光炙热，坚冰立即融解。乐章将要奏完的时候，让宫音来总括商、角、羽、徵四弦，便有南风微微吹拂，祥云浮现在天上，甘甜的膏露降下，酸泉从地下冒出来。

师襄兴奋得抚摸着自己的心胸手舞足蹈起来，说："你的琴弹得太精妙了！即便是师旷奏清角，邹衍吹律管，也根本赶不上你。他们应当带着琴拿着管跟在你的后面当你的学生了。"

恃胜失备

"恃胜失备"这则寓言说明权智可恃又不可恃。如果一任因循守旧，则适得其反。

此典出自《梦溪笔谈》："恃胜失备，反受其害。"

有一个人碰到一个强盗，他们格斗起来。刀枪刚要交锋，强盗把他提前含在嘴里的一口水，突然喷到这个人脸上，这个人蓦然一惊，强盗的刀尖已刺进了他的胸膛。

后来，有一个壮士又碰到了这个强盗。壮士事先已经知道强盗喷水的花招。那强盗果然故伎重演，水刚喷出口，壮士的长枪已经刺穿了他的脖颈。

就如同陈列过了的"纸扎"儿，天机已经泄漏，还想依赖这一套侥幸取胜，结果就会失去戒备，反而遭到它的祸害。

叹为观止

"叹为观止"形容所见事物已好到顶点，达到无以复加的程度。

此典出自《左传·襄公二十九年》："德至矣哉，大矣！如天之无不帱也，如地之无不载也。虽甚盛德，其蔑以加于此矣。观止矣！若有他乐，吾不敢请已。"

季札像，图选自《吴郡名贤图传赞》。季札是春秋时吴国的贵族，因封于延陵，故又称延陵季子。

春秋时期，吴王寿梦有一个儿子——吴公子札，即季札，人称季子。吴王寿梦死后，国人要拥戴季札为王，他坚决不肯。鲁襄公二十九年（公元前544年），季札离开本国，历聘于鲁、齐、晋、郑、卫等国。

季札来到鲁国以后，请求聆听周朝的歌曲和音乐，观看舞蹈艺术。每次观看演出，季札都会发表一通评论，表现出他对周朝文化的浓厚兴趣和特殊感受，他的有些议论颇有见地。季札看到跳《象箾》、《南籥》舞，高兴地说："美好啊！但还有不足之处。"看到跳《大武》舞，说："美好啊！周朝兴盛的时候，可能就像这样吧！"看到跳《韶濩》舞，说："这是圣人的辉煌成就，然而也有缺点，可见做圣人是很困难的！"看到跳《大夏》舞，说："勤奋地为老百姓办事，而不居功自傲,除了大禹还有谁能做到呢?”

看到跳《韶濩》舞,说:“功德达到顶点了,伟大啊! 如同苍天无处不覆盖,如同大地无物不负载,盛德已经达到顶点,不能再超过它的水平了。欣赏这种舞乐,真正达到止境了!如有其他舞乐,我都不想观看了。”

天衣无缝

“天衣无缝”比喻诗文或事物浑然天成,没有一点雕琢的痕迹。

此典出自《灵怪录·郭翰》:“郭翰暑月卧庭中,仰视空中,有人冉冉而下……徐视其衣,并无缝。”

天衣,是指天上神仙所穿的衣服;无缝,是说这些衣服都不是用线缝制的,因此全身没有缝。据说,从前有一个叫郭翰的人,由于夏夜天热,在屋子里无法入睡,便搬到庭园中去。睡下不久,他正在凝视天空时,忽然看见一个白衣女子从空中慢慢飘落下来,对郭翰说:“我是天上神仙的织女。”郭翰惊异地看看这个白衣女子,发觉她的衣服都没有任何缝隙,觉得十分奇怪,便问她说:“你的衣服怎么没有用线缝呢?”那自称织女的白衣女子答道:“天上神仙的衣服,都不是用针线来缝制的,当然没有缝了。”

误笔成蝇

“误笔成蝇”形容画技高妙绝伦。

此典出自《三国志·吴书·赵达传》注引《吴录》:“曹不兴善画,权使画屏风,误落笔点素,因就以作蝇。既进御,权以为生蝇,举手弹之。”

三国时期,吴国吴兴人曹不兴文采超群,善于绘画,特别擅长画人物、龙、虎及马。至于画花、鸟、虫、鱼等,也是伸手拈来,浑然天成。

有一次,孙权叫曹不兴画屏风。曹不兴不小心将墨点误滴在画绢上,他急中生智,就将错就错,把墨点画成了一只苍蝇。屏风画好后献给孙权,孙权以为屏风上落着一只活苍蝇,就伸手去弹。

惜墨如金

“惜墨如金”原指作画时用墨先淡后浓,后指写字、作画、作文不轻易下笔,力求精练。

此典出自《辍耕录》:“作画用墨最难,但先用淡墨,积至可观处,然后用焦墨、浓墨分了畦径远近,故在生纸上有许多滋润处,李成惜墨如金是也。”

李成是五代宋初的著名画家。他特别喜爱读书,读了许多经史,而且他也喜爱写诗,擅长弹琴、下棋。他最擅长的是画山水。

李成尤其擅长描写北方山野的寒林景色和风雨、明晦、烟云、雪雾等景色。他的山水画特别讲究画面的构图和笔墨的运用。他的笔势锋利、墨法精微、好用淡墨、落笔简练。因而,后人赞扬他说:李成作画不轻易落笔,先用淡墨,后用浓墨,爱惜笔墨就像吝惜金子一样。

相门有相

“相门有相”指子弟能继承父兄的事业。

此典出自《史记·孟尝君列传》:“文(孟尝君,姓田名文)闻将门必有将,相门必有相。”

战国时，齐国有个贵族叫田文。有一次，田文问他的父亲田婴："儿子的儿子是什么？"田婴回答："是孙子。"又问："孙子的孙子是什么？"答："是玄孙。"又问："玄孙的玄孙是什么？"答："不知道。"（按《尔雅》说：玄孙之子为来孙，来孙之子为昆孙，昆孙之子为仍孙，仍孙之子为云孙。）

田文对父亲说："你在齐国为相，已经辅佐了三代君王。现在你家财万贯，但家里不见一个有才能的人（田婴有子四十余人）。我听说："将门必有将，相门必有相。现在你和全家都节衣缩食，还在不断积累财富，不知您想把这些财富都留给谁。这样下去怎么能行呢？"田婴听了田文的话，就让田文广泛招揽门客。后来，田婴死了，田文承袭了他的封爵，封于薛（今山东滕县东南），称薛公，号孟尝君。田文门下的食客招到了数千人，声名闻于诸侯。

一挥而成

"一挥而成"形容文思敏捷，落笔很快。

此典出自《宋史·文天祥传》："天祥以法天不息为对，其言万余，不为稿，一挥而成。帝亲拔为第一。"

南宋大臣文天祥（公元1236—1283），字宋瑞，又字履善，出生在江西庐陵县（今江西吉安）。文天祥身材魁梧，仪表堂堂，长得很白净，秀眉大眼，顾盼有神。儿童时期，他见到学宫里供奉着乡人欧阳修（公元1007—1072年）、杨邦乂、胡铨的画像，并且他们的谥号都带一个"忠"字，就很羡慕。他说："我死后，如果不能被供奉在这里，就不是大丈夫。"二十岁那年，他到南宋都城临安（今杭州）去赶考，中了进士，在集英殿回答皇帝的策试。当时，宋理宗（赵昀）在位已久，昏庸无能，疏于政事。文天祥以"遵守天道，勤奋不息"为题，回答皇帝的策问，意在针砭时弊，规劝皇帝。他的对策文章写了一万多字，不打草稿，一气呵成。宋理宗亲自选他为第一名。

羿射不中

"羿射不中"的这个典故告诉人们，没有正确的指导思想，纵然有高超的技艺，也不能得到充分的发挥。

此典出自《苻子》："夏王使羿射于方尺之皮，径寸之的。乃命羿曰：'子射之。中，则赏子以万金之费；不中，则削子以千邑之地。'羿容无定色，气战于胸中，乃援弓而射之，不中。更射之，又不中。夏王谓付弥仁曰：'斯羿也，发无不中，而与之赏罚，则不中的者，何也？'付弥仁曰：'若羿也，喜惧为之灾，万金为之患矣。人能遗其喜惧，去其万金，则天下之人皆不愧于羿矣。'"

夏王指着一块一尺见方、靶心一寸的兽皮箭靶对神箭手后羿说："请射吧！如果射中了，我就赏您万金；如果射不中，就削掉您千户的封邑。"

后羿听了夏王的话，脸色变化不定，神情非常紧张，呼吸急促难平。慌乱之中，挽弓射去，第一箭没有射中，紧接着第二箭也没有射中。

夏王问付弥仁："这个后羿一向都是箭无虚发，而今天和他约了一个赏罚条件就射不中了。这是为什么呢？"付弥仁回答道："后羿之所以会出现这种情况，那是因为情绪波动影响了他的射技，万金厚赏造成了他的失误。人们如果能够不计较得失，把赏罚置之度外，那么谁都可以成为无愧于后羿的神箭手了。"

营门射戟

“营门射戟”形容射技精绝，武艺高强。

此典出自《后汉书·吕布传》。

吕布，字奉先，东汉九原人。他善于骑射，骁勇善战。当初，他追随刺史丁原，任主簿。后来，他杀死丁原，投告董卓，任骑都尉，又升为中郎将，封都亭侯。后来又与司徒王允合谋杀死董卓，封温侯。吕布被董卓的余党打败，就去投告袁术，后又改投袁绍。陈留太守张邈为了壮大自己的力量，就任命吕布当了兖州牧。当时，曹操雄心勃勃，东征西讨，在巨野打败了吕布。于是吕布又去投靠刘备。后来他打败刘备，自称徐州牧，让刘备屯驻小沛。

吕奉先射戟辕门图，出自《图像三国志》。讲述吕布于辕门射戟，解刘备之危的故事。

袁术派将领纪灵率领三万步兵和骑兵攻打刘备，刘备向吕布求援。将领们对吕布说：“将军一直都想除掉刘备，现在可借袁术之手杀死刘备，不要去救他。”吕布说：“你们说得不对。如果袁术打败刘备，其割据的范围就会扩大，北同泰山相连接，这样一来，我们就处在袁术的包围之中了，我是迫于无奈才救刘备的。”于是，吕布率领一千多名士兵，匆忙去救援刘备。纪灵听说吕布来了，下令停止进军。吕布屯兵在沛城外，派人去叫刘备，并请纪灵等人一起饮宴。吕布对纪灵说：“玄德（刘备字玄德）与我情同手足，被你们所困扰，因此我来解救他。我吕布不喜欢和你们打，谨劝你们和解吧。”于是，吕布让手下的军士在营门立一杆戟，他弯弓搭箭，对众人说：“你们看清了，我要射戟上的小支，如果射中了，那么你们都解兵回去，不可再打；如果射不中，那么你们就留下来决战吧。”说完，他“嗖”的一声发出一箭，正中戟上的小支。纪灵等人大惊失色，连称“吕将军神威，不可企及”。第二天，众人再次聚会畅饮，然后各自收兵罢战。

蝇头细书

“蝇头细书”的意思是，用似蝇头般的小字写成的书；也可用它形容抄写工整、书法认真。

此典出自《南史·萧钧传》：“钧常手自细书写《五经》，部为一卷，置于巾箱中，以备遗忘。侍读贺玠问曰：‘殿下家自有坟素，复何须蝇头细书，别藏巾箱中？’答曰：‘巾箱中有《五经》，于检阅既易，且一更手写，则永不忘。’”

萧钧，是南朝齐高帝萧道成第十一子，字宣礼，历任秘书监、抚军将军，后来继任衡阳元王。萧钧好学善文,经常亲手用小字抄写《五经》,每部经书为一卷,放在巾箱中,以免忘记了。侍读官贺玠问他说:"殿下家里自有典籍,又何必用蝇头小字抄写,再藏在小箱箧中呢?"萧钧回答说:"小箱箧中有《诗》、《书》、《易》、《礼》、《春秋》等五部儒家经典,查阅起来很方便,况且亲自抄写后,就会永久不忘。"其他各王听说后,也都争相效仿,抄制巾箱《五经》,巾箱本《五经》就是从这时开始的。

游刃有余

"游刃有余"比喻技巧熟练高超,做事轻而易举。

此典出自《庄子·养生主》:"彼节者有间,而刀刃者无厚。以无厚人有间,恢恢乎,其于游刃必有余地矣。"

《庄子·养生主》说:文惠君有一个厨子叫庖丁,他替文惠君杀牛的时候,只用手一触,用肩一倚,用足一踏,用膝一靠,就能听到皮和骨头脱离的声音,他用起刀来,都是恰到好处。文惠君感叹道:"咦,真妙呀! 你的技术怎么如此熟练高明呢?"庖丁把刀放下来,对文惠君说道:"我之所以有这么好的技术,是因为知道了用刀的道理,运用到技术方面去。我刚学杀牛的时候,眼中所见的是一整头牛,三年之后,看到的就不再是一整头牛。现在,只要凭我的感觉,依着这精神的运用,就能够知道牛身骨骼的组织,轻而易举的支解开来,不必再用眼去看牛,这是因为熟能生巧,运用起来,都能砍到紧要的地方。好的厨师,一年换一把刀,因为他是用刀去硬割;差一点的厨师,一月换一把刀,因为他用刀去硬砍,我现在所用的刀,已经十几年了,所杀的牛也有数千只,然而我这把刀看起来还和新的差不多,和刚刚新磨出来的一样。牛的骨骼之间是有节的,节当中有空隙的地方,而刀刃并不厚,用不厚的刀刃剖向有空隙的地方,当然就会觉得这个空隙很大,刀刃在里面转动,还绰绰有余呢!"

右军书扇

王羲之像,图出自明·天然撰《历代古人像赞》。

"右军书扇"形容书法精妙、奇绝。

此典出自《晋书·王羲之传》。

晋代著名书法家王羲之(公元321—379年,字逸少)曾任右军将军的官职,所以人们又常称他为"王右军"。

有一次,王羲之来到一个门生家里,看见榧(fěi)木案几光滑明净,非常兴奋,就在案几上面写起字来,一半真书(即正楷),一半草书。后来,这些字被门生的父亲误刮掉了,那个门生非常震惊,懊悔了好几天。又有一次,王羲之在蕺(jí)山(山名,在今浙江绍兴县东北)见到一个老妇人拿着六角竹扇在叫卖。王羲之为她题扇,每把扇子上各写五个字。开始时,老妇人的脸上显出不悦的神情。王羲之对老妇人说:"你就说是王右军题写的,每把可卖一百个钱。”老妇人就照着他的话去做,结果人们都争着买她的扇子。过了几天,老妇人又拿扇子来,请王羲之题写,王羲之笑了,没有答话。王羲之的书法被世人所器重竟然达到了这种地步。

运斤成风

“运斤成风”这一典故通常用来形容技艺高超,才能卓越。

此典出自《庄子·徐无鬼》:“匠石运斤成风,听而斫之,尽垩而鼻不伤,郢人立不失容。”

有一次,庄子送葬,路经老朋友惠施的墓地。庄子回头对随从说:“楚国的国都郢城里有个人,在粉刷墙壁时鼻尖上不小心沾了一点苍蝇翅膀大小的白粉,他就请一位有名的工匠帮他把白粉削去。只见那个工匠抡起斧子,呼呼生风,应声削去,白粉被削得一干二净,而鼻子完好无损,郢城的那个人站在那里,面不改色。宋元君听到这个消息,就把工匠叫来,对他说:‘请给我表演一下。’工匠说:‘我很愿意表演给您看。遗憾的是,能与我配合的那个伙伴早就死了。’自从惠子死后,我也没有伙伴了,没有可与谈话的人了。”

造父习御

“造父习御”说明学习各样技术,必须严格训练基本功。

此典出自《列子·汤问》。

造父的老师名叫泰豆氏。造父刚开始跟从他学驾车时,谨计礼节特别谦卑,但泰豆三年不给他传授技术。造父越来越恭谨,于是泰豆便告诉他说:“古诗说过:‘制造好的弓匠人的子弟学其技艺时,一定要先学习做箕;擅长冶金者的子弟学其技艺时,一定要先学习做裘。’你先跟着我学快步走路。走得像我那样,然后才可以手拿六根马缰绳,驾驭六匹马的车。”

造父说:“我全都听您的。”

泰豆便竖起一根根木桩子作道路,大小仅够脚踩住;按照脚步的间隔安放在路上,踩在上面行走。快步来回跑,都不会跌落下来。造父学习它,三天就掌握了全部要领。

泰豆感叹地说道:“你真是很聪明啊!掌握得这样快啊!其实驾车这件事也是这样的。前时你走路,得之于脚,应之于心。推广到驾车,步法协调由辔衔约束,速度快慢用嚼口调度;御车的度数,掌握在心中,控制在手上。内得于心,而外合于马的脾性,因之能做到进退全乎绳墨,旋转舞蹈合于规矩,跑到远方而还有余力。真正掌握驾车的技术,应当是:马嚼控制是顺应着缰绳,缰绳掌握得好,是服从手的控制;手的熟练动作,是服从心的指挥。那就可以不用眼看,不用马鞭驱赶;理得心安,体热端正,六根缰绳不乱,二十四只马蹄跨出去不会有差错;旋转进退,全都合乎节度的。这样,车道的大小能容纳车轮就足够了。道路宽窄能容纳马蹄也就可以了;不会觉得山保的危险,原野的平坦,它们都是一样的。我的技术全都传授给你了,你记住它吧!”

詹何钓鱼

“詹何钓鱼”比喻应顺应自然之势,因而能够“以弱制强”,“以轻致重”。

此典出自《列子·汤问》:“詹何以独茧丝为纶,芒针为钩,荆筱为竿,剖粒为饵,引盈车之鱼于百仞之渊、汩流之中,纶不绝,钩不伸,竿不挠。”

詹何用单股茧丝做的钓鱼线，用尖细的针做成的钓鱼钩，用楚地产的细竹子做的钓鱼竿，用米粒做鱼饵，从深不见底的深渊、急流中间，把可以装满一辆车子的大鱼钓出来，但是，钓鱼线不会被拉断，钓钩不会被拉直，渔竿也不会被拉弯。

楚国的国王听到这件事之后，觉得很奇怪，就派人把詹何找来询问其原因。詹何说："我听先大夫讲过，蒲且子射箭，用弱弓细缴，借助风力发射出去，一箭射中高飞在青云之际的两只鸧鹒，这是由于用心专，手上用力均匀。我根据他射鸟的做法，学钓鱼，学五年才彻底领悟了他的一套道理。当我在河边手拿着钓竿钓鱼时，心里根本不考虑其他的事情，只想着钓鱼；把钓鱼线投出去，让鱼钩沉入水中，手上使出的力气绝不会忽轻忽重，外物不能干扰。鱼看见我的钓饵，就像沉下的微尘和漂浮的聚沫，毫不犹豫地就吞下去了。因而我能用弱小的东西制服强大的东西，用轻的东西获取重的东西。"

郑虔三绝

"郑虔三绝"称赞人擅长诗词、书法、绘画，或泛称具有书画等才能。

此典出自《新唐书·郑虔传》："虔善画山水，好书，常苦无纸，于是慈恩寺贮柿叶数屋，遂往日取叶肆书，岁久殆遍。尝自写其诗并画以献，帝大署其尾曰：'郑虔三绝。'"

郑虔，郑州荥阳（今河南荥阳县）人。唐玄宗天宝（公元742—756年）初年，任协律郎，掌管音乐，他利用当时的事例，写了八十多篇文章，有人发现了他写的书稿，就上书皇帝，告发郑虔私自撰写国史，郑虔急忙烧掉了书稿，被贬谪十年。回到京师后，唐玄宗爱惜他的才能，把他安置在广文馆内，任为博士。

郑虔喜欢画山水画，又爱好书法，由于没有纸用，就在慈恩寺内贮存了好几屋子柿子叶，每天取柿子叶当纸用，练习书法，天长日久，柿子叶几乎用光了，郑虔曾经把自己作的诗配上画献给唐玄宗，唐玄宗在诗画的末尾的地方挥笔题上四个字："郑虔三绝"。

智过君子

"智过君子"这则寓言说明每个行当里都有熟手，即或做盗贼。

此典出自《雪涛谐史》："贼是小人，智过君子。"

俗话说："贼是小人，智慧却超过君子。"

在我住的城市里有一座水府庙，庙中有一口大钟。巴陵人在河边停船，想把这口钟偷走去铸造农具，就齐心协力把大钟移放到地上，用土填满了中空地方，然后猛力击破担走了。当地的居民竟然没有听到任何动静。

又有一个贼，大白天溜进一户人家里，盗走了一块磬，拿出大门时，突然主人从外面归来，那贼赶忙问主人说："老爹，买磬吗？"主人回答说："我家里有磬，不买！"于是贼就径直拿走了。到了晚上，主人找不到磬了，这才明白了在大门口卖磬的人，就是那偷磬的贼呀！

又听说有一个人背着一口锅走路，放在地下，站在那里小便。正好碰见一个贼走过身旁，贼便拿过那口锅来，顶在自己头上，也站在那里小便。背锅的人小便完了，到处找不到锅了。一旁的贼便批评他说："你自己不小心，像我这样把锅顶在头上，就可以防止被人偷走；你把锅放在地下，想不叫贼偷去，都不可能呀？"

以上三件事，都是盗贼临时生计脱身，这就是所谓的"智过君子"呀。

肿膝难任

"肿膝难任"的这一典故告诉我们：即使是一匹良马，也有"马失前蹄"的时候。

此典出自《韩非子》:“夫踶马也者,举后而任前,肿膝不可任也,故后不举。”

伯乐教两个人相看有踢跌习惯的马。

一天,他和这两人一起前往越筒子的马房去实际练习一下。

其中一人认出了一匹踢马,另一人走到一匹马的身后,接连拍了三次马的臂部,马都没有踢一下。

辨认的人以为自己相错了。

另一人却说:“您并没有相错。这的确是一匹踢马。只是它现在前腿肩胛筋骨损伤,膝盖肿胀。凡是踢马,举起后腿踢的时候,重心就都落在前腿上。而这匹马,因为前膝肿痛,不能支撑全身的重量,所以后腿举不起来,不能踢了。您很会辨认踢马,但却没有看出来它前膝肿胀。”

左右开弓

“左右开弓”原来是指双手都能射箭,后也比喻双手轮流做同一动作或几方面都在进行。

此典出自《元曲选·白仁甫〈梧桐雨·楔子〉》:“臣左右开弓,一十八般武艺,无有不会。”

唐代时,有一个节度使叫安禄山,营州柳城(今辽宁朝阳南)胡人,本姓康,字轧荦山,因为他的母亲嫁给了突厥人安延偃,故改姓安,更名禄山。安禄山懂六种少数民族的语言,骁勇善战,被幽州节度使张守珪养以为子。

唐天宝十年(公元751年),张守珪派安禄山带领六万名士兵攻打契丹,结果打了败仗,被押送到京城长安,请唐玄宗处置。唐玄宗见安禄山膀大腰圆,问:“你的武艺怎么样?”安禄山回答说:“我射箭能左右开弓,十八般武艺,样样精通。我还懂六种少数民族语言”。玄宗听了很高兴,开玩笑地说:“你的肚子这么大,里面装的是什么东西呀?”安禄山说:“没有别的东西,只有一片赤诚之心!”唐玄宗听了愈加高兴了,不但没有追究他战败的责任,而且还增加了对他的宠信。后来,安禄山兼任平卢、范阳、河东三节度使,有众十五万。天宝十四年(公元755年)冬,安禄山在范阳起兵叛乱,南下攻陷洛阳。次年称雄武皇帝,国号燕,年号圣武,但仅仅过了一年,就被他的儿子安庆绪杀了。

不舍昼夜

“不舍昼夜”表示时间不停的流逝。

此典出自《论语·子罕》:“逝者如斯夫!不舍昼夜。”

孔子到了晚年,常和他的学生们在一起。有一天,他和学生们一道去散步,走到河边,望着奔腾不息的河水默默不语。学生们不知他在想什么,就没有去打扰他。他望了很久,最后叹了一口气道:“逝者如斯夫!不舍昼夜。”(意思是:光阴一去不复返啊,或许它就像这河水一样,昼夜不停地奔流吧。)学生们听了孔子的感叹,领会到了孔子这句话的言外之意,于是,他们立刻向孔子表示:“老师,我们一定好好学习,珍惜时光,决不辜负您的期望。”孔子听了深有所感地说:“应该珍惜时光,认真学习啊!”

尺璧寸阴

“尺璧寸阴”形容时光宝贵,一寸光阴一寸金。

此典出自《淮南子·原道训》："时之反侧，间不容息。先之则太过，后之则不逮。夫日回而月周，时不与人游，故圣人不贵尺之璧，而重寸之阴。时难得而易失也。禹之趋时也，履遗而弗取，冠挂而弗顾，非争其先也，而争其得时也。"

这段话意思是说：

时间在一反一侧之间的变化非常神速，没有喘息之机。在它前面行动，就显得超越太多；在它后面行动，则又达不到目的。日月运行，光阴易逝，不和人多作周旋。因此圣人不认为一尺的玉璧是宝贵的，却认为一寸光阴是无价的，这是因为时光难得而容易失去，禹为了珍惜宝贵的时间，鞋子掉了都没有工夫去取，帽子挂在树枝上都不去拿，这不是为了争着走到前面，而是为了争着得到大好时光。

旷日持久

"旷日持久"形容空废时日，拖延很久。

此典出自《战国策·赵策四》："今得强赵之兵以杜燕将，旷日持久数岁，令士大夫余子之力，尽于沟垒。"

战国时期，燕国封宋人荣蚡为高阳君，派他率兵攻打赶国。荣蚡很能打仗，赵王非常害怕。他与平原君赵胜（宰相）商量，准备割让济东合卢、高唐、平原等三座城池五十七处地方送给齐国，以此请求齐国名将安平君田单担任赵军统帅，抵抗燕军的进攻。赵国大将马服君赵奢反对这种观点。他对平原君赵胜说："难道我们赵国就没有能率兵打仗的大将吗？还没有开始打仗，就先割让三座城池五十七处地方送给齐，这怎么行呢！大王为什么不任命我为统帅呢？我熟悉燕国地形，如果大王派我领兵作战，一定能够取胜。为什么要向田单求助呢？"

接着，赵奢进一步指出，即使请田单率领赵军作战，赵国也不可能取胜。他说："第一，如果田单愚蠢，那他一定打不过荣蚡，这样就白请他来了；第二，如果田单聪明、有本事，他也不一定甘愿为赵国出力，因为赵国取胜强大起来，对齐国称霸是不利的。"

最后赵奢说："依我看，让田单领兵作战，他一定会把赵国军队拖在战场上，荒废许多时间。长时间地耗下去，就会把我国的人力、财力、物力消耗掉，后果不堪设想。"

赵王和赵胜没有听取赵奢的正确意见，最终还是把三座城池割让给了齐国，请田单统率赵国军队。结果，不出赵奢所料，战争拖了很长时间，赵国付出了很大的代价，却没有取得理想的胜利。

日不暇给

"日不暇给"形容事情多，时间不够用。

此典出自《汉书·高帝纪下》："虽日不暇给（jǐ 几），规摹宏远矣"。颜师古注："给，足也。日不暇足，言众事繁多，常汲汲也。"

西汉的开国皇帝刘邦从泗水亭长兵戎起家。起初，他重武轻文，轻视儒生，甚至曾往儒生的帽子里撒过尿。他统一天下以后，儒生陆贾时常和他说起《诗》、《书》的重要，劝他要文武都重视。刘邦说："我是在马上得天下的，《诗》、《书》对我来说有什么用？"陆贾说："陛下在马上得天下，难道能在马上治天下吗？打天下当然要用武力，但治天下就要用到文教，文武并重，才能长治久安。"刘邦觉得陆贾言之有理，便重视起文教和儒生来，并命陆贾著《新语》。《新语》写完后，刘邦非常满意。

《汉书》的作者班固在评价刘邦时说："高祖在天下平定以后，曾命令萧何颁布法令，

拜胙途遇图。讲述阳货欲见孔子,孔子不见,阳货放下蒸熟了的猪离去。孔子探知阳货不在家时前往答谢,结果二人相遇于途中之事。

韩信定军法,张苍制定律令法规,叔孙通制定朝仪,陆贾著《新语》。这些事情虽然很多,使他目不暇接,但却是深谋远虑的治国之策。”

日薄西山

“日薄西山”来比喻老之将至或是事物接近衰败腐朽。

此典出自《汉书·杨雄传》:“临汨罗而自陨兮,恐日薄于西山。”

又见晋代李密《陈情表》:刘日薄西山,气息奄奄,人命危浅,朝不虑夕。臣无祖母,无以至今日;祖母无臣,无以终余年,母孙二人,更相为命。

公元263年,司马昭派遣钟会、邓艾等灭蜀之后,第二年,他的儿子司马炎就废除魏帝曹奂,建立了西晋王朝。晋武帝司马炎为安抚蜀汉士族,便对蜀汉的旧臣采取笼络收买的怀柔政策,征召他们去洛阳任职。为此李密很犹豫,决定暂时不去。于是以尽孝祖母为名,写了上武帝的《陈情表》。他在《陈情表》中描写他幼年时的生活说:“生孩六月,慈父见背;行年四岁,舅夺母志。祖母刘,愍臣孤弱,躬亲抚养。臣少多疾病,九岁不行。零丁孤苦,至成立。既无伯叔,终鲜兄弟,……茕茕孑立,形影相吊。而刘夙婴疾病,常在床褥。臣侍汤药,未尝废了。……刘日薄西山,气息奄奄,人命危浅,朝不虑夕。臣无祖母,无以至今日;祖母无臣,无以终余年,母孙二人,更相为命。”(意思是:我生下来才六个月,我慈爱的父亲便去世了。我四岁的时候,舅父劝我母亲改嫁,改变了我母亲守节的志向。祖母刘氏可怜我孤苦孱弱,就独自抚养我。我小的时候,常常生病,到了九岁还不能行走。孤单困苦,没有依靠。直到长大成人,还是上面没有叔伯,下面没有兄弟,……单身独立,只有形体和影子互相安慰。并且祖母刘氏早年就有疾病,常常躺在床上,不能行动,我侍奉汤药,从来没有离过半步。……而今祖母刘氏的病日愈沉重,正像太阳快往西山落下去了一样。现在她奄奄一息,生命危在旦夕。我没有祖母,也就没有今天;祖母没有我,她也无法度过晚年。我们祖孙二人是相依为命的啊!)

晋武帝看了他的《陈情表》后,为了维护其“以孝治天下”的谎言,就同意了李密的请求,免于应征,并在生活上给予他优厚的照顾。

岁不我与

“岁不我与”表示时光一去不返,时间不等人。

此典出自《论语·阳货》:“不可,——日月逝矣,岁不我与。”

季氏几代都执掌着鲁国的政权。季氏有个家臣名叫阳货,他掌握大权之后,就想利用孔子做他的助手,以稳定政局。为此,他要孔子去拜会他,但是孔子不愿意去。于是他便想了一个方法,即趁孔子不在家的时候,送了个蒸熟的小猪去,这样一来,孔子不得不去道谢。

孔子不愿见到阳货,也想了一个方法,即打听到阳货不在家的时候再去拜谢他。没想到孔子在去的路上碰见了阳货。阳货叫住孔子道:"来,我给你说。"孔子无可奈何,只得走过去。阳货以奉承又带责备的口吻说:"国家混乱不堪了,你有一身本领,对国事却不闻不问,这难道叫仁爱么?"孔子听了,一言不发。阳货接着又说:"一个人喜欢做官,却又屡次错过机会,这叫做聪明么?"孔子仍然一言不发。阳货无可奈何,只好自言自语地说:"不可,——日月逝矣,岁不我与。"(意思是:不行,光阴一去不复返啊!时光也不会等待我。)

一朝一夕

"一朝一夕"这个典故形容短期间内。

此典出自《周易·坤·文言》:"臣弑其君,子弑其父,非一朝一夕之故,其所由来者渐矣。又见《列子·力命》:病非一朝一夕之故,其所由来渐矣。"

战国时,有一个叫季梁的人生了病,而且病情越来越严重。季梁的儿子见父亲病得很厉害,就去请了三位医生。

矫医生对季梁的病进行了诊断,说:"你冷暖没有节制,虚实失调,中气不足。病源是饥饱失度,纵欲斫丧,慢慢地就可治好。"季梁听后说:"这是个一般的医生。"

俞医生对季梁的病情进行了诊断,说:"你的病不是一时半会儿形成的,病由来已久,可能会治不好了。"季梁听后说:"这是位良医。"

卢医生对季梁的病情进行了诊断,说:"药物对你已经不起作用了。"季梁赞许地说道:"你真是一位神医啊!"于是就送给卢医生礼物,让他回去了。

原来,季梁患的是精神方面的病症,没过多久,自己就好了。

一日三秋

"一日三秋"这句成语是比喻分别了一天,想念的心情好像隔别了很长的一段时间。但现在应用这成语,已不限于男女之间的相思,举凡朋友、亲戚、同学、同事间的别后怀念,都可用"一日三秋"来形容。

此典出自《诗经·王风》的《采葛》篇:"彼采葛兮,一日不见,如三月兮。彼采萧兮,一日不见,如三秋兮。彼采艾兮,一日不见,如三岁兮。"

这是一首怀念人的诗,被怀念的对象可能是女性。古时的歌谣大多数都是歌唱爱情的,所以这首诗可以当作男人思念爱人的歌词。全诗的意思是说:我忆念中的人儿啊!她在外面采摘葛藤,一天不看见她,就有三个月没见的那种感觉。我忆念中的人儿啊!她正在野外采摘萧草,一天看不见她,就像有九个月那么长啊!我忆念中的人儿啊!她正在野外采摘艾草,一天没有见她的面,就像隔了三年啊!

很明显,这是一首"怀情"的诗歌,是男人怀念女人的"一日三秋"——一天不见面,就好像分别了三个月、三季或三年那么长,这充分表达了思念之切,这种心情是每一个正在热恋中的男女都能深切体验到的。

身有至宝

“身有至宝”告诫人们,要广开才路,特别要重视人才的使用。

此典出自《龙门子凝道记·先王枢》。

一个在西域做生意的胡人,拿着一件名叫瓃的宝玉前来出售。宝玉直径只有一寸,颜色像樱桃一样鲜红,价值却超过了数十万。

龙门子问他:“它可以用来充饥吗?”胡人回答说:“不能。”“它可以用来治病吗?”“不能。”“能够驱灾免祸吗?”“不能。”“能够使人孝悌吗?”“不能。”最后,龙门子说:“既然它一无是处,为什么价值却高达数十万呢?”胡商说:“因为它藏于险峻的地方,非常难以得到。”

龙门子听了大笑,拂袖而去,后来,他对弟子郑渊说:“古人曾经讲过,黄金虽然贵重,但如果吞到肚子里,人就会死去,它的粉末进入眼里,人就会变瞎。宝物对我们没有什么好处,既然是这样,还要它们干什么呢?其实,人类自身就有无价之宝,它的价值绝不仅仅就值数十万;而且水不能淹没它,火不能烧毁它,风吹日晒也不能损伤它;用它可以使天下安宁,不用它也可以保重自身。这样宝贵的东西居然不知勤奋探求,而专为寻找瓃一类的宝物去忙碌奔波,不是舍近求远吗?”

十年读书

“十年读书”形容长期埋头苦读,钻研学问。

此典出自《宋书·沈攸之传》:“攸之晚好读书,手不释卷,《史》、《汉》多所谙忆,常叹曰:‘早知穷达有命,恨不十年读书。’”

南北朝时期,宋朝有一个人叫沈攸之,字仲达,在前废帝(刘子业)景和元年(公元465年)任豫章王刘子尚车骑中兵参军,封为东兴县侯,食邑五百户,不久又升迁为右军将军,增加食邑百户。但是,这时宋朝已进入多事之秋,朝廷陷入骨肉相残、君臣互相猜忌的混乱中。到宋明帝时,混乱更加厉害,除了宋明帝自己的儿子,其余残存的诸弟(宋文帝子)和诸侄(宋孝武帝子)差不多全被杀绝。被猜忌的文武大臣,有的被杀,有的带城镇投降魏国。公元472年,宋明帝去世,子苍梧王继位,这时内乱更愈演愈烈。公元479年,萧道成灭掉宋朝,建立齐朝。

在这种混乱的政治背景下,沈攸之时而受信任,时而遭排挤;时而飞黄腾达,时而一落千丈;时而被称作忠臣,时而又被叫做逆贼。于是,他对仕途完全绝望了。

沈攸之晚年喜好读书,手不释卷,《史记》、《汉书》中记载的史实,他都烂熟于心,他常常感叹地说:“早知贫穷和发达是上天安排的,为什么不长期埋头经典、认真钻研学问呢?”

十行俱下

“十行俱下”形容读书十分聪敏。

此典出自《梁书·简文帝纪》:“既长,器宇宽宏,未尝见愠喜。方颊丰下,须发如画,眄睐则目光烛人。读书十行俱下。九流百氏,经目必记;篇章辞赋,操笔立成。”

南朝时期,梁简文帝萧纲,是梁武帝萧衍的第三个儿子。萧衍死后,萧纲被立为皇帝。萧纲死后被追尊为简文皇帝,史称太宗。

萧纲幼年聪明睿智,见识过人,六岁便会写文章,父亲萧衍觉得诧异:这么小的孩子怎么能写出文章来？他不相信这件事，于是就把儿子叫到面前测试。结果，儿子萧纲不仅写出了文章，而且辞藻华丽。萧衍感叹道：“我这个三儿子，真是我家的东阿王曹植啊。”萧纲长大后，气度恢弘，喜怒不形于色。须发黑漆、整齐，两眼炯炯有神，左右顾盼的时候光彩照人。他读书十分聪敏，凡是儒家、道家、阴阳家、法家、名家、墨家、纵横家、杂家、农家等九个学术流派的著作和诸子百家的书籍，他都过目不忘，牢记在心；各类文章辞赋，挥笔即成。

食古不化

“食古不化”比喻对所学的知识理解得不深不透，不能把它变成自己的东西，亦作不能融会贯通。

此典出自《西轩客谈》：“前辈说作诗文记事虽多，亦恐不化，余意亦然。谓如人之善饮食者，肴蔌脯醢，酒茗果物，虽是食尽，须得其化，则清者为脂膏，人只见肥美而已；若是不化，少闲吐出，物物俱在，为父亦然。”

《玉几山房画外绿》：可见定欲为古人而食古不化，画虎不成、刻舟求剑之类也。

有一本叫《西轩客谈》的书，里面阐述读书和写文章的问题时，用了一个很好的譬喻，说；“前辈们说，一般人作诗作文，所记的事情虽然很多，但未必都能理解。……譬如喜欢饮食的人，鲜肉呀咸肉呀蔬菜呀，美酒呀名菜呀水果呀，虽然能大吃大喝，但也要能够消化才行，把有营养的物质吸收进去，人才能变得脂润健美。如果是吃了却不能消化，没过多久就全都吐了出来，肉蔬菜果物呀，仍是原样不变，就相当于没吃过这些东西。写文章，也和饮食的这种情况一样。”

食古，意即读古书；不化，即是不消化，也就是不理解。食古不化，是说虽然多读古书，但不能理解和使用。这是个很好的譬喻，读书一定要能“化”（理解），“化”了之后才能变为自己的东西，根据自己的需要加以使用；否则，将读过的东西原封不动的搬出来，自己既不会运用，别人也不会弄懂你的意思。正如后来有一本讲绘画的书《玉几山房画外绿》所说：作画贵能自成风格，如果一定要照着古人的作品来画而“食古不化”，结果便是画虎不成反类犬。

探骊得珠

“探骊得珠”形容做文章善于抓住精蕴、要害。

此典出自《庄子·列御寇》：“河上有家贫恃纬萧而食者，其子没于渊，得千金之珠。其父谓其子曰：‘取石来锻之！夫千金之珠，必在九重之渊，而骊龙颔下，子能得珠者，必遭其睡也。使骊龙而寤，子尚奚微之有哉！’今宋国之深，非直九重之渊也；宋王之猛，非直骊龙也；子能得车者，必遭其睡也。使宋王而寤，子为齑粉夫！”

战国时期，有一个俗人去游说宋襄王，他使用甜言蜜语逗乐了宋襄王，于是宋襄王赐给他十辆车子。那个人用这十辆车子在庄子面前夸耀，嘲笑庄子落伍。

庄子对他说：“河边上有一户贫困的人家，以织芦席谋生。这户人家的儿子潜入深渊，得到价值千金的珍珠。父亲对儿子说：‘拿石头来砸碎它！价值千金的珍珠，必在九重深渊中黑龙的领下，你能得到这颗珍珠，一定是碰到黑龙睡着了。如果黑龙醒来，你还能活着回来吗？’如今宋国之深，超过九重之渊；宋王之猛，超过黑龙；你能得到宋王的车，一定是碰到他睡着了。如果宋王醒来，你早就化为齑粉了！”

负书而行

“负书而行”这个寓言告诫人们，学不会学问是愚笨；讨厌学问甚至憎恶它，那就是愚顽了。

此典出自《韩非子·喻老》。

王寿背着一大包书走路，在路上遇到了徐冯。

徐冯说：“做事情，是人们的行为。人们的行为都是在合适的时候中产生的，所以说，智者没有固定不变的行为。书本上所记载的都是人们的言论。言论是由人们的智识而产生的，所以说知者不藏书。现在，你为什么要背着书走路呢？”

听了他的话，王寿便烧掉了那些书。

韦编三绝

“韦编三绝”形容读书认真，百读不厌。

此典出自《史记·孔子世家》：“孔子晚而喜《易》，读《易》韦编三绝。”

晚年的孔子特别喜欢阅读《易经》。司马迁在写《孔子世家》时说：“孔子晚而喜《易》，读《易》韦编三绝……假我数年，若是，我于《易》则彬彬矣。”意思是说：孔子晚年喜欢读《易经》，翻来覆去地读，把编简册的绳子都翻断了很多次……在这种情况下，他还自言自语地说：就这样读它几年，那我对《易经》也就学透彻了。到那时候，我一言一行都会更加文质彬彬了。

唯业公羊

“唯业公羊”告诉我们，不懂装懂，就会闹出笑话；在知识的问题上不能有半点虚假。

此典出自《笑林》。

有个人打算拜见县令。他提前去问县令的随从：“县令大人喜欢什么呢？”有人告诉他说：“县令特别喜欢《公羊传》这部书！”

韦编三绝图。孔子晚年喜读《易经》，以至于使韦编（即穿竹简所用的皮条）多次断绝。他曾说：“假我数年，五十以学《易》，可以无大过矣。”

后来见到县令，交谈中，县令问他：“先生现在读什么书呢？”这个人立即答道：“一心一意攻读研究《公羊传》。”县令就问他：“谁是杀害陈佗的凶手呢？”因为这个人从来没有读过《公羊传》，听到县令这样问他，以为是谈论一件人命案，目瞪口呆了半天才说：“我这辈子也没有杀过陈佗。”

闻一知十

“闻一知十”的意思是说，听到一点知识就能懂得许多道理。后人常用它来形容聪明过人，能够举一反三。

此典出自《论语·公冶长》：“赐也何敢望回？回也闻一以知十，赐也闻一以知二。”

春秋时期，孔子有两个学生，这两个学生都比较有才能。一个是子贡，能言善辩，积极参与政治活动，在鲁、卫等国当过大官。另一个是颜回，他生活俭朴，聪明好学，有较高的道德修养。不幸的是，颜回过早地去世了，孔子为此很是悲伤。

有一次，孔子问子贡：“你和颜回两个人相比，谁更好一些？”子贡回答说：“我端木赐怎么敢和颜回相比呢？颜回听到一件事就可以推知十件事；我呢，听到一件事只能推知两件事。”孔子说：“确实是这样，我同意你所说的，你是不如他。”

问一得三

“问一得三”比喻问的少，得的多。

此典出自《论语·季氏》：“陈亢退而喜曰：‘问一得三：闻《诗》，闻《礼》，又闻君子之远其子也。’”

春秋时，孔子有个儿子叫孔鲤，字伯鱼。当时，在孔子的学生中，有些人认为孔子在教学上不一定会把全部知识都传授给学生，还有人认为孔子对自己的儿子可能教的更多一些。

有一天，孔子的学生陈亢问伯鱼：“您在老师那里听到过什么特别的教导吗？”伯鱼回答说：“没有。有一天，他一个人站在那里，我快步经过庭院。他问我：‘学过《诗》吗？’我说：‘没有。’他说：‘不学《诗》，（在官场中）就不会说话。’于是我回去就学《诗》。又有一天，他又是一个人站在那里，我从他面前快步经过庭院。他问我：‘学过《礼》吗？’我说：‘没有。’他说：‘不学《礼》，（在官场中）就站不住脚。’我回去后就学《礼》。我只知道这两件事。”

陈亢听了孔鲤的回答，心里十分欢喜。他说：“我提一个问题，得到了三个收获：了解到学《诗》的道理；了解到学《礼》的道理；又了解到君子不偏向自己的儿子。”

无益反损

“无益反损”强调对于经典著作的言论不能寻章摘句，呆板遵循，否则无益反而有损。

此典出自《笑禅录》：“颂曰：自有诸佛妙义，莫拘孔子定本；若向言下参求，非徒无益反损。”

有一个道学先生教育他的学生说：“只要懂得孔老夫子的一两句言语，就会终生受用不尽。”话刚讲完，有一个学生上前深鞠一躬说：“老师说得太好了，我对孔老先生的两句话觉得非常亲切。”这位先生问：“是哪两句话啊？”学生说：“‘食不厌精，脍不厌细’。”

五行俱下

“五行俱下”形容读书特别神速敏捷。

此典出自《后汉书·应奉传》:“奉少聪明,自为童儿及长,凡所经履,莫不暗记。读书五行并下。为郡决曹史,行部四十二县,录囚徒数百千人。及还,太守备问之,奉口说罪系姓名,坐状轻重,无所遗脱,时人奇之。”

东汉时期,有一个人叫应奉,字世叔,汝南南顿人。他从小就很聪明,他从孩提时代起直到长大成人,所经历的任何事情,他都记得一清二楚。读书时五行并读,神速而敏捷。他在郡里当治狱官时,到所属的四十二个县巡视,考核囚徒数百、上千人。回郡以后,太守详细问起时,他都逐一说出罪犯的姓名,以及每人所犯罪过的轻重情节,没有一点遗漏,人们都认为他的记忆力太不寻常了。

据说,有一次,应奉和同事许训一起到京师去。从乡里出发以后,许训把一路上见过的长吏、宾客、亭长、吏卒、奴仆等人都暗地里登记下来,要考验一下应奉的记忆力。从京师回到郡里以后,许训把那个长长的姓名登记册拿给应奉看。应奉说:“上次在颍川纶氏都亭吃饭时,一个姓胡的亭长带着一个叫禄的仆人,给我们送水浆喝,为什么没有登记上呢?”听了他的话后,在座的人都惊讶不已,都被他那惊人的记忆力所折服了。

燃烛而行

“燃烛而行”告诉人们,对人对事,不能言过其实,更不能漫天夸大,否则就会露出破绽来了。

此典出自《赞刘谐》。

有个道学先生,穿着高底大鞋,甩着长袖,拖着宽带,头戴一顶三纲五常的帽子,身穿一件伦理道德的衣裳,从旧纸堆里捡一两句儒家经典,陈词滥调,念诵不已,便自以为是真正仲尼弟子了。

有一次,他正好碰到刘谐。刘谐是个聪明而又有学问的人,看见他这副样子,便嘲笑他说:“你这样其实是不了解仲尼老兄。”道学先生气得脸都青了,站起来说:“‘天不生仲尼,万古长如夜’,你算什么人,竟敢直呼夫子的名字,还和他称兄道弟!”刘谐说:“噢,难怪羲皇以前的圣人不分昼夜整天点着灯笼走路啊。”

下笔成章

“下笔成章”形容一动笔就可写出好文章。形容文才聪颖。亦作“下笔千言”。

此典出自《三国志·魏志·陈思王传》:“太祖尝视其文,谓植曰:‘汝倩人邪?’植跪曰:‘言出为论,下笔成章,顾当面试,奈何倩人?’”

曹操的第三个儿子,名叫曹植,自幼聪明伶俐,喜欢诗词歌赋。十几岁的时候就能诵读诗、论和辞赋几百篇,擅长写文章。众人都称赞他是一个奇才。

曹操虽然很欣赏曹植的才气,但又觉得奇怪。有一天他问曹植说:

“你的文章我看过了,写得不错,你是不是请别人代你写的呀?”曹植赶紧跪下来禀告说:“不是的,我能够言出为论,下笔成章,如您不相信,可以当面考我,怎么说我是让别人代写文章呢?”

“哈哈,那就好啊!”于是,曹操对小儿子也更加宠爱。

不久,曹操在邺城建造的铜雀台竣工了。曹操让几个儿子都上去看看,而且每人要写

《春秋五霸七雄列国志传》版画之"赵封苏秦为武安君"图。战国末期，苏秦以"合纵"之说游说列国成功，被封为六国的宰相。

出一篇辞赋来。曹操想试试儿子们的文采。曹植拿笔就写，一会工夫就写成了。曹操心里非常喜欢，想立他为自己的继承人。

曹植虽然在文学上非常有才能，但性情孤傲，我行我素，不注重仪表。穿衣、乘车、骑马极为随便，不注意威严，又喜欢饮酒，对他的这些曹操很不满意。有一天，曹植乘车走在路中间，又开了司马门出来，这些都是违反规定的。曹操大发雷霆，处死了车夫，从此开始讨厌曹植了。

曹操的另一个儿子曹丕，与他完全相反，曹丕很懂权术，擅长掩盖自己的心思，宫内上下左右的人他都结交，众人都说他好，于是曹操终于决定立他为继承人。后来曹丕做了魏文帝。

曹操死后，曹植遭受曹丕的猜忌和压抑，整天郁郁寡欢，活到四十一岁便死去了。

悬梁刺股

"悬梁刺股"形容刻苦自学。

此典出自《太平御览》卷三六三引《汉书》："孙敬字文宝，好学，晨夕不休。及至眠睡疲寝，以绳系头，悬屋梁。"

战国时，楚国有一位贤士，名叫孙敬，他到洛阳求学，为了认真学习，避免瞌睡，就把头发悬挂在梁上，如果读书读得困倦，眼睛一闭上，睡着了，头必然要低下来。头一低，那么悬在梁上的头发自然会把他拉醒，他就能够继续读书了。

战国年间，苏秦家境贫寒，他曾拜当时名学者鬼谷先生为师，学得了一套治国平天下的理论经论，就想为国家效力。

那时秦惠文王励精图治，招揽贤才。苏秦应募前往，献出他的治国安邦大计。秦惠文王未能采用他的计划，他只得怏怏地回到洛阳。家中父母见儿子没出息，连工作也找不着，直对他叹气，老婆更不用说，坐在纺车上织布，根本不用正眼看他。他饿得难以忍受了，只得厚着脸皮，向嫂嫂讨一碗饭吃。嫂嫂对他也没有好脸色，厉声说："还吃饭哪？连烧饭的柴火都没有了！"苏秦被驳斥得几乎流出泪来。

他回到自己房中，仰头兴叹："一个人贫穷的时候，妻不认为他是丈夫，嫂不认为他是小叔子，父母不认为他是儿子，我有什么可说的呢！"

于是他更加发奋读书，夜里读书困倦的时候，他就用锥子扎自己的大腿防止瞌睡，血一直流到足踝，当然痛得睡不着觉了，就这样夜以继日的研究，一年就取得了成就。最后，苏秦终于发达了，他在秦国献出一统天下的政略没有获得成功，于是就立刻改变政略，说服山东（太行山之东）六国（齐、楚、韩、赵、魏、燕）联合起来结成了一条"合纵"的战线，共同反抗秦国，不让秦国出潼关一步。

因此，苏秦佩带了六国相印，从楚国回赵，仪仗队有几里路那么长，骑兵步卒，执戈持盾，围绕在苏秦座车之旁，车前车后，旌旗蔽天。各国诸侯派来的专使，随节护送，俨如一个国君出巡。当苏秦车驾经过洛阳他的家门时，苏秦的嫂嫂、弟弟、老婆看到这副威仪，吓得俯卧在地，头都不敢抬。以前他们的那副势利小人相现在都无影无踪了。苏秦回到赵国后，赵肃侯立即封他为武安君。

学而不厌

“学而不厌”表示专心学习，不知疲倦，不知满足。

此典出自《论语·述而》：“学而不厌，诲人不倦，何有于我哉？”

孔子在教学方面有丰富的经验，常常和学生们一起讨论问题。他一走入学生们中间，学生们总是提出各种问题来请教他，而孔子总是耐心地给学生解答。一天上课之余，一个学生问孔子道：“老师，你苦口婆心地教导我们，希望我们将来有所出息，根据目前我们的实际情况，你觉得哪些问题应该引起我们的重视，哪些事情是你最忧虑的呢？”孔子和善地看了看这个学生，然后说：“品德没有很好地培养，学问没有很好地巩固，听到说要做好事，却不身体力行，自己有了缺点，却不马上改正，这些都是我的忧虑。”接着另一个学生问道：“老师，我们怎样才能巩固我们所学的知识呢？”孔子回答说：“‘学而时习之’才能把学得的知识巩固下来，才会越学越有兴趣。”孔子给学生解答问题诚恳又耐心，释去了学生们一个又一个的疑问，大家很受感动，情不自禁发出了感叹：老师真好啊！老师不但在学习上不知疲倦，而在教导我们上又这样耐心，真是难能可贵啊！孔子听了学生们对他的称赞，谦逊地说：“学而不厌，诲人不倦，何有于我哉？”意思是说：学习努力不厌弃，教导别人不知疲倦，这些事我做到了哪些呢？

压倒元白

“压倒元白”形容能人辈出，超过同时代的名家。

此典出自五代王定保《唐摭言》卷三：“汝士其日大醉，归谓子弟曰：‘我今日压倒元、白。’”

唐敬宗（李湛）宝历年间，宰相杨嗣复在家中大宴宾客，著名的诗人元稹、白居易都应邀出席，大家在酒席上当场赋诗。刑部侍郎杨汝士最后写的，也写得最好，元稹、白居易看后都十分惊讶。

那天，杨汝士喝得酩酊大醉，回家后对子弟说：“我今天压倒了元、白。”

业精于勤，行成于思

“业精于勤，行成于思”说明学业上的精深造诣是由于勤奋；做事成功是由于思考。在运用时，常将“业精于勤”和“行成于思”分开运用。

此典出自唐代韩愈《昌黎先生集·进学解》：“业精于勤，荒于嬉；行成于思，毁于随。”

唐代文学家、哲学家韩愈因为极力劝阻唐宪宗迎佛骨，被贬为潮州刺史。元和七年，韩愈再一次做国子博士。第二年，他写了一篇对于进学问题进行辨析的文章《进学解》，假设国子先生（即韩愈自己）和学生的对话，说明进德修业的道理，并表达了自己遭贬斥不得重用的心情。

《进学解》的一开头，韩愈写道：学业由勤勉而精进，由嬉游而荒废；德行由思虑而成就，由因循而败坏……所以，学业上最怕的是不精，而不怕主管长官看不清；德行上最怕的是不能成，而不怕主管长官不公正。

一知半解

“一知半解”表示对问题了解得不深不透，所知不多。

此典出自清代御选《唐宋诗醇》卷三十二：“洵乎独立千古，非一代一人之诗也；而陈师道顾谓其初学刘禹锡，晚学李太白，毋乃一知半解。”

宋朝诗人陈师道赞扬苏东坡的诗，初学刘禹锡，后学李太白。到了清朝乾隆十五年御定的《诗醇》中却不认同这种说法。在《诗醇》中评论苏轼的诗时写到：“洵乎独立千古，非一代一人之诗也；而陈师道顾谓其初学刘禹锡，晚学李太白，毋乃一知半解。”意思是说：相信宋代大诗人苏轼的诗是独立千古，不能把它当作一个时代一个人的诗来看，而宋代诗人陈师道认为苏轼的诗起初学刘禹锡，晚期学李太白，这是对苏轼的诗了解不充分的说法。

一问三不知

“一问三不知”原意是说对一件事情的开始、经过、结局都不了解，现在则用它形容对实际情况一点也不了解。

此典出自《左传·哀公二十七年》：“吾乃今知所以亡。君子之谋也，始、衷、终皆举之，而后入焉。今我三不知而人之，不亦难乎！”

陈师道像，图出自清·顾沅《古圣贤像传略》。陈师道，中国北宋诗人。字履常，一字无己，号后山居士。

春秋时期，有一年，晋国大夫荀瑶带领军队攻打郑国。他把兵马驻扎在桐丘这个地方。郑国是一个弱小的国家，根本不是大国的对手，国君急忙派大夫驷弘到齐国去请求救援。齐国答应出兵援助郑国，派大夫陈成子率军出征。

陈成子率领的齐国军队顺利地到达濮水岸。不幸的是，正赶上天下大雨，士卒不愿意冒雨过河。郑国的向导子思说：

“晋国的兵马就在眼前，我们郑国君臣盼望齐军早一点到达，以解困厄。如果现在被大雨阻拦住，可能会来不及解救郑国了……”

陈成子也焦急万分，他身披斗篷，拄着兵戈，站在山坡上指挥过河。战马看到河水吓得嘶叫，他便用鞭子狠抽，硬逼着它们渡过了濮水。齐军顺利地到达对岸，准备与晋军交战。

晋军统帅荀瑶见齐军军容严整，心里有点担心，便与左右部将商量说：

“陈成子新近操持齐国朝政，国内百姓都非常拥护他，兵士也愿意替他拼搏，瞧他的军队那样整齐，可能我们不是他的对手啊！”

他的部将也赞成他的看法，纷纷主张撤兵。荀瑶一边下令撤军，一边派了一位使者去齐军营地拜见陈成子。使者说：

“我们的统帅让我向您解释：这次晋国出兵完全是为了替你报仇，陈国被灭亡是郑国的罪过，而陈成子家族是从陈国分支出来的，可能也会为此忧愁吧？可是现在陈成子却恩将仇报，率军来攻打我们，太不知好歹了。如果陈成子认为陈国的灭亡是无所谓的事情，那么与我们又有什么关系呢？”

陈成子听了使者的这一番话，知道这是荀瑶编造的谎言，愤怒地说：

“欺压别人的人绝没有好下场！荀瑶这样的人也不会有好下场的！”

使者走后，荀文子向陈成子禀报说：

“有一个刚从晋军营里跑出来的人说，晋军准备调动一千辆兵车袭击我们的营门，要全部消灭齐军，你快拿主意啊……”

陈成子严肃地告诉他：“我出发之前国君就嘱咐过我：‘不要追赶零星的士卒，不要害怕大批的兵马’。即使晋国出动两千辆兵车，我也不能避开它而不与他拼搏。我真没有想到，你刚才竟然讲出壮敌人威风，灭自己志气的话，回国以后我要向国君禀报。”

荀文子又羞又愧，后悔地说：“君子谋划一件事情，对于事情的发生、经过、结果这三项都要考虑成熟才能向上报告。而我在对这三个方面全不清楚的情况下，就妄加非议，怎能不碰壁呢？难怪我总是得不到信任，只身逃亡在国外，都是因为我不懂策略呀……”

几天以后晋军撤兵了，陈成子也搬师回国了。

一字千金

“一字千金”形容一篇文章的价值很高，或者称赞一篇文章在修辞上特别出色，字字珠玑，不可多得。

此典出自《史记·吕不韦传》：“吕不韦乃使其客人人著所闻，集论以为八览、六论、十二纪，二十余万言。以为备天地万物古今之事，号曰《吕氏春秋》，布咸阳市门，悬千金其上，延诸侯、游士、宾客，有能增损一字者予千金。”

战国末期，秦国有一个大商人，名叫吕不韦，他在赵国做生意时，曾资助过秦庄襄王（名子楚，当时在赵国做质子）又把他的妾赵姬送给子楚为妻，等到子楚继承王位后，便被封为文信侯，官居相国。庄襄王在位仅三年便病死了，由他十三岁的儿子政（赵姬所生）继承王位，这就是历史上有名的秦始皇，尊吕不韦为仲父，行政大权全操在吕不韦和赵姬的手中。当时养士之风非常盛行，有名的战国四公子便都养有门客数千人，吕不韦也养了三千门客，作为他的智囊，想方设法来巩固他的地位。这些门客，三教九流的人，应有尽有，他们把各人的见解和心得都写下来。最后汇集起来，成了一部二十余万言的巨著，题名《吕氏春秋》。吕不韦就把这部书作为秦国统一天下的经典。当时吕氏把这书在秦国首都咸阳公布，悬了赏格，说如果有人能在书中增加一字或减一字，就赏赐千金（合黄金一斤）。

倚马可待

“倚马可待”表示文思敏捷，下笔成章。

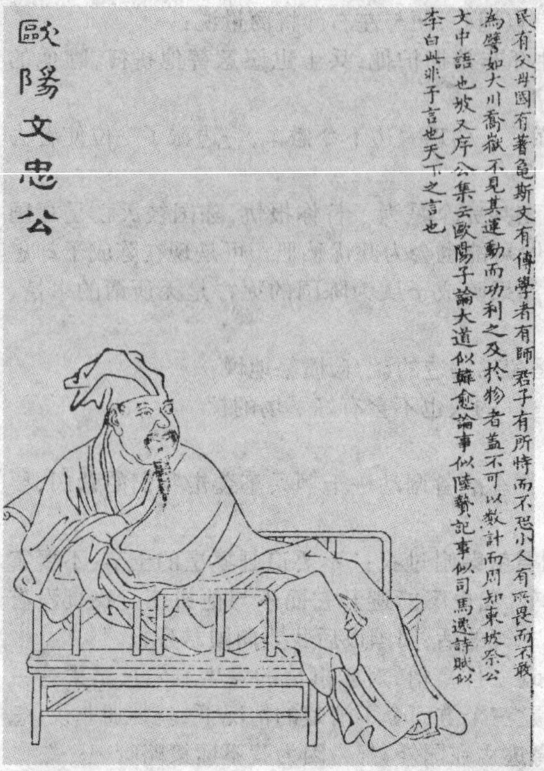

欧阳修像，图出自清·上官周绘《晚笑堂画传》。

此典出自南朝宋刘义庆《世说新语·文学》："唤袁倚马前令作，手不辍笔，俄得七纸，殊可观。"

晋朝有个名叫袁虎的人，少年时家境清贫，但学习却非常刻苦，从不懈怠。为了维持生活，袁虎常去帮人运货。一次，他帮人把船拉到牛渚，夜舶江边，眼见风清月朗，不禁感慨万分。他情之所至，兴之所发，于是吟成五言咏史诗一首，闻者皆奇。当时，西安豫州刺史谢尚正在牛渚江边，听说袁虎诗出不凡，遂同舟共论诗文。谢尚深爱袁虎之才，便推举他做了个参军。后来袁虎又到桓宣武府做记室，桓宣武对袁虎的文笔也十分欣赏。有一次，桓宣武出征，袁虎跟从。一天桓宣武令袁虎拟个公文，袁虎奉命后就倚在马旁，一会儿工夫就写满了七张纸。这篇公文内容充实，条理清楚，文字畅达。

映月读书

"映月读书"形容勤奋读书、苦苦求知。

此典出自《南史·孝义传》："江泌，字士清，……少贫，昼日斫屟为业。夜读书，随月光，光斜则握卷升屋，睡极堕地则更登。"

南朝齐江泌，年少时家境贫寒。白天，他要帮助家搞些手工业来维持生活。晚上，人们休息了，他却抓紧时间来学习。屋子里没灯光，他就把书本拿到屋子外面，利用月光继续学习。月光总要移动的，慢慢地西斜了，江泌就搬梯子来，搁在墙脚下，站在梯子上念书；随着月亮下坠，他也一级一级升高，一直爬到屋顶。有时，他白天疲劳过度，晚上精神支持不住，念着念着书，人渐渐地迷糊起来，一下子，人从梯子上摔下来，江泌摔痛了，也摔醒了，神志顿时振作起来。于是，他拾起地上的书本，好像没这回事似的，身上的泥土也不拂掉，又连忙爬上了梯子，继续一句一句地读下去。

朱衣点头

"朱衣点头"表示文章被考官看中入选。

此典出自明代陈耀文《天中记》卷三十八引《侯鲭录》："欧阳修知贡举日，每遇考试卷，坐后常觉一朱衣人时复点头，然后其文人格……始疑侍吏，及回顾之，一无所见。因语其事于同列，为之三叹。尝有句云：'唯愿朱衣一点头。'"

宋代人欧阳修，字永叔，号醉翁，晚年又号六一居士，庐陵人。公元1030年，他考中进士，从那以后，他就在地方和中央轮流做官。他在要求改革弊政的同时，又准备改革文风，在北宋的文学革新运动中作出了巨大的贡献。

欧阳修做主考官时，每当科举考试后阅读考生的卷子时，他就会感觉到自己的座位后边站着一个穿红衣服的人，时时点头。凡是他点了头的卷子，必定合格。开始时，欧阳修怀疑是侍吏在背后捣鬼，待他回头看时，根本没有人。他把这件怪事告诉了同僚们，大家不免为之再三感叹。所以，后来曾有人吟下这样的诗句："唯愿朱衣一点头。"

捉刀代笔

"捉刀代笔"指替人代写文章。

此典出自南朝宋刘义庆《世说新语·容止》："魏王雅望非常，然床头捉刀人，此乃英雄也。"

东汉末年，曹操挟持汉献帝，把持朝政。有一次，曹操要接见匈奴的使者，但他觉得自己相貌丑陋，不能够在匈奴使者面前显示威武，就让崔季珪代替他去接见匈奴使者。这个崔季珪长得眉清目秀，一表人才，《三国志·魏志》说他"声姿高畅，眉目疏朗，须有四尺，甚有威重。"

到了接见这一天，崔季珪穿戴起曹操的衣帽，而曹操自己却握刀站在崔季珪的旁边。接见以后，曹操派人去问这个使者："您觉得魏王（曹操）这个人怎么样啊？"匈奴使者回答说："魏王的威望很高，不过在座位旁边握刀的人，才是英雄啊！"曹操听了以后，就派人杀掉了那个使者。

自出机杼

"自出机杼"这个故事旨在说明，一切事贵在独创，做事看问题要有自己的见解和主张。

此典出自《叔苴子·外编卷二》："昔王丹吊友人之丧。有大侠陈遵者，亦与吊焉；赙助甚盛，意有德色。丹徐以一缣置几而言曰：'此丹自出机杼也。'遵大惭而退。"

今学士之文，其能为王丹之缣者几何哉？

这段话意思是说：

从前，王丹去悼念友人。大侠陈遵也参加悼念；陈遵资助的东西很多，因而流露出骄傲得意的神色。王丹慢慢地把一匹细绢放在几上，向友人的灵位拜着说："这是我亲手从织布机上织出来的。"陈遵觉得自己的礼物没有一件是自己做出来的，就羞愧地退走了。

现在学士们的文章，能像王丹自织的细绢一样的又有多少呢？

五、经世济俗故事

傍人门户

“傍人门户”形容依赖别人，不能自立。

此典出自《东坡志林》：“吾辈不肖，方傍人门户，何暇争闲气耶！”

我国古代的习俗，每到元旦，家家户户都要用桃木板写上“神荼”、“郁垒”二神名字，悬挂在门的两边，目的是驱邪避鬼，人们把它称作“桃符”，另外，我国又有每年五月初五，用艾草扎成人形悬挂在门上方的风俗。

有一天，已在门边悬挂了好几个月的桃符偶然发现有个艾人在它的头上，紧紧地压住自己，觉得受了窝囊气，生气地骂道：“看您那样子，须须叉叉的，全是些不值钱的烂草，为什么竟然居我之上，又压着我呢？”艾草人刚从地上搬迁而来，年轻气盛，血气方刚，本来就不愿迁居门上，谁知现在还有人蔑视它，心里气愤无比，也破口大骂道：“你有什么可神气的，瞧你那两条腿，早已伸到地下去了！一块悬挂多时的朽木头，还要和我争高下？呸！”桃符见艾草说到自己痛处，不禁火冒三丈，报复说：“草包一团，虚有人形！愿太阳出来晒干你，愿下大雨淋垮你！”艾草冷笑道：“我不想长寿，每年挂一次就行了，可那些一心想寿比南山的人，到明年不也是‘新桃换旧符’了吗？”

双方你一句我一句地吵个不停。门神实在看不下去，叹息一声，无可奈何地说：“我们都是无能之辈，都傍人门户，替人家看守大门，有什么可争的呢？”

桃符、艾人听了，低下了头，感到无比的尴尬。

宝价十万

“宝价十万”这则寓言说明高尚的品格和道德素养才是真正的“无价至宝”。

此典出自《龙门子凝道记》。

来自西域的胡族商人，在出售一些宝玉，颜色呈纯红色如同朱红色的樱桃，长度达到一寸，价值超过数十万。

龙门子问道：“能够充饥吗？”回答说：“不能。”又问：“能够治病吗？”回答说：“不能。”又问：“能够驱逐瘟疫吗？”回答说：“不能。”又问：“能够使人们产生孝悌的品德吗？”回答说：“不能。”又问：“既然它一无是处，那为什么它的价钱要超过数十万呢？”回答说：“由于它出产在险峻遥远的地方，很难得到呀！”

龙门子听后笑着拂袖而去，对他的弟子郑渊说：“古人有句话说：‘黄金虽是贵重宝物，生吞下去就会死人，粉末弄进眼睛就会瞎眼。’宝物与我没有牵涉已经很久了，我自己身上一件最珍贵的宝物，它的价值不止数十万。这件宝物水不能淹没，火不能燃烧，风不能吹扬，太阳不能烘烤，用它可以使天下安宁，不用它可以使我平安无事。但有些人不知道日夜去求得它，而把获取珠宝当做要事去办，这难道不是舍近而求远吗？唉，人心之死已经很久了，人心之死已经很久了呀！”

抱鸡养竹

“抱鸡养竹”的这个典故鞭挞那些贪官是如何利用职权，想方设法巧取豪夺。

此典出自《古今谭概》。

唐朝新昌县令夏侯彪之，刚刚上任，就向里正打听道：“鸡蛋一个钱几颗？”里正回答说：“三颗。”县令便叫取出一万钱，让买三万颗鸡蛋，并对里正说：“我现在不要这些鸡蛋，你就让母鸡给孵化出来，就能得到三万只鸡，过几个月，等它们长大后，让县吏卖掉，一只鸡三十个钱，半年之内就是三十万钱。”

过了一会儿，县令又问里正：“竹笋一个钱几根？”里正回答说：“五根。”于是又取出一万钱交给里正，让买五万根竹笋，并吩咐里正说：“我现在不要笋，你就在林园里给我培育起来，到秋天笋长成竹，一根卖十个钱，就可以得到五十万钱。”

博士家风

“博士家风”这则寓言讽刺人的吝啬。

此典出自《雪涛谐史》。

有一个私塾老师，杀了一只鸡，拌上萝卜制成菜肴，邀请二十个学生来吃饭。

鸡的灵魂跑到阴曹地府去告状，说道：“杀鸡招待客人，这是常有的事，但不该把一只鸡供给二十多个人吃。”

阎王说：“可能没有这个道理吧！”

鸡说：“有萝卜做证人。”

等到把萝卜捉来审问，萝卜回答说：“鸡，你欺骗人了！那天请客，菜肴里只看见我，哪曾看见你呀？”

私塾老师家的门风就是如此呀。

卜昼卜夜

“卜昼卜夜”形容宴乐无度，昼夜相继。

此典出自《左传·庄公二十二年》：“公曰：‘以火继之。’辞曰：‘臣卜其昼，未卜其夜，不敢。’”

春秋时候，有一年陈国的国君杀死太子御寇，陈国的公子敬仲逃亡到齐国。齐国的国君桓公，很尊敬敬仲，想拜他为齐国的卿士。可是敬仲却不愿意，他客气地辞谢说：“我是逃奔而来的客人，如果得到您的宽恕，在您的宽厚的政治庇护下，能够被赦免罪过，这便是君王的恩惠，我已经觉得心满意足了，我怎么还能接受卿士这样高贵的官

陈完像。公元前672年，陈厉公之子敬仲因陈国内乱而出奔齐国，后被齐桓以任命为工正。因封邑在田，故又被称为田完。

位呢？如果我不知满足而应允下来，很快就会招来官员们的谴责的，所以请您免了吧！”

齐桓公觉得敬仲说得十分有道理，更加喜欢他了，就让他担任工正这个职务，负责管理各种工匠。

齐桓公与敬仲关系很好，经常在一块饮酒闲聊。有一天，敬仲请齐桓公到家里喝酒，两人越喝越高兴，一直喝到天黑。齐桓公觉得还没尽兴，吩咐仆人说：“把蜡烛点上，再喝几杯！”

敬仲是懂得礼仪的人，他觉得再喝下去是不合礼仪的，便委婉地对齐桓公说：“君王，我只知道白天执行君命，不知道晚上陪饮呀！确实不敢再留您喝下去啦！”

齐桓公只好告辞而去，敬仲将他送出门外。

后来知道这件事的人都赞扬敬仲，说他做得好：“酒是用来完成礼仪的，所以饮酒不能没有限度；与君王饮酒更不能让国君饮酒无度，这才是有仁有义呀！”

曹商使秦

“曹商使秦”这篇寓言对那些不择手段地追求名利富贵而不以为耻，反以为荣的人，进行了辛辣的讽刺。

此典出自《庄子·列御寇》。

宋国有一个名叫曹商的人，替宋王出使到秦国去。他去的时候，得到宋王赐给的几辆车子。到了秦国，秦王非常喜欢他就又赐给他一百辆车子。回到宋国以后，他去见庄子，说“住在穷乡僻壤狭窄的小巷子里，穷困得靠打草鞋过日子，脖子枯干，面黄肌瘦，那是我曹商的短处。一下子使拥有一万辆兵车的君主醒悟，我拥有了一百辆车子，这才是我曹商的长处啊！”庄子说：“秦王有病请医生治疗。给秦王破疮化脓除疖子的，可以得到一辆车子；用舌头舔秦王的痔疮的，可以得到五辆车子。治病的手段越下流，得到的车子越多。难道你为秦王舔过痔疮吗？不然的话，你怎么会得到这么多车子呢？去你的吧！”

姹女数钱

“姹女数钱”形容精于计算，贪恋钱财。

此典出自《后汉书·灵帝纪》注引《续汉志》。

公元167年（永康元年），汉桓帝（刘志）死去，他没有儿子可以继承帝位，窦皇后和她的父亲窦武商议，决定拥立十二岁的刘弘为帝。刘弘是河间王刘开的曾孙、刘淑的孙子、解犊亭侯刘苌的儿子。公元168年（建宁元年），窦皇后、窦武派使者把刘弘迎到京都，让他即位，这就是汉灵帝。随同刘弘前来的还有他的母亲。刘弘登基的第二年，尊称他的母亲为孝仁皇后，居南宫嘉德殿，宫称永乐。

以前汉桓帝在位的时候，东汉朝廷的达官贵人就卖官鬻爵，大发横财。只是大将军梁冀一人，搜刮的钱财就已超过三十万万钱。窦皇后、窦武等人更是变本加厉地聚敛钱财，已成巨富仍然贪得无厌。汉灵帝的母亲也毫不示弱，她叫汉灵帝卖官求钱，钱财无数，盈满堂室。

对这种丑恶的社会现实，百姓们早就恨之入骨了。因此在汉桓帝死后不久，京都里就有童谣唱道：“城头上的乌鸦啊，摆动尾巴，得意忘形。你像达官贵人一样，身处高位，独自吃掉美味佳肴，不给底下的人留下一点剩菜残羹。朝廷下令征战，百姓们倒了霉。父亲被征做军吏，儿子又被抓去当兵，到前方去打仗。朝廷征战无厌啊，一个士兵被打死，又派去百辆战车出征，叫更多的无辜者血染沙场。老皇帝死了，新皇帝接班。迎驾的车辆隆隆地开，开到河间接刘弘。刘弘的母亲本是河间一女，数钱迅速。她用钱造屋啊，以金做堂，金钱虽多犹嫌少，派人终日舂黄粱。我心悲啊我心怒，看到房梁之下挂着一只鼓。想要击鼓申冤见卿相，说说胸中愁和苦。恳求再三啊不获准，管鼓的恶官又发怒。恶官不许我击鼓啊，何况卿相也发了怒。”

吴太祖孙权像，图出自明·天然撰《历代古人像赞》。

车载斗量

“车载斗量”这个典故来形容数量极多。

此典出自《三国志·吴书·吴主权传》裴松之注引《吴书》。

三国时，吴国有一个人叫赵咨，字德度，南阳人。他博学多识，同别人谈论时应对敏捷，极有辩才。孙权当吴王后，把赵咨提拔为中大夫，有一次，派他出使魏国。魏文帝曹丕非常欣赏赵咨的才能，有意调笑赵咨说：“吴王孙权很有学问吗？”赵咨回答道：“吴王拥有万艘航行在江上的战船，以及百万披坚执锐的军队，任用贤能之人，刻意筹划，一心治理好国家。虽有空闲时间博览诗书、传记、历史，也是借以采摘其中特异而突出的知识之花，不像昏庸的书生只知死读书本、寻章摘句而已。”曹丕问道：“吴国可以被征服吧？”赵咨回答说：“您居大国，拥有征讨别国的军队，而吴国虽小，但却也有抵御侵略的钢铁长城。”曹丕又问道：“吴国害怕魏国吗？”赵咨回答说：“吴国拥有雄兵百万，又有长江、汉水为天险，为什么要害怕魏国呢？”曹丕又问道：“像大夫您这样的人才，吴国有几个呢？”赵咨回答道：“特别聪明通达的人才，吴国有八九十个；像我这样的人，用车载不完，用斗量不尽，多得不可胜数。”

程松献妾

“程松献妾”比喻阿谀谄媚的卑劣行径。

此典出自《宋史·程松传》。

南宋宁宗庆元（公元1195—1200年）年间，权臣韩侂胄专权，吴曦任殿帅。当时，程松任钱塘县知县，通过谄事吴曦来巴结韩侂胄。有一次，韩侂胄为了一件小事就将爱妾赶出家门，程松听到这个消息后，就用百千巨款买下她，供给她华美的帐幔，安排她居住在正堂，程松夫妻二人小心翼翼地服侍她。过了不久，韩侂胄气消意平，又把爱妾召回去，她一五一十地述说了程松用心招待她的情形，韩侂胄非常高兴，就任命程松做诸军审计司的干办、代理太府寺丞。不到十天时间，转任监察御史，提拔为右正言、谏议大夫。

后来，在党派斗争中，程松帮了韩侂胄的忙，可以说是立了一功，可是，一年过后还没有升迁，程松心中非常不高兴。于是他把自己的一个爱妾献给韩侂胄，并给爱妾起了一个名字，叫“松寿”。韩侂胄对这个名字感到很奇怪，就询问程松，程松回答说：“这个名字，有一个‘松’字，是为了让您能时常记起我的卑贱姓名。”于是，韩侂胄又任命程松做了枢密院的同知院事。程松从县令升到执政官,仅仅用了四年的时间。

吃人无厌

“吃人无厌”这则寓言讽刺爱贪便宜的人。

此典出自《事林广记》。

有人养了一只老虎,毛皮的图案十分好看。主人每天拿谷物给它吃,老虎不吃,拿米喂它,老虎也不吃,又把饭菜给它吃,老虎也不吃。这时有一个小孩路过,老虎一口就把他给吃掉了;一个男子经过,老虎也把他吃掉了。主人看见大声斥责说:“你这个畜生,给你那么多东西你全都不吃,原来你吃人吃不厌。”

醇酒妇人

“醇酒妇人”原指沉溺于酒色,后常用于形容颓废腐化的生活。

此典出自《史记·魏公子列传》:“公子自知再以毁废,乃谢病不朝,与宾客为长夜饮,饮醇酒,多近妇女。日夜为乐饮者四岁,竟病酒而卒。”

战国时,魏国有一个叫魏无忌的人,他是魏王的弟弟,因封于信陵(今河南宁陵),号信陵君。公元前260年,秦军在长平将赵国的四十万士兵坑杀以后,包围了赵国的都城邯郸。于是赵国向魏国求救,魏王不愿派兵救援。魏无忌为了救赵,请魏王的宠姬如姬偷了发兵的虎符,打败并杀掉了魏将晋鄙,夺得兵权,挑选八万精兵,帮助赵国打败了秦国。

魏公子虽然窃兵符救了赵国,但却因此得罪了魏王。打败秦国以后,他把军队和兵符交给魏国的将军带回去,自己留在赵国,就这样一呆就是十年。秦国见此情形,就不断地出兵攻打“魏国”。魏王害怕秦国的威势,使人请魏无忌回国。起初,魏无忌不肯,后经人劝说,才回到魏国。魏王把上将军印授给魏无忌。各国诸侯听说魏无忌又回到魏国带兵了,纷纷发兵援助魏国,共同对付强秦。魏无忌联合五国击退秦将蒙骜的进攻。从此,魏无忌更加名扬诸侯,威震天下。

秦国见此情景,非常恐惧,便使用反间计,用重金收买晋鄙的一些旧友,说了魏无忌的很多坏话,使魏王罢了魏无忌的兵权。魏无忌心灰意冷,从此便消沉下去,称病不上朝,与一些宾客日夜饮酒作乐,沉溺于酒色之中,四年以后,因酒色过度而死。

祠少求多

“祠少求多”这则寓言讽刺了祠少求多,贪得无厌,不劳而获。

此典出自《说苑·复恩》:“邻之祠田也,以奁饭与一鲋鱼。其祝曰:‘下田邪得谷百车,蟹者宜禾。’臣笑其所以祠者少而所求者多。”

邻居有一位春祭田地的人,他用一小匣饭和一条小鲫鱼当做祭品,向神祷告说:“愿我那低洼劣田能收一百车谷子,狭小高地生长出稻子来。”

这个邻居供这么少的祭品,而所要求的却这样多呀。

措大吃饭

“措大吃饭”这则寓言说明人各有志,但有崇高远大和目光短浅之分。

此典出自《东坡志林》。

有两个穷秀才,相互谈论着自己的雄心大志。

一个说:“我这一辈子都很贫穷,只想吃饱饭、睡足觉就罢了。将来,有朝一日得志,我定要吃饱饭就睡觉，睡足觉又吃饭。”

另一个说：“我和你不一样。我必定要吃饱了再吃，哪里有时间去睡觉呀！”

待价而沽

“待价而沽”比喻等待有了赏识自己的人，才肯为他效劳出力，也可用来比喻等待有任较高的职位，或有人赏识时才出来做官。

此典出自《论语·子罕》：“子贡曰：‘有美玉于斯，韫椟而藏诸？求善贾而沽诸？’子曰：‘沽之哉！沽之哉！我待贾者也！’”

春秋时期，孔子为了实现自己的政治主张，到处游说诸侯，以便能让自己得到重用。但是，四处碰壁，孔子为此感慨万分。有时候，他在言谈话语之中，自觉或不自觉地流露出急于得到重用的心声。

有一次，孔子的学生子贡说：“这里有一块美玉，是把它收藏在柜子里呢，还是找一个识货的商人卖掉呢？”孔子说：“卖掉吧！卖掉吧！我正等着识货的人呢！”

道士包醮

“道士包醮”这则寓言的深刻含意就在于：观察一个人要听其言观其行，要透过现象把握本质。这则寓言还揭示了贪得无厌的行为。

此典出自《广笑府》。

一个吃斋的人想请几个道士做道场。一个道士非常贪财，想得到所有的斋钱，就把宣疏、礼忏、击法器等各项工作自己一个人全包了下来。他夜以继日，忙得手忙脚乱，一会都不休息。到了第三天拜章的时候，竟晕倒在地上。主人家怕出人命，就商议说请人将他扛出去，再做别的安排。道士在地上听见后，拼命抬起头来说：“你把雇人的银子给我吧，我自己慢慢爬出去。”

得陇望蜀

“得陇望蜀”形容贪得无厌。

此典出自《后汉书·岑彭传》：“八年，彭引兵从车驾破天水，与吴汉围隗嚣于西城。时公孙述将李育将兵救嚣，守上邽，帝留盖延、耿弇围之，而车驾东归。敕彭书曰：‘两城若下，便可将兵南击蜀虏。人苦不知足，既平陇，复望蜀。每一发兵，头发为白。’”

东汉时期，有一个人名叫岑彭，字君然，南阳棘阳人。王莽废除西汉刘氏政权，建立新朝的时候，岑彭任棘阳县令，为王莽效力，固守棘阳，抗拒汉兵。几个月后，城中粮食吃光了，岑彭举城投降汉军。刘秀当了皇帝，建立东汉王朝后，不但保留着他的归德侯爵位，而且拜为廷尉，行使大将军的职权。当时，刘秀虽然已经打败樊崇等领导的赤眉起义军，但是仍然面临着豪强割据、全国分裂的局面。东方有张步，占据青州十二郡；北方有彭宠，占据渔阳等郡；西方有隗嚣，占据天水等郡；西南有公孙述，占据益州全部。刘秀为了统一天下，逐步削平割据者，不断地发动战争。

建武八年（公元32年），岑彭率军跟着光武帝刘秀攻下天水之后，与大将吴汉一起率军把隗嚣围困在西城。当时，占据益州的豪强公孙述同部将李育一起率兵援救隗嚣，扼守着上邽。光武帝刘秀留下盖延、耿弇领兵包围，而自己驱车东归洛阳。刘秀给岑彭下了一道诏书，说：“西城和上邽两城攻下之后，便可率军去攻打蜀地的敌人。其实人就是不知足。已经平定了陇地，还想得到蜀地。每打一仗，头发都要变白啊。”岑彭接到诏书之后，筑堤阻塞谷水，然后决堤放水淹西城，几乎把西城淹没。这时，隗嚣得到了援兵，逃脱掉了。汉军因为粮食用尽，也只好退兵了。

得人遗契

“得人遗契”的这个典故讽刺那些把希望寄托在不切实际的愿望上，力图不劳而获。

此典出自《列子·说符》。

宋国有个人，在外出的路上，拾到一张别人遗弃的废契据，不禁异常欣喜。他急急忙忙跑回家去，把它藏了起来，并悄悄屈指计算契据的期限，十分得意地告诉邻居说：“我发财的日子快到了。”

点石成金

“点石成金”比喻把别人不好的文章改为好文章。

此典出自《神仙传》：“许逊，南昌人。晋初为旌阳令，点石化金，以足逋赋。”

晋代初年，有一个县令叫许逊。此人虽身在官场，其实却是个道士。他经常咒符作法，并编造一些离奇古怪的故事，以便让人们相信他真的是位道术高深的仙人。《神仙传》记载，许逊在当旌阳令的时候，老百姓交不起租子，他施展法术，把石头点化成黄金，替百姓上缴欠租。

东壁余晖

“东壁余晖”形容希望沾点别人的光，使自己得到帮助和照应。

此典出自汉代刘《列女传》。

传说很久以前在齐国东海地方有一个女子，名叫徐吾，她的家境非常贫寒。每天夜里，她与邻女们聚在一间大屋子里纺线绩麻，而照明的蜡烛则由各人从家里拿过来。

徐吾因为穷，所以她带来的蜡烛最少。有一个姓李的女子很不满意，便对其他人说：“徐吾带的蜡烛不够，以后不要她来和我们一起干活了。”

徐吾听了她的这话后，愤愤不平，她分辩道：“你怎么能这样说呢？大家都看得到，我每天来得最早，走得最迟。天天打扫好房间铺好席子等你们来。坐的时候也主动地坐在下面。这都是因为我穷，自己知道带的蜡烛太少。何况，同一间屋子内，多我一个人，烛光不会暗淡一点；少我一个人，烛光也不会明亮一些，而我只要借东墙上的余光，每天干自己的活。请你们不要吝惜那一点余光，就让我蒙受大家的同情与恩惠吧。”

大家见徐吾说得很有道理，而且她也确实让人同情，便都不再有异议，而姓李的女子也无话可说了。从此以后，徐吾仍天天与邻女们在一起纺线绩麻，也不再有人因为她带的蜡烛少而说三道四了。

东海黄公

“东海黄公”这则寓言由汉代杂戏“东海黄公”改编而来。原意是讽刺妄求非分的人。

此典出自《郁离子》：“安期生得道于之罘山。持赤刃以役虎，左右指使进退如役小儿。东海黄公见而慕之。谓其神灵之在刀焉，窃而佩之。行遇虎于路，出刀以格之。弗胜，为虎所食。”

意思说：安期生在之罘山得道成仙。他拿一把红色的刀便能够驱使老虎。他用刀左右指挥，要老虎进就进，退就退，就像使唤小孩子一样。东海有个黄公，看到这种情况，非常羡慕安期生。他以为安期生的神妙本领就在刀上，于是就偷来了那把刀并佩带在身上。不久，在路上碰到老虎，黄公拿出刀来与虎搏斗。谁知那刀一点儿也不灵。黄公斗不过老虎，就被老虎吃掉了。

东食西宿

“东食西宿”比喻贪利的人企图兼而有之。

此典出自《艺文类聚》卷四〇引《风俗通·两袒》：“俗说，齐人有女，二人求之。东家子丑而富，西家子好而贫。父母疑不能决，问其女定所欲适：‘难指斥言者，偏袒令我知之。’女便两袒。怪问其故。云：‘欲东家食西家宿。’”

战国时候，齐国有一个女子，长得漂亮无比，父母爱如掌上明珠。她家附近住着两家人，东家住一个大财主，家财万贯，可是这财主相貌生得非常丑陋。西家住着一个读书人，他很有才学，相貌十分英俊，但却家徒四壁。

有一天，东、西两家同时托人来说亲，她父亲一时不能决定，于是便和她商量，说：“现在东、西两家都来求婚，我们做父母的一时拿不定主意，你自己喜欢哪一家，不妨说一说。”那女子娇羞万分，默不作声。她父母以为她害羞，难以启齿，于是又说：“这样吧，你既然是不好开口。那么如果你喜欢东家，就举起左手；如果你喜欢西家，就举起右手。”

没想到那女子把两双手都举起来。她父母惊骇不已，问道：“这是什么意思？”她答说：“东家那人富而丑，西家那人贫而美，我愿嫁到东家食，再退到西家宿。”

囤积居奇

“囤积居奇”或称“奇货可居”这个典故比喻把某种货物或所擅长的学识、技能暂时囤积或隐藏起来，以待时机。

此典出自《史记·吕不韦列传》。

战国时候，卫国濮阳（今属河南）有个商人叫吕不韦，经常来往于当时的各国经商。当他到了赵国都城邯郸时，了解到秦国昭襄王的孙子异人正在赵国做人质，被羁留在丛台这个地方，而且穷困潦倒。吕不韦便根据他平时做生意赚钱的思想，想把异人当做一件奇特的货物积囤起来，以等待时机大赚一笔。于是，他回家后问他父亲：“耕田的利益有几倍？”他父亲回答说：“十倍。”他又问：“如果扶助一个人当上国君，掌握天下，这种利益有几倍呢？”他父亲笑道：“怎能靠一个人把他扶助做国君呢？如果真是这样，利益便有千千万万倍，

《东周列国志》版画之“吕不韦巧计归异人”图。讲述吕不韦用计使在赵国做人质的秦公子异人归国，并助其继承王位之事。

无法估计。”于是，吕不韦便拿出钱来结交了监守异人的赵国大夫公孙干，通过公孙干介绍认识了异人，并且私下对异人说，他准备拿出一千两金子到秦国劝说秦太子和太子最宠爱的妃子华阳夫人，想方设法把异人弄回秦国去。异人听了当然求之不得。

不久，吕不韦的计谋果然成功了，异人逃回秦国，华阳夫人认他做嗣子，太子安国君叫他改名为子楚。后来，秦昭襄王和太子安国君相继死去，子楚便继承了君位，称庄襄王，拜吕不韦为相，封为文信侯。

二分明月

“二分明月”比喻某一个地方的繁华，或比喻人才荟萃。

此典出自唐朝诗人杜牧，在他的一首诗里，这样写道：“天下三分明月夜，二分明月在扬州。”为什么他要说天下的明月仅有三分，而扬州一地就占去了二分呢？因为扬州这个地方，在隋、唐时代非常繁华，鼎盛一时。

扬州，在古代并不是专指现在这个江都县境。这名字由来已久，在《禹贡》中就为九州之一。那时候，不但江海淮一带称为扬州，就是江南一带也叫扬州。周秦时，现在的江苏、安徽、江西、浙江和福建各省，都属于扬州。东汉年间，扬州州治在今安徽和县。三国时，魏、吴均有扬州。魏在今安徽合肥，吴在今南京。到隋文帝统一南北，才把扬州放在江都，也就是今天所说的扬州。唐、宋、元、明、清几个朝代，因扬州是运河入江要道，南北交通必经之地，万商云集。淮南盐官以它为中心，江南各省漕米(即征收来的公粮)以它为转运站。所以扬州自古以来就是一个极其繁华富庶的地区。所谓“二分明月在扬州”，也就是形容扬州的繁华占有了天下三分之二的风光。

分一杯羹

“分一杯羹”亦作“分我杯羹”，表示要求分享利益。

此典出自《史记·项羽本纪》：“吾翁即若翁，必欲烹而翁，则幸分我一杯羹。”

秦朝末年，楚汉相争。刘邦和项羽为了争夺天下，大战七十次，小战四十次，刘邦屡战屡败，受尽了项羽的欺侮。但最后垓下一战，刘邦却大获全胜。

当项羽平定东方诸侯叛乱之后，又向西进发，与刘邦的汉军都驻扎在广武山上，中间隔着广武涧，双方对峙了很长一段时间。

正在这个时候，有一个叫彭越的人在梁地屡次起兵攻打项羽的楚军，截断楚军运粮交通线。项羽非常忧虑，想尽快打败刘邦，激他出战。他命令手下摆出祭祀用的高案桌，把在战乱中抓到的刘邦的父亲放在高案桌上，并通知刘邦说：“如果你不立刻投降，我就把你的父亲煮死。”刘邦说：“当初，我和你都是楚怀王的臣子，接受他的命令，楚怀王曾经吩咐说：‘你们二人要结为兄弟。’所以说，我的父亲就是你的父亲。如果你一定要把自己的父亲煮死，就分给我一杯肉汤吃吧。”项羽被气得暴跳如雷，当即要杀掉刘邦的父亲。项羽的叔父项伯赶紧劝阻说：“天下大事是难以预料的，你不要把事做得太绝。况且，像刘邦这种为争夺天下而战的人，是不会顾及家人安危的。即使你杀了他的父亲，也没有什么好处，相反只会结下冤仇，埋下祸根。”项羽觉得项伯的话很有道理，就听从项伯的意见，没有煮死刘邦的父亲。

富翁五贼

“富翁五贼”这则寓言揭露了富人的本质，正如孟子所说：“为富不仁”。

此典出自《厅史》。

从前,有一个士人和一个富翁做邻居,自己家境长期贫困,经常羡慕邻家富有快活。这一天,他穿戴齐整去谒见富翁,并请教致富的途径。

富翁告诉他说:“求富不是件容易的事啊!你先回去戒斋三天,然后我再告诉你致富的方法。”

士人就依照富翁的话去做了,然后又再次去谒见。富翁便让他在屏风外面等着。富翁摆设高几,接受对方请求拜老师的礼物,作了个揖,而后请士人进屋说:“大概说来,求富的道理,应当首先革除五大祸害。如果五大祸害不革除,那么就不会得到富贵。”

于是,士人就问富翁是哪五大祸害。

富翁说:“就是世界上所谓的仁、义、礼、智、信这五大祸害呀!”

士人听罢,掩口嘿然而去。

谷贱伤农

“谷贱伤农”原指丰收时,粮商压低粮价,使农民受到损害。后来,人们用它泛指粮价过低损害农民的利益。

此典出自《新五代史·冯道传》:“明宗问曰:‘天下丰登,百姓济否?’道曰:‘谷贵饿农,谷贱伤农。’”

五代时,有一个人叫冯道,字可道,在(后)唐庄宗(李存勖)时任户部侍郎、翰林学士。他勤俭节约,刻苦自励。每一次战斗中,在军中只为自己搭一个茅屋,不设床席,只在草垫上坐卧。所得俸禄,与手下人共享,与仆役们一起吃饭,毫不讲究特殊。某将掠得美女送给冯道,他不好意思谢绝,就暗地里把美女安排在其他地方安歇,想方设法把她送回家里。在父丧期间,他回家乡尽孝守丧。正好遇到饥荒,百姓大饥,于是冯道就拿出自己的钱财赈济乡亲们,同时亲自耕田、打柴。有的人家无力耕种田地,冯道就在晚上悄悄地替他们耕作。人家感谢他,他并不认为自己干了多么了不起的事。

(后)唐庄宗死后,唐明宗(李嗣源)即位,冯道当了宰相。唐明宗天成(公元926—930年)、长兴(公元930—933年)年间,风调雨顺,五谷丰登,朝野上下一片安宁景象。冯道提醒唐明宗要有深谋远虑,居安思危的意识。

唐明宗问道:“天下虽然五谷丰登,但是老百姓过上好日子了吗?”冯道回答道:“在歉收时,粮商抬高粮价,农民吃不起,发生饥荒;在丰收时,粮商压低粮价,使农民受到损害。”同时,冯道给唐明宗背诵文人聂夷中的《田家诗》,这首诗浅显易懂,唐明宗特别喜爱,就让左右的人记录下来,常常吟咏。

好讨便宜

“好讨便宜”的这个典故讽刺那些贪占小利之人。

此典出自《笑府》:“一人好讨便宜,市人相戒,无敢过其门者。或携沙石一块,自念无妨,径之。其人一见,即呼:‘且住!’急趋人取厨下刀,于石上一再鐾,麾曰:‘去!’”

有个人非常喜欢占便宜,因此全城的人都防备着他,不敢从他门口走过。有一个人拿着一块沙石,自以为没有什么关系,便径直从他家门口走过。那个人一见,就对他说:“慢走!”于是急忙跑进家里拿了厨房的菜刀出来,在沙石上鐾来鐾去,把刀磨快了,才对他挥挥手说:“去吧!”

好逸恶劳

“好逸恶劳”指喜欢安逸，厌恶劳动。

此典出自《后汉书·方术传·郭玉传》：“为其疗也，……好逸恶劳，四难也。”

东汉时，有一个叫郭玉的人，对医学，特别是对针灸术很有研究，曾著有《针经》、《诊脉法》等书。郭玉家境贫寒，曾经当过乞丐。他的医术学好后，给差役杂工治病，却有时治不好。有一次，汉和帝让一个贵人（妃嫔的称号，东汉光武帝刘秀时开始设置，仅次于皇后）穿上杂工的衣服，换了个地方，让郭玉去给她看病。郭玉询问了一下病情，只扎了一针就治好了她的病。汉和帝感到非常奇怪，就问郭玉是什么原因。郭玉说：“王公贵族处于尊贵的地位，哪一个都在我之上，给他们治病的时候，我总是怀着一种恐惧的心理。给这些人治病有四难，其中一难，就是这些人长期以来好逸恶劳，所以得了病就比较难治。”和帝认为，郭玉说得非常有道理。

和璧隋珠

“和璧隋珠”由于“和氏璧”与“隋珠”都是世上稀有的宝贝，所以后来人们便用成语“和璧隋珠”比喻那些极其贵重的珍宝。

此典出自《韩非子·和氏》和《淮南子·览冥训》。

春秋时期，楚国有个叫卞和的人，他在山里偶然发现一块璞玉，喜不自胜，立即就把玉献给楚厉王。楚厉王见到送来的璞玉满心欢喜，便找来玉匠，让他们辨认一下玉的质地。玉匠辨认了一下璞玉，摇摇头说：“大王，这不是什么玉，而是一块普普通通的石头！”楚厉王听说卞和送来的是一块石头，恼羞成怒，气急败坏地说：“你竟敢骗我，真是好大的胆子！”于是他命令将卞和的左脚用刀砍去。

事隔不久，楚厉王死了，楚武王即了位。卞和又捧着那块璞玉来见武王。楚武王接过璞玉，又请玉匠来辨认，玉匠仍然说那块玉只是一块石头。于是，楚武王命令将卞和的右脚砍下。

后来，楚武王又死了，楚文王即了位。卞和听到了这个消息，就抱着那块璞玉，在荆山脚下号啕大哭，一直哭了三天三夜。他哭得非常伤心，眼泪哭干了，眼睛里淌出了血。这件事很快便传到楚文王的耳朵里，文王觉得很奇怪，就派人去问个究竟，派去的官员找到了卞和，问他：“你为什么哭呢？天底下像你这样被砍去双脚的人有很多呀，为什么偏偏你这样悲痛呢？”卞和止住哭声，悲伤地说：“我并不是因为失去了双脚而悲痛，我悲痛的是，奉献给大王的璞玉，本来就是一块宝玉，却被人当成石头；我对大王是真心实意的，却被人家说我是骗子。这是让我悲痛的事呵！”

官员把这件事情告诉了楚文王，文王就将卞和请进宫中，又找来玉匠把那块璞玉进行加工，果然得到了世间罕见的美玉，于是就给它起了个名字，叫“和氏璧”。从此以后，和氏璧便成了极其名贵的珍宝。

“隋珠”也是一件宝物。传说古时候有个“汉东之国”，国内有个姓姬的诸侯，叫做“隋侯”。有一天，隋侯在路上碰到一条大蛇，这条大蛇受了重伤，半截身子都快要折断了。隋侯非常可怜它，就回家取来药，给蛇敷在伤处，又用布带为它包扎好，蛇便钻进树丛离去了。

过了好几天以后，有一次隋侯在江边搭船，忽然一条大蛇从江中浮起，昂着头向他游过来。隋侯吓得惊慌失措、魂不附体。可是那条蛇却没有伤害他，反而从嘴里吐出一颗硕大的珍珠。这时隋侯仔细一看，才看清楚这条蛇正是从前他救过的那条受伤的大蛇。他心里顿时明白了："啊，原来这条蛇为了报答我的救命之恩，就从江中衔了一颗珍珠送给我！"于是他高兴地接过那颗珍珠。后来，人们便把这颗神奇的珍珠，称作"隋珠"。

患得患失

"患得患失"形容老是考虑个人得失。

此典出自《论语·阳货》："其未得之也，患得之。既得之，患失之。苟患失之，无所不至矣。"

有一次，孔子在批评一些品德恶劣的人时说："难道可以和这些品德恶劣的人一起事奉君主吗？这些人在没有得到（官位）时，总担心得不到。如果得到了（官位），又担心会失掉。（一个人）如果老担心失掉（官位），那就会什么事情都做得出来。"

《东西晋演义》版画之"石季伦击碎珊瑚"图，讲述晋朝石崇与王恺斗富，击碎王恺玉珊瑚之事。

活佛索钱

"活佛索钱"这则寓言，揭示了敲诈勒索的行为。

此典出自《笑赞》。

唐僧去西天取经，走到雷音寺，师徒三个人见到佛祖。佛祖就让一个弟子带他们去拿真经。迦叶长者向他们索要回报。唐僧无奈，只好把唐朝皇帝赐的紫金钵盂给了他。猪八戒非常气愤，回去禀报佛祖说："迦叶长者向我们索要回报，得了个紫金钵盂。"迦叶长者十分羞愧。佛祖说："佛家的弟子也要穿衣吃饭。以前舍卫国的赵长者让众弟子下山，也将这个念了一遍，结果讨回了三斗三升的麦粒黄金。你那个钵盂里头有多少金子，也值得说一下。"说得猪八戒就好像箭射穿了大雁的嘴，怒气冲冲地就出去了，嘴里还说："原来见佛祖也是要钱的。"唐僧说："你不要烦恼，等我们回去了，替别人念经也不会少的。"

击碎珊瑚

"击碎珊瑚"形容穷奢极侈，肆意挥霍。

此典出自《晋书·石崇传》："武帝每助恺，尝以珊瑚树赐之，高二尺许，枝柯扶疏，世所罕比。恺以示崇，崇便以铁如意击之，应手而碎。恺既惋惜，又以为嫉己之宝，声色方厉。崇曰：'不足多恨，今还卿。'乃命左右悉取珊瑚树，有高三四尺者六七株，条干绝俗，光彩曜日，如恺比者甚众。恺怳然自失矣。"

晋代石崇，贪得无厌，发了横财。生活骄奢淫逸，经常与其他达官贵人比赛，哪一个更会奢侈浪费，以显示自己的富贵。

石崇几次与王恺比赛。晋武帝司马炎经常资助王恺，曾经赐给王恺一棵珊瑚树，树高两尺多，枝繁叶茂，叶儿纷披，世上独一无二的。王恺为了炫耀自己，把珊瑚树拿给石崇看，石崇漫不经心地用铁如意一击，珊瑚树应声而碎。王恺既惋惜，又生气，以为石崇嫉妒自己的宝贝，声色俱厉，气急败坏。石崇说："区区此物，不值得遗憾，现在我就还你。"说完，他命令侍从把他的珊瑚树全部搬出来，高达三四尺的就有六七棵，枝干奇绝，在阳光下光彩夺目，而像王恺的那种珊瑚树，真是太多了。王恺神情沮丧、怅然若失。

济阴贾人

"济阴贾人"这篇寓言鞭挞了出尔反尔、奸诈狡猾的人。

此典出自刘基《郁离子》。

济阴有个商人，在渡黄河的时候翻了船，爬在漂浮的柴草上呼喊救命。有个渔夫划船去救他，还没有到商人跟前，商人着急地喊道："我是济水一带的大富豪，如能救我，就给你一百金。"渔夫用船把商人运到陆地上，商人却只给了他十金。渔夫说："刚才你答应给百金，现在只给十金，这样做不好吧？"商人勃然发怒，说："你是个打鱼的，一天的收获能有多少呢？现在一下子得到十金，还不满足吗？"渔夫默默地走了。

又有一天，这个商人乘船从吕梁而下，不料碰到礁石上，又翻了船。当时渔夫也在那里，有人对渔夫说："为什么不去救他呢？"渔夫说："这就是那个答应了金子而不如数酬报的人。"于是渔夫就把船靠在岸边观看，不久商人就沉下去了。

冀其重获

"冀其重获"说明的是事之小而可以为大戒；天下有非望之福，亦有非望之祸。

此典出自《郁离子》："句章之野人，翳其藩以草，闻唶之声势中初，发之而得雉。则又翳之，冀其重获也。明日往，聆焉。唶之声如初，发之而得蛇。伤其手，以毙。"

这段话意思是说：

住在句章城郊外的一个农夫，他正在用草遮盖篱笆，忽然听见草中有唧唧的叫声，拨开草堆，得到了一只野鸡。于是，他又用草再遮蔽起篱笆，希望能够再捉到一只野鸡。

第二天，他又悄悄走到草堆旁边去听。这时又传来了"唧唧"的声音，他兴奋地拨开草堆，谁知碰到的是一条蛇，蛇咬伤了他的手，于是他就中毒死了。

俭啬老人

"俭啬老人"这个故事说明讽刺了爱财如命的人。

此典出自《笑林》。

汉代有一个老头儿，没有子女，家里十分富有。他非常吝啬，穿粗衣，吃小菜；清早就起床，深夜才休息，忙忙碌碌地经营家业，想方设法积累钱财，贪得无厌，自己从不花费一文钱。有时，别人向他借点钱，实在没有办法才走进房中取上十个钱，从堂室中慢慢出来，走几步就减掉一个钱。等走到门外仅剩下一半。他心疼得闭上眼睛，把钱交给别人。过了一会儿，又再叮嘱说："我把全部家业拿来帮助你了，切莫告诉别人，免得别人又像你一样到这里来啊。"

老头儿不久便死了。因为没有继承人，所以，他的田地、住宅都被官府没收了，他积累的钱财也被收进了国库。

见利忘义

“见利忘义”比喻看见私利就忘掉了正义。

此典出自《汉书·樊哙郦商传赞》:“夫卖友者,谓见利而忘义也。”

西汉时,汉高祖刘邦死后,其子刘盈继位,就是汉惠帝。起初,惠帝还能亲理朝政,但因其懦弱无能,大权逐渐落入他的母亲吕后手中。吕后是一个野心家。刘邦死后,她曾想将刘邦时期的文武大臣斩尽杀绝,后因大臣郦商反对,她的阴谋才未实现。但为了掌握大权,吕后将她的侄子吕产、吕禄分封为王,吕氏及其亲信掌握了中央的军政大权。

汉惠帝做了七年名义上的皇帝,就郁闷而死。吕后先后立了两个小皇帝,后来又都被废掉。到吕后死时,并没有正式的皇帝。品后的这种安排很显然是想让吕氏取而代之。

但是,吕氏不得人心。吕后死后,大臣周勃、陈平等便密谋诛灭吕氏家族。因吕禄掌握着北军,周勃等人不能靠近,便劫持了郦商,让他的儿子郦寄欺骗吕禄,并一块儿出外游玩,给周勃制造了机会,结果将吕氏一网打尽。

《汉书》作者班固在记述完上述事件以后,写到:郦寄欺骗吕禄一事,天下人都说郦寄卖友。卖友者,就是见到有利可图就不顾道义的人啊!……

骄奢淫逸

“骄奢淫逸”这句成语常用来形容荒淫骄横的生活。

此典出自《左传·隐公三年》:“骄奢淫逸,所自邪也。”

春秋时代,卫国国君卫庄公非常溺爱他的儿子州吁。州吁长大以后,由于父母的溺爱、娇惯,他非常任性,狂放不羁,为所欲为,到处惹是生非、专横霸道。庄公也是对他听之任之,从不严加管教。

吕后像

卫国的老臣、大夫石碏认为庄公如此放纵州吁,不仅会误了自己儿子的前途,而且还会危害国家。于是,他劝告卫庄公说:“人们都说,父母喜爱孩子,就应该以道义教育他们,让他们走正道,坚决不可让他们走上邪路。过分溺爱他们,就会使他们养成骄横跋扈、奢侈腐化、荒淫无度、好逸恶劳的恶习,这些都是从邪恶的道路上产生出来的。他们之所以会养成这些恶劣的习惯,就是因为父母没有严加管教,过分溺爱。”

但是,卫庄公没有听取石碏的忠告,而州吁也越来越坏。

卫庄公病死后,太子姬完继位当国君,称卫桓公。后来,州吁杀死哥哥卫桓公,自己当了国君。

州吁非常残暴,臭名远扬,遭到卫国人民强烈反对。他篡位不到一年,石碏联合陈国国君设下奇计,除掉了州吁。

卫庄公娇惯、溺爱州吁,不但坑害了自己的儿子,而且还给国家带来了祸乱。

竭池求珠

“竭池求珠”比喻贪得无厌,却往往事与愿违。

此典出自《吕氏春秋·孝行览·必己》。

“于是竭池而求之,无得,鱼死焉。”

宋国的司马桓有一颗宝珠,他犯了罪而逃亡在外,宋王派人去询问宝珠藏在什么地方。他说:“扔到池子里去了。”

于是,宋王就派人淘干了池子里的水去寻找宝珠,结果没有找到宝珠,反而把池子里的鱼都给弄死了。

竭泽而渔

“竭泽而渔”比喻只贪图眼前利益而不顾后果,或无止境地索取而不留有余地。

此典出自《吕氏春秋》:“竭泽而渔,岂不获得,而明年无鱼。”

晋文公和楚国在城濮(今山东省濮县南)展开大战,楚国的兵力比晋国的强厚。文公问狐偃道:“楚国兵多,而我们少,我们如何才能取胜呢?”狐偃回答说:“我听说讲究礼节的人,不怕麻烦;擅长打仗的人,不厌欺诈。你用欺诈的方法就行了。”文公把这话告诉了季雍,季雍当然很反对,可是在当时的情势之下,已经没有其他的办法,他只好同意了,只是说:“把池塘里的水抽干了来捉鱼,怎么会捉不到呢?但第二年就没有鱼可捉了。把山上的树木烧光了打野兽,怎么会打不到呢?但第二年就没有野兽可打了。现在虽然可以勉强使用欺诈的方法,可是以后就不能再用,因为这并不是长远的计策!”

今朝有酒今朝醉

“今朝有酒今朝醉”形容没落颓废的生活情调,有时也形容只顾及时行乐。

此典出自《全唐诗·罗隐“自遣”》:“得即高歌失即休,多愁多恨亦悠悠。今朝有酒今朝醉,明日愁来明日愁。”

罗隐是唐代著名的诗人,自幼聪颖好学,善于赋诗著文,并且胸怀大志,想用自己的学识报效国家。但是他的生活道路却非常坎坷,当时唐王朝正处于崩溃时期,到处都有农民起义,社会矛盾非常激烈。他看到朝廷的腐败,百姓的疾苦,觉得前途渺茫。特别是他考了十次进士,十次都落榜了。自己的远大志向无法实现,他的心情从此变得消极了,将自己的原名罗横,改成罗隐,打算后半生隐居在故乡浙江余杭,不再去忧国忧民了。罗隐《自遣》中就表达了他的这种悲观、消极遁世的感情:你得意的时候,就尽情地欢歌吧,失意的时候就没这份心思了;发什么愁,说什么恨,那是白费心神毫无价值的事情,今天有好酒,今天就喝个够,一醉方休;明天有什么忧愁的事儿,等明天再去愁吧!

罗隐后来在家乡当了钱塘令、节度判官、著作佐郎,七十七岁的时候去世了。他留下了一千多首诗歌。

金沟

“金沟”的意思是，用钱围起来的习射跑道。人们用它比喻奢华无度。

此典出自《晋书·王济传》：“性豪侈，丽服玉食。时洛京地甚贵，济买地为马埒，编钱满之，时人谓为‘金沟’。”

王济，晋代太原晋阳人，字武子。他少有才气，英俊飒爽，很有名气。喜好射箭骑马，勇力过人，精通《周易》和《庄子》、《老子》，文辞俊美，与名士裴楷齐名。王济娶了晋武帝（司马炎）的女儿常山公主为妻，飞黄腾达，官至侍中。

王济喜欢奢侈，衣着华丽，饮食珍美。当时，京都洛阳土地紧缺，价格昂贵，王济买地做骑马射场，射场里设有习射之驰道，两侧设有矮墙，以防止马跑出去。王济用钱编起来围满驰道，当时人把驰道称作“金沟”。王恺（字君夫）是晋武帝（司马炎）的舅舅，生活更是奢侈豪华。他有一头牛叫“八百里驳”，常常磨治它的蹄、角。王济要求以一千万钱与牛作抵押，通过比试射箭来赌输赢。王恺依仗着自己箭法高明，就让王济先射。王济一箭就射中了目标，于是坐在胡床（也称交椅、绳床等）上，喝令手下人快取牛心来。不一会儿，牛心送上来了，王济只割了一块儿，便走了。王济的姐夫和峤生性非常吝啬，家中有好李子，武帝向他要，他只给几十个。王济趁他到宫内值班，领着一伙少年人来到树园，吃光了李子，砍倒李子树，扬长而去。武帝曾到王济家做客，王家献上的肴馔异常丰盛，全盛在琉璃器皿中。一道蒸干肉，味道异常鲜美。武帝就问他是怎样做的。王济回答说：“是用人乳蒸的。”武帝的脸色显得很难看，没吃完饭就走了。

金迷纸醉

“金迷纸醉”比喻使人沉迷的豪华奢侈的享乐生活；亦比喻美妙的境况。“金迷纸醉”亦作“纸醉金迷”。

此典出自《清异录·金迷纸醉》。

唐朝末年，有一个专治毒疮的医生，名叫孟斧。由于他医术高明，因而经常进入皇宫为唐昭宗治病。后来，他因故逃出都城，跑到四川一个地方住了下来。因为他非常熟悉皇宫里的生活，见过大世面，所以他的住房装饰得非常新颖、雅致。他的住宅内装饰出一个玲珑典雅的小房间，窗户格外明亮洁净，室内的家具器物都贴着一层金纸，真是金碧辉煌，满屋生辉。他的朋友见了，回去便对别人说：“在孟斧那个小房间里待一会儿，满屋的金纸会使你变得眼花缭乱，如醉如痴。”

近水楼台

“近水楼台”比喻由于地处近便而获得优先的机会，后人引用“近水楼台”或为“近水楼台先得月”。

此典出自《清夜录》：“范文正公镇钱塘，兵官皆被荐，独巡检苏麟不见录，乃献诗云：‘近水楼台先得月，向阳花木易为春。’公即荐之。”

范仲淹，字希文。他的性情十分刚直，而态度却非常温和。当他还是秀才的时候，就把管理国家大事，当成是自己的责任。他曾经说过：“先天下之忧而忧，后天下之乐而乐”这两句话，自宋迄今，被广泛流传，他后来考取进士，在宋仁宗赵祯朝担任过吏部员外郎，又担任过杭州的知州。

当他在杭州做知州的时候，城里面有许多官兵僚属都得到了他的推荐信，请求调做自己理想的职务。一个叫苏麟的人,正在杭州所属的外县做巡察,没有被他注意。苏麟有一天跑到他办公的地方,送给他一首诗。其中有两句是:“近水楼台先得月,向阳花木易为春。”范仲淹看到这两句诗后,忍不住笑了一下,也就按照他的愿望,替他写了一封介绍信。

原来苏麟那句诗的意思是:靠近水边的楼台,因映出月亮的反影。即使抬头看不到月亮,也可从水面见到月的倒影;春天的花木必是欣欣向荣,而那些对着阳光的花木,更是可以先茁壮成长开花。换句话说,就是因接近而能先得到东西或利益。

晋人好利

“晋人好利”这则寓言说明好利的原因与目的如出一辙,不管是抢是夺。

此典出自《龙门子凝道记》。

晋国有个喜欢贪利的人,一天到集市上去,碰到东西就夺取过来说:“这个我可以烹调美味呀,这个我可以穿戴服饰呀,这个我可以用作资本呀,这个我可以当做家庭器用呀!”他夺过东西就走,管理集市的人便追上来要他付钱。

晋人说:“我利欲急迫时,两眼晕花、头脑发热,四方的物品好像原都是我自己的,根本不知道是属于你的东西呀!如果你把东西送我,有朝一日我富贵了,一定好好地酬报你!”

管理集市的人愤怒地用鞭子抽他,夺回东西就离去了。旁边有人暗暗地讥笑他,晋人便叉着手骂道:“世界上贪图利益的人比我厉害多了,他们处心积虑地抢夺别人的财物。我只不过是在大白天公开的拿,难道我不比那些人好得多吗?这有什么值得讥笑的呢?”

静坐有益

“静坐有益”说明世间任何事,心诚自然灵。

此典出自《笑禅录》。

一位禅师教一位吃斋的人屏住呼吸、闭眼静坐的技巧。有一天晚上,斋人坐到五更天,突然想起某天某人借了他一斗大麦到现在还没有还,就叫醒他老婆说:“禅师教我的静坐的办法真是有好处,不然的话,就让某人骗走了一斗大麦!”

酒池肉林

“酒池肉林”形容穷奢极欲,或用来夸耀家境富裕。有时也用以形容酒肉之多。

《武王伐纣书》版画之酒池蚉盆图。传说纣王宠妃妲己让纣王建立酒池肉林,男女裸体相戏,胜者浸死在酒池中,败者投于蚉盆(里面全是毒蛇的大坑)内。每天宫女因此被折磨至死者不计其数。

此典出自《史记·殷本纪》:“以酒为池,以肉为林。”

殷纣王是历史上的一个昏君,他腐化到了极点,荒淫无道。整天沉醉于酒乐歌舞、女色之中,广修园圃,大养飞禽走兽。为了满足他的私欲,不惜耗费大量民财,在沙丘大建苑台,以酒为池,以肉为林,大肆挥霍。尤其荒唐的是他还命令男女裸体在酒池中追逐嬉戏,而这个腐败的暴君就在池边通宵达旦地饮酒作乐。他宠爱妲己,对妲己唯命是从。忠臣上谏,他充耳不闻,甚至杀掉向他劝谏的大臣。为此百姓怨声载道,诸侯多有反叛。由于殷纣王作恶多端,国事废弛,在人民的一片反对声中,被周武王赶下了台。

开源节流

“开源节流”比喻经济上要增加收入,节省开支。

此典出自《荀子·富国》:“故明主必谨养其和,节其流,开其源,而时斟酌焉。”

《富国》是阐述荀况经济思想的一篇重要文章。文章以富国之道为中心,提出了许多重要的经济思想和经济政策。荀况指出:如果想要国家富强,朝廷就要关心爱护百姓,使老百姓安居乐业,并积极参加生产。只有这样,才能增加积累,充实国库,使国家富强起来。荀况说田野与农村是财的本,官府的货仓和粮仓是财的末。百姓得到好的天时,顺应时节耕作,这是财货的源,按照等级征收的赋税纳入国库这是财的流。因此,贤明的君主必须谨慎地顺应时节的变化,开源节流,时时刻刻慎重地考虑这些问题。

可折半直

“可折半直”这则寓言讽喻那些只斤斤计较于钱财的人。

此典出自《艾子杂说》:“艾子见有人徒行,自吕梁托舟人以趋彭门者,持五十钱遗舟师。师曰:‘凡无赍而独载者人百金。汝尚少半,汝当自此为我挽牵至彭门,可折半直也。’”

这段话意思是说:

艾子看见一个徒步行走的人,从吕梁委托撑船师傅带他往彭城去,并拿出五十钱送给撑船师傅。

撑船师傅说:“凡是不带行李独自一人乘船的,要交一百金船费。你只有五十钱,就从这里开始,替我拉船纤,一直拉到彭城,那一半价钱就抵消了。”

利令智昏

“利令智昏”比喻因贪利而使头脑发昏,干出失去理智的事。

此典出自《史记·平原君虞卿列传》:“平原君,翩翩浊世之佳公子也,然未睹大体。鄙语曰‘利令昏智’,平原君贪冯亭邪说,使赵陷长平兵四十余万众,邯郸几亡。”

公元前262年,秦国派兵攻打韩国的野王(今河南泌阳县),野王降秦,这就切断了韩国的上党郡与本国的通路。上党都处于孤立无援的境地,很快就要灭亡了。上党郡守冯亭十分着急,派使臣去赵国,愿以上党等十七个城邑投降赵国,共同抵抗秦国。赵王和群臣商议,有人主张接受上党郡守投降,有人主张不要接受,大家都争论不休。最后,赵王采纳了平原君赵胜的主张,接受上党郡守的投降,并派平原君领兵驻扎在上党,从而抵御秦军。公元前260年,秦将军磪攻取上党,上党军民败退到赵国。接着,秦军进攻赵国长平(今山西高平县),赵将廉颇阻挡了秦军的攻势,两军呈对峙状态。这时,赵王误以为廉颇坚守不出是因为畏惧秦军,他听了秦国散布的“秦国最害怕赵国派赵括为领兵”的谣言,就让赵括代替了廉颇。秦国听说赵括取代廉颇，立即暗里派武安君白起为将，以王龁为副将，把赵军分割包围，赵军大败。

《史记》作者司马迁在评论这场战役时说："平原君赵胜，是一个行为超出普通世俗子弟的有才干的公子，然而有时也看不清局势，不明白大道理。俗话说：'利益，能够使人冲昏头脑，丧失理智。'平原君贪图冯亭的利诱，主张接受上党郡降赵，诱发了长平之战，以致使赵国在长平损失了四十多万兵众，甚至差一点就丢掉了国都邯郸。"

史家历来认为，赵国在长平战役中的惨败，主要是由于赵王用人不当造成的，不应归咎平原君关于接受上党投降的建议。但是，司马迁对此有自己的看法，这也算一家之言吧。

《东周列国志》版画之"败长平白起坑赵卒"图。讲述长平之战中白起打败赵括坑杀赵卒之事。

蒙子公力

"蒙子公力"的意思是说，承蒙子公(陈汤)的大力帮助。人们用它比喻谄媚行贿，以求提拔、重用。

此典出自《汉书·陈万年传》："时车骑将军王音辅政，信用陈汤。咸数赂遗汤，予书曰：'即蒙子公力，得入帝城，死不恨。'后竟征入为少府。"

汉元帝时期，御史大夫陈万年有一个儿子叫陈咸，字子康。陈咸依靠着父亲的权势，十八岁就在朝中当了郎官。他很有才能，敢于直言，因而也得罪了很多大臣。一次，父亲陈万年病了，把陈咸叫到床前，耐心地劝说儿子要善于处理好关系，不要得罪人。一直谈到深夜，然而陈咸却坐着睡着了，头碰到了屏风上。陈万年大怒，要鞭打儿子，骂道："我教导你怎样做人，你反而睡着了，不听我的话，这是为什么？"陈咸叩头谢罪说："你说的话我全明白了，主要是教我学会奉承。"陈万年听了，一言不发了。

汉成帝即位后，车骑将军王音执掌朝政，他很信任陈汤。陈咸认定陈汤很有实力，就多次贿赂陈汤，并给他写一封信，说："如果承蒙子公您鼎力相助，让我回到京城做官，我死无遗憾。"本来，汉成帝即位之后，陈咸曾因为受牵连被免官，过一段时间就要到南阳任太守。他和陈汤拉上关系后，竟然又被调入京城做少府。

梦中得金

"梦中得金"这篇寓言讽刺并揭示了贪财好利的虚伪众生相。

此典出自刘元卿《应谐录》。

有个生员，性格狡猾，能用诡计欺骗人。学府里的博士管教很严格，生员们稍微犯点规矩，必定派人抓来，狠揍一顿，从不宽恕。有一天，这个生员不小心违反了规定，博士追拿很急迫，坐在彝伦堂上，怒气冲冲地等着他。过了一会儿，生员到了，长跪地下，不说别的事，只说："学生我偶然得到一千金，正在处理，所以来见先生迟了。"博士听到生员得到的金子很多，就气愤地说："你的金子是哪里得来的？"生员说："从地里挖到的。"又问道："你想怎样处理它？"生员回答说："学生我家里本来非常贫穷，没有财物产业。今天我同妻子商量，打算用五百金买田地，二百金买房产，一百金买器具，一百金买僮仆和婢妾；只剩下一百金，用其中的一半买书，从今以后要发奋攻读，另一半送给先生，来报答您平日教育我的恩德。"博士说："有这种事啊！我凭什么接受你的金子呀？"于是，马上叫来管事的，准备丰盛干净的酒席，请生员坐席，让他喝酒，又说又笑，态度非常好，和平时判若两人。当酒喝到正高兴的时候，博士问道："你刚才匆匆忙忙来这里，也曾把金子收到箱子里锁上了吧？"生员站起来回答说："我把这些金子刚布置妥当，就被老婆一转身把我碰醒了。金子已经不见了，哪里还用得着箱子呀？"博士一听，吃惊地说："你所说的金子的事是做梦吗？"生员回答说："本来就是做梦啊！"博士很不高兴，然而已经表示亲切了，不好再发怒，只得慢条斯理地回答说："你对我还是有很好的情意的。梦里得了金子还不忘记我，何况是真的得到了呢？"于是就又给他喝了一两杯酒，然后就让他出去了。

莫砍虎皮

"莫砍虎皮"这则寓言讥讽为钱利不顾死活的人。

此典出自《笑得好》。

一个人被老虎叼走，他的儿子要去救他，就拿起刀去杀老虎。那个人在老虎嘴里大声喊道："我的孩子，你要砍，只能砍脚，不要砍坏了虎皮，虎皮可以卖很多银子呢！"

牧竖拾金

"牧竖拾金"这则寓言说明心地无私，便能"意自适"、"职亦举"。

此典出自《贤弈编》。

有个牧童，衣衫褴褛，蓬头赤足，每天赶着牛羊到山冈郊野中去放牧，常常放开喉咙唱着歌，他的思想自由自在，放牧的任务也完成得很好。

有一天，牧童拾到了一铢钱，装在衣领中。从此以后，他的歌声逐渐消失了，牛羊也经常到处逃散不顺从他的指挥了。

妻怒而去

"妻怒而去"这个寓言是叫人不要贪图非分，以免连分内的东西也要失去。

此典出自《说苑·正谏》："当桑之时，臣邻家夫与妻俱之田。见桑中女，因往追之，不能得。还及，其妻怒而去之。"

"臣知其旷也。"

这段话意思是说：

采桑的季节来了，我邻家的丈夫和他妻子一同到田野里去。丈夫看见桑林里有一个采桑的姑娘，便去追逐她，结果没有弄到手。回到家里，他的妻子愤怒地离开了他。

我嘲笑这邻家的丈夫反成了一个没有妻子的男人了。

齐人攫金

"齐人攫金"这个故事我们，当一个人受了某种坏思想所支配的时候，往往会干出正常人所难以理解的事情来。

此典出自《吕氏春秋·先识览·去宥》。

齐国有个人想得到金子，于是就在清早穿上衣服戴上帽子，去了卖金子的地方，看见别人手里拿着金子，一把就夺了过来。差吏当场逮住他，把他捆绑起来，问道："人都在这里，你抢夺别人的金子，为什么呢？"

他回答说："我根本没有看见人，只看见金子了！"

轻裘肥马

"轻裘肥马"形容生活豪华。

此典出自《论语·雍也》。

春秋时期，孔子的学生公西赤（字子华）有一次出使到齐国。冉求替他母亲向孔子请求补助一些小米。孔子说："给他六斗四升。"冉求请求再多给一些。孔子说："再给他二斗四升。"冉求却给他八百斗。孔子说："公西赤出使齐国，坐着肥马驾的车子，穿着又暖又轻的皮袍。我听说过：君子只救济需要救济的人，而不给富裕的人。"

倾家赡君

"倾家赡君"讽刺了悭吝人的无知与可笑。

此典出自《笑林》。

在汉朝有一个老人，没有儿子，家中富有，但他却非常节俭而吝啬。整天粗衣淡饭，天刚亮就起床，晚傍黑就睡觉；经营产业，搜刮剥削从不满足，而自己也从不随便花钱。

有人跟随着他，向他苦苦哀求施舍，他没有办法只好从内室取出十个积钱，从堂屋出来后，一边走一边减，等走到外面，只剩下一半了，他还心痛地闭上眼睛把钱塞给那个求乞的人。过了一会还叮嘱那人道："我已经把全部家当都送给你了，千万不要对其他人说，不然他们会效法你而跑来求我的。"

老人不久死去了，他的田宅全部被没收了，金银财宝也都被充实国库了。

取之不尽，用之不竭

"取之不尽，用之不竭"形容极为丰富，取不完，用不尽。

此典出自宋代苏轼《前赤壁赋》："惟江上之清风与山间之明月，耳得之而为声，目遇之而成色，取之无禁，用之不竭。"

《前赤壁赋》是宋代文学家苏轼被贬到黄州以后写的一篇文辞华美的赋。苏轼在这篇赋的第四自然段中写到："流逝的一切就像这江水一样，然而它又没有因流去而消失，始终还是一江的水；圆缺的东西就像月亮一样，然而它并没有减少或增长，始终还是一轮月亮。如果从变的一面来看，天地不到一转眼的工夫就完了；如果从不变的一面来看，万物和我都是无穷无尽的。然而这又有什么可羡慕的呢？况且天地中间，万物各有各的主人，如果不是我所有的，就是一根毫毛也不会去拿取。只有江上的清风和山间的明月，耳听风成为声音，眼看明月成为景色，拿取这个无所谓，使用这个不会枯竭。这虽然是造物者的无穷无尽的宝藏，但也是我和您所共有的。"

三虱相讼

"三虱相讼"这一典故说明一切寄生虫，既相互争抢又相互依存的本性。

此典出自《韩非子》。

一天,三只虱子在一头肥猪身上,相互争吵起来。

这时,又有一只虱子经过这里,见它们争吵不休,就问它们:“你们为什么争吵呢?”

三个虱子回答说:“为了争夺猪身上最肥美的地方。”

那只虱子听了,说:“难道你们不担心腊祭的时日就要到了吗?到时候,茅草一烧,这头猪便要被杀掉煮熟成为祭品,你们不抓紧时间吮吸它的鲜血,还争吵什么呢?”

三只虱子一听,如梦初醒。于是,它们就停止争吵,挤在一起拼命吮吸着猪血。

苏轼像,图出自清·上官周绘《晚笑堂画传》。

杀鸡取卵

“杀鸡取卵”讥讽贪得无厌者营求暴利时不计后果、不择手段的行为。

此典出自《伊索寓言》。

在古代希腊,流传着这样一个故事:

有一个贪婪的人,家里喂养一只母鸡。他每天都把鸡下的蛋拿去卖钱。然而卖鸡蛋的钱毕竟有限,不够他花的,所以他整天冥思苦想,妄想能有一天发大财。

一天早上,他照例去鸡窝摸鸡蛋。他将母鸡刚下的鸡蛋托在手上,“嗬,鸡蛋怎么这么黄呀?”原来这枚鸡蛋与其他的鸡蛋不一样,它的蛋皮是金黄色的,还有一点发亮。他突然放声大笑:“哈哈,这是金蛋呀!我发财的时运到了,这鸡肚子里一定有很多金蛋,否则,它怎么会下金蛋?!”

他立刻回屋拿起尖刀,一刀将母鸡杀死,剖开鸡肚子,又小心翼翼地切开鸡胃、鸡肠,甚至把鸡血管也翻腾一遍,然而什么东西也没有发现,不用说金蛋,就是铁蛋也没有一个!他大失所望。他倚在门框上悲哀地自言自语说:“全完了!现在连一只下蛋的母鸡也没有了!”

杀妻求将

“杀妻求将”比喻利禄驱使的残酷。

此典出自《史记·孙子吴起列传》。

战国时期,卫国有一个名叫吴起的人,他擅长用兵。他曾经跟孔子的弟子曾参求学,侍奉过鲁国的一个国君(以年代推算,当为穆公)。有一次,齐国派兵攻打鲁国,鲁国国君想任命吴起为将领,率兵抵御敌人。但是,由于吴起的妻子是齐国人,鲁君便有些顾虑。吴起这个人的特点是,只要自己能成名立业,便不择手段去实现它。于是他就把自己的妻子杀掉了，以此来表明自己不依附齐国，打消鲁君的顾虑。鲁君终于任命他做了大将。

后来，吴起又在魏、楚当官，最后被楚国大臣杀害。

诗人无耻

“诗人无耻”这则寓言表现了追求功名利禄的文人心理。

此典出自《七修类稿》。

最近看见金华的一位朋友，经常游食在四方，以卖诗文为名，而他真实的意图却是想借此求请高官显贵。他有一颗私人印章，上面刻的文字是：“芙蓉山顶，一片白云。”他自比清高竟达到了这种地步。

友人商履之嘲笑他说：“这片云彩天天飞到官府的厅堂上！”

听到这句话的人都忍俊不禁。

十八罗汉

“十八罗汉”这一典故讥讽人的主观与贪求。

此典出自《笑府》。

有个人挖地，无意中挖出一个金罗汉，便用手不住地敲着金罗汉的脑袋问：“那十七个罗汉在哪里？”

食言而肥

“食言而肥”形容言而无信，只为一己之利。

此典出自《左传·哀公二十五年》。

鲁哀公二十五年（公元前470年）农历六月，鲁哀公从越国返回鲁国，大臣季康子和孟武伯一起前往鲁国南部边境的五梧之地去迎接他。当时，大臣郭重为哀公驾车，见到季康子和孟武伯之后，郭重提醒哀公说：“这两个人喜欢说坏话，请君王详察。”君臣见面之后，哀公在五梧设宴，孟武伯祝酒时，因为很讨厌郭重，就说：“郭重，你为什么长得这么胖？”季康子插话说：“该罚孟武伯喝酒！由于鲁国靠近仇敌之国，我因此没有能跟随君王出使，郭重跟着君王辛苦奔波，然而孟武伯却说他长得肥胖，真不像话！”鲁哀公想起季康子、孟武伯屡次违背诺言的情况，就借机指桑骂槐地说：“这个人吃自己的话吃多了，能不肥胖吗？”这次饮酒，大家都怀着怨气，从那以后，鲁哀公和大夫之间开始互相憎恨了。

蜀贾三人

“蜀贾三人”这则寓言揭示了旧时商人的投机取巧、牟取暴利的手段。

此典出自《郁离子》。

有三个四川商人，都在市场上卖药。其中一个商人只卖质地优良的药，计算买入的成本而卖出，既不随便要高价，也不过分赚取利润。另一个商人，则把质地优良和低劣的药材全都一齐卖，至于价钱的贵贱，根据买药者的要求而定，而且还顺应买药人说“这是好药、那是次药”的说法应答着。还有一个商人，不选取质地优良的药材，只是贪多，卖时贱价处理，买药人要求多给一点他就多给一点，并不计较。于是，买药人都到他家去买药，把门槛都踏破了，每月一换，过了一年就发了大财。那个兼卖好药和次药的商人，买他药的人略微少一些，但过了两年也富裕起来了。只有那个专门选取良药的商人，把地摊摆在大太阳底下，也像夜间一样冷清，甚至有时上顿不接下顿。

束氏狸猶

“束氏狸猶”这则寓言说明在舒适安逸的生活中呆久了往往忘记了求生的本领。

此典出自《龙门子凝道记》。

卫国有个姓束的人，他对世间的东西都不喜好，就是喜欢养猫。猫，是捕老鼠的动物，他养了一百多只猫，家里周围所有的老鼠都被捕完了。猫没有东西可吃了，饿得整天号叫，束氏只好每天到市上买肉给它们吃。猫生了儿子又生了孙子，因为经常吃肉的缘故，竟然不知道世界上还有老鼠，只知道饿了就叫，一叫就能得到肉吃，吃完了肉就安闲舒适地到处闲逛，非常欢欣愉快。

城南有个读书人，家中正遭鼠患，老鼠成群结队的乱窜，甚至跌落到水瓮里去，于是他急忙到束氏家去借猫。谁知，猫看见老鼠有两只耳朵高高竖着，眼睛突露像黑漆一样贼亮，有红色的胡子，唧唧吱吱地乱叫，便以为是什么怪物呢，因而它只是沿着老鼠走过的路慢慢地爬，不敢下去捕捉。这个读书人暴跳如雷，就把猫推到老鼠堆里去。猫害怕极了，只对着老鼠号叫。过了一会儿，老鼠估计猫没有什么本领，就去咬它的脚，猫吓得奋力一跳，返身逃跑了。

作者的本意，原在讽刺宋末“冗官冗兵”的腐败现象，说“武士世享重禄，遇盗辄窜者，其亦狸哉！”军队过分地享乐腐化，是无法打仗的，因此一旦遇到民族危难，就束手无策，丧权辱国。然而这则寓言的形象意义大于作者的创作思想。

贪得无厌

“贪得无厌”比喻不知足。

此典出自《史记·赵世家》：“襄子立四年，知伯与赵、韩、魏尽分其范、中行故地……知伯益骄，请地韩、魏，韩、魏与之；请地赵，赵不与，以其围郑之辱。知伯怒，遂率韩、魏攻赵。赵襄子惧，乃奔保晋阳……三国攻晋阳，岁余……襄子惧，乃夜使相张孟同私于韩、魏。韩、魏与合谋，以三月丙戌，三国反灭知氏，共分其地。”

知伯是战国时代野心勃勃的人，整天想着扩展自己的土地，有一次，他联合赵、韩、魏三国的兵去攻打中行氏，把中行氏灭掉，侵占中行氏的领土。他休息几年，又派人去向韩国要求割地，韩国害怕他，就给了他一块有一万户人家的地方。知伯喜不自胜，又派人去向魏国要求割地，魏国不想给他，但又担心他会起兵攻打，只好也给他一块土地，知伯更高兴了，又派人到赵国去，要求

知伯决水灌晋阳图

割让蔡和皋狼的地方。赵襄子不给他,知伯暗中勾结韩、魏两国去征伐赵国。赵襄王采纳了张孟谈的计策,迁到晋阳去住,准备充足的粮食和兵器去抵抗知伯。知伯把晋阳围攻了三年,始终没有办法攻打下来。这时赵襄子的粮食快要用完了,心灵如焚,于是又叫张孟谈去游说韩、魏两国,建议他们联合赵国,阵前倒戈攻打知伯,韩、魏答应了。赵国乘夜出兵,韩、魏两国也响应,结果把知伯击败,杀死了知伯,最后弄得身死地分。那时的人,都讥笑知伯是"贪得无厌"的报应。

贪贿无艺

"贪贿无艺"指贪污受贿,也形容搜刮的无止境。

此典出自《国语·晋语八》:"骄泰奢侈,贪欲无艺。"

春秋时,有一个叫叔向的人去见韩宣子。韩宣子对他说:"我名义是卿(古代国君之下的一种官衔,分为卿、大夫、士三级),位在国君之下,可财富却不多。"叔向听了,马上向韩宣子表示祝贺。韩宣子觉得很奇怪,问道:"我现在已经不能同卿大夫们平起平坐了,正在为这件事而忧虑,你为什么向我祝贺呢?"

叔向说:"从前,栾武子做上卿的时候,只有一百个人,二百顷地,家里没有什么祭祖用的器皿,他只是按照先王的法令和德行办事。远方的诸侯听说了他的这种行为,都来同他交朋友,连住在西方和北方的部族也来归顺他。可是到他儿子继位以后,专横霸道又大肆挥霍。他用卑劣的手段,抢夺了大量的财富。这种行为本来应该受到惩罚,只是因为他父亲的德行,才没有受到惩罚。现在,你就像当年的栾武子那样,没有很多财富,我认为这样你就可以实行德政,不致遭到灾祸,所以向你祝贺。"

贪狼食肉

"贪狼食肉"这个典故告诉人们利用其垂涎于"肉"的本性,设下钓饵。

此典出自《聊斋志异·狼》。

有个屠户卖肉归来,天色已晚。忽然,一只恶狼朝他走来,窥视着他担中的剩肉,显出一副垂涎欲滴的样子。这只狼紧跟在屠户的后面,一直尾随了好几里地。

屠户用刀吓唬,狼稍稍退却;等他转身一走,就又立刻跟上来。屠户没办法,心想,狼想得到的是肉,不如暂且把肉悬挂在树上,明天一早再来取走。于是屠户就用肉钩钩住肉,踮起脚尖把肉挂在树枝中间,并向狼示意担子已空,恶狼这才停止跟踪。

于是屠户回到了家中,第二天黎明时,屠户来这里取肉,远远望见树上悬挂着一个很大的东西,像人吊死一样,心里非常害怕。他提心吊胆地走近一看,才发现是只死狼。抬头仔细看了一下,只见恶狼嘴里含着肉,肉钩刺穿了它的上腭,好像鱼吞食了钓饵一样。

贪以死饵

"贪以死饵"这则寓言讽喻了蝇营狗苟而终于丧生的人。

此典出自《孔丛子·抗志》:"鳏鱼难得,贪以死得饵;士虽怀道,贪以死禄矣!"

子思居住在卫国。卫国有个人在河里钓鱼,钓到了一条大鳏鱼,其体形之大可以装满一辆车子。子思就问那个人说:"这鳏鱼,是最难得到的大鱼呀,你是如何把它钓上来的?"那人回答说:"开始放钓竿时,我只用一条小鲂鱼作钓饵,鳏鱼游过来看都不看一眼;后来我再换上半头小猪,它就吞下去了。"

子思听后长叹了一口气说:"鳏鱼虽然难以获得,但它因为贪吃大钓饵而死亡;而那些士人虽然心怀大道，却因为贪图利禄而失去了生命呀！”

螳螂捕蝉，黄雀在后

“螳螂捕蝉，黄雀在后”比喻利令智昏，一心想算计的人却反而遭害。

此典出自《说苑·正谏》：“园中有树，其上有蝉，蝉高居悲鸣饮露，不知螳螂在其后也；螳螂委身曲跗(fū)欲取蝉，而不知黄雀在其旁也；黄雀延颈欲啄螳螂，而不知弹丸在其下也。此三者，皆务欲得其前利而不顾其后之有患也。”

公元前584年，吴国国君吴王打算攻打楚国。吴王寿梦这个人刚愎自用，拒绝任何人的劝谏，对跟随在左右的侍从们说：“谁再敢劝我，就坚决杀掉他！”

吴王亲随当中有个年轻人，他想劝阻吴王却又不敢直说，不知如何是好？于是，他每天清晨怀藏弹丸，手拿弹弓，在花园里走来走去，露水沾湿了他的衣裳。就这样，一连三个早晨。

吴王疑惑不解地问他说：“你为什么自讨苦吃，把衣服湿成这般样子呢？”

这个年轻人回答说：“花园里有树，树上有蝉，蝉儿落在高高的树上，发出‘知了，知了’的悲鸣声，偶尔喝着清凉的露水。它并不知道，螳螂正躲在自己的背后，准备吃掉它；螳螂弯曲着身体，弓着脚背，想要捉住蝉儿，它并不知道，黄雀正在自己旁边准备吃掉它；黄雀伸长脖子准备吃掉螳螂，它并不知道，我的弹丸正在树下瞄准它。蝉、螳螂和黄雀，都只顾想着得到眼前的利益而没有顾及到各自的背后还有祸患。”

吴王听后，颇受启发，他说：“你说得很正确！”于是他就取消了攻打楚国的计划。

滕薛争长

“滕薛争长”的意思是从尊位与首位之争，看出有些人的利禄之心尤甚。

此典出自《左传·隐公十一年》。

西周时期，有许多大小不等的诸侯国。其中一个诸侯国的国名叫滕，另一个诸侯国的国名叫薛。滕、薛两国都是侯爵国，滕是姬姓侯爵，其国君称为滕侯；薛是任姓侯爵，其国君称为薛侯。

鲁隐公十一年(公元前712年)春天，滕侯和薛侯到鲁国朝见鲁隐公，两个人都想排在前面为长。薛侯说：“薛的祖先奚仲是在夏代受封的，立国在滕国之先，因而应当位居前列。”滕侯说：“滕国的祖先曾经当过周天子的卜正官。而且滕与周室同姓姬，我滕侯不能排在异姓薛侯之后。”

事后，鲁隐公派遣羽父去劝说薛侯，对他说：“承蒙您和滕侯来鲁国慰问，真是不敢当。周人有句俗话说得好：‘山上有树，工匠才能派它的用场；宾客有礼，主人才会选择适宜的礼仪予以招待。’周室的同宗结盟制度规定，凡是不与主盟同姓的诸侯都居下位。如果鲁君到薛朝见薛君，自然不敢同任姓的诸侯同列为长。您如果愿意屈尊来到敝国，请同意滕君居先为长。”

薛侯答应了，于是就让滕侯居上为长了。

田主见鸡

“田主见鸡”这则寓言形容有些人为了钱可以毫无原则。

此典出自《新镌笑林广记》。

一个富人有几亩多余的田，租给张三种，每亩田要一只鸡。张三把鸡藏在背后，富人就喃喃地说："不把这片田给张三种。"张三马上把鸡拿出来，富人又说："不给张三那给谁？"张三说："开始的时候不给我，后来又给我，这是为什么？"富人说："开始是无稽（鸡）之谈，后来是见机（鸡）行事嘛。"

剜股藏珠

"剜股藏珠"的这个典故告诫人们，做事情切不可轻重倒置。

此典出自《龙门子凝道记·秋风枢》。

海里有座宝山，有许许多多奇珍异宝，交错杂陈，藏在里边，光芒四射，耀人眼目。

有个航海的人得到一颗直径一寸的明珠，就乘船把它运回家。船航行了还不到一百里路，突然风起浪涌，船身不住地颠簸，只见一条蛟龙在海涛中出没，样子非常恐怖。船工劝他说："蛟龙是想得到那颗明珠啊！请您赶紧把它扔进水中，否则就会连累我们了。"航海的人左右为难：丢掉吧，确实不舍得；不丢吧，情势所迫，又怕大难临头。于是，他就剜开大腿上的肉，把珠子藏了进去。风浪也随即平息下来。

这个航海人回到家里后，取出了明珠，但没过多久，他就因为大腿上的肉溃烂而死去了。

唯利是图

"唯利是图"这个典故比喻只贪求财利，别的什么都不顾了。

此典出自《左传·成公十二年》："余（我）虽与晋出入，余唯利是图。"

春秋时，秦、晋两国在令孤（今山西省临猗县）签订了和好的盟约。然而不久，秦国却又同狄人以及楚国联合，并鼓动他们去打晋国。

由于秦国背约，晋国于公元前578年派吕相去和秦国绝交，并指责秦国破坏秦、晋之间的友好关系。吕相在和秦桓公论争时，曾经引用秦桓公过去说过的话揭露秦国背信弃义。吕相说："大王过去就说过。秦国同晋交往，除了唯利是图以外，没有其他的目的。"

卫人嫁子

"卫人嫁子"的这个典故讽刺那种自恃聪明、却自欺欺人的人。

此典出自《韩非子·说林上》。

卫国有个人，在他女儿出嫁时一再叮嘱女儿说："（到婆家）自己一定要多攒些私房钱。给人家做媳妇被退回来，是常见的事。那些能够白头到老的人，（只是）侥幸而已。"他的女儿因此就多积私房钱，她婆婆认为她的私房钱攒得太多了，就休弃了她。结果，卫人的女儿带回娘家的私房钱，比她出嫁时的嫁妆还多几倍。她的父亲不责备自己教育儿女的错误，反而却自以为这种增加财富的办法非常好。

今天，一些做官的人都是这类人呀！

无价之宝

"无价之宝"形容其物之珍贵稀奇。

此典出自周代尹文《尹文子》："此玉无价以当之，五城之都仅可一观。"

传说古代魏国有个农夫有一天正在田里干活时，挖出了一块圆形的白玉。这块白玉很大，直径竟然有一尺多。农夫不知道他挖到的是一块宝贵的玉石，就把它带回去放在了桌子上。到了夜晚，宝石光照满屋，全家人都非常害怕。邻居知道后就哄骗他说："这是不祥之物，应赶快拿去丢了，否则会招致灾祸。”农夫信以为真，就连忙把白玉丢到野外去了。于是邻居就偷偷地拾回了白玉，立即拿去给了魏王。魏王不知道这块璧有多宝贵，就招来有经验的玉工进行鉴定。玉工看了非常高兴地对魏王说：“恭贺大王洪福，这是一块宝玉啊！”魏王听说是宝玉，又惊又喜，忙问玉工：“你看这块宝玉能值多少黄金？”玉工看到魏王贪婪的脸色，就笑着回答说：“此玉无价以当之，五城之都仅可一观。”

无下箸处

“无下箸处”其意是说没有值得一吃的东西。

《晋书·何曾传》：“然性奢豪，务在华侈。帷帐车服，穷极绮丽，厨膳滋味，过于王者。每燕（通‘宴’）见，不食大官所设，帝辄命取其食。蒸饼上不坼（chè）作十字不食。食日万钱，犹曰无下箸（zhù）处。”

西晋大臣何曾（公元 199—278 年），字颖考，晋代陈国阳夏人，父亲何夔，在魏国曾任太仆、阳武亭侯。何曾在青年时代就承袭了父亲的爵位，博闻强记，与同郡的袁侃齐名天下。三国时期，何曾在魏国当过司徒，参与了很多争权夺利的政治活动。西晋建立后，何曾任丞相、太傅等官。

何曾的性情喜好奢侈豪华，喜欢追求华贵侈靡。他的帷帐、车马和服饰都极其华丽；他的饮食美味都胜过帝王。每次参与御前宴会，他不吃大官准备的食物，皇帝就叫他取自家食物吃。蒸饼上不开裂成十字纹的就不吃。他每天饮食要花费一万钱，还说饮食不好，没有什么可吃的东西。

梧树不善

“梧树不善”的这个典故告诉我们：用谎言欺骗别人，一定会被人识破。

此典出自《吕氏春秋·遇合》：“夫请以为薪与弗请，此不可以疑枯梧树之善与不善也。”

邻父有一位邻居的院子里有棵枯死的梧桐树。邻父告诉他说：“这棵梧桐树预兆不吉利。”于是邻居便立即把梧桐树砍倒了。

邻父于是到邻居家请求邻居把梧桐树给他当柴禾烧。邻居听了，非常不高兴，说：“邻居居心这样险恶，怎么好做邻居呢？”

邻父的这种卑劣手段，完全是利欲熏心所致，要讨取烧火柴，不应该编造梧桐树吉祥不吉祥的谎言。

先炊者先餐

“先炊者先餐”意思是：谁先煮饭谁先吃。“先炊者先餐”的这个典故比喻凡事应有个先来后到的意思。

此典出自《聊斋志异·寄生》：“谚云：‘先炊者先餐。’”

大名府有个姓张的富人，他的女儿名叫五可，她非常漂亮而且聪明，一天她去上坟，路上遇见一个名叫王寄生的秀才，回去后，就把这件事告诉了她的母亲。她母亲听她语气是看中了寄生，就请媒婆于媪去探听对方的状况。哪知王寄生因从未见过五可，不愿凭媒人一句话就允婚。这日王寄生梦见一女郎穿松花色细褶绣裙，比神仙还美，问她姓名，她说：“我就是五可啊！”正握手亲近，忽然醒了，而她音容笑貌如在眼前。大奇，于是请于媪来，想见见五可。于媪和他约定，第二天午后想法把五可引出门来，让他看个清楚。第二天，王寄生去了，一看，五可容貌衣裙竟和梦中所见一样，喜出望外，于是决定派媒人去求婚。谁知媒人回来说：五可刚刚和邻村张家订婚。寄生懊丧之极，病倒了，瘦得只剩把骨头。恰恰这时，于媪忽然来了，看他病成这个样子，惊讶的问道："怎么忽然病了呢？"寄生泪下，述说失望之苦。于媪笑道："呆子，前些时人家求上门来你不要，现在又想人家。不过现在一切还不太晚。五可订婚，只是口头商订，并没有文约，谚云：'先炊者先餐。'你立刻去下聘礼，写婚约，准成！"寄生大喜，病立即好了，去下聘果然成功。结婚后，五可说："我曾做梦，梦到你家，今天一看，房子竟和梦中无异。"两人一算时间，正是寄生梦见五可的同一天。于是问到五可为什么说已和张家订了婚，害得他大病一场。五可说："那你为什么当时不答应婚姻呢？要知道因为你的拒绝，我也大病了一场啊！难道就不许我也报复你一次吗？"寄生大为感动，从此夫妇过着美满的生活。

心居魏阙

"心居魏阙"形容身处江湖，心中仍思念朝廷。

此典出自《庄子·让王》："身在江海之上，心居乎魏阙之下，奈何？"

战国时期，魏国有一个公子名牟，封于中山，因此人们称他为中山公子牟。有一次，他对魏国的贤人瞻子说："我在江湖之中隐遁，而心里却思念着朝廷的荣华富贵，您说我该怎么办呢？"

瞻子回答道："看重生命！看重生命就会淡泊于名利，这样就不会再思念朝廷的荣华富贵了。"

中山公子牟说："我虽然懂得这个道理，但是却不能控制自己。"

瞻子回答道："不能控制就放纵它，这样精神上就无所憎恶了。不能控制自己就强逼自己不放纵，这叫做双重损伤，双重损伤的人，不会长寿的。"

魏公子牟，是大国的公子，他到江湖上隐居要比平常百姓有很多的困难。虽然他没有达到道义的要求，可是他却有清高的志向，足以激励那些贪求名利的普通人了。

心劳日拙

"心劳日拙"讽刺了那些死要面子活受罪的人。

此典出自《谐语》。

苏东坡说：有一个贫穷汉，晚上睡觉连一领宽阔的草垫席子都没有。他想，与其露着脚，还不如露着手，于是他便假装对人们说："您看我们，有一时一刻离开笔砚的时候吗？即使在睡觉的时候，我们的手指也还像笔一样露在外面。"

贫穷汉有个儿子不懂事。人们问他："你们家每天晚上盖什么睡觉呀？"他立刻回答说："盖草垫席子。"贫穷汉嫌太寒酸，就把孩子打了一顿，又告诉他说："以后如果有人再问你这个问题，就说是'盖被子'！"

有一天，贫穷汉出外会见客人，有一根垫席的茅草挂在他的胡子上。儿子急忙跟在身后叫嚷着说："赶快把你脸上的被子拿下来！"——这就是所谓"作伪心劳日拙"的例证呀。

徐福求药

"徐福求药"比喻专做些荒诞不经之事。

此典出自《史记·秦始皇本纪》："齐人徐福等上书，言海中有三神山，名曰蓬莱、方丈、瀛洲，仙人居之。请得斋戒，与童男女求之。于是遣徐福发童男女数千人，人海求仙人。”

秦始皇统一中国以后，希望自己创下的基业能够永远传下去。他知道死最终将是不可避免的，所以就在骊山建造大坟墓。坟高五十余丈，周围五里余，坟墓中有宫殿及百官位次，珠玉珍宝，不计其数。他又希望可以不死，因而召集方士求神仙，浪费大量财物，寻找长生不老的奇药。

有一次，齐人徐福等人上书说，海中有三座神山，名叫蓬莱、方丈、瀛洲，仙人们居住在那里。徐福请求进行斋戒，带着童男童女去寻找长生不死之药。秦始皇答应了，于是派遣徐福带领童男童女数千人，驶进茫茫的大海，去寻求仙人奇药。

遣使求仙图。出自明·张居正《帝鉴图说》，讲述秦始皇想长生不老，派徐福带童男童女入海寻找仙山，求长生不老药之事。

那么，徐福真的能找到仙药吗？答案是不言自明的。《汉书·郊祀志》记载说：蓬莱、方丈、瀛洲这三座神山，传说位于渤海中，离人世并不远，曾经有人到达过，诸位仙人和不死药都在仙山上。仙山上的物品、禽兽等都是白的，宫殿是用黄金白银建造的。还没有到达仙山时，远远望去，仙山宛如云霞一般；到达仙山时，仙山却在茫茫的海水之下；靠近仙山，灾祸马上就会到来，狂风席卷航船而去，从未有人登上仙山！又据《括地志》记载说，仙山名叫亶（dǎn）洲，位于东海之中，秦始皇派徐福带领童男童女入海求仙人，居住在此洲，共数万家。

燕雀处屋

“燕雀处屋”的这个典故告诫我们：人无远虑，必有近忧。

此典出自《孔丛子·论势》。

燕雀在屋檐下营巢筑窝，安了家。它们子母相哺，怡然自得，自以为安逸舒适、永无忧虑了。

一天，烟囱冒出来的火苗蹿上了房顶，檩椽慢慢被烧着了。而燕雀还是若无其事，一如往常，不知大祸就要来临了。

羊裘在念

“羊裘在念”这则寓言说明偶得意外之财，便天天想入非非，冀得重获，是迂上加迂。

此典出自《迂仙别记》。

乡里有个小偷，有一天晚上去窥探迂公的卧室，这时迂公恰好回家碰上了，小偷大吃一惊，丢下他身上穿着的羊皮袄就慌忙逃跑了。迂公拾起羊皮袄，非常高兴。

从那以后，迂公心里天天念着羊皮袄事件。每次进城，虽然到半夜三更，他也一定要回家。到了家门口，看到门庭安然无事，总是皱起眉头叹息着说："为什么没有小偷呢？"

夜狸取鸡

"夜狸取鸡"这则寓言比喻讥讽要钱不要命的人。

此典出自《郁离子》。

郁离子居住在山中，夜里有只野猫偷吃了他的鸡，他就追，结果没有追上。第二天，随从的人在野猫进来的地方装上捕兽工具，用鸡作诱饵。当天晚上野猫就被捉住了。野猫的身子被绳索捆住了，而它的口和脚却还在那里捉鸡，一面抢一面夺，一直到死都不肯放弃那只鸡。

郁离子叹了一口气说："人们一味地追求钱财货利的，正像这只野猫一样呀！"

一狐之腋

"一狐之腋"比喻珍贵的物品。

此典出自《史记·赵世家》："大夫无罪。吴闻千羊之皮，不如一狐之腋。诸大夫朝，徒闻唯唯，不闻周舍之鄂鄂，是以忧也。"

春秋末期，有一些诸侯国家名义上是国君掌权，但实权通常操在一些有势力的卿和士大夫手中。晋国就是这样一个国家。公元前511年至475年，晋国的国君是晋定公，然而大权却掌握在赵鞅、范氏、中行氏这些卿的手中。为了争权夺利，他们发生了内讧。在内讧中，赵鞅打败了范氏和中行氏，扩大自己的封地，为以后建立赵国奠定了基础。

赵鞅，即赵简子，又名志父，亦称赵孟。他是一个机智谋略、善于用人处事的贵族。晋定公十九年（公元前493年），在袭击护送粮饷给范氏的郑国军队时，赵鞅誓师说："克敌者，上大夫受县，下大夫受郡，士田十万，庶人工商遂，人臣隶圉免。"结果鼓舞了军心，激励了士气，战争大获全胜。

赵鞅手下有一个大臣叫周舍。此人为人耿直，常常坦率地向赵鞅提意见，声称自己愿意做一个"鄂鄂之臣"（鄂读 è，鄂鄂：直言争辩时的神态），因而很得赵鞅的赏识。后来，周舍死了，赵鞅非常难过，每次上朝都流露出不悦的神情。大夫们见此情形，都来问是不是自己办了什么错事得罪了他。赵鞅说：你们没有得罪我。但是，我听说，一千只羊的皮也不如一只狐狸腋下的皮值钱，现在朝廷之上，只是听到你们唯唯诺诺的顺从，听不到周舍据理直谏的声音了，因此我才闷闷不乐。

一斛凉州

"一斛凉州"的意思是，用一斛酒换了个凉州刺史，人们用它形容以贿赂的手段求取官职。

此典出自《三国志·魏书·明帝纪》。

伯郎，姓孟，名他，东汉扶风人。汉灵帝时期，宦官中常侍张让独揽朝政，张让家里的监奴主管家事，权威很大。孟他（伯郎）求官不成，就以家里的全部财产贿赂张让家里的监奴，与他们处好关系，几年就把家产都用尽了。监奴们不好意思，问孟他有什么要求，孟他回答说："只想请你们拜拜我。"监奴们因为长期受孟他的恩惠，都答应了。当时宾客求见张让的非常多，张让家的门前常有数百辆车，有的等了好多天也得不到通报。有一天，孟他最后赶到，众监奴见他来了，都迎着孟他的车子跪拜，赶快让他的车子进去。众宾客见此情景都大吃一惊，以为孟他与张让有深交，都争相把珍稀宝物献给孟他。孟他得到这些财宝之后，都拿去贿赂张让，张让非常欣喜。孟他又送给张让一斛葡萄美酒，张让就叫孟他当上了凉州刺史。

一毛不拔

“一毛不拔”形容非常吝啬自私。

此典出自《孟子·尽心篇》：“杨子为我，拔一毛而利天下，不为也。”

杨子就是杨朱，战国时代的卫国人，字子居，是当时的思想家。由于他那种利己的学说不受人重视，因此他的生平也没有被记载，有人说他曾拜老子为师，也有人说他的出生还在墨子之后；他的著作没有传下来，只零星的见于《列子》、《孟子》等书。正由于“兼爱”受到大家的欢迎，“为我”受到大家的鄙弃，所以墨子的学说流传数千年，杨子的学说却被埋没在污泥中。

一钱落职

“一钱落职”这则寓言说明一着不慎，满盘皆输。此意指任何处事行为。

此典出自《谐铎》。说的是，南昌有一个男子，是国子监的助教，赴任住在京城。有一天，他偶然路过延寿寺街，看见书铺子里有一个少年，正在数钱买一部《吕氏春秋》。恰好有一个钱落在地上，此人就偷偷地用脚踩着，等少年走去，就俯身把钱拾起来。旁边坐着一个老汉，对这事注视了很久，忽然起身来拜问他的姓名，然后冷笑一声就走了。

后来，这个男子以上舍生名义，入了誊录馆，请见选官，得到了江苏常熟知县的职位。他准备好行装去赴任，投了一张名帖去求见上司官员。当时，潜庵汤公任江苏巡抚，男子十次求见都没有见上。官衙的巡捕传下汤公的命令，叫这个男子不要去赴任了，因为他的名字已经挂进被检举弹劾的公文中去了！这个男子便问他是因为什么事情被弹劾的？答道：“是贪污！”此男子私下思念：自己尚未赴任，哪里得来的赃款？内中必有差错，就急忙想进去当面陈述。巡捕入内禀告，再度传下汤公的命令道：“你不记得当年书铺子里的事情吗？当秀才的时候，尚且一钱如命；如今侥幸当了地方官，岂不要伸手到人家口袋里去偷盗，成为乌纱帽下面的盗贼吗？请你立即解下系官印的丝带滚吧，不然让你经过的路上哭声遍地吧！”这个男子才想起从前拜问他姓名的人，就是这位汤老爷，于是羞惭地罢官而去。

唉，还没赴任当官就被弹劾，也是一件出人意料的事情。把它记下来，作为对细小行为不检点的人的鉴戒吧！

一日不作，一日不食

“一日不作，一日不食”的这个典故比喻一天不劳动，一天便没饭吃。

此典出自《夜客丛书》二九回：“一日不作，一日不食。”

百丈寺有个老和尚名叫怀海禅师，他非常热爱劳动。种菜、种田的时候，他总是比别人做得多。众和尚看他年纪这么大了，又是整个庙的方丈（和尚庙的主管人叫方丈），都劝他少干一些，他不听。有一天又要劳动了，大家提前就把怀海禅师的劳动工具偷偷藏了起来，让他无法去劳动。哪知怀海禅师整整一天不吃不喝，到处寻找，大殿、食堂、楼上、地窖什么地方都找遍了，累得更厉害了，从那以后，全寺传遍了怀海禅师“一日不作，一日不食”的事，再也不敢不让他去劳动了。

以备不生

“以备不生”这个寓言的主旨，是人不可有私心。有了私心，便容易不辨真伪，一意孤行了。

此典出自《吕氏春秋·遇合》。

有个女子要出嫁，有人告诉她的父母说：“嫁人不一定能生儿子。可以设法在外面偷偷存藏一些衣服财物，以便准备着不生儿子被休回来。”

她的父母觉得这个主意不错，于是便叫女儿常常把衣服财物偷藏在外面。

婆婆公公知道了这件事，说：“给我家做媳妇，却有外心，这样的媳妇要不得！”因而便休了她。

这女子的父母，还认为给自己出主意的人是对他们忠诚，一辈子感谢他，却不问女儿被休的原因是什么。

予取予求

“予取予求”这个故事告诫人们天下没有鹬蚌兼得之美事，有付出才有收获。

此典出自《左传·僖公七年》：“唯我知女，女专利而不厌，予取予求，不女疵瑕也。”

春秋时，楚国有一个大夫叫申候，因为能说会道，阿谀奉承楚文王，楚文王非常宠信他。但他却是一个专爱贪利而永不知足的人，楚国的人都对他恨之入骨。后来楚文王病得快要死了，便将申候叫来，把最好的玉赐给他，并对他说：“只有我最了解你，你贪爱财利，而且永远不觉得满足，从我这里要了这样又求那样，但我并没有加你的罪。将来楚国的君主可不能这样待你了，他们会要判你的罪的。我死后，你必须马上离开楚国，不要到小国去，小国是没法收容你的。”楚文王死后，申候立刻出奔到郑国。最后被郑文公给杀了。

鱼目混珠

“鱼目混珠”的意思是说，鱼眼珠掺杂在珍珠里面，比喻以假乱真。

此典出自《玉清经》：“鱼目岂为珠，蓬蒿不成。”

传说从前有一个人，名叫满愿，他买了一颗珍珠。这颗珍珠又大又圆，光彩夺目，惹人喜爱。满愿把这颗非常珍贵的珍珠，精心地收藏起来。满愿有个邻居，名叫寿量。有一次，他拾到一个鱼眼珠，自以为是颗珍珠，于是也精心地收藏起来。

后来，有人生了病，需要用珍珠配药才能医治，于是就用很高的价钱到处购买珍珠。满愿知道后，就把自己珍藏的珍珠拿了出来，寿量也把自己珍藏的鱼眼珠拿了出来。满愿的珍珠，闪闪发光，耀眼夺目；寿量的鱼眼珠，虽然也很大很圆，但却黯淡无光。两个放在一起，立刻就能辨出真假。寿量把鱼的眼珠当作珍珠收藏、出卖，真是“鱼目混珠”。

越人溺鼠

“越人溺鼠”的这个典故告诉我们，凡事要有智谋。

此典出自《燕书》。

老鼠喜欢在夜里出来偷吃谷子。于是有个越人故意把谷子放在一个罐子里，任由老鼠去吃，不加理睬。于是老鼠便把它的同类招来，到罐子里吃谷子，每次都要饱餐一顿才离去。

有一天，越人把罐子里的谷子换成水，到了夜晚，老鼠又全都来了，一个接一个地跳进罐子里，结果全被淹死了。

争名于朝，争利于市

“争名于朝，争利于市”形容争权夺利，互相倾轧。

此典出自《国策·秦策一》：“臣闻争名者于朝，争利者于市。”

战国时，秦国经过商鞅变法，日渐强大起来，并不断吞并一些国力较弱的小国。有一次，秦惠王召集张仪和大将司马错商讨攻打蜀国和韩国的问题。司马错主张伐蜀，张仪则主张伐韩。秦惠王让他们各自说说其理由。

张仪说：“韩国的地理位置非常重要，如果攻占了韩国，就可以控制东周朝廷的大权，并挟天子以令诸侯。至于蜀国，离秦国路途遥远，远途用兵，将会弄得兵困马乏、人民劳苦。即使攻占了，也得不到多大的好处。我听说，争名要在朝廷中，争利要在街市上。现在拥有黄河天堑的韩国和周王室，是天下的街市，大王不去争夺，而偏偏去争遥远的蜀国，如此一来，离秦国的王霸之业就远了。”

司马错不同意张仪的这些说法。他说：“我认为，攻取蜀国对我们是非常有利的。蜀国土地肥沃，攻占了可以扩大我们的疆土；得到它的财物可以使我们更加富足。况且，攻占蜀国一国，与其他诸侯国的利益也没有关系。如果攻韩又危及周天子，必然会落下一个坏名声。这样，也不一定会得到什么利益，反而会落个坏名声，不如攻蜀。

秦惠王听了张仪和司马错的阐述，认为司马错说得更有道理，便于公元前316年派司马错灭掉了蜀国。

竹头木屑

“竹头木屑”比喻人心思缜密，极细小的事情也不遗留，或者极细小的东西也不丢。

此典出自《晋书·陶侃传》：“时造船，木屑及竹头，悉令举掌之，咸不解所以。后正会，积雪始晴，厅事前余雪犹湿，於是以屑布地。及桓温伐蜀，又以侃所贮竹头，作丁装船。”

晋朝有一个叫陶侃的人，字士行，晋明帝时，官拜征西大将军。平日做事，必定尽力亲为，对于学问也有很深的研究；军事方面，也有优异的才能，所以当时有人将他和诸葛亮相提并论。

有一次他督造大船，每天都亲自监督，见到工人锯下来的木屑和截短下来扔在地上的竹头，他都命令收拾起来，并且要求大家将这些废料放入储藏室

《东周列国志》版画之张仪像

里。大家都不明白他的意图,但又不敢问他。

第二年元旦,府衙举行庆祝朝会,恰巧年末那几天下了一场大雪,积雪盈尺,虽然经过了几天的晴天,太阳照晒,府衙门前的积雪还是没有溶化,地上泥泞不堪,非常难走。陶侃便叫人把储藏着的木屑取出来铺在地上,解决了行路的困难。又有一次,驸马都封(官名)桓温要去讨伐蜀地,预先制造了很多船只,船板锯好了,但缺少竹钉,没法把船身装起来,陶侃便叫人把藏着的竹头取出来送给桓温,削成竹钉,于是船便一艘艘地装起来了。

自投鼎俎

“自投鼎俎”这则寓言说明挑担鬼为什么会自投鼎俎?一是势力使然;一是名利使然。

此典出自《笑赞》:“挑担者不闻钟馗之所好耶?而自投鼎俎——此文种、韩信之流也。若少伯、子房,可谓智鬼矣。”

钟馗喜欢吃鬼,他的妹妹给他做生日,写了一个礼帖道:“酒一尊,鬼两个,送给哥哥剁肉馅吃;哥哥若是嫌礼物少,连挑担的算上共是三个鬼。”

钟馗便命令差役把三个鬼都送到厨房里去,让大师傅烹煮。

装在担子里的鬼看着挑担子的鬼说道:“我们死是本分,你却为什么挑这个担子来?”

《赞》曰:挑担子的鬼难道没听说钟馗的嗜好吗?却来自投鼎俎——这是文种、韩信之流的人物呀;而像少伯、子房等人,可称之为智鬼了。

六、世情方正故事

柏舟之节

“柏舟之节”也作“柏舟之誓”，人们用它表示妻子在丈夫死后誓不改嫁。

此典出自《诗经·鄘风·柏舟》：“泛彼柏舟，在彼中河。髧（dàn）彼两髦，实维我仪。之死矢靡它！母也天只！不谅人只！泛彼柏舟，在彼河侧。髧彼两髦，实维我特。之死矢靡慝！母也天只！不谅人只！”

春秋时期，卫国的共伯去世了，他的妻子共姜悲伤不已。父母逼迫她改嫁，共姜坚决不愿意，并写下《柏舟》一诗表示拒绝。诗中写道：摇着柏木造的船在河中泛游。那个小伙子青发下垂、中分，向两边梳成双髻，真的可做我的丈夫。可是，我到死都不会改变志向，叫声娘呀叫声天，为什么对我不体谅！

班姬团扇

“班姬团扇”用以形容失宠遭受冷遇；也用以表现孤寂冷落、凄婉哀怨的情感。

此典出自《汉书·外戚传》：“昔汉成帝班婕妤失宠，供养于长信宫，乃作赋自伤，并为怨诗一首：‘新制齐纨素，鲜洁如霜雪，裁成合欢扇，团圆似明月，出入君怀袖，动摇微风发，常恐秋节至，凉风夺炎热，弃捐箧笥中，恩情中道绝。’”

西汉时期，一班姓女子，容貌美丽、多才多艺，擅长写诗作文。汉成帝刘骜即位时，她被选入宫中，深受汉成帝的宠爱，被封为婕妤。

后来，汉成帝宠爱美人赵飞燕，班婕妤受到了冷落，甚至连许皇后也失了宠。赵飞燕为了稳定自己的专宠地位，就在汉成帝面前进谗言，诬告许皇后和班婕妤在后宫暗行巫术，诅咒汉成帝。汉成帝一怒之下，便将许皇后废掉。班婕妤再三申辩自己无罪，皇帝才没有处罚她。但班婕妤想到赵飞燕飞扬跋扈，

班婕妤像，图出自清·上官周绘《晚笑堂画传》。

时间一长定会遭到她的陷害，可能连性命都保不住。于是她请求去长信宫侍奉太后，离开了皇帝身边。

班婕妤去了长信宫后，回想当日在皇帝身边时的繁华热闹，对比眼前的寂寞凄清，心中愤愤不平。她写了一首《怨歌行》，抒发胸中的怨恨。诗中写道："裁开白如霜雪的丝绸，做成圆如明月的团扇。出入于君王的怀中袖里，摇动时微风轻轻袭来。然而常常忧虑秋节到来，清凉的秋风将炎夏驱赶。团扇便被弃于箱笼之中，从此与主人情绝恩断。"

悲不自胜

"悲不自胜"的意思是，悲伤得自己承受不了。

此典出自《周书·庾信传》："信年始二毛，即逢丧乱，藐是流离，至于暮齿。《燕歌》远别，悲不自胜……"

庾信（公元513—581年）是南北朝时期的著名作家，字子山，南阳新野（今河南省新野县）人。他生活在战争频繁、政局动荡的时期。六世纪三十年代，在北方形成东魏（公元534—550年）和西魏（公元535—556年）两个封建割据政权，同割据江、淮以南的梁（公元502—557年）政权三足鼎立。后来，东魏改称齐，西魏改称周，即北周。庾信十五岁起就在梁宫廷中做昭明太子的侍从官。后来梁都江陵被西魏攻陷，梁王朝名存实亡，于是庾信在魏、周两朝都做起官来。

当西魏的将领常山公于谨等率兵攻陷江陵后，庾信的母亲、妻子也被俘押到长安。江陵沦陷的悲惨情形，使他终生难忘。晚年，他在北周当官时，追忆往事，写成了著名的《哀江南赋》，凭吊故国，感叹故乡父老的不幸遭遇，抒发自己的悲愤之感。他在《哀江南赋》中写道："我庾信头发花白，刚刚步入半老之年，就遭到了丧乱之苦，拖着瘦弱的身躯，孤单地四处颠沛流离，现在已到了晚年。江陵沦落前，友人王褒写了一篇《燕歌行》，描写北方苦寒的情形，我也与他和了一篇，从此天各一方，令人极度悲伤。"

悲心更微

"悲心更微"用以比喻引起人们感情强烈反应的事物、第一次出现给人的刺激是最深的，如果重复出现，感情反而会淡薄下来。

此典出自《列子·周穆王》："及至燕，真见燕国之城社，真见先人之庐冢，悲心更微。"

有一个燕国人生在燕地，长在楚地，老了又回燕地。

一天他路过晋国，同行的人欺骗他，指着城对他说："这就是燕国的城。"他顿时脸色凄然。随后又指着土地庙说："这就是你村里的土地庙。"他不禁欷歔叹息。然后，同行的人又指着一幢房子说："这是你先人的房屋。"他于是流泪啜泣。当指着一个坟墓说："这是你先人的坟墓。"他再也控制不住悲伤的情绪，放声大哭起来。同行的人哈哈大笑，说："我刚才是骗你的，这是晋国呀！"那人感到羞愧万分。

当他回到燕国，真正见到燕国的城郭、社庙，见了先人的房舍、坟墓，他悲痛的心情反而变得淡薄了。

髀肉复生

"髀肉复生"亦作"髀里肉生"，比喻岁月蹉跎而一事无成。

此典出自《九州春秋》："备住荆州数年，尝于表坐起至厕，见髀里肉生，慨然流涕。还坐，表怪问备，备曰：'吾常身不离鞍，髀肉皆消。今不复骑，髀里肉生。日月若驰，老将至矣，而功业不建，是以悲耳。’”

建安五年（公元200年）正月，袁绍公开发表了讨伐曹操的檄文。四月，曹操挥师北上迎敌，揭开了官渡之战的序幕。曹操打败袁绍，率军南下，攻打刘备。刘备大败，走投无路，就打发糜竺、孙乾与荆州刺史刘表联系，准备投靠刘表。刘表亲自到郊外迎接，以上宾之礼对待刘备。然而，刘表却只让刘备带少数军队屯驻新野（今河南新野），一旦曹操的军队南下，刘备就首当其冲。刘备心里很清楚刘表的用心，但由于力量不足，只好暂时忍耐。后来，刘备占领了樊城（今湖北襄阳东），屯兵樊城。不过，部属只有数千人，势单力薄，也无法成就大业。

刘备在荆州屈居刘表麾下，一住就是几年。一次，刘备与刘表同坐，起来上厕所，见大腿内侧的肉长厚了，禁不住感慨万千，潸然泪下。回到座位时，刘表看见刘备的样子，觉得很奇怪，就问他原因？刘备说：“以前，我常常身不离马鞍，大腿上的肉都消下去了。这几年不再骑马，大腿内侧的肉又长厚了许多。光阴似箭，日月如梭，我即将老迈，却还没有建立功业，因此感到非常伤感。”

范纯仁像，图出自清·孔继尧绘《吴郡名贤图传赞》。

不寒而栗

“不寒而栗”它的本来意思是，不寒冷而发抖。后来，人们用它形容恐惧到了极点。

此典出自《史记·酷吏列传》：“是日皆报杀四百余人。其后郡中不寒而栗，猾民佐吏为治。”

汉朝汉武帝时期，有一个执法严酷的官吏，名叫义纵。少年时代，他就干了很多打家劫舍的勾当，行为非常恶劣。他有一个姐姐因医术高明，得到皇太后的宠幸，于是义纵因沾了姐姐的光，居然当了官。义纵当定襄太守的时候，下令把押在狱中的二百多名犯人和私自进监狱探望囚犯的二百多人全都定为死罪，全部加以杀害。

这一天，义纵把四百多人全部杀掉了。消息传出以后，定襄地区人人胆战心惊、万分恐惧。那些刁民和官府的爪牙、狗腿子之流也变得循规蹈矩了。

不见之怨

“不见之怨”形容埋藏在心底的怨恨。

此典出自《宋史·范纯仁传》：“神宗曰：‘何谓不见之怨？’对曰：‘杜牧所谓‘天下之人，不敢言而敢怒’是也。’神宗嘉纳之。”

范纯仁（公元1027—1101年），字尧夫，是范仲淹的第二个儿子。宋仁宗皇祐元年

（公元1049年），考取进士，曾任京西、陕西转运副使。

有一次，范纯仁应召回京，神宗向他询问陕西路一带城邑、兵器、粮食贮存的情况。范纯仁回答道："城邑粗略建成，兵器也刚修好，粮食基本上贮存完。"神宗感到很惊奇，不满地说："我非常倚重和信任你的才干，然而，你为什么谈起这些重要事情时，都说'粗略'、'粗略'的呢？"范纯仁回答道："所谓粗略，就是不够精细的意思，能够做到粗略完成，也就行了。希望陛下千万不要想在边境一带打仗立功，如果边境的文臣武将心存怨气，采取观望的态度，日后将会成为意料不到的祸患。"范纯仁被拜为兵部员外郎，兼起居舍人、同知谏院。他又上书奏道："王安石改变祖宗立下的法度，用苛税搜刮民财，弄得民怨沸腾，人心惶惶。《书》说：'怨恨不一定都表现出来，要消除那种埋藏在人们心底、表面看不见的怨恨。'希望陛下消除人们没有表现出来的怨恨。"神宗还不理解他的话，问道："什么是没有表现出来的怨恨呢？"范纯仁进一步解释向他说："唐代人杜牧说过：'天下之人，不敢言而敢怒。'我说的不见之怨，就是这个意思。"神宗对他表示赞许，采纳了他的意见。

不堪回首

"不堪回首"表示回忆往事，痛苦难忍。泛指不忍回忆过去的惨痛经历或情景。

此典出自《虞美人》："春花秋月何时了，往事知多少！小楼昨夜又东风，故国不堪回首月明中。"

李煜是五代南唐的国君。宋灭唐后，他便成了俘虏。李煜既爱好书画，又擅长音乐，能诗善文，尤其是填词。他前期的作品大多数都是描写宫廷的享乐生活之风，风格柔靡；后期的词，表达了他怀古伤今、感叹身世和亡国隐痛的复杂情绪。《虞美人》就是他亡国后身为宋俘虏时的佳作。他身怀亡国的隐痛，对冬去春来感慨万分，于是写下了《虞美人》来抒发自己的情怀。词的开头就说："春花秋月何时了，往事知多少！小楼昨夜又东风，故国不堪回首月明中。"（意思是：春天的花、秋天的月是没完没了的啊，美好的往事、又涌上了心头。一年一度的春天、又来到了人间；那和暖的春风，昨夜又一阵阵地吹拂着我的小楼；看到那皎洁的月光，不禁想起了我的南唐故国。唉，我精神上的痛苦啊，怎么能忍受得住。）

不求同日生，但求同日死

"不求同日生，但求同日死"表达同生共死的意愿和深情。

此典出自元代·关汉卿《单刀会》三："俺弟兄三人在桃园中结义，宰白马祭天，宰乌牛祭地，不求同日生，但愿同日死。"

东汉末年，天下大乱，刘备是汉王室的远房子孙，这年他二十八岁，正赶上幽州太守刘焉招募义兵。他遇到志同道合的关羽、张飞两人，他们决心集合乡勇共同应征，为国家作出贡献。张飞说："吾庄上有一桃园，花开正盛，明日就在园中祭告天地，我三人结为兄弟，协力同心，然后可图大事。"刘备、关羽说："这个主意很好。"于是第二天，他们在桃园中，备下乌牛白马祭品等东西，三人焚香再拜而发誓道："念刘备、关羽、张飞，虽然异姓，既结为兄弟，则同心协力，救困扶危；上报国家，下安黎庶；不求同年同月同日生，只愿同年同月同日死。皇天后土，实鉴此心。背义忘恩，天人共戮。"誓毕，拜刘备为兄，关羽次之，张飞为弟。——这就是有名的"桃园三结义"的故事。从此以后，三人忠实于誓言，忠实于兄弟之情，后来他们也的确做到了同甘苦、共患难，成为历代结义兄弟的榜样。

誓词中"不求同年同月同日生，但愿同年同月同日死"在关汉卿《单刀会》中，被简化为“不求同日生，但愿同日死”，也成为结拜兄弟誓词中的必有之言。

长歌当哭

“长歌当哭”表示以歌代哭，多指用诗文抒发胸中悲愤之情。

此典出自清黄宗羲《亡儿阿寿圹志》：“儿卒于乙未之除夕，长歌当哭，遂以哭儿者为之铭。

观《红楼梦》：‘妹生辰不偶，家运多艰，姊妹伶仃，萱亲衰迈。……感怀触绪，聊赋四章，匪曰无故呻吟，亦长歌当哭之意耳……’”

宝玉与黛玉正在论琴。黛玉说：“高山流水，得遇知音……古人说，‘知音难遇’。若无知音，宁可独对着那清风明月，苍松怪石，野猿老鹤，抚弄一番，以寄兴趣，才不会辜负这琴……”当他们边谈边往外走时，只见秋纹带着小丫头捧着一小盆兰花送来。她说：“太太那边有人送了四盆兰花来，因里头有事，没有空儿玩它，叫给二爷一盆，林姑娘一盆。”黛玉看时，却有几枝双朵儿的，心中忽然一动，不知是喜是悲，便呆呆的傻看。宝玉走后，黛玉回到房中，看着花，心想：“草木当春，花鲜叶茂，想我年纪尚小，便像三秋蒲柳。……只好像那花柳残春，怎禁得风催雨送！”想到这里，不禁又流下泪来。

黛玉正愁得无法排解时，只见宝钗那边打发人送封信来。黛玉打开看时，只见上面写道“妹生辰不偶，家运多艰，姊妹伶仃，萱亲衰迈。……感怀触绪，聊赋四章，匪曰无故呻吟，亦长歌当哭之意耳……”黛玉看毕，不胜伤感。

乘兴而来，败兴而归

“乘兴而来，败兴而归”表示凭着一时的兴趣或怀着某种希望兴冲冲地赶来，兴趣完了或感到失望而灰溜溜地回去。

此典出自《晋书·王徽之传》：“本乘兴而来，兴尽而归，何必见安道邪？”

大书法家王羲之的儿子王徽之，聪明伶俐，喜好交游，性情豪放，生活十分浪漫。

有一次，在一个大雪初霁的夜晚，他看到月色清朗，长空无云，不由得想起了一个会弹琴的朋友戴逵。他想：如果戴逵在身边，琴声伴月影，友人话衷肠，岂不是很令人心旷神怡的事！他兴致突发，不能自已，于是立刻乘小舟前往剡溪拜访朋友。由于路程较远，直至天亮才赶到。然而，到了戴逵的家门

王徽之雪夜访戴逵图。王徽之字子猷，东晋名士。他于雪夜乘船访好友戴逵，到了戴逵门前却又返回。别人问为什么过而不见，王徽之说：“乘兴而来，兴尽而返，何必见？”

口，他却不进去，反而转桨而回。后来，有人就问他原因，说："你深夜急急忙忙赶到戴逵家去，为什么到了他家门口又马上转身回来了呢？"王徽之非常潇洒地说："我本是'乘兴而来，兴尽而返'，为何一定要见戴逵呢？"

楚囚南冠

"楚囚南冠"形容困居他乡，怀恋故土；或指被囚禁的人。

此典出自《左传·成公九年》："晋侯观于军府，见钟仪，问之曰：'南冠而縶者谁也？'有司曰：'郑人所献楚囚也。'"

春秋时期，郑国在晋国的帮助下打败了楚国，俘获楚大夫钟仪。郑国就把钟仪献给了晋国，但后来郑国又依附楚国疏远晋国，晋楚之间发生了战争。

有一次，晋侯到军府视察，看见了钟仪。他诧异地问："那个戴着南方人帽子的囚徒是什么人？"一个官吏回答说，此人叫钟仪，是郑国人献给晋国的楚国俘虏。想到郑国从前对晋那么友好，现在又反目为仇，晋侯感叹万分。他下令将钟仪释放，并召见了他。

钟仪非常感激晋侯的宽宏大量，两次向晋侯下拜行礼。晋侯问钟仪的身世，钟仪回答说世代都是乐官。又问他是否会奏乐，钟仪说："这是我家祖传的职业，我不敢做其他事，只会奏乐。"晋侯命人拿来了琴，让钟仪演奏。钟仪弹起了楚国的民间乐曲，声调异常伤感。晋侯问起他楚王的情况，钟仪没有正面回答，只推辞说："君王的事，我怎么会知道呢？"

后来，晋侯将见到钟仪的事告诉了范文子，文子十分感动地对晋侯说："这个楚国人说起祖业来如此恭敬，不敢违背。让他奏乐，他奏的是本国音乐，不忘故国。君侯为什么不放了他，让他回去为晋、楚两国的友好关系出力呢？"

于是，晋侯就放了钟仪，并备了厚礼让他带回国，谋求两国的和平。

得意忘形

"得意忘形"的本意是，因高兴而物我两忘。后来，人们用它形容高兴得忘乎所以，失去常态。

此典出自《晋书·阮籍传》："阮籍，字嗣宗，陈留尉氏人也。父瑀，魏丞相掾，知名于世。籍容貌瑰杰，志气恢放，傲然独得，任性不羁，而喜怒不形于色。或闭户视书，累月不出；或登临山水，经日忘归。博览群籍，尤好《庄》、《老》。嗜酒能啸，善弹琴。当其得意，忽忘形骸。时人多谓之痴，唯族兄文业每叹服之，以为胜己，由是咸共称异。"

阮籍（公元210—263年），字嗣宗，三国时期魏国陈留尉氏人。父亲阮瑀（公元165？—212年），字元瑜，才华横溢，在魏国任丞相掾，有很高的名望。阮籍容貌奇伟，志向恢弘远大，自视清高，狂放不羁，并且涵养很好，喜怒不形于色。有时闭门读书，几个月都不出门；有时登山临水外出游览，几天不回来。博览群书，尤其喜好《庄子》、《老子》。酷爱饮酒，能长啸，善弹琴。当他得意的时候，有时甚至连自己是什么样子都忘掉了。当时，人们都说他呆痴，只有同族之兄阮文业经常感叹，表示佩服，认为阮籍比自己强。因此，大家都赞扬阮籍，认为他是个奇才。

咄咄书空

"咄咄书空"的意思是，在空中比画"咄咄怪事"四个字。人们用"咄咄书空"形容出乎意料，使人惊异；也可用形容内心怨愤极大，难以表述。

此典出自《晋书·殷浩传》。

殷浩(公元?—356年),晋代陈郡长平人,字深源。见识广博,气度恢弘。青年时就有很大的名气,对佛、道宗教的义理很有研究,谈起来头头是道,许多人都非常崇拜他。简文帝永和六年(公元350年),殷浩担任中军将军,都督扬州、豫州、徐州、兖州、青州等五州军事,并于永和九年(公元353年)率师北伐,结果战败,军储器械全都丧失了。这时,他的政敌桓温听到这个消息,就上疏弹劾殷浩,说殷浩屡蒙皇恩,官居高位,却不能竭尽职责,为皇上效力。北伐以来,身负重任,却没有为国雪耻的志气,争战不力,导致全军大败,军械尽失,给江山社稷造成了严重的危害。所以,必须严厉惩处殷浩。结果,皇帝大怒,把殷浩废为庶人,流放到东阳的信安县(今浙江衢县)。

殷浩虽然被废黜流放,但心中却从无怨言,神情自若,听天由命,谈笑吟咏也不因此而中止,即使是他的家人也看不出他有流放的忧愁。只是整天在空中用手指虚写字形,别人偷偷地观察,发现他不过在写"咄咄怪事"四个字而已。殷浩有一个外甥叫韩伯,殷浩十分喜欢他,也跟着殷浩来到流放地。过完年以后,韩伯回到京城,临行时,殷浩一直把他送到水边,口中吟咏着曹颜远写的诗句:"富贵他人合,贫贱亲戚离。"说完,殷浩哭了。后来,桓温想叫殷浩任尚书令,发信通知殷浩,殷浩高高兴兴地答应了。他打算给桓温写一封答谢的书信,封好后,又担心信中有不妥之处,开信、封信数十次,最后竟然寄出一个空信封,这件事大大触怒了桓温,从那以后,桓温就不理殷浩了。永和十二年(公元356年),殷浩去世了。

干啼湿哭

"干啼湿哭"形容哭哭啼啼的样子。

此典出自《北齐书·尉景传》:"小儿惯去,放使作心腹,何须干啼湿哭不听打耶!"

南北朝时期,有一个人叫尉景,字士真。他的妻子叫常山君,是齐高祖高欢的姐姐,也就是说,尉景是高欢的姐夫。高欢有一个儿子叫高澄(齐世宗文襄帝),所以,尉景就是高澄的姑夫。

尉景曾经有一匹果下马,即一种矮小的马,据说只有三尺高,骑着它可以在果树之下行走,所以叫做"果下马"。这种矮马,是很少见的。高澄向尉景索要这匹马,尉景不舍得给他,而且不高兴地说:"泥土互相黏合才能筑成墙,人们互相扶持才能称王。可是,我只有一匹果下马还养不成,高澄硬向我索要!"齐高祖高欢听到这个消息后,气急败坏,当着尉景和常山君的面,杖打高澄。当姑姑的常山君着急了,在一旁哭哭啼啼,哀求不要再打了。尉景说:"高澄这小儿,已经习惯于离开父母了,把他派到外边当心腹之用,也挺好的,你为什么哭哭啼啼不让打呢!"

故剑情深

"故剑情深"比喻结发夫妻情义深厚;也指不喜新厌旧。

此典出自《汉书·外戚传》。

汉武帝时,发生了一次因迷信而起的"巫蛊之祸",很多人受到了牵连。皇后卫子夫、皇太子、皇太孙都因受此连累而死,只剩下一个襁褓中的皇曾孙。汉昭帝(武帝幼子)死后,大将军霍光立皇曾孙为帝,即汉宣帝,封宣帝做平民时所娶的妻子许平原为婕妤(女官名)。这时,公卿大臣们商讨要替宣帝立皇后,都认为霍光的幼女非常适合,霍光也自以为权高一切,将自己女儿立为皇后是理所当然的事,但是汉宣帝心里实在不情愿,一是

谢安像，图出自清·顾沅辑《古圣贤像传略》。谢安是东晋名臣，曾指挥东晋军队于淝水大败前秦军队。

他们夫妇感情深厚，不忍抛弃；二是他不愿娶霍家幼女，以免受霍光钳制。但是他又不敢公开反对。于是宣帝亲自下了一道命令，要寻求以前做平民时的旧剑，大臣们知道他所指的是旧时的妻子，于是便立许婕妤做皇后。

霍光的妻子霍显看到女儿做不成皇后，心里充满仇恨，趁第二年许皇后生产后小病，买通女医，将许皇后毒死。于是霍光便将自己女儿立为皇后。

黄雀衔环

"黄雀衔环"表示知恩图报。

此典出自《续齐谐记》。

汉代有一个人叫杨宝。传说他九岁那年，有一次从华阴山北面经过，看见一只猫头鹰追赶一只黄雀，黄雀被猫头鹰抓伤后，掉在了树下。

杨宝赶紧过去一看，黄雀浑身伤痕累累。不能动弹，十分痛苦。杨宝很同情黄雀，小心地用手将它捧起，带回了家中。

回到家后，杨宝将黄雀放在一只小箱子里，每天都精心地照料它，用洁净的清水和新鲜的黄花喂养它。慢慢的，黄雀身上的伤口好了，吃的东西也一天天多了起来。

大约一百天以后，黄雀的伤痊愈了，羽毛也重新长得丰满光滑，它终于又能在天上高高地飞翔了。但黄雀不舍得离开杨宝，它每天白天飞到外面玩耍觅食，晚上又飞回杨宝身边。几天之后，黄雀终于飞走了再也没回来过。

一天夜里，杨宝读书到了三更时分。忽然从门外走进一个穿黄衣服的童子，向他跪拜行礼。杨宝异常诧异地地问他是谁，来干什么。童子再次下拜，毕恭毕敬地对他说："我就是你救出的那只黄雀，本是西王母的使者。那天我奉王母之命出使蓬莱，途中不慎被猫头鹰伤害。若不是你以仁爱之心救治我，我早已死于非命。纵使千言万语，也难以表达我对你的感激之情。"说完，他取出四个白色的玉环赠给杨宝，并对他说："祝你的子孙如这玉环般洁白，位居三公。"说完他就立即消失了。果不其然，后来杨宝的后代都做了大官。

屐齿之折

"屐齿之折"形容沉着镇定，有大将风度；也可用以形容高兴到情不自禁的程度。

此典出自《晋书·谢安传》："即罢，还内，过户限，心甚喜，不觉屐齿之折，其矫情镇物如此。"

谢安自幼就聪敏过人，文才秀逸，青年时代就名扬天下。官府屡次征召谢安做官，谢安都拒绝了,意在山水之间,吟咏游历,他不想做官。四十多岁时,才答应征西大将军桓温的请求,出任司马。不久被拜为侍中,任吏部尚书、中护军。

咸安二年(公元372年),简文帝病死,桓温阴谋篡夺东晋政权,打算除掉谢安和另一个大臣王坦之。王坦之很害怕,就向谢安请教脱险的计策?谢安神色不变,镇定地说:"晋朝的存亡,在此一举。"他连忙和王坦之一起去见桓温,王坦之被吓得汗流浃背,笏板都拿颠倒了。谢安却从容就座,质问桓温说:"您为什么在壁后埋伏刀斧手,是想杀害我们吧?"桓温笑了,说:"我必须要这样做啊。"谈笑了一会儿,桓温没有杀害他们,篡权的阴谋未能得逞。孝武帝即位后,谢安和王坦之尽心尽力地辅佐,朝廷转危为安。

建元十九年(公元383年),前秦(西晋十六国之一)皇帝苻坚(字永固,一名文玉,氐族)下令出兵攻打东晋。平民每十丁出一兵,富家二十岁以下的从军子弟,都给羽林郎官号,富家子弟来从军的有三万余骑。苻坚命令苻融率慕容垂等带领步骑二十五万为前锋,令姚苌率蜀兵顺流而下。谢安派弟弟谢石(公元327—388年,字石奴)和侄子谢玄(公元343—388年,字幼度)率兵抵抗。

后来,苻坚自己带领步兵六十万,骑兵二十七万,军队首尾长一千里,号称百万大军,驻扎在淮河、淝水一带,东晋京都上下全都震动恐慌。朝廷任命谢安为征讨大都督。谢玄进见谢安,询问退敌的方法,谢安神色自若,毫无惧意,回答说:"已经另有旨意。"然后就一言不发了。谢玄不敢再问,就叫张玄再去请示。谢安却叫仆人驾车去山间别墅,让亲戚朋友都到此集会。谢安要和谢玄下围棋,以别墅为赌注,比赛输赢。其实,谢安平时下棋不如谢玄,这一天谢玄心里恐慌不安,棋下得不妙,与谢安势均力敌,不能取胜。谢安回头对他的外甥羊昙说:"把别墅给你吧。"于是,谢安去登山游玩,直到深夜才回来。对将帅发号施令,面授机密,给他们都分派了职务和责任。谢玄等人击败苻坚之后,驿站飞马送来了文书。当时,谢安正与客人下围棋,看完文书后,就顺手放到床上,脸上没有流露出一点儿喜悦的表情,还和原来一样下棋。客人问他前方战况如何,谢安漫不经心地回答说:"孩子们已经打败了敌人。"下完棋,谢安走回内室,跨越门槛时,因为心里异常高兴,连木屐齿折断了都不知道。他就是这样善于掩饰自己的感情,以安定众人的人。

疾恶如仇

"疾恶如仇"的意思是,憎恨坏人坏事,如同势不两立的仇敌,人们用它形容人的正义感极强。

此典出自《后汉书·陈蕃传》:"前山阳太守翟超,东海相海浮,奉公不饶,疾恶如仇。"

观《晋书·傅咸传》:咸字长虞,刚简有大节。风格峻整,识性明悟,疾恶如仇,推贤乐善。

晋代,有一个人叫傅咸,字长虞,他是司隶校尉傅玄(公元217—278年,字休奕)的儿子。晋武帝咸宁(公元275—279年)初年傅玄去世了,被追封为清泉侯。傅咸承袭了父亲的爵位,被拜为太子洗马,又升迁为尚书右丞、司徒左长史等职。

当时,西晋统治集团的各级官吏荒淫奢侈,以致天下民不聊生。晋惠帝(司马衷)即位后,任用亲戚当官为宦,弄得天下民怨沸腾。傅咸屡次上书晋惠帝,斥责为非作歹的官吏,请求晋惠帝罢免他们。因此,傅咸得罪了一批人,这些人联合起来,要求罢免傅咸的官职。但是,傅咸毫不畏惧,与他们斗个不停。

傅咸为人坚强正直,善于处理存亡安危的大事,能抓住重点要害。风格严正庄重,聪明颖悟,正义感十分强,憎恨坏人坏事,如同势不两立的仇敌。而又推举贤才、乐善好施。

家有敝帚，享之千金

“家有敝帚，享之千金”的这个典故比喻自己的东西（或文章）虽然不好，却是非常爱惜它的。这谚语发展到后来，压缩为四字成语：“敝帚自珍”。

此典出自汉·刘珍等《东观汉记·光武帝纪》：“一旦放火纵兵，闻之可为酸鼻。家有敝帚，享之千金。”

东汉初，汉光武帝派大将刘禹去攻打一个城池。城池的守将竭尽全力防守，使刘禹军损失很大。包围、攻打了几个月，城里粮食断绝，只好投降。刘禹一怒之下，不但杀了投降的官兵，而且放纵士兵屠掠城池，杀光了老百姓。汉光武帝知道了，暴跳如雷，写信谴责他道：“这座城池已投降了，满城妇女孩子数万人，你却纵兵放火杀人。‘家有敝帚，享之千金’，别人连一把破扫把也是异常珍惜的，你却这样不爱护我的子民的生命财产。当我听到这件事时，连眼泪都流下来了，你为何如此残暴呢？”于是他立即下令撤了刘禹的官职。

结草报魏

“结草报德”也可写作“结草衔环”。原是古代受恩报答的故事。比喻感恩报德，至死不忘。

此典出自《左传·宣公十五年》：“颗见老人，结草以亢（抗）杜回。”

春秋时，晋国有一个大夫叫魏武子。他有一个小妾，很受宠爱，没有生过儿子。魏武子生了病，觉得自己活不够久了，就向家人交代后事。在谈到这个爱妾时，他对儿子魏颗说：“我死之后，你就让她改嫁”。魏颗满口答应。

后来，魏武子病情越来越严重。病危的时候，他又提起小妾，并对魏颗说：“我死后，就让她为我殉葬。”

魏武子死后，魏颗并没有将那女子活埋殉葬，而是让她改嫁了。有人问他为什么不按父亲临终遗言办时，他说：“人在病重时神志不清，说话不应当算数，我应当遵从的是父亲清醒时的嘱托。”

后来，魏颗与秦国的军队作战，遇上秦军著名将领杜回。在打得异常激烈的辅氏大战中，魏颗眼看抵挡不住，情势非常危急。这时，突然阵前出现了一位白发苍苍的老人，他抛出一条草编的绳子绊住杜回，让晋军最终取得了胜利。

夜里，魏颗梦见了那位白发老人。他对魏颗说：“将军是否记得，你曾将你父亲的一个妾改嫁出门，救了她一条命。而我，就是那女子的父亲，所以我特来报答你的恩德。”

噤若寒蝉

“噤若寒蝉”的意思是，像寒天里的蝉一样寂静无声。人们用它比喻胆怯得不敢说话。

此典出自《后汉书·杜密传》：“刘胜位为大夫，见礼上宾，而知善不荐，闻恶无言，隐情惜己，自同寒蝉，此罪人也。今志义力行之贤而密达之，违道失节之士而密纠之，使明府赏刑得中，令问休扬，不亦万分之一乎？”

东汉时期，有一个人叫杜密，字周甫，颍川阳城人。为人沉着刚毅，年少时就有远大的志向。司徒胡广推荐他当了代郡太守，后来又当了北海相。每当官宦子弟犯了法，杜密就丝毫不留情面，将他们一一缉拿归案。因此，他有较好的名声。

后来杜密曾经辞官回家闲居。他每次去拜望太守时，都要谈到许多人和事，拜托太守妥善处理。同郡人刘胜也从蜀郡辞官回乡，刘胜闭门不出，不与人交往，门前连来访的车迹也没有，不过问任何事情。有一次，太守王昱对杜密说："刘季陵（刘胜字季陵）是一个清高的人士，公卿们都荐举他。"杜密明白这是王昱在暗示自己，叫他以后不要多管闲事。杜密回答道："刘胜身居大夫之位，受到上宾的礼遇，可是他知道有才能的人不荐举，听到恶行也不表态，只是不断地隐瞒真情保护自己，像冬天里的蝉一样不能发声，其实这是罪人啊。如今，对于有志气、怀忠义、身体力行的贤人，我极力推荐他们；对于违背道义、丧失气节的人，我极力纠正他们。使您这位高明的郡府太守赏罚适当，让美善之事能够传扬，我不是也能起到一点作用吗？"太守王昱听了这番话，觉得非常惭愧，深感杜密言之有理，因此同他的交情更加深厚了。

举案齐眉

"举案齐眉"指夫妇之间互相敬重的关系。

此典出自《后汉书·梁鸿传》："遂至吴，依大家皋伯通，居庑下，为人赁舂。每归，妻为具食，不敢于鸿前仰视，举案齐眉。"

东汉时代有个叫梁鸿的读书人，字伯鸾，是太学的学生，博学多才；学成以后，因为家贫，在上林苑里养猪为业，但为人很有志气。一次，邻居把饭煮熟了，叫他趁锅底下还有余火，抓紧时间去做饭。他却说："我是不依靠别人的热，沾别人的光的。"他一面说一面把锅底下的余火灭掉了，然后又重新烧火煮饭。

不久，梁鸿的名气大了起来，一些有钱人愿意将他招为女婿，他全部拒绝了。同县有一个姓孟的富家女儿，生得又丑又黑，而力气却大得惊人。虽然她相貌丑陋，却有古代女子所应具备的美德，所以仍有很多人向她求婚，但她不肯随便嫁人。一直到三十岁，父母问她对自己的婚姻大事有什么打算，她说："要我嫁人，除非像梁伯鸾这样的人才合我的心意。"梁鸿听说了，倒很有知己之感，就把她娶了回来。但婚后七天梁鸿一直不肯理睬她，因她仍然穿着绫罗，一派富家小姐的装束。妻子知道以后，脱下绫罗，穿上粗布衣服，辛勤劳作，这时，梁鸿才高兴地说："这样才真正是梁鸿的好妻子了。"两人先隐居在霸陵的深山里面，丈夫耕地，妻子织布。空闲下来，就在一起读书弹琴，你敬我爱，过着幸福愉快的生活。后来，他俩离开故乡，路过洛阳。梁鸿看到当时朝廷腐败，便写了一首《五噫》歌，抒发他的愤慨。不料皇帝见了，非常生气，下令要拘捕他。他只好隐姓埋名逃到吴

梁鸿像，图出自清·孔继尧《吴郡名贤图传赞》。

地，替大户人家皋伯通舂米以维持生活。每次干完活回家，他的妻子预备了饭食，总是恭恭敬敬把饭盘举得齐着眉毛送给他吃。皋伯通看见了说：“一个工人能够使他妻子这样看重他，一定是个非同寻常之人。”从此就请他在住宅里住下。

令人发指

“令人发指”比喻愤怒到了极点。

此典出自《史记·刺客列传》：“又前而为歌曰：‘风萧萧兮易水寒，壮士一去兮不复还！’复羽声慷慨，士皆瞋目，发尽上指冠。”

战国末期，秦国打算统一全国，并采取了远交近攻的策略，一步一步地消灭其余六国。当秦国的军队到达燕国的西部边境易水河边的时候，燕太子丹异常恐慌。于是，他找到一个叫荆轲的武士，派他到秦国去刺杀秦始皇。

太子丹假装把燕国督亢这个地方献给秦国，让荆轲去给秦王送地图，并把一把匕首藏在图卷里，以便让荆轲见机行事，刺杀秦王。

这一切都准备好以后，荆轲带着一个随从前往秦国。太子丹和荆轲心里都很清楚，这次去秦国是凶多吉少。于是太子丹带着一批官员穿上白衣服，戴着白帽子，把荆轲送到易水河边。临别时，荆轲悲切地唱道：“风萧萧兮易水寒，壮士一去兮不复还。”送行的人们见荆轲唱得如此激昂、悲壮，一个个都睁大眼睛，连头发都直竖了起来。

六神不安

“六神不安”形容心神不定。

此典出自清代李宝嘉著的《官场现形记》第二回：“这一天更不曾睡觉，替他弄这样弄那样，忙了个六神不安。”

《官场现形记》是清末李宝嘉写的一部长篇小说，共六十回。小说以谴责晚清官场黑暗为主题，描写了当时的贪官污吏勒索、迫害人民和投靠帝国主义的种种罪行，客观上反映了当时的一些社会矛盾，在思想上流露出改良主义的倾向。在这部小说的第二回“钱典史同行说官趣，赵孝廉下第受奴欺”中讲到：有一个人叫赵温，中了举人，赵家设宴庆贺，连续忙了几天。派到县里的教官传下话来，让赵温即日赴省，填写亲供指写明年龄、籍贯、三代和身貌，并由所属的教官出具保证，证明属实。赵温的爷爷看过皇历，选择了黄道吉日准备送孙子前往。临行的前一天，赵温的爷爷、父亲，忙活了一天一夜，帮赵温整理东西等，忙得六神不安。

六月飞霜

“六月飞霜”借指冤狱，或用来比喻冤情感动天地。“六月飞霜”也作“五月飞霜”。

此典出自《后汉书·刘瑜传》：“邹衍事燕惠王尽忠，左右谮之，王系之，仰天而哭，五月天为之下霜。”

战国时期，齐国临淄有一个人叫邹衍，精通阴阳之道，他写了一本十几万字的书，论述时世的盛衰兴亡都随金、木、水、火、土这“五德”为转移，他的论说宏大不经，在社会上产生了很大的影响。

邹衍游历各国，宣扬他的学说。他到达燕国时，燕王修筑碣石宫请他居住，向他请教。于是邹衍就在燕国做官，对燕惠王尽忠效力，然而，燕惠王身边的人都向燕惠王进谗言，陷害他。于是燕惠王听信谗言，把他关进了监狱。邹衍仰天大哭，感动了上天。那时正是炎热的夏天，然而却遍地下起霜来。

芒刺在背

“芒刺在背”比喻恐惧不安、很不自在。

此典出自《汉书·霍光传》：“宣帝始立，谒见高庙，大将军光从骖乘，上内严惮之，若有芒刺在背。”

汉朝，有一个人叫霍光，他是著名将领霍去病同父异母的兄弟。汉武帝时期，霍光做奉车都尉。他出入宫廷二十余年，谨小慎微，从来没有出现过差错。汉武帝死后，八岁的汉昭帝即位。按照汉武帝的遗诏，霍光以大司马大将军的身份辅佐汉昭帝处理政事，因此许多大事都由霍光决定。汉昭帝死后，霍光等人迎立昌邑王刘贺，但是刘贺荒淫奢侈，不理朝政，被霍光等人废掉了。然后，霍光等人又立刘询为皇帝，这就是汉宣帝。

霍光像，图出自清·顾沅辑《古圣贤像传略》。

汉宣帝初登帝位，去朝拜高祖庙，大将军霍光陪坐在旁边的一辆车上，他看到霍光不苟言笑、威风凛凛的样子，汉宣帝的心里特别害怕，好像针芒刺在背上一样难受。后来，车骑将军张安世代替霍光陪乘的时候，汉宣帝感到从容不迫、非常轻松，甚是安定和亲近。等到汉宣帝羽翼丰满、临朝听政以后，就收回了霍光的兵权，并以谋反罪处死了霍光，夷灭了他的宗族。为此，民间流传着这样的话，“威高震主的人不能被容纳，霍光的灾祸源自于陪乘。”

目光如炬

“目光如炬”形容非常愤怒，也用以比喻见识深远。

此典出自《南史·檀道济传》：“道济见收，愤怒气盛，目光如炬。”

南北朝时，宋国有位大将叫檀道济，金乡（今山东济宁）人，是一位非常有谋略的军事家，官至太尉（相当于宰相）。他随宋武帝伐秦国，随宋文帝伐魏国，屡建奇功，声名远扬；不但国内的老百姓敬慕他，而且敌国也非常敬畏他。皇帝见他威信日高，便对他猜疑起来，后来便找个理由将他杀了。

当檀道济见到差官拿着皇帝的命令来逮捕他时，怒不可遏，瞪大了眼睛，两道目光像火炬般射过来，一时气得说不出话来。过了半天，命人拿出酒器，一下子喝了一斛（古量器，十斗为一斛，此处形容其多也），喝完，便将头上束发的布带解下，扔在地上，大声道：“嘿，这是你自己毁灭你的万里长城！”

难兄难弟

“难兄难弟”原意是恭维人家兄弟们品德、才能都好，难以分出高低。但是现在却被人们引申开来，意思转变为刻薄的用话，形容同恶相济。

此典出自《世说新语·德行》：“元方难为兄，季方难为弟。”

汉朝太邱的县令陈实有两个儿子，大的名纪，字元方，小的名谌，字季方，兄弟二人都有崇高的理想，而且文才都很好，远近的人都知道他们兄弟二人的声名。

有一天，元方的儿子长文和季方的儿子孝先，争论起他们父亲的优劣来，到底是谁优谁劣，争论了一通，两方各执己见，无法得出结论，于是他们就一起去找祖父陈实，请祖父评判一下谁优谁劣。陈实说：“他们俩的本领都是一样，没必要论优劣，季方这个做弟弟的也不容易！”

怒发冲冠

“怒发冲冠”形容人愤怒到了极点。

此典出自《史记·廉颇蔺相如列传》：“王授璧，相如因持璧却立倚柱，怒发上冲冠。”

一天，赵惠文王问蔺相如说：“秦王想用十五城交换我们的和氏璧，可以给他吗？”蔺相如说：“秦国强而赵国弱，不得不同意。”赵王说：“我给他和氏璧，如果他不给我城，怎么办？”蔺相如说：“很难说，如他不给城，他就失礼；如果我们不给和氏璧，我们就失礼。权衡这两种选择，倒不如答应他而使秦国失礼。”

赵王采纳了蔺相如的建议，仍感到为难。他说：“这样，使者的任务就重了！谁可以担任呢？”蔺相如立即回答说：“如果大王确实没有合适的人选，我愿替大王前往。如果秦国的城市划入赵国，我就把和氏璧留在秦国；如果秦国不愿意给我们城，我就把它完整地带回来。”

于是，蔺相如就带着和氏璧出使西面的秦国。

到了秦国，秦王高高地坐在章台上，蔺相如奉璧献上。秦王非常高兴，自己把玩一阵之后，又递给身边的宫娥彩女观看，然后再递给臣下。众臣都高兴得呼喊万岁。

秦王这种傲慢的态度激怒了蔺相如，他知道秦王根本不想按约划城给赵国，就向前说：“大王，璧上有一点儿黑斑，我想指给大王看看。”于是秦王把璧递给蔺相如，蔺相如紧握着璧向后退去，倚着柱子，愤怒得连头发都向上冲动了帽子。然后，作势要将和氏璧击碎。秦王怕击碎了玉，连忙缓和下来。后来，蔺相如终于机智地巧施计谋把和氏璧带回了赵国。

七上八下

“七上八下”形容心神不定。

此典出自《水浒传》第二十六回。

潘金莲与西门庆通奸，害死了丈夫武大。武松向官府告状，催逼知县抓人。谁知知县贪图贿赂，不肯主持公道。武松决定亲自报仇，于是就在家里摆下酒席，要当场杀死潘金莲，请来街坊邻居作证。对门卖冷酒店的胡正卿，原是吏员出身，见此事干系重大，坚决不肯来作证。武松不管他，硬拉了过来，安排坐定。武松请到四家邻居，加上王婆和嫂嫂潘金莲，共六人。武松拢条凳子，却坐在横头，叫士兵把前后门都关了，那后面士兵只是来筛酒，武松只是客套一番，也不说干什么，士兵只顾筛酒，弄得众人面面相觑，不知如何是好。

酒过三杯，胡正卿便要起身告辞说：“小人太忙了。”武松大声说道：“你不能走。既然来到这里，再忙也要坐一会。”那胡正卿心神不定，心头如十五个吊桶打水，七上八下，心中暗想：“既然是好意请我们吃酒，为什么又这样对待，不许我走开？”胡正卿害怕武松动怒，只得坐下。接着，武松审问潘金莲、王婆，让胡正卿一一记录在案。武松杀了潘金莲，又去杀了西门庆，终于报了杀兄之仇。

千里送鹅毛

“千里送鹅毛”形容礼物也许很轻微，送礼的人却怀着一片真诚，其中的情意是很值得珍重的。

此典出自宋代·欧阳修《梅圣俞寄银杏》：“鹅毛赠千里，所重以其人。”

唐朝时候，有个地方官得到一只天鹅，他连忙派了手下一个叫缅伯高的人赶赴京城，将天鹅献给皇帝。

缅伯高在去京城的路途上，精心照料着那只天鹅。一天，他来到沔阳湖。经过几天不断地赶路，人和天鹅都很困乏。见到碧波荡漾的湖水，缅伯高精神一振，天鹅更是扑着翅膀想冲入水中。缅伯高心想，不如在这里休息一下，让天鹅在湖里洗洗澡，快活快活。

于是，他就把天鹅放进湖水里，用手紧紧抓住，让它在水里洗澡。谁知天鹅见了水，高兴极了，拼命地扇着双翅。缅伯高一不小心松了手，让天鹅挣脱开去，他赶紧去追赶，天鹅却展开美丽的翅膀飞上了天空。缅伯高追了一阵，什么也没捞到，只拾到了天鹅身上掉下来的一根雪白的羽毛。天鹅飞跑了，可吓坏了缅伯高。他不敢回去见他的上司，只好硬着头皮来到京城，向皇帝献上一根鹅毛。皇帝和满朝文武见他送上一根鹅毛，都觉得非常奇怪。缅伯高讲述了事情的经过，还顺口念了几句诗道：“上复唐天子，可饶缅伯高？礼轻人意重，千里送鹅毛。”

皇帝听后，觉得其情可恕，诚心可嘉，就没有处罚缅伯高。

切齿拊心

“切齿拊心”形容愤恨到了极点，恨不得剖其心、食其心之意。

此典出自《战国策·燕策三》：“此臣日夜切齿拊心也，今乃得闻教。”

燕太子丹在秦国做人质，逃跑回去后，看到秦国大将王翦攻破了赵国，俘虏了赵王，一直打到燕国的南边国境。燕太子为了摆脱困境，就请来了荆轲，一起商讨对策。他对荆轲说：“秦兵将要打过易水了，到那时，即使我愿意长期陪伴先生，也不可能了。”荆轲说：“听说秦王悬赏捉拿樊於期将军，谁捉到赐金千斤，封侯万户。今樊於期将军避难投奔了燕，如果我们把樊於期的脑袋和燕国督亢的地图，献给秦王，秦王一定非常高兴地接见我，我就乘机刺死秦王以报答太子。”太子丹说：“樊将军因无处容身才来投奔我，我不能为了私利而伤害长者，请荆卿再想想其他的办法。”

荆轲知太子不忍伤害樊将军，就背地里去见樊於期说：“秦王让你遭受的祸害太深了。父母宗族都被他们杀光了。现在秦王要以金千斤、万户邑来买你的脑袋，你看怎么办呢？”樊将军仰头呼天，泪如泉涌，深深地叹了一口气说：“我每次想起这些，都会痛入骨髓，却总想不出个办法来。”荆轲说：“我有一个办法，既可以解燕国之患，又可以报将军的深仇。”樊於期连忙凑近荆轲问：“你有什么办法？”荆轲肃然，对樊於期说：“愿把将军的头，献给秦王，秦王一定会很高兴地接见我，然后我就趁机左手抓住秦王的衣袖，右手以匕首刺杀他，这样将军的仇报了，燕国的耻辱也洗脱了，将军觉得怎么样？”樊於期卷起袖子，凑近荆轲说：“此臣日夜切齿拊心也，今乃得闻教。”（意思是：这是我白天黑夜咬牙捶胸的恨事，但不知如何能雪此恨，而今才得你的教诲。）

樊於期说完，就拔剑自刎了。

青梅竹马

“青梅竹马”这句成语通常与“两小无猜”连用，形容男女幼童天真无邪地在一起玩耍。

此典出自唐代·李白《长干行》诗：“郎骑竹马来，绕床弄青梅。同居长干里，两小无嫌猜。”

唐朝大诗人李白的诗俊逸高畅，并且富有情感；有人曾说他，像天上的神仙，谪居在人世间一般。他有一首诗描述男、女孩子彼此玩得很投机的情形，其中有二句道：“郎骑竹马来，绕床弄青梅”。“青梅竹马”这句成语，就是从这两句诗中得来的。意思是说：小孩子们聚在一起，感情非常好，很少会发生打架、争吵等事情。

人琴俱亡

“人琴俱亡”指睹物思人、悼念死者。

此典出自《晋书·王羲之列传》：“未几，献之卒，徽之奔丧不哭，直上灵床坐，取献之琴弹之，久而不调，叹曰：‘呜呼子敬，人琴俱亡！’因顿绝。”

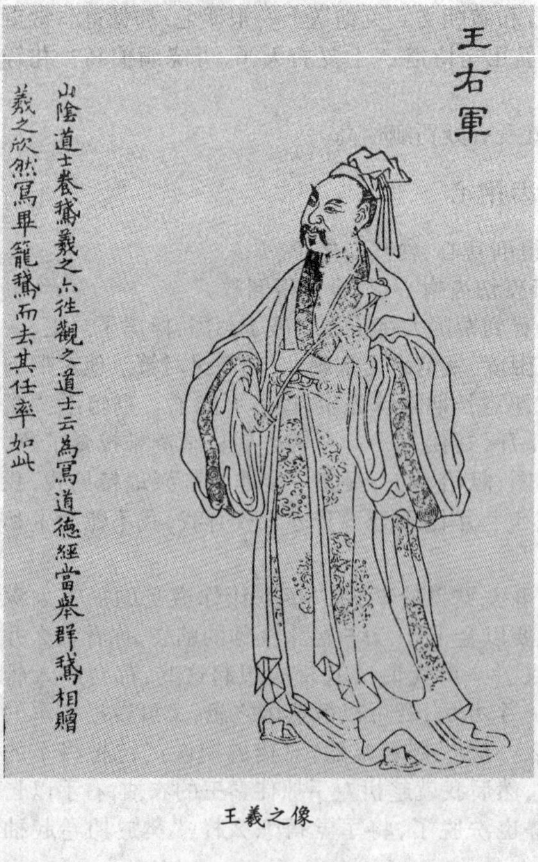

王羲之像

王羲之和王献之是东晋时期著名的大书法家。王献之是王羲之的第七个儿子，献之有个哥哥名叫王徽之，两人情投意合，感情很好。

王徽之生性散漫，自恃有才，非常任性，做事情喜欢我行我素，不喜欢做官。开始他在大司马桓温手下当参军。他整天蓬头垢面，不梳洗整理，官袍子穿在身上连带子都不系，别人看见他这副模样，就常常嘲笑他。后来他给车骑将军桓冲当骑兵参军，仍旧是不闻不问，只顾自己读书吟诗，寻找乐趣。一天，桓冲问他：“你是管哪种差事的呀？”“好像是管骑兵战马吧？！”王徽之答道。

“那么你管多少马呀？”

“连马我还不知道呢，哪里知道马数？”

“马死了几匹？”

“未知生，焉知死？”

桓冲看他这种如呆似痴的样子，只好叹着气走开了。

有一次，王徽之听说有一户人家院里，种了质地优良的竹子，便坐着车子去观竹。主人把院子打扫干净，摆上椅子请他坐，可他只顾看竹子，根本不理睬主人。别人对他的这种行为很不理解。

王徽之与弟弟王献之关系非常好，两人常在一块读书、作诗。王献之从小喜欢写字、画画，后来到朝廷做了中书令。

王徽之晚年弃官回到故乡，正赶上弟弟献之重病卧床。他非常伤心，便求巫师说："听说人的寿命是有定数的，活人可以把寿命借给死人，我的才能不如弟弟，我愿意把自己的寿命借给他，我替他去死，让弟弟再活几年吧！"

巫师说："不行啊，你的寿命也到了限数啦，无法给别人的。"

没过几天，王献之去世了。家人悲痛欲绝，但是王徽之却不哭。他坐在灵床上，取下王献之的琴弹起来，但无论如何也弹不出个调子。他长叹一口气，哀伤地说："呜呼，献之啊，人死了，琴也死啦……"说完，便昏厥过去。由于过分悲痛，王徽之背上的疮痈溃裂不愈，一个月之后他也病死了。

人神共愤

"人神共愤"形容民愤极大，达到极点。

此典出自《北齐书·高乾传》："今社稷阽危，人神愤怨，破家报国，在此时也。"

又见《旧唐书·于頔传》：頔顷拥节旄，肆行暴虐，人神共愤，法令不容。

于頔，字允元，在唐德宗（李适）时期曾经做过湖州刺史。他任职期间，可以说也曾做了一些有意义的事情。西湖，是南朝时凿的，灌溉良田三千顷，但年久失修，废弃无用。于頔下令筑堤挖塘，重新修复，使当地百姓获得鱼米之利。后来，他又改任苏州刺史，他下令疏通沟渠，修整街道，给老百姓带来方便。吴地流行敬奉鬼神的风俗，于頔认为，花费大量的钱财去敬奉鬼神，却荒废了生产农业，这是非常荒谬的。于是，他下令拆掉神殿庙宇，只留下伍子胥等少数人的庙宇。他虽然做了一些好事，但是比较专横，甚至连唐德宗都得让着他。唐宪宗（李纯）即位，令行威严，于頔收敛了一些。唐穆宗（李恒）即位时，于頔已经死了。他死的时候，被赠以"厉"的谥号，然而，他的儿子于季友觉得"厉"的谥号不够合适，请求唐穆宗改赐号为"思"。可是，大臣们却都反对，主张不要更改。太常博士王彦威上书说："于頔晋升很快，拥有象征皇家权力的符节，不为朝廷效劳，却肆行无忌，残酷暴虐，连百姓和鬼神都怒不可遏，为国家的法令所不容。"

太常博士王彦威建议穆宗，千万不要改赐为"思"，不然的话，"圣政"就会受到损害。但是，穆宗对王彦威的上书置之不理，同意了于季友的请求，把于頔的谥号改赐为"思"。

如丧考妣

"如丧考妣"表示好像死了父母一样的难过和伤心。

此典出自《尚书·舜曲》："帝乃殂落，百姓如丧考妣。观《孟子·万章上》：二十有八载，帝乃殂落，百姓如丧考妣。"

鲁国有个名叫蒙丘，是孟子的学生。有一次，他去拜见孟子，问孟子道："俗话说：'道德最高的人，君主不能以他为臣，父亲不能以他为子。'舜便是这样的人。舜做了天子之后，尧率领诸侯去朝见他，舜的父亲瞽瞍也向北去朝见他。舜看到父亲瞽瞍来朝见，局促不安。孔子说：''在这个时候，天下就很危险啊！'不知道事实是不是这样。"

孟子回答说："不是这样。尧活着的时候，舜没有做天子，只是尧老年时叫舜代他履行过天子的职责。《尧典》上说：'二十八年之后，尧死了，老百姓像死了父母一样，服丧三年，各地都停止了娱乐活动。'孔子为此说过：'天上没有两个太阳，人间没有两个天子。'如果说舜在尧死之前就已经做了天子，这岂不是同时有两个天子了吗？"

如坐针毡

"如坐针毡"形容着急到了极点，弄得坐卧不宁；也形容坐卧不安的情景。

此典出自《晋书·杜锡传》："舍人杜锡……性亮直忠烈，屡谏愍怀太子，言辞恳切，太子患之。后置针着锡常所坐处毡中，刺之流血。"

晋朝时，有一个姓杜名锡的人，他是杜预的儿子，从小受到良好的教育，年轻时就以学识渊博而远近闻名。先被长沙王请去做文学侍徒，经过几次升迁，最后被调去做太子舍人，侍奉愍怀太子。

愍怀太子是个不求上进的人，行为乖张，做事也常不合情理。杜锡既天天在他身边工作，对太子这种作风非常看不惯，便常常向太子劝告，希望他能改进。杜锡的言辞非常忠实恳切，但愍怀太子却认为他多管闲事，很不高兴，便派人悄悄地在杜锡经常坐的毯（毛织成的毯，可用来作地毯或坐褥）中插了许多针，杜锡毫无觉察，坐下时被刺得流出血来。过了几天，愍怀太子问杜锡说："前几天你都做了些什么事呢？"

杜锡说："我喝醉了酒，什么事都不知道。"太子打破砂锅问到底，还说："你喜欢责备人，为什么自己也做错事呢？"杜锡被问得狼狈不堪，哭笑不得。

食肉寝皮

"食肉寝皮"比喻仇恨极深。

此典出自《左传·襄公二十一年》："然二子（齐将殖绰、郭最）者，譬于禽兽，臣（州绰）食其肉，而寝处其皮矣。"

春秋时，鲁襄公十八年，晋国攻打齐国，晋国的州绰用箭射中了齐将殖绰，并俘获了殖绰和郭最。

三年后，州绰因躲避祸难逃到齐国。齐庄公对他说，殖绰、郭最是如何如何勇猛。州绰说："他们和野兽差不多，早被射死了，肉已经被吃，皮已经被做成卧具，怎么能说他们勇猛？"

碎尸万段

"碎尸万段"形容对仇敌最解恨的惩处。

此典出自《三国演义》第九十九回："汝乃山野村夫，侵吾大国境界，如何敢发此言！吾若捉着汝时，碎尸万段！"

蜀汉建兴七年的夏天，诸葛亮与司马懿在祁山展开大战。司马懿令郭淮、孙礼引兵五千去救武都、阳平，并从蜀兵后面抄袭，让他们自乱阵脚。在行军路上，郭淮问孙礼："司马懿、诸葛亮谁强？"孙礼回答说："诸葛亮远远胜过司马懿！"郭淮接着说："诸葛亮虽高明，但司马懿这一计却有过人之智。蜀兵如果正攻打武都、阳平，我们抄到他们后边，岂不是不打自乱了吗？"二人正在谈论，忽然哨马来报：武都、阳平已被蜀兵占领。郭、孙听到这个消息，刚想退兵，蜀军已经来到，喊杀连天。二军交锋，魏兵大败，郭、孙二人弃马躲到山上逃脱了。

郭、孙失败后，司马懿又唤张郃、戴陵各引一万精兵，趁诸葛亮去安抚武都、阳平百姓不在营中之时去夺蜀寨。司马懿的计划早已在诸葛亮预料之中，因而张、戴还没出手即被蜀兵包围。诸葛亮在祁山上大喊：戴陵、张郃，你们二人乃无名小将，我不杀你们，赶快下马投降！张郃闻言大怒，指着诸葛亮骂道："汝乃山野村夫，侵吾大国境界，如何敢发此言！吾若捉着你时，碎尸万段！"说罢，纵马挺枪来战蜀兵。由于诸葛亮早有准备，结果，张郃、戴陵战败而去。

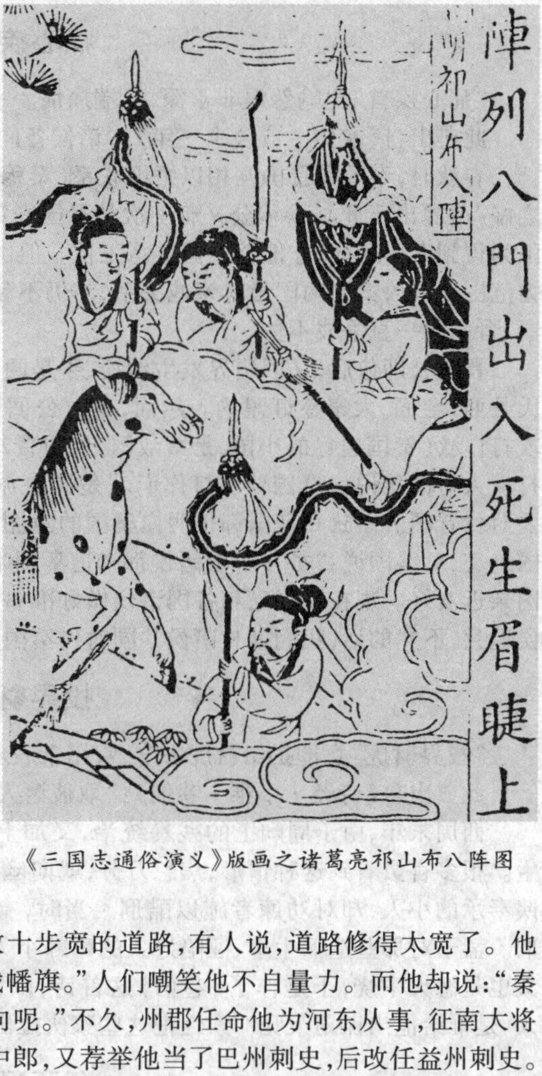

《三国志通俗演义》版画之诸葛亮祁山布八阵图

铁锁横江

"铁锁横江"的意思是，用铁锁链横截在江面上，防止舰船通过。后形容严加防卫；也可以借用"铁锁横江"感慨朝代兴亡，抒发怀古之幽情。

此典出自《晋书·王濬传》："太康元年正月，发自成都，率巴东监军、广武将军唐彬攻吴丹杨，克之，擒其丹杨监盛纪。吴人于江险碛要害之处，并以铁锁横截之，又作铁锥长丈余，暗置江中，以逆距船。"

王濬（公元206—285年），字士治，晋代弘农湖人。他博学多才，一表人才，但却不注意检点自己的行为，因此乡里人都讨厌他。后来，他变得豁达大度，立志高远。建起一座宅院，门前留下数十步宽的道路，有人说，道路修得太宽了。他说："将来，我当了将军，这里可以容纳长戟幡旗。"人们嘲笑他不自量力。而他却说："秦末的陈胜说过，燕雀怎么会了解鸿鹄的志向呢。"不久，州郡任命他为河东从事，征南大将军羊祜发现他有才能，任命他为车骑从事中郎，又荐举他当了巴州刺史，后改任益州刺史。

当时，晋武帝（司马炎）计划平定吴国，下诏命令王修造舰船。王积极造船，准备伐吴。太康元年（公元280年）正月，王从成都出发，率领巴东监军、广武将军唐彬沿长江顺流而下伐吴，一直打到丹杨，攻下丹杨后，活捉了丹杨监军盛纪。东吴人异常恐慌了，在长江的险峻要害之处设下防御工事，在江面上横拦着铁锁链，又做丈余长的大铁锥，偷偷地放置到江中，企图以此阻拦王的舰船。此前，羊祜抓住了东吴的间谍，已经完全弄清了东吴在江中布防的情况。于是，王下令赶做几十只大木筏，有百余步宽，上边绑着草人，草人披着铠甲，拿着武器，与真的士兵差不多。王命令会水的军士驾着木筏，行驶在舰船的前头，木筏遇到铁锥，就将铁锥带走了。同时，又做了许多很大的火把，长约十多丈，粗有数十围，灌上麻油，在舰船前开路，遇到铁锁链，就点燃大火把，焚烧铁锁链，不一会儿工夫，铁锁链就被烧化、断绝，舰船能够前进了，畅通无阻。

这一仗，晋军直抵石头城（今南京），吴主孙皓投降，东吴灭亡。

痛心疾首

“痛心疾首”比喻怨恨非常深，极端痛恨。

此典出自《左传·成公十三年》：“诸侯备闻此言，斯是用痛心疾首，呢就寡人。”

春秋时，秦国和晋国互相以婚姻联系（秦穆公夫人是晋献公女儿。后世称联姻“秦晋之好”就源出于此），秦穆公又曾三次替晋国安定君位，晋公子重耳（晋文公）流亡国外，也国为得到秦国相助，才能够回国继承王位。但由于两国国境相接，双方都要发展自己的势力范围，所以，秦晋两国虽有亲戚关系，却仍不免发生冲突。从秦穆公到秦桓公的三代中，秦、晋两国一直争战不休。

晋厉公即位后，又因边界发生纠纷，于是两国君王互约定在令狐（故址在今山西省猗氏县西）会面，大家签订盟约。然而，秦桓公回国后，立刻又背叛了盟约。他一面约楚国攻打白狄（秦国边界的小国，是秦敌国，但与晋却是有姻亲之好），楚国答应了。另一面却打发人对白狄说：“晋国要攻打你们。”楚国也派人对晋国说，秦国违背盟约和楚国修好，要对付晋国。白狄和楚国都很明白秦国的意图，都恨秦国背信弃义。晋国派吕相去和秦国绝交，对秦国说：“如今各国诸侯都知道秦国唯利是图，不守信用，因此大家都愿意和晋国亲近友好。现在晋国已和各国诸侯做好准备。如果秦国愿意订盟约，晋国可以劝告诸侯退兵，不然的话，我们就与诸侯共同对付秦国”。

投畀豺虎

“投畀豺虎”意即扔给豺虎去吃，常用来表示群众对坏人的愤恨。

此典出自《诗经·小雅·巷伯》：“取彼谮人，投畀豺虎。”

西周末年，由于周幽王的残暴统治，又加上接连不断的天灾，使得政局动乱，民不聊生。很多官员看到这种情形，焦急万分，就向幽王提出劝谏。但是，幽王及其周围一些阿谀奉承的小人，却对劝谏者施以酷刑。当时，有一个叫孟子的官吏，因遭人陷害，受了宫刑。孟子对那些造谣生事、诬陷好人的卑鄙小人非常痛恨，对幽王不能明辨是非、伸张正义也是怒火中烧，于是作了《巷伯》这首诗，以警醒幽王。诗中写道：那个诬陷别人的小人，是谁给他出谋划策呢？索性把这些家伙拉出去喂了豺狼虎豹吧！

兔死狐悲

“兔死狐悲”的意思是，兔子死了，狐狸感到悲伤。比喻因同类死亡而感到悲戚。用于贬义。

此典出自《宋史·李全传》：“将军非山东归附耶？兔泣狐死，李氏灭，夏氏宁独存？愿将军垂盼。”

南宋时期，山东一带处于金兵控制之下，老百姓不堪忍受金兵的压迫，纷纷起来反抗。杨安儿、李全等领导的几支红袄军，是规模较大的起义军队。

但是，起义队伍遭到金军的残酷镇压，杨安儿不幸牺牲。杨安儿的妹妹杨妙真（号称四娘子），率领起义部队转战各地，继续坚持斗争。杨妙真擅长骑射，自称梨花枪天下无敌手。在红袄军中被称为“姑姑”。后来，杨妙真的起义军与李全的起义军在磨旗山（今山东莒县东南的马山）汇合一起，杨妙真与李全结为夫妻。公元 1218 年，他们归顺宋朝，部队驻扎在楚州（今江苏省淮安县）一带，继续从事抗金斗争。公元 1227 年，他们被南下的金兵围困，战斗失败后投降金军。

公元1227年，宋朝派太尉夏全率领兵马攻打楚州，李全处境异常危急。杨妙真心想，夏全原先也是山东起义军的将领，可以劝说他，于是派人对夏全说：“夏将军不也是从山东率众归附宋朝的吗？可是现在，您却要攻打我们。狐狸和兔子都是同类，如果兔子死了，那么狐狸就会悲伤哭泣；如果把李全消灭了，难道您还能够活下去吗？希望我们之间不要相互残杀。”夏全终于被说服了。

望洋兴叹

“望洋兴叹”原指看到别人的伟大，才感到自己渺小。现在多比喻力量不足，而感到无可奈何。

此典出自《庄子·秋水》。

河伯始旋其面目，望洋向若而叹曰：“野语有之曰：‘闻道百，以为莫己若者。’我之谓也。且夫我尝闻少仲尼之闻而轻伯夷之义者。始吾弗信，今我睹子之难穷也，吾非至于子之门，则殆矣。吾长见笑于大方之家。”

秋季到来的时候，雨水特别大，千百条小河的水都流进大河里。大河的水涨得满满的，河面顿时变得非常开阔。不用说两岸之间距离相距很远了，即使从河心沙洲向岸边看，也分不清牛和马。这时候，水神河伯得意洋洋，欣喜若狂，认为天下壮美的景色，完全在自己这里了。河伯顺流而下，向东游去，一直到达北海边。他抬头向东看去，只见天连水，水连天，浩瀚的大海无边无际。

于是，河伯转过脸来，面对海洋，感慨地对海神若说：“俗语中有这样的说法：‘多懂了一些道理，便以为天下没有超过自己的人了。’我就是这样的人啊。我曾经听说，有的人骄傲无比，觉得孔子的见闻比他还少，甚至连德行清高的伯夷也不如自己。当初我还不相信世上会有如此妄自尊大、不知天高地厚的人。今天，我亲眼看到你浩瀚无际，才认识到自己的愚昧可笑。如果不到你这里来看一看，那就麻烦了，我会永远被那些有学识、有修养的人耻笑的。”

文不加点

“文不加点”意即文章写好后不用改动。人们用它形容文思敏捷，整篇文章都很完善。

此典出自《后汉书·祢衡传》：“射时大会宾客，人有献鹦鹉者，射举卮于衡曰：‘愿先生赋之，以娱嘉宾。’衡揽笔而作，文无加点，辞采甚丽。”

祢衡像，图出自《图像三国志》。

东汉时期的祢衡（字正平，公元173—198年），恃才傲物，狂放不羁。他很轻视重权在握的曹操，经常当众羞辱他。有一次，祢衡坐在曹操的营门口，以杖捶地，大骂不止。曹操非常气愤，对祢衡的好友孔融说："祢衡这小子，我杀他就像杀死雀鼠一样容易。但是，他有很大的名气，如果我杀了他，人们会说我不能容人。我把他送交给荆州刘表，看刘表怎样处置他。"

祢衡到了刘表那里之后，刘表虽然非常常识祢衡的才能，但也受不了他的傲慢无礼的态度。于是，刘表又把祢衡送给性情急躁的江夏太守黄祖。起初，黄祖很器重祢衡，尤其欣赏他写得一手漂亮的文章。他曾经拉着祢衡的手，说："您写的这篇文章，正中我的心意，说出了我心中想说而又无法说出的话啊。"

黄祖的长子黄射是章陵太守，同祢衡的关系很密切。有一次，黄射大宴宾客，有人献来鹦鹉。黄射举杯对祢衡说："请先生写一篇鹦鹉赋，为嘉宾们助助酒兴。"祢衡提笔就写，文章写好后不用改动，而且文辞非常华丽。

新亭对泣

"新亭对泣"比喻对故国的怀念。

此典出自《世说新语·言语》："过江诸人，每至美日，辄相邀新亭，籍卉饮宴。周侯中坐而叹曰：'风景不殊，正自有山河之异。'皆相视流泪。"

东晋大臣王导，字茂弘，琅玡临沂（今山东）人。西晋末年，他建议琅玡王司马睿把朝廷移往南方。司马睿称晋元帝后，王导任丞相。王导是个才能优异的人，深得元帝信任，他与堂兄王敦共掌兵权，镇守长江上游。当时人们都说："王家与司马，共同管天下。"

当时一位名士叫桓彝，刚从北方过江，他见东晋王朝势单力薄，心里非常忧虑。他对另一位颇受王导赏识的名士周顗说："我就是看到中原一带战乱纷纷，难以自保，所以渡江南来。没想到朝廷势力如此势单力薄，怎么能保护我们呢？"后来，他去见了王导，畅谈了一番，回来后，他欣慰地对周顗说："王导是个像管仲那样的贤相，晋朝振兴有望，我不再感到忧愁了。"

建康城南有个新亭，一批跟随晋元帝渡江南下的士大夫们，每当空闲的时候，喜欢互相约着在新亭聚会。有一次正在饮酒时，周顗念起北方，心中难受，就重重地叹口气，然后说："到处的风光都是这样美好，可是国家的江山却与过去不一样了。"在座的人听周顗一说，都勾起了对故土的思念，大家无可奈何地默默对视，潸然泪下。

大伙儿正在伤感，丞相王导一下子变了脸色，生气地说："大家应当齐心协力，辅佐朝廷，收复神州失地，为什么要学楚国囚徒那样悲伤不已呢？"众人听了都十分惭愧，连忙擦干眼泪，感激丞相的开导。

一往情深

"一往有深情"简化成"一往情深"形容对人或事物倾注了深厚的感情，向往得不能克制。

此典出自南朝宋刘义庆《世说新语·任诞》："桓子野每闻清歌，辄唤奈何，谢公闻之曰：'子野可谓一往有深情。'"

东晋时，有一位名将叫桓伊，谯国县（今安徽宿县西南）人，字叔夏，小字子野。桓伊起初担任淮南太守，后迁都督豫州诸军事、西中郎将、豫州刺史。公元383年，秦苻坚南下，桓伊与谢玄、谢琰在淝水打败了秦军，稳定了东晋的偏安局面。后迁都督江州荆州十郡、豫州四郡军事、江州刺史。他虽立下了很大的功劳,但却从不居功自傲。

桓伊喜好音乐,擅长吹笛,当时称为“江佐第一”。他也非常喜欢听别人唱歌,每当听到优美的歌声,就情不自禁,激动不已,口中叫唤着:“怎么办啊!”当时的政治家谢安也喜爱音乐,他看到桓伊对音乐如此痴迷,就说:“桓子野对音乐真是一往情深啊!”

怡情悦性

“怡情悦性”表示使心情舒畅愉悦。

此典出自《红楼梦》第十七回:“你们不知,我自幼于花鸟山水题咏上就平平的;如今上了年纪,且案牍劳烦,于这怡情悦性的文章更生疏了,便拟出来,也不免迂腐,反使花柳园亭因而减色,转没意思。”

大观园修造完后,贾珍等前来邀请贾政,让他去园中看看,如有不妥之处再进行修改,并且好题匾额对联。贾政听了,沉思了一会儿说:“题匾额对联,论理该贵妃(指贾元春)赐题,然贵妃未亲观其景,也难悬拟。但假如等贵妃游历之后再题,偌大景致,就是花柳山水,也断不能生色。”跟随贾政的众清客在一旁笑着说:“现在可依照不同景致拟个灯匾对联挂了,待贵妃游历时最后定夺,岂不两全?”贾政听了道:“好,我们且去看看,该题的就题,如有不妥,还可请雨村再拟。”众人听了都笑着说:“老爷今日一拟定佳,何必又待雨村。”贾政笑了笑说:“你们不知,我自幼于花鸟山水题咏上就很平凡的;如今上了年纪,且案牍劳烦,于这怡情悦性的文章更是生疏了,即使拟出来,也不免迂腐,反会使花柳园亭因而减色,反没意思。”众清客都说,这没有什么关系。我们看了大家都拟,拟得好得就采用。贾政说:“这个主意不错,就这么办。今天天气和暖,大家去逛逛。”

倚门而望

“倚门而望”形容父母盼望子女归来的殷切心情。

此典出自《战国策·齐策六》:“王孙贾年十五,事闵王。王出走,失王之处。其母曰:‘汝朝出而晚来,则吾倚门而望;汝暮出而不还,则吾倚闾而望。’”

齐国有个人名叫王孙贾,十五岁做了齐闵王的侍从。一次齐国与燕国作战,齐国战败,齐王逃到了莒。但是,王孙贾却不知道齐王去了哪里。于是,他母亲责备他没有像父母关心儿子那样去关心齐王,并且以自己关心儿子的心情、行为来教育王孙贾说:“你早晨出去,晚上回来,我都站在家门边来观望你;你晚上出去很长时间不见回来,我就靠在里门口来望你。”王孙贾的母亲还斥责他说:“你是齐王的侍从,齐王去了哪里你都不知道,你为什么还要回家来呢?”王孙贾听了母亲的教训后,立刻就去找齐王。他到了市中,打听到淖齿叛乱把齐王杀了,于是就对市上的人说:“齐王被淖齿杀了,我一定要诛杀淖齿,愿意和我一起去诛杀淖齿的,请把右臂袒露出来。”后来市上的人跟随王孙贾去诛杀淖齿的,竟有四百多人。他们和王孙贾一起杀掉了淖齿,替齐王报了仇。

忧心如焚

“忧心如焚”即愁得心里像火烧。人们常用这句成语形容内心焦虑不安。

此典出自《诗经·小雅·节南山》:“赫赫师尹,民具尔瞻,忧心如惔。”

周幽王是西周的最后一位君王,公元前781—前771年在位。他是我国历史上的一位有名的昏君。在位期间,任用尹氏(师尹)等人执政,政治混乱,形势危殆。再加上当时严重的地震和旱灾,人民大多流离失所,国家衰败更加严重。看到这种情况,家父非常忧

《东周列国志》版画之“幽王烽火戏诸侯”图

虑，便写了《节南山》一诗讽刺幽王。诗中，家父用讽刺的笔法揭露了尹氏的罪行，希望周幽王能够明察，以延续周室的统治。诗中写道：煊赫显贵的太师尹氏，人民都瞪着眼睛注视着你，忧愁的心里像烈火在燃烧……然而，周幽王对大臣们的劝谏根本置之不理，依旧重用这些人，加重对人民的剥削。后来，由于他宠爱褒姒，废掉申后和太子宜臼。于是申侯联合犬戎等人攻打周朝，周幽王被杀死在骊山下，西周遂告灭亡。

怨声载道

“怨声载道”的意思是，怨恨之声充满道路。人们用它形容对统治者强烈不满，怨恨之声到处有。

此典出自《后汉书·李固传》：“夫义路闭则利门开，利门开则义路闭也。前孝安皇帝内任伯荣、樊丰之属，外委周广、谢恽之徒，开门受贿，署用非次，天下纷然，怨声满道。”

东汉顺帝（刘保）时期，有一个人叫李固，字子坚，汉中南郑人。他相貌奇伟，学识丰富，四方有志之士都慕名前来向他请教。公元133年，发生了地震、山崩、火灾，汉顺帝叫公卿大夫推荐贤才，讨论兴利除弊的治国方策。于是，卫尉贾建使向汉顺帝荐举了李固。李固上书分析形势，提出很多建议，这些建议大多数都被顺帝采纳。所以，李固被拜为议郎。

当时政治腐败，宦官的势力很大。他们不但可以兼做朝官，还可以将爵位传给养子，可以随意荐举人做官。因而，形成了“无功小人，皆有官爵”的局面，这样便大大激怒了有德有才的士人。李固一派比较耿直的官僚凭借梁皇后家的势力，企图和宦官对抗。

梁皇后的父亲叫梁商，任大将军。他以皇后父亲的身份执掌朝政，但为人小心谨慎，没有主见。李固想借助于他的力量来改变腐朽的朝廷政风，就向他上书说：“忠义的道路被关闭，图谋私利的大门就会被打开；图谋私利的大门一旦被打开，忠义之路就会完全被堵塞了。从前，汉安帝（刘祜）在内部信任伯荣、樊丰等人，在外部重用周广、谢恽之流，这帮人明目张胆公开接受贿赂，任用官吏根本不讲什么顺序、等第，弄得天下人怨声载道。”

李固建议梁商提倡忠义，任用贤才，端正政风，整顿朝纲，使腐败的社会风气得到彻底的改变，以此巩固东汉王朝的统治地位。但是，梁商思前想后，胆小怕事，不敢采纳李固的政治主张。

怨天尤人

“怨天尤人”的意思是，既怨天，又责人。它形容牢骚满腹，埋怨一切。

此典出自《论语·宪问》:“不怨天,不尤人,下学而上达,知我者其天乎!”

春秋时期的孔子,是一个学问渊博、修养很高的人。但是,由于他总觉得没有被重用,因而经常也发起牢骚来。

一次,孔子说:“没有人了解我啊!”他的学生子贡说:“怎么能说没有人了解您呢?”孔子说:“我不埋怨天,也不责备人,下学礼乐而上达天命,所以了解我的只有老天爷啊!”

糟糠之妻

“糟糠之妻”比喻贫贱时娶的妻子,到富贵时也不能遗弃。

此典出自《后汉书·宋弘传》:“臣闻贫贱之知不可忘,糟糠之妻不下堂。”

后汉光武帝时,有个大夫名叫宋弘,他为人正直而不徇私情。那时光武帝需要一个博学多才的人在身边服侍,宋弘就将桓谭推荐给光武帝,并对光武帝说:“桓谭的学问可以与西汉时的扬雄和刘向媲美。”这样光武帝便拜桓谭为给事中,专门在其身边服务,每次宴会,都叫桓谭鼓琴,然而桓谭时常用郑国音乐去愉悦光武帝。这件事被宋弘知道了,他马上叫桓谭来见他,批评他不应将不好的音乐给皇帝听。后来又向光武帝谢罪,说:“我推荐桓谭的本意是希望以忠正辅导王室,现在满朝中都听郑声,这的的确确是我的罪过。”于是光武帝立即罢免了桓谭,并说这是他自己的错误。从此更钦佩宋弘为人的作风。

那时,光武帝姐姐湖阳公主死了丈夫,由于她很敬慕宋弘,光武帝便单独召见宋弘,对他说:“俗话说:如果一个人地位高了,就能改交一批高贵的朋友;一个发了财的人,就会将原来的妻子换个新的。你觉得这是人的常情吗?”宋弘说:“我听说一个人在贫贱时交的朋友,不应该忘记;和自己共患难的妻子,不管环境变得如何富有,也不可以将她抛弃。”光武帝和公主听他这样说,于是放弃自己的主张。

泽神委蛇

“泽神委蛇”比喻心理作用的力量。

此典出自《风俗通·世间多有见怪惊怖以自远者》:“物恶能伤公?公自伤也。此所谓泽神委蛇者也,唯霸王乃得见之。”

齐桓公外出时,路过一片湿地,他看见一个身穿紫色衣服、粗如车毂、长如车辕的怪物拱手而立,因而受了惊吓,一回宫后就病倒在床,甚至好几个月不能外出。

齐国人皇士见到桓公,听他叙述后惊喜地说:“怪物怎么伤害您呢?是您自己惊吓自己了。这是泽神——委蛇,只有那些称霸诸侯的人才能见到啊!”

听他这么一说齐桓公立刻高兴地笑起来,当天病就好了。

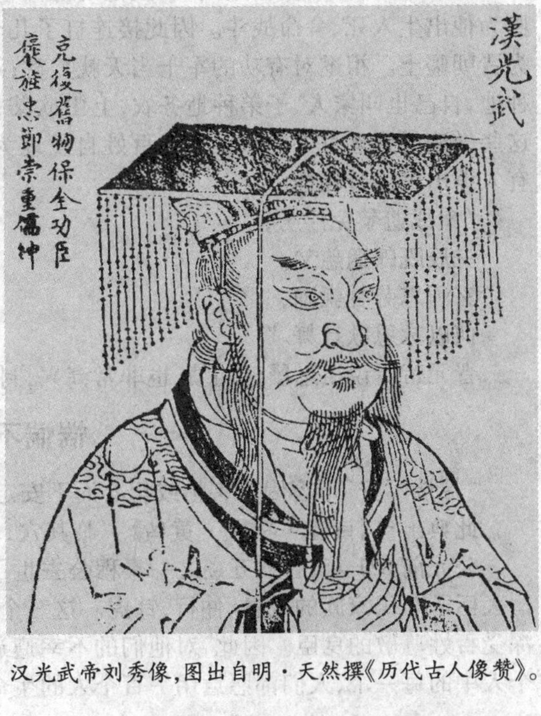

汉光武帝刘秀像,图出自明·天然撰《历代古人像赞》。

中流击楫

“中流击楫”形容忧国忧民的慷慨豪情。

此典出自《晋书·祖逖传》:“仍将本流徒部曲百余家渡江,中流击楫而誓曰:‘祖逖不能清中原而复济者,有如大江!’辞色壮烈,众皆慨叹。”

东晋时候有一个人名叫祖逖,他是一位仗义豪侠、忧国忧民的志士,当看到国家失去了北方大部分的土地后,非常痛心。于是他决心为国家收复失地,重振国威。

晋元帝司马睿在建康定都的时候,祖逖在京口招募了一些勇士,准备北上抗击外族的侵略。他上书晋元帝说:

“晋朝之所以遭到侵略,是因为藩王争权,互相残杀,才给敌人制造了机会。今天百姓在外族的欺压之下,都有奋击之志、报国之心,您如果能够下令,让我做统帅,则各方豪杰都会投奔而来,敌兵去除,国耻可雪……”

皇帝答应了祖逖的请求,命他为奋威将军、豫州刺史,拨给他一千人的给养、三千匹布,让他自己去招募兵卒、制造兵器。

一切都准备妥当后,祖逖,带领部下一百多人,渡江北上。船离开南岸,渐渐划到大江中流,大家回望南土,心中都激动万分。祖逖望着江心的浪花,手敲着船桨,向众人发誓说:

“我祖逖如果不能肃清中原的贼寇,收复失地,就如江水一样,一去不复返!”

“对,我们都跟着你,不打败敌人决不回家!”船上的勇士们都雄心勃勃,发誓报效国家。

祖逖过江之后,首先制造兵器,然后扫兵买马,成千上万的人闻讯而来,很快就组成了一支强大的军队。

祖逖勇敢善战,擅长用兵,加上他对待部下、士卒体贴入微、关怀备至,士卒都心甘情愿为他出生入死、舍命战斗。因此接连打了几个胜仗,收复不少城池,不久黄河以南又成为晋朝疆土。祖逖对有功的军士当天就奖赏;对投降的敌军将士以礼相待;鼓励百姓植桑种地,自己也叫家人、子弟种地务农,上山砍柴;对战死的士卒收尸埋骨,亲自祭奠。他的这些做法得到老百姓的钦佩。老百姓自发地为祖逖举行庆功大会,称他为“重生父母”。有人编出民谣赞颂他:

“幸战遗黎免俘虏,
三辰既郎遇慈父。
玄酒忘劳甘瓠脯,
何以咏恩歌且舞。”

晋元帝听说祖逖屡建功绩,也非常高兴,封他为镇西将军。

惴惴不安

“惴惴不安”形容因为害怕或担心而不安定的样子。

此典出自《诗经·秦风·黄鸟》:“临其穴,惴惴其栗。”

公元前621年,春秋五霸之一秦穆公去世了,决定让一百多个活人殉葬,其中包括秦国大臣子车氏家族的奄息、仲行、针虎。这三个人都是对国家作出巨大过贡献的人,也是深受百姓尊敬的良臣。因此,对他们的不幸遭遇,秦国人民都深表同情和痛惜,对他们三个人中的每一个,人们都愿意用一百个人的生命去换取。为了表示对这三个良臣的惋惜和对暴君的憎恨，秦人作了《黄鸟》这首挽歌。这首歌的意思如下：

黄雀叫叽叽，
在酸枣树上歇息。
谁跟穆公去了？
子车家的奄息。
说起这位奄息，
一人能与百人匹敌。
走近了墓穴，
忍不住浑身战栗。
苍天哪苍天！
为什么让好人统统死去？
如果允许赎他的命，
我们愿意以百换一。
黄雀叫叽叽，
飞来桑树上歇息。
谁跟穆公去了？
子车家的仲行。
说起这位仲行，
百人莫敌。
走近了墓穴，
忍不住浑身战栗。
苍天哪苍天！
为什么让好人统统死去？
如果可以赎他的命，
我们愿意以百换一。
黄雀叫叽叽，
飞到牡荆树上歇息。
谁跟穆公去了？
子车家的针虎。
说起这位针虎，
以一当百不含糊。
走近了墓穴，
忍不住浑身战栗。
苍天哪苍天！
为什么让好人统统死去？
如果允许赎他的命，
我们愿意以百换一。

白龙鱼服

“白龙鱼服”比喻贵人隐藏身份，化装到民间去。

此典出自《说范·正谏》：“吴王欲从民饮酒，伍子胥谏曰：‘不可。昔白龙下清泠之

陶渊明像，图出自明·天然撰《历代古人像赞》。

渊，化为鱼，渔者豫且射其目，白龙上诉天帝，天帝曰：'当是之时，若安置而形？'白龙对曰：'我下清泠之渊，化为鱼。'天帝曰：'鱼固人之所射也，若是，豫且何罪？'夫白龙，天帝贵畜也；豫且，宋国贱臣也；白龙不化，豫且不射。今君弃万乘之位，而从布衣之士饮酒，臣恐其有豫且之患矣。'王乃止。"

这段话意思是说：

春秋战国时期，吴国的国王想跟老百姓一起饮酒，大臣伍子胥劝谏说："不能这么做。从前，一条白龙从天上下到清泠池，变成鱼，被渔夫豫且射中了眼睛。白龙向天帝告状，要求惩处这个渔夫。天帝问：'当时，你是如何变化自己的身形的？'白龙回答说：'我下到清泠池中，变成了鱼。'天帝说：'渔夫是以捕鱼为业的，他的本职工作就要射鱼，并不是射龙。既然这样，豫且有什么罪呢？'那白龙是天帝豢养的珍贵动物；豫且是宋国身份低贱的奴隶，如果白龙不变成鱼，豫且就不会射它。如今君王放弃国君的身份，而跟百姓一起饮酒，我担心将会发生白龙被豫且射中一样的祸患。"于是，吴王听了伍子胥的劝告，就放弃了跟平民百姓一起饮酒的想法。

白衣送酒

"白衣送酒"形容赠酒、饮酒，或咏重阳风物。

此典出自南朝宋檀道鸾《续晋阳秋》："陶潜尝九月九日无酒，宅边菊丛中，摘菊盈把，坐其侧久，望见白衣至，乃王弘送酒也。即便就酌，醉而后归。"

我国古代许多著名的大诗人都爱好喝酒，东晋大诗人陶渊明也不例外。他曾在自传体散文《五柳先生传》里说自己天生爱好饮酒。但由于隐居山乡，家境贫困，因而不是经常都有酒喝的。亲朋旧友知道他的嗜好，有时便备好了酒菜请他去享用。他呢，只要去了，便要一醉方休。尽兴之后，便立即向主人告辞。他性格中的洒脱豪放，也可略见一斑。

有一年的九九重阳节，菊花盛开，南山清晰可辨，秋风吹拂，飞鸟翩然。这么美好的日子，应该是喝酒的时候，但这天陶渊明家中没有一滴酒。他只好惆怅地坐在房屋外的菊花从中，有意无意地一把把摘取菊花，以此来消磨时光。正在百无聊赖之际，陶渊明远远看见一个穿白衣服的人朝他走来。走近一看，这个人手里还抱了一大坛酒。原来，这个白衣人是刺史王弘家的仆役。他依照主人的吩咐，给陶渊明送来一坛酒。陶渊明真是喜出望外，他连忙向白衣人表示对朋友王弘的谢意，并收下了这坛酒。

白衣使者刚走，陶渊明便迫不及待地打开坛盖，阵阵酒香扑鼻而来，他立即开始喝了起来，一杯又一杯，直到喝得酩酊大醉，这才心满意足地回到屋里。

不吃烟火食

“不吃烟火食”比喻人有道气或仙气。也可用以比喻诗文的格调超尘绝俗。

此典出自《宋史·赵自然传》:“大中祥符中,又有郑荣者,本禁军,戍壁州还,夜遇神人谓曰:‘汝有道气,勿火食。’因授以医术救人。七年,赐名自清,度为道士,居上清宫。”

赵自然,原名叫王九。十三岁时得了重病,父亲把他带到青华观,许愿让他做道士。后来,王九梦见一个身材魁伟、鬓发斑白的人,自称姓阴,把自己带到高山上,对他说:“你有道气,我教给你不吃五谷的方法。”于是那个人拿出青青的柏树枝给他吃。王九醒来后,果然就不再吃五谷,神清气爽,每当闻到煮熟的饭食就恶心呕吐,他只吃生果、饮清泉。听说了这件事,宋太宗(赵炅)召见了他,亲自问候,赐予道士服,并替他改名为赵自然。

又有一个人叫赵抱一,常在田间放牛。一天夜里,有人叩门叫他,把他引到山崖绝顶,山上有数人饮宴,音乐齐奏,与人间没什么区别。正当此时,巡检使从山崖下经过,听见音乐之声,以为是群盗欢聚,就召集村民架起梯子爬上山崖。一看,只有赵抱一独自一人在上边,就把他带下来。从此以后,赵抱一不喜欢熟食,只吃甘菊、柏叶、果实,偶尔喝点清泉,面色如婴儿一样红润。他以前不通文墨,可是现在却出口成章,有道家之趣。

宋真宗(赵恒)大中祥符年间,一个人叫郑荣,本是禁卫军的一员,守卫壁州归来时,夜间碰到一个神人对他说:“你有道气,不要吃熟食。”于是,教给他医疗之术,用以治病救人。大中祥符七年,宋真宗赐名给他,叫自清,让他做了道士,居住在上清宫。

步兵厨

“步兵厨”、“步兵酒”等借指美酒;也可用以指借酒避世。

此典出自《晋书·阮籍传》:“籍本有济世志,属魏晋之际,天下多故,名士少有全者,籍由是不与世事,遂酣饮为常。文帝初欲为武帝求婚于籍,籍醉六十日,不得言而止。钟会数以时事问之,欲因其可否而致之罪,皆以酣醉获免……籍闻步兵厨营人善酿,有贮酒三百斛,乃求为步兵校尉。遗落世事,虽去佐职,恒游府内,朝宴必与焉。”

这段话意思是说:

三国时期魏国的文学家、思想家阮籍(字嗣宗,陈留尉氏人),胸怀匡时救世的大志,生在魏国与西晋之际,天下混乱,不断发生变故,政坛混乱,你刚唱罢我登场,很多名人秀士都很难保全自己的性命。因此,阮籍不参与世事,经常开怀痛饮,以求自慰。

文帝司马昭当初想为武帝司马炎向阮籍的女儿求婚,谁知阮籍一醉就是六十天,司马昭没有机会开口,只好算了。魏国司徒钟会多次问他当时的政事,想借他对政事是非的议论而诬陷他,阮籍都以酩酊大醉躲过了灾难。阮籍当官不问政事,终日寄情诗酒。他听说步兵校尉空缺,那里的厨子擅长酿酒,保存有美酒三百斛,于是他要求当步兵校尉。虽然任了职,但是对政事和其他事务全都不闻不问,整天在官府内游来逛去,但是如果朝中有宴会,他无论如何都会参加。

登楼清啸

“登楼清啸”的本意是,登上城楼,发出清亮的长啸之音。人们用它形容战将镇定自若、从容退敌的风度。

此典出自《晋书·刘琨传》:“在晋阳,尝为胡骑所围数重,城中窘迫无计,琨乃乘月登楼清啸,贼闻之,皆凄然长叹。中夜奏胡笳,贼又流涕嘘欷,有怀土之切。向晓复吹之,贼并弃围而走。”

刘琨，字越石，晋代中山魏昌（今河北无极）人，是晋代有名的将领。一次，刘琨出兵晋阳，被胡人的骑兵围困了，形势异常危急。这时，刘琨乘着月光登上了城楼，发出清亮的长啸之声。胡人的骑兵听了，都感到异常凄凉，长叹不已。半夜时，刘琨又弹奏胡笳，胡人的骑兵们不禁痛哭流涕，欷嘘不止，开始强烈地怀念自己的故乡。天刚亮时，刘琨再次吹奏胡笳，其音悲切感人，胡人的骑兵再也无法忍受了，就放弃对晋阳城的围困，撤走了。

斗酒学士

“斗酒学士”指喜欢饮酒的文人。也可用它借指性情高傲、举止狂放的文人。

此典出自《新唐书·王绩传》：“侍中陈叔达闻之，日给一斗，时称‘斗酒学士’。”

唐代王绩，字无功，绛州龙门（今山西河津西）人。他性情傲慢，举止放任不拘，尤其喜欢喝酒。唐高祖（李渊）武德初年，王绩以以往所任官职的身份，在门下省（官署名）待诏。按照以往的惯例，官府每天都要供给待诏的人三升酒，王绩也不例外。有人问他道：“待诏有什么高兴事呀？”王绩回答道：“美酒使我恋恋不舍呢！”门下省的长官陈叔达听到这个消息后，便破例每天给王绩一斗酒喝，因此，人们都把王绩称作“斗酒学士”。

干卿何事

“干卿何事”作为一句成语，用来嬉笑别人多管闲事，表示与你有什么相干的意思。

此典出自《南唐书》：元宗尝戏延巳曰：“‘吹皱一池春水’干卿何事？”延巳曰：“未如陛下‘小楼吹彻玉笙寒’。”元宗悦。

五代时期南唐有一位著名的词人，名叫冯延巳。他曾经在南唐中主李璟执政时，做过宰相，并写过一首《谒金门》词，全词如下：

“风乍起，吹皱一池春水。闲引鸳鸯香径里。手挼红杏蕊。斗鸭阑干独倚。碧玉搔头斜坠。终日望君君不至。举头闻鹊喜。”

词中描写的是一位女子思念情人的故事。春风把池水吹起了层层波纹。她逗引着水面上的鸳鸯，手里揉搓着红杏花瓣，独自倚在栏杆上，抬头听见喜鹊叫，但心上的人儿还是不来。

冯延巳的这首词写得非常细腻、生动，大伙都争相传诵。南唐中主李璟也非常喜欢，经常吟咏着，有一天，李璟碰到冯延巳，就与他开玩笑说：

“哈哈，‘吹皱一池春水’与你有什么关系啊？”

冯延巳欢喜地回答说：

“不如陛下的‘小楼吹彻玉笙寒’妙啊！”

李璟听见宰相在夸赞自己，心中更加得意。原来李璟也写过一首《山花子》词，词中写道：

“菡萏香销翠叶残，西风愁起绿波间。还与韶光共憔悴，不堪看。

细雨梦回鸡塞远，小楼吹彻玉笙寒。多少泪珠何限恨，倚栏杆。”

葛巾漉酒

“葛巾漉酒”形容性情直率，行为豁达；也可用以形容喜欢饮酒。

此典出自《宋书·陶潜传》：“郡将候潜，值其酒熟，取头上葛巾漉酒，毕，还复著之。”

东晋大诗人陶潜，名渊明，字元亮，特别喜欢喝酒。有时，郡中的将领去拜访他，正赶上陶家新酒酿熟，陶潜就摘下头巾滤酒。滤完酒后，又把头巾戴到头上。”

归遗细君

“归遗细君”比喻赠送财物给别人。

此典出自《汉书·东方朔传》：“复赐酒一石，肉百斤，归遗细君。”

汉武帝杀了几头牲口，打算把肉赐给他的随从们吃。东方朔听了武帝这个命令后，便不顾别人，自己拔出剑来，砍了一大块拿回家去。看守这些肉的人也不敢阻拦他，只好将这事告诉给武帝。武帝听后心里非常生气，就派人召来了东方朔，问他：“你为什么不多等一会儿，等到叫你拿的时候再去拿呢？”东方朔是个很滑稽的人，他不慌不忙地说：“这些肉既然是赐给群臣的，而我又亲自听到了，还用得着叫我去领才去领吗？这不能算是无礼。我见了肉，不等别人来割，却自己拔剑来劈，这才是壮士的本色啊！”汉帝和群臣听了东方朔的辩解，都忍不住笑了起来。东方朔接着又说：“我把肉拿回家去，带给妻子吃。这又充分表示我的爱。既不失礼，又有壮士的本色和感情，这没有什么不合适吧！”汉武帝听了便没有再说什么。

海上沤鸟

“海上沤鸟”这个典故告诉人们：诚心才能换来友谊，背信弃义将永远失去朋友。此外，我们从另一个角度来看，也给人以这样的启示：主观愿望，并不等于客观事实。

此典出自《列子·黄帝》。

在遥远的海岸上，有个特别喜欢海鸥的人。他每天清晨都要来到海边，和海鸥一起玩耍。海鸥成群结队地飞来，有时候竟有一百多只。

后来，他的父亲对他说：“听说海鸥都喜欢和你一起玩耍，你不妨捉几只回来，让我也玩玩。”

第二天，他又照旧来到海上，一心想捉几只海鸥，然而海鸥却都只在高空飞舞盘旋，再不肯落下来了。

濠上之乐

“濠上之乐”形容从容不迫地出游。

此典出自《庄子·秋水》：“庄子与惠子游于濠之上。庄子曰：’鲦鱼出游从容，是鱼之乐也。’惠子曰：‘子非鱼，安知鱼之乐？’庄子曰：‘子非我，安知我不知鱼之乐？’惠子曰：‘我非子，固不知子矣；子固非鱼，子也不知鱼之乐全矣！’”

东方朔像

庄子和惠子都是战国时的哲学家。庄子主张“无为”,崇尚自然。就是说,人没必要改造自然,只要顺应它就行了。惠子主张“合同异”,即认为事物之间都有一定的差别,都是相对同一。由于两人的观点不同,因此常常发生争论,两人彼此抓住对方的漏洞进行攻击。他俩濠上的争论就是非常有意思的。

一天,庄子和惠子共同来到濠水的桥上。此时正是桃红柳绿的春天,暖风轻拂、莺歌燕舞,春意盎然。桥下碧波荡漾、清澈见底,一条条银白色的鲦(tiáo)鱼紧贴着水中的石底,悠闲自在地游来游去。当庄子和惠子的影子倒映在水中时,鲦鱼好像视而不见。庄子不由得赞叹道:“啊,它们是多么的快乐呀,你看鲦鱼游的样子!”惠子一听,连忙接过话说:“你不是鱼,怎么知道鱼快乐呢?”庄子一听,仰头哈哈大笑,说:“好,你说得好!不过你不是我,怎么知道我不了解鱼的快乐?”惠子冷笑说:“我不是你,所以不知道你心里的感受;但你不是鱼,你又怎么知道鱼的感受呢?”庄子转过身,望着惠子说:“这就不正确了!你当初不是问我‘怎么知道鱼快乐呢’吗?既然问我,就说明我是知道的。不然的话,你为什么会这样问呢?”

惠子忍不住笑起来,庄子真是太会诡辩了,抓住了“怎么知道鱼快乐呢”这句话,既可表示疑问,又可表示反问,就偷换了概念!

渐入佳境

“渐入佳境”比喻兴味逐渐浓厚。也可比喻情况逐渐好转。

此典出自《晋书·顾恺之传》:“恺之每食甘蔗,恒自尾至本。人或怪之。云:‘渐入佳境。’”

顾恺之,字长康,晋代晋陵无锡(今江苏无锡)人,著名画家。

顾恺之性情风趣、幽默,喜欢开玩笑。因为他博学多才,所以开玩笑时往往说出一些既幽默又耐人寻味的话。顾恺之每次吃甘蔗,总是从梢吃起,然后才吃根,这与一般人的吃法完全相反,因而有人就困惑不解,询问他为什么要这样吃。顾恺之回答道:“这是逐渐进入佳妙的境地。”

孔群好饮

“孔群好饮”这个故事说明:喜欢维护自己短处的人,总是要强词夺理,想方设法为自己辩解的。

此典出自《世说新语·任诞》。

鸿胪卿孔群特别喜欢喝酒。丞相王导劝告他说:“你为什么经常喝酒呢?你看,酒店里那些覆盖酒罐的布,都一天天地霉烂了!”孔君回答说:“不,你没看见浸在酒糟里的肉,不是可以保存更长的时间吗?”

口吻生花

“口吻生花”比喻吟诗得意,兴趣浓厚。

此典出自《云仙杂记》引《白氏金锁》:“张祜苦吟,妻孥唤之不应,以责祜。枯曰:‘吾方口吻生花,岂恤汝辈!’”

唐朝诗人张祜,一次正在苦心吟诗。这时他的妻子呼唤他,他诗兴正浓,就没有理睬她。妻子很生气,责备张祜。张祜说:“我正在口吻生花,怎么能应酬你呢!”

两部鼓吹

“两部鼓吹”形容闲居自乐，也可以用来形容蛙鸣。

此典出自《南齐书·孔稚珪传》：“不乐世务，居宅盛营山水，凭杌独酌，傍无杂事。门庭之内，草莱不剪，中有蛙鸣，或问之曰：‘欲为陈蕃乎？’稚珪笑曰：‘我以此当两部鼓吹，何必期效仲举。’”

南北朝时期，有一个人叫孔稚珪，字德璋，学识广博，很有文才，能写出绝妙的文章。齐高帝（萧道成）在称帝前，就任孔稚珪为记室参军，与江淹共掌军中文书，齐高帝（萧道成）称帝后，孔稚珪曾经担任南郡太守、都官尚书、太子詹事等职。

孔稚珪不喜欢处理世俗事务，在自己的住宅周围尽情营造山水园林，经常一个人凭几而坐，自饮自乐，无所事事。他的庭院里杂草丛生，也从不剪除，草丛中有群蛙鸣叫。有人问他说：“你想做陈蕃吗？”陈蕃，字仲举，东汉人，曾任太尉、太傅，被封为高阳侯。陈蕃年少时胸怀大志，不爱打扫，庭院里杂草丛生，屋子里也是乱七八糟。父亲的朋友问他说：“为什么不打扫一下再接待客人呢？”陈蕃说：“大丈夫处世。应当为国家扫除天下，何必在乎打扫一间屋子？”人们都认为他非常有志气，就十分赏识他。孔稚珪听到人家把他比作陈蕃，就笑着说：“我只是把蛙声当做两部鼓吹的乐队，为什么要效法陈蕃呢。”

刘伶鸡肋

“刘伶鸡肋”指身体瘦弱，不堪一击。

此典出自《晋书·刘伶传》：“尝醉与俗人相忤，其人攘袂奋拳而往。伶徐曰：‘鸡肋不足以安尊拳。’”

晋代名士刘伶生性狂放不羁，无所用心。并且性情高傲，只愿与阮籍、嵇康等名士交往。他酷爱饮酒，常常喝得酩酊大醉。一次，他喝醉了，和一个粗鲁的人发生冲突，那个人捋袖举拳走过来想打他，刘伶不慌不忙地说：“我的鸡肋似的细骨头承受不了您的拳头。”那个人被逗笑了，马上停住了手。

刘伶荷锸

“刘伶荷锸”形容放荡不羁，不以生死为虑的名士作风。

此典出自《晋书·刘伶传》：“刘伶……常乘鹿车，携一壶酒，使人荷锸而随之，谓曰：‘死便埋我。’其遗形骸如此。”

晋代名士刘伶，字伯伦，与阮籍、嵇康等人关系很好，被称为“竹林七贤”之一。他身高六尺，相貌丑陋。放纵性情，怡然自得，常把庄子藐视宇宙、等同万物的哲学思想作为自己的主张。他恬静寡欲，不随便交朋友。但每当与阮籍、嵇康见面，就异常兴奋，神情欢愉，手拉着手走进竹林。刘伶从不把有无家产放在心上。他经常乘坐人力挽拉的小车，带一壶酒，让人扛锹跟着，对随从说：“如果我死了，你就立即把我埋了。”他忘我的程度竟到了这种地步。

龙山落帽

“龙山落帽”指农历九月九日重阳节登高饮酒的风雅之事。

此典出自《晋书·孟嘉传》：“后为征西桓温参军，温甚重之。九月九日，温宴龙山，僚佐毕集。时佐吏并著戎服，有风至，吹嘉帽堕落，嘉不之觉。”

孟嘉，字万年，晋代江夏（今湖北云梦）人，年青时代就才华出众，曾在太尉庾亮属下任从事，庾亮询问地方的风俗与得失，孟嘉回答说："您问我手下的官吏吧。"庾亮笑，说："孟嘉原来是个大才子啊！"把他转为劝学从事。有一次，豫章太守猪裒进见庾亮，向庾亮提起孟嘉，并大大夸奖了孟嘉一番。自此以后，庾亮更加器重孟嘉。

后来，孟嘉在征西将军桓温属下当参军，桓温十分倚重他。农历九月九日重阳节，桓温在龙山设下宴席，僚属们都被请了来。当时属官们都穿着军服，一阵风吹来，把孟嘉头上戴的帽子吹掉了，然而孟嘉却没有觉到。桓温暗示左右的随从不要告诉孟嘉，想看看他的反应。过了很长时间，孟嘉上厕所，桓温叫人取来帽子还给他，并叫另一个富有才华的参军孙盛（字安国）写一篇文章嘲讽孟嘉，写好后就放在孟嘉座位上。孟嘉回来看见文章后，立即写了一篇文章作为回答，文笔非常优美，满座的客人都赞不绝口。

孟嘉喜欢开怀畅饮，喝酒越多越不醉。桓温问孟嘉说："酒有什么好处，您为什么这么喜欢喝酒？"孟嘉回答道："您没有得到酒中的乐趣啊！"桓温又问他说："听歌妓演奏，弦乐不如管乐，管乐不如歌声，这是什么原因呢？"孟嘉回答说："逐渐接近人体，声音才更加动人。"听了他的回答，满座的人都赞叹不已。

泥牛入海

"泥牛入海"的意思是，泥塑的牛进入大海。人们用它比喻像泥塑的牛进入大海一样，一去不返，杳无音信。

此典出自宋代释道原《景德传灯录》卷八《龙山和尚》："我见两个泥牛斗入海，直至如今无消息。"

从前，有一个洞山和尚外出寻师求法，不料迷失了方向，就去拜见潭州龙山的师父，洞山和尚不免嘘寒问暖，多方求教。一次，他又问龙山和尚说："您依据什么道理，便住在此山呢？"龙山和尚回答道："我见两个泥牛斗入海，直到现在还没有消息。"

千金掷帽

"千金掷帽"形容狂放不羁。

此典出自《新唐书·袁耽传》。

晋代人袁耽，字彦道，青年时代才华出众，狂放不羁，受到士人的称道。桓温青年时期以赌博为戏，经常同赌徒来往，结果家里的财产都被他输光了，还负债累累，他想振作起来，但是又无计可施，真让他一筹莫展。为此，桓温打算向袁耽求援，而袁耽正处于居丧期间，桓温就试探着把自己的请求告诉了袁耽。没想到袁耽没有表现出一点为难的神情，立即换下丧服，怀揣布帽，跟着桓温去找债主赌博。袁耽素有善赌的名声，债主只听说过他，却不认识他。债主对袁耽说："你不应该装扮成袁彦道的样子。"于是，他们开始赌博，掷一次筹码就输赢十万钱，后来又增加到百万钱。这时袁耽投下筹码，大呼小叫，摸出布帽扔到地上，说："你还认识袁彦道吗？"

山鸡舞镜

"山鸡舞镜"比喻自我陶醉。

此典出自南朝宋刘敬叔《异苑》卷三："山鸡爱其毛羽，映水则舞。魏武时，南方献之，帝欲其鸣舞而无由，公子苍舒令置大镜其前，鸡鉴形而舞，不知止，遂死。"

这段话意思是说：

山鸡特别喜爱自己的羽毛。每当在水边映给他照出自己的身影时，它都翩翩起舞。魏武帝（曹操）时，南方给他献来山鸡，魏武帝想让它鸣叫、起舞，却不知该怎么做。他的儿子曹冲（字苍舒）想出了一个办法，令人在山鸡面前摆上大镜子，山鸡看到了自己的身影，便跳起舞来，而且没完没了，终因劳累过度，死掉了。

子贡像，图出自明·吕维祺编《圣贤像赞》。子贡，复姓端木，名赐，是孔子的弟子。

食不厌精，脍不厌细

“食不厌精，脍不厌细”形容对饮食极其讲究。

此典出自《论语·乡党》：“食不厌精，脍不厌细。”

春秋时的孔子，虽然被劳动人民斥为“四体不勤，五谷不分”，但他的吃穿、居住却是很讲究的。

据《论语》记载，孔子吃饭，粮食舂（chōng 冲）得越精越好，肉切得越细越好。粮食陈旧了或变味了，鱼和肉不新鲜，不吃。食物的颜色变坏了，不吃。色泽味道不好，不吃。烹调不当，不吃。不是新鲜的菜蔬，不吃。肉切得不方正，不吃。佐料放得不合适，不吃。席上的肉虽多，但吃的不超过米面的分量。酒可以随便喝，但不能喝醉。从市上买来的酒和熟肉，不吃。每餐必须有姜，不过也不多吃。

素琴无弦

“素琴无弦”形容意趣高雅，自得其乐。

此典出自《宋书·陶潜传》：“潜不解音声，而畜素琴一张，无弦，每有酒适，辄抚弄以寄其意。”

陶潜并不懂音律，却准备了一张无弦的琴，每当他与朋友在一起喝酒，喝到酒意正浓之时，就取出琴来，抚弄一番，以寄托自己的情趣，并说：“但识琴中趣，何劳弦上声！”

文武之道，一张一弛

“文武之道，一张一弛”原来的意思是说治理天下之道必须宽严相济，如今多用它比喻工作和生活要善于调节，有节奏地进行。

此典出自《礼记·杂记下》：“百日之蜡，一日之泽，非尔所知也。张而不弛，文武弗能也，弛而不张，文武弗为也。一张一弛，文武之道也。”

周朝时候，民间有一个习俗，每年的十二月中的一天是祭祀百神的节日，称作“蜡”。

每当到了这一天,人们可以尽情载歌载舞,一醉方休。有一次孔子的学生子贡,陪同先生去看热闹,孔子问他:

“看到这热闹景象,你觉得高兴吗?”

子贡面带忧愁地回答说:“他们乐得发狂,可我不知道他们有什么值得高兴的”

孔子耐心地给子贡解释说:

“这个道理你是不会明白的,你没有亲身体会过呀,人们成年累月地在田地里干活,偶尔遇上这么一个节日,能不感到高兴吗?这是君王赐给他们的恩泽。就像拉弓射箭一样,把弓拉得太紧,而不松弛一下,周文王和周武王是不会这样做的;把弓松开以后不再拉紧,他们也不会这样做的。有张有弛,才是文王和武王治理国家的好办法呀!弓拉得过紧,就容易折断,总放松不拉紧就又失去了弓的作用。对百姓也是同一个道理,所以一年之中给他们过一个节日,让他们尽情欢乐一下……”

子贡高兴地笑了:“还是先生知道的东西多!”

徙宅忘妻

“徙宅忘妻”形容健忘者。

此典出自《孔子家语·贤君》:“哀公问于孔子曰:‘寡人闻忘之甚者,徙宅而忘其妻,有诸?’孔子对曰:‘此犹未甚者也;甚者,乃忘其身。’”

祭遵雅歌投壶图,出自清·马骀《百将图传》。祭遵是东汉名将,喜好雅乐与投壶之戏。

春秋时期,鲁哀公曾经问孔子说:“我听说有一个健忘的人,搬家时把自己的妻子都忘记了,世上真的会有如此健忘的人吗?”孔子回答道:“这还不算是最健忘的。最健忘的人,甚至把自己都忘记了。”

歇后郑五

“歇后郑五”比喻滑稽幽默的人。

此典出自《旧唐书·郑綮传》:“歇后郑五做宰相,时事可知矣。”

唐代人郑綮,以进士登第,才华横溢,滑稽幽默。唐昭宗(李晔)时期,郑綮历任监察御史、庐州刺史等职,光化初年任宰相。

郑綮擅长写诗。他写的诗,大多数都是嘲讽人物、讥刺时政,有时故意离开诗词的格律。例如,他离开庐州,与当地人告别时,吟诗道:“唯有两行公廨(官署)泪,一时洒向渡头风。”显得那么幽默滑稽。因此,当时人把他的诗称作“郑五歇后体”。所谓“歇后”,即是隐语,如,讥笑人无耻,只说:“孝悌忠信礼义廉”，而不明说无“耻”。人们把他称作“歇后郑五”，由此可知，他是非常滑稽幽默的。

光化初年，唐昭宗回到宫内，感到各种政务都不令人满意，郑綮经常撰写诗篇进行嘲讽，宦官时常在皇上面前朗诵他的诗作。唐昭宗看到他能直言不讳地批评时弊，觉得他非常有胆识，就在常见大臣的花名册旁边批注道：“郑綮可任礼部侍郎、行宰相职。”中书省掌管文书的官吏就跑到他家去参拜，郑綮笑着问道：“诸位先生大人误会了，即使天下人都不认字，宰相之职也轮不到我郑五来做。”官吏们说：“这是陛下的旨意，明天就会下达正式任命的诏令。”郑綮把手一拱，说：“如果真是这样，可要笑死人了。”第二天，皇帝的任命果然下达了，亲朋好友都赶来祝贺，郑綮挠着头皮说：“我歇后郑五当了宰相，当前的政事可见一斑了。”他多次上表婉言辞让，都没有得到允许。自从进入宰相府管事之后，郑綮忠心耿耿地遵守为相之道，不再开玩笑了。

雅歌投壶

“雅歌投壶”比喻宴饮等游戏活动。

此典出自《后汉书·祭遵传》：“遵为将军，取士皆用儒术；对酒设乐，必雅歌投壶。”

东汉初年，有一个人叫祭遵，字弟孙，颍川颍阳人。青年时期，他博览群书，知识渊博。刘秀起兵攻打王莽之后，祭遵跟随刘秀南征北战，立下大功。于是刘秀封他为征虏将军，拜为颍阳侯。

祭遵当将军的时候，选拔人才都采用儒家的一套学说来进行考核。每逢宴会上饮酒奏乐的时候，一定要进行一种娱乐活动：宾主唱着《诗经》中的《雅》诗，按顺序把箭投到一种特制的壶中，谁投进去得多，就得胜；谁投进去得少，就失败，必须按规定饮酒。

燕雀相贺

“燕雀相贺”，一般用来祝贺新居落成。后用它说明对同一事物，不同的人却有差别较大的观点。

此典出自《淮南子·说林训》：“汤沐具而虮虱相吊，大厦成而燕雀相贺，忧乐别也。”

热水洗头的用具准备好了，虮虱会互相吊丧；大厦建成，麻雀、燕子互相庆贺。忧愁、欢乐都会有一定的差别。柳下惠（又叫展禽，鲁国贤大夫）看到饴糖，说：“可以养活老人。”盗跖看见饴糖，则会说：“偷东西时，可以用它粘门上的锁钥。”所见的事物相同，但用法却有很大的差异。

优哉游哉

“优哉游哉”形容从容不迫、闲适自得的样子。

此典出自《左传·襄公二十一年》：“优哉游哉，聊以卒岁。”

春秋时代，晋国的大夫叔向因栾盈之党叛乱而受到连累。被捕入狱后，有人对他说：“你之所以犯罪入狱，可能是因为你不聪明的原因吧？”叔向自我安慰地回答说：“我虽被囚禁了，但总比死了好一些吧。《诗经》上说得好，‘优哉游哉，聊以卒岁。’（意思是：悠悠闲闲，姑且混满一年。）这就是聪明的表现。”

叔向有个熟人乐王鲋，也是晋国的大夫。此人诡计多端，是晋君身边的人。当他知道叔向入狱后，便去监狱看望叔向，并对叔向说：“我打算救你出狱。”叔向知道他的为人，并没有搭理他。乐王鲋走时，他也没有表示感谢。人们觉得奇怪，就责备他说：“乐王鲋是跟随晋侯的人，他可以在晋侯面前为你说情呀！只要他愿意救你，就一定能行啊！你为什么还不答应呢？”叔向说：“我希望一个秉公正直的人来救我。”他停了一下接着说：“这个人就是祁奚，他外举不避仇，内举不避子，多么公正的人哪！如果他知道我的情况，他一定会来救我。”乐王鲋遭到叔向的拒绝之后，心里充满了怨恨，总想报复叔向。后来，晋侯问乐王鲋：“叔向到底犯了什么罪？”乐王鲋说：“叔向是栾盈的同谋。”可是，与此同时，叔向受到株连的事被祁奚知道了，于是他立即坐着车子去找范宣子商量，希望他能把叔向救出来。范宣子也是晋国的大夫，并且为人公正，听说叔向是受株连，非常不乐意帮忙。经范宣子的营救，叔向终于出狱了。叔向认为他们救他是为公而不是为私，因此他并没有去感谢他们。

玉山倾倒

“玉山倾倒”比喻醉酒、醉态。

此典出自《世说新语·容止》：“嵇叔夜之为人也，岩岩若孤松之独立；其醉也，傀俄若玉山之将崩。”

嵇康，三国时期魏国谯郡人，字叔夜。学问渊博，喜欢《老子》、《庄子》，长于诗文，擅长弹琴，精通音律，与阮籍、山涛、向秀、阮咸、王戎、刘伶同被称为“竹林七贤”。

嵇康身长七尺八寸，英俊潇洒，风度翩翩，即使处在人群之中，人们也能立即看出他是一个与众不同的人物。见到他的人都赞叹地说：“他竦立着，是那么庄重，又是那么明快开朗，举止是那么高洁。”也有人说：“他的气度，是那么劲烈，就像松林间的风声，高亢而轻缓。”“竹林七贤”之一的山涛说：“嵇康之为人，就像一株独立的松树，高高地耸立着；他喝醉了酒，就像巍峨的玉山倾倒下来。”

拄笏看山

“拄笏看山”形容官员的闲情雅兴；也可用以形容狂放不羁，不问世俗。

此典出自《晋书·王徽之传》：“徽之初不酬答，直高视，以手版拄颊云：“西山朝来致有爽气耳。”

王徽之，字子猷，晋代会稽人，是著名书法家王羲之的儿子。才能卓绝出众，性情洒脱豪放，给大司马桓温当参军，他经常蓬乱着头发，松散着衣带，不过问府中的公事。后来，他又在车骑将军桓冲部下当骑兵参军，桓冲问他说：“您担当什么官职呢？”王徽之回答道：“好像是管马的官儿。”桓冲又问道：“您管理多少匹马呢？”王徽之回答说：“我连马都没有见过，怎么会知道有多少匹马呢？”桓冲又问道：“马已经死了多少匹？”王徽之回答说：“我不知道有多少活马，又怎么会知道有多少死马呢？”

有一次，王徽之跟着桓冲外出，不料碰到天下暴雨，于是，王徽之立刻下了马，挤到桓冲乘坐的车中坐下，对桓冲说：“您怎么能一个人霸占一辆车呢？”桓冲便对王徽之说：“您在官府也很久了，早应料理公务了。”王徽之听了，没有回答，用手支撑着面颊，两只眼睛望着远处的山中的景色，答非所问地说：“早晨的西山，空气很新鲜么。”

走马章台

“走马章台”原指骑马经过章台，后指涉足妓间。

此典出自《汉书·张敞传》：“唯广汉及敞为久任职。敞为京兆，朝廷每有大议，引古今，处便宜，公卿皆服，天子数从之。然敞无威仪，时罢朝会，过走马章台街，使御史驱，自以便面拊马。”

汉代,有一个人叫张敞,字子高,河东平阳人。汉宣帝时期,张敞任太中大夫。因为得罪了大将军霍光,所以他被派到函谷关做都尉,后又改任山阳太守。有一年,渤海、胶东地区盗贼并起,社会混乱不堪。张敞上书自荐,被任为胶东相,前去治理盗贼。结果,盗贼全部被治理了,国中太平。京兆尹赵广汉死后,朝廷先后委任数人担任京兆尹,但都不称职,京城长安疏于管理,盗贼极多,商人叫苦不迭。宣帝委任张敞为京兆尹,叫他维持好京城的秩序。张敞到任后,进行调查研究,找到了盗贼的首领,命令他供出同伙,将功赎罪。贼首领说:“如果您把我抓起来,盗贼们就躲起来了,您也抓不到他们。如果您叫我当个官吏,我就有办法对付他们了。”于是,张敞任命他为官吏,把他放回家,群盗听说他们的首领当了官,纷纷赶来祝贺。喝酒大醉以后,盗贼的首领就把赤土撒在盗贼的衣襟上,作为标记。当他们摇摇晃晃走到街上时,狱吏们早已等到那里了,见到衣襟上有赤土的人,就一一逮捕了,一天之内抓了几百个盗贼。从此以后,长安市场上再也没有发生偷盗的事件。张敞因此在长安站住了脚,并受到宣帝的嘉奖。

明朝开国名将中山王徐达像,图出自清·上官周绘《晚笑堂画传》。

屈指算来,唯有张敞和赵广汉担任京兆尹的时间最长。张敞任京兆尹期间,朝廷里每有重要的问题要讨论,他就引古论今,分析利弊,讲得有理有据,公卿大臣都很佩服他,宣帝也多次采纳他的意见。然而,张敞缺少威仪,上朝回来,骑着马从长安城中繁华热闹的章台街走过,叫御史赶马,自己用扇子拍马前行。他又经常给自己的妻子描画眼眉,以致长安城中议论纷纷,说:“张京兆画的眼眉妩媚极了!”有的人看不惯,就向宣帝上书,告张敞的状。宣帝讯问,张敞回答道:“我听说闺房之内,夫妻之间的私情多着呢,有的私情比画眉还过分,所以我给妻子画一下眉毛又算得了什么呢?”宣帝觉得他说得有理,也很常识他的才能,就没有过分责备他。但是,张敞却始终没有得到较高的官位。

八面威风

“八面威风”形容威势很盛,威风十足。

此典出自明代董穀《碧里杂存》卷上:“厥明发舟,老叟举棹口中打号子曰:‘圣天子六龙护驾,大将军八面威风。’圣祖元旦得此吉语,喜甚。”

元朝末年,朝政腐败,天下大乱。灾民流离失所,饿殍遍地,天下百姓被迫拿起武器来战斗,他们发出了共同的呼声:“天高皇帝远,民少相公多;一日三遍打,不反待如何?”从公元1337年开始,便接连出现了不可遏止的人民起义浪潮。明朝开国皇帝朱元璋(明太祖）也在家乡招兵买马，同乡人徐达等七百余人加入起义队伍。不久，朱元璋就拥有了一支二三万人的军队，也有了很大声势。当初，在朱元璋领兵攻下安徽和阳后，想继续南下进攻江南。在过年那天，他与大将徐达乘上小船，准备渡江。

天亮开船的时候，撑船的老头儿举起船桨，嘴里喊起号子说："圣明的天子有六龙护驾，大将军八面威风，威势很盛"。当时，朱元璋并没有当上天子，不过他觉得，在过年的时候听到这种话，也是非常吉利的，不禁喜出望外。后来，他果然起义成功，当上了天子。

抱头鼠窜

"抱头鼠窜"今用以比喻急忙逃走时的狼狈相。

此典出自《汉书·蒯通传》："始常山王（张耳）、成安君（陈余）故相与为刎颈之交，及争张黡、陈释之事，'常山王（张耳）奉（捧）头鼠窜，以归汉王（刘邦）'"。

楚汉相争时，曾跟随项羽的韩信看到项羽有勇无谋，又用人不当，便投归了刘邦。在萧何的极力推荐下，刘邦重用了韩信。刘邦和项羽在荥阳、成皋间对峙时，韩信率军抄了项羽的后路，破赵取齐，占据了黄河下游地区。后被刘邦封为齐王。

这时，有一个叫蒯通的人来见韩信。他对韩信说："楚汉相争已经几年了，可还是这么僵持着，他们之间到底谁会胜利谁会失败，大王您有着举足轻重的作用。你不如谁也不帮，谁也不靠，以齐地为根据地，和他们三分天下，然后再图谋统一全国。"韩信听完蒯通的这番话，说："汉王对我这么好，我怎么能忍心背叛他呢？"蒯通说："当初常山王张耳和陈余是割了脑袋都不变心的好朋友，可是张耳在被迫无奈的情况下，抱头鼠窜，投靠了汉王，并借汉王之兵消灭了陈余。现在大王和汉王的交情不一定就比张耳和陈余的交情深。古人说得好：'飞鸟尽，良弓藏；狡兔死，走狗烹'。大王的功劳太大，汉王没法赏您，大王的威名只能让汉王担心害怕。我真替大王担心啊！"虽经蒯通反复劝说，韩信始终不肯背叛汉王。

后来，刘邦消灭了项羽，平定了天下。但韩信却以谋反罪被吕后诛杀。临死前，韩信感叹地说："我悔不该当初不听蒯通的劝告，以致死在妇人小子之手。"

暴跳如雷

"暴跳如雷"表示急怒得蹦跳呼喊，好像打雷一般猛烈，形容人又急又怒的样子。一般含贬义。

此典出自《孔雀东南飞》："我有亲父兄，性情暴如雷，恐不任我意，逆以煎我怀。"

刘兰芝十七岁那年嫁给焦仲卿为妻。她到焦家上侍公婆，下抚弟妹，处处殷勤周到。但是，她的婆婆性情古怪，苛刻凶狠。她规定刘兰芝每天除了做家务事外，还要织绢五匹。刘兰芝起早摸黑、拼命地做完了这一切，她婆婆还不满意，坚持要把她赶回娘家去。刘兰芝与焦仲卿感情深厚，不舍得离别。焦仲卿向他母亲跪拜求情，要求留下兰芝，但焦母十分专横，非要焦仲卿休了刘兰芝另娶不可。

在焦母的威逼下，焦仲卿实在没有办法，只好对刘兰芝说："我本来舍不得您，但母亲威逼厉害，我实在无法，只得让您回家暂避一下，过段时间我再来接您。"

两人含泪相叙，难舍难分。临别的时候，夫妻俩都坚决表示：男不再婚，女不再嫁，彼此从一而终。然兰芝想：回家之后，母亲面前倒还可以过得去，哥哥那关就难过了，于是她对焦仲卿说："我哥哥性情暴躁蛮横，回家之后，可能不会放过我，极有可能不会使我如愿。"

事情果如刘兰芝所料：回家之后，她哥哥果然马上逼她改嫁；兰芝坚决不愿意，就在一个晚上投水自尽了。焦仲卿得到兰芝自尽的噩耗之后，悲恸欲绝，也于当天晚上在花园中自缢而亡。

比干宰相

“比干宰相”形容心神不定、失魂无奈的样子。

此典出自《封神演义》第二十、二十七回：“妲己设计害比干。”

比干，相传为殷纣王的叔父，官至宰相。

一次，狐狸精妲己邀请狐群变做神仙赴宴，没想到露出了狐狸尾巴，被比干宰相识破。比干与武成王黄飞虎，烧死了洞穴里的狐狸，并且把没有烧焦的狐狸皮制成一件袍献给纣王，想以此教训妲己，使妖精不敢再捣乱；同时劝谏纣王悔悟，不再迷恋妖精。妲己见到狐狸皮袄是用她子孙的皮制作的，禁不住心如刀绞，火燎肝肠，暗骂：“比干老贼！你烧死我的子孙不算，还来欺侮我。我不把你的心剜出来，也不配当王后了！”于是，她伙同九头雉鸡精胡喜媚，设计陷害比干宰相。

这天，纣王正在左拥妲己，右抱喜媚，饮酒作乐。妲己突然大叫一声，跌倒在地，口喷血水，闭目不言，脸色俱紫。喜媚说她这种心病，只有用一片玲珑心煎汤吃下去才能治好；并说朝中只有比干宰相有玲珑七窍之心。于是荒唐透顶的纣王赶紧把比干招来。

比干心里很清楚此去凶多吉少。他按照姜子牙的吩咐，做了如此这般的准备，然后穿上朝服，上朝面见纣王，怒责昏君听信妖言，陷害忠良。无奈纣王执迷不悟，不但不听劝谏，反而传令武士拿下比干，取出心来。比干怒不可遏，接过利剑，自己往脐中刺入，将腹剖开，掏出心来，往下一掷，回身跑出午门，骑上马往北门去了。

大约走了几里路，路旁有个妇女手提筐篮，叫卖“无心菜”。比干忽然听见，就停下来问她：“如果人没有了心，会怎么样？”妇女答：“如果人没有了心，会死。”比干听她这么一说，大叫一声，跌下马来，一腔热血溅尘埃，当场死了。

不卑不亢

“不卑不亢”表示既不高傲，也不自卑。指言语或待人很有分寸。

此典出自《红楼梦》第五十六回：“他这远愁近虑，不抗（亢）不卑，他们奶奶就不是和咱们好，听他这一番话，也必要自愧的变好了。”

一天吃过早饭，平儿到探春那里聊天。平儿、探春和宝钗三人取笑了一

比干像，图出自清·顾沅辑《古圣贤像传略》。

回，便谈起正经事来。

探春觉得她们住的园子应该改变一下管理办法，应从园子里的众多老妈妈中挑出几个老成本分，懂得园圃的人收拾料理。这样，一来有专人培养花木，园子会一年好似一年；二来不致白白糟蹋东西；三来老妈妈也可得点额外收益，不枉成年在园中辛苦；四来可以节省勤杂人员的开支。采用这个办法可把园子管理得更好。宝钗点头笑道："善哉……"李纨也说："好主意……"平儿说："这件事必须要姑娘说出来。我们奶奶虽有此心，未必好出口。"宝钗听了，忙走过来，摸摸平儿的脸笑道："你张开嘴，我瞧瞧你的牙齿舌头是什么做的？从早起到现在，你说的这些话，一套一个样子：也不奉承三姑娘，也不说你们奶奶才短想不到。三姑娘说一套话出来，你就有一套话回奉，总是三姑娘想得到的，你们奶奶也想到了，只是必有个不可办的缘故——这会又是因姑娘们住的园子，不好因省钱令人去监管……她这远愁近虑，不抗(亢)不卑，她们奶奶就不是和咱们好，听她这一番话，也必要自愧的变好了。"

不翼而飞

"不翼而飞"用以比喻言论和消息不待宣传就迅速地传播。但沿用下来，除了这层意思以外，有时也比喻东西突然丢失。

《国策·秦策三》：众口所移，毋(通无)翼而飞。

战国时，秦国派大将王稽去攻打赵国的都城邯郸，连续攻打了十七个月都没攻下。这时，有个叫庄的人建议王稽说："你为什么不赏赐一下部下呢？这样可以鼓舞他们的斗志"。王稽回答说："我执行的是秦王的命令，不用你多嘴多舌的。"庄见王稽这样骄横，气愤地说："你独断专行，轻视士兵已经很长时间了，这是不对的。我听说，如果有三个人谎报街市上有老虎，听的人就会信以为真；如果有十个人弯一个木椎，就会把木椎弄弯；如果大家都争相传说一个消息，消息没有翅膀也会到处飞行。可见，民众的力量是无比的，你还是赏赐你的部下吧。"但王稽依然不听庄的劝告。

后来，王稽的部下发生了叛乱，对战事更加不利，秦王怒不可遏，就把他杀了。

侧目而视

"侧目而视"以形容不敢正视，以表示敬畏的情态。也用来表示斜着眼睛看，形容愤怒的样子。

此典出自《战国策·秦策一》："妻侧目而视，倾耳而听。"

战国时代，苏秦到秦国游说，劝秦惠王实行连横的计策。然而苏秦的意见并没被秦王采纳，没有当上官，因此只好垂头丧气地回到洛阳老家。当他走进家门的时候，家里的人都很轻视他。妻子坐在织布机边不理睬他。嫂嫂不给他做饭，就连他的父母也不愿和他讲话。

过了一年，苏秦又到赵国去见赵王，献合纵之策。苏秦主张赵国联合齐、楚、燕、韩、魏等国共同对付日益强大的秦国。赵王觉得他这个策略非常好，便封他为武安君，拜他做相国。

苏秦做了大官之后，路过洛阳，他父母听到消息，到城外三十里的地方去迎接他。他的妻子吓得毕恭毕敬地站在一边，斜着眼看苏秦，侧着耳朵听苏秦讲话，不敢抬头正视苏秦。他的嫂嫂则跪拜在地，非常谦恭地迎接苏秦。苏秦见嫂嫂这样谦恭，就笑着说："嫂嫂为什么以前那样怠慢我，今天却对我这么恭敬呢？"

察言观色

“察言观色”表示仔细观察别人的言语表情,见机行事。

此典出自《论语·颜渊》:“质直而好义,察言而观色,虑以下人。在邦必达,在家必达。”

孔子有个学生名叫子张,有一次他去问孔子:“读书人要如何才能做到‘达’?”孔子觉得子张的问题非常不明确,就反问道:“你所谓的‘达’是什么意思?”子张说:“做官的时候要有名望,居家的也一定要有名望。”孔子听了,摇摇头说:“这个叫‘闻’,不叫‘达’。什么叫‘达’呢?‘质直而好义,察言而观色,考虑思及别人的感受。在邦必达,在家必达’。”(意思是:品质好,遇事讲道理,又擅长辨别人的言语,观察别人的脸色;遇事在思想上愿意对别人让步。这种人,做官的时候就事事行得通,居家的时候也一定事事行得通。)子张听了,点点头说:“老师,我明白了。”

沉鱼落雁

“沉鱼落雁”形容女人的美丽容貌。

此典出自《庄子·齐物论》:“毛嫱、骊姬,人之所美也;鱼见之深入,鸟见之高飞,麋鹿见之决骤,四者孰知天下之正色哉?”

春秋时,越国被吴国消灭后,越王句践一心想雪洗耻辱,一方面卧薪尝胆,激励自己;一方面物色美女,献给吴王,想用美人计来让吴王丧失志向,以达到复仇的目的,诸暨的苧萝村,有一个美女名叫西施,她每天都在溪边浣纱,溪中的鱼见到西施的美丽,也觉得羞愧,不敢浮上水面,都沉到水底去了,后来范蠡找到了她,把她献给吴王,由于西施貌美,吴王不禁陷入美色之中,整天都不理国政,句践终于复国。

汉元帝时,挑选天下的美女,充当宫女。当时有一个名叫王昭君的美女被选中了,奸臣毛延寿因得不到贿赂,故意把昭君的画像弄得丑陋,把真的一幅送给番王,番王见昭君美丽,就向汉朝索取,如果不给,就要派兵攻打作为要挟。汉朝为了避免战争,无奈之处,只好献出昭君来求和,王昭君在出塞时,空中飞过的大雁,惊讶她的美丽,竟忘了飞翔坠入到树林里面。

叱咤风云

“叱咤风云”形容声势威力之大。

此典出自唐代骆宾王《为徐敬业讨武氏檄》:“敬业,皇唐旧臣,公侯冢子,奉先君之成业,荷本朝之厚恩。宋微子之兴悲,良有以也,袁君山(应作‘桓君山’)之流涕,岂徒然哉?是用气愤风云,志安社稷,因天下之失望,顺宇内之推心,爰举义旗,以清妖孽。南连百越,北尽山河,铁骑成群,玉轴相接。海陵红粟,仓储之积靡穷;江浦黄旗,匡复之功何远?班声动而北风起,剑气冲而南斗平。喑呜则山岳崩颓,叱咤则风云变色。以此制敌,何敌不摧?以此图功,何功不克?”

骆宾王与卢照邻、王勃、杨炯诗文齐名,是“初唐四杰”之一。他在政治上非常不顺利,不得志,只担任过武功主簿、侍御史等官职。公元684年,武则天废唐中宗准备自立,大肆杀戮李唐子孙,统治阶级内部矛盾也进一步激化,被贬为柳州司马的徐敬业起兵反抗。在徐敬业军中任艺文令的骆宾王,便替他起草了讨武檄文,对武则天的政治面目和私生活都进行了无情的揭露,并把它列为罪状公之于众,而描写徐敬业一方则大义凛然,气

骆宾王像，图出自清·上官周《晚笑堂画传》。

壮山河，充满必胜的信心。

骆宾王写道："徐敬业是大唐的旧臣，公侯的直系子孙，继承先辈李勣（徐敬业的祖父，由于辅佐唐太宗建立唐朝有功，被赐姓李）的功业，蒙受朝廷厚恩。春秋时，宋微子朝周，路过殷朝故都，见到一片荒草蓬蒿，触景伤怀，的确有原由；东汉光武帝时，桓谭因上书评论时政，遭到贬斥，他痛哭流涕，郁郁而死，他难道是无缘无故的感伤吗？所以，由于气愤而激起风云，目的在安定国家。趁着天下百姓都对武氏的不满情绪，顺应海内民众的意愿，高高地举起义旗，决心清除妖孽。南至百越（越：南方少数民族的总称），北达三河（指汉代所设河南、河东、河内三郡，地域相当于今河南、黄河南北及山西一部），铁骑成群结队，战车无边无际。海陵（今江苏泰县）的红粟，仓廪的储积，无穷无尽，江浦（属江苏省）一带，黄色的义旗遍布原野，匡复天下的大功，指日可待。马打盘旋，长鸣不已，就像北风卷起；剑光闪闪，直冲云天，与南斗（即斗宿，二十八个星宿之一）相齐。怒气勃发，可使山丘崩摧；气愤呼号，可使风云变色。用这样的军队对付敌人，还有什么样的敌人不能摧毁；用这样的军队建立功业，还有什么样的功业不能完成！"徐敬业的讨伐没有成功，终被武则天镇压下去了。据说，后来武则天见到骆宾王撰写的这篇檄文时，非常赞赏骆宾王的才华。

出水芙蓉

"出水芙蓉"指刚长出水面的荷花，原比喻诗写得清新，后常用来比喻女性的美丽。

此典出自南朝梁钟嵘《诗品》："谢（灵运）诗如芙蓉出水。"

南朝宋时，有一位著名的诗人叫谢灵运，原籍陈郡阳夏（今河南太康），后移籍会稽。他年少时候被寄养在外面，族人都称他为客儿，世称谢客。晋末，谢灵运袭封康乐公，入宋以后，曾任永嘉太守、侍中、临川内史等职。

谢灵运诗才出众，他的诗大多数都是描写会稽、永嘉、庐山等地的山水名胜，擅长刻画自然景物，开创了我国文学史上的山水诗一派。谢灵运的诗善于铺陈雕琢，某些篇章真实地反映了山川景物的自然美，给人以清新可爱的感觉。文学批评家钟嵘的《诗品》中说：谢灵运的诗像芙蓉出水一般清新可爱。

车水马龙

"车水马龙"形容车马众多、络绎不绝的热闹情况。

此典出自《后汉书·明德马皇后纪》:“前过濯龙门上,见外家问起居者,车如流水,马如游龙。”

意思是“日前经过濯龙园门外时,见到马后的娘家问安的人非常多,门前的车像流水般络绎不绝,马儿连着马儿像游龙那么长。”

到了南唐时,最有名的大诗人李后主,在他的作品中也有过这样的句子。原来李煜在金陵(今南京)继承皇位后,外有强敌(宋朝)压境,内则国库空竭,形势已是非常危险。不久,宋朝两度派人强迫李煜赴宋,李煜都拒绝了,后来宋便用武力将金陵攻陷,李煜最终成了宋太祖的阶下之囚。在拘禁之中,李煜感到孤独、寂寞、悔恨和凄凉,在这种悲惨的囚徒生活中,他只有在梦中才能忘记白天的处境,在往事的眷恋中陶醉一下。他写了一篇《望江南》的词说:

“多少恨,昨夜梦魂中。还似旧时游上苑,车如流水马如龙,花月正春风。”

李煜尝够了亡国之苦,心中有着“多少恨”!过去的生活多么热闹:“车如流水马如龙”,又多么美丽:“花月正春风”,但这一切都只能重温在“梦魂中”!由此可见,亡国的人是多么凄凉呀!

垂头丧气

“垂头丧气”指低着脑袋,无精打采。人们常用这句成语形容失意懊丧,萎靡不振的样子。

此典出自唐代韩愈《昌黎先生集·送穷文》:“主人于是垂头丧气,上手称谢。烧车上船,延之上座。又见《新唐书·宦者列传》:自见势去,计无所用,垂头丧气。”

唐朝末年,由于藩镇割据,中央的政治统治既软弱又腐败。唐昭宗李晔名为皇帝,其实只是个傀儡。当时,割据京城长安周围地区的是军阀李茂贞,割据黄河中下游地区的是军阀朱全忠(即朱温)。由于这两股军阀势力比较强大,对朝政产生了影响,因此朝中大臣也分成了两派:一派以宦官韩金海为首,站在李茂贞一边;一派以宰相崔胤为首,站在朱全忠一边。

南唐后主李煜像,图出自明·天然撰《历代古人像赞》。

元复元年(公元901年),朱全忠为了代唐自立,率兵逼近长安。李茂贞、韩金海等挟持唐昭宗逃到凤翔(今陕西宝鸡至周至一带)。朱全忠率军继续西进凤翔,李茂贞抵挡不住,屡战屡败,搞得弹尽粮绝,连昭宗皇帝也没有饭吃,只好和朱全忠讲和。这时,韩金海难堪极了,他是依附李茂贞的,又是朝中的宦官,现在,皇帝和李茂贞都要讲和了,他看到大势已去,又无计可施,只好垂头丧气地等候朱全忠的处罚。后来,在朱全忠的威逼下,李茂贞交出了唐昭宗，并杀了韩金海等人。

春风得意

“春风得意”形容考上进士后的得意心情，也用来形容官场飞黄腾达或事业顺心如意的样子。

此典出自唐代孟郊《登科后》诗：“昔日龌龊不足夸，今朝旷荡恩无涯。春风得意马蹄疾，一日看尽长安花。”

唐朝时候，有一位著名的诗人，名叫孟郊，他是河南洛阳人。最初隐居在高山，称为“处士”，性情非常耿直，因此很少有人能和他合得来，只有大诗人韩愈和他一见如故，因此后人有“韩孟”之称。他们两人在诗的风格上也有相似的地方，常常唱和于诗酒之间。

孟郊的经历很不如意，这从他的诗里那些特多的怨、伤、愁、病、饥、恨……之类的字句可以看出来。他曾两次考进士都没有考上，直至贞元（唐德宗年号）十二年，才考中了进士，那时他已经五十多岁了，穷困的生活磨掉了旷达的气度，考中进士以后，他才开朗起来，他高兴地写了一首《登科后》的绝句，表达他当时愉悦的心情，那首诗说：“从前那窘迫的日子是不值得夸耀的，今天我的心情忽然开朗了，才感到皇恩没有边际。我兴高采烈地骑了马儿奔驰在春风里，一天的时间就将长安的花儿看完了。”

大发雷霆

“大发雷霆”比喻大发脾气，高声斥责。

此典出自《三国志·吴志·陆逊传》：“今不忍小忿而发雷霆之怒。”

公元229年，孙权称帝，国号吴，建都建业（今江苏南京）。当时，曹魏的执政者是魏明帝曹睿。曹睿是个荒淫无度又无能的人，曹氏政权已失去了武帝曹操、文帝曹丕时的气势。魏国的辽东太守公孙渊见此情形，便暗地里与孙权结成同盟，孙权封他为燕王。但是，由于辽东和建业离得非常远，公孙渊担心一旦被魏国攻打，远水救不了近渴，和孙吴结盟并非是好的办法，于是又背弃盟约，杀了吴国的使臣。

消息传到东吴，孙权暴跳如雷，打算立即派大军渡海远征，讨伐公孙渊。名将陆逊见此情形，上书劝阻。陆逊指出：公孙渊凭借着险要的地势，背弃盟约，杀我使臣，确实令人气愤。但现在天下风云变幻，群雄争斗，如果不忍小愤而发雷霆之怒，恐难实现夺取天下的愿望。我听说，要干大事业，想统一天下的人是不会因小失大的。孙权觉得陆逊的意见十分正确，就取消了讨伐公孙渊的计划。

大腹便便

“大腹便便”形容人的肚子大。

此典出自《后汉书·文苑列传·边韶》：“边孝先，腹便便。”

东汉桓帝时候，有一位教书先生，名叫边韶，字孝先，这个人曾经做过临颍侯相、太中大夫，后来迁为北地太守、尚书令。在他教书的那几年，曾发生过一件有趣的故事。

边韶勤奋好学，年轻的时候就已经以文章而远近闻名了。他招收几百名学生，尽心尽力地给学生们讲书、批文。然而，边韶有一个小毛病，喜欢打瞌睡，因为他身子胖，肚皮有些大，所以行动不灵活，平时总是懒洋洋的样子，学生们看了就经常暗地里笑他。

有一天，边韶讲了一阵子书，累了，便朝学生们摆摆手：“去吧，背书去吧！”他自己则把肥胖的身子往后一仰，和衣躺在木床上，一会儿工夫就鼾声大作了。学生们看到他挺着肚皮睡熟了，于是几个人凑在一块，给老师编了一段顺口溜儿：

边孝先，腹便便，

懒读书，但欲眠。

学生们一边念，一边哄笑，把先生吵醒了。他听了学生编的顺口溜儿，觉得非常有意思，便在地上踱了两圈儿，忽然灵机一动，提笔也写了一首顺口溜，自己摇头晃脑地念起来：

边为姓，孝为字。

腹便便，五经笥。

但欲眠，思经事。

寐与周公通梦，

静与孔子同意。

师而可嘲，

出何典记？

他的这首顺口溜儿大意是说：

“我的肚子是大了点，不过，里边装的都是经书。我是喜欢睡觉，不过，我在梦中会见周公。即使有片刻安静的时候，我也念记孔子的教诲哩！你们嘲笑先生，这规矩源自于哪家的经典呢？”

学生们听先生这么一说，都惊得目瞪口呆，想不到先生有这样的才华，出口成章，做顺口溜儿也会教训人！而那几位恶作剧的学生都羞愧得满面透红，偷偷溜出门外，老老实实地背书去了。

低首下心

“低首下心”形容屈服顺从、俯首听命的样子。

此典出自唐代韩愈《祭鳄鱼文》：“刺史虽驽弱，亦安肯为鳄鱼低首下心为民吏羞，以偷活于此邪？”

唐代中叶的大文学家韩愈，曾经因谏迎佛骨，惹恼了唐宪宗，唐宪宗要处死他，幸好宰相裴度为他求情，宪宗才改判他到潮州去做刺史。他到任之后，便到民间去了解人民的疾苦，他听说鳄鱼聚在恶溪，经常伤害路经那里的人畜，害得老百姓们不能够安居乐业。于是韩愈写了一篇《祭鳄鱼文》，派部下们把一头猪和一只羊投进恶溪的潭水里，让鳄鱼们吃个痛快，然后又限令它们最迟一个星期的时间，要全部迁到南面的大海里去生活，如果不服从命令的话，就要挑选精明干练的射手，用犀利有毒的箭把它们全部射死。

冬日可爱

“冬日可爱”比喻人的慈祥可亲。

此典出自《左传·文公七年》。

狄侵我西鄙，公使告于晋。赵宣子使因贾季问酆舒，且让之。酆舒问于贾季：“赵衰、赵盾孰贤？”对曰：“赵衰，冬日之日也；赵盾，夏日之日也。”杜预注曰：“冬日可爱，夏日可畏。”

春秋时期，晋国的国君晋襄公死后，本来应该由太子夷皋继承君位，但是夷皋还是个在襁褓中的婴儿，无法执政。当时国家又处在困难的局势下，齐国、狄国和楚国的军队正在讨伐它，因此，大臣们主张拥立年岁大的公子雍为晋国国君。晋国的卿士中掌握大权的

人物是赵盾,他是晋军的中军帅,执掌朝政大权。他对大夫们说:

“公子雍年长,死去的先君宠爱他,他与秦国的关系又非常密切,立他为晋国国君会安定的。”

大夫贾季反对立公子雍,他主张立公子乐。他说:

“公子乐的母亲受到两个国君的宠爱,立他为国君晋国一定会兴旺。”

赵盾不满地说:“公子乐的母亲在国君妻妾中排在第九位,她被两个国君所宠幸,那是淫荡。她的儿子能有什么威望呢?况且公子乐远在陈国,陈国又弱小,晋国发生事变他也无法帮忙。所以不能立公子乐,还是立公子雍为好!”

赵盾下定了决心,就一方面派人去秦国迎接公子雍回国,一方面又派人去陈国杀掉公子乐。

太子夷皋的母亲听说要立公子雍为国君,又气愤又焦急,她抱着夷皋在朝廷上放声大哭,吵闹着说:“先君有什么罪?他的合法继承人有什么罪?为什么丢开嫡子不立,反而到外边去求国君?我看你们准备怎么安排这个孩子!”她又跑到赵盾家里,向他叩头,哀求说:

“先君将这个孩子托付给你了,如果他成材,我不忘你的恩情。如果他不成材,我怨恨你一辈子!”

赵盾害怕夷皋母亲把事情闹大,又担心其他几个公子出来反对,无奈之下,他只好改变主意,决定立夷皋为晋国国君。为了平息这场争端,他马上派军队迎战秦国的军队,因为秦国已经派兵护送公子雍回晋国来了。两国军队在令狐地方交战,秦国兵败,匆忙退回国去。

晋国的大夫贾季因为赵盾杀死公子乐,非常痛恨赵盾。不久狄国军队侵犯鲁国,鲁国国君鲁文公派使者向晋国求援。赵盾叫贾季去狄国责问狄国的相国酆舒。

酆舒问贾季:“你们晋国现在的赵盾与先前的赵衰相比,哪一个更好?”

赵衰原是晋国的卿士,掌握国家的军政大权,他去世后,赵盾才继任他的职位。因为贾季对赵盾非常仇视,所以回答酆舒说:

“赵衰是冬天的太阳,赵盾是夏天的太阳!”

酆舒明白了:“赵盾原来像夏天的烈日那样严酷啊!”

峨冠博带

“峨冠博带”比喻穿着礼服。

此典出自《三国演义》第三十七回:“站外有一先生,峨冠博带,道貌非常,特来相探。”

曹操一直都想占据荆州,特派曹仁、李典以及降将吕旷、吕翔等领兵三万,屯樊城,虎视荆州、襄阳。吕翔对曹仁说,今刘备屯兵新野,招兵买马,应尽早除去。曹仁觉得此话有理,便派二吕前去攻取新野。在战斗中,吕旷吕翔分别被赵云、张飞刺死,其余众军士多被擒获。曹仁听说后,气得火冒三丈,就发动本部兵马,意欲踏平新野报仇雪恨。曹仁在与蜀兵作战中,惨遭失败,不但未能踏平新野,自家的樊城反而被刘备占领了。曹仁损失了好些人马,无计可施,只好星夜投奔许昌。他在路上打听到刘备军中因有单福作军师,为他设谋定计,才能够连战连胜。

曹仁回许昌见到曹操,把这件事告诉了曹操。曹操问道:“单福何人也?”谋士程昱说,单福即颍川徐庶,字元直。曹操听了非常仰慕徐庶的才干。程昱弄清了曹操心意,便献策道:“徐庶为人至孝,丞相可使人将其母骗到许昌,令其母写封书信,那徐庶一见母信,绝对会来许昌的。”

曹操依计而行。可徐庶的母亲不但不愿写信让儿子回来,反而大骂曹操。程昱见此计不能得逞,便模拟徐母的手迹,写信召徐庶。徐庶得信后,信以为真,于是辞别刘备,匆忙赶到许昌。临别时,徐庶把才干比他高的诸葛亮推荐给刘备。刘备听了徐庶的介绍,十分仰慕,于是准备礼物,打算带着关羽、张飞前去隆中请诸葛亮。正在准备礼物的时候,忽有人报:“帐外有一先生,峨冠博带,道貌非常,特来相探。”刘备心想此人莫非诸葛亮么?随后才知来者不是诸葛亮而是司马徽。司马徽得知徐庶走马荐诸葛之事后,仰天大笑说:“卧龙虽得其主,不得其时,可惜哉!”说罢,飘然而去。

第二天,刘备就与关羽、张飞并从人等到隆中去拜请诸葛亮。

单福新野遇英主图,出自《图像三国志》。讲述徐庶化名单福,在新野辅佐刘备之事。

鹅行鸭步

“鹅行鸭步”形容行走迟缓,摇摇摆摆。

此典出自《水浒》等三十二回:“军卒见轿夫走得快,便说道:‘你两个闲常在镇上抬轿时,只是鹅行鸭步,如今却怎地这等走的快?’那两个轿夫说:‘本是走不动,背后好像有人在打我们一样,所以就跑得快了。’”

腊月初,山东清风寨知寨刘高的夫人坐着一顶大轿,身边带着七八名军卒,前去化纸上坟。一行人路过清风山时,被占山的王矮虎赶散军卒,捉走了知寨夫人。此时,宋江正在清风山上,得知此事便来说情,要王矮虎放走刘高夫人。清风山头领燕顺、郑天寿碍于宋江的情面,不管王矮虎愿意不愿意,喝令轿夫抬下山去。那知寨夫人听了这话,不住地拜谢宋江,连声说道:“谢大王!”两轿夫心中恐慌,抬着那妇人飞也似的奔下山去。

当知寨夫人被捉后,几个被赶散的军卒没命地跑回去报告知寨刘高。刘高听了大发雷霆,怒骂那些军卒,并用大棍狠狠地去打他们,还声嘶力竭地吼道:“如果不把夫人夺回来,统统下牢问罪。”那几个军卒无可奈何,只得央求本寨军兵七八十人,各执枪棒,尽力去夺。没想到来到半路,正撞着两个轿夫抬着知寨夫人飞快地跑来了。众军卒接着了夫人,问道:“你们怎地能够下山?”那知寨夫人撒谎道:“他们见我说出是刘知寨夫人,吓得慌忙下拜,连忙叫轿夫送我下山。”众军卒簇拥着轿子就匆忙往回赶。军卒见轿夫走得快,便说道:“你两个平常在镇上抬轿时,只是鹅行鸭步,如今却怎么走得这么快?”那两个轿夫说:“本是走不动,背后好像有人在打我们一样,所以就跑得快了。”

汗流浃背

“汗流浃背”原形容万分恐惧或惭愧。现在常用来形容满身大汗。

此典出自《后汉书·伏皇后记》:“操(曹操)出顾左右,汗流浃背。”

东汉末年,因为汉献帝软弱无能,曹操掌握了军政大权。建安元年(公元196年),曹操把汉献帝迎到许昌,自己任大将军及丞相,“挟天子以令诸侯”。当时,有个叫赵彦的议郎,是汉献帝亲信的谋臣,常给献帝出谋划策,所以遭到曹操的嫉恨,后来就被曹操杀害了。献帝对曹操这一暴行气愤不已。有一次,曹操去朝见献帝,献帝警告他说:“你如果愿意辅助我,就忠厚一点,如果不愿意,就离开我。”曹操听了以后心里非常惊疑,他从献帝那里走出来,汗水都湿透了脊背,从那以后没有上朝。

轰轰烈烈

“轰轰烈烈”形容声势浩大,气象雄伟。

此典出自宋代文天祥《沁园春·至元间留燕山作》:“人生翕云亡,好烈烈轰轰做一场。”

“轰轰”、“烈烈”两个词之所以能用在一起,不是偶然的;因为“轰轰”和“烈烈”都有盛大、壮丽和威武的意思。宋朝文天祥在为唐代骂贼不屈而死的忠臣张巡庙所题的“沁园春”词中,有“骂贼张巡,同心许远,皆得声名万古香。后来者,无二公之节,百炼之钢。人生翕云亡,好烈烈轰轰做一场。使当时卖国,甘心降虏,受人唾骂,安得留芳?……”在这首词中,“烈烈轰轰”是文天祥对于张巡(以及许远)威武不屈正气的歌颂,也是文天祥自己刚正不阿、烈火般民族情操的流露。

弱不胜衣

“弱不胜衣”泛指身体虚弱。这是一种夸张的说法。

此典出自《红楼梦》第三回:“身体面貌虽弱不胜衣,却有一段风流姿态。”

黛玉母亲去世以后,贾母觉得她孤苦伶仃,就把她接进京来,一起生活。

黛玉来到外祖母这儿,刚进房门,只见两个人扶着一位鬓发如银的老祖母迎面走来,黛玉知是外祖母了,正想下拜,却被外祖母一把抱住,搂入怀中,“心肝儿肉”地叫着大哭了起来。在场侍立的人没有一个不跟着流泪的,黛玉也哭个不停。经众人慢慢劝解,黛玉才得拜见外祖母。众人见黛玉年纪虽小,举止言谈却不俗;身体面貌虽弱不胜衣,却有一段风流姿态。众人见她体弱,知道她有不足之症,便问:“常吃什么药呢?为什么治不好呢?”黛玉道:“我从小就这样。从会吃饭时便吃药,到现在,经过多少名医,总未见效,……现在还是吃人参养荣丸。”贾母听了便说:“这正好,我这里正配丸药呢;叫他们多配一料就是了。”

挥汗如雨

“挥汗如雨”形容天气太热,流汗甚多。

此典出自《战国策·齐第一》:“临淄之途,车毂击,人肩摩,连衽成帷,举袂成幕,挥汗成雨。”

观《晏子春秋·杂下》:张袂成荫,挥汗成雨,比肩继踵。

春秋时代有个叫晏子的人,是齐国的相国。晏子十分有才干,能言善辩,聪敏过人。

有一次，齐王派晏子出使楚国。因他个子矮小，楚人想戏弄他，便在大门旁边另开了一个小门，让晏子从小门里进出。晏子见状坚决不从。说："出使狗国的人，才从狗洞进出。今天，我是到你们楚国来，不应该从这道门进出。"楚国人无言以对，只好让他从大门进去。

晏子见到楚王，楚王又想戏弄他，便问："齐国没有人吗？"晏子回答说："临淄那里的人们，只要他们挥一下衣袖，就会使大地成荫；只要他们挥一下额上的汗，就像下雨一样；在街上，人们摩肩接踵，为什么没有人呢？"楚王说："既然这样，为什么要派你来当使者呢？"晏子郑重其事地回答说："我们齐国派使者的原则是：按其才德，各有所用。有才能的使者就派往好的国家，没有才能的使者就派往不好的国家。因为我是无才无德的使者，所以就派到你们楚国来了。"楚王听了很尴尬。尽管这样，他还是想再戏弄晏子一次。

有一天，楚王大办筵席，招待晏子。等他喝酒喝得快醉了的时候，有两个差役绑着一个人从楚王面前走过。楚王故意问道："绑着的人是干什么的？"那差役故意大声说："齐国人，做贼的。"楚王斜着眼睛看了晏子一眼说："齐国人都喜欢偷东西吗？"晏子严肃而郑重地说："我曾经听说：'橘子生在淮南是橘子，生在淮北就变为枳了。叶子虽然很想像，但味道却很不相同。它之所以会这样，那是因为水土不同的缘故。'这个人生在齐国不偷东西，到了楚国就偷东西，这正是楚国的水土使他偷东西的嘛。"楚王听了晏子的回答，不知所措，只得苦笑着自言自语低声说："圣人是不能和他开玩笑的，我算自讨没趣了。"

魂飞魄散

"魂飞魄散"形容惊恐万状，不知如何是好。有时也形容受到极大诱惑而不能自持。

此典出自《元曲选·百花亭》："可正是船到江心补漏迟，只看我魄散魂飞。我则索向前来陪着笑颜卖查梨。"

北宋时河南洛阳有个贺妈妈，她有个女儿名叫贺怜怜。怜怜长大以后，人品俊秀，聪敏过人。

有一年清明时节，母女俩出外踏青，在百花亭与汴梁才子王涣邂逅。两人一见倾心，就订下了婚约。

不久，王涣来到贺家与贺怜怜结为亲眷。常言道：久住令人贱，贫来亲也疏。贺妈妈见王涣长时间住在一起，又是一个穷秀才，便将他驱逐出门，并将怜怜另嫁给种师道手下一个军需官高常彬。从此，贺怜怜被高常彬关在承天寺内，不能与王涣相见。王涣与怜怜情意缠绵，怎忍分离！为了见到怜怜，王涣只得扮作卖查梨的混进承天寺。两人相见，互诉衷肠，谈得格外亲热。正在这时，高常彬回来了，丫环连忙通报怜怜。王涣听说高常彬回来了，大吃一惊道："这可怎么办？"高常彬闻声则问："谁人在此，好无礼呀！"王涣心想：现在是船到江心补漏迟，只看我魄散魂飞。我则索向前来赔着笑颜卖查梨。他打定主意，连忙高声叫道："卖查梨啊！"高常彬醉意朦胧忽然听到吆喝声道："滚出去！老子不买查梨条。"

高常彬因喝醉了酒，没有注意到王涣便休息去了。怜怜趁机给了王涣一些钱财，叫他往延安府投托经略麾下，建立功勋，以遂平生之志。王涣赶紧向怜怜道谢，并说："决不辜负所望。"

王涣到了延安，受到了征马步禁军都元帅种师道的赏识，并立了很大的战功。他依照怜怜的临别之言，上告高常彬盗用官钱，强取民妻。种师道马上就把高常彬捉拿归案，把怜怜判归了王涣，使其夫妇团圆。

金刚怒目

“金刚怒目”形容面目威猛可畏。

此典出自《太平广记》卷一七四引《谈薮》：“金刚何为努目？菩萨何为低眉？金刚努目，所以降伏四魔；菩萨低眉，所以慈悲六道。”

隋朝的吏部侍郎薛道衡，酷爱游历名胜古迹。一次，他去钟山游览，但见群峰山岩，气势雄伟。薛道衡观了山，赏了景，又参观了古寺。当他走到开善寺外面时，只见浓荫掩映，寺壁辉煌。进入寺内，金刚、菩萨跃入眼帘：只见有的低眉，有的怒目，千种姿态，万种神情。薛道衡仔细观赏，越看越觉得有趣，越看越想弄个明白。他走近一个小和尚身旁问道：“金刚为什么怒目而视？菩萨为什么低着眉头？”小和尚毫不迟疑地回答道：“金刚之所以怒目而视，是为了使魔鬼降伏；菩萨之所以低着眉头，是为了对众生世界显露慈悲。”薛道衡听了小和尚的回答，感到有些失望，默然而去。

惊心动魄

“惊心动魄”原指文辞优美，意境深远，使人感受极深；后常用以形容非常紧张，令人惊骇的场面。

西施像，图出自《百美新咏》。

此典出自晋代王嘉《拾遗记·周灵王》：“窃窥者莫不动心惊魂，谓之神人。又见南朝·梁·钟嵘《诗品》卷上：文温以丽，意悲而远，惊心动魄，可谓几乎一字千金。”

越国为了灭掉吴国，便搜集了天下的奇珍异宝、珍禽美味献给吴王，又把江南万户百姓送到吴国去做仆人，除此之外，还把西施、郑旦两位美人献给吴王。吴王将这两个美人安置在椒房之内。两个美人当窗并坐，对镜理装的时候，只要是偷看西施、郑旦的人，全都会为之动心，为之神魂颠倒，都称两个美人是仙女下凡。至于吴王，他全被这两个美女迷住了，整天和她们一起寻欢作乐，不理朝政。直到越国军队攻入吴国，吴王才带着西施和郑旦狼狈而逃。

这里的“动心惊魂”是形容西施、郑旦美丽无比，诱人极深，使人神魂为之震动。

举袂成幕

“举袂成幕”的意思是说，人们举起

衣袖可以组成帐幕。用来比喻人多。

此典出自《战国策·齐策一》:“临淄之途,车毂击,人肩摩,连衽成帷,举袂成幕,挥汗成雨;家敦而富,志高而扬。夫以大王之贤与齐之强,天下不能当,今乃西面事秦,窃为大王羞之。”

战国时期,洛阳有一个能言善辩的人,名叫苏秦。当初,他劝说秦惠王吞并天下,但他的意见没有被采纳。后来,他游说燕、赵、韩、魏、齐、楚六国,让他们联合起来对抗秦国,即所谓“合纵”。苏秦身挂六国相印,称为纵约之长,非常神气。

一次,苏秦受赵国的委托,劝说齐国与赵国联合起来。他对齐宣王说:“齐国南面有泰山,东面有琅玡山,西面有济水,北面有渤海,这就是人们所说的四面都有险阻的国家。齐国的土地方圆两千里,士兵几十万,粮草堆积如山,并且有精良的战车,又得到五国军队的支持,军队行动起来像锥矢一样锐不可当,打起仗来如雷电一般猛烈有力,军队后撤如风雨一样神速迅疾。就算有敌军侵入,也不可能跨过泰山穿过济水,横渡渤海。齐国都城临淄有七万户人家,我大致推算了一下,每户不少于三个男子,三七二十一,共有二十一万男子。不用征召远县的兵丁,仅临淄的士卒,就已达二十一万了。临淄这个地方殷实富有,这里的民众都会吹竽、鼓瑟、击筑、弹琴、斗鸡、赛狗、下棋、踢球。通往临淄的道路上,车水马龙,互相碰撞;人流如潮,摩肩接踵,如果把人们的衣襟联结起来可以构成帷幔;人们举起衣袖可以形成帐幕;人们挥一把汗,就像下雨一般。可以说是家家富足,人人志气高扬。凭大王的贤明和齐国的强盛,天下诸侯都不敢与之对抗。而现在你却要向西而拜,侍奉秦国,我替大王感到羞愧。”

乐不可支

“乐不可支”形容快乐到极点。

此典出自《后汉书·张堪列传》:“捕击奸滑,赏罚必信,吏民皆乐用。匈奴尝以万骑入渔阳,堪率数千骑奔击,大破之,郡界以静。乃于狐奴开稻田八千余顷,劝民耕种,以致殷富。百姓歌曰:‘桑无附枝,麦穗两歧。张君为政,乐不可支。’”

刘秀称帝,建立了东汉,当时公孙述也在西蜀自称皇帝,刘秀派大司马吴汉率军前去讨伐,张堪被任命为蜀郡太守,与吴汉一起出征。

吴汉的军队走了许多天,军粮补充不及时,当赶到蜀郡时,军粮只够吃七天了。吴汉担忧粮食断绝了,不能打败公孙述,便想逃跑。于是派军士暗中准备船只,想从江上逃走。张堪听到风声,急忙去见吴汉,对他说:“将军千万不能走,胜利就在眼前。公孙述目前已经是瓮中之鳖,只要我们坚持住,一定能打败他!”吴汉被他说服,采纳了他的计谋,使用少量兵马向公孙述挑战。公孙述亲自出城应战,不到几个回合,就被汉军刺死在城下。吴汉和张堪顺利地攻入成都。

张堪是一个道德高尚、办事公正的人,自幼熟读经史,德行出众,曾有“圣童”的美称。他进入成都后,查点府库,封存珍宝,一件件地登记造册。然后报告给光武皇帝刘秀。他自己和部下对官府和百姓的财产秋毫无犯,成都的百姓都非常赞扬他的清廉。

张堪做了两年太守后,被任命为骑都尉,领兵击退匈奴的进犯。不久他又做了渔阳太守。他认真管理郡内的官吏,严惩贪官污吏,奖赏有功绩的官兵,又在狐奴地区开垦稻田八千顷,鼓励百姓耕种。在很短的时间内,百姓富足,郡内安定,军民都过得快乐无比。他在渔阳做了八年太守,郡内没有发生一次动乱,匈奴也不敢再来侵扰。渔阳的百姓对太守非常敬仰,编了一首民谣颂扬他。

《秦并六国平话》版画之燕太子丹于易水送荆轲入秦图

桑无附枝，
麦穗两歧。
张君为政，
乐不可支。

慷慨激昂

“慷慨激昂”是说一个人的言语举止，都是抱着英雄豪杰的气概，不可一世的样子，使人见到或听到了，都非常相信他，敬服他。

此典出自《史记·刺客列传》：“太子及宾客知其事者，皆白衣冠以送之。至易水之上，既祖，取道，高渐离击筑，荆轲和而歌，为变徵之声，士皆垂泪涕泣。又前而歌曰：‘风萧萧兮易水寒，壮士一去兮不复还！’复为羽声慷慨。士皆瞋目，发尽上指冠。于是荆轲就车而去，终已不顾。”

战国时燕国的太子丹曾经被扣留在秦国作为人质，后来从秦国逃回。秦国有并吞六国的野心，当秦军逼近易水、临近燕国边境时，他异常忧愁，就千方百计请了一位勇士去刺杀秦王。那个勇士名叫荆轲，太子丹非常恭敬地对待他，天天去问候他，衣食住行，只要荆轲喜欢的，他总想办法供给。

荆轲受到燕太子丹的优待，很久都没有到秦国去的意思，太子心里焦急万分，就想让他早点去，但是因为荆轲要等一个人，所以没有出发。后来燕太子实在等不及了，荆轲才找了一把异常锋利的匕首出发了。荆轲出发的时候，燕太子和他的臣子都穿了白衣服去送行。到了易水岸边，将要渡河时，高渐离敲着筑，荆轲唱着歌，声音十分悲哀；其他勇士都流着眼泪，歌唱着“风萧萧兮易水寒，壮士一去兮不复还。”歌声慷慨而激昂，壮士们的眼睛都瞪得很大，头发也都竖起来。

龙骧虎步

“龙骧虎步”的意思是，如骏马高昂着头，似老虎迈着雄健的步伐。用来比喻人高视阔步，气势威武，气概威武雄壮。

此典出自《三国志·魏·陈琳传》：“今将军总皇威，握兵要，龙骧虎步，高下在心，此犹鼓洪炉燎毛发耳。夫违经合道，天人所顺，而反委释利器，更征外助。大兵聚会，强者为雄，所谓倒持干戈，授人以柄，功必不成，秖为乱阶。”

公元189年，汉灵帝刘弘病死，太子刘辩继位，即汉少帝。当时，汉少帝年仅十四岁，由何太后临朝听政。太后的哥哥何进以大将军的身份辅佐朝政。何进联络袁绍、袁术等豪强,准备将宦官斩尽杀绝,并打算将董卓等驻在外地的将领召回京来,一起参与镇压。

然而,主簿陈琳持反对意见。他劝谏何进说:“现在您是大将军,皇家的威望集于一身,手握兵权,身居要职,如龙马高昂着头,似猛虎迈着雄健的步伐,你可以根据实际情况,采取适当的办法,这就像鼓洪炉烧毛发一样容易。诛杀宦官,不符合汉家以前的规矩,但是符合道义,上天和百姓都会赞成。而您却丢掉了最有力的武器,而求得驻外将领的援助。各路大军聚会后,强者就是霸主。这就会造成阵前倒戈、授人以柄的被动局面,不但不会成功,反而会造成祸乱的根源。”但是,何进不愿听从陈琳的劝告。

何进听不进陈琳、曹操等人的劝告,就派人去召董卓。事不机密,走漏了消息,宦官张让、段珪等抢先下手,杀死何进。袁绍、袁术又杀死宦官两千多人。在一片混乱中,董卓引军到达洛阳,纵兵劫掠,肆意屠杀无辜。正如陈琳所料言,更大的祸乱开始了。

络绎不绝

“络绎不绝”形容过往人马或车、船前后相续,连接不断。

此典出自《后汉书·郭伋传》:“到郡,招怀山贼阳夏赵宏、襄城召吴等数百人,皆束后降,悉遣归附农。因自劾专命,帝美其策,不以咎之。后宏、吴等党与闻威信,远自江南,或从幽、冀,不期俱降,骆驿不绝。”

公元28年,郭伋中山太守,第二年,转为渔阳太守。渔阳在遭受王莽之乱后,社会混乱,贼寇横行。郭伋到任,励精图治、赏罚分明、打击元凶、瓦解贼众,于是渔阳郡内的盗贼销声匿迹了。当时,北方的匈奴经常侵扰渔阳郡界,边境一带的百姓深受其害。郭伋训练兵马,设下攻守的计策,匈奴闻风丧胆,从此不敢再来挑衅,广大民众得以安居乐业。郭伋上任五年来,渔阳郡稳定有序,人丁兴旺。后来,颍川郡内盗贼群起,民不聊生。公元33年,朝廷征拜郭伋为颍川太守。临行时,光武帝召见郭伋,慰劳他说:“你是一个贤能太守,此去山高路险,请多保重。”

郭伋到达颍川郡后,用德行安抚山贼,阳夏的赵宏、襄城的召吴等数百人都放下武器投降,郭伋就自作主张把他们全部放回家乡务农。郭伋擅自释放降贼,按照惯例是有罪的。因此他自行上书皇帝,奏报自己擅做主张的过失。光武帝非常赞成他的降贼策略,不追究他的责任。后来,赵宏、召吴等人的同伙闻听郭伋的威望与信誉后。他们远自江南,或者从幽、冀之地赶来不约而同地向郭伋投降,一时间,投降的人马络绎不绝。

慢条斯理

“慢条斯理”比喻说话做事动作缓,不慌不忙。

此典出自《儒林外史》第一回:“老爷亲自在这里传你家儿子说话,怎的慢条斯理。”

《儒林外史》是清代吴敬梓写的一部长篇讽刺小说。通过描写生动的艺术形象,反映了封建社会末期腐朽黑暗的社会现象,批判了八股科举制度,揭露了程朱理学和孔孟之道摧残人才、扭曲人民心灵的本质。

在这部小说的第一回“说楔子敷陈大义,借名流隐括全文”中说到这样一段故事:有一个叫王冕的放牛娃,天姿聪明,精通天文、地理,特别是画得一手好画。他画的荷花,就像刚从湖里摘下来贴在纸上一样。因此,王冕的名字全县无人不知,无人不晓。但是,王冕既不求官爵,也不结交朋友,一天到晚在家闭门读书。

有一天,官府的差役奉了县太爷之命来找王冕画十二幅花卉册页送给上司,王冕无法拒绝，就只好答应了。画好以后，知县时仁发送给王冕一些银子并约见王冕。王冕不愿意去见他，时知县只好亲自来请。时知县带着一班人马来到王冕家门口，见大门关着，敲了半天，出来一位老太太，慢条斯理地说："我儿子不在家。"官府的差役见老太太怠慢了知县，说："县大老爷亲自来传你儿子说话，你怎么这么慢条斯理的！快说，你儿子到哪里去了，我好去传。"

门庭若市

"门庭若市"形容来客众多非常热闹。

此典出自《战国策·齐策》："令初下，群臣进谏，门庭若市。"

齐国大夫邹忌长得一表人才。有一天早晨，他穿戴完毕，对着镜子照了一会，问他的妻子道："我跟城北徐公比哪一个漂亮？"他妻子道："当然是你，徐公怎能比得上呀！"原来徐公是齐国大名鼎鼎的美男子，但是邹忌有点不相信自己，又去问他的爱妾，可是他的爱妾也是这么说："徐公怎么比得上你呀！"第二天，来了一位客人，邹忌请他坐了，交谈中，邹忌又提出这个问题，可是那位客人同样说："徐公哪像你这样漂亮啊！"过了一天，正好徐公到邹忌家来。邹忌仔细打量比较，知道自己确实没有徐公漂亮。那天晚上，他躺在床上想："我的妻子说我漂亮，是因为她偏爱我，我的妾说我漂亮，是因为她惧怕我；我的朋友说我漂亮，是因为他有求于我。"

第二天，邹忌上朝去见齐威王，把他的想法告诉了齐威王，并从这件事情上联系到国家的政事，请齐威王要多听君臣的意见。齐威王连连点头。于是下令："无论朝廷大臣，地方官吏以及全国百姓，如果能够当面说出我的过失的，赐给上赏；能够上奏章规劝我的，赐给中赏；能够在朝廷里和街市上说我坏话，传到我耳朵里的，赐给下赏。"齐威王的命令刚下达，群臣们都向齐威王提出各种规谏，一时川流不息，门庭若市。

眉飞色舞

"眉飞色舞"形容人非常高兴得意的神情，泛指说到心中最关切的事，眉飞色舞。

此典出自清代李伯元（李宝嘉）《官场现形记》第一回："王乡绅一听这话，不禁眉飞色舞。"

陕西同州府朝邑县城南三十里有个赵老头儿，他的孙子赵温参加乡试，中了举人，异常得意。为了庆贺，于是便筹办酒席大宴宾客，拜祭宗祠。赵老头除请邻居、姻亲，族谊外，还特别请了见过一面的王乡绅。到了十月初三那一天，新中举人赵温及其爷爷、父亲、叔叔、兄弟、亲邻一群人，来到祠堂拜祭。祭罢祠堂，众人都等着王乡绅到来好吃喜酒。可是左等右等不见人影，直到日偏西，王乡绅才姗姗而来。王乡绅一到，马上开席。出席作陪的有赵老头亲家的宾客王举人。王乡绅与王举人在酒席上叙谈起来，方知是本家。王举人比王乡绅小一辈，于是二人以叔侄相称。王乡绅酒到半酣，文思泉涌，谈论风生，大谈学八股文章的苦处和妙用。他说："我十七岁那年开笔做文章，老师要我读熟《制艺引全》。老师一天教我读半篇，由于我的记忆力很差，老是念不熟，为此，不知挨了多少打，罚了多少跪，到如今才得中这两榜进士。唉！吃了多少苦，也还不算冤枉。"王举人听了，立即接过话说："这才合了俗语说的一句话，叫做'吃得苦中苦，方为人上人'。你老人家有此阅历，所以讲得如此亲切。"王乡绅一听这话，不禁眉飞色舞，拍着王举人的肩头说："老侄，你能够说出这样的话来，你的文章也就着实有功夫。……小子勉乎哉，小子勉乎哉！"说到这里，不由得闭着眼睛、摇头晃脑起来。

美轮美奂

"美轮美奂"形容高大宏伟的建筑物。

此典出自《礼记·檀弓下》:"晋献文子成室,晋大夫发焉。张老曰:'美哉轮焉,美哉奂焉。'"

春秋时,晋国有个大夫叫赵武,是一个精明能干的人。晋平公时被任为正卿(首要的执政者),因为他选用有道德有学问的人为国家做事,所以晋国的人都夸奖他擅长用人。他对外提倡礼义,各国都停止用兵,而和晋国修好。

有一次,他的新屋盖好了,晋国的大夫都送礼祝贺。有个叫张老的人对赵武说:"好极了,建筑多么高大宏伟啊!好极了,装饰多么美丽无比啊!"

赵武在晋国的地位和威望都极其高,做大官的住高楼大厦本来也很平常,但由于他向来提倡礼义,崇尚简朴,一旦建造这么宏大的新居,又装饰得这么精致,这与他的言行非常不一致,所以张老对他的贺词,事实上是含有讽刺的意思。

美如冠玉

"美如冠玉"比喻人的美貌(多用于男性)。

此典出自《史记·陈丞相世家》:"绛侯周勃等谗陈平曰:'平虽美丈夫,如冠玉耳,其中未必有也。'"

秦末汉初时,阳武(今河南原阳东南)有一个叫陈平的人,是一位足智多谋的人物。他年少的时候家里很贫穷,好道表法里的黄老之术。陈胜起义时,陈平投奔魏王咎,为太仆。后跟从项羽入关,任都尉。他觉得项羽有勇无谋,成不了大事,便投奔了刘邦。刘邦见他一表人才,才华出众,便拜他为护军中尉。当时,周勃和灌婴等人都是跟随刘邦南征北战的功臣,他们见刘邦待陈平为上宾,心里非常不服气,便对刘邦说:"别看陈平仪表堂堂,实际上不过像缀在帽子上的玉石一样,外表好看,内里未必有真才实学。"

刘邦擅长观察和使用人才。他没有听信周勃等人的劝告,继续重用陈平。后来陈平建议用反间计使项羽疏远了谋士范增,并用爵位笼络大将韩信。这些都被刘邦所采纳并且取得成功。汉朝建立以后,陈平被封为曲逆侯,历任惠帝、吕后、文帝三朝丞相。

汉初名臣周勃像,图出自清·顾沅辑《古圣贤像传略》。

面面相觑

"面面相觑"形容做错了事或极其惊慌时,不知如何是好的样子。

此典出自《三国演义》第十一回。

三国时代,曹操率兵攻打徐州,吕布趁机攻占了兖州和濮阳。曹操闻讯,急收军返回以保其家。

曹军日夜兼程来到濮阳,吕布引军与之大战。第一个回合,曹军大败,后退三四十里。部将于禁对曹操说:"吕布的西寨兵卒不多,今夜可引军去袭击;如果占领了此寨,吕布的军士必然恐惧。"曹操认为于禁说得有理,于是在当天傍晚的时候引军攻击;吕布的兵将不能抵挡,四散奔逃。曹操夺了西寨后不久,吕布派出的援军便到了,于是三军混战。将到天明,吕布亲自引军来到。曹操势单力薄,只好后退,但往北走,被张辽、臧霸杀了过来;往西走,又有郝萌、曹性、成廉、宋宪四将拦住去路。在敌强我弱的情况下,众将拼命作战,曹操当先冲杀,但箭如骤雨,无法前进。曹操无计可施,大叫:"谁人救我!"叫声刚落,军队里一将踊出,此将乃典韦也。典韦飞身下马,插住两戟,取短戟数十枝在手,对从人说:"贼来十步乃呼我!"遂放开脚步,冒箭而行。当吕布的数十个骑兵追来,离典韦五步远时,典韦飞戟刺杀,一戟一人一马,无一虚发,立杀十数人,余众皆逃。典韦又飞身上马,挺一双大铁戟,冲杀前去。郝、曹、成、宋四将抵挡不住,各自逃去。典韦杀散敌军,救出曹操。正当他们寻路归寨时,背后喊声大作,吕布骤马提戟赶来;曹操"人困马乏,大家面面相觑。"曹操正慌乱的时候,夏侯惇引军来到,于是夏侯惇便截住吕布大战。两军斗到黄昏,大雨如注,乃各自收军。

面无人色

"面无人色"比喻极度惊惧。

此典出自后人从"吏士无人色"这句话中引申出《汉书·李广传》:"匈奴左贤王以四万骑围广,广军皆恐,……会暮,吏士无人色,而广意气自如。"

西汉时,有一位能征善战的将军叫李广,陇西成纪(今甘肃秦安)人。汉文帝时,他参加抗击匈奴的战争,为侍郎、武骑常侍。景帝、武帝时,任陇西、北地等郡的太守。元光元年(公元前134年),为卫尉。后任右北平太守。由于李广的威名,匈奴数年不敢侵扰,人们都把他称为"飞将军"。

李广在四十多年中,曾经担任过七个郡的太守,朝廷的赏赐,他都分给部下。行军作战时,遇到水、粮不足,如果士兵不吃饱喝足,他照例是不争吃、喝的,所以,他深受士兵的爱戴。

元狩三年(公元前120年),李广率四千骑兵迎击匈奴,被匈奴左贤王以四万骑兵围住。士卒们十分恐慌,一个个吓得面无人色,而李广却神色自若。后经奋力作战,加上援军的及时到来,才把匈奴兵击退。元狩四年(公元前119年),李广随大将军卫青攻匈奴,因为失道被责,而自杀身死。老百姓听到这个消息后,认识不认识他的人都痛哭流泪。

摩肩接踵

"摩肩接踵"形容人多,拥挤。

此典出自《晏子春秋·内篇》:"张袂成荫,挥汗成雨,比肩继踵而在,何为无人!"

春秋末年,齐相晏婴出使楚国。当时齐国政治混乱,而楚国比较强大,因此楚王想借此机会羞辱晏婴一下。

楚王听说晏婴身材矮小,相貌丑陋,就命令士兵在城门的旁边开了个小门。晏婴来了后,士兵就领他从小门进城,并对晏婴说:"听说你身材矮小,特意给你开了个小门。"晏婴坚决不进,说:"这个小门像一个狗洞,如果出使狗国,自然应该从狗门进去。我现在出使的是楚国，不应该从这个门进去。”楚国的官员无话可说，只好让他从大门进入。

晏婴在大殿中拜见了楚王，楚王傲慢地说：“齐国就这么缺乏人才吗？为什么派遣你这样难看的人来充当使臣呢！”晏婴神情自若地回答说：“齐国国都人口众多，人们张开袖子，就可以遮住天上的太阳；洒下汗水，就会像下雨一样；他们在大街上肩挨着肩，脚碰着脚，熙熙攘攘地生活在一起，怎么能说齐国没有人呢？”（“张袂成荫，挥汗成雨，比肩继踵而在，何为无人！”）楚王说：“那么齐国为什么派遣你来呢？”晏婴接着回答道：“齐国有许多使者，各有各的任务：有才能的派他出使到英明的君主那里，没有才能的人派他到昏庸的君主那里。因为我晏婴无德无才，所以，齐王就派我来出使楚国了？”

楚王听了晏子的话后，觉得是自讨没趣，只好对晏婴以礼相待。

目瞪口呆

“目瞪口呆”形容因吃惊或害怕而发愣。

此典出自《元曲选·赚蒯通》：“项王见我气概威严，赐我酒一斗，生豚一肩，被我一啖而尽，吓得项王目瞪口呆，动弹不得，方才保得主公安全回还。”

韩信被封为齐王以后，萧何认为韩信兵权太大，害怕他将来会夺取汉朝天下，于是找来樊哙，共商计策。萧何把他的忧虑告诉了樊哙，并拍着他的肩头说：“朝内功臣虽然不少，但只有将军是天子的至亲，所以请你来商量。”樊哙听了有些得意地说：“丞相，想鸿门会上主公有难，某立破鸿门而入。项王见我气概威严，赐我酒一斗，生豚一肩，被我一啖而尽，吓得项王目瞪口呆，动弹不得，方才保得主公安全回还。”樊哙说到这里，非常气愤地说：“韩信本是淮阴一饿夫，不料竟拜为元帅！而今大事已定，可也罢了。那韩信手无缚鸡之力，有什么本事。何必我老樊动手。只要派一两个能干的人，唤他来，咔嚓将他一刀两段，便永除后患。”

平易近人

“平易近人”表示态度和蔼，使人容易亲近。

此典出自《史记·鲁周公世家》：“夫政不简不易，民不有近；平易近民，民必归之。”

周公是西周时期著名政治家。他的名字叫姬旦，是周文王姬昌的儿子，周武王姬发的弟弟，因为采邑在周，所以称他为“周公”。

周公辅佐周武王伐纣，灭掉了殷商；周武王死后，周成王年少，周公代他摄政，亲自率领兵马东征，平定管叔、蔡叔的叛乱，然后又封邦建国，推行井田制，制定礼乐，建立各种典章制度，同时又十分注重礼贤下士，得到百姓拥护。

周公被封于曲阜为鲁公，但他没去那里，仍旧留在都城辅佐王室。他派自己的大儿子伯禽接受封地，去曲阜为鲁公。

伯禽受封鲁地，去了三年后才把那里的政治情况报告给周公。周公非常不高兴，就问他说：“已经三年了，才告诉我鲁地的形势，怎么这么晚呢？”

伯禽答道：“我要改变那里的习俗，还要革新那里的礼法，花了三年时间才做完，因此报告晚了！”

正巧这时，姜尚也来报告齐地的情况。他受封于齐地，才过了五个月，就来报告那里的政治形势。周公觉得惊奇，便问他说：

“你怎么这么快就报告情况呀？难道齐地的政治已经整顿妥当了吗？”

姜尚泰然自若地说：“是的，一切都安定了，我是简其君臣礼，从其俗为也。”

周公沉思了半晌，自言自语地说："唉，鲁的后世可能要败于齐了，齐地一定会胜过鲁地！政不简不行，不行不乐，不乐则不平易，不平易百姓就不归服。为政简易的，百姓必然亲近，百姓亲近、归服才能强盛啊！"

千金一笑

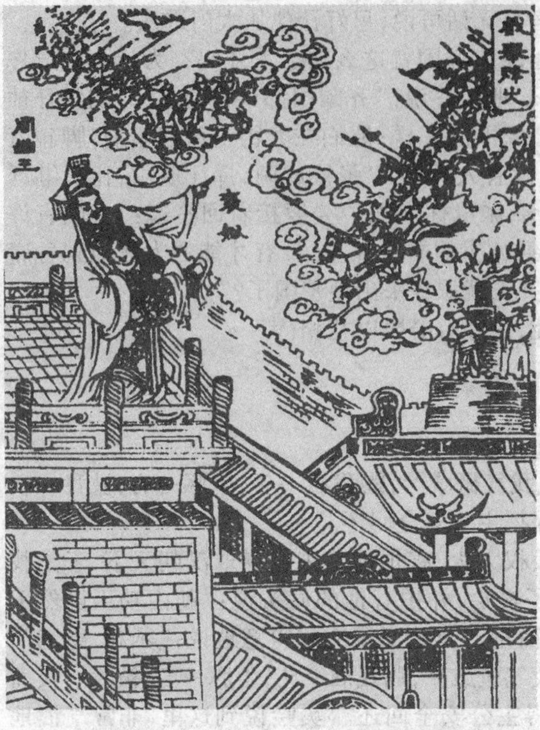

戏举烽火图。选自明·张居正《帝鉴图说》，讲述周幽王为博美女褒姒一笑，举烽火谎报军情，戏弄诸侯，后来犬戎进犯，周幽王再举烽火，而诸侯援兵不至，周幽王被杀于骊山之下。

"千金一笑"比喻美人的笑容难得。

此典出自《东周列国志》第二回：幽王曰："'爱卿一笑，百媚俱生，此虢石父之力也！'遂以千金赏之。"

周幽王是西周的最后一位皇帝，是历史上最为罕见的暴君，他宠信奸臣疏远忠良荒淫无道。赵叔带要求周幽王勤政恤民，求贤辅国。幽王不但不听，反将赵叔带驱逐出朝，永不任用。

大夫褒听说赵大夫被驱逐出朝，急忙入朝进谏："大王不畏天变，黜逐贤臣，恐国本动摇，社稷难保。"幽王大怒，以褒有慢君之罪，将他治罪。

褒的儿子洪德，知道这个昏君江山坐不长久，而且深知他酷好女色，遂在褒村买到一绝代佳人，取名褒姒，献与幽王，以赎父罪。

褒姒，生得眉似春山，目如秋水，指若削玉，发挽乌云，可说是羞花闭月之容，倾国倾城之貌。幽王一见喜欢得合不拢嘴，立即就纳入后宫，并传旨将褒开释。

这个褒姒也果然妖艳动人，周幽王把她放置在琼台之上，日夜追欢寻乐。

幽王的正妻申后，听说天子获得一个妖妃，不理国政，心中非常忧虑。太子宜臼见母亲泪流满面，问明情由后，便借故来到琼台，乘父王不在时，将褒姒辱骂了一顿。幽王回来，褒姒便哭得像一株带雨梨花，使得幽王心都碎了，立刻把儿子贬到他娘舅申侯的国中，严加管束。不久，褒姒生了一个男孩，取名伯服，百般怂恿幽王，废宜臼为庶人，立伯服为太子，并将申后打入冷宫。

母以子贵，褒姒从妃嫔的身份一跃而为正宫娘娘。

褒娘娘虽然宠擅专房，但她从来都没有笑过。幽王问："爱卿进宫以来，寡人从未见你一展欢颜，朝朝夕夕，召乐工鸣钟击鼓，品竹弹丝，你也全无悦色，究竟卿家所好何事？"

褒姒说："妾妃无他好，惟自喜闻手裂采绢之声，因其声清脆悦耳也。"

于是幽王立刻到处搜收绸缎绫罗，派宫娥撕给褒姒听。褒姒虽然喜闻裂帛之声，但仍不笑。

幽王无奈，传下旨意："凡有人能使褒后一笑者，赏赐千金。"

虢公献计说："先生昔年因防御西戎入寇，曾在骊山之下，设有烽火台二十所。如有贼寇进犯，就放起狼烟，直冲云天，附近诸侯看到烽火台起了狼烟，就会马上兴兵来救。今天下太平，烽火皆熄，大王何不偕娘娘登骊山，举烽火，使各路诸侯见烽火而至，至则无寇，乘兴而来，败兴而返，娘娘必开颜一笑。”

幽王抚堂大笑说：“这个办法很好！”即便照计而行。果然各路诸侯，见骊山燃起烽火，连忙马不及鞍，人不及甲，匆匆兴兵驰至骊山。幽王这时正在山顶与褒姒设宴，饮酒作乐。褒姒见山下各路诸侯从四面八方跑得汗及重衾，来到山下，可是并没发生什么变故，大家都面面相觑，诧异不已。

幽王随即传旨：“敬告各路诸侯，并无外寇入侵，不劳诸公跋涉，请即回师。”大家懒洋洋的偃旗息鼓，各回本国去了。

褒姒见诸侯匆匆而来，匆匆而去，并没有什么事，觉得愚笨得可笑，果然开颜一笑。

幽王说：“爱卿一笑，百媚俱生，此虢公之妙计也。”乃赏赐虢公千金。

后来犬戎犯镐京，幽王再举烽火，诸侯仍然以为是开玩笑，就没有前来救援，西周乃亡。

倾国倾城

“倾国倾城”原指君主迷恋女色而亡国，后形容女子极其美丽。

此典出自《汉书·孝武李夫人传》：“延年侍上，起舞，歌曰：‘北方有佳人，绝世而独立，一顾倾人城，再顾倾人国。宁不知倾城与倾国，佳人难再得！’”

汉武帝的李夫人原先是个歌妓，她哥哥李延年深通音律，擅长歌舞，武帝非常喜欢他。有一次，李延年在武帝面前，一面舞蹈，一面唱着一首歌：北方有佳人，绝世而独立，一顾倾人城，再顾倾人国。宁不知倾城与倾国？佳人难再得。武帝听了，感慨起来说：“妙啊！世上难道有这样的佳人吗？”武帝的姐姐平阳公主马上接口说：“李延年的妹妹，就是这样的人。”武帝把李延年的妹妹叫来一看，果然美丽非凡，而且擅长舞蹈。从此她深受宠爱，后来生了个男孩，就是后来的昌邑哀王。

李夫人年纪轻轻就死了。在她病危的时候，武帝前去看她，她把脸蒙在被中说：“我病久了，容貌很难看，不能见皇上。但求我死以后，你能多多照顾昌邑王和我的弟兄！”汉武帝说：“你的病很重，可能会难以痊愈，现在见我一面，当面把昌邑哀王和弟兄的事托付我，不是更好吗？”李夫人说：“女人们没有妆饰好，不能见君王。”武帝坚持说一定要见她一面，她就索性翻过身去，哭了起来，也不说话了。武帝不高兴地走了。她的姐妹责备她为什么不与武帝见面，她说：“皇上这样宠爱我，只是因为我平日的美貌。如果给他看见我的病态，他一定会厌恶我，甚至会把我抛弃，哪里会再想念我，照顾我的弟兄呢？”

犬牙交错

“犬牙交错”形容交界线很曲折，就像狗牙那样参差不齐。也用来比喻错综复杂的情况或双方力量对比互有长短。

此典出自《汉书·中山靖王刘胜传》：“广封连城，犬牙相错者，为磐石宗也。”

汉高帝刘邦为了巩固刘氏的天下，全部消除分封到各地的外族王侯，而将自己的儿子、侄子、弟弟等封到各地为王，各霸一方。

但是，传到汉景帝的时候，这些同姓王的势力逐渐强大起来，一个个野心勃勃地想篡夺帝位。当时以南方吴王刘濞为首，七个王侯联合在一起搞了一次大叛乱。幸亏汉景帝的大将周亚夫智勇双全，才把这次叛乱镇压了下去，于是，汉景帝并没有吸取教训，他又封了自己的许多儿子为王。

到了汉武帝继位时，这些王侯势力又强大起来，大臣们害怕他们会和过去一样搞叛乱，就向汉武帝揭发这些王侯的罪状，并建议武帝削弱他们的势力。王侯们知道后，暴跳如雷，扬言：我们"诸侯王自以骨肉至亲，……广封连城，犬牙相错者，为磐石宗也。"（意思是：诸侯王自然是刘家的骨肉至亲，高帝之所以普遍分给他们很宽的地方，让他们的疆土像狗牙那样交错不齐地连在一起，是为了使刘家的天下安如磐石。）

盛气凌人

"盛气凌人"形容对别人表现傲慢尊大，气势逼人的神态。

此典出自《战国策·赵策四》："左师触龙愿见太后。太后盛气而胥之。又见宋·楼钥《汪公行状》：时户部侍郎李公椿年建议行经界，选公为龙游县覆实官，约束严峻，已量之田隐藏亩步，不以多寡率至黥配，盛气凌人，无敢忤者。"

战国时期，赵国国君赵惠文王死后，赵孝成王继位，由于他年纪还很小，由赵太后执政。秦国趁此时机派兵攻打赵国，赵军抵挡不住，先后被夺去三座城池。赵太后派人向齐国求救，齐国提出，让惠文王的小儿子长安君（赵孝成王的弟弟）到齐都临淄做人质，他们才会率兵援救。

赵太后十分疼爱小儿子长安君，不肯把他送到齐国去，于是齐国也不肯发兵援救。秦国见此情况，加紧攻打赵国，形势非常危急。赵国的大臣们非常忧虑，纷纷提出劝谏，希望把长安君送到齐国，以便让齐国早点派兵支援。太后十分气愤，他向臣子们说："以后再有人提出让长安君去齐国做人质，我就用唾沫吐他的脸！"

老臣左师触龙求见太后。太后心想，这又是来劝谏的，她满脸怒气地等着接见。触龙慢慢走到太后跟前说："我的腿有病，走路困难，很久没来给您请安，今天来看看您。不知您身体怎样？饮食如何？"太后看他并没有提起让长安君做人质的事，怒气逐渐消失。

触龙又说："我的小儿子舒祺非常不争气，我已经很老了，非常疼爱他，希望能让他在宫里当一名卫士，不知道行吗？"太后说："这事好办。你的儿子多大了？"触龙回答："十五岁了，他虽然年少，但希望在我死之前对他有个安排。"太后问道："男人也爱小儿子吗？"触龙说："男人比女人爱得还厉害呀！"太后笑笑说："女人对小儿子是特别疼爱的。"触龙显出惊讶的神情说："我还以为您爱女儿胜过爱长安君呢！"太后摇头说："你说错了，我爱女儿怎么能比得上爱长安君呢。"触龙说："父母疼爱孩子，就要为他们的前途着想。您把女儿嫁给远方的燕王，并不是不想念她，而是为她的长远利益考虑，希望她的子孙世世代代为王，难道不是这样吗？"太后点头说："你说的没错。"触龙接着说："现在您使长安君身居高位，封给他富饶的土地，让他拥有很大权力，但您却不给他为国立功的机会。如果您离开人世，长安君又怎么在赵国站稳脚跟呢？因此我认为您没有为长安君的长远利益着想，您爱他不如爱您的女儿。"

触龙的一番议论使太后顿然醒悟，她欣然同意长安君去齐国做人质，齐国很快发兵救赵。秦国听说齐国发兵，便撤军回国，解除了对赵国的包围。

姗姗来迟

"姗姗来迟"的意思是说，慢悠悠地来晚了。多用来比喻妇女缓缓行走。有时也用以泛指行动迟缓，来得很晚。

此典出自《汉书·外戚传》："上思念李夫人不已，方士齐人少翁言能致其神。乃夜张灯烛，设帷帐，陈酒肉，而令上居他帐，遥望见好女如李夫人之貌，还幄坐而步。又不得就视，上愈益相思悲戚，为作诗曰：'是邪，非邪？立而望之，偏何姗姗其来迟！'"

汉武帝刘彻曾经宠幸一个"倾国倾城"的绝世佳人，她就是李夫人。有一次，李夫人得了重病，汉武帝前去探望。李夫人把脸蒙在被子中，不愿意见他，说："妾久卧病床，容貌损坏，不可拜见我皇。"汉武帝坚持要看她的面容，李夫人转过头去，低声叹气，不做声了。汉武帝非常生气，悻悻地走了。不久，李夫人死了，汉武帝下令隆重地安葬她。

李夫人死后，汉武帝经常思念她，难以解忧。当时，有一个名叫少翁的术士从齐地来到京城，自称能招来亡人的神灵。晚上，术士挂灯燃烛，设立帷帐，陈列酒肉，请汉武帝坐在另一个帷帐中等着雾中看花。经过术士一番折腾之后，汉武帝好像真的见到李夫人的灵魂了；他远远望去，有一个与李夫人非常相像的美丽女人，来到帷帐中坐了一会儿，接着又慢悠悠地走了出去。汉武帝急得抓耳挠腮，但却被禁止到跟前仔细去看看，思念之情更加炽烈，因此更加悲哀伤感。顿时悲戚至极，吟了几句诗："是你，还不是你，我的爱？我翘首而望，把你等待。可是啊，你却莲步慢挪，来得如此之晚，令我情急难耐！"

手舞足蹈

"手舞足蹈"形容高兴到极点的样子。

此典出自《文选·卜商〈毛诗序〉》："咏歌之不足不知手之舞之，足之蹈之也。又见《红楼梦》第四十一回：当下刘姥姥听见这般音乐，且又有了酒，越发喜的手舞足蹈起来。"

刘姥姥进大观园后，吃酒、游玩一切都很满意。一次喝酒，刘姥姥不慎打破了磁酒杯子，便说道，如果有个木头的酒杯，我失了手掉在地上也没得关系。凤姐听刘姥姥这么说，便对刘姥姥道：木头酒杯我们这里有，但那是一套一套的，取来了你一定要吃遍一套才算！鸳鸯听说，忙去屋里取来十个黄杨根做的大套杯。刘姥姥看见木杯，又惊又喜。只见那大杯子像个小盆子，小的也比手里的杯子大两倍，杯上一色的山水树木人物，雕镂奇绝。刘姥姥拿着这奇特的杯子，兴高采烈开怀畅饮。正在畅饮之际，又听得府内箫管悠扬，笙笛并发，那乐声穿林渡水而来，使人心旷神怡。当下刘姥姥听见这般音乐，且又有了酒，越发喜的手舞足蹈起来。

汉武帝宠姬李夫人像，图出自《百美新咏》。

谈虎色变

"谈虎色变"的意思是，被虎咬过的人才知道虎的厉害。后来比喻一提到可怕的事情，情绪就十分紧张。

此典出自《二程全书·遗书二上》："真知与常知异。常（尝）见一田夫曾被虎伤，有人说虎伤人，众莫不惊，独田夫色动异于众。若虎能伤人，虽三尺童子莫不知之，然未尝真知，真知须如田夫乃是。”

程颐是北宋的哲学家、教育家。他曾和哥哥程颢拜周敦颐为师，他们兄弟二人都是北宋理学的奠基人，被称为“二程。”

程颐在谈论关于知识的问题时，强调只有亲自参加实践或亲身体验过的人，才能得到“真知”。为了说明这个道理，他说：“从前我见过一个田夫，他曾被老虎咬伤过。所以，当有人提起老虎伤人时，只有田夫一个人的脸色与众不同，他感到特别紧张。”他接着说：“像老虎能够伤人这样的道理，就算只有三尺高的孩子们也会懂得的，然而他们并不真正知道老虎如何伤人及老虎伤人的可怕情况。他们没有这方面的真知，真正具有这方面知识的只有像田夫这样的人。研究学问的人，要获得真知，也是这个道理。”

谈笑自若

“谈笑自若”指在紧张和危险的情况下，有说有笑，同平常一样。

此典出自《后汉书·孔融传》：“建安元年，为袁谭所攻，自春至夏，战士所余裁数百人，流矢雨集，戈矛内接。融隐几读书，谈笑自若。又见《三国志·吴志·甘宁传》：宁受攻累日，敌设高楼，雨射城避，士众皆惧，惟宁谈笑自若。”

三国时期，有一个著名的将领，名叫甘宁。他是巴郡临江（今四川忠县）人，字兴霸。他一开始依附刘表，后来投靠孙权。他曾跟随周瑜攻打曹操，进攻曹仁，跟随吕蒙抵抗关羽。因为立下了很大的战功，所以他被任命为西陵太守、折冲将军。

赤壁之战曹操失败以后，孙权和刘备的联军乘胜追击，一直追到南郡（今湖北江陵县境）。驻守南郡的魏将曹仁以逸待劳，击败了吴军的先头部队。周瑜气急败坏，准备调兵遣将，与曹仁一决雌雄。甘宁上前劝阻，他认为南郡与夷陵互为犄角，应该先占领夷陵，然后再攻打南郡。吴军大都督周瑜接受了他的建议，命他领兵攻取夷陵。

甘宁率军直逼夷陵城下，与魏军守将曹洪激战二十余回合，曹洪往南郡退逃。甘宁命令部下，迅速夺取夷陵。甘宁手下兵员很少，只有几百人，入城后立即招兵，也只招到了千人。当天黄昏，曹仁派曹纯和牛金引兵与曹洪汇合，共有五千人，把夷陵城团团围住。曹军架设云梯攻城，被甘宁守军击退。

第二天，曹军构筑高楼，然后士兵在高楼上向城中射箭，一时间箭如雨发，射死射伤不少吴兵，吴兵将此情况飞报甘宁。将士们听到这个消息，都只有害怕，唯独甘宁有说有笑，与往常一样，毫不紧张。他命人收集曹军射来的数万枝箭，马上派优秀射手，与魏军对射。由于甘宁率军沉着顽强地固守，曹军无法攻破城池。

后来，周瑜派来救兵，配合甘宁打退了魏军。周瑜为甘宁解围后，亲自慰劳守城将士，并给甘宁记了一功。甘宁临危不惧、镇定自若、谈笑风生，在军中传为美谈。

外强中干

“外强中干”形容外表强壮，内部虚弱。或者用以比喻敌人貌似强大，实则脆弱的形象。

此典出自《左传·僖公十五年》：“古者大事，必乘其产，生其水土而知其人心，安其教训而服习其道。唯所纳之，无不如志。今乘异产以从戎事，及惧而变，将与人易。乱气狡愤，阴血周作，张脉偾兴，外强中干，进退不可，周旋不能。君必悔之。”弗听。……

春秋时期，秦国国君秦穆公派兵攻打晋国。秦军三战三胜，一直攻进晋国的韩地。晋国国君晋惠公对晋国大夫庆郑说：“秦军已侵入我国腹地，怎么办呢？”庆郑不客气地回答道:“原先,你从秦国逃回晋国后,答应给秦穆公五座城池,结果你背弃了诺言;秦国发生饥荒时,你又不愿意援救。这次秦军入侵,其实是你惹的祸,我有什么办法!”晋惠公不高兴地说:“你说话真没有礼貌。”晋军迎敌之前,采用占卜的办法来决定谁可以充当晋惠公所乘兵车的右卫。占卜显示,庆郑充当右卫比较吉利,可是晋惠公却不肯任用他,决定由同祖族之人步扬驾驭战车,由家仆徒充当右卫。该出发时,晋惠公登上由四匹小马拉的战车,而这四匹马是从郑国输入的。庆郑提醒晋惠公说:“古时进行祭祀和战争这类重大的事情,必须使用本国出产的马匹,因为本国马土生土长,懂得主人的意思,听从驾车人的指挥,又熟悉本地的道路,无论你怎么样驱使它,都不会别别扭扭。现在你却使用别国产的马匹去打仗,这种马会因为恐惧而改变常态,以致不听从主人的指挥。它们往往在碰到意外情况时,呼吸突然急促,血液循环也骤然加快,血管顿时扩张,外表虽然强壮,内部已经气虚力竭了。假如到了这种地步,要进进不得,要退退不成,没有任何回旋的余地,你一定会后悔不已的。”对庆郑这番话,晋惠公压根儿听不进去。

秦、晋两国军队在韩地旷野展开激战。晋惠公车前所套的马匹陷入泥泞之中,左旋右转也拉不出车子。晋惠公疾呼庆郑救命,庆郑说:“你任性固执,不接受劝告,又不按占卜结果用我,这是你咎由自取,你还怎能逃脱呢?”说完,就离开了晋惠公。说来也巧,晋国大夫韩简用梁由靡驾车、虢射为右卫,驰骋在战场上,正好与秦穆公相遇,韩简打算将他捉住。可是,庆郑要韩简去救晋惠公,贻误了擒获秦穆公的机会,让他轻而易举地跑掉了。这场战斗,最终以秦军俘获晋惠公而告结束。

萎靡不振

“萎靡不振”比喻情绪低落,精神不振。

此典出自唐代韩愈《送高闲上人序》:“颓堕委靡,溃败不可收拾。又见《宋史·杨时传》:若示以怯懦之形,委靡不振,则事去矣。”

北宋时,徽宗是一个昏庸无能的皇帝。在金兵已经占领了大片北方地盘时,他仍然征调大批老百姓从南方搬运奇花异石,运到国都汴京(今河南开封)修建宫殿,装点花园。对于抗金这件大事,他却置之度外,随意派了一个无能的童贯去当领兵元帅。童贯屡屡战败,结果,金兵很快打到了京城附近。

一天,宋徽宗正在饮酒作乐,听说金兵快打到汴京了,惊慌失措,大臣们也慌作一团。这时,有一个叫杨时的大臣从容不迫地对大家说:现在的形势已经像干柴堆着了火一样危急,朝廷应尽快清醒振作起来,拿出抗金的决心和勇气,这样才能鼓舞人心、振作士气。如果还和从前一样萎靡不振,胆小软弱,那么大宋王朝就没有什么指望了。

笑容可掬

“笑容可掬”即满面的笑容仿佛可以用两手捧取。比喻喜悦的样子流露于外。

此典出自《三国演义》第九十五回:“果见孔明坐于城楼之上,笑容可掬,焚香操琴。”

三国时,蜀国于建兴六年倾全国重兵出军祁山,攻打曹魏。由于蜀将马谡言过其实,刚愎自用,致使街亭(在今甘肃庄浪东南)失守。魏司马懿率领的大军直逼西城。

当时,退守在西城的诸葛亮已经没有兵可以调遣。他登上城楼一看,只见东北方向上尘土漫天,魏兵已向西城杀来。这时候,诸葛亮逃跑已来不及了,守城又无兵无将。于是,他立刻传令下去:城头旗子要全部藏起来;军中不准敲鼓;士兵们不准出来张望。一切准备好以后,诸葛亮命令大开城门,城门口派几个老弱残兵洒扫街道,自己端坐在城门楼上,

武侯弹琴退仲达图，出自《图像三国志》。

焚香抚琴，装作若无其事的样子。

司马懿的大军来到城下，看到诸葛亮在城楼上笑容可掬，焚香操琴，怀疑城中有重兵埋伏，果然立刻退走了。

兴高采烈

“兴高采烈”形容人的兴致高，情绪饱满；也形容呈现出的欢乐气氛。

此典出自南朝梁刘勰《文心雕龙·体性》：“叔夜俊侠，故兴高而采烈。”

三国时的魏国，有一位文学家、思想家、音乐家叫嵇康，字叔夜，谯郡（今安徽宿县西南）人。他是曹魏宗室的女婿，官至中散大夫，人们都把他称为嵇中散。嵇康崇尚老子和庄子的学说，讲求养生服食之道，是魏晋时“竹林七贤”之一。嵇康因为说出“非汤武而薄周孔”，而且对当时掌权的司马氏集团不满，遭钟会陷害，被司马昭所杀。

嵇康的文章写得很好，主要成就是散文，被鲁迅称之为“思想新颖，往往与古时旧说反对。”他提出“越名教而任自然”之说，主张回到自然，厌恶儒家各种烦琐礼教。他的诗歌也非常出名，擅长四言诗，风格清俊。南朝梁代的文学理论家刘勰撰写过一部文学理论专著《文心雕龙》，在谈到嵇康性格和他的作品风格时，刘勰说：“嵇叔夜性格豪爽，他的志趣很高，文辞犀利。”

小家碧玉

“小家碧玉”泛指平民家的少女。

此典出自晋代孙绰《情人碧玉歌》：“碧玉小家女，不敢攀贵德。感郎千金意，惭无倾城色。碧玉破瓜时，郎为情颠倒。感君不羞赧，回身就郎抱。”

晋代人孙绰写了一首诗，描写贫家少女的情思。这首《情人碧玉歌》写道：“我碧玉原是贫家少女，本不敢攀附富贵而与有才德的公子结亲。有感于郎君对奴家的千般恩爱之意，可又觉得自己没有倾国倾城的美貌。奴家献身于郎君之时，郎君为我的情意而神魂颠倒。奴家感激你，并不觉得羞愧，也不脸红心跳，回过身来投入郎君的怀抱。”